वसुधा डालमिया

जवाहरलाल नेहरू विश्वविद्यालय से जर्मन साहित्य में पी-एच.डी. और यूनिवर्सिटी ऑफ़ हाइडेलबर्ग से इंडोलॉजी तथा हिन्दी साहित्य में दूसरा डॉक्टरेट करने के बाद लम्बे समय तक यूनिवर्सिटी ऑफ़ कैलिफ़ोर्निया, बर्कले में हिन्दी और साउथ एशियन स्टडीज़ की प्रोफ़ेसर रहीं। उसके बाद येल यूनिवर्सिटी में डिपार्टमेंट ऑफ़ रिलीजियस स्टडीज़ के अन्तर्गत चन्द्रिका एंड रंजन टंडन प्रोफ़ेसर ऑफ़ हिन्दू स्टडीज़ के पद पर कार्य किया। 'दि नेशनलाइज़ेशन ऑफ़ हिन्दू ट्रेडिशंस : भारतेन्दु हरिश्चन्द्र एंड नाइन्टींथ सेंचुरी बनारस', 'पोएटिक्स, प्लेज़ एंड परफ़ॉर्मेंसेज़ : दि पॉलिटिक्स ऑफ़ मॉडर्न इंडियन थियेटर', 'फ़िक्शन ऐज़ हिस्ट्री: द नॉवल एण्ड द सिटी इन मॉडर्न नॉर्थ इंडिया' तथा सम्पादित पुस्तकों की लम्बी फेहरिस्त में से हाल के वर्षों की पुस्तकें हैं—'रिलीजियस इंटरैक्शंस इन मुग़ल इंडिया', 'बालाबोधिनी' (हिन्दी में), 'हिन्दी मॉडर्निज़्म : रीथिंकिंग अज्ञेय एंड हिज़ टाइम्स' इत्यादि।

संजीव कुमार

दिल्ली विश्वविद्यालय के देशबंधु कॉलेज में हिंदी के एसोसिएट प्रोफ़ेसर हैं। जैनेन्द्र और अज्ञेय : सृजन का सैद्धांतिक नेपथ्य पुस्तक पर देवीशंकर अवस्थी सम्मान। संपादित पुस्तकों में *तीन सौ रामायणें तथा अन्य निबंध और बालाबोधिनी* (वसुधा डालमिया के साथ) विशेष चर्चित। इन दिनों हंस में 'ख़रामा-ख़रामा' शीर्षक स्तंभ के अंतर्गत आज की कहानियों पर नियमित लेखन कर रहे हैं और जनवादी लेखक संघ की पत्रिका नया पथ के संपादन से संबद्ध हैं।

योगेंद्र दत्त

स्वतंत्र अनुवादक हैं। आपने कई महत्त्वपूर्ण पुस्तकों और अध्ययनों का अंग्रेज़ी से हिंदी में अनुवाद किया है।

हिंदू परंपराओं का राष्ट्रीयकरण

भारतेंदु हरिश्चंद्र और उन्नीसवीं सदी का बनारस

वसुधा डालमिया

अनुवाद
संजीव कुमार
योगेंद्र दत्त

राजकमल पेपरबैक्स

मूल कृति The Nationalization of Hindu Traditions : Bháratendu Hariŝchandra and Nineteenth–cėntury Banaras का अनुवाद

राजकमल पेपरबैक्स में
पहला संस्करण : 2016
दूसरा संस्करण : 2026

राजकमल पेपरबैक्स : उत्कृष्ट साहित्य के जनसुलभ संस्करण

राजकमल प्रकाशन प्रा.लि.
1-बी, नेताजी सुभाष मार्ग, दरियागंज
नई दिल्ली-110 002
द्वारा प्रकाशित

शाखाएँ : अशोक राजपथ, साइंस कॉलेज के सामने, पटना-800 006
पहली मंजिल, दरबारी बिल्डिंग, महात्मा गांधी मार्ग, प्रयागराज-211 001
1, अनमोल सोराबजी सन्तुक लेन, धोबी तलाव, मरीन लाइंस, मुम्बई-400 002

वेबसाइट : www.rajkamalprakashan.com
ई-मेल : info@rajkamalprakashan.com

बी.के. ऑफसेट
नवीन शाहदरा, दिल्ली-110 032
द्वारा मुद्रित

मूल्य : ₹ 550

HINDU PARAMPARAON KA RASHTRIYAKARAN
by Vasudha Dalmia
Translated by Sanjeev Kumar, Yogendra Dutt

ISBN : 978-81-267-2840-4

अनुवादक की भूमिका

यह किताब हिंदी में कई साल पहले आ जानी चाहिए थी। अंग्रेज़ी में इसे छपे उन्नीस साल हो गए। इस बीच हमारे यहां भारतेंदु युग पर विचारोत्तेजक बहसें न हुई हों, ऐसा नहीं है, पर उनमें इस पुस्तक द्वारा मुहैया कराई गई विपुल सामग्री और अंतर्दृष्टि का शायद ही कोई इस्तेमाल हुआ है। छिटपुट नामोल्लेख की बात अलग है। ऐसा एक उल्लेख मेरी भी स्मृति में है जहां विद्वान आलोचक ने इस किताब की किसी स्थापना पर बात नहीं की, बस इसके मुखपृष्ठ पर छपी तस्वीर (पहला पेपरबैक संस्करण, ऑक्सफ़ोर्ड यूनिवर्सिटी प्रेस) का ज़िक्र किया, यह बताने के लिए कि इन दिनों आलोचना में भारतेंदु को बदनाम करने की प्रवृत्ति कैसे बढ़ी है : ''एक ही (आशय है, इसी) प्रवृत्ति के तहत वसुधा डालमिया भारतेंदु हरिश्चंद्र पर केंद्रित अपनी पुस्तक के कवर पर उनको एक बंगाली प्रेमिका को गोद में लेकर बैठा दिखाती हैं।'' (शंभुनाथ, 'नवजागरण का पुनर्पाठ', शंभुनाथ संपा. *भारतेंदु और भारतीय नवजागरण*, पृ. 192, 2009, दिल्ली : प्रकाशन संस्थान) इससे और कुछ साबित हो या न हो, यह ज़रूर साबित होता है कि विद्वान आलोचक ने कवर से आगे बढ़ने/पढ़ने की ज़हमत नहीं उठाई थी।

अगर हिंदी में यह किताब आज से दसेक साल पहले आ गई होती तो क्या भारतेंदु युग और हिंदी नवजागरण की बहसों में, ख़ासतौर से रामविलास शर्मा की जन्मशती के मौक़े पर, इसका उल्लेख अनिवार्यतः होता? कहना मुश्किल है। इसलिए कि, पीछे उद्धृत विद्वान आलोचक के अनुमान/विश्वास के विपरीत, यह पुस्तक जितनी समृद्ध है उतनी सनसनीख़ेज़ नहीं, जितनी अंतर्दृष्टिपूर्ण है उतनी खंडनमंडनात्मक नहीं। मूल्य-निर्णय की जल्दबाज़ी से कोसों दूर यहां विश्लेषण का धैर्य और ठहराव, अतीत की उपलब्ध सामग्री के अधिक अर्थपूर्ण पुनर्विन्यास का यत्न, और इतिहास से सही उत्तर पा सकने के लिए उसके सामने सही सवाल पेश करने की सजगता है। जहां सनसनी नदारद हो, खंडन या मंडन में दिलचस्पी कम हो और मूल्य-निर्णय की आतुरता न हो, ऐसी किताबें हिंदी के वाद-विवाद-संवाद को अधिक आकर्षित नहीं कर पातीं। इसीलिए भरोसे के साथ नहीं कहा जा सकता कि यह पहले भी आ गई होती तो इसने हमारी बहसों को प्रभावित किया होता या आगे प्रभावित कर पाएगी। अलबत्ता, यह बात पूरे भरोसे के साथ कह सकता हूं कि यहां ऐसी जानकारियां और स्थापनाएं हैं जिनसे सूचित-विदित होना, यहां तक कि उत्तेजित-उद्वेलित होना भी, हमारी बहसों के लिए लाभप्रद होगा। ऐसा कहते हुए मुझे अलीगढ़ मुस्लिम विश्वविद्यालय में हुई एक राष्ट्रीय संगोष्ठी याद आ रही है जिसमें मुझे अपने सत्र के सदर साहब से इस बात पर झाड़ खानी पड़ी थी कि मैं भारतेंदु के साहित्यकार-पत्रकार होने के साथ-साथ एक धार्मिक नेता होने जैसा 'स्वीपिंग

रिमार्क' कैसे दे सकता हूं! सदर की बातों का जवाब देने की कोई परंपरा नहीं है, पर मुझे थोड़े अशालीन तरीक़े से इस परंपरा को तोड़ना पड़ा था और उन्हें सलाह देनी पड़ी थी कि वे अपनी जानकारी किन स्रोतों से दुरुस्त कर सकते हैं।

भारतेंदु एक धार्मिक नेता भी थे, इस बात का संज्ञान लेने से भारतेंदु का क़द घट नहीं जाता और न ही इसकी अनदेखी करने से उनका क़द बढ़ जाता है। तथ्यों के प्रति अपने को खुला रखना और उनके सहसंबंधों के बीच से किसी दौर के गतिशास्त्र को समझने की कोशिश करना इतिहासकार का काम है, न कि व्यक्तियों की क़द-काठी के बारे में आसानी से समझ में आनेवाले फ़ैसले सुनाना। यह बात हिंदी के साहित्यिक-सांस्कृतिक इतिहास-लेखन से संस्कारित मुझ जैसे पाठक को वसुधा डालमिया की किताब पढ़ते हुए ही निर्णायक रूप से समझ में आई। भारतेंदु के समकालीनों से लेकर आज के विद्वानों तक की स्थापनाओं का जायज़ा लेने के बाद उनकी सुचिंतित राय है कि :

> भारतेंदु और उनके कामों का आलोचनात्मक मूल्यांकन एक छोर से दूसरे छोर की ओर जाता रहा है। उन पर पुनरुत्थानवादी होने का आरोप लगाने से लेकर उन्हें आधुनिकता के पुरोधा के रूप में सराहने तक, राजभक्त बताने से लेकर आमूल-परिवर्तनवादी बताने तक; हालांकि रामविलास शर्मा के बाद से आधुनिकता के अग्रदूत की भूमिका में उन्हें स्थिर करने की ओर एक निश्चित झुकाव रहा है। यह भूमिका साहित्यिक उत्पादन में भी देखी गई है और उस राजनीतिक हैसियत में भी, जो उन्हें प्राप्त थी। उनके काम के पारंपरिक पहलुओं पर विचार करने का कोई ढांचा प्रकटतः उपलब्ध नहीं है, सिवाय उस ढांचे के जो 'पुनरुत्थानवादी' के नकारात्मक अभिप्राय वाले 'टैग' ने मुहैया कराया है।

इसी चिंता के तहत यह किताब एक ऐसे ढांचे की प्रस्तावना करती है जो भारतेंदु के पारंपरिक और परिवर्तनोन्मुख पहलुओं की एक साथ सुसंगत रूप में व्याख्या कर सके। इस ढांचे में भारतेंदु हिंदुस्तान के उस उदीयमान मध्यवर्ग के एक नेतृत्वकारी प्रतिनिधि के रूप में सामने आते हैं जो पहले से मौजूद दो मुहावरों के साथ अंतर्क्रिया करते हुए एक तीसरे आधुनिकतावादी मुहावरे को गढ़ रहा था। ये तीन मुहावरे क्या थे, इनकी अंतर्क्रियाओं की क्या पेचीदगियां थीं, सांप्रदायिकता और राष्ट्रवाद के सहविकास में आरंभिक सांप्रदायिकता और आरंभिक राष्ट्रवाद को चिह्नित करनेवाला यह तीसरा मुहावरा किस तरह समावेशन-अपवर्जन की दोहरी प्रक्रिया के बीच हिंदी भाषा और साहित्य को हिंदुओं की भाषा और साहित्य के रूप में रच रहा था और इस तरह समेकित रूप से राष्ट्रीय भाषा, साहित्य तथा धर्म की गढ़ंत का ऐतिहासिक किरदार निभा रहा था, किस तरह नई हिंदू संस्कृति के निर्माण में एक-दूसरे के साथ जुड़ती-भिड़ती तमाम शक्तियों के आपसी संबंधों को भारतेंदु के विलक्षण व्यक्तित्व और कृतित्व में सबसे मुखर अभिव्यक्ति मिल रही थी—यह किताब इन अंतस्संबंधित पहलुओं का एक समग्र आकलन है। यह आकलन हिंदू पहचान के सुदृढ़ीकरण और हिंदू परंपराओं के राष्ट्रीयकरण की जिस प्रक्रिया को चिह्नित करता है, उसे एक साथ मुक्तिकामी भी मानता है और दमनकारी भी। मुक्तिकामी इस अर्थ में कि इसने :

> सामाजिक व राजनीतिक मुद्दों की व्यापक राजनीतिक मुखरता के लिए, इन्हें अभिव्यक्त करने में सक्षम लचीली भाषा के विकास के लिए और एक समृद्ध साहित्य के लिए दमनकारी और सर्वव्यापी राजनीतिक सत्ता के विरुद्ध एक देशी सांस्कृतिक व राजनीतिक पहचान

की अभिव्यक्ति का रास्ता खोला। यह प्राधिकार में परिवर्तन का द्योतक था जो अब न केवल राजाओं और ब्राह्मणों में बल्कि नवमध्यवर्ग में भी स्थित था।

—और दमनकारी इस अर्थ में कि समावेशी होने के साथ-साथ यह :

> अपवर्जी भी था, इसने न केवल मुसलमानों को बेदख़ल किया बल्कि हिंदू सामाजिक व्यवस्था की कगारों पर बैठे समुदायों को भी बेदख़ल किया। यहां विभाजक रेखाओं को जान-बूझकर धुंधला छोड़ दिया गया था। फिर भी, अपने तमाम धुंधलेपन के बावजूद ये रेखाएं भेदभावमूलक अंतर की तीव्र सजगता को सामने ला रही थीं।

कहने की ज़रूरत नहीं कि यहां बल एकतरफ़ा फ़ैसले सुनाने के बजाय चीज़ों के ऐतिहासिक प्रकार्य और गतिशास्त्र को समझने पर है। ध्वस्त करने या महिमामंडित करने की जल्दबाज़ी वसुधा डालमिया के लेखन का स्वभाव नहीं है, मामला भारतेंदु का हो या भारतेंदु पर विचार करनेवाले विद्वानों का। यहां मैं ख़ासतौर से रामविलास शर्मा से संबंधित दो टिप्पणियों को उद्धृत करने का लोभ संवरण नहीं कर पा रहा, जिनमें देखा जा सकता है कि शक्तियों और सीमाओं को रेखांकित करते हुए किस तरह की निरावेग तार्किकता का निर्वाह किया गया है :

> रामविलास शर्मा के अध्ययनों [(1942) 1975, (1953) 1984] में कवि के परंपरावादी आकलनों से और अधिक आमूल क़िस्म का प्रस्थान दिखलाई पड़ा। शर्मा पहले व्यक्ति थे जिन्होंने भारतेंदु और उनके समकालीनों की सरल, बोलचाल वाली और जीवंत गद्य शैली की सराहना की, जिसे रामविलास शर्मा स्वयं अपने समकालीनों द्वारा प्रयुक्त होता हुआ देखना चाहते थे; ऐसे समकालीन, जो बाद के भारी-भरकम, अधिक संस्कृतनिष्ठ, और बोलचाल के मुहावरे से अपना संपर्क गंवा चुके गद्य के शिकार हो गए थे। उन्होंने इस भाषा को भारतेंदु के पत्रकारीय कार्य के जनवादी पक्ष के बतौर देखा। उन्होंने पत्रिकाओं को विस्मृति के गर्त से निकालने की ज़रूरत पर बल दिया और अपनी पहली किताब के निबंधों में उन लेखों, संपादकीयों तथा टिप्पणियों से बहुतेरे उद्धरण दिए, जिन्हें भारतेंदु की ग्रंथावलियों में जगह नहीं मिल पाई थी। विवेचित सामग्री के अधिक विस्तृत दायरे ने लेखक और उसके समय के बारे में एक अलग दृष्टि को उभरने का मौक़ा दिया। शर्मा इस तथ्य को रेखांकित करने वाले पहले व्यक्ति थे कि भारतेंदु के संबोध्य पुराने दौर के अभिजन नहीं रह गए थे, क्योंकि पत्रिकाओं में जिन मुद्‌दों पर चर्चा की गई थी वे व्यापक जनता के साथ सरोकार रखने वाले मुद्दे थे। भारतेंदु के राजनीतिक रैडिकलिज़्म की सराहना करने वाले पहले व्यक्ति भी शर्मा ही थे।
>
> बलिया व्याख्यान का रामविलास जी द्वारा किया गया विश्लेषण उनके अपने विचार-लोक तक पहुंचने का साधन मुहैया कराता है। वे भारतेंदु के राजनीतिक विचारों की परिपक्वता पर बल देते हैं और उन्हें अपने समय से काफ़ी आगे का मानते हैं। इस रूप में उनके राष्ट्रवाद की पेशबंदी करते हुए शर्मा इस तथ्य की अहमियत को दरकिनार कर देते हैं कि वह राष्ट्रवाद अभी भी बिल्कुल बनती हुई स्थिति में था, कि कई मुद्‌दे सुलझाए जाने की प्रक्रिया में ही थे। इसके अलावा, अपने पठन के प्रबल राष्ट्रवादी अभिप्रायों का निर्वाह करते हुए, वे व्याख्यान में हिंदू-मुस्लिम एकता की अपील और 'हिंदू' को अधिक समावेशी तरीक़े से इस्तेमाल करने के निवेदन पर ही ग़ौर फ़रमाते हैं। इस तरह वे तेज़ी से अलग होते दो समुदायों के बीच के उन तनावों और वैर-भाव की अनदेखी करते हैं जो उस व्याख्यान में भी दस्तावेज़ीकृत हैं। उस दौर को हिंदू पुनरुत्थानवाद का दौर बताए जाने की कोशिशों को अगर रामविलास शर्मा असंगत बताकर ख़ारिज करते हैं, तो साथ में धार्मिक मुद्‌दों

को भी दरकिनार कर देते हैं और इस तरह भारतेंदु के काम का यह ख़ासा विचारणीय पहलू हाशिए पर चला जाता है।

पहला अंश जितनी सारगर्भित प्रशंसा का उदाहरण है, दूसरा उतनी ही सारगर्भित आलोचना का, और ग़ौर करने की बात है कि दोनों जगहों पर शैली एक-सी है—सीधी बात कहनेवाली तार्किक शैली, जिसमें कोई भावनात्मक अतिरेक नहीं है।

कुल मिलाकर, इस किताब का हिंदी में आना एकाधिक कारणों से ज़रूरी था। नई सूचनाओं और स्थापनाओं के लिए तो इसे पढ़ा ही जाना चाहिए, साथ ही, हर तथ्य को साक्ष्य से पुष्ट करनेवाली शोध-प्रविधि, हर कोण से सवाल उठानेवाली विश्लेषण-विधि और खंडन-मंडन के जेहादी जोश से रहित निर्णय-पद्धति के नमूने के रूप में भी यह पठनीय है।

अनुवाद के लिहाज़ से यह किताब, निस्संदेह, बहुत चुनौतीपूर्ण थी। अवधारणात्मक जटिलताओं और लंबी तथा गझिन वाक्य-रचना को हिंदी में लाने में अनुवादक-द्वय के पसीने छूट गए। इसके बावजूद मूल के साथ कितना न्याय हो पाया है, कहना कठिन है। हर बार इस अनुवाद को पढ़ते हुए कुछ-न-कुछ बदल डालने की ज़रूरत महसूस होती है, पर एक असंतुष्ट-सा ही सही, पूर्णविराम लगाना इसके प्रेस में जाने के लिए तो ज़रूरी है! हां, पूर्णविराम लगाते हुए वसुधा डालमिया की एक शैली विशेष को लेकर पाठकों को सचेत करना ज़रूरी है। कई जगह जब वे किसी किताब/लेख/भाषण में आई हुई बातों का सार-संक्षेप प्रस्तुत कर रही होती हैं तो वाक्य-रचना कुछ इस तरह की होती है कि वह बात स्वयं लेखिका की अपनी बात प्रतीत होने लगती है। ऐसा भ्रम अंग्रेज़ी में पढ़ते हुए नहीं होता, पर हिंदी में उल्था करने पर होता है। मिसाल के लिए, जहां वे भारतेंदु के बलिया भाषण की अंतर्वस्तु के बारे में बताती हैं, वहां आए हुए इन वाक्यों को देखें :

> अंग्रेज़ों की कृपा से और सामान्यतः संसार की उन्नति के चलते कितना सारा तकनीकी ज्ञान सुलभ हो गया था। बावजूद इसके देश की जनता, जिसने पुराने जमाने में अपने आदिम औज़ारों के साथ आश्चर्यजनक खोजें की थीं, अब चुंगी की कतवार फेंकने की गाड़ी से ज़्यादा कुछ न थी। मौजूदा दौर में उन्नति के लिए एक घुड़दौड़ चल रही थी, और जापानियों को छोड़ भी दें तो अमेरिकी, अंग्रेज़ तथा फ्रांसीसी इस घुड़दौड़ में आगे रहने का पूरा जुगाड़ लगाए हुए थे। यह ऐसा समय नहीं था जब पीछे छूटना किसी भी तरह गवारा हो।यह शिकायत कि ख़ाली पेट इन चीज़ों के बारे में कैसे सोचें, अंततः क़ायल करने वाली न थी।

ऐसे अंश बहुतेरे हैं। इन्हें पढ़ते हुए सावधान रहना पड़ेगा कि लेखिका अपनी बात नहीं कह रहीं, वे किसी और को, बिना उद्धरण-चिह्नों के, अपने शब्दों में उद्धृत कर रही हैं। यह सावधानी न बरती गई तो संभव है, लेखिका को ऐसी अनेक बातों का आरोप झेलना पड़े जो उनकी नहीं हैं और जो हिंदी की प्रकृति तथा अनुवाद की विकृति के कारण उनकी प्रतीत होती हैं।

अंत में, मेरी मंद-मंथर गति को लेकर प्रो. वसुधा डालमिया और राजकमल प्रकाशन के संचालक श्री अशोक महेश्वरी ने जो धैर्य दिखाया, उसके लिए आभार प्रकट करता हूं। मेरे साथी योगेंद्र दत्त को ऐसा आभार प्रकट करने की ज़रूरत नहीं, क्योंकि अपने हिस्से के काम वे समय से निपटाते गए और शिकायत करने या शिकायत को खून के घूंट की तरह पीते रहने का उन्होंने मौक़ा ही नहीं दिया।

—संजीव कुमार

अनुक्रम

हिंदू परंपराओं का राष्ट्रीयकरण

भारतेंदु हरिश्चंद्र और उन्नीसवीं सदी का बनारस

अध्याय-1

भूमिका

आज के समय में हिंदू धर्म के शहरी अनुयायी सामान्यतः इसके एकाश्म चरित्र पर सवालिया निशान लगाने की कोई वजह नहीं देखते। इस क़िस्म के तमाम संदेहों को उन पुनरुत्थानशील आंदोलनों का अकादमिक वितंडा माना जाता है जिन्होंने बड़े पैमाने पर राजनीतिक लक्ष्यों के लिए धर्म को ज़रिया बनाया है।[1] लेकिन पूर्ववर्ती बहुलता की निशानियों को नेस्तनाबूद कर देने की तमाम कोशिशों के बावजूद आज भी हिंदू धर्म की दरारें स्पष्ट गोचर हैं। इसे गारे से जोड़कर सुदृढ़ करने की प्रक्रिया का, जो आज भी जारी है, कोई भी गंभीर विश्लेषण हमें वापस उन्नीसवीं सदी में ले जाता है। क्योंकि हिंदू धर्म को पुनर्प्रतिपादित और पुनर्स्थापित करने वाले आंदोलन उस सदी की आख़िरी दहाइयों में अभूतपूर्व तेज़ी के साथ आपस में मिलते–और कहीं-कहीं भिड़ते–नज़र आते हैं। हिंदू धर्म ने उन्नीसवीं सदी के आख़िरी हिस्से में ख़ुद को जिस तरह सूत्रबद्ध किया, उसमें 'प्राचीन' हिंदुओं की एक नस्ल की पूर्वमान्यता निहित थी : इस तरह, मिसाल के लिए, आर.सी. दत्त की किताब–*अर्ली हिंदू सिविलाइज़ेशन, 2000 टू 320 बी.सी. बेस्ड ऑन संस्कृत लिटरेचर (1888)*–का शीर्षक धर्म की एकरेखीय समझ बनाकर पीछे की ओर उसे प्रक्षेपित करने का एक प्रतिनिधि नमूना है। एकरेखीयता पर सवाल उठाने का मतलब यह नहीं कि इस सिलसिले में अतीत के जिन रिश्तों का पुनराह्वान किया गया, वे कभी थे ही नहीं। बेशक, अतीत में साझा परंपराएं रही थीं, साझा संदर्भ-बिंदु थे, लेकिन वे ठोस शक्ल लेकर उस समेकित पुंज की रचना नहीं कर पाए थे जिसे उन्नीसवीं सदी में 'हिंदू धर्म' के नाम से जाना गया और जिसके नए सामाजिक-राजनीतिक आयाम थे।

सनातन धर्म के पक्ष में धर्मसभाएं उन्नीसवीं सदी के चौथे दशक से ही उपमहाद्वीप में जगह-जगह पनपने लगी थीं। कहीं वे प्रस्तावित क़ानून के ख़िलाफ़ एक रक्षात्मक युक्ति के तौर पर पनपीं, जैसा कि 1831 में सती प्रथा पर प्रतिबंध लगने पर कलकत्ता में स्थापित धर्मसभा के मामले में देखा जा सकता है, तो कहीं बढ़ती हुई मिशनरी भर्त्सना के ख़िलाफ़, जैसा कि महाराष्ट्र में हुआ। धर्मसभाएं कोई नई संस्था न थीं, वे हमेशा से धर्मशास्त्र के नियमों और वास्तविक अमल के बीच मध्यस्थता करती आई थीं। लेकिन उन्नीसवीं सदी में वे किसी मददगार राजनीतिक सत्ता द्वारा हासिल प्राधिकार के बल पर अपना काम करने की बजाय उस प्राधिकार के ही ख़िलाफ़ काम कर रही थीं। इसके अलावा, अब इन सभाओं में विद्वान ब्राह्मण ही नहीं, पश्चिमी शिक्षा प्राप्त शहरी बौद्धिक समुदाय भी शामिल था।[2] ये ब्रिटिश मॉडल के अनुरूप संगठित थीं। अध्यक्ष, कार्यकारिणी, सचिव इत्यादि से सुसज्जित ये सभाएं अकसर ब्रिटिश संसदीय

कार्यवाहियों की तर्ज़ पर काम करती थीं।[3] ख़ुद सनातन धर्म की धारणा भी कभी स्थिर नहीं रही थी।[4] इसका नए सिरे से जो फैलाव हुआ, वह इन सभाओं के इर्द-गिर्द हुआ। अलबत्ता, यह मानना ग़लत होगा कि ये संस्थाएं सिर्फ़ विरासत में मिले रीति-रिवाजों के संरक्षण के लिए पैदा हुईं। जैसा कि हमेशा होता है, इनका एक महत्त्वपूर्ण प्रकार्य बदलाव को वैधता देना भी था, भले ही पहली नज़र में वह बदलाव आज कितना भी नगण्य प्रतीत हो।

उन्नीसवीं सदी के हिंदी साहित्य के एक विस्तृत दायरे की छानबीन करते हुए मैंने पाया कि परंपरा का बचाव करते और वेद-पुराण विहित आर्य धर्म की सनातनता पर बल देते हुए भी इसके प्रवक्तागण, स्वयं सनातनता एवं परंपरा के नाम पर, दरअसल, व्यापक बदलाव भी कर रहे थे और उन्हें अंटाने की जगह बना रहे थे और वही सनातनता, जिसे उन्होंने इतनी दृढ़ता के साथ पेश किया, अपनी ज़मीन बदल रही थी। इसके लक्षण के रूप में घोषित कुछ निश्चित विशेषताओं की ऐसे तरीक़े से पेशबंदी हो रही थी जो पहले के मुक़ाबले विलक्षण था। हालांकि पिछले दो दशकों में उन्नीसवीं सदी के सनातन धर्म नेतृत्व को लेकर कई अध्ययन हुए हैं,[5] पर इन आंदोलनों को, जिन्हें अकसर चलताऊ तरीक़े से 'पुनरुत्थानवादी' कह दिया जाता है, क़ायदे से तालिकाबद्ध किया जाना अभी बाक़ी है। उस समय उपमहाद्वीपीय विस्तार वाला कोई केंद्रीकृत-केंद्रचालित परंपरावादी आंदोलन नहीं था। परंपरा के बचाव की इन कोशिशों के साथ, जिनकी कुछ साझा विशेषताएं थीं, कुछ अधिक रैडिकल सुधार आंदोलन थे जिन्हें अकसर 'नव-हिंदूवाद' की श्रेणी में डाल दिया जाता है। ब्राह्मो और आर्यसमाज जैसे संगठनों में सबसे मुखर रूप में व्यक्त इस तथाकथित नव-हिंदू प्रति-प्रत्युत्तर को हिंदू धर्म के आधुनिकीकरण का प्रतिनिधि माना गया है। पर इससे अधिक व्यापक और कम रैडिकल आंदोलन, जो मिल-जुलकर आधुनिक सनातन धर्म के निर्माण में सन्नद्ध हुए, उन्हें अकसर पारंपरिक हिंदूवाद के मंद-मंथर समायोजन के रूप में देखा गया है। यद्यपि अधिक रैडिकल सुधार आंदोलनों ने उद्दीपकों की भूमिका निभाई, लेकिन सांस्कृतिक, धार्मिक और राजनीतिक पहचान से वाबस्ता सबसे अहम मुद्दों को पारंपरिक हलक़ों में भी हल किया गया, और यहां नतीजे शायद अधिक टिकाऊ रहे, और यही हलक़ा था जहां आधुनिक हिंदू धर्म का चेहरा–जिसके भीतर मंदिर और वर्ण अभी भी एक अहम किरदार निभा रहे हैं–अंततः गढ़ा जाना था। बदलाव, समायोजन और पुनर्कथन (re-articulation) की पूरी प्रक्रिया, जिसके प्रसंग में सामान्यतः सिर्फ़ तथाकथित नव-हिंदू आंदोलनों पर विचार किया जाता है, आमतौर पर हिंदू पुनर्जागरण या सीधे-सीधे पुनर्जागरण के रूप में अंकित की जाती है। इन आंदोलनों की चौहद्दियां बतलाने और इनके बीच अंतर करने के लिए इस्तेमाल किए गए संवर्गों को निकट से देखना-परखना इस अध्ययन में प्रयुक्त नज़रिए को स्पष्ट करने में मददगार हो सकता है।

केनेथ जोंस, जिन्हें उस दौर के पंजाब में आर्यसमाज के सामाजिक और विचारधारात्मक प्रभाव का विस्तृत अध्ययन करने का श्रेय जाता है, इस नतीजे पर पहुंचते हैं कि वस्तुतः प्रतिक्रिया की दो व्यापक क़िस्में स्थिर की जा सकती हैं (1989 : 39)। एक वह है जिसे वे 'अंतर्वर्ती' (transitional) कहते हैं, जिसका मतलब यह कि वहां संबद्ध आंदोलनों की जड़ें प्राक्-औपनिवेशिक दुनिया में थीं। वे सामाजिक-आर्थिक असहमति के पारंपरिक रूपों पर आधारित थे और उनका औपनिवेशिक परिवेश से संपर्क बहुत कम या नहीं था, हालांकि बाद में, जब वे मजबूरन इसके संपर्क में आए, तब उन्हें इसके साथ कुछ हद तक तालमेल बिठाना

पड़ा। अंग्रेज़ी शिक्षा प्राप्त दक्षिण एशियाई लोगों द्वारा चलाए गए दूसरे क़िस्म के आंदोलन को, जिसे उन्होंने 'परसंस्कृति-ग्राही' (acculturative) का नाम दिया है, वे औपनिवेशिक परिवेश के साथ प्रत्यक्ष लेन-देन से निकला हुआ मानते हैं। यह एक महत्त्वपूर्ण तथ्य है कि जब जोंस उत्तर-पश्चिमी प्रांतों (North-West Provinces) की स्थिति पर विचार करते हैं, तब वे इस्लाम के 'अंतर्वर्ती' क़िस्म के नमूने के तौर पर देवबंद आंदोलन को तो दर्ज करते हैं, पर वहां इस तरह के किसी हिंदू संघटन का दस्तावेज़ीकरण नहीं है। पारंपरिक संघटनों में आए ख़ासे व्यापक बदलावों का ज़िक्र इसलिए भी नहीं हुआ है कि वे भिन्न होने के तौर पर ख़ुद को परिभाषित करना पसंद नहीं करते थे, और वस्तुतः उस परंपरा की स्थिरता पर बल देते थे जिसके पक्ष में वे खड़े थे। इसके बरख़िलाफ़, आर्यसमाज अपने को परसंस्कृति-ग्राही के रूप में वर्गीकृत किए जाने की इजाज़त देता है, हालांकि इसके संस्थापक वैसे ही पारंपरिक परिवेश के बीच से निकले थे। इस तरह, अलग-अलग आंदोलनों के संस्थापकों का सामाजिक मूल उनके कार्यक्रम का कोई सुराग़ देता हो, यह ज़रूरी नहीं। इसके अलावा, यद्यपि जोंस का किया हुआ विभेदीकरण उपयोगी है, यह सिर्फ़ उन आंदोलनों पर विचार करने के लिए वैचारिक दृष्टि से लैस है जो अपने मत के तीखेपन में दूसरों से स्पष्टतः अलग दिखते हैं। औपनिवेशिक भारत की वास्तविक स्थिति पर लागू करने पर व्यापक आधार वाले घटना-विकासों और बदलावों के एक बड़े हिस्से को यह विभेदीकरण दर्ज ही नहीं करता। ऐसे में, साक्ष्य इकट्ठा करना और उन विशेषताओं का पता लगाना जिन्होंने ईसाइयत के साथ टकराव तथा पश्चिम से हासिल सीख के बीच नया बलाघात अर्जित किया और जिन्होंने, अवसर आने पर, परवर्ती उन्नीसवीं सदी में संघटित होनेवाले व्यापक आधार को एकजुट करने का काम किया–एक ज़रूरी कार्यभार है। अमूर्तन के किसी संतोषजनक स्तर पर इन आंदोलनों का एक मुकम्मल विश्लेषण तभी संभव है जब अनेक क्षेत्रीय अध्ययनों से लिये गए खंडों को जोड़कर उन्हें सारे उपमहाद्वीप के लिए लागू एक संपूर्ण साक्ष्य की शक्ल दी जाए।

विश्लेषण के मक़सद से हिंदू प्रतिक्रिया को दो बड़े समूहों में स्पष्टतः बांटा जा सकता है। क्या इन दोनों के बीच अंतर करने के लिए 'पुनरुत्थानवादी' और 'सुधारवादी' शब्दों को बनाए रखने की कोई सार्थकता है? पीछे 'पुनरुत्थान' और 'पुनरुत्थानवाद' को अकसर आधुनिकीकरण के विरोध में देखा जाता रहा है। पहली नज़र में यह सही भी लगता है, क्योंकि सनातन धर्म आंदोलन संस्कृत परंपरा में बद्धमूल अवधारणाओं और आचरण का प्रचार करते हैं। पर जैसा कि इस अध्ययन के सिलसिले में हमें बार-बार ग़ौर करने का मौक़ा मिलेगा, उन्नीसवीं सदी के उस सामाजिक और धार्मिक नेतृत्व ने, जो ख़ासकर सनातन धर्म का बचाव चाहता था, अपनी प्राथमिकताओं और पसंदों को अभिहित करने के लिए ख़ास अपनी, सचेत-सायास रूप से प्राचीनताबोधक, शब्दावली विकसित की और उतने ही सचेत रूप से इसने 'आधुनिकता' से अपने को अलग रखा। देसी और बाहरी के बीच अंतर स्थापित करने के लिए इस्तेमाल की जाने वाली पारंपरिक/आधुनिक ध्रुवीयता उन लोगों के आत्म-निरूपण का एक हिस्सा थी जो अपनी परंपरा को परिवर्तन के दबावों के ख़िलाफ़ मज़बूती से खड़ा दिखलाना चाहते थे।[6] फिर भी इन ध्रुवों को वाजिबन अलग-अलग मानना और एक-दूसरे के प्रभावों से अछूता मानना उस दौर के दस्तावेज़ों में मौजूद सभी साक्ष्यों के ख़िलाफ़ होगा। ये दस्तावेज़ मुसलसल बदलाव और लेन-देन की गवाही देते हैं। उस समय मिशनरियों, प्राच्यवादियों

और पश्चिमी विचारों के साथ एक सघन अन्योन्यक्रिया चल रही थी, और सनातन धर्म के हिमायतियों के कई मत सुधार आंदोलनों के उन नेताओं के मत से मेल खाते थे जो अधिक मुखर रूप में परिवर्तन की बात कर रहे थे। हालांकि यहां इस बात पर ग़ौर करने की ज़रूरत है कि परिवर्तन के साथ-साथ निरंतरताएं भी थीं, और वह इसलिए कि परंपराओं के कुछ तत्त्वों ने अपने को बचाए रखने के लिए मुक़ाबला जारी रखा और किसी-न-किसी भेस में सामने आते रहे। पर आविष्कार का रचनात्मक कार्य प्राचीनतर और नव्यतर अवधारणाओं और व्यवहार तथा उन ऐतिहासिक कड़ियों के देशकालगत पुनर्संयोजन में निहित था जो नए सिरे से गढ़ी गई थीं।[7] लिहाज़ा, एक सदी बाद यह ज़रूरी है कि न तो इस भाषा की पुरातनता से आक्रांत हुआ जाए, न ही बनती-उभरती सभी चीज़ों को पश्चिमी मॉडलों—राष्ट्रवादी या अन्य—की महज़ नक़ल के रूप में चिह्नित करने के चक्कर में पड़ा जाए। ऐसे में, 'पुनरुत्थान' न सिर्फ़ परिवर्तन की संभावना को नकारने के कारण भ्रामक है, बल्कि इसका एक और नुक़सान यह है कि यह धड़ल्ले से निंदात्मक अर्थ में इस्तेमाल होता रहा है, मानो यह सिर्फ़ उस पुराने धार्मिक आचरण की ओर इशारा करता हो जो अब तक निष्क्रिय रहता आया था, लेकिन जिसने अंततः ब्राह्मो और यहां तक कि आर्यसमाज जैसे अधिक ज्ञानदीप्त सुधार आंदोलनों के द्वारा दमित हो जाने से इनकार कर दिया था। 'पुनरुत्थानवादी' जैसे लेबलों ने बंद बाड़े बनाने का काम किया है और अकसर उन चयन-मानदंडों की छानबीन करने के किसी भी गंभीर प्रयास को बाधित किया है जो पारंपरिक आचरण को आधुनिक सांचे में स्थानांतरित करने के लिए विकसित किए गए थे। ऐसे चयन-मानदंडों का विकास एक ऐसी प्रक्रिया थी जिसने सनातनता के अंतर्गत ख़ुद को शामिल करने वाली मुख़्तलिफ़ पारंपरिक धाराओं को यह सामर्थ्य दिया कि वे, हिंदू धर्म को एक एकल धार्मिक और—विस्तार में जाकर—राजनीतिक एवं राष्ट्रीय परंपरा के रूप में संघटित करने वाले, प्रवाह की शक्ल ले सकें।

तथाकथित नव-हिंदू धर्म और पारंपरिक हिंदू धर्म के बीच के अंतर पर सबसे खुलकर विचार किया है पॉल हैकर (1978) ने। उनकी नज़र में, अपनी ख़ास हिंदुस्तानी शक्ल के साथ राष्ट्रवाद नव-हिंदूवाद की मुख्य अंतःप्रेरणा और विभेदक विशेषता है, जहां धर्म को राष्ट्रवादी लक्ष्य का सहायक बना दिया गया है। इन अन्यथा बेमेल आंदोलनों को बांधने वाली साझा विशेषता है, उनकी बौद्धिक विनिर्मितियों का प्रधानतः पश्चिमी रुझान। इसके अलावा, इस बात पर बल देना भी नव-हिंदू धर्म का अभिलक्षण है कि हिंदू धर्म एक आध्यात्मिक इकाई है और इसके पास संसार के सम्मुख उद्घोषणा करने के लिए एक संदेश है। हैकर यह तो मानते हैं कि परंपरावादी भी इनमें से कुछ सरोकारों के साझीदार हैं, पर उनके यहां इस अभिलक्षण को वे गौण रूप में ही पाते हैं, क्योंकि, हैकर के अनुसार, परंपरावादी प्राथमिक रूप से हिंदू परंपरा के प्रति, जो आधुनिक संसार के बदलावों के सामने अभेद्य बनी रहती है, वफ़ादार हैं और उसकी निरंतरता पर बल देते हैं। जैसा कि मोनिका हॉर्स्टमैन ने इंगित किया है, ये मान्यताएं परंपरावादियों के मतों की गहन पड़ताल के सामने टिक नहीं सकतीं।[8] वे न सिर्फ़ विरासत में मिले आचरण को लगातार पुनर्व्याख्यायित और संशोधित करते हैं, बल्कि वे घोर राष्ट्रवादी भी हैं और उत्तरोत्तर उनमें बढ़ता हुआ मिशनरी जोश दिखाई देता है।

'सुधारवादी' लेबल को कैसे देखें? सामाजिक सुधार उस सदी के महान सरोकारों में से एक था और सुधारवादी प्रवृत्तियां सभी आंदोलनों में सामान्य थीं। अंतर सिर्फ़ बलाघात

के चयन और डिग्री का था। अलबत्ता, ब्राह्मो और आर्यसमाज जैसे संगठन अपने रवैए में अधिक रैडिकल थे, और उन्होंने उससे अधिक व्यापक सुधारों की बात की जितने के लिए धर्मसभाएं राज़ी होने की स्थिति में थीं।

ऐसे में, अंतर क्या है और किन संज्ञाओं का अर्थपूर्ण तरीक़े से इस्तेमाल जारी रखा जा सकता है? पहले के लिए मैं 'पुनरुत्थानवादी' के बनिस्बत 'परंपरावादी' का सुझाव दूंगी, क्योंकि उन्हें आपस में बांधने वाली एक विशेषता थी, सनातनता पर उनका ज़ोर, न कि किसी मौलिक, सुदीर्घ अतीत से हुए विच्छेद पर ज़ोर, जिसे कि पाटने का दावा अधिक रैडिकल सुधार आंदोलनों ने किया। परंपरावादियों द्वारा जिस अतीत का आह्वान किया गया, उसे ग्रंथों, रीति-रिवाजों, सामाजिक आचरण और संस्थाओं में पाया जा सकता था, जिनमें से कुछ काफ़ी पहले के थे और कुछ अन्य अठारहवीं सदी के आख़िरी दशकों से ज़्यादा पहले के न थे। दूसरे समूह के लिए 'नव-हिंदू' को, जिससे अप्रामाणिकता की बू आती है, ख़ारिज करते हुए, किसी बेहतर पद के अभाव में, मैं 'सुधारवादी' का इस्तेमाल जारी रखूंगी।

इन दो समूहों के बीच की असमानताओं और समानताओं को मोटे तौर पर इस तरह रखा जा सकता है : 1. परंपरावादी श्रुति और स्मृति, दोनों के धर्मग्रांथिक प्राधिकार को मान्यता देते हैं, यहां इतिहास और पुराण को धर्मग्रांथिक परंपरा के विकास का एक वैध हिस्सा माना गया है। इस चलन के उलट, सुधारवादी धर्मग्रांथिक परंपरा के एक हिस्से को विशिष्टरूपेण प्राधिकारयुक्त मानते हुए अलग करते हैं; यह विशेष स्थिति सामान्यतः वेदों के लिए सुरक्षित रहती है। शेष को भ्रष्ट या पतित के रूप में देखने का रुझान उनके यहां मिलता है। 2. पहले समूह के लिए, धार्मिक और नागरिक क़ानून के प्रतिपादन के स्रोत के रूप में धर्मशास्त्र का प्राधिकार क़ायम है और वर्णाश्रम धर्म की अनिवार्य वैधता प्रश्नातीत है। हालांकि वहां सामाजिक परिवर्तन को बार-बार दी जाने वाली छूट और स्पष्ट परिष्कार दिखलाई पड़ता है, पर इसकी जायज़क़रारी के लिए धर्मशास्त्रों के प्राधिकार की मदद ली गई है : इसीलिए कई तरह की धर्मसभाएं थीं–इनमें से अनेक अल्पायु रहीं–जो ब्रिटिश वैधानिक कार्रवाइयों द्वारा उत्पन्न संकट के चलते पैदा हुई थीं। दूसरा समूह इस मामले में अपने-अपने नेताओं को प्राधिकारयुक्त मानता है और धर्मशास्त्रों के प्राधिकार की ओर लौटता नहीं।[9] 3. परंपरावादी मंदिर और कर्मकांड की केंद्रीयता पर बल देना जारी रखते हैं, हालांकि यहां भी विविध सुधारवादी उपायों की मांग होती है और कई बार वे लागू भी होते हैं। सुधारवादी पूजा-अर्चना तथा अनुष्ठानों के सभी पुराने ठिकानों से अपने को अलग करते हैं और ख़ुद अपने ठिकाने स्थापित करते हैं। 4. अपनी-अपनी परंपराओं को वैधता देने के लिए ढूंढ़े गए तरीक़ों में अकसर सबकी साझेदारी है, क्योंकि परंपरावादी लोग अपनी मांग के पक्ष में धर्मग्रंथों के अलावा बुद्धिवादी दलीलों को भी जुटाते हैं, साथ ही इतिहाससंबंधी विद्वत्कार्य, उसमें भी सबसे अधिक पश्चिमी प्राच्यवादियों के काम, को भी उपयोग में लाते हैं। 5. इसी से यह होता है कि लोक-प्रचलित धार्मिक आचरण पर–जिसे हिंदू धर्म का एक हिस्सा मानना जारी है, क्योंकि इसे एक स्वायत्त वजूद रखने की इजाज़त नहीं दी जा सकती–उत्तरोत्तर 'अंधविश्वास' का ठप्पा लगने लगता है और उसे निम्नकोटि का बताया जाता है। परंपरावादी और सुधारवादी, दोनों इस 'अंधविश्वासी' आचरण की भर्त्सना समान रूप से करते हैं।

पुनर्जागरण शब्द आधुनिकीकरण की इस प्रक्रिया के लिए बड़े पैमाने पर स्वीकृत है।

यह उन्नीसवीं सदी में ही इस्तेमाल में आने लगा था और निश्चित रूप से उन लोगों के बोध का एक हिस्सा था जिन्होंने इस प्रक्रिया में सबसे आगे बढ़कर योगदान किया, जैसे बंकिमचंद्र चटर्जी, अरबिंदो घोष और बिपिन चंद्र पाल।[10] राष्ट्रवादी इतिहास-लेखन में इस शब्द का ग़ैर-आलोचनात्मक तरीक़े से इस्तेमाल हुआ है। अगर एक ओर ब्रिटिश औपनिवेशिक दौर को निर्मम शोषण का दौर बताकर उसकी निंदा की गई है, तो दूसरी ओर 'उन्नीसवीं सदी के हिंदुस्तान में एक ऐसे महान सांस्कृतिक पुनर्जागरण' के दौर के रूप में उसका गुणगान भी किया गया है 'जिसने उसे मध्ययुग से आधुनिक युग में पहुंचा दिया'। यह सांस्कृतिक पुनर्जागरण 'महान सामाजिक और सांस्कृतिक सुधारों, साहित्यिक पुनरुत्थान, और राजनीतिक आकांक्षाओं' से मिलकर बना था।[11] लेकिन इस शब्द का इस्तेमाल जारी रखने में कई समस्याएं हैं। जैसा कि बरुण दे ने बताया है, यूरोप में इस शब्द के इस्तेमाल के जो राजनीतिक और सामाजिक प्रेमाइस थे, वे काल-विभाजन पर, युगों की एक क्रम-योजना पर आधारित थे। युगों की यह क्रम-योजना नागरिक समाज (सिविल सोसायटी) के उद्भव, और अंततः बुर्जुआ प्रभुत्व के उद्भव में जा मिलती थी। यह बात पूरे यूरोप पर समान रूप से लागू नहीं होती, और इस तरह वहां भी इससे कोई मॉडल-निर्माण का काम नहीं हो सकता। स्पष्टतः, यह क्रम-योजना हिंदुस्तानी औपनिवेशिक परिस्थितियों के साथ मेल नहीं खाती, जहां कोई नागरिक समाज संभव नहीं था (1977 : 186)। उपाश्रयी मध्यवर्ग–जिसका सामाजिक और आर्थिक आधार ब्रिटिश शासन द्वारा सृजित नए समूह थे–विदेशी शासन के ढांचे के भीतर काम करता था। इलाक़ाई राज्यसत्ता वाली परिस्थितियों और ब्रिटिश हस्तक्षेप की परतंत्र छत्रच्छाया में जिस 'ज्ञानोदय' की शुरुआत हुई, वह आधुनिकीकरण करने वाली यूरोपीय बुर्जुआज़ी के प्रति इस उपाश्रयी मध्यवर्ग की सांस्कृतिक प्रतिक्रिया से निर्मित था (191)।[12] भारतीय पुनर्जागरण की अवधारणा के पीछे बुनियादी मान्यता यह है कि ब्रिटिश शासन के कुछ सकारात्मक पहलू थे, जो एक दौर में साथ-साथ सामने आए; उसी दौर में भारतीय संस्कृति का पुनरुत्थान घटित हुआ। बावजूद इसके, यह जुड़ाव भारतीय विकास के लिए ज़रूरी तौर पर फ़ायदेमंद नहीं था (195)। कुल मिलाकर, 'पुनर्जागरण', अनसुलझे मुद्दों और तनावों से अंटी पड़ी एक ख़ासा पेचीदा अन्योन्यक्रिया की कुछ ज़्यादा ही साफ़ो-शफ़्फ़ाफ़ शक्ल दिखाता है।

प्रस्तुत अध्ययन में मैंने हिंदू परंपरा के पुनर्जागरण के बजाय उसके दृढ़ीकरण की अवधारणा को लेकर चलना पसंद किया है। यह दृढ़ीकरण, जो अपने आपमें एकरेखीय प्रक्रिया न होकर तनावों और अंतर्विरोधों से भरी प्रक्रिया रही है, उसे अंकित करते हुए मैंने बनारस के भारतेंदु हरिश्चंद्र (1850-85) के काम को केंद्र में रखा है। उनका काम उत्तर भारत में हिंदू परंपरा की निर्मिति में शामिल एक महत्त्वपूर्ण, किंतु 'कोशिकीय'[13] प्रतिक्रिया है। महत्त्वपूर्ण इस मायने में कि यह जीवंत रुझानों को सामने लाता और उभारकर दिखलाता है; कोशिकीय इस मायने में कि यह औपनिवेशिक हिंदुस्तान में सामाजिक, राजनीतिक, धार्मिक और सांस्कृतिक आंदोलनों के जटिल जाल से, जिनके प्रति यह ख़ुद एक प्रतिक्रिया है, अनिवार्य रूप से संबद्ध बना रहता है। भारतेंदु ने परंपरा के एक नए प्रवक्ता का नमूना पेश किया; अब शास्त्रसम्मतता के नाम पर बोलने का काम सिर्फ़ ब्राह्मणों पर नहीं छोड़ा जा सकता था। वे एक 'साधारण धार्मिक नेता'[14] थे जिसने नए परंपरावादी मुहावरे को गढ़ने में नए और साथ ही साथ पुराने संसार के ज्ञान की ताक़त का इस्तेमाल किया, जो बदलाव का आगाज़ व दिशा-निर्देश करने

के लिए आधुनिक प्रिंट-माध्यम को असरदार तरीक़े से इस्तेमाल कर सकता था। उनका प्रभाव अपने इलाक़े तक ही महदूद न था। इसका एक कारण यह भी था कि उनकी वाणी को उस पवित्र काशी नगरी के प्राधिकार का सहारा मिला हुआ था जो महाराजा से और विद्यार्जन संबंधी पारंपरिक प्रतिष्ठा से अधिकाधिक बल हासिल करते नए व्यापारी अभिजात वर्ग का प्रतीक थी। दूसरा कारण यह था कि उन्होंने हिंदी को, जो उस समय भी राष्ट्रीय ओहदे की दावेदार थी, प्रचारित-प्रसारित किया और उसे साहित्यिक भाषा बनाया। आज भारतेंदु को मुख्यतः आधुनिक हिंदी साहित्य के जनक के रूप में जाना जाता है, और यहां भी उनकी नाट्य कृतियां साहित्येतिहासों में सबसे अधिक जगह घेरती हैं। बावजूद इसके, यह जनमत की राजनीतिक संभावनाओं से अवगत पत्रकार वाली भूमिका ही थी जिसके तहत उन्होंने हज़ारहा ऐसे मुद्दों पर नज़रिया गढ़ने का काम किया जो राजनीतिक और राष्ट्रीय पहचान के सवाल के साथ एकदम नत्थी थे।

भारतेंदु के साहित्यिक कार्य ने पिछली सदी में महानता का दर्जा हासिल कर लिया है। इस प्रक्रिया में अगर एक ओर परंपरा के साथ उनके लगाव को हाशिए पर कर देना एक आम बात हो गई है—क्योंकि यही आधुनिक साहित्य का आगाज़ करने वाले पर सही जंचता है—तो दूसरी ओर उनके सांस्कृतिक-राजनीतिक नवाचारों को कमतर आंकते हुए उन्हें पुनरुत्थानवादी के रूप में देखने की प्रवृत्ति रही है। हर सूरत में, साहित्यिक अध्ययनों ने 'ऐतिहासिक' को 'पृष्ठभूमि संबंधी सूचना' का निकृष्ट दर्जा सौंपने का रुझान दिखाया है। दूसरी ओर, ऐतिहासिक अध्ययनों की, यहां तक कि सामाजिक चेतना के निर्माण पर विचार करने वाले ऐतिहासिक अध्ययनों की भी, भारतेंदु के काव्यशास्त्र की ऐतिहासिकता में और साहित्यिक संवर्गों में बहुत कम दिलचस्पी रही है। साहित्यिक और सामाजिक-ऐतिहासिक, ये दोनों उपागम परस्पर बहिर्वेशी बने रहे हैं।

राष्ट्रवाद और उपनिवेशवाद पर हालिया शोध ऐसा अवधारणात्मक ढांचा मुहैया कराता है जिसके भीतर उपर्युक्त दोनों नज़रियों का मेल करा पाना मुमकिन है।[15] राष्ट्रवाद पर हुए अध्ययनों ने यद्यपि साहित्य के रूपात्मक पहलुओं को शायद ही कभी जगह दी हो, पर भाषा और साहित्य की अहम राजनीतिक भूमिकाओं पर विचार किया है। इस दिशा में बेनेडिक्ट एंडरसन की *इमैजिंड कम्युनिटीज़ : रिफ़्लेक्शंस ऑन दि ओरिजिन एंड स्प्रेड ऑफ़ नेशनलिज़्म* (1983) ने ज़ोरदार बहस की शुरुआत की। एंडरसन ने राष्ट्र को 'एक कल्पित राजनीतिक समुदाय' के रूप में परिभाषित किया, जो 'जन्मना सीमित और संप्रभु, दोनों रूपों में कल्पित' है। इस परिभाषा को व्यापक मान्यता मिली है। पर साथ ही, एंडरसन की यह भी उपलब्धि रही कि उन्होंने 'काल्पनिक' शब्द को इसके मनगढ़ंत और 'झूठ' वाले मायनों से मुक्त कराया। इसकी ख़ासियत यह है कि यह उन बहसों के पांव तले की ज़मीन खींच लेता है जो राष्ट्रवाद की छद्म क़िस्मों को उसकी प्रामाणिक क़िस्मों से अलग करने की कोशिश करती हैं। एंडरसन राष्ट्र को धार्मिक समुदायों और राजवंशीय राज्यों द्वारा तैयार मूलाधारों पर पनपता हुआ मानते हैं और इसके पनपने में मुख्यतः प्रिंट पूंजीवाद की भूमिका देखते हैं जो ख़ास क्षेत्रीय इकाई को ख़ास भाषा के साथ संबद्ध करने की राष्ट्रवादी विचारधाराओं की कोशिशों की हिमायत करता था। इस सिलसिले में जो प्रिंट भाषाएं उभरकर आईं, उन्होंने राष्ट्रीय चेतना के लिए आगे की बुनियाद तैयार की, इस मायने में कि उन्होंने आदान-प्रदान और संचार के लिए

एकीकृत क्षेत्रों का सृजन किया, भाषा को एक नई स्थिरता दी, और इस तरह पुरानी प्रशासकीय देसी भाषाओं से भिन्न सत्ता की भाषाएं सृजित कीं (46-8)। यहां मैं एंडरसन के बताए राष्ट्रवाद के तीन मॉडलों की चर्चा में नहीं जाऊंगी। इतना बताना काफ़ी होगा कि, उनके अनुसार, अपनी ज़रूरतों के हिसाब से ढालकर राष्ट्रवाद के नए मॉडल तैयार करने की कोशिश में भूतपूर्व उपनिवेश पश्चिम में तैयार किए गए मॉडलों से अलग जा पाने में असमर्थ रहे हैं।[16]

यह एक ऐसा मुद्दा है जिस पर पार्थ चटर्जी ने अपने मोनोग्राफ़ *नेशनलिस्ट थॉट एंड दि कोलोनियल वर्ल्ड : ए डेरिवेटिव डिस्कोर्स?* (1986) में विचार किया है। यह मोनोग्राफ़ औपनिवेशिक संदर्भ में राष्ट्रवाद पर चलने वाली बहसों की सबसे उम्दा तरीक़े से प्रस्तुति और चीर-फाड़ करता है।[17] पार्थ चटर्जी दो तरह के लोगों से बराबर की दूरी बनाए रखते हैं। एक तो राष्ट्रवाद के उदारवादी समर्थकों से, जो पूर्व-उपनिवेशों में सबसे अधिक पाई जाने वाली राष्ट्रवाद की (उनके अनुसार) अधूरी क़िस्मों को पश्चिम में हासिल की गई तरक़्क़ी और जम्हूरियत की दिशा में कुछ हद तक ले जाने वाली राह के पड़ावों के रूप में देखते हैं। दूसरे, उन संकीर्णतावादी आलोचकों से वे दूरी बनाए रखते हैं, जिनकी दृष्टि में राष्ट्रवाद एक ऐसी छद्म और विकृत विचारधारा है जो राजनीतिक रूप से अपरिपक्व समाजों की ज़रूरतों के निकष पर तो बिल्कुल खरी नहीं उतरती। चटर्जी के अनुसार, राष्ट्रवाद एक अवधारणा के रूप में अपनी जन्मभूमियों में जिस तरह से नमूदार हुआ, उसमें वह ऐतिहासिक रूप से ज्ञानोदय की सामाजिक और राजनीतिक पूर्वशर्तों से बंधा हुआ था। इस आधार पर यह सार्वभौमिक रूप से हर परिघटना पर लागू हो पाने की क्षमता अर्जित नहीं कर सकता था, ख़ासतौर से उन परिघटनाओं पर जो औपनिवेशिक शासन के तहत विकसित हुईं, जिन पर पहले 'राष्ट्रवादी' का लेबल लगाया गया और तब पश्चिमी मॉडल की तुलना में उन्हें अधूरा पाया गया। चूंकि संस्कृति से स्वतंत्र कोई ज्ञान संभव नहीं था, इसीलिए इन अवधारणाओं की कोई असीम सार्वभौमिकता संभव नहीं थी। बाहरी संस्कृति में पैदा होने वाले विचार-संवर्गों को एक नए सांस्कृतिक संदर्भ में नया अर्थ हासिल करना ही था (27)। औपनिवेशिक संदर्भ में राष्ट्रीय पहचान पर दिया जाने वाला ज़ोर औपनिवेशिक शोषण के ख़िलाफ़ संघर्ष का एक रूप था (18)। चटर्जी को भी इस बारे में संदेह है कि एक ऐसी राष्ट्रवादी परियोजना, जो कि पूरब और पश्चिम के अंतरों पर आधारित सारवादी मान्यताओं से ही बंधी है, का आग़ाज़ औपनिवेशिक परिदृश्य में हो सकता है या नहीं, इसके बावजूद इस बात पर उनका भरोसा है कि औपनिवेशिक प्रभुत्व के मातहत समाजों में शक्ति के बदलते संबंधों की खोजबीन करना उपयोगी है।[18]

तपन रायचौधरी की किताब *यूरोप रीकंसीडर्डः परसेप्शंस ऑफ़ दि वेस्ट इन नाइनटीन्थ सेंचुरी बंगाल* (1988), जो उन्नीसवीं सदी की तीन महत्त्वपूर्ण हस्तियों का अध्ययन है, कुछ और आलोचनात्मक अंतर्दृष्टियां देती है।[19] तीनों हस्तियां एक ही परिवेश से आती हैं; फिर भी, उच्च-जाति-बंगाली-संस्कृति के प्रकटतः संकरे दायरे के भीतर, उनके तजुर्बे और आकलन जुदा-जुदा हैं। रायचौधरी के अनुसार, तीसरी दुनिया के राष्ट्रवाद का सैद्धांतिक विश्लेषण, प्रतिक्रियाओं के वैविध्य की अनदेखी करने के अलावा, ऐफ़्रो-एशियाई राष्ट्रवाद की स्वायत्त सकारात्मक सांस्कृतिक अंतर्वस्तुओं का पूरा जायज़ा नहीं लेता। हिंदुस्तान के मामले में ऐसी अंतर्वस्तुओं को कमतर आंकने का प्रयास इस तरह दिखाई पड़ता है कि संस्कृत परंपरा को पश्चिमी प्राच्यविद्या के ब़जरिए भी देखा गया है। बंगाल को देखें, तो स्वदेशी परंपरा तक

पहुंच अनिवार्यतः उस परंपरा की पश्चिमी समझ के रास्ते से नहीं होती थी। हिंदुस्तान में अतीत के ज्ञान के एक स्वायत्त स्रोत के तौर पर संस्कृत विद्वत्कार्य की एक अटूट परंपरा रही है और यह भी एक नई दृष्टि प्रदान कर सकती है।

प्रस्तुत अध्ययन में सिर्फ़ स्वायत्त अंतर्वस्तुओं पर ही ज़ोर देने का प्रयास नहीं हुआ है। इसकी बनिस्बत, औपनिवेशिक स्थितियों द्वारा मुहैया कराए गए विशेष ढांचे के भीतर पाश्चात्य के साथ जो अन्योन्यक्रिया चल रही थी, उसमें इनकी उत्पत्ति को चिह्नित किया गया है। इस प्रक्रिया को न तो पुनर्जागरण और न ही पुनरुत्थान के रूप में, बल्कि एक ओर स्वांगीकरण व दूसरी ओर एकीकरण और साथ ही वैरभाव व प्रतिरोध के जटिल जाल के रूप में देखा गया है।

प्रविधि के स्तर पर, इस अध्ययन की दिशा तय करने वाले दो नज़रिए उभरकर आते हैं। राष्ट्रवादी विमर्श की स्वायत्त सकारात्मक अंतर्वस्तुओं को, जिस रूप में वे भारतेंदु और उनके समकालीनों द्वारा प्रस्तुत की गईं, तलाशने और सुलझाने की कोशिश में इस अध्ययन का एक लक्ष्य होगा, पश्चिमी धारणाओं और उनके परवर्ती मिश्रणों के साथ इन अंतर्वस्तुओं के संबंध को तलाशना। एक-दूसरे को प्रभावित करते कम-से-कम तीन पृथक् तंतु, जो ख़ास उस दौर की राष्ट्रवादी परंपरा के पट में साथ-साथ बुने हुए हैं, भारतेंदु के कामों में कुछ हद तक अलगाए जा सकते हैं :

1. साहित्यिक और सामाजिक-धार्मिक प्राक्-औपनिवेशिक परंपरा तक सीधी पहुंच (जैसा कि पारंपरिक साहित्यिक विधाओं में लिखने और अनुवाद करने, सार्वजनिक उत्सवों को और राजसी तथा मंदिर अनुष्ठानों को बनाए रखने जैसी चीज़ों से ज़ाहिर होता है)।
2. प्राचीन 'हिंदू' पाठ और संस्थाएं, उस रूप में भी जिस रूप में वे ब्रिटिश और पश्चिमी प्राच्यवादियों के बज़रिए आए (मिसाल के लिए, इतिहास-लेखन का वह पूरा गुच्छ जो 'आर्य' की धारणा से जुड़ा है)।
3. ब्रिटिश औपनिवेशिक शक्तियों की प्रशासनिक, क़ानूनी और शैक्षणिक कार्यवाहियां (जिनकी अपनी योजना यूरोप में उस समय हावी मनोवृत्तियों के अनुसार हुई थी) और मिशनरी गतिविधियां।

इन तंतुओं के अंतर्गुंफन में ही भांति-भांति की हिंदू राष्ट्रवादी परंपरा निर्मित हुई। पीछे देखते हुए इन तंतुओं को तलाश लेना एक जटिल प्रक्रिया है, क्योंकि उनके अंतर्गुंफन में प्राचीन शब्दावली का प्रयोग किया गया है।

पारंपरिक या देसी हिंदुस्तानी रवैया और बाहरी पश्चिमी रवैया उन लोगों के द्वारा विपरीत ध्रुवों के रूप में पेश किया गया जो अपने आपको इनका प्रतिनिधि मानते थे। वह बौद्धिक वर्ग, जो आत्म-सजग रूप से 'हिंदू' था, सांस्कृतिक और राजनीतिक तौर पर अपने को बचाए रखने की लड़ाई लड़ने की ग़रज़ से देसी पर बल देने के लिए मजबूर था। नया सार्वजनिक वृत्त रचने के सिलसिले में उन्होंने भविष्य के राष्ट्रवादी एजेंडे को व्यक्त कर पाने के लिए ज़रूरी अवधारणाओं को घेरने वाली एक सोची-समझी भारतीय शब्दावली का इस्तेमाल किया। ये औपनिवेशिक सरकार के जवाब में और प्रतिरोध में विकसित किए गए थे, और वह जिन-जिन चीज़ों के पक्ष में थी, उन सबको औपचारिक तौर पर विदेशी क़रार दिया गया था। बावजूद इसके, ये विपरीत ध्रुव प्रदत्त राजनीतिक समीकरण में एक-दूसरे को प्रभावित करने वाले ही हो सकते थे।

इन दो अतियों के बीच फ़र्क़ क्या था? रणजीत गुहा द्वारा विकसित दो महत्त्वपूर्ण अंतर्दृष्टियां प्रविधि संबंधी नई संभावनाओं की ओर संकेत करती हैं।[20] एक अंतर्दृष्टि राजनीतिक ढांचे से सरोकार रखती है, तो दूसरी उसके भीतर मुहावरों की अन्योन्यक्रिया से। गुहा के अनुसार, औपनिवेशिक हिंदुस्तान में सत्ता की ऐतिहासिक अभिव्यक्ति को उसके सांस्थानिक, पद्धतिगत और विवादात्मक पहलुओं में प्रभुत्व और मातहती के दो सिद्धांतों की अन्योन्यक्रिया के रूप में समझा जा सकता है। प्रभुत्व में समझाना-बुझाना, पर साथ ही बल-प्रयोग करना भी शामिल होता है। यहां बल-प्रयोग प्रमुख होता है। इसी तरह, मातहती में प्रतिरोध, पर साथ ही सहयोग-सहकार भी शामिल होता है। ऐसे में अन्योन्यक्रिया करते ये जोड़े एक अवधारणात्मक ढांचा प्रस्तुत करते हैं जिसके भीतर उपनिवेशकों के साथ उपनिवेशितों के संबंध के अंतर्विरोधों और दुचित्तेपनों को रखकर देखना मुमकिन है।

गुहा प्रभुत्व और वर्चस्व के बीच फ़र्क़ करते हैं। वर्चस्व, जैसा कि वे समझते हैं, बल-प्रयोग के मुक़ाबले अनुनय (समझाना-बुझाना) और सहमति पर ज़्यादा आधारित है। जब हिंदुस्तान का सैन्य-अधिग्रहण पूरा हो गया और :

> उपनिवेशवाद अपनी लुटेरी और सौदागरी शुरुआत से आगे बढ़कर अधिक व्यवस्थित, साम्राज्यिक अवस्था तक आ पहुंचा...तलवार पर ख़ास तरह की निर्भरता का स्थान एक शांतिपूर्ण नियंत्रण ने ले लिया जिसमें बल को (प्रभुत्व की दोहरी व्यवस्था में अपनी प्रधानता खोये बग़ैर) उन संस्थाओं और विचारधाराओं के साथ रहना सीखना पड़ा जो सहमति पैदा करने के लिए रची गई थीं (234)।

इस तरह वर्चस्व की आकांक्षाओं का अस्तित्व तो था, मगर प्रभुत्व की मातहती में। हिंदुस्तान का ब्रिटिश आधिपत्य, गुहा के अनुसार, कभी भी वर्चस्व-प्रकृति को नहीं पा सका, क्योंकि इसने सहमति के बनिस्बत बल-प्रयोग से ज़्यादा काम लिया और अंततः सहयोग के बजाय अधिक प्रतिरोध पैदा किया।

गुहा के निबंध की एक केंद्रीय स्थापना, जो थोड़े-बहुत संशोधन के साथ इस अध्ययन के लिए महत्त्वपूर्ण साबित हुई है, यह प्रस्तावित करती है कि प्रभुत्व और मातहती के चार घटकों के भीतर दो मुहावरों के बीच से निकला सिद्धांत काम कर रहा था। इनमें से एक मुहावरा उपनिवेशकों की (ब्रिटिश) मेट्रोपोलिटन राजनीतिक संस्कृति से गृहीत था, दूसरा उपनिवेशितों की (हिंदुस्तानी) प्राक्-औपनिवेशिक परंपरा से गृहीत था (233)। चूंकि, जैसा कि गुहा ने बहुत साफ़ दिखाया है, औपनिवेशिक शासन कभी भी पूर्ण वर्चस्व हासिल नहीं कर पाया, इसलिए देसी हिंदुस्तानी मुहावरे में हमेशा स्वायत्तता सुरक्षित रही। हमें यह देखने की ज़रूरत है कि इन दोनों मुहावरों ने तीसरे, आधुनिक हिंदुस्तानी मुहावरे की ओर प्रवाहित होने और उसमें समा जाने के सिलसिले में किस तरह एक-दूसरे को कहीं ओवरलैप किया, कहीं किसी मिलन-बिंदु पर काटा और कहीं एक-दूसरे का विध्वंस किया। यह तीसरा मुहावरा न तो पश्चिमी मुहावरे की नक़ल हो सकता था, न ही प्राचीन भारतीय संकल्पना की। घटक तत्त्वों ने एक नए यौगिक, 'एक नई और मौलिक शै' की रचना की (271)।

लेकिन सुविधाजनक होने के बावजूद, इस रूपरेखा को लागू करने पर अच्छी-ख़ासी पेचीदगियां भी सामने आती हैं। हालांकि, परंपरा के प्रतिनिधि के रूप में सिर्फ़ हिंदू परंपरा का हवाला देते हुए, गुहा इस बात पर क़ायम रहते हैं कि परंपरा जड़ और निष्क्रिय नहीं

बनी रही, लेकिन वस्तुतः वे उसकी निष्क्रियता की ही पुष्टि करते प्रतीत होते हैं, इस मायने में कि वे उस देसी हिंदू परंपरा की वर्तमान तक चली आती निरंतरता को मानकर चलते हैं, जिसे उन्होंने क्लासिकी हिंदू राज्यतंत्र के पाठों से निकलने वाले एक मास्टर कोड की तरह देखा है। गुहा के विपरीत, मेरा ज़ोर इस बात पर होगा कि हिंदू परंपरा ने–जिस रूप में उसने उन्नीसवीं सदी में ख़ुद को अभिव्यक्त किया, जैसा कि उस दौर के पाठों की गहन पड़ताल से साबित होता है–मौजूदा ज़रूरतों और दावों की रोशनी में पिछले मुहावरों और क्लासिकी पाठों के साथ संबंध तय करने की ही प्रक्रिया में अपने को गढ़ा। ऐसा ख़ुद को एक सुसंगत और एकरूप शै के रूप में पेश करने की कोशिश के तहत हुआ। ऐसा करने में उन्नीसवीं सदी की हिंदू परंपरा ने उस मुस्लिम शासन के लंबे दौर से कन्नी काटकर निकल जाने की कोशिश की, जिसके पास भी अपनी परिष्कृत न्यायिक और प्रशासनिक शब्दावली थी, और जो 1837 में अदालती ज़बान के रूप में फ़ारसी के हटाए जाने तक अमल में रही। अलबत्ता, इसके ऊपर पश्चिमी/ईसाई जितना ही ग़ैर और विदेशी होने का ठप्पा लगाकर हिंदू/हिंदुस्तानी परंपरा के प्रवक्ताओं ने सोचे-समझे तरीक़े से धर्मशास्त्रों को समकालीन संदर्भ-बिंदु के रूप में स्थापित करना चाहा। हालांकि उनके द्वारा प्रयुक्त शब्द सचमुच क्लासिकी संस्कृत पाठों से लिये गए थे, पर उनकी उन्नीसवीं सदी वाली प्रयुक्ति स्पष्टतः पिछली से अलहदा थी, क्योंकि उस पर समकालीन प्रयोजनों का दबाव था। सिंहावलोकन करते हुए, इन प्रवृत्तियों पर निस्संदेह संस्कृतीकरण का आरोप लगाया जा सकता है, क्योंकि इन्होंने जिन संकल्पनाओं का आह्वान किया, उन्हें अपरिवर्तित और शाश्वत रूप से वैध संकल्पनाओं के तौर पर, वस्तुतः प्रामाणिक रूप से भारतीय संकल्पनाओं के तौर पर पेश करने का प्रयास किया। यद्यपि उन्नीसवीं सदी के बौद्धिक जन सरकारी और सामाजिक संस्थाओं की ब्रिटिश संकल्पना के लिए समानार्थक के तौर पर संस्कृत शब्द जुटाने के काम में पुरज़ोर तरीक़े से लगे रहे, पर उनके इस प्रस्ताव को, कि ये शब्द और संकल्पनाएं प्राचीन भारतीय राज्यतंत्र से सीधे, समय की किसी भी रगड़ से अछूती, चली आई थीं, आज की तारीख़ में उन्नीसवीं सदी के हालात का विश्लेषण करने वाले किसी व्यक्ति के द्वारा आंखें मूंदकर स्वीकार नहीं किया जा सकता।[21] लेकिन गुहा यही करते हुए प्रतीत होते हैं। वे इस बात की अनदेखी कर जाते हैं कि अतीत के साथ, और प्राक्-औपनिवेशिक निकट अतीत के साथ तो और भी ज़्यादा, जो संबंध थे, उनका स्पष्टीकरण ज़रूरी है। लिहाज़ा, जिन क्लासिकी संस्कृत शब्दों/संकल्पनाओं को जुटाया गया, उनकी प्रयुक्ति को मध्यवर्ती 'मुस्लिम' सदियों में तलाशना, उन परंपराओं के भीतर और फिर वहां से पीछे जाकर छानबीन करना जिनमें इनके प्रयोगकर्ता स्वयं सचमुच बद्धमूल थे–यह भी एक कार्यभार है। यहीं शायद निरंतरताएं सचमुच पाई जा सकती हैं। अगर इन शब्दों की निशानियां वहां नहीं मिलतीं, तो इनकी प्रयुक्ति को उस ऐतिहासिक कार्यभार का हिस्सा मानना होगा जो उन्नीसवीं सदी के बौद्धिक समाज के सामने दरपेश था। वह कार्यभार था, इस गढ़ी जाती हुई परंपरा को एक इज़्ज़तदार ख़ानदानीपन से नवाज़ना। इसे पूरा करने के लिए नुमायां तौर पर उन्होंने प्राचीन पाठों में अपने संदर्भ-बिंदुओं की खोज की। इस जतन में औपनिवेशिक विधायिका ने कोई मामूली किरदार नहीं निभाया, क्योंकि यहां धर्मशास्त्रों और ब्राह्मणवादी परंपरा (उस रूप में, जिस रूप में वह सहज गम्य थी) के प्राधिकार को लेकर कभी संदेह न था। इसमें

उन पश्चिमी प्राच्यवादियों द्वारा व्यापक रूप से सहयोग प्राप्त हुआ जिन्होंने अपने पास उपलब्ध समकालीन चौखटों में इन पाठों और शब्दों की मध्यस्थता और व्याख्या की। वस्तुतः, छानबीन की यह पूरी प्रक्रिया हमें इस निष्कर्ष की ओर ले जाएगी कि इस दूसरे मुहावरे ने भी, जिसे ख़ुद गुहा ने पूर्वप्रदत्त के रूप में पेश किया, उन्नीसवीं सदी में ही दरअसल अपने आपको संघटित किया था।

गुहा की इस मान्यता में दोष निकालना तो मुश्किल है कि 'व्यवस्था' की धारणा, जिसने ब्रिटिश राज द्वारा चलाए जा रहे बल-प्रयोग को संरचनाबद्ध किया, देसी राजनीति के एक बड़े क्षेत्र पर शासन करने वाले 'दंड' के भारतीय मुहावरे की समानार्थक बन पाई और उस मुहावरे के साथ पारस्परिक प्रभाव का रिश्ता बना पाई, पर इस बात को मान लेना ज़्यादा मुश्किल है कि 'मनुस्मृति को उन सबका (यानी पूरी देसी राजनीति का) प्रतिनिधित्व करने वाला माना जा सकता है' (1989 : 238)। इसकी वजह यह कि 'दंड' शब्द के विकास की रूपरेखा तराशते हुए इसकी प्रयुक्ति के पदचिह्नों को क्रमशः, एक के बाद एक, सदियों के उस पूरे फ़ासले में ढूंढ़ना ज़रूरी होगा जो मनु को औपनिवेशिक दौर से अलग करता है। इसमें प्राचीन भारतीय राज्यतंत्र से सीधा उन्नीसवीं और बीसवीं सदी में छलांग लगाने से बचना होगा। बीच के चरणों को, किसी निश्चित समुदाय या पाठों के समूह में प्राप्य ठोस ऐतिहासिक प्रयुक्ति को, थोड़ी स्पष्टता के साथ निर्धारित करने की ज़रूरत होगी।[22]

मातहती, जो प्रभुत्व का सहचर है, उसके नियम को गुहा 'भक्ति' की मान्यता के अनुकूल दिखलाना पसंद करते हैं। बंकिमचंद्र और दीनबंधु मित्र के यहां ऐसे अनुच्छेद हैं जहां इस शब्द का इस्तेमाल (औपनिवेशिक) राज्य के प्रति समर्पित निष्ठा के अर्थ में हुआ है। लेकिन, एक भूमंडलीय चलन के तहत इस ताबेदारी को, पूरे मध्यकालीन भक्ति साहित्य में जिस तरह भक्ति का उपयोग हुआ है, उसके साथ जोड़ देना और चलताऊ ढंग से इसे दास्य भाव के बुनियादी उसूल से संचालित 'मातहती की विचारधारा' (25) के खाते में डाल देना एक संदेहास्पद तरीक़ा है।[23] कम-से-कम दो सहस्राब्दियों के दौरान बड़े पैमाने पर और बहुत वैविध्यपूर्ण संदर्भों में इस्तेमाल होने वाली भक्ति जैसी समृद्ध संकल्पना के अर्थ-क्षेत्र को किसी चरम स्पष्टता के साथ घेर पाना दुष्कर है। मैं इन समीकरणों पर इतने विस्तार के साथ बात इसलिए कर रही हूं कि मौजूदा काम के सिलसिले में हमें इनमें से कुछ शब्दों, विशेषतः भक्ति, को उनके नव्यतर और साथ ही साथ पुरातनतर अर्थों के साथ दुबारा इस्तेमाल करना है। जैसा कि हम अध्याय 6 में हिंदू धर्म की सविस्तार चर्चा के दौरान देखेंगे, उन्नीसवीं सदी में एक ख़ास चीज़ तब हुई जब नानाविध धर्मशास्त्रीय निर्देशों में एकजुटता लाने के लिए नव-व्याख्यायित भक्ति की संकल्पना को एक सर्वातिशायी नियम की तरह इस्तेमाल किया गया। यही एकजुटता या संसक्ति थी जिसके भीतर से आधुनिक हिंदू धर्म को संघटित होना था। इन उद्‌विकासों को समझने के लिए परवर्ती परंपरा, यानी अधिक निकट के प्राक्-औपनिवेशिक अतीत (सोलहवीं से अठारहवीं सदी) में आधार ढूंढ़ना ज़रूरी जान पड़ता है। जो परंपरा उन्नीसवीं सदी में जीवित और अद्यापि सक्रिय स्तर पर ज्ञात थी, उसकी खोज करना, न कि तुरंत सुदूर युगों के प्राधिकार की शरण में चले जाना, अपेक्षित है।

मैंने गुहा के प्रमेय के साथ इतनी लंबी बहस उसके परखचे उड़ाने के लिए नहीं, महज़ उसकी कुछ सीमाएं तय करने के लिए की है। इन सीमाओं के बावजूद गुहा का प्रमेय कई

महत्त्वपूर्ण अंतर्दृष्टियां देता है। यह न सिर्फ़ दोनों मुहावरों की अन्योन्यक्रिया को देखने के लिए एक राजनीतिक और सामाजिक चौखटा मुहैया कराता है, बल्कि उनके अंतर्विरोधों को देखने की छूट भी देता है। इसके अलावा तीन मुहावरों की धारणा हमें उन दो धाराओं को, जो तीसरी धारा में जा मिलती हैं, तलाशने की इजाज़त इस ढंग से देती है कि जिसमें इस निर्मित होती धारा को पूर्णतः पारंपरिक या पूर्णतः व्युत्पन्न मानकर देखने की संकीर्णता नहीं रहती। यहां, एक बार फिर, प्रभुत्व और मातहती के चार घटकों के बीच के अंतर का सिद्धांत ऐसी किसी भी प्रवृत्ति पर रोक लगाता है जो इन सबको पूरब और पश्चिम की एक सामंजस्यपूर्ण मिलावट के रूप में देखे। प्रभुत्व ने जहां औपनिवेशिक स्वामियों के मुहावरे की धौंस में न आने को असंभव बना दिया, वहीं इस तथ्य ने, कि यह प्रभुत्व कभी मुकम्मल वर्चस्व हासिल नहीं कर पाया, प्रतिरोध की एक युक्ति से अधिक किसी चीज़ का मार्ग प्रशस्त किया। इस तरह, तीसरा मुहावरा जिस शक्ल में उभरा, उसमें अगर वह संघर्ष की सभी निशानियों को ढो रहा था, तो अनसुलझे तनावों का बोझ भी ढो रहा था। अलबत्ता, खोज में सहायक होते हुए भी औपनिवेशिक और पारंपरिक भारतीय, इन दो मुहावरों के साथ यह वास्तविक ख़तरा बना रहता है कि कहीं इन मुहावरों को अपने आपमें एकरूप शै की तरह, स्थिर इयत्ताओं की तरह न देखा जाने लगे। उसमें भी पारंपरिक हिंदुस्तानी मुहावरे को तो किसी बने-बनाए रूप में पहले से मानकर चला ही नहीं जा सकता, क्योंकि जिस समय आधुनिक हिंदुस्तानी/हिंदू मुहावरा मेट्रोपोलिटन/औपनिवेशिक के साथ संघर्ष में अपनी अभिव्यक्ति पाने की शुरुआत कर रहा था, उस समय भी प्राचीन भारतीय/हिंदू मुहावरा ख़ुद दूसरे मुहावरे के रूप में अभिगृहीत होने की प्रक्रिया में शामिल था।

नई बनती हुई और अन्य तरह की देसी एजेंसियों की मेट्रोपोलिटन एजेंसियों के साथ अन्योन्यक्रिया, और नतीजे के तौर पर तीसरे मुहावरे का निश्चयीकरण मौजूदा अध्ययन के प्राविधिक नज़रिए को निर्धारित करता है।

दूसरा प्राविधिक नज़रिया, तीसरे मुहावरे की रचना के ढांचे के भीतर रहते हुए भी, साहित्य को प्रधानतः ऐतिहासिक ज्ञान का एक स्रोत मानने की समस्या के साथ जुड़ा है। भारतेंदु ने जिन दो पत्रिकाओं—*कविवचनसुधा* (1868-85) और *हरिश्चंद्रचंद्रिका* (1873-85)—का डेढ़ दशक से अधिक समय संपादन किया, उनमें अकूत सूचनाओं की संपदा भरी पड़ी है। इन्होंने एक साहित्यिक जनता (Literary Public) तैयार की जिसे आगे फल-फूलकर राजनीतिक रूप से क्रियाशील एक सार्वजनिक वृत्त दख़ल करना था।[24] लेकिन, चूंकि यह अध्ययन एक पूरक रवैया अपनाना चाहता है, इसलिए भारतेंदु और उनके समकालीनों के इन पत्रिकाओं में और अन्यत्र किए गए लेखन पर सिर्फ़ विषय के आधार पर, यानी राजनीतिक, सामाजिक और सांस्कृतिक सूचना के स्रोत के रूप में, विचार नहीं किया गया है, बल्कि उनके साहित्यिक संदर्भ को सामने रखकर भी विचार किया गया है। इसलिए इन दो प्रसिद्ध पत्रिकाओं में एक साहित्यिक विधा मानकर उन पर विचार किया गया है और सुविस्तृत रूपरेखाएं खींचने की कोशिश की गई है। इनकी संबोधन की शैली पर विस्तार से विचार किया गया है, साथ ही, हिंदी साहित्य की नई विधाओं पर भी, जिनकी पहले-पहल आज़माइश इन्हीं पत्रिकाओं में हुई।[25] स्पष्टतः साहित्यिक और लोकप्रिय रचनाएं, दोनों को अपनी-अपनी काव्यात्मक बुनावट के नियमों के द्वारा समझने का प्रयास किया गया है।

इसके अलावा, यहां जनमत की बहुमुखरता के पैमाने को दर्ज करने की कोशिश हुई है, इस मायने में कि पत्रिकाओं में आई कई ऐसी आवाज़ों को भी महत्त्व दिया गया है जहां बहुत-सा लेखन बग़ैर किसी नाम के है। इस तरह एंडरसन के विपरीत, जिसने औपनिवेशिक दुनिया में प्रिंट माध्यम के इस्तेमाल का अध्ययन स्पष्टतः एक साहित्यिक परिदृश्य के भीतर ही किया था, यहां संपादकीयों, संपादक के नाम पत्रों, सामाजिक और राजनीतिक लेखों तथा धार्मिक पुस्तिकाओं को यह मानते हुए विचार के दायरे में शामिल किया गया है कि वे समवेत रूप में सार्वजनिक वृत्त की साहित्यिक गतिविधि को संघटित कर रहे थे।

अलबत्ता, इस तरह के इतिहास के स्रोत सिर्फ़ साहित्यिक नहीं हो सकते थे, साहित्यिक शब्द के बृहत्तर अर्थ में भी नहीं। लोकप्रिय साहित्य के अलावा पुस्तिकाओं, जन अपीलों और पर्चों, व्याकरणों, शब्दकोषों, प्राथमिक विद्यालय की पुस्तकों, तथा राजकीय रिपोर्टों और दस्तावेज़ों ने भी, मिसाल के लिए, नई प्रिंट भाषा के मानकीकरण और कूटीकरण में योगदान किया। ब्रिटिश प्रशासकों ने इनसे संबंधित सूचनात्मक सामग्री का बहुत बड़ा जख़ीरा इकट्ठा कर रखा था। जहां उनके बहुत प्रकट पक्षपात को लेकर एक निश्चित सावधानी बरतने की ज़रूरत है, वहीं इसका भी समय आ गया है कि औपनिवेशिक अभिलेखागार को लेकर बचाव की मुद्रा को तिलांजलि दी जाए, क्योंकि यहां भी बहुतेरी—अकसर परस्पर विरोधी—आवाज़ें मौजूद हैं। उन्हें ऐतिहासिक स्रोतों के रूप में देखते हुए उनके द्वारा प्रस्तुत साक्ष्यों की जांच और मूल्यांकन करना तथा अपने समय की बहसों में और जनमत के निर्माण में उनके योगदान पर विचार करना संभव होना चाहिए।[26]

भारतेंदु और उनके समकालीनों की परंपरावादी प्रतिक्रियाओं को सही संदर्भ और परिवेश के बीच रखकर देखने के प्रयास में इस किताब के अगले अध्याय को छोड़कर अन्य अध्यायों को ऐसा ढांचा प्रदान किया गया है जिससे कि उनके विमर्श से ही शुरुआत करने के बजाय ऐतिहासिक रूप से उस विमर्श को देखा जाए और इस तरह उस विमर्श की इस पहली मान्यता पर सवालिया निशान लगाया जाए कि उसका विकास स्वयंसिद्ध रूप से निरंतर और सुसंगत रहा है। यह ऐतिहासिक नज़रिया पूर्ववर्ती अवधारणात्मक और सांस्थानिक निर्माणों के, और नाना प्रकार के दृष्टांतों के साथ उनकी अन्योन्यक्रिया के, विस्तृत विवरण को ज़रूरी बना देता है। उसके बाद, भारतेंदु और सनातन धर्म के अन्य समर्थकों ने परवर्ती उन्नीसवीं सदी की परंपरा को स्पष्टता के साथ जिस रूप में सामने रखा, उसे उसकी तमाम निष्पत्तियों के साथ अंकित किया जा सकता है। यह प्राविधिक फ़ैसला वहां याद रखने की ज़रूरत है जहां, पृष्ठ-दर-पृष्ठ, परवर्ती उन्नीसवीं सदी का सीधे-सीधे कोई उल्लेख दिखाई नहीं पड़ता। अध्यायों का क्रम हिंदुओं की सामूहिक पहचान की उन प्राथमिक विशेषताओं से निर्धारित हुआ है जो भारतेंदु के छोटे जीवनकाल के अंतिम दिनों में, 1884 में दिए गए एक व्याख्यान के विश्लेषण से उभरती हैं।

टिप्पणियां

1. इस संबंध में रोमिला थापर ने उचित ही 'गिरोहबंद मोक्ष' (सिंडिकेटेड मोक्ष) का मुहावरा गढ़ा है (1985 : 14-22)।
2. मूल संस्कृत स्रोतों के ब्योरेवार ज्ञान पर विद्वान 'शास्त्रियों' का ही विशेषाधिकार रहता आया था। संस्कृत की वैधानिक पुस्तकों का क्षेत्रीय भाषाओं में अनुवाद उन्नीसवीं सदी के मध्य से आना शुरू हुआ, जिसके पीछे अठारहवीं सदी के आख़िरी और उन्नीसवीं सदी के शुरुआती

दशकों में अंग्रेज़ों द्वारा पेश की गई मिसाल की प्रेरणा भी मौजूदा थी और मूल स्रोतों तक आसान पहुंच बनाने की जो ज़रूरत स्थानीय अभिजन महसूस कर रहे थे, उसकी भी प्रेरणा थी।

3. कलकत्ता धर्मसभा के संगठन के कुछ ब्योरों के लिए देखें, कॉप्फ़ (1969 : 266 और आगे)।
4. छठी शताब्दी से 'सनातन धर्म' शब्द के बदलते मायनों के लिए देखें, काणे (1977 : 1628 और आगे)।
5. फ़र्कुहर का पथप्रदर्शक सर्वेक्षण कार्य, जिसमें 'प्रमुख हिंदू संप्रदायों' के भीतर के उन समाजों और संगठनों की एक फ़ेहरिस्त दी गई थी जो उन्नीसवीं सदी की आख़िरी चौथाई में आत्मरक्षार्थ उठ खड़े हुए थे, इस दिशा में लंबे समय तक अकेला प्रयास बना रहा। लेकिन पिछले बीस वर्षों में इस प्रक्रिया के दस्तावेज़ीकरण के कई प्रयास सामने आए। यहां इस विषय पर उपलब्ध साहित्य का कोई मुकम्मल सर्वेक्षण पेश न करते हुए मुख्य विश्लेषण-प्रवृत्तियों का एक ख़ाका देने की कोशिश की जा सकती है। टकर (1976) ने उन्नीसवीं सदी के महाराष्ट्र में उभरी 'पारंपरिक' प्रतिक्रिया के विस्तृत पटल का, ग्रंथों और पुस्तिकाओं का एक सुबोध सर्वे पेश किया है। उनके सर्वे में मोरोभट्ट दांडेकर की *श्री हिंदूधर्मस्थापना* (1831), गंगाधर शास्त्री फड़के की *हिंदूधर्मतत्त्व* (1852), जो मिशनरी हमलों और बंबई के नए अंग्रेज़ीदां युवावर्ग द्वारा पेश किए जा रहे ख़तरों, दोनों के ख़िलाफ़ हिंदू धर्म के मौजूदा विश्वासों और रीति-रिवाजों का एक विद्वत्तापूर्ण पक्षपोषण था, और विष्णुबावा ब्रह्मचारी की *वेदोक्तधर्मप्रकाश* (1859) जैसी पुस्तक-पुस्तिकाएं शामिल हैं। इसके अलावा, वे 1868 में बंबई में हिंदू धर्म व्यवस्थापक मंडली के संगठन में विठोबा अण्णा दफ़्तदार के काम पर भी विचार करते हैं, साथ ही, पूना सार्वजनिक सभा (स्था. 1867), जिसने जल्दी ही देशव्यापी साख़ बना ली, की कार्रवाइयों पर भी विचार करते हैं। हालांकि विषय पर सहानुभूतिपूर्वक विचार किया गया है और अंतर्विरोधों की स्पष्ट रूप में चर्चा की गई है, लेकिन टकर के पास सनातन धर्म के हित में कार्यरत व्यक्तियों और संस्थाओं के काम पर विविध नज़रियों और अवस्थितियों से विचार करने के लिए कोई विश्लेषणात्मक ढांचा नहीं है और उनकी शब्दावली 'ऑर्थोडॉक्स' या 'रिवाइवलिस्ट फ़ैशन' जैसे लेबलों तक ही सीमित रह जाती है। जोंस (1992) में कॉनलॉन और हडसन द्वारा भी लगभग यही उपागम अपनाया गया है। कॉनलॉन विष्णुबावा ब्रह्मचारी (1825-71) के कामों की विस्तृत चर्चा करते हैं। विष्णुबावा ब्रह्मचारी मुख्यतः बंबई में काम करते थे, वैदिक स्वर्ण युग के पक्षधर थे, कुछ मायनों में दयानंद सरस्वती के अग्रदूत थे, लेकिन इस मायने में भिन्न कि उन्होंने अनुष्ठान और वर्णाश्रम धर्म की स्वीकृति के लिए बुद्धिवादी साधन ढूंढ़ लिये थे। कॉनलॉन अपने विषय की प्रस्तावना के लिए पुनर्जागरण का उपमान इस्तेमाल करते हैं; वे डेविड कॉप्फ़ (1969) और आर.सी. मजूमदार (*ब्रिटिश पारामाउंटसी एंड इंडियन रेनेसां*, भाग 2, बंबई, 1965) जैसे इतिहासकारों द्वारा प्रयुक्त मॉडल का हवाला देते हैं। हडसन, ईसाई मिशनरियों के हमलों के ख़िलाफ़ शैव सिद्धांत का पक्षपोषण करने वाले जाफ़ना के अरुमुगा नवलार (1822-79) के कामों का विश्लेषण करते हैं। नवलार द्वारा शैवमत का जिस रूप में प्रतिपादन किया गया, जिसने आनुष्ठानिक रीतियों का ज़ोरदार समर्थन किया और पहली बार शैव पाठों को बड़े पैमाने पर उपलब्ध कराया, उसका जलडमरुमध्य के दोनों ओर स्वागत हुआ। हडसन नवलार की गतिविधियों को एक आम हिंदू पुनर्जागरण के हिस्से के तौर पर भी देखते हैं। अमिय सेन का मोनोग्राफ़ (1993) सुधारवादी और पुनरुत्थानवादी के लेबलों को पुनर्स्थापित करता है (12), क्योंकि, तपन रायचौधुरी (1988) से भिन्न, वे पाते हैं कि सब कुछ के बावजूद उन्नीसवीं सदी के हिंदू धर्म के उन्नायकों के बीच रवैयों के अंतर को यही पद ठीक-ठीक बतला पाते हैं। यह मानते हुए भी, कि पुनरुत्थानवादियों ने भी सुधार के कुछ उपायों को स्वीकृति दी, वे पाते हैं कि जो चीज़ उन्हें सुधारवादियों से अलग करती थी, वह थी इस मामले में उनके रवैए का सुसंगत न बने रहना। वे बंगाल में उन्नीसवीं सदी के आख़िरी दशकों (1872-1905) के हिंदू 'पुनरुत्थान' को मुख्यतः एक संकीर्णतावादी प्रतिक्रिया के रूप में देखते हैं। सेन का काम

इस मायने में उपयोगी है कि वे बंकिमचंद्र और भूदेव मुखोपाध्याय की बनिस्बत कुछ कम चमकदार समकालीनों की सामग्रियों का इस्तेमाल करते हैं, जो उस दौर की पत्रिकाओं की फ़ाइलों में दबी पड़ी हैं। इसके बावजूद उनका काम अंततः उस ढांचे के द्वारा अवरुद्ध होकर रह जाता है जिसके भीतर काम करना उन्होंने चुना है। जोंस (1993) का पर्चा पंजाब के दो सनातनियों के काम को तलाशने का एक पथप्रदर्शक प्रयास है। इनमें से एक हैं, श्रद्धाराम फिल्लौरी (1837-81), जो वैष्णव हिंदूवाद के पक्षपोषक थे, एक भुला दी गई पुस्तक *धर्म रक्षा* (1867) के लेखक थे, और अमृतसर धर्मसभा के सह-संस्थापक थे। दूसरे हैं, पंडित दीनदयालु शर्मा, जिन्होंने परंपरानिष्ठ हिंदू समुदाय के सभी नेताओं को एक साथ लाने वाले भारत धर्म महामंडल (1887) की स्थापना की। सुधारवादियों से इन विचारकों को अलग करने वाली बारीक़ विभाजक रेखा से परिचित होने के बावजूद जोंस भी इस मामले में हिंदू पुनरुत्थान की ही बात करते हैं।

6. देखें, इन ध्रुवीयताओं के परस्पर निर्भर और बाधक प्रकार्यों पर अनुराधा कपूर (1990 : 3) को।
7. हॉब्सबॉम और रेंजर के *दि इन्वेंशन ऑफ़ ट्रेडीशन* [(1983) 1990)] के प्रकाशन के बाद से परंपरा पर दिए जाने वाले हर तरह के ज़ोर को संदेह के साथ देखा जाने लगा है, मानो यह दरअसल आधुनिक को महज़ ढंकने-तोपने की एक युक्ति, एक आविष्कार से अधिक कुछ न हो। अलबत्ता, जैसा कि हॉब्सबॉम ने अपने एक हालिया व्याख्यान (1993) में चिह्नित किया है, हालांकि अतीत को हमेशा किसी प्रदत्त विचारधारा की ज़रूरतों के हिसाब से ढालना ज़रूरी होता है, पर शायद ही कभी वह पूरी तरह से आविष्कृत होता हो। कुछ निश्चित 'ठोस तथ्य' भी उसके संघटन में इस्तेमाल होते ही हैं। इसके अलावा, ऐसी वाजिब निरंतरताएं भी हैं जिन्हें पदावनत करके काल्पनिक या महज़ क्रीड़ाभाव के दायरे में ठेला नहीं जा सकता। लिहाज़ा, तीव्र परिवर्तन के दौरों की जिस चीज़ का अध्ययन किया जाना चाहिए, वह है, नए और पुराने का, निरंतरताओं और आविष्कारों का रूप-संयोजन।
8. गीता प्रेस (1926 में ख़ासी लोकप्रिय पत्रिका *कल्याण* के प्रकाशन के साथ शुरू होने वाली) की पुस्तिकाओं और प्रकाशनों में हिंदू धर्म को जिस रूप में प्रचारित किया गया, उस पर विचार करते हुए हॉर्स्टमैन (1995) परंपरावादी मतों के किंचित् परवर्ती दौर पर विचार कर रही हैं, जब एकाश्म के रूप में प्रचारित हिंदू धर्म की दरारें परवर्ती उन्नीसवीं सदी के मुक़ाबले थोड़ी मुंद चली थीं, लेकिन इस संबंध में तथाकथित नव-हिंदू और परंपरावादियों के बीच की सारभूत समानता के बारे में उनकी दलीलें अपेक्षाकृत पुराने समय के लिए भी सही ठहरती हैं।
9. दयानंद सरस्वती ने स्मृतियों को अस्वीकार कर दिया, हालांकि मनुस्मृति को उन्होंने मान्यता दी। हां, यह मान्यता उसके ख़ासे क्षत-विक्षत रूप को दी गई, क्योंकि जो नियम-निर्देश उनकी अपनी शिक्षा के साथ मेल नहीं खाते थे, उन्हें 'क्षेपक' बताकर उन्होंने ख़ारिज कर दिया।
10. देखें, कॉप्फ (1969: 3)। कॉप्फ़ किसी अतिरिक्त व्याख्या की ज़रूरत महसूस नहीं करते और इस पद को उक्त प्रक्रिया के लिए एक समुचित अभिधान के तौर पर स्वीकार करते हैं। वे कलकत्ता में बसे हुए बंगाली बौद्धिक समुदाय और ब्रिटिश प्राच्यवादियों के बीच की अंतर्क्रिया में, 'दो समुदायों के बीच हितों के मेल' (7) के तौर पर, बंगाल पुनर्जागरण को सारतः घटित होता हुआ देखते हैं। कॉप्फ़ के अनुसार, 1800 से 1830 के बीच बंगाली बौद्धिक ऐसा था–

    ''एक भ्रमित लेकिन आशावादी व्यक्ति जो अंशतः पचित परदेसी विशेषताओं और असंतोषजनक देसी परंपराओं के बीच संगति बिठाने के लिए संघर्षरत था। यह उसकी ख़ुशक़िस्मती थी कि ब्रिटेन और हिंदुस्तान के बीच बहुत बड़ा फ़ासला था और कि जिन प्राच्यवादियों के संपर्क में वह आया था, उनका पहले से ही 'हिंदुस्तानीकरण' हो गया था। सहानुभूतिपूर्ण प्राच्यवादी दौर में पश्चिम को लेकर बंगाली नज़रिए ने यूरोपीय और हिंदुस्तानी के बीच अच्छी घनिष्ठता क़ायम करने में मदद की और भविष्य के लिए उम्मीद जगाई। (8)''

कॉप्फ़ का अध्ययन फ़ोर्ट विलियम कॉलेज के कामों पर केंद्रित है। उनके विचारों को शिशिर कुमार दास ने चुनौती दी है और उसे दुरुस्त किया है। उन्होंने इस ओर संकेत किया है कि वे दोनों समूह द्वंद्वरत हितों की उलझन के साथ कार्यरत थे और उनके रिश्ते समानता पर आधारित नहीं थे। फ़ोर्ट विलियम कॉलेज के जीवन की आंतरिक लय का नियमन मुंशियों के साथ साहबों के रिश्ते के द्वारा होता था (1978 : xii-xiii)।

11. मजूमदार ([1963] 1970 : xxiv)।
12. बरुण दे इस शहरी बौद्धिक वर्ग को ग़ैर-जैविक और ग़ैर-पारंपरिक कहने की हद तक जाते हैं, जबकि मैं उन्हें मिले-जुले रूप में देखना पसंद करूंगी। उनके अनुसार, और यहां मैं उनके साथ हूं, ब्रिटिश भारत की प्रजाओं को, यहां तक कि शहरी बौद्धिक वर्ग को भी अभिजन नहीं कहा जाना चाहिए, क्योंकि उन्हें नस्ली तौर पर निकृष्ट महसूस कराया जाता था, सरकारी सेवाओं में प्रोन्नति के मामले में उनसे भेदभाव किया जाता था और जब वे उत्पादन या व्यापारिक गतिविधियों में कुछ करना चाहते थे तो उन्हें मेट्रोपोलिटन वाणिज्यिक संरक्षण का सामना करना पड़ता था। उन्हें पराधीन उप-अभिजन से अलग करके देखा नहीं जा सकता (211)। दुर्भाग्य से बरुण दे 'पुनरुत्थानवाद' लेबल का अपेक्षाकृत ग़ैर-आलोचनात्मक ढंग से इस्तेमाल करते हैं, जो कि स्पष्टतः निंदात्मक है. हालांकि वे यहां तक स्वीकार करते हैं कि प्रगतिशील और पुनरुत्थानवादी के बीच का अंतर मनमाना है। इसके अलावा, वे सांप्रदायिक जैसे पद का इस्तेमाल करते हैं, जिसका प्रयोग उन्नीसवीं सदी के आंदोलनों से मेल नहीं खाता। मैं अगले अध्याय में 'हिंदू' पद के बहुविध प्रयोगों पर विचार करते हुए इस मुद्दे पर वापस आऊंगी।
13. देखें, सत्यमूर्ति (1983 : 36)।
14. मेटकॉफ़ की अभिव्यक्ति। देखें, जोंस (1992 : 232)।
15. आने वाले पृष्ठों में उल्लिखित कृतियों के अलावा, प्रस्तुत अध्ययन के संदर्भ में, राष्ट्रवादी परिघटना को समझने में केमीलाइनेन (1964), सेटन-वाटसन (1977), गेलनर (1983), लेकिन सबसे अधिक हॉब्सबॉम (1990) उपयोगी साबित हुए। चूंकि वे विशेष रूप से औपनिवेशिक दुनिया के राष्ट्रवाद पर विचार नहीं करते, इसलिए यहां उनकी विस्तार से चर्चा नहीं की गई है।
16. जैसा कि देशपांडे (1993 : 6) ने ग़ौर किया है, एक माल के रूप में प्रिंट के आगमन की समाजार्थिक परिस्थितियों का एंडरसन का विश्लेषण ग़ैर-पश्चिमी संदर्भों में उच्च साहित्यिक पाठों तक ही सीमित रहा है। वहां लोकप्रिय साहित्य और पत्रिकाओं द्वारा पेश किए गए साक्ष्यों या समाजार्थिक परिस्थितियों पर विचार नहीं किया गया है।
17. चटर्जी एक रचनाकार के रूप में बंकिमचंद्र के कार्य पर और दो महत्त्वपूर्ण राजनीतिज्ञों, गांधी और नेहरू, पर विचार करते हैं। इन तीनों पर उनकी विचारणा अंतोनियो ग्राम्शी की निष्क्रिय क्रांति की धारणा की एक व्याख्या से जुड़ी है। ग्राम्शी की इस धारणा को वे भारतीय स्थिति पर लागू करते हुए और परिष्कृत करने का प्रयास करते हैं। यह औपनिवेशिक दुनिया के राष्ट्रवाद पर विचार हेतु एक मॉडल-निर्माण के प्रकार्य के लिए है। फिर इन तीन हिंदुस्तानी राष्ट्रवादियों की सोच को इस प्रक्रिया के पूरा होने के पड़ावों के रूप में देखा गया है। नागरिक समाज की बहुमुखरता को न्यूनीकृत करने वाले मत के रूप में इसकी एकरेखीयता की आलोचना के लिए देखें, थारू (1989a)।
18. हालांकि इसी के साथ मध्यवर्ग द्वारा बदलाव की शुरुआत किए जाने की संभावनाओं को वे औपनिवेशिक परिस्थितियों में अंतर्निहित रूप से सीमित मानते हैं।
19. ये हैं—बंकिमचंद्र (1838-94), रचनाकार, भूदेव मुखोपाध्याय (1827-94), सिविल सर्वेंट और साथ ही साथ सामाजिक तथा राजनीतिक मुद्दों पर लिखने वाले एक लेखक, और विवेकानंद (1863-1902), प्रकांड धार्मिक विद्वान।

20. आगे आने वाले उद्धरण गुहा (1989) से।

21. एक इधर का काम क्लिमकीट (1981) का है जो इस मान्यता पर आधारित है कि उन्नीसवीं और बीसवीं सदी के सभी हिंदू विचार अनिवार्यतः और आदर्श रूप में 'हिंदुओं' के प्राचीन पाठों, जैसे—अर्थशास्त्र, मनुस्मृति और भांति-भांति के धर्मशास्त्रों में बद्धमूल हैं। यह काम अन्यथा आधुनिक हिंदू राजनीतिक विचार का सबसे उपयोगी और प्रांजल विवरण है। इस किताब का जिस तरह विभाजन किया गया है, वह यह दिखलाता है कि लेखक का रवैया पिछली दो सदियों के उस हिंदू राष्ट्रवादी वागाडंबर का ख़ुद शिकार है जो प्राचीन आर्यों से चलकर सीधे, अनछुए रूप में आज तक आने का दावा करता है। किताब के विभाजन में शुरुआती हिस्सा प्राचीन भारत के राजनीतिक विचारों पर केंद्रित है। इसके बाद का हिस्सा उन्नीसवीं सदी के बंगाल और साथ ही हिंदुस्तान के दूसरे भागों में हिंदू राष्ट्रवादी विचार के विकास पर केंद्रित है जिसकी चरम परिणति विवेकानंद तथा गांधी की अखिल भारतीय सोच में जाकर होती है।

22. गुहा के अनुसार, अनुनय के तत्त्व के अंतर्गत दो मुहावरे समान तरीक़े से काम कर रहे थे। बेहतरी की विक्टोरियन मान्यता, जो शासितों के साथ अविरोधी भाव से जुड़ने के औपनिवेशिक शासकों के हर प्रयास में व्याप्त थी, धर्म की देसी मान्यता के अनुकूल ठहरी। लिहाज़ा, यह चीज़, कि उन्नीसवीं सदी के बौद्धिक वर्ग ने इस पद के प्रचलन के अशोक वाले और नेहरू वाले दौरों के बीच एक सेतु निर्मित किया, काफ़ी युक्तिसंगत लगती है, और टैगोर और गांधी जैसे भिन्न ठहरने वाले लोगों के द्वारा इस पद का इस्तेमाल इसके लचीलेपन का सबूत है। लेकिन, इसके बावजूद इसके प्रचलन के अशोक वाले दौर और उन्नीसवीं सदी के बीच के अंतराल को पाटने की ज़रूरत बरक़रार है। वरना अनजाने में शाश्वत-अपरिवर्तनीय पूरब की प्राच्यवादी निर्मिति का शिकार हो जाने का ख़तरा है, साथ ही, मुस्लिम युग के रूप में वर्णित लंबे समय-विस्तार में होने वाले उद्विकासों को निकाल बाहर करने के विचारधारात्मक रूप से ख़ासे संदिग्ध प्रचलन, जो कि मुसलमानों को सीधे-सीधे 'ग़ैर' या 'बाहरी' मानने की वजह से होता रहा है, के जाल में फंस जाने का ख़तरा है। क्या इन संकल्पनाओं के लिए कोई फ़ारसी या अरबी शब्द नहीं था? ख़ुद संस्कृत परंपरा के भीतर, भाषायी तब्दीलियों के अलावा, क्या कोई संकल्पनात्मक तब्दीली सदियों के दौरान नहीं आई थी? क्या ये शब्द समय में तब तक एक जगह ठहरे हुए थे जब तक कि उन्नीसवीं सदी के बौद्धिक वर्ग ने उन्हें उठाकर नए अर्थों में इस्तेमाल नहीं किया? इन तब्दीलियों को खोजने की बजाय गोंडा या कोसांबी जैसे अधिकारी विद्वानों का सहारा लेना एक ख़तरनाक काम है।

23. संस्कृत या फिर देसी भाषाओं के किसी प्राथमिक पाठ के हवाले के बग़ैर, अंग्रेज़ी में उपलब्ध कुछ अनुवादों और भाष्यों के आधार पर इस तरह के वक्तव्य देना भी, संभवतः, बहुत दुरुस्त तरीक़ा नहीं है। अपने सर्वोत्तम रूप में, यह जटिल धर्मशास्त्रों का एक सतही पठन जान पड़ता है।

24. देखें, जुर्गन हैबरमास (1962), और टेरी ईगलटन [(1984) 1987)]।

25. वोल्फ़गैंग मार्टेन्स (1968) ज्ञानोदयकालीन जर्मनी के प्रेस का एक विस्तृत लेखा-जोखा मुहैया कराते हैं। प्रकाशनों की एक शृंखला में रिचमंड बॉण्ड ने यही काम अंग्रेज़ी को लेकर किया है। मैं अभी तक भारतीय संदर्भ में किए गए ऐसे किसी प्रयास से अवगत नहीं हूं। यह संभवतः इस दिशा में पहली ही कोशिश है।

26. देखें, एजाज़ अहमद (1991b : 150), और आलोक भल्ला एवं सुधीर चंद्र (1993 : 1-13) में आलोक भल्ला का 'ए प्ली अगेंस्ट रिवेंज हिस्टरीज़ : सम रिफ़्लेक्शंस ऑन ओरिएंटलिज़्म एंड दि एज ऑफ़ एम्पायर'।

अध्याय-2

औपनिवेशिक भारत में परंपरा का संघटन
हिंदी, हिंदू, हिंदुस्तान

भारतवर्ष की उन्नति कैसे हो सकती है : भारतेंदु का नज़रिया

नवम्बर 1884 में नवगठित आर्य देशोपकारिणी सभा ने बलिया संस्थान के साथ मिलकर उत्तर-पूर्व बनारस के एक ज़िला नगर बलिया में वार्षिक दादरी मेले के अवसर पर संयुक्त रूप से एक बैठक आयोजित की। उत्तर-पश्चिमी प्रांतों की प्रमुख साहित्यिक शख़्सियत के तौर पर भारतेंदु इस जमावड़े को संबोधित करने के लिए आमंत्रित किए गए। इस मौक़े पर नगर के रईस और जाने-माने लोग मौजूद थे और इसकी सदारत ब्रिटिश कलक्टर डी.टी. रॉबर्ट्स ने की थी, जो भारतेंदु के आने की ख़बर सुनकर इस अवसर की गरिमा बढ़ाने को राज़ी हुए थे। भाषण का शीर्षक था–*भारतवर्ष की उन्नति कैसे हो सकती है*; यहां *उन्नति* शब्द का इस्तेमाल 'प्रगति' के साथ-साथ 'सुधार' के अर्थ में भी किया गया था। ख़ुद भारतेंदु ने एक पक्ष पर दूसरे को वरीयता देते हुए इसका अनुवाद 'सुधार' किया था।[1] यहां परवर्ती उन्नीसवीं सदी का एक केंद्रीय सरोकार दिखलाई पड़ता है। वह सरोकार था–स्वयं परंपरा के नाम पर परंपरा का शुद्धीकरण या सुधार। उस समय इससे अधिक प्रासंगिक कोई और मुद्दा हो ही नहीं सकता था। कुछ दिनों बाद जब इस भाषण का प्रकाशन हुआ तो इसे उचित ही *ललित, गंभीर और समयोपयोगी* बताया गया।

कुछ समय से आलोचनात्मक अध्ययन का विषय बनने वाले इस भाषण पर पुनर्विचार करते हुए मैं उन सांस्कृतिक, धार्मिक और राजनीतिक क्षेत्रों को चिह्नित करने की आशा रखती हूं जिनमें भारतेंदु ने अपनी रचनात्मक ऊर्जाओं को झोंका। साथ ही, इस अवसर पर उनके कार्यों के आलोचनात्मक मूल्यांकन का एक सर्वेक्षण पेश करना चाहती हूं, ताकि मौजूदा अध्ययन के प्राविधिक नज़रियों और सरोकारों में दाख़िल हुआ जा सके।

भारतेंदु ने अपनी प्रपत्तियों को स्पष्ट करने के इरादे से, मोटे तौर पर, दो बड़े विषय-गुच्छों का विवेचन किया। प्रथमतः, प्रगति को लेकर विचार किया, जहां यह स्पष्ट करने की कोशिश की कि शासक वर्गों से क्या उम्मीद की जा सकती थी। शासक वर्ग का मतलब था–ब्रिटिश औपनिवेशिक सरकार और उसके एजेंट, यानी देसी नरेश। इस बाबत नज़रिया स्पष्टतः उन नए बनते हुए मध्यम वर्गों वाला था जो अपने आपको राष्ट्र का प्रवक्ता मानते थे। चूंकि कोई राजनीतिक प्रतिनिधित्व संभव नहीं था, इसलिए सिर्फ़ सूचना-संपन्न जनमत ही समाज

के इस तबक़े की अनौपचारिक राजनीतिक सुनवाई को संभव कर सकता था। इसके बाद, भारतेंदु ने अवश्यंभावी रूप से राष्ट्रीय अस्मिता के सवाल को उठाते हुए देश के हित में एकजुट होकर काम करने की बात की। इस सवाल के ज़रिए देश के मुसलमानों के साथ हिंदुओं–धार्मिक अभिधान वाले अर्थ में–के रिश्तों पर भी राय ज़ाहिर की। यहां यह स्पष्ट करना ज़रूरी था कि 'हिंदुस्तानी' के व्यापक अर्थ में 'हिंदू' होने के क्या मायने थे।

अभिवादन के चंद लफ़्ज़ों और कलक्टर के सम्मान में कहे गए कुछ शब्दों के बाद भारतेंदु ने सीधा विषय में गोता लगाया। उन्होंने हिंदुस्तानियों की तुलना ट्रेन के डिब्बों से की, जिन्हें गति देने के लिए एक इंजन की ज़रूरत थी। अगर कोई इस कठिन कार्य को अंजाम देने वाला हो, तो कोई चीज़ न थी जो वे हासिल नहीं कर सकते थे। लेकिन इसे अंजाम देने वाला था कौन? या तो हिंदुस्तानी राजे-महाराजे, नवाब और रईस या फिर हाकिम, यानी राज्य के ऊंचे अधिकारी। राजाओं और रईसों को फ़ुर्सत न थी, क्योंकि वे पूजा की रस्मों में, खान-पान में और झूठी गप्पों में व्यस्त थे। औपनिवेशिक अधिकारीगण कुछ तो वाजिब तौर पर अपने प्रशासनिक कार्य में उलझे हुए थे और कुछ अपने बॉल, थिएटर, घुड़सवारी और अख़बारों में। अगर उनके पास थोड़ा समय बच भी जाता, तो उन्हें क्या पड़ी थी कि वे *हम ग़रीब गंदे काले आदमियों* के बीच समय गुज़ारते। यहां सिर्फ़ आर्थिक ही नहीं, नस्ली दूरी भी थी। इस तरह बदलाव ऊपर से आना नामुमकिन था।

तो फिर ज्ञान के प्रसार के लिए और समयानुकूल अपेक्षित बदलाव लाने के लिए कौन ज़िम्मेदार था? भारतेंदु यह सुझाव दे रहे थे कि मौजूदा समय में ख़ुद जनता ही इसकी ज़िम्मेदारी ले। पुराने जमाने में, जब आर्य हिंदुस्तान में आकर बसे थे, तब ज्ञान और नीति का प्रसार करना राजाओं और ब्राह्मणों की ज़िम्मेदारी थी। भारतेंदु के अनुसार, यह आज भी हो सकता था, लेकिन यही लोग थे जो निकम्मेपन के जाल में सबसे बुरी तरह उलझे हुए थे। अंग्रेज़ों की कृपा से और सामान्यतः संसार की उन्नति के चलते कितना सारा तकनीकी ज्ञान सुलभ हो गया था। बावजूद इसके देश की जनता, जिसने पुराने जमाने में अपने आदिम औज़ारों के साथ आश्चर्यजनक खोजें की थीं, अब चुंगी की कतवार फेंकने की गाड़ी से ज़्यादा कुछ न थी। मौजूदा दौर में उन्नति के लिए एक घुड़दौड़ चल रही थी, और जापानियों को छोड़ भी दें तो अमेरिकी, अंग्रेज़ तथा फ्रांसीसी इस घुड़दौड़ में आगे रहने का पूरा जुगाड़ लगाए हुए थे। यह ऐसा समय नहीं था जब पीछे छूटना किसी भी तरह गवारा हो।

यह शिकायत कि ख़ाली पेट इन चीज़ों के बारे में कैसे सोचें, अंततः क़ायल करने वाली न थी।

> इंग्लैंड का पेट भी कभी यों ही खाली था। उसने एक हाथ से अपना पेट भरा, दूसरे हाथ से उन्नति की राह के कांटे को साफ़ किया। क्या इंग्लैंड में किसान, खेतवाले, गाड़ीवान, मज़दूर, कोचवान आदि नहीं हैं? किसी भी देश में सभी पेट भरे हुए नहीं होते। किंतु वे लोग जहां खेत जोतते-बोते हैं, वहीं उसके साथ यह भी सोचते हैं कि ऐसी और कौन नई कल या खाद बनावैं जिसमें इस खेती में आगे से दूना अन्न उपजै। विलायत में गाड़ी के कोचवान भी अख़बार पढ़ते हैं। जब मालिक उतरकर किसी दोस्त के यहां गया उसी समय कोचवान ने गाड़ी के नीचे से अख़बार निकाला। यहां उतनी देर कोचवान हुक़्क़ा पीएगा या गप्प करेगा। सो गप्प भी निकम्मी। वहां के लोग गप्प ही में देश के प्रबंध छांटते हैं। (ग्रंथावली III : 898)

तब फिर, जनता को ही ख़ुद को सूचना-संपन्न बनाना और अपनी भलाई के बारे में सोचना था। उन्हें आलोचनात्मक तरीक़े से राज्य की कार्यवाहियों का लेखा-जोखा करना था। इस तरह भारतेंदु यहां सूचना-संपन्न जनमत की बात कर रहे थे, जिसके द्वारा ही राजनीतिक, सामाजिक, सांस्कृतिक और आर्थिक बदलाव हो सकते थे। कारण, चारों तरफ दरिद्रता की आग लगी हुई थी। मर्दुमशुमारी की रिपोर्ट ने दिखला दिया था कि आबादी के लगातार बढ़ने के साथ-साथ धन-संपदा लगातार घटती जा रही थी। किसी उपाय के लिए राजा-महाराजाओं या पंडितों का मुंह जोहने का कोई फ़ायदा न था। 'तुम आप ही कमर कसो, आलस छोड़ो। दौड़ो, इस घुड़दौड़ में जो पीछे पड़े तो फिर कहीं ठिकाना नहीं है। अबकी जो पीछे पड़े तो फिर रसातल ही पहुंचोगे।' इशारा आर्थिक और राजनीतिक प्रगति की ओर था।

मौक़ा चूकने (*अबकी जो पीछे पड़े*) के मुद्दे ने ऐसे साहचर्यों का आह्वान किया जो उतने ही विलक्षण थे जितने कि कारगर। भारतेंदु ने मसलों को एक साहित्यिक उपाख्यान से जोड़ा। यह उपाख्यान एक ऐसी घटना का हवाला देता था जिसके बारे में यह मान्यता थी कि उसने हिंदू-भारतीय इतिहास की धारा को मोड़ दिया था। उत्तर भारत के आख़िरी महान हिंदू राजा के रूप में मान्य पृथ्वीराज चौहान के दरबारी कवि, चंदबरदाई, जेम्स टॉड के *अनाल्स एंड एंटिक्विटीज़ ऑफ़ राजस्थान* में बहुत ऊपर स्थान पाने के बाद से, किसी हिंदू दरबार के आख़िरी महानतम चारण कवि माने जाते रहे थे, जिनके वीरगाथात्मक महाकाव्य *पृथ्वीराज रासो* से आधुनिक हिंदी साहित्य की शुरुआत मानी जाती थी। भारतेंदु ने चंद के उस दोहे को उद्धृत किया जो उन्होंने ख़ुद का और अपने स्वामी का सर क़लम किए जाने से पहले अपने अंधे, बंदी स्वामी के सामने पढ़ा था :

अबकी चढ़ी कमान को जानै फिर कब चढ़ै।
जिनि चुक्कै चौहान इक्कै मारय इक्क सर॥ (ग्रंथावली III : 899)

'सर' में श्लेष था। इसके दो अर्थ थे, 'तीर' और 'मस्तक'। बंदी राजा को तीरंदाज़ के रूप में अपने कौशल का प्रदर्शन करने के लिए कहा गया था। चारण कवि ने उनका आह्वान किया कि वे लक्ष्य भेदने के बजाय बंदी बनाने वाले बादशाह के सिर को भेद डालें। हालांकि वह प्रतीकात्मक भंगिमा ही थी, क्योंकि उससे अपना राजपाट वापस पाया नहीं जा सकता था, लेकिन अब के दौर में इन शब्दों को सामने रखने का आभासी अर्थ हिंदू इतिहास को वहां से उठाना था जहां से वह पीछे छूट गया था, बल्कि काट दिया गया था। ग़ौर करने लायक़ है कि जब भारतेंदु ने हर जाति के, सभी इलाक़ों और परिस्थितियों में रहने वाले भारतीय अवाम का आह्वान किया कि वे देश की उन्नति के लिए कार्य करें, तो उन्होंने हिंदुस्तान का नाम न लेकर सिर्फ़ भारतवर्ष का नाम लिया।

भारतेंदु के अनुसार, आसन्न कार्यभार था जनता की बदहाली के कारणों को चिह्नित करना। जो लोग धर्म या प्रचलन की आड़ में या अपने सुख की आड़ में जा छिपे थे, उन चोरों को वहां से पकड़कर लाना और बांधकर क़ैद करना था। प्रगति की राह रोकने वाली सभी चीज़ों को निर्ममतापूर्वक उखाड़ फेंकना था, चाहे उसके चलते लोग निकम्मा कहें या नंगा कहें, क्रिस्तान कहें या भ्रष्ट कहें। जब तक सौ-दो सौ लोग बदनाम न हों, ज़ात-बाहर न किए जाएं, यहां तक कि मारे न जाएं, तब तक देश-दशा में सुधार नहीं होना था। संक्षेप

में, भारतेंदु साफ़-साफ़ यह कह रहे थे कि उन्नति के हक़ में कुछ निश्चित सामाजिक मर्यादाओं का उल्लंघन ज़रूरी था। इस तरह वे सामाजिक प्रगति की धारणा का आग़ाज़ कर रहे थे।

उन्नति, प्रगति और सुधार से क्या अभिप्रेत था? क्या स्वीकार्य था और क्या कुछ था जिसे छोड़ दिया जाना था? यहां अनकहे तौर पर 'परंपरा' की अवधारणा मौजूद थी, एक ऐसा शब्द जिसे भारतेंदु इस भाषण में तो इस्तेमाल नहीं करते, लेकिन उनकी कृतियों में अन्यत्र जिसकी केंद्रीय उपस्थिति देखी जा सकती है। जो कुछ दाय के रूप में हासिल हुआ है, उसमें से सारभूत अंश के तौर पर महफ़ूज़ रखने लायक़ क्या है और क्या है जिसे फ़ालतू मानकर ख़ारिज किया जाना चाहिए। ग़ौरतलब है कि भारतेंदु ने यहां सुधार और प्रगति में अंतर किया है। वह ऐसे कि उन्होंने सुधार का निरूपण उसे प्रगति में अंतर्भुक्त मानते हुए नहीं किया, बल्कि अलग से किया।

भारतेंदु के अनुसार, 'सब उन्नतियों का मूल धर्म है'। देश के राजनीतिक कल्याण को धार्मिक मामलों से अलग करके नहीं देखा जा सकता। अंग्रेज़ों ने जो ज़बर्दस्त उन्नति की है, वह इसलिए कि उनकी धर्मनीति और राजनीति मिली हुई हैं। निस्संदेह, भारत के लिए भी इसी की ज़रूरत है। लेकिन यह तभी संभव है जब धर्म के कुछ पक्षों में बदलाव किया जाए। भारतेंदु ने धर्म शब्द का इस्तेमाल उसके आधुनिक अर्थ में किया, यानी ईश्वरमीमांसा, आस्थाओं के सिद्धांत के अर्थ में, लेकिन जैसा कि हमेशा होता है, इस शब्द में 'न्यायसंगत' या 'उपयुक्त आचार' का अर्थ भी अंतर्भुक्त था। अलबत्ता, उन्होंने दोनों के बीच फ़र्क़ भी किया ताकि धर्म को अलग से 'रिलीजन' के अर्थ में बरता जा सके, क्योंकि 'वास्तविक धर्म तो परमेश्वर के चरणकमलों का भजन है' और इसे, स्पष्टतः, अक्षुण्ण रहने दिया जाना चाहिए। जहां तक शेष का सवाल है, सभी रीति-रिवाजों में अपना कोई छुपा हुआ मक़सद है जो कि सामाजिक, घरेलू या शुचिता संबंधी हो सकता है। लेकिन पुराने ऋषि-मुनियों ने धर्मनीति और समाजनीति को मिला दिया था। उन ऋषि-मुनियों के वारिसों ने शास्त्रों में नए नियम और विधान भर दिए। अब यह हम पर है कि हम इन दो तरह की नियमावलियों में फ़र्क़ करें, क्योंकि समाजधर्म देश-काल के साथ सुधारे और बदले जा सकते हैं। सामाजिक नियम उस रूप में क्यों बनाए गए थे, यह समझना और फिर सिर्फ़ उन तत्त्वों को अंगीकार करना जो देश-काल की आवश्यकताओं के अनुरूप हैं, यह हमारा काम है। लिहाज़ा विधवा-विवाह, स्त्री-शिक्षा, विदेश-यात्रा इन सबकी इजाज़त मिलनी चाहिए। इस तरह, भारतेंदु ने जिस रूप में उन्नति शब्द का इस्तेमाल किया, उसमें, निस्संदेह, सुधार का आशय सबल रूप में मौजूद था और यह शब्द सामाजिक आचार में समयानुकूल बदलाव की ओर संकेत कर रहा था।

मत-मतांतर को प्रगति की राह में नहीं आना था। 'मत' को यहां संप्रदाय के अर्थ में इस्तेमाल किया गया।[2] यह समय दुश्मनियां निभाने का न था। वैष्णव, शाक्त और दूसरे भिन्न मतों के लोगों को अपने भेद-भावों को दफ़्न करना था। एक बार विभिन्न हिंदू मत एक हो जाएं, उसके बाद हिंदुओं, जैनों और मुसलमानों को भी उसी तरह एकताबद्ध होना था। जातिगत ऊंच-नीच के अंतर को भुलाना था। इस चरण में मुस्लिम भाइयों के लिए यह उचित था कि अब जबकि वे हिंदुस्तान में बस गए थे, हिंदुओं को नीची निगाहों से देखना बंद करें और भाई की तरह उनसे बर्ताव करें। मुसलमानों को ऐसा कुछ भी करने से अपने को रोकना था

जो उनके हिंदू बिरादरों को कष्ट पहुंचाए। ऐसी चीज़ें जो हिंदुओं के लिए संभव नहीं थीं, मुसलमानों को अपने धर्म की वजह से आसानी से हासिल थीं। उनके यहां कोई जाति न थी, खान-पान के छुआछूत का कोई नियम नहीं था, न ही विदेश-यात्रा को लेकर प्रतिबंध थे। यह दुख का विषय था कि इन सारी सहूलियतों के बावजूद मुसलमान लोग अपने हालात में कोई वास्तविक बेहतरी नहीं ला पाए। कई अभी भी यही मानते थे कि उनके बादशाह दिल्ली और लखनऊ में राज कर रहे हैं। लेकिन वे दिन बीत चुके थे। मुसलमानों को भी हिंदुओं के साथ कंधे से कंधा मिलाकर ही इस दौड़ में शामिल होना था।

लेकिन हिंदू लोग और कुछ हों, आपस में एकताबद्ध तो नहीं ही थे। इसीलिए यह आह्वान ज़रूरी था कि हिंदू बिरादर अपने विश्वासों के भेद-भाव पर बल देना बंद करें। इस महामंत्र का जाप किया जाना था कि 'जो हिंदुस्तान में रहे, चाहे किसी रंग, किसी जाति का क्यों न हो, वह हिंदू'। यह भी याद रखना अहम था कि वह हिंदू था जिसकी मदद की जानी थी, चाहे वह साथ में बंगाली, मराठा, मद्रासी, वैदिक, ब्राह्मो या मुसलमान भी हो; हर किसी को दूसरे की ओर अपना हाथ बढ़ाना था। इस तरह देशभक्ति के अपने जोश में भारतेंदु न सिर्फ़ हिंदुओं की मुख़्तलिफ़ इलाक़ाई विविधताओं (बंगाली, मराठा, मद्रासी) को और स्मार्त (वैदिक) तथा अपेक्षाकृत नए मूर्तिभंजकों (ब्राह्मो) जैसी भिन्न मान्यता वाली निष्ठाओं को एक साथ लाने की हद तक गए, बल्कि मुल्क के बाशिंदों के रूप में मुसलमान भी उसी लपेटे में शामिल कर लिये गए। आत्म का निरूपण करने की अनेक विधियां, जो कि उस दौर की लाक्षणिकता हैं, यहां 'हिंदू' में अंतर्भुक्त की जा रही थीं। कारण यह कि प्रसंग देश की आर्थिक तरक़्क़ी का था :

> कारीगरी जिसमें तुम्हारे यहां बढ़े, तुम्हारा रुपया तुम्हारे ही देश में रहै, वह करो। देखो, जैसे हज़ार धारा होकर गंगा समुद्र में मिली हैं, वैसे ही तुम्हारी लक्ष्मी हज़ार तरह से इंग्लैंड, फरासीस, जर्मनी, अमेरिका को जाती है। दीयासलाई ऐसी तुच्छ वस्तु भी वहीं से आती है। ज़रा अपने ही को देखो। तुम जिस मारकीन की धोती पहने हो वह अमेरिका की बनी है। जिस लंकिलाट का तुम्हारा अंगा है वह इंग्लैंड का है। फरासीस की बनी कंघी से तुम सिर झारते हो और जर्मनी की बनी चर्बी की बत्ती तुम्हारे सामने बल रही है। (ग्रंथावली : 902)

आर्थिक और राजनीतिक तरक़्क़ी सामाजिक सुधार से जुड़ी थी, जिसमें सामाजिक आचार के उन तत्त्वों का सुधार भी शामिल था जिन्हें ग़लती से धर्म का सारभूत अंग मान लिया गया था। सामाजिक तत्त्वों को धर्म से अलग करके ही पूरा मुल्क तरक़्क़ी कर सकता था। विदेशी वस्तुओं और भाषाओं पर भरोसा नहीं करना था। अपने देश में अपनी भाषा को ही फलने-फूलने देना था। हालांकि भारतेंदु ने यहां किसी ख़ास भाषा का नाम नहीं लिया, लेकिन वे निश्चय ही हिंदी की ओर इशारा कर रहे थे। हिंदी का सवाल एक ऐसा केंद्रीय मुद्दा था जिसे वे बार-बार अपने लेखन में उठाते थे।

इस तरह बलिया का भाषण अपने समय के राजनीतिक और सामाजिक मुद्दों के प्रति, सूचना-संपन्न जनमत और हिंदू/भारतीय राष्ट्रीय पहचान के प्रति भारतेंदु के सरोकार को बहुत साफ़-साफ़ सामने लाता है। भाषा, साहित्य, धर्म, इलाक़ाई निष्ठा—सभी हिंदू होने के ही विभिन्न पहलू थे। जो लोग परंपरा को परिभाषित करने के संघर्ष में लगे हुए थे, उनके लिए ये अवधारणाएं एक लड़ी में पिरोयी हुई थीं—यह बात भारतेंदु के साथी लेखक और

पत्रकार प्रताप नारायण मिश्र (1856-94) के शब्दों में सबसे साफ़गोई के साथ व्यक्त हुई है। जब उन्होंने साधनों और आश्रयदाताओं की कमी के चलते बहुत दुख के साथ अपनी पत्रिका *ब्राह्मण* को बंद किया, तब उस मक़सद को रेखांकित किया जिसके लिए वे काम कर रहे थे, ताकि दूसरे लोग उस काम को जारी रख सकें। विदाई पर कहे जाने वाले उनके विषादपूर्ण शब्द थे :

चहहु जु सांचहु निज कल्यान। तौ सब मिली भारत संतान ॥
जपौ निरंतर एक ज़बान। हिंदी हिंदू हिंदुस्तान ॥1॥
रीझै अथवा खिझै जहान। मान होय चाहे अपमान ॥
पै न तजो रटिबे की बान। हिंदी हिंदू हिंदुस्तान ॥2॥
जिन्हें नहीं निजता को ज्ञान। वे जन जीवन मृतक समान ॥
याते गहु यह मंत्र महान। हिंदी हिंदू हिंदुस्तान ॥3॥
भाषा भोजन भेष विधान। तजै न अपनी सोइ मतिमान ॥
बसि समझौ सौभाग प्रमान। हिंदी हिंदू हिंदुस्तान ॥4॥

एक स्वदेशी सांस्कृतिक पहचान की स्थापना और उसका निर्वाह, वह चाहे खाने के मामले में हो, चाहे कपड़े या भाषा के मामले में, उस समय का ज्वलंत मुद्दा था। हिंदी हिंदुओं की भाषा थी, और यह एक ऐसी अवधारणा थी जिसे उसके पुराने इलाक़ाई जुड़ावों से जुदा नहीं किया जा सकता था जब हिंदवी, हिंदुई या हिंदी, देश की, यानी हिंदुस्तान की भाषा के लिए इस्तेमाल होने वाले पद थे। इसके बावजूद ये तीनों–हिंदी, हिंदू, हिंदुस्तानी–उन्नीसवीं सदी के आख़िरी दशकों में जिस रूप में प्रस्तुत किए जाने वाले थे, उस रूप में, प्राचीनता के अपने तमाम दावों के बीच भी, तीसरे मुहावरे द्वारा ढाले गए सिक्कों से अलग कुछ नहीं थे।

इससे पहले कि मैं भारतेंदु की कृतियों के आलोचनात्मक अभिग्रहण का मूल्यांकन शुरू करूं, उस व्यापक राजनीतिक और सांस्कृतिक ढांचे का निरूपण ज़रूरी है जिसके भीतर यह विचार-विमर्श चल रहा था।

औपनिवेशिक सरकार और जनमत का निर्माण

अंग्रेज़ों के साथ संबंध पहले-पहल अंग्रेज़ प्रशासनिक अधिकारियों के रवैए के द्वारा तय हुआ। यहां नस्ली नकचढ़ेपन की समस्या बहुत वास्तविक रूप में सामने आती थी। यह विलक्षण बात है कि भारतेंदु ने कलक्टर डी.टी. रॉबर्ट्स की मौजूदगी में इन भावनाओं का इज़हार करने से ख़ुद को रोका नहीं। सदी की साठ और सत्तर की दहाई में आरंभिक राष्ट्रवादी आकांक्षाएं अंग्रेज़ों के उस रवैए के विरोध में एक साफ़ रुख़ अख़्तियार कर रही थीं जो सदी की तीसरी चौथाई में बहुत ज़ाहिरा तौर पर पहले से ज़्यादा सख़्त हो चला था। ग़दर-पूर्व के उदारवाद की जगह उस पितृसत्तावाद ने ले ली थी जो किसानी तबक़े के साथ सदी की पहली चौथाई की दक़ियानूस-रूमानी आसक्ति को पसंद नहीं करता था। वह मध्यवर्ग को शिक्षित करने की उदारवादी आकांक्षा को भी पसंद नहीं करता था, उसी मध्यवर्ग को जिसे पहले वह कुछ हद तक सत्ता में साझीदार बनाने को तैयार था। तीस के दशक की सुधारवादी भावना ने 1857 के बाद सख़्त और नंगी नस्लवादी रंगत अख़्तियार कर ली। फ़िट्ज़जेम्स स्टीफ़ेन की बात यहां उद्धृत की जा सकती है, जो मात्र ढाई सालों के लिए वायसराय की काउंसिल के लॉ मेम्बर रहे, लेकिन उन्नीसवीं सदी के उत्तरार्द्ध के ब्रिटिश भारत में जिनकी उपस्थिति बहुत

अहम थी। स्टीफ़ेन के शब्दों में, ग़दर के नतीजे के तौर पर 'पुरानी व्यवस्था बिखर गई; क़ानूनी, सैन्य और प्रशासनिक चीज़ों के बारे में एशियाई और यूरोपीय नज़रियों के बीच एक नामुमकिन समझौता कराने की कोशिशों को तिलांजलि दे दी गई। संविधि-संग्रह (क़ानून की क़िताब) पर ग़दर का असर बहुत साफ़ दिखता है।'[3] इसके परिणामस्वरूप साठ और सत्तर के शुरुआती दशक में कठोर क़ानून बने।

देश के प्रशासन को चुस्त-दुरुस्त किया गया, भू-राजस्व व्यवस्था की अच्छी तरह मरम्मत की गई जिससे संशोधित बंदोबस्त अधिकांश प्रांतों में प्रभावित हुए। इसके अलावा, टेलीग्राफ़ और रेलवे ने नियंत्रण और एकता की अभूतपूर्व असरअंदाज़ी मुहैया कराई। सांख्यिकीय सूचनाएं इकट्ठा करने के लिए एक केंद्रीय सचिवालय स्थापित किया गया। इसी जगह से 1872 की पहली मर्दुमशुमारी के लिए दिशा-निर्देश मिला था। डब्ल्यू.डब्ल्यू. हंटर की देख-रेख में हुए इस काम से ही *इम्पीरियल गज़ेटियर ऑफ़ इंडिया* जैसे प्रामाणिक दस्तावेज़ को निकलकर आना था।

यह मान्यता बहुत मज़बूत जड़ें जमा चुकी थी कि सभी तरह की तरक़्क़ी अंग्रेज़ों द्वारा क़ायम की गई क़ानून और व्यवस्था के चलते संभव हो पाई है, चाहे वह वाणिज्य के क्षेत्र में दिखने वाली तरक़्क़ी हो, चाहे शहरों, सड़कों और रेल की बढ़ोतरी में या शैक्षणिक संस्थानों की स्थापना और एक नए शिक्षित वर्ग के अभ्युदय में। यह एक ऐसा सबक़ था जिसे रटंत विद्या की तरह शुरुआती राष्ट्रवादियों ने भी दुहराया। रेलवे, शिक्षा, क़ानून और व्यवस्था की स्थापना के लिए अंग्रेज़ों के प्रति अपना आभार प्रकट करते हुए तो उन्होंने इसे दुहराया ही, उस समय भी दुहराया जब वे थोड़ा ज़्यादा कुछ मांगने, यानी सरकार में भागीदारी मांगने की ओर बढ़े। लेकिन अंग्रेज़ों के उदारवाद ने स्व-शासन में अपना विश्वास व्यक्त नहीं किया। 1874 में उत्तर-पश्चिमी प्रांतों के लेफ़्टिनेंट गवर्नर और 1876 में वायसराय की काउंसिल के वित्त-सदस्य, सर जॉन स्ट्रैचे के सदय किंतु संरक्षकीय सख़्ती से भरे शब्दों में, नस्ली फ़र्क़ों की अनदेखी नहीं की जा सकती थी। अंग्रेज़ मुट्ठी भर थे और इस मुल्क पर उन्हें अपनी सत्ता बनाए रखनी थी, न सिर्फ़ अपने हित में, बल्कि सार्वभौमिक स्तर पर अराजकता और विनाश को रोकने के लिए भी। तब उनके लिए असली सत्ता को अपने हाथों में रखने के अलावा किसी और विकल्प पर विचार करने का कोई सवाल ही नहीं था। देसी लोगों को केवल उपयुक्त स्तर पर प्रशासन में अधिकतम संभव हिस्सेदारी दी जा सकती थी :

> ...लेकिन इस इरादे को लेकर हमारे भीतर कोई आडंबर नहीं होना चाहिए कि हम उन कार्यकारी पदों को—और उनकी संख्या ज़्यादा नहीं है—अपने लोगों के हाथों में रखेंगे, जिन पर, तथा हमारी राजनीतिक और सामरिक शक्ति पर, इस देश के ऊपर हमारी पकड़ निर्भर है। प्रांतों के हमारे गवर्नर, हमारी सेना के मुख्य अधिकारी, ज़िलों के मजिस्ट्रेट और उनके अधीनस्थ प्रधान कार्यकारी कर्मचारी हर अनुमानित परिस्थिति में अंग्रेज़ होने चाहिए।[4]

ऐसे में देश पर शासन कर रहे ब्रिटिश प्रशासनिक अधिकारियों से किसी तरह के राजनीतिक रुझान की उम्मीद नहीं की जा सकती थी। वे देश के सामाजिक और धार्मिक ढांचे के बाहर खड़े थे। उनके, गुहा (1989 : 274) के शब्दों में, 'चरम बाहरीपन' ने व्यवस्था में धंसे हुए उन लोगों के वाजिब प्राधिकार को प्रतिबंधित कर दिया जो उसके भीतर से किसी बदलाव की शुरुआत कर सकते थे। भारतेंदु के अनुसार, अंग्रेज़ अपने मुल्क में जिस तरह की सरकार

चला रहे थे, उसके लिए उनकी तारीफ़ हो सकती थी; उन्होंने जो तकनीकी तरक़्क़ी की और नए विज्ञानों में उनकी जो दक्षता थी, उस सबके लिए उनकी तारीफ़ हो सकती थी। लेकिन जहां तक हिंदुस्तान में उनकी मौजूदगी का सवाल था, इस बात में किसी तरह की दुविधा की गुंजाइश बहुत कम थी; इस मुल्क के साथ उनका बर्ताव स्पष्टतः वणिक और शोषक प्रकृति का था। पर, इस मुक़ाम पर, अंग्रेज़ी राज से पूरी तरह छुटकारा पाने की बात कल्पनातीत थी। ज़्यादा अहम था इस बात को समझना कि यह क्योंकर संभव हो पाया था, कि क्यों हम, भारतीय लोग, ग़ुलाम थे और वे राजा ('हम ग़ुलाम ये भूप'), जैसा कि भारतेंदु ने एक दूसरे मौक़े पर ज़ोर देकर कहा था।[5] ज़्यादा अहम था सांस्कृतिक और राजनीतिक रूप से, उन हालात के भीतर ही सही, अपनी चीज़ों पर क़ायम रहना।[6]

देसी राजाओं के प्रति अंग्रेज़ों के रवैए में अपनी तरह का दुचित्तापन था। बतौर वायसराय (1876-80) लॉर्ड लिटन ने, ब्रिटिश राज के लिए सक्रिय समर्थन जुटाने की अपनी कोशिश में, एक अनुदारवादी के तौर पर भारतीय नरेशों को क्राउन के साथ व्यक्तिगत राजभक्ति के बंधन में बांधने का प्रयास किया। यह उसकी सुचिंतित राय थी कि जनता अपने स्वाभाविक शासकों, देसी राजाओं की ही सुनेगी। परंतु देसी राजाओं के प्रति आधिकारिक ब्रिटिश रवैए में एक निश्चित अंतर्विरोध बना रहा। महारानी के 8 नवम्बर, 1858 के ऐलान में एक ओर यह कहा गया था कि 'उनके अधिकार, उनकी गरिमा और प्रतिष्ठा', साथ ही, अपनी रियासत की सीमाओं के भीतर उनके नियंत्रण का सम्मान किया जाएगा, लेकिन दूसरी ओर महारानी 'हमारी भारतीय सीमाओं में रहने वाले बाशिंदों के प्रति उसी दायित्व-बोध से बंधी थीं जो हमें हमारी दूसरी प्रजाओं के साथ बांधे हुए है'। उनकी समस्त भारतीय प्रजा को 'क़ानून का समान और पक्षपातविहीन संरक्षण' हासिल होना था और इस क़ानून के निर्धारण तथा अमल में 'भारत के प्राचीन अधिकारों, प्रचलनों और रिवाजों को समुचित सम्मान' दिया जाना था।[7] जैसा कि बर्नार्ड कोह्न ने बताया है, यह वक्तव्य शासन के दो भिन्न, यहां तक कि अंतर्विरोधी, सिद्धांतों को अपने अंदर समेटे था : एक वह जो हिंदुस्तान को एक सामंती व्यवस्था के रूप में क़ायम रखना चाहता था, और दूसरा वह जो न्याय के मामले में समतावाद का वायदा करता था जो कि इस सामंती व्यवस्था के ख़ात्मे का ही सबब बनता। इसी समतावाद का पालन करने के लिए भारतीय प्रेस लगातार शोर मचा रहा था।

इस तरह स्थानीय नरेशों के संबंध में जनमत का, जैसा कि वह देसी प्रेस में व्यक्त हो रहा था, अंग्रेज़ों के साथ उनके गठजोड़ के प्रति तीव्र जागरूकता के साथ जुड़ाव था। वे अंग्रेज़ों के द्वारा संरक्षित थे, किसी भी रूप में जनता के प्रति सीधे-सीधे जवाबदेह नहीं थे, और इसीलिए चरम भोग-विलास में लिप्त रह सकते थे। उनके नेतृत्व को स्पष्टतः एक स्वांग के रूप में ही देखा जा सकता था। अलबत्ता, जब किसी अवसर पर ब्रिटिश प्रेस उन पर हमले करता था, तब देसी प्रेस उनकी हिफ़ाज़त के लिए भी सामने आता था।

अगर ऊपर से कोई नेतृत्व न था तो परिवर्तन का वाहक कौन बनता? स्थानीय नरेशों के अलावा 'देसी मत' के दूसरे संभावित राजनीतिक प्रतिनिधि, शिक्षित मध्यवर्ग, को लिटन ने बाबुओं के रूप में चिह्नित किया था, जो 'देसी प्रेस में अर्द्ध-राजद्रोही लेख' लिखने के अलावा और कुछ नहीं कर सकते थे, 'और जो ख़ुद अपनी स्थिति की सामाजिक विसंगति से अलग किसी और चीज़ को प्रस्तुत नहीं करते' थे।[8] हालांकि इस मध्यवर्ग को कोई राजनीतिक

प्रतिनिधित्व हासिल न था, पर संघटित होने की प्रक्रिया में फंसा हुआ यह मध्यवर्ग ही था जिसे एक सार्वजनिक वृत्त क़ायम करना था। उस सार्वजनिक वृत्त में ही इसका राजनीतिक मत ख़ुद को तैयार और प्रस्तुत कर सकता था। इसी मध्यवर्ग को अब परंपरा के संघटन की, साथ ही साथ, न्यायोचित बदलाव की ज़िम्मेदारी लेने के लिए सामने आना था। लेकिन इसके धर्म को–हमारे प्रसंग में, इसके 'हिंदूपन' को–जो अस्मिता का अंकन करने वाली एक अनिवार्य शै के रूप में उभर रहा था, राष्ट्र की नव-विकसनशील अवधारणा के रिश्ते में अभी परिभाषित होना बाक़ी था।

हिंदू समुदाय किस तरह संघटित हो रहा था? स्पष्टतः, समाजनीति समय-समय पर बदलती रही थी, और अनाज से भूसी को अलग करने की ज़रूरत थी। यह अनाज क्या था और असली धर्म को बनाने वाली चीज़ क्या थी? आधुनिक हिंदू धर्म को बनाने में जो बहुतेरी चीज़ें शामिल थीं, उन्हें जमाने के लिए साझा ज़मीन का प्रबंध होना अभी भी बाक़ी था। इस मक़सद के लिए अपनायी जाने वाली रणनीतियां क्या हो सकती थीं? ब्राह्मो और आर्यसमाज जैसे नए मूर्तिभंजकों से भिन्न, भारतेंदु ने किसी भी चरण में यह नहीं माना कि परंपरा में कभी कोई क्रमभंग हुआ था, पर चूंकि हिंदू परंपरा को समकालीन शक्ल हासिल करनी थी, इसलिए इसकी रूपरेखा का अभी अंकन होना बाक़ी था। इसलिए समुदाय और परंपरा, दोनों को एक बार फिर, नए सिरे से ढाला जा रहा था। और इन दोनों ने पश्चिमी विचार और संस्थाओं के साथ तथा ईसाइयत के साथ होने वाली लेन-देन में ही ख़ुद को व्यक्त तथा परिभाषित किया, भले ही उसमें स्वदेशी तत्त्वों पर कितना भी ज़ोर दिया गया हो, क्योंकि, जैसा कि भारतेंदु ने रेखांकित किया था, देश और काल ही अंततः यह तय करते हैं कि कौन-सी चीज़ मुनासिब है।

यह सवाल उस देसी प्रेस के भीतर बहस-मुबाहिसों के बीच हल होने वाले थे जो जनमत का प्रधान मंच बनने जा रहा था। भारतेंदु की दो पत्रिकाओं, *कविवचनसुधा* और *हरिश्चंद्रचंद्रिका,* ने इस प्रक्रिया में बहुत बड़ा योगदान किया, मुद्दों को चिह्नित करके। जैसे कि ख़ुद जनमत को इन्होंने मुद्दा बनाया; उस मध्यवर्ग के संघटन को मुद्दा बनाया जो कि अब तक ख़ुद को परिभाषित न कर पाने वाला एक बेडौल गठन था, लेकिन जिसने अय्याश देसी नरेशों और घमंडी औपनिवेशिक अफ़सरशाही, दोनों से अपने अलगाव की बहुत साफ़ तौर पर निशानदेही की।[9]

हिंदू और मुसलमान, हिंदुस्तान और भारतवर्ष

भारतेंदु के भाषण को उस विराट उद्यम का हिस्सा मानना चाहिए जिसे हम आज भारतीय राष्ट्र को परिभाषा देने के प्रयास के रूप में पहचान सकते हैं। जैसा कि ज्ञान पांडे ने रेखांकित किया है, उपमहाद्वीप के आकार और वैविध्य के मद्देनज़र, अभिजन राजनीतिक दायरों में भारतीय राष्ट्र की कल्पना, उसकी निर्मिति के शुरुआती चरण में, कई मुख़्तलिफ़ समुदायों के एक मिले-जुले निकाय के तौर पर की गई जिनमें से हरेक का अपना इतिहास और अपनी संस्कृति थी। ये हिंदुओं, मुसलमानों, ईसाइयों, सिक्खों, पारसियों के समुदाय थे (1990 : 209-10)। दरअसल, मामला इससे कहीं ज़्यादा जटिल था। अगर राष्ट्र अलग-अलग समुदायों के संग्रह के रूप में कल्पित हो रहा था तो ख़ुद ये समुदाय, जो स्वयं एकरूप नहीं थे, आपस

में सटने और दूसरों के सामने एक संयुक्त मोर्चा पेश करने के प्रयास में लगे हुए थे। मामला इस वजह से और जटिल हो जाता है कि 'हिंदू', अपने विविध अर्थों में, राजनीतिक और सांस्कृतिक जगह पर प्रभुत्व और दख़ल क़ायम करने लगा था, पर इसका इस्तेमाल कई मायनों में हो रहा था। इसे समझने के लिए इस शब्द की भिन्न-भिन्न प्रयुक्तियों को सुलझाना होगा, जो उन्नीसवीं सदी के आख़िरी दशकों में किसी हद तक आपस में मिल-उलझ गई थीं और जो आज भी भ्रम पैदा करती हैं।

अव्वल यह कि ईस्ट इंडिया कंपनी के समय तक भी 'हिंदू' एक ऐसा पद था जो फ़ारसी या तुर्की वग़ैरह के बरख़िलाफ़ देसी भारतीयों का हवाला देता था; हिंदू शब्द हिंदुस्तान के सभी बाशिंदों के लिए इस्तेमाल हो सकता था। लिहाज़ा हिंदवी, हिंदुई या हिंदी भी ऐसे पद थे जो हिंदुओं द्वारा बोली जाने वाली भाषा के लिए प्रयुक्त पद के रूप में इस्तेमाल हो सकते थे। हिंदुस्तान शब्द अलग-अलग दौरों में अलग-अलग तरीक़ों से इस्तेमाल होता रहा था।[10] अल-बरूनी ने इसे जिस मुल्क के एक भाग का संकेत करने वाला पद समझा था, वह पूरा मुल्क उसकी निगाह में 'भारतवर्ष' नाम से अभिहित होता था। बाद की प्रयुक्ति में, यह पूरे उपमहाद्वीप से लेकर विंध्य के उत्तर में स्थित भूभाग तक, किसी भी चीज़ का द्योतन कर सकता था। कभी-कभी यह उपमहाद्वीप के दक्षिण-पूर्व में स्थित देशों को भी शामिल कर लेता था, लेकिन अकबर तक आते-आते, मुग़ल साम्राज्य के चरमोत्कर्ष के दिनों में, यह उस राजनीतिक और प्रशासनिक इकाई का समानार्थी समझा जाने लगा जो कि अकबर का साम्राज्य था। अंग्रेज़ आए तो उन्होंने इसे कभी उपमहाद्वीप के लिए इस्तेमाल किया, कभी दक्कन के उत्तर वाले भूभाग के लिए। लेकिन, 1820 तक एक संकीर्ण परिभाषा भी वजूद में आ चुकी थी, जैसा कि विलियम हैमिल्टन ने अपनी कृति *ए ज्योग्राफ़िकल, स्टैटिस्टिकल एंड हिस्टोरिकल डेस्क्रिप्शन ऑफ़ हिंदोस्तान* में नोट किया था :

> आधुनिक समय में यूरोपीय भूगोलविदों द्वारा हिंदुस्तान की सीमाएं प्रायः हिंदू धर्म की सीमाओं के साथ सहवर्ती के तौर पर मानी जाती रही हैं। इस चित्रण को यह लाभ भी हासिल है कि यह तीनतरफ़ा शक्तिशाली प्राकृतिक अवरोधों द्वारा पूरी तरह से सुनिर्धारित है।[11]

इस तरह हिंदुस्तान धार्मिक और इलाक़ाई, दोनों रूपों में सुपरिभाषित हो गया था। क्या जो हिंदू धर्म को मानते थे, उन्हें विशेष (इलाक़ाई) सहूलियतें मिली हुई थीं? इस भूमि की ग़ैर-हिंदू आबादी के अधिकार और सहूलियतें क्या होनी चाहिए थीं?

'हिंदू' की दूसरी प्रयुक्ति, जिसमें यह निकट अंतस्संबंध वाली विविध आस्थाओं के लिए दिया गया एक धार्मिक अभिधान था, दिल्ली सल्तनत के एकदम शुरुआती ऐतिहासिक वृत्तांतों के समय से व्यवहार में थी। इसका प्रयोग ग़ैर-इस्लामी धर्मों के सभी अनुयायियों को एक साथ निर्दिष्ट करने के लिए होता था। जैसा कि रोमिला थापर ने बताया है, हिंदू समुदाय के प्रत्यय की जड़ों को ग़ैर-इस्लामी स्रोतों में पंद्रहवीं सदी से पहले नहीं ढूंढ़ा जा सकता। यही वह समय था जब लोग अपना उल्लेख हिंदू के तौर पर करने लगे (1989 : 224)। हालांकि यह 'तुर्क' के बरख़िलाफ़ प्रचलन में आया, जो कि उस समय मुसलमानों के लिए सामान्यतः इस्तेमाल होने वाला शब्द था, पर उस समय किसी उपमहाद्वीपीय हिंदू समुदाय की कोई धारणा नहीं थी, और इतना ही नहीं, किसी स्पष्टतया धर्मशास्त्रीय आयाम के बनिस्बत इस पद का दायरा सामाजिक-राजनीतिक अधिक था।[12] इसी धर्मशास्त्रीय आयाम को

उपमहाद्वीप के धर्म की पश्चिमी समझ के नतीजे के तौर पर स्थापित होना था।[13] ईसाई मिशनरियों और ब्रिटिश इतिहास-लेखन ने भी हिंदुओं और मुसलमानों को बिल्कुल अलहदा मानते हुए उनमें फ़र्क़ किया। उनकी निग़ाह में ये दो ऐसे जुदा लोग थे जिनके पास न सिर्फ़ अपना-अपना विशिष्ट धर्म था (जिन्हें मिशनरियों और ब्रिटिश इतिहासकारों ने एकाश्मक ही माना), बल्कि पृथक् इतिहास भी थे। अगर ब्रिटिश राज के शुरुआती दौर में मुग़ल इतिहास को ही इस देश का इतिहास समझा जाता था, तो एक भारोपीय भाषा के रूप में संस्कृत की प्राच्यवादी खोज और नतीजतन प्राचीन हिंदू अतीत के गौरव के प्रति पैदा हुए उत्साह के परिणामस्वरूप[14] न सिर्फ़ अंग्रेज़ों की ऐतिहासिक दिलचस्पी मुस्लिम भारत से हिंदू भारत की ओर स्थानांतरित हुई, बल्कि इसके बाद से भारत की पहचान हिंदू भारत के रूप में ही होने लगी।[15] हिंदू सभ्यता के पतन का मुख्य कारण भारत पर मुसलमानों के क़ब्ज़े को माना गया। जेम्स मिल की *हिस्टरी ऑफ़ ब्रिटिश इंडिया* (1817) ने भारतीय इतिहास के हिंदू, मुस्लिम और ब्रिटिश युगों के रूप में किए गए विभाजन पर अंतिम मुहर लगा दी और इसके बाद से भारतीय इतिहास को इसी विभाजन में देखा जाने लगा। हालांकि भारतीय इतिहास का यह विराट युग-विभाजन मुख्यतः राजनीतिक आधार पर किया गया था, पर भारत के आरंभिक ब्रिटिश इतिहास-लेखन ने यह मान लिया कि भारत में अरबों और तुर्कों के आने के साथ शासकों और शासितों, यानी बिल्कुल पृथक् और सांस्कृतिक एवं सामाजिक रूप से अपने आपमें सजातीय समूहों के रूप में देखे जाने वाले मुसलमानों और हिंदुओं के बीच एक अंतर किया जा सकता है। यह मान्यता आने वाली शताब्दियों में वैध बनी रही और इसे एक असंदिग्ध तथ्य की तरह ग्रहण किया गया कि पूरे 'मुस्लिम' दौर में दो पृथक् सामाजिक वजूदों की मौजूदगी बनी हुई थी। लेकिन यह मान लेना एक सरलीकरण होगा कि हिंदू-मुस्लिम द्विभाजन पूरी तरह से ब्रिटिश इतिहास-लेखन का ही सृजन था। हालांकि ब्रिटिश संकल्पना ने विकास के एक ख़ास पैटर्न को बढ़ावा दिया, जिसकी मिसाल हिंदी-उर्दू भाषायी बंटवारे में देख सकते हैं, पर दरअसल इससे संबद्ध, मुसलमान से मराठा और मराठा से अंग्रेज़ तक के, राजनीतिक सत्ता के हस्तांतरण और सहूलियतों के बंटवारे को भी शासित आबादी ने स्वाभाविक रूप से अपने ज़ेहन में दर्ज किया। अगर औपनिवेशिक शासन के अधीन मुसलमान नेता पिछली राजनीतिक सत्ता की स्मृतियों की ओर मुड़े, तो हिंदू नेता भी एक व्यापक हिंदू एकता के निर्माण के लिए मुस्लिम उत्पीड़न की स्मृतियों का इस्तेमाल करने में पीछे नहीं रहे। वे सभी हिंदुओं को इस उत्पीड़न का समान रूप से शिकार मानते हुए उन स्मृतियों का आह्वान कर रहे थे। जैसा कि अर्नस्ट रेनान ने पिछली सदी में बताया था :

> ...'साथ-साथ दुख भोगना'—और, निस्संदेह, साझा दुख भोगना साझा आनंद के मुक़ाबले अधिक एकताबद्ध करता है। जहां राष्ट्रीय स्मृतियों का सवाल हो, वहां व्यथा जीतों से अधिक मूल्यवान होती है, क्योंकि वह दायित्वों का निर्धारण करती है, और एक साझा प्रयास की मांग करती है ([1882] 1990 : 19)।

सभी हिंदुओं के द्वारा साझा रूप से भोगी गई यातना का उल्लेख उन्नीसवीं सदी के दौरान ख़ुद हिंदुओं ने तो लगातार किया ही, भांति-भांति के प्राच्यवादियों ने भी किया। इस तरह अपने-अपने धर्म और इतिहास वाले दो बिल्कुल जुदा लोगों की, हिंदुओं और मुसलमानों की, धारणा निर्मित और स्थापित हुई।[16]

'हिंदू' की तीसरी प्रयुक्ति राष्ट्रवादी थी और यह एकदम नई थी। उस समय एक व्यापकतर एकता की ज़रूरत महसूस की जा रही थी और यह अकारण नहीं था। अगर भारतेंदु ने मौजूदा आर्थिक शोषण के रू-ब-रू सभी हिंदुओं के एकजुट होने का आह्वान किया, तो वह इसलिए भी कि यह पूरी तरह स्पष्ट था कि यूरोपीय उत्पादकों ने देसी उद्योग को विस्थापित कर दिया था। कराधान और भारी आबकारी शुल्क, अंग्रेज़ों के सैन्य अभियानों का वित्तपोषण, ये ऐसे आर्थिक बोझ थे जिनसे देशी अख़बारों के पाठक भली-भांति परिचित हो चले थे। दादा भाई नौरोजी के काम से बड़े पैमाने पर लोग अवगत थे। उनके विचार अख़बारों में प्रकाशित हुए और आगे चलकर *पोवर्टी एंड दि अन-ब्रिटिश रूल इन इंडिया* (1901) जैसे ग्रंथों में संकलित हुए। ये विचार हिंदी में अनूदित होकर अस्सी के दशक के मध्य में *कविवचनसुधा* में धारावाहिक रूप से छपे। लिहाज़ा, आर्थिक राष्ट्रवाद ने और ब्रिटिश प्रशासन तथा गोरों के हाथों साझा तौर पर झेली जाने वाली यातना ने इस महामंत्र में प्राण फूंकने का काम किया कि 'जो हिंदुस्तान में रहे, वह हिंदू'।[17] यह 'हिंदू' का एक तीसरा अर्थ था, नए राष्ट्रवादी निहितार्थ के साथ एक प्राक्-औपनिवेशिक प्रयुक्ति, जिसने शासित आबादी की साझा सांस्कृतिक और ऐतिहासिक धरोहर का आह्वान किया। इसके बावजूद, दूसरा अनुप्रयोग, जिसमें 'हिंदू' एक धार्मिक अभिधान था, इतने बड़े पैमाने पर हावी था कि इस शब्द की किसी लौकिक (सेक्यूलर) प्रयुक्ति से उसे पूरी तरह निकाल बाहर करना नामुमकिन होता जा रहा था।

पर साथ-के-साथ, 'हिंदू' के प्रथम या प्राक्-औपनिवेशिक अर्थ ने—जिसमें हिंदुस्तान का हर बाशिंदा शामिल था—'हिंदू' के उस दूसरे अर्थ को अपने रंग में रंगा और उसमें मिलावट की जो इसे महज़ धार्मिक अभिधान के तौर पर इस्तेमाल होने तक महदूद कर देता। दोनों पदों का संपात या मेल हो जाने से दूसरे अर्थ को यह दावा करने की छूट मिल गई कि वस्तुतः हिंदू धर्म का पालन करने वाले लोग हिंदुस्तान के प्रत्येक और समस्त निवासियों का प्रतिनिधित्व करते हैं क्योंकि वे इस देश के मूल निवासी हैं और इसीलिए देश के साथ सांस्कृतिक रूप से अधिक अंतरंगता के साथ संबद्ध भी हैं। इस दावे में यह निहित था कि राष्ट्र महज़ समुदायों के कुल योग से नहीं बना है, कुछ समुदाय उन दूसरे समुदायों के बनिस्बत अधिक मुकम्मल तरीक़े से इसका प्रतिनिधित्व करने का दावा कर सकते हैं जो या तो बाद में आए हैं, जैसे मुसलमान, या जो यथेष्ट विकसित नहीं (समझे जाते) हैं, जैसे और भी पहले के बाशिंदे, जिसमें द्रविड़ या नाना प्रकार के आदिवासी समुदाय शामिल हैं। तीसरा अर्थ या राष्ट्रवादी अर्थ, कभी भी अपने धार्मिक संकेतार्थों से पूरी तरह छुटकारा न पा सका। इस पद की प्रयुक्ति उन्नीसवीं सदी में अस्थिर बनी रही और इसके मुख़्तलिफ़ मायनों में आपसी जुड़ाव क़ायम रहा। बावजूद इसके, किसी प्रदत्त संदर्भ में 'हिंदू' के प्राथमिक अर्थ को निर्धारित करना संभव है, यदि एक बार यह तय हो जाए कि इलाक़ाई, धार्मिक, राष्ट्रीय में से किस आधार पर यह पद प्रयोग में आ रहा है और 'अन्य' की भूमिका में किसे रखा जा रहा है; चाहे वह अन्य, जैसा कि पुरानी इलाक़ाई प्रयुक्ति में दिखता है, फ़ारसी या तुर्क हो, या मुसलमान (जिसे उस समय कई बार समूह के हवाले में तुर्क ही कहा जाता है), या फिर अंततः औपनिवेशिक स्वामी। लेकिन यह बात दिमाग़ में रखना ज़रूरी है कि धार्मिक समुदाय को निर्दिष्ट करने वाली दूसरी प्रयुक्ति अत्यंत प्रभावी संदर्भ-बिंदु बनी रहती है।

यहां दो और महत्त्वपूर्ण गुत्थियों पर ग़ौर करने की ज़रूरत है। भारतेंदु ने अपने छपे हुए भाषण के शीर्षक में भारतवर्ष शब्द का प्रयोग किया है, हिंदुस्तान का नहीं। परंतु ख़ुद भाषण में यह शब्द सिर्फ़ एक बार इस्तेमाल किया गया है, एक उद्‌बोधनपरक अंश में। इस अंश में, भले ही मात्र अतीत के संदर्भ में, बाहरी हमलों से देश की हिफ़ाज़त करने के लिए लोगों से आगे आने का आह्वान किया गया है और देश का मतलब वहां निहित रूप में आर्य-हिंदू प्रदेश है। एक इलाक़ाई और सांस्कृतिक इकाई के तौर पर भारतवर्ष तथा अस्मिता को स्थापित एवं चिह्नित करने वाले के तौर पर आर्य, दोनों ही उस देसी परंपरा के हिस्से थे जिसे सदियों से जीवित रखा गया था और पुराणों तथा धर्मशास्त्रों में जिसका बारंबार स्मरण किया गया था। हिंदुस्तान महज़ आंशिक रूप से ही उस भारतवर्ष की धारणा के साथ मेल खाता था जिसका अपना सांस्कृतिक और धार्मिक इतिहास था। वैसे ही जैसे हिंदू यद्यपि आर्य के साथ घुल-मिल गया था, पर वह आर्य की तरह की उद्‌बोधनकारी शक्ति कभी हासिल नहीं कर पाया। आर्य का प्रयोग आर्य और म्लेच्छ के युगों पुराने भेदभाव की यादें ताज़ा कर देता था।

भारतवर्ष किस तरह की एकता की ओर इशारा करता था?[18] ऐसा नहीं कि यह पूरी सहस्राब्दी के दौरान अपरिवर्तनशील बना रहा। इस मुद्‌दे पर विस्तृत अध्ययन होना अभी बाक़ी है, पर अठारह महापुराणों में से *मार्कंडेय* और *भागवत पुराण*, जिनके बारे में हम जानते हैं कि उनसे भारतेंदु भली-भांति परिचित थे और लगातार उन्हें उद्धृत करते थे, के बीच सरसरी तौर पर की गई तुलना भी इस अवधारणा के विचारधारात्मक संविधान में आए हुए विराट बदलावों को चिह्नित करने के लिए काफ़ी है। भारतवर्ष के राजनीतिक इकाई होने का कोई दावा पेश न करते हुए भी *मार्कंडेय पुराण* इसकी सरहदों को बहुत स्पष्ट रूप से चिह्नित करता है; इसकी चौहद्‌दियों का जो बिंब रचा गया है, वह काव्यात्मक और रक्षात्मक, दोनों है। बिंब इस प्रकार है कि पूर्व, दक्षिण और पश्चिम से इसे घेरने वाला समुद्र एक धनुष के आकार में है, इस धनुष की प्रत्यंचा को पर्वत शृंखला ने खींच रखा है जो उत्तर में दुर्ग की दीवार की तरह स्थित है।[19] फिर इस देश से होकर बहने वाली नदियों और इसके आर-पार फैली पर्वत शृंखलाओं की गणना करने के बाद यहां बसी हुई जनजातियों की सूची आती है—इस जगह आर्य और म्लेच्छ, दोनों गुंथे हुए मौजूद हैं; देश किसी भांति आर्यों का विशिष्ट अधिकार-क्षेत्र नहीं है। लेकिन वे इसके केंद्रीय भाग, मध्यदेश, में विशेषाधिकार-प्राप्त स्थिति में हैं। सिर्फ़ यही जगह है जहां चारों वर्ण शास्त्रोक्त कर्तव्यों का पालन करते हैं। कारण, भारतवर्ष भूलोक के अन्य वर्षों, यानी धरती के दूसरे भागों, से इसी रूप में अपने को अलग करता है कि कर्मभूमि एकमात्र यही है, जहां प्रत्येक कार्य, प्रत्येक यज्ञ का उचित प्रतिफल मिलता है, और स्वर्ग में अपना समय पूरा कर लेने के बाद जहां देवता भी जन्म लेना चाहते हैं। सिर्फ़ इसी जगह पर वैदिक यज्ञ-याग किए जाते हैं और यही जगह है जहां अनेक पारलौकिक अवस्थाओं को भी हासिल करना संभव है। इस प्रकार वर्णव्यवस्था तथा उससे जुड़े सभी विधि-निषेधों का प्रचलन ही इस इकाई में एक सुसंगति लाता है।

भागवत पुराण में भारतवर्ष की प्रशस्ति में एक स्तुति है, जो हरि को संबोधित है और जिसका गायन देश के जनसाधारण के साथ नारद करते हैं।[20] इस जनसाधारण का अंकन वर्णव्यवस्था का अनुपालन करने वाले के तौर पर किया गया है। लेकिन स्तुति में ज़ोर

वर्णव्यवस्था से हटकर है। कहा गया है, इस देश में सभी लोग–जनजातियों का, आर्य या म्लेच्छ का कोई ज़िक्र नहीं किया गया है–विविध योनियों, जन्म और मोक्ष से गुज़रते हैं। मोक्ष जन्मों के चक्र से छुटकारा पाना है, यद्यपि यहां आकर इसे भक्ति की स्थिति से अभिन्न रूप में देखा जाने लगा है। कर्मभूमि की धारणा के साथ-साथ स्वयं वैदिक यज्ञ का भी महत्त्व घटा है; इसे मात्र सांसारिक सुखों की प्राप्ति के साधन के तौर पर देखा गया है। इंद्र आदि विविध नामों के साथ हरि यज्ञ के दान यानी हवि को स्वीकार करने वाले के तौर पर क़ायम हैं, लेकिन भारतवर्ष यहां भूलोक के अन्य भागों से इस मायने में विशिष्ट है कि सिर्फ़ यहीं भक्ति को प्राप्त करना संभव है, और यही वह स्थिति है जिसे देवता भी प्राप्त करना चाहते हैं जब वे यहां जन्म लेने की इच्छा व्यक्त करते हैं।

इस तरह भारतवर्ष सदियों तक सांस्कृतिक रूप से अत्यंत आविष्ट धारणा बना रहा है, जिसने राजनीतिक हक़ीक़त से महरूम होने बावजूद एक कर्मकांडी, सामाजिक, धार्मिक, समर्पणमूलक, विषमरूपता में समरूपता की खोज करती व्यवस्था–ब्राह्मणवादी व्यवस्था–के विज़न के तौर पर अपना सामर्थ्य बनाए रखा है; हालांकि जिन शक्तियों को इस समरूपता के साधन के तौर पर देखा गया था, वे स्वयं समय के साथ बदल गईं। लेकिन पवित्र नदियों और पर्वतों से आच्छादित भूभाग के साथ जुड़ी यह व्यवस्था ही थी जो उपमहाद्वीपीय स्तर की वैधता को हासिल करने के सबसे पास तक पहुंच पाई।[21] इस अवधारणा के उन्नीसवीं सदी के पुनरुज्जीवन एवं राजनैतीकरण को इसी नैरंतर्य के संदर्भ में रखकर देखना होगा। भारतेंदु पुराणों से सुपरिचित थे, जैसा कि *हरिश्चंद्रचंद्रिका* के कई अंकों में अठारह मुख्य पुराणों के उनके द्वारा प्रस्तुत सार-संक्षेप से भली-भांति स्पष्ट है।[22] हालांकि वे भारतवर्ष और हिंदुस्तान के बीच कोई सोचा-समझा अंतर नहीं करते हैं, लेकिन असलियत यही है कि उनके द्वारा भारतवर्ष का इस्तेमाल स्पष्टतः हिंदू धार्मिक एवं सांस्कृतिक संदर्भ तक महदूद है। यहां जिस भाषण का विश्लेषण किया गया है, वह चूंकि एक जनसभा में दिया गया भाषण था, जहां श्रोताओं में हिंदू, मुसलमान और यहां तक कि अंग्रेज़ भी मौजूद थे, इसलिए उन्होंने जिस पद का उपयोग किया, वह था 'हिंदुस्तान'। 'हिंदुस्तान' हिंदुओं और मुसलमानों, दोनों का निवास-स्थान हो सकता था, क्योंकि एक समय में इस देश के सभी बाशिंदे हिंदू कहे जाते थे, हालांकि आधुनिक युग का हिंदू (एक धार्मिक अभिधान वाले अर्थ में) देश के मूल निवासी होने की अपनी दावेदारी के बल पर इसके भीतर एक विशेषाधिकारयुक्त ओहदे पर क़ाबिज़ था। 'भारतवर्ष' का इस्तेमाल भारतेंदु ने सिर्फ़ एक बार, और वह भी लगभग अनजाने में, पृथ्वीराज-मोहम्मद गोरी की लड़ाई के उल्लेख के बाद किया, जो इस बीच हिंदू-मुस्लिम टकराव का सर्वोत्कृष्ट प्रतीक बन चुका था। इसके विपरीत, 'वैष्णवता और भारतवर्ष'[23] जैसे लेख में, जहां संदर्भ स्पष्ट रूप से हिंदू और धार्मिक था, भारतेंदु ने एक बार भी 'हिंदुस्तान' की चर्चा नहीं की। यहां उन्होंने ख़ुद को सीधे-सीधे भागवत पुराण वाले आदर्शीकरण की परंपरा में रखा और वैष्णव भक्ति को हिंदू धर्म की एकता और निरंतरता के निमित्त के रूप में देखा, लेकिन उनकी दृष्टि ज़ाहिरा तौर पर राष्ट्र एवं राष्ट्रीय धर्म की उन्नीसवीं सदी की समझ से भी प्रभावित थी। उस समय का राजनीतिक यथार्थ, विडंबनापूर्ण तरीक़े से, मात्र ब्रिटिश इंडिया था। अलबत्ता, इसकी भौगोलिक और प्रशासनिक चौहद्दियां 'भारतवर्ष' और 'हिंदुस्तान' की धारणा से ढंकी जा रही थीं। इस तरह भारतवर्ष, हिंदुस्तान और ब्रिटिश इंडिया की

मानचित्र-रेखाएं एक-दूसरे को फलांगती, काटती और अतिछादित (ओवरलैप) करती थीं, लेकिन धारणाओं के रूप में इन्होंने अपने विशिष्ट संकेतार्थों को बरक़रार रखा और भारतवर्ष का राजनैतीकरण इस भूभाग के सच्चे हक़दार और कमतर हक़दार के बीच अंतर की अपनी समझ को अपने साथ लेकर आया।

इसी पृष्ठभूमि में आर्य-म्लेच्छ द्विभाजन को भी समझने की ज़रूरत है।[24] हालांकि बहिरागत आर्य स्थानीय लोगों की अशुद्ध भाषा, साथ ही, आनुष्ठानिक अशुद्धता की ओर संकेत करने के लिए उन्हें म्लेच्छ कहते थे, मूलतः यह पद आर्यों और उन जनजातियों के बीच की आंतरिक भिन्नताओं को स्थापित करने के लिए इस्तेमाल होता था, जो कि आर्यदेश कहे जाने वाले इलाक़े पर एक समय क़ाबिज़ थे। जिन इलाक़ों में म्लेच्छ निवास करते थे, यानी वे पहाड़ और जंगल जिनकी ओर वे खदेड़ दिए गए थे, उन्हें उस आर्यदेश की परिधि के बाहर माना जाता था, जिसकी पहचान थी–वर्ण-नियमों का पालन एवं वैदिक अनुष्ठानों का निष्पादन। वर्णव्यवस्था में नीच से नीच को भी, मिसाल के लिए, शूद्र के रूप में दाख़िला मिला था, लेकिन उन्हें म्लेच्छ बताना जारी रहा।[25] अलबत्ता, अपने में मिलाने के बाद, अनार्यों में से अधिक शक्तिशाली लोगों को वर्ण-योजना में एक उच्चतर दर्जे से नवाज़ा गया। नौवीं सदी से म्लेच्छ के रूप में देसी लोगों की बड़ी तादाद का हवाला मिलना बंद हो गया। स्वयं ब्राह्मणवादी धर्म का तब विस्तार हुआ जब भागवत जैसे संप्रदायों ने अनार्यों को अपने दायरे में स्वीकार कर लिया। तब फिर म्लेच्छों के रूप में मुख्यतः अरबों का ज़िक्र होने लगा। यहां जिस तरह के बहिष्करण की शुरुआत हुई वह पारस्परिक था, यद्यपि उसका निर्धारण अलग तरीक़े से हुआ था क्योंकि बहिरागत मुसलमानों के लिए, जिन्होंने वर्णव्यवस्था का हिस्सा बनने की कोशिश नहीं की, आनुष्ठानिक शुद्धता कोई विचारणीय पहलू नहीं था। आने वाली शताब्दियों में मुख्यतः निचले दर्जे की जो जातियां इस्लाम में धर्मांतरित हुईं, उन्होंने अपनी वंशानुगत जाति, पेशे और आनुष्ठानिक तौर-तरीक़ों को बरक़रार रखा और इस तरह, एक मायने में, म्लेच्छ वाली अपनी पिछली हैसियत को और पक्का किया। इसके अलावा, इस्लामी इतिहास-लेखन अपना अत्यंत विकसित अतीत-बोध अपने साथ लेकर आया, जिसने, स्वयं भारतीय परंपरा का एक हिस्सा बन जाने के बावजूद, ब्राह्मण परंपरा के बरक्स अपनी विशिष्टता क़ायम रखी।

उन्नीसवीं सदी के मध्य से आर्य वाले पक्ष को विचारधारात्मक स्तर पर और सुदृढ़ किया गया। इसने प्राचीनता की, मुस्लिमपूर्व भारतीय अतीत के साथ प्रत्यक्ष जुड़ाव की, और लिहाज़ा वर्तमान में वैध सांस्कृतिक प्रभुत्व की 'हिंदू' (दूसरी प्रयुक्ति के संकरे, धार्मिक अर्थ में) दावेदारी को और मज़बूती प्रदान की। 1850 से 1870 के बीच यूरोप के तुलनात्मक भाषाशास्त्र के विद्वान इस बात पर एकमत थे कि मानवजाति की विभिन्न नस्लों के वर्गीकरण को नियत करने के लिए भाषायी आधार सबसे भरोसेमंद आधार है। सामान्य भाषा का मतलब सामान्य मानसिकता भी है, जिसके संबंध-सूत्र भाषा के माध्यम से अतीत में ढूंढ़े जा सकते हैं।[26] अगर वैदिक संस्कृत भारोपीय भाषा-परिवार के पुरखों में से एक है तो–जैसा कि इस सिद्धांत के सबसे मुखर प्रवक्ताओं का दृढ़ विश्वास था–ई.पू. 2000 से लेकर वर्तमान काल तक भारोपीय भाषाओं और संस्कृति की निरंतरता मानी जा सकती है, और इस भाषा के आधुनिक भाषियों को प्राचीन आर्यों के प्रत्यक्ष वंशज के तौर पर देखा जा सकता है। उन्नीसवीं सदी के मध्य

के इंग्लैंड में आर्य-मिथ की कुलीनता के प्रचारकों में सबसे मुखर और वाग्मी, साथ ही, सर्वाधिक प्रभावशाली नाम थे–सी.जे. बुनसेन (1791-1860) और फ्रेडरिख़ मैक्स मुलर (1823-1900)।[27] भारत में जो अंग्रेज़ थे, उन्होंने आर्य वाले इस विचार के प्रति और आर्य अतीत के गौरव में तथाकथित भारतीय योगदान तथा भागीदारी के प्रति इंग्लैंड में बैठे अपने कुछ समकालीनों के मुक़ाबले कम उत्साह प्रदर्शित किया, लेकिन भारतीयों के ख़िलाफ़ ब्रिटिश और ऐंग्लो-इंडियन नस्ली पूर्वग्रह का मुक़ाबला करने के लिए अलग-अलग मिशनरियों तथा नागरिकों द्वारा इसका इस्तेमाल किया गया। ऐसा नहीं था कि वे कमोबेश, और 1857 के उपद्रव के तुरंत बाद, ख़ासतौर से हिंदुओं के पक्षपाती थे, लेकिन उन्होंने नस्ली भेदभाव की बहुत ज़ाहिरा ज़्यादतियों का मुक़ाबला करने के कुछ प्रयास अवश्य किए। अलबत्ता, भारतीय इतिहास से और भारतीय जलवायु के प्रभावों से संबंधित पूर्वगृहीत फ़ैसले आर्य सिद्धांत के चलते पूरी तरह से ख़त्म नहीं होने थे। बाद के इंडो-आर्यों की नस्ली और, एवंप्रकारेण, सांस्कृतिक अशुद्धता को इंगित करना संभव था, क्योंकि वे देश के आर्यपूर्व निवासियों के साथ मिश्रित हो गए थे। इस तरह हिंदुस्तान के लोग ऐतिहासिक रूप से कमतर बने रहे और उनकी उपलब्धियां, अंतिम निष्कर्ष में, यूरोपीय आर्यों के साथ तुलनीय नहीं समझी गईं, ख़ासतौर से ग्रेट ब्रिटेन के आर्यों के साथ, जो सबसे तरक़्क़ीपसंद और सबसे गौरवशाली साम्राज्यवादी होने के नाते विश्व इतिहास के शिखर पर स्थित माने जाते थे।[28]

साठ के दशक से अपनी आवाज़ को सुनवाने में कामयाब होने वाली हिंदू/हिंदुस्तानी प्रतिक्रिया अपने अभिप्राय में बिल्कुल अलहदा थी। यहां यूरोपीय परिवार के साथ आर्य-एकता पर बहुत बल नहीं दिया गया था। बल्कि ये लोग जिस चीज़ की ओर लपके थे, वह थी आर्य परंपरा द्वारा सुझाई गई राष्ट्रीय एकजुटता की संभावना। हालांकि आर्यों की शारीरिक शक्ति, शरीर-रचना और सैन्य पराक्रम पर पश्चिम का जो बल था, उसे हिंदुस्तानी राष्ट्रवादियों ने भी अपनाया, लेकिन उन्होंने मुख्यतः आर्यों के आध्यात्मिक बल और अंतर्दृष्टि पर ज़ोर दिया।[29] और भारतेंदु ने हर उस मौक़े पर आर्य वाले विचार को तलब किया जब हिंदू राष्ट्रीय अतीत के गौरव को प्रदर्शित करने की ज़रूरत आन पड़ी। इस अतीत से म्लेच्छ-मुसलमान बहिष्कृत तो नहीं किए जा सके थे, लेकिन निहित तौर पर यह भी संभव था।

भारतेंदु के विचारों का आकलन : द्विभाजन, दुचित्तापन और तीसरा मुहावरा

ऊपर जिस राजनीतिक और सांस्कृतिक ढांचे का ख़ाका खींचा गया है, उसी के भीतर भारतेंदु और उनके समकालीनों ने अपने ब्रांड के राष्ट्रवादी विचार और लेखन को सिरजा और विकसित किया। भारतेंदु कितने तरक़्क़ीपसंद थे? परंपरा के साथ उनका क्या रिश्ता था? उस आधुनिकीकरण के हक़ में, जो एक राजनीतिक ज़रूरत भी बन गया था, वे किस हद तक और किस तरह के बदलाव के लिए तैयार थे? क्या एक उभरते हुए मध्यवर्ग के महत्त्वपूर्ण प्रवक्ता के तौर पर अंग्रेज़ों और देसी नरेशों के प्रति उनके रवैए में दुचित्तापन था? और 'हिंदू' शब्द के उनके द्वारा किए गए इस्तेमाल के बदलते संकेतार्थों का क्या मतलब है? मुसलमानों के प्रति उनके रवैए की परिवर्तनशीलता के क्या माने हैं?

भारतेंदु के कामों को जिस रूप में लिया गया, आगे मैं उसी की समीक्षा और आलोचनात्मक आकलन करूंगी। मेरा विशेष फ़ोकस बलिया वाले व्याख्यान से प्रेरित टिप्पणियों पर रहेगा।

इस व्याख्यान ने केवल भारतेंदु के समकालीनों की टिप्पणियों को ही आमंत्रित नहीं किया, बल्कि बीसवीं सदी में भी यह प्रक्रिया जारी रही, क्योंकि ज़ाहिरन इसे एक केंद्रीय वक्तव्य माना गया। हालांकि भारतेंदु एक सुपरिभाषित सांस्कृतिक परिवेश के भीतर से बोल रहे थे–वे निश्चित रूप से काशी के एक रईस या व्यापारिक अभिजात वर्ग के प्रतिनिधि भी थे–फिर भी उनके यहां नई स्थापनाओं का प्रस्ताव और पक्षपोषण हो रहा था। जो विवेचनाएं और व्याख्याएं सामने आईं, वे संभावित आकलन के एक स्पेक्ट्रम को उद्घाटित करती हैं, जो एक ऐसी शख़्सियत से प्रेरित है जिसे आसानी से पारंपरिक या आधुनिक, सांप्रदायिक या राष्ट्रवादी, राजभक्त या अंग्रेज़-विरोधी के रूप में वर्गीकृत नहीं किया जा सकता, यद्यपि आलोचकों ने प्रायः ऐसा ही किया। लेकिन, चूंकि वे आधुनिक और प्राक्-आधुनिक के मिलन-बिंदु पर टिके थे, उनके कामों में साथ-साथ मौजूद पूर्णतः द्विभाजित रवैयों को पहचान लेना संभव था; इस तरह वे महज़ दुचित्ते के रूप में भी देखे जा सकते थे। उनके व्याख्यान को लेकर आम आकलन और प्रतिक्रियाओं का सरसरी तौर पर किया गया सर्वेक्षण हमें मौजूदा अध्ययन के सरोकारों और उपागमों में दाख़िल होने का एक बिंदु मुहैया कराता है।

व्याख्यान की भाषा भारतेंदु की परवर्ती गद्य-शैली का प्रतिनिधि नमूना है : सुमधुर, जीवंत, लतीफ़ों और हल्के-फुल्के मज़ाकों से बिंधी हुई, नाना प्रकार के स्रोतों से आए हुए उद्धरणों से भरपूर, जिनमें परंपरागत कहावतें, संस्कृत के पाठ और ब्रजभाषा काव्य तो हैं ही, उसी धड़ल्ले से उर्दू शायरी भी शामिल है। इनमें से ज़्यादातर उद्धरण किसी स्थापना के समर्थक साक्ष्य के तौर पर आने की बजाय सहचर के तौर पर आते हैं। निबंध के कई साहित्यिक संकेतों और उनकी अहमियत को आर.एस. मैक्ग्रेगर ने, उस दौर के साहित्य के अपने पिछले प्रांजल विश्लेषण (1974) को आगे बढ़ाते हुए, सुलझाया है और संवेदनशीलता के साथ विश्लेषित किया है (1991)।[30] व्याख्यान में छवियों और विचारों की जिस संपदा का जादुई तरीक़े से आह्वान किया गया है, उसे अगर सावधानीपूर्वक संसाधित करें तो वह समकालीन मत-निर्माण के संबंध में पर्याप्त अंतर्दृष्टि देता है, अगर हम लापरवाही से उद्धृत छंद को सीधे-सीधे अभिधा में पढ़ने की बजाय एहतियात के साथ संदर्भ में रखकर देखें।

भारतेंदु के समकालीनों और उत्तराधिकारियों–सहाय (1905), राधाकृष्णदास (1905), और कुछ समय बाद, ब्रजरत्नदास (1935)[31]–ने उनकी देशभक्ति की तारीफ़ की, लेकिन अपने मित्र और पथप्रदर्शक की राजभक्ति का बचाव करते हुए अंग्रेज़ों के प्रति उनकी अंतस्थ निष्ठा पर बल दिया। भारतेंदु की गुस्ताख़ क़लम उनके ऊपर ग़ैर-निष्ठावान होने के जो आरोप लगवा रही थी, उससे मजबूर होकर उन्होंने ऐसा किया। ये लोग ख़ुद ब्रिटिश राज की प्रजा थे और इन्हें शासकों के प्रति निष्ठा या राजभक्ति तथा प्रबल देशभक्ति, दोनों के सहअस्तित्व में कोई अंतर्विरोध नहीं दिखता था। भारतेंदु के करिश्माई व्यक्तित्व के सम्मोहन में बंधे, लेकिन आवश्यक आलोचनात्मक दूरी के बग़ैर, उन्होंने भारतेंदु के जीवन और कार्यों के ब्योरे पेश किए। ये पांडित्यपूर्ण, किंतु प्रशस्तिमूलक कृतियां थीं। यद्यपि इन जीवनियों और आरंभिक आकलनों के मूल्य को कम करके नहीं देखना चाहिए, क्योंकि इनमें सूचनाओं की वह संपदा है जो अन्यथा गुम हो जाती। लेकिन, जहां तक भारतेंदु की कृतियों के साहित्यिक मूल्यांकन का सवाल है, जिन सौंदर्यशास्त्रीय श्रेणियों का इस्तेमाल किया गया, वे मुख्यतः संस्कृत के शास्त्रीय रंगपटल से ली गई थीं। इसका सीधा मतलब यह था कि कृतियों का मूल्यांकन

'पारंपरिक' के साथ बंधा रहा। भारतेंदु के राजनीतिक विचार, प्रदत्त स्थितियों में, 'राजभक्त' के अलावा किसी और श्रेणी में अंतर्भुक्त नहीं हो सकते थे।

यूरोपीय आलोचकों में जॉर्ज ग्रियर्सन उन शुरुआती लोगों में से थे जिन्होंने भारतेंदु की तारीफ़ की। अपनी किताब *दि मॉडर्न वर्नाक्यूलर लिटरेचर ऑफ़ हिंदुस्तान* (1889) में उन्होंने हिंदी के सबसे महत्त्वपूर्ण आधुनिक कवियों और नाटककारों में भारतेंदु का ज़िक्र किया है। अलबत्ता, वैष्णव प्रभुत्व वाले हिंदू धर्म की अपनी विशिष्ट व्याख्या का निर्वाह करते हुए ग्रियर्सन का मुख्य सरोकार एक परंपरावादी वैष्णव कवि और भक्त के रूप में भारतेंदु की छवि को सामने लाना था।

लगभग एक शताब्दी बाद जुर्गन ल्युट ने, उत्तर प्रदेश के हिंदू राष्ट्रवादियों के अपने अध्ययन (1970) में, हिंदू राष्ट्रवाद की रचना में भारतेंदु की भूमिका का विस्तृत चित्रण करने का पहला प्रयास किया। उन्होंने रामविलास शर्मा के काम से, जिसकी आगे चर्चा होगी, काफ़ी मदद ली, पर इंडिया ऑफ़िस लाइब्रेरी, लंदन की अभिलेखीय सामग्री का मूल्यांकन पेश करते हुए अपने अध्ययन को ख़ासा समृद्ध किया। लेकिन अपने विश्लेषण में ल्युट ब्रिटिश इतिहास-लेखन की परंपरा में ही आगे बढ़े, यानी इस मूल धारणा के साथ अग्रसर हुए कि हिंदू धर्म और इस्लाम दरअसल दो एकाश्मक धर्म हैं, जिनकी इस उपमहाद्वीप में हमेशा से अलग-अलग संस्कृतियां रही हैं और जुदा इतिहास रहे हैं, और इस तरह उन्होंने इस तथ्य की अनदेखी की कि इस चरण में हिंदू धर्म का एकत्व ख़ुद गढ़े जाने की प्रक्रिया में था। ल्युट ने भारतेंदु को सुधारवादी परंपरा में रखकर देखा, यानी एक ऐसे व्यक्ति के रूप में जिसने अपनी ही भक्ति परंपरा और भक्ति समुदाय से अच्छी-ख़ासी दूरी बना ली थी (1970 : 84)। इसके अलावा, उस समय चल रहे प्यूरिटनवादी सफ़ाई अभियान की शक्ल में जो मिशनरी प्रभाव दिख रहा था, उसके प्रति सजगता दिखाते हुए ल्युट ने उस प्रभाव का मूल्य बढ़ा-चढ़ाकर आंका (157)। इसीलिए न तो धर्म की नई परिकल्पना में मौजूद निरंतरताओं को ठीक से समझा गया, न ही भारतेंदु के परवर्ती गद्य की साहचर्यमूलक, उद्‍बोधनपरक साहित्यिक शैली को। इस तरह, हम पाते हैं कि अगर ग्रियर्सन ने एक परंपरावादी के रूप में भारतेंदु का आकलन किया, तो ल्युट ने उसके बरख़िलाफ़ एक सुधारवादी चिंतक के रूप में।

बीसवीं सदी के चालीस और पचास के दशक में ही भारतेंदु का विस्तृत साहित्यिक और राजनीतिक पुनर्मूल्यांकन सामने आ पाया। इस समय से उनके तरक़्क़ीपसंद रुझानों पर बल दिया जाने लगा और ऐसा अकसर उनके उस पहलू की क़ीमत पर हुआ जो 'परंपरा' से बहुत निकट जुड़ाव रखता हुआ नज़र आता था। लक्ष्मीसागर वार्ष्णेय का अध्ययन ([1948] 1974) भारतेंदु के कामों का एक शुरुआती व्यवस्थित और संतुलित मूल्यांकन था। उस दौर के साहित्य के अपने व्यापक अध्ययन और ज्ञान के साथ वार्ष्णेय न सिर्फ़ भारतेंदु के योगदान का, उनके समकालीनों और निकट उत्तरवर्तियों की अतिशयोक्तियों से रहित, आलोचनात्मक मूल्यांकन कर पाए, बल्कि एक साहित्यिक भाषा के रूप में आधुनिक हिंदी के निर्माण में और आधुनिक साहित्यिक विधाओं के प्रयोग में उनके योगदान की अहमियत को चिह्नित और व्याख्यायित भी कर पाए। अलबत्ता, बलिया व्याख्यान का उनका आकलन उनके अपने उपागम की शक्तियों और पक्षपातों को भी उजागर करता है। भारतेंदु पर परंपरा का जो ऋण था, उसकी अनदेखी करते हुए वे उन्हें मुख्यतः आधुनिकता का अग्रदूत (148)

मानते हैं और उनके व्याख्यान के बुनियादी संदेश को वयस्क शिक्षा, परिशोधित धर्म और परिष्कृत अनुष्ठान जैसे आमूल सुधारों की सिफ़ारिश के तौर पर देखते हैं, जो मुल्क में अधिक एकता और एकरूपता की राह हमवार करता। इसके अलावा, अंग्रेज़ों की मध्यस्थता द्वारा पश्चिमी सभ्यता और संस्कृति जिस रूप में यहां आई, उसके गुणों के प्रशंसक के रूप में भी वे भारतेंदु को देखते हैं (191)। लेकिन भारतेंदु के यहां मिलने वाली औपनिवेशिक शासन की तीखी आलोचना और उसके प्रति मूलगामी प्रतिरोध के महत्त्व को वार्ष्णेय कम करके आंकते हैं, क्योंकि अंग्रेज़ों की उपलब्धियों की प्रशंसा भारत में अंग्रेज़ी राज की आलोचना के साथ असंगत जान पड़ती है।

रामविलास शर्मा के अध्ययनों ([1942] 1975, [1953] 1984) में कवि के परंपरावादी आकलनों से और अधिक आमूल क़िस्म का प्रस्थान दिखलाई पड़ा। शर्मा पहले व्यक्ति थे जिन्होंने भारतेंदु और उनके समकालीनों की सरल, बोलचाल वाली और जीवंत गद्य शैली की सराहना की, जिसे रामविलास शर्मा स्वयं अपने समकालीनों द्वारा प्रयुक्त होता हुआ देखना चाहते थे; ऐसे समकालीन, जो बाद के भारी-भरकम, अधिक संस्कृतनिष्ठ, और बोलचाल के मुहावरे से अपना संपर्क गंवा चुके गद्य के शिकार हो गए थे। उन्होंने इस भाषा को भारतेंदु के पत्रकारीय कार्य के जनवादी पक्ष के बतौर देखा। उन्होंने पत्रिकाओं को विस्मृति के गर्त से निकालने की ज़रूरत पर बल दिया और अपनी पहली क़िताब के निबंधों में उन लेखों, संपादकीयों तथा टिप्पणियों से बहुतेरे उद्धरण दिए जिन्हें भारतेंदु की ग्रंथावलियों में जगह नहीं मिल पाई थी। विवेचित सामग्री के अधिक विस्तृत दायरे ने लेखक और उसके समय के बारे में एक अलग दृष्टि को उभरने का मौक़ा दिया। शर्मा इस तथ्य को भी रेखांकित करने वाले पहले व्यक्ति थे कि भारतेंदु के संबोध्य पुराने दौर के अभिजन नहीं रह गए थे, क्योंकि पत्रिकाओं में जिन मुद्दों पर चर्चा की गई थी वे जनता के साथ सरोकार रखने वाले व्यापक मुद्दे थे। भारतेंदु के राजनीतिक रैडिकलिज़्म की सराहना करने वाले पहले व्यक्ति भी शर्मा ही थे। 'भारत छोड़ो' आंदोलन के वर्ष 1942 में, मुल्क में ज़बर्दस्त लोकप्रिय राजनैतीकरण के परिणामस्वरूप, रामविलास शर्मा अपने पाठकों से उम्मीद कर सकते थे कि वे ब्रिटिश राज की स्पष्ट शब्दों में की गई इस आरंभिक किंतु तीखी आलोचना की उनकी खोज को तवज्जह दें और उसकी सराहना करें। शर्मा ने भारतेंदु की राष्ट्रीय आकांक्षाओं–'एक सम्मिलित राष्ट्र की कल्पना'–पर बल दिया ([1942] 1975 : 43)। संक्षेप में, उन्होंने भारतेंदु में एक मुकम्मल राष्ट्रवाद के सुराग़ पाए और इसे दरअसल संपूर्ण आज़ादी की मांग के बतौर समझना चाहा।

बलिया व्याख्यान का रामविलास जी द्वारा किया गया विश्लेषण उनके अपने विचार-लोक तक पहुंचने का साधन मुहैया कराता है। वे भारतेंदु के राजनीतिक विचारों की परिपक्वता पर बल देते हैं और उन्हें अपने समय से काफ़ी आगे का मानते हैं। परंतु इस रूप में उनके राष्ट्रवाद की पेशबंदी करते हुए शर्मा इस तथ्य की अहमियत को दरकिनार कर देते हैं कि वह राष्ट्रवाद अभी भी बिल्कुल बनती हुई स्थिति में था, कि कई मुद्दे सुलझाए जाने की प्रक्रिया में ही थे। इसके अलावा, अपने पठन के प्रबल राष्ट्रवादी अभिप्रायों का निर्वाह करते हुए, वे व्याख्यान में हिंदू-मुस्लिम एकता की अपील और 'हिंदू' को अधिक समावेशी तरीक़े से इस्तेमाल करने के निवेदन पर ही ग़ौर फ़रमाते हैं। इस तरह वे तेज़ी से अलग होते दो

समुदायों के बीच के उन तनावों और वैर-भाव की अनदेखी करते हैं, जो उस व्याख्यान में भी दर्ज हैं। उस दौर को हिंदू पुनरुत्थानवाद का दौर बताए जाने की कोशिशों को अगर रामविलास शर्मा असंगत बताकर ख़ारिज करते हैं[32], तो साथ में धार्मिक मुद्दों को भी दरकिनार कर देते हैं और इस तरह भारतेंदु के काम का यह ख़ासा विचारणीय पहलू हाशिए पर चला जाता है।

लक्ष्मीसागर वार्ष्णेय और रामविलास शर्मा ने क्रमशः भारतेंदु की साहित्यिक शैली की आधुनिकता और उनके काम के रैडिकल राजनीतिक आयाम पर बल देना पसंद किया। तरक़्क़ीपसंद रवैयों के साथ पारंपरिक रवैयों के सहअस्तित्व में जो अंतर्विरोध निहित था, उसे उजागर होने के लिए परवर्ती आलोचकों का इंतज़ार करना पड़ा।

इस पुनर्मूल्यांकन को समाज सुधार और संप्रदायवाद के विषय-गुच्छों के आलोचनात्मक विवेचन के बीच सामने आना था। उन्नति का संदर्भ, जिसने बलिया व्याख्यान में प्रस्तुत चिंतन का ढांचा तैयार किया, सुधार या सामाजिक बदलाव के मुद्दे से अच्छा-ख़ासा ताल्लुक़ रखता था। शर्मा के अनुसार, भारतेंदु बहुत स्पष्ट रूप से सामाजिक बदलाव का समर्थन कर रहे थे। निस्संदेह, भारतेंदु ने अपने व्याख्यान में साफ़ तौर पर यह रेखांकित किया था कि वर्तमान संदर्भ में धर्मनीति को समाजनीति से अलहदा रूप में समझना होगा। इसके बावजूद, अगर एक ओर भारतेंदु और उनके समकालीन सामाजिक बदलाव के मुखर समर्थक थे, जैसा कि उनके द्वारा रचित साहित्य से बार-बार साबित होता है, तो दूसरी ओर रोज़मर्रा की ज़िंदगी में उनका रवैया अकसर उनके घोषित विश्वासों के ख़िलाफ़ जाता था और यह भी उसी साहित्य से पता चलता है। सामाजिक वास्तविकता के ऐतिहासिक पुनर्निर्माण के लिए हिंदी साहित्य के इस शुरुआती मूल्य को पहचानने वाले पहले विचारक सुधीर चंद्र थे। उन्होंने 'समकालीन साहित्य के विश्लेषण के ज़रिए औपनिवेशिक चेतना की छानबीन' की (1984a : 145)। अपने निबंधों में, जो सत्तर के दशक के मध्य से छपने शुरू हुए, उन्होंने गहन विश्लेषण के लिए तीन सूचकों का चुनाव किया : समाज सुधार, मुस्लिम प्रश्न और औपनिवेशिक जुड़ाव। इन मुद्दों को जिन अंतर्विरोधपूर्ण तरीक़ों से हल करने की कोशिश की गई थी, सुधीर चंद्र द्वारा किए गए संवेदनशील अध्ययन ने उस पद्धति की बुनियाद रखी जिससे सामाजिक इतिहास-लेखन के लिए शुरुआती हिंदी साहित्य का मूल्यांकनपरक उपयोग किया जा सकता है। इसके बाद से संबंधित लेखक के कामों को किसी एक या दूसरे रवैए में न्यूनीकृत करके देखना आसान नहीं रह गया। यानी अब आराम से उस पर सांप्रदायिक या राष्ट्रवादी, परंपरावादी या आधुनिक, औपनिवेशिक सत्ता का चापलूस या मुख़ालिफ़ की चिप्पी चस्पां नहीं की जा सकती। इसी बिंदु से आगे बढ़ना और इन दुचित्तेपनों, प्रधानतः हिंदू-मुस्लिम अलगाव तथा औपनिवेशिक प्रश्न के दायरे में मौजूद दुचित्तेपनों से सरोकार रखना वर्तमान अध्ययन का लक्ष्य है। यह देखना भी इसका लक्ष्य है कि क्या यह बता पाना मुमकिन है कि कब अर्थ के स्तर बदलते हैं या एक-दूसरे को काटते हुए प्रकटतः प्रतीत होते हैं।

इस तरह, मिसाल के लिए, निम्नोक्त क़िस्म के एक विश्लेषण को, जो इस मायने में अनमोल है कि वह अर्थ के फ़र्क़ों की चीर-फाड़ करता है, दो अवधारणाओं की ओर संकेत करने वाले समान पद के सहअस्तित्व की और अधिक पड़ताल के लिए दुबारा लिया जा सकता है। तनाव 'हिंदू' अवधारणा में निहित अंतर्विरोध के इर्द-गिर्द घूमता है। बलिया व्याख्यान

के इस विश्लेषण में सुधीर चंद्र 'हिंदु' पद को अपनी उत्पत्ति में सांप्रदायिक मानते हैं। इसके अर्थ का जो विस्तार इसे राष्ट्रीय क्षेत्र को दख़ल और हस्तगत करने की ओर ले गया, उसे वे एक बाद की चीज़ के तौर पर देखते हैं (1984b : 11-12)।

> भारतेंदु की पीढ़ी के लिए, शायद उचित ही, उभरती हुई राष्ट्रीय चेतना और जारी रहने वाली सांप्रदायिक पहचानों के बीच कोई बुनियादी अंतर्विरोध न था। वे राष्ट्रवाद की परिकल्पना एक उच्चतम बिंदु और निष्ठाओं के एक पुंज के रूप में करते थे (15)।

यहां यह मान लिया गया है कि जारी रहने वाली सांप्रदायिक पहचानें पारंपरिक थीं। पर इस पद की कम-से-कम तीन प्रयुक्तियां मिलती हैं और, जैसा कि मैं पीछे दिखला पाई हूं, पहली, प्राक्-औपनिवेशिक, इलाक़ाई प्रयुक्ति तीसरी या राष्ट्रवादी प्रयुक्ति के साथ सबसे नज़दीकी समानता रखती है। लेकिन, राष्ट्रवादी अनुप्रयोग में इस पद का राजनैतीकरण हुआ है, साथ ही, उसमें सांस्कृतिक और ऐतिहासिक एकता निर्मित करने की एक सचेत कोशिश भी है। यह साफ़ है कि इस राजनीतिक पहलू और सचेत कोशिश को पहली प्रयुक्ति में अंतर्निहित मानना असंगत होगा। हालांकि उन्नीसवीं सदी के आख़िरी दशकों में देश के लिए, समस्त उपमहाद्वीप के लिए, और अनुमानतः अंग्रेज़ी अधीनता वाले पूरे हिंदुस्तान के लिए, एक अभिधान के रूप में 'भारतवर्ष' प्रयुक्त होता दिखता है, पर हिंदुस्तान के लोगों के लिए 'भारतीय' शब्द इस समय तक प्रचलन में नहीं आया है। 'हिंदू' से ही हिंदुस्तान के लागों का भी बोध कराया जाता है। आगे मुस्लिम भाइयों के साथ जिस गठबंधन की कोशिशें हुईं, उसे बहुरंगी प्रकृति इसी चीज़ ने सौंपी। इससे समझा जा सकता है कि आज की तारीख़ में वह क्यों संभ्रमित करने की स्थिति में है। इन तीन प्रयुक्तियों को हम तब अलगा सकते हैं जब यह स्पष्ट हो जाए कि उनका प्रयोग किस संदर्भ में हो रहा है। मुसलमानों के साथ अपनी-अपनी नज़दीकी या दूरी संबोध्यों पर निर्भर रहती है। जब हिंदुओं को आंतरिक एकजुटता बनाने के लिए कहा जाता है, तब प्रायः मुसलमानों को अन्य की भूमिका सौंप दी जाती है। यानी, दूसरी प्रयुक्ति, धार्मिक अभिधान वाली, सबसे अधिक हावी है। अपने समकालीन पुनर्प्रचलन में, जहां उपमहाद्वीप के हिंदुओं को एक एकाश्मक धड़े के तौर पर देखा जाता है, यह कोई पारंपरिक प्रयुक्ति नहीं है, बल्कि आधुनिक है। जब मुद्दा आर्थिक राष्ट्रवाद का हो और औपनिवेशिक स्वामियों को संबोधित किया जा रहा हो, तब हिंदू तीसरे या राष्ट्रवादी अर्थ में प्रयुक्त होता है, और इसमें मुसलमान भी शामिल होते हैं। अगर उस दौर का राष्ट्रवाद शुरुआती है, तो सांप्रदायिकता भी शुरुआती है, क्योंकि सांप्रदायिकता राष्ट्रवाद के विकास के साथ असंदिग्ध रूप से नत्थी है। क्रमशः हिंदुओं का और मुसलमानों का देशव्यापी समुदाय, जो सांप्रदायिक सोच का आधार तैयार करता है, राष्ट्र की अवधारणा के वजूद में आने के बाद ही मुमकिन और मानीख़ेज़ हो सकता था। इस तरह हिंदू की दूसरी और तीसरी, दोनों प्रयुक्तियां, जो आपस में घुल-मिलने और ओवरलैप करने को तत्पर रहती हैं, तीसरे या आधुनिकतावादी मुहावरे का एक हिस्सा हैं।

अंग्रेज़ों के साथ रिश्ते में दुचित्तापन भी इसी वजह से है। बलिया व्याख्यान में तकनीकी उपलब्धियों तथा पश्चिमी शिक्षा द्वारा लाये गए लोकतांत्रिक विचारों के लिए अंग्रेज़ों की तारीफ़ तो की गई थी, पर साथ-साथ उपनिवेश क़ायम करने वालों के रूप में उनकी भूमिका को लेकर तनाव भी वहां बहुत स्पष्ट और मुखर थे। एक ओर, आर्थिक शोषण की लगातार

चर्चा है, जो उस समय तक काफ़ी स्पष्ट हो चला था, और दूसरी ओर, अंग्रेज़ों के नस्ली नकचढ़ेपन से पैदा हुआ विद्वेष है जिसके चलते 'हम ग़रीब गंदे काले आदमी' जैसी अभिव्यक्तियां दिखलाई पड़ती हैं। उनकी उपलब्धियों के लिए की गई तारीफ़ को, औपनिवेशिक शक्ति के ख़िलाफ़ जो राष्ट्रवादी नाराज़गी है, उससे अलग रखने की ज़रूरत है। ज्ञान पांडे ने, अंग्रेज़ों पर 'असाधारण प्रशस्तियों' और 'प्रशंसा के स्तोत्रों' की बारिश के आधार पर, अंग्रेज़ों के साथ भारतेंदु के रिश्ते का उनकी 'असंदिग्ध राजभक्ति' के रूप में जो आकलन किया है, वह वृत्त को पूरा करने जैसा है (1990 : 217)। शुरुआती जीवनीकारों ने अंग्रेज़ों के प्रति भारतेंदु की राजभक्ति पर ज़ोर दिया था, और उनके मूल्यांकन के हिसाब से यह राजभक्ति उपयुक्त और दुरुस्त थी। रामविलास शर्मा का अनुगमन करते हुए ऐसे आलोचनात्मक अध्ययनों की एक बाढ़-सी आई जिन्होंने भारतेंदु में ब्रिटिश राज की सिर्फ़ आमूलचूल आलोचना देखी। पांडे एक बार फिर उन्हें राजभक्त के रूप में प्रस्तुत करते हैं, हालांकि उनका आकलन स्पष्टतः नकारात्मक स्वर में है और इस रूप में शुरुआती जीवनीकारों के मूल्यांकन से मतभेद रखता है। भारतेंदु को 'अधिक-से-अधिक एक ढुलमुल राष्ट्रवादी...' (218) की श्रेणी में रखना उतना ही जल्दबाज़ी भरा लगता है। यह एक तथ्य है कि उस चरण में स्वराज का कोई विज़न नहीं था, इसलिए उस पूरे दौर का ही राष्ट्रवाद ढुलमुल था।[33]

भारतेंदु और उनके कामों का आलोचनात्मक मूल्यांकन एक छोर से दूसरे छोर की ओर जाता रहा है; उन पर पुनरुत्थानवादी होने का आरोप लगाने से लेकर उन्हें आधुनिकता के पुरोधा के रूप में सराहने तक, राजभक्त बताने से लेकर आमूल-परिवर्तनवादी बताने तक; हालांकि रामविलास शर्मा के बाद से आधुनिकता के अग्रदूत की भूमिका में उन्हें स्थिर करने की ओर एक निश्चित झुकाव रहा है। यह भूमिका साहित्यिक उत्पादन में भी देखी गई है और उस राजनीतिक हैसियत में भी जो उन्हें प्राप्त थी।[34] उनके काम के पारंपरिक पहलुओं पर विचार करने का कोई ढांचा प्रकटतः उपलब्ध नहीं है, सिवाय उस ढांचे के जो पुनरुत्थानवादी के नकारात्मक अभिप्राय वाले 'टैग' ने मुहैया कराया है।

यहां एक बार फिर गुहा द्वारा प्रस्तावित वह राजनीतिक ढांचा एक विभेदमूलक विश्लेषण की संभावना उपलब्ध कराता प्रतीत होता है जो अंग्रेज़ों की मौजूदगी और उनके मुहावरे के प्रति सहमति तथा सहकार के साथ-साथ प्रतिरोध और उच्छेदन (सबवर्शन) को भी देखने का अवसर देता है। अलबत्ता, आगे के विश्लेषण में मैं तीन मुहावरों से आच्छादित इस क्षेत्र को राजनीतिक/राष्ट्रवादी तक सीमित नहीं रखूंगी, जैसा कि मूल रूप में गुहा का विचार है। इसके बजाय, मेरी प्रयुक्तियां सामाजिक, सांस्कृतिक और धार्मिक को शामिल करेंगी क्योंकि, जैसा कि मैं आगे दिखला पाने की उम्मीद करती हूं, कोई ऐसा क्षेत्र नहीं था जो अंग्रेज़ों के साथ की लेन-देन से अछूता रहा हो। इस मुठभेड़ से निकलने वाले तीसरे मुहावरे की सबसे अधिक समानता आधुनिकतावादी के साथ दिखती है, जिसका एक प्रभावी पक्ष राष्ट्रवादी ने निर्मित किया, लेकिन उसे पूरी तरह परिव्याप्त न करते हुए। इसके अलावा, यहां दूसरे मुहावरे, इस दौर में ठोस आकार लेने वाले क्लासिकी भारतीय मुहावरे, को किसी प्रदत्त के रूप में नहीं देखा जाएगा, बल्कि इस अध्ययन का एक लक्ष्य यह भी होगा, जहां मुमकिन हो, वहां इस बात का विश्लेषण करना और इस पर ज़ोर देना कि कैसे यह मुहावरा ख़ुद उन परंपराओं और पाठों से गृहीत था जो भारतेंदु और उनके साथियों को विरासत में मिले थे।

हिंदी और हिंदू जिस रूप में उन्नीसवीं सदी में संघटित हुए, उसकी पूर्व-परंपरा को, प्राक्-औपनिवेशिक परंपराओं के साथ उनकी निरंतरता की प्रकृति को, साथ ही नव्यतर अवधारणाओं के साथ उनके संबंध-सूत्र को तलाशने से पहले मैं उस प्राधिकार—सामाजिक, राजनीतिक, धार्मिक और सांस्कृतिक—के मुद्दे पर विचार करूंगी जिसने इस तीसरे मुहावरे के सृजन और वैधीकरण को मुमकिन किया। आने वाले अध्यायों में मैं प्रभुत्व की नई संरचनाओं के साथ पुरानी संरचनाओं के उस सघन अंतर्गुंफन और कार्यप्रणाली की समीक्षा करूंगी, जो काशी की प्राचीन नगरी, उसके महाराजाओं, पुरोहितों और व्यापारियों की महिमा और सांस्कृतिक प्रभाव को नए ढंग से उभारने में संलग्न थी।

टिप्पणियां

1. *नवोदित हरिश्चंद्रचंद्रिका* (11. 3 दिसम्बर, 1884) में यह हिंदी का पाठ इस अंग्रेज़ी शीर्षक के साथ प्रकाशित हुआ था : 'हाउ कैन इंडिया बी रिफ़ॉर्म्ड'। यह भारतेंदु की पत्रिका थी, जिसे सात वर्षों के अंतराल के बाद उन्होंने हाल ही में अपने प्रबंधन में वापस लेते हुए दुबारा खड़ा किया था। इस भाषण का पाठ कई बार छपा है, लेकिन सबसे सहूलियत के साथ इसे *ग्रंथावली* 3 में (889-903) में पाया जा सकता है।

   भारतेंदु की कृतियां सबसे पहले रामदीन सिंह द्वारा संकलित और प्रकाशित की गई थीं : *हरिश्चंद्रकला,* 6 खंड, बांकीपुर, 1888। यह लंबे समय तक छापे में उपलब्ध नहीं रही। मानक संस्करण ब्रजरत्नदास और शिवप्रसाद मिश्र के संपादन में निकला : *भारतेंदु ग्रंथावली,* 3 खंड, बनारस। बाद में, उन तीन खंडों की सामग्री के साथ-साथ कुछ अतिरिक्त सामग्री को मिलाकर एक जिल्द में निकाला गया : *भारतेंदु समग्र,* संपादक—हेमंत शर्मा, बनारस, 1987। तीनों रचनावलियां कमोबेश चुनी हुई रचनाओं की तरह हैं : पत्रिकाओं में प्रकाशित चीज़ों का एक बड़ा हिस्सा अभी भी अनुपलब्ध है।

   इस अध्ययन में मैंने *ग्रंथावली* से ही उद्धरण दिए हैं। *समग्र* की मदद सिर्फ़ वहीं ली है जहां संबद्ध सामग्री *ग्रंथावली* में नहीं है।
2. मत शब्द का इस्तेमाल भारतेंदु ने थोड़े ढीले-ढाले अर्थों में किया है। वे इसे संप्रदाय के अर्थ में भी इस्तेमाल करते हैं, जिसमें छिटके हुए समूह वाला आशय निहित है, और वे *हिंदूमत* की भी बात करते हैं (जैसे *ग्रंथावली 3* में 'वैष्णवता और भारतवर्ष' में; पृ. 801) जिसमें हिंदू धर्म को एकरूप समष्टि मानने वाला आशय निहित है। मत, वाद, दर्शन, मार्ग, धर्म आदि पद उपमहाद्वीप की प्राक्-आधुनिक परंपराओं में जिन रूपों में इस्तेमाल किए गए, उनके लिए देखें, स्टीटेनक्रॉन (1993 : 125 और आगे)।
3. स्टोक्स द्वारा उद्धृत ([1959] 1982 : 269)। उन्नीसवीं सदी में अंग्रेज़ों के राजनीतिक रवैए और प्रशासनिक तौर-तरीक़ों पर स्टोक्स आज भी अधिकारी विद्वान हैं। आगे के विवरणों में उनकी कृति से मदद ली गई है।
4. *इंडिया* (1888 : 359-60), स्टोक्स द्वारा उद्धृत (284-5)।
5. *हिंदी की उन्नति पर व्याख्यान* (1877) में। यह *समग्र* (228-30) में उपलब्ध है। अध्याय चार में इस पर विस्तार से विचार हुआ है।
6. देखें, शुरुआती राष्ट्रवादी लेखन पर सुदीप्त कविराज की यह दुरुस्त टिप्पणी :

   ये लेखक इन सीमाओं के भीतर इसलिए नहीं बने रहते कि वे अंग्रेज़ी राज को पसंद करते हैं। कुछ मायनों में, उपनिवेश क़ायम करने वाली एक पश्चिमी बुद्धिवादी सभ्यता को लेकर उनकी नामंज़ूरी बाद के राष्ट्रवादियों के मुक़ाबले प्रायः ज़्यादा गहरी और बुनियादी है; लेकिन वे

औपनिवेशिक पराधीनता के ख़ात्मे को ऐतिहासिक रूप से एक संभव परियोजना के रूप में देखते ही नहीं। उनके लिए अपने युग का ऐतिहासिक प्रश्न, जिसके गिर्द समस्त सामाजिक चिंतन चक्कर काटता था, यह था कि किस तरह इतने वैविध्यपूर्ण संसाधनों से संपन्न एक सभ्यता उपनिवेशवाद के अधीन हो गई? लेकिन यह प्रश्न इस प्रश्न से अलग था कि किस तरह इस अधीनता को राजनीतिक तौर पर ख़त्म किया जा सकता है। पद्धतिगत रूप से, यह याद रखना ज़रूरी है कि वे इस दूसरे सवाल का नकारात्मक उत्तर नहीं दे रहे; यह सवाल उनके विमर्श के भीतर पूछा ही नहीं गया है (1992a : 6)।

दरअसल, इस मुक़ाम पर शुरुआती राष्ट्रवादी और अंग्रेज़ साम्राज्यवादी, दोनों अंग्रेज़ी राज के स्थायित्व में यक़ीन करते थे। ब्रिटिश रवैए के एक संवेदनशील अध्ययन के लिए, जिसमें उस दौर के पत्रों, डायरियों और उपन्यासों का विस्तृत विश्लेषण है, देखें, हचिन्सन्स, *दि इल्यूज़न ऑफ़ परमानेंस : ब्रिटिश इम्पीरियलिज़्म इन इंडिया* (1967)।

7. कोह्न ([1983] 1990 : 166) द्वारा उद्धृत।
8. उद्धृत, कोह्न ([1983] 1990 : 192)।
9. देसी प्रेस द्वारा तैयार किया गया सार्वजनिक वृत्त और भारतेंदु की दो पत्रिकाओं की भूमिका पर अध्याय 5 में विस्तार से विचार किया जाएगा।
10. इस पद के भूराजनीतिक अर्थ के बारे में आगे की सूचनाएं मुखर्जी (1976) के लेख पर आधारित हैं। अल-बरूनी का हवाला ई. सचाऊ के *अलबरूनी'ज़ इंडिया* (1 : 198) में पाया जा सकता है; अकबर के शासन-काल पर सूचनाएं एच.एम. इलियट और जे. डाउसन के *दि हिस्टरी ऑफ़ इंडिया ऐज़ टोल्ड बाइ इट्स ओन हिस्टोरियंस* (5 : 186) में, निज़ामुद्दीन अहमद बख़्शी के *तबाक़त-ई-अकबरी* में मिलती हैं। मुखर्जी (1976 : 186, 190) में उद्धृत।
11. मुखर्जी (1976 : 195) में उद्धृत।
12. मिसाल के लिए, मराठी कवि एकनाथ (1533-99) द्वारा लिखित भारुद (छंदों में संवाद वाली एक विधा), *हिंदू-तुर्क संवाद* में इस पद का इस्तेमाल; देखें, ज़ेलिओट (1982)। या प्रायः एक सदी बाद हिंदू राजा के रूप में अपना राज्याभिषेक कराने का शिवाजी का फ़ैसला। गॉर्डन (1993 : 87) के अुनसार, इस काम का कोई परा-प्रादेशिक महत्त्व उतना नहीं था जितना कि आंतरिक राजनीतिक महत्त्व। यह स्थानीय जागीरदारों के ऊपर अपनी सत्ता स्थापित करने का उपक्रम था। शिवाजी के राजकवि भूषण के काव्य में, विशेषकर उनके संकलन *शिवराज भूषण* में (जो कि 1667-73 के बीच लिखा गया था और *भूषण ग्रंथावली* में उपलब्ध है), इस बात के पर्याप्त संकेत मौजूद हैं कि हिंदू-तुर्क के विरोध को राजनीतिक रूप में भी देखा जाता था, क्योंकि शिवाजी इनमें स्पष्टतः हिंदुओं के रक्षक के रूप में चित्रित किए गए हैं।

ओ' कॉनेल ने पुरातन बंगाली गौड़ीय पाठों का जो सर्वेक्षण किया है, उसके अनुसार, 'हिंदू' पद वहीं इस्तेमाल होता था जहां यह आवश्यक जान पड़ता था कि जो इस समूह के अंदर माने जाते हैं और जो साफ़-साफ़ बाहरी हैं (मुसलमान), उनके बीच एक सीमा-रेखा खींची जाए। आमतौर पर ऐसा करने का अवसर अनुष्ठानों के प्रसंग में ही उपस्थित होता था। ओ' कॉनेल के अनुसार, हिंदू धर्म 'रस्मी या आनुष्ठानिक क़िस्म की कुछ क्रियाओं की ओर संकेत करता प्रतीत होता है जिन्हें करने का अधिकार हिंदुओं और सिर्फ़ हिंदुओं को है। लेकिन सर्वेक्षण में आए हुए किसी भी पाठ में इस बात पर कोई स्पष्ट विचार-विमर्श नहीं मिलता कि 'हिंदू' या 'हिंदू धर्म' के मायने क्या हैं' (1973 : 340)।

लेकिन इस तथ्य के बावजूद, कि 'हिंदू' एक धार्मिक नाम के रूप में इस्तेमाल होता था, उपलब्ध साक्ष्यों से ऐसा साफ़ प्रतीत होता है कि यह सामूहिक आत्म-प्रेक्षण या किसी उपमहाद्वीपीय स्तर के निरूपण के लिए इस्तेमाल होने वाला पद नहीं था।

13. 'हिंदू' पद के संबंध में यूरोपीय ग़लतफ़हमियों पर देखें, स्टीटेनक्रॉन (1989), उसके पहले के निबंधों (1988 : 130 और आगे) को भी देखें।
14. कॉफ़्फ़ (1969) की किताब भारत के आधुनिकीकरण में ब्रिटिश प्राच्यवादियों की भूमिका पर सबसे शुरुआती विनिबंध है, हालांकि अपने आकलन में यह ग़ैर-आलोचनात्मक रूप से उत्साही है। केजरीवाल (1988) की किताब भारतीय अतीत की खोज में एशियाटिक सोसायटी ऑफ़ बंगाल के योगदान का अधिक संतुलित, यद्यपि उतना ही ग़ैर-आलोचनात्मक, लेखा-जोखा है।

    इस तरह के प्रशंसात्मक मूल्यांकन की विपरीत धुरी सईद के *ओरिएंटलिज़्म* ([1978] 1985) के प्रकाशन के द्वारा निर्मित होनी थी। उसने मध्यपूर्वी/अरबी प्रसंग में प्राच्यवादी उद्यम की थोक भाव से जो भर्त्सना की, उसका ही अनुपालन इंडेन (1986, 1990) ने किया है। उसने हिंदुस्तान में इंडोलोजी और ऐंथ्रोपोलॉजी के अकादमिक अनुशासनों के लिए वही कार्यभार अपने हाथ में लिया, यानी ज्ञानमीमांसात्मक बुनियादों के गोपन का कार्यभार। सईद के अनैतिहासिक और अभेदपरक उपागम के लिए देखें डालमिया-लुडरिट्ज़ (1993) जिसमें सईद के अभिग्रहण पर और सामग्री है; सईद और इंडेन, जो कि अपने प्राविधिक उपकरणों के चुनाव में अधिक सर्वसंचयवादी हैं, की संयुक्त आलोचना के लिए देखें, अहमद (1991b)।

    प्राच्यवादी प्रयास का एक संतुलित आलोचनात्मक पुनर्मूल्यांकन होना अभी भी बाक़ी है। उसे आगामी विद्वज्जनों के उद्यम का इंतज़ार है।
15. भारत में मुस्लिम शासन संबंधी ब्रिटिश इतिहास-लेखन के विषय का अब तक का जो सबसे विस्तृत और प्रांजल अध्ययन है, उसके लिए देखें, ग्रेवाल (1970)।
16. अलबत्ता, 'हिंदू' पद को उन्नीसवीं सदी में बिला शर्त स्वीकृति नहीं मिली। सनातनता के बिल्कुल आरंभिक पक्षधरों में से एक, विष्णुबावा ब्रह्मचारी (1825-71) ने अपने मराठी लेखन में म्लेच्छ स्रोतों से आने की बिना पर इस पद के इस्तेमाल से इनकार किया। अपने *वेदोक्तधर्मप्रकाश* (1859) में उन्होंने हिंदू धर्म के बजाय वेदोक्तधर्म की बात की। इसी तरह दयानंद सरस्वती ने भी हिंदू धर्म की जगह आर्यधर्म को तवज्जह दी। सदी का अंत आते-आते इन रूपभेदों को ख़त्म हो जाना था, साथ ही उन समुदायों के बीच की तकरारों और मुख़ालफ़तों को भी जो एक हिंदू समुदाय का संघटन करने के लिए आगे आ रहे थे। अठारहवीं और उन्नीसवीं सदी में मराठा लुटेरों के हाथों जो यातनाएं मिली थीं, उन्हें सफलतापूर्वक दमित किया जाना था, ताकि सिर्फ़ हिंदू-मुसलमान के विरोध-भाव की पेशबंदी हो सके। इस प्रक्रिया की ओर मेरा ध्यान खींचने के लिए मैं सुधीर चंद्र की आभारी हूं।
17. देखें, बिपन चंद्रा ([1966] 1969)।
18. पुराणों में भारतवर्ष के भूगोल और विश्वरचना के सारगर्भित संक्षिप्त विवरण के लिए देखें, रोसर (1986 : 130-1)। जिस तरह यह विवाद का विषय है कि इसकी स्थलाकृति ठीक-ठीक क्या थी, उसी तरह यह भी कि इसके नाम की उत्पत्ति कैसे हुई, क्योंकि क्रमशः वेदों, ब्राह्मणों, महाकाव्यों और पुराणों में अलग-अलग जनों को भरत बताया गया है। इसके लिए देखें, मोहनचंद (1990 : 195-205)। इस पर ज़ोर देना ज़रूरी है, क्योंकि भारतवर्ष की धारणा के ताक़तवर बने रहने के बावजूद उसके सुनिश्चित संदर्भ-बिंदु शताब्दियों के दौरान ख़ासे बदलते रहे हैं।
19. पुराण के खेमराज श्रीकृष्णदास वाले संस्करण का अध्याय 54 इसी विषय को समर्पित है।
20. गीता प्रेस के संस्करण में भाग 5, 9 में संकलित।
21. देखें, थापर, जो 'उपमहाद्वीपीय अस्मिता' की बात करती हैं (1989 : 212)।
22. हरिश्चंद्रचंद्रिका (2/8-11, 1875) में लंबी किस्तों में प्रकाशित 'अष्टादश पुराण की उपक्रमणिका'। ग्रंथावली 3 में भी उपलब्ध (713-51)।

23. संभवतः 1884 में लिखा गया यह निबंध *ग्रंथावली 3* में उपलब्ध है (789-802)। अध्याय 6 में इसका विस्तार से विश्लेषण हुआ है।
24. म्लेच्छों के बारे में आगे की टिप्पणी थापर (1978 : 152-92) पर आधारित है।
25. जैसा कि थापर ने दर्ज किया है (1978 : 157), इसके परिणामस्वरूप जो मिश्रण सामने आया, उसमें सामान्यतः संकर जाति के तौर पर जाने गए सभी सामाजिक समूहों को निश्चित वर्ण का दर्जा नहीं दिया जा सका। हालांकि उन्हें शूद्र के पद पर रखा गया, पर उनमें से कई, जैसे अंबष्ठ, उग्र और निषाद, म्लेच्छ के रूप में बाद में भी वर्णित होते रहे।
26. देखें, केमिलायनेन (1964)।
27. जर्मनी में इस विचार के विकास के ब्योरों और भाषायी मानवशास्त्र के इस क्षेत्र में मैक्स मुलर के विशेष योगदान के लिए देखें, डालमिया-लुड्रिट्ज़ (1987)।
28. इसीलिए हेनरी मेन, मैक्स मुलर को प्रतिध्वनित करते हुए, कलकत्ता विश्वविद्यालय में 1866 में दिए गए अपने भाषण में हिंदुस्तानियों को यह सलाह दे सकते थे कि वे 'उस शानदार नियति को उसके सभी नतीजों के साथ स्वीकार करें जिसने धरती के दूसरे छोर से मानवजाति के महानतम परिवार की युवतम शाखाओं में से एक को इस काम के लिए यहां ला पहुंचाया है कि वह वृद्धतम का पुनरुद्धार करे और उसे शिक्षित करे'। लियोपोल्ड (1974 : 600) से उद्धृत।
29. उन्नीसवीं सदी के उत्तरार्द्ध और बीसवीं सदी की शुरुआत में आर्य-विचार को लेकर राष्ट्रवादी प्रतिक्रिया क्या थी, इसके विस्तृत विश्लेषण के लिए देखें, लियोपोल्ड (1970)।
30. अलबत्ता, व्याख्यान में आए हुए कुछ रूखे वक्तव्य पाठक को इस दिशा में बहका सकते हैं कि वह उन्हें भारतेंदु के रवैए का कुल जमा मान ले। 'अगर हिंदुस्तानियों को अपने देश में तरक़्क़ी लाने के लिए काम करना चाहिए तो, जैसा कि भारतेंदु कहते हैं, उन्हें उसी तर्क से अपनी भाषा में तरक़्क़ी लाने के लिए भी काम करना चाहिए। आश्चर्यजनक तरीक़े से इस शब्द–'भाषा'– पर ज़ोर नहीं दिया गया है; शायद वे ऐसा महसूस करते हैं कि उनके अपने उत्तर भारतीय लोग अभी तक भाषाविषयक उनके संदेश को सुनने के लिए तैयार नहीं हैं' (मैक्ग्रेगर, 1991 : 100)। परंतु, निज भाषा का समर्थन करने का परामर्श कोई अचानक आया हुआ विचार नहीं है, बल्कि यह हिंदी के लिए ताज़िंदगी चलाए गए अभियान का चरम बिंदु उपस्थित करता वक्तव्य है।
31. मदन गोपाल द्वारा अंग्रेज़ी में लिखी गई जीवनी (1985), जिसमें पहले के एक काम (1972) की सामग्री को भी ले लिया गया है, मुख्यतः इन तीन जीवनियों पर आधारित है, हालांकि उसमें स्रोतों का हवाला नहीं दिया गया है।
32. रामविलास शर्मा के कामों के नए संस्करण संशोधित और अद्यतन हैं। हिंदू पुनरुत्थानवाद की बहस एक स्वातंत्र्योत्तर परिघटना है, और यह स्पष्टतः पहले के आकलन के साथ बाद में जोड़ी गई चीज़ है। लेकिन, रामविलास शर्मा के उपागम को स्वतंत्रता-पूर्व और उत्तर में बांटकर देखने की बजाय संपूर्णता में ही उस पर विचार करना व्यावहारिक है, क्योंकि उसमें एक दृष्टिगत निरंतरता बनी रही है।
33. हम सिर्फ़ बलिया व्याख्यान से 'भारतेंदु के काम की संपूर्णता' निकाल नहीं सकते; हरिश्चंद्र के विचारों, और उनके सहकर्मियों तथा समकालीनों के विचारों में हुए विकासों को उस दौर की पत्रिकाओं और पुस्तिकाओं में संरक्षित साक्ष्यों की नए सिरे से छानबीन करते हुए मूल्यांकित करना होगा।
34. मिसाल के लिए, शंभुनाथ और अशोक जोशी (1986) द्वारा संपादित पुस्तक के ज़्यादातर लेखों का आशय ऐसा ही है।

अध्याय-3

पावन नगरी का 'पारंपरिक' प्रभुत्व और हरिश्चंद्र का कुल

हिंदुओं की पावन नगरी बनारस : व्याख्याओं से गुज़रता मिथक

क़ाशी के साथ जुड़ी हुई मिथकीय परंपरा हिंदू समुदायों और अंग्रेज़ों, दोनों के लिए बहुत ही महत्त्वपूर्ण साबित हुई। हिंदू समुदायों के लिए इस वजह से कि परवर्ती अठारहवीं सदी और उन्नीसवीं सदी में वे अपने आपको नए सिरे से संघटित करने की मुहिम में जुटे। अंग्रेज़ों के लिए यों कि अपनी सत्ता की स्थापना के बाद उन्होंने उत्तरोत्तर काशी के साथ जुड़ी मिथकीय परंपरा से लाभ उठाना चाहा। इन दोनों ने एक ऐसी समानांतर परंपरा विकसित की जिसने इस नगरी की समयातीत आनुष्ठानिक और विद्वत् परंपराओं का, रहस्यमय बना देने की हद तक, महिमामंडन किया।

उपमहाद्वीप के सात तीर्थस्थलों, सप्तपुरी, में से एक होने के चलते काशी बहुत लंबे समय से समादृत रही है; वस्तुतः, इसे अपने में इन सातों को धारण करने का श्रेय भी हासिल है। आज के हिंदुओं द्वारा पूजित ज़्यादातर आराध्य इस नगरी में अपनी-अपनी जगहों पर सुस्थापित हैं और वे वहां कैसे आए, इसके बारे में क़िस्म-क़िस्म की कथाएं प्रचलित हैं। पहले-पहल पुराणों ने काशी के साथ शिव के संबंध का अभिलेखन करने की शुरुआत की।[1] चौथी से छठी सदी ईस्वी के बीच के माने जाने वाले *वायु* और *ब्रह्मांड* जैसे पुराण इस नगरी में शिव के आगमन की, उस समय नगरी पर आधिपत्य जमाए यक्षों और गणों के खदेड़े जाने और अधीनस्थ बनाए जाने की कहानी कहते हैं। कुछ भिन्न पाठान्तरों में, काशी पर राज करनेवाले राजा दिवोदास का दमन करने के लिए इन्हीं यक्षों के दूत के रूप में भेजे जाने की कहानी मिलती है। जल्दी ही काशी शिव की पौराणिक कथा की कुछ अहम कड़ियों से संबद्ध ठिकानों से भर गई। सातवीं और बारहवीं सदी के बीच के *मत्स्य पुराण* में शिव की नगरी के रूप में काशी के माहात्म्य का प्रारंभिक संक्षिप्त विवरण मिलता है। इसके अंतर्गत नगरी के प्राचीन *लिंगों* और नदीतट पर स्थित दशाश्वमेध, लोलार्क, केशव, बिंदुमाधव तथा मणिकर्णिका जैसे पांच प्रसिद्ध तीर्थों समेत अधिकांश प्रमुख तीर्थों का उल्लेख है। इसमें काशी के कपालमोचन, जहां शिव-भैरव अपने भ्रमण के सिलसिले में पहुंचे थे, के साथ जुड़ी कथा को ब्रह्मा का एक सिर काटने के प्रायश्चित् के साथ संबद्ध किया गया है। यहीं आकर वह मुंड, जो उनके हाथ से जुड़ गया था, आख़िरकार नीचे गिरा और शिव को ब्रह्महत्या से मुक्ति मिली।[2]

बाद के पुराणों ने काशी की चौहद्दियों की ठीक-ठीक पैमाइश बताई, ताकि उसके भीतर के पवित्र स्थलों और मंदिरों का लेखा-जोखा दिया जा सके और उसकी सीमाओं के भीतर पैदा होने और मरने वालों के सौभाग्य का गुणगान किया जा सके। इस परंपरा की पराकाष्ठा *कृत्यकल्पतरु* के तीर्थ खंड में काशी के सुविस्तृत विवरण में मिलती है। यह उन लक्ष्मीधर द्वारा संकलित प्रसिद्ध संग्रह है जो गहड़वाल नरेश गोविंदचंद्र के मंत्री थे। गोविंदचंद्र ने 1104 से 1154 तक काशी को अपनी राजधानी बनाकर इस प्रदेश में राज किया था। *कृत्यकल्पतरु* में इस नगरी के कुल 350 तीर्थों का उल्लेख हुआ है।

लेकिन इस विषय की सर्वाधिक विस्तार में चर्चा *स्कंद पुराण* के *काशीखंड* में मिलती है। *काशीखंड* की रचना संभवतः मुहम्मद गोरी के आक्रमण के बाद हुई थी और मध्य चौदहवीं सदी के आस-पास इसे अपना वर्तमान स्वरूप प्राप्त हुआ, जब सत्ता नास्तिकों के हाथ में गए एक अर्सा गुज़र चुका था। *काशीखंड* में एक पवित्र स्थान के रूप में काशी का गुणगान किया गया था और उसकी संकल्पना एक मंडल, एक वृत्त के रूप में की गई थी जो समकेंद्रिक वृत्तों में विभाजित था और अपने लघुब्रह्मांडीय रूप में शिव से जुड़े दूसरे पवित्र स्थानों को अपने में धारण करता था। हालांकि प्रतीकात्मक रूप में यह अपने अंदर पूरे विश्व को समाये हुए था और हालांकि यहां के बहुतेरे मंदिर, जिसमें सबसे प्रमुख विश्वनाथ का मंदिर है, वास्तविक-भौगोलिक रूप में स्थित थे, फिर भी इस नगरी को त्रिलोक का हिस्सा नहीं माना गया था, क्योंकि यह शिव के त्रिशूल पर टिकी थी।[3]

काशीखंड में उस समय तक प्रचलित मिथकों का विराट संकलन सामने आया।[4] नगरी में पूजित ढेर सारे देवी-देवताओं को अब शिव के दूत के रूप में देखा जाने लगा जो उनके नाम पर वहां पदस्थापित थे। महाराजा दिवोदास को भी शिव के ही आदेश पर शासन करने वाला माना गया। विभिन्न पौराणिक देवी-देवता, यहां तक कि निचली श्रेणी वाले यक्ष भी, जिनमें से प्रत्येक के अपने सहायक देवी-देवता थे, यहां शैव परंपरा में अंतर्भुक्त कर लिये गए। ये मिथकीय चक्र यद्यपि अपनी समानान्तर परंपराओं का एक दृष्टिकोण प्रस्तुत करते थे और वैष्णव जैसी परंपराओं से संघर्ष को जीतने या सुलझाने की एक रणनीति थे, लेकिन अपनी प्रतीति में तो ये एकमात्र अस्तित्वमान ब्रह्मांडीय व्यवस्था थे ही, जिसमें प्रत्येक देवता का एक सुनिश्चित स्थान है। इस तरह के रूप को आगे चलकर बहुविध स्वायत्त परंपराओं के बजाय एक ऐकिक धर्म की निशानी के तौर पर ब्रिटिश और पश्चिमी प्राच्यवादियों ने स्वीकार किया और राष्ट्रवादियों ने अपने लक्ष्यों के लिए इस्तेमाल किया। काशी का पौराणिक गुणगान मुख्यतः शिव की नगरी पर केंद्रित था। बारहवीं सदी के आस-पास का *नारद पुराण* एक अपवाद था, इस मायने में कि यहां न सिर्फ़ प्रसिद्ध वैष्णव मंदिर बिंदु माधव का उल्लेख हुआ था, बल्कि इसके पवित्र भू-दृश्य के वर्णन में भी वैष्णवी पक्षपात था।

पौराणिक पाठीय परंपरा ने अपनी अहमियत क़ायम रखी और सोलहवीं-सत्रहवीं सदी तक अबाध रूप से चलती रही। निबंधकारों के काम ने इसे जारी रखा। काल के जिस आयाम में यह चल रही थी, वह ऐतिहासिक समय से बाहर था। नगरी के वास्तविक आनुष्ठानिक महत्त्व, एक तीर्थ के रूप में इसके महत्त्व और साथ ही साथ विद्यार्जन केंद्र के रूप में इसकी लोकप्रिय साख ने, पुराणों की परंपरा द्वारा द्विगुणित होकर और सुदूर अतीत में प्रक्षेपित होकर, काशी के काल-विस्तार के वास्तविक ऐतिहासिक आयामों के ऊपर एक आवरण

डालने का काम किया। ईसा पूर्व की शताब्दियों में और उसके काफ़ी बाद तक सारनाथ अत्यंत महत्त्वपूर्ण बौद्ध मठ-केंद्र था।[5] ऐसा प्रतीत होता है कि पुराणों के स्तर पर दस्तावेज़ीकृत तीर्थ केंद्र के रूप में कम-से-कम चौथी शताब्दी से आगे ही इसका निरंतर विकास हुआ। नगरी की विद्वत् परंपरा के बारे में टुकड़ों-टुकड़ों में ही विवरण मिलता है जिसमें समयांतराल हैं; मिसाल के लिए, ये संकेत मिलते हैं कि गुप्तकाल में यहां वैदिक विद्यार्जन की पाठशालाएं थीं, लेकिन यह जानकारी आगे निरंतर रूप में नहीं मिलती। गहड़वाल राज के समय में ही, दसवीं से बारहवीं शताब्दी तक, नगरी को राजनीतिक महत्त्व हासिल हुआ जब यह प्रकटतः सत्ताधारी राजवंश की राजधानी भी थी और धार्मिक राज्याश्रय बिल्कुल सुलभ था। काशी के शैव माहात्म्य को देखते हुए यह ग़ौर करने लायक़ बात है कि यद्यपि गहड़वालों ने सभी तरह के विश्वासों को संरक्षण दिया, पर उनका अपना झुकाव निश्चित रूप से वैष्णव पंथ की ओर था।

जैसा कि पुराणों की परंपरा से पता चलता है, गहड़वालों से मोहम्मद गोरी और बाद में दिल्ली सल्तनत के विभिन्न सुल्तानों के हाथों में राजनीतिक सत्ता के जाने के बावजूद काशी का मिथकीय और आनुष्ठानिक महत्त्व घटने की बजाय बढ़ता गया, और यह इसके बावजूद कि पूजा-अनुष्ठानों में हिंसक व्यवधान आते रहे। नगरी के प्रमुख मंदिरों पर बार-बार हमले हुए। विश्वनाथ मंदिर को पहली बार गोरी की सेना ने 1194 में ध्वस्त किया। बाद में इसका पुनर्निर्माण किया गया, क्योंकि चौदहवीं सदी में इसके अस्तित्व के प्रमाण मिलते हैं। किस तरह के राज्याश्रय ने मंदिरों के पुनर्निर्माण और विद्वत् परंपराओं के पोषण को संभव बनाया, इसका निरंतरता में कोई विवरण नहीं मिलता। इनका श्रेय संभवतः स्थानीय व्यापारियों और उन राजपूत राजवंशों को दिया जा सकता है जो इस प्रदेश से कभी भी पूरी तरह निर्मूल नहीं हुए। गोरी के हाथों पराजित होने के एक साल बाद गहड़वालों की वापसी हुई। 1197 में काशी को फिर से जीत लिया गया था, लेकिन 1226 में जाकर ही अंततः यह दिल्ली सुल्तानों के नियंत्रण में आ पाई।[6] चौदहवीं सदी के आख़िरी दशकों और पंद्रहवीं सदी में काशी के मंदिर कई बार ध्वस्त किए गए और सोलहवीं सदी में विश्वनाथ मंदिर के फिर से ढहा दिए जाने की बात पता चलती है। अकबर के हिंदू मंत्री राजा टोडरमल के आदेश पर 1585 में इसका पुनर्निर्माण शुरू हुआ। इस अवधि में, ऐसा जान पड़ता है, आनुष्ठानिक और विद्वत् परंपराओं को निर्बाध रूप से राज्याश्रय हासिल रहा; टोडरमल और राजा मानसिंह, दोनों ने नगरी की धार्मिक प्रथाओं को मदद पहुंचायी। मानसिंह ने कई मंदिरों का निर्माण करवाया और उस घाट का भी जो आज भी उनके नाम से जाना जाता है। बूंदी के राजाओं को टोडरमल ने नदी तट पर एक महल दिया और वे भी उदार आश्रयदाता साबित हुए। लेकिन 1669 में बिंदु माधव के भव्य मंदिर के साथ-साथ विश्वनाथ मंदिर को फिर से धूल में मिला दिया गया। इस बार यह औरंगज़ेब के हुक्म से हुआ। उनकी जगह पर मस्जिद बनाए गए। परंतु औरंगज़ेब के शासनकाल में भी, और ध्वंस के परिपार्श्व में भी, मंदिर निर्माण की गतिविधि जारी रही। राजा जयसिंह के बारे में कहा जाता है कि उन्होंने राम मंदिर बनवाया और देवताओं के लिए संस्कारित नए मंदिर में बिंदु माधव मंदिर की मुख्य प्रतिमा को पुनर्स्थापित करने में खुले हाथ से ख़र्च किया। उन्होंने इस मंदिर से जुड़ी हुई पाठशाला का निर्माण करवाया और उसे मदद देते रहे। यह

मंदिर और विद्वत् परंपरा के निकट संबंधों का साक्ष्य है; इन दोनों की मदद करना एक सम्मान का विषय बना रहा। फ्रेंच व्यापारी और यात्री ज्यां बैपटिस्ट टैवर्नियर ने अपनी रिपोर्टों में, बिंदु माधव मंदिर जैसी सुविस्तृत रूप से संगठित संस्था और जयसिंह की पाठशाला, दोनों का वर्णन किया है। फ्रांसिस बर्नियर ने इसी तरह नगरी के अनेक छोटे शैक्षणिक प्रतिष्ठानों की सूचना दी है जो कम-से-कम आंशिक रूप में स्थानीय व्यापारियों की मदद पर निर्भर थे।[7] 1775 के आस-पास मस्जिद के साथ लगी जगह पर इंदौर की अहल्याबाई द्वारा विश्वनाथ मंदिर बनवाया गया।

मंदिर से जुड़ी आनुष्ठानिक परंपरा में आए हुए व्यवधानों ने अजब तौर से नगरी के मिथक को कमज़ोर करने की बजाय और मज़बूत किया। धार्मिक स्थलों पर लगातार मंडराते ख़तरों और सचमुच के ध्वंसों ने प्रकटतः मिथकीय परंपरा को और तेज़ी से फलने-फूलने में मदद की। माहात्म्यों ने इसके गौरव को मज़बूती से थामे रखा और कई तरह की धार्मिक परंपराएं इसके इर्द-गिर्द पनपती और फलती-फूलती रहीं। उत्तरी भारत के बाक़ी हिस्सों के रुझानों से क़दम-ताल मिलाते हुए यहां उत्तरोत्तर वैष्णव जुड़ावों वाली परंपराएं पनपती गईं, और राम के नाम के साथ जुड़े अवध प्रांत का पड़ोसी होने की पात्रता साबित करते हुए इसकी एकाग्रता का बिंदु बहुत स्पष्ट रूप से राम, निर्गुण और सगुण, की ओर भी खिसकता गया। आने वाले समय के कुछ सर्वाधिक चर्चित नामों का उल्लेख किया जा सकता है। पंद्रहवीं सदी में यहां निर्गुण भक्ति के प्रचारक, दक्षिण के संत-गुरु रामानंद का ही डंका नहीं पिटा, उतने ही ज़ोर-शोर से उनके सुप्रसिद्ध शिष्य, मुसलमान जुलाहा-कवि व भक्त, कबीर का भी नाम उभरकर आया। इसी सदी में कृष्ण-भक्त वल्लभ ने यहां अपने वैष्णव संप्रदाय की नींव रखी जो आने वाले समय में पूरे पश्चिमी भारत में फैला-फला-फूला। एक सदी बाद राम-भक्ति परंपरा के महान भाषा कवि तुलसीदास ने पवित्र गंगा के तट पर अपनी सबसे प्रसिद्ध रचनाएं रचीं और जैसी कि जनश्रुति है, राम के जीवन को इस नगरी की सड़कों-गलियों में अभिनीत किए जाने की परंपरा का भी आरंभ कर पावन भूगोल के एक और स्तर से इसे सुसज्जित किया।

यद्यपि यह नगरी एक महत्त्वपूर्ण तीर्थस्थान और धार्मिक केन्द्र बनी रही लेकिन परवर्ती मुग़लकाल में अठारहवीं सदी में जाकर एक विशाल प्रबलन हुआ जब मराठों ने व्यवस्थित तौर पर महाराष्ट्र के विद्वान ब्राह्मणों को इस नगर में पुनः बसाना शुरू किया और मंदिरों और घाटों का निर्माण किया। व्यावसायिक सक्रियता में बढ़त आने के परिणामस्वरूप धार्मिक संरक्षण की गतिविधियों में भी तेज़ी अठारहवीं सदी में ही जाकर आ पाई जब पश्चिमी भारत से वैश्य और ब्राह्मण वणिक समुदायों ने यहां आकर बसना शुरू किया।

उत्तर-मुग़ल काल की इसी पुनर्नवा सक्रियता में अठारहवीं सदी की आख़िरी चौथाई में ब्रिटिशों ने इस शहर के परिदृश्य में प्रवेश किया। ज़ाहिर है, कलकत्ते के ब्राह्मणों द्वारा बनारस की ख्याति गवर्नर जनरल हेस्टिंग्स और बाद में विलियम जोंस और उनके सहयोगियों तक, जो प्रामाणिक हिन्दू परंपराओं के संधान में लगे हुए थे, पहले ही पहुंचा दी गई थी। एक धार्मिक केन्द्र के रूप में काशी की ख्याति फिर इस प्रकार अंकित हो गई और ब्रिटिश प्रशासक, यात्रीगण और इतिहासकार, जिन्होंने काशी के महत्त्व की एक समानांतर पाश्चात्य परंपरा विकसित करने की शुरुआत की, के कारण उसने जल्दी ही एक बहु-आयामी प्राधिकार अर्जित

कर लिया। उन्होंने इस पौराणिक आत्म-निरूपण को अंशतः स्वीकार किया, इसको अपनी तरह से ऐतिहासीकृत किया तथा अपने उत्तर-ज्ञानोदयी और आरंभिक रोमांटिक सांस्कृतिक और राजनीतिक पैमानों पर शैलीबद्ध किया। उनका सरोकार एक प्रख्यात हिन्दू नगरी से था, वहां मुस्लिमों की उपस्थिति अपेक्षतया अल्प थी।[8] हिन्दू धर्म, जिसे एक ऐकिक–भले ही नियंत्रणमुक्त–धार्मिक परंपरा के रूप में उन्होंने परिकल्पित किया, उसके प्राचीन केन्द्र के रूप में इस नगरी की छवि इस विषय पर उनके मुख्य सूचनादाता बने रहे ब्राह्मणों द्वारा उपलब्ध कराए गए आंकड़ों से और पुष्ट हुई। और इस नगरी के ब्राह्मणों को भी उन्होंने एक ऐकिक निकाय के रूप में जाना जो प्राचीन ऐतिहासिक काल से ही हिन्दुओं की धार्मिक और विद्वत् परंपराओं का नियंत्रण, नियमन और शासित करने वाली केन्द्रीय शक्ति रही थी। ब्रिटिश प्रशासकों की पहली पीढ़ी ने, जो वॉरेन हेस्टिंग्स के प्रजाजनों का शासन उनके अपने विधानों और प्रथाओं के अनुरूप करने की नीति का पालन करने की कोशिश में थी तथा विलियम जोंस और कलकत्ते की एशियाटिक सोसायटी के कार्यों से प्रभावित थी, इस नगरी की विद्वत् परंपराओं के प्रभुत्व का लाभ उठाने का प्रयास किया। उन्होंने हिंदुओं के मस्तिष्क और पांडुलिपियों में संचित ज्ञान को भावी पीढ़ियों के लिए सुरक्षित और संरक्षित करने का एक सरोकार विकसित किया। पश्चिम द्वारा अन्य सभ्यताओं की खोज के साथ अकसर उपजनेवाली चिन्ता के रूप में यह उद्धारक भावना एक सतत पूर्व-चिन्ता रही।[9] जैसा कि विलियम रॉबर्ट्सन ने अपने ग्रंथ *ऐन हिस्टोरिकल डिस्क्विज़ीशन कन्सर्निंग दि नॉलेज़ व्हिच दि एंशियेंट्स हैड ऑफ़ इंडिया* ([1791] 1804 : 256-7) में लिखा है, 'स्मरणातीत काल से बनारस भारत का एथेंस रहा है, परम विद्वान ब्राह्मणों का निवास-स्थान तथा विज्ञान और साहित्य दोनों की पीठ। बहुत सम्भावना है कि प्राचीन ब्राह्मणों का खगोलीय ज्ञान और अन्वेषण का जो कुछ भी शेष बचा है, वहां अभी भी संरक्षित रखा हो।' किन्तु जान पड़ता था कि यह सारा ज्ञान या इसका जो कुछ भी शेष बचा अंश था, नष्ट हो जाने के लिए अभिशप्त था। इसे विस्मृति के गर्त से बचा लाना शासकों का कर्तव्य था।

> एक प्रबुद्ध युग और राष्ट्र में तथा ऐसे शासनकाल के लिए जो प्रकृति के ज्ञान का विस्तार करने के लिए निरंतर अत्यंत भव्य और सफल उद्यमों के अनुक्रमों के लिए विशिष्ट हो, यह विषय सार्वजनिक ध्यान के सर्वथा उपयुक्त है कि पूर्व के अत्यंत प्राचीन और सर्वोच्च सभ्य लोगों के दर्शन और अन्वेषणों की सम्पदा जो काल के गाल में जाने से बची रह गई है, उसे हासिल करने के प्रयत्न किए जाएं। अपनी विलक्षण स्थिति के कारण ग्रेट ब्रिटेन इस प्रशंसनीय उद्यम का बीड़ा उठा सकता है। बनारस इसके अधिकार-क्षेत्र में है; ब्राह्मणों का विश्वास इतना जीता जा चुका है कि उनसे संवाद किया जा सके; हमारे कुछ देशवासी उस पवित्र भाषा से परिचित हैं जिसमें धर्म और विज्ञान दोनों के रहस्य दर्ज हैं; भारत के सारे ब्रिटिश प्रतिष्ठानों में जिज्ञासा की चेतना गतिशील व सक्रिय हो रही है; जो लोग दूसरे दृष्टिकोण से भी उस देश में गए हैं, वे भले ही किसी निहायत भिन्न प्रकार के व्यवसाय में संलग्न रहते हुए भी अब उत्साह और सफलता के साथ वैज्ञानिक और साहित्यिक अनुसंधान कर रहे हैं...। इस प्रकार ग्रेट ब्रिटेन उस अज्ञात विज्ञान के क्षेत्र का अन्वेषण करने का गौरव पा सकता है जिसे फ्रांस के विद्वानों ने सबसे पहले यूरोप के लोगों के सामने उद्घाटित किया था (257-8)।

इस ज्ञान को शेष सभ्य संसार के सामने ले जाने के गौरव के अलावा उपनिवेशीकरण के इस आरंभिक दौर में इस नगरी में रुचि जगने के कुछ व्यावहारिक सरोकार इसलिए भी थे क्योंकि विज्ञान का ज्ञान ही नहीं, बल्कि हिन्दुओं के धर्म और विधि-विधानों का ज्ञान इस देश को प्रभावशाली तरीक़े से शासित करने के लिए अत्यंत आवश्यक हो गया था और इसी क्रम में इस पवित्र नगरी में धार्मिक अध्ययन को संरक्षण देने और निर्देशित करने के लिए नगरी के ब्रिटिश रेज़ीडेंट जोनाथन डंकन ने 1791 में बनारस संस्कृत कॉलेज की स्थापना की।

प्रायः एक सदी के बाद नगरी के लन्दन मिशनरी सोसायटी के दीर्घ-कालीन प्रचारक एम.ए. शेरिंग, इस क्षेत्र के अपने वृहत् नृजाति-शास्त्रीय ज्ञान के सहारे इस सामान्य स्वीकृत दृष्टिकोण[10], कि यह नगरी प्राचीन काल से इस प्रायद्वीप में धर्म के विकास में केन्द्रीय शक्ति रही है, को दुहराने में सक्षम हो पाए जब उन्होंने लिखा :

> यह स्पष्ट है कि इस (बुद्ध के) युग में बनारस अवश्य ही सत्ता और महत्त्व का नगर रहा होगा, धार्मिक विषयों पर जिसके मत का प्रभाव इस देश में सामान्यतया काफ़ी महत्त्वपूर्ण था; और इसी कारण सारे देश में किसी ऐसे बड़े विषय पर जो धार्मिक विश्वासों पर असर डालता हो, इस नगर का अनुमोदन और समर्थन सुनिश्चित करने का परम महत्त्व था। गौतम द्वारा इस नगर से अपना धार्मिक जीवन प्रारंभ करने की कामना की वास्तविक वजह यही थी, इसमें कोई मतभेद नहीं है...। किसी भी प्रकार से बनारस की पुरातनता कम महत्त्व की नहीं है। कम से कम पचीस शताब्दी पहले भी यह नगर प्रसिद्ध था। जब बेबीलोनिया निन्वेः से अपनी सर्वोत्कृष्टता के लिए संघर्षरत था, जब टायर अपने उपनिवेश स्थापित कर रहा था, जब एथेंस अपनी शक्ति बढ़ा रहा था, पहले जब रोम प्रसिद्ध हुआ, या जब यूनान फारस के साथ प्रतियोगिता में लगा, या सायरस ने फारस के राजतंत्र को दीप्ति प्रदान की थी, या नेबुकादेनेज़र ने येरुसेलम पर अधिकार किया था और जूडिया के लोगों को क़ैद किया था, तब यह नगर कीर्तिशिखर नहीं भी तो महानता के सोपान तक अवश्य पहुंच चुका था।

इस नगर के हर पर्यवेक्षक को इसकी धार्मिकता का प्रमाण दिखता था। अन्य सभी जगहों से अलग यहां तीर्थयात्रियों की भक्ति, घाटों के दैनिक कर्मकांड, और इसके कई मन्दिर अपनी उपस्थिति का भान कराते हुए इस नगर को पूर्व-व्यापी और समकालीन धार्मिक प्रभुत्व से सम्पन्न करते थे। शेरिंग जो स्वयं एक आस्तिक था, इस बात को इस प्रकार कहता है :

> इसलिए बनारस में हिन्दू धर्म का घर है जहां वह अपने सर्वश्रेष्ठ मित्रों और प्रशंसकों के हृदय में रहता है, राजाओं और समृद्ध निवासियों का जहां दरबार लगता है, जिसके संभरण और संपोषण के लिए अगणित संसाधन और भौतिक उपकरण हैं जो इसके अस्तित्व और प्रभुत्व को प्रतीकात्मक महत्ता भी प्रदान करते हैं। उसके सहस्रों मंदिर और असंख्य देवमूर्तियां, तीर्थयात्रियों का हुजूम, उसके पुजारियों-पंडों का समूह अपने आडंबर और परिस्थिति और मूर्ति-पूजा के विविध निरूपण अपने विशाल समुच्चय में हिन्दू धर्म को इस नगर में इस प्रकार और इस स्तर की चाक्षुषता प्रदान करते हैं जो अन्यत्र ज्ञात नहीं है।

उन्नीसवीं सदी में काशी अपने भव्य नदी-तट, मन्दिरों, प्रासादों, और भीड़ भरे बाज़ारों के कारण एक समृद्ध नगरी बन गई थी। एडविन आर्नाल्ड ने, जो पश्चिम में बौद्ध धर्म को लोकप्रिय

करनेवाले *लाइट ऑफ़ एशिया* (1879), जो बुद्ध की कल्पना-प्रधान विदेशी लोकप्रिय जीवनी है, नामक गीति-काव्य के रचयिता थे, उत्साहपूर्वक लिखा था :

> जिसने भी वास्तव में उस पवित्र भवन वाले विस्तृत गिरि-प्रांतर पर कभी दृष्टि डाली है, वह इस पवित्र नगरी के स्वरूप को भूल नहीं सकता–जो गंगा के लगभग तीन मील (एक लीग) लंबे किनारे जो असंख्य पूजा-स्थलों और जनाकीर्ण घाटों से उदित होता दिखता है...। यह नगरी शिखरों, पूजा-स्थलों, स्तंभयुक्त मंदिरों, चैत्यों, तीर्थ-स्थलों, मीनारों, पवित्र वृक्षों, मूर्तियों, वेदियों, और सुदीर्घ सीढ़ियों की अटूट शृंखला की दृश्यावली प्रस्तुत करती है (1886 : 214-15)।

इस नगरी के व्यवसाय और समृद्धि पर उन्नीसवीं सदी के आरंभिक दशकों से ही लिखा जाने लगा था। कलकत्ते के एंग्लिकन बिशप हेबर ने 1824 में उत्तरी प्रांत के अपने भ्रमण के दौरान टिप्पणी की थी :

> बनारस, दरअसल एक अतिपवित्र नगर होने के साथ-साथ एक अत्यंत अध्यवसायी और समृद्ध नगर है। यह एक वृहत् बाज़ार है जहां उत्तर के शॉल, दक्षिण के हीरे एवं ढाका और पूर्व प्रांतों की मलमल तथा यहीं की अत्यंत क़ाबिले-ग़ौर रेशमी, सूती, तथा महीन ऊनी कपड़ों के अपने कारखाने हैं... ([1832] 1971 : 152)।

यहां बननेवाली आकर्षक वस्तुएं सर्वोच्च जगहों पर निर्यात की जाती थीं। जैसा कि मैकॉले ने लिखा था : 'सेंट जेम्स और पेती त्रिआनों के नृत्योत्सवों को बनारस के करघों से निकलनेवाली सर्वाधिक महीन रेशम सुसज्जित करती है : और बाज़ारों में बंगाल की मलमल तथा अवध की तलवारें गोलकुंडा के जवाहिरों और काश्मीर की शॉलों से मिलती हैं' (1867: 620)। शेरिंग ने इस व्यवसाय को काल्पनिक युग में पहुंचा दिया : इस नगरी ने :

> ...संभवतः सोलोमन के यश के बारे में सुना हो, और उसके महलों की शोभा बढ़ाने के लिए उसे अपने हाथीदांत, अपने वानर, और अपने मयूर भेजे हों जबकि इस नगरी के स्वर्ण से उसने ईश्वर के मंदिर के आवरण का कोई हिस्सा बनवाया हो। बनारस मात्र अपनी सम्माननीय अवधि के लिए ही विलक्षण नहीं है, बल्कि उस प्राण-शक्ति और सशक्तता के लिए भी, जिसे, जहां तक हमारी जानकारी है, उसने सतत प्रदर्शित किया है। जहां कई नगर और राष्ट्र पतन के गर्त में चले गए और नष्ट हो गए, इसका सूर्य कभी अस्त नहीं हुआ; बल्कि इसके विपरीत दीर्घ कालावधि से यह मध्याह्न की प्रखरता से तपता रहा है। इसका लब्धप्रतिष्ठ नाम पीढ़ियों-दर-पीढ़ियों चलता आ रहा है, और एक पारिवारिक शब्द बना रहा है जिस रूप में वृहत् हिन्दू परिवार इसे पूजता और प्रेम करता रहा है (1868 : 7-8)।

कोई अचरज की बात नहीं कि मैकॉले ने ज़िले के हिन्दू राजा को एक 'प्राचीन' हिन्दू कुल से जुड़ा पाया था : 'यह समृद्ध राजधानी और निकटवर्ती इलाक़े लंबे समय से एक हिन्दू राजा के अनंतर हैं जो मुग़ल सम्राटों को नज़राना पेश करता था' (1867 : 620)। मुग़ल सम्राटों के द्वारा दिए जाने वाले संरक्षण का कार्यभार बड़ी सुविधा से ब्रिटिशों ने ग्रहण कर लिया था जो कुशलता से ख़ुद को इसके योग्य साबित कर ही चुके थे।

इस तरह, संस्कृतनिष्ठ परंपराओं द्वारा फैलाए गए बनारस के बहुआयामी मिथक को उन्नीसवीं शताब्दी में अंग्रेज़ों ने नए मानकों में ढालकर और पुष्ट कर दिया। वे इससे मिलने वाले प्राधिकार से प्रत्यक्ष लाभ उठाना चाहते थे, इसलिए इस परंपरा के वाहकों को किसी

न किसी प्रकार सहयोजित और समेकित करने के इच्छुक थे। केंद्रीय रूप से संगठित और संचालित ऐकिक धर्म की ब्रिटिश/यूरोपीय धारणा और शक्तिशाली देशज अनुष्ठानों व विद्याध्ययन परंपराओं ने आधुनिकतावादी तीसरे मुहावरे में मिलकर नई संरचनाओं को जन्म दिया। यह हैरानी की बात नहीं थी कि उन्नीसवीं शताब्दी में हिंदू परंपराओं को सबसे मुखर और शक्तिशाली अभिव्यक्ति इसी बिंदु पर मिली।

पावन नगरी की पश्चिमी और देशी छवियों का यह अजीबोग़रीब मेल और परस्पर सुदृढ़ीकरण अभी काफ़ी समय तक क़ायम रहने वाला था। यह मेल शहर के समकालीन निरूपणों में आज भी देखा जा सकता है। डायना ऐक की काव्यात्मक और ज्ञान से परिपूर्ण *बनारस : सिटी ऑफ़ लाइट* (1983) इस निर्मिति का एक श्रेष्ठतम उदाहरण है। एक अखिल भारतीय और कालातीत हिंदू धर्म के लिए इस शहर का केंद्रीय महत्त्व उपरोक्त मत की सबसे बड़ी विशिष्टता है :

> भारत में बहुत कम शहर हैं जो बनारस की तरह परंपरानिष्ठ हिंदू और समग्र हिंदू संस्कृति का प्रतीक हों। और पूरे भारत में, बल्कि समूचे संसार में ऐसे बहुत कम ही शहर हैं जो पश्चिमी यात्रियों के लिए बनारस जितने चुनौतीपूर्ण और स्तब्ध कर देने वाले हों। यह शहर उतना ही समृद्ध है जितना कि संपूर्ण भारत। लेकिन भोर के समय नदी तट को निहारने वाले हममें से उन लोगों के लिए इस शहर को समझना आसान नहीं है जो हिंदू परंपरा के बाहर स्थित हैं, यहां हमारे सामने एक ही विहंगम दृष्टि में पूरे भारत को समझ लेने की चुनौती मुंह बाए खड़ी मिलती है (6)।

अपनी किताब की भूमिका में ऐक ने इस शहर के पश्चिमी और पूर्वी, दोनों नज़रियों को बहुत स्पष्ट रूप से पेश किया है। इसके बाद वह शहर को हिंदू दृष्टि से देखते हुए प्रशंसात्मक परंतु अपूर्ण पश्चिमी बोध का ब्योरा देती हैं—जो यहां प्रचलित वास्तविक मूर्तिपूजक धार्मिक व्यवहारों को मानने से लगातार इनकार करता रहा है। हिंदू बोध की पुनर्निर्मिति में वह चुनिंदा ढंग से पुराणों की पाठ परंपरा को पुनः दोहराती हैं और साथ ही, बकौल खुद, शहर के 'पाठ' से उसकी व्याख्या और उसकी कमियों की भरपाई करती हैं। यह पाठ मंदिरों और धार्मिक स्थलों के वास्तविक भौगोलिक विवरणों से भरा है जिसमें शहर के ब्राह्मणों से मिली सूचनाओं की भरमार है। ऐक की पद्धति में पाठीय-भाषाशास्त्रीय और सहभागी प्रेक्षक की नृजातिशास्त्रीय दृष्टि का सम्मिश्रण है जिसके चलते उनका परिप्रेक्ष्य ब्राह्मणों के परिप्रेक्ष्य तक ही सीमित रहता है।[11] पश्चिमी दृष्टि और हिंदू दृष्टि का सहमेल तब सामने आता है जब वह पौराणिक-ब्राह्मणवादी दृष्टि को अपना लेती हैं और अपनी पद्धति में मौजूद तमाम प्रत्यक्ष ऐतिहासिकीकरण के बावजूद ऐतिहासिक काल को पुराणों के कालातीत्य में विलीन कर देती हैं :

> बनारस और उसके समकालीनों के बीच एक और महत्त्वपूर्ण भेद है। इसका वर्तमान जीवन एक सतत नैरंतर्य में छठी शताब्दी ईसा पूर्व तक जाता है। अगर हम मूक एक्रोपॉलिस और एगोरा ऑफ़ एथेंस तथा शास्त्रीय यूनान की बौद्धिक, सांस्कृतिक व आनुष्ठानिक परंपराओं के अभी भी जीवित होने की कल्पना कर पाते तो शायद हमें काशी के जीवन की अद्‌भुत दृढ़ता की झलक मिल जाती। आज का पीकिंग, एथेंस और यरूशलम जिन लोकाचार से संचालित हो रहे हैं वे उनके प्राचीन काल के लोकाचार नहीं हैं लेकिन काशी के प्रसंग में ऐसा बिलकुल नहीं दिखाई देता (5)।

इस तरह, ऐक की किताब में पश्चिमी-भारतशास्त्रीय दृष्टि और पौराणिक दृष्टियां अनायास और पूर्ण रूप से विलीन हो जाती हैं।

पावन नगरी का यह मिथक इतना सर्वव्यापी है कि प्रत्यक्ष ऐतिहासिक और मानवशास्त्रीय रुझान भी, जिनमें पिछली दो शताब्दियों के दौरान विकसित हुए शहर की विशिष्ट हिंदू संस्कृति की पड़ताल की चेष्टा की गई है, इसी मान्यता के साथ आगे बढ़ते चले जाते हैं कि सदियों पुरानी हिंदू परंपराएं यहां सापेक्षतः स्थिर रही हैं क्योंकि अंग्रेज़ों ने उनको पूरी तरह अछूता छोड़ दिया था। बनारस निस्संदेह एक आत्मचेतन हिंदू नगर था। यद्यपि इसका शासन अंग्रेज़ों के हाथ में था लेकिन इसका एक हिंदू महाराजा था, इसका अपना एक व्यापारी वर्ग था, और यहां हिंदू पंडे-पुजारियों का समुदाय था। उन्नीसवीं शताब्दी में जो हिंदू परंपराएं उभरीं, उनमें अंग्रेज़ों के साथ आए नए विचारों और नए संस्थानों के साथ अंतर्क्रियाओं से क्या बदलाव आए, ख़ासतौर से यह देखते हुए कि संस्थागत और अवधारणात्मक विकास के हर चरण में उनसे मुठभेड़ होना लाज़िमी थी, चाहे वे भाषा से संबंधित हों या साहित्य अथवा धर्म से।

कल्चर एंड पावर इन बनारस : कम्युनिटी, परफॉर्मेंस एंड एनवायरनमेंट 1800-1980, शीर्षक निबंध संकलन की प्रस्तावना में सेंड्रिया फ्रायटाग (1989) ने इन दोनों संस्कृतियों–बनारस में औपनिवेशिक उपस्थिति और परंपरागत हिंदू सार्वजनिक परिक्षेत्र–का क्रमशः परस्पर पृथक् रूप में कार्यरत इकाइयों के रूप में वर्णन किया है।[12] उनके अनुसार, राजा द्वारा किए जाने वाले सार्वजनिक उत्सव तथा राजा व रईसों की मदद व संरक्षण से होने वाले लोकप्रिय मेले व मनोरंजन के आयोजन इसी सार्वजनिक परिक्षेत्र में आते थे। बनारस में राजा, गोसाइयों और सौदागरों की सत्ताधारी त्रिमूर्ति द्वारा हिंदू संस्कृति की पुनर्रचना के बारे में बात करते हुए फ्रायटाग बताती हैं : 'इतनी ही महत्त्वपूर्ण बात यह है कि बनारस में मौजूद यह विशेष क़िस्म का मिश्रण एक आश्चर्यजनक हद तक उसकी अंग्रेज़ों की घुसपैठ से रक्षा भी करता था, ख़ासतौर से उन्नीसवीं शताब्दी के आरंभ से और पुनः 1910 के दशक के बाद' (1989 : 9)।[13] अपरिहार्य रूप से प्रश्न यह उठता है कि किन-किन चीज़ों को परंपरागत संस्कृति का प्रतिनिधि माना जाए।[14] क्या फ्रायटाग से सहमत होते हुए किसी सामान्य वर्गीकरण के आधार पर पुराने क़िस्म की सार्वजनिक सरगर्मियों, जैसे–रामलीला[15], के स्वनिरूपण को ही हिंदू संस्थानों का समग्र प्रतिनिधि माना जा सकता है? या ज़्यादा आधारभूत अवधारणात्मक एवं संस्थागत परिवर्तनों को भी हिंदू परंपरा का समान रूप से प्रतिनिधि माना जाए जो कि उन्नीसवीं शताब्दी के दौरान सामने आए और जिन्होंने हिंदुओं की ओर से बोलने का दावा करने वाले क्लबों, सभाओं और देशज प्रेस से युक्त सार्वजनिक वृत्त के गठन को संभव बनाया? इसका जवाब यह हो सकता है कि जहां तक हिंदू राजा और उसके द्वारा आयोजित किए जाने वाले सार्वजनिक उत्सवों का सवाल है तो वे नए पब्लिक स्फियर के लिए भी एक संदर्भ-बिंदु बने रहे। दोनों तरह के सार्वजनिक परिक्षेत्रों को परस्पर पृथक् मानने की बजाय एक-दूसरे के साथ अंतर्क्रिया में सक्रिय माना जाए और यह निष्कर्ष निकाला जाए कि दोनों ही उन्नीसवीं शताब्दी में उभर रही हिंदू संस्कृति का प्रतिनिधित्व करते थे।

अब इसका एक आलोचनात्मक मूल्यांकन संभव हो गया है कि अठारहवीं सदी से, यानी प्राक्औपनिवेशिक काल से औपनिवेशिक काल के बीच, हिंदू परंपराएं किस तरह

विकसित हुईं, क्योंकि पिछले दशकों के दौरान इस क्षेत्र में काफ़ी शोध हो चुका है।[16] आगे के हिस्सों में मैंने मुग़ल और ब्रिटिश भारतीय साम्राज्य के बीच की अवधि में अपने स्वायत्त रूप में सामने आए तथा ब्रिटिश विचारों व संस्थानों और उन्नीसवीं सदी के बनारस की स्पष्टतः हिंदू परंपराओं के साथ अंतर्क्रियाओं के फलस्वरूप पुष्ट हुए राजाओं, व्यापारियों और ब्राह्मणों के सत्ता समीकरणों का अध्ययन किया है। बनारस के हिंदू राजाओं का वंश उत्तरवर्ती मुग़लकाल में पहले तो अवध के नवाब की परोक्ष शह से सामने आया और बाद में उसने एक हद तक स्वायत्तता भी अर्जित कर ली, परंतु आगे चलकर उसे नवाब के ख़िलाफ़ अंग्रेज़ों से हिफ़ाज़त मिलने लगी। इन राजाओं ने जिस प्रत्यक्षतः हिंदू संस्कृति को संरक्षण दिया, उसका वास्तविक विस्तार तब हुआ जब राजाओं को अंग्रेज़ों ने तमाम वास्तविक राजनीतिक सत्ता से मुक्त कर दिया था और जब वे महज़ ताक़तवर ज़मींदार बनकर रह गए थे जिनके पास पावन नगरी और इसके परिवेश पर सिर्फ़ एक प्रतीकात्मक अधिकार शेष रह गया था। यही स्थिति हिंदू व्यापारियों की थी जो उत्तरवर्ती मुग़लकाल में आर्थिक और राजनीतिक महत्त्व प्राप्त करने लगे थे। स्वयं बनारस में प्रचलित आम धारणा के विपरीत, हिंदू राजवंश द्वारा ख़ुद को बनारस में स्थापित कर लिये जाने के बाद शुरुआत में इन व्यापारियों ने उसे केवल सीमित समर्थन ही दिया। परंतु अठारहवीं शताब्दी के उत्तरार्द्ध में, जब यह वंश बनारस इलाक़े में पूरी तरह स्थापित हो गया तो व्यापारियों ने अपने आपको न केवल राजा के साथ जोड़ लिया बल्कि वे अंग्रेज़ों के भी महाजन बन बैठे और उन्होंने इतनी प्रतिष्ठा अर्जित कर ली थी कि वे शहर में होने वाले विवादों में मध्यस्थ की भूमिका निभाने लगे थे। उन्नीसवीं शताब्दी के अंतिम दशकों में आर्थिक दबावों ने हिंदू संस्कृति और भावना के प्रति उनके संरक्षण में तीखा राष्ट्रवादी स्वर पैदा कर दिया था। उन्नीसवीं शताब्दी के प्रारंभ तक बनारस के सांस्कृतिक दृश्य पर पूरी तरह हावी ब्राह्मण जमात, जिसे राजा और व्यापारियों से खुली मदद मिल रही थी, को उत्तरवर्ती मुग़लकाल में तेज़ी से फैलते मराठों ने यहां बसाया था। अठारहवीं शताब्दी के आख़िर तक आते-आते अंग्रेज़ों ने भी 1791 में बनारस संस्कृत कॉलेज की स्थापना करके ब्राह्मणों की शिक्षा को संरक्षण देने के बहाने उनके बीच अपना दबदबा जमाने की संजीदा कोशिशें शुरू कर दी थीं। हालांकि ब्राह्मणों को राजा और सौदागर समुदायों से संरक्षण मिलता रहा लेकिन उनकी आमदनी और प्रतिष्ठा का मुख्य स्रोत क्वींस कॉलेज (पूर्ववर्ती बनारस संस्कृत कॉलेज) ही था जहां अपरिहार्य रूप से विचारों का आदान-प्रदान होता था। उन्नीसवीं शताब्दी के आख़िर तक आते-आते पश्चिमी विद्वानों की प्राच्यवादी विशेषज्ञता ने ब्राह्मणों के इस प्राधिकार को हाशिए पर धकेलना शुरू कर दिया। इस दौरान व्यापारी ही थे जो नए मध्यवर्ग के प्रवक्ता के रूप में सामने आए और उन्होंने ही महाराजा की गतिविधियों और पंडितों की विद्वत्ता से उपजे हिंदू संस्कृति के संसाधनों को इस्तेमाल करते हुए एक नई हिंदू राष्ट्रवादी परंपरा के प्रचार-प्रसार का बीड़ा उठाया : मेरा मानना यह है कि हिंदू धर्म की परंपरानिष्ठ पुनर्निर्मिति और अभिव्यक्ति अंग्रेज़ों के साथ अंतर्क्रिया में और अंततः उनके प्रतिरोध स्वरूप सामने आई थी।

सत्ताधारी परंपराओं की इन तीन धाराओं—बनारस के राजा, हिंदू सौदागर और ब्राह्मण विद्वत् समुदाय—के इतिहास और इन तीनों पर अंग्रेज़ों के प्रभाव के इतिहास को ही मैं इस

अध्याय के अगले भागों में चिह्नित करना चाहती हूं। अगले भाग में हरिश्चंद्र के कुल के वृत्तांत से इस बात का अंदाज़ा लगाया जा सकता है कि इन दशकों के दौरान संबंधित राजनीतिक निकायों के साथ व्यापारी समुदाय के कैसे संबंध थे और इस कुल से एक सांस्कृतिक–और फलस्वरूप राजनीतिक–हस्ती के रूप में हरिश्चंद्र के उदय को भी समझा जा सकता है।

बनारस के राजा और हिंदू परंपरा का सृजन

पवित्र नगरी के नाममात्र के प्रमुख के रूप में बनारस के राजाओं के पास ज़बर्दस्त प्रतीकात्मक सत्ता थी यद्यपि उनके इलाक़े का वास्तविक नियंत्रण जल्दी ही उनके हाथ से निकल जाने वाला था। उनकी सार्वजनिक मौजूदगी ज़बर्दस्त थी और उनकी धार्मिक व सांस्कृतिक सत्ता के ही कारण बुढ़वा मंगल के नदी उत्सव तथा महीने भर चलने वाली रामलीला जैसे त्योहारों में एक प्रातिनिधिक सार्वजनिक परिक्षेत्र अस्तित्व में आया था : इन्हीं सार्वजनिक आयोजनों के चौखटे में वे अपनी राजसी उपस्थिति को सबसे प्रभावी ढंग से प्रस्तुत कर सकते थे। रामलीला को शिव के क्षेत्र में मंचित किया जाता था जहां राजा ख़ुद को शिव के प्रतिनिधि के रूप में प्रस्तुत करते थे और इस तरह शहर की पौराणिक परंपरा को एक सुनियोजित ढंग से जीवित रखते थे। जब सार्वजनिक अशांति का प्रश्न आता था तो ब्रिटिश औपनिवेशिक अधिकारी उनको भी नगर के मंच पर ले आते थे क्योंकि उनके पास एक ऐसा नियंत्रण था जो नागर क़ानून व्यवस्था के विधान से परे था। इस प्रकार, उन्नीसवीं शताब्दी में उभरी बनारस की विशुद्ध हिंदू संस्कृति को, संस्कृतभाषी शिक्षा, भाषा काव्य और संगीत को राजा द्वारा दिए जाने वाले संरक्षण ने एक निश्चित शक्ल दी।

बनारस के राजाओं की कथा अकसर दोहराई जाती रही है।[17] यह एक सुविदित तथ्य है कि इस वंश का उद्गम काफ़ी हाल का था। मुग़ल साम्राज्य अपने अंतिम दौर में था और अवध रियासत, जिसमें बनारस का इलाक़ा भी पड़ता था, अपनी स्वायत्तता के लिए ठोस क़दम बढ़ाने लगी थी। वर्तमान संदर्भ में काशी के राजवंश के इतिहास को बयान करने का हमारा मूल उद्देश्य इस बात को समझना है कि राजाओं के पास किस तरह की सत्ता थी जिसके दम पर वे हिंदू परंपराओं में बदलाव ला सकते थे और अपनी इच्छा के अनुसार ख़ास तरह की हिंदू परंपराओं को सींच सकते थे।

वैधता के आग्रह के चलते जल्दी ही इस बात पर ज़ोर दिया गया कि बनारस राजघराने की संप्रभुता मुस्लिम शासकों के भी पहले से अस्तित्व में आ चुकी थी। फ़क़ीर ख़ैरुद्दीन ख़ान के *बलवंतनामा* में राजा बनर की कहानी बताई गई है जिसको बाद में मुहम्मद गज़नवी की फ़ौज ने शिकस्त दे दी थी। कहानी के मुताबिक़, बनर ने पास ही स्थित ओटाटरिया गांव के कुथू मिसिर नाम के एक धर्मपरायण ब्राह्मण को भू-दान दिया था। यह भौतिक उपहार इस वैरागी ब्राह्मण को उसकी इच्छा के विरुद्ध दिया गया था। जब ब्राह्मण को पता चला कि उसे भूमि उपहार में दी गई है तो उसने राजा को शाप दे दिया :

> क्रोध में आकर उसने घोषणा की कि जिस तरह राजा ने उसे इस जगत के पचड़ों में उलझा दिया है जो कि उसकी इच्छा के विपरीत है, उसी तरह राजा की बनारस सरकार भी उसके हाथों से कुथू के पुत्रों के हाथों में चली जाएगी (1)।

और इस तरह कई शताब्दी बाद मोहम्मद शाह के शासन काल में इसी कुथू वंश के मंसाराम की ताक़त बढ़ने लगी। यहां मंसाराम की ब्राह्मण विरासत सबसे ग़ौर करने वाली बात है जबकि वास्तव में वह भूमिहार था।[18] भूमिहार जाति मुख्य रूप से आज के पश्चिमी बिहार और पूर्वी उत्तर प्रदेश में फैली हुई थी। यह जाति हमेशा ब्राह्मणों की हैसियत का दावा करती थी लेकिन वे पुरोहिती का काम नहीं करते थे और मूल रूप से खेती-किसानी वाले लोग थे जिनके अपने विशिष्ट रीति-रिवाज और परंपराएं थीं। *बलवंतनामा* में राजवंश और ब्राह्मणत्व के इन दावों की जड़ें पिछली सदियों में स्थापित कर दी गई थीं, इसलिए उनकी अवहेलना और भी ज़्यादा मुश्किल थी। ज़ाहिर है, यह कहानी इस वंश में भी प्रचलित थी।

आख़िरकार यह दावा उठना ही था और प्रचलित इतिहास-लेखन में भी उसको जगह मिलने लगी कि बनारस के वर्तमान राजघराने की स्थापना वास्तव में हिंदू स्वतंत्रता की स्थापना थी और इससे भी ज़्यादा महत्त्वपूर्ण बात यह कि इसे एक सुनियोजित और सोची-समझी चेष्टा के रूप में स्थापित किया गया। बनारसीलाल पांडेय 'आर्य' ने *महाराज बलवंत सिंह और काशी का अतीत* (1975) नामक अपनी पुस्तक की प्रस्तावना में ही बिना किसी लाग-लपेट के स्पष्ट कर दिया है कि :

> काफ़ी समय से यह बात मेरे मस्तिष्क में घूम रही थी कि मुक्ति के उपासक काशी के राजा श्री बलवंतसिंह, जो एक हिंदू राष्ट्र की दृष्टि से प्रेरित थे, ने काशी को मुसलमानों से मुक्त कराया और पुनः काशी में हिंदू संप्रभुता की स्थापना की और इस प्रकार स्वयं अपनी विशुद्ध संस्कृति की रक्षा की। उन्हीं के जीवन से हमें मुक्ति, स्वाभिमान और साहस की प्रेरणा मिली है। भारत के इतिहास की भांति जिस प्रकार हम सत्रहवीं शताब्दी में महान क्षत्रिय नायक शिवाजी में अभूतपूर्व शौर्य के दर्शन करते हैं, उसी प्रकार अठारहवीं शताब्दी में हम इसी अभूतपूर्व शौर्य को शूरवीर काशिराज बलवंत सिंह में देखते हैं।

ये राजा ख़ुद इस बात से कितना अवगत थे कि हिंदू संप्रभुओं के रूप में उन्हें हिंदुओं का रक्षक माना जा रहा था और एक बार यह भूमिका अपना लेने के बाद वे रक्षा की इस शक्ति का किन परिधियों में प्रयोग करने में सक्षम थे?

हिंदू भूस्वामी समूहों का राजनीतिक सुदृढ़ीकरण प्राक्औपनिवेशिक काल में शुरू हो चुका था। उत्तरवर्ती मुग़लकाल में जब अवध नवाब अपनी स्वायत्तता के लिए हाथ-पांव मार रहा था तो उसे पुराने मुग़ल अभिजनों तथा पढ़े-लिखे सुन्नी मुस्लिमों व पुराने ज़मींदारों की ओर से सख़्त विरोध का सामना करना पड़ा। फलस्वरूप, क़िस्म-क़िस्म के हिंदू योद्धा और प्रशासकीय समूह उसके साथ आ जुड़े (बेली 1983 : 26)। जो भूमिहार वंश बाद में बनारस का राजपरिवार बना, उसके पास भी इस इलाक़े में पिछली दो सदियों से ज़मींदारी थी। बर्नहार्ड कोह्न के अनुसार, *आईने अकबरी* में दी गई जानकारियों के आधार पर जौनपुर, ग़ाज़ीपुर, बलिया और बनारस ज़िलों के राजस्व भुगतान आकलनों से पता चलता है कि यहां लगभग 50 प्रतिशत राजपूत, 30 प्रतिशत भूमिहार, 11 प्रतिशत ब्राह्मण और 3 प्रतिशत मुसलमान थे और बनारस क्षेत्र की 79 प्रतिशत ज़मीन पर भूमिहारों का मालिकाना था (1987 : 347)।

एक छोटे भूमिहार भूस्वामी का बेटा मंसाराम कसवर ज़िले के राजा के पास मुलाजिम था। राजा की मदद से उसे बनारस में मीर रुस्तम अली के दरबार तक पहुंच मिल गई थी। मीर रुस्तम अली को अवध के नवाब ने 1703 में ख़ुद मुस्तजीर का ओहदा दिया था। मंसाराम

ने कसवर के राजा का विश्वास प्राप्त कर लिया और लगभग 1717 से वह रियासत के राजस्व विभाग को संभालने लगा। वह कसवर के राजा तथा उसका विरोध कर रहे कई दूसरे ज़मींदारों को सत्ता से हटाने में भी कामयाब रहा। उसकी अंतिम कूटनीतिक उपलब्धि यह रही कि उसने रुस्तम अली को भी गद्दी से हटा दिया। इसके लिए उसने नवाब सफ़दरजंग को यह आश्वासन दिया था कि वह रुस्तम अली से भी चार लाख रुपए ज़्यादा राजस्व अदा किया करेगा। इसके बदले में 1734 में उसे सफ़दरजंग से बनारस की ज़मींदारी मिली, हालांकि उसकी ही इच्छा थी कि राजा की जो उपाधि उसे मिलने वाली थी वह उसकी बजाय उसके बेटे बलवंत सिंह को दी जाए।[19] मंसाराम की मौत के बाद दिल्ली के बादशाह और अवध के नवाब, दोनों ने इस उपाधि की पुष्टि कर दी। इस बात का कोई साक्ष्य नहीं मिलता कि मंसाराम ने मुसलमानों की अवहेलना करके कोई हिंदू रियासत स्थापित करने का प्रयास किया था। कूटनीति और साज़िशों से पटे अपने जीवन में मंसाराम के पास स्वाभाविक रूप से ऐसी किसी सांस्कृतिक और धार्मिक गतिविधि के लिए वक़्त ही नहीं था जो उल्लेखनीय मानी जाती।

बलवंत सिंह (1740-70) ने कई फ़ौजी कारनामे किए जिनके दम पर वह एक लंबे-चौड़े भू-क्षेत्र का स्वामी बना। जौनपुर, मिर्ज़ापुर, बिजयगढ़, ग़ाज़ीपुर और बलिया उसके राज्य का अंग बन गए। *बलवंतनामा* में उसके 'विश्वासघात', उसकी चालाकी और एक घटना में तो उसकी 'फ़र्ज़ी श्रद्धांजलि' का भी बड़ी बेशर्मी से और बार-बार ज़िक्र आता है।[20]

बलवंत सिंह के पास शहर के सौदागर समुदाय के एक हिस्से का समर्थन तो था लेकिन ऐसा बिल्कुल नहीं है कि वे सभी समवेत स्वर में उसे अपना हिंदू मुखिया मानते हों जैसा कि *तारीख़-ए-बनारस* में विस्तारपूर्वक वर्णित ग्वालदास की घटना से पता चलता है।[21] व्यापारियों का एक खेमा गद्दी से हटा दिए गए रुस्तम अली का ही समर्थन करता रहा। बलवंत सिंह पर ग्वालदास द्वारा किए गए क़ातिलाना हमले को नाकाम कर दिया गया और राजा कुछ तो संयोगवश तथा कुछ अपनी बहादुरी से बच निकला। बहुत सारे व्यापारियों ने ग्वालदास का पक्ष लिया और राजा ने भी मामले को वहीं रफ़ा-दफ़ा करके उसके साथ सुलह कर ली।

सिपाहियों और पैसे की लगातार बढ़ती मांग कर रहे अवध के नवाब और दिनोदिन आगे बढ़ रहे अंग्रेज़ों के बीच बलवंत सिंह एक बहुत नाज़ुक संतुलन बनाए हुए चलता रहा। 1764 में बक्सर की लड़ाई में बंगाल और अवध के नवाबों तथा मुग़ल बादशाह शाहआलम द्वितीय की संयुक्त सेना के हाथों शिकस्त से भी पहले नवाब को इस बात का शुबहा हो चुका था कि बलवंत सिंह और राजा बेनीबहादुर ने अंग्रेज़ों के साथ गुप्त समझौता कर लिया है। नवाब ने ख़ुद बलवंत सिंह को लड़ाई से दूर रहने का हुक्म दिया था। इलाहाबाद की संधि के बाद अंग्रेज़ कमांडर मेजर मुनरो ने बलवंत सिंह को बादशाह के सामने खुलेआम ब्रिटिश संरक्षण के अधीन प्रस्तुत किया। बादशाह को भी इस बात के लिए बाध्य किया गया कि वह बलवंत सिंह को उसके इलाक़ों पर अधिकार सौंप दे। बलवंत सिंह के पास बनारस के व्यापारियों के एक तबक़े का समर्थन तो पहले से था ही। यह इससे साबित हो जाता है कि जब अंग्रेज़ों ने बाद में राजा से आठ लाख की सब्सिडी मांगी तो वह व्यापारियों की मदद से ही इस मांग को पूरा कर पाया जिन्होंने आधी रक़म दी थी। इस तरह, बलवंत सिंह रॉबर्ट क्लाइव जैसी आला हस्ती का वरदहस्त पाने में कामयाब रहा जिससे न केवल

लगातार बेचैन होते जा रहे नवाब के ख़िलाफ़ राजा के दावों को मज़बूती मिली बल्कि आगे चलकर बनारस में हुई एक बैठक में संधि की शर्तों में इस शर्त को भी शामिल कराया कि बलवंत सिंह को कभी भी उसकी चारों सरकारों से वंचित नहीं किया जाएगा। नवाब को मन मारकर यह शर्त माननी पड़ी। बलवंत सिंह, और आगे चलकर उसके उत्तराधिकारी चैत सिंह को अंग्रेज़ों का संरक्षण मिलता रहा।

सघन सैनिक सरगर्मियों और साज़िशों के बावजूद बलवंत सिंह बनारस में अपनी सामाजिक हैसियत को पुख़्ता करने के लिए समय निकाल लेता था। 1756 में उसने नदी पर रामनगर क़िला बनवाया। इस क़िले से शहर का विहंगम दृश्य तो दिखाई देता ही था, यह क़िला शहर से बाहर सुरक्षित ऊंचाई पर भी था। इस क़िले के निर्माण के पीछे नवाब की टुकड़ियों का भय भी था जो रह-रहकर राजस्व वसूली के लिए आ धमकते थे क्योंकि राजा ने अपने शासन के शुरू के 10 सालों के बाद उसे नियमित रूप से राजस्व अदा करना बंद कर दिया था। क़िले के भीतर कई छोटे-छोटे मंदिर थे जिनमें सबसे मुख्य महादेव का मंदिर था। बलवंत सिंह ऊंचे शौक़ रखता था और उसे ख़ुद ब्रजभाषा के तुलनात्मक रूप से नामी कवि की ख्याति प्राप्त थी और कहा जाता था कि *चित्रचंद्रिका* नाम की कृति उसी ने रची है। रघुनाथ कवि राजा के दरबारी कवि थे जिन्हें भाषा काव्य के उच्चकोटि के रचनाकारों में गिना जाता था। रघुनाथ कवि ने ब्रजभाषा में कई मौलिक रचनाएं की थीं और बिहारीलाल की *सतसई* पर एक टीका भी लिखी थी और इन सभी की काफ़ी सराहना होती थी।[22] इस सबके बावजूद बलवंत सिंह स्पष्ट रूप से हिंदू संस्कृति के संरक्षक के रूप में सामने नहीं आते। माना जाता है कि उसने प्रख्यात फ़ारसी कवि शेख़ हाज़िम (1697-1766) को भी समान रूप से संरक्षण दिया जो बाद में अपने पुरखों की ज़मीन छोड़कर भाग्य आज़माने दिल्ली चले आए थे। हाज़िम को दिल्ली रास नहीं आई। उनके व्यंग्यों और कविताओं ने दिल्ली के शायरों को उनसे दूर कर दिया था। अंततः वह बनारस में जाकर बस गए जिस पर उनका ख़ास दिल आ गया था। भारत में अपने 34 साल के जीवन का आधे से ज़्यादा हिस्सा उन्होंने बनारस में ही बिताया। उनके जीवनीकार के मुताबिक़, राजा ने शेख़ को इस शर्त पर संरक्षण प्रदान किया कि बदले में वह चैत सिंह को उचित शिष्टाचार की कला सिखाएंगे।[23] इस तरह 'हिंदू' के साथ-साथ उस दरबारी भारतीय-फ़ारसी संस्कृति को भी समान रूप से संरक्षण मिलने लगा जो दिल्ली में और अवध में नवाब के दरबार में छाई हुई थी।

अपने पिता की मृत्यु के बाद चैत सिंह (1770-81), जो कि एक राजपूत महिला से बलवंत सिंह का अवैध बेटा था, 19 साल की उम्र में गद्दी पर बैठा। उसकी मिश्रित जातीय हैसियत की वजह से उसके उत्तराधिकार पर विवाद भी रहा, लेकिन क्योंकि उसके पास वॉरेन हेस्टिंग्स का समर्थन था, इसलिए नवाब को मजबूरन उसे बलवंत सिंह का जायज़ वारिस मानना पड़ा और उसे उसके पिता की उपाधि और राजस्व वसूली का अधिकार भी सौंप दिया। 1875 में अवध दरबार में तैनात ब्रिटिश एजेंट ने नवाब पर इस बात के लिए दबाव डाला कि वह वे चारों सरकारें ईस्ट इंडिया कंपनी के अधिकार में दे दें जो राजा का भू-क्षेत्र थी क्योंकि नवाब बीच-बीच में राजा से मनमानी वसूली की मांग कर रहा था। नवाब को तक़रीबन ज़बर्दस्ती इस प्रस्ताव को भी मानने के लिए तैयार कर लिया गया क्योंकि इस बंदोबस्त से न ही बहुत भारी राजस्व कंपनी के हाथों में चला जाने वाला था, जिसमें बनारस

और मिर्ज़ापुर शहरों का राजस्व भी शामिल था जो कि महत्त्वपूर्ण व्यावसायिक केंद्र बन चुके थे, बल्कि इससे पावन नगरी के शासन की प्रतिष्ठा छिन जाने का भी उसे भारी मलाल था।[24] राजा को अपनी रियासत में संप्रभुता बनाए रखने दी गई परंतु इसके बाद उसके भू-क्षेत्र में मिस्टर फ़ोल्के नामक एक अंग्रेज़ अधिकारी को भी स्थायी रूप से तैनात कर दिया गया।

चैत सिंह भारतीय-फ़ारसी दरबारी संस्कृति, जिसे बलवंत सिंह ने भी आंशिक रूप से अपना लिया था, और संस्कृत परंपरा, दोनों का वारिस था क्योंकि उसने न केवल शेख़ हाज़िम से दरबारी शिष्टाचार और संस्कृति की शिक्षा ली थी बल्कि उसके पास संस्कृत की भी शिक्षा थी। भोलानाथ मिश्र उसके संस्कृत गुरु थे।[25] यही उस समय की मिश्रित सांस्कृतिक विरासत थी।

चैत सिंह ने जमकर पैसा उड़ाया, उसने रामनगर और दूसरी जागीरों में काफ़ी निर्माण कार्य किया–रामनगर में सुरुचिपूर्वक निर्मित दुर्गामंदिर की आधारशिला उसी ने रखी थी। हालांकि इसका निर्माण उदित नारायण सिंह के शासनकाल में जाकर पूरा हुआ लेकिन मंदिर से सटा विशाल जलाशय चैत सिंह ने ही बनवाया था।[26] शहर में स्थित गोपाललालजी मंदिर भी, जो बाद में काशी में नवप्रतिष्ठित वल्लभ संप्रदाय का केंद्र बना, संभवतः उसी ने बनवाया था। वह त्योहारों के आडंबरपूर्ण आयोजनों, बुढ़वा मंगल के दमदमाते नदी उत्सव के लिए विख्यात था जो एक जमाने में मीर रुस्तम अली ने शुरू किया था और जिसे चैत सिंह के काल में सबसे ज़्यादा प्रसिद्धि मिली। यह त्योहार होली के बाद पहले मंगलवार को मनाया जाता था और सुबह दुर्गा कुंड के आस-पास लगने वाले मेले से शुरू होकर शाम को अपने भरपूर रंग में आ जाता था। जेम्स प्रिंसेप ने उन्नीसवीं शताब्दी में इसके आयोजनों का चित्रण किया है :

> जब शाम ढलने लगती है तो भीड़ छंटकर नदी के किनारे की तरफ़ जाने लगती है जहां काशी के मेलों का सबसे सुंदर नज़ारा आकार ले रहा होता है और जिसे मैंने इस चित्र में दिखाया है।
>
> समूची नदी बजरों और चंदवों से लैस, सफ़ेद कपड़ों से ढकी और नाना दीयों, मशालों व नीलवर्णी दीपों के प्रकाश में नहायी नाना प्रकार की नौकाओं से पटी हुई है। धनी व्यापारी और जो इस प्रकार का ख़र्च कर सकते हैं वे अपनी नौकाओं में रात बिताने के लिए आमंत्रित अतिथियों के मनबहलाव के लिए तवायफ़ों या भांडों और नचनिया लड़कों को भाड़े पर बुलाते हैं। जो ख़ुद इस तरह के नाच का ख़र्च नहीं उठा सकते, वे ज़्यादा भाग्यशाली लोगों की नौकाओं के इर्द-गिर्द अपनी नौकाएं सटा लेते हैं; और जब भी गायिका या नर्तकी उनकी तरफ़ घूमती है तो वे भी अपने सिक्के उछाल देते हैं। लगभग नौ बजे राजा की विशाल नौका रामनगर (दूर दिख रहा है) की ओर से, चित्र के मध्य में, तैरती हुई आती है और शहर के मध्य से दूर अपनी जगह ले लेती है : परंतु स्वयं राजा अपनी सोनामुखी में हुक़्क़ा पीते हुए अनाम नौकायन करना ज़्यादा पसंद करते हैं और किसी भाग्यशाली स्वामी की सेवाओं में रत किसी चहेती तवायफ़ को सुनने लगते हैं...। सबसे अजीबोग़रीब चीज, या किसी यूरोपीय दर्शक को सबसे ज़्यादा हैरान करने वाली बात राजा का राजसी बिस्तरा है जो अपनी मच्छरदानी के साथ उनकी नौका की छत पर उठा रहता है। मुझे नहीं लगता कि वह कभी इसका प्रयोग करता है क्योंकि यह नज़ारा अनवरत अगली दोपहर तक चलता जाता है। बेशक इनमें हलवाइयों की नौकाएं भी ख़ूब होती हैं जहां 'गरमागरम' की आवाज़ें रात भर गूंजती हैं।

यह मेला राजा की हैसियत और सत्ता के उत्सव व पुष्टि का साधन था जिसमें समृद्धि और मस्ती थी और जो रईस सौदागरों व ज़मींदारों की मदद से चलता था। हालांकि मेला होली के त्योहार से जुड़ा हुआ था, मूलतः इसमें तवायफ़ों की संस्कृति और बारीक़ ज़ेवरों और लज़ीज़ व्यंजनों से लदी पुरानी भारतीय-फ़ारसी दरबारी संस्कृति का ही बोलबाला रहता था।

चैत सिंह ने कविता को भी संरक्षण दिया। उसके दरबार में तैनात भाषा कवि संस्कृत से अनुवाद भी किया करते थे। उसके राजकवि बलभद्र थे, जो इस राजवंश का इतिहास लिखने के लिए विख्यात थे। उन्होंने यह इतिहास *चैत सिंह विलास* के नाम से संस्कृत में लिखा था जो यद्यपि अधूरा ही रहा लेकिन उसमें हज़ार से ज़्यादा श्लोक पूरे हो चुके थे। क़िले के पुस्तकालय में इसकी पांडुलिपि सुरक्षित है। एक और विख्यात कवि लाल कवि थे जिन्होंने रीति काव्य और बिहारी लाल की *सतसई* पर *लालचंद्रिका* नाम से एक टीका लिखी थी। हरी प्रसाद राजा का संरक्षण पाने वाले एक और कवि थे जिन्होंने बिहारी की रचना का संस्कृत में अनुवाद किया था। इनमें सबसे विख्यात गोकुलनाथ बंदीजन[27] थे जिन्होंने *चैतचंद्रिका* लिखी जिसमें राजा के परिवार का इतिहास बखान किया गया था। शाही पुस्तकालय की आधारशिला भी इसी समय रखी गई जिसमें फ़ारसी और उर्दू, संस्कृत और भाषा की पांडुलिपियों का एक समृद्ध संकलन था।[28]

एक घटना ऐसी है जो बदली हुई सत्ता परिस्थितियों को भी दर्शाती है और इलाक़े की हिंदू आबादी में इस चेतना को दर्ज करती है कि नवाब की राजनीतिक सत्ता अब हिंदू राजा के हाथों में आ चुकी थी जिस पर हिंदू धार्मिक गतिविधियों को विशेष सुरक्षा प्रदान करने के लिए दबाव डाला जा सकता था और इस बात ने फ़ौरन एक राजनीतिक आयाम भी ग्रहण कर लिया था। लोगों के पास आई यह नई जानकारी स्वयं राजा के स्वबोध को प्रभावित किए बिना भी नहीं रह सकती थी। *बलवंतनामा* में इसका उल्लेख मिलता है कि चैत सिंह के शासनकाल में 1190 हिजरी में जौनपुर में कुछ अशांति हुई थी :

> इस साल जौनपुर में मुहल्ला हम्मन दरवाज़ा के रहने वाले सेवन महाजन ने 'असर क़ुदम शरीफ़' की मस्जिद और 'पंजाः मुबारक' के बीच मौजा कन्हैयापुर की ज़मीन को आम के पौधों से घेरकर एक काफ़िर मंदिर बनवाना शुरू किया जहां मूर्ति-पूजा होने लगी और शंख ध्वनि तथा अन्य अनुष्ठान किए जाने लगे। दोनों मस्जिदों में आने वाले इन कार्रवाइयों के शुरू से ख़िलाफ़ थे लेकिन सेवन ने उनके विरोध पर ध्यान नहीं दिया और बेहिसाब ख़र्चा करके इमारत बनवा दी और उसके गुंबद के ऊपर सोने का पानी चढ़ा त्रिशूल स्थापित कर दिया (77-8)।

इस घटना का वृत्तांतकार ख़ुद एक मुसलमान था और उसकी हमदर्दी इस पूरे उद्यम के साथ नहीं हो सकती थी। बहरहाल, दूसरे हिस्सों की तरह यहां भी उसकी रिपोर्ट कमोबेश तटस्थ दिखाई देती है। दो विद्यार्थी इन हरकतों की वजह से 'धार्मिक आक्रोश' के शिकार हो गए और उन्होंने मंदिर को ढहा दिया। अगले दिन शहर भर के हिंदुओं ने अपनी दुकानें बंद रखीं और बदले में एक मस्जिद को ध्वस्त करने पर आमादा हो गए। इस इरादे के साथ 2000 लोगों का हुजूम 'टिक्का साहू' तालाब पर आ जुटा। दूसरी तरफ़, शहर की जामा मस्जिद में इकट्ठा हो रहे मुसलमान भी जुलूस लेकर निकल पड़े। उनका हिंदुओं से टकराव हुआ।

आगे की झड़प में एक हिंदू मारा गया। हिंदुओं ने तय किया कि वे बनारस जाएंगे। मुसलमानों के साथ सुलह की संभावना को उन्होंने सिरे से ख़ारिज कर दिया। वे जाकर ब्रिटिश रेज़ीडेंट मिस्टर फ़ोल्के से मिले जिसने उन्हें चैत सिंह के पास जाने की सलाह दी। 'हिंदुओं के साथ हुई नाइंसाफ़ी को सुनकर परेशान और खिन्न होकर' (79) राजा ने जयकरण चौधरी को इस मामले की तफ़्तीश के लिए रवाना किया। काज़ी और मुफ़्ती तथा कुछ बुनकरों, जो भागकर कहीं छिप गए थे, को राजा के पास भेजा गया और तीन महीने तक उन्हें निगरानी में रखा गया। इसके बाद उन पर जुर्माना लगाकर उन्हें छोड़ दिया गया। इसके बाद भी जौनपुर का घटनाक्रम शांत नहीं हुआ। मुसलमान सिर्फ़ मंदिर गिराने से संतुष्ट नहीं थे। वे उसकी जगह एक मस्जिद खड़ी करने पर आमादा हो उठे। राजा ने उपद्रवियों के मुखिया को शांत करने के लिए 'एक वकील, जुटीमल' को भेजा। उसे रिश्वत मिली लेकिन वह अपने उत्तेजित बिरादरों को इस बात के लिए तैयार नहीं कर पाया कि वे पीछे हट जाएं और इस तरह रिकॉर्ड आठ दिन के भीतर नई मस्जिद तैयार होकर खड़ी हो गई। राजा ने आस-पास के ज़मींदारों को मस्जिद ढहाने का आदेश दिया। इसके बाद हुई झड़प में हिंदुओं को मुंह की खानी पड़ी। मछली शहर का ज़मींदार, जो ख़ुद एक मुसलमान था, ने अपने धर्मावलंबियों को चालाकी से पीछे हटने के लिए राजी कर लिया जिसके बाद हिंदुओं ने मौक़े पर हमला बोल दिया और अंततः मस्जिद ढहा दी। शहर में उपद्रव की आशंका बढ़ती जा रही थी और एक बदला अपरिहार्य दिखने लगा था। हिंदुओं के रक्षक की मुद्रा अपनाने के लिए बाध्य कर दिए जाने पर राजा सम्मानित महसूस करने की बजाय परेशानी में था और उसने 'भारी खीझ' के साथ इन उपद्रवों को शांत करने के लिए अपनी टुकड़ियां रवाना कीं। मुस्लिम इलाक़े से शुरू हुए इस दंगे के अगुओं को शहर से बेदर कर दिया गया 'तथा प्रतिरोध कर पाने में अक्षम और अपने ख़ेमे से बाहर निकाल दिए जाने के चलते उन्होंने जगह छोड़ दी और अपने परिवारों के साथ वे नवाब के इलाक़े में चले गए' (84)। इसे प्रोटो हिंदूकरण की प्रक्रिया के रूप में देखा जा सकता है जो किसी राजा की सोची-समझी चेष्टा का परिणाम नहीं थी बल्कि जिसे नए सत्ता समीकरणों का ही परिणाम माना जा सकता है।[29] अनायास ही राजा ने अपने को हिंदुओं के रक्षक की भूमिका में क़ैद पाया। उससे अपने दायित्व के निर्वाह का आह्वान तभी किया गया जब वह इस भूमिका से बचने की स्थिति में नहीं रह गया।

अंग्रेज़ों का 1775-87 के बीच रियासत पर अप्रत्यक्ष शासन रहा। जब नवाब अंग्रेज़ों से रियासत हार गया तो चैत सिंह ने कंपनी को सालाना पच्चीस लाख रुपए अदा करने का वादा किया। रियासत का शासन और राजस्व वसूली का अधिकार उसी के पास रहा। इस दौर में व्यापारियों ने भी अपनी ताक़त और बढ़ा ली थी क्योंकि नक़द और वस्तु, दोनों रूपों में वसूल किया जाने वाला लगान तक़रीबन पूरा का पूरा उन्हीं के हाथों से गुज़रता था। उन्हीं के *दाख़िलों* यानी तारीख़शुदा देय रुक़्क़ों की तारीख़ के आधार पर भाड़ेदार तय तारीख़ पर राजस्व जमा कराते थे। इस तरह राजा और अंग्रेज़, दोनों ही काफ़ी हद तक उन पर आश्रित थे।

आगे चलकर चैत सिंह के वॉरेन हेस्टिंग्स से संबंध ख़राब होते गए क्योंकि हेस्टिंग्स राजा तथा गवर्नर जनरल काउंसिल के एक ताक़तवर सदस्य फिलिप फ्रांसिस की बढ़ती नज़दीकियों पर संदेह करने लगा था। जब चैत सिंह ने और ज़्यादा नज़राने की मांग को

नकार दिया या वह उसको अदा करने में नाकामयाब रहा तो हेस्टिंग्स इस मसले पर कार्रवाई करने ख़ुद बनारस आया। इसके फलस्वरूप चैत सिंह ने जो बग़ावत की, वह आवेश में की गई और अनियोजित कार्रवाई थी। वह बनारस से भागने के लिए विवश हो गया। एक दिन फिर अपनी रियासत वापस पाने की उम्मीद के साथ उसने महादजी सिंधिया के यहां पनाह ली, लेकिन उसका यह सपना पूरा नहीं हो पाया।[30] हेस्टिंग्स के साथ उसकी खींचतान के कई ब्योरे हैं जिनमें से कुछ बेहद एकतरफ़ा (ऑर्म 1775-78) हैं तो कुछ में हेस्टिंग्स के अहंकार की भर्त्सना भी की गई है (मैकॉले 1867)। चैत सिंह की मुसीबत के साथ एक हद तक हमदर्दी जताने के बावजूद *बलवंतनामा* ही इस घटनाक्रम का सबसे निष्पक्ष ब्योरा देता है क्योंकि फ़क़ीर ने राजा को उसी अहंकारी, अस्थिर और चंचल स्वभाव कें साथ दर्ज किया है जैसा वह वास्तव में था। फलस्वरूप, फ़क़ीर के पास राजा के प्रति किसी तरह का सम्मान-भाव बाक़ी नहीं रहा।[31]

जब चैत सिंह को गद्‌दी से हटा दिया गया तो 1781 में उसके एक संपार्श्विक संबंधी महीप नारायण को रियासत का कामकाज संभालने का अधिकार दिया गया लेकिन राजा की असली संप्रभुता पूरी तरह समाप्त हो चुकी थी। इसके बाद यह रियासत ब्रिटिश भारत का हिस्सा बन गई। जब महीप नारायण सिंह (1781-95) के युवासुलभ शासन के दौरान राजस्व व्यवस्था के चरमराने के लक्षण दिखाई देने लगे तो रियासत के शासन में अंग्रेज़ और ज़्यादा दिलचस्पी लेने लगे। हालांकि ज़िलों में राजा का न्यायाधिकार चलता रहा लेकिन बनारस को अली इब्राहिम ख़ान के न्यायाधिकार में सौंप दिया गया था जो नगर अदालतों का प्रधान न्यायाधीश और दंडाधिकारी नियुक्त था। दंडाधिकारी/मजिस्ट्रेट सीधे गवर्नर जनरल और उसकी काउंसिल के मातहत था और वह राजा के प्रति क़तई जवाबदेह नहीं था। राजा को न तो अपनी सैनिक टुकड़ियां रखने का अधिकार था और न ही किसी तरह की क़िलेबंदी का अधिकार था। टकसाल का ज़िम्मा भी उसके हाथों से लेकर सीधे रेज़ीडेंट के सुपुर्द कर दिया गया था। अब राजा के पास *मुल्की अदालत* पर ही न्यायिक अधिकार था और यह अदालत केवल ग्रामीण क्षेत्रों में कार्यरत थी। राजा द्वारा अदा किया जाने वाला सालाना लगान भी काफ़ी बढ़ा दिया गया था। 1788 से 1795 तक सरकार की बागडोर राजा से कंपनी के हाथों में जाती चली गई। कहने भर को तो राजा का पूरा नियंत्रण था लेकिन वास्तव में रियासत का प्रशासन पूरी तरह जोनाथन डंकन के हाथों में था जो बुद्धिमान और क़ाबिल अफ़सर था और 1788 से 1795 के बीच बनारस में रेज़ीडेंट के पद पर तैनात रहा।[32] 1794 में महीप नारायण सिंह ने रियासत की बागडोर अंग्रेज़ों को सौंप दी और उसका शासन क्षेत्र उसकी छोटी-सी निजी जागीर तक सिमटकर रह गया था।

इस तरह 1795 में अंग्रेजों ने रियासत का शासन पूरी तरह अपने हाथों में ले लिया। राजा की ओर से डंकन द्वारा किए गए राजस्व बंदोबस्त को स्थायी घोषित कर दिया गया। इसके बाद न केवल लगान वसूली बल्कि न्यायिक ज़िम्मेदारियां भी अंग्रेज़ अधिकारियों ने संभाल लीं। एक अंग्रेज़ कलेक्टर को कई यूरोपीय सहायकों के साथ पूरे प्रांत के लिए तैनात कर दिया गया। प्रमुख शहरों में दीवानी और फ़ौजदारी जज तैनात किए गए और बनारस में एक प्रांतीय अपीली अदालत भी खोली गई जिसमें तीन यूरोपीय जज और एक यूरोपीय रजिस्ट्रार था। इस अदालत का न्यायाधिकरण देहात तक फैला हुआ था। राजा की मुल्की

अदालत ख़त्म कर दी गई थी। गवर्नर जनरल कॉर्नवॉलिस द्वारा जारी किए गए कोड ऑफ़ रेग्यूलेशन (1793) के लागू होने के बाद सरकारी नौकरियों में निचले पदों पर तो भारतीयों की भर्ती होती रही लेकिन ऊपरी पद उनके लिए बंद हो चुके थे। बर्नार्ड कोह्न और जे.डी.एम. डेरेट ने रियासत की न्यायिक और प्रशासकीय व्यवस्था में आए बदलावों पर विस्तार से लिखा है।[33] उन्नीसवीं शताब्दी में भी काफ़ी लंबे समय तक यह बहस का विषय बना रहा। हरिश्चंद्र ने *कविवचनसुधा* में इसके बारे में काफ़ी विस्तार से लिखा था।[34]

इस स्थायी बंदोबस्त से यहां के भू-स्वामित्व रुझानों में दूरगामी बदलाव आए क्योंकि इसके तहत केवल उन्हीं लोगों को ज़मीन का मालिकाना मिलने लगा जिन्हें अंग्रेज़ शासन ज़मींदारों के रूप में मान्यता देता था। इसका परिणाम यह हुआ कि जो परिवार अंग्रेज़ों और उनके वफ़ादार सेवकों के सामने अपने पैतृक स्वामित्व का संतोषजनक साक्ष्य प्रस्तुत नहीं कर पाए उनको भूस्वामित्व से वंचित कर दिया गया। इस बंदोबस्त के बारे में काफ़ी लिखा जा चुका है।[35] फ़िलहाल हमारे लिए सिर्फ़ इस बात को दर्ज करना काफ़ी होगा कि इस बंदोबस्त से ज़मीन का एक बाज़ार पैदा हुआ क्योंकि इसने भू-राजस्व को स्थायी बना दिया था और बकाया कर की वसूली के लिए ज़मीन की बिक्री को मान्यता दे दी। बहुत सारी ज़मीन फ़र्ज़ी ढंग से भी एक हाथ से दूसरे हाथ में जाती रही। जैसा कि कोह्न ने बताया है, उन्नीसवीं शताब्दी के मध्य तक बनारस इलाक़े में लगभग 40 प्रतिशत ज़मीन पुराने मालिकों से नए मालिकों के हाथ में जा चुकी थी। इसमें से ज़्यादातर ज़मीन पैतृक स्वामित्व वाली और स्थानीय ज़मींदारों की थी जो सरकारी अधिकारियों और उनके वंशजों तथा व्यापारियों और महाजनों के हाथ में चली गई थी जो ज़मींदारों का एक नया वर्ग थे।[36] जहां पुराने ख़ानदान ज़मीन पर अपनी पकड़ बनाए रख पाए वहां भी शासकीय नियमों से उनकी सक्रियता काफ़ी सीमित हो गई थी—उनको अब विधायी प्रसंग के रूप में मान्यता नहीं मिलती थी। इलाक़े की राजनीतिक, शासकीय एवं आर्थिक संरचना में आमूल बदलाव आ चुके थे। परंतु यहां भी एक ख़ास तरह का 'हिंदूकरण' शुरू होने लगा था। मुस्लिम शासन के अधिकारियों और ज़मींदारों के तेज़ी से कमज़ोर पड़ते जाने, ख़ासतौर से पुरानी बनारस रियासत के शहरों में, के साथ-साथ हिंदू वर्गों की संपदा बढ़ती जा रही थी। शिवलाल दूबे, जिसे जौनपुर के राजा की उपाधि मिली, वह खांटी नए क़िस्म का हिंदू था जिसने पहली बार अपने शहर की सीमाओं के भीतर गायों की हत्या पर पाबंदी लगाई।[37]

उदित नारायण सिंह (1795-1835) के दौर में अंग्रेज़ों ने राजा को पूरा संरक्षण दिया परंतु उसे शासकीय दायित्वों से भी पूरी तरह वंचित कर दिया और यहीं से शहर के धार्मिक और सांस्कृतिक जीवन ने एक नई शक्ल लेना शुरू किया। यह नया धार्मिक व सांस्कृतिक जीवन केवल राजा और उसके समर्थक व्यापारियों की देन क़तई नहीं था क्योंकि उन्होंने स्थानीय स्तर पर चली आ रही धार्मिक परंपराओं को ही चुनकर उनका रूपांतरण किया था और उनको ऐसे रंग-ढंग में पेश किया गया कि वे राजा के प्रभाव को शहर और पूरे क्षेत्र में प्रसारित करने का माध्यम बन गईं। ऐतिहासिक रूप से इस राज-परिवार का कोई वैष्णव संबंध या झुकाव दिखाई नहीं देता। बल्कि क़िले में बना मुख्य मंदिर तो शिव का ही था और उदित नारायण ने ही दुर्गा मंदिर का निर्माण पूरा कराया था। इसके बावजूद, स्थानीय रीति-रिवाजों और अनुष्ठानों को दिए जा रहे संरक्षण से इस कुटुंब की धार्मिक गतिविधियों

में एक बदलाव आने लगा था। बनारस में रामलीलाओं की बहुत पुरानी परंपरा रही है जो ख़ुद तुलसीदास के जमाने से चली आती बताई जाती है। आज भी यहां पूरे शहर में 30 से 50 रामलीलाएं होती हैं (कुमार 1988 : 180)। महादेव और दुर्गा से अपनी आस्था को छोड़े बिना उदित नारायण ने क्षेत्र की दूसरी महत्त्वपूर्ण स्थानीय परंपराओं को समेकित किया; उसने राम की महाकथा को अपने प्रदेश में समाहित कर लिया। उसने जो रामलीला शुरू कराई वह रामनगर के कोने-कोने में खेली जाती थी। और इन तीस दिनों के दौरान वह उपमहाद्वीप के उन सभी पवित्र स्थलों को प्रतीक रूप में प्रस्तुत करती थी जिनसे कभी राम के गुज़रने की बात कही जाती थी। उसने जिस लीला को चुना था, वह मूल रूप से छोटे मिर्ज़ापुर में खेली जाती थी जो कि रामनगर से चार मील दक्षिण में था। इस लीला के मूल संरक्षकों का कोई रिकॉर्ड तो नहीं मिलता लेकिन संभव है, वे राजपूत ही रहे होंगे। इस बारे में कई कहानियां प्रचलित हैं कि यह संरक्षण किस तरह हस्तांतरित हुआ और हर कहानी किसी निजी आपदा या राजाओं की अक्षमता से जुड़ी हुई है।[38] बहरहाल, आख़िरकार जो हस्तांतरण हुआ, वह इस नए हिंदूकरण की दृष्टि से एक ज़बर्दस्त चाल थी हालांकि इस बात का कहीं कोई संकेत नहीं मिलता कि यह सब कुछ एक सोची-समझी योजना के तहत संपन्न हुआ था। रामनगर का महाराजा आज भी मंचन में एक बड़ी भूमिका अदा करता है जबकि अब किसी राजनीतिक अर्थ में उसकी संप्रभुता को दिखाने का कोई प्रश्न नहीं है। जैसा कि अनुराधा कपूर ने बताया है, वह राजा भी है, देवता भी और अभिनेता भी :

> परंपरा के अनुसार महाराजा या उनके परिवार के किसी न किसी सदस्य को 31 दिन तक हर रोज़ अनिवार्य रूप से लीला मंचन में उपस्थित रहना होता है। इस नज़ारे से उसकी पहचान को बल मिलता है, इसमें कोई संदेह नहीं है क्योंकि उसके राजा होने के तथ्य को रामलीला के महीने जैसा आकर्षण व प्रदर्शन कभी नहीं मिलता...। लेकिन बनारस के राजा के मामले में सिर्फ़ उसके राजा होने की बात नहीं की जा सकती क्योंकि राजा नगर के संरक्षक देव शिव का प्रतीक है...। लीला के दौरान जब भी वह अपने पसंदीदा वाहन में बैठकर गुज़रता है तो उसके लिए ठीक उसी प्रकार 'हर-हर महादेव' के नारे लगते हैं जैसे राम के लिए 'बोल श्रीराम चंद्र की जय' के नारे लगाए जाते हैं...। परंतु सबसे बढ़कर और सबसे महत्त्वपूर्ण बात यह है कि वह मंचन में व्यवधान डाल सकता है; जब वह अपनी संध्या के लिए जाता है तो लीला रोक दी जाती है और तभी शुरू होती है जब वह लौट आता है। इस तरह का व्यवधान अन्य मंचीय स्थितियों में तभी संभव होता है जब किसी वजह से कोई अभिनेता ग़ैर-हाज़िर होता है। यानी, एक तरह से महाराजा का वहां होना उतना ही महत्त्वपूर्ण है जितने इस मंचन के मुख्य पात्र (20)।

राजा ने शिव के प्रतिनिधित्व की भूमिका अपने लिए चुन ली थी। इस एक भंगिमा के ज़रिए वह शहर की समूची पौराणिक माहात्म्य परंपरा को अपने भीतर समाहित कर सकता था। और क्योंकि यह काम स्पष्टतः वैष्णव लीला में हो रहा था, इसलिए वह एक साथ शहर की दो मुख्य धार्मिक परंपराओं का प्रतिनिधित्व कर रहा था। उत्सवी गतिविधियों के संरक्षक के रूप में वह इस तरह तेज़ी से एक विशिष्ट हिंदू धार्मिक नेतृत्व अर्जित करता चला जा रहा था। बुढ़वा मंगल के लोकप्रिय मेले के साथ-साथ उसने पुराने क़िस्म का प्रातिनिधिक सार्वजनिक परिक्षेत्र भी गढ़ लिया था जो बीसवीं शताब्दी में भी कई दशकों तक प्रभावशाली रहा।

चैत सिंह के समय से दरबार में मौजूद गोकुलनाथ बंदीजन ने उदित नारायण के शासन काल में ही *महाभारत* के भाषा में अनुवाद का विशद काम पूरा किया था। उन्होंने यह काम अपने बेटे गोपीनाथ बंदीजन के साथ मिलकर संपन्न किया जिन्होंने अपने शिष्य मणिदेव की सहायता से अनुवाद का एक प्रमुख हिस्सा किया था। *हरिबंसदर्पण* नामक पूरक के साथ *महाभारतदर्पण* नाम के इस अनुवाद को 1829 में कलकत्ता से प्रकाशित किया गया। ऐसा लगता है कि उस समय की साहित्यिक गतिविधियों में संस्कृत कृतियों का भाषा में अनुवाद एक महत्त्वपूर्ण भूमिका निभा रहा था। पराग कवि नामक एक और दरबारी कवि ने *अमरकोश* का भी इसी समय भाषा में अनुवाद किया था।

शहर में राजा की ज़बर्दस्त प्रतिष्ठा थी और अभी भी उसके पास प्रतीकात्मक सत्ता क़ायम थी। भले ही अब हिंदू-मुस्लिम उपद्रव के मामलों में उस पर विश्वास नहीं किया जा सकता था—क्योंकि 1809 में शहर में जब अशांति फैली तो उसे किसी भी तरह के हस्तक्षेप से रोक दिया गया था[39]—लेकिन सामान्य अशांति की स्थितियों में उससे अभी भी हालात को नियंत्रित करने की उम्मीद की जाती थी। जब गृह कर लगाने का फ़ैसला लोगों को रास नहीं आया और विरोधस्वरूप शहर में एक ज़बर्दस्त हड़ताल हुई तो कलकत्ता में बैठे अधिकारियों ने फ़ौरन उसको अपने प्रवक्ता के रूप में इस्तेमाल करने का पैतरा अपनाया। फलतः, एक्टिंग मजिस्ट्रेट, बनारस के नाम 5 नवंबर, 1811 को भेजे गए सरकार के पत्र का मज़मून इस प्रकार था :

> बनारस के राजा तथा अन्य प्रतिष्ठित व सम्मानित व्यक्तियों के प्रभाव का उपयोग करते हुए आप दंगे और राजद्रोह की उस भावना को कुचलने में निस्संदेह सफल होंगे जो अभी लोगों पर छाई हुई है (धर्मपाल, 1971 : 18)।

तत्पश्चात् 28 नवंबर, 1811 को एक्टिंग मजिस्ट्रेट, बनारस द्वारा सरकार को भेजी गई रिपोर्ट में राजा की उपयोगिता की पुष्टि हुई :

> लोगों को पता था कि वे क्षमादान के लिए राजा से हस्तक्षेप की आशा कर सकते हैं और दूसरी तरफ़ राजा भी बाबू शिव नारायण सिंह को दिए गए सम्मान को देखते हुए इस बात को भली-भांति समझ रहे थे कि इस अवसर पर अपने अधिकार का प्रयोग करके वह सरकार का सम्मान व विश्वास अर्जित कर सकते हैं। इस तरह के बंदोबस्त के बाद राजा ने अत्यंत सराहनीय ढंग से आचरण किया। जहां लोग इकट्ठा थे वहां वह अपने पद के अनुरूप पूरी विशिष्टता के साथ गए, भीड़ जल्दी ही उनके उद्‌गारों को सुनने लगी और लोग अपने-अपने घर लौट गए तथा राजा ने इस उपद्रव में मुख्य रूप से सक्रिय पचास व्यक्तियों को चुना और उनके अपराध की स्वीकृति के लिए उन्हें लेकर मेरे पास आए। राजा ने स्वयं उनकी ओर से पक्ष प्रस्तुत किया और मुझसे आग्रह किया कि उन पर और उनकी शिकायत पर शासन की ओर से नरमी बरती जाए (धर्मपाल, 1971 : 32-3)।

इस तरह राजा दोनों दिशाओं में एक प्रभावी मध्यस्थ साबित हुआ। यदि एक तरफ़ उसने औपनिवेशिक शासन की ओर से लोगों से शांति बनाए रखने का आह्वान किया तो दूसरी तरफ़ इतने ही प्रभावी ढंग से उसने जनता के नाम पर क्षमादान और सरकार की कृपा के लिए भी गुहार लगाई। वह जनता पर अपने नियंत्रण से भली-भांति अवगत था लेकिन दूसरी तरफ़ स्थानीय ब्रिटिश रेज़ीडेंट भी उस पर पूरा भरोसा कर सकता था।

ऐसे में राजा की शानोशौकत और ऊंचे आत्माभिमान को समकालीन ब्रिटिश टिप्पणियों के समक्ष रखना प्रासंगिक होगा जिनमें राजा की जीवन शैली के रंगीन आनुष्ठानिक आवरण के प्रति एक विनोदपूर्ण सहिष्णुता का भाव था। जैसा कि हम पीछे देख चुके हैं, सरकार इस बात से भली-भांति अवगत थी कि राजा की यह सत्ता उनके लिए उपयोगी साबित हो सकती है। उदित नारायण सिंह के उत्तराधिकारी के शासनकाल के शुरुआती सालों में जब गवर्नर जनरल लॉर्ड ऑकलैंड ने शहर और रामनगर क़िले का दौरा किया तो ऑकलैंड के साथ आई उसकी बहन फ़ेनी ईडन ने 21 नवंबर, 1837 की अपनी डायरी में ये पंक्तियां दर्ज की हैं :

> आज दोपहर को साढ़े तीन बजे हम पानी के किनारे बने राजा के भव्य रामनगर महल में उससे मिलने गए। वहां नाच और आतिशबाजी हुई, और कुल मिलाकर वहां जो भव्य नज़ारा मैंने देखा, वह मेरे लिए अभूतपूर्व था, आंशिक रूप से हमारी अंग्रेज़ी भावनाओं के लिए इस नज़ारे के अनोखेपन और अनभिज्ञता के कारण (80)।

जहां एक तरफ़ यह भव्यता अजनबीपन और अचंभा पैदा करती थी, वहीं दूसरी तरफ़ यह भी सच है कि अब राजा का कोई राजनीतिक महत्त्व नहीं बचा था। जैसा कि 25 और 26 नवंबर, 1837 की फ़ेनी ईडन की डायरी बताती है :

> बनारस राजा अपने शामियानों के साथ तब तक हमारे पीछे-पीछे चलता रहा जब तक हम उसके इलाक़े से बाहर नहीं निकल गए और हमने उससे विदा नहीं ले ली। मेरा ख़याल है कि उसके द्वारा दिए गए तमाम तोहफ़ों के बदले उसे 3 शिलिंग और 6 पेनी के समतुल्य कुछ न कुछ उदारतापूर्वक दे दिया जाएगा (85)।

ईश्वरी नारायण सिंह (1835-89) के लंबे शानदार शासनकाल में दरबार की संस्कृति पूरी तरह आत्मचेतन हिंदू संस्कृति में ढलने लगी थी, हालांकि उसमें नाना दिशाओं के प्रभाव समाए हुए थे। अब राजा के लिए हिंदू समुदाय के संरक्षक की भूमिका में उतर जाना एकदम स्वाभाविक हो चुका था। यह भूमिका प्रेसीडेंसी शहरों में पैदा हो रही सुधारों की नई धाराओं और दयानंद सरस्वती द्वारा रूढ़िवादी धारा को दी जा रही चुनौती की प्रतिक्रिया में और उभरकर सामने आ रही थी। इसके चलते राजा ने साठ के दशक के आख़िर में काशी की धर्मसभा को संगठित किया और सनातन धर्म के नाम पर हिंदू परंपरा की रक्षा का नेतृत्व अपने ऊपर ले लिया।

उसके आधी सदी के शासनकाल में साहित्यिक गतिविधियां भी सरगर्म रहीं। उसके अपने दरबार में इन गतिविधियों की बागडोर उसके गुरु देवकवि अथवा काष्ठजिह्वा स्वामी के हाथों में थी, जिन्होंने अपना यह उपनाम तब अर्जित किया जब आत्मदंड के एक कृत्य में उन्होंने इसलिए अपनी जीभ को लकड़ी के एक तकवे से भेद दिया था क्योंकि उन्होंने अपने गुरु को उत्तर देने का दुस्साहस किया था और इस तरह उन्होंने ख़ुद को हमेशा के लिए चुप कर लेने का प्रयास किया। लिहाज़ा, उनकी आवाज़ सिर्फ़ उनकी कविताओं और विद्वत्तापूर्ण रचनाओं में ही सुनाई पड़ती थी।[40] वह एक विलक्षण व्यक्ति थे। वह संस्कृत के विद्वान भी थे जिन्होंने एक तरफ़ असंख्य अन्य रचनाओं के साथ-साथ वाल्मीकि की *रामायण, भागवत पुराण* और अंततः *योगसूत्र* पर टीकाएं लिखीं और तुलसीदास की

रामचरितमानस पर एक विद्वत्तापूर्ण और समेकित हिंदी टीका लिखी, जबकि दूसरी तरफ़ वह प्रचलित *कजरी* और *होरी* शैलियों में कविताएं भी लिखते थे जिनको दरबारी संगीतकार बख़्तावर संगीत देते थे और जिन्हें दरबार की तवायफ़ें गाया करती थीं। इस तरह वह पूरे शहर में प्रसिद्ध थे। हरिश्चंद्र ने मूलतः अत्यंत सम्मानित भाषा कवियों के काव्य को प्रकाशित करने के उद्देश्य से शुरू की गई अपनी पत्रिका *कविवचनसुधा* के पहले अंकों में काष्ठजिह्वा स्वामी की रचनाओं को प्रकाशित किया था।

राजा संस्कृत विद्या का संरक्षक था और उसके दरबार में बहुत सारे पंडितों के लिए स्थान था। ताराचरण तर्करत्न मुख्य दरबारी पंडित थे जिनका न्यायशास्त्र के अध्ययन पर विशेष अधिकार था लेकिन जो कविताएं भी लिखते थे। उनकी मुख्य संस्कृत रचना *तारकरत्णाकर* 1868 में प्रकाशित हुई। उन्होंने *काननशतक* नामक एक काव्य कृति भी रची जिसमें उन्होंने चकिया स्थित राजा के जंगल प्रवास का गुणगान किया था। वह महाराजा द्वारा स्थापित की गई धर्मसभा के मुख्य सदस्य थे। इस बंगाली विद्वान के अलावा महाराष्ट्रीय पंडित कृष्णपंत धर्माधिकारी भी थे जिन्होंने महाराजा के लिए *काशीशाविनोद* रची थी। इस कृति में रामनगर का विस्तृत विवरण किया गया था। इस तरह राजा और उसके परिवेश का संस्कृत काव्य में जमकर गुणगान किया जा रहा था।

दरबार की काव्य गतिविधियां केवल संस्कृत तक ही सीमित नहीं थीं। सरदार कवि ने भी कई भक्ति रचनाएं, एक लोकप्रिय रीतिकाव्य तथा केशव और बिहारीलाल की रचनाओं पर टीकाएं लिखीं। इनके अलावा गणेश कवि ने *रसचंद्रोदय* लिखा जबकि बंदन पाठक ने तुलसीदास के *रामचरितमानस* पर एक विस्तृत टीका लिखी थी। कुल मिलाकर[41] साहित्यिक सरगर्मियां एक तरफ़ तो संस्कृत रचनाओं और भाषा काव्य के बीच सूत्र पिरोने पर केंद्रित थीं और दूसरी तरफ़ वे ब्रजभाषा में भक्ति एवं रीति काव्य की परंपरा का सूत्रपात कर रही थीं। इन उद्देश्यों की पूर्ति के लिए एक तरफ़ तो तुलसीदास, सूरदास, बिहारीलाल और केशव–जिनमें से बाद वाले दोनों कवियों ने रीति काव्य विधा में शास्त्रीय हैसियत प्राप्त कर ली थी–जैसे कवियों की रचनाओं पर टीकाएं लिखी जा रही थीं तो दूसरी तरफ़ परंपरागत शैली में लिखने का काम भी जारी था। हालांकि आधुनिक विधाओं का लेखन दरबार की चारदीवारी के बाहर ही संपन्न हुआ लेकिन इसमें भी एक हिंदू दरबारी परंपरा का ख़ास ख़याल रखा जा रहा था। उन्नीसवीं शताब्दी के उत्तरार्द्ध में यह एक आत्मचेतन और सुनियोजित प्रक्रिया थी।

दरबार और शहर के रईस व्यापारी उत्तर भारत के दूसरे केंद्रों से भी संगीतकारों को आकर्षित करने लगे थे। *तारीख़* (219) में इस बात का ज़िक्र आता है कि उदित नारायण सिंह की सितार सीखने में दिलचस्पी पैदा हुई थी और इसी क्रम में वह मशहूर बीनकार निसार जान के शागिर्द हो गए थे। ईश्वरी नारायण सिंह के समय तक आते-आते दूसरे दरबारों के भी गायक और वादक रामनगर में जुटने लगे थे। बख़्तावर, जिनका पहले ज़िक्र आ चुका है, अपने भाई दौलत के साथ रीवां के दरबार से आए थे। नियामतुल्ला ख़ान नेपाल के राजा के दरबार से आए थे और बाक़ी जयपुर और दिल्ली के दरबारों से यहां आए थे।[42] भारतीय-फ़ारसी संगीत परंपरा को शास्त्रीय भारतीय संगीत की हैसियत प्राप्त हो गई थी। यह प्रक्रिया बीसवीं शताब्दी में जाकर पूरी हुई।

ईश्वरी नारायण सिंह ख़ुद को चित्रकारी के पारखी के रूप में भी पेश करना चाहते थे हालांकि तमाम ब्योरों से यही लगता है कि जहां तक परख का सवाल है, वह कमोबेश एक नौसिखिया ही रहे। जैसा कि आर्चर्स (1955) ने इस दौर की चित्रकारी के बारे में लिखा है, उदित नारायण सिंह शहर में रहने वाले अंग्रेज़ों की जीवन शैली में रुचि लेने लगे थे और उनके काल में चित्रकारी में भी ब्रिटिश प्रभाव साफ़ दिखने लगा था। सदी के शुरुआती दशकों में पूरब से पटना आए चित्रकार एक-एक करके बनारस की तरफ़ आने लगे थे। दल्लू लाल (लगभग 1790-लगभग 1860), जिनके मां-बाप मुर्शिदाबाद से थे और जो फ़ौजियों की मिनियेचर चित्रकारी में ख़ासी महारत रखते थे, इस कला को 1815 में बनारस लेकर आए।

> अभी वह (ईश्वरी नारायण सिंह) युवराज ही थे मगर उन्होंने दल्लू लाल को अपने संरक्षण में ले लिया था और लगभग 1835 में उन्होंने दल्लू लाल को दो चित्रकारों को दरबारी चित्रकारों के रूप में प्रशिक्षण का ज़िम्मा सौंपा। गोपाल चंद और उनके छोटे भाई लाल चंद, ये दोनों दरबारी बढ़ई के भतीजे थे, ठाकुर ... शिव राम भी कुछ समय बाद दल्लू लाल के पास आ गए और सदी के उत्तरार्द्ध में उनके बेटे सूरज भी इसी स्टूडियो का हिस्सा बन गए। दल्लू लाल से उन्होंने ब्रिटिश चित्रकारी तकनीक सीखी और न केवल जलरंगों को एक माध्यम के रूप में इस्तेमाल करना सीखा बल्कि दृढ़ छायांकन के भी गुर हासिल किए (48)।

पटना के ही एक और चित्रकार कमलापति (लगभग 1760-1838) बनारस आकर बसे। ये सभी कलाकार दरबार की घटनाओं और हस्तियों को चित्रों में उतारते थे। राजा ने उस जमाने की मशहूर तवायफ़ों के साथ-साथ महत्त्वपूर्ण अवसरों के भी चित्र बनवाने का ज़िम्मा इन्हीं कलाकारों को सौंपा था। भारतीय-ब्रिटिश चित्रकारी के इतिहास में बनारस स्कूल को बहुत प्रमुखता से दर्ज नहीं किया जाता है लेकिन अन्य स्थानों की भांति यहां भी यह साफ़ दिखाई देता था कि यह आत्मचेतन हिंदू दरबार भी नानाविध सांस्कृतिक प्रभावों को अपने भीतर समाहित करने में व्यस्त था।

ईश्वरी नारायण सिंह अपने पुरखों द्वारा शुरू किए गए त्योहारों का नेतृत्व करते रहे। बल्कि रामलीला को और भी भव्य बनाया गया। अब ये रामायणियों द्वारा *रामचरितमानस* के पाठ की नक़ल भर नहीं रह गई थी बल्कि इसमें लंबे-लंबे संवाद डाल दिए गए थे। माना जाता था कि ये संवाद हरिश्चंद्र की क़लम से उपजे हैं, हालांकि इन संवादों के बीच में आने वाले बहुत सारे पद काष्ठजिह्वा स्वामी या देवकवि के लिखे हुए भी थे। महीने भर चलने वाले इस आयोजन के अलग-अलग दिनों पर मंचित होने वाली कड़ियों की सूचना देने वाला सूचीपत्र संभवतः अंग्रेज़ और पारसी थिएटर टिकटों की तर्ज़ पर तैयार किया जाने लगा था। यह काम भी हरिश्चंद्र के सुझाव पर किया गया। हरिश्चंद्र ने लीला का इस प्रकार महिमागान किया है :

> *कलिजुग त्रेता कियौ नर सब देव कीन्हें आजु काशीराज जू अजुध्या कीनी कासी है* (ग्रंथावली 1 : 735)।

यानी, काशी के राजा ने कलियुग को त्रेता युग में, मनुष्यों को देवताओं में और काशी को अयोध्या में रूपांतरित कर दिया है।

हरिश्चंद्र ने इस मंचन के प्रतीकात्मक चरित्र का सार-संकलन किया, इसमें महाकाव्यात्मक कालावधि और परिधि तथा इसके राजनीतिक महत्त्व का समावेश किया क्योंकि इसी के साथ काशी अयोध्या यानी इक्ष्वाकुओं की राजधानी की हैसियत का दावा पेश करने लगी थी।

राजनीतिक और प्रशासकीय दायित्व से मुक्त हो जाने के बाद भी काशी के राजा राजनीतिक रूप से अंग्रेज़ों के प्रति वफ़ादार बने रहे। असल में, अंग्रेज़ों के संरक्षण में ही ऐसा हुआ—क्योंकि अंग्रेज़ न केवल इसको बर्दाश्त कर रहे थे बल्कि संभवतः जान-बूझकर प्रोत्साहित कर रहे थे—कि सांस्कृतिक और धार्मिक गतिविधि राजाओं के नेतृत्व में ही चलती रही। उन्होंने शहर की पौराणिक विरासत और इसकी आनुष्ठानिक परंपराओं का फ़ायदा उठाया। राजाओं द्वारा आयोजित और संचालित होने वाले इन उत्सवी आयोजनों में उन्होंने एक परंपरागत प्रतिनिधिमूलक सार्वजनिक परिक्षेत्र की रचना की जो क्रमशः उन्नीसवीं शताब्दी में सामने आए बुर्जुवा हिंदू सार्वजनिक वृत्त का एक संदर्भ-बिंदु बना। उन्होंने जो हिंदूपन पैदा किया, उसने मुख्य रूप से शहर की धार्मिक हस्ती को सींचा और ईश्वरी नारायण सिंह के नेतृत्व में स्थापित की गई धर्मसभा परंपरागत हिंदू प्रतिक्रिया के उदय का एक महत्त्वपूर्ण आधार बनी। इसी प्रतिक्रिया से आधुनिक हिंदूवाद का सूत्रपात हुआ। व्यापारी और ब्राह्मण जमावड़ों के साथ-साथ राजाओं ने एक स्पष्टतः हिंदू आधार मुहैया कराते हुए राष्ट्रवादी हिंदू विमर्श में भी योगदान दिया हालांकि इसके सूत्रीकरण का काम औरों के द्वारा संपन्न हुआ।

हिंदू सौदागरों का उभार

अठारहवीं शताब्दी में शहर के हिंदू व्यापारियों के पास जो राजनीतिक और आर्थिक ताक़त आई थी, उसके दम पर वे आने वाले समय में न केवल राजा द्वारा आयोजित होने वाले सार्वजनिक जलसों में, शास्त्रार्थों में और काव्य सभाओं में अपने योगदान के ज़रिए पुराने सार्वजनिक परिक्षेत्र की रचना में एक अहम भूमिका अदा करने वाले थे बल्कि जैसे-जैसे सत्ता लगातार औपनिवेशिक अधिकारियों के हाथ में हस्तांतरित होती गई, वे नए सार्वजनिक वृत्त के रचनाकार और सहायक की भी भूमिका निभाने लगे जो क्लबों, सभा-संगठनों और वर्नाक्यूलर प्रेस के ज़रिए आकार लेने लगा था।

अठारहवीं शताब्दी में व्यापारियों की क़िस्मत में भारी परिवर्तन आए। मुग़ल साम्राज्य में महाजन और सौदागरों के पास पूरी तरह अधीनस्थ भूमिका थी।[43] शाही शासन प्रांतीय कोषागारों से हुंडियां भुनाकर पैसा जुटाता था और उसे पूरे साम्राज्य में दूर-दूर तक धन की आवाजाही के लिए महाजनों की हुंडियों पर आश्रित रहने की ज़रूरत नहीं पड़ती थी। लेकिन जब गृहयुद्ध और उत्तराधिकार के झगड़े शुरू हो गए तो दूसरे आर्थिक साधनों की तलाश भी ज़रूरी हो गई क्योंकि अब आने वाली सरगर्मियों के लिए राजस्व की अगली खेप तक इंतज़ार करना आसान नहीं रह गया था। लिहाज़ा, उत्तरवर्ती मुग़लकाल में शासक और उनके सेनापति महाजनों और व्यापारियों से राजस्व की अगली किस्त की जमानत पर क़र्ज़े लेने लगे और जो उन्हें फ़ौरन पैसा देने को तैयार हो, वे उसे कर वसूली और टकसालों का ठेका देने को भी तैयार थे। इसके बाद, जब एक बार बंगाल के नज़ीम, अवध के वजीर और हैदराबाद के निज़ाम ने अपनी अलग-अलग नवाबियां क़ायम कर लीं तो शाही धन हस्तांतरण

व्यवस्था वैसे भी निष्प्राण हो गई थी। अब महाजनों से मिलने वाला क़र्ज़ ही एकमात्र सक्रिय स्थानीय व उपमहाद्वीपीय नेटवर्क रह गया था।

1720 से 1740 के बीच बंगाल से दिल्ली के दरबार में आने वाला सालाना नज़राना मुर्शिदाबाद स्थित जगत सेठों के घर में होने वाले हुंडियों के आदान-प्रदान के ज़रिए भुनाया जाता था। मराठा राजस्थान से जो नज़राना वसूल करते थे, उसके लिए उन्होंने भी यही रास्ता अपनाया। आगे चलकर अंग्रेज़ कंपनी ने भी सूरत के मनोहरदास द्वारकादास की मार्फ़त बंगाल से होने वाली राजस्व आय को बंबई भेजने का रास्ता अपनाया। जब मुग़लों का संरक्षण बाक़ी नहीं रहा तो सूरत से होने वाले समुद्री व्यापार पर हावी मुस्लिम व्यापारी हिंदू बनियों के दबाव से हाशिए पर खिसकने लगे। हिंदू बनिए लगातार कंपनी के संरक्षण के लिए प्रयास कर रहे थे और कंपनी ने भी अपने हितों को ध्यान में रखते हुए एक दयालु संरक्षक की छवि पेश करना ज़रूरी समझा। इसी परस्पर हित-साधन के चलते सूरत में 1759 की दुर्ग क्रांति हुई जिसने शहर का नियंत्रण पूरी तरह अंग्रेज़ों के हाथों में ला दिया।

इस तरह, उत्तरवर्ती मुग़लकाल में महाजनों और व्यापारियों के उभार का एक स्पष्ट रुझान दिखाई देता है जो सैनिक व राजस्व प्रशासन तथा कृषि समाज के बीच मध्यस्थ बन गए थे। उत्तर-मुग़ल शासन की फ़ौजी और दूसरी कार्रवाइयों के लिए और खेती के मौद्रिकीकरण के लिए नक़दी की ज़रूरत से व्यापारियों के समुदाय का प्रभाव और मज़बूत हुआ। इससे नया प्रभु वर्ग उभरा जिसने समय के साथ स्थानीय संस्कृति के सूत्रों को और मज़बूत किया। यहां के बाद मुर्शिदाबाद में राजा और ज़मींदार ही राजस्व वसूली करने लगे। जिस समय जगत सेठ फतेह चंद को बंगाल का मुख्य खजांची नियुक्त किया गया, तभी से प्रांतीय राजकोष का प्रबंधन भी उसके हाथ में आ गया था। इस तरह दो-तिहाई राजस्व ऐसे व्यापारियों के हाथों में आ गया था जो दलाली के बदले ज़मींदारों को राजस्व वसूली का अधिकार दे रहे थे। इससे धन की नियमित आपूर्ति सुनिश्चित हुई और अठारहवीं शताब्दी में बंगाल सर्वाधिक राजस्व अधिशेष का स्रोत बन गया। अब तक अफ़ीम, यवक्षार (पोटेशियम नाइट्रेट) और नमक की इज़ारेदारी मुग़ल प्रभु वर्ग के हाथों में थी, जिसे अब सबसे ऊंची बोली लगाने वालों को सौंपा जाने लगा। इसका नतीजा यह हुआ कि इन वस्तुओं पर अठारहवीं शताब्दी के दो प्रसिद्ध सौदागरों का पूरा नियंत्रण स्थापित हो गया जो राज्य के व्यवसाय में दूर-दूर तक अपने पांव फैलाए हुए थे। इनमें एक आर्मीनियाई खोजा वाजिद थे और दूसरे अमीनचंद (जिनका ज़िक्र हम आगे करेंगे)। जगत सेठ के दो बेटों के साथ-साथ ये दोनों भी नवाब के दरबार में बेहद प्रभावशाली हस्ती थे। अंग्रेज़ों के लिए वे अपरिहार्य थे और मध्यस्थ व राजदूत की भूमिकाओं में उनका कोई विकल्प नहीं था। उनके दांव-पेंच जटिल थे, समय-समय पर वह फ्रांसीसियों, अंग्रेज़ों और एक के बाद एक आए नवाबों के लिए काम करते रहे। यहां तक कि कई बार उन्होंने सारे प्रतिद्वंद्वी पक्षों के लिए एक साथ अपनी सेवाएं दीं और आख़िरकार उन्होंने अंग्रेज़ों को अपनी सेवाएं दीं जो तब तक उन्हें बर्दाश्त करते रहे जब तक वे अंग्रेज़ों की हितपूर्ति के लिए उपयुक्त थे। वे पर्दे के पीछे से दृश्य को नियंत्रित करते थे, क्योंकि जैसा कि सुब्रमण्यन और रे ने बताया है, 'हालांकि दरबारी दांव-पेच में वे पुराने माहिर थे लेकिन साहूकार और सौदागर ख़ुद राजसत्ता अपने हाथों में लेने में सक्षम नहीं थे' (1991 : 48)। जब उनकी सेवाओं की ज़रूरत नहीं रही तो उनका अंत बड़ा दुखद हुआ।

जब मीर क़ासिम अंग्रेज़ों की मदद करने के एवज़ में नवाब बना तो उसने जगत सेठ को मौत के घाट उतार दिया और अमीनचंद को अपनी विभाजित निष्ठा के चलते स्वयं रॉबर्ट क्लाइव ने एक साज़िश में घेर लिया और उसके साथ विश्वासघात किया। कुछ ही समय बाद गहरे सदमे और घोर दुख से उसकी मृत्यु हो गई।

क्लाइव ने 1765 में जो सोसायटी ऑफ़ ट्रेड स्थापित की, उसके ज़रिए नमक, सुपारी और तंबाकू के व्यापार में अंग्रेज़ों की इज़ारेदारी को औपचारिक मान्यता मिल गई। जब 1772 में ट्रेजरी कलकत्ता स्थानांतरित की गई तो जगत सेठ भी प्रांत का साहूकार नहीं रहा। अब राजकीय बैंकिंग, राजस्व बीमा, टकसाल, यवक्षार, नमक और अफ़ीम–ये सारे कारोबार भारतीयों के लिए निषिद्ध घोषित कर दिए गए। इसके बावजूद अंग्रेज़ों ने साहूकारों का साथ पूरी तरह नहीं छोड़ा क्योंकि भारत के दूसरे भागों को जीतने के लिए उन्हें अभी भी साहूकारों की ज़रूरत थी : लिहाज़ा बनारस के गोपालदास शाह के घराने को अंग्रेज़ों का वरदहस्त मिलता रहा।

जैसा कि हम पीछे देख चुके हैं, बनारस अवध के सूबे का हिस्सा था लेकिन अठारहवीं शताब्दी में वह ज़्यादा से ज़्यादा स्वायत्त होता गया। व्यापारिक बंदरगाहों के रूप में कलकत्ता और बंबई के बढ़ते प्रभाव, मध्य भारत में क्रमशः दकन और मराठा प्रभुत्व वाले क्षेत्रों के साथ उनके फैलते व्यापार, मराठों के संरक्षण में तीर्थयात्रियों की लगातार बढ़ती आमदरफ़्त[44] और इन तमाम सत्ता केंद्रों में नज़राने के बढ़ते प्रवाह से अंतर्देशीय व्यापार और ऋण मार्गों का उदय हुआ जिसमें बनारस एक केंद्रीय स्थान रखता था।

वर्ष 1750-90 के बीच बनारस सबसे तेज़ी से बढ़ते शहरों में से एक था। मुर्शिदाबाद के कमज़ोर पड़ने और 1757 में बंगाल में जगत सेठों के पतन के बाद उपमहाद्वीप में ये भूप्रदेशों की व्यावसायिक राजधानी बन गया था। 1734 में टकसाल की स्थापना, तुलनात्मक रूप से स्थिर खेती और शहर में बड़ी मात्रा में सोने-चांदी या ऋण की उपस्थिति के चलते ये उत्तर में चीज़ों की ख़रीद-फरोख़्त के वास्ते ईस्ट इंडिया कंपनी के लिए ख़ैर आकर्षक केंद्र बन गया था। यूरोपीयों ने बनारस में इन व्यावसायिक सुविधाओं का भरपूर फ़ायदा उठाया। 1740 से 1770 तक इस इलाक़े पर राजा बलवंत सिंह का नियंत्रण रहा और जैसा कि हमने देखा है, उसे सौदागर समुदाय के एक हिस्से का समर्थन मिला हुआ था। राजा बलवंत सिंह के इस सख़्त शासन से नवस्थापित शाही परिवार और व्यापारिक समुदाय, दोनों का विस्तार हुआ। 1780 के दशक तक आते-आते बनारस का इलाक़ा समूचे उपमहाद्वीप के लिए व्यावसायिक और वित्तीय चौरस्ता बन गया था। बनारस, मिर्ज़ापुर और ग़ाज़ीपुर अब उन दक्षिण-पश्चिमी मार्गों पर महत्त्वपूर्ण चौकियों के रूप में सामने आए जो अब तक दिल्ली और आगरा में जाकर एक-दूसरे से मिलते थे। दिल्ली, आगरा और लाहौर, उत्तरी भारत के इन तीन भव्य शाही शहरों के पास अब वह अहमियत नहीं थी जो कभी उनकी हुआ करती थी। 1700 ईस्वी में उनकी आबादी चार लाख के आस-पास थी जो एक सदी के बाद घटकर केवल एक लाख के आस-पास रह गई थी। इसके विपरीत, बनारस और लखनऊ की आबादी दो लाख के आस-पास थी और अपने-अपने इलाक़ों में इन शहरों के पास भी अपनी ही प्रभुत्व की स्थिति आ चुकी थी।

प्राक्‌औपनिवेशिक संरचनाओं तथा प्रारंभिक औपनिवेशिक काल के दौरान वित्तीय नियंत्रण रखने वाले समुदायों के बीच कई संबंध और निरंतरताएं थीं। जहां तक सौदागरों के हस्तक्षेप

और मध्यस्थता का सवाल है, बंगाल जैसा ही रुझान बनारस इलाक़े में भी अपनी पुनरावृत्ति करता दिखाई दिया। यहां पर भी सौदागरों, जो ज़्यादातर हिंदू थे, के पास विभिन्न स्थानीय रजवाड़ों और ज़मींदारों के तहत आर्थिक और कूटनीतिक ज़मानतियों के रूप में मध्यस्थता की महत्त्वपूर्ण हैसियत थी।

बक्सर की लड़ाई में शिकस्त के बाद 1764 से नवाब द्वारा कलकत्ता में अंग्रेज़ों को भेजा जाने वाला भारी-भरकम लगान बनारस के महाजनों की प्रतिभूतियों के ज़रिए ही पूरा होने लगा था। अवध और कलकत्ता के बीच जो आपसी व्यापार बढ़ा, उससे भी बनारस को फ़ायदा मिला क्योंकि दोनों को आपस में जोड़ने वाला व्यापार मार्ग बनारस और पटना से ही होकर गुज़रता था। इसके अलावा बनारस में राजा के तहत मिल रही तुलनात्मक राजनीतिक सुरक्षा से इलाक़े में खेती की स्थिति में भी सुधार आया। इस बात के भी साक्ष्य मिलते हैं कि यहां भूमिहारों ने सिंचाई के लिए पुश्ते और तालाब बनवाए थे। उन्हें राजा से न केवल विशेष सुविधाएं बल्कि राजस्व में रियायतें भी मिली हुई थीं। इससे घाट बाज़ार शुरू हुए। इसी समय बलिया का घोड़ा बाज़ार सामने आया जिसे दादरी मेला भी कहा जाता है। जल्दी ही यह मेला एक वैष्णव त्योहार के साथ जुड़ गया और उत्तर भारत में सबसे महत्त्वपूर्ण अश्व बाज़ार बना। इसी बाज़ार में हरिश्चंद्र ने वह भाषण दिया था जिसको इस अध्ययन के दूसरे अध्याय में उद्धृत किया गया है।

कृषि विकास तथा व्यापार मार्गों के होने से बनारस शहर के साहूकारों को फ़ायदा हुआ और उनकी तेज़ उन्नति होने लगी। राजस्व व्यवस्था पर भी साहूकारों का हर स्तर पर घुसपैठ व नियंत्रण था। राजस्व व्यवस्था के सबसे ऊपरी स्तर पर यही साहूकार आगामी राजस्व के एवज़ में ख़ुद राजा को भारी-भरकम क़र्ज़े दिया करते थे। इस लेन-देन में जारी होने वाले उनके इक़रारनामों या दाख़िलों को बाज़ार में नक़द नोटों की तरह इस्तेमाल किया जाता था। इसी मौद्रिक सहायता के सहारे राजा अपनी टुकड़ियों को तनख़्वाह देता था, अंग्रेज़ों को नज़राना अदा करता था और राज्य में अपनी रस्मी हैसियत क़ायम रखता था। 1776-80 के बीच बनारस के चालीस लाख रुपए के समूचे राजस्व पर लखनऊ और बनारस के केवल पंद्रह विशाल साहूकार घरानों का पूरा नियंत्रण था। इससे उन्हें अच्छी-ख़ासी राजनीतिक ताक़त मिली हुई थी। 1787 में ब्रिटिश रेज़ीडेंट जोनाथन डंकन ने टिप्पणी की थी कि ये साहूकार 'राजस्व वसूली के मामले में राजा और ख़ुद सरकार पर भारी नियंत्रण रखते हैं।'[45] शुरुआत में ब्रिटिश कलेक्टर भी इसी व्यवस्था के अनुसार चलते रहे। उनके पास भारी-भरकम राजस्व वसूली के अपने लक्ष्यों को पूरा करने के लिए बनारस के सौदागरों पर आश्रित रहने के अलावा कोई चारा नहीं था। इसके बाद, सन् 1800 के बाद देहात में अंग्रेज़ों के विस्तार का एक निहितार्थ यह भी था कि अंग्रेज़ बनारस के इन घरानों का सक्रिय समर्थन हासिल करें और ज़रूरत पड़ने पर उनके कामकाज में सहायता दें, भले ही इसके लिए बल-प्रयोग भी क्यों न करना पड़े। बेली ने इस प्रक्रिया को लॉर्ड लेक की फ़ौज के सुरक्षा कवच के तहत बनारस के घरानों द्वारा उत्तर भारत के औपनिवेशीकरण की प्रक्रिया का एक हिस्सा बताया है (1983 : 307)। लॉर्ड वेलेज़ली के शासन काल में बनारस के साहूकार और मनोहरदास द्वारकादास घराने को पूरी तरह अपने आपको कंपनी के संरक्षण और शरण में रखना पड़ा क्योंकि पश्चिमी और मध्य भारत में मराठों के ख़िलाफ़ लड़ रही

ब्रिटिश फ़ौजों के लिए वे धन का बहुत बड़ा स्रोत बन गए थे। साम्राज्य निर्माण के निर्णायक वक़्तों में पश्चिमी भारत और बनारस की बड़ी साहूकार कोठियों के साथ कंपनी के आर्थिक लेन-देन लगातार स्थिर रहे।

शताब्दी के संक्रमण बिंदु पर इन साहूकारों को ख़ासतौर से सुविधाजनक हैसियत मिली हुई थी : हालांकि वे यूरोपीय मूल के नहीं थे लेकिन उन्हें ब्रिटिश प्रजा के रूप में ही देखा जाता था और फलस्वरूप उन्हें कंपनी सरकार में बड़े-बड़े ओहदे पाने का हक़ था। ये बात उन्नीसवीं शताब्दी के दूसरे दशक में ध्यानाकर्षण का केंद्र बनी जब लॉर्ड हेस्टिंग्स ने नवाब द्वारा लाला कश्मीरीमल और बच्छराज की कोठियों से लिये गए क़र्ज़े के भुगतान के ब्रिटिश दायित्व को आंकने के लिए तफ़्तीश शुरू की।

उत्तरी भारत के पेशावर व्यापारी और सौदागर कोई समरूप समुदाय नहीं थे। बनारस और अवध के इलाक़े में इस समुदाय में ये प्रमुख जातियां थीं : (1) मूल रूप से पंजाब की खत्री जातियां; (2) अग्रवाल, जो मूल रूप से पश्चिम के उस इलाक़े से थे जो अब हरियाणा का हिस्सा है—दिल्ली-आगरा इलाक़े में हिंसा और उथल-पुथल की वजह से ये दोनों समूह पूर्वी इलाक़ों की तरफ़ चले गए थे; (3) जैन, ओसवाल और महेश्वरी घराने; (4) ब्राह्मण (नागर) अथवा वणिक जाति के मुट्ठी भर शक्तिशाली गुजराती परिवार जिनके पास प्रारंभिक अठारहवीं सदी में एक व्यापक नेटवर्क था; तथा (5) अंत में, वैश्यों के दबदबे वाले स्थानीय व्यापारियों का एक विविध समूह जिसमें तेली या कलवार जैसी निचली जातियों के आर्थिक रूप से तरक़्क़ीशुदा परिवार भी शामिल थे। अगर छोटे-मोटे व्यापारियों को भी शामिल किया जाए तो बनारस की कुल शहरी आबादी में 'सौदागर' श्रेणी में आने वाली आबादी 20 से 30 प्रतिशत के आस-पास रही होगी।

ये सभी सौदागर एक परस्पर स्वीकृत नीति संहिता से बंधे हुए थे जिसके चलते अलग-अलग समय और लंबी-लंबी दूरियों के बावजूद व्यावसायिक आदान-प्रदान सहजता से संभव हो पाता था। किसी सौदागर के लिए भरोसा या उसकी साख ही उसकी सबसे क़ीमती सामाजिक एवं वाणिज्यिक पूंजी थी। अगर किसी एक ही जाति के सदस्यों में विवाद होता था तो जाति पंचायत इस संहिता के अनुसार फ़ैसला देती थी। अगर कोई विवाद विभिन्न समुदायों के व्यापारियों के बीच है तो अंतर्जातीय बाज़ार पंचायत उसका निपटारा करती थी। लेन-देन के तरीक़ों को संचालित करने और किसी भी तरह के विवादों में मध्यस्थता का ज़िम्मा भी बाज़ार पंचायत ही संभालती थी। ऐसे व्यापारिक, सामाजिक एवं व्यावसायिक संगठन एक तरह के छाया स्वशासन की हैसियत में पहुंच चुके थे। जब अंग्रेज़ों ने बाज़ार के इन क़ायदे-क़ानूनों में दख़ल देना शुरू किया तो उनका विरोध हुआ। जब अंग्रेज़ों ने 1793 के बंगाल रेग्यूलेशन के ज़रिए व्यक्तिगत सामर्थ्य और देनदारी की सामयिक सीमा तय करने का प्रयास किया तो इसका ज़बर्दस्त विरोध हुआ क्योंकि सौदागरों का कहना था कि अगर कोई क़र्ज़ा नहीं चुका पाता है तो उसके वारिसों को भी देनदार माना जाना चाहिए।

पारिवारिक कुटुंब प्रमुख सामाजिक इकाई थी और वाणिज्यिक फ़ैसले एक सामाजिक समूह के रूप में परिवार के लिए व्यापक निहितार्थों को ध्यान में रखकर लिये जाते थे। बहुत सारे बड़े परिवार अपने ग़रीब रिश्तेदारों और अपनी जाति के ग़रीबों को अपने भवनों

में रहने और कारोबार करने की जगह भी देते थे। आज भी मौजूद उस समय की विशाल हवेलियां अपने भीतर समाए वंश-वृक्ष की नाना शाखाओं और डालियों की आज भी गवाही दे रही हैं।

1765 से पहले के साहूकार घरानों के नाम अब अप्राप्य हैं। इस दौर के बाद बनारस के राजनय और राजस्व पर ग्वालदास और गोपालदास की कोठियों का नियंत्रण सामने आता है। ग्वालदास ने जौनपुर, बनारस, चुनार और ग़ाज़ीपुर के प्रधान मुस्तजीर मीर रुस्तम अली को, जबकि गोपालदास ने रुस्तम अली के मातहत काम करने वाले भूमिहार राजस्व अधिकारी मंसाराम को अपना समर्थन दिया जो, जैसा हमने देखा है, जल्दी ही बढ़ते-बढ़ते बनारस का पहला राजा बना। बनारस के शाही परिवार के उदय के साथ गोपालदास का परिवार भी सबसे शक्तिशाली साहूकार कोठी के रूप में सामने आया और समूचे उपमहाद्वीप में हुंडियों के ज़रिए होने वाले लेन-देन पर उसका प्रभुत्व बढ़ गया। गोपालदास की कोठी राजा, अवध के नवाब, मराठों और अंत में ईस्ट इंडिया कंपनी के लिए प्रधान साहूकार की भूमिका निभाती रही। आगे चलकर गोपालदास को राजा चैत सिंह के कोप का शिकार होना पड़ा क्योंकि कंपनी के साथ भी उसके बहुत घनिष्ठ लेन-देन चल रहे थे। वॉरेन हेस्टिंग्स के साथ अपने संघर्ष के दौरान राजा ने 1791 में कुछ समय के लिए गोपालदास को क़ैद में भी डाल दिया था।

एक और इतना ही महत्त्वपूर्ण साहूकार कश्मीरीमल था जो पहले अवध नवाब के शासन में दरोग़ा तोशाख़ाना यानी मास्टर ऑफ़ प्रोवीज़न्स हुआ करता था। नवाब के पतन के बाद उसने अपना कारोबार स्थानांतरित कर लिया। वह कंपनी का खजांची बना और उसे वॉरेन हेस्टिंग्स का विशेष विश्वास प्राप्त हुआ। वॉरेन हेस्टिंग्स ने बनारस आने वाले अपने मेहमानों की आवभगत का ज़िम्मा कश्मीरीमल को ही सौंपा हुआ था। कश्मीरीमल अपनी तड़क-भड़क भरी जीवन शैली के लिए भी विख्यात था। अपने दौर में उसकी हवेली की दूर-दूर तक सराहना होती थी और जेम्स प्रिंसेस (1831-33) ने बनारस के जीवन के जो रेखाचित्र छोड़े हैं, उनमें भी इसको दर्शाया गया है। गोपालदास और कश्मीरीमल सौदागरों की दो परस्पर विपरीत क़िस्मों की नुमाइंदगी करते थे।[46] जहां एक तरफ़ गोपालदास महाकंजूस, आत्मसंयमी, आत्मनिषेधी व्यापारी था, वहीं दूसरी तरफ़ कश्मीरीमल अपनी सुरुचि, फ़िज़ूलख़र्ची और अवध दरबार की भारतीय-फ़ारसी संस्कृति से मिले दरबारी तौर-तेवरों के चलते एक राजसी साहूकार जैसा जीवन जीता था। दोनों व्यक्तियों के बारे में समुदाय की नैतिक मुद्रा को एक बहुप्रचलित क़िस्से से समझा जा सकता है। कहा जाता है कि जब एक बार कश्मीरीमल ने साहू गोपालदास को किसी की शादी के जलसे में फटी हुई जूतियां पहने देखा तो ठहाका लगाते हुए उसका मज़ाक़ उड़ाया था और उस पर फ़िक़रा कसा था। इसके जवाब में गोपालदास ने उसे नसीहत दी कि वह उसके जूतों की बजाय अपनी हुंडियों पर ध्यान दे तो ज़्यादा अच्छा रहेगा। ज़ाहिर है कि उसे कश्मीरीमल के आने वाले दुर्दिनों का अनुमान हो चुका था। इसके कुछ ही समय बाद कश्मीरीमल पर वाकई संकट मंडराने लगे। दोनों सौदागरों के बीच इस बात पर भारी विवाद पैदा हो गया कि कश्मीरीमल ने गोपालदास से कुछ हुंडियां ली थीं और उनको लौटाया नहीं था। इस विवाद में कश्मीरीमल ने अंग्रेज़ों की चेतावनी पर भी कान नहीं धरे और उनका विश्वास गंवा दिया। उन्होंने गोपालदास को अपनी ओर खींचकर तरह-तरह से कश्मीरीमल

का अपमान किया। इसके बाद जो विवाद चला, उसका निपटारा भी आख़िरकार साहू गोपालदास के घर हुई सौदागरों की पंचायत के माध्यम से परंपरागत ढंग से ही हुआ। बहरहाल, इस झगड़े से कश्मीरीमल की कोठी की प्रतिष्ठा धूल में मिल गई और फिर उसकी हैसियत कभी सुधर नहीं पाई।

साहू गोपालदास का परिवार मूल रूप से गुजरात से आकर 1730 के आस-पास बनारस में बसा था। हालांकि वह राजा बलवंत सिंह की हत्या के प्रयास में भी शामिल रहा, या संभवतः वही इस कृत्य का मुख्य कर्ता-धर्ता था, परंतु वह इस अभियोग से साफ़ बच निकला क्योंकि वह अत्यंत शक्तिशाली व संपन्न था और उसकी प्रतिष्ठा पर मीर के पतन बाद भी कोई आंच नहीं आई।[47] 1811 में हुई गृह-कर हड़ताल के समय ब्रिटिश नगरपालिका अधिकारियों और शहर के निवासियों के बीच मध्यस्थता करने वालों में महाराजा के साथ-साथ गोपालदास का बेटा जमनादास भी शामिल था।[48]

1810 और 1820 के दशकों में व्यापारियों और शहरी ज़मींदारों ने इलाक़े के सभी शहरों में तीर्थयात्रियों के लिए पत्थर के घाट, धर्मशालाएं और कुएं तथा मंदिर बनवाए जहां विद्वानों और पंडे-पुजारियों को उदार संरक्षण मिलता था। धर्मनिष्ठता का भाव समुदाय को एक सूत्र में पिरोने वाली एक महत्त्वपूर्ण कड़ी था। फलस्वरूप, देवताओं, मंदिरों व पंडों पर होने वाले ख़र्चे में कभी कमी नहीं आती थी। वसीयतों और ट्रस्टों/न्यासों में भी इस बात की विस्तृत व्यवस्था की जाती थी। शहर के समृद्ध गुजराती और अग्रवाल व्यापारियों में वैष्णव धर्म लोकप्रिय था। पछैया अथवा पश्चिमी खत्री व्यापारी लगातार वैष्णव मत की ओर आकर्षित हो रहे थे। एक जमाने में जैन मंदिरों को सबसे ज़्यादा दान देने वाले जगत सेठ भी अब अपने आस-पास स्थित वैष्णव समुदाय की ओर आकर्षित होने लगे थे। उन्होंने अपने पुराने पंथ को तो नहीं छोड़ा लेकिन परिवार के कुछ संसाधन और आनुष्ठानिक ऊर्जा शेष व्यावसायिक समुदाय द्वारा पूजे जाने वाले देवी-देवताओं की ओर भी केंद्रित होने लगी थी।

बनारस के उन्नीसवीं शताब्दी के व्यावसायिक घरानों में नौपट्टी महाजनों ने बहुत कम ही समय में एक अपूर्व किरदार अख़्तियार कर लिया था। माना जाता था कि यह शक्तिशाली समुदाय नौ साहूकार घरानों से मिलकर बना है और केवल उन्हीं का वारिस है। अब उन नौ साहूकारों के नाम तो उपलब्ध नहीं हैं लेकिन इस बात को आमतौर पर एक तथ्य जैसी मान्यता मिली हुई है कि यह समुदाय नौ परिवारों से ही मिलकर बना था।[49] संभवतः उन्नीसवीं शताब्दी के दूसरे दशक में लिखे गए एक शुरुआती ब्रिटिश दस्तावेज़ में एक संक्षिप्त ब्योरा मिलता है जो इस समुदाय के उद्गम के मिथक का पहला लिखित ब्योरा है :

> तथाकथित नौपट्टी महाजन—जब नवाब शुजाउद्दौला सत्ता के शिखर पर था तो उसने बनारस के साहूकारों से जबरिया क़र्ज़ा (मूसादुरा) लिया तो उनमें से नौ ने यह ज़िम्मा (हिस्सा यानी पट्टी) संभाला। उनमें से जो बचे रह गए हैं, वे ये हैं : गोपॉल दास साहू कोठी के सभी जिनको नौपट्टी के नाम से जाना जाता है। दूसरा ग्वालदास साहू। बाबू जिमनादास इस परिवार का जीवित वंशज है। तीसरा मधूराम साहू बेऔलाद मर चुका है। उसकी पत्नी अपने दम पर कोठी चला रही है। चौथा बाबू फतेहचंद साहू था जिसका बेटा अब बनारस में है, नाम याद नहीं। पांचवां अर्जुन नौटजी है। अभी भी जीवित। छठा मुत्रा दास ब्रिज रोरवन दास। अभी भी जीवित। सातवां गोमनदास साहू। मुझे उसके बेटों का इतिहास याद नहीं।[50]

दूसरे ब्योरों में नौ साहूकारों को बनारस के नए हिंदू राजपरिवार का मुख्य सहायक बताया जाता है और इसी को नौपट्टियों की विशिष्ट हैसियत का स्रोत माना जाता है।[51] फिर भी, इन सारे ब्योरों में कहीं भी, कभी भी नौ की नौ कोठियों के नाम नहीं आते। इस बिंदु पर आकर सभी वृत्तांत धुंधलाने लगते हैं। इसके अलावा एक ज़्यादा व्यवहारसंगत विवरण भी है जो किसी एक ही घटना में हिस्सा लेने वाले नौ परिवारों की शिनाख़्त से पैदा होने वाली उलझन से बचा लेता है क्योंकि यह भी मानना मुश्किल है कि इसकी सिर्फ़ एक घटना ने उनके बीच एक ऐसा संबंध गढ़ दिया होगा जो आने वाले दशकों के तेज़ बदलावों के बावजूद उनको आपस में जोड़े रखता। ऐसा लगता है कि 'नौ' के अर्थ को लेकर कुछ भ्रम रहा है। इसका एक मतलब 'नौ' की संख्या हो सकता है तो एक मतलब 'नया' भी हो सकता है। एक कम काल्पनिक समझ के मुताबिक़ नौपट्टी का मतलब ज़मीन (पट्टी) के उस टुकड़े से है जिसे हाल ही में (यानी नया-नया) साफ़ किया गया है जहां वर्तमान चौखंभा स्थित है जो कि अठारहवीं शताब्दी के उत्तरार्द्ध में शहर में आकर बसने वाले साहूकारों ने बनाया था और उन्होंने ही इस इलाक़े की सफ़ाई की थी। 1765 से पहले के साक्ष्यों में यह घने जंगल वाला इलाक़ा था।[52] इसके बाद, अठारहवीं शताब्दी की आख़िरी चौथाई में जब सौदागर अवध, बनारस और कलकत्ता के बीच होने वाले वित्तीय आदान-प्रदान को नियंत्रित करने लगे तो उन्होंने यहां विशाल हवेलियां बनाईं जो समय की मार झेलते हुए आज भी चौखंभा की गलियों के दोनों तरफ़ सिर उठाए खड़ी हैं। आज भी उन्हें उपरोक्त विवरणों में उल्लिखित महाजनों की मिल्कियत के रूप में याद किया जाता है और उनके आस-पास दूसरे महत्त्वपूर्ण व्यावसायिक परिवारों की भी इमारतें हैं।[53]

उन्नीसवीं शताब्दी के प्रारंभिक दशकों में ब्रिटिश सर्वोच्चता की स्थापना और औपनिवेशिक शासन की सांगठनिक संरचना के उदय के साथ-साथ तिजारती संरचनाओं की हैसियत में भारी बदलाव आए। सौदागरों के कामकाज का दायरा और फलस्वरूप उनकी हैसियत दशक-दर-दशक संकुचित और कमज़ोर पड़ती गई। सदी के तीसरे दशक तक आते-आते नज़राने, लगान और फ़ौजी आपूर्ति के लिए हुंडी ही एकमात्र साधन नहीं रह गई थी। इसकी जगह ज़िला कोषागारों के नेटवर्क ने ले ली थी जहां कंपनी के बिल भुनाए जाते थे। बनारस और फर्रुखाबाद की टकसालों को क्रमशः 1821 और 1824 में बंद कर दिया गया और 1835 में समूचे ब्रिटिश भारत के लिए चांदी के रुपए जारी कर दिए गए। इससे बाक़ी सभी मुद्राओं का ज़बर्दस्त अवमूल्यन हुआ। पैसे के लेन-देन और राजस्व की सार-संभाल से साहूकारों को मिलने वाला मुनाफा वित्त और प्रशासन की इस नई व्यवस्था के साथ ख़त्म हो गया।

लेकिन, स्थायी बंदोबस्त के बाद सामने आए भू-स्वामित्व रुझानों में बदलाव से सौदागरों को काफ़ी फ़ायदा हुआ। उन्नीसवीं शताब्दी के मध्य तक आते-आते बनारस इलाक़े की लगभग 40 फ़ीसदी ज़मीन नए हाथों में जा चुकी थी। इस तरह की ज़्यादातर ज़मीन पुराने वंशों और स्थानीय रजवाड़ों से सरकारी अफ़सरों और उनके वंशजों तथा सौदागरों और साहूकारों के पास जा चुकी थी जो ज़मींदारों के एक नए वर्ग का आधार थे।

हालांकि गोपालदास मनोहरदास की कोठी उन्नीसवीं शताब्दी के मध्य तक दिवालिया हो चुकी थी लेकिन अंग्रेज़ों को हिंदुस्तान के शहरों में ज़्यादातर बनियों का समर्थन हासिल रहा। यह बात सबसे विश्वसनीय ढंग से 1857 के ग़दर में दिखाई देती है। सौदागर न

केवल सरकार के प्रति वफ़ादार रहे बल्कि ख़ुद विद्रोहियों, ख़ासतौर से अवध के तूफ़ानी दुर्ग के बाग़ियों ने तो उनको स्पष्ट रूप से दुश्मन के ख़ेमे का माना हुआ था। अंग्रेज़ों के प्रति वफ़ादारी के आर्थिक फ़ायदों के कठोर जोड़-घटाव और इस संघर्ष में अंग्रेज़ों की फ़तह की स्पष्ट उम्मीद के चलते एक वर्ग के रूप में सौदागर अंग्रेज़ों को ही समर्थन देते रहे। बनारस के राजा और शहर के साहूकारों का समर्थन निर्णायक साबित हुआ, क्योंकि जैसा कि जौनपुर के ज्वाइंट मजिस्ट्रेट ने लिखा है : 'अगर बनारस हमारे हाथ से चला जाता तो हमें पूरा देश कलकत्ता के फाटक से लगभग दोबारा फ़तह करना पड़ता।'[54] यह स्थिति राजनीतिक सत्ता को हड़पने और उसे बनाए रखने में सबसे सक्षम सैन्य शक्ति को एक अधीनस्थ और निर्भर समूह के रूप में मदद देने की लंबी सौदागर परंपरा के ही अनुरूप थी। हालांकि अब सौदागरों के पास इतनी ताक़त नहीं थी कि वे मुग़लों के पतन और ब्रिटिश शाही सत्ता की स्थापना के बीच वाले दौर की तरह राजनीति को निर्धारित व प्रभावित करते रहते, लेकिन अंततः उन्हें एक राजनीतिक और सामाजिक स्वर ज़रूर मिल गया था जिसने राष्ट्रवादी आंदोलन के अंग के रूप में हिंदू धर्म की परंपरावादी पुनराभिव्यक्ति को निर्धारित किया और उसे दिशा दी।

परिवर्तन का आवेग साठ के दशक से सामने आया। प्रांत की नई राजधानी के रूप में इलाहाबाद एक नया प्रशासकीय केंद्र बना और कुछ समय बाद यहीं उच्च न्यायालय एवं इलाहाबाद विश्वविद्यालय खुला। 1869 के बाद, ईस्ट इंडिया रेलवेज़ के आगमन के साथ-साथ बंबई, कलकत्ता और अपर इंडिया के बीच होने वाले संचार में भारी इज़ाफ़ा हुआ और ब्रिटिश शासन व उपस्थिति पूरे प्रांत के शहरों में साफ़ दिखाई देने लगी। पुराने स्थापित सेवाव्यवसायी परिवार शहरों में आ गए। भले ही सीमित स्तर पर ही सही लेकिन उन्हें नए व्यवसायों और अदालतों, स्कूल और कॉलेजों तक जो पहुंच मिली, उसने इन बदलावों को और गति दी, हालांकि परंपरागत संरचनाएं अक्षुण्ण रहीं। जाति पंचायतें बीसवीं शताब्दी के प्रारंभिक दशकों तक भी मुकम्मल तौर पर काम कर रही थीं लेकिन इस दौरान वे दूसरे निकायों के संपर्क में भी आती रहीं।[55] ये दूरगामी बदलाव थे, हालांकि मुहावरा अभी भी भ्रामक हद तक परंपरागत ही था। छोटे से अंग्रेज़ी शिक्षित बुद्धिजीवी वर्ग के आकार में इज़ाफ़ा हो रहा था जिसमें सौदागर समुदाय के लोगों की संख्या तेज़ी से बढ़ रही थी। इस तबक़े ने जो सार्वजनिक वृत्त रचा, वह आत्मचेतन और अभिव्यक्ति सक्षम तबक़ा था। यह बात उसके द्वारा बनाए गए अनेक संगठनों और उनके द्वारा लिखे गए ज्ञापनों व याचिकाओं को देखकर समझी जा सकती है।

ऐसी स्थिति में सरकारी नौकरियों के अवसर न मिलने से इस तबक़े में गहरा असंतोष अपरिहार्य था। आला ओहदे अभी भी भारतीयों की पहुंच से बाहर थे। इस बात का अहसास काफ़ी व्यापक था कि सरकार भारत को केवल कच्चे माल के सप्लायर और क्रमशः इसी कच्चे माल से बने औद्योगिक उत्पादों के लिए केवल एक संभावित बाज़ार की तरह देखती है। समय की मांग थी कि यहां भी वैसे उद्योग खोले जाएं जैसे उद्योगों के सहारे इंग्लैंड फल-फूल रहा था।[56] इसके लिए हिंदुस्तान के लोगों में एक नई आत्मचेतना और अपनी संस्कृति व सामर्थ्य में आत्मविश्वास की ज़रूरत थी। 1884 में हरिश्चंद्र के बलिया व्याख्यान में यही भाव व्यक्त होता था।

ऐसी स्थिति में मुख्य रूप से सौदागरों की ओर से ही हिंदी को सरकारी भाषा की मान्यता दिलाने का आंदोलन छेड़ा गया जिसके चलते इलाहाबाद और बनारस हिंदी आंदोलन के संयुक्त केंद्र बने। महाराजा की धर्मसभा में ज़्यादातर जाने-माने सौदागर बढ़-चढ़कर हिस्सा लेते थे। सभा की गतिविधियों का दर्जशुदा ब्योरा उन्नीसवीं शताब्दी के साठ के दशक से उपलब्ध है जिससे पता चलता है कि सौदागरों का वैष्णव संप्रदाय, जिसमें वल्लभ संप्रदाय सबसे प्रमुख था, हिंदू धर्म की इस परंपरानिष्ठ पुनराभिव्यक्ति का केंद्रक था।

ब्राह्मणों की उपस्थिति तथा विद्वत् परंपरा

बनारस को कर्मकांड और परंपरागत विद्या का सबसे प्रमुख केंद्र माना जाता था। यह ब्राह्मणों द्वारा शुरू की गई पौराणिक परंपरा का हिस्सा था जिससे क्रमशः ब्राह्मणों का अपना स्वबोध भी पुष्ट होता था। दिल्ली सल्तनत और मुग़लों के पूरे दौर में ब्राह्मणों और उनकी संस्थाओं को राजपूतों और सौदागरों का भरपूर संरक्षण मिलता रहा। उत्तरवर्ती मुग़लकाल में राजपूतों के संरक्षण की जगह मराठों ने ले ली थी। जैसा कि हम देख चुके हैं, औपनिवेशिक शासकों ने भी इस परंपरा को अपने नियंत्रण में लेने और उसको सींचने का ही प्रयास किया क्योंकि उन्हें ब्राह्मणों की इस सत्ता से लाभ की स्पष्ट उम्मीद थी।

शहर की आबादी का एक अच्छा-ख़ासा हिस्सा ब्राह्मणों का था। मंदिरों में अपने कर्मकांड और भव्य शास्त्रार्थों में हिस्सेदारी के माध्यम से पुराने सार्वजनिक वृत्त पर उनका पूरा दबदबा था। उन्नीसवीं शताब्दी में शास्त्रार्थों को एक बार फिर नई ख्याति मिली थी और इन आयोजनों को राजाओं और सौदागरों, दोनों का ही वरदहस्त प्राप्त था। 1819 से 1830 के बीच बनारस में ब्रिटिश एस्से मास्टर के पद पर तैनात रहे जेम्स प्रिंसेप ने 1832 में *एशियाटिक रिसर्चेज़* में शहर की आबादी की पहली विश्वसनीय जनगणना प्रकाशित की थी। प्रिंसेप के आंकड़े इस बात का सांख्यिकीय साक्ष्य प्रदान करते हैं कि शहर में ब्राह्मणों का बहुत बड़ा समुदाय था। आबादी में उनकी संख्या 12 प्रतिशत थी और इनमें भी महाराष्ट्रीय ब्राह्मणों की संख्या सबसे ज़्यादा थी। कुल ब्राह्मण आबादी में महाराष्ट्र के ब्राह्मणों की संख्या 30 प्रतिशत थी।[57]

क्योंकि कर्मकांड/अनुष्ठानों और विद्या की अन्य शाखाओं का ज्ञान संरक्षण पर ही आश्रित था, इसलिए जब राजनीतिक संरचनाएं बदलीं तो संरक्षण की व्यवस्था में भी बदलाव आना लाज़िमी था। जब परंपरागत शिक्षा ब्रिटिश शासन के तहत आ गई तो इस क्षेत्र में भी सत्ता समीकरणों में बदलाव आया। इन बदलावों का सबसे गहरा असर पंडितों पर पड़ा। इस प्रक्रिया को अच्छी तरह समझने के लिए प्राक्औपनिवेशिक काल में ब्राह्मण संगठनों और उनके संरक्षकों की संक्षिप्त चर्चा करना अनिवार्य है।

सोलहवीं शताब्दी में विजयनगर के पतन के बाद दक्षिण के ब्राह्मण भी बनारस आने लगे थे।[58] मोतीचंद्र के मुताबिक़, अकबर के शासनकाल में ही यहां महाराष्ट्रीय ब्राह्मणों की बड़ी-बड़ी बस्तियां बसने लगी थीं। उनके साथ वैदिक शिक्षा भी नए सिरे से बनारस आ पहुंची।[59] 1680 के बाद त्रिस्थली यानी बनारस, इलाहाबाद और गया, इन तीन पवित्र स्थानों पर राजपूतों की तरफ़ से आने वाले दान की जगह मराठों की दान-दक्षिणा ने ले ली। पुरी के जगन्नाथ मंदिर में भी मराठों की दान-दक्षिणा बढ़ने लगी थी। असल में पेशवा त्रिस्थली

को अपने प्रभुत्व में ले लेना चाहते थे। इससे उन्हें ज़बर्दस्त राजनीतिक सत्ता और अधिकार मिल सकता था। हालांकि उनका यह मंसूबा कभी कामयाब नहीं हुआ लेकिन शहर को नियंत्रण में लेने की उन्होंने सुनियोजित कोशिशें ज़रूर कीं।

शहर को उसका विशेष चरित्र पेशवाओं द्वारा *ब्रह्मपुरियों* यानी आश्रित ब्राह्मणों के लिए आवासीय बस्तियां बनाने तथा घाटों और मंदिरों में पेशवाओं की दिलचस्पी व उनके भारी आर्थिक निवेश से ही मिला था।[60]

पेशवा बाजीराव प्रथम (1720-40) का कामकाज संभालने वाले सदाशिव नाइक जोशी के पत्रों में इस बात का काफ़ी ब्योरा मिलता है कि अपने स्वामी के लिए वह किस तरह के काम करते थे। उन्होंने बताया है कि 1730 में मणिकर्णिका और कुछ समय बाद दशाश्वमेध घाट व पंचगंगा घाट का निर्माण किया गया। नागेश्वर मंदिर और यज्ञेश्वर घाट के बीच की ज़मीन ख़रीदकर वहां ग्यारह ब्रह्मपुरी और एक मठ का निर्माण कराया गया। जब पूरे महाराष्ट्र में अपनी विद्वत्ता के लिए विख्यात और पेशवा बालाजी विश्वनाथ के गुरु नारायण दीक्षित पाटनकर 1734 में काशी आए तो इन गतिविधियों में और तेज़ी आ गई। 1748 में अपनी मृत्यु से पहले वह पावन नगरी के पुनर्वासन और निर्माण में भारी सफलता प्राप्त कर चुके थे। ब्रह्मेश्वर मंदिर के पास मछुवारों की भी एक छोटी-सी बस्ती थी। यहां उन्होंने ब्रह्मा घाट और दुर्गा घाट बनवाए और ब्राह्मणों के लिए कई घर बनवाए। हरिश्चंद्र घाट को व्यवस्थित किया गया और श्मशान भूमि पर काम करने वाले डोमों के लिए साढ़े छह आने की फीस तय की गई ताकि वे लोगों को परेशान न करें। स्नान के वास्ते आने वालों के लिए लकड़ी के मंच और छतरियां बनाई गईं तथा ब्रह्मा, दुर्गा और त्रिलोचन घाट पर नदी की ओर जाने वाली सीढ़ियां बनाई गईं। 1775 के आस-पास अहल्याबाई ने विश्वनाथ मंदिर का पुनर्निर्माण करवाया।

जहां तक पेशेवर गतिविधियों का सवाल है तो यह साफ़ दिखाई देता है कि अठारहवीं शताब्दी में यहां आकर बसे बहुत सारे ब्राह्मणों को मुख्य रूप से धार्मिक उद्देश्य से ही यहां लाया गया था, परंतु सभी पर्याप्त विद्वान नहीं थे। उनमें से ज़्यादातर ऐसे थे जो सिर्फ़ कर्मकांड करवा सकते थे और यहां आने वाले गण्यमान्य अतिथियों के दया-दान पर आश्रित रहते थे। 1735 में जब बाजीराव की मां राधाबाई यहां आईं तो उन्होंने बड़े पैमाने पर आनुष्ठानिक दावतों का आयोजन किया जो शहर के समृद्ध व्यापारी भी करते थे।[61]

बहरहाल, विद्याध्ययन की परंपरा आनुष्ठानिक गतिविधियों के साथ गहरे तौर पर जुड़ी रही। ये गतिविधियां क़तई ख़त्म नहीं हुईं और वस्तुतः अठारहवीं शताब्दी के बाद इस परंपरा को आगे बढ़ाने वालों में महाराष्ट्रीय ब्राह्मण ही प्रमुख थे। काशी के प्रमुख मंदिरों के बार-बार ध्वंस के बावजूद यह शहर दिल्ली सुल्तानों और मुग़ल बादशाहों के शासन में एक अहम धार्मिक मिलन-बिंदु बना रहा। मैं प्रसिद्ध निबंधकार लक्ष्मीधर भट्ट का पहले भी उल्लेख कर चुकी हूं जिन्होंने बारहवीं शताब्दी में *कृत्यकल्पतरु* नामक एक प्रामाणिक संकलन तैयार किया था। यह परंपरा आगे की शताब्दियों में भी जारी रही। नारायण भट्ट (1513 के आस-पास जन्म) ने अन्य रचनाओं के अलावा *त्रिस्थलीसेतु* की भी रचना की जिसमें उन्होंने प्रयाग, काशी और गया, इन तीन तीर्थस्थलों का विस्तार से ब्योरा दिया है। सत्रहवीं शताब्दी में कमलाकर भट्ट ने भी *निर्णयसिंधु* (1612) के नाम से इसी तरह का एक प्रसिद्ध संकलन

लिखा। काशी व्याकरण परंपरा का भी एक जाना-माना केंद्र था। चौदहवीं शताब्दी में रामचंद्राचार्य, सोलहवीं शताब्दी की आख़िरी चौथाई में आंध्र से आए तैलंग ब्राह्मण, सोलहवीं शताब्दी के आख़िर में भट्टोजिदीक्षित तथा सत्रहवीं शताब्दी के आख़िर और अठारहवीं शताब्दी की शुरुआत में महाराष्ट्रीय ब्राह्मण नागेश भट्ट इस परंपरा से जुड़े प्रमुख नाम थे। न्याय दर्शन के जाने-माने विद्वान भी मिथिला और बंगाल जैसे दूर-दूर के स्थानों से आकर काशी में जुटते थे।[62]

कम से कम बलवंत सिंह (1740-70) के शासनकाल से बनारस राजपरिवार ब्राह्मण विद्या को लगातार संरक्षण देने लगा था। 1760 के दशक के बाद अपनी-अपनी हवेलियां स्थापित करने वाले हिंदू सौदागरों का ख़ज़ाना भी इस विद्या के लिए आय का एक स्थायी स्रोत बन गया था। इस क्रम में शास्त्रार्थ परंपरा को भी ज़बर्दस्त बल मिला। उन्नीसवीं शताब्दी के ऐतिहासिक शास्त्रार्थों को आज भी याद किया जाता है।[63]

ब्रिटिश मिशनरी विलियम वार्ड के लेखन से प्रारंभिक उन्नीसवीं शताब्दी में संस्कृत शिक्षा की दशा का ब्योरा मिलता है। वार्ड ने 1818 में हिंदुओं के इतिहास, साहित्य और पौराणिक प्रसंगों पर एक प्रमुख किताब प्रकाशित की थी। यहां उन्होंने शहर के प्रमुख शिक्षकों के नाम और उन अनुशासनों को दर्ज किया, जो वे पढ़ाते थे। उन्होंने इन शिक्षकों के आवास और उनके विद्यार्थियों की संख्या, इन सब बातों का ब्योरा दिया है। उनसे मिली सूचना के अनुसार, पूरे शहर में शिक्षकों के छोटे-छोटे समूह फैले हुए थे। वे वेद, शास्त्र, पाणिनीय व्याकरण, काव्य, वेदांत, मीमांसा, न्याय, धर्मशास्त्र और खगोल विद्या पढ़ाते थे। विषय विशेष को पढ़ाने वाले शिक्षक प्रायः एक इलाक़े में ही रहते थे और उनके विद्यार्थियों की संख्या 10 से 25 तक होती थी। ये विद्यार्थी 12 वर्ष तक का समय अपने अध्यापकों के पास बिताते थे। वार्ड ने जो नाम गिनाएं हैं, उनमें से ज़्यादातर महाराष्ट्रीय मूल के थे और आश्चर्य की बात नहीं है कि वे मराठों द्वारा बनाए गए घाटों के इर्द-गिर्द ही रहते थे।[64] ये शालाएं ब्रिटिश काल में भी काफ़ी समय तक चलती रहीं। 1850 की एक रिपोर्ट में पूरे शहर में 193 संस्कृत शालाओं का विवरण मिलता है जिनमें 1939 विद्यार्थी थे। इनके अलावा, शहर भर में 318 हिंदी और संस्कृत की मिश्रित शालाएं भी थीं जिनमें 1949 विद्यार्थी थे।[65]

विद्याध्ययन की प्रतिष्ठा और इससे मिलने वाले प्राधिकार की समझ कलकत्ता में रहने वाले अंग्रेज़ों तक भी जल्दी ही पहुंच गई थी। 1778 की एक घटना के अनुसार, अंग्रेज़ों ने भी बनारस के पंडितों से इस बारे में व्यवस्था मांगी थी कि दत्तक पुत्र को अपने पिता की संपत्ति का पूरा अधिकार मिल सकता है या नहीं। गवर्नर जनरल हेस्टिंग्स ने यह सवाल राजा चैत सिंह की मार्फ़त बनारस के पंडितों को भिजवाया था। इस प्रश्न पर जो व्यवस्था दी, उस पर इकतीस पंडितों ने दस्तख़त किए थे। इसका मतलब है कि शहर में मान्यताप्राप्त विधिवेत्ता पंडितों का भी समूह था।[66]

1791 में बनारस संस्कृत कॉलेज की स्थापना के बाद ब्रिटिश संरक्षण भी एक अहम भूमिका अदा करने लगा था। यह बदलाव परंपरागत शिक्षा को संरक्षण देने की उत्तरवर्ती अठारहवीं शताब्दी की नीति के अनुकूल था। यह सवाल क़ानून का पर्याप्त ज्ञान रखने वाले पंडितों को संरक्षण देने के सवाल से जुड़ा हुआ था। ब्रिटिश रेज़ीडेंट जोनाथन डंकन

ने 1 जनवरी, 1791 को अर्ल ऑफ़ कॉर्नवॉलिस, गवर्नर जनरल इन काउंसिल के नाम लिखे अपने पत्र में इस नीति के मुख्य उद्देश्यों को यों स्पष्ट किया था :

> स्थायी बंदोबस्त से अपेक्षित अधिशेष राजस्व को ध्यान में रखते हुए... मुझे ऐसा लगता है कि इस धन का एक हिस्सा व्यापक हितों या ज़्यादा स्थानीय अनुकूलता की बजाय एक हिंदू कॉलेज अथवा अकादमी की स्थापना पर ख़र्च किया जाना चाहिए जिससे उसे इस राष्ट्र के इस आस्था केंद्र में, उसके सभी क़बीलों के साझा निवास स्थल में विधि, साहित्य व धर्म के संरक्षण व वृद्धि के लिए ख़र्च किया जा सके।
>
> इस तरह की व्यवस्था से दो लाभ संभव है, पहला यह कि हिंदुओं में हमारी सरकार की लोकप्रियता से ब्रिटिश ख्याति और राष्ट्र को लाभ होगा; उनको उनके अपने रजवाड़ों से जो संरक्षण मिल रहा है उसी की तरह उनको और उनकी व्यवस्थाओं को अपना संरक्षण देकर; क्योंकि यद्यपि बनारस में शिक्षा को हमेशा प्रोत्साहन मिलता रहा है, यहां असंख्य निजी पाठशालाएं हैं फिर भी प्रस्तावित सार्वजनिक संस्थान जैसा कोई संस्थान यहां कभी नहीं रहा है;...सरकार की ओर से बहुत छोटे और सापेक्ष व्यय के बदले हम अत्यंत प्राचीन और सामान्य विद्या व परंपरा की कृतियों का ऐसा मूल्यवान पुस्तकालय तैयार कर सकते हैं जो पृथ्वी के शायद किसी हिस्से में अभी नहीं है।
>
> (निकॉल्स, 1907 : 1)।

राष्ट्र के विधि, साहित्य और धर्म का संरक्षक होने के इस शहर के दावों को मान्यता देते हुए डंकन ने प्रस्ताव रखा कि अंग्रेज़ इस ज्ञान को बचाएं, इसको संस्थागत रूप दें और इस पर अधिकार प्राप्त करें। लिहाज़ा, आमूल संरचनात्मक बदलाव शुरू हुए। इनके तहत, अभी तक सक्रिय निजी पाठशालाओं के स्थान पर, बल्कि उनके ऊपर, एक सार्वजनिक संस्था का गठन करने का फ़ैसला लिया गया।

कॉलेज 1791 के आख़िर में काम करने लगा था। इस संस्था को देसी प्रजा की ओर से मान्यता दिलाने के लिए रीति-रिवाजों को बचाए रखना भी ज़रूरी था। 'हिंदू साहित्य' को वेदों और वेदांगों का अध्ययन माना गया। चिकित्सा और व्याकरण के अलावा, जिनको वैद्य जाति के विद्वान द्वारा पढ़ाया जा सकता था, बाक़ी सभी अध्यापक ब्राह्मणों में से नियुक्त किए गए। उन्हें कॉलेज की प्रतिष्ठा बढ़ाने की योजना के तहत तुलनात्मक रूप से ऊंचे वेतन दिए जाते थे। अध्ययन पाठ्यक्रमों की योजना पूरी तरह अध्यापकों के हाथों में छोड़ दी गई थी परंतु इस संबंध में परंपरागत व्यवस्था से संरचनात्मक विच्छेद भी दिखाई पड़ते थे। एक और ग़ौर करने वाली बात यह थी कि विद्यार्थियों को निःशुल्क पढ़ाया जाना था; बल्कि उन्हें सरकार से वज़ीफ़े मिलते थे। इस घटनाक्रम से पहली भ्रांति पैदा हुई। कॉलेज के प्रथम प्राचार्य पंडित काशीनाथ, जो डंकन के भी पंडित थे, विद्यार्थियों के वज़ीफ़े की राशि अपने पास ही रखने लगे क्योंकि उन्हें लगता था कि यह राशि उनके शुल्क का हिस्सा है। ऐसी ही अंतर्सांस्कृतिक ग़लतफ़हमी के चलते कई और भी घटनाएं हुईं जिनको अंग्रेज़ों ने व्यवस्था का 'दुरुपयोग' समझा। 1799 में कॉलेज तंत्र की समीक्षा के लिए एक समिति का गठन किया गया। इसके निष्कर्ष लगभग पूर्वज्ञात थे। समिति के 'अध्यक्ष मिस्टर जॉन नीव ने ऐलान कर दिया कि उन्होंने प्राचार्य काशीनाथ पंडित जैसा खलनायक कभी नहीं देखा' (निकॉल्स 1907 : 6)। पंडित को तो बर्ख़ास्त कर दिया गया लेकिन दो शिक्षा व्यवस्थाओं के बेमेलपन की समस्या को हल करना अभी भी आसान नहीं था। पंडित सार्वजनिक शिक्षण के व्यवहार

से परिचित नहीं थे और फलस्वरूप शैक्षिक संचार के इस सबसे आधारभूत स्तर पर गड़बड़ियां दिखाई देने लगीं। बनारस के द्वितीय न्यायाधीश और कमेटी के कार्यकारी अध्यक्ष एफ. ब्रुक द्वारा लिखित 2 जनवरी, 1801 के मिनट में इस बात की पुष्टि होती है : 'देसी प्रजा की दृष्टि में सम्मान और श्रद्धा का पात्र बनने की बजाय यह कॉलेज परिहास का विषय बन गया है; ये विद्वान हिंदुओं की सभा के स्थान पर सरकार द्वारा पोसे जा रहे पेंशनभोगियों के झुंड जैसा लगने लगा है' (9)। कॉलेज में फैली अराजकता को दूर करने और स्थिति को दुरुस्त करने के लिए पेश की गई अन्य सिफ़ारिशों में एक यह थी कि पंडित पढ़ाने की पुरानी व्यक्तिगत पद्धति को ही अपना लें जो परंपरागत गुरु-शिष्य परंपरा का मूलाधार थी ताकि कॉलेज अव्यवस्था से बच जाए और ढंग से काम करने लगे। एक सिफ़ारिश यह भी थी कि 'प्रोफ़ेसरों का चुनाव ऐसे पंडितों में से किया जाए जिनके पास विद्वत्ता की ख्याति है और उन्हें किसी सार्वजनिक कॉलेज की बजाय स्वयं अपने घरों में अपने विद्यार्थियों को पढ़ाने की छूट दी जाए' (13)।

बहरहाल, यह कॉलेज कभी भी विधि विशेषज्ञों की पाठशाला नहीं बन पाया। हालांकि 1795 में काशीनाथ को शाहबाद ज़िले की दीवानी अदालत का पंडित और 1802 में बाबू भट्ट को रंगपुर की ज़िला अदालत का पंडित नियुक्त किया गया लेकिन ये नियुक्तियां इक्का-दुक्का घटनाएं बनकर ही रह गईं।[67] कॉलेज पंडितों द्वारा दी जाने वाली व्यवस्थाएं अदालत और सामान्य लोगों की नज़र में काफ़ी वज़न रखती थीं मगर 1813 के बाद कॉलेज प्रोफ़ेसरों का विधि संबंधी प्रश्नों पर व्यवस्था देने का अधिकार समाप्त कर दिया गया (19)। 1837 के बाद कॉलेज पंडितों के पास विधि संबंधी सवालों को भेजना अनियमित होता चला गया और बाद में तो पंडितों द्वारा दी जाने वाली व्यवस्थाओं को निषिद्ध ही घोषित कर दिया गया।

बीस के दशक के बाद कॉलेज की एक नई सार्वजनिक छवि गढ़ने और अंग्रेज़ों के नेतृत्व में शिक्षा के परंपरागत संरक्षकों को सहयोजित करने व संस्था का वित्तपोषण करने की नई कोशिशें शुरू हुईं। 1 जनवरी, 1821 को हुआ पुरस्कार वितरण समारोह पहला ऐसा सार्वजनिक अवसर था जिसमें न केवल ब्रिटिश प्रशासकीय एवं सैनिक अधिकारियों को आमंत्रित किया गया बल्कि 'बनारस में और उसके आस-पास रहने वाले अत्यंत प्रतिष्ठित निवासियों को भी बड़ी संख्या में' आमंत्रित किया गया (47)। विद्यार्थियों और पंडितों को संबोधित करते हुए इस अवसर के लिए नियुक्त समिति के सचिव कैप्टेन फ़ेल ने गर्वपूर्वक ऐलान किया :

> पंडितों द्वारा अपनी-अपनी कक्षाओं पर दिए जा रहे ध्यान के बारे में कमेटी ने गंभीरता से विचार दिया है और समिति को यह मानते हुए बेहद प्रसन्नता हो रही है कि पंडितों के मार्गदर्शन और विद्यार्थियों की लगन से बनारस संस्था का नाम प्रथम श्रेणी की शाला के रूप में जाना जाने लगा है और यह संस्थान संस्कृत साहित्य को पुनर्जीवित करने में एक गहन भूमिका निभाने के संतोष का भी अधिकारी है। वस्तुतः आपको गंभीरतापूर्वक इस बात पर सोचना चाहिए कि क्षीण हो रही हिंदू विद्या की बहाली व कॉलेज की प्रतिष्ठा इस सरकारी प्रतिष्ठान के सदस्यों के रूप में पूरी तरह आपके परिश्रम और प्रतिभा पर ही आश्रित है।[68]

इस प्रकार, अंग्रेज़ यह मान चुके थे कि हिंदू विद्या का तेज़ी से क्षय हो रहा है और उन्हीं के सौजन्य से पंडित संस्कृत साहित्य को पुनर्जीवित करने का गौरवपूर्ण कार्य कर रहे थे। जनवरी 1821 में हुए सार्वजनिक विवाद में बनारस के राजा ने संस्थान को 1000 रुपए दिए। इसी तरह 'देसी प्रजा के उच्च वर्ग' ने भी संस्था को 4387 रुपए दिए। कॉलेज अधिकारियों को भय था कि इसके पीछे दानदाताओं का कोई परोक्ष उद्देश्य है—लेकिन वास्तव में वे सिर्फ़ सरकार की कृपा-दृष्टि चाहते थे, उनकी कॉलेज में कोई रुचि नहीं थी। बहरहाल, यह संरक्षण काफ़ी समय तक बना रहा हालांकि चंदे की राशि में उतार-चढ़ाव आते रहे। 1832 की रिपोर्ट में यह दर्ज मिलता है कि बनारस और विजयानगरम के राजाओं और राजा कालीशंकर घोष व राजा पट्टनीमल ने भी वार्षिक पुरस्कार वितरण समारोह में हिस्सा लिया था। बाद के वर्षों तक कॉलेज की एक भव्य सार्वजनिक छवि बनी रही।

कॉलेज की छवि को संवारने के अलावा इसी काल से कॉलेज की व्यवस्था का लगातार आंग्लकरण भी होने लगा जिसे अनिवार्य सुधार की श्रेणी में देखा जा रहा था। न केवल विद्यार्थियों के लिए आयु सीमाएं तय की गईं बल्कि प्रवेश परीक्षा का भी नियम लागू किया गया। पढ़ाई पूरी होने पर विद्यार्थियों को दक्षता के प्रमाण-पत्र दिए जाते थे जो कंपनी की किसी भी तरह की नौकरियों के लिए योग्यता का प्रमाण-पत्र होते थे। 1820 में एक समिति, जिसमें एच.एच. विल्सन भी शामिल थे, ने जो सिफ़ारिशें दीं, उनमें से एक यह थी कि एक यूरोपीय रेक्टर की नियुक्ति की जाए : 'हमारा निश्चयपूर्वक यह मानना है कि इस पद पर किसी देसी व्यक्ति की नियुक्ति सर्वथा निरर्थक है, बल्कि संभवतः हानिकारक है; और हम यह उम्मीद नहीं कर सकते कि किसी यूरोपीय सुपरिंटेंडेंट के अलावा और किसी के भी नेतृत्व में कॉलेज के दायित्वों का व्यवस्थित और परिश्रमपूर्वक निर्वाह किया जा सकता है' (निकॉल्स, 31)।

उन्नीसवीं शताब्दी के दूसरे दशक के आख़िर तक कलकत्ता के बौद्धिक वातावरण में आए बदलावों और दो तरह की शिक्षा व्यवस्था के गुण-दोषों पर आंग्लवादियों और प्राच्यवादियों के बीच चले विवाद के असर उत्तर भारत तक पहुंचने लगे थे। संस्कृत शिक्षा को सीमित व्यावहारिक उपयोगिता वाला माना जाने लगा था। लिहाज़ा, मार्च 1829 में कैप्टेन थॉर्सबी ने जनरल कमेटी ऑफ़ पब्लिक इंस्ट्रक्शन, फ़ोर्ट विलियम, को अंग्रेज़ी भाषा और साहित्य का ज्ञान प्रदान करने के लिए कक्षाएं शुरू करने की अनिवार्यता के बारे में लिखा :

> ...क्योंकि हमारा मक़सद यह है कि उभरती पीढ़ी के इस तबक़े को *एक सच्चे और उपयोगी ज्ञान* से लैस किया जाए और उन्हें ऐसे साहित्य की शिक्षा दी जाए जिसके संपर्क से स्थानीय शिक्षित वर्ग और उनके विदेशी गवर्नरों के बीच सोच, तर्क आदि की पद्धतियों और अभिरुचियों व भावनाओं में समानता आए; अगर इस योजना का क्रियान्वयन सफल होता है तो *नैतिक और राजनीतिक,* दोनों दृष्टियों से इसके अगणनीय फ़ायदे होंगे (निकॉल्स, 68, ज़ोर अतिरिक्त)।

मार्च 1829 में बनारस में एक इंग्लिश कॉलेज की स्थापना के लिए अनुदान जारी किए गए और जून 1830 में बनारस ऐंग्लो-इंडियन सेमिनरीज़ का उद्घाटन हुआ जिसे 1836 के बाद बनारस इंग्लिश सेमिनरी अथवा बनारस गवर्नमेंट स्कूल के नाम से जाना जाने लगा।

परंपरागत शिक्षा को पहले तो ब्रिटिश संरक्षण के तहत लिया गया और अब उसको एक निश्चित संरचना में ढालते हुए उसका दायरा भी सीमित किया जा रहा था। 1839 में कॉलेज अधिकारियों ने विद्यार्थियों की संख्या में क्रमिक गिरावट दर्ज की। इसके पीछे मुख्य रूप से वज़ीफ़ों में भारी कटौती का हाथ था जो संस्कृत शिक्षा के विषय में सरकारी नीतियों में आ रहे बदलावों का परिणाम थी। वैसे भी कुछ समय से क़ानून के पंडितों की कहीं कोई मांग नहीं रह गई थी। 1843 में प्रांत के लेफ़्टिनेंट गवर्नर मिस्टर थॉमसन ने प्रस्ताव दिया कि अंग्रेज़ी और संस्कृत कॉलेज, दोनों को एक ही इमारत में चलाया जाए। संस्कृत कॉलेज की प्रगति के बारे में जे. मुईर द्वारा तैयार की गई 1843 की रिपोर्ट में सुझाव दिया गया कि 'हिंदू दर्शन की गूढ़ व्यवस्थाओं' के अध्ययन की बजाय उपयोगी रचनाओं का अध्ययन किया जाए (91)। 1844 में मुईर ही कॉलेज के प्रधानाचार्य नियुक्त किए गए। वह इस पद पर पहले अंग्रेज़ व्यक्ति थे। इसके बाद अंग्रेज़ी और संस्कृत शालाओं का आपस में विलय कर दिया गया। अब इन दोनों में से एक मुख्य भाषा के साथ-साथ किसी स्थानीय भाषा का अध्ययन भी आवश्यक था। मई 1845 में जे.आर. बैलेंटाइन को कॉलेज का प्रधानाचार्य नियुक्त किया गया। 1846 के आख़िर में अपनी रिपोर्ट में बैलेंटाइन ने हिंदी पढ़ाने का सुझाव दिया। हालांकि कॉलेज का मुख्य उद्देश्य अभी भी संस्कृत शिक्षा की सर्वाधिक मूल्यवान शाखाओं का अध्ययन करना ही था लेकिन एक द्वितीयक 'यद्यपि उतना ही महत्त्वपूर्ण उद्देश्य' यह था कि 'इस कॉलेज की स्थापना करने वाले राष्ट्र के वैभव को बताने वाली कृतियों का अध्ययन किया जाए' (103)।

नवम्बर 1847 में कॉलेज की नई इमारत का शिलान्यास बनारस के राजा, जिसे इस तरह की गतिविधियों के लिए हमेशा आमंत्रित किया जाता था, तथा उत्तर-पश्चिमी प्रांत के डेप्यूटी प्रोविंशियल ग्रैंड मास्टर ऑफ़ दि मेसॉनिक बॉडी आर. नीव ने शिलान्यास किया।

मुईर और बैलेंटाइन के समय से परंपरागत संस्कृत शिक्षा का सख़्ती से मूल्यांकन किया जाने लगा था और पश्चिमी दर्शन व विज्ञान की तुलना में इसका महत्त्व कम होने लगा था। भाषा और साहित्य के अपने अच्छे-ख़ासे ज्ञान के बावजूद बैलेंटाइन को न केवल परंपरागत शिक्षा पद्धतियों का कोई ख़ास सदुपयोग दिखाई नहीं देता था बल्कि उन्होंने पंडितों की समूची शिक्षाशास्त्रीय समझ पर भी सवाल खड़े किए। 1849 में लिखित और बाद में *दि पंडित* नामक कॉलेज पत्रिका में प्रकाशित लेखों की शृंखला में उन्होंने विस्तार से व्याकरण की परंपरागत व्यवस्था की नीरसता और विस्तृत समीक्षा साहित्य के बेहद सतहीपन पर प्रकाश डाला जिनमें एकदम प्रत्यक्ष बिंदुओं को भी विस्तार से प्रस्तुत किया जाता था। बैलेंटाइन ने शास्त्रीय दर्शन धारा के गूढ़ तर्क-वितर्क पर भी सवाल उठाए जो पंडितों द्वारा बेहद परिश्रमपूर्वक विकसित की गई शास्त्रार्थ कला के लिए आवश्यक उतनी ही गूढ़ मस्तिष्कीय क्षमता को सींचती थी। अंत में उन्होंने अलंकारशास्त्र के पेचीदा और बेहद सजावटी स्वरूप को सामने रखा जो स्वकेंद्रित था।[69]

सत्तर और अस्सी के दशकों तक आते-आते साहित्य और धर्म से संबंधिक मसलों में भी पंडितों का प्राधिकार काफ़ी कम हो चुका था जो कि 1884 में कॉलेज के तत्कालीन प्रधानाचार्य जी. थीबो तथा संस्कृत विभाग के भूतपूर्व सहायक प्रोफ़ेसर बाबू प्रमदादास मित्र की बहस में दिखाई देता है। इस बहस को दो व्यवस्थाओं, पहले और दूसरे मुहावरे के टकराव

की औपचारिक अभिव्यक्ति माना जा सकता है क्योंकि यहां दोनों धाराएं सीधे एक-दूसरे से टकरा रही हैं। डॉ. थीबो का ज्ञापन, जिससे विवाद शुरू हुआ, ऐंग्लो-संस्कृत विभाग को पुनर्जीवित करने के प्रस्ताव के जवाब में लिखा गया था। उन्हें इस विभाग को पुनर्जीवित करना एक अनिवार्य क़दम दिखाई दे रहा था क्योंकि इससे निम्नलिखित कार्यभार की पूर्ति हो सकती थी :

> मेरी समझ में इससे उन पद्धतियों में क्रमिक सुधार का लक्ष्य हासिल किया जा सकता है जिनके अनुसार बनारस संस्कृत कॉलेज में संस्कृत की पढ़ाई की जा रही है और पुरानी व्यवस्था के पंडितों को यूरोपीय अर्थों में प्रवीण संस्कृत विद्वानों में रूपांतरित किया जा सकता है। मैं अपने संस्कृत कॉलेज के प्रोफ़ेसरों और बहुत सारे विद्यार्थियों के पास मौजूद संस्कृत विद्या का क़तई भी अपमान नहीं करना चाहता। उनका गहन और विस्तृत अध्ययन, संस्कृत शास्त्रों का उनका अत्यंत सटीक ज्ञान और संस्कृत भाषा की उनकी पकड़ यूरोपीय विद्वानों को भी ईर्ष्या में डाल सकती है।
>
> दूसरी तरफ़ यह भी सच है कि हमारे श्रेष्ठतम पंडितों के पास भी संस्कृत साहित्य और भाषा का कोई आलोचनात्मक ज्ञान नहीं है। वे अपनी भाषा के इतिहास और सजातीय भाषाओं में उसके स्थान के बारे में कुछ नहीं जानते। उन्हें अपने साहित्य के क्रमिक विकास और इस बात का कोई ज्ञान नहीं है कि यह राष्ट्रीय और धार्मिक जीवन के अलग-अलग चरणों को दर्शाता है। वे ऐतिहासिक और कालक्रम संबंधी प्रश्नों पर बुद्धिमत्तापूर्ण चर्चा के लिए बिल्कुल अक्षम हैं। वे पाठों के संपादन आदि में बहुत आलोचनारहित ढंग से बढ़ते हैं। बेशक, समूचे संस्कृत कॉलेज में पलक झपकते रेडिकल सुधारों की कोई भी चेष्टा निराशा को ही जन्म देगी...। फिर भी यह स्वाभाविक ही लगता है कि एक यूरोपीय सरकार द्वारा चलाए जा रहे संस्थानों में संस्कृत के अध्ययन को और आलोचनात्मक बनाने तथा—यूरोपीय दृष्टि से इस मसले को देखते हुए—इस अध्ययन को और ज़्यादा परिणामोन्मुख बनाने का कुछ न कुछ प्रयास तो ज़रूर किया जाना चाहिए (निकॉल्स, 110)।

थीबो ने यह तो मान लिया कि पंडितों के पास अपने विषयों का ठोस और यहां तक कि बेहद तकनीकी ज्ञान भी है लेकिन उन्होंने ख़ालिस यूरोपीय कसौटी, यानी बाइबल की समालोचना के आलोक में विकसित हुई ऐतिहासिक-आलोचनात्मक विद्वत्ता की दृष्टि, को अपनाते हुए पंडितों के ज्ञान और पद्धति का मूल्यांकन करते हुए उनकी शिक्षा के आधार को खोखला बताया। उनकी राय में, इस व्यवस्था को दुरुस्त करने के लिए एक ऐसे यूरोपीय प्रोफ़ेसर की नियुक्ति ज़रूरी थी जो अध्ययनों को दिशा दिखाए और विद्यार्थियों को भारतीय भाषाओं, साहित्य व इतिहास के क्षेत्र में यूरोपीय शोध के परिणामों से अवगत कराए। उनके अनुसार, यूरोपीय प्रोफ़ेसर विभाग की प्रतिष्ठा में असीम योगदान दे सकता था। इस क्रम में समृद्ध भारतीयों से आर्थिक सहायता की अपेक्षा भी की जा सकती थी क्योंकि 'अभी भी बनारस ही संस्कृत विद्या का सर्वोपरि केंद्र है और सरकारी कॉलेज निस्संदेह बनारस की विभिन्न संस्कृतशालाओं में सबसे प्रतिष्ठित है' (निकॉल्स, 113)। इस तरह, संस्कृत शिक्षा को परंपरागत रूप से मिलते आ रहे संरक्षण को भी नई दिशा देने और उसे नए ढर्रे में ढालने का प्रयास प्रस्तावित था।

मित्र परिवार चौखंभा इलाक़े के सबसे सम्मानित बंगाली सौदागर परिवारों में से एक था। इसी परिवार से संबद्ध बाबू प्रमदादास ने परंपरा के अपने ज्ञान और नई विद्या (पश्चिमी

शिक्षा) से परिचय के अपने आत्मविश्वास के आधार पर इसका बहुत उत्तेजनापूर्ण उत्तर दिया और ऐतिहासिक ज्ञान की निरपेक्ष वैधता पर सवाल खड़ा किया। उन्होंने कहा कि जब तक विवेचना की कसौटी समालोचक के सांस्कृतिक, धार्मिक और नस्ली पूर्वग्रहों से मुक्त नहीं होगी तब तक ऐतिहासिक ज्ञान के त्रुटिहीन, पूर्वग्रहरहित और निष्पक्ष होने का जो दावा किया जा रहा है, वह संभव नहीं था।[70]

हालांकि पाठ्यचर्या और व्यवस्थापन में बदलाव के बारे में थीबो के सारे सुझाव तो नहीं माने गए लेकिन उन्होंने जो राय व्यक्त की थी, वह अधिकारी वर्ग में प्रचलित सोच की ही प्रतिध्वनि थी। बहरहाल, यद्यपि उन्नीसवीं शताब्दी के आख़िर तक आते-आते भारतीय शोधों को अवैज्ञानिक माना जाने लगा था लेकिन ओरिएंटलिस्ट शिक्षा के विपरीत आंग्लवादी शिक्षा के पक्ष में लिये गए शैक्षिक फ़ैसले के चलते ओरिएंटल स्टडीज़ में ब्रिटिश गति धीमी होती गई और इसकी जगह जर्मन इंडोलोजी को मिलती चली गई। यहां तक कि एशियाटिक सोसायटी ऑफ़ बंगाल को पाठों के संपादन के लिए कुशल अंग्रेज़ ढूंढ़ने में भी मुश्किल पेश आने लगी। लिहाज़ा, अपने कामों को अंजाम देने के लिए सोसायटी को लगातार पंडितों की मदद लेनी पड़ी। सत्तर के दशक तक आते-आते सोसायटी इस दौर के सबसे कुशल संस्कृत विद्वानों को अपनी ओर आकर्षित करने में सफल हो चुकी थी लेकिन उनके कामों की गुणवत्ता आलोचना की शिकार भी हुई। आलोचना यह थी कि पंडित परंपरागत विद्या पर ज़रूरत से ज़्यादा आश्रित हैं। वे उच्चतर क्रिटिसिज़्म में कुशल नहीं हैं, उनका रुझान आलोचनात्मक नहीं है। 1871 में *कंटेम्प्रैरी रिव्यू* में स्वयं मैक्स मुलर ने यही मत प्रकट किया।[71] पंडितों की प्रतिष्ठा को भारी ठोकर लगी। ज्ञान के ऐतिहासिकीकरण के चलते अब प्रामाणिकता का अंतिम स्रोत केवल पश्चिमी प्राच्यवादी ही रह गए थे। इस तरह, द्वितीय अथवा शास्त्रीय भारतीय मुहावरा प्राच्यवादियों के अख़्तियार में आ गया था, जहां, मेरे विचार में, वह पहले ही वे सारी विशिष्टताएं अर्जित कर चुका था जो तीसरे, आधुनिकतावादी, राष्ट्रवादी मुहावरे को जन्म देने वाले थे क्योंकि वे शब्दावली और प्रणालियां, जिनका अध्ययन किया जा रहा था, अब पूर्णतः पहले मुहावरे की नज़र से ही देखे जा रहे थे। प्रस्तुत अध्ययन के संदर्भ में इस बात पर ग़ौर करना ज़रूरी है कि भले ही देशी पांडित्य को भी मदद के लिए जुटाया जा रहा था लेकिन हिंदू धर्म और संस्कृति की उन्नति के नाम पर पेश किए जा रहे तर्कों के समर्थन में राष्ट्रवादी भी अंतिम प्रमाण के लिए प्रायः ओरिएंटलिस्टों को ही उद्धृत करते थे।

कॉलेज से जुड़े होने की हैसियत का भारी असर फिर भी बना रहा। कॉलेज की नौकरी में सेवा-शर्तें आकर्षक थीं। विख्यात पंडित कॉलेज से जुड़े हुए थे और क्रमशः इसकी ख्याति से लाभ ले रहे थे। राजा की धर्मसभा दस्तावेज़ की व्यवस्था पर हस्ताक्षर करने वाले पंडितों की जीवनियां इस संरक्षण के राजनीतिक इतिहास का दस्तावेज़ हैं। बहुत सारे पंडित महाराष्ट्र के चितपावन ब्राह्मण थे जिनके पांडित्य ने जल्दी ही उन्हें इस दायरे में खींच लिया था। उनमें से ज़्यादातर अपने कैरियर के शुरुआती दौर में मराठों से संबद्ध थे और बाद में अपनी सेवाएं अंग्रेज़ों को देने लगे थे। ब्राह्मो विवाह की वैधता को ख़ारिज करने वाले पत्र पर दस्तख़त करने वाले धर्मसभा के पांच पंडितों में से तीन पंडित, जिनका उल्लेख उस समय की पत्रिकाओं में भी अकसर आया है, की जीवनियां इस दावे की पुष्टि करती हैं। बापूदेव शास्त्री प्रसिद्ध खगोलशास्त्री थे जिन्होंने पहले अंग्रेज़ी का भी अध्ययन किया था और जिसके चलते वह

ऐसे मुट्ठी भर लोगों में से एक थे जिनके पास परंपरागत ज्योतिर्विद्या और पश्चिमी खगोलशास्त्र, दोनों का ज्ञान था। वह बनारस संस्कृत कॉलेज में ज्योतिषशास्त्र पढ़ाते थे (1842 में नियुक्ति)। उन्होंने आधुनिक पंचांग संकलित किया जो पहली बार 1876 में प्रकाशित हुआ था। बालशास्त्री बनारस संस्कृत कॉलेज में सांख्य दर्शन पढ़ाते थे (नियुक्ति 1864)। वह वेदों, धर्मशास्त्रों और शास्त्रीय दर्शन शाखाओं के अच्छे ज्ञाता तो थे ही, सबसे बढ़कर वे व्याकरणविद् थे। राजाराम शास्त्री योग विद्या की अपनी महारत के लिए प्रख्यात थे। 1856 में उन्हें सांख्य दर्शन का पहला अध्यापक नियुक्त किया गया और 1863 में उन्हें कॉलेज में धर्मशास्त्रों का अध्यापक नियुक्त किया गया। वे आज़मगढ़ के ज़िला न्यायालय में न्यायाधीश के पद पर भी काम कर चुके थे। बंगाल के सनातनी पंडितों ने उनसे विधवा विवाह की वैधता पर मत प्रकट करने का आग्रह किया था और उन्होंने *विधवोद्वाहशंका समाधिः* (1855) लिखा था जिसे इस मुद्दे पर उनकी व्यवस्था माना जाता था। इस मसले के फ़ायदे-नुक़सानों पर विचार करने के बाद वह इस निष्कर्ष पर पहुंचे थे कि विधवा विवाह लज्जाजनक है। बालशास्त्री ने बाद में *दोषाभासनिरास* (1869) नाम की एक टीका भी लिखी जो उनके इसी मत को एक बार फिर दोहराती थी। तीनों पंडितों की प्रतिष्ठा अंतर्प्रांतीय थी। तीनों को पेशवाओं का संरक्षण मिल चुका था जो किसी न किसी समय पर तीनों की विद्या को पुरस्कृत कर चुके थे। हालांकि पंडित ऐसे विद्वान स्तंभ थे जो बनारस के महाराजा की धर्मसभा को बल देते थे लेकिन उनके जीवनयापन का बोझ अंततः अंग्रेज़ों पर ही पड़ता था जिन्होंने उन्हें कॉलेज में वेतनयुक्त पद दिए।[72]

ऐसे में, अपने ज्ञान को बेचने की शर्मिंदगी से बचने की शुरुआती कोशिशों के बाद पंडित भी वेतनशुदा नौकरियों के लिए हाथ मारने लगे क्योंकि इसमें उन्हें नियमित आजीविका मिल सकती थी। वे भी पश्चिमी शैली की परीक्षाओं में बैठने लगे ताकि उन्हें किसी संस्थान में नौकरी मिल जाए। जब अदालतों में उनका कोई इस्तेमाल बाक़ी न रहा तो वे स्कूलों और कॉलेजों में पढ़ाने की नौकरी तलाशने लगे। हरिश्चंद्र के मित्र और उनके समकालीन अंबिकादत्त व्यास (1901) की जीवनी में परंपरागत शिक्षा प्राप्त व्यास के कैरियर का ब्योरा मिलता है; वे प्रतिभाशाली विद्वान और कवि भी थे। हरिश्चंद्र के मार्गदर्शन और संरक्षण में उन्होंने नाटक व टीकाएं लिखीं, *पीयूष प्रवाह* नामक एक अल्पजीवी पत्रिका का संपादन किया। इसके अलावा, नियमित रोज़ी-रोटी के चक्कर में उन्होंने भी परीक्षाएं उत्तीर्ण कीं और डिग्रियां हासिल कीं जिनके दम पर उन्हें भी 1883 में बिहार के मधुबनी ज़िले में हेडमास्टर का पद हासिल हुआ।

इसका मतलब है कि परिवर्तन की हवाओं से परंपरागत संरचनाएं पूरी तरह अछूती नहीं रह गई थीं। भले ही पंडितों ने दयानंद और उनके जैसे लोगों की घुसपैठ से सनातन धर्म को बचाने के लिए ख़ूब तीखे 'परंपरानिष्ठ' तेवर अपनाएं हों लेकिन यह मुठभेड़ अपने आपमें नए विचारों के साथ उनकी भिज्ञता का भी साक्ष्य थी क्योंकि इस पूरी बहस में दूसरे विचारों के संपर्क में आना लाज़िमी था और इसमें कोई राय ज़ाहिर करना भी अपरिहार्य रूप से इस बात का द्योतक था कि आप विरोधी पक्ष को ख़ारिज करने के लिए दूसरे की शब्दावली को एक हद तक ज़रूर अपनाएंगे। यानी, पंडित ख़ुद भी तीसरे मुहावरे को प्रचलन में लाने में योगदान देने लगे थे जिसको उस समय तक सुधारक और परंपरावादी, दोनों ही समान रूप

से प्रयोग करने लगे थे। हालांकि इस बात को लेकर काफ़ी खटास और मतभेद भी पैदा हुए कि किसको ज़्यादा वज़न दिया जाए लेकिन मूल रूप से दोनों ही एक जैसी भाषा का प्रयोग करने लगे थे। यहां परंपरा का बचाव भी नई ईडियम में किया जाने लगा था और इस तरह उसको नए सिरे से रचा जा रहा था।

बनारस के पढ़े-लिखे ब्राह्मणों की इस चर्चा से दो निर्णायक कारक सामने आते हैं : उनके परंपरागत प्राधिकार पर गंभीर सवाल उठने लगे थे और अंग्रेज़ों के लिए और अंग्रेज़ों द्वारा उसको पुनर्नवीकृत किया गया। हिंदुओं से संबंधित मसलों पर अब पंडितों का ज्ञान अनंतिम नहीं रह गया था। यह प्राधिकार अब पश्चिमी ओरिएंटलिस्टों के हाथों में चला गया था। फिर भी, पंडित ख़ुद इस रूपांतरण से अप्रभावित नहीं रह सकते थे क्योंकि उन्हें एक बदलती सामाजिक संरचना में अपनी आजीविका के लिए भी हाथ-पांव मारने थे। इन चेष्टाओं में दूसरे विचारों और संस्थानों के संपर्क में आना अनिवार्य तो था लेकिन राजाओं या पंडितों से वक़्त के साथ क़दम मिलाने के लिए ज़रूरी बदलावों के नेतृत्व की अपेक्षा भी नहीं की जा सकती थी जैसा कि बलिया व्याख्यान में हरिश्चंद्र ने भी स्पष्ट इंगित कर दिया था।

औपनिवेशिक अनुभव : मिशनरी प्रभाव और सांस्कृतिक आदान-प्रदान

जैसा कि हम ऊपर देख चुके हैं, जब अठारहवीं शताब्दी के आख़िरी दशकों में अंग्रेज़ बनारस आए तो यहां उन्हें राजा, हिंदू सौदागर और ब्राह्मण विद्या व धर्मपरायणता, यानी संक्षेप में, पावन नगरी की विशिष्टताओं को दर्शाने वाली संरचना दिखाई दी। इस संरचना को अंग्रेज़ों ने क़तई नहीं रचा था। हां, इतना ज़रूर है कि उन्होंने शहर को एक हिंदू शहर के रूप में स्थापित करने और उन संस्थानों को सींचने में ज़रूर योगदान दिया जिन्हें हिंदू जमातों की अपेक्षा के अनुरूप अंग्रेज़ भी शहर की परंपरा का प्रतिनिधि मानते थे, हालांकि उन्होंने यह काम अपने स्वार्थों की पूर्ति के लिए किया था। पहले तो उन्होंने धीरे-धीरे वैधानिक, राजस्व व प्रशासन तथा शिक्षा व्यवस्थाओं पर नियंत्रण हासिल किया और फिर उनमें आमूल बदलावों का सूत्रपात किया। अभी तक हमने जिन साक्ष्यों पर विचार किया है, उनसे पता चलता है कि उनका असर उस समाज की जड़ों तक महसूस किया जा सकता था जिसको वे अपनी तरह से रूपांतरित कर रहे थे। अंग्रेज़ पुरानी संरचनाओं को पूरी तरह उखाड़कर फेंक तो नहीं सकते थे। फिर भी, सत्ता असंतुलन चाहे जितना भी संरक्षण और आश्रय पर आधारित क्यों न रहा हो, नगर की सामाजिक संरचनाओं पर केवल एकतरफ़ा कार्रवाई ही नहीं की गई बल्कि ये संरचनाएं भी अपना प्रभाव दिखा रही थीं। यूं तो कोई भी दायरा अछूता नहीं बचा था लेकिन न तो किसी भी क्षेत्र को पूरी तरह रूपांतरित किया जा सकता था और न ही किसी संस्था को उससे पूरी तरह हटाया जा सकता था। अंततः इलाहाबाद के साथ-साथ बनारस भी औपनिवेशिक शासन के प्रति परंपरावादी राष्ट्रवादी प्रतिक्रिया का एक आधार बनने लगा था।

सवाल यह है कि अंग्रेज़ों और स्थानीय हिंदू सत्ता समूहों के बीच किस तरह का सामाजिक व सांस्कृतिक संपर्क संभव था और वास्तव में किस तरह के संपर्क बने? कोह्न के मुताबिक़, प्रांत में अंग्रेज़ों की संख्या कभी भी 300-400 से ज़्यादा नहीं थी।[73] अंग्रेज़ सिविल सर्वेंट और सैनिक अधिकारी वैसे भी अपनी प्रतिष्ठा तथा सामाजिक व मनोवैज्ञानिक कुशलता के

लिए स्थानीय भारतीय समाज पर आश्रित या उससे बंधे हुए नहीं थे। उनका सामाजिक आधार भारत में तैनात दूसरे अंग्रेज़ अधिकारियों में ही था। हालांकि स्थानीय भारतीयों के प्रति उनका रवैया एक जैसा नहीं था लेकिन 1830 के बाद आम प्रवृत्ति भारत को एक नैतिक निष्कासन और भारतीयों को एक निम्नतर नस्ल मानने वाली ही बन गई थी। क़ानूनी और प्रशासकीय कामों के सिलसिले में स्थानीय आबादी के साथ अपरिहार्य संबंधों तथा घरेलू नौकरों के साथ दैनिक संवाद के अलावा भारतीयों के साथ अंग्रेज़ों के संपर्क का दायरा प्रतिष्ठित भारतीयों या स्थानीय राजा, सौदागरों और बड़े ज़मींदारों के साथ मेल-मुलाक़ातों तक ही सीमित था। ये मुलाक़ातें या बैठकें बिरले ही कभी व्यक्तिगत आधार पर होती थीं; वे औपचारिक आयोजनों तक ही सीमित थीं। 'ब्लैक टाउन' से पृथक्करण के औपनिवेशिक व्यवहार के अनुरूप बनारस में भी औपनिवेशिक अधिकारी शहर के बाहर सेक्रोल में ही रहते थे जो केवल गोरों की बस्ती थी। निश्चय ही, कुछ अधिकारी ऐसे भी होते थे जो इस एकांतवासी खोल से बाहर निकल आते थे। 1819 से 1830 तक ऐस्से मास्टर ऑफ़ दि मिंट के पद पर तैनात जेम्स प्रिंसेप इसी तरह का एक अपवाद थे। पीछे उद्धृत उनके द्वारा की गई बनारस की जनगणना लोक-प्रशासन के क्षेत्र में उनके ज्ञान और उनकी प्रतिबद्धता को दर्शाती है।

उन्नीसवीं शताब्दी के मध्य तक आते-आते बनारस में यूरोपीयों की गतिविधियां काफ़ी फैल चुकी थीं। व्यापारियों, साहूकारों और नील बागान मालिकों के अलावा अंग्रेज़ होटल मालिक, प्रिंटर और मिशनरी भी काफ़ी दिखने लगे थे। अपने काम के स्वभाव से विवश मिशनरी भी भारतीयों के साथ बहुस्तरीय संपर्कों की चेष्टा कर रहे थे। इस प्रक्रिया में उन्हें औपनिवेशिक अधिकारियों का अधिकाधिक समर्थन भी मिलना निश्चित था।[74]

हालांकि शहर में मिशनरियों की मौजूदगी तो 1816 से ही थी[75] लेकिन उन्नीसवीं शताब्दी की दूसरी चौथाई में लेफ़्टिनेंट गवर्नर जेम्स थॉमासन (1843-53) के काल में उत्तर-पश्चिमी प्रांत में धर्मांतरण गतिविधियों में ज़बर्दस्त उछाल आया। टॉमासन ख़ुद एक प्रतिबद्ध ईसाई थे और वे तथा उनके सहयोगी घोषित रूप से अपने इच्छित मार्ग पर ही चल रहे थे। उनके इन्हीं स्पष्टवादी सहयोगियों में से एक हेनरी कार टकर (1812-75) ने बनारस डिवीजन में विभिन्न पदों पर 25 साल तक काम किया था। उनके लंबे सेवाकाल के आख़िरी साल शहर में ही बीते जहां वे डिवीज़न के कमिश्नर और गवर्नर जनरल के एजेंट के पद पर कार्यरत थे और इस अंतिम पद की ही बदौलत, जैसा कि चर्च मिशनरी हाउस की पत्रिका में उनके संबंध में छपी श्रद्धांजलि में कहा गया था, 'वह लगभग 90 लाख निवासियों वाले 7 बेहद घनी जनसंख्या वाले ज़िलों के मुख्य सिविल अधिकारी थे'।[76] जैसा कि टकर ने ख़ुद कहा था :

> अगर हम एक 'पितृसुलभ निरंकुशवाद' (पेटर्नल डेस्पोटिज़्म) हैं और अगर भारत को एक पवित्र ट्रस्ट की तरह ईसाई इंग्लैंड को सौंप दिया जाता है ताकि उसे बाइबल का ज्ञान दिया जा सके, उसे ईसाई धर्म के सत्यों से अवगत कराया जा सके और ईसाई सिद्धांतों पर आधारित एक ज्ञानशील शासन के लाभ प्रदान किए जा सकें; अगर दुनिया में सिर्फ़ *एक* सच्चा ईश्वर और केवल *एक* सच्चा धर्म है और बाक़ी सारे झूठे हैं; तो मेरा मानना है कि हमारी सरकार अन्य प्रकार की धार्मिक शिक्षा की समानता को संभवतः मान्यता नहीं दे सकती थी...। जोशुआ के साथ-साथ उसे भी अनिवार्य रूप से चुनना पड़ता कि

> वह परमेश्वर की सेवा करेगी या इस देश के देवताओं को पूजेगी,... एलीजा के साथ-साथ ईश्वर और बआल के बीच उसे भी चुनाव करना पड़ेगा। उसे अपने वास्तविक चरित्र के साथ देसियों के बीच उन्नत मस्तक के साथ खड़े होना होगा और ... सीधे-सीधे वह ज़िम्मेदारी लेनी होगी जिस पर हम एंग्लो-सेक्सनों को गर्व है... । भारत में लाखों लोगों के समक्ष हमें यह सिद्ध करना है कि हमारा लक्ष्य केवल भूक्षेत्रों को फैलाना या संपदाओं का संग्रह मात्र नहीं है... *सत्य को जानने के माध्यमों* की मदद से हमें ...मूर्ति धामों को ध्वस्त करना है।[77]

यानी, ईसाई धर्म और ईसाई मूल्यों पर आधारित प्रबुद्ध शासन का संबंध स्पष्ट रूप से स्थापित हो चुका था। टकर ने सार्वजनिक वातावरण को नाना प्रकार से प्रभावित किया। आम जनता के लाभ हेतु उन्होंने दो ईसाई परियोजनाएं शुरू कीं : पहली, अध्यापकों के प्रशिक्षण के लिए एक ईसाई *वर्नाक्यूलर* स्कूल की स्थापना की, और दूसरी, जयनारायण कॉलेज में सुधार किया जो कि बनारस का एक प्रमुख क्रिश्चियन मिशनरी सोसायटी स्कूल था।[78]

उन्नीसवीं शताब्दी के चालीस के दशक में धर्मांतरण की घटनाएं शुरू होने लगी थीं। चितपावन ब्राह्मण नीलकंठ गोरे (1825-85), जिन्होंने अपनी ज़िंदगी के शुरुआती दौर में जॉन मुईर द्वारा लिखी गई एक बहसनुमा ईसाई धार्मिक टीका पर सबसे विकसित और तर्कशील प्रतिक्रिया दी थी, ने 1848 में ख़ुद ईसाई धर्म स्वीकार कर लिया। अपने समय में इस घटना पर काफ़ी हाहाकार मचा था।[79]

1857 के 'ग़दर' ने ईसाई गतिविधियों को बढ़ावा देने की नीति के औचित्य पर एक व्यापक बहस छेड़ दी थी।[80] लेकिन सभ्यताकरण का मिशन और इसके साथ-साथ मिशनरी गतिविधियों के लिए नैतिक समर्थन ब्रिटिश साम्राज्य के लिए वैधता का स्रोत बना रहा। आने वाले समय में कई बेहद प्रभावशाली पदों पर काम करने जा रहे रिचर्ड टेंपल ने सालों बाद लिखा था कि 'बिल्कुल शुरुआती ऐंग्लो-इंडियन अधिकारियों में से कुछ ने मिशन के पक्ष में जो वक्तव्य दिया था, उससे ज़्यादा स्पष्ट और कोई बात नहीं हो सकती थी, जिनमें जॉन लारेंस, जेम्स थॉमसन, बार्टल फ्रेरे, रॉबर्ट मॉण्टगोमरी, डोनाल्ड मैकलियॉड और विलियम मुईर जैसे लोग थे' (1881 : 171)। मिशनरियों और सरकार का यह संबंध आने वाले दशकों में भी घनिष्ठ बना रहा।[81]

ईसाई आक्रामकता केवल विद्वत्तापूर्ण विवादों, टीकाओं या पर्चेबाज़ी तक सीमित नहीं थी।[82] ज़्यादा मुखर मिशनरी अनुकूल राजनीतिक स्थिति से प्रोत्साहन पाकर नियमित रूप से सड़कों पर उपदेश और भाषण देने लगे थे। इस काम के लिए मुद्दों का लाज़िमी तौर पर सरलीकरण तो किया गया लेकिन उनकी बात आम लोगों तक लगातार और पूरे ज़ोर-शोर से पहुंच रही थी। सड़कों पर होने वाली इस भाषणबाज़ी से ग़दर के बाद के दशकों में काफ़ी खटास पैदा हुई लेकिन मिशनरियों के पास 'विजेता नस्ल की शाही प्रतिष्ठा'[83] से उपजने वाला एक रक्षा कवच था जिससे उन्हें तमाम दूसरे धर्मों के प्रति एक अकड़ भरा रवैया अपनाने से कोई गुरेज़ नहीं था। वर्नाक्यूलर प्रेस में इस आघात का बार-बार हवाला दिया जा रहा था।[84]

सेलेक्शंस फ्रॉम दि वर्नाक्यूलर न्यूज़पेपर्स में सार्वजनिक प्रचार संबंधी रिपोर्ट्स के बारे में दर्ज जानकारियां अनुवाद की प्रक्रिया से और फलस्वरूप चयन की छननी से गुज़रने के

बावजूद इस बात को स्पष्ट कर देती हैं कि यह एक प्राधिकारपूर्ण भंगिमा थी। इसमें निहित अहंकार शासन और मिशनरियों के गठजोड़ से पैदा हुआ था। इस गठजोड़ पर हमेशा आक्रोश व्यक्त किया गया तथा उस पर प्रश्न उठाए गए। इसके साथ ही शासन की परोक्ष आलोचना भी हो रही थी क्योंकि शासन धर्म के मामले में तटस्थता की दुहाई देते हुए भी इस तरह की गतिविधियों के प्रति बेहद उदार था और इसके चलते स्थानीय जनता स्वयं अपने धर्म के विषय में बार-बार और बेरहम भाषणबाज़ी से त्रस्त थी।

उसी समय के हिंदी लेखक और हरिश्चंद्र के घनिष्ठ सहयोगी प्रताप नारायण मिश्र ने *पादरी साहब की व्यर्थ यातना* नामक एक लेख में एक ऐसी स्थिति का चित्र खींचा है जिसमें सार्वजनिक भाषण देने वाला अपनी तमाम कोशिशों के बावजूद एक युवक को यह मनवाने में नाकाम साबित होता है कि केवल बाइबल को ही दैवी इलहाम माना जा सकता है और *रामायण* जैसी कृतियां न तो मोक्ष का रास्ता बता सकती हैं और न ही ईश्वर तक पहुंचने का मार्ग बता सकती हैं। जब प्रताप नारायण इस युवक की सहायता के लिए रुके और उन्होंने युवक से इस मुद्दे पर सार्वजनिक रूप से अपनी राय ज़ाहिर करने के लिए कहा, ताकि आस-पास से गुज़र रहे 40-50 लोग और वहां खड़े अन्य लोग भी उसके ज्ञान से लाभ उठा सकें, तो पादरी को आख़िरकार अपनी हार माननी पड़ी। प्रताप नारायण ने एक विजय भाव के साथ टिप्पणी की है कि ख़ुद को धार्मिक बहसों की पेचीदगी से बाहर रखना क़ोई आसान काम नहीं था जबकि पादरी इन मसलों को बहुत सरल करके दिखाने की कोशिश करते हैं। हिंदू ईसाई धर्म के वैसे विरोधी नहीं थे जिस तरह का विरोध *रामपरीक्षा, कृष्णपरीक्षा* आदि टीकाओं के लेखक हिंदू धर्म के प्रति दिखा रहे थे। प्रताप नारायण और उनके बहुत सारे समकालीनों को ईसा मसीह की व्यक्तिगत महानता को मानने में कोई हिचक नहीं थी;[85] लेकिन उन्हें ईसाइयों का यह दावा मंज़ूर नहीं था कि मुक्ति का मार्ग सिर्फ़ उन्हीं के पास है।

> मसीह के बचन मनुष्य की आत्मा के लिए अमृत हैं पर यह अमृत अकेले उन्हीं पर समाप्त नहीं हो गया। उनके पहले भी लोगों को मिला था और सदा अधिकारियों को मिलता रहेगा। यह बिश्वास हमारा ही नहीं है, लाखों पढ़े-लिखों का है और परमेश्वर करे सबका हो। पर केवल मसीह ही मुक्तिदाता है, यह बात इस जमाने में युक्ति और प्रमाणों से सिद्ध कर देना पादरियों की सामर्थ्य से लाखों योजन दूर है (*प्रताप नारायण ग्रंथावली*, 1958 : 158)।

पादरी बहस-मुबाहिसे में उतने कुशल नहीं थे जितना बाज़ार में उनको मिलने वाले श्रोता साबित हुए। परंतु यह तो हमले का सबसे ऊपरी हिस्सा था जहां बहस के अतिसरलीकरण के अलावा और कोई विकल्प नहीं हो सकता था। लेकिन प्रतिक्रिया का स्वर एकदम स्पष्ट था। ईसाई धर्म को शासकों तथा ऐसे भारतीयों के धर्म के रूप में ही स्वीकार किया जा सकता था जो अपनी नियति शासकों के साथ जोड़ चुके थे। लेकिन अगर इन भारतीयों को भ्रम था कि इस कृपा कृत्य से वे नस्ली भेदभाव को ख़त्म कर पाएंगे तो उन्हें भारी अपमान के लिए तैयार रहना चाहिए।[86]

ऊपरी तौर पर देखकर ऐसा लगता है कि उत्तर-पश्चिमी प्रांत में धर्मांतरण एक व्यर्थ काम था जिसका कोई ख़ास प्रत्यक्ष लाभ नहीं था। धर्मांतरितों की वास्तविक संख्या कभी भी प्रभावित करने वाली नहीं रही।[87] बनारस में बहुत सालों तक तैनात रहे लंदन मिशनरी

सोसायटी के एम.ए. शेरिंग, जिन्होंने अनेक किताबें लिखी हैं और जो हरिश्चंद्र से भली-भांति परिचित थे और *हरिश्चंद्र मैगज़ीन* के संपादक मंडल में भी कुछ समय तक रहे थे, ने बड़े अफ़सोस के साथ टिप्पणी की थी :

> यद्यपि हिंदू धर्म का बंगाल में और भारत के प्रत्येक अन्य देश में निर्विवाद रूप से ज़बर्दस्त असर है... लेकिन अपर प्रोविंसेस में इसकी ताक़त सबसे पुख़्ता दिखाई देती है जहां इसने एक क़िस्म की पथरीली और लगभग अभेद्य क़िस्म की ठोसता अर्जित कर ली है। यही कारण है कि बंगाल, बल्कि भारत के किसी भी दूसरे इलाक़े की बजाय उत्तर-पश्चिम में ईसाइयत की तरक़्क़ी में कहीं ज़्यादा मुश्किल आ रही है। मानवीय स्तर पर कहें तो भारत की ये आख़िरी पट्टी होगी जो ईसा चरित की शरण में आएगी। यह पट्टी बंगाल की तरह और बंगाल की हद तक परिवर्तनशील और प्रगतिशील नहीं है। यद्यपि हाल के सालों में इसने भी ज्ञान और प्रबोधन की दिशा में बहुत तेज़ क़दम बढ़ाए हैं लेकिन ये ब्राह्मो समाज आंदोलन द्वारा शुरू किए गए रेडिकल सुधारों जैसे सुधारों को अपनाने में भी धीमा रहेगा और जहां तक मेरी जानकारी है, यह आंदोलन इस पट्टी के निवासियों में कोई नवधर्मांतरित तैयार नहीं कर पाया है (1875 : 178-9)।

इस प्रांत में 'बनारस की विशिष्ट पवित्र पहचान और प्रभाव यहां तमाम धार्मिक बदलावों के मार्ग में एक महाकाय रोड़ा है।' फिर भी, जैसा कि शेरिंग ने एक बार फिर उल्लेख किया था, 'शिक्षा हिंदुओं का अहिंदूकरण करती है' ([1868] 1975 : 350), शिक्षा के माध्यम से मिशनरियों ने कुछ असर ज़रूर डाला और मिशनरियों के दीर्घकालिक प्रभाव व्यापक व सूक्ष्म, दोनों स्तरों पर दिखाई देने लगे। चाहे प्रशासकीय, शैक्षिक अथवा प्रचारवादी स्तर हो, सदी के लगभग मध्य के बाद ईसाई विचारों के साथ टकराव से बच निकलने का कोई कारगर रास्ता नहीं बचा था।

साठ के दशक के मध्य से ख़ुद को इंग्लिश एजुकेटेड नेटिव यानी अंग्रेज़ी शिक्षित देसी कहने वाले बनारसियों में एक नए क़िस्म की जागृति दिखाई देने लगी थी। उन्होंने अपनी सोच को फैलाने और विचारों का आदान-प्रदान करने के लिए एक साझा मंच की ज़रूरत भी महसूस की। पीछे उल्लिखित सभी सामाजिक संरचनाएं अब एक नई संस्था, बनारस इंस्टीट्यूट, में चर्चा और बहस-मुबाहिसे के लिए एक-दूसरे के निकट आने लगी थीं और जल्दी ही अंग्रेज़, ओरिएंटलिस्ट तथा ब्रिटिश सिविल सर्वेंट्स, और सबसे प्रमुख रूप से मिशनरी भी उनसे जुटने लगे थे। हालांकि रह-रहकर यह जोश और उत्साह कमज़ोर पड़ जाता था लेकिन दो दशक से भी ज़्यादा समय तक यह गहमागहमी बनी रही और नई विद्या के प्रसार के लिए इस इंस्टीट्यूट ने एक महत्त्वपूर्ण प्रारंभिक संस्थागत आधार का काम किया।

इंस्टीट्यूट के उदय को सेक्रेटरी, महाराजा के एक निकट संबंधी, ऐश्वर्य नारायण सिंह की रिपोर्ट से समझा जा सकता है।[88] एक सभा/सोसायटी बनाई जानी चाहिए, यह सुझाव ग़ाज़ीपुर ज़िले के तत्कालीन मुंसिफ़ बाबू रामकली चौधरी तथा 'इंग्लिश कॉलेजों व स्कूलों से संबद्ध कुछ नेटिव जेंटलमैन' की बातचीत में सामने आया था (5)। सुझाव एक ऐसी सभा बनाने का था जो अपने प्रत्येक सदस्य को स्वेच्छापूर्वक किसी भी ज्ञान शाखा के अध्ययन के लिए प्रोत्साहन दे। सदस्यों के परिश्रम के इन परिणामों को एक पर्चे के रूप में सोसायटी के समक्ष प्रस्तुत करने का विचार भी रखा गया। इससे न केवल व्यक्तिगत शोध को प्रोत्साहन

मिल सकता था बल्कि इससे उस शोध का सारांश दूसरे सदस्यों के लिए भी उपलब्ध कराया जा सकता था। यह एक छोटा और चुनिंदा घेरा था, इसलिए जल्दी ही यह प्रस्ताव रखा गया कि एक डिबेटिंग क्लब भी शुरू किया जाए जहां चर्चा को व्यापक जनता के समक्ष खोला जा सके और उसमें 'प्रत्येक अंग्रेज़ी भाषी नेटिव जेंटलमैन' हिस्सा ले सके। क्लब के रूप में इस विस्तार से 'यहां के विभिन्न कॉलेजों व स्कूलों के नेटिव इंग्लिश अध्यापकों व नेटिव इंग्लिश विद्यार्थियों' को समाहित करने का रास्ता खुल जाएगा (6)। जब माननीय राजा देव नारायण सिंह कलकत्ता से वापस आए तो उन्होंने बाबू शिवप्रसाद के मार्फ़त यह पता लगाया कि अगर अन्य सम्माननीय नेटिव जेंटलमैन के साथ वह भी संस्थान से जुड़ जाएं तो कैसा रहेगा। क्लब में जाने-माने सदस्य शामिल हुए और बनारस के राजा ने उसे संरक्षण प्रदान किया। 1862-3 में एक फ़ीमेल स्कूल बुक सोसायटी का भी गठन किया गया।

जल्दी ही मिशनरी भी क्लब की गतिविधियों में दिलचस्पी लेने लगे। रेवरेंड एम.ए. शेरिंग और रेवरेंड हूपर, दोनों को यहां लेक्चर देने के लिए आमंत्रित किया गया। शेरिंग ने 'बनारस और उसकी प्राचीनता' पर लेक्चर दिया जो इसी विषय पर उनके एक आगामी मोनोग्राफ़ का शुरुआती मसविदा था। रेवरेंड हूपर ने नागरी वर्णमाला के अक्षरों पर अपने विचार व्यक्त किए। उनकी राय में, यह भविष्य के लिए सुरक्षित रखा जाने लायक़ भाषण था, इसलिए कुछ समय बाद उसने इसे प्रकाशित भी करा दिया (1864)। हालांकि भाषा विकास संबंधी उनके विचार मैक्स मुलर के विचारों पर आधारित थे और यह क्लब भाषा के विज्ञान का प्रसार करने के लिए एक आदर्श मंच था लेकिन इस भाषण में भाषा और उसके वक्ताओं के अनूठेपन पर हूपर के अपने प्रेक्षणों का भी सार-संकलन था।

1864 के ख़त्म होते-होते बहुत सारे बदलाव दिखाई दिए। सबसे महत्त्वपूर्ण बदलाव यह था कि यूरोपीय सदस्यों को भी सोसायटी की सदस्यता दी जाने लगी। सोसायटी को बनारस इंस्टीट्यूट का नाम मिला। ऐसा लगता था मानो सभा में फिर से जान आ गई है क्योंकि शुरुआती उत्साह के बाद उसकी सरगर्मियां धीमी पड़ने लगी थीं।

> जिन लोगों ने रिपोर्ट में उल्लिखित वर्ष की शुरुआती बैठकों में हिस्सा लिया है, उनको उपस्थित सदस्यों की बेहद कम संख्या अच्छी तरह याद होगी। कुछ बैठकों में तो उपस्थिति इतनी कम थी कि एक समय पर क्लब के अस्तित्व पर ही शंका होने लगी थी; परंतु हमारे यूरोपीय मित्रों के प्रबुद्ध उत्साह व प्रभाव की बदौलत अब ये सारे भय समाप्त हो चुके हैं...(9)।

सदस्यता बढ़कर 111 हो गई। इसके बाद बौद्धिक और सामाजिक स्तर पर यूरोपीय सदस्यों का ही दबदबा रहने लगा। विभिन्न कार्रवाइयों की दशा-दिशा और आचरण वही तय करने लगे। मूल योजना के अनुसार इस आशय के क़ायदे-क़ानून यथावत् रहे कि सदस्यगण लेख/निबंध लिखेंगे और अपनी पसंद के विषयों पर भाषण देंगे, लेकिन अब इन नियमों का सुर नया था। प्रस्तुति के बाद चर्चा शुरू हुआ करेगी, 'लेकिन ऐसी कोई चीज़ बर्दाश्त नहीं की जाएगी जो अनावश्यक रूप से किसी की धार्मिक भावनाओं को आहत करती हो या महारानी की सरकार के प्रति अनिष्ठा को बढ़ावा दे' (16)। देसी बौद्धिक जमात और प्रेस की विशिष्टता मानी जाने वाली राजद्रोह की भावना के लिए यहां कोई स्थान नहीं था। बैठकों के आचरण के सवाल पर इस तरह के कठिन सवाल भी सिर उठाने लगे कि यूरोपीय सदस्यों की उपस्थिति में नेटिव्स को जूते पहने रहने की छूट दी जाए या नहीं। इस समस्या

का समाधान यह निकला : 'क्योंकि कुर्सियां मुहैया हैं, इसलिए सदस्यगण जूते पहनकर बैठ सकते हैं और सुविधा की दृष्टि से पगड़ी उतारकर वे टोपियां पहन सकते हैं' (17)। यह इस बात का संकेत था कि भले ही 'ओरिएंटल' पोशाक को पूरी तरह नहीं छोड़ा जा सकता था लेकिन उसमें कतर-ब्योंत ज़रूरी थी और जहां तक संभव हो सके पहनावे के मामले में सदस्यों को यूरोपीय अभिरुचियों का पालन करना था। हां, यूरोपीय उपस्थिति में पगड़ी उतार देना ज़रूरी था।

बनारस इंस्टीट्यूट की पदानुक्रमिक व्यवस्था अपने आपमें बहुत कुछ कहती थी। बनारस और विजयानगरम के महाराजा को इसका संरक्षक बनाया गया। इससे उनके रस्मी नेतृत्व की एक बार फिर पुष्टि हुई। राजा देव नारायण सिंह अध्यक्ष बनाए गए। बाबू फतेह नारायण सिंह और बाबू ऐश्वर्य नारायण सिंह को क्रमशः उपाध्यक्ष और सचिव बनाया गया। इंस्टीट्यूट का वास्तविक कामकाज भारतीय सदस्यों के हाथों से निकल चुका था। रेवरेंड शेरिंग के सुझाव पर इंस्टीट्यूट का काम पांच खंडों में बांट दिया गया था जिनको विषयवार ये शीर्षक दिए गए : शिक्षा, समाजशास्त्र अथवा सामाजिक उन्नति, चिकित्सा एवं स्वच्छता सुधार, भाषाशास्त्र एवं साहित्य, तथा विज्ञान व कला। इस पूरे उद्यम का सबसे बेजोड़ हिस्सा यह था कि प्रत्येक खंड का नेतृत्व किसी न किसी यूरोपीय सदस्य को दे दिया गया था—पहले तीनों खंडों को एक-एक शासकीय अधिकारी के नेतृत्व में और चौथे विषय को स्वयं डॉ. कर्न के नेतृत्व में सौंप दिया गया जो संस्कृत कॉलेज में प्रोफ़ेसर थे लेकिन उसी समय लाएडन, हॉलैंड में संस्कृत के प्रोफ़ेसर का पद संभालने के लिए जाने वाले थे। पांचवां विषय स्वयं रेवरेंड शेरिंग ने संभाल लिया था। सभी संबंधित लोगों को यह व्यवस्था स्वाभाविक और अनुकूल दिखाई दी। जब यह प्रस्ताव रखा गया कि बाबू शिवप्रसाद भाषाशास्त्र और साहित्य वाले भाग की अध्यक्षता करें क्योंकि डॉ. कर्न जा चुके थे तो शिवप्रसाद ने विनम्रतापूर्वक इस प्रस्ताव को अस्वीकार कर दिया और सुझाव दिया कि रेवरेंड हूपर ही यह दायित्व संभालें। जिन अंग्रेज़ी शिक्षित देसी भद्रजनों ने क्लब की स्थापना की थी, उनको संबंधित विभागों के सचिवों के अधीनस्थ पदों पर जगह दे दी गई। क्वींस कॉलेज के संस्कृत विभाग में कार्यरत विद्वान पंडितों को क्रमशः दर्शन और साहित्य विभागों में सचिव और सहायक सचिव बनाया गया। ज़्यादातर सदस्यों—111 में से 68—को इस या उस विभाग के साथ जोड़ दिया गया। सामाजिक उन्नति वाला विभाग सबसे लोकप्रिय साबित हुआ। महाराजाओं, सौदागरों और शिक्षित ब्राह्मणों, सभी को इंस्टीट्यूट में वाजिब पद दे दिए गए थे।

1864-5 की *ट्रांजेक्शंस ऑफ़ दि बनारस इंस्टीट्यूट* को बनारस मेडिकल हॉल प्रेस से छापा गया था। 200 पन्नों की ये *ट्रांजेक्शन* असल में *जर्नल ऑफ़ दि एशियाटिक सोसायटी* तथा *इंडियन एंटीक्वेरी* की विषयवस्तु जैसी लगती है। इसके लेख विविधतापूर्ण, सुलिखित, शहराती और सूचना-संपन्न थे। उनमें समकालीन ओरिएंटलिस्ट एवं प्रारंभिक राष्ट्रवादी सरोकार इंगित होते थे और देश की प्राचीनता को सामने लाने तथा अतीत में वैज्ञानिक ज्ञान के स्तर को समझने पर ज़ोर दिया जाता था। उनमें संस्कृत पाठों तथा दार्शनिक धाराओं की व्याख्या होती थी। उनमें शिक्षा की वर्तमान प्रगति, सामाजिक स्थितियों व समाज सुधार, संगीत, स्थानीय आवास व्यवस्था, तथा चुनार पॉटरी की फ़िक्र को जगह मिल रही थी। इस प्रकार देश के हिंदू अतीत को संयुक्त रूप से अभिव्यक्त किया जा रहा था।

बनारस इंस्टिट्यूट में सिर्फ़ मुट्ठी भर लोग थे लेकिन उनको देखकर शहर में सूचना व समालोचना का स्तर पता चलता है। यही समूह इन सूचनाओं और समालोचनाओं का स्रोत भी था। देसी भद्रजन के विचार हमेशा सरकारी अधिकारियों, ओरिएंटलिस्टों और मिशनरियों को माफ़िक़ पड़ते हों, ऐसा नहीं था। लिहाज़ा, उदाहरण के लिए, हिंदू धर्म और ख़ासतौर से मूर्ति-पूजा के समर्थन में दिया गया लेक्चर, जिसे 1867 में 'एक हिंदू' के उपनाम से प्रकाशित किया गया, इस पर जेम्स केनेडी ने अपनी *क्रिश्चियनिटी एंड दि रिलीजंस ऑफ़ इंडिया* (1874)[89] में बहुत तीखी प्रतिक्रिया दी। बहरहाल, इस तरह के विचार जिस परंपरानिष्ठ समझ का प्रतिनिधित्व कर रहे थे, वह अपने तमाम प्रतिरोध के बावजूद एक साझा मुहावरे में ही व्यक्त हो रही थी क्योंकि जो तीसरा मुहावरा रचा जा रहा था, वह इसी तरह के साझा और पारस्परिक उद्यमों का परिणाम था जिनको इंस्टीट्यूट में चलाया जा रहा था।

इंस्टिट्यूट सत्तर के दशक में भी काफ़ी साल तक चलता रहा और हिंदी पत्रिका *कविवचनसुधा* के पन्नों में इसकी अकसर चर्चा होती थी जिसमें उसकी बैठकों के दिखावे और शब्दाडंबर पर जमकर व्यंग्य भी किए जाते थे। पत्रिका के संपादक हरिश्चंद्र 15 वर्षीय किशोर के रूप में बहुत जल्दी ही टीकाकारों के विशिष्ट दायरे में शामिल हो चुके थे।

बनारस के हरिश्चंद्र का कुल

हरिश्चंद्र एक भारतीय-फ़ारसी दरबारी जीवन शैली और रुचियों वाले राजसी साहूकार के रूप में पले-बढ़े थे। दूसरी तरफ़, जैसा कि हम आगे देखेंगे, वल्लभ संप्रदाय की भक्ति परंपरा में भी उनकी गहरी जड़ें थीं। उन्होंने परंपरागत काव्य एवं संगीत को संरक्षण दिया और उसकी रचना की तथा शहर के प्रतिनिधिमूलक सार्वजनिक दायरों में उन्होंने उत्साहपूर्वक हिस्सा लिया। उन्हें कुछ अंग्रेज़ी शिक्षा भी प्राप्त थी और नए संस्थानों व विचारों के संपर्क में भी वे आ चुके थे। लिहाज़ा, इसी संपर्क तथा काशी के व्यापक संदर्भ में स्थित अपने घर में हिंदू परंपराओं के मिश्रण से उस तीसरे मुहावरे का उदय शुरू हुआ जिसका हरिश्चंद्र ने और नए परंपरानिष्ठों ने उत्तरोत्तर इस्तेमाल किया।

हरिश्चंद्र और उनके परिवार के इतिहास का लेखा-जोखा लेने का मतलब एक अर्थ में ऊपर उल्लिखित सत्ता समीकरणों के इतिहास का लेखा-जोखा लेना भी है। इस बेहद समृद्ध और प्रतिष्ठित वंश का चरण-दर-चरण विवरण राजनीतिक सत्ता केंद्रों के साथ व्यापारियों के संबंधों को दर्शाता है। इन संबंधों का सर्वेक्षण करने में एक केंद्रीय सरोकार यह होगा कि किस बिंदु पर आकर परिवार स्पष्टतः हिंदू परंपराओं को अपनाने लगा था। स्वयं हरिश्चंद्र के जीवन और संपर्कों का ब्योरा देते हुए एक और सरोकार यह दिखाने का होगा कि नई और पुरानी सामाजिक संरचनाओं के साथ अपने संपर्कों को उन्होंने किस हद तक बनाए रखा और उनसे कितना लाभ उठाया, तथा दूसरी तरफ़, उन्होंने किस हद तक ख़ुद को उनसे दूर रखते हुए अपनी सत्ता की नई परिधियां रचीं।

हरिश्चंद्र हमेशा इस अहसास के साथ चले कि वह एक बेहद संपन्न जाति, अग्रवाल जाति, के थे जो ख़ुद को वैश्य वर्ण में श्रेष्ठतम मानती थी। हरिश्चंद्र ने *अग्रवालों की उत्पत्ति* नामक अपनी एक शुरुआती पुस्तिका में अपनी जाति का ब्योरा लिखने का प्रयास भी किया।[90]

यह उनके लेखन की ख़ास बात थी कि अपनी तक़रीबन मानवशास्त्रीय/एथनोग्राफिक दिलचस्पियों के बावजूद, जो अंग्रेज़ों, सरकारी अधिकारियों व मिशनरियों द्वारा 'जातियों और जनजातियों' के दस्तावेज़ीकरण की उसी समय शुरू हो रही चेष्टाओं से मिलती-जुलती थी, उन्होंने अपनी जाति की जड़ें पौराणिक वृत्तांतों में ढूंढ़ीं। संस्कृत से हिंदी में अनूदित यह वृत्तांत, हरिश्चंद्र के मुताबिक़, *महालक्ष्मी व्रतकथा* से निकला था जो कथित रूप से *भविष्योत्तरपुराण* का एक खंड था। अपनी *भूमिका* में हरिश्चंद्र ने अग्रवालों की समकालीन जीवन शैली और रीति-रिवाजों का संक्षिप्त ब्योरा देते हुए कहा कि :

> महाराज जयसिंह के काल से ही यह निर्धारित रहा है कि वैश्यों में अग्रवाल सर्वोच्च (जाति) हैं... उनका प्रमुख निवास स्थल पश्चिमी क्षेत्र है और पुरुषों व स्त्रियों, दोनों की भाषा खड़ी बोली या उर्दू है (5)।

यहां उन्होंने दो मुख्य शाखाओं का उल्लेख किया। इनमें एक *पछाहीं* या पश्चिमी थे जो मुख्य रूप से पंजाब में निवास करते थे और मेरठ व आगरा तक फैल गए थे। उनकी भाषा मेरठ-आगरा इलाक़े वाली अथवा उर्दू थी। क्योंकि यह भाषा औरतों द्वारा भी बोली जाती थी, इसलिए इसे ही उनकी देशी भाषा माना गया। अपने जीवन की इस प्रारंभिक अवस्था में उन्हें उर्दू और हिंदी के बीच कोई बड़ा भेद दिखाई नहीं दिया। दोनों ही पश्चिमी भारतीय-फ़ारसी संस्कृति का हिस्सा थीं। दूसरी शाखा *पूरबिया* थी। ये लोग काफ़ी समय पहले पूर्वी प्रांतों में बस गए थे और इन्होंने वहीं की जीवन शैली को अपना लिया था। जो परिवार बाद में अठारहवीं और उन्नीसवीं शताब्दी में पूरब में आकर बसे, जैसे—हरिश्चंद्र का अपना परिवार, उनको *पछाहीं* कहा गया और वे ख़ुद को दूसरों से श्रेष्ठतर मानने लगे। पछाहियों और पूरबियों में विवाह या खान-पान के संबंध नहीं थे।[91] अग्रवाल सख़्त शाकाहारी थे और पश्चिम में वे जनेऊ धारण करते थे हालांकि पूरब के अग्रवाल जनेऊ नहीं पहनते थे। उनमें से एक बहुत बड़ी संख्या वैष्णवों की थी। यह स्पष्ट नहीं है कि किस दौर से अग्रवालों ने वैष्णव उपासना शुरू की थी। हरिश्चंद्र के अपने परिवार में कम से कम उनके दादा के समय से निश्चय ही यह परंपरा चली आ रही थी।

यह इस वृत्तांत का एक रेशा था। दूसरा रेशा सत्ता और धन के साथ जुड़ाव को दिखाता था क्योंकि, जैसा कि उन्होंने अपनी पुस्तिका में उल्लेख किया था, ज़्यादातर अग्रवाल किसी न किस तरह का व्यापार करते थे और उनमें से बहुत सारे संपन्न थे :

> चाहे जो हो, इस वंश के लोग हमेशा सर्वाधिक समृद्ध और दयालु रहे हैं हालांकि बाद के समय में ये गुण क्षीण पड़ते गए हैं। वे मुग़लों के जमाने से तरक़्क़ी करते आ रहे हैं और अभी तक तरक़्क़ी कर रहे हैं (6)।

अग्रवाल मुग़लों के जमाने से ही संपन्न थे और वर्णव्यवस्था में उनकी ऊंची हैसियत जयसिंह के समय से ही मान्य थी। हरिश्चंद्र का अपना परिवार स्वाभाविक रूप से मुग़ल दरबार से जुड़ा हुआ था। जब शाहजहां का बेटा शाह शुजा बंगाल का सूबेदार बना तो बालकृष्ण का परिवार भी उसके साथ पहले राजमहल चला गया और बाद में राजधानी बदलने पर मुर्शिदाबाद आकर बस गया। इतिहास-लेखन की दृष्टि से ध्यानाकर्षण पाने वाले पहले व्यक्ति बालकृष्ण के पोते अमीनचंद थे। न केवल उनकी समृद्धि पर टिप्पणी की गई बल्कि ईस्ट इंडिया कंपनी

द्वारा प्रांत की राजनीतिक सत्ता के अधिग्रहण के समय अमीनचंद द्वारा की गई पेचीदा साज़िशों पर विशेष रूप से ज़ोर दिया गया। वह मुर्शिदाबाद छोड़कर कलकत्ता आ गए जिसे अंग्रेज़ों ने अपनी सैनिक और व्यावसायिक चौकी बना लिया था। यहां वह एक शाही तड़क-भड़क के साथ रहने लगे। उनकी जीवन शैली की भव्यता को रॉबर्ट ऑर्म ने इस प्रकार व्यक्त किया है :

> कलकत्ता में बसे जेंटू सौदागरों में एक ओमीचंद था जो बहुत दूरदर्शी और समझदार व्यक्ति था और इन गुणों का उसने अपनी संपदा फैलाने के लिए चालीस साल तक बेहद परिश्रम के साथ सदुपयोग किया। प्रेसीडेंसी की तरफ़ से उसे कंपनी के निवेश में किसी भी दूसरे ठेकेदार को मिले हिस्से से ज़्यादा योगदान का अधिकार था; जिसके ज़रिए और अपने दूसरे शौक़ों की बदौलत वह कॉलोनी में सबसे दौलतमंद निवासी बन गया था। विभिन्न हिस्सों में बंटे उसके निवास स्थान का प्रसार; विभिन्न कामों के लिए तैनांत उसके नौकरों की तादाद और स्थायी वेतन पर काम करने वाले हथियारबंद आदमियों की टुकड़ी को देखकर वह सौदागर की बजाय किसी रजवाड़े जैसा लगता था। उसका व्यापार बंगाल और बिहार के सारे हिस्सों में फैला हुआ था और नज़रानों व सेवाओं की मार्फ़त उसने मुक्सदावाद (मूल) में सरकार के महत्त्वपूर्ण अधिकारियों के बीच इतना प्रभाव बना लिया था कि कठिनाई के समय प्रेसीडेंसी भी नवाब के साथ मध्यस्थता के लिए उसको इस्तेमाल करती थी (1778 : 50)।

नवाब सिराजुद्दौला की जगह उसी की फ़ौज के एक असंतुष्ट अधिकारी मीर जाफ़र को गद्दी पर बिठाने के लिए इस राजसी साहूकार ने बेहद चालाकी भरे षड्यंत्र रचे। मीर जाफ़र को अंग्रेज़ों का भी समर्थन मिला हुआ था। अमीनचंद ने एक तरफ़ तो नवाब को निष्क्रिय बनाए रखा, उसे फ्रांसीसियों का समर्थन करने से रोके रखा और दूसरी तरफ़ वह अंग्रेज़ों को पैर जमाने में मदद भी देता रहा। लेकिन यहां एक आपसी अविश्वास और ईर्ष्या भी थी। अंग्रेज़ों ने अमीनचंद की सक्रिय सहायता से नवाब को तो 1757 में प्लासी की जंग में हरा दिया परंतु बाद में उन्होंने अपने वादे की अवहेलना करते हुए अपने इसी सहयोगी को युद्ध के फ़ायदों से बेदख़ल भी कर दिया। इस विश्वासघात का नक़्शा ख़ुद रॉबर्ट क्लाइव ने तैयार किया था।[92] हालांकि अमीनचंद अव्वल दर्जे का सत्ता का दलाल था लेकिन ऑर्म द्वारा दिए गए हमदर्दीरहित ब्योरे को देखकर भी यह तो मानना ही पड़ेगा कि उसके साथ नाइंसाफ़ी हुई थी। इस विश्वासघात से अमीनचंद टूट गया और 5 दिसंबर, 1758 को उसकी मृत्यु हो गई। ख़ैर, ऐसा लगता है कि इस दुर्घटना के बावजूद उसकी संपदा का एक अच्छा-ख़ासा हिस्सा और उसके ताक़तवर ताल्लुक़ात बने रहे।

उसका बेटा फतेहचंद (ईस्वी 1747-1820) 1759 में बनारस आकर बस गया। इस पीढ़ी में फ़ारसी क़िस्म के नाम मुग़ल प्रांतीय दरबार के साथ संबंधों तथा साझा भारतीय-फ़ारसी संस्कृति के द्योतक हैं। फतेहचंद को शहर में अपनी साख जमाने में कोई मुश्किल पेश नहीं आई और वह तेज़ी से शहर के प्रमुख साहूकारों की क़तार में जा पहुंचे। उन्होंने सेठ गोकुलचंद की बेटी से विवाह किया जो प्रतिष्ठित नौपट्टी सौदागरों में से थे और पछाहीं अग्रवालों के चौधरी थे। फतेहचंद जल्दी ही इस प्रतिष्ठित समुदाय में शामिल हो गए और 1789 में उन्होंने सेठ के बेटे गोविंदचंद से चौखंभा में विशाल हवेली ख़रीद ली। इसके बाद वह भी अपने

पिता जैसी भव्य जीवन शैली के साथ यहां आकर रहने लगे। फतेहचंद को हनुमान भक्त माना जाता था और वह नियमित रूप से हनुमान घाट पर बने मंदिर में दर्शन को जाते थे। उनके बाद काशी आकर बसे उनके भाई रतनचंद ने भी शहर के किनारे स्थित रामकटोरा में ज़मीन ख़रीद ली। वह *श्री* अथवा *गौड़ीय* समुदाय से थे और उन्होंने अपने कुलदेवता श्रीलालजी की रामकटोरा में स्थापना की जहां आज भी परिवार के मुख्य अनुष्ठान संपन्न किए जाते हैं। रतनचंद की कोई संतान नहीं हुई। लिहाज़ा, फतेहचंद के बेटे हरखचंद को रतनचंद की भी संपत्ति मिली।

इसका कुल मतलब यह निकलता है कि कलकत्ता के घटनाक्रम से ईस्ट इंडिया कंपनी के साथ परिवार के संबंधों पर स्थायी असर नहीं पड़ा था। फतेहचंद ने शहर की प्रशासकीय व्यवस्था के पुनर्नियोजन में जोनाथन डंकन को दिल खोलकर मदद दी। माना जाता है कि 1820 में उनकी मृत्यु हुई।

हरखचंद (लगभग 1803-45) ने भी अपने पुरखों की भव्य जीवन शैली को क़ायम रखा। वह बनारस के राजा के साहूकार थे और जौनपुर के राजा शिवलाल दूबे के अच्छे मित्र। अपने जातीय बिरादरों को समय-समय पर भोज और दावतों के ज़रिए उन्होंने लगातार अपना बनाए रखा और उन्होंने ही बुढ़वा मंगल के नदी त्योहार को वह भव्य नज़ारा बनाया जिसका जेम्स प्रिंसेप ने इतने उत्साहपूर्वक वर्णन किया है।[93] हवेली का दीवानख़ाना हरखचंद ने ही बनवाया था। यहां वह न केवल दूसरे साहूकारों बल्कि कवियों की भी आवभगत करते क्योंकि माना जाता है कि वह ख़ुद भी भाषा काव्य की रचना में कुछ प्रतिभा रखते थे हालांकि उनकी लिखी हुई कोई रचना अब उपलब्ध नहीं है।

शहर में उनका ज़बर्दस्त क़द था। 1842 में जब अंग्रेज़ों ने बाज़ार में चलने वाली पंसेरी को हटाकर ख़ुद अपने बाट चलाने का प्रयास किया तो शहर में काफ़ी हंगामा हुआ और बाज़ार तीन दिन तक विरोध के चलते बंद रहा। इस मसले को हल करने के लिए जो तीन पंच चुने गए उनमें से एक बाबू हरखचंद थे जिन्हें सरपंच बनाया गया, एक बाबू जानकीदास थे जो एक और ख्यातनाम व्यापारी थे और तीसरे गुजराती व्यापारी बाबू हरीदास साहू थे। उन्होंने देसी बाटों को जायज़ ठहराया और अंग्रेज़ों को यह फ़ैसला मानना पड़ा। इस बंदोबस्त से शहर में ज़बर्दस्त उत्साह दिखाई दिया। तीनों पंचों को हाथी पर बिठाकर शहर में उनकी शोभायात्रा निकाली गई।

हरखचंद शहर में वल्लभ संप्रदाय की पुनर्स्थापना के साथ गहरे तौर पर जुड़े हुए थे। संप्रदाय के प्रमुख गिरधरजी महाराज के साथ उनके संबंध दोनों के लिए लाभदायक साबित हुए क्योंकि इससे दोनों ही व्यक्तियों की प्रतिष्ठा में भारी वृद्धि हुई। हालांकि शहर में स्थित गोपाललालजी मंदिर तो 1777 में विद्रोही राजा चैत सिंह ने बनवाया था लेकिन उसको पहली बार ख्याति करिश्माई गिरधरजी महाराज की सेवाओं से ही मिली जो ख़ुद को विट्ठल के सबसे छोटे पुत्र यदुनाथ का वंशज बताते थे। गिरधरजी का जन्म बनारस में 1791 में हुआ था और यहीं उनकी शिक्षा हुई थी। बनारस में उनके विशद ज्ञान और धर्मनिष्ठा के लिए उनको सभी जानते थे। अपने भारी ज्ञान की बदौलत उन्होंने नाथद्वारा के दाऊजी महाराज को इस बात के लिए राजी कर लिया कि वे श्रीनाथजी की स्वरूप प्रतिमा उन्हें दे दें। यह कोई आसान काम नहीं था लेकिन गिरधरजी ने अपनी पूरी ताक़त और चतुराई से यह काम

कर डाला था।[94] हालांकि मुकुंदरायजी नामक यह प्रतिमा सतस्वरूप यानी सात छवियों में से नहीं थी लेकिन माना जाता था कि यह उन दो अतिरिक्त प्रतिमाओं में से एक है जो पहले स्वयं वल्लभाचार्य के पास हुआ करती थीं। गिरधरजी ने इस प्रतिमा के लिए भारी रक़म अदा की थी। इसके बाद उन्होंने नौपट्टी महाजनों की बस्ती के बीचोबीच शहर के चौखंभा इलाक़े में जैरामदास[95] की हवेली भी एक अच्छी क़ीमत पर ख़रीद ली ताकि विख्यात प्रतिमा की हैसियत को ध्यान में रखते हुए गोपाललालजी मंदिर के परिसर को और फैलाया जा सके। 1827 में मुकुंदरायजी को भारी धूमधाम के साथ नाथद्वारा से बनारस लाया गया। गिरधरजी के क़ाफ़िले में भक्तों की भीड़ थी और उदयपुर में ब्रिटिश रेज़ीडेंट द्वारा सेवा के लिए भेजा गया एक चपरासी भी साथ था।

बनारस के निकट, शहर के किनारे पर मुकुंदरायजी का बाबू हरखचंद ने ख़ुद स्वागत किया। वे न केवल देव प्रतिमा के विषय में फ़ौरी बंदोबस्त संभाले हुए थे बल्कि दो साल बाद 1829 में बनकर तैयार हुए मंदिर परिसर के वित्तपोषण और रख-रखाव में भी उनका भारी योगदान था। इस पूरे घटनाक्रम का ब्योरा ब्रजभाषा में *मुकुंदरायजी की वार्ता* (पहली बार 1923 में पुस्तकाकार प्रकाशित)[96] में मौजूद है। इसमें भक्ति संबंधी अनुष्ठान से जुड़े मसलों पर विस्तृत जानकारी दी गई है और दैवी प्रेम के उत्सव में अनुकूल वातावरण बनाए रखने पर ख़ासतौर से ज़ोर दिया गया है।

यह केवल गिरधरजी की कोशिशों और ताक़त का ही फल था कि इस इलाक़े में पुष्टिमार्ग को एक बार फिर ख्याति प्राप्त हुई। गिरधरजी की गतिविधियां सिर्फ़ बनारस तक ही सीमित नहीं थीं बल्कि पूरब के दूसरे शहरों और यहां तक कि हैदराबाद तक पहुंचने लगी थीं।[97] बताया जाता है कि उनके जीवनकाल में मंदिर के चारों ओर पड़ने वाले बाज़ारों के व्यापारी अपनी हर सौ रुपए की आय में से सवा पांच आने मंदिर को देने लगे थे और भले ही गिरधरजी की मृत्यु के बाद इसका सख़्ती से पालन नहीं किया गया लेकिन कुछ व्यापारी तो बीसवीं शताब्दी की शुरुआत तक इस संकल्प को अपनाए रहे।[98] इस बात के भी प्रमाण उपलब्ध हैं कि विश्वनाथ मंदिर के साथ उनके सहृदयतापूर्ण संबंध थे जो कि शहर का केंद्रीय धार्मिक संस्थान था। विश्वनाथ मंदिर के उत्सवी आयोजनों के समय देवता की महिमा को ध्यान में रखते हुए गिरधरजी ख़ुद अवसर के अनुकूल परिधान पहनकर मुकुंदरायजी की ओर से वहां चढ़ावा लेकर जाते थे।[99] उनके मंदिर ने इलाक़े में बसे प्रभावी साहूकारों के बीच सौहार्द का एक भाव भर दिया था। संभवतः मंदिर के भक्तों की समृद्धि के कारण ही वल्लभ संप्रदाय की छठी गद्‌दी सूरत से यहां लाई गई क्योंकि अठारहवीं शताब्दी के दौरान सूरत में साहूकारों की स्थिति कमज़ोर होती गई थी।

हरखचंद अपने करिश्माई गुरु के प्रति पूरी तरह समर्पित थे। उन्होंने ख़ुद अपने घर में एक मंदिर बनवाया और उसमें राधा-कृष्ण की एक युगल मूर्ति स्थापित की। उनके परिवार में इस मूर्ति की श्रीमदनमोहनजी के रूप में पूजा-अर्चना की जाती थी और अब भी विस्तृत सेवा व पूजा-पाठ किए जाते हैं। गिरधरजी महाराज की ही महिमा से हरखचंद के एकमात्र पुत्र गोपालचंद का जन्म हुआ था।

गोपालचंद (1834-61) भी अपने गुरु के प्रति उतने ही समर्पित सिद्ध हुए। उनका *छाप* यानी कविनाम, गिरधरदास था जो इस गहन आस्था का साक्ष्य है। शिव की नगरी में वल्लभ

पंथ की पुनर्स्थापना के साथ इस परिवार का गहरा जुड़ाव था जिसका हरिश्चंद्र ने अपने इस पद में इस प्रकार उल्लेख किया है : *काशी में गोकुल करि दीन्हो*[100] तथा *बृंदावन को अनुभव काशी प्रगटि दिखायो।*[101] न केवल नगर ब्रज के दृश्य में रूपांतरित हो गया था बल्कि इस भू-दृश्य का आध्यात्मिक अनुभव भी काशी में उपलब्ध हो चुका था। नए व्यापारियों ने अपने आपको एक ऐसे पंथ के प्रचार-प्रसार से जोड़ लिया था जिसका बनारस में अभी पुनर्नवीकरण हुआ था।

उत्तरार्द्धभक्तमाल नाम की अपनी एक लंबी कविता में हरिश्चंद्र ने पुराने और वर्तमान वैष्णव कवियों के जीवन-वृत्त दिए हैं। यह कविता हरिश्चंद्र को न केवल वैष्णव भक्तों की शृंखला में समाहित करती है बल्कि उनके अपने गौरवशाली वंश का भी बखान करती है :

वैश्य अग्रकुल मैं प्रकट बालकृष्ण कुल-पाल।
ता सुत गिरिधर-चरन-रत वर गिरधारीलाल।
अमीचंद जिनके तनय फतेचंद ता नंद।
हरखचंद जिनके बये निज कुल-सागर-चंद।
श्री गिरिधर गुरु सेइ कै घर सेवा पधराइ।
तारे निज कुल जीव सब हरि-पद भक्ति दृढ़ाइ।
तिनके सुत गोपाल-ससि प्रगटति गिरिधरदास।
कठिन करम-गति मेटि जिन कीनी भक्ति प्रकास।
मेटी देव-देवी सकल छोड़ि कठिन कुल-रीति।
थाप्यौ गृह मैं प्रेम जिन प्रगटि कृष्ण-पद-प्रीति।
पारबती की कुख सों तिनसों प्रगट अमंद।
गोकुलचंद्राग्रज भयो भक्त दास हरिचंद।[102]

इस तरह, हरिश्चंद्र ने अपने वंश के इतिहास को वल्लभीय धार्मिक आस्था के इतिहास में, अपने वंश द्वारा बहुदेववाद से एकेश्वरवाद तक पहुंचने के वृत्तांत में, अनुष्ठान से भक्ति और अनेक देवताओं की पूजा से कृष्ण तक पहुंचने की कथा में बैठा दिया था। परिवार के मंदिर से अन्य देवी-देवताओं की मूर्तियां हटा दी गईं, और जैसा कि हम ऊपर देख चुके हैं, पश्चाद्दृष्टि के आधार पर और स्वयं हरिश्चंद्र के कथन के अनुसार अब उनके परिवार में विशुद्ध एकेश्वरवाद का ही बोलबाला था। आगे चलकर इसके महत्त्वपूर्ण निहितार्थ होने वाले थे क्योंकि भले ही गोपालचंद के क्रियाकलाप केवल गुरु की इच्छा से निर्धारित व संचालित होते थे, उनका पुत्र इस एकेश्वरवाद को ही समूचे हिंदू धर्म का प्रतिनिधि घोषित करने वाला था।

अपने बेहद भावुक धार्मिक आचरण के बावजूद गोपालचंद ऐश्वर्यपूर्ण जीवन जीते थे। उनकी पत्नी पार्वती देवी दिल्ली के मुग़ल बादशाहों के भूतपूर्व दीवानों के परिवार से थीं और उनके अपने परिवार की जीवन शैली भी कोई साधारण नहीं थी। अपने पिता के पदचिह्नों पर चलते हुए गोपालचंद ने भी बुढ़वा मंगल का ज़बर्दस्त धूमधाम और उल्लासपूर्वक आयोजन जारी रखा। उनकी एक भाषा कवि के रूप में भी अच्छी ख्याति थी। कहते हैं कि वह दिन के कामों में जुटने से पहले रोज़ सुबह पांच कविताएं लिखते थे। शाम को वह अपने दीवानख़ाने में शहर के कवियों का स्वागत करते। इन सभाओं में सरदार कवि

के अलावा बाबा दीनदयाल गिरि, पंडित ईश्वरदत्तजी ईश्वर, पंडित लक्ष्मीशंकर व्यास, कन्हैयालाल लेखक, माधोरामजी गौड़, गुलाबराय नागर और बाबू बालकृष्णदास टकसाली आदि भी हाज़िर होते थे। इनमें से ज़्यादातर ऐसे कवि थे जो महाराजा ईश्वरी नारायण सिंह के दरबार में भी बुलाए जाते थे। गोपालचंद का अपना काव्य उत्पादन भी प्रभावशाली था। माना जाता है कि अपने संक्षिप्त जीवनकाल में उन्होंने 40 काव्य कृतियां रच डाली थीं। उनमें से सभी तो सुरक्षित नहीं हैं लेकिन उनके प्रपौत्र ब्रजरत्नदास जितनी भी ढूंढ़ पाए, उनको देखकर इसमें कोई शक नहीं रह जाता है कि काव्य कला में उनकी पहुंच थी, वह अलंकार विद्या व श्रृंगार के तकनीकी पहलुओं पर अधिकार रखते थे और बेहद पेचीदा शब्द लाघव में सिद्धहस्त थे। उनके विषय पौराणिक होते थे जिनमें कृष्ण के जीवन तथा विष्णु के दस अवतारों से जुड़ी घटनाओं का वर्णन किया जाता था। इस तरह, *जरासंध महाकाव्य* के अलावा उनकी रचनाओं में *मत्स्य-कच्छप, वराह, नृसिंह, वामन, परशुराम, राम, बलराम, बुद्ध* तथा *कल्कि-कथामृत* जैसी रचनाएं भी थीं। उनकी रचनाओं के आकार में काफ़ी वैविध्य था। वह कथा को हमेशा न्यूनतम रखते थे। उनका ज़ोर विवरण पर होता था जिसके लिए वे बेहद विविध पद्यरूपों का इस्तेमाल करते थे। उनकी ज़्यादातर रचनाएं सिर्फ़ पांडुलिपियों तक ही सीमित रहीं। कुछ, जैसे *रामकथामृत* को *कविवचनसुधा* में धारावाहिक प्रकाशित किया गया जिस पत्रिका के संपादक उनके पुत्र ही थे। इनके अलावा उन्होंने लय, अलंकार और व्याकरण पर भी *भारतीभूषण, भाषाव्याकरण, रस रत्नाकर* आदि कृतियां लिखीं। ग़ौर करने की बात है कि गोपालचंद के दीवानख़ाने में कवियों और काव्य को जो संरक्षण मिला, उसी से एक परंपरा की शुरुआत हुई जिसको ईश्वरी नारायण सिंह के दरबार में भी संरक्षण दिया जा रहा था और जिसे बाद में हिंदी साहित्य की विरासत के रूप में चिह्नित किया जाने लगा। परंतु इस चरण में अभी इस परंपरा का विचारधारांकन नहीं हुआ था।

गोपालचंद को उनके *नहुष नाटक* के लिए याद किया जाता है जो रूपात्मक स्तर पर संस्कृत नाटक की परंपराओं के अनुरूप दिखाई देता है लेकिन जिसे स्वयं उनके बेटे ने हिंदी का पहला नाटक बताया था। यह अपने दौर के हिसाब से एक नया प्रयास था क्योंकि तब ऐसा कोई रंगमंच नहीं था जहां इस तरह का नाटक मंचित हो पाता। इसी रचना के संदर्भ में हरिश्चंद्र ने अपने *नाटक* (1884) लेख में निम्नलिखित आत्मकथात्मक टिप्पणी की थी :

> मेरे पिता ने बिना अंग्रेज़ी शिक्षा पाए इधर क्यों दृष्टि दी, यह बात आश्चर्य की नहीं। उनके सब विचार परिष्कृत थे। बिना अंग्रेज़ी की शिक्षा के भी उनको वर्तमान समय का स्वरूप भली-भांति विदित था। पहले तो धर्म ही के विषय में ही वह इतने परिष्कृत थे कि वैष्णवव्रत पूर्वपालन के हेतु अन्य देवता मात्र की पूजा और व्रत घर से उठा दिए थे। थॉमसन साहब लेफ्टिनेंट गवर्नर के समय काशी में लड़कियों का पहला स्कूल हुआ तो हमारी बड़ी लड़की को उन्हीं ने उस स्कूल में प्रकाश रीति से पढ़ने बैठा दिया। यह कार्य उस समय में बहुत ही कठिन था क्योंकि इसमें बड़ी लोकनिंदा थी। हम लोगों को अंग्रेज़ी शिक्षा दी (*ग्रंथावली* 1 : 788)।

गोपालचंद अपने समय के हिसाब से बेहद प्रबुद्ध व्यक्ति थे, वह न केवल पश्चिमी विचारों व संस्थानों के प्रति खुली दृष्टि रखते थे, अपने बच्चों को भी इन प्रभावों का लाभ दिखाने

के लिए इच्छुक व उत्सुक थे। कम से कम उनके बेटे ने अपनी एकेश्वर आस्था को इसी प्रबोधन की उपज बताया है। अपने पुरखों की तरह वह भी राजनीतिक स्तर पर अंग्रेज़ों के साथ घनिष्ठ रूप से जुड़े हुए थे। ग़दर के दौरान रेज़ीडेंसी की बहुमूल्य चीज़ों को उन्हीं की हवेली में सुरक्षित रखा गया था।

गोपालचंद अतीत के मूल्य को समझते थे; उन्होंने ही अपने परिवार में सरस्वती भवन पुस्तकालय की स्थापना की थी जिसमें फ़ारसी, संस्कृत और भाषा पांडुलिपियों का एक समृद्ध संकलन था।[103] लेकिन दूसरी तरफ़ उनका रुख़ भविष्य की ओर भी था और उन्होंने इस बात का पूरा ख़याल रखा कि उनके बच्चों को कुछ अंग्रेज़ी शिक्षा ज़रूर मिले। ऐश्वर्य की चाह, भारतीय-फ़ारसी अभिरुचियों के संरक्षण तथा काव्य और नए विचारों के प्रति खुला भाव उनके बेटे को विरासत में मिला था। इस बेटे ने इन सारे तत्त्वों को स्पष्टतः हिंदू परंपरा में रूपांतरित करने की प्रक्रिया में योगदान दिया।

हरिश्चंद्र (1850 : 85) ऐश्वर्य और भोग के साम्राज्य में पैदा हुए थे। वह अपनी उम्र से बड़े थे और लड़कपन में ही कविताएं लिखने लगे थे। उनका वल्लभ संप्रदाय में बाक़ायदा प्रवर्तन कराया गया जिसको वह अपनी आपत्तियों के बावजूद आजीवन अपनाए रहे। उन्होंने मौलवी ताज अली से घर पर ही उर्दू सीखी थी और पंडित ईश्वरीदत्त से संस्कृत के अपने पहले सबक लिये थे। बाद में उन्होंने विख्यात पंडित कैलाशनाथ सुकुल से संस्कृत सीखी।[104] उर्दू को एक साहूकार के लिए न केवल अनिवार्य मानने वाली बल्कि सांस्कृतिक विरासत के रूप में संस्कृत को भी पुनः सम्मान देने वाली इस शिक्षा के अलावा उनके पास नई विद्या भी थी। हरिश्चंद्र ने क्वींस कॉलेज में पढ़ाई की जिसको बाद में बनारस कॉलेज के नाम से जाना गया। परंतु उनकी शिक्षा का मार्ग अस्थिर और टेढ़ा-मेढ़ा ही रहा क्योंकि वह जल्दी ही यतीम हो गए थे। जब वे पांच वर्ष के थे तो उनकी मां का और ग्यारह वर्ष की उम्र में अफ़ीम के भारी सेवन की वजह से उनके पिता का देहांत हो गया था। *दि अलीगढ़ इंस्टीट्यूट गजेट* में 10 अप्रैल, 1888 की प्रविष्टि में इस शिक्षा की अत्यंत संक्षिप्त अवधि पर टिप्पणी की गई थी :

> कुछ समय (1862-65) तक वह गवर्नमेंट कॉलेज, बनारस में विद्यार्थी रहे जब हमें उनको एक छात्र के रूप में जानने का सौभाग्य मिला। उन्होंने निचले दर्जों में ही कॉलेज छोड़ दिया था और अंग्रेज़ी का केवल प्रारंभिक ज्ञान ही प्राप्त किया। लेकिन उनमें संस्कृत व देशज साहित्य के प्रति उत्कृष्ट रुचि थी और नाट्य काव्य को उन्होंने अपने अध्ययन का विषय बना लिया था।
>
> चौखंभा में स्थित उनकी हवेली तत्कालीन बनारस के श्रेष्ठतम साहित्यिकों का पसंदीदा पड़ाव थी।[105]

लेकिन अगर हरिश्चंद्र कर्तव्यपूर्वक स्कूल जाते रहते, निर्धारित पाठों को पढ़ते जाते और क्रमशः परीक्षाएं उत्तीर्ण करते जाते तो क्या हुआ होता? इस संबंध में *दि इंडियन क्रॉनिकल* की टिप्पणियां ज़्यादा बेबाक थीं :

> बहुत थोड़े दिन बनारस क्वींस कॉलेज में रहे। और यह अच्छी बात हुई कि केवल थोड़े ही दिन तक रहे। नहीं तो कौन जानता है कि एक अर्धशिक्षित डिपुटी मजिस्ट्रेट अथवा एक निठल्ले वकील को पाकर यह देश एक उत्तम कवि को न खो बैठता।[106]

हरिश्चंद्र की विचारोत्तेजना बाहरी जगत के साथ संपर्क और उसके प्रभावों का भी परिणाम थी। उन्होंने अनेक यात्राएं कीं। उनकी पहली लंबी यात्रा पुरी की थी जिसमें वह अपने भाई गोकुलचंद और सौतेली मां के साथ गए थे। इस यात्रा ने उनकी औपचारिक शिक्षा में व्यवधान डाल दिया और इसके बाद उन्होंने क्वींस कॉलेज छोड़ दिया। यह यात्रा कई अन्य अर्थों में उनके लिए सार्थक सिद्ध हुई। कलकत्ता में उन्होंने अपना पहला बंगाली नाटक देखा और बंगाली सीखना शुरू किया जिसकी मार्फ़त उन्हें नए विचारों और साहित्य का एक विशाल भंडार मिला। इसी यात्रा में उन्होंने यह भी पाया कि अगर वह क़र्ज़ा लेने लगें तो अपने परिवार से स्वतंत्र रहते हुए जी सकते हैं। इस अहसास से उनकी दिनोदिन बढ़ती लापरवाही और क़र्ज़ों की शुरुआत हुई। वह अव्वल दर्जे के फ़िज़ूलख़र्च और आपराधिक हद तक दानशील थे। अपनी फ़िज़ूलखर्ची पर अंकुश का उन्हें कोई रास्ता नहीं मिला। चूंकि वह भोले भी थे, इसलिए वह सदा ऐसे लोगों से घिरे रहने लगे जो उनकी कृपा पाने की जुगाड़ में रहते थे।

उनके पास एकमात्र स्थिर शिक्षा तवायफ़ों के पास उनकी आवाजाही थी जिसको परंपरा की भी स्वीकृति प्राप्त थी। यहीं आकर धनाढ्य युवक रईसों और कला रसिकों के आचरण सीख सकते थे। ऐसे ही एक दौरे में जब एक सुंदर स्त्री की अदाओं ने उन्हें एक कविता लिखने के लिए प्रेरित किया तो उन्होंने अपने एक दोस्त से कहा था : *हम इन सबों का सहवास विशेषकर इसीलिए करते हैं। कहिए यह सच्चा मज़मून कैसे लब्ध हो सकता था* (सहाय [1905] 1975 : 332)।

जैसा कि उनकी अपनी पत्रिका में प्रचारित किया जाता था, उनका व्यवसाय साहूकारी, आभूषण और नाना प्रकार की आकर्षक चीज़ों को बेचने का था। उनकी संपदा का ज़्यादातर हिस्सा नेक कामों पर ख़र्च हुआ; काफ़ी सारा तो उनकी साहित्यिक गतिविधियों को क़ायम रखने में ही चला गया। पैसे बनाने में उनकी रुचि नहीं थी, न ही पैसा संभालकर रखने में उनका मन लगता था। उनकी अतियों के लिए उन्हें खरी-खोटी सुनाने वाले महाराजा को उन्होंने कहा था : *इस धन ने मेरे पूर्वजों को खाया है, अब मैं इसे खाऊंगा।* यह 1870 के आस-पास की बात है जब उनका अपने भाई से चला आ रहा विवाद बंटवारे में परिणत हुआ। उनके हिस्से में कुछ मकान, कुछ ज़मीन और भद्रासी, शाहबाज़पुर, गौरा नदौरा नामक मौज़े और आधा देवरा चक आया था।[107] यानी, वह किसी भी लिहाज़ से संपन्न थे। इसके बावजूद, अगले कुछ सालों के भीतर उन्होंने अपनी ज़्यादातर संपत्ति से मुक्ति पा ली थी जिसके चलते सत्तर के दशक के उत्तरार्द्ध में वह लगातार क़र्ज़ों के भार में दबते चले गए। उनके बेहिसाब ख़र्चों ने उनके सहोदर सौदागरों को भी उनसे दूर कर दिया था। उनकी कुछ फ़िज़ूलख़र्ची बर्दाश्त की जा सकती थी और उसकी प्रशंसा भी होती थी : हरिश्चंद्र के परिवार में कम से कम अमीनचंद के वक़्त से एक ऐश्वर्यपूर्ण जीवन शैली चली आ रही थी लेकिन हरिश्चंद्र ने तो कोई अंकुश ही बाक़ी नहीं रखा। हालांकि वह इसी जीवन शैली को अपनाए रहे लेकिन स्वयं उनके मूलतः धर्मभीरु समुदाय में भी उनको अच्छी नज़रों से नहीं देखा जाता था।[108] कंजूस-संन्यासी और फ़िज़ूलख़र्च, सौदागरों के जिन दो रवैयों का मैंने ऊपर ज़िक्र किया है, उनमें से सौदागरों में पहले वाला आचरण सबसे प्रचलित और स्वीकृत था जबकि बाद वाले आचरण को हमेशा पथभ्रष्ट या एक

विकृति की तरह देखा जाता था। असंयम के अलावा, सामाजिक मसलों में स्वेच्छाचार और कठोरता की भी मलामत की जाती थी जो हम आगे देखेंगे। इससे भी अपने समुदाय के साथ हरिश्चंद्र का दुराव हुआ। इस तरह, हरिश्चंद्र के विचारों को औसत सौदागरों के विचारों के समकक्ष नहीं रखा जा सकता या यूं कहिए कि उन्हें अपने समुदाय के मूल्यों का प्रतिनिधि नहीं माना जा सकता। वह ख़ुद इस अस्वीकृति से अवगत थे जिसे उन्होंने *प्रेम जोगिनी* नामक अपने नाटक में भी विडंबनापूर्वक दर्ज किया था।[109]

महिलाओं के साथ उनके संबंध भी उस समय की बदलती रीति की सीमाओं के पार ही थे। उनका कम उम्र में ही विवाह कर दिया गया था लेकिन अपनी पत्नी से उनका न के बराबर संबंध था। उनकी रातें घर से बाहर ही बीतती थीं। जिस जमाने में घरेलूपन को पहले-पहल एक गुण की तरह स्थापित किया जा रहा था, उसमें इस तरह के अतिरेक आचरण की आलोचना स्वाभाविक थी। जिन तवायफ़ों के पास वह नियमित रूप से जाते थे, उनमें से दो-एक के साथ उनके स्थायी संबंध बने। इनमें से एक मल्लिका नाम की बंगाली बाल विधवा थीं। उनके साथ हरिश्चंद्र के संबंध आजीवन रहे। मल्लिका के साथ इस संबंध की शुरुआत संभवतः 1873 में हुई थी और हरिश्चंद्र ने उन्हें अपने ही घर के पास एक घर में रखवा दिया था। दूसरी माधवी थीं जिनका भरण-पोषण वह 1880 तक करते रहे। मल्लिका के साथ उनके संबंध उनके साहित्यिक जीवन में भी प्रतिबिंबित हुए। मल्लिका पढ़ी-लिखी, संवेदनशील और सामयिक मसलों में दिलचस्पी लेने वाली स्त्री थीं। वह बंगाली से अनुवाद में मदद देती थीं और कविताएं लिखती थीं जिनको हरिश्चंद्र की कविताओं के साथ-साथ प्रकाशित किया गया। उन्होंने बंगाली रंग में रंगी हिंदी में उपन्यास भी लिखे जिनके विषयों पर बंकिम चंद्र का काफ़ी असर था। सार्वजनिक रूप से तो मल्लिका को कभी मान्यता नहीं मिली क्योंकि उनकी रचनाओं पर उनका नाम कभी नहीं छपा लेकिन वह हरिश्चंद्र की सार्वजनिक गतिविधियों में साझीदार ज़रूर थीं क्योंकि वह उनके साथ ही छपती थीं। महिलाओं के बारे में हरिश्चंद्र के विचारों में अंतर्विरोध इस लिहाज़ से पैदा हुआ कि यद्यपि वह एक रईस की जीवन शैली पर क़ायम थे लेकिन दूसरी तरफ़ वह उत्तरवर्ती उन्नीसवीं शताब्दी के समाज सुधारकों द्वारा सुझाए जा रहे, महिलाओं के लिए सीमित आज़ादी के हिमायती भी थे। उन्होंने महिलाओं की शिक्षा का समर्थन किया और उस समय प्रचलित विक्टोरियाई मत को स्वीकार करते हुए घरेलू जीवन तथा सामाजिक संबंधों में प्यूरिटन संयम पर ज़ोर दिया। महिलाओं की उनके द्वारा संपादित पत्रिका *बालाबोधिनी* में उनके रवैए में निहित अंतर्विरोध के पर्याप्त साक्ष्य देखे जा सकते हैं।[110]

हरिश्चंद्र पुरानी अभिजात सरगर्मियों में भी शामिल थे और नए अभिजन का भी हिस्सा थे। उनकी सत्ता की विशिष्टता इसी मिश्रण का परिणाम थी। वह शहर के सभी सत्ता समीकरणों के साथ घनिष्ठ रूप से जुड़े हुए थे और परंपरागत उत्सवों में बढ़-चढ़कर हिस्सा लेते थे। वह गोपाललालजी के मंदिर में होने वाले आनुष्ठानिक उत्सवों में शामिल होते थे और बुढ़वा मंगल का नदी उत्सव उनके मिज़ाज के लिए एकदम माफ़िक़ था। शहर की विशेषता मानी जाने लगी इस तरह की सार्वजनिक प्रतिनिधित्वमूलक गतिविधियों को शहर के अभिजात और आम लोग, सभी समान रूप से प्रश्रय देते थे–इस लिहाज़ से देखा जाए तो अभी अभिजन और प्रजा का भेद पैदा नहीं हुआ था।[111] ऐसा लगता है कि

हरिश्चंद्र के जीवनकाल में बुढ़वा मंगल का आयोजन अपने शिखर पर पहुंच गया था। जैसा कि उन्होंने ख़ुद बताया है :

गंगा में चहुं ओर सों, दीपहि दीप लखात।
नावन सों सुरसरि छिप्यो, जल नहिं नेक दिखात॥[112]

काफ़ी समय बाद, उन्नीसवीं शताब्दी के आख़िर में लेखक 'प्रेमघन' ने अपने मित्र की भव्य मनोरंजन शैली को याद करते हुए लिखा है। राजघाट से अस्सी तक हर आकार और नाना रंगों की नौकाएं लगी रहती थीं लेकिन शोख लाल ध्वज वाली एक नौका आमतौर पर भोंसलाघाट पर ही लंगर डाले रहती थी जिसके झंडे पर ये शब्द लिखे होते थे : *मंगलायतनो हरिः*। इस नौका में उत्कृष्ट फ़नकार, तवायफ़ें, भांड, कथक और तमाशबीनों का एक समूह जमा रहता था जो सब कला के रसिया थे। इनमें एक भी ऐसा नहीं था जिसे अनपढ़ या मामूली बोध वाला माना जा सके। फिर वहां मुख्य बजरे के साथ तमाम तरह के व्यंजनों और मालों से लदी नौकाएं भी होती थीं। होली से ही हरिश्चंद्र निमंत्रण पर निमंत्रण भेज-भेजकर अपने जान-पहचान वालों को मनोरंजन के लिए काशी आने को न्योतने लगते थे। अगर कहीं से फ़ौरन जवाब न आता तो टेलीग्राम पर टेलीग्राम रवाना होने लगते जिसका नतीजा यह होता कि आमंत्रित लाचार हो जाता और चार दिन के मेले के चक्कर में काशी में पूरे सोलह दिन बिताता।[113]

हरिश्चंद्र महाराजा के निकट मित्र थे और रामनगर दुर्ग में उनकी नियमित आवाजाही थी। उन्होंने वहां की *रामलीला* के विकास में प्रमुख योगदान दिया। उन्होंने संवाद लिखने में भी मदद दी, जो महीने भर चलने वाले इस मंचन में आज भी सुनाई देते हैं। उन्होंने ही सूचीपत्र अथवा कार्यक्रम की प्रथा शुरू की। लंबी यात्राओं पर वह महाराजा के साथ जाते थे। इन यात्राओं के जो वृत्तांत उन्होंने अपनी पत्रिकाओं में छापे, वे महाराजा के साथ उनके घनिष्ठ संबंध की पुष्टि करते हैं। इस संबंध में उतार-चढ़ाव भी आते रहते थे क्योंकि दोनों की राजनीतिक और सामाजिक रुचियां अपरिहार्य रूप से भिन्न थीं। ऐसे मौक़ों पर दोनों का दुराव कभी-कभी लंबे समय तक क़ायम रहता हालांकि आख़िरकार आपसी मतभेद ख़त्म हो जाते।[114]

परिवार की परंपराओं के अनुरूप शुरुआत में अंग्रेज़ों के साथ उनके संबंध भी सहृदयतापूर्ण ही रहे। 1870 से 1874 तक वह शहर के ऑनरेरी मजिस्ट्रेट रहे। उसी समय लगभग 6 साल तक वह म्युनिसिपल कमिश्नर भी रहे। उनकी पत्रिकाओं को शुरू में सरकारी संरक्षण मिला और प्रत्येक पत्रिका की सौ-सौ प्रतियां शिक्षा विभाग द्वारा ख़रीद ली जाती थीं। परंतु एक बार शहर की यात्रा पर आए वायसराय लॉर्ड मेयो के सम्मान में महाराजा द्वारा घोषित लेवी के प्रसंग में *लेवी प्राण लेवी* शीर्षक से और प्रांत के लेफ़्टिनेंट गवर्नर विलियम मुईर को केंद्र में रखते हुए *मर्सिया* नामक अवहेलनापूर्ण लेख लिखने की वजह से सरकार की कृपा-दृष्टि जाती रही।[115] तीनों पत्रिकाओं का एक जैसा हश्र हुआ। इस पर उन्होंने ऑनरेरी मजिस्ट्रेट के पद से इस्तीफ़ा दे दिया।[116] हालांकि इसके बाद भी वह अधिकृत शाही अवसरों और गण्यमान्य व्यक्तियों का महिमागान करते रहे, जैसे अपनी रचनाओं के माध्यम से उन्होंने अत्यंत लोकप्रिय लॉर्ड रिपन की प्रशंसा की, लेकिन इसके बावजूद वह औपनिवेशिक शासन की नीतियों की तीखी मलामत करने और सख़्त व्यंग्य लिखने से बाज़ नहीं आए।

नई सार्वजनिक हस्तियों के साथ उनके संपर्क और संबंधों से उनकी अपनी गतिविधियों को विस्तार और आकार मिला, चाहे वे उनके विरोध में हों या समर्थन में। एक दौर में वह बाबू शिवप्रसाद (1823-95) को अपना गुरु मानते थे क्योंकि कुछ समय तक उन्होंने बाबू शिवप्रसाद से अंग्रेज़ी सीखी थी।[117] लेकिन बाद के सालों में हिंदी संबंधी बहसों में उन्हीं को हरिश्चंद्र ने अपना सबसे मुख्य विरोधी बना लिया था। शिवप्रसाद ने हिंदी और उर्दू में कई स्कूली पाठ्य-पुस्तकें लिखी थीं और दोनों भाषाओं का एक व्याकरण लिखने के अलावा हिंदी गद्य की रचना में भी उल्लेखनीय योगदान दिया था। वह उर्दू और हिंदी के भेद पर ज़ोर देने की बजाय दोनों में मेल-मिलाप के हिमायती थे। संभवतः अधिकृत ब्रिटिश नीति को ध्यान में रखते हुए स्वयं उनकी नीति भी एक ऐसी हिंदी के पक्ष में जा रही थी जिसमें फ़ारसी-अरबी अभिव्यक्तियों के लिए पूरी जगह हो और इसी बात पर हरिश्चंद्र व उनके सहयोगियों से बाबू शिवप्रसाद का मतभेद और अंततः संबंध विच्छेद हुआ। शुरू में वह भी *हरिश्चंद्राज़ मैगज़ीन* के संपादक मंडल में थे लेकिन बाद में उन्हें चुपचाप हटा दिया गया। लेकिन उनका हवाला बार-बार आता रहा।

हरिश्चंद्र बाबू राजेंद्रलाल मित्र (1822-91) के भी नियमित संपर्क में थे जो विभिन्न भूमिकाओं में एशियाटिक सोसायटी से जुड़े हुए थे।[118] अपने लंबे कैरियर के दौरान मित्र ने पंद्रह महत्त्वपूर्ण संस्कृत कृतियों के संस्करण प्रकाशित किए, संस्कृत पांडुलिपियों के कई टिप्पणीयुक्त कैटलॉग तैयार किए, पचास से ज़्यादा शोध लेख लिखे और दो प्रमुख किताबें लिखीं। वह न केवल पाश्चात्य भारतविद्या के विषय में ज्ञान रखते थे बल्कि उनके पास समकालीन मुद्दों पर सक्रिय व्यक्ति की फ़िक्र और प्रतिबद्धता भी थी। मैक्स मुलर के विचारों को मानते हुए लेकिन अपने हिसाब से उसमें संशोधन व स्पष्टीकरण जोड़ते हुए उन्होंने प्राचीन भारत के आर्यों की संस्कृति व धर्म पर लगातार लिखा। उनके मुताबिक़, वेदों और महाकाव्यों में वर्णित शक्तिशाली योद्धा और राजा इन्हीं आर्यों से उत्पन्न हुए थे। उनके लिए आर्यों की महानता भारत की महानता थी। आर्य ही थे जिन्होंने देश के सामाजिक व राजनीतिक संस्थानों का सूत्रपात किया और संस्कृत भाषा में अद्भुत साहित्य रचा। मित्र का मत निष्पक्ष नहीं था क्योंकि वह कट्टर वैष्णव थे। आगे चलकर हरिश्चंद्र ने भी *दि एंटीक्वीटीज़ ऑफ़ उड़ीसा* (1875) नामक विशाल ग्रंथ में मित्र द्वारा वैष्णवों के इतिहास के बारे में व्यक्त किए गए अनेक सिद्धांतों और मतों को स्वीकार किया।[119]

हरिश्चंद्र *जर्नल ऑफ़ दि एशियाटिक सोसायटी ऑफ़ बंगाल* में छपने वाले लेखों और जानकारियों पर लगातार नज़र रखते थे। वह इसके प्रारंभिक अंकों, *एशियाटिक रिसर्चेज़* से भी परिचित थे जिनमें संस्कृत भाषा और प्राचीन भारतीय अतीत के प्रति भारी उत्साह पहली बार प्रकट हुआ। वह ख़ुद को गर्वपूर्वक एक पुरावेत्ता बताते थे और *इंडियन एंटीक्वेरी* से परिचित थे। बाद के उनके लेखों में इन सभी पत्रिकाओं का अकसर हवाला मिलता है।

जब समाज सुधार, ख़ासतौर से महिलाओं की उन्नति का सवाल आता तो ईश्वरचंद्र विद्यासागर (1820-91) भी एक महत्त्वपूर्ण संदर्भ-बिंदु थे। हरिश्चंद्र व्यक्तिगत रूप से विद्यासागर को जानते थे और दोनों एक-दूसरे के प्रति प्रेम व सम्मान का भाव रखते थे। विद्यासागर ने हरिश्चंद्र के पांडुलिपि पुस्तकालय *सरस्वती भंडार* में उपलब्ध समृद्ध संसाधनों

का सदुपयोग किया था और कालिदास रचित *शकुंतला* के अपने संस्करण की प्रस्तावना में उन्होंने इस पुस्तकालय का प्रयोग करने के लिए सार्वजनिक रूप से हरिश्चंद्र का धन्यवाद दिया था।

हालांकि विद्यासागर को संस्कृत विद्या के दीर्घकालिक महत्त्व में ज़्यादा दिलचस्पी नहीं थी लेकिन समकालीन बहस में उसके फ़ौरी इस्तेमाल को वे काफ़ी महत्त्वपूर्ण मानते थे। बनारस संस्कृत कॉलेज के प्रधानाचार्य जे.आर. बैलेंटाइन के साथ-साथ उन्होंने भी शास्त्रों तथा भारतीय दर्शन को मिथ्या की श्रेणी में रखा लेकिन अपनी इस राय को वह केवल अपने पत्राचार के दायरे तक ही व्यक्त करते थे।[120] इसी बिंदु पर हरिश्चंद्र के साथ उनका मुख्य मतभेद सामने आता है। उनकी सार्वजनिक रणनीति यह थी कि वे जिन सुधारों की बात कर रहे थे उनके पक्ष में इन्हीं शास्त्रों से साक्ष्य प्रस्तुत करते थे लेकिन असल में वह प्रस्तावित सुधारों को स्थापित धार्मिक आचरण के अनुकूल सिद्ध करने की ही चेष्टा कर रहे थे।[121] विद्यासागर के विशद संस्कृत ज्ञान और आजीवन अपने मूल्यों पर टिके रहने के उनके संकल्प से उनके प्रति एक सम्मान और प्रशंसा का भाव पैदा होता था। यद्यपि हरिश्चंद्र ने ऐसी महिलाओं के विषय में विद्यासागर के मत का समर्थन किया जिनका शैशवावस्था में ही विवाह कर दिया गया था और जो बहुत सारी सहपत्नियों में उपेक्षित या वैधव्य के अनेक कष्टों से जूझ रही थीं लेकिन अपनी पत्रिकाओं में वे जिन बदलावों की सख़्त हिमायत कर रहे थे, उन पर उनको कुछ आपत्तियां भी थीं।[122]

हरिश्चंद्र ने बहुत शुरू में ही अपना सार्वजनिक उत्साह स्पष्ट कर दिया था। उनकी प्रचारवादी गतिविधियों से उन्हें व्यापक पहचान और ख्याति मिली थी। उन्होंने 1868 से 1876 तक *कविवचनसुधा (क.व.सु.)*[123] का संपादन किया जो इस अवधि के बाद एक क्षीणतर रूप में औरों के द्वारा 1885 तक चलता रहा। स्वामित्व बदलने के बावजूद भूतपूर्व संपादक की ख्याति को इस पत्रिका से लाभ मिलता रहा। 1873 में *हरिश्चंद्र मैगज़ीन,* जिसे बाद में *हरिश्चंद्रचंद्रिका* के नाम से जाना गया, का प्रकाशन शुरू हुआ। यह पत्रिका 1880 तक उन्हीं के हाथों में रही। इसके बाद पत्रिका को उदयपुर स्थानांतरित किया गया और उनकी मृत्यु से ठीक पहले 1884 में वह दोबारा उनकी देख-रेख में चलने लगी। उन्होंने 1874 से 1878 तक नियमित रूप से हिंदी में महिलाओं की पहली साहित्यिक पत्रिका *बालाबोधिनी* का भी संपादन किया। पहले वाली दोनों पत्रिकाओं को ऐतिहासिक ख्याति मिली। उन्होंने न केवल एक सार्वजनिक मंच की भूमिका निभाई बल्कि साहित्यिक हिंदी की रचना में भी ठोस योगदान दिया। यहीं से उनकी हिंदी के आचार्य की ख्याति बनी। इन्हीं पत्रिकाओं के पन्नों में उन्होंने न केवल नाटक, जो कि आधुनिक हिंदी साहित्य की रचना में उनका विशेष योगदान माना गया, बल्कि अन्य विविध साहित्य रूपों को भी पहली बार आज़माया था। इन्हीं पत्रिकाओं के माध्यम से उन्हें विचारों के प्रसार का मौक़ा मिला जो कि हिंदी-पट्टी के लिए एकदम नई बात थी। इन्हीं पत्रिकाओं में न केवल राजनीतिक मुद्दों पर गर्मागर्म बहस की जा सकती थी बल्कि धार्मिक और सामाजिक प्रश्नों पर जनमत को भी प्रभावित किया जा सकता था। प्रेस के माध्यम से औपनिवेशिक सरकार और नगर प्रशासन तक शिकायतें पहुंचाई जा सकती थीं। सबसे बढ़कर यह था कि यहीं पर नई हिंदी पहचान गढ़ी जा रही थी।

हरिश्चंद्र की सार्वजनिक गतिविधियां सिर्फ़ पत्रों के प्रकाशन और संपादन तक सीमित नहीं थीं। 1867 में अपने भाई के साथ मिलकर उन्होंने चौखंभा में लड़कों के लिए एक प्राथमिक पाठशाला भी खोली। पहले वह और उनके भाई ख़ुद इन लड़कों को पढ़ाया करते थे। मिशन और सरकारी स्कूल महंगे थे जबकि हरिश्चंद्र का स्कूल प्रायः निःशुल्क था। बाद में, जब यह एक नियमित स्कूल बन गया तो उसमें एक अध्यापक को भी नियुक्त किया गया। शुरुआती उतार-चढ़ावों के बाद यह स्कूल एक स्थापित संस्था की हैसियत में पहुंच गया और उसके विद्यार्थियों की संख्या भी 150 तक जा पहुंची। स्कूल के सालाना पुरस्कार वितरण समारोह में न केवल शहर के गण्यमान्य व्यक्ति हिस्सा लेते थे बल्कि इस आयोजन पर पत्रिकाओं में विस्तार से लिखा भी जाता था। 1880 से स्कूल को राजकीय सहायता भी मिलने लगी। हरिश्चंद्र के जीवनकाल में यह एक प्राथमिक स्कूल ही रहा और इसे 'चौक स्कूल' के नाम से जाना जाता था। उनकी मृत्यु के बाद इसका नाम उनके नाम पर रख दिया गया—उनके पुराने मित्र और विरोधी राजा शिवप्रसाद के सुझाव पर—और मित्रों व शुभचिंतकों की सहायता से यह स्कूल पहले मिडिल और बाद में हाई स्कूल के स्तर तक पहुंच गया। स्कूल आज भी मौजूद है और अब यह बनारस हिंदू विश्वविद्यालय से संबद्ध एक डिग्री कॉलेज है।

सत्तर के दशक में सामूहिक सरगर्मियों और चर्चा के लिए स्कूल के अलावा दूसरी भी संभावनाएं थीं। विद्वान, कवि तथा हरिश्चंद्र के निकट मित्र अंबिकादत्त व्यास ने शहर में क्लबों और एसोसिएशनों के लिए मचे उन्माद पर व्यंग्यपूर्वक लिखा है : *काशी में सभाओं की धूम थी* (1901 : 17)।

इस तरह की सभाओं से हरिश्चंद्र का पहला परिचय बनारस इंस्टीट्यूट के एक सदस्य के रूप में हुआ। 1864-5 की *दि ट्रांजेक्शंस,* जब हरिश्चंद्र लगभग 14 वर्ष के थे, में उनका नाम भी सदस्य के रूप में दिखाई दिया। यह पहला अवसर था जहां ओरिएंटलिस्ट विचारों के साथ और इस नई रोशनी में भारतीयों के स्वबोध से उनका आमना-सामना हुआ। बाद में उन्होंने इन गतिविधियों के बारे में अपनी पत्रिकाओं में भी लिखा। यह इंस्टीट्यूट बाबू शिवप्रसाद और उनके बीच होने वाले विवादों का अखाड़ा बन गया और कुछ मौक़ों पर हरिश्चंद्र ने *कविवचनसुधा* में इसकी बैठकों का मज़ाक़ भी उड़ाया।[124] सर सैयद अहमद ख़ान (1817-98) इंस्टीट्यूट के एक महत्त्वपूर्ण सदस्य थे। एक प्रसिद्ध मुस्लिम हस्ती होने के नाते यह अपरिहार्य था कि वह शहर के सांस्कृतिक परिदृश्य में भी बढ़-चढ़कर हिस्सा लेते थे।

1870 के आस-पास राजा द्वारा स्थापित धर्मसभा को इसी तरह की एक संस्था माना जा सकता है हालांकि धर्मसभा ख़ुद को सनातन धर्म के मूल्यों का रक्षक मानती थी। हरिश्चंद्र एक *कार्यकर्ता* या कार्यकारी सचिव के रूप में इस सभा से घनिष्ठ रूप से जुड़े हुए थे। सभा की बैठकें अकसर उनके घर में ही होती थीं और इसकी गतिविधियों—आनुष्ठानिक एवं धार्मिक मसलों पर सभा द्वारा दी जाने वाली व्यवस्थाएं—पर हरिश्चंद्र की पत्रिकाओं में विस्तार से लिखा जाता था। इस तरह हरिश्चंद्र के पास दो प्रकार का प्राधिकार था : पहला, सभा की निर्णय प्रक्रिया में हिस्सेदारी के रूप में और दूसरा, संबंधित मुद्दों पर सार्वजनिक तौर पर मत प्रकट करने का अवसर पाने के रूप में।

हरिश्चंद्र ने ख़ुद भी कई सभाओं का गठन किया। 1870 में उन्होंने कवितावर्धिनी सभा बनाई। उस समय के ज़्यादातर जाने-माने कवि इसकी बैठकों में हिस्सा लेते थे : सरदार

कवि, सेवक, दीनदयाल गिरि, नारायण, द्विज मन्नालाल और हनुमान कवि आदि। इनमें से ज़्यादातर को महाराजा का भी संरक्षण मिला हुआ था। इसकी बैठकों में अकसर पुरानी शैली की समस्यापूर्ति की विधा दोहराई जाती थी। इस विधा में पहले से दी गई पंक्ति के साथ समाप्त होने वाली कविताएं लिखी जाती थीं। इसकी बैठकें कभी-कभी शहर के बाहर स्थित हरिश्चंद्र के रामकटोरा नामक आनंदबाग में भी होती थीं। इस बाग में होने वाली उनकी सबसे लंबी और प्रसिद्ध बैठकें तीन-तीन दिन तक चलती थीं। ऐसे मौक़ों पर खाने-पीने का विस्तृत इंतज़ाम किया जाता था और बहुत सारी दुकानें लगाई जाती थीं। जो चाहते वे रात में भी वहीं रुकते और बाक़ी लोग दिन में आकर शाम को लौट जाते थे। बैठकें आमतौर पर उनके दीवानख़ाने में होती थीं अथवा चांदनी रातों में भवन की विशाल छत पर बैठने का इंतज़ाम किया जाता था। अंबिकादत्त व्यास ने मूल रूप से दक्षिण के एक प्रसिद्ध विद्वान के सम्मान में आयोजित की गई इसी तरह की एक बैठक का विवरण दिया है जो बहुत जल्दी ही एक काव्य रचना एवं काव्यपाठ सत्र में बदल गई थी और जहां स्वयं व्यास ने भी अपनी पहली रचना लिखी थी (1901 : 7-8)। ये बैठकें उनके पिता गोपालचंद द्वारा आयोजित काव्य पाठ आयोजनों से ज़्यादा भिन्न नहीं होती थीं। अब बस यह फ़र्क़ था कि इन काव्य-पाठों में सुनाई जाने वाली कविताएं पत्रिकाओं में प्रकाशित हो सकती थीं और इस तरह से उन्हें व्यापक जनता तक पहुंचाया जा सकता था और उनका रस सिर्फ़ चंद लोगों तक सीमित नहीं था।

1873 में हरिश्चंद्र ने पेनी रीडिंग क्लब का गठन किया। यहां जो पत्र प्रस्तुत किए जाते थे उनको *हरिश्चंद्रचंद्रिका* में प्रकाशित किया जाता था। यहीं पर हरिश्चंद्र अपने लहराते लबादे के पीछे काग़ज़ का एक लंबा रोल लटकाए आए थे और उन्होंने *पांचवां पैगंबर* नामक अपना उत्साही व्यंग्यप्रद गद्य पढ़कर सुनाया था। इसमें पांचवां पैगंबर वह था जिसने न्यू लाइट यानी नवप्रकाश की घोषणा की थी और मुक्ति की ओर जाने वाले रास्ते के रूप में लौकिक तर्क पर आधारित विधर्मी, सांसारिक यूरोपीय संस्कृति का प्रचार किया था।[125]

उसी साल उन्होंने *तदीय समाज* का गठन किया जो एकेश्वरवाद का नए सिरे से प्रसार करने वाली एक नई वैष्णव सभा थी। कुछ मायनों में यह आर्यसमाज और ब्राह्मो समाज की तर्ज़ पर बनाई गई थी लेकिन यह पुराने को ही आगे बढ़ाने का दावा कर रही थी। अपनी पत्रिकाओं में हरिश्चंद्र जिस धार्मिक अधिकार से बोलते थे, उसमें एक हिस्सा इस समाज में उनकी अगुआ भूमिका से पैदा होता था।

उनका प्राधिकार, उनकी भाषा में भदेस तत्त्वों और जीवंतता की मौजूदगी, जो अपने बांकपन के बावजूद सुघड़ थी और कभी भौंडे स्तर तक नहीं गिरी, से उनके व्यक्तित्व और उनकी पत्रिकाओं को ज़बर्दस्त लोकप्रियता मिली। देसी भाषा के पत्रों में उनके नेतृत्व को मान्यता मिली। देसी भाषाओं के प्रेस में उन्हें दिए जा रहे मंच पर उनकी विशिष्ट सार्वजनिक ख्याति के अनुरूप उन्हें *भारतेंदु* यानी भारत का चंद्रमा की उपाधि दी जाने लगी जिसने राजा शिवप्रसाद को शासन की ओर से मिली सितारे-हिंद की उपाधि की चमक को फीका कर दिया था। 1880 में कलकत्ता से निकलने वाली हिंदी पत्रिका *सारसुधानिधि* में रामशंकर व्यास ने सुझाव दिया कि हरिश्चंद्र को यह उपाधि दी जाए। इस सुझाव की श्रेष्ठ पत्रों ने भी सराहना की और इसके बाद न केवल इस उपाधि का नियमित रूप से इस्तेमाल किया जाने लगा

बल्कि लगभग सभी जगह उनके नाम के स्थान पर उन्हें इसी उपाधि से संबोधित किया जाने लगा। इस उपाधि का भी एक इतिहास है जो उस विरोधाभास के अनुकूल ही है जो हरिश्चंद्र के व्यक्तित्व की विशेषता भी था। क़िस्सा यूं है कि यह उपाधि पहली बार लाहौर के पंडित रघुनाथ ने कुछ रोष में दी थी जो कि हरिश्चंद्र की ढिठाई से तंग आ गए थे। चांद में दाग भी होता है, इसलिए रघुनाथ को यह नाम ऐसे व्यक्ति के लिए उपयुक्त ही दिखाई दिया जिसमें नूर और जादू तो है लेकिन जिसका चरित्र और आचरण उसके गहरे दोषों से क्षत-विक्षत भी दिखाई पड़ता है।[126]

हालांकि हरिश्चंद्र के पास कोई अधिकृत पद नहीं था लेकिन वह एक कवि, नाटककार, शिक्षाविद् और सबसे बढ़कर एक पत्रिका के संपादक के रूप में बहुत बड़ी हस्ती रखते थे। अंग्रेज़ भी उनकी इस हैसियत को मानते थे और 1882 में डब्ल्यू.डब्ल्यू. हंटर की अध्यक्षता में बनाए गए एजुकेशन कमीशन के सामने अपना मत प्रस्तुत करने के लिए उन्हें भी आमंत्रित किया गया था।[127] जॉर्ज ग्रियर्सन ने उनके व्यक्तित्व की विविधता पर इस तरह टिप्पणी की थी[128] : 'बहुत सारी शैलियों के एक उर्वर लेखक और सभी में सिद्धहस्त', तथा उनकी साहित्यिक कुशाग्रता पर उनका यह कहना था : 'उत्तर भारत में आज तक का श्रेष्ठतम समालोचक' (1889 : 124)।

उनके इर्द-गिर्द मित्रों और परिचितों का एक विशाल घेरा था। उनमें से बहुत सारे उनकी पत्रिकाओं में लिखते थे और उनसे प्रेरणा लेकर कई ने ख़ुद मान्यताप्राप्त पत्रिकाएं निकालीं। उनमें से कुछ पत्रिकाओं ने हिंदू संस्कृति व राजनीतिक पहचान और मत को गढ़ने में उल्लेखनीय योगदान दिया। हरिश्चंद्र के भावनात्मक एवं बौद्धिक प्रभाव के दूरगामी असर को दर्शाने के लिए एक ही उदाहरण काफ़ी होगा। यह महत्त्वपूर्ण उदाहरण इसलिए है कि यह गौड़ीय संप्रदाय से संबद्ध वृंदावन के राधाचरण गोस्वामी (1859-1923) के स्वबोध में प्रतिबिंबित होता है। वह उन चालीस गोस्वामियों में से एक थे जिनके पास वृंदावन में स्थित गौड़ीय संप्रदाय की पवित्र गद्दी राधारमण मंदिर में सेवा का वंशगत अधिकार था। वह एक ऐसे विख्यात वंश से थे जिसका इतिहास बारह पीढ़ी पीछे गोस्वामी गोपालभट्ट तक जाता था जो श्री चैतन्य के शिष्य थे और जिनका *भक्तमाल* में भी उल्लेख आता था।[129] राधाचरण गोस्वामी ने हालात के अपने बोध, अलग छूट जाने के अपने भय, पश्चिमी ज्ञान व ईसाई धर्म के आने से ध्रुवीकृत हो रहे नए जगत में 'अवशिष्ट' बनकर रह जाने के भय को अपने आत्मकथात्मक लेखन में दर्शाया है। ऐसे ही हालात में हरिश्चंद्र द्वारा संपादित दो पत्रिकाओं, *कविवचनसुधा* और *हरिश्चंद्र मैगज़ीन* से उनका परिचय हुआ। वह देश कल्याण के लिए काम करना चाहते थे और नवजीवन से प्रेरित थे। ये सब चीज़ें उन्हें गहरे तौर पर उद्वेलित कर रही थीं। नई रोशनी उनको एक दिशा में खींच रही थी जबकि प्राचीन शिक्षक उन्हें इस बात के लिए आगाह कर रहे थे कि वह प्राचीन दिशा से भटक न जाएं। उन्होंने हिंदी में रचनात्मक लेखन और संस्कृत काव्य के प्रसार के लिए एक स्थानीय सभा का गठन किया था। वृंदावन में सभाएं एक नई बात थीं और लिहाज़ा यहां उनके प्रति काफ़ी अरुचि थी। इसी सभा की सरगर्मियों के तहत उन्होंने दूसरे धर्मों का अध्ययन प्रारंभ किया। पहले उन्होंने ईसाई धर्म से संबंधित किताबें पढ़ीं और गहरी उत्सुकता के साथ उन्होंने हिंदू धर्म के बारे में उनकी आलोचनाओं को पढ़ा। इस अध्ययन से उन्हें संतोष नहीं हुआ। इसके बाद वह ब्राह्मो समाज

की ओर आकर्षित हुए और इसकी पत्रिका *हिंदू बांधव* में भी लिखने लगे। हरिश्चंद्र ने आर्यसमाज की वैदिक आस्था का महिमागान करने वाली उनकी पंक्तियों पर हमला बोल दिया। हालांकि राधाचरण गोस्वामी ने अपने पक्ष में दलीलें दीं लेकिन वे हिल गए थे। वह आर्यसमाज की ओर भी आकर्षित हुए और उनके प्रकाशनों को पढ़ने लगे। स्वयं उनके शब्दों में (यह मूल हिंदी पाठ की जगह अंग्रेज़ी से किया हुआ अनुवाद है) :

> हिंदी में लेख लिखने से बाबू हरिश्चंद्र के प्रति गहरा लगाव पैदा हुआ है। उनके लेखों और पुस्तकों में ऐसा अधिकार और अकाट्यता है जैसी वेद वाक्यों में होती है। हम उन्हें ईश्वर का ग्यारहवां अवतार मानते थे, वह अपने सारे कृत्यों में हमारे आदर्श थे, उनका सब कुछ उदाहरण योग्य था। यहां से मैंने स्थितियों को अपने हाथों में ले लिया, मेरी आजीविका और मेरा क़लम मेरी पकड़ में थे और मैंने यहां-वहां कुछ संशोधन प्रस्तावित करते हुए चरित्र और खरेपन के साथ गोस्वामियों का पेशेवर जीवन शुरू किया। मैंने इस दौर यानी 1877 से 1883 के बीच की ज़्यादातर हिंदी पत्रिकाओं के लिए कई शीर्षकों पर लेख लिखे।[130]

राधाचरण ने नाटक और कविताएं भी लिखीं और उन्होंने *भारतेंदु* (1884-7) पत्रिका भी निकाली।

हरिश्चंद्र के दायरे के सबसे प्रमुख सदस्य, जिनका यहां केवल उल्लेख ही पर्याप्त होगा, में से कुछ इस प्रकार थे : कानपुर के प्रताप नारायण मिश्र (1856-95) जिन्होंने *ब्राह्मण* (1883-95) पत्रिका निकाली, इलाहाबाद के बालकृष्ण भट्ट (1844-1914) जो प्रख्यात पत्रिका *हिंदी प्रदीप* (1877-1910) के संस्थापक संपादक और *हिंदीवर्धिनी सभा* (1877) के संस्थापकों में से एक थे, दिल्ली के लाला श्रीनिवास दास जिन्होंने आधुनिक हिंदी नाटकों की पहली खेप में दो नाटक लिखे और *परीक्षा गुरु* (1882) लिखा जिसे हिंदी में पहला उपन्यास माना जाता है, मिर्ज़ापुर के बद्रीनारायण चौधरी जो बड़े पैमाने पर लिखने वाले एक और लेखक तथा *आनंदकादंबिनी* (लगभग 1881-90) के संपादक थे, और अंत में, बाबू राधाकृष्णदास (1865-99) जो हरिश्चंद्र की बुआ के बेटे थे और जिनका लालन-पालन चौखंभा स्थित उनकी हवेली में ही हुआ था और जो हरिश्चंद्र के निकट संबंधी तमाम दूसरे लोगों की तरह ख़ूब लिखते थे। राधाकृष्णदास *काशी नागरी प्रचारिणी सभा* (1893) के तीन मूल संस्थापकों में से एक थे और इस तरह उन्होंने भी हिंदी के मक़सद को बहुत आगे बढ़ाया।[131] इनके अलावा मुरादाबाद में भी लेखकों की एक मंडली थी जो भले ही हरिश्चंद्र के साथ व्यक्तिगत संपर्क में नहीं थे लेकिन जो उनके लेखन से अत्यंत प्रभावित थे और अपने प्रति उनके ऋण को स्पष्ट रूप से स्वीकार करते थे।[132] बाबू रामदीनसिंह (1856-1903) का उल्लेख भी आवश्यक है जो बुरे समय में हरिश्चंद्र के प्रकाशक और संरक्षक रहे। उन्होंने 1880 में पटना में खड्गविलास प्रेस की स्थापना की थी जिसने अवधी, ब्रजभाषा और हिंदी के प्रमुख कवियों और लेखकों की रचनाएं प्रकाशित करने के अलावा कई पत्रिकाएं भी निकालीं जिनमें *क्षत्रियपत्रिका* (1881-7) भी एक थी और जिसमें हरिश्चंद्र ने भी लिखा था। रामदीनसिंह ने ही हरिश्चंद्र की समग्र रचनाएं प्रकाशित कीं जिन्हें 1885 में हरिश्चंद्र की मृत्यु के फ़ौरन बाद शुरू की गई मासिक पत्रिका *हरिश्चंद्रकला* में धारावाहिक प्रकाशित किया गया।[133] उन्होंने ही हरिश्चंद्र की पहली विस्तृत जीवनी लिखवाई थी जिसे शिवनंदन सहाय ने लिखा और जो 1905 में प्रकाशित हुई।[134]

हरिश्चंद्र की हैसियत में जो अंतर्विरोध था, उससे एक ऐसा रचनात्मक तनाव पैदा होता था जिसने उन्हें अपने दायरे से बहुत दूर तक एक गहरा अधिकार दे दिया था। अपनी आदतों, जीवन शैली और सत्ता के पदों तक अपनी पहुंच के लिहाज़ से वह अपने वर्ग के प्रतिनिधि थे। परंतु वह इस वर्ग से भिन्न भी थे क्योंकि वह अपने दौर के सामाजिक व राजनीतिक मुद्दों पर ग़ैर-रूढ़िवादी विचार भी रखते थे और फलस्वरूप वह अपने जन्म और संबंध के सामाजिक समूह से एक दूरी पर भी दिखाई पड़ते थे। इस तरह वह एक अभिजात साहूकार और एक लेखक के रूप में विद्रोही भी थे क्योंकि वह देशी रजवाड़ों और ब्रिटिश सरकार के ख़िलाफ़ नियमित रूप से लिखते रहे। पर हां, वे अव्वल दर्जे के फ़िज़ूलख़र्च थे और मन आने पर किसी तुच्छ से तुच्छ चीज़ पर भी बेहिसाब दौलत उड़ा सकते थे। दूसरी तरफ़, वह उभरते मध्य वर्ग के प्रवक्ता के रूप में मितव्ययिता, एहतियात और नियोजित जीवन-शैली के उपदेश भी देते थे। वह आस्थावान कृष्णभक्त थे, अपने संप्रदाय की उन्नति के लिए समर्पित थे लेकिन उसकी आलोचना करते हुए एक नया कार्यक्रम भी प्रस्तुत कर रहे थे जो पुराने से पूरी तरह विच्छेद पर आधारित नहीं था। वह एक सामान्य धार्मिक नेता थे जिसने न केवल पुराने क़िस्म की सार्वजनिक गतिविधियों को जारी रखा बल्कि नई सभाओं व पत्रिकाओं की स्थापना करके एक नई राजनीतिक परिधि की रचना में भी मदद दी। चाहे हिंदुओं की भाषा, साहित्य या धर्म का प्रश्न हो, परंपरा के प्रतिनिधित्व के रूप में हरिश्चंद्र नए, तीसरे मुहावरे के सूत्रपात में योगदान दे रहे थे। इसी के चलते वह उन पर भी प्राधिकार रखते थे जो परंपरा से जुड़े रहने के माध्यम ढूंढ़ रहे थे और दूसरी तरफ़ उनसे भी जो कि परिवर्तन की परियोजना से जुड़े हुए थे।

हरिश्चंद्र के उद्यम के राष्ट्रवादी आयामों को उनकी मृत्यु के बाद कवि श्रीधर पाठक (1859-1928) ने इस तरह सार-संकलित किया था :

जबलों भारत भूमि मध्य आरज-कुल-वासा।
जबलों आरज धर्म्म मांहि आरज-बिश्वासा॥
जबलों गुन-आगरी नागरी आरज-बानी।
जबलों आरज-बानी के आरज अभिमानी॥
तबलों यह तुम्हरो नाम थिर चिरजीवी रहिहै अटल।
नित चन्दसूर संग सुमिरिहैं हरिचंदहु सज्जन सकल॥[135]

एक राजसी साहूकार के लिए यह बहुत बड़ा सफ़र था।

निष्कर्ष

काशी मिथक, त्रिलोक के बाहर होते हुए भी उसको अपने भीतर समाहित करने वाली पावन भूमि, शिव के साथ इसके आदिकालीन संबंध, उपचार की उसकी शक्ति और मोक्ष प्रदान करने का सामर्थ्य–जिसकी पुराणों और धर्मशास्त्रों में भी मान्यता थी–को अठारहवीं शताब्दी के आख़िर और उन्नीसवीं शताब्दी में विकसित हुई हिंदू परंपराओं से और बल मिला। इन परंपराओं को काशी के साहूकारों, ब्राह्मणों और राजाओं ने मिलकर सींचा और वे शहर के मंदिरों और पवित्र घाटों पर हर साल आने वाले हज़ारों तीर्थयात्रियों के ज़रिए पूरे उपमहाद्वीप में फैल गईं। परंतु कमोबेश एकल नैरंतर्य में इन परंपराओं के ऐतिहासीकरण और सुदृढ़ीकरण

की प्रक्रिया अंग्रेज़ों के संपर्क में आने से ही शुरू हुई जो ख़ुद भी इनसे लाभ उठाना चाहते थे और इसके लिए यहां की पावनता और विद्या की परंपराओं, दोनों को संरक्षण देने में अपना हाथ बंटाने को तैयार थे।

राजाओं ने शहर की पौराणिक परंपराओं और अनुष्ठानों को बढ़ावा दिया। अंग्रेज़ों के औपनिवेशिक संरक्षण के मातहत उन्होंने रामलीला की धूमधाम तथा बुढ़वा मंगल के नदी उत्सव के विस्तृत राग-रंग में शहर के पुराने प्रतिनिधित्वमूलक सार्वजनिक वृत्त की रचना की। शताब्दी की आख़िरी चौथाई में महाराजा ईश्वरी प्रसाद सिंह ने काशी धर्मसभा का भी फिर से गठन किया जिसमें न केवल विद्वान ब्राह्मण शामिल किए गए बल्कि हरिश्चंद्र जैसे समृद्ध व्यापारियों को भी शामिल किया गया और उन्होंने बनारस संस्कृत कॉलेज व बनारस इंस्टीट्यूट की सार्वजनिक गतिविधियों को संरक्षण दिया। औपनिवेशिक सत्ता के प्रति अपनी निष्ठा के बावजूद महाराजा ने नए सार्वजनिक वृत्त में पुराने के विस्तार और इस प्रकार तीसरे या आधुनिकतावादी मुहावरे की रचना में योगदान दिया।

अधिकांश व्यापारी अपने पुराने ढर्रे पर चलते रहे, जाति पंचायतों जैसे उनके सामुदायिक संगठन, मंदिरों के साथ उनके संबंध और ब्राह्मणों के लिए संरक्षण के व्यापारियों के परंपरागत तौर-तरीक़े अपनी जगह बने रहे लेकिन वे नए संस्थानों, शिक्षा संस्थाओं, प्रेस और क्लबों व सभाओं जैसी दूसरी एजेंसियों के संपर्क में भी आए। उच्चतर शासकीय पदों से बेदख़ल और विनिर्माण उद्योग खोलने से लाचार इन लोगों ने एक नया सार्वजनिक वृत्त रचा जिसने हिंदू पहचान और उससे पैदा होने वाले अधिकारों का एक नया बोध व्यक्त किया।

शहर के पढ़े-लिखे ब्राह्मण बनारस संस्कृत कॉलेज में ज्ञानार्जन की पश्चिमी व्यवस्था के संपर्क में आए। उन्होंने अपनी परंपराओं को क़ायम तो रखा परंतु उन्हें अपनी व्यवस्था में बदलाव लाने और अपने शिक्षाशास्त्र को अंग्रेज़ों के अनुरूप ढालने के लिए विवश भी होना पड़ा। ज्ञान और पावनता के मसलों में तो वे अपनी सत्ता का प्रयोग करते रहे लेकिन शताब्दी के आख़िर तक आते-आते उनकी विद्या पढ़े-लिखों की राय में वैज्ञानिक नहीं रह गई थी। इतिहास, संस्कृति व धर्म के प्रश्न पर हिंदुओं को प्राप्त अनंतिम अधिकार पश्चिमी प्राच्यविदों के हाथों में जा चुका था जिन्होंने दूसरे मुहावरे, जो कि शास्त्रीय भारतीय मुहावरा था, की रचना में भारी योगदान भी दिया।

शहर में जल्दी ही आ जमे ईसाई मिशनरी वास्तविक धर्मांतरण में तो प्रायः असफल ही रहे लेकिन शिक्षा के क्षेत्र में उनका प्रभाव ज़्यादा सूक्ष्म रहा और इसके ज़्यादा स्थायी प्रभाव सामने आए। उन्होंने कथित प्रबुद्ध देशज विचारों से जुड़ने का प्रयास किया और वे विचारों के आदान-प्रदान के लिए बढ़-चढ़कर ज़ोर लगाते रहे। बनारसी समाज के ऊपरी तबक़े की तीनों मुख्य इकाइयां—काशी का शाही राजवंश, ब्राह्मण तथा प्रबुद्ध व्यापारी—बनारस सोसायटी में मिशनरियों और पश्चिमी प्राच्यविदों के संपर्क में आईं। यह न केवल विचारों के आदान-प्रदान के लिए बल्कि आधुनिकतावादी मुहावरे की रचना के लिए भी सबसे शुरुआती मंचों में से एक था क्योंकि यहीं पर देश के राष्ट्रीय अतीत और उसकी मौजूदा दशा पर गहन काम हुआ। चाहे प्रशासकीय, सांस्कृतिक या सामाजिक प्रसंग हो, किसी भी भाव में इस बात का सवाल ही नहीं बचा था कि पावन नगरी में मौजूद हिंदू समाज के परंपरागत क्षेत्र ब्रिटिश प्रभाव से अछूते रह जाते।

अंग्रेज़ों के साथ इस आदान-प्रदान का मतलब यह नहीं था कि वर्तमान के उनके वृत्तांत को उन्होंने स्वीकार कर लिया। तीसरा मुहावरा, जो कि आधुनिकतावादी और राष्ट्रवादी था, ने अपनी गतिकी विकसित की और वह अपने रास्ते चला। नेतृत्व 'आम जन' यानी उभरते मध्य वर्ग के हाथों में क्रमशः चला गया जैसा कि हम आगे देखेंगे। अगर यह आवश्यक माना जा रहा था कि हिंदू और आर्यों की नई भाषा व साहित्य पावन नगरी काशी से निकले तो दूसरी तरफ़ यह बात नए घटनाक्रम के पूरी तरह अनुरूप भी थी कि यह सब कुछ हरिश्चंद्र जैसे गृहस्थ धार्मिक मुखियाओं की पहल पर हुआ। हरिश्चंद्र के कवि मित्र और समकालीन 'प्रेमघन' ने इसे भली-भांति पहचान लिया था :

> काशी हमारी सदा का विद्यापीठ है। वहां से यदि संस्कृत की धारा बहती थी, तो उसकी बच्ची हमारी भाषा की सोती का भी वहां से निकलना परम स्वाभाविक है। भारतेंदु के अस्त होने पर जो वहां काशी नागरी प्रचारिणी सभा खुली, मानो वह आज भी उनकी प्रतिनिधि बनी बहुत कुछ उनके किए का लाज रख रही है।[136]

अगले अध्याय में मैं भाषा के प्रश्न, उत्तर पश्चिमी प्रांत और उत्तर भारत में हिंदुओं की राष्ट्रीय पहचान के सबसे शक्तिशाली चिह्न के रूप में आधुनिक हिंदी पर विचार करूंगी।

टिप्पणियां

1. पौराणिक परंपरा की आगे दी गई मोटी रूपरेखा और समयावधि की जानकारी ऐक (1980) से ली गई है।
2. यह भैरव मिथक उन्नीसवीं से चौदहवीं शताब्दी के *कूर्म, वराह* और *शिव* पुराणों में रचा गया। बारहवीं शताब्दी के बाद भैरव की छवि को व्यापक ख्याति व लोकप्रियता मिली और इसके साथ ही कपालमोचन व काशी के साथ उसके पौराणिक संबंध को भी दूर-दूर तक प्रसिद्धि मिली। भैरव मिथ और इसके प्रतीकवाद के ब्योरे के लिए देखें स्टीटनक्रोन (1969)।
3. इसे भी देखें, ऐक (1986 : 53)।
4. काशी पर ऐक की अत्यंत पठनीय पुस्तक मुख्य रूप से काशी खंड में दी गई सूचनाओं पर आधारित है, इसलिए यह पुस्तक मुख्य रूप से इस शहर को एक शैव केंद्र के रूप में दिखाती है।
5. मोतीचंद्र, *काशी का इतिहास* ([1962] 1985) में काशी के सांस्कृतिक व राजनीतिक इतिहास का सबसे विस्तृत ब्योरा दिया गया है। यहां दिए गए संक्षिप्त सर्वेक्षण में केवल ऐतिहासिक शिखर बिंदुओं का ही ज़िक्र आ पाया है।
6. इसे भी देखें, मोतीचंद्र ([1962] 1985 : 125-6)। गहड़वाल समुदाय उन्नीसवीं शताब्दी में भी काफ़ी समय तक स्थानीय भूस्वामियों रूप में बने रहे जिन्हें अब गहरवार कहा जाता है। वे उन कई राजपूत वंशों में से एक हैं जिनका खेतीबाड़ी और क्षेत्र पर नियंत्रण क़ायम रहा।
7. इसे भी देखें, मोतीचंद्र ([1962] 1985 : 217-19)।
8. जैसा कि जेम्स प्रिंसेप ने 1883 में कराई शहर की जनगणना के नतीजों को संकलित करते हुए उल्लेख किया था :

   आबादी में मुसलमान केवल 5वां हिस्सा हैं और उनकी संख्या अकेले ब्राह्मणों की संख्या से ज़्यादा नहीं है; उनमें से बहुत कम ही वास्तविक शहर में रहते हैं जिसमें लगभग पूरी तरह हिंदू आबादी है (1832 : 477)।

   इन मुसलमानों में से ज़्यादातर बुनाई के व्यवसाय में थे।
9. यह भी देखें, मार्कस एवं फिशर (1986 : 24), क्लीफर्ड एवं मार्कस (1986 : 113)। इसके

अलावा, विलियम्स ([1973] 1985 : 9-12) जिन्होंने पाश्चात्य साहित्य में लुप्त हो रही संस्कृतियों से जुड़े क्षति के भाव को प्रस्तुत करने के लिए एक महत्त्वपूर्ण चौखटा मुहैया कराया है। विलियम्स के मुताबिक़, यह चौखटा या फ्रेमवर्क, संबंधित ऐतिहासिक परिप्रेक्ष्य और 'उस आलोचना' से निर्धारित है 'जिसे पश्चाद्दृष्टि पुष्ट करती है : धार्मिक, मानववादी, राजनीतिक, सांस्कृतिक' (12)।

10. *हिंदू ट्राइब्स एंड कास्ट* (1872-81) के तीन खंडों में बारीक़ी से संकलित किया गया।
11. जैसा कि ऐक ने अपनी प्रस्तावना में बताया है, ब्राह्मण 'परंपरा के ज्ञानशील संरक्षकों के रूप में...मिथकों और माहात्म्य के व्याख्याकारों का काम करते हैं।' इनमें '...पंडित (शिक्षक), पुजारी, पंडे (तीर्थ पुजारी), महंत (एक विशाल मंदिर परिसर के प्रमुख) और व्यास (कथावाचक) (15)' शामिल हैं। उन्होंने केवल सहायक साक्ष्य ही उपलब्ध कराए हैं।
12. इस किताब में आए ज़्यादातर लेखकों की चिंता इस सार्वजनिक परिक्षेत्र को समझने की है जिसमें अभिजन और आम जन, दोनों समान रूप से शामिल थे परंतु बाद में अभिजन इससे अलग हो गए। इस किताब की शुरुआत नीता कुमार के एक महत्त्वपूर्ण अध्ययन *दि आर्टिज़ंस ऑफ़ बनारस : पॉपुलर कल्चर एंड आइडेंटिटी, 1880-1986* (1988) से हुई थी। यह एक सबॉल्टर्न अध्ययन था जिसमें लोक-संस्कृति यानी आमोद-प्रमोद, मनोरंजन, निम्न जातियों के मनबहलाव को एक ऐतिहासिक और मानवशास्त्रीय क्षेत्र के रूप में देखा गया था और एक ऐसी व्यवस्था के रूप में चिह्नित किया गया था जो इस बात की हक़दार है कि 'उसके अपने अवधारणात्मक और संरचनात्मक परिप्रेक्ष्यों में तथा उसके अपने इतिहास की विशिष्टताओं को ध्यान में रखते हुए पड़ताल की जाए' (4)। कुमार ने अपने अध्ययन में तीन उद्योगों पर चर्चा की है—बुनाई, धातु कर्म और खिलौना निर्माण (काष्ठ कार्य)। उनके समाजशास्त्रीय आंकड़ों से पता चलता है कि अध्ययन के लिए चुनी गई लगभग पहली आधी अवधि में लोक-संस्कृति में बनारस के सभी निवासी शामिल थे। अंतिम चार या पांच दशकों में ज़्यादातर आमोद-प्रमोद गतिविधियां धीरे-धीरे 'निम्न जातीय' और 'आभिजात्य' में बंटती चली गईं और अब 'आम' लोगों को अकसर उनकी विशिष्ट सांस्कृतिक गतिविधियों के आधार पर चिह्नित किया जाता है जो कमोबेश वही होती हैं जो अतीत में उच्च वर्गों की भी सांस्कृतिक गतिविधियां थीं (7)। कुमार का अध्ययन बनारस के कारीगरों पर केंद्रित है लेकिन वह सामाजिक, सांस्कृतिक, आर्थिक व राजनीतिक परिवर्तन का विषय भी है। फ्रायटाग द्वारा संपादित इस पुस्तक के लेखक/लेखिकाओं की कोशिश लोक-सांस्कृतिक गतिविधियों में आ रहे बदलावों का दस्तावेज़ीकरण करने की है जिनके ज़रिए 'बनारस में सत्ता संबंधों में बदलाव आए' (xiii); तथा उन्होंने एक ऐसी प्रक्रिया के दस्तावेज़ीकरण का प्रयास किया है 'जिसके ज़रिए अभिजन एक साझा, आपस में गुंथी लोक-संस्कृति से परे होते चले गए' (xii)। इस अध्ययन का मॉडल प्रारंभिक आधुनिक काल का यूरोपीय शिक्षित अभिजन, उसकी अल्पसंख्यक संस्कृति और लोकप्रिय संस्कृति से उसका विच्छेद था। इस पद्धति में कुछ ख़तरे भी हैं क्योंकि फ्रायटाग ने 'सत्ता' श्रेणी को जिस तरह से इस्तेमाल किया है, वह अराजनीतिक है। कुल मिलाकर, जैसा कि नीता कुमार पुष्टि करती हैं, यह प्रक्रिया बीसवीं शताब्दी के तीसरे दशक से ही शुरू हुई थी।
13. फ्रायटाग के इस तर्क से पूरी तरह सहमत हुआ जा सकता है कि : मोटे तौर पर मुग़ल साम्राज्य के पतन के बाद उसकी पकड़ के प्रभावस्वरूप तथा मुस्लिम उत्तराधिकारी राज्यों के प्रभाव के चलते भारतीय-फ़ारसी सांस्कृतिक गतिविधियां और मूल्य-मान्यताएं अठारहवीं शताब्दी के आख़िर और उन्नीसवीं शताब्दी के प्रारंभिक दशकों में शहरी और औपनिवेशिक राजनीतिक गतिविधियों

में बड़े पैमाने पर दिखाई देती थीं। परंतु उत्तरवर्ती औपनिवेशिक भारत के इतिहास पर हिंदू व्यापारिक अभिजन की मूल्य-मान्यताएं व हित हावी होते गए; जैसे-जैसे यह संस्कृति ऐतिहासिक अग्रिमता प्राप्त करती गई, उन छोटे-छोटे क़स्बों का प्रभाव भी बढ़ता गया जहां यह संस्कृति स्थित थी (1989 : 21-2)।

लेकिन मतभेद वहां पैदा होता है जहां इस संस्कृति के चरित्र निर्धारण का सवाल आता है क्योंकि लगभग विशुद्धतः नई परिस्थितियों से पैदा होने के बावजूद यह संस्कृति परंपरागत दिखाई पड़ती है।

14. जैसा कि सिंघा ने किताब की अपनी समीक्षा में उल्लेख किया है :

सबसे महत्त्वपूर्ण बात यह है कि फ्रायटाग ने जिस तरह से औपनिवेशिक राजकीय संस्थानों और 'सार्वजनिक परिक्षेत्र' के जगत में पृथकता बताई है, उसे मानना मुश्किल है। राज्य के संस्थानों को देशी आबादी में अपनी सत्ता व वैधता तथा सरकार के निश्चित उद्देश्यों को संप्रेषित करना था, इसलिए उसे भारतीय समाज की सांस्कृतिक सामग्री का प्रयोग करना पड़ा। उसे भारतीयों के लिए परिचित प्रतीकों में नए अर्थ गढ़ने पड़े और इन प्रतीकों को अपने संस्थानों में पुनर्स्थापित करना पड़ा। इस प्रक्रिया में उन्हें हमेशा सफलता नहीं मिली...। लेकिन औपनिवेशिक राज्य की नागर, सैनिक, राजस्व संग्रह और दंड प्रक्रियाएं विद्यमान 'सार्वजनिक परिक्षेत्र' से पृथक् या स्वायत्त रूप में संपन्न नहीं हुईं...। बनारस में कंपनी हिंदुओं की नगरी की पवित्र हैसियत को सुरक्षा देने के नाम पर अपने लिए प्रतिष्ठा की अपेक्षा कर रही थी। लेकिन शहर की इसी विशेष हैसियत का हवाला उस समय सरकार के ख़िलाफ़ भी दिया जा सकता था जब सरकार ने अलोकप्रिय फ़ैसले लागू करने का प्रयास किया। मेरा मानना है कि इसी स्थिति में बनारस के राजाओं ने शहर के रस्मी जीवन में अपनी अपरिहार्यता को और मज़बूत किया...। कंपनी शासन के तहत 'सार्वजनिक परिक्षेत्र' में बनारस के राजाओं की हैसियत को इसी जटिल पुनर्विन्यास के रूप में देखा जाना चाहिए (1991 : 468-9)।

15. हाबरमास (162 : 16-17) ने दो तरह के जन-प्रतिनिधित्व के बीच भेद किया है। उन्होंने एक को 'दरबारी-सामंती वृत्त' (18) यानी ऐसा पब्लिक स्फियर बताया है जो दरबारी-राजसी प्रतिनिधित्व वाला है, जिसमें शासक अपनी हैसियत और अपने अधिकारों का प्रतिनिधित्व करते हैं और वे जनता के लिए नहीं बल्कि जनता के समक्ष यह प्रतिनिधित्व करते हैं। इस विवरण में जनता पूरे दृश्य का मात्र एक हिस्सा होती है और वह एक ऐसी सोपानिक सामंती संरचना में विलीन हो जाती है जिसमें ऊपर से लेकर नीचे तक प्रत्येक सहभागी का एक निश्चित स्थान होता है। इस तरह की सार्वजनिक जगहों को दूसरी तरह की जगहों यानी बुर्जुआ सार्वजनिक वृत्त से भिन्न रूप में देखा जाना चाहिए जो सबसे पहले अठारहवीं शताब्दी में इंग्लैंड में विकसित हुई। यह सार्वजनिक वृत्त सरकार और उदीयमान निजी वृत्त के बीच मध्यस्थ की भूमिका निभा रहा था और इसमें क्लबों, पत्रिकाओं व शोध पत्रों जैसे सामाजिक संस्थान थे। इसके प्रतिनिधि ग़ैर-सरकारी व्यक्ति थे जो विचारों के मुक्त आदान-प्रदान के ज़रिए जनमत का निर्माण करते थे और यह जनमत एक शक्तिशाली राजनीतिक विमर्श का काम करता था। हाबरमास ने दो तरह के सार्वजनिक वृत्तों का जो विवरण दिया है, उसकी आलोचना (देखें, उदाहरण के लिए, क्नेडलर बुंटे, 1975) के बावजूद उसमें एक निहित मूल्य है। बनारस में उत्तरवर्ती उन्नीसवीं शताब्दी में सार्वजनिक परिक्षेत्र की ये दोनों क़िस्में अस्तित्व में थीं, हालांकि औपनिवेशिक स्थिति में कोई नागर समाज स्वीकार्य नहीं था इसलिए सार्वजनिक विमर्श की परिधि लगातार राजनीतिक रूप से संकुचित ही रही। स्वाभाविक है कि फ्रायटाग की सार्वजनिक वृत्त की धारणा केवल पहली परिभाषा से मेल खाती है यानी सीमित दरबारी-प्रतिनिधिक

सार्वजनिक वृत्त की परिभाषा से, जिसमें लोग भी हिस्सा लेते थे हालांकि तमाम घुलने-मिलने के बावजूद उनकी सहभागिता भारी असमानता पर आधारित थी।

16. मोतीचंद्र द्वारा लिखित *काशी का इतिहास* (1962) विद्वत्तापूर्ण और विशाल शोध पुस्तक है। यह किताब एक लंबे दौर में शहर के राजनीतिक, सांस्कृतिक व सामाजिक इतिहास का ब्योरा देती है। यह किताब सूचनाओं का एक विशद स्रोत है। इसमें पेशवाओं की गतिविधियों से संबंधित सामग्री का भी बख़ूबी इस्तेमाल किया गया है जो कि पुणे के अभिलेखागारों में उपलब्ध है। बर्नार्ड कोहून के महत्त्वपूर्ण निबंध जो साठ के दशक में निकलने शुरू हुए, उनमें बनारस की राजनीतिक व्यवस्था पर विचार किया गया है और इलाक़े में अंग्रेज़ों के प्रभाव, सिविल सर्वेंट्स की भर्ती व प्रशिक्षण और इस दौर की सत्ता एवं ग्रामीण भू-स्वामी वर्ग में आए संरचनात्मक बदलावों पर विचार किया गया है जिससे बाद में बनारस का राज-परिवार भी सामने आया। कोहून के निबंधों को *ऐन एंथ्रोपॉलॉजिस्ट अमंग दि हिस्टोरियंस एंड अदर एस्सेज़* (दिल्ली 1987) में संकलित किया गया है। इसके अलावा सी.ए. बेली (1983) तथा बाद में सुबमण्यन एवं रे (1991) ने भी इलाक़े के व्यापारियों पर काम किया है जिससे उन सांस्कृतिक समूहों के उदय पर सीधा असर पड़ा जो हिंदू परंपराओं की अभिव्यक्ति और प्रसार में बहुत अहम भूमिका निभाने वाले थे। बेली (1983) ने प्रस्तुत अध्ययन के लिए सबसे ज़्यादा सूचना उपलब्ध कराई है; उनके पहले के बेहद उपयोगी लेखों के लिए बिबलियोग्राफ़ी देखें। सुब्रमण्यन एवं रे (1991) ने उपमहाद्वीप में प्राक्औपनिवेशिक काल से ब्रिटिश सत्ता की स्थापना के बीच की अवधि में व्यापारिक गतिविधियों का एक मोटा ख़ाका उपलब्ध कराया है। के.पी. मिश्रा (1975) और नक़वी (1968) पहले वाली अवधि के लिए काफ़ी उपयोगी हैं। अनुराधा कपूर (1990) ने महाराजा के नेतृत्व में और साहूकारों के संरक्षण में चलने वाली तीस दिवसीय रामलीला जैसे उत्सवों का बहुत बारीक़ प्रेक्षण और दस्तावेज़ीकरण किया है। गेब्रियल (1979) ने अंग्रेज़ों द्वारा बनारस की विद्वत् परंपरा को संरक्षण देने और उसको अपने हिसाब से बदलने की कोशिशों का प्रारंभिक अध्ययन उपलब्ध कराया है। प्राक्औपनिवेशिक काल के विद्वत् समुदाय की गतिविधियों के बारे में और सूचनाएं उपाध्याय द्वारा लिखित *काशी की पांडित्य परंपरा* (1983) में उपलब्ध हैं।

17. निम्नलिखित स्रोतों से बनारस के राजवंश के बारे में अतिरिक्त सूचनाएं मिली हैं। पहला, फ़क़ीर ख़ैरुद्दीन ख़ान द्वारा फ़ारसी में लिखित *बलवंतनामा*। इस ब्योरे में तारीख़ों का सटीक ब्योरा नहीं है लेकिन यह राजा चैत सिंह के शासनकाल में ही ख़त्म हो जाता है इसलिए इसे अठारहवीं शताब्दी के आख़िर तक का ब्योरा माना जा सकता है। करवेन (1875) द्वारा किए गए एक पुराने उर्दू अनुवाद के आधार पर इसका अंग्रेजी में भी अनुवाद किया गया। परिवार के इन पहले दो राजाओं के क्रियाकलापों और कोशिशों के इस बेहद विस्तृत स्रोत के अलावा मैंने *हिस्टरी ऑफ़ दि प्रोविंस ऑफ़ बनारस* (1873) का भी सहारा लिया है जिसमें कंपनी के दस्तावेज़ों का प्रयोग किया गया है और इसमें उन्नीसवीं शताब्दी की तीसरी दहाई तक का ब्योरा मिलता है। बहुत सारी सामग्री तथा विस्तृत सांस्कृतिक जानकारियां सैयद मरहर हसन द्वारा लिखित *तारीख़े बनारस* (1916-26) से मिली हैं जिसकी प्रतियां अभी भी रामनगर स्थित राजमहल के पुस्तकालय में मौजूद हैं। दुर्भाग्यवश, पुस्तकालय में *तारीख़* के तीन खंडों में से मुझे केवल दो ही मिल पाए।

18. इसी तरह *हिस्टरी ऑफ़ दि प्रोविंस ऑफ़ बनारस* में इस बात पर ज़ोर दिया गया है कि बनारस का राज्य मुस्लिम शासन के आने तक हमेशा हिंदू राजाओं के हाथ में रहा था। मुस्लिम शासन के शुरू होने के बाद गज़नवी की घुसपैठ हुई जिसने एक समृद्ध शहर को लूटा और यहां के

बहुत सारे मंदिरों को नष्ट कर दिया। जब मुग़लों का पतन होने लगा तो इलाक़े के रईसों और ज़मींदारों ने स्वायत्त होने के लिए हाथ-पैर मारने शुरू किए, उन्होंने दुर्ग व क़िले बनाए, मुग़लों की सत्ता को मानने से इनकार कर दिया और कथित रूप से परायी सरकार को लगान चुकाने से मना कर दिया तो :

इस अराजकता और भ्रम, जिसके कारण शाही शासन को भारी नुक़सान और अपमान का सामना करना पड़ रहा था, पर लगाम लगाने के लिए सन् 1730 में बादशाह मोहम्मद शाह ने हिंदू राजा के मातहत बनारस राज्य को नए सिरे से बहाल करने का फ़ैसला लिया और क्योंकि प्राचीन शाही परिवार सालों पहले ख़त्म हो चुका था, इसलिए माबदौलत ने मंसाराम को इस दायित्व के लिए चुना जो कि त्रिकर्म ब्राह्मणों के एक प्राचीन और शक्तिशाली वंश का मुखिया था और जिसके पास प्रांत में विस्तृत भूभाग तथा भारी ताक़त व प्रभाव था। मोहम्मद शाह ने उसे शाही सुन्नद के तहत बनारस, जौनपुर और ग़ाज़ीपुर, इन तीन सरकारों का इस शर्त पर राजा नियुक्त किया कि वह हर साल दिल्ली स्थित शाही ख़ज़ाने में तेरह लाख रुपए नज़राना अदा करेगा (2-3)।

19. राजाओं और अन्य राजनीतिक शख्सियतों व राज्य प्रमुखों के नाम आमतौर पर डायक्रिटिकल चिन्हों के बिना दिए गए हैं ताकि उस लिप्यंतरण को कायम रखा जा सके जो इस दौरान मानक रूप ले चुका है।
20. बाद के एक वृत्तांत में उसका ब्योरा यूं दिया गया है : 'कपटी, अनैतिक, दूसरों के संदेहों को दूर करने में माहिर, जिसका चौकन्नापन कभी मात नहीं खाता। राजनीतिक ढंग से लड़ाई में बहादुर और तत्पर, वह इस्पात की बजाय स्वर्ण से वार करता था और उसने शायद ही कभी ऐसा कोई उद्यम किया जिसमें सफलता संदिग्ध रही हो। वह अपने परास्त शत्रु के प्रति क्रूर और प्रतिशोधी था जबकि शक्तिशालियों की ग़लतियों को सदा माफ़ करने को तैयार रहता था और जिन स्थितियों में वह अपने शत्रुओं का नाश नहीं कर सकता था, बेहिचक उन्हें अपना दोस्त और साझीदार स्वीकार कर लेता था।' *(हिस्टारिकल एंड स्टेटिस्टिकल मेमॉयर्स ऑफ़ ग़ाज़ीपुर डिस्ट्रिक्ट* (1876, 1 : 105) में विल्टन ओल्डहम; बर्नार्ड कोह्न द्वारा उद्धृत 'स्ट्रक्चरल चेंज इन रूरल सोसायटी (1969)', कोह्न (1987 : 381) में पुनमुर्द्रित)
21. *तारीख़* के अध्याय 28 में इस घटना का विस्तृत ब्योरा दिया गया है।
22. यह भी देखें, सेंगर ([1878] 1966 : 510 एवं आगे, 783); ग्रियर्सन (1889 : 117); तथा उपाध्याय (1983 : 107)।
23. खटक (1944 : 105)।
24. *बलवंतनामा* (52-77)। दि हिस्टरी (21) में इस विच्छेद के लिए मुख्य कारण यह बताया गया है कि कंपनी के भू-क्षेत्र और अवध नवाब के भू-क्षेत्र के बीच बनारस एक महत्त्वपूर्ण अन्तस्थ क्षेत्र के रूप में काम करेगा।
25. यह भी देखें, उपाध्याय (1983 : 109)।
26. पुनर्निर्मित मंदिर और उसके आस-पास का ब्योरा शेरिंग ([1868] 1975 : 169 एवं आगे) में उपलब्ध है।
27. यह भी देखें, ग्रियर्सन (1889 : 117-118)।
28. इस दौर में नए सिरे से बन रहे हिंदी कैनन के इतिहास के लिए पुस्तकालय द्वारा इकट्ठा की गई पांडुलिपियों का विस्तृत अध्ययन ज़रूरी है क्योंकि उस समय भारतीय-फ़ारसी दरबारी साहित्य में संस्कृत और भाषा कृतियों की भी एक बड़ी तादाद शामिल की गई थी।
29. जैसा कि बेली (1985) एवं अन्य ने प्रयास किया है, इन प्राक्आधुनिक धार्मिक टकरावों और

उथल-पुथलों को 'कम्युनल' कहना कालक्रम के अनुरूप नहीं होगा। इस समझ की आलोचना के लिए देखें, पांडे (1990 : 15-16)।

30. मराठों के साथ सौदेबाज़ी का वृत्तांत, मोतीचंद्र ([1962] 1985 : 270-3)।
31. फ़क़ीर का अंग्रेज़ भी सम्मान करते थे जिनके साथ उनके संभवतः लगातार गहरे संबंध रहे। जब फ़क़ीर को यह जानकारी मिली कि राजा मुश्किल में फंसने वाला है तो वह उससे मिलने गए : 'मैं तदनुरूप लखनऊ से रामनगर आया और राजा से मिला तथा उसे उसके ढुलमुलपन और निकम्मेपन के बारे में आगाह किया।' राजा के पास कोई स्पष्ट योजना नहीं थी और उसकी प्रतिक्रिया जज़्बाती व अस्पष्ट थी। 'ये सब बकवास सुनकर मैंने समझ लिया कि वह अपनी बर्बादी की तरफ़ बढ़ रहा है और मैं उठकर चल दिया। मैं अपने भाई अमीरुल्ला को लेकर गवर्नर जनरल से मिलने पटना रवाना हो गया...' (*बलवंतनामा* : 159-160)।
32. जोनाथन डंकन की प्रशासकीय कार्रवाइयों के पूरे ब्योरे के लिए देखें, वी.ए. नारायण (1959)।
33. देखें कोह्न, 'एंथ्रोपोलॉजिकल नोट्स ऑन डिस्पयूट एंड लॉज़ इंडिया' (1965) जो अब कोह्न (1987 : 575-631), तथा डेरेट (1961/62) में उपलब्ध है।
34. उनके लंबे लेख 'अदालत' (क.व.सु., 3. 6, 11 नवंबर 1871) में एक ऐसी व्यवस्था के संचालन की गड़बड़ियों का ब्योरा दिया गया है जिसको सत्रहवीं शताब्दी में अभी भी नवीन और परायी माना जा रहा था। इसको प्रांतीय सरकार के निर्देश पर तैयार किए जाने वाले *सेलेक्शंस फ्रॉम वर्नाक्यूलर न्यूज़पेपर्स* में पूरा का पूरा अनुवाद किया गया था।
35. सेटलमेंट/बंदोबस्त के विषय में यूरोप में चली वैचारिक चर्चाओं और उनके दूरगामी निहितार्थों के विश्लेषण के लिए देखें, गुहा ([1963] 1981)।
36. इस खंड के लिए ज़्यादातर सूचना बर्नार्ड कोह्न के लेखों से ली गई है। उपरोक्त हवाला 'दि इनीशियल ब्रिटिश इम्पेक्ट ऑन इंडिया : ए केस स्टडी ऑफ़ दि बनारस रीजन' (1960) नामक लेख का है जो कोह्न (1987 : 320-42) में पुनर्मुद्रित है।
37. प्रोसीडिंग्स ऑफ़ दि रेज़ीडेंट ऑफ़ बनारस (33, II, 23 जुलाई, 19 अगस्त, 1790, उत्तर प्रदेश स्टेट आर्काइव्स), बेली (1973 : 47) में उद्धृत।
38. देखें, कपूर (1990 : 5-6)।
39. *तारीख़* का अध्याय 61 पूरी तरह इसी घटना पर केंद्रित है। इसके मुताबिक़, इस उथल-पुथल के बारे में जानकारी मिलने पर राजा फ़ौरन मदद के लिए रेज़ीडेंट से मिलने गया। रेज़ीडेंट ने उससे पूछा कि वह कौन से पक्ष की तरफ़ है जिसके जवाब में राजा ने बिल्कुल दुरुस्त जवाब दिया कि वह रेज़ीडेंट के सेवाधीन है। उसके प्रस्ताव को ठुकरा दिया गया क्योंकि रेज़ीडेंट का मानना था कि मुसलमान निवासी राजा को हिंदुओं का हिमायती मानेंगे और इसलिए उसे एक निष्पक्ष मध्यस्थ के रूप में स्वीकार नहीं करेंगे। इस उथल-पुथल, जिसे आने वाले दशकों में उन्नीसवीं शताब्दी की पहली सांप्रदायिक घटना माना जाने लगा था, की ब्रिटिश सरकार की समझदारी के विश्लेषण के लिए देखें पांडे द्वारा लिखित लेख 'दि कॉलोनियल कंस्ट्रक्शन ऑफ़ 'कम्युनलिज़्म' : ब्रिटिश राइटिंग्स ऑन बनारस इन दि 19थ सेंचुरी' (1989)। इस लेख का संशोधित संस्करण पांडे (1990) में अध्याय 2 के रूप में भी उपलब्ध है।
40. मैं श्री चंद्रधर नारायण सिंह, 'भानु बाबू' की आभारी हूं जिन्होंने मुझे उनके महत्त्व से अवगत कराया और इस रंगीन शख़्सियत से जुड़े बहुत सारे क़िस्से सुनाए। उपाध्याय (1983 : 3-27) ने किताब के दूसरे हिस्से में स्वामी की रचनाओं पर एक लंबा खंड दिया है।
41. यह भी देखें, ग्रियर्सन (1889 : 119-24)।
42. इन संगीतकारों के बारे में कुछ जानकारी शिवेंद्रनाथ बसु (1915) द्वारा संपादित *संगीत समुच्चय*

में उपलब्ध है। मैं इस कृति की ओर ध्यान आकृष्ट कराने के लिए प्रोफ़ेसर आनंद कृष्ण की आभारी हूं।

43. आगे की चर्चा सुब्रमण्यन व रे (1991) पर आधारित।
44. 1815 में शहर के दक्षिण स्थित मराठा रियासतों के साथ होने वाले नक़द लेन-देन का 5 से 10 प्रतिशत तीर्थयात्रियों के लिए व्यय से संबंधित होता था। यह भी देखें, बेली, *रूलर्स, टाउंसमेन, बाज़ार्स* (1983 : 128)। आगे के वृत्तांत का एक बड़ा हिस्सा इसी पुस्तक पर आधारित है।
45. यह भी देखें, बेली (1983 : 210-11)।
46. यह भी देखें, बेली द्वारा बताई गई दो क़िस्में : क़िस्से-कहानियों में दो तरह के व्यापारिक आचरणों की तस्वीरें देखी जा सकती हैं। इन्हें 'मितव्ययी व्यापारी' और 'महा साहू' कहा जा सकता है। मितव्ययी व्यापारी ख़र्चों और ऐशोआराम से दूर रहता है, साधारण घर में निवास करता है और अपनी पर्याप्त संपदा का प्रयोग विद्वज्जनों और पुरोहितों के साथ संबंध स्थापित करने में करता है; पचास या इसके आस-पास की उम्र में पहुंचकर वह अपना व्यवसाय योग्य वंशजों को सौंप देता है और एक भिक्षुक बन जाता है...। इसके विपरीत 'महा साहू' चरित्र की लोग सराहना भी करते हैं और उसकी निंदा भी करते हैं। ऐसे व्यक्ति में ख़ुद को एक आकर्षण केंद्र या छोटे-मोटे राजा के रूप में स्थापित करने की चाह होती है; लेकिन लोग इस बात को भी समझ लेते हैं कि ऐसा आचरण अंततः व्यापारिक साख के लिए विनाशकारी ही सिद्ध होगा। 'महा साहू' खुले हाथों से ख़र्च करता है; वह गारा और ईंट के बने साधारण मकान की बजाय भव्य भवनों में रहता है; अकसर उसके पास मुसलमान रखैलें होती हैं (1983 : 383)।
47. व्यापारी कोठियों से संबंधित जानकारियां मोतीचंद्र ([1962] 1985 : 312-30) में 'बनारस के महाजन' अध्याय तथा इसी विषय पर लिखे गए एक पुराने लेख (1958) से ली गई हैं।
48. यह भी देखें, धर्मपाल (1971 : 34)।
49. यह भी देखें, बेली (1983 : 177)।
50. शॉर्ट अकाउंट ऑफ़ नौपट्टी महाजंस ऑफ़ बनारस। फ़ॉरेन डिपार्टमेंट। मिसलेनियस। सीरियल 12, पार्ट-1 1832. भारतीय राष्ट्रीय अभिलेखागार।
51. राधाकृष्णदास ([1905] 1976 : 14-15); सहाय ([1905] 1975 : 18)।
52. यह भी देखें, मोतीचंद्र (1962] 1985 : 356), जिन्होंने एक परिशिष्ट में उन व्यापारियों की एक लंबी सूची दी है जो ख़ुद को नौपट्टी व्यापारियों की श्रेणी में रखते हैं। यह सूची उन्होंने वॉरेन हेस्टिंग्स के भव्य चरित्र और आचरण के प्रसंग में दी है। यहां नौपट्टियों को केवल 9 के अंक तक सीमित रखने का कोई प्रश्न नहीं उठता। यह भी देखें, के.पी. मिश्र (1975 : 170)।
53. वह संकरी गली, जिसे आज ठठेरी बाज़ार के नाम से जाना जाता है क्योंकि यहां मुख्य रूप से तांबे और कांसे के बर्तन बेचने वाले दुकानदार हैं, उसमें अगर आप मध्य में स्थित चौक इलाक़े से दाख़िल हों तो दाईं तरफ़ गोपालदास साहू की विशाल हवेली दिखाई देगी। इसे *शेरोंवाली कोठी* भी कहा जाता है क्योंकि इसके मुख्य दरवाज़े पर पत्थर के दो शेर बने हुए हैं। इसके ठीक बग़ल में फतेहचंद के बेटे हरखचंद द्वारा बनवाई गई कोठी है। मैं इस घर के इतिहास पर फिर लौटूंगी जब इसके सबसे प्रसिद्ध वंशज हरिश्चंद्र का ज़िक्र आएगा। गली के दूसरी तरफ़ बने मकानों में एक राजा पट्टनीमल के वंशजों की भी कोठी है जो बिहार के बड़े ज़मींदार थे और यहां आकर बस गए थे। कुछ आगे चलने पर फतेहचंद के घर से सटा हुआ मकान मित्र और बसु बंगाली परिवारों का है जिन्हें शहर में *बाईस चौक का मकान* भी

कहा जाता है। इसके बाद गुजराती ब्राह्मण व्यापारी राजा मुंशी माधोलाल का मकान है। उसके पीछे एक समानांतर गली में लाला कश्मीरीमल की प्रसिद्ध हवेली है जो अपनी सुरुचि और ऐश्वर्यपूर्ण जीवन जीने के लिए विख्यात थे। उनके अलावा यहां अन्य कम महत्त्वपूर्ण हवेलियां भी हैं। आगे यह गली बाईं तरफ़ मुड़ती है जहां सीधे हाथ पर एक विशाल हवेली है जो कभी राजा पट्टनीमल की हुआ करती थी। थोड़ा और आगे चलने पर गोपाललालजी और मुकुंदरायजी का मंदिर है जिसका निर्माण 1829 में किया गया था। यह इस समुदाय का धार्मिक और सांस्कृतिक केंद्र था। इसके पीछे नगर सेठ साहू ग्वालदास का मकान है।

मैं प्रोफ़ेसर आनंद कृष्ण की आभारी हूं जिन्होंने उन्नीसवीं सदी के बनारस के साहूकार समुदाय के बारे में मुझे बहुत सारी जानकारियां दीं और जिन्होंने चौखंभा इलाक़े तथा आस-पास के क्षेत्रों के रेखाचित्र बनाए जिससे इस इलाक़े के सामाजिक एवं सांस्कृतिक स्थलाकृति को अच्छी तरह समझा जा सके।

54. सुब्रमण्यन एवं रे (1991 : 73) में उद्धृत।
55. प्रोफ़ेसर आनंद कृष्ण से प्राप्त व्यक्तिगत जानकारी।
56. अंग्रेज़ी शासन के तहत देसी उद्योगों के लिए कथित लैसेज़ फेयरे की नीति के चलते प्रोत्साहन और मदद दी जाती थी और अगर इसके बावजूद उद्योग-धंधे नहीं फल-फूल पाए तो इसके पीछे उन उद्योगों के अंतर्निहित कारण थे—अकसर दोहराए जाने वाले इस दावे की विस्तृत आलोचना के लिए देखें बिपन चंद्रा एवं रायचौधुरी (1968)। वास्तव में भारत औपनिवेशिक अर्थव्यवस्थाओं के उसी स्थापित रास्ते पर चला है जिसमें अर्थव्यवस्था प्रारंभिक सीमित विकास के बाद अपरिहार्य रूप से ठहराव की शिकार हो जाती है, और इस ठहराव के बीज आय के रुझानों में प्रारंभिक बदलावों के लिए लागू किए गए प्रावधानों में निहित होते हैं। अंग्रेज़ों की अर्थव्यवस्था के प्रति असंतोष के स्तर को समझने के लिए हमें यह बात ज़हन में रखनी चाहिए कि :

    बारीक़ नक़्क़ाशी वाली तलवारों और यदा-कदा तोपों जैसे सजावटी वस्तुओं की मामूली मात्रा के अलावा भारत उन्नीसवीं शताब्दी से पहले कोई...धातु उत्पाद आयात नहीं करता था। अपने विदेश व्यापार में भारत मूल रूप से विनिर्मित उत्पादों का निर्यातक और प्राथमिक अधकच्चे माल का आयातक था (रायचौधुरी 1968 : 86)।

57. प्रिंसेप (1832 : 496-7)।
58. यह भी देखें, गेब्रियल (1979 : 62)।
59. आगे दी गई जानकारी मोतीचंद्र ([1962] 1985 : 277-86) में 'मराठे और बनारस (1734-1785)' शीर्षक खंड पर आधारित है।
60. यह भी देखें, गॉर्डन (1993 : 146)।
61. ब्राह्मणों को खिलाने के लिए आवश्यक व्यंजनों की संख्या, बदली जाने वाली थालियों की संख्या पेशवा के कार्यालय में सुरक्षित दस्तावेज़ों में देखी जा सकती है। धातु की बनी *चंबी* जिसका इन ब्राह्मणों द्वारा पीने के लिए इस्तेमाल किया जाता था, वह कुछ दशक पहले तक शहर के बाज़ारों में अच्छी-ख़ासी तादाद में उपलब्ध थी (प्रोफ़ेसर आनंद कृष्ण से मिली व्यक्तिगत जानकारी)। महाराष्ट्रियन ब्राह्मणों ने कई दशकों तक यहां जो पृथक् संस्कृति बनाए रखी, उस पर हरिश्चंद्र ने *प्रेम जोगिनी* नाटक में व्यंग्य किया था। इस नाटक में शहर के जीवन की झलकियां मिलती हैं। नाटक के आख़िरी चार पृष्ठ इन ब्राह्मणों के लालच, भोजन-भांग की अथक चर्चा, अधिकतम यजमान पाने के लिए साज़िशों, अपने कर्मकांडों को संपन्न करने के प्रति गहरी लापरवाही और यजमानों की इच्छानुसार व्यवस्था देने की आपत्तिजनक आदत पर

केंद्रित हैं। क्योंकि पूरा दृश्य मराठी में लिखा गया है, इसलिए उसका ज़्यादातर हिस्सा हिंदी पाठकों व दर्शकों की समझ में आना मुश्किल है। इसमें लगभग एक अतियथार्थवादी भाव है। (*प्रेम जोगिनी* को *हरिश्चंद्रचंद्रिका* में अगस्त 1874 से अप्रैल 1875 के बीच धारावाहिक रूप में प्रकाशित किया गया था। नाटक का पूर्ण पाठ *ग्रंथावली* I : 195-230 में उपलब्ध है)

62. बारहवीं शताब्दी से अठारहवीं शताब्दी तक काशी में मौजूद विभिन्न विद्वत् शाखाओं और यहां रची गई प्रसिद्ध कृतियों का ब्योरा उपाध्याय (1983 : 25-88) में देखा जा सकता है।
63. उपाध्याय (1983 : 128-9)।
64. यह भी देखें, गेब्रियल (1979 : 34 एवं आगे)।
65. इसके विपरीत, संस्कृत-नागरी-महाजनी स्कूल के रूप में सूचीबद्ध स्कूलों की संख्या केवल 6 थी। हेनरी स्टीवर्ट रीड : *रिपोर्ट ऑन इंडीजिनस एजुकेशन एंड वर्नाक्यूलर स्कूल्स* (आगरा : सिकंदरा ऑरफ़न प्रेस, 1852)। नीता कुमार (1993) में उद्धृत।
66. यह भी देखें, गेब्रियल (1979 : 83-4)।
67. यह भी देखें, निकॉल्स ([1848] 1907 : 29)। इसके बाद भी इक्का-दुक्का नियुक्तियां होती रहीं। 1825 में रामचंद्र पाठक को बनारस के नगर न्यायालय में सदर अमीन और पंडित के पद पर नियुक्त किया गया था। 1828 में रामलली पंडित को रामघर में विधि पंडित नियुक्त किया गया था।
68. *कलकत्ता गजेट,* 21.3.1821 की दासगुप्ता (1959 : 749) में उद्धृत रिपोर्ट। अंग्रेज़ शासक 'हिंदी विद्या' को संरक्षण देने के फ़ायदों से भली-भांति परिचित थे। यह बात *कलकत्ता गजेट* की रिपोर्ट के अंतिम वाक्यों से निस्संदेह स्पष्ट हो जाती है :

    इस संस्था के लाभ केवल इसके अपने प्रत्यक्ष संचालन के संकुचित क्षेत्र तक ही सीमित नहीं हैं—इसकी भौगोलिक जगह इसके महत्त्व को बढ़ाती है, और जो असंख्य लोग तीर्थयात्रा से लौटते समय बनारस से आते हैं, वे अनिवार्य रूप से इसके अस्तित्व का ज्ञान लेकर लौटते हैं और तत्पश्चात् इस संस्थान का पालन-पोषण करने वाली उदारवादी भावना के प्रत्यक्षदर्शी बन जाते हैं (दास गुप्ता, 750)।

69. *दि पंडित* 1866 से शुरू हुआ। यह 1917 तक निकलता रहा। इसके प्रकाशन का मुख्य उद्देश्य 'संस्कृत की ऐसी दुर्लभ कृतियों का प्रकाशन करना था जिनके लिए सावधान संपादन की आवश्यकता है; पुराने भारतीय दर्शन, छंदशास्त्र, इतिहास व साहित्य के कठिन प्रश्नों पर चर्चा का मंच उपलब्ध कराना, बनारस और कलकत्ता के आर्यों तथा यूरोपीय विश्वविद्यालयों के संस्कृतविदों के बीच विचारों का आदान-प्रदान करना था।' बैलेंटाइन का 'दि पंडित एंड देयर मैनर ऑफ़ टीचिंग' शीर्षक लेख 1867 से 1868 तक पत्रिका में धारावाहिक प्रकाशित हुआ जो अब मिश्र (1991 : 44-82) द्वारा इस पत्रिका से लिये गए अंशों के संपादित संकलन में उपलब्ध है। इस लेख का उपदेशी एवं बेहद हास्यकर स्वर अपने आपमें बहुत कुछ कह जाता है :

    दुख, हैरानी एवं निराशा की इससे ज़्यादा कल्पना नहीं की जा सकती—*लघु स्तर पर ही सही*—कि बुढ़ापे में कोई ऐसा व्यक्ति किसी पंडित से संस्कृत सीखने का प्रण ले ले जिसके पास फ़ुर्सत है और जो उसे सार्थक करना चाहता है (44; ज़ोर अतिरिक्त)।

70. पश्चिमी ऐतिहासिक-विवेचनात्मक चिंतन की सार्वभौमिक वैधता के दावे पर मित्र ने सबसे खुलकर आपत्ति उठाई :

    'जहां तक पहले विषय, ऐतिहासिक सिद्धांतों आदि का प्रश्न है तो यहां यह टिप्पणी करना आवश्यक है कि संस्कृत साहित्य में किसी इतिहास के अभाव के चलते यह साहित्य अनिवार्य

रूप से लेखक की अपनी सामाजिक व धार्मिक भावनाओं से उपजी स्वाभाविक अटकलों पर आश्रित होता है...। तिथियों के निर्धारण और ऐतिहासिक सिद्धांतों के गढ़न के प्रसंग में जब तक आलोचना को ही सार्वभौमिक रूप से मान्य वैज्ञानिक नियमों की व्यवस्था में बांधा नहीं जाता है, तब तक कल्पना की विशद शृंखला उपलब्ध रहती है और फलस्वरूप धार्मिक पूर्वग्रह या नस्ली भावनाओं की अचेत कुव्याख्याओं में परिणत हो जाने की आशंका बनी रहती है और इसलिए तब तक इस तरह की आलोचना का परिणाम चाहे जितना भी विस्तृत और विद्वत्तापूर्ण हो, उसको किसी विद्यार्थी को नहीं सौंपा जा सकता जिसके पास किसी भी तरह का ऐतिहासिक मापदंड नहीं है' (निकॉल्स, 115)।

किसी भी प्रकार की विद्या को ऐतिहासिक शृंखला में बांधने का यह भी परिणाम होता है कि उसकी वर्तमान में लागू वैधता भी डंवांडोल हो जाती है।

'....संस्कृत विद्या अपनी जन्मस्थली में इतनी पूरी तरह ख़त्म नहीं हुई है कि ख़ुद पंडितों को भी अपनी धार्मिक व दार्शनिक व्यवस्थाओं के बारे में सर्वाधिक सही समझ हासिल करने के लिए यूरोपीय विद्वानों की रचनाओं (जो यूरोपीयों के अपने देशवासियों या संस्कृत भाषा से अनभिज्ञ लोगों के लिए चाहे जितने भी मूल्यवान हों) का सहारा लेना पड़े। हमारी अभिभावक सरकार को उस सार्वभौमिक शोक के क्षण की ओर बढ़ने की भूल नहीं करनी चाहिए जब भारत का वैभवशाली अतीत उसके वर्तमान से हमेशा के लिए कट जाएगा' (115)।

थीबो-मित्र विवाद में उठे मुद्दों की विस्तृत चर्चा के लिए देखें, डालमिया (1996)।

71. गुंडर्सन (1970 : 174) में उद्धृत।
72. यह भी देखें, उपाध्याय (1983 : 169-80, 181-91, 158-66), जहां इस दौर के दूसरे विद्वान ब्राह्मणों और संन्यासियों के बारे में भी भारी सूचनाएं उपलब्ध हैं। काशी की धर्मसभा की गतिविधियों पर अध्याय 6 में और विस्तार से चर्चा की जाएगी।
73. बर्नार्ड कोह्न : 'दि ब्रिटिश इन बनारस : ए 19थ सेंचुरी कॉलोनियल सोसायटी' (1962), कोह्न (1987 : 422-62) में उपलब्ध। आगे का ब्योरा कोह्न के इस पथप्रदर्शक अध्ययन पर ही आधारित है।
74. ईस्ट इंडिया कंपनी ने शुरुआत में मिशनरियों की गतिविधियों का विरोध किया था और लंदन स्थित कोर्ट ऑफ़ डायरेक्टर्स (निदेशक मंडल) ने भारत में मिशनों को मदद देने के लिए प्रस्तावित क़ानून को लागू करने की संसदीय चेष्टाओं को सफलतापूर्वक रोक दिया था। परंतु 1813 में जब कंपनी के चार्टर के पुनर्नवीकरण का समय आया तो राजनीतिज्ञ और कट्टर धर्मप्रचारक विलियम विल्बरफोर्स (1759-1833) व अन्य द्वारा फैलाई जा रही सोच के चलते संसद पर इतना दबाव पड़ा कि पुनर्नवीकरण के साथ एक अनुच्छेद भी जोड़ दिया गया। इसके तहत ऐसे उपायों को छूट दे दी गई जो ब्रिटिश भारत की जनता के धार्मिक एवं नैतिक उत्थान के अनुकूल हों। 1833 में ब्रिटिश संसद ने भारत में मिशनरियों के लाइसेंसरहित प्रवेश पर भी मंज़ूरी दे दी। यह भी देखें, इंघम (1956 : 9-19)।
75. उस समय तीन प्रोटेस्टेंट मिशन थे--1816 में बेपटिस्ट सोसायटी पहली ईसाई संस्था थी जिसने पावन नगरी में मिशन खोला और विलियम स्मिथ जो उसके पहले मुखिया थे, अगले चालीस साल तक अपने पद पर काम करते रहे। वह स्कूलों की स्थापना से लेकर सड़कों और राजमार्गों पर ईसा मसीह का संदेश फैलाने तक तमाम तरह की गतिविधियों में अथक सक्रिय रहे।

    चर्च सोसायटी के पादरी श्री कोरी 1817 में बनारस आए। जयनारायण स्कूल और उससे जुड़ी बहुमूल्य संपत्ति को सोसायटी को सौंप दिया गया। पहला इंग्लिश मिशनरी स्कूल 1821

में सामने आया। इस स्कूल को बाद में कॉलेज का रूप दे दिया गया।

तीसरा मिशन लंदन सोसायटी ने खोला और 1820 से काम करने लगा था। यह मिशन भी धर्मोपदेश और शिक्षा के कामों में संलग्न था। इस मिशन के साथ एक विशाल कॉलेजियेट संस्थान भी संलग्न था जिसमें 500 विद्यार्थी थे। इस मिशन से संबद्ध रेवरेंड जेम्स कैनेडी ने लंदन सोसायटी की ओर से रानीखेत हिलस्टेशन की भी स्थापना की।

उत्तर पश्चिमी प्रांत में मिशनरी गतिविधियों के और ब्योरे के लिए देखें, शेरिंग (1875 : 177-213)।

76. लेक (1876 : 68)।
77. एच.सी. टकर, 'दि बाइबल इन इंडिया', 16 जून, 1859, ट्रैक्ट 163, इंडिया ऑफ़िस लाइब्रेरी, पैरा 9; पेनर (1970 : 254) में उद्धृत।
78. यह भी देखें, पेनर (1970 : 265)।
79. यंग (1981 : 101-8, 169-72)।
80. सर जॉन केय भारत में अंग्रेज़ों के इतिहास के सबसे अथक लेखकों में से एक रहे हैं। उन्होंने इस बहस को इस प्रकार सार-संकलित किया :

    विवाद में संलग्न लोग एक मौक़े पर दो विशाल वर्गों में बंट गए थे—एक तरफ़ वे लोग थे जो 1857 की म्युटिनी को हमारे धार्मिक एवं सामाजिक प्रयोगों का स्वाभाविक परिणाम मानते थे और लिहाज़ा ये सुझाव दे रहे थे कि भारत की जनता को सभ्यता का पाठ पढ़ाने और उसके धर्मांतरण की सारी कोशिशें बंद कर दी जाएं; दूसरी तरफ़ वे लोग थे जो इस घटनाक्रम को अपने ईसाई दायित्वों की उपेक्षा के कारण हमें मिले दंड के रूप में देखते थे और फलस्वरूप भविष्य की गतिविधियों के ज़रिए अतीत की सुस्ती की क्षतिपूर्ति के लिए उत्सुक थे और जो एक तीव्र मूर्तिभंजक मार्ग पर चलने की सलाह दे रहे थे—जो पथभ्रष्टता (Error) के विरुद्ध एक बेहिचक और समवेत धर्मयुद्ध के हिमायती थे, जो पथभ्रष्टता को प्रभुत्वशाली नस्ल की शक्ति से बुहार फेंकने के लिए आवाज़ उठा रहे थे (1859 : xii)।

    केय ने ख़ुद भी दूसरे रास्ते का समर्थन किया लेकिन आस्था, आशा और परोपकार के भाव से परिपूर्ण करके।
81. शिक्षित करने और सभ्य बनाने के मिशनरी उद्यम को शासकीय मान्यता के साक्ष्य के रूप में शेरिंग (1875 : 463) ने सरकारी 'स्टेटमेंट एग्जिबिटिंग दि मोरल एंड मैटेरियल प्रोग्रेस एंड कंडीशन ऑफ़ इंडिया ड्यूरिंग दि ईयर 1871-72' को उद्धृत किया है :

    इस विषय में कोई मत दिए बिना भारत सरकार इन 600 मिशनरियों के कृपालु परिश्रम के भारी अहसान को नज़रअंदाज़ नहीं कर सकती जिनके निष्कलंक उदाहरण और आत्मनिषेधी श्रम ने ही ब्रिटिश शासन के तहत मौजूद विशाल आबादी के रूढ़ जीवन में नया उत्साह पैदा कर दिया है और जो अब अपने साम्राज्य के और बेहतर पुरुष व बेहतर नागरिक बनने की दिशा में उद्धत हैं (क्लीमेंट्स आर. मार्कह्म, एस्क्वायर, अस्टिटेंट सेक्रेटरी टू दि इंडिया ऑफ़िस द्वारा लिखित और हाउस ऑफ़ कॉमंस के आदेश से मुद्रित, 28 अप्रैल, 1873 : 129)।
82. इस मौक़े पर जवाबी पर्चेबाज़ी जमकर हुई जो बेहद गहरे निम्न स्तर तक जा पहुंची। देखें, यंग (1984)।
83. जैसा कि पी.सी. मजूमदार ने अपनी किताब, *दि ओरिएंटल क्राइस्ट* (बोस्टन, 1883 : 43) में कहा था; यंग (1981 : 31) में उद्धृत।
84. इसका पूरा दस्तावेज़ीकरण हुआ है और *सेलेक्शंस फ़्रॉम दि वर्नाक्यूलर न्यूज़पेपर्स पब्लिश्ड इन दि पंजाब एंड दि नॉर्थ-वेस्ट प्रोविंसिस* में उद्धृत किया गया है। उदाहरण के लिए देखें,

4 जुलाई 1865 का *अवध अख़बार* और 29 अगस्त, 1876 का *रहबरे हिंद,* लाहौर।

85. ख़ुद अपनी राय में प्रताप नारायण एक परंपरागत हिंदू थे लेकिन वह ईसा मसीह के संदेश की सत्यता को स्वीकार करने के लिए भी तैयार थे। यह स्वीकृति नवहिंदू प्रतिक्रिया की ही विशेषता नहीं थी जैसा कि ईसाइयत पर हिंदू प्रतिक्रियाओं के ज़्यादातर समकालीन अध्ययनों में माना गया है; लिहाज़ा, उदाहरण के लिए ईसा मसीह के नैतिक व्यक्तित्व की राममोहन राय द्वारा सराहना पर ई.जे. शार्प का मत :

ऐसा करके उन्होंने एक रुझान पैदा कर दिया जो ईसाइयत की नवहिंदू व्याख्याओं की विशेषता बनता चला गया : यानी एक नैतिक शिक्षक के रूप में जीसस और एक रक्षक के रूप में जीसस से संबंधित उत्तरवर्ती ईसाई परंपरा के बीच गहरा भेद देखना (1988 : 7)।

परंपरागत प्रतिक्रिया में तथाकथित 'नवहिंदू' की कई विशिष्टताएं विद्यमान थीं।

86. जैसा कि प्रताप नारायण ने आगे उल्लेख किया है, यह बात मुस्लिम शासन के तहत धर्मांतरित हो चुके पुराने लोगों के हश्र से बिल्कुल विपरीत थी। एक बार मुसलमानों का धर्म अपना लेने के बाद व्यक्ति के सारे संकट और दरिद्रता समाप्त हो जाती थी। लेकिन गोरे नवधर्मांतरित को अपनी जमात में शामिल नहीं होने देते थे :

आज दिन तो बड़ा मज़ाक़ यह है कि धर्म भी छोड़ो और बड़ी भारी योग्यता भी रखो तो भी गोरा रंग न होने से नेटिव का निंदित एवं शापित नाम बना ही रहता है। नाम, भाषा, भेस चाहे जैसा अंग्रेज़ी हो पर कहलाते बेचारे नेटिव क्रिश्चियन ही हैं। जब तक जार्डन नदी का पानी सिर पर नहीं डालते तभी तक प्यारे भाई कहलाते हैं। जहां सिर पर पानी पड़ गया वहीं जाति पर, वंश पर, नाम पर और प्रतिष्ठा पर पानी पड़ गया। हिंदुओं की दृष्टि में भी घृणित हुए और पादरियों ने भी कोई विशेष रूप से गौरव न किया। बिचारे न इधर के हुए, न उधर के हुए (*प्रताप नारायण ग्रंथावली* : 158)।

87. शेरिंग (1875 : 189) ने 'स्टेटिस्टिक्स ऑफ़ मिशनरी लेबर इन बनारस' में निम्नलिखित ब्योरा दिया है :

1850 में नेटिव ईसाइयों की संख्या	390
1871 में नेटिव ईसाइयों की संख्या	641
वृद्धि (लगभग 61 प्रतिशत)	251
1871 में नेटिव ईसाई कम्युनिकेंट्स की संख्या	168
1871 में कॉलेजों और स्कूलों की संख्या	29
1871 में विद्यार्थियों की संख्या, लड़के और लड़कियां	2220
1871 में नेटिव धर्म प्रचारकों की संख्या (जिनमें से 3 विधिवत् पादरी हैं)	19
1871 में नेटिव ईसाई अध्यापकों की संख्या	48

88. इंस्टीट्यूट से संबंधित जानकारियां *ट्रांजेक्शंस ऑफ़ दि बनारस इंस्टीट्यूट फ़ॉर दि सेशन 1864-65* से ली गई हैं। आगे के विवरण में दी गई पृष्ठ संख्याएं *ट्रांजेक्शंस* की ही हैं। संस्थान के सदस्यों के नाम उसी तरह उद्धृत किए गए हैं जिस तरह वे *ट्रांजेक्शंस* में आए हैं।

89. इस भाषण की चर्चा अध्याय 6 में की गई है।

90. मेडिकल हॉल प्रेस द्वारा 1871 में प्रकाशित इस गुटके का पाठ *ग्रंथावली* 3 (3-12) में उपलब्ध है।

91. इसके अलावा मारवाड़ी अग्रवाल भी थे लेकिन उन्होंने वहीं के रीति-रिवाज अपना लिये थे जहां वे आकर बसे थे। मारवाड़ियों के विपरीत बाक़ी सभी ख़ुद को *देश वाले* यानी जाति के मूल उद्‌गम स्थल का मानते थे। ये भेद महत्त्वपूर्ण थे लेकिन जाति के भीतरी सोपान क्रम में वह भेद और भी महत्त्वपूर्ण था जिसका हरिश्चंद्र ने यहां ज़िक्र नहीं किया है लेकिन

जो उनके अपने काल में भी प्रासंगिक था। ये *बीसे* और *दसे* अग्रवालों का भेद था। बीसों के सभी बीस भाग शुद्ध माने जाते थे। दसों को इसलिए दसा कहा जाता था कि उनके बीस में से केवल दस भाग ही शुद्ध रक्त वाले थे। हरिश्चंद्र का परिवार बीसे अग्रवालों का था और लिहाज़ा न केवल पछांही था बल्कि इस आधार पर भी कुलीन था। इन भेदों का ब्योरा विद्यालंकर (1938 : 24 एवं आगे) में देखा जा सकता है, जिन्होंने *लक्ष्मीकथा* की संस्कृत पांडुलिपि का हिंदी में अनुवाद भी किया है। हरिश्चंद्र ने अपने गुटके में *कथा* का ज़िक्र किया है जो बीसवीं शताब्दी के तीस के दशक तक हरिश्चंद्र के परिवार के पुस्तकालय में सुरक्षित थी। विद्यालंकार के अनुसार यह *कथा भविष्योत्तरपुराण* के मुद्रित संस्करणों में नहीं है।

92. इन षड्यंत्रों और जवाबी षड्यंत्रों का सबसे विस्तृत विवरण और सूचनाओं का मुख्य स्रोत रॉबर्ट ऑर्म (1778 : 50-182) हैं जो इनमें से बहुत सारी घटनाओं के प्रत्यक्षदर्शी भी थे। उनका ब्योरा इस लिहाज़ से पक्षपातपूर्ण है कि वे देशी साहूकारों की गतिविधियों, और सबसे बढ़कर अमीनचंद की गतिविधियों की निंदा करते हैं जबकि उसी दौरान ज़्यादातर ब्रिटिश चालबाज़ी में निहित लोभ और बेइज़्ज़ती को नज़रअंदाज़ कर जाते हैं। ऑर्म के ब्योरे को इस दौर के सभी दूसरे इतिहासों में भी दोहराया गया है हालांकि उनमें इन घटनाओं और उनके मूल्यांकन पर एक जैसा ज़ोर नहीं है।
93. राधाकृष्णदास ने लिखा है कि महाराजा ईश्वरी नारायण सिंह हरिश्चंद्र से कहा करते थे कि *इस मेले का दूलह तो तुम्हारा ही वंश है* ([1905] 1976 : 17)।
94. गिरधरजी नाथद्वारे के एक विख्यात व्यक्ति थे। मंदिर के चित्रों में उनके द्वारा की गई मूर्तियों के सुरुचिपूर्ण शृंगार को देखा जा सकता है। इन चित्रों के कुछ नमूनों के लिए देखें, अंबालाल (1987 : 110-11)।
95. वॉरेन हेस्टिंग्स संबंधी याचिका पर दस्तख़त करने वालों की सूची में जैरामदास का भी नाम है। इस याचिका का ऊपर उल्लेख आ चुका है। यह भी देखें, मोतीचंद्र ([1962] 1985 : 410)।
96. मैं *वार्ता* की ओर ध्यान आकृष्ट कराने के लिए बनारस हिंदू विश्वविद्यालय के डॉ. कल्याण कृष्ण की आभारी हूं। विस्तृत विश्लेषण के लिए देखें, डालमिया (1994)।
97. यह भी देखें, माधव शर्मा (1990 : 13)।
98. राधाकृष्णदास ([1905] 1976 : 18)।
99. राय कृष्णदास (1976 a : 10) ने लिखा है कि मुकुंदरायजी की *प्रसादी माला* हर रोज़ विश्वनाथ को भेजी जाती थी जो स्वयं इसको धारण करके देवता के प्रति अपनी आस्था का प्रदर्शन करते थे। *वैकुंठ चतुर्दशी* के दिन तो वह एक तुलसी माला भी पहनते थे। शिवरात्रि को मुकुंदराय जी *बाघंबरी छींट का बाना* पहन लेते थे।
100. पहले वाली कविता में *श्री गिरधरजी की बधाई* (*समग्र* : 14)।
101. *उत्तरार्द्धभक्तमाल* (*समग्र* : 70)।
102. *उत्तरार्द्धभक्तमाल* को *हरिश्चंद्रचंद्रिका* में 1874 से 1877 तक धारावाहिक प्रकाशित किया गया। इसका पूरा पाठ *समग्र* (67-82) में उपलब्ध है।
103. हरीश्चंद्र की सभी जीवनियों में यह ज़िक्र आता है कि बाबू राजेंद्र लाल मित्र ने एक लाख रुपए में इस पुस्तकालय को एशियाटिक सोसायटी के लिए ख़रीदने का प्रस्ताव रखा था।
104. यह भी देखें, राय कृष्णदास (1976 a)।
105. यह नोटिस खड्गविलास प्रेस, बांकीपुर द्वारा हरिश्चंद्र की संकलित रचनाओं को धारावाहिक

हरिश्चंद्रकला के रूप में प्रकाशित करने पर जारी किया गया था। इसके लेखक संभवतः स्वयं सैयद अहमद ख़ान ही थे।

106. जैसा कि सहाय ([1095] 1975 : 40) में उद्धृत किया गया है। दुर्भाग्यवश, सहाय ने इस प्रेक्षण की तारीख़ दर्ज नहीं की है। फिर भी, यह कवि की मृत्यु के बाद लिखे गए श्रद्धांजलि नोटिस का हिस्सा रहा होगा।

107. यह भी देखें, ब्रजरत्नदास ([1935] 1962 : 107)।

108. गोपालदास साहू की प्रसिद्ध कोठी के डॉ. भगवानदास बताया करते थे कि जब लड़कपन में वह इस घर के सामने से गुज़रते थे तो उन्हें बताया जाता था कि इस मकान में क्षय का वास है। इस तरह उंगली उठाया जाना 'महासाहू' के प्रति समुदाय के असम्मान का प्रतीक था। मैं इस जानकारी के लिए प्रोफ़ेसर आनंद कृष्ण की आभारी हूं।

109. *ग्रंथावली* 1 (195-230)।

110. इन रवैयों का तथा मल्लिका के साहित्य उत्पादन के विश्लेषण व मूल्यांकन का विस्तृत अध्ययन होना चाहिए। मल्लिका की लिखी कृतियों का आंशिक प्रकाशन हुआ है। इन दोनों महिलाओं के बारे में और जानकारी राय कृष्णदास (1976b) और गिरीशचंद्र चौधरी (1986b) में उपलब्ध है।

111. अभिजात वर्ग ने इस तरह के मनोरंजन से बीसवीं शताब्दी के बीस के दशक में आकर हाथ खींचने शुरू कर दिए थे। 1923 तक बुढ़वा मंगल का उत्सव बंद हो गया था। यह ज़रूरत से ज़्यादा 'भौंडा/अनैतिक' हो चुका था। इसमें सहभागिता और इसके संरक्षण से अभिजात वर्ग द्वारा हाथ झाड़ लेना राष्ट्रवादी विचारधारा, प्रौद्योगिक परिवर्तन और शिक्षा का परिणाम था। यह भी देखें, कुमार (1988 : 129, 233-4)।

112. सहाय ([1905] 1975 : 260) में उद्धृत।

113. *बनारस का बुढ़वा मंगल,* 'प्रेमघन' (1951, 105-31) में।

114. ब्रजरत्नदास ने इस तरह की एक घटना यूं बताई है : जब ड्यूक ऑफ़ एलबनी, यानी रानी विक्टोरिया के चौथे बेटे का देहांत हुआ तो हरिश्चंद्र ने 12 अप्रैल, 1884 को इस अवसर पर एक सार्वजनिक शोक सभा के आयोजन का प्रस्ताव रखा और इस मद में टाउन हॉल के प्रयोग की मजिस्ट्रेट से अनुमति भी हासिल कर ली। आख़िरी लम्हों में यह इजाज़त रद्द कर दी गई—अफवाह थी कि यह फ़ैसला शिवप्रसाद के उकसाने पर लिया गया है जिनको भय था कि सभा विद्रोही रूप ले सकती है। फलस्वरूप, बहुत सारे प्रतिष्ठित अतिथियों को उलटे पांव लौटना पड़ा। इस विफलता से हताश न होते हुए हरिश्चंद्र ने क्वींस कॉलेज के प्रांगण में सभा बुलाने का फ़ैसला किया। इस बार सभा की अध्यक्षता के लिए बाबू प्रमदादास मित्र का नाम तय किया गया। इस दौरान अपनी ग़लती महसूस करते हुए मजिस्ट्रेट ने भी माफ़ी मांगी और अंततः टाउन हॉल के इस्तेमाल की इजाज़त दे दी और 15 अप्रैल को वहीं यह सभा आयोजित हुई। शोक संदेश के टेलीग्राम रानी और ड्यूक ऑफ़ कॅनॉट को भेजे गए और उनकी पावती भी आई। राजा शिवप्रसाद भी सभा में आए और उन्होंने बोलने का प्रयास किया लेकिन उस समय उनकी लोकप्रियता इतनी नीचे जा चुकी थी कि लोगों ने उन्हें बोलने ही नहीं दिया। गहरे अपमान के भाव से उन्होंने इस घटना की शिकायत महाराजा से की जिन्होंने न केवल हरिश्चंद्र को फटकार लगाई बल्कि यहां तक कह दिया कि राजा शिवप्रसाद का किसी भी तरह का अपमान उनके दरबार का अपमान माना जाएगा। इससे हरिश्चंद्र को ग़ुस्सा आ गया और उन्होंने पत्र लिखकर भिजवाने की बजाय एक मौखिक संदेश भिजवाया और कहा कि चूंकि महाराजा की नज़र में राजा शिवप्रसाद और वह, दोनों ही एक समान हैं, इसलिए उन्हें

समझ में नहीं आता कि उनके विचारों को समान महत्त्व क्यों नहीं दिया जा रहा है। इसके बाद वह महाराजा के दरबार से कुछ समय तक दूर ही रहे। यह भी देखें, ब्रजरत्नदास ([1935] 1962 : 177), यह भी, राधाकृष्णदास ([1905] 1975 : 88-9)।

115. यह भी देखें, ब्रजरत्नदास ([1935] 1962 : 167), सहाय ([1905] 1975 : 267)।

116. सहाय ([1905] 1975 : 15) ने ऐश्वर्य नारायण सिंह द्वारा हरिश्चंद्र को लिखे गए पत्र का उल्लेख किया है : मैंने सुना है कि आपने इस्तीफ़ा दे दिया है, क्या यह सत्य है? यदि ऐसा है तो आपने अत्यंत अविवेकी व्यवहार किया है। अधिकारी आपके निर्णयों को बेहद पसंद करते हैं और जहां तक मैं जानता हूं किसी के पास आपके ख़िलाफ़ कहने को कुछ नहीं था। यदि संभव हो तो अपना इस्तीफ़ा वापस ले लें और ऑनरेरी मजिस्ट्रेट की कोर्ट में हमें एक अच्छे सहकर्मी से वंचित न करें।

117. बाबू शिवप्रसाद ख़ुद भी राजा डालचंद नाम के एक प्रतिष्ठित व्यापारी के परिवार से थे। राजा डालचंद मुर्शिदाबाद के जगत सेठ के परिवार से थे। डालचंद भागकर काशी आए थे और क्योंकि वह बेऔलाद थे, इसलिए उन्होंने गोपीचंद को गोद लिया था जो शिवप्रसाद के पिता हुए। शिवप्रसाद के पिता का बहुत जल्दी ही देहांत हो गया था। इसके बाद उन्होंने फ़ारसी और अंग्रेज़ी का अध्ययन किया जिससे वह सरकारी नौकरी के योग्य हो गए। कुछ समय के लिए उन्होंने भरतपुर के महाराजा की नौकरी की और फिर अपने शेष कामकाजी ज़िंदगी में वह अंग्रेज़ों की नौकरियों में ही रहे। वह शिमला एजेंसी के मीर मुंशी रहे और बाद में हेनरी टकर के तहत बनारस एजेंसी के मीर मुंशी हुए। वह लोक-शिक्षा विभाग में ज्वाइंट इंस्पेक्टर बने और बाद में प्रांत के लेफ़्टिनेंट गवर्नर सर विलियम मुईर ने उन्हें इंस्पेक्टर बना दिया। 1878 में वह सेवानिवृत्त हुए। वह एक जानी-मानी सार्वजनिक हस्ती थे : उन्हें 1874 में चैंपियनशिप ऑफ़ दि स्टॉर ऑफ़ इंडिया की प्रतिष्ठित उपाधि दी गई थी जिसे आमजन सितारे हिंद के नाम से पुकारते थे। इस अवसर पर उनके सम्मान में हरिश्चंद्र ने एक विशाल सार्वजनिक दावत का आयोजन किया था। 1887 में उन्हें राजा की वंशगत उपाधि भी दी गई। शिवप्रसाद की संक्षिप्त जीवनी और उनकी प्रकाशित रचनाओं की सूची ग्रियर्सन (1889 : 148 एवं आगे) और ब्रजरत्नदास (1949 : 176 एवं आगे) में उपलब्ध है। आधुनिक हिंदी गद्य की रचना में उनके योगदान का सबसे संतुलित आकलन शर्मा ([1942] 1975 : 195-206) में मिलता है।

118. मित्र ने पैंतीस साल तक एशियाटिक सोसायटी के लिए काम किया। उन्होंने एक क्लर्क और लाइब्रेरियन के रूप में नौकरी शुरू की थी और 1856 में उन्हें काउंसिल का सदस्य चुना गया। 1891 में अपनी मृत्यु तक वह इसी पद पर रहे। 1857, 1865 और 1868 में वह सचिव और 1860-5, 1870-74 तथा 1886-91 के बीच इसके उपाध्यक्ष रहे। 1885 में वह अध्यक्ष चुने जाने वाले प्रथम भारतीय थे। फिलोलॉजिकल सेक्रेटरी के रूप में उन्होंने *बिब्लियोथिका इंडिका* शृंखला के प्रकाशन की निगरानी की और सोसायटी के जर्नल के पुराखंड का संपादन किया। अपने विद्वत् कार्यों के अलावा वह ब्रिटिश इंडियन एसोसिएशन के भी सक्रिय सदस्य रहे और अपने समय के मुख्य सार्वजनिक मुद्दों पर मत व्यक्त करते रहे। उन्होंने दो अत्यंत प्रभावशाली बंगाली शोध पत्रिकाओं का संपादन किया–1851 से 1859 तक *बिबिदार्थ संग्रह* और 1863 से 1870 तक *रहस्य-संदर्भ।* इनमें लिखे गए उनके लेख सरल, पठनीय शैली में होते थे। इनमें वे ऐतिहासिक शीर्षकों, भूगोल, साहित्य, सामयिक घटनाओं, प्रकृति विज्ञानों और कला व हस्तकौशल पर लिखते थे। *बिबिदार्थ संग्रह* पहली बंगाली पत्रिका थी जिसमें रेखाचित्र छपने शुरू हुए और आमतौर पर इसे अपने क़िस्म की श्रेष्ठतम पत्रिका माना जाता था। लगभग प्रत्येक अंक में भारतीय इतिहास व संस्कृति पर लेख होते थे जो मराठों के बारे में जेम्स ग्रांट

डफ़, राजपूतों के बारे में जेम्स टोड और सिखों के बारे में जे.डी. कनिंघम जैसे ब्रिटिश इतिहासकारों के विचारों पर आधारित होते थे। *रहस्य-संदर्भ* में भारत के शहरों और क्षेत्रों पर लेख भी छपते थे। इस पत्रिका ने समकालीन लेखकों की किताबों की प्रभावशाली समीक्षाओं के ज़रिए सांस्कृतिक परिदृश्य पर भी अपनी गहरी छाप छोड़ी। हरिश्चंद्र की अपनी साहित्यिक और पत्रकारी उद्यमों के लिए ये शोध पत्रिकाएं एक मॉडल का काम करती थीं। राजेंद्रलाल मित्र की भूमिका के महत्त्व पर अतिरिक्त ज़ोर देने की आवश्यकता नहीं है। इस जानकारी तथा आगे दी गई जानकारियों के लिए मैं गुंडर्सन (1970) की आभारी हूं।

119. मित्र द्वारा हरिश्चंद्र को लिखा गया पत्र, सहाय ([1905] 1975 : 39) में उपलब्ध। 25 नवंबर, 1874 का यह पत्र उन्होंने तब लिखा जब वह बनारस की यात्रा पर आए थे। इस पत्र में दोनों व्यक्तियों की वैष्णव निकटता का साक्ष्य मिलता है :

'परंतु मैं *भागवत* के अंतिम पृष्ठ को देखने को विशेष रूप से उत्सुक हूं और अगर आप इसे अब से 11 बजे रात्रि के बीच भिजवा सकें तो मैं बेहद आभारी रहूंगा। अगर ऐसा न हो सके तो मैं आपसे निवेदन करता हूं कि आप पांडुलिपि को मेरे पास कलकत्ता भिजवाने का कष्ट करें। इससे *भागवत* की लेखन तिथि से संबंधित एक महत्त्वपूर्ण प्रश्न का समाधान हो जाएगा। आपको ज्ञात ही है कि जो लोग हम वैष्णवों का विरोध करते हैं, वे भागवत को वोपदेव की रचना मानते हैं। अब आपकी पांडुलिपि की तिथि उनको ग़लत सिद्ध कर देगी और यही कारण है कि मैं, जो कि सात पीढ़ियों का वैष्णव हूं, इस बारे में इतना बेचैन हूं। मैं पांडुलिपि को एशियाटिक सोसायटी की सभा में आपके नाम से प्रस्तुत करूंगा, सोसायटी के जर्नल में इस पर एक पत्र लिखूंगा और प्रस्तुत फेसिमिली की तरह एक फेसिमिली प्रकाशित करूंगा।'

यहां 'हम वैष्णवों' पद उल्लेखनीय है—एक ऐसी समानता जिसे हरिश्चंद्र ने हृदय से स्वीकार कर लिया था।

120. बैलेंटाइन से कलकत्ता संस्कृत कॉलेज में पाठ्यचर्या सुधार पर अपने सुझाव देने के लिए कहा गया था। उनको ऐसे तरीक़े ढूंढ़ने का ज़िम्मा सौंपा गया था जिनके ज़रिए 'देशी पढ़े-लिखे लोगों का दिमाग़ बेकोनियन स्पेक्युलेशन के सबसे अनुकूल हो जाए' (सेन, 1977 : 172 में उद्धृत, जहां आगे का संदर्भ भी है)। उन्होंने आंग्ल-संस्कृत शिक्षा का जो रास्ता सुझाया, उसका मक़सद 'भारत के बारे में यूरोपीय चिंतन की व्याख्या के लिए पूर्णतः योग्य व्यक्तियों के समूह तैयार करना' था (173)। विद्यासागर को इस बारे में संदेह था कि यूरोपीय और भारतीय व्यवस्थाओं में कोई मेल बैठ सकता है। अंततः भारतीय चिंतन के दोषों को दूर करने के लिए यूरोपीय चिंतन को ही श्रेष्ठ पाया गया। 7 सितंबर, 1853 के अपने वक्तव्य में उन्होंने स्पष्ट रूप से कहा :

वेदांत और सांख्य दर्शन धाराएं ग़लत हैं, यह अब विवाद का विषय नहीं हैं। ये व्यवस्थाएं ग़लत होते हुए भी हिंदुओं के असीम सम्मान का पात्र बनी हुई हैं। स्वार्थवश संस्कृत पाठ्यक्रम में इनको पढ़ाते हुए हमें उनके प्रभाव को संतुलित करने के लिए अंग्रेज़ी पाठ्यक्रम में ठोस दर्शन पढ़ाना चाहिए।

...वे (भारत के विद्वज्जन) मानते हैं कि उनके शास्त्र सर्वज्ञानी ऋषियों ने रचे हैं और इसलिए वे अकाट्य हैं। जब भी किसी चर्चा या बातचीत में यूरोपीय विज्ञान द्वारा प्रमाणित कोई नया सत्य उनके सामने प्रस्तुत किया जाता है तो वे हंसते हैं और उसका मज़ाक़ उड़ाते हैं। हाल के समय में भारत के इस भाग, विशेष रूप से कलकत्ता और इसके आस-पास, के पढ़े-लिखे लोगों में यह भावना साफ़ दिखाई देने लगी है कि जब भी वे किसी वैज्ञानिक सत्य

के बारे में सुनते हैं, जिसके जीवाणु उनके शास्त्रों में भी मौजूद हैं, तो वे उस सत्य पर ध्यान देने की बजाय विजय का भाव दिखाते हैं और अपने शास्त्रों के प्रति उनका धर्मांध सम्मान दोगुना हो जाता है (172-5, 177)।

121. विधवा विवाह पर उनकी पहली टीका 1855 में प्रकाशित हुई। इस पर फ़ौरन सार्वजनिक प्रतिक्रिया हुई जो अधिकांशतः नकारात्मक थी। परंतु शासकीय दायरों में उनको समर्थन मिला। 1856 में विधवा विवाह का क़ानून पारित कर दिया गया। कलकत्ता और अन्य प्रमुख शहरों में तथा कुछ गांवों में भी कुछेक विधवा विवाह हुए। इनमें से ज़्यादा विवाह उनके नैतिक समर्थन और आर्थिक सहायता से ही संपन्न हुए थे। हिंदुओं में बहुविवाह के चलन को वैधानिक रूप से समाप्त घोषित करने की उनकी चेष्टा इतनी सफल नहीं रही। बहुविवाह पर उनकी पहली टीका 1871 में और दूसरी 1872 में प्रकाशित हुई जिनमें शास्त्रों का हवाला देते हुए बहुविवाह को अवैध सिद्ध किया गया था। समाज में, ख़ासतौर से बंगाल के कुलीन ब्राह्मणों में इस प्रथा की जड़ें इतनी गहरी थीं कि उनको आसानी से नहीं उखाड़ा जा सकता था। इस मसले पर लंबी सार्वजनिक बहस चली। हरिश्चंद्र ने भी फ़ौरन इस मसले पर मत व्यक्त किया जिसकी मैं आगे के पन्नों में चर्चा करूंगी।

122. विधवा विवाह के विषय में उन्नीसवीं शताब्दी के दूसरे बहुत सारे विचारकों की तरह हरिश्चंद्र को भी आपत्तियां थीं जिनके लिए देखें, सुधीर चंद्र (1987)।

123. आगे क.व.सु. के रूप में उद्धृत। इस पत्रिका की प्रतियां अब दुर्लभ हो चुकी हैं। इसके सबसे अधिक अंक बनारस स्थित भारत कला भवन में सुरक्षित हैं। शुरुआती सालों के इक्का-दुक्का अंकों को छोड़कर मैं 1871 से 1873 तक की फाइलों को और 1876 से 1877 तक की फाइलों को देखने में सफल रही हूं। 1883 से 1885 के अंक, जब धाड़फले संपादक थे, सुरक्षित हैं।

124. प्रारंभिक वर्षों में कोई प्रत्यक्ष आलोचना नहीं थी, हालांकि हरिश्चंद्र इस संस्था की गतिविधियों के महत्त्व पर संदेह करने लगे थे। क.व.सु., 3.22, 5 जुलाई, 1872 को इंस्टीट्यूट के बारे में प्रकाशित नोटिस से पहले शहर की बहुत सारी सभाओं, एसोसिएशनों, क्लबों व संस्थाओं की आलोचना छापी गई थी। आने वाले वर्षों में ज़्यादा प्रत्यक्ष व्यंग्य और आलोचनाएं आने लगीं, उदाहरण के लिए, क.व.सु., 7.45, 17 जुलाई, 1876 तथा 8.17, 18 दिसंबर, 1876।

125. पहली बार *हरिश्चंद्र मैगज़ीन* 1.3, 15 दिसंबर, 1873 को प्रकाशित, इसका पाठ *ग्रंथावली 1* (185-91) में उपलब्ध है।

126. ज्योतिष के प्रसिद्ध पंडित सुधाकर द्विवेदी ने अपनी *रामकहानी* की प्रस्तावना में बताया है कि यह नाम कैसे पड़ा। शहर के प्रसिद्ध पंडित बाल शास्त्री ने एक व्यवस्था दी थी जिसके अनुसार आगे से कायस्थ जाति को क्षत्रिय के रूप में मान्यता दी जानी थी. हरिश्चंद्र ने सभी तरह की मांगों को मान लेने की पंडितों की आदत पर एक छोटा-सा व्यंग्य भी लिखा था : *सबई जात गोपाल की* (जो *हरिश्चंद्र मैगज़ीन*, 1.2, 15 नवंबर, 1873 को प्रकाशित हुआ, *ग्रंथावली 1* : 707-10 में उपलब्ध)। लाहौर के पंडित रघुनाथ उसी समय बनारस आकर बसे थे। उन्होंने हल्के असंतोष के साथ यह टिप्पणी की थी कि हरिश्चंद्र इस बात की परवाह नहीं करते कि वे किसके बारे में बात कर रहे हैं; वह पंडितों और मूर्खों का समान रूप से अपमान करते जाते हैं। जिस तरह वह अपने सद्कार्यों के लिए जाने जाते हैं उसी तरह वह अपने भोगविलास और बुजुर्गों के अपमान के लिए भी विख्यात हैं। उनमें यह दोष है, इसलिए वह चंद्रमा की भांति हैं। तो इस तरह उन्हें भारतेंदु की उपाधि मिली। लेकिन सुधाकर द्विवेदी ने फ़ौरन यह भी जोड़ा कि हरिश्चंद्र एक तरह से शुक्ल पक्ष की द्वितीया के नवचंद्र की तरह हैं। आख़िरकार,

दाग तो पूर्ण चंद्र में ही दिखते हैं! इस तरह, जो बात एक निंदा के रूप में शुरू हुई थी वही बाद में सम्मान का विषय बन गई। यह घटना ब्रजरत्नदास ने भी बताई है ([1935 1962 : 114-15)]।

127. उनके साक्ष्य को कमीशन की रिपोर्ट के साथ प्रकाशित किया गया। इसके अंश *समग्र* (1054-60) में उपलब्ध हैं। यह न केवल प्रांत में शिक्षा की दशा पर बल्कि भाषा के बेहद विवादास्पद मुद्दे पर भी एक महत्त्वपूर्ण वक्तव्य है। इस पर प्रस्तुत पुस्तक के चौथे अध्याय में और विस्तार से चर्चा की गई है।

128. जॉर्ज अब्राहम ग्रियर्सन (1851-1941) हिंदुस्तान की भाषाओं और बोलियों पर उन्नीसवीं शताब्दी के सर्वोपरि ब्रिटिश विद्वान रहे हैं। हिंदुओं की भाषा और धर्म, दोनों विषयों में उनके मत बहस में एक अहम भूमिका अदा करते हैं जो इस अध्ययन में भी दिखाई देता है। ट्रिनिटी कॉलेज डबलिन से ग्रियर्सन ने एक भाषाविद् के रूप में शिक्षा ली और 1873 में वह भारत आए। अपने कैरियर के ज़्यादातर दौर में वह बिहार के ज़िलों में मझोले स्तर के प्रशासकीय पदों पर तैनात रहे। उनके पास शास्त्रीय संस्कृत साहित्य का ज्ञान पहले से था जिसमें बिहार के ग्रामीण जीवन के रीति-रिवाजों, साहित्य व भाषाओं में उनकी बढ़ती दिलचस्पी ने और योगदान दिया। अवधी और ब्रज के भक्ति साहित्य की खोज ने 'एक फील्ड भाषाविद् और लोक साहित्य के प्रेमी' की उनकी छवि को और पुष्ट कर दिया। इसके बाद उन्होंने भारत में भक्ति आंदोलन पर कई लेख लिखे जो उन्हीं की गढ़ी गई एक वैचारिक निर्मिति थी। इसके अलावा उन्होंने भक्त कवियों की रचनाओं पर भी किताबें लिखीं। उन्होंने इस साहित्य के पक्ष में आवाज़ उठाई और न केवल उसे प्राच्यविदों द्वारा अध्ययन के लिए इसे उपयुक्त बताया बल्कि यह भी दलील दी कि इसकी अद्वैतवादी धारणा को भारतीय धर्मों की सच्ची अभिव्यक्ति के रूप में गंभीरता से लिया जाना चाहिए। उनके द्वारा लिखित बहुत सारे व्याकरण, गुजराती बोलियों से लेकर कश्मीरी तक विभिन्न भाषाओं के शब्दकोष व विस्तृत नोट्स व अध्ययन भाषा के क्षेत्र में उनकी विशद विद्वत्ता और सरगर्मियों का साक्ष्य हैं। ये अध्ययन *लिंग्विस्टिक सर्वे ऑफ़ इंडिया* नाम के बहुखंडीय ग्रंथ में परिणत हुए जिसके वही प्रधान संपादक थे। *सर्वे* 1898 में शुरू हुआ था। भारत में भाषाशास्त्रीय, साहित्यिक एवं धार्मिक अध्ययनों के उदय में ग्रियर्सन के महत्त्व का अभी पूरा मूल्यांकन नहीं हुआ है। उनके जीवन और कृतित्व का ब्योरा एफ.डब्ल्यू. थॉमस एवं आर.एल. टर्नर ([1942] 1977) में देखा जा सकता है। हिंदी साहित्य के इतिहासकार और मध्यकालीन भक्त कवियों के अध्येता के रूप में उनके कामों के मूल्यांकन की पहली चेष्टा आशा गुप्त (1984a, 1984b) में भी देखी जा सकती है।

129. नाभादास, *भक्तमाल* (1969 : 614)।

130. गोस्वामी (1895 : 5)। बहुत सालों बाद के एक साक्षात्कार में उन्होंने बताया कि अपने पिता के साथ काशी की एक यात्रा में किस तरह वह छिपकर हरिश्चंद्र से मिलने गए थे और इस मुलाक़ात के बारे में उनकी कितनी उत्सुकता थी। राधाचरण ने एक गुप्त संदेश भेजा कि हरिश्चंद्र तब तक जागते रहें जब तक वह अपने पिता की सख़्त आंखों से बचकर नहीं निकल आते। इसके जवाब में हरिश्चंद्र ने अपनी ख़ास शैली में जवाब भिजवाया जिसमें हलका उपहास और सरल सहृदयता का मिश्रण था : *आपके पिता जब चाहें शयन करें, पर मैं बिना आपसे मिले सो नहीं सकता।* यह भी देखें, ब्रजरत्नदास ([1935] 1962 : 137)।

131. राधाकृष्णदास की असली प्रतिभा सांगठनिक विषयों में ही थी इसलिए उनके जीवन का उत्कृष्ट दौर सभा में जाकर ही संपन्न हुआ। उन्होंने किताबों का एक बढ़िया संकलन इकट्ठा किया जो बाबू गधाधरसिंह द्वारा सभा को दिया गया था। यह संकलन शानदार आर्यभाषा पुस्तकालय

की जान था। उन्होंने न केवल हिंदी पांडुलिपियां जुटाने में बल्कि ऐसे कवियों की रचनाओं के संपादन में भी केंद्रीय भूमिका निभाई जो हिंदी साहित्य के शास्त्रीय सिद्धांत का रूप लेने लगे थे। सभा की स्थापना के बारे में देखें, किंग (1974)। इस उद्यम में राधाकृष्णदास की विशेष भूमिका के लिए देखें, रामचंद्र शक्ल ([1913] 1987 : 44-68) द्वारा लिखित मोनोग्राफ़।

ऊपर उद्धृत सभी लेखकों की संकलित रचनाओं और उनके द्वारा निकाली गई पत्रिकाओं के संदर्भ इस पुस्तक के आख़िर में दी गई ग्रंथ-सूची में उपलब्ध हैं।

132. इनमें लाला शालिग्राम वैश्य (1831-1901), झब्बीलाल मिश्र (लगभग 1833-60), ज्वाला प्रसाद मिश्र (1862-1916) और बलदेव प्रसाद मिश्र (1869-1904) सबसे प्रमुख थे। उन्होंने विभिन्न विषयों पर कविताएं, नाटक, उपन्यास और लेख लिखे। उनके जीवन और कृतित्व से संबंधित सूचनाओं का सूद (1986) ने संकलन व मूल्यांकन किया है।

133. कवि के कृतित्व को बाद में पत्रिकाओं से लेकर 1888 से 6 अंकों में पुनप्रर्काशित किया गया।

134. डॉ. धीरेंद्रनाथ सिंह (1986a) ने आधुनिक हिंदी की रचना में खड्गविलास प्रेस के योगदान पर विस्तार से काम किया है।

135. सहाय ([1905] 1975 : 345-6) में उद्धृत।

136. हिंदी साहित्य सम्मेलन के तीसरे कन्वेंशन में 'प्रेमघन' का भाषण, ब्रजरत्नदास ([1935] 1962 : 303) में उद्धृत।

अध्याय 4

हिंदुओं की राष्ट्रभाषा के रूप में हिंदी

हिंदी की उत्पत्ति

एक राष्ट्रीय भाषा की अवधारणा मूल रूप से अंग्रेज़ों के साथ हमारे यहां आई और उसे भारतीय स्थितियों में लागू किया गया।[1] जब अंग्रेज़ आए तो यहां उन्हें ऐसी कोई भाषा दिखाई नहीं दी जो राष्ट्रीय हैसियत का दावा कर सके। मुग़लों के जमाने में यह काम एक मिश्रित ज़बान के ज़रिए चलता था जिसको हिन्दवी या हिन्दुस्तानी कहा जाता था। कमोबेश पूरे उपमहाद्वीप के लोग इसे समझते थे। देश के पेचीदा भाषायी हालात में अंग्रेज़ों की इस अपेक्षा से एक ऐसी प्रक्रिया शुरू हुई जिसने बहुत थोड़े समय के भीतर हिन्दुस्तानी को क्रमशः हिंदुओं और मुसलमानों की राष्ट्रीय भाषाओं के तौर पर हिन्दी व उर्दू में बांट दिया और इसके बाद ये भाषाएं दो स्वायत्त प्रिंट भाषाओं के रूप में विकसित होने लगीं।[2] 1837 में अदालती कामकाज के लिए फ़ारसी की जगह अलग-अलग क्षेत्रीय भाषाओं के इस्तेमाल का फ़ैसला लिया गया। उत्तर-पश्चिमी प्रांत में जिस हिंदुस्तानी ने फ़ारसी की जगह ली, वह कुल मिलाकर उर्दू ही थी जिसे इस रूप में एक हद तक सरकारी सहायता मिलने लगी थी। क्षेत्रीय भाषाओं को सार्वजनिक संचार का माध्यम बनाने या समूचे ब्रिटिश भारत के लिए किसी एक भारतीय भाषा को स्थापित करने के पीछे अंग्रेज़ों का कोई निहित स्वार्थ नहीं था। आधुनिक हिन्दी गद्य के उल्लेखनीय विकास और शब्दावली व वर्तनी के मानकीकरण के धरातल पर सबसे पहले मिशनरियों और स्कूली किताबों के लेखकों ने हाथ आज़माए। लेकिन सदी के उत्तरार्द्ध में हिन्दी को हिंदुओं की भाषा मानने की सोच और उससे जुड़ी विशाल क्षेत्रीय एवं वैचारिक आकांक्षाओं पर राष्ट्रवादियों ने अपना नियंत्रण बना लिया था और इसके बाद वह लगभग उन्हीं की देखरेख में विकसित हुई। इस बिंदु पर बनारस ने एक अहम भूमिका अदा की और कथित रूप से संपूर्ण राष्ट्र की ओर से बोलने का दावा करने वाले उदीयमान मध्य वर्ग के प्रवक्ता के रूप में हरिश्चंद्र को एक विशेष हैसियत मिली।

ऐसे में हिंदी के विकास को एक पराक्षेत्रीय स्तर पर और बाद में राष्ट्रीय स्तर पर हिंदुओं की सांस्कृतिक एवं धार्मिक पहचान से अलग करके नहीं देखा जा सकता था।[3] इसके बाद हिंदी उन्नीसवीं सदी में लगातार हिंदुओं की भाषा के रूप में विकसित होती रही। यह घटनाक्रम तीन स्तरों पर देखा जा सकता है :

1. सबसे पहले यह दो-फाड़ प्रक्रिया थी, यानी उर्दू से पृथक् होने की प्रक्रिया और हिंदी के लिए नितांत स्वायत्तता का दावा।
2. इस तरह पृथक् होकर जो भाषा बनी, उसको व्याकरण, शब्दकोशों और स्कूली प्रवेशिकाओं के ज़रिए मानक रूप दिया गया। ये रचनाएं न केवल स्वायत्तता का प्रतिनिधित्व करती थीं बल्कि उसको सींचती भी जा रही थीं। इन चेष्टाओं में नए शब्द गढ़े जा रहे थे और उन ध्वन्यात्मक एवं व्याकरणीय विकल्पों पर ज़ोर दिया जा रहा था जो उर्दू से भिन्न थे, क्योंकि उर्दू से ही उसकी स्वायत्तता को सबसे ज़्यादा ख़तरा लगता था।
3. मानकीकरण के साथ ऐतिहासीकरण की प्रक्रिया भी चली यानी इस भाषा का अतीत के महान वैचारिक स्पंदनों से जुड़ी साहित्यिक कृतियों के साथ ऐतिहासिक संबंध स्थापित करने की चेष्टाएं होने लगीं। समुदाय अपनी भाषा की मानक क़िस्मों के उद्‌गम और विकास के बारे में तरह-तरह के मिथक और वंश-विवरण गढ़ते हैं। इस प्रकार, भाषा के पुरातनीकरण से भाषा को एक सम्मानजनक अतीत मिल जाता है। आर्यों की प्राचीन मातृभाषा संस्कृत से हिंदी के उदय की इस कल्पना को उन्नीसवीं शताब्दी में ऐतिहासिक निरंतरता की दलीलों से बल मिला। हिंदी को जिस महान वैचारिक आंदोलन के साथ जोड़कर देखा जा रहा था, वह भक्ति आंदोलन से उपजा था और अब उसे इस्लाम की ओर से पैदा हो रहे ख़तरों के जवाब में हिंदुओं की प्रतिक्रिया के रूप में पेश किया जाने लगा था।

हिंदी की स्वायत्तता पर बल देने, उसका मानकीकरण करने और ऐतिहासीकरण करने की यही तिहरी प्रक्रिया है जिस पर मैं आगे बात करूंगी, और इस सिलसिले में उन विचारधारात्मक निर्मितियों को आपस में भिड़ाते हुए उन पर प्रश्नचिह्न लगाऊंगी जिन्होंने इस प्रक्रिया में निर्णायक भूमिका अदा की।[4]

यहां ब्रिटिश साम्राज्यवादी और बाद में हिंदू राष्ट्रवादी वैचारिक निर्मिति दो प्रमुख वैचारिक निर्मितियां थीं। हालांकि हिंदी के 'हिंदूकरण' की चेष्टाएं अंग्रेज़ों के आने से पहले ही शुरू हो चुकी थीं, लेकिन हिंदी को हिंदुओं की भाषा के रूप में संस्थागत पहचान अंग्रेज़ों ने ही दी। लेकिन वे यहीं नहीं रुके। उन्होंने यहां तक दावा कर डाला कि यह भाषा उन्होंने ही गढ़ी है। सर जॉर्ज ग्रियर्सन ने *दि मॉडर्न वर्नाक्यूलर लिटरेचर ऑफ़ हिंदुस्तान* (1889) में लिखा कि उन्नीसवीं शताब्दी के पूर्वार्द्ध में :

> उस शानदार मिश्रित भाषा का जन्म हुआ जिसको यूरोपीय लोग हिंदी के नाम से जानते हैं और जिसको उन्होंने ही रचा है। 1830 में गिलक्रिस्ट की देखरेख में लल्लूजी लाल ने मिश्रित उर्दू भाषा में *प्रेम सागर* लिखा। यह भाषा अकबर के ख़ेमेवालों और बाज़ार की भाषा थी जहां सभी राष्ट्रीयताओं के लोग मिलते हैं। इस विशिष्टता के चलते ही *उन्होंने अरबी या फ़ारसी मूल की संज्ञाओं और प्रत्ययों की जगह केवल भारतीय संज्ञाओं व प्रत्ययों का प्रयोग किया।* इसके फलस्वरूप एक नवाविष्कृत भाषा सामने आई जिसका व्याकरण भले ही पुरानी भाषा वाला था, लेकिन उसकी शब्दावली पूरी तरह बदल चुकी थी। यह नई भाषा, *जिसे यूरोपीय लोग हिंदी कहते हैं,* पूरे हिंदुस्तान में हिंदुओं की साझी भाषा बन चुकी है। इसने एक कमी को पूरा कर दिया है। यह भाषा समूचे उत्तर भारत में साहित्यिक

> गद्य का मान्यताप्राप्त माध्यम बन चुकी है, लेकिन क्योंकि यह कहीं भी वर्नाक्यूलर भाषा नहीं थी, इसलिए कभी पद्य के लिए सफलतापूर्वक इस्तेमाल नहीं हो पाई। एक से एक महारथी हाथ आज़मा चुके हैं लेकिन इस मामले में यह अभी तक परिपूर्ण नहीं है। लिहाज़ा, आज उत्तरी भारत में साहित्य की ऐसी अजीबोग़रीब दशा बनी हुई है—यहां का काव्य सब जगह स्थानीय वर्नाक्यूलर बोलियों में, ख़ासतौर से ब्रज, बैसवाड़ी और बिहारी में लिखा जाता है और इसका गद्य एक समरूप कृत्रिम बोली में लिखा जाता है जो *किसी भी जन्मजात भारतीय* की मातृभाषा नहीं है परंतु जिसे *इसके आविष्कारकों की प्रतिष्ठा के कारण अपना लिया गया है,* क्योंकि इसमें लिखी गई शुरुआती किताबें बहुत लोकप्रिय हुई थीं और क्योंकि इसे एक ऐसा दायरा मिल गया है जिसमें यह बेहद उपयोगी है (107, ज़ोर अतिरिक्त)।

ग्रियर्सन के मुताबिक़, अंग्रेज़ों के आने से पहले हिंदुओं के पास कोई पृथक् भाषा नहीं थी और हिंदुओं की अपनी एक भाषा की ज़रूरत को भी अंग्रेज़ों ने ही पहचाना था। इसके बाद अंग्रेज़ों ने कृत्रिम ढंग से एक भाषा गढ़ी। इसके लिए सन् 1800 में खुले कलकत्ता स्थित कॉलेज ऑफ़ फ़ोर्ट विलियम में युवा सरकारी अफ़सरों के इस्तेमाल के लिए लिखे गए पाठों में केवल भारतीय मूल (और ग्रियर्सन ने भारतीय को हिंदू के समतुल्य माना है) के शब्दों का ही इस्तेमाल किया गया था और 'विदेशी मूल' के दूसरे शब्दों को सुनियोजित ढंग से हटाया गया। यह चेष्टा दो कारणों से सफल रही। एक तो इसने एक वास्तविक अभाव—कि सभी हिंदुओं की एक समरूप बोली हो—को दूर कर दिया था और दूसरी तरफ़ इसके पीछे ब्रिटिश सत्ता का बल था।

उन्नीसवीं शताब्दी के साठ और सत्तर के दशकों में हिन्दी के राष्ट्रवादी समर्थक इसके उद्गम के संबंध में नाना मिथक और वंशावलियां गढ़ने में व्यस्त थे। उनके सामने यह तजवीज़ बड़ी अपमानजनक थी कि उनकी भाषा एक कृत्रिम रचना है। हिंदी कभी भी किसी जन्मजात भारतीय की मातृभाषा नहीं थी, यह बात उनके इस आग्रह के बिल्कुल विपरीत पड़ती थी कि हिंदी समूचे उत्तर भारत के घर-घर में बोली जाती थी और मुसलमानों के आने से पहले भी उसकी यही हैसियत थी। उन्होंने हिंदी को आर्यों की भाषा संस्कृत का सीधा वंशज घोषित कर दिया और दावा किया कि हिंदुओं का सारा राष्ट्रीय साहित्य इसी भाषा में रचा गया था। जैसा कि अकसर देखने में आया है, साम्राज्यवादियों और राष्ट्रवादियों के बीच कम से कम इस एक बिंदु पर सहमति थी कि हिंदुओं के पास उनकी अपनी एक भाषा है जो उन्हें न केवल अपने समकालीन मुसलमानों से बल्कि अतीत के मुसलमानों से भी अलग रोशनी में दिखा सकती है। मतभेद सिर्फ़ इस बात को लेकर था कि अंग्रेज़ इस भाषा की रचना पर अपना दावा ठोंक रहे थे; उनका कहना था कि उन्होंने ही इसे मुसलमानों के मलबे से ढूंढ़ निकाला है। हिंदू इस बात को तो स्वीकार करने को तैयार थे कि इस आधुनिक भाषा में कोई साहित्य उपलब्ध नहीं है, लेकिन वे इस आग्रह से पीछे हटने को क़तई तैयार नहीं थे कि यह भाषा सदियों से यथावत् चली आ रही है।

उन्नीसवीं शताब्दी में अंग्रेज़ और हिंदू, दोनों तरह के लेखकों और विचारकों ने भले ही अलग-अलग आयामों में और अलग-अलग हद तक सही, लेकिन आधुनिक हिंदी की परिकल्पना और रचना में अपना योगदान ज़रूर दिया। हिंदुओं के लिए एक पृथक् भाषा का संस्थानीकरण तो सिर्फ़ एक क़दम था; उसका रचनात्मक विकास और तत्पश्चात् उसका

राजनीतीकरण एक अलग क़दम था। यहां भी दो मुहावरे एक साथ काम कर रहे थे : इनमें राष्ट्र व राष्ट्रीय भाषा की यूरोपीय अवधारणा को पहला मुहावरा माना जा सकता है। उन्नीसवीं शताब्दी में हिंदुओं ने जिस साहित्यिक और सांस्कृतिक विरासत का हवाला दिया, उसको दूसरा मुहावरा माना जा सकता है। लेकिन दूसरा मुहावरा केवल पश्चाद्दृष्टि से ही स्पष्ट आकार ग्रहण कर सकता था क्योंकि उसको अभी भी उस साहित्य से पृथक् किया जाना था जो उर्दू के अतीत का हिस्सा था। आधुनिक संदर्भ में एक राष्ट्रीय भाषा की धारणा का सम्मूर्तन तीसरा मुहावरा था जिसको यहां से पीछे की ओर प्रक्षेपित किया गया, मानो सदियों से हिंदुओं की भाषा और साहित्य निरंतर फलते-फूलते चले आ रहे हों। यहां भाषाओं का सापेक्ष विज्ञान काफ़ी मददगार रहा क्योंकि इसने हिंदी को इंडो-आर्यन भाषा की प्राचीन विरासत से जोड़ दिया और अपने साहित्य को शास्त्रीय संस्कृत से जोड़ डाला। एक समकालीन हिंदू मुहावरा रचने के लिए यह कवायद थोड़ी मुश्किल थी। लेकिन जैसे ही यह कोशिश रंग लाने लगी, यही आधुनिक मुहावरा पहचान की एक महत्त्वपूर्ण निशानी बन गई क्योंकि यह उत्तर भारत में हिंदुओं की सांस्कृतिक-धार्मिक एवं राजनीतिक पहचान से जुड़ी हुई थी, एक ऐसी पहचान जिसमें अंग्रेज़ों के बरक्स रखे जाने पर एक मुक्तिकामी सार्थकता थी, हालांकि जब उसी को मुसलमानों के ख़िलाफ़ खड़ा किया जाता था तो वह पृथकतावादी रूप ले लेती थी जो कि तदुपरांत बार-बार दिखाई दिया।

इस प्रकार, हिंदी के उदय में निहित पृथक्करण की इस प्रक्रिया के दो अलग-अलग आयाम थे।[5] इनमें पहला आयाम आंतरिक सामंजस्य विकसित करने का था, यानी जो मानक भाषा रची जा रही थी, उसने बोली जाने वाली दूसरी भाषाओं से फ़ासला बनाने के लिए न केवल अपनी एक समरूप वर्तनी और व्याकरण रचने का प्रयास किया बल्कि एक मानक साहित्यिक भाषा पर भी ज़ोर दिया, हालांकि यह भाषा कई दूसरी बोलियों से चीज़ें ग्रहण भी कर रही थी। इस तरह, हिंदी ने फैलकर ब्रजभाषा और अवधी जैसी पुरानी साहित्यिक भाषाओं के दायरे पर क़ब्ज़ा किया और उनके समकालीन संस्करणों को केवल 'बोलियों' के दर्जे में समेट दिया और लिहाज़ा वे निचले स्तर की मानी जाने लगीं।[6] इस प्रक्रिया का दूसरा पहलू एक बाहरी विभेद साबित करने से संबंधित था। इस प्रक्रिया में हिंदी को मुसलमानों की भाषा से भिन्न आर्य या साधु भाषा यानी हिंदुओं की भाषा के रूप में चिह्नित किया जाने लगा। यह भाषायी की बजाय धार्मिक-सांस्कृतिक घटनाक्रम ज़्यादा था।

इसके बाद भाषा के समरूपीकरण की प्रक्रिया चली जो आधुनिक हिंदू धर्म के गठन की ऐसी ही धारा के समानांतर थी। आधुनिक हिंदू धर्म के गठन में ऐसे 'पंथों' ('बोलियों' की हैसियत के समकक्ष) को अपने भीतर समो लिया गया जिनको धार्मिक प्राधिकार और परंपरा के लिहाज़ से स्वायत्त नहीं माना जा रहा था बल्कि एक केंद्रीय धारा से भटकाव के रूप में देखा जा रहा था और यह केंद्रीय धारा सनातन धर्म (आर्य भाषा के विचार के समतुल्य) था जो कथित रूप से हमेशा स्थिर रहा था, हालांकि इस समावेशन के लिए जिन सिद्धांतों का हवाला दिया जा रहा था, उन पर अभी भी खींचतान चल ही रही थी।

हिंदुओं की भाषा के रूप में हिंदी के विकास पर हरिश्चंद्र और उनके समकालीनों ने क्या प्रभाव डाला, इस बारे में ध्यान देने से पहले दिल्ली सल्तनत और मुग़ल साम्राज्य के दौर की साहित्यिक भाषाओं की समीक्षा करना ज़रूरी है, ताकि यह समझा जा सके कि

उन वैचारिक फ़ैसलों का स्वरूप कैसा था जिनके ज़रिए उन्नीसवीं शताब्दी के लेखकों और आधुनिक हिन्दी व उर्दू के इतिहासकारों को यह चुनने का मौक़ा मिला कि कौन-सी रचना और रचनाकार, किस भाषा की शास्त्रीय परंपरा का हिस्सा हैं और शेष नहीं हैं। मुग़लकाल के आख़िरी दौर में शुरू हुए पृथकतावादी रुझानों पर चर्चा करने के बाद मैं ईस्ट इंडिया कंपनी और फ़ोर्ट विलियम कॉलेज की भूमिका का विश्लेषण करूंगी जहां से उन रुझानों का उदय हुआ जिनके फलस्वरूप अंततः मुसलमानों और हिंदुओं की भाषा का विभेद पैदा हुआ। जिस हिंदुस्तानी को पहले हिंदुओं और मुसलमानों की साझा भाषा के रूप में पेश किया जाता रहा था, वह जल्दी ही केवल मुसलमानों की भाषा कही जाने लगी और हिंदी को एक ऐसी भाषा के रूप में प्रस्तुत किया गया जो हिंदुओं के साथ संचार की ज़रूरत को पर्याप्त रूप से पूरा कर सकती थी। इस रास्ते को पहले मिशनरियों ने और बाद में स्कूलबुक सोसायटियों ने भी ख़ूब सींचा क्योंकि वे उत्तर भारत की ज़्यादा से ज़्यादा हिंदू आबादी तक पहुंचने के लिए प्रयासरत थे। नई प्रिंट भाषाओं की दृढ़ता और मानकीकरण में इन तबक़ों के योगदान की संक्षिप्त चर्चा के बाद उन सरकारी प्रयासों का ब्योरा दिया गया है जिन्होंने हिंदुस्तानी को फ़ारसी-अरबी लिपि में पेश किया जो क़ायदे से उर्दू कहलाई और 1837 से पंजाब, बिहार और मध्य व उत्तर-पश्चिमी प्रांतों में अदालत और शासन की भाषा बनी। इस फ़ैसले से उर्दू और हिंदी के प्रतिस्पर्धी गुण-दोषों पर एक लंबा और व्यापक विवाद शुरू हो गया जो साठ और सत्तर के दशकों में अंततः नागरी लिपि में हिंदी को अदालती भाषा बनाए जाने के आंदोलन तक जा पहुंचा। हिंदी को हिंदुओं की राष्ट्रीय भाषा माने जाने के मुकम्मल अभियान के सूत्रपात का मंच तैयार हो चुका था क्योंकि बीते दशकों में इस भाषा को काफ़ी हद तक कूटबद्ध कर दिया गया था और इस तरह अधिकाधिक परिष्कृत व्याकरणों और शब्दकोशों की शृंखला के ज़रिए इसको एक वैचारिक कवच मिल चुका था। अदालतों में नागरी के समर्थन में चले आंदोलन से यह समरूपता और बढ़ी और इसने ऐसे साहित्य को जन्म दिया जो नई आकांक्षाओं की अभिव्यक्ति कर रहा था। राष्ट्रीय भाषा के कार्यक्रम को सूत्रबद्ध करने में हरिश्चंद्र की महत्त्वपूर्ण भूमिका पर इस अध्याय के बाद वाले हिस्से में चर्चा की गई है।

एक साहित्यिक भाषा के रूप में हिंदुई/भाखा का विकास

दिल्ली सुल्तानों और बाद में मुग़लों के दौर में फ़ारसी के बरक्स यहां की भाषा को हिंदी, हिंदुई और हिंदवी नामों से पुकारा जा रहा था। इसीलिए अमीर खुसरो (1253-1325) ने तेरहवीं शताब्दी में इस शब्द का इस्तेमाल किया जिन्हें परंपरागत रूप से हिन्दी/हिंदवी का पहला ख्यातिनाम लेखक माना जाता है। इससे फ़ख़रुद्दीन मुबारक़ गज़नवी द्वारा तेरहवीं शताब्दी के आख़िर में संकलित किए गए फ़ारसी-हिंदवी शब्दकोश का भी औचित्य समझ में आता है।[7] इस दौरान हिंदवी की भाषायी महत्ता उस इलाक़े के राजनीतिक वर्चस्व से तय हो रही थी जहां यह बोली जाती थी[8], क्योंकि यह शब्द मुख्य रूप से दिल्ली और आगरा के आस-पास के इलाक़े की भाषा के लिए इस्तेमाल होता था।[9] यहीं से दिल्ली पर राज करने वाले अलग-अलग शासकों की सैनिक टुकड़ियों के साथ यह भाषा पूरे उपमहाद्वीप में फैलती गई।

चौदहवीं शताब्दी से दक्षिण गुलबर्गा, गोलकुंडा और बीजापुर के धनी मुस्लिम दरबारों में एक भारतीय-फ़ारसी साहित्य की रचना का माहौल तैयार हुआ जो भले ही मूल रूप से फ़ारसी और अरबी काव्य-रूपों का इस्तेमाल करता था, लेकिन उसने न केवल देशज छवियों और बोली को अपनाया बल्कि हिंदवी को भी देश की भाषा के रूप में स्वीकार किया।[10] दक्षिण भारत में हिंदवी का जो रूप प्रचलित था, उसी को दक्कनी भी कहा गया। चौदहवीं शताब्दी के आख़िर तक हिंदवी बहमनी साम्राज्य में शासन और राजकीय क्रियाकलापों का माध्यम बन चुकी थी। इस संबंध में सबसे पहली रचनाएं सूफ़ियों की थीं जिन्होंने अपने संदेश को जन-जन तक पहुंचाने के लिए देशी भारतीय शब्दावली का इस्तेमाल किया। न तो उनको अपनी रचनाओं में हिंदू देवी-देवताओं का उल्लेख करने में कोई हिचकिचाहट थी और न ही उन्होंने हिंदू तीज-त्योहारों और रिवाजों का ज़िक्र करने में कोई कोताही की।[11] परंतु दक्षिण के दक्कनी साहित्य के लिए जो लिपि चुनी गई वह फ़ारसी-अरबी लिपि थी और इसको मुस्लिम शासकों का संरक्षण मिल रहा था। लिहाज़ा, देशज भारतीय काव्य की *बारहमासा* नामक बेहद लोकप्रिय विधा को भी बाद में उर्दू की विरासत घोषित कर दिया गया।

हिंदवी में सिर्फ़ आगरा-दिल्ली की बोली और दक्कनी ही शामिल नहीं थीं। उत्तर भारतीय भाषाओं के देशज समूह के लिए यह एक सामूहिक नाम बन गया था और यह फ़ारसी से पृथकता का द्योतक था। लेकिन जब संस्कृत से इसकी भिन्नता पर ज़ोर दिया गया तो इसमें रचना करने वाले कवि इसे भाषा कहने लगे। कोई व्यक्ति इसे हिंदवी कहेगा या भाषा, यह बात इस पर निर्भर करती थी कि उस व्यक्ति की सांस्कृतिक चेतना क्या है और वह अपने साहित्यिक उद्यम को किस संदर्भ में देख रहा है। चौदहवीं शताब्दी में पूर्वी दोआब में पड़ने वाली जौनपुर रियासत ने तेज़ी से उभर रही एक साझा भारतीय-फ़ारसी संस्कृति के परिप्रेक्ष्य में वर्नाक्यूलर साहित्य को संरक्षण देने के लिए एक केंद्र की हैसियत से पर्याप्त स्वायत्तता हासिल कर ली थी। यहीं पर मौलाना दाऊद ने 1379 में स्थानीय अवधि—जिसे उन्होंने हिंदी के नाम से संबोधित किया—में *चंदायन* नाम का अपना सूफ़ी रोमांस (मसनवी) लिखा जिसमें लोरिक और चंदा की प्रचलित भारतीय प्रेमकथा को दैवी सौंदर्य के प्रति मनुष्य के प्रेम और उसकी चाह के रूप में प्रस्तुत किया। यह कविता खंडों में बंटी हुई थी और इसमें एक नियमित पैटर्न था—चौपाई की पांच लाइनें और एक दोहा—जो बाद में इस विधा का सबसे प्रचलित आख्यान रूप बना। इसी क्षेत्र में रायबरेली ज़िले में जयस नाम के एक सूफ़ी केंद्र में सोलहवीं शताब्दी में मलिक मोहम्मद जायसी ने भी अपनी *पद्मावत* (1540-41) के लिए इसी आख्यान रूप का इस्तेमाल किया। उपरोक्त चौपाई-दोहा क्रम में लिखी गई लगभग छह हज़ार पंक्तियों की इस रचना में चित्तौड़ के राजा रतनसेन और सिंघल की राजकुमारी पद्मावती के प्रेम को ईश्वरीय प्रेम की उपलब्धि में मिलने वाले कष्टों के रूपक की तरह चित्रित किया गया है, जिसमें यह दैवी प्रेम तब सफल होता है जब प्रेमी मरकर अपनी प्रियतमा/ईश्वर में विलीन हो जाता है। इस वृत्तांत में अलाउद्दीन खिलजी को दोनों प्रेमियों के मार्ग में सबसे बड़ी बाधा दिखाया गया था। जायसी ख़ुद मुसलमान थे लेकिन उनको अपनी कहानी में एक मुस्लिम शासक के विश्वासघात का हवाला देने में कोई परेशानी नहीं थी। यह कविता फ़ारसी-अरबी लिपि में लिखी गई

थी, अपनी अवधारणात्मक रूपरेखा में सूफ़ी मिज़ाज की थी, लेकिन इसमें नाथ और योगी छवियों व विचारों का भी इस्तेमाल किया गया था।[12] क्या *चंदायन* एवं *पद्मावत* जैसी रचनाएं हिंदू या मुस्लिम मिज़ाज वाली थीं? उन्होंने जो शैली स्थापित की, क्या उसको बाद के हिंदी काव्य का जनक माना जाए या उर्दू काव्य का? इस अवधि की मसनवी शैली में अगली उल्लेखनीय रचना तुलसीदास की *रामचरितमानस* थी। इसके शुरुआती हिस्से 1574 तक लिखे जा चुके थे। वर्नाक्यूलर भाषा में 10,000 पंक्तियों में लिखी गई राम की इस अद्भुत गाथा में विविध धार्मिक परंपराओं का समावेश किया गया था। इसमें निर्गुण भक्ति सगुण भक्ति के साथ थी, शैव धारा वैष्णव से जुड़कर चलती थी। तुलसीदास मानते थे कि उन्होंने अपनी रचना भाषा में लिखी है। उन्होंने कविता के पहले भाग, बालकांड में कहा भी है–*भाषा भनित, भोरी मति मोरी*–यानी यह वृत्तांत भाषा में कहा गया है और मेरा मस्तिष्क सरल या अशिक्षित है। कुछ आगे जाकर वह अपनी कविता की भाषा को गिर ग्राम्य यानी गांव की या देहाती भाषा बताते हैं। उनका संदर्भ-बिंदु संस्कृत थी जिसके बरक्स तुलसीदास की भाषा ग्रामीण या सरल ही हो सकती थी।[13] इस रचना को दूर-दूर तक ख्याति मिली और इसके धार्मिक-सांस्कृतिक उद्गम के बारे में किसी को कोई संदेह नहीं था।

परंतु भाषा के साहित्यिक रूप या क्षेत्रीय क़िस्मों के इस्तेमाल में कोई सख़्त हिंदू-मुस्लिम विभेद नहीं था। इन साहित्यिक स्वरूपों या क्षेत्रीय विविधताओं को हिंदुई या भाषा के नाम से जाना जाता था और कौन किस नाम का इस्तेमाल करेगा, यह इस बात पर निर्भर करता था कि व्यक्ति किस सांस्कृतिक एवं धार्मिक संदर्भ में अपनी रचना को प्रस्तुत करता है और उसे किसका संरक्षण प्राप्त है तथा वह किसे संबोधित कर रहा है, भले ही उसका अपना धर्म कुछ भी क्यों न हो। मलिक मोहम्मद जायसी जैसे मुस्लिम कवि और तुलसीदास जैसे वैष्णव धार्मिक व्यक्तियों ने उसी मसनवी शैली का इस्तेमाल करके अवधी में रचनाएं लिखीं, जबकि ख़ुद मुग़ल बादशाह ब्रजभाषा में लिख सकते थे।

कृष्ण को समर्पित भक्ति साहित्य मुख्य रूप से ब्रजभाषा में लिखा गया जिसको ग्वालियरी भी कहा जाता था। सोहलवीं शताब्दी में शक्तिशाली वैष्णव संप्रदाय के अगुवा ब्रज के इलाक़े को ग्वालों के इस देवता के साथ जोड़कर देखने लगे थे। इसके बाद गौड़ीय और पुष्टिमार्गी तथा बाद में राधावल्लभ आदि जो प्रमुख समुदाय इस इलाक़े में आकर बसे, उन्होंने यहां भक्ति साहित्य की रचना को भारी प्रोत्साहन दिया और इस साहित्य को संस्कृत की बजाय भाषा में लिखा बताया जाता था। इन संप्रदायों को न केवल राजपूत राजाओं और वणिकों का संरक्षण व आर्थिक मदद मिलती थी बल्कि, जैसा कि पुष्टिमार्गियों के विषय में उल्लेख मिलता है, उन्हें मुग़ल सम्राटों से भी भूमिदान और ख़ैरात मिला करती थी। ब्रजभाषा के बढ़ते महत्त्व का संबंध 1490 के आस-पास मौजूदा आगरा शहर की स्थापना से भी जुड़ा हुआ है जो कि आने वाले समय में मुग़लों की राजधानी बना। मुग़ल बादशाहों ने देसी संगीत को संरक्षण दिया और गाने के उद्देश्य से रचे गए ब्रजभाषा में लिखे पद मुग़ल दरबार में ख़ासा लोकप्रिय थे। ब्रज के दक्षिण में ग्वालियर का इलाक़ा पड़ता है जहां डूंगरेंद्रसिंह तोमर (1424-54) और बाद में मान सिंह (1486-1518) के शासनकाल में ब्रजभाषा साहित्य और उसके साथ पल-बढ़ रहे संगीत को और ज़्यादा संरक्षण व प्रोत्साहन मिला।[14]

इस प्रकार, ब्रजभाषा का इस्तेमाल विषय की दृष्टि से कृष्णभक्ति आंदोलन के साथ जुड़ा हुआ था। बाद में इसी सदी में जिन राजाओं ने दिल्ली के मुग़ल दरबार से तुलनात्मक सांस्कृतिक स्वायत्तता हासिल कर ली थी, उनके दरबारों में राजा के संरक्षण में रहने वाले कवियों ने ब्रजभाषा में काफ़ी परिष्कृत पद लिखे। इस प्रसंग में राधा-कृष्ण का विषय लोकप्रिय तो बना रहा लेकिन मोटे तौर पर यह प्रत्यक्ष थीम भर थी, असली फ़ोकस ज़्यादा शृंगारिक एवं कामुक काव्य पर, नायिका भेद गिनाने पर केंद्रित हो चुका था। संस्कृत छंदशास्त्र के नियमों को तो दोबारा अहमियत मिलने लगी थी लेकिन अलंकार शास्त्र अब ब्रजभाषा में लिखा जाने लगा था। आगे चलकर इसी काव्यधारा को रीति काव्य के नाम से जाना जाने लगा।[15] परिष्कृत साहित्यिक रचनाओं के लिए ब्रजभाषा के इस्तेमाल से इसका अधिकाधिक मानकीकरण हुआ और उसे एक व्याकरण के रूप में कूटबद्ध किया गया।[16] बहरहाल, उन्नीसवीं शताब्दी के आख़िर में इसको एक बोली के रूप में देखा जाने लगा क्योंकि अब वे साहित्यिक फ़ॉर्म कमज़ोर पड़ने लगे थे जिनके लिए ब्रज का इस्तेमाल होता आया था।

यहां तक आते-आते हिंदवी/उर्दू का अलगाव बाक़ायदा हो चुका था, हालांकि यह काम मोटे तौर पर साहित्यिक स्तर पर ही हुआ था। इस विच्छेद के लिए प्रायः अंग्रेज़ों की चालबाजी को ज़िम्मेदार ठहराया जाता रहा है लेकिन जिसे आज उर्दू कहा जाता है उसकी तरफ़ बढ़ने वाले नियम-क़ायदों की शुरुआत मुग़लकाल के आख़िरी दौर में ही हो चुकी थी जब दिल्ली के आस-पास के दरबारी दायरों में बोली जाने वाली भाषा से देशज एवं फलस्वरूप ग्रामीण मूल के शब्दों के सफ़ाए की कोशिशें शुरू हुई थीं। एक कमज़ोर पड़ती जा रही संस्कृति को पुष्ट करने पर केंद्रित इस चेष्टा को एक रक्षात्मक तेवर के रूप में देखा गया क्योंकि मुग़ल साम्राज्य का वैभव तेज़ी से समाप्त होता जा रहा था। यह प्रक्रिया तब शुरू हुई जब 1700 के आस-पास औरंगाबाद के शायर वली दिल्ली आए। औरंगज़ेब के शासन के आख़िर में औरंगाबाद एक सांस्कृतिक केंद्र बन चुका था। वहां जो भाषा इस्तेमाल हो रही थी, वह दक्कनी के मुक़ाबले दिल्ली की भाषा के ज़्यादा नज़दीक थी क्योंकि दक्कनी में अभी कुछ पुरानी ख़ासियतें भी बची हुई थीं और उसमें मराठी व तेलुगु शब्दों का भी इस्तेमाल होने लगा था। वली की शायरी में बोलचाल का एक ताज़ा ढंग था और भारतीय छवियों के इस्तेमाल से उनके काव्य में एक ऐसा उत्साह था जो अब परंपराओं से चिपटे फ़ारसी काव्य के बस की बात नहीं थी। वली ने दिल्ली में हलचल पैदा कर दी थी और फलस्वरूप उनकी हिंदुई बोली को अपनाया जाने लगा। लगभग उसी समय इसके मानकीकरण की चेष्टाएं भी शुरू हुईं लेकिन मुग़ल संस्कृति के अभिजात रंग-रूप के अनुसार मानकीकरण की दिशा, काव्य परंपराओं के लिहाज़ से भी और शब्दावली के लिहाज़ से भी, देशी भाषा की बजाय फ़ारसी से तय होती रही। सिराजुद्दीन अली ख़ान 'आरज़ू' इस मुहिम के प्रारंभिक कर्ता-धर्ताओं में से एक थे जो लगभग 1720 के आस-पास दिल्ली से आगरा आए थे। फ़ारसी छंदशास्त्र पर अपनी ठोस पकड़ के चलते 'आरज़ू' ने आलंकारिक नियम तय किए; उम्मीद की जाती थी कि नए साहित्यिक माध्यम में लिखने वाले उनका पालन करेंगे। यह एक अभिजात वर्गीय उद्यम था जिसने जान-बूझकर ख़ुद को दिल्ली के देहाती माहौल से काटा हुआ था। इस तरह जो भाषा सामने आई, उसको उर्दू-ए-मौला या शाही ख़ेमे की भाषा के रूप में जाना गया। इसकी हैसियत को ऊपर उठाने के एक और

उपाय के रूप में आरज़ू ने एक उर्दू शब्दकोश भी तैयार किया जिसमें उर्दू के शब्दों के लिए फ़ारसी, अरबी और तुर्की भाषाओं के समानांतर शब्द दिए गए थे। 1757 में ज़हूरुद्दीन 'हातिम' ने *दीवानज़ादे* लिखी जिसमें से हिंदवी शब्दों को छांट-छांटकर बाहर निकाला गया। 'हातिम' ने आगे के लिए भाषा के सही इस्तेमाल के सिद्धांत भी तय किए : फ़ारसी और अरबी से लिये गए प्रचलित शब्दों की मूल वर्तनी क़ायम रखी जाएगी; हिंदवी या भाखा शब्दों का इस्तेमाल नहीं किया जाएगा; रोज़मर्रा इस्तेमाल के सिर्फ़ ऐसे शब्दों का ही इस्तेमाल होगा जिन्हें कुलीन वर्ग उपयुक्त मानता है; मिर्ज़ाओं और शरीफों की भाषा, यानी दिल्ली में प्रचलित भाषा को ही आगे से मानक माना जाएगा (राय 1984 : 249)।

एक बार शुरू होने के बाद यह सिलसिला थमने वाला नहीं था और पूरी सदी इसी तरह पनपता रहा। मज़हर जानजानां, मीर दर्द, मीर तक़ी मीर और मिर्ज़ा सौदा, ये अठारहवीं शताब्दी में दिल्ली के उर्दू काव्य के चार सबसे बड़े स्तंभ थे। मिर्ज़ा ग़ालिब की रचनाओं में यह भाषा शिखर पर जा पहुंची। वाजिद अली शाह के शासन (1847-56) में लखनऊ में फ़ारसी रंग-रूप वाली शृंगारिक एवं सुघड़ शायरी को काफ़ी बढ़ावा मिला, हालांकि ख़ुद वाजिद अली शाह ब्रजभाषा में भी लिखा करते थे।

फ़ारसी की उच्चतर हैसियत क़ायम रही और यह शासन व दरबार की भाषा बनी रही। बाद में हिंदवी शब्दों को छोड़कर जो उर्दू सामने आई, उसे भी दरबार का संरक्षण प्राप्त था और उसे बाशऊर लोगों की भाषा माना जाता था। जैसा कि बारान्निकोव (1936 : 382 एवं अगला पृष्ठ) ने कहा है, बहुत सारी क्षेत्रीय क़िस्मों के बरक्स इसी का साहित्यिक भाषा के रूप में मानकीकरण किया गया–इसके पीछे दरबारी संरक्षण का बहुत भारी योगदान था।

'उर्दू' शब्द को अभी भी सार्वभौमिक मान्यता नहीं मिली थी, इसलिए भाषा के विपरीत परिष्कृत, नवमानकीकृत, शहरी बोली को व्यक्त करने के लिए अभी भी हिंदवी नाम का ही इस्तेमाल किया जा रहा था। इस भाषा में गद्य साहित्य भी अभी कम था। लिहाज़ा, लखनऊ दरबार की आबोहवा में काम कर रहे इंशाअल्लाह ख़ान (1766-1818) ने *रानी केतकी की कहानी* नामक अपनी रचना (श्यामसुंदर दास के अनुसार इसकी रचना 1800 से 1808 के बीच कभी की गई) में अपनी कहानी सुनाई और गद्य रचना के लिए इस भाषा के चयन के पीछे अपने प्रयोग की नवीनता और दुस्साहस का औचित्य इस प्रकार स्पष्ट किया :

> अेक (*यथावत्*) दिन बैठे-बैठे यह बात ध्यान में चढ़ आई कि कोई कहानी ऐसी कहिए जिसमें हिंदुई छुट और किसी बोली की पुट न मिले। तब जाके मेरा जी फूल की कली के रूप से खिले। बाहर की बोल और गंवारी कुछ उसके बीच न हो। अपने सुनने वालों में से अंक कोई बड़े पढ़े-लिखे पुराने-धुराने डाग-बड़े घाघ-यह खटराग लाये-सिर हिलाकर-मुंह बनाकर-नाक भौं चढ़ाकर-आंखें पथराकर-लगे कहने-यह बात होती दिखाई नहीं देती। हिंदुईपन भी न निकले और भाखापन भी त्यों वही डौल रहे और छांह किसी के न पड़े। यह नहीं होने का (3)।

यानी इंशाअल्लाह ख़ान के दोस्त ने उनके इस उद्यम में अपना अविश्वास व्यक्त कर दिया था। भला कुलीनों की आम बोलचाल की भाषा को कैसे लिखा जा सकता है कि वह भद्दी

न दिखाई दे? आम बातचीत की भाषा में सौम्य साहित्य की रचना का चलन अभी नहीं आया था। साहित्यिक यानी लिखित भाषा (ब्रजभाषा या उर्दू-ए-मौला) और बोली जाने वाली भाषा का फ़ासला अभी भी क़ायम था। गद्य बोलचाल की भाषा के निकट हो, यह बात अभी प्रिंट भाषा के रूप में मानकीकृत नहीं हुई थी; ऐसा गद्य लिखने का कोई प्रयास करे तो उसे अभी भी एक अभिनव चेष्टा ही माना जाता था।[17] एक मुस्लिम लेखक द्वारा कही गई और फ़ारसी-अरबी लिपि में लिखी गई इस कहानी पर बाद में हिंदुओं ने अपना दावा ठोंक दिया, क्योंकि उन्हें ईस्ट इंडिया कंपनी द्वारा आधुनिक हिंदी साहित्य की शुरुआत के रूप में ऐसी रचनाओं को लिखवाने का कार्यक्रम शुरू करने से पहले के दौर में अपने अनुकूल गद्य मॉडलों की तलाश थी। हालांकि अपने वक़्त में यह रचना कोई ख़ास विख्यात नहीं थी लेकिन जब राजा शिवप्रसाद ने इसे साठ के दशक में अपने *हिंदी सेलेक्शन* में पुनर्प्रकाशित कराया[18] और हरिश्चंद्र ने उसे हिंदी काव्य के एक आदर्श के रूप में पेश किया तो उसे एक प्रतिष्ठित हैसियत मिल गई।

हालांकि उत्तर भारत के इस छोर से उस छोर तक, ख़ासतौर से ग़ैर-मुस्लिमों के बीच जो भाषा बोली जाती थी, उसको भी मोटे तौर पर हिंदवी की श्रेणी में ही रखा जाता था लेकिन उसमें क्षेत्रीय विविधता भी दिखाई देती थी। क्योंकि हिंदवी का दरबारी दायरों से कोई ज़्यादा ताल्लुक़ नहीं था, इसलिए इसकी ग्रामीण क़िस्म में फ़ारसी-अरबी मूल के कम शब्द होते थे। इसमें तद्भव शब्द ज़्यादा अनुपात में थे यानी ऐसे शब्द जो संस्कृत मूल के थे और समय के साथ उनके उच्चारण में बदलाव आ चुका था। इस प्रकार, उन्नीसवीं शताब्दी के दौरान हिंदवी उर्दू के मुक़ाबले कमोबेश ज़्यादा ग्रामीण मानी जाने लगी लेकिन किसी भी वर्गीकरण में इसको केवल हिंदुओं की भाषा नहीं माना गया था।

जहां तक लिपि का सवाल है तो फ़ारसी-अरबी लिपि के मुक़ाबले नागरी लिपि ज़्यादा बड़े पैमाने पर इस्तेमाल की जा रही थी। यह बात 1796 से 1820 के बीच ईस्ट इंडिया कंपनी और वर्तमान दिल्ली, उत्तर प्रदेश, राजस्थान, बंगाल, बिहार, उड़ीसा, मध्य प्रदेश, महाराष्ट्र और गुजरात में सक्रिय विभिन्न लेखकों के बीच हुए पत्र-व्यवहार के आधार पर वार्ष्णेय (1972) ने भी सिद्ध की है। यह दस्तावेज़ दिल्ली स्थित राष्ट्रीय अभिलेखागार में मौजूद हैं। इन सारे पत्रों में नागरी लिपि का ही इस्तेमाल किया गया था। विभिन्न जातियों के ऊंचे-नीचे मुस्लिम और हिंदू लेखक इस लिपि (फ़ारसी के विपरीत) और भाषा को हिंदवी, हिंदुवी या हिंदुई के रूप में व्यक्त करते थे। लिहाज़ा, यहां इस बात पर ग़ौर करना ज़रूरी है कि जिन्हें बाद में उर्दू और हिंदवी के नाम से जाना गया, उनके फ़र्क़ का लोगों के धर्म या केवल लिपि से संबंध नहीं था। अगर कोई विभाजन रेखा थी तो यह थी शहरी-ग्रामीण विभाजन रेखा जिसको उर्दू-ए-मौला की औपचारिक रचना ने और मज़बूत कर दिया था।

यहां एक और चीज़ पर ग़ौर करना ज़रूरी है जो उपरोक्त विभेदों में एक हद तक संशोधन करता है। अठारहवीं शताब्दी के मध्य तक हिंदवी में जो गद्य लिखे जा रहे थे, उनको आधुनिक मानक हिंदी का भी अग्रज माना जा सकता है। यह इंशाअल्लाह ख़ान द्वारा आज़माई गई शैली में पाली-पोसी या शहराती ज़बान नहीं थी बल्कि इसमें तत्सम शब्दों की अच्छी-ख़ासी संख्या थी, यानी ऐसे शब्द जिनको मूल संस्कृत रूप और वर्तनी के साथ ही अपना लिया गया था। इस भाषा को न केवल धार्मिक, लोक विज्ञान, इलाज और ज्योतिष जैसे नाना

उद्देश्यों के लिए बल्कि क़िस्से-कहानियां लिखने-सुनाने के लिए भी इस्तेमाल किया जा रहा था। अपने टोन और इरादे के मामले में यह दरबारी उर्दू और ब्रजभाषा साहित्य, दोनों से ही बहुत अलग थी। इसका वाक्य-विन्यास आधुनिक हिंदी के निकट था, हालांकि इसमें ब्रजभाषा, राजस्थानी या पंजाबी अभिव्यक्तियों की मिलावट भी थी। 1761 में दौलतराम द्वारा जैन *पद्म पुराण* के अनुवाद और रामप्रसाद निरंजनी (जो पटियाला दरबार में पुरोहित थे) द्वारा तैयार किए गए *योगवशिष्ठ* (1741) के ज़्यादा प्रख्यात हिंदवी संस्करण अथवा, स्वयं निरंजनी के अनुसार, भाषा संस्करण में तत्सम शब्दों का तुलनात्मक रूप से ज़्यादा भारी अनुपात था क्योंकि ये दोनों रचनाएं संस्कृत से अनुवाद की गई थीं। यह एक ऐसी भाषा में लिखा जा रहा साहित्य था जिसको आम लोग आसानी से समझ लेते थे और जिसकी शब्दावली बहुत ज़्यादा संस्कृतनिष्ठ नहीं थी। रामविलास शर्मा ने अठारहवीं शताब्दी के तीसरे दशक से उन्नीसवीं शताब्दी के मध्य तक लिखी गई ऐसी बहुत सारी रचनाओं का हवाला दिया है।[19] यहां मानकीकरण का स्वाभाविक अभाव दिखाई देता है क्योंकि तब तक भाषा के नियमन के लिए कोई शिखर पुरोधा नहीं था और वर्तनी कमोबेश ध्वन्यात्मक आधार पर ही तय हो रही थी।[20] इस साहित्य का बहुत बड़ा हिस्सा नागरी लिपि में था लेकिन फ़ारसी-अरबी लिपि का भी ख़ूब इस्तेमाल किया जाता था और इसको लिखने वाले केवल हिंदू ही नहीं थे। परंतु, ये प्रारंभिक रचनाएं इस आशय के साक्ष्य के रूप में बहुत महत्त्वपूर्ण हैं कि हिंदवी नाम की इस देहाती भाषा के कथित उत्थान का दौर शुरू हो चुका था और इसके लिए फ़ारसी-अरबी शब्दों की बजाय संस्कृत शब्दों का आयात किया जा रहा था ताकि इसे नाना धार्मिक-सांस्कृतिक उद्देश्यों के लिए भी इस्तेमाल किया जा सके।

जब अठारहवीं शताब्दी के आख़िर में अंग्रेज़ों ने बंगाल, बिहार और बाद में पश्चिमोत्तर प्रांत के नाम से जाने गए इलाक़ों के प्रशासन की बागडोर अपने हाथ में ली तो उन्हें वहां कुछ इसी तरह के हालात मिले। हिंदवी न तो ख़ालिस हिंदुओं की भाषा थी और न ही केवल नागरी में लिखी जाती थी; न ही वह ज़्यादा शहराती उर्दू के बरक्स ख़ालिस तौर पर ग्रामीण समाज तक सीमित थी। क़स्बों[21] में मुसलमानों का ज़्यादा बड़ा प्रतिशत था जिसके चलते दिल्ली व लखनऊ में उर्दू के दरबारी प्रयोक्ताओं और बाद में औपनिवेशिक अधिकारियों द्वारा इसके प्रयोग से इस सामान्य निष्कर्ष को लगातार बल मिला कि भद्रभाषा मुसलमानों की है और उसे फ़ारसी-अरबी लिपि में लिखा जाता है। लेकिन अंग्रेज़ों का सामना सबसे पहले ग़ैर-विभेदीकृत हिंदवी या हिंदुस्तानी से ही हुआ था जिसको उसके नाना संस्करणों में लगभग पूरे उपमहाद्वीप में समझा जाता था और जिसको प्रारंभिक यूरोपीय प्रेक्षक व सैलानी 'इंदोस्तान' या 'मूर्स' के नाम से दर्ज कर चुके थे।[22]

ईस्ट इंडिया कंपनी : भाषायी दोफाड़ और फ़ोर्ट विलियम कॉलेज

ईस्ट इंडिया कंपनी के कारिंदों द्वारा लिखे गए प्रारंभिक व्याकरणों ने भाषा को संहिताबद्ध करने की एक व्यवस्था गढ़ने का प्रयास किया, ताकि प्रचलन में मौजूद सभी प्रकार के वैकल्पिक रूपों का समावेश किया जा सके।[23] लेकिन जल्दी ही यह माना जाने लगा कि इस भाषा में आंतरिक विभाजन हैं और इसे समझने के लिए इन भाषाओं की आंतरिक कसौटियों को समझना ज़रूरी है। वास्तविक भाषायी परिस्थिति काफ़ी परिवर्तनशील थी और कोई सरल

वर्गीकरण करना संभव नहीं था क्योंकि न तो ख़ालिस शहरी-ग्रामीण विभाजन से काम चल सकता था और न ही केवल लिपि के आधार पर किसी विभाजन को वर्गीकरण का आधार बनाया जा सकता था। आख़िरकार अंग्रेज़ों ने हिंदुस्तान की ज़बान को धर्म और उससे जुड़ी संस्कृति के आधार पर श्रेणीबद्ध करने का प्रयास किया। अठारहवीं शताब्दी के आख़िर तक वे हिंदू और मुसलमान, दोनों को अलग-अलग नस्ल, अपने-अपने इतिहास, संस्कृतियों और अपनी-अपनी ज़बानों से लैस दो अलग-अलग राष्ट्रों के रूप में देखने लगे थे। अपने दौर के जाने-माने प्राच्यविद् विलियम जोंस ने हिंदू भारत और उसके भीतर मुसलमानों की जगह के बारे में अंग्रेज़ों में बड़े पैमाने पर व्याप्त रूढ़ छवियों को जन्म दिया था। जोंस और उनके समकालीन राष्ट्रीय भाषाओं एवं साहित्यों के महत्त्व पर चल रही यूरोपीय चर्चाओं के आलोक में काम कर रहे थे। यह चर्चा सबसे निर्णायक रूप से जर्मनी में जोहान गॉटफ्रीड हर्डर (1744-1803) के विचारों से प्रभावित थी। भाषाओं के उदय से संबंधित अपनी टीका में हर्डर ने कहा था कि राष्ट्रीय भाषाएं अपने बोलने वाले समुदायों की सबसे चारित्रिक विशिष्टता की अभिव्यक्ति होती हैं, या, जैसा कि बाद में उन्होंने कहा था, किसी समुदाय की मेधा उसकी भाषा के रूप-रंग के मुक़ाबले और कहीं इतनी अच्छी तरह अभिव्यक्त नहीं होती।[24] जोंस ख़ुद भी शास्त्रीय साहित्य के नमूनों में हिंदुओं की मेधा को ढूंढ़ने में व्यस्त थे। जोंस जो भी खोजते, जो भी साहित्य उनके हाथ लगता—चाहे वह कितना भी छिटपुट क्यों न हो—उसकी ख़बरें फटाफट यूरोप पहुंच जाती थीं।[25] इस तर्क के अनुसार, क्योंकि हिंदुओं के पास अपनी भाषा न होने का सवाल ही नहीं उठ सकता, इसलिए हिंदुओं की न केवल शास्त्रीय बल्कि मौजूदा भाषा को भी मुसलमानों के आने से पहले से मौजूद मानना ज़रूरी था क्योंकि उसके बाद तो उनकी भाषा की शुद्धता में अनिवार्य दोष आने ही थे। इस प्रकार, एक सुनियोजित ढंग से तमाम बाहरी—हिंदुओं के प्रसंग में मुस्लिम—शब्दावली और मुस्लिम लेखकों की साहित्यिक रचनाओं को बेदख़ल करके ही एक ख़ालिस हिंदू भाषा व साहित्य गढ़ा जा सकता था। लेकिन ब्रिटिश कोषकारों एवं व्याकरणविदों की समझ में यह ऐसी स्थिति नहीं थी जो वे गढ़ना चाहते थे; बक़ौल उनके, उन्हें यही स्थिति मिली थी।

प्रजा पर हुक्म चलाने और उन्हें अपने क़ानूनों के परोपकारी सिद्धांतों से सहमत करने के लिए अंग्रेज़ों के पास देश की बोली जाने वाली भाषाओं के वर्गीकरण और संहिताकरण की बार-बार चेष्टाओं के अलावा कोई विकल्प नहीं था। नैटेनियल हेलहेड ने *ए ग्रामर ऑफ़ दि बैंगाली लैंग्वेज* ([1778] 1969) में कहा था :

> अंग्रेज, जिन्होंने शिष्ट कलाओं में इतनी ज़बर्दस्त तरक़्क़ी की है और जो बंगाल के स्वामी हैं, वे बड़ी आसानी और सुघड़ता से इसकी भाषा को भी अपने संग्रह में शामिल कर सकते हैं : कि जो भी क़ानून थोपना चाहते हैं, उसके परोपकारी सिद्धांतों को समझा सकते हैं; कि वे शासन चलाने के साथ-साथ लोगों का समर्थन हासिल कर सकते हैं; और एक ही चेष्टा में एक व्यापक राष्ट्र में क़ानून और विज्ञान के प्रसारक हो सकते हैं (ii)।

भारत की भाषायी स्थिति की नाप-जोख करने के लिए हेलहेड हिंदुओं और मुसलमानों के बीच बुनियादी फ़र्क़ की आम धारणा के आधार पर काम कर रहे थे। हेलहेड ने बंगाल में संस्कृत, जो पहले पूरे देश में फैली हुई थी, और स्थानीय स्तर पर बोली जाने वाली बंगाली, इन दो भाषाओं के अलावा दो और भाषाओं को भी दर्ज किया : एक, फ़ारसी जो मुग़ल

आक्रमणकारियों के साथ यहां आई और जिसको अभी भी सरकार के दफ़्तरों में इस्तेमाल किया जा रहा था तथा 'हिंदुस्तानिक' जिसकी अपनी दो प्रजातियां थीं—एक, जो संस्कृत से निकली थी और दूसरी, मुस्लिम आक्रमणकारियों द्वारा अपनी भाषाओं के शब्दों को मिलाकर इसी पहली क़िस्म में से विकसित की गई थी। उन्होंने कहा कि इस बाद वाली भाषा को सारे मुसलमान और मुस्लिम दरबारों से जुड़े हिंदू बोलते हैं।

> परंतु ब्राह्मण और अन्य पढ़े-लिखे जेंटू (हिंदू), जिनकी महत्त्वाकांक्षाएं उनके सिद्धांतों पर हावी नहीं हो पाई हैं, अभी भी अपनी एक ख़ास कर्तव्यपरायण दृढ़ता के साथ अपनी आदिकालीन भाषा का ही पालन करते हैं और उनके पास इसकी शुद्ध शैली में लिखी गई बहुत सारी प्राचीन पुस्तकें हैं... (xii)।

हेलहेड ने जिसे हिंदुस्तानिक का नाम दिया था, उसमें भाषाओं के मेल के बावजूद हेलहेड हिंदुओं और मुसलमानों को एक ऐसी भाषा के इस्तेमाल के मामले में दो धुरियों पर देखता रहा जिसको वह ख़ुद बुनियादी तौर पर एक ही भाषा मान चुका था।[26]

अपने तेज़ी से फैलते भूक्षेत्र का शासन चलाने के लिए अंग्रेज़ों के सामने हिंदुस्तानी पर महारत हासिल करना ज़रूरी था जो कि अब अंग्रेज़ों के लिए राजनीतिक महत्त्व का काम बन गया था। दिसंबर 1798 में गवर्नर जनरल ने एक अधिसूचना जारी करके ऐलान किया कि 1 जनवरी, 1799 से किसी भी सरकारी कर्मचारी की तब तक नियुक्ति नहीं होगी जब तक वह क़ायदे-क़ानूनों और फ़ारसी व हिंदुस्तानी का इम्तिहान पास नहीं कर लेगा। इन दो भाषाओं को पढ़ाने के लिए ही जॉन गिलक्रिस्ट (1759-1842) ने 1799 में कलकत्ता में ओरिएंटल सेमिनरी की स्थापना की जिसे गिलक्रिस्ट सेमिनरी भी कहा जाता था।[27] गिलक्रिस्ट ने नवगठित एशियाटिक सोसायटी के मुखपत्र *एशियाटिक रिसर्च* में भी अपने विचार व्यक्त किए जो विलियम जोंस एवं उनके सहयोगियों के प्रभाव में चल रहे वैचारिक वातावरण का हिस्सा थे। यहां तक कि गिलक्रिस्ट भी लोगों के बीच अपने सारे अनुभव के बावजूद हिंदुओं और मुसलमानों को मिश्रित या साझा समूह की बजाय अलग-अलग समरूप समूहों के रूप में ही देखते रहे। आगे चलकर भाषायी मसलों पर गिलक्रिस्ट की समझदारी काफ़ी अहम साबित हुई क्योंकि इसके आधार पर उन विभेदों को संस्थागत रूप प्रदान कर दिया गया जो गिलक्रिस्ट को महसूस हो रहे थे।

गिलक्रिस्ट के हिसाब से हिंदुस्तानी में तीन स्तर या 'शैलियां' थीं : 'दरबार-ए-ख़ास या फ़ारसी शैली', 'मध्यम या असली हिंदोस्तानी शैली', तथा 'देहाती या हिंदूवी'। दरबारी या फ़ारसी शैली 'साहित्य व सियासत की आडंबरपूर्ण और पंडिताऊ भाषा थी' और अरबी या फ़ारसी पर बहुत ज़्यादा आश्रित थी। हिंदुस्तानी के दूसरे स्तर पर 'विदेशी' शब्दों की संख्या 'मूल' शब्दों के अनुपात में थी : यह वही शैली थी जिसको गिलक्रिस्ट ख़ुद एक मानक के रूप में स्थापित करना चाहते थे। तीसरा स्तर यानी देहाती शैली, जिसे गिलक्रिस्ट कभी-कभी आरंभिक (pristine) भी कहते थे, में 'विदेशी' शब्दों की मिलावट बहुत कम थी। यह हिंदुओं की भाषा थी जो अभी भी गंवारू थी।

गिलक्रिस्ट ने पाया कि हिंदुस्तान के लोग पांडित्य प्रदर्शन को सम्मान देते हैं और उसे कमोबेश बढ़ावा देते हैं। 'जिस देश में पांडित्य प्रदर्शन को ही शिक्षा का सबसे निर्णायक आधार माना जाता है, वहां पढ़ा-लिखा मुसलमान अपनी अरबी और फ़ारसी के वैभवगान में खोया

रहता है...। हिंदू अपनी संस्कृत और हिंदूवी की महिमा में खोया रहता है।'[28] वह ख़ुद इस पांडित्य प्रदर्शन से बचना चाहते थे, इसलिए उन्होंने मध्यम स्तर वाली भाषा को ही मानक बनाने पर ज़ोर दिया। इस मध्यम स्तर की भाषा में एक फ़ायदा यह भी था कि वह हिंदुओं और मुसलमानों, दोनों में समान रूप से इस्तेमाल होती थी और इसीलिए उन्होंने यह सुझाव दिया था कि इसके लिए देश के नाम के आधार पर *लगातार* हिंदुस्तानी नाम का इस्तेमाल किया जाए :

> हिंदूस्तान एक संयुक्त शब्द है। यह हिंदू-भूमि या नीग्रो-भूमि जैसा है और इतना सुविदित है कि यहां उसका वर्णन करने की आवश्यकता नहीं है। यहां मुख्य रूप से हिंदू और मुसलमान रहते हैं जिन्हें और जिनकी भाषा को हम सामान्य, साझा व समावेशी शब्द हिंदुस्तानी में रख सकते हैं और जिसको मैंने उपरोक्त एवं निम्नलिखित कारणों से अपनाया है...। इस बात को नकारा नहीं जा सकता कि यहां के देशी और दूसरे लोग हिंद, जो कि इस देश का प्राचीन नाम था, के आधार पर इसे हिंदू या इंडियन कहकर भी पुकारते हैं; लेकिन क्योंकि इसको *हिंदूवी, हिंदोई, हिंद्वी* के साथ संयुक्त किया जा सकता है जो कि हिंदू से निकला हुआ शब्द है, इसलिए मैं अपने मूल मत पर ही ज़ोर दूंगा कि हमें इस देश की प्रचलित भाषा के तमाम दूसरे नामों को पूरी तरह छोड़ देना चाहिए, यहां तक कि हमें निरर्थक हो चुके मूर्स शब्द को भी छोड़ देना चाहिए और केवल *हिंदोस्तानी* शब्द का इस्तेमाल करना चाहिए, भले ही यहां के लोग स्थिर रूप से ऐसा करें या न करें, क्योंकि वे ऐसी पाबंदियों के इस्तेमाल और गुण-दोष को बताए जाने के बावजूद उन्हें पूरी तरह नहीं समझ पाएंगे। हिंदूवी को मैं केवल हिंदुओं की संपत्ति के रूप में देखता हूं और लिहाज़ा मैं भारत की उस पुरानी भाषा के लिए लगातार यही नाम इस्तेमाल करता हूं जो कि मुसलमानों के अतिक्रमण से पहले यहां प्रचलन में थी; और अब हिंदूस्तानी के लिए आधार या ज़मीन का काम करती है, जो कि तुलनात्मक रूप से ताज़ा अधिरचना है और जो अरबी एवं फ़ारसी से बनी है जिसमें इन दोनों भाषाओं को उसी संबंध में देखा जा सकता है जो संबंध अंग्रेज़ी के साथ लैटिन और फ्रेंच का है जबकि हम आधुनिक हिंदूवी या हिंदोस्तानी को अरबी और फ़ारसी की सेक्सन ज़बान की तरह देख सकते हैं... (1798 : iii)।

इस प्रकार, हिंदुस्तानी नाम हिंदुओं के देश के नाम पर पड़ा जिसके लिए हिंदू शब्द के पुराने प्रयोग का सहारा लिया गया जो इस देश में रहने वाले सभी लोगों के लिए प्रयुक्त होता था और हिंदवी शब्द हिंदू शब्द के दूसरे अभिप्राय से निकला जो इसे केवल धार्मिक दायरे में सीमित कर देता था। इस बोध में हिंदी केवल हिंदुओं की भाषा रह जाती थी। गिलक्रिस्ट द्वारा हिंदवी या हिंदी को छोड़कर हिंदुस्तानी को एक ज़्यादा समावेशी शब्द के रूप में अपनाने की कोशिश केवल आंशिक रूप से ही कारगर साबित हो पाई। इस कोशिश में लिपि की समस्या भी थी क्योंकि लिपि से भी इस भाषा को इस या उस धार्मिक समुदाय के साथ जोड़कर देखे जाने की संभावना बनी हुई थी। गिलक्रिस्ट का समाधान यह था कि नागरी और अरबी, दोनों लिपियों को छोड़कर हिंदुस्तानी के लिए रोमन लिपि का प्रयोग किया जाए। नागरी एकदम प्रत्यक्ष रूप से हिंदू दिखाई देती थी और गिलक्रिस्ट को फ़ारसी-अरबी अक्षर दूसरी भाषा सीखने वालों के लिए बहुत मुश्किल दिखाई देते थे।[29] बहरहाल, वह लिपि का रोमनीकरण नहीं कर पाए और रोज़मर्रा के व्यवहार में हिंदुस्तानी फ़ारसी-अरबी लिपि में ही लिखी जाती रही जिसके चलते व्यावहारिक स्तर पर इसे उर्दू के समकक्ष माना

जाने लगा। इसके अलावा, हालांकि वह इस बात से वाक़िफ़ थे कि हिंदुस्तानी में विशाल काव्य भंडार मौजूद है,[30] लेकिन उन्होंने जिन भी साहित्यिक रचनाओं का हवाला दिया था, वे सभी दिल्ली और लखनऊ के मुस्लिम कवियों की रचनाएं थीं जिससे संतुलन अनचाहे ही मुसलमानों की तरफ़ झुक गया था। इसके बाद जो संस्थानीकरण हुआ, उसके क्रम में गिलक्रिस्ट को भी समझ में आने लगा था कि उन्होंने दोनों भाषाओं की जो भाषायी एवं धार्मिक-सांस्कृतिक परिभाषा दी है, उससे हिंदू ख़ुद-ब-ख़ुद हिंदुस्तानी के घेरे से बेदख़ल हो चुके हैं।

हिंदुस्तानी और हिंदुई का दो स्वायत्त भाषायी इकाइयों के रूप में संस्थानीकरण तब हुआ जब ईस्ट इंडिया कंपनी की नौकरी में तैनात होने वाले युवा ब्रिटिश नागरिकों के लिए सन् 1800 में कलकत्ता में फ़ोर्ट विलियम कॉलेज खोला गया। 1801 में यहां पांच प्रोफ़ेसरों को नियुक्त किया गया जिनमें से एक-एक क़ानून, ग्रीक, लैटिन व अंग्रेज़ी तथा एक फ़ारसी व अरबी पढ़ाने के लिए रखा गया था। गवर्नर जनरल वेलेज़ली आधुनिक भारतीय भाषाओं के लिए मूल रूप से छह प्राध्यापकों की नियुक्ति करना चाहते थे क्योंकि ब्रिटिश अधिकारियों की तैयारी का सबसे महत्त्वपूर्ण मक़सद ही यह था कि वे भारतीयों के साथ उनकी अपनी भाषा में बात कर सकें। आख़िर में उन्होंने इस मद में केवल एक अध्यापक को नियुक्त किया, वह भी केवल हिंदुस्तानी के लिए, यह इस बात का संकेत है कि अंग्रेज़ हिंदुस्तानी को कितनी अहमियत दे रहे थे। हिंदुस्तानी के प्रोफ़ेसर के रूप में जॉन गिलक्रिस्ट एक स्वाभाविक उम्मीदवार थे,[31] और संस्कृत के लिए कोलब्रुक का कोई मुक़ाबला नहीं था। शुरुआत से ही हिंदुस्तानी विभाग में यह भाषा फ़ारसी-अरबी लिपि में पढ़ाई जा रही थी जो उस जमाने की समझदारी के हिसाब से मुसलमानों और उनकी संस्कृति व साहित्य की लिपि मानी जाती थी। गिलक्रिस्ट ने महसूस किया कि हिंदुई या भाखा को पढ़ाने का भी कोई इंतज़ाम करना ज़रूरी है जिसको स्वाभाविक है कि नागरी लिपि में लिखा जा रहा था। 19 फरवरी, 1802 को जब कॉलेज काउंसिल ने गिलक्रिस्ट की एक 'भाखा मुंशी' की तैनाती की मांग को मंज़ूरी दे दी तो लल्लूजी लाल (1747-1824) नाम के एक गुजराती ब्राह्मण को इस पद पर नियुक्त किया गया। भाखा विभाग की स्थापना के साथ हिंदी को हिंदुओं की भाषा के रूप में स्थापित करने की शुरुआत हो चुकी थी। इस प्रकार, गिलक्रिस्ट ने ख़ुद ही हिंदुस्तानी को हिंदुओं और मुसलमानों, दोनों की साझा भाषा के रूप में स्थापित करने की अपनी चेष्टा की कब्र खोद दी थी।

लल्लूजी लाल को हिंदी गद्य के पथप्रदर्शकों में से एक माना जाता है। उनकी बहुत सारी कृतियों में से *प्रेमसागर* (1810) सबसे प्रसिद्ध थी और कई बार प्रकाशित हुई। लोगों की बोलचाल की भाषा को कूटबद्ध करने की नीति को ध्यान में रखते हुए लल्लूजी लाल ने जान-बूझकर, जैसा कि उन्होंने प्राक्कथन में कहा था, *यामिनी भाषा छोड़ दिल्ली आगरे की खड़ी बोली में कह नाम 'प्रेम सागर' धरा* यानी उन्होंने यवनों की भाषा छोड़कर दिल्ली और आगरे की खड़ी बोली को चुना था। डायलेक्ट के विपरीत खड़ी बोली या मानक बोली शब्द को इस अर्थ में 1803 में लल्लूजी लाल और कॉलेज में ही दूसरे भाखा मुंशी सदल मिश्र ने इस्तेमाल किया था। लल्लूजी लाल के मुताबिक़, यह शब्द दिल्ली-आगरा इलाक़े के हिंदुओं में काफ़ी प्रचलित था और इस शब्द का इस्तेमाल ब्रजभाषा से खड़ी बोली को

अलग दिखाने के लिए किया जाता था।[32] बहरहाल, क्योंकि *प्रेमसागर* को चतुर्भुज मिश्र के लिखे गए ब्रजभाषा के संस्करण के आधार पर ही खड़ी बोली में लिखा गया था, इसलिए वहां ब्रज के असर से बचना संभव नहीं था। विषयवस्तु के धार्मिक स्वरूप के अनुरूप *प्रेमसागर* की भाषा में बहुत सारे संस्कृत शब्दों का भी इस्तेमाल हुआ था। इसकी नवीनता यह थी कि इसमें फ़ारसी-अरबी शब्दों का जान-बूझकर उपयोग नहीं किया गया था ताकि हिंदवी की सांस्कृतिक परिधि को केवल हिंदुओं तक सीमित रखा जा सके। यह राजनीतिक की बजाय एक व्यावहारिक क़दम था ताकि हिंदुओं के साथ संचार ज़्यादा प्रभावी हो पाए।

नई नीति का दूसरा अनूठा पहलू यह था कि मानक तय करने के लिए अतीत की साहित्यिक रचनाओं की बजाय वर्तमान में बोली जा रही भाषा को ही आधार बनाया जाएगा। कॉलेज के विद्यार्थियों को ये भाषाएं इसलिए सीखनी थीं ताकि वे प्रजा के साथ बात कर सकें, इसलिए उनको साहित्यिक भाषा नहीं बल्कि हिंदुओं और मुसलमानों की रोज़ बोली जाने वाली भाषाओं को सीखना था। नतीजा यह हुआ कि कॉलेज में जो भाषाएं पढ़ाई गईं, वे बोलचाल की भाषाएं थीं और इसलिए यहां से भाषा के जो नमूने निकले, वे नए क़िस्म के थे और उनकी ज़्यादा पैठ थी। हालांकि उर्दू को पहले ही विचारधाराबद्ध किया जा चुका था, जैसा कि हम देख चुके हैं, लेकिन इसका शहरी कुलीन वर्ग की भाषा पर सबसे ज़्यादा असर पड़ा था। हिंदुस्तानी और भाखा के बीच पैदा हुआ नया विभेद, जिसको बाद में उर्दू और हिंदी के भेद के रूप में प्रचारित किया गया, न केवल साहित्यिक स्तर पर था बल्कि बोलचाल के आम स्तर पर भी दिखता था। यह एक घातक क़दम था और इसके दूरगामी परिणाम सामने आने वाले थे। जिस तरह से लल्लूजी लाल ने हिंदुई की सेवा की थी उसी तरह से हिंदुस्तानी/उर्दू के लिए तैनात किए गए मुंशियों ने भी पूरी मुस्तैदी से अपना काम किया जिनमें मूलतः दिल्ली से आए मीर अम्मन सबसे मुख्य मुंशी थे। *बाग़ो-बहार* (1803) उनकी सबसे प्रख्यात रचना थी जो 1780 में लिखी गई एक ज़्यादा शृंगारिक रचना की ही सरल गद्य प्रस्तुति मात्र थी।[33]

परंतु कॉलेज के विद्यार्थियों के लिए छापी जा रही किताबों के रूप में एक बेतरतीब साहित्यिक भंडार भी सामने आ रहा था और हिंदी व उर्दू (जो अभी भी हिंदुस्तानी के रूप से ही जानी जाती थी) की पुरानी साहित्यिक रचनाओं को एक-दूसरे से बाहर करके देखा जाने लगा था। इस प्रकार, हिंदी की मुद्रित की गई रचनाएं थीं : *बेताल पच्चीसी* (1805), *सिंहासन बत्तीसी* (1805), बिहारीलाल की *सतसई* (1809) तथा तुलसीदास की *रामचरितमानस* (1811)। लल्लूजी लाल ने *राजनीति* (1809) के नाम से *हितोपदेश* का और *प्रेमसागर* (1810) के रूप में *भागवत पुराण* के दसवें स्कंध का अनुवाद किया। सीधे संस्कृत से अनूदित की गई ये रचनाएं स्वाभाविक रूप से भाषा या 'हिंदी' के चौखटे में आ जाती थीं। इस तरह, सदल मिश्र ने गिलक्रिस्ट के आदेशानुसार अपना काम इन शब्दों में व्यक्त किया था : *दो-एक ग्रंथ संस्कृत से भाषा और भाषा से संस्कृत किए* ([1803] 1951 : 2)। यानी उन्होंने कुछ रचनाएं संस्कृत से भाषा में और भाषा से संस्कृत में अनूदित की थीं। भाषा या हिंदी में किए गए अनुवादों को *बेताल पच्चीसी* और *सिंहासन बत्तीसी* के ब्रज में पहले से उपलब्ध अनुवादों से काफ़ी मदद मिली क्योंकि भले ही ये रचनाएं मूल रूप से संस्कृत में लिखी गई थीं लेकिन ब्रजभषा में भी उनके प्रचलित संस्करण मौजूद थे।

गिलक्रिस्ट ने भाषा या भाखा शब्द का संस्कृत और संस्कृत से उपजी ब्रज जैसी भाषाओं, दोनों के लिए इस्तेमाल किया था लेकिन अब वह हिंदुस्तानी के झाड़-पोंछकर तैयार किए गए नए संस्करण खड़ी बोली के लिए भी इसी शब्द का इस्तेमाल करने लगे। चाहे ब्रजभाषा या खड़ी बोली हो, गिलक्रिस्ट के लिए सबसे महत्त्वपूर्ण पहचानबोधक गुण यह था कि भाखा हिंदुओं की मुसलमानों से पहले की मूल भाषा का द्योतक थी।[34] भाखा के रचना-भंडार में केवल उन रचनाओं को ही शामिल किया गया था जो प्रत्यक्षतः हिंदू विषयों एवं प्रसंगों से संबंधित थीं, यहां तक कि मुस्लिम शासन के दौरान भी। इसीलिए तुलसीदास और बिहारीलाल को भी इस ख़ज़ाने में शामिल किया गया। फ़ोर्ट विलियम कॉलेज में भाषा के स्तर पर जो विभाजन माना जाता था, वह आगे चलकर हिंदी साहित्य के नाम से जाने गए रचना-संसार का सबसे प्रारंभिक सैद्धांतिक आधार था।[35] लेकिन ग़ौर करने की बात यह है कि भाषा विभागों और उनके तहत छपने वाली किताबें अंग्रेज़ों ने बुनियादी तौर पर अपनी निजी स्वार्थपूर्ति के लिए छपवाई थीं; उनका उद्‌देश्य आम भारतीयों को पढ़ाना नहीं था।

शुरू से ही हिंदुस्तानी को ज़्यादा अहमियत दी जा रही थी। प्रारंभ में अंग्रेज़ों ने इस बात पर ध्यान नहीं दिया कि हालांकि हिंदुस्तानी को पूरे उपमहाद्वीप के लोग समझते थे लेकिन पूरे ग्रामीण भारत में इसको बहुत अच्छी तरह नहीं समझा जाता था। इसलिए, अकसर ऐसा होता था कि बंगाल के ग्रामीण इलाक़ों में तैनात होने वाले अधिकारी हिंदुस्तानी तो जानते थे लेकिन उन्हें बंगाली नहीं आती थी।[36]

आख़िरकार 1815 के बाद नागरी लिपि में लिखी जाने वाली हिंदुई या हिंदी पर अधिक ध्यान दिया जाने लगा क्योंकि अब कॉलेज में फ़ौज के भी बहुत सारे विद्यार्थियों ने दाख़िला ले लिया था। 1824 में इसे और ताक़त मिली जब राजपूताना, बिहार और मध्य प्रांतों में सिपाहियों की कई बड़ी टुकड़ियां भर्ती की गईं और उनको संभालने के लिए और ज़्यादा संख्या में कमांडिंग ऑफ़िसरों की ज़रूरत महसूस हुई। लिहाज़ा, यह महसूस किया गया, जो कि कॉलेज के दस्तावेज़ों में दर्ज है, कि ये 'हिंदुओं के उन सभी वर्गों की साझा भाषा थी जो हमारी सेना के लिए और पूर्वी प्रांतों की नेटिव आर्मीज़ के लिए भी सिपाही मुहैया कराते हैं।'[37]

हिंदुओं को हिंदुई में संबोधन : मिशनरी गुटके और स्कूली पुस्तकें

हिंदुई को हिंदुओं की भाषा के रूप में स्थापित करने वाला सबसे पहला तबक़ा मिशनरियों का था जो ईसा मसीह के उपदेशों के साथ हिंदुस्तान के विशाल मैदानी इलाक़ों में फैलने लगे थे। अगर विलियम कैरी, विलियम वार्ड और जोशुवा मार्शमैन ने प्रारंभिक छापेख़ानों की स्थापना की थी तो दक्षिण एशियाई भाषाओं के सबसे शुरुआती फॉन्ट्स की ढलाई और इन भाषाओं में बाइबिल के अनुवाद का काम 1803 में श्रीरामपुर में जॉन चैंबरलेन के आगमन से शुरू हुआ जिन्होंने हिंदुई में मिशनरियों के बहुत सारे साहित्य को लिखने और छापने को बढ़ावा दिया।[38] चैंबरलेन ख़ुद मिशनरियों के साथ उनकी यात्राओं पर जाते थे और साल भर के भीतर वह इतनी हिंदुई सीख चुके थे कि नागरी लिपि में अपना पहला गुटका लिखने में सफल हो गए। 1811 में वह आगरा के लिए रवाना हुए। ब्रिस्टल एकेडेमी के प्रधानाचार्य

डॉ. राइलैंड को लिखे पत्र में चैंबरलेन ने भाषा पर अपनी राय और मिशनरियों के लिए अनुकूल नीति को इस तरह व्यक्त किया था :

> यूरोपियन जिसे 'हिन्दूस्थानी' कहते हैं, वह हिंदुओं की भाषा से अलग है। हिंदुओं की भाषा 'हिंदूवी' है। 'हिंदूस्थानी' जिसे मुसलमान बोलते हैं, वह हिंदोवी, फ़ारसी और अरबी का मिश्रण है; इसको ज़्यादातर आम बोलचाल के लिए इस्तेमाल किया जाता है और सभी शासकीय एवं फ़ौजी कार्रवाइयों में भी इसी का इस्तेमाल होता है। लेकिन मुझे लगता है कि अगर हम हिंदुओं के एक बड़े तबक़े के हित में काम करना चाहते हैं तो हमारे पास उनकी देशी भाषा में लिखे धर्मग्रंथ ज़रूर होने चाहिए और हमें उनको उसी भाषा में सिखाना चाहिए।[39]

हिंदुई वास्तव में एक लोक-भाषा थी—एक साहित्यिक भाषा के मुक़ाबले मोटे तौर पर बोलचाल की भाषा—और यह सिर्फ़ हिंदुओं की जागीर नहीं थी। फ़ारसी-अरबी संस्करण क़स्बों और सरकारी दायरों में ज़्यादा इस्तेमाल हो रहा था लेकिन इसका इस्तेमाल भी सिर्फ़ मुसलमानों तक ही सीमित नहीं था। आम बोलचाल की हिंदुई को ख़ालिस हिंदू भाषा मानने का फ़ैसला मिशनरियों की इस धारणा से तय हो रहा था कि ये दोनों धर्म एक-दूसरे से बिल्कुल अलग या परस्पर अपवर्जी हैं। पटना इलाक़े में ब्राह्मणों के साथ लिये गए साक्षात्कारों से यह धारणा और पुष्ट होती थी :

> इन इलाक़ों में मुसलमान हिंदुओं के मुक़ाबले थोड़े हैं। पटना में अच्छी आबादी है। लोगों की भाषा उससे कहीं भिन्न है जिसकी मैंने उम्मीद की थी। ब्राह्मण 'संगस्कृता हिंदुस्तानी' बोलते हैं और ऐसा लगता है कि वे हमारे धर्मग्रंथों से नफ़रत करते हैं क्योंकि इनमें इतने सारे मुसलमान शब्द हैं।[40]

चैंबरलेन ने पहले यह भी कहा था कि नागरी लिपि का व्यापक पैमाने पर इस्तेमाल हो रहा था। जैसा कि हम राष्ट्रीय अभिलेखागार में सुरक्षित पत्रों के विश्लेषण से देख सकते हैं, उत्तर की आबादी के एक बहुत बड़े हिस्से, जिसमें हिंदू और मुसलमान दोनों शामिल हैं, के पास नागरी लिपि की थोड़ी-बहुत समझ ज़रूर थी, बशर्ते वे साक्षर हों। इस लिपि के इस्तेमाल को केवल हिंदुओं तक सीमित कर देने का फ़ैसला वैचारिक आधार पर लिया जा रहा था। इसके बाद मिशनरियों की एक स्पष्ट नीति रही। बैप्टिस्ट मिशनरी सोसायटी के सामने प्रस्तुत किए गए 'मेमोयर ऑफ़ दि ट्रांसलेशंस' (1816) की राय बहुत स्पष्ट थी :

> दीवा-नगरी उन ज़्यादातर लोगों के लिए परिचित लिपि है जो पढ़ सकते हैं और क्योंकि यह वर्णमाला पूरी तरह परिपूर्ण है जबकि कुछ स्थानीय वर्णमालाएं अत्यंत अभावग्रस्त हैं, इसलिए यही बेहतर है कि दीवा-नगरी को दूर-दूर तक फैलाया जाए। अगर भारत में इसको उसी तरह फैलाया जाए जिस तरह यूरोप में रोमन वर्णमाला फैली है तो यह ज्ञान की उन्नति में ज़बर्दस्त योगदान देगी।[41]

चैंबरलेन ने अप्रैल 1818 में न्यू टेस्टामेंट का हिंदी में अनुवाद किया। इस उद्यम को इतना सफल माना गया कि श्रीरामपुर बंधुओं ने भी इस किताब के अपने अनुवाद को छापने की बजाय चैंबरलेन के अनुवाद को ही छापने का फ़ैसला लिया। हिंदुई में गुटके लिखने का काम जे.टी. थॉमसन ने भी अपने हाथों में लिया, जो 1817 से 1850 में अपनी मृत्यु तक दिल्ली में ही तैनात रहे। 1831 के श्रीरामपुर के पीरियॉडिकल एकाउंट में 25 गुटकों

की सूची है। 1823 में कलकत्ता ट्रैक्ट एंड बुक सोसायटी का गठन किया गया। उसी समय एम.टी. एडम ने भी हिंदी गुटके लिखे जिन्होंने हिंदी का एक शब्दकोश (1829) और *हिंदी ग्रामर* (1827) तथा कुछ स्कूली पाठ्य-पुस्तकें भी लिखी थीं। बनारस ट्रैक्ट सोसायटी 1827 में स्थापित हुई। दूसरी सोसायटियों के साथ विलय और विखंडन आदि के बाद इसको आगरा ट्रैक्ट सोसायटी में मिला दिया गया जो 1848 में स्थापित हुई थी। 1858 में जब इलाहाबाद उत्तर-पश्चिमी प्रांत की सरकार का मुख्य केंद्र बना तो सोसायटी को भी यहां स्थानांतरित कर दिया गया और उसे एक नया नाम मिला–दि नॉर्थ इंडिया ट्रैक्ट एंड बुक सोसायटी। 1868 तक अकेले यही सोसायटी गुटकों की 1,78,350 प्रतियां छाप चुकी थी। दि अमेरिकन प्रेसबाइटेरियन मिशन ने हिन्दी गुटकों एवं पुस्तकों की 3,50,700 प्रतियां छापी थीं। बंबई और लुधियाना की प्रेसों तथा तिरहुत में चलने वाली एकमात्र प्रेस भी हिंदी गुटके छापने में व्यस्त थीं।

हालांकि ज़्यादातर गुटके वास्तव में अंग्रेजी, संस्कृत, बंगाली और उर्दू से किए गए अनुवाद थे और उनमें इन भाषाओं के अंश भी मिलते थे, लेकिन 1823 के बाद जो गुटके लिखे गए वे मानक हिंदी के स्तर की ओर तेज़ी से बढ़ने लगे थे। क्योंकि उनको ख़ालिस हिंदुओं को संबोधित करते हुए लिखा जा रहा था और क्योंकि उनमें हिंदू धर्म की ही चर्चा की जानी थी (जिसको हिंदू मत, हिंदू धर्म आदि, अलग-अलग नामों से पुकारा जा रहा था) ताकि पाठकों को अंततः उसको छोड़ने के लिए प्रेरित किया जा सके, इसलिए केवल शुद्धतः हिंदू शब्दों का ही इस्तेमाल किया गया। विषयवस्तु के स्वरूप और संबोधित समुदाय, दोनों को ध्यान में रखते हुए जब भी देशी अभिव्यक्ति सीमित दिखाई पड़ती तो संस्कृत से शब्द लेने का विकल्प अपनाया जाता था।

> ब्रह्मा के पीछे विष्णु गिना जाता है क्योंकि लोग ब्रह्मा, विष्णु और महेश्वर कहते हैं और विष्णु को हिंदू मत में उद्धारकर्ता और जगत की रक्षा करने वाला कहते हैं और हिंदुओं की समझ में सब देवते उसकी सहायता चाहते हैं इस (मूल यथावत्) विष्णु की उपासना सब जगहों में विख्यात रूप से प्रसिद्ध है और अन्य देवतों (मूल यथावत्) की उपासना से उसकी उपासना प्रधान करीके कही जाती है। उसके उपासक वैष्णव कहलाते हैं और उनकी भेस माला तिलक से वे जाने जाते हैं।[42]

यहां हिंदू धर्म को एक एकल धर्म के रूप में देखा जा रहा है और इसी रूप में उसको कमज़ोर करने की कोशिश की जा रही है।

लेकिन मिशनरियों की कोशिशें सिर्फ़ गुटके लिखने तक सीमित नहीं रहीं। 1813 के चार्टर में संशोधन के फ़ौरन बाद कलकत्ता में काम शुरू करने वाली चर्च मिशनरी सोसायटी का एक सुपरिभाषित कार्य यह था कि वह स्कूल खोले और हिंदी व अन्य क्षेत्रीय भाषाओं में पाठ्य-पुस्तकें तैयार करे। इस तरह, मिशन के प्रसार का एक मतलब यह था कि नए-नए प्रेस और स्कूल खुलें।[43] उन्नीसवीं सदी के उत्तरार्द्ध में ट्रैक्ट एवं स्कूल बुक सोसायटीज़ धार्मिक तत्त्वों से लदी पुस्तकें और गुटके मुहैया कराने में व्यस्त रहीं। 1851 में स्थापित दि वर्नाक्यूलर लिटरेचर सोसायटी एक स्पष्ट भाषा नीति के अनुसार काम कर रही थी।

> लिखाई मुहावरेदार और साथ ही साथ सरल होनी चाहिए। रचना की प्रधान शैली और विषय का उपचार इस देश के नेटिव्स की समझ के विशेष रूप से अनुकूल होना चाहिए।[44]

1 जुलाई, 1817 को कैलकटा स्कूल बुक सोसायटी का गठन किया गया। आम लोगों में शिक्षा का प्रसार करने के लिए यह एक स्वैच्छिक संस्था थी। इसको चलाने के लिए 24 प्रबंधकों की एक समिति बनाई गई थी जिनमें 16 यूरोपीय और 8 भारतीय लोग थे। सोसायटी के भीतर बंगाली, हिंदुस्तानी (जिसका बाद में हिंदी नाम रखा गया), संस्कृत, अरबी, फ़ारसी और इंग्लिश के 6 अलग-अलग विभाग खोले गए। सबसे पहले प्रारंभिक स्कूली पुस्तकें छापने का फ़ैसला लिया गया। हालांकि शुरुआत में बंगाली पाठ्य-पुस्तकों के उत्पादन पर ज़्यादा ध्यान दिया जा रहा था लेकिन हिंदी को भी महत्त्व मिलने लगा था। इस तरह, सोसायटी से जो किताबें प्रकाशित हुईं उनको बिहार में ही नहीं बल्कि बनारस एंड आगरा स्कूल बुक सोसायटीज़ के गठन से पहले तक बनारस और उत्तर-पश्चिमी प्रांतों में भी ख़ूब इस्तेमाल किया जा रहा था।[45]

लोक-शिक्षा और देशी स्कूलों का सूत्रपात करने वाले जेम्स थॉमसन जब लेफ़्टिनेंट गवर्नर बने तो 1843 के बाद स्थानीय स्तर पर प्राथमिक स्कूलों के लिए और उत्तर-पश्चिमी प्रांतों में वर्नाक्यूलर शिक्षा के लिए सरकारी सहायता की व्यवस्था थी।[46] उस समय अच्छी स्कूली पुस्तकों की स्वाभाविक कमी थी। उसी समय रामशरण दास सिरीज़ के नाम से वर्नाक्यूलर पुस्तकें प्रकाशित की गईं और उनका व्यापक प्रसार हुआ।[47] इस सिरीज़ में अंग्रेज़ी स्कूली किताबों के अनुवाद छापे जाते थे। लेकिन यह नीति केवल अनुवाद तक सीमित नहीं थी बल्कि इन रचनाओं को भारतीय आबो-हवा में ढालकर पेश करना भी इस योजना का हिस्सा था। मिशनरी इन किताबों को लिखते थे और भारतीय उनके लिखे हुए को दुरुस्त किया करते थे। कानपुर स्थित सेंट्रल स्कूल के सुपरिंटेंडेंट श्रीलाल और बंसीधर व एम.टी. एडम्स मुख्य अनुवादक थे। श्रीलाल और बंसीधर ने विभिन्न किताबों की त्रुटियां दूर करने में अहम भूमिका निभाई। उनकी अपनी गद्य रचना भी शैली और वाक्य-विन्यास की दृष्टि से काफ़ी परिष्कृत थी। भले ही साहित्यिक लिहाज़ से न सही लेकिन शैली और वाक्य-विन्यास के लिहाज़ से उनकी भाषा उन्नीसवीं शताब्दी के आख़िरी दशकों में आए हरिश्चंद्र और अन्य गद्य लेखकों के स्तर तक पहुंच चुकी थी।[48] उन्होंने जो रचनाएं लिखीं, उनको मॉडल के रूप में देखा गया और आने वाले दशकों में भी उनका काफ़ी इस्तेमाल होता रहा।

जहां एक तरफ़ गुटकों में संस्कृत के शब्द ज़्यादा थे और उनमें कमोबेश पंडिताऊ स्वर सुनाई पड़ता था, वहीं दूसरी तरफ़ स्कूली किताबें मोटे तौर पर सरल भाषा में लिखी जा रही थीं। इनमें प्रवाहमयी साधारण बोलचाल की हिंदी में लिखे गए छोटे-छोटे सुघड़ वाक्य होते थे। ग़ौरतलब है कि साधारण बोलचाल की हिंदी में मुहावरों, उपमाओं, रूपकों और अनुप्रास की भरमार थी। बहरहाल, अपनी तमाम सादगी के बावजूद ये पाठ संस्कृतोन्मुखी ही रहे। उनका सदंर्भ-बिंदु भी हिंदू संस्कृति ही थी और जहां भी दृश्यात्मक वर्णन की ज़रूरत होती तो स्पष्टतः हिंदू भूदृश्यों का वर्णन किया जाता था। पत्र लेखन के इस नमूने को देखें :

> हमने भूपाल से चलकर हुसंगाबाद देखा, वह नगर नर्मदा के तीर पर बसता है, उसके बाज़ार में कई दुकान साहूकारों की सुंदर बनी हुई हैं, और नर्मदा का घाट बासली साहब का बनाया हुआ रामचंद्र के देवल के समीप बहुत रमणीक हो रहा है, जहां कि नगर के नर-नारी आकर नर्मदा के तीर से स्नान, पाठ-पूजन करके आनंद पाते हैं, और उस नगर का गढ़ नदी के तीर पर बना हुआ था, अब उसकी केवल एक भीत नदी की ओर की शेष रही है।[49]

सदी के मध्य तक छपी स्कूली पुस्तकों का योगदान यह था कि उन्होंने हिंदी के भावी विकास की आधारशिला रख दी थी। इस काल के बाद स्कूली पुस्तकों के रचनाकारों ने उल्लेखनीय रूप से कोई नई दिशा नहीं दी क्योंकि अगले दशकों के दौरान प्राथमिक स्कूली शिक्षा के लिए सरकारी मदद बहुत मामूली रही। 1854 के वुड्स एजुकेशनल डिस्पैच, जिसने आगे अपनाई जाने वाली शिक्षा नीति के लिए ज़मीन तैयार की, वर्नाक्यूलर शिक्षा के पक्ष में था।[50] परंतु औपनिवेशिक सरकार ने महसूस किया कि यह शिक्षित एवं संपन्न भारतीयों की ज़िम्मेदारी है कि वे अपने देशवासियों की प्रारंभिक स्कूली शिक्षा का ज़िम्मा ख़ुद उठाएं।

इससे पहले कि मैं इस खंड को समाप्त करूं, मैं इस बात की तरफ़ ध्यान दिलाना चाहती हूं कि स्कूली पाठ्य-पुस्तकों में एक प्रवाहमयी गद्य शैली की रचना के बावजूद उन्नीसवीं शताब्दी के मध्य तक भी वह हिंदी जिसे हम अब जानते हैं, एक ऐसी भाषा से अपेक्षित मानक उच्चारण और व्याकरण तक नहीं पहुंच पाई थी जिसको दशकों पहले हिंदुओं की मानक भाषा/विशेष भाषा घोषित किया जा चुका था। 1846 में बनारस संस्कृत कॉलेज के नवनियुक्त प्रधानाचार्य जेम्स बैलेंटाइन ने कॉलेज के विद्यार्थियों से कहा कि वे अपने अभ्यासों में हिंदी का प्रयोग किया करें मगर उनकी इस चेष्टा के नतीजे काफ़ी निराशाजनक रहे। विद्यार्थियों ने इस आग्रह पर कोई ख़ास उत्साह नहीं दिखाया कि वे अपनी रोज़मर्रा की भाषा को अच्छी तरह सीखने के लिए और ज़्यादा प्रयास करें। यह देखकर बैलेंटाइन ने अपने सबसे बुद्धिमान विद्यार्थियों को निर्देश दिया कि वे इस प्रत्यक्ष नापसंद के कारण बताएं :

> हमें यह समझ में नहीं आता कि आप यूरोपीयों के लिए हिंदी शब्द का क्या अर्थ है क्योंकि हमारे मत में यहां तो सैकड़ों बोलियां हैं और सभी इस नाम की समान हक़दार हैं और यहां ऐसा कोई एक मानक भी नहीं है जैसा संस्कृत में मिलता है। यदि हिंदी की शुद्धता का आशय इस बात से है कि उसे मुसलमान शब्दों से रहित कर दिया जाए तो पहले हमें फ़ारसी और अरबी का अध्ययन करना होगा, ताकि हम यह जान सकें कि हमारे दैनिक प्रयोग में कौन से शब्द अरबी या फ़ारसी के हैं और कौन से हिंदी के हैं। अपने वर्तमान ज्ञान के आधार पर हम यह बता सकते हैं कि कोई शब्द संस्कृत का है या संस्कृत का नहीं है लेकिन अगर वह संस्कृत का नहीं है तो वह हिंदी की बजाय अंग्रेज़ी या पुर्तगाली का भी हो सकता है...। जिसे आप हिंदी कहते हैं, वह अंततः उर्दू के किसी भावी संशोधन में विलीन हो जाएगी : हमें इस संभावना पर कोई दुख भी नहीं होता (निकॉल्स, 1907 : 99)।

इस तरह, दैनिक प्रयोग की भाषा एक अविभेदित स्थिति में थी, हिंदू और मुसलमान दैनिक संचार के लिए बहुत सारी आपस में जुड़ी बोलियों का इस्तेमाल करते चले जा रहे थे। इस बिंदु पर कॉलेज के विद्यार्थियों को ऐसी कोई ज़रूरत दिखाई नहीं दी कि एक विशुद्ध हिंदू भाषा विकसित करने के लिए इन बोलियों से फ़ारसी-अरबी मूल के शब्दों का सफ़ाया किया जाए। ख़ैर, बैलेंटाइन भी आसानी से हार मानने वालों में से नहीं थे। राष्ट्रीय भाषा गढ़ने का दायित्व देहातियों के ज़िम्मे नहीं छोड़ा जा सकता था। जैसा कि उन्होंने बाद में बहुत सख़्त शब्दों में कहा भी, यह तो पंडितों का दायित्व है :

> कि वे मानक साहित्य रचकर देशज/स्थानीय बोलियों की अलाभकारी विविधता से छुटकारा दिलाने के लिए काम करें। यह साहित्य एक समरूप व्याकरण और वर्तनी के अनुसार होना चाहिए। यदि बनारस के पंडित अपने नगर की ख्याति का मान रखना चाहते हैं तो उन्हें

> अपने पावन नगर की बोली को सारे भारत की बोली बनाने के उद्देश्य से ऐसी किताबें लिखनी चाहिए जो सबका ध्यान आकृष्ट करें और अपने सभी देशवासियों के लिए शैली प्रस्तुत करें (निकॉल्स, 1907 : 99)।

हिंदी को राष्ट्रीय हैसियत प्रदान करने की ज़िम्मेदारी देव नगरी के रूप में काशी पर थी। झाड़-पोंछकर साफ़ की गई इस नई भाषा के लिए एक मॉडल की तलाश में बैलेंटाइन को लल्लूजी लाल द्वारा अपनी रचना *प्रेमसागर* (1810) में अपनाई गई शैली से बेहतर कोई उदाहरण दिखाई नहीं दिया जो अंग्रेज़ों के ही निर्देश पर लिखी गई थी। बैलेंटाइन के शब्द आकाशवाणी जैसे साबित होने वाले थे क्योंकि हिंदुओं की भाषा गढ़ने के उद्यम में आने वाले दशकों में बनारस एक अगुआ भूमिका निभाने वाला था, हालांकि अब यह काम सिर्फ़ ब्राह्मणों के ज़िम्मे नहीं रह गया था।

अदालती भाषा विवाद : बढ़ता राजनैतीकरण और वैचारीकरण

उन्नीसवीं शताब्दी के मध्य तक भाषा के विकास की स्थिति पर तो चर्चा हो चुकी है लेकिन इसकी शासकीय हैसियत के बारे में अभी कुछ चर्चा बाक़ी है। मुग़लों के शासनकाल में दरबार और शासन की भाषा फ़ारसी थी। अंग्रेज़ों को यह स्थिति विरासत में मिली थी और उन्होंने भी न्यायिक एवं राजस्व संबंधी मामलों में फ़ारसी को ही चलने दिया। 1837 में दूरगामी बदलाव लागू किए गए। गवर्नर जनरल इन काउंसिल के 4 सितंबर, 1837 के एक प्रस्ताव में यह ऐलान किया गया :

> महामहिम का दृढ़ विश्वास है कि भारतीय जनता के सर्वाधिक महत्त्वपूर्ण हित जिन न्यायिक एवं राजकोषीय कार्रवाइयों से जुड़े हुए हैं, उनको ऐसी भाषा में संचालित किया जाए जिसको वे समझते हों...। फलस्वरूप, महामहिम सुप्रीम एक्सीक्यूटिव गवर्नमेंट ऑफ़ इंडिया तथा सुप्रीम गवर्नमेंट द्वारा नियुक्त किए जाने वाले अधीनस्थ निकायों को यह अधिकार देते हैं कि वे क़ानूनी कार्रवाइयों और राजस्व संबंधी कार्रवाइयों में फ़ारसी के स्थान पर देश की वर्नाक्यूलर भाषाओं को स्थापित करें।[51]

20 नवंबर, 1837 को यह विधेयक पारित कर दिया गया। 1837 के अधिनियम संख्या 29 नामक इस क़ानून के प्रावधानों के अंतर्गत बंगाल में बंगाली और उड़ीसा में उड़िया को लागू किया जाना था। हिंदुस्तान के नाम से विख्यात विशाल भूभाग जिसमें बिहार, उत्तर-पश्चिमी प्रांत और मध्य प्रांत के कुछ भाग भी शामिल थे, वहां हिंदुस्तानी लागू की गई। गिलक्रिस्ट के सुझावों और उनके द्वारा विकसित किए गए संस्थागत स्वरूप के आधार पर हिंदुस्तानी को फ़ारसी-अरबी लिपि में लिखा जाता था। सरकारी कामों में फ़ारसी-अरबी लिपि के इस्तेमाल के कई निहितार्थ थे। पहली बात यह थी कि इससे फ़ारसी-अरबी शासकीय शब्दावली जस की तस रही। केवल फ़ारसी के क्रिया रूपों के स्थान पर हिंदुस्तानी के क्रिया रूपों का इस्तेमाल किया जाने लगा था। इस तरह, फ़ारसी-अरबी का बोझ लेकर चल रही हिंदुस्तानी के इस्तेमाल का मतलब था उर्दू को संरक्षण देना। लिहाज़ा, उर्दू, जो कि अब इसका अधिकाधिक प्रचलित नाम बन गया था, एक तरफ़ तो एक परिष्कृत भाषा के रूप में उत्तरवर्ती मुग़ल दरबार और आगे चलकर लखनऊ दरबार की भाषा के रूप में विकसित हुई और दूसरी तरफ़ उसे शासकीय भाषा के रूप में भी समर्थन मिलने लगा

था। इसका एक मतलब यह भी था कि स्कूलों में उच्च स्तर पर उर्दू का अध्ययन किया जा रहा था क्योंकि यह सरकारी नौकरी के लिए एक पूर्वशर्त थी।

ऐसा नहीं था कि गिलक्रिस्ट के जमाने से अब तक भाषायी परिदृश्य बहुत ज़्यादा बदल चुका था।[52] सबसे बड़े पैमाने पर इस्तेमाल होने वाली लिपि नागरी या उसके विविध संस्करण ही थे। यह समझना बहुत ज़रूरी है कि सरकारी फ़ैसला इस प्रसंग में भी एक ख़ास दिशा की ओर संकेत कर रहा था। यानी इससे और ज़्यादा द्विभाजन हुआ। मूल मंशा यह थी कि सरकारी कामकाज की भाषा वह हो जिसे आम लोग समझते हों, लेकिन इस मंशा को अमली जामा पहनाने से पहले ही उसका रास्ता बंद कर दिया गया था, क्योंकि भले ही शब्दावली को सरल बनाने के लिए बार-बार कोशिशें की जा रही थीं और सरल भाषा के अधिकाधिक इस्तेमाल के लिए बार-बार सरकारी आदेश जारी किए जा रहे थे, लेकिन उनका कोई ख़ास असर नहीं हो रहा था क्योंकि फ़ारसी-अरबी अक्षरों के इस्तेमाल की वजह से पहले से इस्तेमाल होती आ रही शब्दावली ही फलती-फूलती रही।[53] वैधानिक शब्दावली और अदालतों में इस्तेमाल की जा रही लिपि की वजह से ऐसी स्थिति पैदा हो गई कि ब्रिटिश अदालतें और उनका कामकाज ग्रामीण आबादी के लिए अबूझ ही बना रहा।

जैसा कि हम पीछे देख चुके हैं, मिशनरी और शिक्षाविद् व्यावहारिक कारणों से हिंदवी को एक हिंदू भाषा के रूप में लगातार सींचते जा रहे थे। सरकार इसके प्रयोगों पर भी लगातार ध्यान दे रही थी। 30 सितंबर, 1854 के एक प्रस्ताव में यह निर्देश दिया गया था कि पटवारी के रिकॉर्ड्स उस भाषा व लिपि में लिखे जाएं जो संबंधित क्षेत्र के अधिकांश लोगों, काश्तकारों और भू-स्वामियों के लिए परिचित है और रेवेन्यू बोर्ड ने बाक़ायदा यह प्रावधान किया कि यह भाषा नागरी अक्षरों में लिखी हिंदी ही होगी। उत्तर-पश्चिमी प्रांतों में कम से कम लेफ़्टिनेंट गवर्नर जेम्स थॉमसन (1843-53) के समय से तो प्राथमिक शिक्षा वैसे भी हिंदी में ही दी जा रही थी। फ़ारसी-अरबी लिपि में लिखी हिंदुस्तानी को अदालती भाषा के रूप में अपनाना प्रशासकीय कुशलता के लिए तो अनुकूल था, परंतु इसने न केवल ग्रामीण-शहरी के बीच की दरार को और गहरा किया बल्कि शिक्षा में भी एक दरार डाल दी। माध्यमिक शिक्षा केवल उर्दू में ही हो सकती थी क्योंकि सरकारी नौकरी के लिए फ़ारसी और उर्दू का ज्ञान आवश्यक था। हालांकि सरकारी राय विभाजित थी, लेकिन 1873-74 की प्रोग्रेस ऑफ़ एजुकेशन रिपोर्ट पर पारित किए गए आदेश में प्रांत के लेफ़्टिनेंट गवर्नर के रूप में सर विलियम म्युर के स्थान पर आए सर जॉन स्ट्रैचे ने एक बार फिर उर्दू की हैसियत की पुष्टि कर दी। 16 जुलाई, 1877 को इस आशय का एक आदेश पारित किया गया कि दस रुपए से अधिक तनख़्वाह वाले किसी भी सरकारी पद पर ऐसे किसी व्यक्ति को नियुक्त नहीं किया जाएगा जिसके पास द्वितीय भाषा के रूप में उर्दू या फ़ारसी के साथ मिडिल क्लास एंग्लो-वर्नाक्यूलर एग्ज़ामिनेशन पास करने का प्रमाण-पत्र नहीं होगा।

हिंदी की स्थिति यथावत् बनी रही। जानकारों का मानना था कि इन प्राथमिक पाठशालाओं में गिरती हाज़िरी का कारण यह था कि नागरी लिपि में हिंदी सीखने की मुसीबत मोल लेने वालों के लिए रोज़गार के अवसर नहीं थे।[54] यहां तक कि आमतौर पर पूरे प्रांत में रूढ़िवादी ऐंग्लो-इंडियन मत का प्रवक्ता माने जाने वाले इलाहाबाद से प्रकाशित अख़बार

दि पायोनियर ने भी 'दि कोर्ट लैंग्वेज ऑफ़ दि नॉर्थ-वेस्ट प्रोविंसेज़' नामक एक लेख में यह टिप्पणी की थी :

> ...इन प्रांतों में एक शिक्षा विभाग है और एक न्यायिक विभाग है और दोनों ही अंततः एक ही मुखिया के अधीन आते हैं। उच्च पदों पर बैठे नेटिव्स को अदालतों में न जाने की बर्बर सुविधा मिली हुई है और उनके बच्चों को आमतौर पर घर पर ही तालीम मिलती है। इसका नतीजा यह है कि जज और मजिस्ट्रेट के सामने जो लोग हाज़िर होते हैं, वे केवल मध्य एवं निम्न वर्गों के लोग होते हैं और इन्हीं लोगों के बच्चे हैं, जो गांव की पाठशालाओं में दिखाई देते हैं। देश की वर्नाक्यूलर को अदालतों और स्कूलों की उपयुक्त भाषा घोषित कर दिया गया है और क्योंकि एक ही समुदाय दोनों जगह जाता है, इसलिए दोनों की वर्नाक्यूलर एक ही होनी चाहिए। परंतु अदालतों में एकमात्र स्वीकृत भाषा उर्दू है जबकि अधिकांश स्कूलों में हिंदी के अलावा और कुछ पढ़ाया ही नहीं जाता है। यह असंगति सकते में डाल देने वाली है : अगर उर्दू देश की भाषा है तो शिक्षा विभाग को एक अप्रचलित और निरर्थक बोली को फैलाने के लिए माफ़ नहीं किया जा सकता। और अगर हिंदी वाकई वर्नाक्यूलर है तो सरकार अपनी सारी क़ानूनी कार्रवाइयों को विदेशी उर्दू में दर्ज करने के लिए बाध्य करके अन्यायपूर्ण कार्य कर रही है। संस्कृत वर्णमाला का इस्तेमाल प्रत्येक हिंदू का आजन्म अधिकार है और यह उसका सर्वाधिक गौरवशील विशेषाधिकार होना चाहिए,... परंतु महज़ उपयोगिता वाली दृष्टि से बात करें तो जब न्यायालयों, और वस्तुतः प्रत्येक सरकारी कार्यालय का कामकाज उर्दू में ही किया जाता है तो सभी गांवों और मध्यवर्गीय पाठशालाओं के विद्यार्थियों के लिए भी यही लाभकारी है कि वे अपना ध्यान केवल उसी पर सीमित रखें और हिंदी को नज़रअंदाज़ कर दें (10 जनवरी, 1873, सीसी, परिशिष्ट, खंड 1 : 43 में उद्धृत)।

वर्तमान स्थिति के अंतर्विरोधों को देखते हुए तार्किक निष्कर्ष यह निकलता था कि हिंदी को पूरी तरह ख़त्म कर दिया जाए। लेकिन हिंदी को इस प्रकार हाशिए पर धकेल देने का सुझाव देते हुए *दि पायोनियर* केवल व्यंग्य कर रहा था। ऐसा करना सीधे-सीधे एक मनमाना क़दम होता और यह देश की वास्तविक परिस्थितियों के साथ एक हिंसक घटना होती : 'संस्कृत अक्षरों का प्रयोग प्रत्येक हिंदू का आजन्म अधिकार और सर्वाधिक गौरवशाली विशेषाधिकार होना चाहिए... ।' *दि पायोनियर* ने इस तरह की भावुक भाषा का सहारा लिया, यह इस बात का संकेत था कि कम से कम साठ के दशक के मध्य से हिंदी को अदालतों की भाषा बनाने के लिए चलाए जा रहे आंदोलन का असर अब दूर तक महसूस किया जाने लगा था।

यह आंदोलन जितना ही तेज़ होता गया, सरकार इस मुद्दे के महत्त्व को उतना ही कम करके देखने की कोशिश करती रही। जैसा कि रेवरेंड जे.एच. बुडेन ने जनवरी 1881 में *इंडियन इवेंजिलिकल रिव्यू* में कहा था, शासन ने :

> ...लोगों की अगली जनगणना के विषय में निर्देश जारी कर दिए हैं। जनगणना अनुसूचियों में एक कॉलम अंग्रेज़ी में 'मदर टंग' और वर्नाक्यूलर दस्तावेज़ों में 'मां की बोली' के नाम से है। गणनाकारों को यह भी निर्देश दिया गया है कि देश के सभी मूल निवासियों के लिए इस कॉलम में 'हिंदुस्तानी' शब्द लिखा जाए। अब यद्यपि हाल ही में उर्दू और हिंदी, दोनों के स्थान पर इस शब्द को रखने का प्रयास किया गया है, इसलिए लोगों से यह मनवाने की कोशिश की जा रही है कि यह एक ही भाषा है, लेकिन वास्तव में सभी लोग

> हिंदुस्तानी का अर्थ उर्दू मानते हैं। यह समझना मुश्किल नहीं है कि जब सरकार ऐसे किसी मसले पर पहल लेती है तो सभी 'आलसी और रुचि रखने वाले' इस मुद्दे को हाथो-हाथ लेने को तैयार होंगे। परंतु दूसरे लोगों के मामले में इसकी सफलता इतनी स्वाभाविक नहीं होगी और इस कार्रवाई का न्यायौचित्य एक बिल्कुल अलग सवाल है।
>
> ...इसका विरोध उन लोगों की तरफ़ से आया जो इसके इतिहास, सत्ता और संसाधनों से अनभिज्ञ हैं और इसको सीखने की मेहनत नहीं करना चाहते। लेकिन मुट्ठी भर अधिकारियों की तात्कालिक और निजी सुविधा जैसे पहलुओं को एक पूरे समुदाय की बौद्धिक व नैतिक प्रगति के मुक़ाबले रख देना कहां तक न्यायसंगत है? (22)[55]

कहने का मतलब यह है कि जनगणना की प्रक्रिया हिंदुस्तानी को सभी भारतीयों की मातृभाषा लिखकर भाषा के सवाल पर पैदा हो रहे मतभेदों पर मिट्टी डालने की कोशिश थी। जैसा की रेवरेंड बुडेन ने कहा है, इस रणनीति में एक स्वाभाविक मगर घातक दोष था : हिंदुस्तानी उर्दू का पयार्यवाची बन चुकी थी। इस भाषा को पूरे प्रांत की विशाल आबादी की मातृभाषा मान लेने के इस विराट क़दम से हिंदुओं के शहरी और पढ़े-लिखे तबक़े से तीखी प्रतिक्रिया स्वाभाविक थी।

यह मुद्दा बेहद भावनात्मक उत्तेजना का मुद्दा बन गया था। हिंदी को अदालती भाषा बनवाने के लिए चले आंदोलन के फलस्वरूप इस बात पर लगातार ज़ोर दिया जाने लगा था कि हिंदी आर्य संस्कृति से उपजी है। साथ ही साथ इस भाषा को पूरे देश की मातृभाषा के रूप में भी पेश किया जा रहा था। उत्तर-पश्चिमी प्रांतों के शहरों में जाने-माने नागरिकों की तरफ़ से 1869, 1872, 1873, 1882 में कई ज्ञापन सरकार को सौंपे गए जिनमें यह आग्रह किया गया था कि अदालत में फ़ारसी अक्षरों के इस्तेमाल से संबंधित नीति को बदला जाए। इन ज्ञापनों की विषयवस्तु इस बात को पर्याप्त रूप से स्पष्ट कर देती है कि भले ही यह मुद्दा कहने को सिर्फ़ लिपि का था, लेकिन यह भाषायी आंदोलन वास्तव में राजनीतिक, आर्थिक, सामाजिक एवं सांस्कृतिक आग्रहों से तय हो रहा था।[56]

1881 में बिहार में फ़ारसी अक्षरों के स्थान पर नागरी या कैथी का इस्तेमाल शुरू किया गया था और उसी साल मध्य प्रांत की अदालतों में भी नागरी अक्षरों के इस्तेमाल के लिए आदेश जारी किया गया था, मगर उत्तर-पश्चिमी प्रांत में यह आंदोलन उन्नीसवीं सदी के आख़िर तक लगातार चलता रहा। जब सन् 1900 में आख़िरकार नागरी को शासन की भाषा के रूप में लागू किया गया तो भी यह फ़ारसी-अरबी के साथ-साथ एक वैकल्पिक लिपि ही थी।

भाषा को संहिताबद्ध करना : व्याकरण और शब्दकोश

हिंदुस्तानी/उर्दू तथा हिंदवी/हिंदी के राजनीतिक संरक्षण व सामाजिक समर्थन के प्रयासों के बाद भाषा को संहिताबद्ध करने का सिलसिला शुरू हुआ। पहले चरण में इस दिशा में काम करने वाले सभी लोग यूरोपीय मूल के थे और वे भाषा के बुनियादी नियमों को समझने और उस पर अधिकार पाने में जुटे हुए थे। व्याकरण लिखने का एक मक़सद यह था कि संबंधित प्राधिकरणों को अपने उद्यम के महत्त्व का विश्वास दिलाया जाए क्योंकि वे पूरे देश की संपर्क भाषा को अपने दायरे में समेट लेने जैसा विराट काम कर रहे थे और जैसा कि बर्नार्ड कोह्न (1985) ने बड़े सटीक शब्दों में कहा है, भाषा पर नियंत्रण का

मतलब था नियंत्रण की भाषा पर अधिकार प्राप्त कर लेना। *ग्रेमेटिकल रिमार्क्स ऑन दि प्रैक्टिकल एंड वल्गर डायलेक्ट ऑफ़ दि इंदोस्तान लैंग्वेज* (1772) में जॉर्ज हैडली ने ज़ोर देकर कहा था कि इस उपमहाद्वीप की संपर्क भाषा को सीखना बहुत ज़रूरी है; भारत में तैनात फ़ौजियों के लिए यह एक अपरिहार्य ज़रूरत है।[57] हैडली के आंकड़े दुरुस्त नहीं थे—उन्होंने अपने पाठकों को जो भाषा उपलब्ध कराई वह एक मिश्रित भाषा थी—हालांकि, चाहे उनका व्याकरण कितना भी अपर्याप्त रहा हो, उसने एक बहुत गहरी ज़रूरत को पूरा कर दिया था। पहले संस्करण के बाद सात और संस्करण निकले। इस चरण में ऐसे आधे-अधूरे ढंग से समझी गई इस सामग्री को हिंदुओं या मुस्लिमों की भाषाओं में बांटने का कोई सवाल ही नहीं था।

इस सवाल ने तब सिर उठाया जब दो दशक बाद जॉन बॉर्थविक गिलक्रिस्ट दृश्य में आए। उनकी तीन रचनाएं—*ग्रैमर ऑफ़ दि हिंदोस्तानी लैंग्वेज* (1796), *दि ओरिएंटल लिंग्विस्ट* (1798) तथा *दि स्ट्रेंजर्स ईस्ट इंडियन गाइड टू दि हिंदुस्तानी; ऑर ग्रैंड पाप्युलर लैंग्वेज ऑफ़ इंडिया (इम्प्रॉपर्ली कॉल्ड मूर्स)* (1803) हैडली की चेष्टा की तुलना में काफ़ी बेहतर थीं। गिलक्रिस्ट न केवल एक समग्र व्याकरण लिखने वाले पहले व्यक्ति थे बल्कि वह अपने प्रेक्षणों को सटीक एवं सुव्यवस्थित नियमों में प्रस्तुत करने में भी सफल रहे। उनके पास इस भाषा के साहित्य का भी ज्ञान था, इसलिए वह अलग-अलग शैलियों में फ़र्क़ करना भी जानते थे। हालांकि गिलक्रिस्ट ने हिंदुस्तानी और हिंदवी के बीच फ़र्क़ किया था और यह कहा था कि हिंदवी का इस्तेमाल अकेले हिंदुओं तक ही सीमित था, लेकिन उन्हें अलग-अलग भाषा शैलियों के लिए अलग-अलग व्याकरण लिखने की कोई ज़रूरत दिखाई नहीं दी। गिलक्रिस्ट ने हिंदुस्तानी को मानक बनाने का गंभीर प्रयास किया और 'मूर्स' शब्द पर ज़बर्दस्त प्रहार भी किए जो अपमानजनक और व्यापक प्रचलन में था।

भाषा को संहिताबद्ध करने की इस प्रक्रिया का दूसरा चरण तब सामने आया जब हिंदुस्तानी/उर्दू तथा हिंदवी/हिंदी की फाड़ फ़ोर्ट विलियम कॉलेज में दोनों के अलग-अलग विभागों के गठन के साथ औपचारिक रूप ले चुकी थी। 1837 में हिंदुस्तानी अदालतों की भाषा बन गई। यह क़दम उर्दू को हिंदुस्तान की अधिकृत मान्यताप्राप्त भाषा के ओहदे पर बिठा देने जैसी बात थी। अब तक शासन के भीतर हिंदी को एक हिंदू भाषा के रूप में स्थापित करने की कोई ख़ास चाह नहीं बची थी। उर्दू से स्वतंत्र हिंदी के व्याकरणीय ज्ञान में असली प्रगति मिशनरियों और स्कूली किताबों के लेखकों के ज़रिए हुई। उन्नीसवीं शताब्दी के सबसे ज़्यादा प्रसारित और लोकप्रिय व्याकरणों में से एक *हिंदी भाषा का व्याकरण; ए हिंदी ग्रैमर फ़ॉर दि इंस्ट्रक्शन ऑफ़ दि यंग इन दि फ़ॉर्म ऑफ़ इज़ी क्वेशचंस एंड आंसर्स* थी जो रेवरेंड एम.टी. एडम (1827) ने लिखी थी। यह सर्वथा उचित ही था कि इस किताब का नाम हिंदी और अंग्रेजी, दोनों में था क्योंकि इसको एक अंग्रेज़ व्यक्ति ने स्कूलों और कॉलेजों में प्रथम भाषा विद्यार्थियों के लिए नागरी लिपि में लिखा था। इस व्याकरण को केवल प्रारंभिक प्रयास ही माना जा सकता था क्योंकि इसमें कई ख़ामियां थीं। फिर भी, यह एक पथप्रदर्शक चेष्टा थी क्योंकि इसमें व्याकरणीय शब्दों व श्रेणियों को इंगित करने के लिए संस्कृत से गृहीत देशी शब्दावली का इस्तेमाल किया गया था। संस्कृत शब्दावली का इस्तेमाल मिशनरियों की इस मान्यता के अनुरूप था कि हिंदी हिंदुओं की भाषा है।

स्कूली किताबों के उत्पादन में देशी मदद की आवश्यकता से किसी भारतीय विद्वान द्वारा ऐसी पहली रचना के लिए अनुकूल वातावरण पैदा हुआ। पंडित श्रीलाल ने *भाषा-चंद्रोदय* (आगरा 1855) के नाम से एक किताब लिखी जो एक भारतीय चौखटे यानी संस्कृत व्याकरण के अनुसार लिखी गई थी। संस्कृत व्याकरण की अंतर्दृष्टियों के प्रयोग का मतलब था कि अब तुलनात्मक-वैषम्यमूलक संस्कृत-हिंदी व्याकरणों का एक नया चरण शुरू हो रहा था जिससे स्वर विज्ञान, स्वरशास्त्र और वाक्य-रचना के क्षेत्रों में उल्लेखनीय प्रगति का सूत्रपात हुआ। इसका एक मतलब यह भी था कि व्याकरण की दृष्टि से हिंदी एक हिंदू सांस्कृतिक परिदृश्य में मज़बूती से जम चुकी थी।

इसी दौर में विलियम प्राइस (1828), डब्ल्यू. यीट्स (1827) और डंकन फ़ोर्ब्स (1846) द्वारा कई दूसरी व्याकरण पुस्तकें भी लिखी गईं। इन्हीं लेखकों ने हिंदी में विराम चिह्नों की भी शुरुआत की। प्रसिद्ध संस्कृतविद् मोनियेर विलियम्स ने *ऐन इज़ी इंट्रोडक्शन टू दि स्टडी ऑफ़ हिंदुस्तानी* (1858) में हिंदुस्तानी का व्याकरण लिखने का भी प्रयास किया था। उनका मानना था कि ग़दर ने देशी जनता के साथ संचार की गहरी ज़रूरत को सामने ला दिया था। उनके पास यहां की भाषा का कोई सीधा अनुभव नहीं था, इसलिए उन्हें मुख्य रूप से फ़ोर्ब्स पर निर्भर रहना पड़ा। ग़ौरतलब है कि यद्यपि जेम्स बैलेंटाइन का 1838 का व्याकरण ब्रजभाषा को समर्पित था, लेकिन इसके दूसरे संस्करण का नाम *एलीमेंट्स ऑफ़ हिंदी एंड ब्रज भाखा ग्रामर* (1868) ही रखा गया था। इसने ब्रजभाषा की सामग्री को पूरी तरह से पादटिप्पणियों में समेट दिया।

तीसरे चरण तक आते-आते, यानी साठ के दशक के बाद अदालती भाषा आंदोलन और तत्पश्चात् उसके राजनीतीकरण के आलोक में ऐसा होने लगा कि शिक्षा विभाग की देखरेख में लिखे गए व्याकरण न केवल हिंदी को हिंदुओं की भाषा मानने वाली स्पष्ट धारणा के आधार पर लिखे जा रहे थे बल्कि अब वे अधिकाधिक निर्देशात्मक रूप भी लेने लगे थे। 1870 में बनारस से रेवरेंड डब्ल्यू. ऐथरिंगटन की लिखी *स्टूडेंट्स ग्रामर ऑफ़ हिंदी लैंग्वेज* प्रकाशित हुई। उत्तर-पश्चिमी प्रांत के लोक-शिक्षा निदेशक (डायरेक्टर ऑफ़ पब्लिक इंस्ट्रक्शंस) इस उपलब्धि से इतने प्रभावित हुए कि उन्होंने फ़ौरन ही इसके हिंदी संस्करण के प्रकाशन का भी आदेश जारी कर दिया। *भाषा भास्कर, अर्थात् हिंदी भाषा का व्याकरण। ए ग्रामर ऑफ़ दि हिंदी लैंग्वेज डिज़ाइंड फ़ॉर नेटिव स्टूडेंट्स* (लाहौर 1871) मूल रचना का सीधे-सीधे अनुवाद नहीं थी बल्कि ये ज़्यादा विस्तृत और संशोधित संस्करण था जिसमें प्रथम भाषा विद्यार्थियों की ज़रूरतों का भी ख़याल रखा गया था। इसमें एक चुस्त और स्पष्ट शैली थी; जो व्याकरणीय शब्द प्रयोग किए गए थे उनमें अस्पष्टता नहीं थी और वे डेटा की कसौटी पर भी खरे उतरते थे। पंडित विशन दत्त की मदद से एथरिंगटन ने बेहद सख़्त निर्देशात्मक व्याकरण लिखा था :

> व्याकरण के बिन जाने शुद्ध-शुद्ध बोलना व लिखना किसी भाषा में नहीं होता। उस विद्या को व्याकरण कहते हैं जिससे लोग बोलने और लिखने की रीति सीख लेते हैं।
>
> हिंदी भाषा जिन अक्षरों में लिखी जाती है वे देवनागरी कहाते हैं ([1871] 1887 : 1)।

इसके बाद इस निर्देशात्मक पद्धति के अनुसार बोली जाने वाली या लिखित भाषा में किसी उतार-चढ़ाव की गुंजाइश नहीं थी। इसके अलावा, अब इस बात का भी कोई सवाल नहीं

था कि हिंदी को नागरी के अलावा किसी और लिपि में लिखा जा सके। जैसा कि रामविलास शर्मा ([1942] 1975 : 242 एवं आगे) ने कहा है, एथरिंगटन ने भाषा का पूरी तरह संस्कृतीकरण कर डाला था। जिस तरह उत्तरवर्ती मुग़लकाल में उर्दू की झाड़-पोंछ की गई थी, उसी तरह अब हिंदी को भी साफ़ किया जा रहा था। जो शब्द स्पष्ट रूप से संस्कृत के दिखाई देते थे, केवल उन्हीं को मूल संस्कृत वर्तनी के साथ अपनाया जाने लगा और बहुत सारे आम बोलचाल वाले शब्दों को निम्नस्तरीय मानकर ख़ारिज कर दिया गया।

दो भाषाओं की पृथक् संहिताबद्धता की इस नीति का जवाब शिवप्रसाद ने *हिंदी ग्रामर, हिंदी व्याकरण* (1875) लिखकर दिया। मुख्य रूप से व्याकरणीय पूर्वग्रहों को दूर करने के उद्देश्य से लिखी गई इस रचना में दोनों भाषाओं की साझा आर्य जड़ों पर ज़ोर दिया गया था, क्योंकि जैसा कि उन्होंने प्राक्कथन में कहा था :

> यह आश्चर्यजनक बात है कि हमारी वर्नाक्यूलर फ़ारसी और नागरी, ऐसे दो बिल्कुल भिन्न अक्षरों में लिखी जा रही है। इनमें से एक को दाएं से बाएं की तरफ़ और दूसरी को बाएं से दाएं की तरफ़ लिखा जाता है। लेकिन सबसे अनोखी बात यह है कि हमारे पास दो व्याकरण भी हैं। यह बेतुकापन डॉक्टर गिलक्रिस्ट के जमाने के मौलवियों और पंडितों की देन है जिनको यों तो अपर इंडिया की साझा भाषा का व्याकरण लिखने का ज़िम्मा सौंपा गया था पर उन्होंने दो व्याकरण लिख डाले—एक ख़ालिस फ़ारसी व अरबी के लिए और दूसरा ख़ालिस संस्कृत व प्राकृत के लिए ([1875] 1877 : 1)।

हिंदी संस्करण में संस्कृत के व्याकरणिक पदों का और उर्दू संस्करण में अरबी विन्यास का पालन किया गया। रूपांतरण सारणी में संस्कृत शब्दों के अरबी पर्यायवाची और अरबी शब्दों के संस्कृत पर्यायवाची शब्द पेश किए गए 'जिन्हें इस तरह रखा गया था कि एक की जगह दूसरे को सीधे-सीधे इस्तेमाल किया जा सके, बजाय इसके कि उन्हें पहले की तरह दो अलग-अलग भाषाओं के डांडे (लैंडमार्क) की तरह देखा जाए' (3)।

दोनों भाषाओं को साथ लाने की शिवप्रसाद की इस चेष्टा का समय अब जा चुका था। उनका मक़सद निश्चय ही सराहनीय था और उनके विचार भी व्यावहारिक रूप से प्रासंगिक थे। उन्होंने ख़ुद भी अपनी विभिन्न पाठ्य-पुस्तकों और पर्चों में जैसी भाषा लिखी, वह सरल और आडंबररहित होती थी।[58] 1868 में अदालती भाषा विवाद के प्रसंग में लिखे एक ज्ञापन में उन्होंने नागरी लिपि के इस्तेमाल के लिए स्पष्ट रूप से आग्रह किया था। भारत के इतिहास पर लिखी तीन खंडों की अपनी रचना *इतिहास तिमिरनाशक* (1864) में उन्होंने भारतीय राजनय और सामाजिक परिस्थितियों में आए पतन का सारा ठीकरा भारत में आए मुसलमान आक्रमणकारियों के माथे फोड़ा था। ऐसे विचारों के चलते उनकी छवि निर्विवाद रूप से हिंदू पक्षपोषक के रूप में स्थापित हो जानी चाहिए थी, लेकिन ऐसा नहीं हुआ क्योंकि उन्होंने अपनी इतिहास पुस्तक और अन्य स्थानों पर हिंदुओं को भी नहीं बख़्शा और उनके बारे में भी कठोर टिप्पणियां करने में कोई कोताही नहीं की। इसी इतिहास में उन्होंने इस हक़ीक़त को स्वीकार करने का भी सुझाव दिया था कि अदालत की भाषा ही आज की पसंदीदा भाषा है।[59] दोनों भाषाओं को मूल रूप से एक मानने के उनके प्रस्ताव को उनके समकालीनों ने तीखे तेवरों के साथ ख़ारिज कर दिया और इसे उनकी चमचागिरी का नमूना बताया।[60]

सत्तर के दशक के मध्य तक संहिताकरण का काम पूरा हो चुका था। हिंदी व्याकरण के इतिहास का चरम बिंदु, जिसने उत्तर की सारी नई भारतीय-आर्य भाषाओं को व्यावहारिक रूप से हिंदी के साये में ला दिया, वह रेवरेंड एस.एच. केलॉग द्वारा तुलनात्मक व्याकरण की रचना था : *ए ग्रामर ऑफ़ दि हिंदी लैंग्वेज इन व्हिच आर ट्रीटेड दि हाई हिंदी, ब्रज, एंड दि ईस्टर्न हिंदी ऑफ दि रामायणा ऑफ़ तुलसीदास, ऑल्सो दि कोलोकियल डाइलेक्ट्स ऑफ़ राजपूताना, कुमाऊं, अवध, रीवा, भोजपुर, मगध, मिथिला एटसेक्ट्रा विद कॉपियस फ़िलोलॉजिकल नोट्स* (1876/1893)। हाई हिंदी/उच्च हिंदी के लिए केलॉग की स्रोत सामग्री अब *प्रेम सागर* नहीं थी। इसके लिए उन्होंने राजा लक्ष्मण सिंह द्वारा किए गए *शकुंतला* के खड़ी बोली अनुवाद और श्रीनिवास दास के नाटक *रणधीर और प्रेममोहिनी* (क्रमशः 1863 एवं 1877 में प्रकाशित) का सहारा लिया जिनसे उन्हें अपने विश्लेषण की सामग्री मिली, क्योंकि अब हिंदी एक आधुनिक साहित्य का दावा करने लगी थी। व्याकरण लेखन अब एक अनिवार्य और वैचारिक रूप से आवेशपूर्ण गतिविधि बन चुका था जो हरेक ख्यातनाम हिंदी लेखक की कोशिशों का हिस्सा था। लिहाज़ा, हरिश्चंद्र ने भी इस काम में अपना छोटा-सा योगदान दिया : *प्रथम हिंदी व्याकरण* (1875)।[61] कुल जमा 20 पन्नों का यह व्याकरण इसलिए ग़ौरतलब माना जाता है कि इसमें एक काव्यात्मक भाव है और इसमें क्रियाओं का वर्गीकरण बड़े कल्पनाशील ढंग से किया गया है। इसमें क्रियाओं को *अनुभव* और *कृति*, इन दो श्रेणियों में विभाजित किया गया है और इसे ग़ैर-स्वैच्छिक क्रियाओं के स्वरूप के वर्णन की सबसे प्रारंभिक चेष्टाओं में से एक माना जा सकता है।[62]

व्याकरण की रचना के समान एक और अहम घटनाक्रम शब्दकोशों के क्षेत्र में रहा। हिंदी और उर्दू को शब्दकोशीय धरातल पर एक-दूसरे से अलग करना आसान नहीं था क्योंकि बुनियादी रूप से दोनों का एक ही केंद्रक था। परंतु, शब्दकोशों के प्रारंभिक रचनाकार मुख्य रूप से इसलिए सूचनाएं इकट्ठा करना चाहते थे ताकि वे ऐसी भाषा की व्यवहार्य नियमावली तैयार कर सकें जिसकी शक्ल-सूरत अभी भी अपरिभाषित थी और पूरी तरह पकड़ में नहीं थी। इस चरण में भिन्नताओं पर ज़ोर देने का ख़याल उतना महत्त्वपूर्ण नहीं था।[63] जॉन फ़र्ग्यूसन की *ए डिक्शनरी ऑफ़ दि हिंदोस्तान लैंग्वेज* (1773) के बाद एक ज़्यादा महत्त्वाकांक्षी पुस्तक *ए डिक्शनरी, इंग्लिश एंड हिंदुस्तानी, इन विच दि वर्ड्स आर मार्क्ड विद देयर डिस्टिंग्विशिंग इनिशियल्स ऐज़ हिंदुवी अरेबिक एंड पर्शियन* आई, जो जॉन बॉर्थविक गिलक्रिस्ट (1787-96) ने लिखी थी। इसके बाद शब्दावली/निघंटु (पुरुषों व स्त्रियों, क़स्बों के नाम; क़ानूनी एवं राजस्व संबंधी शब्द, तकनीकी शब्द और समुद्र संबंधी पद, व्यावसायिक शब्द आदि) की शृंखला सामने आई। जॉन शेक्सपियर ने *ए डिक्शनरी, हिंदोस्तानी एंड इंग्लिश* (1817) लिखी जो कई संशोधनों और परिवर्द्धनों के बावजूद कई दशकों तक मानक कृति बनी रही।

हैरानी की बात नहीं है कि ख़ासतौर से हिंदी बोलने वालों के लिए बनाया गया एकमात्र शब्दकोश मिशनरियों की तरफ़ से आया। यह रेवरेंड एम.टी. एडम ने लिखा था जिसका नाम था *वॉकेबलरी ऑफ़ दि हिंदी लैंग्वेज* (1829) जो 20,000 शब्दों का संकलन था। इसमें शब्दों के हिंदी में अर्थ दिए गए थे। इसके बाद उन्होंने *डिक्शनरी, इंग्लिश एंड हिंदी* (1829) भी लिखी। एडम ने हिंदी-इंग्लिश शब्दकोश नहीं लिखा था। इस कमी को जे.टी. थॉमसन ने *डिक्शनरी इन हिंदी एंड इंग्लिश* (1846) लिखकर पूरा किया। थॉमसन ने यह शब्दकोश

विद्यार्थियों, ख़ासतौर से सैनिक सेवा की निचली शाखाओं के विद्यार्थियों की आसानी के लिए तैयार किया था ताकि उन्हें 1827-28 में विलियम प्राइस द्वारा तैयार किए गए *हिंदी सेलेक्शंस* को पढ़ने में मदद मिले। लेकिन साथ ही इस रचना में एक ज़्यादा व्यापक दायरे को समेटने का प्रयास किया गया था क्योंकि थॉमसन धार्मिक एवं सांस्कृतिक जुड़ावों के विषय में सामान्य मिशनरी रवैए को मानने वाले मिशनरी थे :

> हिंदी में, जैसी वह आमतौर पर बोली जाती है, निश्चय ही अपेक्षित पद नहीं हैं; लेकिन हिंदी रचनाओं में ऐसे पद हैं और लगभग बीस सजातीय भाषाओं की अभिभावक भाषा के पास अभिव्यक्ति की उपयुक्त क्षमता है। लिहाज़ा इसे प्रस्तुत संकलन का दोष नहीं माना जाएगा कि इसमें विशुद्ध संस्कृत मूल के शब्दों को लिया गया है, बल्कि उनकी भरमार है...। और भला हिंदी रचना और अनुवाद के लिए तकनीकी व अमूर्त शब्दों को कहां से हासिल किया जाए? निश्चय ही उर्दू से इसमें कोई ख़ास सफलता नहीं मिल सकती क्योंकि अगर वहां से शब्द लिये जाएंगे तो यह माना जाएगा कि भाषा की शुद्धता दूषित हो रही है। न ही यह शब्द आम हिंदुओं द्वारा बोली जाने वाली हिंदी से लिये जा सकते हैं क्योंकि इसके बोलचाल के मानक अभी क़तई भी स्थिर नहीं हैं। लेकिन इसकी जननी संस्कृत से हम ऐसे शब्द ले सकते हैं क्योंकि यह विज्ञान और सामर्थ्य के हर क्षेत्र में रचना के लिए उपयुक्त है क्योंकि इसमें विचारों की पूर्ण अभिव्यक्ति मौजूद है।[64]

यानी, हिंदी को शब्दकोश के धरातल पर भी उर्दू से पृथक् करना ज़रूरी था। उसे अपनी शब्दावली अतीत के कवियों की रचनाओं से गढ़नी थी, न कि गंवारू और निम्नवर्गीय वर्तमान वक्ताओं की बोली से। इसके अलावा, इसे अपनी साहित्यिक एवं तकनीकी-दार्शनिक शब्दावली के अभाव भी संस्कृत से पूरे करने थे जो कि जनक भाषा के रूप में अन्य सजातीय भाषाओं के लिए यह साधन प्रदान कर सकती थी और इस तरह उनको भी हिंदी के साथ एक साझा भाषायी सूत्र में बांध सकती थी।

15 नवंबर, 1874 (2.2) के *हरिश्चंद्रचंद्रिका* में एफ.एस. ग्राउज़ का लेख 'सम ऑब्जेक्शंस टू दि मॉडर्न स्टाइल ऑफ़ ऑफ़िशियल हिंदुस्तानी' नामक लेख पुनः प्रकाशित हुआ जो *जर्नल ऑफ़ दि एशियाटिक सोसाइटी ऑफ़ बेंगाल* में 1866 (खंड 35, भाग 1) में छपा था। इस पुनर्प्रकाशन से ग्राउज़ के तर्क को एक नई जान मिली जो अब सिर्फ़ *जर्नल* के पावन पन्नों तक सीमित नहीं रह गया था बल्कि जनमत पैदा करने की एक ज़्यादा जीवंत प्रक्रिया का हिस्सा बन गया था। ग्राउज़ का दावा था कि हिंदी एक एकल और स्वतंत्र भाषा है। इसने हमेशा जिन मानकों का पालन किया था, वे इसकी साहित्यिक रचनाओं में दिखाई देते थे जहां से उनको छांटकर शब्दकोशों में दर्ज किया जाना था। मिशनरियों ने इस भाषा के केवल स्थानीय संस्करणों को ही दर्ज किया था। स्वाभाविक है कि जे.टी. थॉमसन की चेष्टा को भी इस लिहाज़ से काफ़ी संकुचित ही माना जाता। अपने राष्ट्रीय आयाम में यह भाषा अभी भी एक समग्र कृति में समेटे जाने का इंतज़ार कर रही थी जो किसी पंडित द्वारा ही रची जा सकती थी। लिहाज़ा, ग्राउज़ की एक निश्चित पक्षधरता थी : वह एक परिष्कृत, लगभग संस्कृतनिष्ठ और कामकाज के लिए दुरुस्त भाषा को संहिताबद्ध करने की मांग कर रहे थे क्योंकि इसका केंद्रक हिंदू कवियों की शब्दावली से ही गढ़ा जाना था।[65] भले ही अदालतों की कृत्रिम भाषा को अधिकृत हैसियत मिल गई थी, लेकिन वह साहित्यिक भाषा नहीं बन

सकती थी क्योंकि इस रूप में वह कवियों की रचनाओं में उपलब्ध प्रामाणिक संसाधनों का प्रयोग नहीं कर सकती थी। ऐसे में, अगर देश की असली भाषा को मुस्लिम प्रभाव से मुक्त रखते हुए आगे बढ़ाया जाए तो देश का असली राष्ट्रीय साहित्य दोबारा फलने-फूलने लगेगा। ग्राउज़ का वक्तव्य काफ़ी महत्त्वपूर्ण है, इसलिए उसको विस्तार से उद्धृत करना ज़रूरी है :

> हिंदी तो गंवारू बोलियों के समूह का एक मनमाना नाम है, जिनमें कोई ख़ास समानता नहीं है और जिन्हें एक मानक में सीमित नहीं किया जा सकता, इस विश्वास का एकमात्र आधार प्रारंभिक मिशनरियों के व्यवहार में है जिनमें हर व्यक्ति ने अपने-अपने कामकाज के ज़िले के लिए एक शब्दकोश लिखना शुरू कर दिया था, लेकिन अगर हम इन स्थानीय शब्दावलियों की तुलना करें तो हमें पता चलता है कि बहुत सारे शब्द सारी शब्दावलियों में समान रूप से दिखाई देते हैं...। इन दो क़िस्मों (पहला, आम वस्तुओं के कई नाम जिनको लोग आपस में आसानी से समझ लेते हैं; और दूसरा, स्थानीय नामों से पहचाने जाने वाले कृषि उपकरण) के स्थानीय फ़र्क़ मेरी राय में भाषा की एकबद्धता को क़तई क्षति नहीं पहुंचाते। परंतु दुर्भाग्यवश एक अच्छा हिंदू शब्दकोश आज भी पूरी तरह वांछनीय है; ऐसी चेष्टा आज तक नहीं की गई है और मुझे यह देखकर ख़ुशी होगी कि अगर कोई पंडित पर्याप्त उत्साह, देशभक्ति और ज्ञान के साथ इस काम को हाथ में लेने के लिए आगे आए; मेरा आशय एक ऐसे शब्दकोश से है जो तुलसीदास की रामायण में इस्तेमाल किए गए सारे शब्दों, स्वर्गीय हिंदू राजाओं के भाट चंद द्वारा, सतसई के लेखक बिहारी लाल द्वारा और अन्य हिंदी कवियों द्वारा इस्तेमाल किए गए शब्दों को संकलित कर सके। मुझे पूरा विश्वास है कि इस तरह की रचना न केवल किसी भाषाशास्त्री के लिए गहरी रुचि का विषय होगी बल्कि हिंदी को एक स्वतंत्र भाषा के रूप में सिद्ध करने के लिए भी निर्विवाद साधन साबित होगी जिसको बहुत सारे समर्थ लेखकों द्वारा प्रस्तुत किया गया है और जो एक निश्चित मानक के अनुसार चलती है, भले ही समय-समय पर वह मानक कुछ हद तक बदलता रहा हो लेकिन जिसका मूल चरित्र यथावत् रहा है।
>
> यहां तक अपनी बात साफ़ करने के बाद मैं उन लोगों के मत की हिमायत करना चाहता हूं जो मौजूदा *कचहरी बोली* को जारी रखने के ख़िलाफ़ और इससे भी ज़्यादा उसे देश की साहित्यिक भाषा के रूप में मान्यता दिए जाने के ख़िलाफ़ आवाज़ उठा रहे हैं...।
>
> ...आजकल हर मुंशी की सबसे बड़ी आकांक्षा यह है कि वह अपने लिखे हुए में से हर हिंदी शब्द को ख़त्म कर दे, भले ही उसकी जगह इस्तेमाल होने वाला फ़ारसी शब्द कितना भी दुरूह क्यों न हो... ईरान का भी कोई शख़्स उसे इतनी अच्छी तरह नहीं बोल सकता कि वह असली फ़ारसी की किसी इलाक़ाई क़िस्म से ज़्यादा दिखने लगे। मुझे इस तरह की स्थिति बेहद असम्मानजनक लगती है; जबकि दूसरी तरफ़ अगर हिंदी के आधार को ईमानदारी से स्वीकार किया जाए और उस पर काम किया जाए तो एक सच्ची राष्ट्रीय विरासत सामने आ सकती है।
>
> ...यदि एक बार इस बात को स्पष्ट रूप से समझ लिया जाए कि वर्नाक्यूलर एक साझी भाषा है और अपनी मूल संरचना में हिंदी है लेकिन अपने घटकों में समान रूप से हिंदी और फ़ारसी है। वर्नाक्यूलर को हिंदी और उर्दू में बांटना इस सदी की शुरुआत में फ़ोर्ट विलियम कॉलेज में तैनात मुंशियों का सबसे दुर्भाग्यपूर्ण आविष्कार था और इसको आमतौर पर देशी लोग नहीं पहचान पाए हैं...। बिल्कुल हाल तक, हिंदू और मुसलिम, दोनों ही लोक-रचनाओं के लिए एक ही बोली का इस्तेमाल कर रहे थे... (एच.सी., 2.2, 15 नवंबर, 1874)।

तो, कोशिश यह थी कि अतीत के महान रचनाकारों के आधार पर नियम तय करके भाषा को शास्त्रीय रूप दे दिया जाए।

संस्कृतीकरण का यह रुझान इतना ताक़तवर था कि कई इससे भी ज़्यादा महत्त्वाकांक्षी परियोजनाएं, जैसे एस.डब्ल्यू. फैलन द्वारा लिखा गया शब्दकोश, लोगों के लिए सिर्फ़ उत्सुकता का विषय बनी रहीं और उनको बहुत समय बाद जाकर वाजिब सराहना मिली।[66] हालांकि फैलन ने भी साहित्यिक मानक के रूप में दिल्ली की बोली को ही अपनाया था, लेकिन उनकी *ए न्यू हिंदुस्तानी-इंग्लिश डिक्शनरी, विद इलस्ट्रेशंस फ्रॉम हिंदुस्तानी लिटरेचर एंड फ़ोकलोर* (1879) नामक शब्दकोश में उन्होंने विशाल हिंदीभाषी क्षेत्र की बोलचाल की भाषा या देहाती भाषा के साथ-साथ महिलाओं की बोलचाल के शब्दों का भी समावेश किया था जो शब्दकोशीय लिहाज़ से अब तक अनछुआ क्षेत्र था। उन्होंने हिंदी और उर्दू के बीच फ़र्क़ करने की भी ज़हमत नहीं उठाई क्योंकि वह दोनों को ही क्रमशः पंडितों और मौलवियों की पंडिताऊ रचना भर मानते थे। वह हिंदुस्तानी को राष्ट्रीय भाषा मानते थे और उनका मक़सद यह था कि जीवित बोलियों के सहारे इसको और समृद्ध किया जाए ताकि 'प्रचुरता, लचीलेपन और अभिव्यक्ति' के लिहाज़ से यह अत्यधिक सपंन्न हो (1879 : ii)। इसके ज़रिए वह जनता की भाषा के 'शक्तिशाली महत्त्व' को बहाल करना चाहते थे जो मरने के कगार पर पहुंच गई है, क्योंकि 'मृत भाषाओं से हाल में इतने शब्द लिये गए हैं जो कि लिखित उर्दू और हिंदी का इतना बड़ा हिस्सा है... जिन्होंने एक जीती-जागती भाषा की शोख़ी और गरमाहट के स्थान पर उसे नीरस और रंगहीन बना दिया है' (iii)। वह आम शब्दावली को समृद्ध बनाने के लिए मुहावरों, गीतों और जानी-पहचानी अभिव्यक्तियों को लाना चाहते थे। 'यह प्रक्रिया एक साझा भाषा में बहुत सारी बोलियों के मेल की दृष्टि से भी अनिवार्य है' (vii)। परंतु, क्योंकि उनका शब्दकोश शिक्षा विभाग के मातहत तैयार हुआ था, इसलिए उसको *हिंदुस्तानी-इंग्लिश डिक्शनरी* के नाम से प्रकाशित किया गया जिसको देखकर ऐसा लगता था कि यह केवल उर्दू को ध्यान में रखकर लिखा गया है। अपनी ग़ैर-परंपरागत पद्धति, ज़नाना भाषा के समावेश और अश्लील मानी जाने वाली अभिव्यक्तियों की मौजूदगी के बावजूद यह उन लोगों के बीच भी अलोकप्रिय नहीं थी जो हिंदी का *उत्थान* चाहते थे।

बहरहाल, ग्राउज़ ने जो काम तय किया था, उसको पूरा करने के लिए एक पंडित सामने आ चुके थे। क्वीन्स कॉलेज के हेडमास्टर काशी के मथुराप्रसाद मिश्र ने *दि ट्राइलिंगुअल डिक्शनरी, बीइंग ए कॉम्प्रीहेन्सिव लेक्सिकन इन इंग्लिश, उर्दू एंड हिंदी* (1865) के रूप में एक ऐसा शब्दकोश संकलित किया जिस पर उत्तर की भारतीय-आर्य भाषाओं का संस्कृत बीजकोष हावी था और जिसमें उर्दू और हिंदी की शब्दकोशीय पृथकता सबसे बुनियादी मान्यता के रूप में निहित था। जिन शब्दों को पहले पर्यायवाची माना जाता था, उनको अब सख़्ती से हिंदी या उर्दू की श्रेणी में वर्गीकृत करके उनके बीच इतना बड़ा फ़ासला पैदा कर दिया गया कि कोई सी भाषा में मौजूद किसी शब्द का समानार्थक ढूंढ़ने के लिए एक शब्दकोश की रचना अनिवार्य मान ली गई थी। संस्कृत शब्द न केवल हिंदी को समृद्ध करते थे, सजातीय भाषाओं के बीच संबद्धता स्थापित करते थे, बल्कि वे हिंदी और उर्दू के भेद को भी और पुष्ट करते थे। मथुराप्रसाद ने अपने शब्दकोश के प्राक्कथन में खरे-खरे

अंदाज़ में कहा था, जिसे दशकों बाद हरिश्चंद्र की पत्रिका *कविवचनसुधा* में छापकर और भी ज़्यादा सार्वजनिक कर दिया गया था :

> इस कृति में संस्कृत के शब्द काफ़ी बड़ी संख्या में हैं, चयन के लिहाज़ से भी और अनिवार्यता के लिहाज़ से भी। चयन के लिहाज़ से इसलिए ताकि इसे सामान्य रूप से उपयोगी बनाया जा सके–ताकि सिस्टर प्रेसीडेंसीज़ के विद्यार्थी भी यदा-कदा इसका प्रयोग कर सकें और उन्हें असंतोष भी न हो, और अनिवार्यता इसलिए क्योंकि हिंदी शब्दावली उसी पर निर्भर है। प्रत्यक्ष वस्तुओं और कुछ सामान्य मनोगत भावों के लिए हिंदी में निश्चय ही अभिव्यक्तियां हैं लेकिन उच्चतर भावों और एक व्यस्त मस्तिष्क की सूक्षतर संवेदनाओं को व्यक्त करना तथा दार्शनिक व वैज्ञानिक तथ्यों को व्यक्त करना इसकी मेधा और क्षमता से परे है। संकट में फंसे एक बच्चे की तरह स्वाभाविक रूप से इसको भी अपनी मदद के लिए मां-संस्कृत की शरण में ही जाना चाहिए। इसे अनिवार्यतः संस्कृत से ही आहार व पोषण मिलना चाहिए। इसको किसी विदेशी सहारे की ज़रूरत नहीं है। फिर भी हम देखते हैं कि इस पर विदेशी सहायता *थोप* दी जाती है। कथित रूप से इसकी उन्नति के लिए अरबी, फ़ारसी और उर्दू शब्दों व पदों की पलटन ने इसे घेर लिया है। परंतु इसके दख़लंदाज़ और अनचाहे हिमायती यह बात भूल जाते हैं कि जो राष्ट्र भाड़े के सिपाहियों पर आश्रित रहता है, वह एक दिन ख़ुद बालू में मिल जाता है या टूटी छड़ी के सहारे घिसटने को विवश रहता है।
>
> परंतु कुछ लोग संभवतः हिंदी की हत्या कर देंगे। उनको लगता है कि यह अच्छे समाज से बहिष्कृत है और इसलिए यह गंवारूपन का पर्याय है, इससे कोई फ़ायदा नहीं होता इसलिए इसको छोड़ देना ही उचित है। उनको याद रखना चाहिए कि केवल परिस्थितियों की विवशता के कारण ही हिंदी कचहरी और सारे समाज से बेदख़ल हुई है...। विजेताओं की भाषा क़ानून की और तत्पश्चात् बड़ी हद तक समाज की भाषा बनती गई। लेकिन भले ही हिंदी एक विनम्र दासी की भांति शहरों और क़स्बों में सार्वजनिक दृष्टि से बाहर हो गई है लेकिन हमारे हृदयों में और हमारे परिवारों में यह हमेशा मौजूद रही है। हमारी माताएं और बहनें, हमारी पत्नियां और बेटियां केवल हिंदी के असली रूपों में विचारों का आदान-प्रदान करती हैं। उच्चतर पदों पर मौजूद महापुरुष जब जनता के सामने बोलते हैं तो वे सुघड़ उर्दू में बात करते हैं लेकिन जब वे अपने परिजनों के साथ अपने निजी दायरे में होते हैं या अपनी महिला संबंधियों के साथ होते हैं तो दृश्य बदल जाता है। उनके होंठों से लगभग विशुद्धतः हिंदी की ही श्रेष्ठ घरेलू अभिव्यक्तियां निकलती हैं और उनके कानों को वही भाती हैं (मूल अंग्रेज़ी में, क.व.सु., 16.2, 4 अगस्त, 1884)।

उर्दू को न केवल भाषा की शुद्धता के लिए ख़तरा माना जा रहा था जैसा कि जे.टी. थॉमसन ने आगाह करते हुए कहा था; बल्कि अब उसे सीधे-सीधे अतिक्रमणकारी माना जाने लगा था जो हिंदी के दावों के ख़िलाफ़ जंग में मुब्तिला थी। हिंदी ने भी युद्ध के लिए कवच पहन लिया था–अब इसको गंवारू कहकर लतियाया नहीं जा सकता था, इसमें न केवल घरेलू संचार की गरमाहट थी बल्कि इसके पास ऐसे दूसरे संसाधन व संपर्क भी थे जो शहराती बोलचाल के मामले में उसके पुराने अभाव को दूर करने में सक्षम थे। लिहाज़ा मथुराप्रसाद ने जान-बूझकर इसकी शब्दावली के संस्कृतीकरण का बीड़ा उठाया ताकि न केवल दूसरी

भारतीय-आर्य भाषाओं के साथ इसका संबंध स्थापित किया जा सके बल्कि वह उन पर थोड़ा-बहुत वर्चस्व भी क़ायम कर सके, हालांकि स्वयं मथुराप्रसाद के आकलन के अनुसार भी अभी हिंदी आधुनिक साहित्य की दृष्टि से मराठी और बंगाली से पिछड़ी हुई थी। इस तरह, सदी के आख़िरी दशकों में सरकारी मान्यता पाने के लिए आंदोलनरत हिंदी दूसरी भारतीय भाषाओं के प्रति ख़ुद एक साम्राज्यवादी भंगिमा अख़्तियार करती जा रही थी, ऐसी भंगिमा जो केलॉग के व्याकरण में दिखाई पड़ती थी।[67]

सार्वजनिक वृत्त पर क़ब्ज़ा : हरिश्चंद्र एवं हिंदी की राष्ट्रवादी आकांक्षाएं

उन्नीसवीं शताब्दी के साठ के दशक से इलाहाबाद और बनारस हिंदी आंदोलन का केंद्र बन चुके थे और यह आंदोलन कचहरियों में नागरी लिपि की मांग पर केंद्रित था। 1858 में इलाहाबाद प्रांतीय सरकार का केंद्र बना और 1868 में अदालत भी आगरा से इलाहाबाद स्थानांतरित कर दी गई। 1887 में यहां विश्वविद्यालय की स्थापना की गई। हालांकि बनारस का ऐसा कोई केंद्रीय प्रशासकीय प्रकार्य नहीं था, लेकिन यह एकमात्र ऐसी जगह थी जो प्रतीकात्मक रूप से एक हिंदू महाराजा के तहत और व्यावहारिक स्तर पर एक ब्रिटिश भू-भाग के रूप में शासित हो रही थी। दोनों की तरफ़ से मिली सहायता के सहारे यहां की हिंदू संस्कृति को फ़ायदा हुआ और वह फली-फूली। अठारहवीं शताब्दी के आख़िर में अंग्रेज़ों के साथ यहां मुद्रित पुस्तकें भी आईं और कम से कम उन्नीसवीं शताब्दी के प्रारंभिक दशकों के बाद से महाराजा के उपकारों और हिंदू व्यापारियों के एक शक्तिशाली समूह की मदद से वर्नाक्यूलर साहित्य को लगातार संरक्षण मिलने लगा। ब्रजभाषा में बहुत सारी मूल रचनाएं लिखी जा रही थीं और संस्कृत ग्रंथों के अनुवाद किए जा रहे थे। 1829 में महाराजा के राजकवियों में से एक गोकुलनाथ बंदीजन ने समूचे *महाभारत* के भाषा में अनुवाद का महत्त्वाकांक्षी काम पूरा कर लिया था जिसे *महाभारतदर्पण* के नाम से प्रकाशित किया गया। सदी के मध्य से पत्रकारीय गतिविधियां भी चलने लगी थीं और शुरुआती पत्रिकाएं छपने लगी थीं। बनारस हिंदी प्रकाशन का एक मुख्य केंद्र बना जहां पर्चों और पुस्तकों का बड़े पैमाने पर प्रकाशन होने लगा था।[68]

शहर की एक प्रमुख साहित्यिक शख़्सियत के नाते हरिश्चंद्र ने उन पत्रिकाओं के ज़रिए हिंदी आंदोलन में केंद्रीय भूमिका अदा की जिनको उन्होंने स्थापित किया था और जिनका वे संपादन करते थे। इन पत्रिकाओं के माध्यम से उनका इस बात के लिए गुणगान किया जाने लगा कि वे भाषा का कितना दक्षतापूर्वक इस्तेमाल कर रहे हैं। उनको हिंदी का आचार्य कहा जाने लगा। हिंदी गद्य शैली आम बोलचाल की भाषा और संस्कृतनिष्ठ शब्दकोश के मिश्रण से तय हो रही थी जिसको फैलने का कभी ज़्यादा मौक़ा नहीं मिल पाया। उन्होंने एक विधा के रूप में साहित्यिक पत्रिकाओं और सार्वजनिक मंचन के लिए लिखे नाटकों का किस तरह प्रयोग किया, उसके बारे में मैं अगले अध्याय में बात करूंगी। यहां मैं हिंदी को 'देशभाषा', राष्ट्रीय भाषा की मान्यता दिलाने के लिए उनके द्वारा बनाए गए कार्यक्रम पर, उसके वैचारिक निहितार्थों तथा जनमत निर्माण में हरिश्चंद्र की भूमिका पर चर्चा करूंगी। उत्तर-पश्चिमी प्रांत की वास्तविक

भाषायी स्थिति के संवेदनशील और तीक्ष्ण विश्लेषण तथा लोक प्रयोग के लिए अपनाई जाने वाली भाषा नीति के विषय में लिखे गए उनके कार्यक्रम संबंधी वक्तव्यों के अलावा उन्होंने रेखाचित्र, व्यंग्य व कविताएं भी लिखीं जो उनके पाठकों को विश्लेषणपरक गद्य के मुक़ाबले ज़्यादा प्रत्यक्ष रूप से प्रभावित करती थीं। मैं उनकी इस आवाज़ को, जो कि काफ़ी मुखर थी, उनकी पत्रिका में सुनाई पड़ने वाली दूसरी आवाज़ों के साथ रखकर देखने का प्रयास करूंगी ताकि सत्तर के दशक से अस्सी के दशक के मध्य तक चली जनमत निर्माण की प्रक्रिया को समझा जा सके।

जिसको हिंदुस्तानी की आड़ में उर्दू के लिए सरकारी संरक्षण माना जा रहा था, और जो हिंदुस्तानी एक सार्वभौमिक संज्ञा के रूप में हिंदी के दावों को हाशिए पर ढकेलती दिखाई दे रही थी, उनका मुक़ाबला करने के लिए सबसे पहले यह ज़रूरी था कि हिंदी भाषा की स्वायत्तता को, उसके मुस्लिम-पूर्व अस्तित्व को स्थापित किया जाए। जैसा कि हरिश्चंद्र ने 1870 में *कविवचनसुधा* में अपने एक प्रारंभिक संपादकीय में कहा था :

> प्रायः लोग कहते हैं कि हिंदी कोई भाषा ही नहीं है। हमको इस बात को सुनकर बड़ा शोच होता है! यदि कोई अंग्रेज़ ऐसा कहता तो हम जानते कि यह अज्ञान है। वह इस देश का समाचार भली-भांति नहीं जानता। पर अपने स्वदेशियों को हम क्या कहैं। हम नहीं जानते कि उनकी ऐसी हतबुद्धि क्यों हो गई कि वे अपने प्राचीन भाषा का तिरस्कार करते हैं! क्या भारतखंड निवासी महाराज विक्रमादित्य और भोज के समय में भी लखनऊ की सी बोली बोलते थे (समग्र : 1088 में उद्धृत)।

इस संक्षिप्त वक्तव्य में हिंदी आंदोलन की सारी विशिष्टताओं को अभिव्यक्ति मिलती है। इसमें सबसे पहले इस तथ्य का आधार दिया गया है कि हिंदी एक स्वतंत्र भाषा के रूप में विद्यमान रही है, यानी (सिर्फ़ इसके प्राचीन उद्गम ही नहीं) इसकी प्राचीनता पर ज़ोर दिया गया : यह हमारी *प्राचीन भाषा* है; उर्दू को उपहासपूर्वक लखनऊ जैसी भाषा कहा गया है जो काफ़ी नई है, क्योंकि यह विक्रमादित्य और भोज जैसे देशी भारतीय राजाओं के समय में नहीं बोली जाती थी। यह संयोग की बात नहीं है कि इस प्राचीन, ख़ालिस हिंदू विरासत के बारे में बोलते हुए देश को वह भारतखंड के नाम से संबोधित करते हैं। उन्होंने इस बात पर और रोशनी नहीं डाली कि वास्तव में हिंदी क्या है। ज़ाहिर है कि वह भाषा के बोले जाने वाले संस्करण की तरफ़ इशारा कर रहे थे और स्वाभाविक रूप से हिंदुओं को ही संबोधित कर रहे थे हालांकि उनका नाम नहीं ले रहे थे। भाषा की मुस्लिम-पूर्व स्थिति का विचार पहली बार प्रारंभिक प्राच्यवादियों और बाद में मिशनरियों व सिविल सरवेंट्स ने पेश किया था जिसे अब राष्ट्रवादी चिंतक अपनी प्राचीन विरासत को साबित करने के लिए इस्तेमाल कर रहे थे। इसके अलावा, जहां तक हैसियत का सवाल है तो आज भले ही इसको लखनऊ-नुमा भाषा के द्वारा गंवारू हैसियत में ढकेल दिया गया हो, लेकिन कभी यह सम्राटों की भी भाषा थी।

राजेन्द्रलाल मित्र ने पुरातत्त्ववेत्ता तथा प्रमुख देशी प्राच्यविद् होने के नाते *जर्नल ऑफ़ दि एशियाटिक सोसाइटी ऑफ़ बेंगाल* (खंड 32, 1864) में छपे अपने लेख 'ऑन दि ओरिजिन ऑफ़ दि हिंदवी लैंग्वेज एंड इट्स रिलेशन टू दि उर्दू डायलेक्ट' में कुछ साल पहले इस विषय

पर अपना मत व्यक्त कर दिया था।[69] उन्होंने कहा था कि 'हमारे सामाजिक एवं हिंदू काल के इतिहास की भांति हमारी वर्नाक्यूलर बोलियों का इतिहास भी अभी लिखा जाना शेष है' (27)। राष्ट्रीय आयाम का हवाला देते हुए उन्हें ख़ुद बंगाली होते हुए भी यह कहने में कोई हर्ज़ नहीं था :

> बिहार की पूर्वी सीमा से लेकर सोलीमनी पर्वत शृंखला के चरणों तक और विंध्य से लेकर तराई तक यही हिंदू जाति के सबसे सुसंस्कृत तबक़े की भाषा है। गुरखा इसे कुमाऊं और नेपाल तक लेकर गए हैं और पेशावर के कोहिस्तान से लेकर असम और कश्मीर से केप कोमोरिन तक एक संपर्क भाषा के रूप में इसे सब जगह समझा जाता है। इसका इतिहास हज़ार साल पीछे तक ढूंढ़ा जा सकता है और इसका साहित्यिक ख़ज़ाना *तेलुगु को छोड़कर* किसी भी दूसरी आधुनिक बोली के मुक़ाबले ज़्यादा समृद्ध और ज़्यादा विस्तृत है। निस्संदेह यह हमेशा एक जैसी नहीं रही है...। लेकिन पृथ्वी-राय-रासो की भाषा, जो सबसे प्राचीन उपलब्ध हिंदवी रचना है, तथा हमारे जमाने की हिंदवी के बीच पर्याप्त समानताएं हैं और हिंदवी की कई बोलियों, हिंदुस्तानी, ब्रज भाषा और रंगरी में भी पर्याप्त समानताएं हैं जिनमें आधुनिक हिंदवी बंटी हुई है। इन समानताओं से यह साबित होता है कि मूल रूप से वे एक ही भाषा हैं—एक ही भाषा की अलग-अलग बोलियां—एक ही तने की शाखाएं हैं; अलग-अलग तनों से निकली शाखाएं नहीं हैं (27)।

यहां भी भाषा के विस्तार पर ज़ोर दिया जा रहा था, उसको समूचे उपमहाद्वीप के विस्तार में फैलाकर दिखाया जा रहा था। इसका इतिहास हज़ार साल पुराना था हालांकि वह अभी लिखा नहीं गया था, 'हिंदू' काल पर अभी बहुत कम ध्यान दिया गया था लेकिन यह था तो ज़रूर और उसे बस खोज लिये जाने का इंतज़ार था जैसे साहित्यिक ख़ज़ानों को भी एक दिन ज़मीन से निकाल लिया जाना था। जेम्स टॉड द्वारा चंद का महिमागान न केवल राजपूत शाही परिवारों बल्कि हिंदी साहित्य के इतिहास-लेखन के लिए भी बेहद महत्त्व का साबित हुआ।[70] अंतिम हिंदू राजा के रूप में पृथ्वीराज को महाकाव्यों के कवि चंद की शौर्य कविता ने अमर बना दिया था और यही वह कविता थी जहां से हिंदी साहित्य का सूत्रपात माना जा रहा था और जो लगभग हज़ार साल से 'मुस्लिम' काल में भी चली आ रही थी। इसके अलावा, यह ओहदेदार लोगों की भाषा थी, इसको सुसंस्कृत लोग बोलते थे। यह तर्क इसे गंवारू माहौल की ज़बान बताए जाने के आम दावों का जवाब था। भाषाशास्त्रीय दृष्टि से भी हिंदी ठोस ज़मीन पर खड़ी थी और उसे घुसपैठियों से डरने की कोई ज़रूरत नहीं थी। मैक्स मुलर ने *साइंस ऑफ़ लैंग्वेज* (1861) में जो कहा था, मित्र ने उसका हवाला देते हुए दलील दी कि 'व्याकरण सारी भाषाओं के वर्गीकरण का सबसे अनिवार्य तत्त्व और फलस्वरूप सबसे अनिवार्य आधार था' और इसके सहारे उन्होंने अपने इस दृढ़ विश्वास का औचित्य पेश किया कि इससे ज़्यादा 'निर्णायक और कुछ नहीं हो सकता; उर्दू का व्याकरण निर्विवाद रूप से वही है जो हिंदवी का है और इसका सीधा मतलब यह निकलता है कि उर्दू एक हिंदवी और आर्य बोली है' (29)। इस तरह उर्दू को आर्य हिंदी का केवल एक विचलन या उसकी बोली मात्र साबित कर दिया गया था। यानी, हिंदी में एक राष्ट्रीय भाषा का दर्जा पाने की सारी योग्यता ढूंढ़ ली गई थी : प्राचीन इतिहास, समूचे हिंदू भूक्षेत्र में प्रसार और एक सुघड़ साहित्य।

बाबू शिवप्रसाद (1868) द्वारा सरकार को जो ज्ञापन सौंपा गया, उसमें भी यही भाव व्यक्त हो रहा था :

> जब मुहम्मडनों ने भारत पर क़ब्ज़ा किया तो उन्हें हिंदी ही इस देश की भाषा मिली और इसी के माध्यम से सारे कारोबार चलते थे...। इसके बाद भी यह फ़ारसी लाखों लोगों की भाषा नहीं बन पाई : क़स्बों और क़स्बावासियों या 'ऊपरी दसेक हज़ार' लोगों के परे फ़ारसी को बिरले ही कोई पढ़ता था। पटवारी अभी भी अपने गांवों के काग़ज़ात हिंदी में रखते थे; साहूकार और व्यापारी और नगरीय लोग अपने सारे कामकाज हिंदी में ही करते थे। जो लोग मुहम्मडनों की कृपा नहीं चाहते थे और इस तरह पूर्ण रूप से नहीं बल्कि आंशिक रूप से भी अर्धमुसलमान बनने के इच्छुक नहीं थे, वे अभी भी तुलसीदास, सूरदास, कबीर, बिहारी आदि द्वारा छोड़ी गई हिंदी रचनाओं को बेहद मूल्य देते थे। निस्संदेह, हिंदी की सारी बोलियों में हर जगह फ़ारसी के शब्द घुस गए थे और वे घर-घर के साथ-साथ ज़नाना और बाज़ारों के भी शब्द बन गए थे। भाषा के इस नए मिश्रण को उर्दू का नाम दिया गया है। मैं निवेदन करता हूं कि फ़ारसी अक्षरों को अदालत से बाहर निकाल दिया जाए और उनकी जगह हिंदी को बहाल किया जाए (सी सी 72-3)।

यानी, हिंदी मुस्लिम-पूर्व अस्तित्व में थी। वह मुसलमानों के आने के बाद भी सबसे व्यापक दायरे में प्रयोग होने वाली भाषा बनी रही। शिवप्रसाद ने उस वंशावली पर भी स्वीकृति की मोहर लगा दी जो अभी भी हिंदी साहित्य के लिए केवल गढ़ी ही जा रही थी। भाषाशास्त्रीय दृष्टि से दक्कनी हिंदी या यहां तक कि दिल्ली के उत्तरवर्ती मुग़लकाल के कवियों की बजाय अवधी और ब्रजभाषा के कवियों को आधुनिक हिंदी साहित्य के पुरखों के रूप में स्थापित कर दिया गया था। उनके अनुसार, फ़ारसी और उसके प्रभावस्वरूप बनी, उर्दू के रूप में जानी गई, हिंदी की फ़ारसी मिश्रित प्रजाति को अवश्य बढ़त मिली थी, परंतु देहात में हिंदी अभी भी सुरक्षित थी; पटवारी, गांव के खातेदार, व्यापारी अपना सारा लेन-देन हिंदी में करते थे। हिंदी की वर्तमान उन्नति अदालत में नागरी लिपि को लागू करने से हो जाएगी।

बहरहाल, 1873 में भी हरिश्चंद्र उर्दू के बरक्स हिंदी की हैसियत के बारे में काफ़ी संयत मत व्यक्त कर रहे थे। मौक़ा था अदालत की भाषा बदलने के लिए सरकार के सामने ज्ञापन देने का। *हरिश्चंद्र मैगज़ीन*[71] में छपे एक अंग्रेज़ी संपादकीय में हरिश्चंद्र इस मुद्दे पर बेहिसाब गर्ममिज़ाजी और ज़रूरत से ज़्यादा तीखी प्रतिक्रियाओं के बारे में बहुत व्यंग्यात्मक सुर अपनाते हैं। 'इस गृहयुद्ध में भारत के उत्तर-पश्चिमी प्रांतों का साहित्यिक तबक़ा दो धड़ों में बंटा हुआ कहा जा सकता है।' यह लेख अंग्रेज़ी में लिखा गया था, यह इस बात इसका संकेत है कि इसके ज़रिए अंग्रेज़ी पाठकों को भी संबोधित करने का प्रयास किया जा रहा था।

> लोगों का एक और स्वतंत्र वर्ग भी है जो दोनों प्रतिस्पर्धी दलों के दावों को निराधार मानता है। उसका मानना है कि दोनों समूह एक ऐसा भेद पैदा करना चाहते हैं जहां वास्तव में कोई भेद नहीं है; हिंदी और उर्दू भाषाएं वास्तव में एक ही हैं; और बड़े-बड़े व दुरूह संस्कृत पदों से रहित हिंदी की हालत कमोबेश वही होगी जो कठिन फ़ारसी और अरबी शब्दों से रहित उर्दू की होगी। मैं इस राय से सहमत हूं। आप चाहे इसे हिंदी कहें या उर्दू, यह पंडिताऊ रहित सरल वर्नाक्यूलर है जो मृत या विदेशी भाषाओं से निकली है जिसे इन

प्रांतों की विशाल आबादी बोलती और समझती है। मुझे हिंदी या उर्दू की और कोई परिभाषा न तो सूझती है और न पसंद आती है। जब उर्दू की भाषा पहली बार बनी तो उसमें कोई फ़र्क़ नहीं था। दिल्ली के प्रारंभिक रचनाकारों की काव्यात्मक या गद्य रचनाओं को अब फ़ारसी अक्षरों में लिखी गई हिंदी की रचनाएं माना जा रहा है। लखनऊ के कुछ बाद के उर्दू लेखकों ने मीर अम्मन और उनके समकालीनों की रचनाओं को भी अपनी आडंबरपूर्ण और लच्छेदार भाषा में अशिष्ट और गंवारू कहकर उनकी निंदा की है। तो फिर किस भाषा के स्थान पर किस भाषा को स्थापित किया जा रहा है? जो लोग हिंदी के लिए लड़ रहे हैं, अगर वे लिखने के लिए देश के इस भाग की मौजूदा बोली को लागू करना और अपनाना चाहते हैं तो उन्हें याद रखना चाहिए कि ऐसी कोई बोली *नहीं* है। सीधे-सीधे कहें तो यहां उतनी ही भाषाएं हैं जितनी उत्तर-पश्चिमी प्रांतों के क़स्बे हैं। एक नगर की वर्नाक्यूलर दूसरे से अलग दिखाई देती है और यह फ़र्क़ साफ़-साफ़ बूझा जा सकता है। अगर वे एक ऐसी भाषा लाना चाहते हैं जो वास्तव में बोली *नहीं* जाती है तो वे अपनी इन सिफ़ारिशों से अकथनीय कठिनाई और असुविधा पैदा कर देंगे। बेहतर है कि दोनों पक्षों के हिमायती बताएं कि मानक हिंदी और मानक उर्दू है क्या!

भारत के इस भाग की वर्तमान वर्नाक्यूलर निर्धन और संकुचित है, इस बात को सभी स्वीकार करेंगे और इस बात को भी मानेंगे कि जहां भी ज़रूरत हो, इसमें विदेशी सहायता दी जानी चाहिए। तो फिर किसी ख़ास स्रोत से आने वाली आपूर्ति को क्यों रोका जाए? हम दान दे सकने में सक्षम व्यक्ति से सोना ग्रहण करने में भी आनाकानी करने वाले ब्राह्मण की तरह संकोच क्यों करें? हमारा असली उद्यम यह होना चाहिए कि हम जो भाषा बोलते हैं, उसको सभी उपलब्ध स्रोतों से समृद्ध करें। अपने भंडार को हर कहीं मिलने वाले ख़ज़ानों से और पुष्ट करें। हमारे उद्यम का सिद्धांत यह होना चाहिए कि हमारी वर्नाक्यूलर, उसे आप जो चाहे नाम दें, सबके लिए *उपयोग योग्य* और *समझ में आने वाली* हो। लेकिन विदेशी शब्दों की आमद के ख़िलाफ़ पहरेदारी का दिखावा करते हुए भाषा को बेजान संस्कृत शब्दों से मत भर डालिए। यह भी उतनी ही बोझिल है *(हरिश्चंद्र मैगज़ीन,* 1.1, 15 अक्टूबर, 1973)।

इस बिंदु पर हरिश्चंद्र को यह कहने में भी ज़रा सी भी हिचकिचाहट नहीं थी कि हिंदी और उर्दू मूल रूप से एक ही भाषा हैं, जिसको आम लोग बोलते हैं। अभी इसका मानकीकरण नहीं हुआ था क्योंकि प्रत्येक क़स्बे और गांव की अपनी बोली थी। लिहाज़ा, मानक हिंदी या उर्दू का सवाल ही नहीं उठ सकता था, दोनों पक्ष केवल पंडिताऊ दलीलों, शब्दावली के संस्कृत या फ़ारसीकरण के ज़रिए ही इस तरह की हैसियत का दावा कर सकते हैं जिससे यह भाषा लोगों की एक बहुसंख्या की पहुंच से बाहर चली जाएगी। उनकी राय में, ज़रूरत इस बात की थी कि हम साझा भाषा को और समृद्ध बनाएं, सारे उपलब्ध स्रोतों से मदद लें और ये स्रोत केवल कुछ दिशाओं में सीमित नहीं किए जा सकते थे।

हरिश्चंद्र जिन अभिजात सहृदय दायरों में उठते-बैठते थे, वहां यह ख़याल क्रांतिकारी भले न सही, अभिनव ज़रूर था कि मानक भाषा ऐसी होनी चाहिए जो सबके इस्तेमाल के लायक़ और सबको समझ में आने वाली हो। हरिश्चंद्र ने इस बात पर भी ज़ोर दिया कि वह उन लोगों के साथ सहमत हैं जो आम लोगों द्वारा बोली और समझी जाने वाली वर्नाक्यूलर के हिमायती हैं और उन्हें ये दोनों भाषाओं का मूल केंद्रक दिखाई दिया क्योंकि दोनों का

उद्गम एक ही था। स्पष्टता और सादगी को ध्यान में रखते हुए वह संस्कृत या फ़ारसी के कठिन शब्दों से लदी लच्छेदार क़िस्म का भी विरोध कर रहे थे। हालांकि दिल्ली के कवियों—संभवतः अमीर खुसरो उनमें से एक हैं जिनकी तरफ़ वह इशारा कर रहे हैं—ने फ़ारसी लिपि का इस्तेमाल किया लेकिन वास्तव में उन्होंने हिंदी में लिखा था। हरिश्चंद्र ने फ़ोर्ट विलियम कॉलेज में मुंशी रहे मीर अम्मन का उदाहरण दिया है जो उर्दू लेखक थे और जिन्होंने सरल, सीधी-सादी शैली में लिखा है और जिनका लखनवी भाषा के सौंदर्यशास्त्री और घमंडी लोग मज़ाक़ उड़ाते थे। लेकिन, क्योंकि बोली जाने वाली, सहजसाध्य भाषा के बहुत सारे संस्करण थे, इसलिए लिखित भाषा के लिए केवल उसी से मानक नहीं विकसित किए जा सकते। इसके लिए यह ज़रूरी था कि सभी स्रोतों से चीज़ें ली जाएं और तमाम वैचारिक पूर्वग्रहों को छोड़कर भाषा को मज़बूत किया जाए। लिपि का मसला उतना महत्त्वपूर्ण नहीं था। अंग्रेज़ी की भी लिपि दोषपूर्ण थी लेकिन क्योंकि इसको लगातार और सार्वभौमिक रूप से इस्तेमाल किया जाता रहा है तो यह संचार का सबसे प्रभावी साझा माध्यम बन गई थी। अंग्रेज़ों की राष्ट्रीय भाषा के रूप में अंग्रेज़ी उत्तरोत्तर एक आदर्श प्रकार्य का दर्जा अर्जित करती गई और इसकी ज़बर्दस्त उपयोगिता और शक्ति का बार-बार हवाला दिया गया।

आने वाले सालों में हरिश्चंद्र की राय बदल गई। जैसे-जैसे वह आंदोलन का हिस्सा बनते गए, लिपि के मामले में इतने तटस्थ नहीं रह गए। वे उर्दू को मिल रहे ब्रिटिश संरक्षण की लगातार आलोचना करने लगे। फरवरी 1874 (1.5) से *हरिश्चंद्र मैगज़ीन* के संपादक मंडल से शिवप्रसाद का नाम हटा दिया गया। अब वे संपादक नहीं रहे। यहां तक कि यह नोटिस भी प्रकाशित किया गया कि उनका नाम ग़लती से छप गया था! उसी अंक में 'कॉमन हिंदुस्तानी' नाम से एक लेख छपा जो *बंगाल मैगज़ीन* (जनवरी 1874) में पुनर्प्रकाशित किया गया। इस लेख में बहस के राजनीतिक आयामों को बहुत बेबाक ढंग से सामने रखा गया था :

> संस्कृत से निकाली गई भाषाओं में से किसी का भी भारत पर उतना सामान्य और व्यापक प्रभाव नहीं है जितना हिंदी या सर जॉर्ज की कॉमन हिंदुस्तानी का है... (सिवाय उन इलाक़ों के जहां बंगाली, उड़िया, मराठी और गुजराती बोली जाती है।) सतपुड़ा के पर्वतों के उत्तर तथा मध्य प्रांत के पूर्वी ज़िलों में त्रुटिरहित हिंदी के अलावा और कुछ नहीं बोला जाता है...। इतने सारे अलग-अलग राष्ट्रों और कबीलों वाले इन विशाल देशों में हिंदी न केवल बोलने की भाषा है बल्कि यही वह भाषा है जिसमें सारे व्यावसायिक अदान-प्रदान भी दर्ज किए जाते हैं...। फलस्वरूप, अगर ऐसी कोई भाषा है जो साझी कहलाने की हक़दार है तो वह हिंदी है...। और यही वह भाषा है जिसे रौंद डालने और उसका गला घोंटने के लिए अंग्रेज़ सरकार लगातार कोशिशें करती रही है और अभी भी कर रही है...। अगर इसके पीछे राजनीतिक फ़ायदे-नुक़सान की बात है तो हम कुछ नहीं कहना चाहते। रूस पोलैंड में एक भावी राष्ट्रीय अस्तित्व की सारी आकांक्षाओं को पूरी तरह नष्ट कर देने के लिए वहां अपनी भाषा थोप रहा है। परंतु कोई भी बुद्धिमान व्यक्ति ब्रिटिश सरकार पर ऐसी सुनियोजित गुंडागीरी का आरोप नहीं लगाएगा; तो फिर एक राष्ट्र के प्राणों को नष्ट करने की चेष्टा क्यों की जा रही है? (ह.मै., 1.5, 15 फरवरी, 1874)

यानी हिंदी हिंदुस्तान के लोगों की बोलने की भाषा थी और यह सारे देशी व्यावसायिक लेन-देन की भाषा भी थी। हालांकि लेखक ने कहा है कि ब्रिटिश सरकार पर सुनियोजित गुंडागीरी का आरोप नहीं लगाया जा सकता लेकिन प्रकारांतर से वास्तव में वह ख़ुद भी यही आरोप लगा रहे हैं। यह देश के भावी राष्ट्रीय अस्तित्व का प्रश्न था और कचहरियों में नागरी लिपि के प्रवेश को निराधार ढंग से ख़ारिज करके सरकार 'राष्ट्र के प्राणों' को रौंदने और गला घोंटने का काम कर रही थी। लेखक ने बिना किसी हिचकिचाहट के मौजूदा अदालती भाषा की मलामत की है। उन्होंने कहा कि यह 'उर्दू नाम से जाना जाने वाला भयानक शब्दजाल है... लगता है कि विभाग के भीतर उर्दू की मदमस्त चाह है।' शिवप्रसाद और उनके द्वारा भाषा के प्रयोग की खुली आलोचना की गई थी जो भले ही नागरी में लिखते थे लेकिन फ़ारसी मूल के शब्दों का कुछ ज़्यादा ही इस्तेमाल करते थे।

पत्रिका में छपे कुछ व्यंग्यात्मक लेखों की शृंखला के ज़रिए हिंदी की हैसियत के बारे में महसूस किए जा रहे व्यापक असंतोष को व्यक्त किया गया था। आम बोलचाल की भाषा में और बेहद शक्तिशाली छवियों का इस्तेमाल करते हुए, जिनकी अहमियत को नज़रअंदाज़ नहीं किया जा सकता था, इन लेखकों ने बार-बार इस बात को रेखांकित किया कि हिंदी को घरेलू दायरे में समेटकर लोगों को कितनी चोट पहुंचाई जा रही है और इसको सार्वजनिक वृत्त से बेदख़ल करके उसे राष्ट्रीय हैसियत प्राप्त करने से जान-बूझकर रोका जा रहा है जबकि उर्दू फलती-फूलती और उन्नति करती जा रही है।

हरिश्चंद्र मैगज़ीन (1.5, 15 फरवरी, 1874) के एक प्रारंभिक अंक में *ए वंडरफुल ड्रीम, एक अद्‌भुत अपूर्व स्वप्न* नाम से बाबू तोताराम की एक व्यंग्य रचना छपी थी। इस कहानी में लेखक सपना देखता है कि उसने सर्वाधिक आधुनिक सुविधाओं से लैस एक स्कूल खोला है जिसकी मार्फ़त वह चिरंतन ख्याति प्राप्त कर लेगा। उसने इस स्कूल के लिए जो बहुत सारे मज़ेदार नियम बनाए, उनमें से एक यह था :

> हिंदी भाषा बोलो तो भीतर घर में भले ही बोलो—बाहर किसी के आगे एक शब्द भी निकालोगे तो दक्खिन भेज दिए जावोगे—क्योंकि पायनियर में हमने देखा है कि हिंदी इस देश की भाषा नहीं है—और दूसरे यह सुनते हैं कि जन्म भर के लिए इस देश का ठेका अंगरेज़ों ने उर्दू के नाम लिख दिया है—तुम जानते नहीं ठेका तोड़ना एक्ट के अनुसार बड़ा भारी अपराध है।

चूंकि 1865 में इलाहाबाद से शुरू हुए अंग्रेज़ी के अख़बार *दि पायोनियर*, जो सरकार और रूढ़िवादी ऐंग्लो-इंडियन मत का लगभग प्रवक्ता था, ने यह ऐलान कर दिया था कि हिंदी इस देश की भाषा नहीं है तो यह बात समझ में आने वाली थी कि यह इस देश की भाषा नहीं है। लिहाज़ा, हिंदी को सार्वजनिक वृत्त से बाहर रखा जाना था और उसे क़ानून बनाकर घर के निजी दायरे तक ही क़ैद रखा जाना था और यह नियम तोड़ने के लिए सज़ा निश्चित थी।

इसी पत्रिका में कुछ महीने बाद छपे *स्वप्न* नाम की एक और व्यंग्य रचना में लेखक पूर्णिमा की एक रात का सपना देखता है। वह देखता है कि एक सुंदर बग़ीचे में एक सभा बुलाई गई है। अभी पाठक सुंदर युवतियों के किसी समूह के विस्तृत विवरण की प्रतीक्षा में होता है कि तभी उसे अंग्रेज़ों, सरकारी अधिकारियों के झुंड अपने महत्त्व का बखान करते

हुए मिलते हैं। उन सबमें बड़े साहब सबसे ऊपर हैं, जो भाषण देने के लिए उठे हैं। वह कहना शुरू करते हैं कि यह उनके हृदय की सबसे प्रिय कामना है कि इस देश में अरबी और फ़ारसी फले-फूले और संस्कृत व हिंदी का समूल नाश हो जाए। उनकी कामना है कि जिनको ज़रा सी भी अंग्रेज़ी नहीं आती, उनको छावनी इलाक़े में दाख़िल होने से रोक दिया जाए—हालांकि दुर्भाग्यवश अभी तक उन्हें ऐसा कर पाने का कोई वैधानिक आधार नहीं मिल पाया है—तथा जिनको अरबी नहीं आती हो, वे शहरों में न घुस पाएं और जिनको फ़ारसी नहीं आती वे क़स्बों में दाख़िल न हो पाएं और जो उर्दू नहीं जानते, वे गांवों से बाहर रहें। इसके बाद वह चीनी और मंगोलियन जैसी दूसरी विदेशी भाषाओं के प्रचलन के विषय में और भी दुस्साहसपूर्ण सुझाव देते हैं। उनका कहना है कि इन्हें शासन के प्रयोग में शामिल किया जाए। उन्हें *दुभाषिया हिंदुस्तानी*—दोमुंहा हिंदुस्तानी—नाम के चमचे से पूरा समर्थन मिल रहा है जो लच्छेदार उर्दू में इन सुझावों की हिमायत में भाषण देने लगता है। उसे *अंग्रेज़ी भाट* की पदवी से नवाज़ा जाता है। इसमें कोई संदेह नहीं कि ये सज्जन शिवप्रसाद के अलावा और कोई नहीं हैं। इसके बाद एक दुबला-पतला व्यक्ति संस्कृत और हिंदी का प्रश्न उठाता है। इनको कौन संरक्षण देगा, वह पूछता है? अगर अरबी और फ़ारसी दफ़ा हो जाएं तो अरब और फ़ारस में उन्हें निस्संदेह शरण मिल जाएगी लेकिन अगर संस्कृत के साथ ऐसा हो और वह भारत से लुप्त हो जाए, तो :

> इसके लिए कौन सा समुद्र मथा जाएगा और कौन सा पहाड़ खोदा जाएगा और अब भी जो वेद शास्त्र के अंग नष्ट हो गए हैं वह अब अनेक यत्न करने पर भी नहीं मिलते और जो थोड़े दिनों लों यही दशा रही तो इस भाषा के विद्वान बड़ी कठिनाई से मिलेंगे वरन् यह कहा जाय तो यथार्थ है कि न मिलेंगे...। (ह.मै. 1.7, 8 अप्रैल, 1874)।
>
> बड़े साहब का जवाब बहुत शांत और सटीक है।
>
> इसका तो उत्तर है कि जब गवर्नमेंट अंगरेज़ों का राज्य ईरान और अरब आदि में भी हो जाएगा तो वहां हिंदी-संस्कृत का भली-भांति प्रचार किया जाएगा बस अब हमसे प्रश्न मत करो।

यानी अंग्रेज़ों ने राष्ट्रीय विरासत को सुनियोजित ढंग से बंदी बनाने और उसके स्थान पर एक परायी परंपरा को आयात करने की सोची-समझी नीति के अनुसार काम किया था। राष्ट्रवादियों की राय में धार्मिक-सांस्कृतिक विभाजन पूरा हो चुका था। हिंदी को उसकी जननी संस्कृत के साथ-साथ उसकी अपनी जन्मस्थली, भारत में पाला-पोसा जाना था। बावजूद इसके कि उर्दू के पास भी जो आधार था, वह हिंदी से किसी मामले में कम आर्यन नहीं था, लेकिन उसको भारतवर्ष से बाहर निकालना ज़रूरी था क्योंकि एक तो उसकी लिपि फ़ारसी थी और ऊपर से उसमें फ़ारसी व अरबी शब्दों की भरमार थी। इन दो तथ्यों के आधार पर वह सीधे-सीधे 'परायी' मान ली गई थी और उसे सांस्कृतिक व राजनीतिक रूप से एक पराये देश की बताया जा रहा था जो स्पष्टतः उपमहाद्वीप के बाहर स्थित था।

हरिश्चंद्र ने भी *उर्दू का स्यापा* नाम से एक छद्म मरसिया लिखा जो जून 1874 (1.9) की *हरिश्चंद्रचंद्रिका* में छपा।[72] इसमें उर्दू/खड़ी बोली में—न कि ब्रजभाषा में, क्योंकि यह मुसलमानों के बारे में थी—एक गद्य प्रस्तावना और एक बेढब कविता लिखी गई थी जिसमें उर्दू प्रेयसी की मौत का शोक मनाया जा रहा है। विभाजक रेखा स्पष्ट थी, दोनों

मोर्चे पर्याप्त रूप से सख़्त मुद्रा अख़्तियार कर चुके थे। यह व्यंग्य *अलीगढ़ इंस्टीट्यूट गजेट* एवं *बनारस अख़बार* तथा इसके संस्थापक शिवप्रसाद के ख़िलाफ़ केंद्रित था। इन दोनों पत्रिकाओं में उर्दू को अदालती भाषा बनाए जाने के हक़ में लेख छापे गए थे। लेकिन उर्दू को किसी बचाव की ज़रूरत नहीं थी। क्या यह मोहतरमा दुर्बल थीं? क्या वे मर चुकी थीं? हरिश्चंद्र एक छद्‌म विलाप में डूब गए और हालांकि उन्होंने ख़ुद ये माना कि जिनका सरोकार बनता है वे ख़ुद इससे बेफ़िक्र हैं और एक झूठ को नहीं पहचान सकते जो उर्दू पत्रिकाओं में एक सत्य की तरह प्रस्तुत किया जा रहा है। असल में तो मोहतरमा पूरी तरह जीवित और हट्टीकट्टी हैं।[73]

आने वाले सालों में हरिश्चंद्र राष्ट्रीय आयाम पर भी अपने विचार व्यक्त करने वाले थे। जब बालकृष्ण भट्ट (1844-1914) ने अपने साथियों के साथ मिलकर जून 1877 में इलाहाबाद में हिंदी वर्धिनी सभा की स्थापना की तो उन्होंने सभा को संबोधित करने के लिए अपने मित्र हरिश्चंद्र को भी आमंत्रित किया। हरिश्चंद्र ने न केवल इस अवसर की शोभा बढ़ाई बल्कि उन्होंने अपने भाषण को भी कविता के रूप में प्रस्तुत किया। इस भाषण को भट्ट की हाल ही में शुरू की गई पत्रिका *हिंदी प्रदीप* में *हिंदी की उन्नति पर व्याख्या* शीर्षक के तहत चार किस्तों में छापा गया था।[74] ये भाषा की राजनीतिक, सामाजिक एवं सांस्कृतिक संभावनाओं पर हरिश्चंद्र का सबसे विस्तृत वक्तव्य था जिसमें उन चीज़ों का भी ख़ाका खींचा गया था जो अभी साकार नहीं हुई थीं।

इस कविता में 98 दोहे हैं जो लगभग पिछले एक दशक के दौरान सार्वजनिक वृत्त में व्यक्त किए जा रहे कार्यक्रम का सार-संकलन पेश करते थे। इनमें देशवासियों के लिए एक आह्वान था जिनको वह आर्य बंधु कहकर संबोधित करते हैं। उनसे मुस्लिम अतिक्रमण के जवाब में एकजुटता की अपील की जा रही थी; राष्ट्र के जीवन में एक नए युग का सूर्य उग रहा है, इसलिए वे उठ खड़े हों और क़दम उठाएं। साठ के दशक के मध्य से आर्य अवधारणा अभिजात वर्ग में बौद्धिक एवं भावनात्मक चेतना का हिस्सा बन चुकी थी और यह एक सर्वव्यापी सिद्धांत था जिसमें बहुत सारी विविधता को समोया जा सकता था, जबकि दूसरी तरफ़ मुस्लिमों/या आदिवासियों को सुविधानुसार बाहर रखा जा सकता था। हरिश्चंद्र ने प्रांत के आर्य बंधुओं के अदम्य लगन व पहलक़दमी की सराहना की क्योंकि उन्होंने निज भाषा की उन्नति के लिए एक सभा बुलाने का महत्त्वपूर्ण क़दम उठाया था। हरिश्चंद्र ने इस बात पर भी ज़ोर दिया कि इस तरह की सभा में बोलने के लिए आमंत्रित किया जाना उनके लिए एक अप्रतिम गौरव की बात है। लिहाज़ा, अपनी सारी विन्रमता के साथ, उन्होंने इस बात की ओर ध्यान आकृष्ट कराया कि हिंदी की उन्नति में वह ख़ुद कितनी अगुआ भूमिका निभाते रहे हैं और निभा रहे हैं। उनके तर्क का केंद्रीय बिंदु यह था :

निज भाषा उन्नति अहै सब उन्नति को मूल (5)।

कहने का मतलब यह था कि देशी ज़बान के प्रसार से ही अपनी, देश की उन्नति हो सकती है। कुछ दिनों बाद उन्होंने अपना बलिया लेक्चर भी इसी अपील के साथ समाप्त किया था। 'निज भाषा' में आने वाला 'निज' शब्द इस कविता में बार-बार मिलता है। यह व्यक्ति, परिस्थिति, अवधारणा, राष्ट्र की विशिष्टताओं को दर्शाता है। यह हर तर्क को प्रस्तुत करता है और उसको धराशायी करता है। यह आर्य-हिंदू पहचान पर ज़ोर देने और उसको मुस्लिम

व अंग्रेज़, दोनों से अलग दिखाने का साधन है। इनमें मुस्लिमों पर तो बहुत कम ही कुछ कहा गया है परंतु अंग्रेज़ों को राष्ट्रीय भाषा के विविध प्रकार्यों व आयामों के संबंध में आदर्श के रूप में प्रस्तुत किया गया है।

क्योंकि हिंदी निजी दायरे तक सीमित थी, उसे घर की चारदीवारी के भीतर क़ैद कर दिया गया था क्योंकि उसका कोई सार्वजनिक क़द नहीं था, उसे सरकार के दुर्भावनापूर्ण फ़ैसले के कारण सरकारी दफ़्तरों और कचहरियों में प्रतिबंधित कर दिया गया था, इसलिए हरिश्चंद्र ने भाषा से पैदा होने वाली अंतरंगता और उसके माध्यम से पैदा होने वाली संचार की सघनता को एक सद्‌गुण के रूप में प्रस्तुत किया। यह भाषा की ताक़त का वक्तव्य था। उन्होंने कहा कि अगर किसी नाज़ुक मौक़े पर परिवार के सब सदस्यों को आसानी से समझ में आने वाली निज भाषा का सही शब्द न कहा जाए तो मनुष्य गहरे शोक में डूब सकता है। कोई संस्कृत, कोई फ़ारसी, यहां तक कि सारी अंग्रेज़ी शिक्षा भी भले ही हमें बड़े से बड़ा विद्वान बना देती हो लेकिन अपने घर में संचार को बढ़ावा नहीं दे सकती। उन्होंने कविता का लगभग दसवां भाग यानी 11 दोहे व्यापक स्तर पर शिक्षा की उन्नति में निज नारी (निजी पत्नी) की केंद्रीय स्थिति की व्याख्या को समर्पित किए हैं। ज़ाहिर है कि उसको अंग्रेज़ी सिखाने के लिए धन जुटाना कठिन था। लेकिन, एक दुधमुंहे बच्चे को उसकी मां से बेहतर शिक्षा कौन दे सकता है जो कि लगातार उसके आस-पास रहती है और जो कितने अनायास ढंग से सारे घरेलू कामों को निपटाते हुए भी उसके लालन-पालन और पोषण का काम कर सकती है। परंतु, उसकी भाषा को अपेक्षित मानकों तक लाने के लिए उस पर ध्यान देने की भी ज़रूरत थी; प्रस्ताव यह था कि घरों में भी क्षेत्रीय बोलियों की बजाय मानक भाषा बोली जानी चाहिए :

सो माता हिंदी बिना कुछ नहिं जानत और
तासों निज भाषा अहइ, सबही की सिरमौर (21)।

यहां हरिश्चंद्र एक बहुत नाज़ुक मसले को छू रहे हैं। राजनीतिक अर्ज़ियों में हिंदी की वकालत करते हुए एक केंद्रीय दलील यह होती थी कि पूरे देश के घरों में बोली जाने वाली भाषा यही है। लेकिन अभी यह अवस्था प्राप्त नहीं हुई थी। क्योंकि, जैसा कि हरिश्चंद्र ने बाद के एक निबंध में काफ़ी बेबाक ढंग से कहा था, और जिस पर अभी चर्चा की जाएगी, खड़ी बोली बिरले ही घरों में बोली जाती थी। तो यहां वह इस बात के लिए ज़ोर दे रहे हैं कि मां इस भाषा में साक्षर हो ताकि वह मौखिक रूप से अपने बच्चे को वह ज्ञान प्रदान कर सके जो प्रिंट में अधिकाधिक उपलब्ध होता जा रहा था :

भूलि जात बहु बात जो जोबन सीखत लोय
पै भूलत नहिं बालकन सीख्यो सुनो जो होय। (16)

यह कोई ऐसी प्रक्रिया नहीं थी जो पहले से और स्वतःस्फूर्त ढंग से (*सहजहीं*) पैदा हो गई थी; इसको साकार करना ज़रूरी था और यही सबसे फ़ौरी कार्यभार था।

घरेलू संचार भाषा के विषय पर अगले दस दोहों में और सामान्य ढंग से बात की गई थी। हरिश्चंद्र का कहना था कि जब हृदय के विषयों (*निज मन की बहु बात*) का प्रश्न आता है तो चाहे पत्नी के साथ संवाद की बात हो, पुत्र या सेवक से संवाद करना हो, यानी अपने घर के लोगों (*निज घर के लोग*) से संचार करना हो तो निज भाषा पर

महारत का कोई विकल्प नहीं होता। कहने का मतलब यह है कि अगर पति अंग्रेज़ी सीख लेता है और पत्नी सिर्फ़ हिंदी जानती है तो घर में एक सांस्कृतिक विभाजन पैदा हो जाएगा जो घर को दो टुकड़ों में बांट देगा। पुरुष अंग्रेज़ी रूप-रंग में ढल सकता है और पतलून पहन सकता है, वह किसी असली मौलवी की देखरेख में फ़ारसी पर महारत भी हासिल कर सकता है, लेकिन इससे उसका अपनी पत्नी के साथ दुराव ही होगा। लेकिन अगर दोनों हिंदी पर महारत हासिल करें तो यह घरेलू सद्भाव का स्रोत बन जाएगी। एक समान सोच एक गंभीर प्रस्ताव था क्योंकि इसका अर्थ यह था कि घर के सभी लोग, पत्नी और बच्चे भी सार्वजनिक वृत्त के ज्ञान व गतिविधियों में हिस्सा लें जो अब घर के पुरुष तक ही सीमित नहीं रह गया था हालांकि एजेंसी अभी भी उसी तक सीमित थी। ज्ञान को सबकी पहुंच में लाना तभी संभव था जब वह 'और' यानी परायी भाषा के बजाय व्यक्ति की निज भाषा में ही सबको उपलब्ध कराया जाए। कहने का मतलब यह था कि जब घर के सब लोग एक ही भाषा बोलें तभी वे अपनी जीवन और विचारों में समानता ला सकते हैं (*इक भाषा, इक जीव, इक मति सब घर के लोग*)। भाषा का काम एकता बनाना, समन्वय स्थापित करना, समावेश करना था। इस कविता में निज के अलावा *इक* यानी एक शब्द भी एक केंद्रीय सूत्र था।

अगले आठ दोहों में हरिश्चंद्र ने इस बात पर रोशनी डाली कि अंग्रेज़ी को अंग्रेज़ों की एकमात्र और राष्ट्रीय भाषा होने से कितने लाभ की स्थिति मिली है। उन्होंने कहा कि अंग्रेज़ी में सारी वैज्ञानिक रचनाएं उपलब्ध हैं। यह कहने का कोई मतलब नहीं है कि उनकी भाषा में किसी तरह का दोष है। जब वे दूसरी भाषाओं से शब्दों को अपनी भाषा में लेते हैं तो वे उन्हें भ्रष्ट कर देते हैं और उनकी वर्तनी बहुत बिगाड़ देते हैं, वे लिखते एक ढंग से हैं और बोलते दूसरे ढंग से हैं :

पै निज भाषा जानी तेही तजत नहीं अंगरेज़ (37)।

यानी, इसके बावजूद अपना जानते हुए भी अंग्रेज़ अपनी भाषा का त्याग नहीं करते।

इन पंक्तियों का मर्म स्पष्ट था। जहां से भी कुछ मिलता है, उसे ले लेते हैं मगर अंग्रेज़ अपने मार्ग से नहीं भटकते। उन्होंने इस एक भाषा को सारी दूसरी भाषाओं के ख़ज़ाने का पात्र बना लिया था। जहां से भी विविध कलाएं, विज्ञान मिले, वे लेते रहे। अगर उन्हें कोई कलात्मक कृति मिले तो वे तब तक चैन से नहीं बैठते जब तक उसका अपनी भाषा में अनुवाद नहीं कर लेते। जैसे ही उन्होंने तुलसीदास की *रामायण* को खोजा, उन्होंने अपनी भाषा में उसको संशोधित कर लिया (एफ.एस.ग्राउज़ द्वारा किए गए इस महाकाव्य के हालिया अनुवाद का ज़िक्र)। उनके समाज के सभी लोग एक ही भाषा बोलते हैं, इसलिए अत्यंत विविध प्रकार का ज्ञान भी सब तक पहुंच सकता है, सबकी समझ में आ सकता है (*सब के समझन जोग*) और एक साथ समरूप भाषा में पहुंच सकता है (*भाषा माहीं समान*)। भारत में चरम विविधता थी :

बिबिध देश मतहु बिबिध भाषा बिबिध लखात (44)।

यानी यहां ज्ञान विभाजित था। यह इसलिए और भी खंड-खंड था क्योंकि ब्राह्मण ही धर्म से संबंधित सारे कार्यों को अपने हाथ में लिये हुए थे। वैदिक ज्ञान गोपनीय बना रहा। ज़्यादातर पुरुषों को अपने धर्म का भी ज्ञान नहीं था (*अपने मत की बात*), फ़ारसी के ज्ञान से मौलवी

सामाजिक शिष्टाचार के नियम तय करते थे, वे आचरण के सूक्ष्मतम आयामों पर हावी थे। लेकिन, संस्कृत और फ़ारसी में ज्ञानार्जन से भी सारी समस्याएं हल नहीं होतीं, देश की मौजूदा समस्याएं बनी रहतीं। सार यह था कि इस दौर के लिए जो भी ज्ञान आवश्यक था, उसको हिंदी में स्थानांतरित किया जाना चाहिए था।

वैज्ञानिक मसले अंग्रेज़ी जानने वालों के दायरे के हिस्से थे। उन्होंने इस बात को ज़ोर देकर कहा कि अंग्रेज़ी बहुत आवश्यक है क्योंकि इसके बिना दुनिया का सारा ज्ञान भी इस बात की व्याख्या नहीं कर सकता कि फ़ोटोग्राफ़ी, टेलीग्राफ़, रेलवे, जलपोत कैसे काम करते हैं; कैसे युद्ध के शस्त्र बनाए और चलाए जाते हैं। ज्ञान ही सत्ता है। अगर यह अंग्रेज़ी में ही क़ैद रहा तो हम कभी भी उसके प्रभुत्व के रहस्यों को नहीं जान पाएंगे, हम यह नहीं जान पाएंगे कि वे राजा और हम गुलाम कैसे बने (*हम गुलाम, ये भूप*) और हमारा आर्थिक शोषण क्यों हो रहा है, सरकारी ख़र्चा कितना है, कितना धन ब्रिटेन के सरकारी ख़ज़ानों में जाकर बंद हो जाता है, कितना धन औपनिवेशिक अधिकरियों के सामाजिक मेलजोल में नष्ट होता है और इन्हीं सब कारणों से भारत दरिद्र है। यानी ज्ञान राजनीतिक और आर्थिक शक्ति भी है। इस ज्ञान को अर्जित करने के लिए अंग्रेज़ी सीखना ज़रूरी है लेकिन सिर्फ़ इतना ही काफ़ी नहीं। जिनको अंग्रेज़ी नहीं आती, वे क़ानूनों और अपने अधिकारों के प्रति अनभिज्ञता के कारण हमेशा तमाम तरह के अन्यायों के शिकार होते रहेंगे। लिहाज़ा, अंग्रेज़ी सीखने से प्राप्त ज्ञान को औरों तक पहुंचाना ज़रूरी है, इसको निज भाषा में अनूदित करना ज़रूरी है :

यह सब विद्या की कहूं होइ जू पइ अनुवाद
निज भाषा महं तो सबइ याको लहइ सवाद (68)।

हम मशीनें बना सकते हैं जिससे आय के भेद को समाप्त किया जा सकता है। धार्मिक विषयों को और सामाजिक शिष्टाचार को सभी समझ पाएंगे और इससे भी भेद मिटाने में मदद मिलेगी। इससे हम राजनीति की प्रक्रियाओं को भी समझ सकते हैं। लुब्बोलुबाब यह था कि दुनिया के सारे बंटवारे ख़त्म हो जाएंगे, कोई किसी पर आश्रित नहीं रहेगा और व्यक्ति दोनों जगत (दोऊ जगत) के सारे सुख ले पाएगा। दो जगतों के इस विभेद का यह दुर्लभ हवाला है और उनके फासले को पाटने की संभावना का भी एकमात्र ज़िक्र है। इस फ़ासले को पाटने के लिए दोनों भाषाओं, दोनों बोलियों का ज्ञान अनिवार्य था।

आख़िरी तेरह दोहों में हरिश्चंद्र ने आर्य बंधुओं से अपनी भाषा की उन्नति के लिए, इसे सरकारी प्रयोग और अदालतों की भाषा बनवाने के लिए एकजुट होने का आह्वान किया है। उन्होंने इसके शुद्धीकरण (*सोधहू*) का भी आग्रह किया हालांकि उन्होंने यह स्पष्ट नहीं किया कि किन चीज़ों या किस तरह सफ़ाई की जाएगी, ऐसा लगता है कि वह मानकीकरण की तरफ़ संकेत कर रहे हैं क्योंकि उन्होंने समरूपता पर बहुत ज़्यादा ज़ोर दिया था। सभी प्रकार की गतिविधियों को और सघन करना ज़रूरी था; सभी व्यक्तियों को इसे पढ़ना था, लिखना था, इस भाषा में अख़बार निकालना था, अनुवाद कार्य प्रारंभ करने थे। अंग्रेज़ों ने लोकप्रिय महाकाव्य *आल्हा*[75] का भी अनुवाद कर डाला था। इस बात पर हरिश्चंद्र ख़ासे उत्तेजित दिखाई देते हैं : क्या यह देखकर तुम्हें शर्म नहीं आती? दूसरी भाषा के ख़ज़ाने को लूटो, उससे अपनी किताबें बनाओ, अज्ञान और आलस्य को

दूर करो। आपस में एकता बनाओ ताकि भारतमाता और ऊपर बैठे देवताओं को कोई कष्ट न रहे क्योंकि भारत इन्हीं बखेड़ों की वजह से ही नष्ट हुआ था। बहरहाल, अब एक नई आशा थी, दुख की रात गुज़र चुकी थी, हमें सिर्फ़ अपनी दासता से संतुष्ट नहीं रहना चाहिए था, हमें आगे बढ़ना था।

निज भाषा निज धरम निज मान करम ब्यौहार (95)।

पूरब में भारत का सूर्य उग रहा था। आर्य-हिंदी के प्रसंग में हरिश्चंद्र ने हिंदुस्तान के बजाय भारत का हवाला दिया, यह पूरी तरह उपयुक्त था। अपने व्याख्यान के दौरान हरिश्चंद्र ने कहीं भी उर्दू के ख़िलाफ़ तर्क नहीं दिया था लेकिन निहित रूप से उसे वे अपने सारे सरोकारों से और प्रस्तावों से बेदख़ल कर चुके थे। वे प्रांत में प्रचलित भाषाओं की विभिन्न क़िस्मों में एक निश्चित समरूपता के लिए आवाज़ उठा रहे थे क्योंकि इन भाषाओं की वास्तविक विविधता के बारे में उनसे ज़्यादा और कोई अवगत नहीं था। जब वह आह्वान करते हैं कि अपनी मां और पत्नी को हिंदी पढ़ाई जानी चाहिए तो वह न केवल परोक्ष रूप से यह स्वीकार कर रहे थे कि इसकी ज़रूरत थी बल्कि वह यह भी कह रहे थे कि अब घर में बोली जाने वाली क्षेत्रीय क़िस्में मानक हिंदी या खड़ी बोली के लिए रास्ता साफ़ कर दें। इसके शिक्षाशास्त्रीय लाभों के अलावा इससे पुरुषों और स्त्रियों का फ़ासला भी पट जाता और अब इस बात का एक निश्चित ख़तरा दिखाई दे रहा था कि कहीं यह हैसियत अंग्रेज़ी हासिल न कर ले। अगर पति और पत्नी, दोनों हिंदी बोलें, तो न केवल हिंदी एक शहरी हैसियत के स्तर तक उन्नत हो जाएगी बल्कि घरेलू दायरे का भी उत्थान होगा और वह बाहरी जगत का ज्ञान अर्जित करने की स्थिति में आ जाएगा।

हरिश्चंद्र मानकीकरण के मॉडल के रूप में अंग्रेज़ी की तरफ़ देख रहे थे। उसमें एक मानक वर्तनी थी। अपने भंडार को समृद्ध करने के लिए उसने दूसरी भाषाओं की शब्दावली, ज्ञान और यहां तक कि साहित्यिक रत्नों को भी आत्मसात् करने में क़तई हिचकिचाहट नहीं दिखाई। उसने तुरत-फुरत अनुवाद का रास्ता अपनाया। इस तरह, अंग्रेज़ी में समान भाषायी स्तर पर तमाम ज्ञान उपलब्ध था और सबकी पहुंच के भीतर था। भाषा का कोई भी ख़ास दायरा किसी ख़ास समूह की बपौती नहीं था। यह बाण ब्राह्मणों पर छोड़ा गया था, जो लंबे समय से धार्मिक परिधि पर एकाधिकार बनाए हुए थे। अब इसमें भी आम जनता की दख़ल का रास्ता खोलना ज़रूरी था ताकि अंततः हिंदू अपने धर्म का ज्ञान अर्जित कर सकें।

अंग्रेजी भाषा को सीखना अनिवार्य था क्योंकि मैन्युफैक्चर और युद्ध कला का सारा तकनीकी ज्ञान इसी में था। इससे आर्थिक, और सर्वोपरि राजनीतिक लाभ मिलने थे। इस भाषा को सीखकर लोग सरकार के आर्थिक विनिमयों, उसके ख़र्चे और उसकी शोषणपरक व्यापार नीति को समझ सकते थे। उसको पढ़कर व्यक्ति अंग्रेज़ों के क़ानून को भी जान सकता था और अपने अधिकारों के लिए ज़ोर लगा सकता था। अंग्रेज़ी के ज्ञान के आधार पर ही वह यह भी समझ सकता था कि भारतीय ग़ुलाम और वे राजा क्यों हैं। लेकिन अंग्रेज़ी सीखना ही काफ़ी नहीं था, इस सारे ज्ञान का अपनी भाषा में अनुवाद भी ज़रूरी था, फलस्वरूप, जो उन्नत होती और नाना दिशाओं में फैल पाती। अंग्रेज़ी के सांचे में भाषा गढ़ने की इस चेष्टा को मैंने तीसरे मुहावरे का नाम दिया है क्योंकि इसमें अपनी

विशिष्ट पहचान पर ज़ोर दिया जाना था, और वह दोनों संसारों के फ़ासले को पाटते हुए अस्तित्व में आने वाली थी।

हिंदी का शुद्धीकरण करके उसका प्रसार करना था, उसमें किताबों, गुटकों और अख़बारों का प्रकाशन करना था और सबसे बढ़कर, हिंदी में दूसरी भाषाओं से अनुवाद किए जाने थे। केवल तभी राष्ट्रीय धर्म, प्रतिष्ठा और सामाजिक संबंधों में जड़ से उन्नति की संभावना थी। इस उद्यम के राष्ट्रीय आयामों को इतने बेबाक ढंग से और कहीं व्यक्त नहीं किया गया था।

आने वाले दौर में हिंदी के प्रसार के लिए और अधिक सोसायटियों की स्थापना की गई। अदालतों में नागरी लिपि के इस्तेमाल की मांग करते हुए ज्ञापनों पर हस्ताक्षर इकट्ठा करने के लिए जोश भरे अभियान चलाए गए।

1882 में जब उदारवादी और बेहद लोकप्रिय वायसराय लॉर्ड रिपन ने शिक्षा की प्रगति का जायज़ा लेने के लिए सर विलियम हंटर की अध्यक्षता में एजुकेशन कमीशन का गठन किया और यह कमीशन उत्तर-पश्चिमी प्रांत के दौरे पर आया तो कमीशन के सदस्यों ने 34 जाने-माने व्यक्तियों के साक्षात्कार लिये। उनमें 15 हिंदू, 4 मुसलमान और 14 यूरोपियन (सरकारी अधिकारी व मिशनरी) थे। इन साक्षात्कारों में हरिश्चंद्र ने जो साक्ष्य प्रस्तुत किए उनको *कविवचनसुधा* में प्रकाशित किया गया था और इस तरह वे भी सार्वजनिक बहस का हिस्सा बन गए थे।[76]

हरिश्चंद्र ने अपना परिचय इन शब्दों में दिया : 'मैंने सदैव शिक्षा में रुचि ली है। मैं संस्कृत, हिंदी और उर्दू का कवि हूं। मैंने पद्य और गद्य, दोनों में बहुत सारी रचनाएं रची हैं।' (*समग्र :* 1054) तीनों भाषाओं का नाम लेकर उन्होंने अपने कार्यक्षेत्र को इतना विस्तार दे दिया था कि साहित्यिक उत्पादन का पूरा क्षेत्र उनके दायरे में आ गया था।

इसके बाद उन्होंने यह भी स्वीकार किया कि इस प्रांत की वर्नाक्यूलर को परिभाषित करना कठिन है क्योंकि यह तो गांव-गांव में अलग है। उन्होंने कहा कि यहां कई बोलियां हैं जिनको इस श्रृंखला में रखा जा सकता है।

> इन प्रांतों की वर्नाक्यूलर को नाना जटिल और बहुचर्चित रूपों की वजह से सैकड़ों उपशीर्षकों में बांटा जा सकता है लेकिन इनके चार मुख्य पहलू हैं : (1) पूरबी, जो बनारस और इसके सीमावर्ती ज़िलों में बोली जाती है; (2) कन्नौजी, कानपुर और समीपवर्ती ज़िलों में बोली जाने वाली बोली; (3) ब्रजभाषा, जो आगरा और उसके आस-पास के ज़िलों में बोली जाती है; (4) कैयन अथवा खड़ी बोली, जो सहारनपुर, मेरठ और आस-पास के दूसरे ज़िलों में बोली जाती है (1055)।

उन्होंने बताया कि इन विविधताओं के पीछे 'बोलने वालों की जाति, जन्म और हैसियत...' को आधार माना जा सकता है। मानक भाषा वह थी जो सरकारी दफ़्तरों में इस्तेमाल होती थी यानी वह भाषा जिसको शासकीय संरक्षण मिला हुआ था, जो सार्वजनिक दायरे में प्रचलित थी और सर्वोपरि, जो प्रिंट में मौजूद थी। लिहाज़ा उन्होंने कहा :

> लिहाज़ा, मैं इस प्रांत की सभी वर्नाक्यूलर को लोगों के अलग-अलग वर्गों द्वारा सार्वजनिक स्थानों और सार्वजनिक अवसरों पर बोली जाने वाली बोली मानता हूं। उदाहरण के लिए, शाही दरबारों में, कचहरियों में, जनसभाओं आदि-आदि में बोली जाने वाली बोली, वह बोली जिसमें पुस्तकें लिखी जाती हैं (1056)।

इन तीनों दायरों में इस्तेमाल होने वाली भाषाएं एक-दूसरे से काफ़ी निकट थीं लेकिन जैसा कि हम पीछे देख चुके हैं, वे अनिवार्य रूप से समान नहीं थीं। इस अधिकृत वक्तव्य में हरिश्चंद्र ने सार्वजनिकता के आयाम पर विशेष ज़ोर दिया क्योंकि दरअसल यही यह परिधि थी जहां असली विवाद था।

परंतु हरिश्चंद्र ने मानकीकरण के उद्देश्य को ध्यान में रखते हुए बोलियों की संख्या को सीमित करने के लिए अपनी कसौटी का सहारा लिया। उन्होंने प्रस्ताव रखा :

> जैसा कि पीछे उल्लेख किया गया है, इस प्रांत की वर्नाक्यूलर भाषाओं में से केवल दो, यथा, ब्रजभाषा और खड़ी बोली, ही ध्यानाकर्षण की हक़दार हैं। ब्रजभाषा को हिंदी काव्यात्मक रचनाओं में इस्तेमाल किया जाता है और खड़ी बोली पूरे प्रांत में दो अलग-अलग भेसों में बोली जाती है। फलस्वरूप, जब खड़ी बोली को फ़ारसी शब्दों की भरमार के साथ बोला जाता है और फ़ारसी अक्षरों में लिखा जाता है तो उसे 'उर्दू' कहा जाता है और जब वह ऐसे विदेशी मिश्रण से मुक्त होती है और उसे नागरी अक्षरों में लिखा जाता है तो उसे हिंदी कहा जाता है। फलस्वरूप, हम इस निष्कर्ष पर पहुंच जाते हैं कि उर्दू और हिंदी में कोई वास्तविक फ़र्क़ नहीं है (1056)।

हालांकि उन्हें दोनों भाषाओं के बीच कोई असली फ़र्क़ दिखाई नहीं दे रहा था लेकिन फिर भी वह उन्हें दो अलग-अलग भाषाओं के रूप में ही देखते थे और तटस्थ रहने की तमाम चेष्टाओं के बावजूद, जब भी उर्दू को मिल रहे संरक्षण की चर्चा आती थी तो वह ख़ुद को गाली-गलौज से नहीं रोक पाते थे। उनकी राय में उर्दू की यह हैसियत इसलिए थी क्योंकि वह अदालतों की भाषा थी। 'मुसलमानों के पास न केवल पैनी और चिकनी ज़बान होती है बल्कि वे बहुत तेज़ और मुंहजोर भी होते हैं और यही कारण है कि वे दूसरों पर हावी हो जाते हैं' (1056)। उन्होंने माननीय सैयद अहमद ख़ान बहादुर, सी.एस.आई. के इस बयान का बहुत गरमी से विरोध किया कि 'उर्दू सभ्य वर्ग की भाषा है और हिंदी गंवारू भाषा है। यह बयान न केवल ग़लत है बल्कि हिंदुओं के प्रति अन्यायपूर्ण भी है' (1057)। हरिश्चंद्र को इस बात में कोई संदेह दिखाई नहीं देता था कि उर्दू 'नचनियों और वेश्याओं की भाषा है।' फिर भी, दिलचस्प बात यह है कि जब खड़ी बोली या हिंदी, जिन्हें वह *आर्य भाषा* या *साधु भाषा* भी कहते थे, के शुरुआती नमूने, यानी 'ख़ास विदेशी मदद के बिना' लिखी गई हिंदी के नमूने ढूंढ़ने की बात आती थी तो वह इंशाअल्ला खां की शुरुआती हिंदवी और उनकी लिखी *रानी केतकी की कहानी* का हवाला ज़रूर देते थे। इस चुनाव के दो महत्त्वपूर्ण निहितार्थ थे। पहली बात तो यह कि हरिश्चंद्र हिंदी को अंग्रेज़ों की देन नहीं मानते थे। चुनांचे, वह फ़ोर्ट विलियम कॉलेज में काम करने वाले मुंशियों के योगदान को वज़न नहीं देते थे और आधुनिक मानक खड़ी बोली गद्य की रचना में लल्लूजी लाल की अत्यंत लोकप्रिय *प्रेमसागर* के महत्त्व को सिरे से ख़ारिज करते थे।[77] दूसरी बात, हालांकि इस बात की तरफ़ उनका स्पष्ट झुकाव था कि हिंदी हिंदुओं की भाषायी एवं साहित्यिक कृति है, परंतु वह एक ऐसी भाषा के नाम पर इस तरह की सहमति की भी तलाश में थे जिसको व्यापक पैमाने पर व आसानी से समझा जा सके। यानी, वह ऐसे उग्र राष्ट्रवादी नहीं थे कि इस प्रक्रिया में मुस्लिम लेखकों की सारी हिस्सेदारी को ही पूरी तरह नकार दें। क्योंकि इंशाअल्ला खां मानते थे कि वह ख़ुद हिंदी में लिख रहे हैं और

उन्नीसवीं शताब्दी के आख़िर तक इसको हिंदी के समकक्ष माना जाने लगा था, इसलिए हरिश्चंद्र को भी उन्हें हिंदी का लेखक मानने में कोई गुरेज़ नहीं था।

हरिश्चंद्र फ़ारसी-अरबी और संस्कृत, दोनों तरह के पांडित्य प्रदर्शन को लगातार ख़ारिज करते रहे। 'मौलवी और पंडित जिस युद्ध में लगातार लगे हुए हैं, उसने असली हिंदी की उन्नति को नष्ट कर दिया है। हमारी देसी भाषा न तो मौलवियों की भाषा है और न ही पंडितों की। यह बीच में कहीं पड़ती है; यह *स्वर्णिम माध्य* है' (1058)। असली हिंदी को एक अविभेदीकृत ढेर और नाना प्रकार की बोलियों में से ढूंढ़ निकालने की चेष्टा में उन्हें इस बात का भी अच्छी तरह से पता था कि फ़ारसी के सारे शब्दों को हिंदी से नहीं निकाला जा सकता है और न ही निकाला जाना चाहिए।[78]

> ...हम ऐसी शुद्ध सरल वर्नाक्यूलर चाहते हैं जिसे आम जनता समझती हो और जो बहुमत के लिए परिचित अक्षरों में लिखी जाती हो। बेशक, विज्ञान की पुस्तकों में तकनीकी बारीक़ियों का इस्तेमाल करना पड़ेगा जिसके लिए हम देसी भाषा में समानार्थी शब्द नहीं ढूंढ़ सकते; लेकिन बातचीत में, पारिवारिक शिक्षा की किताबों में, बच्चों की स्कूली किताबों में, अदालती काग़ज़ों में, अख़बारों और लेक्चरों में हम ऐसी सरल और आम बोलचाल की भाषा चाहते हैं जिसको हम सच्चे और सही अर्थों में अपनी मातृभाषा कह सकें (सी सी : 99)।

यह एक व्यावहारिक रास्ता था, लेकिन भले ही हरिश्चंद्र 'लोगों की समझ में आने वाली शुद्ध, सरल देसी भाषा' चाहते थे, उनका एक निश्चित झुकाव ज़रूर था। 'मातृभाषा' शब्द की भावात्मक शक्ति इस बात को उजागर कर देती है। जब इस भाषा की शब्दावली को फैलाने और समृद्ध करने की बारी आती थी, जब एक तकनीकी शब्दावली गढ़ने का सवाल आता था, नए शब्द गढ़ने का सवाल आता था तो बाक़ी सारी 'विदेशी' सहायता को अपरिहार्य रूप से संस्कृत के पक्ष में ख़ारिज कर दिया जाता था।

हिंदू—जिनका प्रतिनिधित्व बनारस और इलाहाबाद के पढ़े-लिखे लोग कर रहे थे और उन्हें कानपुर के साक्षर समूहों का भी समर्थन प्राप्त था—मानते थे कि उनका मत ही अधिसंख्या का मत है और यही अधिसंख्यक मत अंततः सफल होने जा रहा था। 1882 में इलाहाबाद के नागरिकों द्वारा एजुकेशन कमीशन के सामने जो ज्ञापन पढ़ा गया, उसमें सबसे पहले ठीक इन्हीं आंकड़ों का हवाला दिया गया था[79] :

> संयुक्त प्रांत की आबादी पिछली जनगणना में 44,107,118 थी; उनमें से 59,22,886 मुसलमान हैं। कुल आबादी में से लगभग 13 प्रतिशत ही मुसलमान हैं। ज़्यादातर लोग हिंदू हैं इसलिए कुछ उल्लेखनीय अपवादों को छोड़कर वे प्रायः हिंदी ही बोलते हैं जो किसी न किसी रूप में उनकी मातृभाषा है। यहां तक कि ग्रामीण मुस्लिम आबादी भी उर्दू में नहीं बल्कि हिंदी में ही बोलती है जो कि कोई भी देख सकता है (सी सी : 85)।

इस अवस्था तक आते-आते मुद्दा इस क़दर विचारधारात्मक रूप ले चुका था कि इस बारे में कोई संदेह ही नहीं बचा था कि हिंदी हिंदुओं की भाषा है, 'किसी न किसी रूप में' बहुमत की भाषा है और इस आबादी में ग्रामीण मुसलमानों की संख्या भी शामिल है। रूपों से जुड़ा सवाल, चाहे वह बोलियों से या स्वयं उर्दू से संबंधित हो, हाशिए पर जा चुके थे। अब हिंदी न केवल हिंदुओं की 'परंपराओं और प्रिय विचारों' से संबंधित थी बल्कि वह उन्हीं से एकबद्ध थी जो कि प्राथमिक शिक्षा के लिए इस्तेमाल होने वाली भाषा के अनुरूप हो चुकी थी और

उसकी किसी भी सफलता के लिए महिलाओं को भी इसकी शिक्षा देना ज़रूरी था (88)। यह मुद्दा स्पष्टतः राष्ट्रीय आयाम ग्रहण कर चुका था :

> ...*राष्ट्रीय* भाषा का उद्देश्य यह है कि राष्ट्र को उच्चतर सोच व विचारों तक उठाया जाए और उसे वर्तमान की तुलना में उच्चतर सामाजिक, नैतिक एवं राजनीतिक अस्तित्व प्रदान किया जाए। यह काम प्रधानतः *एक राष्ट्रीय भाषा और राष्ट्रीय साहित्य* के माध्यम से ही संपन्न किया जा सकता है। बंगाल और बम्बई में राष्ट्रीय साहित्य की स्थापना के ज़रिए इस दिशा में काफ़ी प्रगति की जा चुकी है। संक्षेप में, उन प्रांतों में हर जगह एक उभरते पुनर्जागरण के चिह्न साफ़ देखे जा सकते हैं। दूसरी तरफ़ यहां एक उबाऊ नीरसता और बौद्धिक आलस्य ही सबसे विशिष्ट गुण हैं, जो न केवल निचली आबादी में बल्कि शिक्षित वर्गों में भी व्याप्त हो चुके हैं। इसके कारण निस्संदेह विविध, गहरे और अत्यंत गंभीर हैं। लेकिन हमारी राय में सबसे मुख्य कारण यह है कि *राष्ट्रीय एवं पारंपरिक* के नाम पर एक ऐसी भाषा को बिठा दिया गया है जो *अजनबी, विदेशी और प्रतिकूल* है...। फ़ारसी और उर्दू की किताबें अपने तौर पर काफ़ी अच्छी हैं और हम स्वीकार करते हैं कि उनमें से कई तो व्यावहारिक ज्ञान की दृष्टि से एक हद तक उपयोगी भी हैं; लेकिन इसके अलावा वे हिंदू पाठक के विचारों और भावनाओं के मार्ग को प्रभावित करने में शक्तिहीन हैं। उनसे जो क्षति पहुंच रही है, वह अत्यंत सघन है–*परंपरा और शास्त्रों* से हमें मिली श्रेष्ठता की राष्ट्रीय क़िस्मों की गहराई और शक्ति नष्ट हो गई है (सी सी : 90, ज़ोर अतिरिक्त)।

एक तरफ़ राष्ट्रीय व पारंपरिक और दूसरी तरफ विदेशी व प्रतिकूल के बीच इतना तीखा विभेद पैदा करने के बाद याचिकाकर्ता हरिश्चंद्र की उम्मीदों से भी आगे जा निकले। हालांकि दिशा हरिश्चंद्र की भी वही थी परंतु उन्होंने ख़ुद को उर्दू का भी कवि बताया था और उन्होंने उर्दू के दरबारी साहित्य को न तो पूरी तरह ख़ारिज किया था और न ही ग्रामीण मुस्लिमों को भाषायी दृष्टि से अपने खे़मे में समेटने की कोशिश की। इन ज्ञापनवादियों के लिए राष्ट्रीय भाषा निर्णायक रूप से हिंदू भाषा, परंपरा और साहित्य के समकक्ष थी जो तमाम रुकावटों के बावजूद क़ायम थी। लेकिन अंग्रेज़ों द्वारा उर्दू को दिए गए संरक्षण से जो 'पराया, विदेशी और प्रतिकूल' माहौल पैदा हुआ था, वह लगातार रोड़ा बन रहा था और भाषा के नैसर्गिक विकास को रोक रहा था जो एक राष्ट्रीय साहित्य की आवश्यकता के लिए हाहाकार कर रही थी। पूरे प्रांत में फैले आलस्य और एकरसता की जड़ में यही समस्या थी। बंगाल और बॉम्बे प्रेसीडेंसी के विपरीत, जहां उनकी अपनी राष्ट्रीय भाषाओं को सरकारी कामों के लिए इस्तेमाल करने का सुखद सुयोग बना हुआ था, उत्तर-पश्चिमी प्रांत अभी भी विदेशी भाषा का जुआ ढोने को अभिशप्त थे। ज्ञापनवादियों ने आगे यह भी कहा कि हिंदी और संस्कृत, 'इन प्रांतों के चंद सुपीरियर ज़िला स्कूलों की मिडिल और ऊपरी कक्षाओं में नितांत वर्जित हैं', जिससे यह स्पष्ट है कि उनको राष्ट्रीय उद्देश्यों के लिए विकसित नहीं किया जा रहा है। यह ज्ञापन न केवल इसलिए ग़ौरतलब है कि इसमें एक राष्ट्रीय मुद्दे पर स्पष्ट स्टैंड लिया गया था और हिंदुओं के लिए एक राष्ट्रीय साहित्य की रचना का स्पष्ट आह्वान किया गया था, बल्कि यह ज्ञापन इसलिए भी उल्लेखनीय है कि इसमें हिंदी के बारे में बात करते हुए मां और बच्चे की भाषा जैसे बेहद शक्तिशाली भावनात्मक तर्कों का इस्तेमाल किया जा रहा था और पूरे संदर्भ को हिंदी व संस्कृत के शास्त्रीय कवियों के साथ जोड़ा जा रहा था। भाषावैज्ञानिक कसौटी को छोड़कर विचारधारात्मक कसौटी बहुत पहले अपनाई जा चुकी

थी; प्राचीन और शास्त्रीय परंपरा के साथ संपर्क से ही भाषा को इतिहास, सम्मान और प्राचीनता प्राप्त होती है, यह बात पहले ही मान ली गई थी :

> *मां* के प्रेम भरे होंठों से नन्हे शिशु बालक के कानों में आने वाली सुमधुर वाणी के जादू तथा कोमल शब्दों से बहुत सारे लोगों को उपयोगिता, स्वार्थ और महत्त्वाकांक्षा के आकर्षणों का सामना करने में मदद मिली है और *वाल्मीकि व कालिदास* के उच्चतर व राजकीय गीतों से लेकर तुलसीदास के मीठे और प्रिय मंगलाचरण से आत्म-निषेध की शिक्षा मिलती है! महोदय, यदि हम अपने हृदय की भावनाओं को छिपा नहीं पा रहे हैं तो हमें क्षमा करें। इसका कारण यही है कि बहुत बड़े हित दांव पर लगे हुए हैं, अर्थात् पूरे राष्ट्र का बौद्धिक एवं आध्यत्मिक जीवन दांव पर है... (91 : ज़ोर अतिरिक्त)।

यहां दावा यह किया जा रहा है कि तुलसीदास और यहां तक कि वाल्मीकि और कालिदास के गीत भी बच्चे सबसे पहले अपनी मां की ज़बान में सुनते हैं और यही कारण है कि हिंदुओं की संस्कृति और परंपरा मुस्लिम दख़लंदाजी के बावजूद अक्षुण्ण रही है। यह दावा हक़ीक़त से ज़रा दूर था, यह बात ज्ञापन देने वालों को भी मालूम थी क्योंकि उन्होंने इस भावातिरेक के लिए क्षमा मांगी और कहा कि ऐसा इसलिए है क्योंकि 'पूरे राष्ट्र का बौद्धिक एवं आध्यात्मिक जीवन दांव पर लगा हुआ है।' मुसलमान और उनके साथ आई विदेशी परंपराओं को उन्होंने अपनी परंपराओं की स्मृति से पूरी तरह बेदख़ल कर दिया था और उनकी दृष्टि में ग्रामीण मुस्लिम आबादी भी सर्वसमावेशी हिंदू संस्कृति में समो चुकी थी।

इसके बाद जिन दो कारकों पर ज़ोर दिया गया, उनमें पहला यह था कि समय की नज़ाकत को देखते हुए हिंदी को अपनी शब्दावली को और विस्तार देना होगा तथा यह काम केवल तभी किया जा सकता है जब इसके लिए संस्कृत से मदद ली जाए। राजनीतिक आपदा की वजह से जो 'विदेशी' सहायता ली गई थी उसको निर्णायक रूप से ख़ारिज कर दिया गया। दूसरी बात यह रही कि सारे विपरीत साक्ष्यों के बावजूद ज्ञापनवादी इस बात पर आमादा थे कि हिंदी ही उनके परिवारों और चौके-चूल्हे की ज़बान है। अपने सगे-संबंधियों के साथ सारा संचार केवल 'हिंदी के असली रूप' में हो रहा था। लिहाज़ा, इसके प्रति एक निष्ठा और संरक्षण का भाव था।

1884 में कानपुर के निवासियों ने लॉर्ड अल्फ्रेड लयाल को एक याचिका भेजी। इस याचिका को बिना काट-छांट के *कविवचनसुधा* में प्रकाशित किया गया। यह इस बात का स्पष्ट संकेत था कि यह वक्तव्य सहोदर नागरिकों के लिए भी एक अपील था। हालांकि पत्रिका में हस्ताक्षर करने वालों के नाम नहीं दिए गए थे, लेकिन हरिश्चंद्र के निकट सहयोगी और हिंदी पत्रिका *ब्राह्मण* के संपादक प्रताप नारायण मिश्र (1856-95) लगभग निश्चित रूप से उनमें शामिल थे। इस याचिका में 1854 के वुड्स एजुकेशनल डिस्पैच के उस आश्वासन पर ज़ोर दिया गया था जिसमें कहा गया था कि लोगों को उनकी अपनी भाषा में शिक्षा मिलेगी : यानी, *साधारण शिक्षा अपनी बोली में,* और यही नहीं हो पाया था, हालांकि यह एक स्वीकृत तथ्य था कि सर्वसाधारण को केवल उनकी अपनी भाषा के माध्यम से ही शिक्षा दी जा सकती थी। इस बात को लेकर गहरा असंतोष था कि शिक्षा आयोग ने स्थिति का समाधान निकालने के लिए कोई प्रयास नहीं किया था। चुनांचे, सारे मानक तर्कों को फिर से दोहराया जा रहा था। हिंदी के लिए चले सार्वजनिक हो-हल्ले में ये तर्क स्वीकृत संग्रह

का हिस्सा बन चुके थे। यह बात बार-बार दोहराई जा रही थी कि मुसलमानों के आने से पहले देश की भाषा हिंदी थी और सारे कामों के लिए नागरी लिपि का ही इस्तेमाल किया जाता था, यथा–गांवों में बोली जाने वाली भाषा हिंदी थी, इसीलिए ईसाई मिशनरियों ने उसका इतना व्यापक इस्तेमाल किया था। बहीखाते हिंदी में लिखे जाते थे और पटवारी के रिकॉर्ड भी हिंदी में दर्ज किए जाते थे। यही हिंदी घरों में भी बोली जाती थी। उर्दू तो क़स्बों के मुट्ठी भर लोगों की भाषा थी।[80]

अस्सी के दशक के मध्य में राजनीतिक और व्यावहारिक रूप से कैसी स्थिति थी, इसका हरिश्चंद्र ने *हिंदी भाषा*[81] शीर्षक अपनी एक संक्षिप्त टीका में बड़ा सटीक ब्योरा दिया। यह टीका 1883/4 में किसी समय लिखी गई थी। यानी, हिंदी में लिखने और उसके लिए अभियान चलाने के अत्यंत व्यस्त कैरियर के आख़िरी दौर में। इस दस्तावेज़ में उन्होंने न केवल उस समय प्रचलित विविध भाषा शैलियों का सटीक विश्लेषण किया और उनको दर्ज किया, बल्कि उन्होंने अपनी नीति को भी बड़े सुघड़ ढंग से परिभाषित किया था। एक बार फिर, उन्होंने इस तथ्य को छिपाने का कोई प्रयास नहीं किया कि प्रांत के ज़्यादातर घरों में बोली जाने वाली भाषा के रूप में किसी मानक भाषा या खड़ी बोली का कोई अर्थ नहीं था :

> भाषाओं के तीन विभाग होते हैं, यथा–घर में बोलने की भाषा, कविता की भाषा और लिखने की भाषा। अब पश्चिमोत्तर देश में घर में बोलने की भाषा कौन है यह निश्चय नहीं होता क्योंकि दिल्ली प्रांत के वा अन्य नगरों में भी खत्रियों वा पछांही अगरवालों वा पछांही जातियों के अतिरिक्त घर में हिंदी कोई नहीं बोलते बरंच यहां तो कोस-कोस पर भाषा बदलती है। इसी बनारस में जो बनारस के पुराने रहवासी हैं उनके घर में बिचित्र-बिचित्र बोलियां बोली जाती हैं जैसा पुरबियों की बोली तो आईला जाईला प्रसिद्ध ही है परंतु यहां के पुराने निवासी कसेरे लोग 'बाटः' शब्द का बहुत प्रयोग करते हैं... [इसके बाद शहर में विभिन्न समूहों द्वारा बोली जाने वाली विविध बोलियों के कई उदाहरण हैं]...। जो हो, यह तो सिद्धांत है कि जो यहां के शिष्ट लोग बोलते हैं वह परदेशी भाषा है और यहां पश्चिम से आई है। काशी के उस पार ही राम नगर में यहां की बोली से कुछ विलक्षण बोली बोली जाती है और वह मिर्ज़ापुर की भाषा से बहुत मिलती है। ऐसे ही पश्चिमोत्तर देश में अनेक भाषा हैं पर इनमें ऐसे नगर थोड़े हैं जिनमें आबालवृद्धवनिता सब खड़ी भाषा बोलते हों अतएव यद्यपि काशी ऐसे पूर्व्व प्रदेशों की मातृभाषा व घर में बोलचाल की भाषा हिंदी है, यह तो हम नहीं कह सकते, पर हां, यह कह सकते हैं कि इसी पश्चिमोत्तर देश में कई नगर ऐसे हैं जहां यही खड़ी बोली मातृभाषा है (1890 : 1)।

यहां हरिश्चंद्र ने एक अहम भेद बोलचाल की और साहित्यिक भाषा के बीच बताया। उन्होंने कहा कि साहित्यिक भाषा को भी पद्य और गद्य की भाषा में बांटा जा सकता है। हालांकि फ़ोर्ट विलियम कॉलेज के विद्यार्थियों द्वारा प्रयोग के लिए लिखे गए प्रारंभिक पाठों से जो रुझान पैदा हुआ वह निश्चित रूप से बोली जाने वाली भाषा पर आधारित था, लेकिन हरिश्चंद्र ने एक महत्त्वपूर्ण स्वीकारोक्ति की बात यह कही कि हिंदी, कम से कम उसका लिखित रूप, उत्तर-पश्चिमी प्रांतों के ज़्यादातर घरों की भाषा नहीं थी। यहां तक कि अपने उद्गम क्षेत्र में भी, हरिश्चंद्र के मुताबिक़, इसको केवल व्यापारी समुदाय के लोग ही बोलते थे, यानी

खत्री और अग्रवालों की पश्चिमी शाखा जिनमें से बाद वाली से स्वयं हरिश्चंद्र का संबंध था। वही भाषा को अपने साथ पूरब में लेकर गए, यानी इसको बनारस में भी बोला जाता था, लेकिन यहां यह पूरी तरह परायी ज़बान थी क्योंकि बनारस के ज़्यादातर घरों में और सड़कों पर बहुत सारी बोलियां प्रचलन में थीं। वे बोलियां भी न तो समरूप थीं और न ही मानक थीं, इसलिए यह स्पष्ट था कि लिखित क़िस्म को बोली जाने वाली ज़बान पर आधारित नहीं किया जा सकता था बल्कि उसे इस तरह संशोधित करना था कि ज़्यादा से ज़्यादा लोग उसे समझ सकें।

यहां हरिश्चंद्र आश्चर्यजनक रूप से ऐतिहासिक मुद्रा में दिखाई देते हैं। उन्होंने ब्रजभाषा को अतिप्राचीन भाषा नहीं बताया। हालांकि यह अधिकांश काव्य-रूपों के लिए मानक भाषा के रूप में ख़ुद को स्थापित कर चुकी थी, लेकिन हरिश्चंद्र के मुताबिक़ उसका इतिहास सिर्फ़ कुछ सदियों पुराना था और उसके समानांतर दूसरी ज़बानें भी प्रचलन में थीं :

> पश्चिमोत्तर देश की कविता की भाषा ब्रजभाषा है, यह निर्णीत हो चुकी है और प्राचीन काल से लोग इसी भाषा में कविता करते आते हैं, परंतु यह कह सकते हैं कि यह नियम अकबर के समय के पूर्व्व नहीं था क्योंकि मुहम्मद मलिक जाइसी और चंद की कविता विलक्षण ही है और वैसे ही तुलसीदास जी ने भी ब्रजभाषा का नियम भंग कर दिया। जो हो मैंने आप कई बेर परिश्रम किया कि खड़ी बोली में कुछ कविता बनाउं पर वह मेरे चित्तानुसार नहीं बनी। इस्में यह निश्चय होता है कि ब्रजभाषा ही में कविता करना उत्तम होता है और इसी से सब कविता ब्रजभाषा में ही उत्तम होती है। जैसे ब्रजभाषा में कविता होती है वैसे ही बुंदेलखंड की बोली में भी कविता बनती आती है और अब कविता में यह दोनों बोली मिल गई हैं। परंतु पूरब में कवियों की वृद्धि होने से उन लोगों ने उस कविता की भाषा में अपने चाल पर एक नई भाषा बना ली है। यहां यह भी कहना आवश्यक है कि कवियों ने पंजाबी और मारवाड़ी बोली भी ग्रहण किया है और इस भाषा में भी कविता बनाई है। इन सबके उदाहरण नीचे नई और पुरानी कविता में दिखाए जाते हैं जिनसे पूर्बोक्त वर्णन स्पष्ट हो जाएगा (1-2)।

हालांकि उनका परिप्रेक्ष्य ऐतिहासिक था लेकिन वह ब्रजभाषा को काव्य के लिए मानक भाषा मानते रहे। इस प्रकार, जो कवि की हैसियत रखते थे लेकिन जो इस भाषा में नहीं रचते थे, उनको भाषायी दृष्टि से किसी क्रम में रखना कठिन था और फलस्वरूप उन्हें केवल विचलन के रूप में ही देखा जा सकता था। अलबत्ता, विभिन्न बोलियों से उन्होंने काव्य नमूनों के जो चयन प्रस्तुत किए, उनसे यह साबित हो जाता था कि वह काव्य रचनाओं के उस समूचे विविधतापूर्ण भंडार को दर्ज कर रहे थे जिससे वह ख़ुद परिचित थे। फलस्वरूप, उन्होंने ऐसे रूपों में गायी जाने वाली कविताओं के भी अंश प्रस्तुत किए जिनको आज अर्द्धशास्त्रीय या यहां तक कि 'लोक' संगीतीय विधाओं में रखा जाएगा, जैसे—पुरानी और नई कजरी, अवधी, बंगाली, पंजाबी, मारवाड़ी, बुंदेलखंडी, मैथिली में लिखी कविताएं। इन अंशों का यह चयन उनकी राय में कविता के नाम का हक़दार था। वह कसौटी, जिसके आधार पर साहित्य का कैनन तय होता है, उसे लेकर थोड़ी भ्रांति थी और यह कैनन तेज़ी से परिभाषित और निर्धारित हो रहा था। क्योंकि प्रत्यक्ष कसौटी भाषायी थी, और न तो चंद और जायसी, और न ही तुलसीदास को ब्रजभाषा की काव्य

भाषा का पालन करने वाला माना जा सकता था, इसलिए हरिश्चंद्र यह चिह्नित करने में विफल साबित हुए कि वह कौन सी चीज़ थी जो इन कवियों को हिंदी साहित्य की परंपरा का हिस्सा बनाती थी। यह बात राष्ट्रीय परंपरा के शब्दाडंबर की धुंध में खोई रही कि ये कसौटियां धार्मिक-सांस्कृतिक थीं, कि ऐसी साहित्यिक कृतियां सहज स्वीकार्य मान ली जाती थीं जो किसी शिनाख़्तशुदा 'हिंदू' थीम पर केंद्रित होती थीं।

कविता पर विचार करने के बाद हरिश्चंद्र अंत में गद्य की भाषा पर आए, यानी–लिखित अथवा 'प्रिंट' भाषा के मसले पर। उन्होंने स्वीकार किया कि इस मसले पर काफ़ी मतभेद हैं। कुछ लोग उर्दू शब्दों के उदार मिश्रण के हिमायती थे और कई लोग संस्कृत शब्दों की शरण चाहते थे, लेकिन आख़िरकार सभी अपनी रुचि के अनुसार लिखते गए और यही कारण था कि इस विषय में कोई भी भाषा मानक के रूप में स्थापित नहीं हो पाई। इसके बाद उन्होंने उन क़िस्मों के उदाहरण दिए जो इस दौरान पैदा हो गए थे :

1. जिसमें बहुत सारे संस्कृत शब्द हैं।
2. जिसमें संस्कृत के थोड़े शब्द हैं।
3. जो शुद्ध हिंदी है।
4. जिसमें किसी भी भाषा के शब्दों के मिश्रण के बारे में कोई रोक-टोक नहीं है।
5. जिसमें फ़ारसी शब्द ख़ासतौर से मौजूद हैं।
6. जिसमें अंग्रेज़ी शब्दों को हिंदी में अपना लिया गया है और इसमें घुल-मिल गए हैं।
7. जिसमें पूरब के लोगों या काशीवासियों की देशी भाषा की बोली है।
8. जिसे काशी के अर्द्धशिक्षित लोग बोलते हैं।
9. दक्षिण के लोगों की हिंदी।
10. बंगालियों की हिंदी।
11. अंग्रेज़ों की हिंदी।
12. रेलवे विभाग की भाषा (12 जुलाई, 1884 और 19 अगस्त, 1883 के विज्ञापनों के उदाहरण)।

हरिश्चंद्र ने इतने सारे नमूने/अंश पेश किए, यह तथ्य ख़ुद इस बात का साक्ष्य था कि अभी ऐसी कोई मानक भाषा सामने नहीं आ पाई थी जिसको ज़्यादातर संस्थान स्वीकार कर लें। बेशक, इसमें एक सोपानक्रम था जो उनकी सूची में दिखाई देता था। उन्होंने पंडितों की पसंदीदा संस्कृतनिष्ठ हिंदी से सूची को शुरू किया है। हालांकि अंततः उन्होंने इसे ख़ारिज कर दिया, लेकिन पहला स्थान इसी को दिया था। इसके बाद उसकी तुलनात्मक रूप से कोमल प्रजाति थी जिसके बाद उनके अपने शब्दों में 'असली हिंदी' का स्थान आया जो हंटर आयोग के सामने प्रस्तुत किए गए साक्ष्यों में शामिल थी। यह वह प्रजाति थी जो संस्कृत के शब्दों से घृणा नहीं करती लेकिन उन तद्भव शब्दों को पसंद करती है जो समय के साथ मौजूदा हिंदी के स्वर विज्ञान में ढल चुके थे। उन्होंने उर्दू शब्दों का बढ़-चढ़कर विरोध तो नहीं किया लेकिन उर्दू मिश्रित भाषा को चौथी श्रेणी में ही रखा जहां भेदभाव की किसी निश्चित नीति का ज़िक्र नहीं था। हालांकि एक बार फिर उन्होंने उर्दू का कोई ज़िक्र नहीं किया लेकिन बीते सालों के दौरान उनकी पोजीशन बदल चुकी थी। अब उनकी पोजीशन ज़्यादा संकुचित हो गई थी। इस सूची में दी गई बाक़ी श्रेणियां हालात की असली अफरा-तफरी को दर्शाती थीं और मानकीकरण के अभाव का नतीजा थीं। वे या तो निम्नतर मानक वाली थीं या स्पष्टतः

भ्रष्ट थीं, जैसे–बंगाली, अंग्रेज़ी और रेलवे विभाग की क़िस्में। उनकी अपनी पसंद के बारे में कोई संदेह नहीं था :

> हम इस स्थान पर वाद नहीं किया चाहते कि कौन भाषा उत्तम है और यही लिखनी चाहिए पर हां मुझसे कोई अनुमति पूछे तो मैं यह कहूंगा कि नम्बर 2 और 3 लिखने के योग्य हैं।
>
> यदि इस का विचार कीजिए कि यह देश भाषा कहां से आई है तो यह निश्चय होता है कि पश्चिम से आई है और पंजाबी, ब्रजभाषा इत्यादि भाषाओं से बिगड़ कर बनी है पर उनकी आदि किसी समय नागभाषा रही हो तो आच्चर्य नहीं।

यह कमोबेश एक नरम नीति थी और इसकी बहुत सारी सृजनात्मक संभावनाएं थीं क्योंकि इसमें आम बोलचाल की भाषा के साथ महत्त्वपूर्ण जुड़ाव क़ायम था।[82] हरिश्चंद्र और उनके समकालीनों द्वारा इस्तेमाल की जा रही भाषा में आम बोलचाल की समृद्धि थी, इसलिए उसने क्षेत्रीय संपर्कों को अभी नहीं तोड़ा था और उसमें एक से एक रंग-बिरंगे मुहावरे भरे रहते थे।

हिंदी घर और चूल्हे-चौके की भाषा है, जिसके बारे में हरिश्चंद्र ख़ुद भी पहले कह चुके थे, ऐसे तमाम दावों के बावजूद हरिश्चंद्र ने स्वीकार किया कि जिस भाषा ने देशभाषा की हैसियत हासिल की है (*राष्ट्र* शब्द अभी आम इस्तेमाल में बहुत नहीं आया था, इसलिए देशभाषा दरअसल राष्ट्रभाषा को ही कहा गया था), वह देश के पश्चिम से पूर्व की तरफ़ आयात की गई थी। उन्होंने भाषायी दृष्टि से प्रिंट भाषा का बोली जाने वाली भाषा या काव्य भाषा से संबंध स्थापित करने के लिए कोई प्रयास नहीं किया। इस संपर्क को सहज उपलब्ध मान लिया गया था, मानो फ़ारसी के विपरीत उत्तरी भारत की देशी आबादी द्वारा बोली जाने वाली भाषाओं के गुच्छे के रूप में हिंदुई के भौगोलिक दायरे को ही हिंदी को स्थानांतरित कर दिया गया था। परंतु इसमें दो बड़े फ़र्क़ थे। पहली बात यह कि मौजूदा गिनती के हिसाब से उर्दू को मुसलमानों की भाषा के रूप में नहीं गिना गया था जबकि इस बात को ख़ूब मान्यता मिल चुकी थी कि उसमें भी हिंदी का ही व्याकरणीय शब्दकोशीय आधार है तथा फ़ारसी व अरबी शब्दावली को बाद में चढ़ाई गई क़लम ही माना जा सकता है। दूसरी बात, एक नई समरूपता के लिए आवाज़ उठाई जा रही थी ताकि क्षेत्रीय संचार राष्ट्रीय एकजुटता का स्रोत बने और अंततः आर्थिक व राजनीतिक मुक्ति का मार्ग प्रशस्त करे।

निष्कर्ष

जब हिंदी और उर्दू का भेद स्थापित हो गया और हिंदी को स्वायत्तता मिल गई तो इस बंटवारे की प्रक्रिया को भुला दिया गया। जहां तक हिंदी का सवाल है तो यह स्मृतिलोप एक 'स्वतंत्र भाषा' के रूप में अपने दावे को स्थापित करने की रणनीति का हिस्सा था–ग्राउज़ ने 'स्वतंत्र भाषा' पद का अपनी इस दलील में इस्तेमाल किया था कि कोई शब्दकोश विशेषज्ञ इसकी शब्दावली की कतर-ब्योंत के काम को अंजाम देने के लिए आगे आए।

परंतु, हिंदी ने अपने लिए जो भौगोलिक वर्चस्व मांगा, वह अब तक हिंदुस्तानी के साये में था और दिल्ली के सुल्तानों और बाद में मुग़लों के साथ उसका संबंध सर्वविदित था। एक साहित्यिक भाषा के रूप में इसकी सापेक्ष स्थिरता भाषायी दृष्टि से इस तथ्य की देन थी कि राजनीतिक व सांस्कृतिक रूप से वह दक्षिण में भी शासन व साहित्य की भाषा के

रूप में क़ायम रही और बाद में अठारहवीं शताब्दी में दिल्ली और फिर लखनऊ में उर्दू साहित्य काफ़ी फला-फूला। परंतु जब एक बार हिंदी ने ख़ुद को फ़ारसी-अरबी लिपि और इस्लामिक संस्कृति से पृथक् कर लिया, तो उसने ख़ुद को चंद के चारण काव्य से जोड़ लिया जिसको मुस्लिम-पूर्व माना जा रहा था। इसने ख़ुद को ब्रजभाषा व अवधी के भक्ति साहित्य से जोड़ लिया जो इसके हिंदूपन की पुनः पुष्टि करता था। इस तरह उसने अपने लिए एक नई वंशावली गढ़ ली थी। ऐतिहासीकरण की प्रक्रिया में एक ऐसी रणनीति विकसित की गई जिसके सहारे विकास के उस वास्तविक भाषायी एवं सांस्कृतिक इतिहास को नज़रअंदाज़ किया जा सके जिसका एक साझा चरित्र था। हिंदी ने अपने लिए हिंदूपन का दावा किया जिसका संबंध 'हिंदू' से उसके दूसरे अर्थ यानी धर्म वाले अर्थ में था। इसके साथ ही यह अपने अतीत के साझा प्रयोगों का भी सहारा लेती रही जिससे यह हिंदुस्तान संबोधन के तहत आने वाले समूचे भू-भाग से जुड़ जाती थी। और अंत में, यह राष्ट्रीय हैसियत के बिना संतुष्ट होने वाली नहीं थी क्योंकि यह राष्ट्र का पहचान चिह्न होने का दावा कर रही थी।

अंग्रेज़ों का दावा था कि हिंदी उनके निर्देश पर रची गई है और नवगठित फ़ोर्ट विलियम कॉलेज में उर्दू व हिंदी के लिए अलग-अलग विभागों की स्थापना के गिलक्रिस्ट के फ़ैसले ने हिंदी की नियति सुनिश्चित कर दी थी। इस तरह का कोई भी दावा राष्ट्रवादियों के लिए एक अपमानजनक बात थी और वे इसे किसी भी तरह से स्वीकार नहीं कर सकते थे; हिंदी को एक निर्मिति के रूप में देखने से उनका इनकार स्वयं निर्मिति की प्रक्रिया का एक हिस्सा था। अलबत्ता, बाद का यह राष्ट्रवादी दावा कि अंग्रेज़ों के आने से पहले भी 'हिंदू' हिंदी की एक परंपरा थी, ग़लत नहीं था क्योंकि उर्दू के फ़ारसीकरण की तरह हिंदी के संस्कृतीकरण का रुझान भी अंग्रेज़ों के आने से पहले शुरू हो चुका था।

उन्नीसवीं शताब्दी में हिंदी को प्रिंट भाषा के रूप में विकसित करने की कोशिशें औपनिवेशिक सरकार द्वारा शुरू की गईं लेकिन यह दिशा प्रत्यक्षतः उन्होंने तय नहीं की थी, क्योंकि 1837 में जब फ़ारसी-अरबी लिपि में लिखी जाने वाली हिंदुस्तानी को अदालतों की भाषा मान लिया गया तो उसके बाद इस अधिकृत संरक्षण से हिंदी की उपेक्षा ही होनी थी। मिशनरियों की भाषा नीति और कुछ समय बाद स्कूली पुस्तकों के लेखकों की समझ इस धारणा से तय हो रही थी कि देश की सार्वजनिक भाषा उर्दू नहीं बल्कि एक ज़्यादा देशी भाषा हिंदुई है और वह केवल हिंदुओं की भाषा है और उसे वे केवल हिंदुओं की भाषा के रूप में ही विकसित करने में जुट गए।

एक ख़ालिस हिंदू सांस्कृतिक बोली गढ़ने का यह काम हिंदू अभिजन के प्रवक्ताओं ने अपने हाथ में लिया हुआ था जो इलाहाबाद और बनारस में संकेंद्रित थे। भाषा के मुद्दे को एक नया राष्ट्रीय, और फलस्वरूप राजनीतिक आयाम मिल गया था। इस चरण में मानकीकरण के जो प्रयास किए जा रहे थे वे 'पराये' से ख़ुद को तीखे रूप में अलगाने की दिशा में थे और 'पराये' का प्रतिनिधित्व उर्दू भाषा और लिपि कर रही थी। इस विचारधारा का आर्यकरण, संस्कृत साहित्य के साथ उसके संपर्क, एक वैभवशाली अतीत का गुणगान, और ऊपर से घर-घर में बोली जाने वाली भाषा के भावनात्मक दावे ने तस्वीर को मुकम्मल कर दिया था। नागरी लिपि में लिखी हिंदी लिपि को कचहरी की भाषा बनाने के हक़ में सरकार को भेजी गई कई अपीलों और याचिकाओं में 'राष्ट्र के प्राणों' का बार-बार हवाला

दिया गया था। अपने सामाजिक एवं राजनीतिक हितों का प्रतिनिधित्व करते हुए नया उभरता मध्यवर्ग जनता के नाम पर बोलने का दावा करने लगा था।

भाषा के क्षेत्र में धार्मिक और सांस्कृतिक स्तर पर मुस्लिम उपस्थिति के साथ किसी भी तरह के संपर्क को तोड़ना एक आधुनिक घटना थी और इसके बाद एक धार्मिक व सांस्कृतिक प्रभुत्व के रूप में 'हिंदू' के साथ हिंदी की घनिष्ठता तथा हिंदी व हिंदू, दोनों का एक राष्ट्रीय आयाम में विस्तार अंग्रेज़ और भारतीय, इन दो मुहावरों के लेन-देन का परिणाम था। अगर अंग्रेज़ों ने हिंदी का आविष्कार नहीं किया था तो निश्चय ही उन्होंने वह प्रक्रिया भी शुरू नहीं की थी जिसमें नगरीय/औपनिवेशिक तथा देशज/परंपरागत दोनों को हिस्सा लेना था।

दोनों जगत (*दोऊ जगत*) में विद्यमान और सनातन 'हिंदू' के स्वघोषित, तथा व्यापक तौर पर स्वीकृत, प्रवक्ता हरिश्चंद्र दो भाषाओं के मिश्रण का सबसे अच्छा उदाहरण थे। उन्होंने न केवल एक आलोचक, पत्रकार, अनुवादक तथा कवि के नाते हिंदी के विकास में एक अहम भूमिका अदा की बल्कि उन्होंने अपने विशिष्ट प्राधिकार की मदद से एक राष्ट्रभाषा (*देशभाषा*) का कार्यक्रम भी क़लमबद्ध किया। उनकी धारणा शुरुआत में नरम थी लेकिन वे लगातार उर्दू को हिंदी से बाहर निकालते गए, यद्यपि उन्होंने इसकी वैसी निंदा नहीं की जैसी दूसरे लोग कर रहे थे। जहां तक भाषा के कोर का सवाल है, जिससे नई मानक भाषा बनने वाली थी, हरिश्चंद्र इस बात से अवगत थे कि अभी भी देश में बहुत सारी बोलियां प्रचलन में हैं और हिंदी कई दिशाओं में विकसित हो सकती है या विकसित की जा सकती है। उन्होंने एक सरल, बोलचाल की हिंदी के लिए आवाज़ उठाई जिसमें से उर्दू के ऐसे शब्दों को बेदख़ल नहीं किया जाएगा जो रोज़मर्रा की बातचीत का हिस्सा बन चुके हैं, लेकिन उनकी अपनी चेष्टाओं में भी संस्कृतीकरण की ओर एक स्पष्ट रुझान दिखाई देता था भले ही यह बहुत तीखा नहीं था।

देशभाषा के बारे में उन्होंने जो कार्यक्रम बनाया था, उसमें हिंदुओं के लिए रोल मॉडल अंग्रेज़ थे, जो अपनी राष्ट्रीय भाषा के प्रति निष्ठा रखते थे। अंग्रेज़ी की वर्तनी दोषपूर्ण थी लेकिन उसके स्थिर प्रयोग ने उसके इस अभाव को दूर कर दिया था। हालांकि इस बीच उसने अपने लिए ज्ञान का एक विपुल भंडार जुटा लिया था लेकिन उसे दूसरी भाषाओं के ख़ज़ानों को लूटने में कोई हिचकिचाहट नहीं थी और इसी तरह उसने अपनी सीमाओं को विस्तार दिया था। लिहाज़ा, हिंदी के विकास में वैचारिक नहीं बल्कि राजनीतिक सरोकारों का ज़्यादा महत्त्व था।

हिंदी को अपनी शब्दावली की कमियों को दूर करने के लिए दूसरी भाषाओं के संसाधनों का सहारा लेना था। इसके लिए दूसरी भाषाओं के विविध पाठों व गुटकों के अनुवाद किए जाने थे। इससे जो तकनीकी ज्ञान पैदा होता, उसका गहरा राजनीतिक महत्त्व था क्योंकि यही वह क्षेत्र था जिसमें अंग्रेज़ों के पास औरों के मुक़ाबले बढ़त थी और यहीं पर उनको घेरना सबसे ज़रूरी था। इसकी कोई वजह नहीं थी कि *हम ग़ुलाम, ये भूप* की दशा आगे भी बनी रहे। अगर एक बार क़ानूनी और दूसरे शासकीय उपाय हिंदी अनुवादों में मुहैया करा दिए जाते तो वे आसानी से लोगों तक पहुंचाए जा सकते थे और तब वे अपने जीवन व देह पर किसी मनमाने न्यायाधिकरण को बर्दाश्त नहीं करते। साक्षरता के प्रसार से लोगों

को राजनीतिक ताक़त भी मिलती। अदालती लिपि के आंदोलन के साथ इसका संबंध किसी से छिपा नहीं था।

अंत में, हरिश्चंद्र ने हिंदी में एक आधुनिक साहित्य उपलब्ध कराने की ज़रूरत पर सबसे उत्साही प्रतिक्रिया दी। राष्ट्रीय भाषा में राष्ट्रीय साहित्य अनिवार्य है, यह अहसास इलाहाबाद के नागरिकों की याचिका में बहुत साफ़ मिलता है। पश्चाद्‌दृष्टि से हिंदू कवियों के सैद्धांतीकरण की प्रक्रिया तथा साहित्य की नई विधाओं की ज़रूरतों को पूरा करने में सक्षम एक भाषा के गढ़न की प्रक्रिया में हरिश्चंद्र ने अपने मत को बदलकर और वास्तविक भाषायी दृष्टि की अपनी समझ को छोड़कर एक महत्त्वपूर्ण भूमिका निभाई।

ऐसा लगता था कि हिंदी के राष्ट्रवादी हिमायती एक ऐसे आधार पर काम कर रहे थे जो तुलनात्मक रूप से सहज परिघटना दिखता था, लेकिन राष्ट्रवादी भाषा क़तई भी उन दो भाषाओं के सहज मेल का परिणाम नहीं थी जिनसे वह बनी थी। अभी कई अंतर्विरोध बचे हुए थे जिनको भले ही दबा दिया गया था, लेकिन वे आने वाले दशकों में बार-बार सिर उठाते रहे। पहली बात, सरकार को दी जाने वाली याचिकाओं में हिंदी को घरों और चूल्हे-चौके की भाषा तो बताया जा रहा था लेकिन जैसा कि हरिश्चंद्र ने ख़ुद स्वीकार किया था, सच्चाई यह नहीं थी। जहां तक हिंदुई को आपस में जुड़ी कई बोलियों के गुच्छे के रूप में देखा जा रहा था, जिनमें आगरा और दिल्ली की बोली मध्य में थी, वहां तक यह बात सही थी। लेकिन जब हिंदी प्रिंट भाषा को राष्ट्र के प्राणों का प्रतिनिधि कहा जाने लगा तो यह स्वाभाविक रूप से एक विकृत व्याख्या थी जो मोटे तौर पर विचारधारात्मक सरोकारों से तय हो रही थी। प्रिंट भाषा और घरों में बोली जाने वाली बहुत सारी क्षेत्रीय क़िस्मों के फ़ासले को सिर्फ़ यह कहकर नहीं पाटा जा सकता था कि ऐसा कोई फ़ासला है ही नहीं। मानकीकरण की प्रक्रिया एकतरफ़ा प्रक्रिया थी। घरों और स्कूलों में संस्कृतनिष्ठ मानक को फैलाया जाना था। फैलन के शब्दकोश को छोड़कर ज़नाना भाषा को कभी भी शब्दकोशों में जगह नहीं दी गई।[83] न ही प्रिंट भाषा ने ख़ुद को स्थानीय बोलियों से सींचने का प्रयास किया।

दूसरी बात, नई प्रिंट भाषा जिस शास्त्रीय वंशावली को अर्जित करना चाहती थी, जिस ब्रजभाषा और अवधी साहित्य ने वर्तमान भाषा को जनम दिया था[84], उसने दक्षिण के हिंदुई लेखकों और दिल्ली के उर्दू लेखकों को जान-बूझकर नज़रअंदाज़ किया। हरिश्चंद्र और उनके समकालीन दक्कनी के अस्तित्व से पूरी तरह परिचित थे क्योंकि हिंदी भाषा की प्रजातियों की हरिश्चंद्र द्वारा दी गई सूचियों में इसका भी ज़िक्र था, और वे हिंदी साहित्य से भी भली-भांति परिचित थे। उनका यह प्रस्ताव विचारधारात्मक सरोकारों से निर्धारित हो रहा था कि हाल की भाषाओं में कोई साहित्य नहीं था, और आधुनिक हिंदी—झाड़-पोंछकर साफ़ की गई (*सुधाहू*) और मानक—के लिए केवल 'बोली जाने वाली' क़िस्में ही एकमात्र संसाधन बन सकती थीं।[85] इन नीतियों को नागरी प्रचारिणी सभा के कामों में संस्थागत स्थिरता मिली जिसकी हिंदी की उन्नति के लिए समर्पित मुट्ठी भर पुरुषों ने 1893 में स्थापना की थी और जिसमें हरिश्चंद्र के चचेरे भाई व निष्ठावान अनुयायी बाबू राधाकृष्ण दास भी शामिल थे। बीसवीं शताब्दी के प्रारंभिक दशकों में एक साहित्यिक भाषा, जिसमें हरिश्चंद्र की भाषा जैसा लचीलापन नहीं बचा था, की रचना ने इन नीतियों को और पुष्ट किया क्योंकि इसमें संस्कृत से थोक आयात किए जा रहे थे।

अंत में, भौगोलिक अधिकारों का सवाल राष्ट्रीय हैसियत के साथ घनिष्ठ रूप से जुड़ा हुआ था। बहुभाषी अंग्रेज़ भारत में हिंदी का दावा था कि वह हिंदुस्तानी की वारिस है। अपने ज़्यादा साफ़-सुथरे संस्करण में हिंदुओं की भाषा के रूप में हिंदी ने न केवल मुसलमानों की हिस्सेदारी के लिए दरवाज़े बंद कर दिए बल्कि बढ़ते संस्कृतीकरण की वजह से इसने अनचाहे ही दक्षिण की द्रविड़ भाषाओं के साथ एक ध्रुवीकरण भी शुरू कर दिया था।[86] इस प्रकार, वह जिस भू-भाग पर अधिकार का दावा कर सकती थी, वह खुद-ब-ख़ुद सीमित हो गया था। भारत की राष्ट्रीय भाषा के रूप में मान्यता पाने की अपनी आकांक्षाओं की दिशा में इसका अभी एक लंबा और उतार-चढ़ावों वाला जीवन बाक़ी था।

टिप्पणियां

1. राष्ट्रवाद पर हुए सभी ताज़ा शोध राष्ट्रों के गठन व विकास में भाषा की भूमिका पर केंद्रित रहे हैं : लिहाज़ा, उदाहरण के लिए, सेटन-वॉटसन (1977) जो राष्ट्रवाद के उन शुरुआती इतिहासकारों में से थे जिन्होंने 'भाषाओं के विकास व सुधार' पर ध्यान केंद्रित किया, बेनेडिक्ट एंडरसन (1983) और हॉब्सबॉम (1990 : 51-63, 93-100)। विभिन्न राष्ट्रीय भाषाओं के ऐतिहासिक विकास पर विपुल साहित्य मौजूद है; इनके विकास और संस्थानीकरण से संबंधित समझ तथा इस अध्ययन के लिए उपयोगी समानांतर उदाहरणों की जानकारी बलीबार (1986) और बर्क (1981) के शोधों से प्राप्त हुई। एक बोली से राष्ट्रीय हैसियत वाली भाषा तक विकास के सामाजिक-भाषायी आयामों का हाउगेन (1966) और फिशमैन (1968a, 1968b, 1974) तथा अन्य ने विश्लेषण किया है।
2. जैसा कि बेनेडिक्ट एंडरसन ने राष्ट्र रूपी कल्पित समुदाय की रचना के अपने अत्यंत प्रभावशाली अध्ययन में उल्लेख किया है, प्रिंट भाषाएं—और प्रिंट पूंजीवाद जो उनका प्रसार करता है—तीन तरह से राष्ट्रीय चेतना के लिए आधार प्रदान करती हैं। वे विनिमय और संचार के एकीकृत क्षेत्र रचती हैं और भाषा को एक नई स्थिरता देती हैं जिससे परिवर्तनहीनता और प्राचीनता का बोध पैदा होता है। यह स्थिरता राष्ट्र के मनोगत विचार का केंद्र होती है। अंत में, ये भाषाएं सत्ता की भाषाओं को गढ़ती हैं जो संबंधित भाषाओं को अपने में समाहित करके पुरातन शासकीय भाषाओं से भिन्न प्रकार का एक नया राजनीतिक-सांस्कृतिक प्रभुत्व अर्जित कर लेती हैं (1983 : 45-9)।
3. हिंदी के विकास पर काफ़ी शोध हो चुका है। इस विषय में निम्नलिखित शोधों से सूचनाएं व अंतर्दृष्टि मिली। दास (1978) से फ़ोर्ट विलियम कॉलेज की प्रारंभिक भाषा संबंधी गतिविधियों के बारे में जानकारियां मिलीं और गोयल (1986) ने भी इस मद में मदद दी। राय (1985) ने मुख्य रूप से ईस्ट इंडिया कंपनी की हिंदी नीति का विश्लेषण किया है। कोह्न (1985) ने हिंदुस्तानी को मिले ब्रिटिश संरक्षण के वैचारिक निहितार्थों का अध्ययन किया है। उन्होंने गहरा विश्लेषण किया है। वेदालंकार (1969) जिनका मैं बार-बार उल्लेख करूंगी, ने उन्नीसवीं शताब्दी के पूर्वार्द्ध में हिंदी गद्य साहित्य के इतिहास पर काम किया है। वह हिंदी के उन मुट्ठी भर इतिहासकारों में से एक हैं जिन्होंने मिशनरी स्रोतों और हिंदी की प्रारंभिक स्कूली प्रवेशिकाओं से उदारतापूर्वक उद्धरण लिये हैं। परंतु वेदालंकार इस धारणा के साथ चलती हैं कि हिंदी और उर्दू सांस्कृतिक रूप से दो भिन्न भाषाएं हैं। किंग (1989a, 1992) ने उन्नीसवीं शताब्दी के सत्तर और अस्सी के दशक की स्थितियों का विश्लेषण किया है जबकि मैकग्रेगर (1970) ने सदी के उत्तरार्द्ध में साहित्यिक हिंदी के उदय का अध्ययन किया है। रामविलास शर्मा ([1942]

1975, 1953, 1984) के निबंधों में अठारहवीं और उन्नीसवीं सदियों के दौरान हिंदवी/हिंदी साहित्य के विकास का सबसे विस्तृत विश्लेषण मिलता है। शर्मा हिंदी के विकास के उन चंद विश्लेषकों में से एक हैं जिन्होंने व्याकरणीय एवं शब्दकोशीय कृतियों का विस्तार से अध्ययन किया है। भाटिया (1987) ने अपना पूरा ध्यान हिंदी व्याकरण के इतिहास पर केंद्रित किया है। खड़ी बोली आंदोलन का व्यापक सर्वेक्षण मिश्र (1957) में मिलता है जिन्होंने इस अध्याय के अंतर्गत आई अवधि पर भी एक संक्षिप्त अध्याय जोड़ा है। राय (1984) ने साझा भाषाओं के रूप में हिंदी और उर्दू का विस्तृत व उत्साहपूर्वक सर्वेक्षण दिया है। उनके मुख्य तर्क से सहमत होते हुए भी मैं मानती हूं कि मेरा शोध पृथक्करण की प्रक्रिया को सामने लाने पर ज़्यादा केंद्रित है, जो राष्ट्रवादी काल में और तेज़ हुई। उपरोक्त विद्वानों द्वारा उपलब्ध कराई गई सामग्री व विश्लेषणों को मैं इसी संदर्भ में देखना चाहती हूं। अपने *हिंदी-उर्दू रीडर* की शैकल एवं स्नेल द्वारा लिखी गई भूमिका (1990 : 1-43) मेरी अपनी समझ के सबसे अधिक नज़दीक पड़ती है। इसके अलावा मुझे डिटमर (1972) से भी अतिरिक्त सूचनाएं मिलीं जिन्होंने संयुक्त प्रांत में हिंदी-उर्दू विवाद में मुस्लिम परिप्रेक्ष्य पर ध्यान दिया है। बाद के काल के लिए ब्रास (1974) को देखें। खूबचंदानी (1991) ने सबसे हालिया घटनाक्रमों पर ध्यान दिया है।

4. देखें, फिशमैन (1974 : 1640)।
5. देखें, हाउगेन (1966 : 928)।
6. जैसा कि हाउगेन ने बताया है, 'भाषा' व 'बोली' दो ऐसी श्रेणियां नहीं हैं जिनको किसी भी कसौटी के आधार पर स्पष्ट रूप से एक-दूसरे से अलग किया जा सके; न ही वे स्थिर श्रेणियां हैं। 'विवरणात्मक, समकालिक अर्थ में, 'भाषा' किसी एक भाषायी मानक या परस्पर संबंधित मानकों को इंगित कर सकती है। एक ऐतिहासिक, भाषा-ऐतिहासिक अर्थ में 'भाषा' एक साझा भाषा भी हो सकती है, जो धीरे-धीरे खंडित हो रही है या वह एकीकरण से उपजी हो सकती है। ऐसे में बोली 'भाषा' के सामान्य संबोधन के अंतर्गत आने वाले किसी भी संबंधित मानक को कहा जा सकता है जिसमें यह 'भाषा' पृथक्करण या समावेशन का परिणाम होती है।' (1966 : 923)।
7. देखें, वेदालंकार (1969 : 17)।
8. देखें, बर्क (1981 : 29)।
9. न केवल दिल्ली के इलाक़े में बोली जाने वाली बोलियों बल्कि, जैसा कि रामविलास शर्मा ([1942] 1975 : 163 एवं आगे) ने दिखाया है, यह आगरा के आस-पास बोली जाने वाली ब्रजभाषा से बेहद प्रभावित मिश्रण था। जिन्हें बाद में हिंदी व उर्दू के नाम से जाना गया, उनकी व्याकरणीय व्यवस्था आज के हरियाणा में बोली जाने वाली बांगड़ू नाम की ग्रामीण बोली पर आधारित थी लेकिन ध्वनियां बांगड़ू की बजाय ब्रजभाषा की थी। ळ और ण जैसी मूर्धन्य ध्वनियों की मात्रा जो बांगड़ू में मौजूद हैं, वे हिंदवी में नहीं हैं।
10. आगे के विवरण में दी गई जानकारियों के लिए मैंने सादिक़ (1984), शिमल (1975) एवं मैकग्रेगर (1974) का सहारा लिया है। ग़ौरतलब है कि साझा इतिहास बूझने के लिए यह अनिवार्य है कि पहले दोनों भाषाओं के साहित्य के मौजूदा इतिहास को देख लिया जाए।
11. जब सोलहवीं शताब्दी के आख़िर में ताक़तवर आदिलशाहों के बीजापुर दरबार में हिंदवी की पहली कलात्मक रचनाएं रची गई थीं तो उनके लिए न केवल फिरदौसी के *शाहनामे* बल्कि पृथ्वीराज चौहान के जीवन से संबंधित क़िस्से-कहानियों को भी विषय बनाया गया था। लिहाज़ा, जब दरबारी शायर मुल्ला मुहम्मद नुसरती (मृत्यु 1684) ने एक मसनवी (रूमान) लिखना शुरू किया तो उन्होंने भी मनोहर और मधुमती की लोकप्रिय कहानी को ही अपना विषय बनाया जिसमें

उन्होंने भारतीय पृष्ठभूमि और उसके मौसमी परिवर्तनों का ही ब्योरा दिया और परपंरागत फ़ारसी परिदृश्य का इस्तेमाल नहीं किया। इस तरह की रचना इसलिए संभव थी क्योंकि ये शासक ख़ुद भी देशी कला के प्रबुद्ध संरक्षक थे। उदाहरण के लिए, बीजापुर के इब्राहीम II (1580-1627) भारतीय संगीत के बड़े शौक़ीन थे। 59 कविताओं के उनके दीवान *नौरस* में उन्हें न तो हिन्दू देवी-देवताओं और तीज-त्योहारों का गुणगान करने में कोई हिचकिचाहट थी और न ही उन्हें संस्कृत, ब्रज, मराठी और राजस्थानी शब्दों का खुलकर इस्तेमाल करने में कोई दिक़्क़त होती थी। इसी तरह, गोलकुंडा के शासक के रूप में विख्यात 'मानी' के उपनाम से लिखने वाले मुहम्मद क़ुली क़ुतुबशाह (1580-1611) भी जब लिखने बैठे तो उन्होंने भी भारतीय व्यंजनों, पोशाकों और आदतों तथा भारतीय आबोहवा व यहां के लोगों के बारे में ही बात की। आगे चलकर ऊंचे दर्जे के काव्य के लिए जैसी शैली व भाषा की उम्मीद की जाने लगी थी, उसके बजाय उन्होंने अपनी शायरी के लिए रोज़मर्रा की ज़बान का ही इस्तेमाल किया। यह स्थिति उत्तर भारत में मुग़ल दरबार में फ़ारसी को मिल रहे संरक्षण के बिल्कुल विपरीत थी। सोलहवीं सदी के आख़िर के एक और प्रसिद्ध कवि मुल्ला वाग़ी ने अपने लिखने की भाषा को स्पष्ट रूप से हिंदी कहा था। देखें, शिमल (1975) एवं गोर्डन (1993 : 50)।

12. देखें, मैक्ग्रेगर (1984 : 70)।
13. यहां *रामचरितमानस* के *बालकांड* के आठवें दोहे के बाद दूसरी चौपाई और दसवें दोहे का ज़िक्र किया जा रहा है (1975 : 21, 23)।
14. देखें, मैक्ग्रेगर (1984 : 45 एवं आगे)।
15. ओरछा दरबार में केशवदास रीतिकालीन कवियों में एक बेहतरीन कवि थे। *रसिकप्रिया* (1591) उनकी सबसे प्रसिद्ध रचना मानी जाती है। इस काव्यधारा के अन्य प्रसिद्ध कवियों में बिहारी लाल भी एक हैं जो ग्वालियर में पैदा हुए और बाद में आमेर के मिर्ज़ा राजा जयसिंह (1617-67) के दरबार में रहे। उन्होंने *सतसई* नाम से सात सौ दोहों का एक संग्रह लिखा था जिसमें हाज़िरजवाबी और एक ख़ास तरह का बांकपन है। यह शृंगारिक रचना है जिसमें दैनिक जीवन के बारीक़ ब्योरों का भरपूर इस्तेमाल है। वे अरबी-फ़ारसी शब्दों का खुलकर इस्तेमाल करते हैं। उनकी इसी ख़ास शैली के एक और महत्त्वपूर्ण कवि भूषण त्रिपाठी हुए हैं जिन्होंने मराठा शासक शिवाजी के संरक्षण में काम किया। 1680 में अपने राजा की मृत्यु के बाद भूषण पन्ना के छत्रसाल दरबार में आ गए थे। *शिवराज भूषण* (1667-73 के बीच लिखी गई और *भूषण ग्रंथावली* में उपलब्ध) 380 कविताओं का संग्रह है जिसमें शिवाजी का महिमागान किया गया है। यह रचना एक तरफ़ तो *अलंकार* पर एक बढ़िया गुटका है और दूसरी तरफ़ एक निश्चित देशभक्तिपूर्ण स्वर में लिखा गया व्यापक इतिहास भी है।
16. मिर्ज़ा जान, मूल नाम फखरुद्दीन मुहम्मद, द्वारा लिखित *तुहफ़त अल-हिन्द*। इस रचना की तारीख़ पर कोई सहमति नहीं है। 1935 में इसका एम. ज़ियाउद्दीन ने पुनः प्रकाशन किया था और उनका मानना है कि यह रचना 1676 से पहले लिखी गई थी। भाटिया (1987 : 20) का मानना है कि अगर इसे औरंगज़ेब के काल में भी शुरू किया गया होगा तो भी यह 1711 के आस-पास ही जाकर पूरी हुई होगी।
17. उभर रही उर्दू भाषा की तरक़्क़ी के लिए इंशाअल्लाह ख़ान के योगदान व भाषायी समझ के बारे में तथा उनके पहले और बाद में दिल्ली व लखनऊ में उर्दू के विकास के लिए देखें, नेसपिटल (1994)।
18. *हिन्दी सेलेक्शंस* को 1867 में बनारस में मेडिकल हॉल प्रेस ने छापा था। इलाहाबाद में शिक्षा विभाग ने इसे एक पाठ्य-पुस्तक के रूप में संस्तुत किया था और *गुटका* के नाम से आने वाले

दशकों में इसका कई बार पुनर्मुद्रण हुआ। आधुनिक हिन्दी साहित्य का यह पहला देसी गद्य संकलन था और फलस्वरूप इसका काफ़ी प्रसार हुआ और इस पर काफ़ी ध्यान दिया गया। 1868 के संस्करण की पूरी विषय सूची कृष्णाचार्य (1966 : 129) में उपलब्ध है।

19. नागरी प्रचारिणी सभा की खोज रिपोर्टों पर आधारित अपने प्रेक्षणों के आधार पर शर्मा ने *गद्य और पद्य में खड़ी बोली-1876 के पहले* ([1942] 1975 : 302-15) में ऐसी कई कृतियों का हवाला दिया है और उनका विश्लेषण किया है। इस क्रम में सबसे पुरानी पांडुलिपि भगवान दास की लिखी *गीतावार्तिक* (1699) है जिसके बाद कई दूसरी भी लिखी गई थीं, जैसे–शंकराचार्य द्वारा लिखित *दास औतार भाषा* (1744), पंजाब के मुखदास द्वारा क्रमशः 1733 और 1755 में लिखित *गर्भगीता, सारगीता* तथा *धर्मसंवाद* तथा हरिवंश द्वारा लिखित *अनंतव्रत कथा* (1766) आदि।
20. देखें, वेदालंकार (1969 : 21 एवं आगे)।
21. डिटमर (1972 : 34 एवं आगे) ने सदी के बाद के सालों के भी आंकड़े दिए हैं लेकिन यह अंदाज़ा लगाना मुश्किल नहीं है कि सामान्य रुझान बीसवीं शताब्दी की शुरुआत में भी कमोबेश यही रहा होगा।
22. यूल और बर्नेल ने बताया है कि अंग्रेज़ी में 'इंडोस्तान' शब्द 1616 से इस्तेमाल होता आ रहा था। 1673 में जॉन फ्रायर एम.डी. ने *ए न्यू अकाउंट ऑफ़ ईस्ट इंडिया एंड पर्शिया, इन 8 लेटर्स, बीइंग नाइन ईयर्स ट्रैवल्स* में लिखा था :

    दरबार की ज़बान फ़ारसी है, आमतौर पर इंडोस्तान में यही बोली जाती है (जिसके लिए उनके पास कोई लिखित अक्षर नहीं है, लिखित भाषा को बनयन कहा जाता है) जो कि इंडिया की सारी बोलियों की तरह फ़ारसी और स्क्लेवोनियन का मिश्रण है। ([1902] 1986 : 416 एवं आगे)।

    'मूर' शब्द कम से कम पंद्रहवीं शताब्दी से इस्तेमाल में था और इसे 'मुस्लिम' को इंगित करने के लिए इस्तेमाल किया जाता था। अंग्रेज़ों को यह अंदाज़ा नहीं था कि जिस भाषा को वे मूर कहते हैं वह भद्र वर्ग की भाषा थी। यूल एवं बर्नेल ने *लेटर ऑफ़ जेम्स रेनल* (10 मार्च, 1767) में से उद्धृत किया है :

    इस देश की मूल भाषा (या कम से कम हमारी जानकारी में सबसे पुरानी) बांग्ला या जेंटू है... । लेकिन सबसे सौम्य ज़बान मूर्स या मुस्सलमान और फ़ारसी है... ([1902] 1986 : 594)।
23. इस भाषा का पहला व्यापक इस्तेमाल होने वाला लेकिन अभी भी बेहद भ्रामक व्याकरण जॉर्ज हेडली द्वारा लिखित *ग्रैमेटिकल रिमार्क्स ऑन दी प्रैक्टिकल एंड वल्गर डायलेक्ट ऑफ़ दि इंडोस्तान लैंग्वेज कॉमनली कॉल्ड मूर्स विद दि वॉकेब्युलरी इंग्लिश एंड मूर्स* (1762) था।
24. *यूबर डेन अर्सप्रुंग डेर स्प्राख़े* ([1769] 1982) में तथा बाद में *ईदीन त्सुर फिलोज़ोफ़ी डेर गैशिख़्ते डेर मेनश्हाइट* ([1784-91] 1985) में एक बार फिर विस्तारित। आने वाले समय में हुए भाषा के रूमानीकरण के लिए देखें, स्कॉट (1974)।
25. जैसा कि विलियम रॉबर्ट्सन ([1791] 1804) ने ब्रिटेन में अपने देशवासियों से कहा था :

    परंतु हिंदुओं के नाटकीय एवं महाकाव्यात्मक काव्य के संबंध में हमें इस सीमा के साथ काम करना पड़ता कि हमें दोनों के सिर्फ़ एक-एक नमूने के आधार पर अपनी राय बनानी पड़ती है और इससे एक बहुत ग़ैर-मुकम्मल समझ ही बन पाती है। फिर भी, अगर इतनी मामूली सामग्री के आधार पर भी हमें कोई फ़ैसला लेना हो तो वह निर्विवाद रूप से यही होगा कि दोनों विधाओं में से ड्रामे में ज़्यादा दुरुस्त अभिरुचियों का प्रदर्शन किया गया है (235)।

ये संचार इसलिए महत्त्वपूर्ण थे कि वे उस प्रक्रिया का हिस्सा थे जिसके ज़रिए हिंदुओं और मुसलमानों के इतिहास, धर्म, संस्कृति, भाषा व साहित्य को क्रमशः अलग-अलग खांचों में ढाला जा रहा था।

26. देखें, कोहन (1985 : 298)।
27. देखें, किदवई (1972 :13)।
28. जॉन बी गिलक्रिस्ट, प्राक्कथन, *ए डिक्शनरी इंग्लिश एंड हिंदोस्तानी* (कलकत्ता : भाग I, 1786 : भाग II, 1790)। इस प्राक्कथन को ग्रामर एंड डिक्शनरी के 'परिशिष्ट' के रूप में पुनर्मुद्रित किया गया था (कलकत्ता 1798)। कोहन (1985) ने, जो मेरा भी स्रोत हैं, इस कृति के 1790 के संस्करण से उद्धृत किया है।
29. क्योंकि जैसा कि उन्होंने 1825 के *हिंदोस्तानी फिलोलॉजी* शीर्षक के तहत पुनः प्रकाशित ग्रामर एंड डिक्शनरी के 1810 के संस्करण में कहा :

    हिंदूस्तान में जो फ़ारसी-अरबी अक्षरों का इस्तेमाल किया जाता है, वे असली शैक्षिक अक्षरों की बजाय चित्रलिपि के अक्षर ज़्यादा लगते हैं; क्योंकि, जब तक कोई व्यक्ति पूर्वी भाषाओं से पहले से ही पर्याप्त रूप से अवगत न हो तब तक वह देशी लोगों की मुद्रित या लिखित रचनाओं को आसानी से नहीं समझ सकता...([1810] 1825 : iii)।
30. उन्होंने ख़ासतौर से कहा था :

    हालांकि हिंदोस्तानी भाषा बहुत सारी गद्य रचनाओं, ऐतिहासिक कृतियों या विज्ञान की किताबों का दावा नहीं करती लेकिन फिर भी कितनी ही ख़ूबसूरत कहानियां और सुंदर कविताएं इसमें रची जा चुकी हैं! (1820 : xiii)।
31. जब गिलक्रिस्ट को प्रोफ़ेसर नियुक्त किया गया तो वह दो प्रतिष्ठित रचनाएं लिख चुके थे– *डिक्शनरी* एवं *ग्रामर*। गिलक्रिस्ट इस बात से अवगत थे कि उनका काम एक ऐसी भाषा के विषय में पथप्रदर्शक कार्य था 'जो अभी भी जीवित है और जिसके पास न तो कोई शब्दकोश है और न ही कोई व्याकरण है।' किदवई (1972 : 97) में उद्धृत।
32. लल्लूजी लाल ने स्पष्ट रूप से कहा था :

    दिल्ली और आगरा शहरों में बोली जाने वाली प्राचीन भाषा और इन शहरों के हिंदुओं में अभी भी आमतौर पर बोली जाने वाली भाषा को ब्रज के निवासियों ने खड़ी बोली का नाम दिया है और मुसलमान इसे लूच हिंदी, निच, हछ हिंदी या ठेठ हिंदी बोलते हैं और जब उसमें अरबी व फ़ारसी का मिश्रण कर दिया जाता है तो इसे रेख़्तु या ऊर्दू कहा जाता है (*जर्नल प्रिंसिपल्स ऑफ़ इन्फ्लेक्शन एंड कंजुगेशन इन दि ब्रज भाखा* (1811 : iii), वेदालंकार (1969 : 63 द्वारा उद्धृत)।
33. सादिक़ (1964 : 290-1) एवं शिमल (1975 : 210-11) में दिया गया विवरण।
34. उन्होंने स्पष्ट किया था कि हिंदोस्तानी 'अरबी, फ़ारसी, और संस्कृत, या भाखा से मिलकर बनी है। जिनमें से भाखा ही पुराने जमाने में हिंदोस्तान की प्रचलित भाषा रही होगी' (1820 : viii)।
35. जैसा कि शिशिर कुमार दास ने उल्लेख किया है (1978 : 86), भारतीय भाषाओं की लेखन व्यवस्था पर छपाई का एक महत्त्वपूर्ण प्रभाव यह था कि विराम चिह्नों की पश्चिमी व्यवस्था यहां आई जो तब से कमोबेश सभी मुद्रित पाठों में मौजूद है। इसका फ़ौरी असर दो स्तरों पर रहा : दो शब्दों के बीच फ़ासला रखना और कविता की पंक्तियों को पश्चिमी शैली के अनुसार रखना जो कि भारतीय लेखन शैली के विपरीत था जिसमें गद्य और पद्य के लिखने के ढंग में ज़्यादा फ़र्क़ नहीं दिखता था। पाठों को पैराग्राफ़ों में तोड़ना भी एक अहम बदलाव था।
36. देखें, शिशिर कुमार दास (1978 : 37)।

37. कैप्टेन रूडेल, सेक्रेटरी ऑफ़ दि कॉलेज काउंसिल का पत्र, तिथि 24 सितंबर, 1824, शिशिर कुमार दास (1978 : 54) द्वारा उद्धृत।
38. आगे दिया गया विश्लेषण मोटे तौर पर वेदालंकार (1969) द्वारा इकट्ठा की गई सामग्री पर आधारित है।
39. देखें, वेदालंकार (1969 : 94)।
40. देखें, वेदालंकार (1969 : 95)।
41. देखें, वेदालंकार (1969 : 96)।
42. जे.टी. थॉमसन : *दश अवतारों का वर्णन या हिंदू सपोज़्ड इन्कारनेशंस* (बम्बई 1816) से लिये गए अंश। वेदालंकार (1969 : 108) में दिया गया पाठ और अनुवाद।
43. आगरा में 1813, मेरठ में 1815, चुनार में 1815, बनारस में 1817, गोरखपुर में 1823, तथा आजमगढ़ व जौनपुर में 1831 में इस तरह के प्रतिष्ठान थे। कलकत्ता के मूल निवासी जय नारायण घोसाल मिशनरियों के काम से इतने अभिभूत थे कि उन्होंने 1818 में बनारस में एक स्कूल के लिए आर्थिक सहायता दी जिसका नाम तो उनके नाम पर रखा गया था लेकिन उसको मिशनरियों द्वारा चलाया जाता था। यहां हिन्दी, संस्कृत, अंग्रेजी, रासायन शास्त्र और अरबी पढ़ाई जाती थी। घोसाल तथा इस स्कूल के बारे में और विवरण गैब्रिएल (1979 : 169-74) में देखा जा सकता है।
44. देखें, वेदालंकार (1969 : 116)।
45. दि मद्रास स्कूल बुक सोसाइटी का गठन 1820 में किया गया था। उसी साल माउंटस्टुवर्ट एल्फिंस्टन की अध्यक्षता में बॉम्बे बुक सोसायटी का भी गठन किया गया था। क्षेत्रीय भाषाओं में अनुवाद के लिए इन दोनों सोसाइटियों के पास कलकत्ता से स्कूली किताबें भेजी गई थीं। बाद में हिंदी की कुछ पाठ्य-पुस्तकें कलेक्टर को और इलाहाबाद, कानपुर, बनारस, आगरा व दिल्ली के ऐसे ही दूसरे अधिकारियों को भेजी गईं। देखें, वेदालंकार (1969 : 135)।
46. पेनर (1870) में उपलब्ध ब्यौरा।
47. वेदालंकार (153) द्वारा 1851 में लीथोग्राफ़ की गई 78 किताबों की सूची दी गई है। इस सूची में प्रवेशिकाएं, पहाड़े, भारत का इतिहास, भूगोल, गणित, जीव विज्ञान, साफ़-सफ़ाई, पत्र-लेखन, पेंटिंग, ड्राइंग एवं नैतिक शिक्षा से संबंधित रचनाएं थीं।
48. उदाहरण के लिए, इस गद्य का एक बढ़िया नमूना बंसीधर के *ग्राम्य कल्पद्रुम* (1863) में मिलता है। किसानों के लिए लिखा गया यह पाठ उत्तर-पश्चिमी प्रांतों में प्रचलित भूमि एवं राजस्व नियमों की व्याख्या करता है। अभिव्यक्ति और वाक्य-विन्यास पर बंसीधर की जबर्दस्त पकड़ है; वह एक परिष्कृत भाषा का प्रयोग करते हैं, संस्कृत शब्दों का केवल आवश्यकतानुसार प्रयोग करते हैं। फिर भी, भाषा के मामले में वह किस तरफ़ खड़े हैं, यह बात शुरू में ही स्पष्ट हो जाती है जब वह हिंदी में लिखते हुए ज़मींदारी शब्द का अर्थ बताते हैं और कहते हैं कि उनकी राय में यह एक फ़ारसी शब्द है और जो फारस का राज स्थापित होने से पहले यहां प्रचलन में नहीं था। उनके कहने का सीधा अभिप्राय यह है कि मुसलमानों के आने से पहले यहां एक मिश्रणरहित शुद्ध हिन्दी हुआ करती थी।
49. पंडित रत्नस्वरजी : *पत्र मालिका* आगरा, आगरा स्कूल बुक सोसायटी, 1841। पाठ एवं अनुवाद वेदालंकार (1969 : 160) में। कुछ बदलावों के साथ मैंने वेदालंकार के अनुवाद का ही प्रयोग किया है। वाक्य कई बार 'और' के इस्तेमाल से आपस में बंधे हैं। वे बोले जाने वाली ज़बान के नज़दीक हैं। लिखित गद्य शैली अभी इस लक्षण से आज़ाद नहीं हुई थी।
50. 1854 के डिस्पैच में इस बात पर ज़ोर दिया गया था :

लिहाज़ा, हम यूरोपीय ज्ञान के प्रसार हेतु *माध्यमों* के रूप में अंग्रेज़ी भाषा और भारत की वर्नाक्यूलर भाषाओं को देखते हैं और हमारी यह कामना है कि भारत के सभी स्कूलों में इनको एक साथ सींचा जाए ताकि आवश्यक योग्यताओं वाले स्कूल मास्टरों को रखा जा सके। *(सेलेक्शंस फ्रॉम एजुकेशनल रिकाड्र्स* II : 368)।

51. *कोर्ट कैरेक्टर एंड प्राइमरी एजुकेशन इन दि एन.डब्ल्यू. प्रोविंसेज़ एंड अवध* (यहां के बाद सी सी) में उद्धृत। इस विस्तृत दस्तावेज़, जिस पर आगे का चयन काफ़ी हद तक निर्भर था, के संकलनकर्ता और संपादक मदन मोहन मालवीय थे जिन्होंने इसका प्रकाशन किया। उन्होंने यह दावा भी किया कि उन्होंने ही 1897 में इलाहाबाद में इसको लिखा था और 2 मार्च, 1898 को प्रांतीय सरकार को एक ज्ञापन भेज दिया। इसकी तैयारी में तीन साल लगे थे जिस दौरान मालवीय व्यावहारिक रूप से अपनी वकालत छोड़ चुके थे। ज्ञापन के साथ-साथ उत्तर-पश्चिमी प्रांत से 30,000 हस्ताक्षरों के 16 मोटे खंड भी सरकार को सौंपे गए थे। देखें, डिटमर (1972 : 106)।

52. जैसा कि फर्रूखाबाद स्थित दीवानी एवं फ़ौजदारी सत्र न्यायालय के न्यायाधीश सर फ्रेडरिक जॉन शोर ने अपनी *नोट्स ऑन इंडियन अफ़ेयर्स* (1837) में लिखा था, यहां भाषायी स्थिति हमेशा की तरह पेचीदा थी :

कुछ मामलों में लोगों के पास अपने लिखने के लिए नागरी या फ़ारसी अक्षरों के इस्तेमाल का विकल्प होता है, लेकिन ज़्यादातर लोग फ़ारसी अक्षरों को ही प्राथमिकता देते हैं। इस टिप्पणी के संदर्भ में मैं कहना चाहता हूं कि यह सच है और इसका कारण बहुत सीधा है। भारत में जो लोग पढ़ना और लिखना सीखते हैं वे चार वर्गों में बंटे हैं :

पहला : पुराने रईस मुस्लिम परिवारों के अवशेष। वे उसी तरह फ़ारसी और अरबी को पसंद करते हैं जिस तरह अफ्रीकियों द्वारा हमारी कल्पित अधीनता के बाद पूर्वग्रहों, पुरानी भावनाओं और स्मृतियों के मिश्रण के चलते संभवतः हम अपने बेटों को टिंबकटू की भाषा के मुक़ाबले में फ्रेंच, लैटिन या ग्रीक में पढ़ाते, भले ही टिंबकटू की भाषा में और भाषाओं से ज़्यादा ज्ञान ही क्यों न होता! इस वर्ग की संख्या बहुत ही छोटी है।

दूसरा : पंडित या पढ़े-लिखे हिंदू। ये स्वाभाविक रूप से संस्कृत को प्रेम करते हैं। इनकी संख्या भी बहुत छोटी है।

तीसरा : दुकानदार, गांव के खातेदार और व्यापारी, जो नागरी, बंगाली या अन्य स्थानीय भाषाओं व अक्षरों में लिखते हैं। ये सिर्फ़ इतना पढ़ना-लिखना जानते हैं कि अपने बही-खाते रख सकें और एक-दूसरे से लेन-देन कर सकें। इनके लिए और ज़्यादा पढ़ाई निरर्थक होगी क्योंकि इस भाषा और इन अक्षरों में शायद ही कोई किताब है जो पढ़ने के लायक़ हो और इस लिपि की भाषा किसी रोज़गार का भी रास्ता नहीं खोलती। इन लोगों की संख्या बहुत बड़ी है।

चौथा : सरकारी नौकरियों के इच्छुक और कॉलेजों के पदों पर काम करने के इच्छुक। इनकी संख्या काफ़ी है परंतु तीसरे वर्ग के आस-पास नहीं है। वे भाषा में काफ़ी प्रवाह प्राप्त कर लेते हैं क्योंकि ऐसा करने के लिए उनके पास एक आकर्षण होता है और वे फ़ारसी सीखते हैं क्योंकि सरकार ने हुक्म दिया है कि यही अदालतों और सरकारी दफ़्तरों की भाषा होगी जहां वे नौकरी पाना चाहते हैं।

... अगर सरकार यह आदेश दे कि हिंदुस्तानी या नागरी को ही अधिकृत लिपि बनाया जाएगा तो समूचा चौथा वर्ग फ़ौरन इसे सीख लेगा। सरकारी नौकरी की उम्मीद में दूसरा वर्ग भी इसके बारे में अपना ज्ञान बढ़ाएगा... (सी सी, परिशिष्ट I, 7-8)।

सबसे ज़्यादा संख्या यानी तीसरी श्रेणी के लोग भारी घाटे में रहे क्योंकि उनके पास साक्षरता

और नौकरियों के लिए कोई ख़ास आकर्षण नहीं था। लिहाज़ा, फ़ारसी-अरबी लिपि के प्रयोग को जारी रखने से केवल चौथा वर्ग ही अपनी लाभ की स्थिति को क़ायम रख पाया।

53. उदाहरण के लिए, सरक्यूलर ऑर्डर ऑफ़ दि सदर बोर्ड ऑफ़ रेवेन्यू, नॉर्थ-वेस्टर्न प्रॉविंसेज़, संख्या III, 28 अगस्त, 1840 के निम्नलिखित अंश को देखें :

*7. उनको लगता है कि यूरोपीय अधिकारी, और ख़ासतौर से उनके देशी सहायक, ऐसे विदेशी शब्दजाल को बनाए रखने की पूरी कोशिश करेंगे जो लोगों के लिए उतना ही दुरूह है जितनी वह भाषा जिसको उन्होंने छोड़ दिया है और उनको हमेशा इस बात के लिए बाध्य करेंगे कि वे जैसे बोलते हैं, वैसे ही लिखें। ख़ासतौर से उनको यह लगता है कि यूरोपीय अधिकारी, उनके देशी सहायक, दोनों ही संक्षिप्त सरल शब्दों में उनके अर्थ को दर्ज करके ख़ुद उनके लिए उदाहरण पेश करेंगे।

*8. बोर्ड को अकसर यह देखकर आश्चर्य हुआ है कि एक आम ज़मींदार कितनी सहजता और शक्तिशाली ढंग से ख़ुद को अभिव्यक्त कर लेता है जबकि दूसरी तरफ़ वह अफरा-तफरी है जिसमें कोई फ़ारसी मुद्दई अपने बयान को कुछ का कुछ बना देगा।

*10. बोर्ड का प्रस्ताव है कि फ़ारसी अक्षरों को बनाए रखा जाए, सिवाय उन कुछ ज़िलों को छोड़कर जहां नागरी लगभग सार्वभौमिक रूप से स्थापित हो चुकी है (सी सी, 51)।

नागरी को व्यापक लोकप्रियता नहीं मिली हुई थी, यह बात सरकारी दायरों में मज़बूती से जमी रही और 'उमला' के व्यवहार में कोई ख़ास फ़र्क़ नहीं आया।

जैसा कि एस.डब्ल्यू. फैलन ने *हिंदुस्तानी-इंग्लिश डिक्शनरी* के प्राक्कथन में कहा था :

... प्रांत की अदालतों में बोली जाने वाली भाषा में हिंदुस्तानी लगभग पूरी तरह विदेशी अरबी वाक्य खंडों से मिलकर बनी है। इस पुस्तक में अरबी अभिव्यक्तियों के बग़ल में दिए गए हिंदी अर्थों को देखते हुए यह स्पष्ट हो जाता है कि बहुत सारे मामलों में अरबी इस्तेमाल का कोई कारण नहीं है सिवाय इसके कि उसको पढ़े-लिखे लोगों की भाषा माना जाता है जबकि हिंदी यहां के लोगों की सिर्फ़ एक गंवारू वर्नाक्यूलर भाषा है। यही भेद उस रहस्यात्मक आवरण को बनाए रखता है जो मुट्ठी भर लोगों को फ़ायदा पहुंचाता है और असंख्य लोगों को नुक़सान की तरफ़ धकेल देता है...। लोगों की भाषा को सीखने के श्रम से यह राहत एक अगणनीय रूप से भारी लागत पर मिलती है जब लोगों का एक बहुत छोटा-सा तबक़ा ही अपने शासकों की विदेशी भाषा को सीखने में सक्षम हो पाता है या अदालतों की अत्यंत फ़ारसी और अरबी लदी उर्दू को सीख पाता है ताकि वह शासक वर्ग व विशाल जनसमुदाय के बीच खड़ा हो सके। जैसा कि एक बंगाली कहावत में कहा गया है- *'साहेब बागन, आमला ती बेड़हा'* (साहेब बगीचा हैं, और आमला बाड़ है) (1879 : ii)।

54. प्राथमिक शिक्षा में प्रतिगमन, रिपोर्ट ऑन पब्लिक इंस्ट्रक्शन इन दि एन.-डब्ल्यू.पी. एंड अवध फ़ॉर 1894-95.

1. स्कूल में आने वाले बच्चों का प्रतिशत भारत के किसी भी दूसरे हिस्से से कम है और पिछले पांच साल के दौरान 5 से घटकर 4 रह गया है।
2. प्राथमिक पाठशालाओं तथा उनमें आने वाले विद्यार्थियों की संख्या में गिरावट आई है।
3. प्राथमिक पाठशालाओं की फीस से होने वाली आय उल्लेखनीय रूप से बढ़ी है लेकिन अभी भी यह दूसरे प्रांतों के मुक़ाबले काफ़ी कम है (सी सी, परिशिष्ठ 1, 84)।

55. मेडिकल हॉल प्रेस, 1882 से पुनः मुद्रित, सी सी में उल्लिखित अंश (परिशिष्ट, भाग I; 16-26)। रेवरेंड बुडेन ने प्रांत के हिंदुओं के प्रति कोई सम्मानजनक भावना व्यक्त नहीं की क्योंकि उनका कहना था कि :

इस विशाल जनसमुदाय के बारे में सामान्य रूप से यही कहा जा सकता है कि यह धरती

पर सबसे रूढ़िवादी, परिवर्तनरोधी, जाति बंधनों में क़ैद, एक्सक्लूसिव, पहुंच के बाहर, समझ में न आने वाला, उदासीन नस्ल है; जबकि वे जिस धर्म के समर्पित अनुयायी हैं, वह मानव मस्तिष्क द्वारा आज तक रचा गया सबसे सूक्ष्म, बहुरूपी, जटिल, घेरेदार, मायावी क़िस्म का धर्म और व्यवहार है...। लोगों का चरित्र भी उतना ही अभेद्य है और इसका बाहरी लक्षण भी उतना ही अस्थिर है लेकिन एक मामले में उनमें पूरी सहमति है : विदेशी तत्त्वों, ख़ासतौर से धार्मिक मामलों में, तमाम विदेशी तत्त्वों के प्रति एक अदम्य घृणा, और किसी भी सूरत में उनके सामने घुटने न टेकने की ज़िद (17)।

लिहाज़ा, हिंदी के विषय में उनकी साक्षी हिंदुओं के पक्ष में नहीं दिखती।

56. देखें, डिटमर (1972 : 89)।
57. आगे का भाग तेज के. भाटिया (1987) द्वारा हिंदी-हिंदुस्तानी व्याकरणों पर उनके अत्यन्त सटीक शोध व मोनोग्राफ़ में दर्ज सूचनाओं पर आश्रित है। परन्तु भाटिया की दिलचस्पी भाषा की व्याकरणीय परिधि के इतिहास को जानने में है न कि व्याकरणों के पीछे मौजूद वैचारिक अवधारणाओं को समझने में जो कि वर्तमान अध्ययन का फ़ोकस है। जहां तक संभव हुआ है मैंने व्याकरणों को ही देखने का प्रयास किया है।
58. रामविलास शर्मा ने 'हिंदी भाषा की विकास परम्परा और भारतेंदु युग' ([1942] 1975; 136-279) पर लिखे अपने लंबे निबंध में शिवप्रसाद पर कई पन्ने में चर्चा की है। शिवप्रसाद ने हिंदी गद्य की रचना में उल्लेखनीय योगदान दिया परंतु सत्तर के दशक के बाद दूसरे हिंदू प्रवक्ता उनको नापसंद करने लगे थे।
59. लिहाज़ा, भाषा के मुद्दे पर शिवप्रसाद का समावेशी रवैया यह था जिसने अन्य हिंदुओं को ग़ुस्सा कर दिया :

    मैं यहां उन लोगों से क्षमा चाहता हूं जो हमेशा फ़ारसी शब्दों को निकाल बाहर फेंकने की अपीलें जारी करते रहते हैं। वे ऐसे शब्दों को भी निकाल देना चाहते हैं जो कि हमारी घरेलू ज़िंदगी के शब्द बन चुके हैं। हिंदी की किताबों से उन्हें निकालकर वे उनकी जगह संस्कृत के ऐसे शब्द लाना चाहते हैं जो अप्रासंगिक और अलोकप्रिय हैं या वे ऐसी रूखी अभिव्यक्तियां लाना चाहते हैं जिनको सिर्फ़ एक गंवारू आबादी में ही बर्दाश्त किया जा सकता है। अगर सिस्टर प्रेसीडेंसीज़ इस बात को याद करें कि हमारे पास कचहरी और समुदाय के लिए उनके जैसी भाषा और अक्षर नहीं हैं तो उन्हें हमसे ज़रूर हमदर्दी होगी। हमारी कचहरी की भाषा उर्दू है और सभी राष्ट्रों में अदालती भाषा को ही अपने दौर की सबसे फ़ैशनेबल भाषा माना जाता रहा है। अब उर्दू हमारी मातृभाषा बनती जा रही है (O vile betrayal! Mother tongue!) और उत्तर-पश्चिमी प्रांत में सभी लोग, चाहे अच्छे या बुरे तरीक़े से, इसे ही बोलते हैं। अगर हम अदालती लिपि, जो कि दुर्भाग्यवश फ़ारसी है, को सार्वभौमिक रूप से अपनाकर और देवनागरी को पूरी तरह नहीं निकाल सकते हैं तो मुझे इसका कोई कारण दिखाई नहीं देता कि हम एक नई भाषा गढ़ने के लिए क्यों प्रयास करें। आतिश, मारूफ़, शिताब, ज़म्बूर, सरदार, कोह इत्यादि शब्द हमारे हिंदी के सबसे पहले रचनाकार (जिन्हें कम से कम मैं पहला रचनाकार मानता हूं) चंद द्वारा इस्तेमाल किए गए हैं, जो पृथ्वीराज के दरबार के प्रसिद्ध चारण थे; और मुझे लगता है कि हमारे लिए यही बेहतर होगा कि हम लोगों को अदालत की भाषा से अवगत कराने का अधिकतम प्रयास करें; और उनकी बोलियों को मांजने में ज़ोर लगाएं बजाय इसके कि उन्हें अपनी ज़िला अदालतों की कार्रवाइयों के प्रति अनजान बनाएं और जब वे उच्च वर्गों के सामने बात करें तो उन्हें शर्मिंदगी महसूस हो (1864; प्राक्कथन)।
60. देखें, लुट्ट (1962; 62 एवं आगे)।

61. बांकीपुर : बिहारबंधु छापाख़ाना।
62. देखें, भाटिया (1987; 153-4)।
63. उस दौर के हिंदुस्तानी-उर्दू-हिंदी शब्दकोशों पर एक मोनोग्राफ़ लिखा जाना अभी बाक़ी है। इस विषय में सबसे भरोसेमंद डेटा कृष्णाचार्य (1966) में ही उपलब्ध है।
64. इस शब्दकोश का प्राक्कथन कृष्णाचार्य (1966 : 192-9) में उपलब्ध है।
65. देखें, बर्क (1981 : 30)।
66. यहां तक कि हरिश्चंद्र जिन्होंने सरल, आडंबररहित भाषा के इस्तेमाल के बारे में काफ़ी कहा है, उन्होंने भी इस प्रयास तथा इसके लिए सरकारी समर्थन की कड़े शब्दों में निंदा की थी (*नाटक* निबंध में, 1884 में लिखित, *ग्रंथावली I* : 790)। फैलन की परियोजना को समझ पाने में अभी कई दशक का समय लगने वाला था; फैलन द्वारा अपनाई गई दूरदृष्टि और रचनात्मक रवैए को समझने के लिए देखें, रामविलास शर्मा ([1942] 1975 : 210 एवं आगे तथा 346-50)।
67. हिंदी के राष्ट्रवादी दावे को कुछ हद तक प्रेसीडेंसीज़ में भी मान्यता मिल रही थी; उदाहरण के लिए, देखें, केशव वामन पेठे द्वारा लिखित *राष्ट्र भाषा* (1899) जिसका मूल मराठी से हिंदी में गंगा प्रसाद अग्निहोत्री द्वारा अनुवाद किया गया था।
68. पिछले अध्याय में महाराजा और व्यापारियों द्वारा दिए गए संरक्षण के तहत हुए कामों, जैसे *महाभारत दर्पण* आदि के विवरण के लिए देखें ग्रियर्सन (1889 : 118 एवं अगला पृष्ठ)। 1868 के पश्चात् उत्तर-पश्चिमी प्रांत में हिंदी और उर्दू प्रकाशनों की सापेक्ष संख्याओं के लिए देखें किंग (1989a : 194-5)।
69. इस लेख को सी सी में विस्तार से उद्धृत किया गया है (परिशिष्ट, भाग I : 27-30), जहां से यह उद्धरण लिया गया है।
70. टॉड ने एक महाकाव्य रचनाकार और एक इतिहासकार के रूप में चंद की सराहना की थी :

    चंद का काम उनके दौर का एक सार्वभौमिक इतिहास है। पृथीराज (मूल यथावत्) के साहसी कारनामों के विषय में 1,000 दोहों से भरी 69 किताबों में राजस्थान के हर शाही परिवार को अपने पुरखों का कुछ न कुछ रिकॉर्ड मिलेगा। यही कारण है कि राजपूत नाम का दावा करने वाला प्रत्येक वंश इसको संभालकर रखता है। इसमें वे अपने जुझारू पुरखों को ढूंढ़ सकते हैं जो उस वक़्त किरमन दर्रे में 'युद्ध की लहरों को पी रहे थे' जब 'हिमाचल से लेकर हिंदोस्तान तक युद्ध के बादल छाये हुए थे।' पृथीराज की लड़ाइयों, उसके गठजोड़ों, उसके असंख्य व शक्तिशाली जागीरदारों और उनके आवास व वंशावलियों के विवरणों की वजह से चंद का काम ऐतिहासिक और भौगोलिक स्मृति के रूप में अमूल्य सिद्ध होता है जबकि उसमें मिथकों, शिष्टाचार और बौद्धिक उपलब्धियों के ख़ज़ाने भी हैं ([1829] 1971, 1 : 297-8)।

    हिंदी साहित्य के प्रारंभिक सिद्धांतीकरण में टॉड के योगदान पर अभी भी पर्याप्त बौद्धिक ध्यान नहीं दिया गया है।
71. इस जर्नल को आगे ह.मै. के नाम से उद्धृत किया गया है। यह संपादकीय पहले अंक (1.1, 15 अक्टूबर, 1973) में प्रकाशित हुआ जहां यह अंश था।
72. इस पत्रिका को ह.चं. के नाम से उल्लिखित किया जाएगा। यह मरसिया *समग्र* (209) में भी उपलब्ध है।
73. इस अंश का निंदात्मक स्वर उस दौर की बहस के सामान्य स्वर जैसा ही है :

    यद्यपि हम देखते हैं कि अभी साढ़े तीन हाथ की ऊंटनी सी बीबी उर्दू पागुर करती जीती है, पर हमको उर्दू अख़बारों का पूरा विश्वास है (समग्र, 209)।

    किंग (1992) ने सदी के आख़िरी सालों में लिखे गए दो नाटकों का अनुवाद और विश्लेषण

किया है। इनमें से एक था पंडित गौरीदत्त द्वारा लिखित *नागरी और उर्दू का स्वांग* (1883 से 1900 के बीच लिखित) जो खड़ी बोली में लिखा गया था और दूसरा था मुंशी सोहन प्रसाद द्वारा लिखित *हिंदी और उर्दू की लड़ाई* (1886) जो अवधी में लिखा गया था। दोनों नाटकों का सुर बेहद आक्रामक है और इनमें दोनों भाषायी ख़ेमों की विभाजन रेखा और भी गाढ़ी दिखाई देती है।

74. यह लेक्चर *हिंदी प्रदीप* के पहले चार अंकों (1.1-4 सितंबर-दिसंबर, 877) में प्रकाशित किया गया था। यह *समग्र* (228-30) में और आसानी से पढ़ा जा सकता है।

75. विलियम वॉटरफील्ड ने इस कविता के कुछ हिस्सों का अनुवाद किया था जो *केलकटा रिव्यू* (खंड 61-3, 1875-76) में क्रमवार प्रकाशित किया गया था। इस सूचना के लिए मैं मार्टिन क्रिसटॉफ-फ्यूशले की आभारी हूं।

76. दुर्भाग्यवश साक्ष्य का यह पूरा पाठ किसी एक जगह पर उपलब्ध नहीं है। इसके जल्दबाज़ी में संपादित किए गए कुछ अंश *समग्र* (1054-60) में उपलब्ध हैं और कुछ अंश सी सी (खंड IV, 98-9) तथा क.व.सु. (16.3, 11 अगस्त, 1884 तथा 16.4, 18 अगस्त, 1884) में देखे जा सकते हैं।

77. इस संबंध में कॉलेज के मुंशियों की भूमिका को कम करके दिखाने की बाद की राष्ट्रवादी नीति के लिए देखें बारान्निकोव (1936)।

78. क्योंकि उनका कहना था कि :

    अज़, अल, ज़ेर, ओ जैसे संयोजक प्रत्ययों, जिनके सहारे कई शब्दों को जोड़कर संयुक्त शब्द बनाए जाते हैं और जिनकी वजह से अकसर भाव धूमिल हो जाता है, को छोड़ दिया जाना चाहिए। मेरा कहने का यह मतलब नहीं है कि सभी वर्नाक्यूलर बोलियों से सारे फ़ारसी शब्दों को हटा दिया जाना चाहिए। यह हमारी शक्ति से परे है। भला 'मतलब', 'अदालत', 'हज़रत', 'जहाज़', 'वज़ीर', 'बादशाह', 'जमा ख़र्च, 'नेकनीयत', 'साहिब' आदि शब्दों को कौन निकाल सकता है? (सी सी : 99)।

79. इलाहाबाद के निवासियों द्वारा दिए गए ज्ञापन के अंश सी सी (भाग IV, 85 एवं आगे) में इस शीर्षक के तहत उपलब्ध हैं : दि कॉज़ेज़ एंड दि क्योर ऑफ़ दि बैकवर्ड कंडीशन ऑफ़ प्राइमरी एजुकेशन इन दि एन.डब्ल्यू.पी. एंड अवध ऐज़ पांइटेड आउट इन मेमोरियल प्रेजेंटेड टू एंड एविडेंस गिवेन बिफोर दि एजुकेशन कमीशन।

80. क.व.सु. (15.45, 30 जून, 1884)।

81. ये *क्षत्रिय पत्रिका* (2.11, 1883) में और कुछ समय बाद प्रकाशित संकलन *भाषा भास्कर*, भाग II, 1884 में प्रकाशित हुए थे, जिसको खड्गविलास प्रेस, बांकीपुर (देखें, धीरेन्द्रनाथ सिंह 1986a : 262, 330) में तथा विभिन्न अन्य संग्रहों में प्रकाशित किया गया था। इस निबंध का एक हद तक मनमाने ढंग से संपादित संस्करण *समग्र* में शामिल किया गया है। मैंने जो अंश लिया है, वह *हिंदी भाषा* से लिया है जो 1883 में खड्गविलास प्रेस द्वारा हरिश्चंद्र के नाम से छापी गई एक पुस्तिका थी।

82. रामविलास शर्मा ने *हिंदी भाषा की विकास परंपरा और भारतेंदु युग* नाम के एक महत्त्वपूर्ण निबंध में इस थीम पर काफ़ी विवेचन किया है। इस लेख में हरिश्चंद्र के बारे में लिखे गए निबंधों की उनकी प्रथम पुस्तक का शीर्षक भी दिया गया है ([1942] 1975 : 136-279)।

83. रामविलास शर्मा ने अंग्रेज़ी के तकनीकी शब्दों के हिंदी पर्यायवाची गढ़ने के लिए अपनायी जा रही वर्तमान नीति की ओर ध्यान आकृष्ट कराया है। हालांकि ऐसे समानार्थी शब्द स्थानीय भाषाओं में मौजूद हैं और उनको फैलन आदि ने दर्ज भी किया था परन्तु आज़ादी के बाद उनको

संस्कृत के आधार पर कृत्रिम ढंग से गढ़ा जा रहा है ([1942] 1975 : 346-50)।

84. हजारीप्रसाद द्विवेदी हिंदी साहित्य के उन कुछ प्रारंभिक इतिहासकारों में से एक थे जिन्होंने इसके निहितार्थों को स्वीकार करते हुए भी इस तथ्य पर अपनी टिप्पणी दी थी। मिश्र (1957) के लिए लिखी अपनी भूमिका में उन्होंने कहा था कि जब उन्नीसवीं शताब्दी में हिंदी को लगातार नागरी भाषा में लिखा जाने लगा तो,

यहां आकर इस भाषा को अवधी और ब्रजभाषा से अभिन्न मान लिया गया और इन दो प्रधान साहित्यिक भाषाओं में जो कुछ लिखा गया था, उसे इसी भाषा का साहित्य स्वीकार कर लिया गया (4)।

लेकिन जैसा कि हमने देखा है, यह भाषा मूल रूप से एक त्रिवेणी के रूप में यानी तीन धाराओं के मेल-बिंदु के रूप में अस्तित्व में आई थी यानी इसमें मुसलमानों के योगदान, बोलचाल की भाषा और ब्रजभाषा व अवधी के भक्ति साहित्य, तीनों का योगदान था।

85. इसका आशय नागरी प्रचारिणी सभा द्वारा ऐसे ज़्यादातर पाठों के शोध व प्रकाशन की उपलब्धि को कम करके आंकना नहीं है जिनको हिंदी साहित्य के मानक संग्रह का हिस्सा माना जाता है।

86. हिंदी-तमिल ध्रुवीकरण पर देखें, रामास्वामी (प्रकाशनाधीन)।

अध्याय-5

हिंदुओं की राष्ट्रीय पहचान और हिंदी साहित्य का उदय पत्रिकाओं का तर्कमूलक जगत

भाषा, साहित्य और प्रतिनिधित्व की राजनीति

उन्नीसवीं शताब्दी के आख़िरी दशकों तक आते-आते इस दृढ़ विश्वास को व्यापक अभिव्यक्ति मिलने लगी थी कि राष्ट्रभाषा के रूप में हिंदी अपने साहित्य के साथ ही विकसित हो सकती है और यही विकास राष्ट्र के विकास का पैमाना होगा। 1882 में शिक्षा आयोग के समक्ष इलाहाबाद के नागरिकों ने जो ज्ञापन दिया था, जिसका ज़िक्र पिछले अध्याय में आ चुका है, वह उस समय के लोगों की दृष्टि में सांस्कृतिक व राजनीतिक स्थिति की गंभीरता की पुष्टि करता है :

> ...राष्ट्रीय शिक्षा का मक़सद यह है कि राष्ट्र उच्चतर विचारों व सोच के धरातल पर पहुंचे और उसे वर्तमान की तुलना में उच्चतर सामाजिक, नैतिक व राजनीतिक अस्तित्व प्राप्त हो। यह काम केवल एक राष्ट्रीय भाषा और राष्ट्रीय साहित्य के माध्यम से ही संपन्न किया जा सकता है। बंगाल और बंबई में राष्ट्रीय साहित्य की स्थापना के माध्यम से इस दिशा में काफ़ी उन्नति हो चुकी है। कहने का मतलब यह है कि इन प्रांतों में एक उभरते पुनर्जागरण के लक्षण सर्वत्र दिखाई देने लगे हैं। इसके विपरीत, यहां एक उबाऊ नीरसता और बौद्धिक आलस्य ही लोगों की पहचान बन गया है। न केवल निचले तबक़े बल्कि शिक्षित वर्ग भी इस समस्या से अछूता नहीं है। निस्संदेह, इसके कई गहन और ठोस कारण हैं। परंतु हमारी राय में इसका सबसे बड़ा कारण यही है कि यहां *राष्ट्रीय एवं परंपरागत* का स्थान एक ऐसी चीज़ ने ले लिया है जो अजनबी, विदेशी और प्रतिकूल है। पुनर्जागरण अधिकांशतः किसी एक या कई कारणों के सक्रिय होने का फल होता है। जब किसी राष्ट्र के पास पहले से एक पुरानी संस्कृति व साहित्य होता है तो एक नई विद्या के प्रभाव से उस राष्ट्र के जीवन और साहित्य में पुनर्जागरण आता है। यहां *पुराना* लगभग नगण्य था और इसलिए *नया* भी ऐसे प्रभाव उत्पन्न नहीं कर सका जो अन्यत्र देखे जा सकते हैं। पुनर्जागरण पुराने और नए के बीच आघात से ही पैदा होता है। फ़ारसी और उर्दू की किताबें अपने तईं बढ़िया हैं और हम स्वीकार करते हैं कि उनमें से कई रचनाएं एक हद तक व्यवहार-बुद्धि की शिक्षा देने के लिए भी उपयुक्त हैं; लेकिन इसके अतिरिक्त वे हिंदू पाठक के विचारों और भावनाओं के प्रवाह को प्रभावित करने की दृष्टि से पूरी तरह निर्जीव हैं। यही नहीं, उनसे हमें ज़बर्दस्त नुक़सान हो रहा है—परंपरा और शास्त्रों द्वारा हमें राष्ट्रीय प्रकृति की उत्कृष्टताएं विरासत में मिली हैं, उनकी गहराई और शक्ति की वे क्षति करती हैं (ज़ोर मूल में)।[1]

ज्ञापन देनेवाले जिस चीज़ को 'राष्ट्रीय साहित्य' कह रहे थे, उसकी रचना में नई विद्या के प्रबल प्रभाव से वे गहरे तौर पर अवगत थे। लेकिन, उनकी राय में यह नई विद्या केवल तभी प्रभावी हो सकती थी जब वह उस राष्ट्रीय परंपरा को प्रभावित करे जो जीवित और सक्रिय है, जैसा कि बंगाल और बॉम्बे प्रेसीडेंसी में देखा जा सकता था जहां बंगाली और मराठी को अधिकृत हैसियत मिली हुई थी। पश्चिमोत्तर प्रांतों में शासकीय समर्थन प्राप्त फ़ारसी और उर्दू किताबों को 'पराया और प्रतिकूल' ही माना जा सकता था। लिहाज़ा, ज्ञापन देनेवाले इन किताबों को प्रामाणिक परंपरा का हिस्सा नहीं मान सकते थे, जो इस क्षेत्र में लगभग विलोप के कगार पर पहुंच गई थी। यहां साहित्य को जारी रखने में हिंदू पाठक की रुचि पैदा करने के लिए 'राष्ट्रीय प्रकृति की उत्कृष्टता' यानी संस्कृत परंपरा और शास्त्रों से मिले तत्त्वों को जाग्रत करना ज़रूरी था। फलस्वरूप, यह आवश्यक माना गया कि नागरी लिपि में लिखी जाने वाली हिंदी को ही अधिकृत मान्यता दी जाए ताकि वह फल-फूल सके और फलस्वरूप नए के आगमन के लिए एक उर्वर भूमि प्रदान कर सके।

इस वक्तव्य के रूप में हमें राष्ट्रवादी एजेंडे की एक मोटा-मोटी रूपरेखा और इस अध्याय का एक खाका मिल गया है। ज़ाहिर है कि अभी हिंदी में राष्ट्रवादी साहित्य का भंडार रचा जाना बाक़ी था। इस काम के कई चरण थे। एक, वह पुराना संस्कृत साहित्य जो राष्ट्रीय अतीत का साक्ष्य और रिकॉर्ड था, वह *लगभग* ग़ायब हो चुका था; उसको पुनः खोजना और स्थापित करना आवश्यक था। इस प्रकार, यहां हमें उस चयनशील परंपरा का एक निर्विवाद संकेत मिलता है जिसने उस चीज़ को जन्म दिया जिसे हमने पीछे दूसरा मुहावरा कहा था। यह बात मान ली गई थी कि जहां यह पुनर्निर्माण हो चुका होगा, केवल वहीं शास्त्रीय परंपरा बड़े पैमाने पर लोगों की पहुंच में आ पाएगी। दूसरी बात, पुराने और नए के बीच की अवधि के साहित्य, यानी मुसलमानों के साहित्य को सिर्फ़ एक अतिवृद्धि के रूप में ही देखा जा सकता था। इसको कतरकर फेंकना ज़रूरी था ताकि प्रामाणिक साहित्य के लिए जगह बने जिसका गला घोंटकर वह फोड़ा पैदा हुआ था। तीसरी बात, नई शिक्षा—पहला मुहावरा—केवल राष्ट्रीय परंपरा के साथ चलते हुए ही राष्ट्रीय साहित्य रच सकती थी, जो हमारी समझ के हिसाब से तीसरे मुहावरे का हिस्सा होती। ऐसे में राष्ट्रीय पहचान के प्रश्न को राष्ट्रीय साहित्य के उदय और प्रगति के साथ घनिष्ठ रूप से जुड़ा हुआ मान लिया गया था।

एक साहित्यिक भंडार की रचना बहुआयामी परियोजना थी। इसके लिए न केवल पाठों का चयन और प्रकाशन करना ज़रूरी था बल्कि इसका एक अर्थ यह भी था कि उनके कालक्रम व परस्पर संबंधों को भी स्थापित किया जाए। इस तरह, साहित्य का इतिहास लिखना और उसमें मौजूद अलग-अलग साहित्यिक विधाओं के बीच भेद करना ज़रूरी था। यह काम हो जाने के बाद ही उन सारी विधाओं के विकास का इतिहास लिखा जा सकता था और उनके मूल्यांकन की सौंदर्यात्मक कसौटियों की समीक्षा व पुनर्स्थापना की जा सकती थी। इन कार्यभारों की वजह से मौजूदा सौंदर्यात्मक मानकों की वैधता का सवाल अनिवार्य रूप से पैदा हुआ। अब नए साहित्य का सर्वेक्षण और मूल्यांकन करने के लिए नए मानक गढ़ना ज़रूरी था। इस बिंदु पर एक जटिल ताना-बाना सामने आने वाला था। यदि, एक तरफ़ पुरानी विधाओं को नई विधाओं के मानकों के अनुसार परिभाषित व वैध सिद्ध किया गया (मसलन, कालिदास

और शूद्रक के कथानक व पात्रों को शेक्सपियर की परंपरा में दिखाना) तो दूसरी तरफ़ नई विधाओं का पुरानी विधाओं के साथ संबंध भी स्थापित किया गया जिसके लिए, जहां तक संभव था, संस्कृत साहित्यिक कैनन में अनुकूल विरासत ढूंढ़ ली गई (लिहाज़ा, उपन्यास विधा को संस्कृत गद्य *कादंबरी* की ही अगली कड़ी बताया गया)। केवल इसी तरह एक ऐसा साहित्य सामने आ सकता था जो ख़ुद को पराए और गंवार तत्त्वों से मुक्त कर चुका हो और ऐसी उच्च हैसियत प्राप्त कर चुका हो कि उसके सहारे 'राष्ट्र उच्चतर विचारों व सोच के धरातल पर पहुंचे और उसे वर्तमान की तुलना में उच्चतर सामाजिक, नैतिक व राजनीतिक अस्तित्व प्राप्त हो।'

साहित्यिक पत्रिकाएं इन सवालों पर चिंतन-मनन का एक महत्त्वपूर्ण मंच थीं। ये साहित्यिक पत्र-पत्रिकाएं अपने आपमें एक नई विधा थीं और इस विधा ने नाना प्रकार की प्रायोगिक पद्धतियों का रास्ता खोला। औपनिवेशिक एवं देशी जगत की पारस्परिक क्रिया-प्रतिक्रियाओं को सबसे रचनात्मक अभिव्यक्ति कहानियों और उपन्यासों में मिली जो कि पश्चिम से ली गई, वहां की अपेक्षाकृत नई साहित्यिक विधाएं थीं। पर साथ ही, उसे संपादकीयों और निबंधों में भी अभिव्यक्ति मिली जिन्होंने इन दो जगत के टकराव से पैदा हुए मुद्‌दों को विषयवार सूत्रबद्ध कर दिया था। भारतीय परंपरा व परिवेश में पश्चिमी विधाओं को अपनाने, उनको समाहित करने की यह प्रक्रिया सामाजिक व ऐतिहासिक चेतना में आ रहे एक बड़े बदलाव का हिस्सा थी। इस परिघटना को रूपात्मक परिपाटियों की नक़ल मात्र मानना इसके अर्थ को संकुचित कर देने वाली बात होगी क्योंकि नए रूप साहित्यिक कर्म के नए क्षेत्रों की ओर संकेत कर रहे थे। अगर नाना आख्यान-रूपों में व्यक्त और नए ढंग से दर्ज किए जा रहे ब्योरों में सामाजिक विभेदों, सामाजिक परिवेश का पहले से कहीं ज़्यादा गहरा बोध दिखाई देता था तो दूसरी तरफ़ व्यक्ति के अधीन आने वाले सापेक्षतः स्वायत्त निजी दायरे का विस्तार और बढ़ाव भी हो रहा था। इन नए दायरों की अभिव्यक्तियों के रूप में ये साहित्यिक पद्धतियां 'ऐतिहासिक रूप से नए क़िस्म की विषयवस्तु के समावेशन द्वारा रूप/फ़ॉर्म के आंतरिकीकरण' का प्रतिनिधित्व करती थीं।[2] यह इस प्रक्रिया का ही हिस्सा था कि इस दौर में जिन साहित्यिक श्रेणियों का प्रयोग किया गया, उन्होंने पश्चिम के नए वर्गीकरण और अपनी वैधता के लिए शास्त्रीय संस्कृत 'परंपरा', दोनों से ख़ुराक लेते हुए अपना दावा पेश किया। इस तरह आधुनिक हिंदी साहित्य अस्तित्व में आया। यह प्रक्रिया हिंदू धर्म को एक एकल धार्मिक, सांस्कृतिक एवं अंततः एक राजनीतिक निकाय के रूप में स्थापित करने की ज़्यादा समग्र प्रक्रिया से संबद्ध थी या वस्तुतः उसी का हिस्सा थी।

ज्ञापन देने वालों ने 'हिंदू पाठक' का हवाला दिया था और यह एक नई पाठक श्रेणी थी। नए साहित्य ने अपना एक अलग पाठक वर्ग रच लिया था। पश्चिमोत्तर प्रांतों में उभरते हिंदू मध्य वर्ग की सामूहिक पहचान को सबसे शक्तिशाली अभिव्यक्ति हिंदी की पत्रिकाओं में मिली, जो पहले बनारस में और उन्नीसवीं शताब्दी के सत्तर के दशक से इलाहाबाद में एक महत्त्वपूर्ण सांस्कृतिक एवं राजनीतिक मंच के रूप में उभरने लगी थीं। इस एकजुटता के लिए छटपटा रहे विविध समूहों का हिंदूपन ही उनका साझा सूत्र था जो पश्चिमी संस्कृति तथा औपनिवेशिक शासन की राजनीति के ख़िलाफ़ तो था ही, मौक़ा पड़ने पर उपमहाद्वीप के मुसलमानों के विरोध में भी मुखर हो उठता था। जैसा कि हरिश्चंद्र के बलिया लेक्चर

में 'हिंदुओं' शब्द के प्रयोग से पता चलता है, इस पहचान में से मुसलमानों का समावेश या बेदख़ली इस आधार पर तय होती थी कि संदर्भ क्या है और किनको संबोधित किया जा रहा है। मोटे तौर पर राष्ट्रवादी, अथवा जिसे हमने 'हिंदू' शब्द का तीसरा प्रयोग कहा है, इन सांप्रदायिक परिधियों के पार जाने और हिंदुस्तान के सभी निवासियों को अपने में समेटने का दावा करता था और इस मान्यता के आधार पर काम करता था कि पूरे महाद्वीप में एक सभ्यतामूलक एकबद्धता रही है जो उन्हें एक राजनीतिक निकाय में भी एकबद्ध करती है। उस समय तक एक 'हिंदू' धार्मिक पहचान–जिसे हमने इस शब्द का दूसरा प्रयोग कहा है–भी सुदृढ़ीकरण की प्रक्रिया में थी और राष्ट्रीय विमर्श का केंद्र बनी हुई थी लेकिन अभी इस शब्द में निहित व्यापक अर्थ-परिधि पैदा नहीं हुई थी। मुख्य रूप से प्रेस के माध्यम से धार्मिक आयाम का गठन, जिसमें धार्मिक ज्ञान का लोकतंत्रीकरण और अनूदित रचनाओं के रूप में धार्मिक पाठों का प्रकाशन आदि भी शामिल था, भी अभी नहीं हुआ था। इस धार्मिक सुदृढ़ीकरण की विस्तृत चर्चा अगले अध्याय में की गई है। यहां मैंने राष्ट्रवादी, गंगा-जमुनी अर्थ में 'हिंदूपन' को लेते हुए उसके सामाजिक, राजनीतिक व साहित्यिक आयामों पर ही ध्यान केंद्रित किया है। इस 'हिंदूपन' ने ही सार्वजनिक वृत्त के सहमेल के उस मुख्य क्षेत्र–'सामाजिक संस्थानों की परिधि'[3] को रचा जिसमें सभाएं और एसोसिएशनें तथा सबसे ऊपर देसी भाषाओं के प्रेस आते थे।

बनारस से निकलने वाली पत्रिकाएं जब हिंदूपन से जुड़े सांस्कृतिक, सामाजिक, राजनीतिक व धार्मिक मुद्दों पर चर्चा में हिस्सा लेतीं और उन्हें दिशा देती थीं तो वे चाहे बनारस के मंदिरों का ज़िक्र करें, महाराजा द्वारा आयोजित होने वाले अनुष्ठानों व उत्सवों का ज़िक्र करें या नवगठित धर्मसभा की बात करें, वे इस पावन नगरी के प्रतिनिधित्व का दावा करतीं और उससे लाभ लेती थीं। बनारस की इस पौराणिक ख्याति को बनारस पर हावी हिंदू सामाजिक संगठनों और अंग्रेज़ों, दोनों ने पुष्ट किया। उसकी इस छवि से लाभ उठाने के लिए अंग्रेज़ भी जान-बूझकर उसको संरक्षण देते थे। परंतु जहां एक ओर ये पत्रिकाएं राजाओं और व्यापारियों के प्रयास से अस्तित्व में आए पुराने प्रातिनिधिक सार्वजनिक क्षेत्र के प्राधिकार से लाभ ले रही थीं, वहीं दूसरी ओर राजे-रजवाड़ों द्वारा सत्ता के मनमाने दुरुपयोग और ब्राह्मणों द्वारा अपनी धार्मिक सत्ता के दुरुपयोग की आलोचना भी करती थीं। अब देसी राजे-रजवाड़े व्यक्तिगत या सामूहिक स्तर पर भी अपने-अपने प्रभाव-क्षेत्र में छोटे-मोटे अधिनायकवादी कृत्यों की आलोचना से मुक्त नहीं रह गए थे। वे अपने इलाक़े में भले ही प्रेस पर सेंसरशिप थोप सकते थे लेकिन अपने दायरे के बाहर देसी भाषाओं के प्रेस पर कोई बंधन नहीं लगा सकते थे।[4] हिंदूपन के राजनीतीकरण में एक अगुवा भूमिका निभाने वाले बनारस के हिंदी प्रेस को हरिश्चंद्र द्वारा संपादित पत्रिकाओं में ओजपूर्ण प्रारंभिक अभिव्यक्ति मिली। हरिश्चंद्र की विशेषता यह थी कि उन्होंने अपना एक पांव महाराजाओं, महंतों और महाजनों के प्राक्आधुनिक, 'परंपरागत' जगत में रखा हुआ था जबकि उनका दूसरा पांव व्यक्तिगत सामाजिक एवं राजनीतिक अधिकारों की हिमायती नई विद्या के जगत में भी मज़बूती से जमा हुआ था। जैसा कि हरिश्चंद्र ने अपने बलिया लेक्चर में स्पष्ट रूप से कहा था, इस नए दौर में सामाजिक-राजनीतिक मसलों में राजाओं, पंडितों या अंग्रेज़ों से ऐसे नेतृत्व की आशा नहीं की जा सकती थी क्योंकि वे तो केवल अपनी स्वार्थपूर्ति के लिए लड़ रहे थे। उनका कहना था कि अगर हिंदुस्तान के

लोग उन्नति करना चाहते हैं तो उन्हें एक होकर ख़ुद अपनी दिशा बनानी होगी और ये काम सिर्फ़ तभी हो सकता है जब उदीयमान मध्य वर्ग के भीतर एक सर्वानुमति पैदा हो। यह उदीयमान मध्य वर्ग भले ही औपनिवेशिक राज्य की सत्ता को चुनौती देने और उस पर अंकुश लगाने के लिए जनमत की सत्ता जैसी नई अवधारणाओं के माध्यम से राष्ट्र के प्रतिनिधित्व का दावा कर रहा हो, लेकिन अभी वह अपनी वैधता के लिए भी छटपटा ही रहा था। इस तरह, वर्नाक्यूलर प्रेस ने मध्य वर्ग और राष्ट्र के प्रवक्ता की हैसियत से सरकार के कामकाज पर नज़र रखना शुरू कर दिया ताकि राजनीतिक व शासकीय निर्णयों को और ज़्यादा पारदर्शी बनाया जा सके एवं अंकुश के भीतर रखा जा सके। लिहाज़ा, वर्नाक्यूलर प्रेस के रूप में व्यापक रूप से स्थापित हिंदी-भाषायी प्रेस के बारे में यह कहा जा सकता है कि वह उस जगह पर क़ाबिज़ हो रहा था जो अपनी प्रजा के प्रति उत्तरदायित्व का कोई ढोंग न करने वाले औपनिवेशिक राज्य और मध्य वर्ग के रूप में ढलने जा रहे, विषम पृष्ठभूमियों से आए लोगों के उत्तरोत्तर मुखर होते वर्ग के बीच पड़ती थी।

इस अध्याय में मैंने हिंदी पत्रिकाओं के इतिहास का संक्षिप्त ख़ाका पेश करने के बाद एक पत्रकार के रूप में हरिश्चंद्र की भूमिका और उनकी तीन पत्रिकाओं का विश्लेषण किया है। इसके बाद हिंदू मध्य वर्ग द्वारा अपने अधिकार में ले लिये गए सामाजिक एवं राजनीतिक क्षेत्र के सीमांकन की प्रक्रिया पर चर्चा की गई है, भले ही यह अधिकार निबंधों और संपादकीयों में व्यक्त हुआ हो या लघु नाटिकाओं में। अगले हिस्से में हिंदुओं के साहित्य, उसकी साहित्यिक विधाओं और सौंदर्यशास्त्र के सैद्धांतीकरण पर चर्चा की गई है। अंतिम से पहले वाले हिस्से में अलग-अलग साहित्यिक विधाओं की उपस्थिति और उदय का जायज़ा लिया गया है। एक आधुनिक साहित्य होने के महत्त्व की गहन आत्मचेतना के इस काल में हरिश्चंद्र की पत्रिकाओं ने नई साहित्यिक विधाओं के साथ प्रयोग के लिए सबसे ग्रहणशील जगह मुहैया कराई। इन पत्रिकाओं में आई साहित्यिक सामग्री के विश्लेषण से परंपरागत रूपों व विषयों तथा पश्चिम से आई उन नई साहित्यिक विधाओं की मुठभेड़ को समझने का मौक़ा मिलता है जिनकी सफलता या विफलता से पूरी प्रक्रिया को और पारदर्शी ढंग से समझा जा सकता है। ये सारी विधाएं और यह मुठभेड़, हिंदू पाठक की पहचान गढ़ने में बहुत दूरगामी महत्त्व की रही हैं।

हिंदी पत्रिकाएं एवं सार्वजनिक वृत्त का निर्माण

हिंदी पत्रिकाओं को परिपक्वता हासिल करने और साहित्यिक प्रयोगधर्मिता में उतरने के लिए आधी सदी से ज़्यादा का वक़्त लगा।[5] इसकी शुरुआत उन्नीसवीं शताब्दी के बीस के दशक से कलकत्ता में हो चुकी थी। यह लंबा अंतराल कोई आश्चर्य की बात नहीं है क्योंकि कलकत्ता उस वक़्त व्यावसायिक गतिविधियों का केंद्र भी था और औपनिवेशिक सरकार की राजधानी भी। इसके अलावा वहां मुग़लों के उस दौर की विरासत संभाले हिंदी/उर्दू भाषी आबादी भी काफ़ी थी जब हिंदुस्तानी पूरे उपमहाद्वीप की संपर्क भाषा हुआ करती थी।[6] फिर भी, हिंदी में यह शुरुआत उतनी तेज़ी से आगे नहीं बढ़ी जितनी तेज़ी से उसी दशक के आख़िर तक बंगाली पत्रिकाएं फैलने लगी थीं[7] क्योंकि वहां ऐसा कोई व्यापक हिंदीभाषी आधार था ही नहीं जिस पर हिंदी पत्रिकाएं फल-फूल सकें। जिसे आगे चलकर हिंदी हार्टलैंड के नाम से

जाना गया, वहां सदी के मध्य में जाकर छिटपुट पत्रकारी गतिविधियों के चिह्न दिखाई देना शुरू हुए। पश्चिमोत्तर प्रांत से निकलने वाला पहला हिंदी अख़बार *बनारस अख़बार* था। इसकी स्थापना 1845 में बनारस में राजा शिवप्रसाद के मार्गदर्शन में हुई थी। महाराष्ट्रीय मूल के रघुनाथ थट्टे इसके संपादक थे। इसमें स्थानीय ख़बरों के अलावा संस्कृत की विधि संबंधी किताबों के अनुवाद भी छपा करते थे। इस अख़बार को द्विभाषी अख़बार माना जाता था क्योंकि यह उर्दू और नागरी, दोनों लिपियों में लिखा जाता था। इसी तरह का एक और द्विभाषी पत्र *सुधाकर* था, जो 1850 से तारा मोहन मित्र के संपादन में निकलना शुरू हुआ। पंडित रत्नेश्वर तिवारी के *सुधाकर* का संपादक बनने के बाद 1853 से यह केवल नागरी लिपि में छपने लगा। इस समय तक छिटपुट पत्रकारी गतिविधियां तो चल रही थीं और कई समाचार पत्रिकाएं भी आने लगी थीं[8] लेकिन हिंदी प्रेस की जड़ें साठ के दशक के आख़िर में जाकर ही मज़बूती से जमना शुरू हुईं।[9] 1868 में हरिश्चंद्र की पहली साहित्यिक पत्रिका *कविवचनसुधा* सामने आई। अब तक एक प्रिंट भाषा के रूप में हिंदी स्कूली किताबों, व्याकरणों और शब्दकोशों में पर्याप्त रूप से कूटबद्ध हो चुकी थी; हिंदी आंदोलन बनारस और इलाहाबाद के इलाक़े में तेज़ होता जा रहा था और इसको अदालती भाषा की मान्यता दिलवाने का आंदोलन पहले से गहन हो गया था। भाषा प्रश्न हिंदू पहचान की एक मुख्य कसौटी बन चुका था। जैसा कि हम पिछले अध्याय में देख चुके हैं, इस मुद्दे के इर्द-गिर्द ख़ासी गोलबंदी हरिश्चंद्र की पत्रिकाओं के माध्यम से हुई।

साठ के दशक के मध्य से वर्नाक्यूलर प्रेस औपनिवेशिक शासन की निगरानी के दायरे में आने लगा था। वर्नाक्यूलर प्रेस ख़ुद को जनता का अनधिकृत प्रवक्ता मानता था और वस्तुतः ऐसा था भी, इसलिए सरकार उसकी सरगर्मियों और उतार-चढ़ावों को बारीक़ी से दर्ज करती जा रही थी। यह बात सरकार के लिए तैयार किए जाने वाले साप्ताहिक *सेलेक्शंस फ्रॉम दि वर्नाक्यूलर न्यूज़पेपर्स* से पूरी तरह स्पष्ट हो जाती है। दिल्ली स्थित राष्ट्रीय अभिलेखागार में अक्टूबर, 1864 से बाद के *सेलेक्शंस फ्रॉम दि वर्नाक्यूलर न्यूज़पेपर्स पब्लिश्ड इन दि पंजाब एंड दि नॉर्थ-वेस्ट प्रोविंसेज़* सुरक्षित रखे गए हैं। इन दस्तावेज़ों को देखने से पता चलता है कि शुरुआत से ही सरकार ख़बरों के चयन में राजनीतिक समाचारों पर सबसे ज़्यादा ध्यान देती थी। सरकारी नियुक्तियों एवं प्रशासकीय व नगरपालिका के फ़ैसलों पर छपने वाली प्रतिक्रियाओं, युद्ध की ख़बरों, अदालती कार्रवाइयों, पुलिस, रेलवे व डाक सेवाओं, शिक्षा संबंधी गतिविधियों और ब्रिटिश शाही परिवार की गतिविधियों के बारे में छपी ख़बरें विशेष रूप से इकट्ठा की जाती थीं। सांस्कृतिक एवं धार्मिक मोर्चे पर अंग्रेज़ों और भारतीयों के सामाजिक संबंधों तथा ईसाई मिशनरियों की गतिविधियों पर आने वाली प्रतिक्रियाओं को संकलित किया जाता था। इन सभी विषयों को राजनीतिक रूप से संवेदनशील माना जाता था क्योंकि प्रेस जनता की सोच को प्रभावित करती थी। 1857 के विद्रोह के बाद परस्पर संदेह, निष्ठा व अनिष्ठा के प्रश्नों पर चर्चा-चिंतन ने राजनीतिक रूप से अत्यंत महत्त्वपूर्ण स्थान ग्रहण कर लिया था। फलस्वरूप, प्रेस से ली गई इन ख़बरों के चयनकर्ता और अनुवादक प्रेस और सरकार के बीच एक महत्त्वपूर्ण मध्यस्थ बन चुके थे। अनुवाद करते हुए अनुवादक ख़बरों की अपने ढंग से व्याख्या करते और इस तरह शासन के रवैए को प्रभावित करते। वर्नाक्यूलर पत्र अनुवादक की राजनीतिक स्थिति के निर्णायक महत्त्व से भली-भांति परिचित थे और

लिहाज़ा उनकी नियुक्तियों पर टिप्पणी करते हुए वे उम्मीदवारों के चयन को प्रभावित करने की चेष्टा करते।

हिंदी-भाषायी प्रेस को इन *सेलेक्शंस* में उचित ध्यानाकर्षण तब मिला जब दिल्ली में तैनात और उर्दू के प्रति मुख्य रुझान रखने वाले पहले अनुवादक जॉर्ज वेगनट्रीइबर के स्थान पर इलाहाबाद के सोहनलाल को नियुक्त किया गया। यह वह दौर था जब हिंदी-भाषायी प्रेस अपने शैशवकाल से बाहर आने लगा था। सोहनलाल ने आते ही *कविवचनसुधा* की साहित्यिक गुणवत्ता पर ध्यान दिया और अलग-अलग साहित्यिक अंशों पर ग़ौर फ़रमाया। 1876 में उनकी जगह पी. रॉबिंसन को तैनात किया गया जो इलाहाबाद स्थित म्युर सेंट्रल कॉलेज में प्रोफ़ेसर थे। इस पद पर कुछ समय बाद टी. डब्ल्यू. होल्डरनेस की तैनाती हुई। इन नई नियुक्तियों के फलस्वरूप प्रेस की राजनीतिक ख़बरों को जिस तरह सख़्ती से छाना जाने लगा, उस पर वर्नाक्यूलर प्रेस ने फ़ौरन अपना विरोध दर्ज कराया। जैसा कि लाहौर से निकलने वाले *कोहे-नूर* (19 फरवरी एवं 22 अप्रैल, 1976) ने टिप्पणी की थी, देसी रिपोर्टर अपने काम को अपने यूरोपीय पूर्वज से दस गुना बेहतर ढंग से कर रहा था, फिर भी न जाने क्यों यह पद दोबारा एक यूरोपीय व्यक्ति को सौंप दिया गया था। उसकी दलील थी कि केवल एक देसी व्यक्ति ही लोगों की जटिल वर्तमान भाषा को अच्छी तरह समझ सकता है, केवल वही अपने लोगों की दुर्गति को समझ सकता है और लिहाज़ा केवल वही है जो अख़बारों में प्रस्तुत किए जा रहे राजनीतिक प्रस्तावों को शासन तक पहुंचा सकता है।[10] इस विरोध का असर हुआ और इस पद पर अगली नियुक्ति प्रियलाल की हुई। वह जनमत के प्रति स्पष्टतः ज़्यादा संवेदनशील थे और उनकी रिपोर्टिंग उस वक़्त के राजनीतिक और साहित्यिक वातावरण का ज़्यादा सटीक प्रतिनिधित्व करती थी। परंतु वर्नाक्यूलर समाचार पत्र इस पद पर एक भारतीय व्यक्ति की नियुक्ति से ही संतुष्ट नहीं हुए। उन्होंने यह भी जानना चाहा कि अनुवाद के लिए कौन से मदों का चयन किया जा रहा है और किनको छोड़ा जा रहा है। जैसा कि आगरा से निकलने वाले उर्दू साप्ताहिक *मुजीबे-आम* (1 अक्टूबर, 1876) ने टिप्पणी की थी : देसी प्रेस को *सेलेक्शंस* में उपलब्ध घटनाओं व मतों के सारांश से मिलने वाले लाभों से क्यों वंचित रखा जा रहा है? क्योंकि, जैसा कि 15 सितंबर, 1876 के *अल्मोड़ा अख़बार* ने दलील दी थी, आख़िरकार देसी प्रेस ही तो है जो शासकों और मिट्टी के सपूतों के बीच दुभाषिए की इतनी महत्त्वपूर्ण भूमिका अदा कर रही है।

1857 की बग़ावत के बाद के दो दशकों में भारत में अंग्रेज़ी और भारतीय भाषाओं, दोनों तरह की प्रेस का तेज़ इज़ाफ़ा शुरू हुआ। परंतु अंग्रेज़ी प्रेस, जिसमें केवल एक अख़बार ही एक भारतीय व्यक्ति के स्वामित्व में था, नस्ली भेदभाव के रास्ते पर चलता रहा और यह भाव बग़ावत के बाद बेहद मुखर हो चुका था। इस रुझान की वजह से प्रेस के इन दोनों ख़ेमों के बीच एक ज़बर्दस्त फ़ासला पैदा हो गया था। उन्नीसवीं शताब्दी के सत्तर के दशक तक आते-आते वर्नाक्यूलर प्रेस का राष्ट्रवादी सुर–जिसको राजद्रोही सुर भी कहा जा सकता है–इतना मुखर हो चुका था कि शासकीय दायरों में इसको गंभीर चिंता की नज़र से देखने के अलावा कोई रास्ता नहीं था। सामाजिक एवं राजनीतिक आलोचना सबसे जोशीले एवं मुखर ढंग से कलकत्ता में सरकारी केंद्र के ठीक बग़ल में स्थित बंगाली भाषी रंगमंच और प्रेस में दिखाई दिया और इस बात को काफ़ी चिंता के साथ दर्ज किया गया। हिंदी प्रेस पर

बारीक़ नज़र और अंकुश रखा जा रहा था जिसके बारे में हम अगले भाग में चर्चा करेंगे। 1876 में ड्रामेटिक परफ़ॉर्मेंस बिल पारित किया गया ताकि दिनोदिन राजनीतिक रूप लेते जा रहे रंगमंच को अंकुश में रखा जा सके। 1878 में एक्ट फ़ॉर दि बेटर कंट्रोल ऑफ़ पब्लिकेशंस इन ओरिएंटल लैंग्वेजेज़ नाम का कुख्यात क़ानून पारित किया गया जिसे वर्नाक्यूलर प्रेस एक्ट के नाम से जाना जाता है। इस क़ानून में यह प्रावधान किया गया था कि सरकार प्रेस को क़ब्ज़े में लेकर प्रिंटिंग उपकरणों को ज़ब्त कर सकती है और सरकार अदालत से इजाज़त लिये बिना किसी भी व्यक्ति के घर में घुसकर तलाशी लेने का वारंट जारी कर सकती है।[11] हालांकि प्रेस एक्ट चार साल बाद रद्द कर दिया गया लेकिन इस क़ानून ने अपने साम्राज्य के चिरस्थायित्व के विषय में अंग्रेज़ों की आश्वस्ति, उनके शासन के नैतिक बल, और यहां तक कि ऐसा करने के उनके दायित्व की आश्वस्ति के पीछे भी छिपी गहरी असुरक्षा को उजागर कर दिया था। इस प्रेस एक्ट से दीर्घकालिक परिणाम आने वाले थे। सुरेंद्रनाथ बैनर्जी ने इसे राष्ट्रीय आंदोलन के सुदृढ़ीकरण का प्रस्थान-बिंदु बताया जिसकी पहली अभिव्यक्ति 1885 में भारतीय राष्ट्रीय कांग्रेस की स्थापना में हुई।[12]

हरिश्चंद्र की भूमिका : साहित्यिक एवं पत्रकारीय शख़्सियत

जैसा कि हम पीछे देख चुके हैं, लिखना हरिश्चंद्र के परिवार का एक परंपरागत कौशल था। उनके पुरखे उच्च श्रेणी के रसिक, संरक्षक और कलाकार थे। हरिश्चंद्र के पिता गोपाल चंद्र ने अपने छोटे से जीवन में भी जमकर लिखा था, हालांकि उनकी कोई रचना प्रकाशित नहीं हुई थी। मूल रूप से इस कमी को पूरा करने और अभी तक प्रिंट में लगभग ग़ैर-मौजूद पुराने *भाषा* कवियों की रचनाओं को सामने लाने के लिए ही *कविवचनसुधा* का जन्म हुआ था। जल्दी ही हरिश्चंद्र की अपनी रचनाओं को तथा अपने भव्य और विशाल दीवानख़ाने में या शहर के छोर पर बने परिवार के आनंदबाग यानी रामकटोरा में होने वाली काव्य सभाओं में अन्य कवियों द्वारा सुनाई गई रचनाओं को भी इस फ़ेहरिस्त में शामिल कर लिया गया। एक साहित्यिक कैनन धीरे-धीरे अस्तित्व में आ रहा था। इसमें परंपरागत काव्य की चुनिंदा रचनाओं का समावेश किया जा रहा था जिसे नए काव्य की दहलीज़ पर खड़े मगर पुराने काव्य से मज़बूती से जुड़े कवियों की रचनाओं से और बल मिलता था। इस तरह *कविवचनसुधा,* यानी शाब्दिक अर्थ में 'कवि के शब्दों का अमृत' को मूल रूप से परंपरागत साहित्य की पत्रिका के रूप में शुरू किया गया था।

पत्रिका के संपादक यानी हरिश्चंद्र ख़ुद कवि होने के साथ-साथ बहुत अलग-अलग तरह के संगठनों और संस्थानों से भी जुड़े हुए थे और इस तरह उनके पास एक बहुत दिलचस्प मध्यस्थता की स्थिति थी। इस लिहाज़ से पत्रिका को दरबार और नगर की संस्थाओं से जुड़ी गतिविधियों का इतिवृत्त माना जा सकता था। लेकिन वह जिन संगठनों से जुड़े हुए थे, उनके नामों से ही उनके विषय क्षेत्रों की विविधता का पता चल जाता था। इनमें काव्य सभाएं भी थीं जिनको काव्य के विभिन्न आश्रयदाताओं और सबसे मुख्य रूप से स्वयं हरिश्चंद्र द्वारा शुरू किया गया था। पत्रिका में समस्यापूर्ति के लिए पंक्तियां भी प्रकाशित की जाती थीं। लेकिन इसके साथ-साथ नया काव्य भी रचा और प्रकाशित किया जा रहा था। सभा की गतिविधियां जो कुछ मायनों में निजी थीं, उनको इस साहित्यिक पत्रिका के नए माध्यम से

विस्तार दिया गया और सार्वजनिक रूप प्रदान कर दिया गया था। इसके अलावा काशी धर्मसभा थी जो उपमहाद्वीप में काशी की धार्मिक सत्ता का सबसे निर्णायक रूप से प्रतिनिधित्व करती थी। पुरी, नेपाल, कलकत्ता आदि देश के सभी भागों से विवादित मसले स्पष्टीकरण और अंतिम निर्णय के लिए यहां भेजे जाते थे। इन मामलों में महाराजा का प्राधिकार माना जाता था, लेकिन वास्तव में काशी के पंडितों के जमावड़े ही इन विवादों पर चर्चा करने और उन पर अंतिम फ़ैसला सुनाने के लिए जुटते थे। ब्रह्मो विवाह व्यवस्था के बारे में लंबी चर्चा हरिश्चंद्र के अपने भवन में संपन्न हुई थी और अपने पत्र के स्तंभों में भी उन्होंने ऐसे मसलों पर विस्तार से चर्चा चलाई थी। चौखंभा इलाक़े में गोपाल मंदिर के आस-पास रहने वाले वल्लभ संप्रदाय के व्यापारियों की उत्सवी एवं आनुष्ठानिक गतिविधियों को जगह देना भी सामाजिक रूप से महत्त्वपूर्ण था। हालांकि इस मंदिर का बड़ा सम्मान था लेकिन कई मौक़ों पर पत्र में इसकी कड़ी आलोचना भी हो चुकी थी। परंपरा के इन गढ़ों के अलावा बनारस इंस्टीट्यूट था जिसकी स्थापना नई विद्या यानी पश्चिमी शिक्षा प्राप्त लोगों ने की थी, लेकिन बाद में उसको मुख्यतः अंग्रेज़ों ने अपने नियंत्रण और प्रबंधन में ले लिया था। इन अंग्रेज़ों में सिविलियन भी रहे, मिशनरी भी और ग़ैर-अधिकारी वर्ग के लोग भी। पिछले कुछ सालों में यह इंस्टीट्यूट शिवप्रसाद एवं सैयद अहमद ख़ान का अखाड़ा बन चुका था और हरिश्चंद्र के पत्र में इस बात का काफ़ी व्यंग्यपूर्वक ज़िक्र किया जाता था। पत्र में *महाश्मशान इंस्टीट्यूट* (क.व.सु. 8.17, 18 दिसंबर, 1876) शीर्षक एक लेख में ऐसे संगठनों की बैठकों का मज़ाक़ उड़ाया गया था। अलबत्ता, स्वयं संपादक महोदय पहले ही इस संस्थान के एक सम्मानित सदस्य बन चुके थे और इसकी गतिविधियों में लिप्त रहे थे। इन संस्थानों की गतिविधियों की पत्र में केवल सूचना ही नहीं दी जाती थी बल्कि उन पर टिप्पणी भी की जाती थी और कभी-कभी उनको आलोचना का निशाना भी बनाया जाता था। इस तरह, यह पत्रिका सिर्फ़ घटनाओं का इतिवृत्त भर नहीं थी, यह नाना विषयों पर जनता की राय को व्यक्त करने और जनमत को प्रभावित करने का प्रयास भी करती थी।

हरिश्चंद्र एक बेजोड़ सार्वजनिक व्यक्तित्व रखते थे। जब वह संपादकीय के मंच से 'हम' बोलते थे तो वह एक निर्वैयक्तिक संपादक भी थे और एक ऐसे व्यक्ति भी जिसकी सत्ता उसकी पृष्ठभूमि और उसकी अभिरुचियों से पैदा हुई थी। पाठकों के एक शिनाख़्त योग्य समकालीन के रूप में उनके पास शहर के विभिन्न तबक़ों तक गहरी पहुंच थी। उच्च वर्ग से लेकर निम्न वर्ग तक कम से कम ऐसे लोगों तक उनकी सीधी पहुंच थी जिनसे वह संपर्क रखना चाहते थे, परंतु एक रसिक और शहर के एक नामी व्यक्ति के रूप में अपनी हैसियत के बारे में भी उन्हें कोई संदेह नहीं था। लिहाज़ा, जहां एक ओर वह अपने पाठकों से अकसर अपने इस व्यक्तित्व के साथ बात करते थे तो राजनीतिक रूप से संवेदनशील मुद्दों पर स्टैंड लेने के लिए वह बड़ी आसानी से सर्वसमावेशी 'हम' का मुखौटा भी धारण कर लेते थे।

इन पत्रिकाओं की सफलता का हरिश्चंद्र और उनके व्यक्तित्व से बहुत गहरा संबंध था। उन्होंने ख़ुद को कैसे पेश किया? ज़ाहिर है कि जब वे एक निजी स्वर में बात करते थे तो सबसे पहले और सबसे प्रमुख रूप से वे एक नागरिक, एक बनारसी रसिक, शहर की एक ख़ास छवि के शौक़ीन व्यक्ति होते थे, वह छवि जिसको वह संबोधितों के सामने बड़े अनायास ढंग से प्रस्तुत करते। हरिश्चंद्र के गद्य लेखन पर चर्चा के प्रसंग में इस विषय

पर और विस्तार से बात करने का मौक़ा मिलेगा। इसके अलावा, स्वयं अपने आकलन में और अपने समकालीनों की मान्यता के अनुसार वह हिंदी के आचार्य भी थे। हिंदी के कार्यक्रम-रचनाकार और प्रयोगकर्ता, दोनों रूपों में हिंदी की ओर से किए गए उनके प्रयासों पर हमेशा ख़ूब चर्चा होती रही है। वह अपनी इसी क्षमता को विस्तार देते हुए अपने दौर के सामाजिक एवं राजनीतिक मुद्दों पर स्टैंड लिया करते थे। उनकी दूसरी अहम छवि एक धार्मिक नेता और सनातनी हिंदुओं, विशेष रूप से वैष्णवों, के प्रवक्ता की थी। उन्होंने 1873 में ही तदीय समुदाय की स्थापना की थी। इस संबंध में उनके द्वारा रचे गए अनुवाद, निबंध, कविताओं और नाटकों तथा राष्ट्रव्यापी स्तर पर एक समकालीन हिंदू धर्म को सूत्रबद्ध करने में उनकी भूमिका पर हिंदू धर्म वाले खंड में चर्चा की गई है। फलतः, हरिश्चंद्र अपने पाठकों को एक रसिक, हिंदी के एक आचार्य और एक धर्मरक्षक की तिहरी भूमिका में संबोधित करते थे। एक आचार्य और एक धर्मरक्षक, इन दोनों भूमिकाओं में वह ऐसे कामों को अपने हाथ में लिये हुए थे जो अब तक केवल ब्राह्मणों और राजाओं तक सीमित थे। इस तरह वह न केवल राजसी साहूकार की परिधि को विस्तार दे रहे थे बल्कि संबोधितों की परिधि को भी विस्तार देते जा रहे थे क्योंकि वह सांस्कृतिक, सामाजिक एवं राजनीतिक विषयों में उनकी भागीदारी व सहयोग के लिए आह्वान कर रहे थे।

बहरहाल, ये सभी विशेषाधिकार के ओहदे थे क्योंकि ये उन सत्ता-पुंजों से जुड़े हुए थे जिनकी हमने अध्याय तीन में चर्चा की थी। सवाल यह है कि पढ़ने वाली जनता, नए उभरते मध्य वर्ग के साथ इनका क्या रिश्ता था? क्या हरिश्चंद्र ख़ुद को भी इसी वर्ग का मानते थे? क्या वह उनको संबोधित कर रहे थे या अपनी उच्च स्थिति से केवल उनकी ओर से बोल रहे थे? मध्य वर्ग हमेशा ही एक अस्पष्ट श्रेणी रहा है। तो क्या इसमें अकूत संपदा वाले लोग भी थे? जैसे कि बी.बी. मिश्र (1961 : 343) ने मध्य वर्ग के अपने अध्ययन में दर्शाया है, परंपरागत सामाजिक व्यवस्था और देश की आश्रित अर्थव्यवस्था के फलस्वरूप सामाजिक परतीकरण पहले वैधानिक, शैक्षिक एवं प्रशासकीय बदलावों से शुरू हुआ, न कि आर्थिक विविधीकरण से।[13] इस आधार पर मिश्र ने 1905 से पहले की अवधि को दो हिस्सों में बांटा है :

> पहला कालखंड कंपनी शासन का वह दौर था जब नए मध्य वर्ग का उदय हो रहा था। इस वर्ग में ईस्ट इंडिया कंपनी के भारतीय एजेंट, कर्मचारी तथा निजी व्यापारी आते थे। उन्होंने ख़ूब पैसा कमाया और बड़ी-बड़ी जागीरें ख़रीदीं। ये वे लोग थे जिन्होंने बंगाल में पुराने कुलीन वर्ग और व्यावसायिक इज़ारेदारियों की जगह ली थी। इस अवधि का दूसरा हिस्सा साधारण संपन्न एवं निम्न-मध्यवर्गीय परिवारों में, ख़ासतौर से 1870 के बाद, अंग्रेज़ी शिक्षा के प्रसार के साथ शुरू हुआ। हालांकि शिक्षित अभिजात वर्ग का प्रभाव बना रहा लेकिन शिक्षित वर्ग और नए व्यवसायों के उदय से ऐसी परिस्थितियां पैदा हुईं जिनमें मध्य वर्ग प्रातिनिधिक संस्थाओं की मांग करते हुए इस प्रभाव को चुनौती देने लगा... (343-4)।

हरिश्चंद्र निश्चय ही पहली अवधि में आते हैं, हालांकि मैं इस अवधि को ईस्ट इंडिया कंपनी के पैर जमाने से नहीं बल्कि प्राक्औपनिवेशिक काल में मुग़ल सत्ता के पतन के दौर में शुरू होता हुआ मानती हूं। परंतु जैसा कि हम आगे देखेंगे, हरिश्चंद्र इस मायने में एक विश्वासघाती भी थे कि वह अपने सामाजिक समूह की सत्ता और सुविधाओं का लाभ उठाते हुए भी उसे

चुनौती दे रहे थे। लिहाज़ा, उनकी नियति भी अगली अवधि में आने वालों यानी शिक्षित वर्ग एवं पेशेवरों जैसी ही थी। यानी, जब वह इन तबक़ों के लिए प्रतिनिधित्व की मांग कर रहे थे तो वह उनको संबोधित भी कर रहे थे और उनकी ओर से बोल भी रहे थे। इस तरह वह इस मध्य वर्ग की सबसे ऊपरी परत का हिस्सा होते हुए भी अपने सामाजिक एवं राजनीतिक मतों के लिहाज़ से उनके बीच के व्यक्ति थे। लेकिन हां, ऐसे लोगों से फ़ासला बनाए रखने के लिए उन्होंने निचली सीमा-रेखा भी तय कर रखी थी जो पूरी तरह उनकी परिधि से बाहर थे। इसकी वजह यह थी कि उनका दृष्टिकोण साफ़ तौर पर वर्ण-आधारित था। हालांकि समय-समय पर वह ब्राह्मणों द्वारा अपनी धार्मिक सत्ता के दुरुपयोग की निंदा करते रहे, लेकिन उनके लेखन में कभी भी जाति-व्यवस्था पर कोई सवाल दिखाई नहीं देता। इस लिहाज़ से वह सुधारवादी हिंदू संगठनों से भिन्न दिखाई देते हैं।

अगले पन्नों में मैंने हिंदी भाषा में सार्वजनिक वृत्त के गठन व अभिव्यक्ति में हरिश्चंद्र द्वारा संपादित तीनों पत्रिकाओं के विशेष योगदान को चिह्नित करने के लिए इन पत्रिकाओं की दिशा और विशिष्टताओं पर चर्चा की है। मैंने इस हिस्से में *बालाबोधिनी* के सुर और विषयों पर ज़्यादा ध्यान दिया है। बाक़ी दोनों पत्रिकाओं की अंतर्वस्तु पर बाद के हिस्सों में विश्लेषण किया गया है। महिलाओं वाली पत्रिका में छपने वाली सामग्री का रंग-ढंग इतना भिन्न है कि उस पर अलग से चर्चा करना ज़रूरी है, इसलिए उसको मैंने एक अलग अध्ययन के लिए रख छोड़ा है। फिर भी, इस भिन्नता को यहां भी कम से कम दर्ज तो करना ही होगा क्योंकि इससे पुरुषों की पत्रिकाओं में छपने वाली विषयवस्तु पर एक विवेचनात्मक दृष्टिकोण मिलता है, ख़ासतौर से महिलाओं से जुड़े मुद्दों की चर्चा के बारे में, जो स्वयं महिलाओं को बहस में शामिल करने का बोध देता है जबकि वास्तव में ये चर्चा उनके *बारे में* ज़्यादा थी, उनके *साथ* कम थी।

कविवचनसुधा

हालांकि *कविवचनसुधा* 1868 से एक मासिक पत्रिका के रूप में आने लगी थी, लेकिन शुरुआत में इसका प्रकाशन अनियमित ही रहा। इसके स्वामी-संपादक ऐसे लोगों को निःशुल्क यह पत्र बांटते थे जो इसकी गतिविधियों में रुचि लेते थे। हरिश्चंद्र ने इसमें अपने पिता की रचनाओं, जिनमें उनका नाटक *नहुष* भी शामिल था, के अलावा काष्ठजिह्वास्वामी अथवा देव कवि, तथा दीनदयालु, जो उनके पिता की देखभाल किया करते थे, की भी कविताएं प्रकाशित कीं। इस पत्रिका में कबीर की *साखी* और जायसी की *पद्मावत* के अंश भी दिखाई दिए।

जब इसके पन्नों में समकालीन घटनाओं की रिपोर्ट्स की तादाद बढ़ने लगी जो स्थानीय मगर व्यापक महत्त्व की होती थीं, तो जल्दी ही इसे पाक्षिक निकाला जाने लगा और इसके लिए नियमित पाठक वर्ग और सदस्यता की अपील जारी होने लगी।[14] उस वक़्त प्रांतीय सरकार और उसके स्थानीय प्रतिनिधियों के साथ हरिश्चंद्र के बहुत अच्छे संबंध थे। वह शहर के पदेन न्यायाधीश थे। हरिश्चंद्र के अपने ख़र्चे पर छपने वाली 300 प्रतियों में से 100 प्रतियां सरकार द्वारा ख़रीद ली जाती थीं। यह संरक्षण इस पत्र के लिए प्राणवायु के समान था क्योंकि पत्र में इस बात को लेकर बार-बार दुख व्यक्त किया जाता था। इसके नियमित पाठकों की संख्या हमेशा थोड़ी ही रही और तमाम सदिच्छा के बावजूद किसी के लिए भी अपनी जेब

से एक पत्रिका को चलाना बहुत टेढ़ा काम होता है। इसके अलावा हरिश्चंद्र के और भी ख़र्चे थे–अव्वल दर्जे के फ़िज़ूलख़र्च के रूप में उनकी ख्याति दूर-दूर तक थी।

कुल मिलाकर, पूरा खेल एक वन-मैन शो था क्योंकि उस वक़्त के ज़्यादातर दूसरे पत्र संपादकों की तरह हरिश्चंद्र भी ख़ुद ही अपनी पत्रिका के पन्नों को भरते थे और यह बात इसके अलग-अलग स्तंभों में साफ़ दिख जाती थी। स्थानीय और टेलीग्राफ़िक ख़बरें, जिन पर पत्र को गर्व था, उनमें संपादकीय टिप्पणियों और नसीहतों की भरमार रहती थी। तटस्थता का दिखावा भी आवश्यक नहीं था। मिसाल के तौर पर, 30 अगस्त, 1871 (3.1) के अख़बार में यह जानकारी दी गई कि बंबई के प्रमुख नागरिक रामभाऊ नगरकर के पोते की विधवा ने गर्भपात कराया है। पत्र के मुताबिक़, स्त्री ने ख़ुद स्वीकार किया कि ऐसा हुआ है और उसने ख़ुद भ्रूण को ज़मीन में दफना दिया था। अब उसको अस्पताल में दाख़िल करा दिया गया है। पत्र की टिप्पणी थी कि अगर वह व्यक्ति अभी भी जीवित है जिससे यह बच्चा पैदा हुआ है तो बच्चे को हरामी नहीं कहा जा सकता। पत्र के मतानुसार, अगर ऐसी व्यभिचारी स्त्रियों को पुनर्विवाह की अनुमति दे दी जाए तो ज़्यादा बेहतर होगा और अगर इस मसले पर गंभीरता से विचार किया जाए तो यह कोई सनसनीख़ेज मसला नहीं है बल्कि वास्तव में एक दयनीय घटना है। अगले अंक (3.2, 14 सितंबर, 1871) में *डेकन हेरल्ड* से एक ख़ौफ़नाक ख़बर छापी गई। इसका शीर्षक था *पुनर्विवाह प्रतिबंध का परिणाम।* इस ख़बर में बताया गया था कि एक बीस वर्षीय मारवाड़ी विधवा के गर्भवती होने पर उसके भाइयों और अन्य रिश्तेदारों ने उसे निर्ममता से मार डाला। पहले तो उन्होंने उसको इस बोझ से छुटकारा दिलाने का प्रयास किया, फिर उसको ज़हर देकर मारने की चेष्टा की और जब इससे भी बात नहीं बनी तो उन्होंने लड़की को ज़िंदा जला दिया। संवाददाता ने आशा जताई कि सरकार इस अपराध के दोषियों को कड़ी सज़ा देगी। राजनीतिक ख़बरों पर भी इसी तरह के अनादर के भाव से टिप्पणी की जाती थी। जब यह एलान हुआ कि रिचर्ड टेंपल, जो कि अपनी कराधान नीति के लिए बदनाम थे, को पश्चिमोत्तर प्रांत का लेफ़्टिनेंट गवर्नर तैनात किया जाएगा तो संपादकीय टिप्पणी में यह दोहा भी था :

कोउ नृप होउ हमहि का हानी,
चेरि छाड़ि न अब होब कि रानी (3.24, 3 अगस्त, 1872)।

समाचार स्तंभों में ऐसी ही टिप्पणियां हुआ करती थीं।

संपादक के नाम आने वाली चिट्ठियां इस पत्र का एक अहम हिस्सा थीं। कई बार वे कई कॉलमों तक फैल जाती थीं। एक विधा के रूप में ये चिट्ठियां कई तरह के कामों का निर्वाह करती थीं। सबसे बढ़कर वे लघु निबंधों का पसंदीदा माध्यम थीं। वे मोटे तौर पर काल्पनिक होती थीं और अकसर स्वयं संपादक द्वारा लिखी जाती थीं–इस बात को उन्होंने यदा-कदा स्वीकार भी किया था। बेशक, इसके कुछ दूसरे नियमित लेखक भी थे लेकिन क्योंकि ज़्यादातर लेखों में लेखक का नाम नहीं होता था, इसलिए अब ऐसे किसी भी लेख के लेखक का नाम विश्वासपूर्वक कह पाना लगभग असंभव है। अगर कोई और साक्ष्य उपलब्ध न हो तो इस बारे में फ़ैसला करने के लिए शैली ही एकमात्र कसौटी है।

हालांकि *कविवचनसुधा* में छपे ज़्यादातर लेख हिंदी में होते थे, लेकिन जब-तब इसके संपादकीय अंग्रेज़ी में भी प्रकाशित किए जाते थे। इनकी भाषा (जो कि, एक पाठक के

मुताबिक़, पश्चिमोत्तर प्रांत के ज़्यादातर लोगों की समझ से परे थी) को देखकर ऐसा लगता है कि वे सीधे संबंधित शासकीय निकायों/अधिकारियों को संबोधित करने की ग़रज़ से छापे जाते थे।[15]

हरिश्चंद्र ने मुख्य रूप से *कविवचनसुधा* के माध्यम से जिन दो साहित्यिक रूपों को आज़माया और विकसित किया, उनमें से एक लघु नाटिका या संवाद की शैली थी जो बाद में मुकम्मल नाटक लेखन के स्तर तक पहुंची और दूसरी शैली नैतिक निबंध लेखन की थी। अपने ढंग के हास्य, हाज़िरजवाबी, पैनी दृष्टि और बेतुकी शेरो-शायरी की मदद से वह इन स्किट्स/लघु नाटिकाओं के पात्रों की रचना करते थे और या तो उन्हें मॉडल के रूप में प्रस्तुत करते थे या उनके माध्यम से व्यंग्य करते थे। इस शैली में उनकी भाषा सजीव और बोलचाल वाली तथा फूहड़पन से मुक्त सरल भाषा होती थी जिसने अपने आपमें एक आदर्श निर्मित किया। इस समय तक नैतिक निबंध कुछ-कुछ बेतुकी रचना लगते थे जो बाद में चलकर ही एक परिपूर्ण वैचारिक निबंध विधा के रूप में विकसित हुए। नैतिक निबंध में उभरते मध्य वर्ग की मूल्य-मान्यताओं और गुणों पर चर्चा की जाती थी। स्किट और नैतिक निबंध, दोनों ही नई शैलियां थीं। इन दोनों विधाओं के विषय चयन पर विस्तृत चर्चा अगले भाग में मध्य वर्ग की सामाजिक एवं राजनीतिक परिधि वाली चर्चा में की गई है। यहां प्रारंभिक गद्य लेखन के एक और आयाम का विशेष उल्लेख करना ज़रूरी है : *कविवचनसुधा* के अंकों में ही हरिश्चंद्र ने पहली बार ऐसी भाषा में आधुनिक साहित्य रचने पर विचार किया था जिसको अभी साहित्यिक प्रयोग के लिए ढाला ही जा रहा था और यहीं पर उन्होंने हिंदी में अलग-अलग साहित्यिक विधाओं के प्रारंभिक आधे-अधूरे इतिहास लिखे थे।

परंपरागत काव्यात्मक लक्ष्यों के अनुसार चलने का दावा करने वाले *कविवचनसुधा* का आदर्श वाक्य 1872 के बाद रेडिकल साहित्यिक, धार्मिक, सामाजिक एवं राजनीतिक रूपांतरण की घोषणा में तब्दील हो गया था :

खल गगन सौं सज्जन दुखी मत होहि हरि पद मति रहै
उपधर्म छूटे स्तत्व निज भारत लहै कर दुख बहै
बुध तजहिं मत्सर नारि नर सम होहिं जग आनंद लहै
तजि ग्राम कविता सुकविजन की अमृत बानी सब कहै।

इसके बाद कवि की दृष्टि से पत्र एक सच्चे धर्म की स्थापना के लिए काम करने लगा—संकुचित, विभाजक संकीर्णतावाद के फंदे के उन्मूलन के लिए। कवि के अनुसार, केवल इसी से भारत बाहरी शासन के कराधान के भार को फेंककर राजनीतिक रूप से स्वयं अपने अस्तित्व में आ सकता था। महिलाओं की मुक्ति और पुरुषों के साथ उनको बराबर की जगह देना ज़रूरी था। और अंत में, उर्दू के नगरीय एवं दरबारी स्वरूप के बरक्स हिंदी में जो गंवारूपन था, उससे साहित्य को ऊपर लाते हुए उसे उच्च स्तर तक पहुंचाना भी ज़रूरी था।

इस आदर्श वाक्य ने पत्रिका के राजनीतिक एवं साहित्यिक कार्यक्रम का बड़ा सटीक सार-संकलन कर दिया था क्योंकि *कविवचनसुधा* की साहित्यिक गुणवत्ता किसी भी तरह इसके अराजनीतिक रहने को सुनिश्चित नहीं करती थी। औपनिवेशिक संदर्भ में यह सिर्फ़ वर्ग ही नहीं था जो परिभाषित होने के प्रारंभिक चरण में था, बल्कि वह वर्ग पूरे राष्ट्र को

जिस रूप में प्रतिनिधित्व देना चाहता था, वह भी परिभाषित होना शुरू ही हुआ था। हर क़दम पर पहचान का, उसे संघटित और परिभाषित करने का, उसकी सीमाएं तय करने और सहयात्रियों व विरोधियों से उसकी पृथकता तय करने का सवाल सिर उठाए रहता था। इस प्रक्रिया के फलस्वरूप, एक घोषित राजनीतिक स्टैंड लेने की वजह से ही इस पत्रिका को धृष्ट माना गया और उसे मिलने वाला सरकारी संरक्षण समाप्त हो गया।

जब इस पत्र में लेफ़्टिनेंट गवर्नर म्युर के आगमन पर बनारस शाही दरबार में हुई लेवी का बड़ा असम्मानजनक ब्योरा प्रकाशित किया गया तो औपनिवेशिक शासन का भड़कना स्वाभाविक था। इस लेख का शीर्षक था *लेवी प्राण लेवी* (2.5, 1870, *समग्र : 1030*) जिसमें अंग्रेज़ अधिकारियों और देसी रईसों, दोनों के बारे में बड़े ही विडंबनापूर्ण तिरस्कार के स्वर में चर्चा की गई थी। पत्र के मुताबिक़, जिस दिन लेवी (स्वागत-समारोह) का आयोजन किया गया, उस दिन ज़बर्दस्त गर्मी थी। विख्यात विभूतियों का स्वागत करने के लिए गण्यमान्य अतिथियों को महाराजा के मैदान में गाड़े गए तंबू में हांक दिया गया था। वे अपनी श्रेष्ठतम वेशभूषा में आए थे लेकिन क्योंकि लेफ़्टिनेंट गवर्नर दर्शन देने नहीं आए, इसलिए ये सभी लोग व्यथित भटकते रह गए। पसीने से उनके कपड़ों की सारी टीपटाप धरी रह गई थी, मानो किसी पुजारी ने अपने आराध्य को पानी से अभिषेक दे दिया हो। अतिथिश्रेष्ठ ने दूसरे मेहमानों को लंबे समय तक इंतज़ार कराया। इस सभा को दिए जा रहे सैनिक आदेशों—'बैठ जाओ', 'खड़े हो जाओ' या पुनः 'बैठ जाओ'—को भौंकने का ज़िम्मा राय नारायणदास ने उठाया हुआ था जो कि धनी ज़मींदार व व्यापारी थे और कवि के चाचा लगते थे :

> वाह, वाह दर्बार क्या था 'कठपुतली का तमाशा' था या बल्लमटेरों की 'कवायद' थी या बंदरों का नाच था या किसी पाप का फल भुगतना था या 'फ़ौजदारी की सज़ा थी'। बैठने की देर न हुई थी कि श्रीयुत लॉर्ड साहिब आए फिर सबके सब उठ खड़े हुए। ... जब सब लोगों की हाज़िरी हो चुकी श्रीयुत लॉर्ड साहिब कोठी पधारे और सब लोग इस बंदीगृह से छूटकर अपने-अपने घर आए। रईसों के नंबर की यही दशा थी कि आगे के पीछे और पीछे के आगे अंधेरनगरी हो रही थी। बनारस वालों को न इस बात का ध्यान कभी रहा है और न रहेगा। ये बिचारे तो मोम की नाक हैं चाहे जिधर फेर दो। हाय-पश्चिमोत्तर देश वासी कब कायरपन छोड़ेंगे और कब इनकी उन्नति होगी और कब इनको परमेश्वर वह सभ्यता देगा जो हिंदुस्तान के और खंड वासियों ने पाई है।

संबंधित दायरों में इस लेख से जैसी नाख़ुशी पैदा हुई, उसको देखते हुए यह पैंतरा देना उचित माना गया कि इस संपादकीय को निर्वैयक्तिक 'हम' की ओर से लिखा जाए : 'हम पुनर्वार उसी बात को कहते हैं कि लोग व्यर्थ हमारे लिखने से उनसे (हरिश्चंद्र) अप्रसन्न न हुआ करें। जान लें कि कविवचनसुधा संपादक दूसरा ही है।'[16]

1874 में मरसिया के नाम से एक हास्यपरक स्तंभ छपा जिसने आख़िरकार संपादक को गहरे संकट में धकेल ही दिया। अगर किसी को इस बारे में शंका रही हो कि वह कौन सा राजा है जिसकी मृत्यु पर यह मरसिया लिखा गया था तो उसे दूर करने के लिए हरिश्चंद्र ने ख़ुद ही एक अगले अंक में यह शंका भी दूर कर डाली। यह राजा और कोई नहीं बल्कि अंग्रेज़ी फ़ैशन था और जब बंबई व बनारस के सुधी नागरिकों ने विदेशी कपड़े न पहनने

का संकल्प ले लिया तो उसकी मृत्यु हो गई। इस बार भी संपादक को शासन की प्रतिक्रिया का ज़्यादा इंतज़ार नहीं करना पड़ा। *अप्रसन्नता* शीर्षक संपादकीय में हरिश्चंद्र ने राज़ उजागर किया कि डायरेक्टर ऑफ़ एजुकेशन ने उन्हें पत्र लिखकर अपनी असहमति व्यक्त की है और यह सूचना दी है कि सरकार पत्रिका को मिल रहा जीवनदायी चंदा समाप्त करने जा रही है।[17]

पत्रिका की ज़बर्दस्त प्रतिष्ठा और मुट्ठी भर उत्साही पाठकों के समर्थन के बावजूद 1877 में नक़दी के अभाव की वजह से हरिश्चंद्र ने पत्र का स्वामित्व और संपादन, दोनों काम चिंतामणि धाड़फले को सौंप दिए। 1880 तक आते-आते आर्थिक संकटों के चलते हरिश्चंद्र ने विजयनगरम राज्य के सुपरिंटेंडेंट डॉ. लज़ारस, जो शहर के पदेन न्यायाधीश भी थे, से निवेदन किया कि वे उनकी ओर से शासन को पत्र लिखें। नेकनीयत डॉक्टर ने जवाब में सरकार को यह लिखा :

> एक जाने-माने नागरिक के रूप में उन्होंने हमेशा सार्वजनिक मामलों में अहम भूमिका अदा की है जिसके लिए अपनी शिक्षा आदि की दृष्टि से वह पूरी तरह उपयुक्त हैं। लंबे अरसे पहले उन्होंने एक बालक पाठशाला खोली थी जो अभी भी सद्मार्ग पर चल रही है। एक सार्वजनिक लेखक के रूप में और सामाजिक व राजनीतिक जीवन में मैंने उनको हमेशा सरकार के प्रति पूर्णतः निष्ठावान पाया है। वर्नाक्यूलर भाषाओं पर उनकी बहुत अच्छी पकड़ है और वह कोई साधारण कवि नहीं हैं। अपनी रचनाओं में हास्य पैदा करने के उद्देश्य से यदा-कदा उन्होंने छोटे-मोटे व्यंग्य किए हैं जिन्होंने दुर्भाग्यवश तत्कालीन अधिकारियों को क्रुद्ध किया है और तभी से उन पर प्रतिबंध चला आ रहा है। बनारस का एक-एक नागरिक बाबू हरिश्चंद्र का दिल से सम्मान करता है। अगर इस प्रतिबंध को समाप्त कर दिया जाए और सरकार एक बार फिर उनके प्रति विश्वास व्यक्त करे, तो इन नागरिकों को अत्यंत हर्ष होगा।[18]

इस पत्र पर सरकार की प्रतिक्रिया क्या रही, यह बताने के लिए कोई रिकॉर्ड उपलब्ध नहीं है। हरिश्चंद्र अपने 'छोटे-मोटे व्यंग्य' की मेहरबानी से प्रतिबंध के अधीन ही रहे। कुछ समय तक वह पत्र के लिए लिखते रहे लेकिन जब इस पत्र ने इल्बर्ट बिल के ख़िलाफ़ हुए आंदोलन में बाबू शिवप्रसाद को समर्थन दे दिया तो उन्होंने पत्र के कामों में किसी भी तरह की सक्रिय हिस्सेदारी समाप्त कर दी।[19] धाड़फले 1885 तक इस पत्र को निकालते रहे लेकिन अब उसकी शैली में वैसी चमक नहीं रह गई थी।

हरिश्चंद्रचंद्रिका

सितंबर 1873 में हरिश्चंद्र ने *कविवचनसुधा* के साहित्यिक पूरक के रूप में *हरिश्चंद्र मैगज़ीन* निकालना शुरू किया। इस पत्र का उपशीर्षक था : ए मंथली जर्नल पब्लिश्ड इन कनेक्शन विद कविवचनसुधा। अगर *कविवचनसुधा* ने अपने जीवनकाल में ही एक पौराणिक प्रतिष्ठा अर्जित कर ली थी तो यह *मैगज़ीन* भी जल्दी ही उससे पीछे नहीं रह गई थी। इसके अंग्रेज़ी नाम के पीछे आंशिक रूप से यह कारण हो सकता है कि यह एक एंग्लो-वर्नाक्यूलर पत्र था यानी, भले ही इसका प्राथमिक माध्यम हिंदी था, लेकिन इसमें कभी-कभार अंग्रेज़ी के किसी पत्र में छपा कोई लेख, संपादकीय या अंश भी छाप दिए जाते थे। अंग्रेज़ी सामग्री

के विषयों को देखकर यह स्पष्ट हो जाता है कि जब अंग्रेज़ी का इस्तेमाल किया जाता था तो मोटे तौर पर अंग्रेज़ औपनिवेशिक अधिकारियों को संबोधित किया जाता था या, अधिकांशतः, उनकी निंदा की जाती थी। हालांकि इसमें सामाजिक व राजनीतिक लेख होते थे, परंतु इस पत्र में समाचार कॉलम नहीं थे; इसको एक साहित्यिक पूरक पत्र के रूप में निकाला जा रहा था। इसमें छपने वाली कविताएं, निबंध, क़िस्से और समीक्षाएं नाना विषयों से संबंधित होती थीं। पत्र ख़ुद को *आर्टिकल्स ऑन लिटरेरी, साइंटिफिक, पोलिटिकल, एंड रिलीजियस सब्जेक्ट्स, एंटीक्विटीज़, रिव्यूज़, ड्रामाज़, हिस्टरी, नॉवेल्स, पोएटिकल सेलेक्शंस, गॉसिप, ह्यूमर एंड विट* (साहित्यिक, वैज्ञानिक, राजनीतिक एवं धार्मिक विषयों पर छपे लेखों, पुरावस्तु, समीक्षाओं, ड्रामे, इतिहास, उपन्यास, काव्य चयन, गपशप व हास्य-विनोद) का वाहक बताता था। इस तरह, भाषा की अभिव्यक्ति क्षमता का नाना दिशाओं में विस्तार हो रहा था। अचंभे की बात नहीं है कि हरिश्चंद्र ने 1873 में हरिश्चंद्र हिंदी यानी उस जीवंत बोलचाल की भाषा का जन्मवर्ष बताया जो उनके लेखन की विशिष्टता थी, जिसमें संस्कृत के सरल शब्दों का समावेश था, यानी वह शैली जिसको उन्होंने *हिंदी भाषा* पर लिखे अपने लेख के ज़रिए प्रचारित किया था और जिस पर पिछले अध्याय में विस्तृत विश्लेषण हो चुका है। लिहाज़ा, पश्चाद्दृष्टि से लगता है कि वह पूरे आत्मविश्वास से यह कहने की स्थिति में थे कि 1873 ही वह वर्ष था जब हरिश्चंद्र हिंदी को एक नए सांचे में ढाला गया : *हरिश्चंद्र हिंदी नई चाल में ढली।*[20] इसके बाद कई पत्र आए और तक़रीबन सारे ही उनके मित्रों व प्रशंसकों के संपादन में निकाले गए। हिंदी पत्रकारिता अपने वजूद में आ चुकी थी।

हरिश्चंद्र मैगज़ीन के पास विख्यात लोगों से लैस संपादक-मंडल था। उनमें एक रेवरेंड एम.ए. शेरिंग भी थे जो ख़ुद बनारस विशेषज्ञ थे। बाबू शिवप्रसाद और दयानंद सरस्वती भी बोर्ड के सदस्य थे। उनके नामों से कोई लेख पत्र में नहीं छपा और बाबू शिवप्रसाद को तो जल्दी ही बोर्ड से हटा भी दिया गया था। फिर भी यह स्पष्ट था कि मुख्य संपादक ने ऐसे बड़े-बड़े नामों को अपने साथ जोड़ा था तो इसका मतलब है कि वह पत्र की एक उदार छवि पेश करना चाहते थे।

इस बीच साहित्यिक लेख परिपक्व होने लगे थे। वे इतने परिपूर्ण हो चुके थे कि पृथक् पुस्तकों के रूप में भी प्रकाशित हुए। *हरिश्चंद्र मैगज़ीन* की शैली प्रारंभिक *कविवचनसुधा* से भिन्न थी। इसके लेख ज़्यादा लंबे होते थे, उनकी रफ़्तार मंद होती थी, उनमें कॉलम रिपोर्टिंग जैसी दम साधे कहने जैसी बात नहीं होती थी। हरिश्चंद्र के साथ लिखने वालों का एक सुपरिभाषित दायरा था और स्वयं हरिश्चंद्र की एक पत्रकार के रूप में ख्याति निर्विवाद स्थापित हो चुकी थी। पत्र की विशेषता यह थी कि उसने लेखकों का अपना एक दायरा गढ़ लिया था जो अपने शहरों से लेख, न्यूज़लेटर भेजते थे और जो आने वाले समय में स्वयं प्रतिष्ठित लेखक और, अधिकांशतः, स्वयं संपादक भी बनने वाले थे। लेखकों के इस दायरे में प्रताप नारायण मिश्र, राधाचरण गोस्वामी, बद्रीनारायण चौधरी 'प्रेमघन', बालकृष्ण भट्ट, अंबिका दत्त व्यास एवं श्रीनिवासदास कुछ प्रसिद्ध लेखक थे।[21] लेख लगभग हमेशा लेखक के नाम के साथ होते थे—या तो उनमें बेनामीपन की ज़रूरत नहीं होती थी या संबंधित लेख में व्यक्त किए गए मतों को कम विवादास्पद माना जाता था क्योंकि उनमें एक विशिष्ट साहित्यिक फ्लेवर होता था या, शायद इसकी वजह यह थी कि अब लेखक का नाम भी

एक संस्थागत हैसियत ले चुका था; यानी अब यह जताने में एक स्पष्ट लाभ की स्थिति थी कि फ़लां लेख फ़लां क़लम से निकला है क्योंकि अब ये बात अपने आपमें गुणवत्ता की ज़मानत थी। कोई स्पष्ट संपादकीय नहीं था और इसमें छपने वाली चिट्ठियां *कविवचनसुधा* संपादक के नाम भेजी जाती थीं परंतु अपने नाम ही के कारण पत्र को हरिश्चंद्र के साथ जोड़कर देखा जाता था। यहां तक आते-आते संपादक के लिए किसी भिन्न शख़्सियत की दरकार नहीं थी।

प्रारंभिक *कविवचनसुधा* में जो साहित्यिक विधाएं भ्रूण रूप में उपस्थित थीं, वे या तो यहां और फली-फूलीं, जैसे लघु कथा या उपन्यास लेखन की चेष्टाओं में, अथवा उनमें और परिपक्वता आई, जैसे निबंध एवं यात्रा-लेखन के संदर्भ में। निबंध सामाजिक, धार्मिक व राजनीतिक विषयों पर होते थे, यात्रा-वृत्तांत हिंदुओं की सांस्कृतिक संपदा बताए जाने वाले भूक्षेत्र की खोज के नए अनुभव का निरूपण करते थे। इन लेखों का गद्य सुविकसित था। प्रेम एवं भक्ति की सीमाओं से निकलकर काव्य स्पष्टतः सामाजिक एवं राजनीतिक आयाम ग्रहण करने लगा था जबकि नाटक फल-फूलकर सबसे परिपक्व विधा बना। इन विधाओं ने शास्त्रीय संस्कृत परंपरा के साथ संबंधों का दावा तो किया लेकिन उनका मौजूदा रुझान प्रत्यक्षतः अंग्रेज़ी और बंगाली मॉडलों से ही तय हो रहा था। इन विधाओं पर विस्तृत चर्चा इस अध्याय के अंतिम से पहले वाले खंड में की गई है।

परंतु आठ गाढ़े अंकों के बाद, जिनमें से कुछ 50 पन्नों के थे, यह पत्र एक ज़्यादा देशज पहचान की ओर बढ़ने लगा। इसके बाद पत्रिका *श्रीहरिश्चंद्रचंद्रिका* के नाम से जानी जाने लगी। इसने ख़ुद को स्वायत्त मानना शुरू कर दिया; अब यह *कविवचनसुधा* से संबंधित नहीं थी; इसने ख़ुद को हरिश्चंद्र द्वारा प्रकाशित एक मासिक पत्र के रूप में प्रचारित करना शुरू कर दिया। अपने उद्देश्यों को उसने इस प्रकार व्यक्त किया :

> नवीन-प्राचीन संस्कृतभाषा और अंगरेज़ी में गद्य-पद्यमय काव्य, प्राचीन वृत्त, राजनीतिक विषय, नाटक, विद्या और कला पर लेख, लोकोक्ति, इतिहास, परिहास, गप्प और समालोचना संभूषिता।

क्योंकि पत्र ने न केवल शास्त्रीय संस्कृत का प्रयोग किया बल्कि साझा संस्कृत संज्ञा के तहत आधुनिक साहित्यिक हिंदी का भी समावेश कर लिया था, इसलिए पत्र दोनों भाषाओं को मूलतः एक ही वाग्धारा का हिस्सा मानने लगा था। इस प्रकार, उर्दू से अंतिम विच्छेद संपन्न हो चुका था। इसके बाद सांस्कृतिक रुझान आर्य-हिंदू था। परंतु, इसमें अभी भी अंग्रेज़ी में लेख छापने का प्रस्ताव अपनी जगह क़ायम था, इसलिए यह एक एंग्लो-वर्नाक्यूलर पत्रिका थी। यह ख़ुद को नवीन के साथ भी जोड़कर देखता था, लिहाज़ा *हरिश्चंद्र मैगज़ीन* के नाम की विरासत को आगे बढ़ाता रहा। नवपरिभाषित आदर्श वाक्य *चंद्रिका* के इर्द-गिर्द घूमता रहा, उसने चंद्रमा के प्रकाश के नए गुणों की व्याख्या की, जो परंपरागत ब्रजभाषा के शृंगारिक काव्य के पाठकों के लिए परिचित थे :

> *कविजन कुमुदगन हिय बिकासी चकोर रसिकन सुख भरै*
> *प्रेमिन सुधा सौं सिंची भारत भूमि आलस तम हरै*
> *उद्यम सु औषधि पोखि बिरहिन दही खल चोरन दरै*
> *हरिचंद्र की यह चंद्रिका परकासी जग मंगल करै।*

चंद्रिका, यानी नए चंद्रमा और नई पत्रिका के प्रकाश से प्रतिबिंबित काव्य ने प्रेमियों के भूदृश्य को तो प्रकाशमान कर ही दिया, इसने भारत के बोझ पर भी रोशनी डाली (इस सांस्कृतिक-राजनीतिक संदर्भ में ज़्यादा साझा 'हिंदुस्तान' की जगह संस्कृत नाम का प्रयोग किया गया था), क्योंकि यह उत्पादकता का पोषण करता था और दूषण को उजागर व नष्ट करता था। काम-ऊर्जा में देशभक्ति का समावेश हो गया था।

हरिश्चंद्रचंद्रिका का रूप-विन्यास बदल गया था और इसका दायरा कम महत्त्वाकांक्षी रह गया था। विषयवस्तु की गुणवत्ता और पत्रिका का ढांचा कमोबेश वही रहा, लेकिन इसका आकार छोटा कर दिया गया था—संभवतः संपादक की आर्थिक व प्राधिकारी सामर्थ्य को ध्यान में रखते हुए। अब हरिश्चंद्र संभवतः लंबी रचनाओं के लेखन में ज़्यादा व्यस्त हो गए थे जिन्हें अब वह पत्र में किस्तवार प्रकाशित करने लगे थे। उन्होंने ज़्यादा स्थिर ढंग से लिखना शुरू कर दिया था और अब उनके पास कहने को पहले से बहुत ज़्यादा था। इसका एक सुबूत यह था कि दिसंबर 1876 तक पत्र केवल कुछ अंतरालों के अलावा नियमित रूप से निकलता रहा।

जैसे *कविवचनसुधा* के साथ हुआ था, उसी तरह इस पत्रिका के सामने भी 1876 के आख़िर और 1877 की शुरुआत में संपादक की आर्थिक मुश्किलों के चलते संकट पैदा होने लगे। अब अक्टूबर 1877 तक के अंक उपलब्ध नहीं हैं—कहना मुश्किल है कि इस दौरान कोई अंक छपा भी होगा—और इसके बाद *अभिनव किरणावली* नामक नई श्रृंखला के रूप में यह दोबारा सामने आया जिसमें 1879 के अंत तक कुछ अनियमितता बनी रही। इसके बाद पत्रिका का स्वामित्व और संपादन नाथद्वारा के मोहनलाल पांड्या को सौंप दिया गया और *हरिश्चंद्रचंद्रिका* के साथ-साथ यह *मोहनचंद्रिका* के नाम से भी प्रकाशित होने लगा।[22] जनवरी 1885 में अपनी मृत्यु से पहले हरिश्चंद्र ने एक बार फिर इसे अपने हाथ में लिया और पत्रिका को पुनर्जीवित किया जो इस दौरान लगभग मर चुकी थी। इस बार इसे *नवोदिता हरिश्चंद्रचंद्रिका* का नाम दिया गया। इसके तीन अंकों के बाद हरिश्चंद्र की मृत्यु हो गई।[23]

बालाबोधिनी

सत्तर के दशक की शुरुआत में हरिश्चंद्र ने एक के बाद एक कई साहित्यिक उद्यम या संगठन शुरू किए। ज़ाहिर है, अभी तक उनके पास इन उद्यमों को चलाने के लिए पर्याप्त आर्थिक साधन मौजूद थे। हिंदी की पहली घोषित साहित्यिक पत्रिका *हरिश्चंद्र मैगज़ीन* के शुरू करने के कुछ ही समय बाद उन्होंने *बालाबोधिनी* के नाम से एक और पत्रकारी विधा का सूत्रपात किया। यह हिंदी में महिलाओं का पहला पत्र था। प्रेसीडेंसी नगर कलकत्ता और बंबई इस क्षेत्र में पहले ही आगे बढ़ चुके थे जहां महिलाओं की पत्रिकाएं सदी के मध्य से ही आने लगी थीं और वे सभी सुधारकों और सुधार आंदोलनों से जुड़ी थीं।[24]

बालाबोधिनी दस पन्नों की एक पतली-सी पत्रिका थी। इस मासिक पत्र का पहला अंक जनवरी 1874 में निकला। यह पत्र चार साल तक चलता रहा। इसकी कुल कितनी प्रतियां छपती थीं, इसके बारे में कोई जानकारी उलपब्ध नहीं है, परंतु यह ज़रूर ज्ञात है कि इसकी सौ प्रतियां सरकार ख़रीद लेती थी। जब यह संरक्षण समाप्त हो गया तो पत्र भी रुक गया

और फरवरी 1878 के बाद इसका प्रकाशन पूरी तरह बंद हो गया। इसके पाठकों की संख्या कभी भी बहुत ज़्यादा नहीं रही।[25]

महिलाओं की शिक्षा को पुरुषों का दायित्व माना जाता था[26] इसलिए यह आश्चर्य की बात नहीं है कि उन्नीसवीं शताब्दी की महिलाओं की पत्रिकाओं का संपादन भी पुरुष करते थे और उनमें छपने वाले लेख भी प्रायः पुरुषों द्वारा लिखे जाते थे। बीसवीं शताब्दी में कहीं जाकर महिला संगठन अपने बूते पर सामने आए और उन्होंने अपनी पत्र-पत्रिकाओं का संपादन करना और अपने नज़रिए को ख़ुद लिखना शुरू किया।[27] *बालाबोधिनी* एवं उस समय की अन्य महिला पत्रिकाओं में चलने वाले कड़े नियंत्रण एवं व्यापक सेंसरशिप के पीछे संभवतः पुरुषों द्वारा संपादन ही मुख्य वजह थी। इनमें एक नए तरह का और बहुत मुखर शुचितावाद दिखाई देता था। इन पत्रिकाओं में मध्यवर्गीय पत्नी और मां की भूमिका को नए सिरे से परिभाषित किया जा रहा था। भले ही गुणशील स्त्री का मॉडल संस्कृत, पौराणिक परंपरा से लिया गया हो, उसमें विक्टोरियाई नैतिकता एवं रीति-रिवाजों का भी समावेश था।[28] सेंसरशिप इस तरह की थी कि, उदाहरण के लिए, हरिश्चंद्र की दूसरी पत्रिकाओं में इतने व्यापक रूप से छपने वाले परंपरागत ब्रजभाषा के दोहे यहां सिरे से ग़ायब थे क्योंकि उनको स्वाभाविक रूप से अत्यंत श्रृंगारिक माना जाता था। भक्ति के आवरण के बावजूद ये कम ख़तरनाक नहीं थे। पुराने संगीत-रूपों को भी काम ऊर्जा उन्मुक्त करने के लिहाज़ से संदेह की दृष्टि से देखा जाता था। निम्न वर्गों की महिलाओं के गीतों, कहानियों व प्रदर्शनमूलक विधाओं को सापेक्षतः सम्मानित वर्गों की महिलाओं के दायरे से लगातार बुहारकर बाहर किया जा रहा था।[29] निम्नवर्गीय महिलाओं को उनकी तुलनात्मक आर्थिक आत्मनिर्भरता, घर के भीतर व बाहर आवाजाही की स्वतंत्रता और उनके कथित लचीले यौन आचरण की वजह से संदेह की दृष्टि से देखा जाता था। अगर एक अहम उद्देश्य यह था कि शिक्षित, सम्मानित मध्यवर्गीय स्त्री और तुलनात्मक रूप से चरित्रहीन पश्चिमी स्त्री के बीच स्पष्ट भेद चिह्नित किया जाए तो इससे भी ज़्यादा यह ज़रूरी था कि शिष्टाचार के महत्त्व पर ज़ोर देते हुए गृहिणी तथा निम्न, अशिक्षित वर्गों की महिलाओं के गुणों में स्पष्ट भेद किया जाए। उत्पादन प्रक्रिया में किसी भी तरह की सहभागिता से वंचित और सीमित संपत्ति अधिकारों वाली मध्यवर्गीय महिला चाहे जितनी भी पढ़ी-लिखी हो, इस कल्पना में वह बुर्जुआ घर की चारदीवारी तक ही सीमित थी।

इस तरह, स्वयं परिवार को नए ढंग से गढ़ा जा रहा था। शहरी इलाक़ों में पुराने संयुक्त परिवार को हटाकर अंततः ऐसी संरचनाएं सामने आ रही थीं जिनमें आधुनिक एकल परिवार केंद्र में था। इस चरण में हरिश्चंद्र के अपने परिवार के ब्योरों के हिसाब से पारिवारिक संरचनाओं में कोई रेडिकल बदलाव नहीं आया था और उनके चौखंभा स्थित विशाल घर में बहुत सारे सगे-संबंधी, चचेरे भाई-बहन और चाची-ताई आदि साथ रहते थे। लेकिन अब मॉडल या प्रतिरूप बदल चुके थे। इस विषय पर मिशनरी साहित्य भी आने लगा था। उदाहरण के लिए, कुछ समय बाद अंग्रेज़ी से अनुवाद करके हिंदी में *अंग्रेज़ों का गृहसंबंधी वृत्तांत* नाम से एक गुटका छपा जिसमें अंग्रेज़ों के घरेलू जीवन का ब्योरा दिया गया था। इसमें आदर्श अंग्रेज़ मध्यवर्गीय परिवार की रमणीयता का ख़ाका खींचा गया था।[30] भारतीय सामाजिक संदर्भ में इन प्रतिरूपों को केवल उत्सुकता की दृष्टि से ही देखा जा सकता था। फिर भी

उन्होंने नई सोच को प्रभावित ज़रूर किया। इस एकल परिवार में जेंडर आधारित भूमिकाओं का एक स्पष्ट ध्रुवीकरण था। महिला घरेलू दायरे में सीमित थी।[31] परंतु यहां वह पहले से ज़्यादा सुशिक्षित व्यक्ति की भूमिका निभाने के लिए नियत थी। एक तरफ़ तो उसे घर की अर्थव्यवस्था को ज़्यादा वैज्ञानिक ढंग से चलाना था; उसे घर की साज-संभाल, संरचना, भीतरी व्यवस्था बनाए रखनी थी और दूसरी तरफ़ उसे ख़र्च के मामले में संयमी, विवेकशील और दूरदर्शी होना था। साफ़-सफ़ाई, शरीर की देखभाल, गर्भावस्था, प्रसव-पूर्व देखभाल, नवजात शिशु की देखभाल, बच्चों की पढ़ाई-लिखाई और बाल मनोविज्ञान की जानकारी के संबंध में नए सवाल भी थे। इसके साथ ही यह भी उम्मीद की जाती थी कि यह महिला बाहरी दुनिया के मामलों में दिलचस्पी ले क्योंकि बेटे को यह ज्ञान सबसे पहले मां से ही मिलने की अपेक्षा की जा रही थी। यहां सगे-संबंधियों व परिचितों के साथ सामाजिक व्यवहार का मक़सद यह था कि पश्चिमी गृहिणी और मां द्वारा अपनाए जा रहे तौर-तरीक़ों को भी एक हद तक समाहित किया जाए। इससे बाहरी जगत के साथ संपर्क की कुछ गुंजाइश तो पैदा हुई लेकिन इसके साथ ही उसने नई तरह की बंदिशें भी लगा दी थीं। एकल परिवार के हितों का ध्यान में रखते हुए महिलाओं के आपसी संबंधों को कमज़ोर करना ज़रूरी था और पारिवारिक प्राधिकार अब पति और पिता में संकेंद्रित होने जा रहा था। पंडित गौरी दत्त ने अपनी *देवरानी-जेठानी की कहानी* (1870), जो कि हिंदी की सबसे प्रारंभिक कथाकृतियों में से एक है, में परिवार की स्त्री के नए घरेलू दायरे को दर्शाया। यहां सामुदायिक जीवन पर उतना ज़ोर नहीं था, जिसकी अपनी बंदिशें और बंधन थे, बल्कि इसमें परिवार की स्थितियों को संभालने और नियंत्रण में रखने में कुशल एकल गृहिणी की गुणशीलता पर ज़्यादा ज़ोर दिया गया था।[32] *बालाबोधिनी* में इस घरेलू दायरे को बहुत विस्तृत ब्योरों में पेश किया गया। *शिशुपालन, बालाप्रबोध, स्त्रीचर्चा, गर्भिणीचर्या* आदि व्यापक शीर्षकों के तहत विस्तृत सूचना या ज्ञानोपदेश किस्तवार प्रकाशित किए जा रहे थे। *गुरुसारिणी* (नाप-तोल से संबंधित दोहे, जिनको याद किया जाना था ताकि वे बच्चों को भी पढ़ाए जा सकें), *अर्थनीति व अर्थशास्त्र,* जिसमें भूस्वामित्व की अर्थव्यवस्था पर चर्चा की गई थी, यह महिलाओं के लिए नई तरह की सूचना थी जिन पर इस अध्ययन की सीमा को ध्यान में रखते हुए अलग से विस्तृत विश्लेषण की ज़रूरत है।

बालाबोधिनी एक नए घरेलू आदर्श की रचना में अपना योगदान दे रही थी। इस मक़सद की पूर्ति के लिए आदर्श स्त्रियों के चरित्र, शब्द-चित्र छापे जाते थे। इनमें भारतीय (सावित्री), विदेशी (जोन ऑफ़ आर्क), दोनों तरह की आदर्श महिलाएं थीं जो परंपरागत मॉडलों की आड़ में वस्तुतः नई जेंडर भूमिकाओं को प्रस्तुत कर रही थीं। इस क्रम में चुनी गई महिलाएं शीलवान, शुचितापूर्ण एवं शुद्ध होती थीं। गृहिणी के दायित्वों से संबंधित ज्ञानोपदेशों से भरे बहुत सारे स्तंभों की तरह इन शब्द-चित्रों में भी अधिकांशतः हिंदू समाज में महिलाओं की स्थिति से संबंधित समाज सुधारों की चर्चा नहीं होती थी, जबकि आम जनता को संबोधित करते हुए प्रकाशित किए जा रहे वर्नाक्यूलर पत्रों के संपादकों के लिए यही सबसे महत्त्वपूर्ण विषय थे जिनमें ऐसे मुद्दों पर एक तरह की सहमति उभरते मध्य वर्ग के आत्मबोध का महत्त्वपूर्ण हिस्सा थी।[33] इसके बावजूद, जैसा कि शुक्ल (1991 : 65) ने बताया है, यद्यपि महिलाओं की पत्रिकाओं के संपादक ख़ुद सुधारक थे लेकिन विधवा विवाह से लेकर बहुविवाह

तक, उस दौर में जिन मुद्दों पर सबसे ज़्यादा तीखी बहस थी, वे मोटे तौर पर इन पत्रिकाओं के पन्नों से नदारद ही रहे क्योंकि महिलाओं से उम्मीद नहीं की जाती थी कि इन मुद्दों के समाधान की तो बात ही छोड़िए, वे इन पर होने वाली बहसों में थोड़ी-बहुत हिस्सेदारी भी कर सकें।

अगर पुरुषों और स्त्रियों की समानता की लगातार दुहाई दी जा रही थी–जो कि *कविवचनसुधा* के आदर्श वाक्य में भी व्यक्त होता था–तो भी इसका मक़सद एक ऐसी साहचर्यपूर्ण विवाह संस्था का हितसाधन ही था जिसको अभी भी मर्दाना आर्थिक व सामाजिक प्रभुत्व की एक स्पष्ट सोपानिक संरचना के भीतर ही सुरक्षित रखा जाना था। इस संरचना के भीतर हिंदू समाज में स्त्रियों की हैसियत का आदर्शीकरण किया गया। शब्दों के धरातल पर उसे पुरुष से भी ऐसे उच्चतर स्तर पर पेश किया गया कि उसे उपासना का केंद्र बना दिया गया। इस क़दम से स्त्री-पुरुष की समानता के मुद्दे पर किसी गंभीर चर्चा की संभावना स्वतः ही समाप्त होती चली गई क्योंकि एक स्त्री की अंतिम नियति यही थी कि वह अपनी पहचान को अपने पति और बेटों की पहचान में विलीन कर दे ताकि वे अपने दायित्वों का और पूर्ण रूप से निर्वाह कर सकें। पत्रिका के आदर्श वाक्य में दूसरी बातों के अलावा समानता के प्रति भी यह अंतर्विरोधी रवैया स्पष्ट दिखाई देता था :

जो हारी सोई राधिका जो शिव सोई शक्ति
जो नारी सोई पुरुष यामे कछु न विभक्ति
सीता अनुसुइया सती अरुधंती, अनुहारी
शील लाज विद्यादि गुण लहऊ सकल जगनारी
पितु पति सुत करतल कमल लालित ललना लोग
पढ़ैं गुनैं सीखैं सुनैं नासैं सब जग सोग
बीर प्रसिनी बुध बधु होई हीनता खोय
नारी नर अरधंग की सांचहि स्वामिनि होय।

इन तीन दोहों में इस दौर की सोच प्रतिबिंबित होती थी : पहली बात, जिस तरह दैवी युगल एकमेक हैं उसी तरह पुरुष व स्त्री भी एक-दूसरे से अविभाज्य हैं। दूसरी बात, हिंदू स्त्री को सीता और सती जैसी दैवी संगिनियों के भव्य स्तर पर स्थापित कर देने के बाद वह शेष जगत के लिए आदर्श, पश्चिमी स्त्री की नैतिक हैसियत से उच्चतर दिखाई देने लगती थी। अंत में, क्योंकि उसकी शिक्षा-दीक्षा उसे आधुनिक हिंदू पुरुष के लिए एक उपयुक्त पत्नी व मां बना देती है, इसलिए ये पंक्तियां उसकी अशिक्षित व गंवार बहनों से एक अलग दुनिया रचती हैं।

पत्रिका में पुराणों एवं महाकाव्यों की शख़्सियतों के इर्द-गिर्द छपी बहुत सारी छोटी-छोटी कहानियों और शब्द-चित्र में एक मितव्ययी पत्नी के लिए व्यावहारिक परामर्श और एक सदाचारी पत्नी के लिए नैतिक ज्ञानोपदेशों को जगह दी जाती थी। इनको लिखने का उद्देश्य एक ऐसा आदर्श व्यक्तित्व गढ़ना था जिसके ऊपर ऐसे पुत्रों के लालन-पालन का भी भार आ गया था जिन्हें राष्ट्रीय राजनीति के नवराजनीतिक जगत में अपनी सार्थक भूमिका निभानी थी। राजनीतिक विषय पर लिखे गए विशाखदत्त के संस्कृत नाटक *मुद्राराक्षस* का हिंदी अनुवाद *बालाबोधिनी* में (खंड 2 व 3 के कई अंकों में) धारावाहिक छापा गया। हरिश्चंद्र ने दूसरे मंचों की बजाय इसे *बालाबोधिनी* में ही छापा, यह इस बात का द्योतक है कि राष्ट्र के भावी

राजनीतिज्ञ की हैसियत लेने जा रहे पुत्र की प्रथम शिक्षिका के रूप में स्त्री की भूमिका पर बहुत ज़्यादा ज़ोर दिया जा रहा था। इस तरह की रचनाओं का एक लाभ यह भी था कि उनमें रूमानी या शृंगारिक विषयवस्तु का लेशमात्र भी नहीं था जो उदाहरण के लिए, *चंद्रावली* (एक काव्य नाटक जिसमें रह-रहकर गद्यात्मक संवाद भी थे और जिसमें कृष्ण के लिए नायिका के भक्तिपूर्ण प्रेम को दर्शाया गया था : यह काव्य नाटक 1876 में *हरिश्चंद्रचंद्रिका* में किस्त-दर-किस्त छपा था) में भरा पड़ा था। ऐसी विषयवस्तु का लेशमात्र न होने के कारण ऐसी रचनाएं एक गृहिणी और मां को पढ़ाने के लिए ख़ासतौर से उपयुक्त थीं।

ऊपर आए इन बिंदुओं को मैं आगे दूसरे मुद्दों पर चर्चा के लिए संदर्भ-बिंदु के रूप में प्रयोग करूंगी, लेकिन इन पर विस्तृत विश्लेषण अलग से ही किया जाना चाहिए क्योंकि उनको उन्नीसवीं शताब्दी के इंग्लैंड और भारत में महिलाओं से संबंधित अध्ययनों के व्यापक परिप्रेक्ष्य में ही देखा जा सकता है। प्रस्तुत अध्ययन के लिहाज़ से सिर्फ़ इतना ही रेखांकित करना प्रासंगिक होगा कि एक दशक से भी कम अवधि की सघन प्रकाशकीय गतिविधियों में हरिश्चंद्र की तीनों पत्रिकाओं ने एक ऐसा दायरा गढ़ने के लिए विशद सामाजिक, राजनीतिक व साहित्यिक धरातल को अपने अंदर समेटा जो अब केवल मध्य वर्ग के अधीन रहने वाला था। इस प्रकार, स्वयं हरिश्चंद्र हिंदू संस्कृति व राजनीति के जगत में एक ऐसे अगुवा व्यक्तित्व के रूप में, एक रसिक, हिंदी के एक आचार्य व धर्मरक्षक के रूप में स्थापित हो चुके थे जो शक्तिशालियों के साथ उठता-बैठता था परंतु साथ ही मध्य वर्ग के नाम पर और उसके हित में उनकी सत्ता की अवहेलना भी करता था।

सामाजिक एवं राजनीतिक परिधि : बीच की जगह की शिनाख़्त

मध्यवर्ग ने 1870 के दशक में आकार लेना शुरू ही किया था और यह अभी बहस का विषय था कि उसको एक सूत्र में पिरोने वाली चीज़ें कौन सी थीं। यहां एक बार फिर मैं बी.बी. मिश्र के अध्ययन का हवाला दूंगी जिसमें इस वर्ग के सामाजिक एवं व्यावसायिक विन्यास पर कुछ चर्चा की गई है। मिश्र द्वारा इकट्ठा की गई जानकारियों के मुताबिक़, समाज के मध्यम स्तर पर व्यापार और उद्योग में लगे लोगों की बजाय पेशेवर लोग थे। इनकी संख्या में वृद्धि शैक्षिक, न्यायिक एवं शासकीय विकास के साथ जुड़ी हुई थी, न कि इंग्लैंड की भांति प्रौद्योगिकीय अथवा औद्योगिक उन्नति का परिणाम थी :

> अपने उदय के विशिष्ट हालात के चलते भारत के पेशेवर वर्ग में लगातार ऐसे ही लोग बने रहे जो जाति क्रम में भी ऊपर की पायदानों पर आते थे।
>
> ऐसे समूह (वकील, सरकारी कर्मचारी, डॉक्टर व अध्यापक, लेखक, विद्वान आदि) भारतीय मध्य वर्ग के अग्रणी बन गए थे। हालांकि यह वर्ग विभिन्न जातियों से मिलकर बना था लेकिन इसकी एक साझा दृष्टि, एक साझा भाषा और समान आचरण था और इन्हीं पहलुओं ने भारतीय राष्ट्रवाद के उदय में भी योगदान दिया...। यह पेशेवर वर्ग जाति व क्षेत्रीय सीमाओं से बाहर आने और एकता व एकजुटता का ऐसा बोध विकसित करने वाला पहला तबक़ा था जिसने भारत में राष्ट्रीयता के विकास का मार्ग प्रशस्त किया। उन्नीसवीं शताब्दी के मध्य तक नए व्यवसायों के बहुत थोड़े लोग थे जिनकी संख्या 1857 में विश्वविद्यालयों की संख्या के साथ बढ़ने लगी थी। जैसा कि हम देख चुके हैं, इस इज़ाफ़े को 1880 के दशक में और तेज़ी मिली (305)।

हमारे अध्ययन के लिहाज़ से इस बात पर ग़ौर करना ज़रूरी है कि भले ही उनकी पृष्ठभूमि विविधतापूर्ण हो लेकिन ये समूह ऊंची जातियों से ही थे। वे एक साझा सामाजिक लोकाचार की रचना के लिए प्रयास कर रहे थे और अपनी एकजुटता की राजनीतिक संभावनाओं से वे भली-भांति परिचित थे। यह कोई सहज संक्रमण नहीं था और अभी रास्ते की कई रुकावटों को पार करना ज़रूरी था। इनमें से कुछ रुकावटें बीसवीं शताब्दी के अंत में भी इस एकजुटता के रास्ते में रोड़ा बनी हुई हैं। बहरहाल, जैसा कि विभिन्न पत्र-पत्रिकाओं में देखा जा सकता है, उस दौर में मध्य वर्ग की भावी ज़मीन, नैतिक, सामाजिक व राजनीतिक परिधि को परिभाषित करने के लिए नाना साधन इस्तेमाल किए गए। व्यंग्यों और कॉमिक पात्रों की रचना के द्वारा मौजूदा सत्ताधारियों की स्थिति का मूल्यांकन करना और उनके बारे में एक रुख़ तय करना संभव था। जहां तक औपनिवेशिक अधिकारियों का प्रश्न था, वहां मामला उनके द्वारा निर्बाध रूप से कर वसूली पर सवाल खड़े करने के साथ-साथ अपने आत्मसम्मान की स्थापना का भी था। इसके साथ ही रईसों के पतन तथा लम्पट ब्राह्मणों के धार्मिक प्राधिकार पर व्यंग्योक्तियां भी कसी जाती थीं। यहीं पर निम्न वर्गों के मिथ्याभिमान की भी भर्त्सना की जाती थी। इस प्रकार, व्यंग्य, पैरोडी और यहां तक कि सीधे-सीधे भर्त्सना पर केंद्रित लघु नाटक इस वर्गीय एकजुटता को स्थापित करने का एक बेहद गतिशील माध्यम बनकर सामने आए। परंतु इस नए वर्ग को एक सूत्र में बांधने और उसे लम्पट व निकृष्ट तत्त्वों पर नैतिक प्राधिकार प्रदान करने वाले नए लोकाचार को अभिव्यक्त करने के लिए नैतिक निबंध सबसे ठोस माध्यम थे। दूसरी तरफ़, *हरिश्चंद्र मैगज़ीन* तथा *हरिश्चंद्रचंद्रिका* के संपादकीय लेखों में इस नए मध्य वर्ग के गठन पर खुलकर चर्चा की जाती थी। यहां तक कि उनके इस दावे को भी सहज मान्यता दी जा रही थी कि इस वर्ग से पैदा होने वाला जनमत ही राष्ट्र का प्रतिनिधित्व करता है।

इस क्रम में सबसे पहले मैं लघु नाटिकाओं/स्किट्स की सामाजिक व राजनीतिक संभावनाओं की पड़ताल करूंगी। अपने शुरुआती सालों में *कविवचनसुधा* में *पंच का प्रपंच* नाम का एक स्तंभ छपा करता था। इस कॉलम का सबसे सामान्य रूप एक संवाद का होता था। यह संवाद समकालीन विषयों पर पंच—यह नाम स्वाभाविक रूप से इसी नाम के अंग्रेज़ी के एक हास्यपरक पत्र के नाम से भी प्रेरित था (1841)—और क़स्बे के एक या दो अन्य पात्रों के बीच चर्चा के रूप में होता था। पंच स्किट्स में हल्के-फुल्के संवाद, रोचकता, तीखापन और एक ख़ास शोख़ी हुआ करती थी लेकिन दुर्भाग्यवश इनको हरिश्चंद्र की *ग्रंथावली* में जगह नहीं दी गई है। इस स्तंभ का पंच एक मिश्रित चरित्र का बड़ा दिलचस्प व्यक्तित्व था। रूखा और नास्तिक, मसख़रा और मस्तमौला, सत्ता से दो-दो हाथ करने को अकसर तैयार रहने वाले इस पंच की जड़ें यूरोपीय परंपरा में, *कोमेदिया देल आर्ते* के पुलसिनेला नाम के पात्र में थीं जो इंग्लैंड में *पंच एंड जूडी* कठपुतली शो में इसी नाम का एक फ़सादी किरदार हुआ करता था। दूसरी तरफ़ इसमें संस्कृत नाटक की *विदूषक परंपरा* और गांव की न्याय व्यवस्था में मौजूद पंच के गुणों का समावेश भी था। इस तरह हरिश्चंद्र के पंच में मसखरे के अनुरूप अनादरपूर्ण आचरण और गांव के न्यायाधीश की सत्ता, दोनों थे। वह घटनाओं के बाहर भी था और न्यायाधीश के रूप में उनके भीतर भी

था। *कविवचनसुधा* के स्तंभों में वह रईसों की अय्याशी की भर्त्सना करता, चाहे वे नवाब हों या व्यापारी, लेकिन सबसे बढ़कर वह अंग्रेज़ शासक वर्ग की निरपेक्ष सर्वोच्चता को मानने के लिए क़तई तैयार नहीं था।

पंच का मसख़रा अंदाज़ उसे करों के बोझ जैसे वज़नदार मसलों को भी अपने चुटीले, व्यंग्यात्मक अंदाज़ में पेश करने का मौक़ा देता था। 15 दिसंबर, 1871 (3.9) के अंत में पत्र में *बाघ की चर्चा* नाम से एक संवाद छपा। यह संवाद गपोड़ी प्रपंचनाथ और एक आम आदमी मन्नू के बीच था। मन्नू यह एलान करता है कि एक बाघ मारा गया है। पंच इस बात पर विश्वास नहीं करता—भला नगर में बाघ कैसे आ सकता है! फलस्वरूप, पंच बाघ को तरह-तरह के अन्योक्त पात्रों के रूप में देखता है। इससे उसे ऐसी-ऐसी कल्पनाएं गढ़ने का मौक़ा मिलता है जो सामान्यतः संभव नहीं थीं। पहले वह यह शंका व्यक्त करता है कि कहीं यह बाघ सदाचारी लोगों का भक्षण करता कलियुग ही तो नहीं है जो वर्तमान पर छाया हुआ है? मन्नू का उत्तर : नहीं-नहीं, यह तो *सचमुच* का बाघ है। मन्नू का इस तरह का उत्तर रह-रहकर सुनाई पड़ता है। पंच फिर अपनी बात कहता है, तब कहीं यह चांद तो नहीं जो सिर्फ़ प्रेम के मारे मृगछौनों को सताने के लिए गुफा से निकल आता है? या, शायद यह यम ही हो? मनु फिर विरोध करता है : यम भला क्यों मारा जाएगा? तो फिर यह मुस्लिम शासन ही हो सकता है जो ब्रिटिश गोलियों का निशाना बनने से पहले मृगछौनों जैसे हिंदुओं को उदरस्थ करता जा रहा था। और क्या पता यह प्रिंस ऑफ़ वेल्स की हालिया बीमारी ही हो? मनु जवाब देता है : लेकिन बीमारी तो इंग्लैंड तक ही रहेगी। अब पंच असली बात पर आता है। वह कहता है कि यह शायद कराधान व्यवस्था ही है जिसने हम सबके जीवन से दिन की रोशनी छीन ली है, और जो महारानी की कृपालु गोली से अंततः मृत्यु का ग्रास बन गया है। मनु फ़ौरन हामी भरता है : बिल्कुल ऐसा ही है। तब पंच हुक्म देता है, जाओ-जाओ दौड़कर जाओ और सबको यह बात बता दो। बाघ की लाश नदी किनारे पड़ी है, चलो, हम भी उसे देखकर आते हैं। अब ज़मींदार गन्ने का रस पी सकता है, ताजे हरे चनों और फलियों को भूनकर जी भरकर खा सकता है, अब ढोल-मजीरे बजाए जा सकते हैं और आल्हा गाया जा सकता है; अब मेहनतकश इस बात पर संतोष ले सकते हैं कि कोई उनकी मज़दूरी नहीं मारेगा।

परंतु पंच इस पैनी हाज़िरजवाबी को निजी रूप भी दे सकता था और भारी-भरकम प्रतीकात्मक विषयों को भी उठा सकता था : हम साल 1872 में हैं और पंच दो दोस्तों की बातचीत सुन रहा है। इनमें से एक मुंशी भैरो प्रसाद नाम का कायस्थ है और एक बाबू रामनाथ है जो महाजन है। महाजन अपने किताबी दोस्त मुंशी का हल्के-फुल्के अंदाज़ में मज़ाक़ उड़ा रहा है। मुंशी हमेशा की तरह गंभीरता से काग़ज़ों को उलट-पलट रहा है और इसी क्रम में उसे एक दिलचस्प ख़बर हाथ लग गई है। यह ख़बर एक ऐसी चीज़ के बारे में है जिसकी पहचान वह उजागर नहीं करना चाहता। वह सिर्फ़ इस बात का ज़िक्र करता है कि यह चीज़ जोड़े में चलती है और इसका संबंध चमड़े से है, यह महंगी होती है क्योंकि इसके साथ लाखों जन जुड़े हुए हैं। बाबू रामनाथ समझ नहीं पा रहा है कि यह क्या चीज़ है।

रामनाथ :	भला उसकी सूरत कैसी है?
मुंशी भैरो प्रसाद :	सूरत तो कुछ लंबी सी है और वह चीज़ जिस मुल्क की होती है वैसी उसकी सूरत भी होती है।
रामनाथ :	अंगरेज़ों के विलायत में वह चीज़ कैसी होती है।
भैरो प्रसाद :	अंगरेज़ों के विलायत में तो चिकनी-चिकनी अकसर काले रंग की होती है और उन लोगों में तो बड़ी पवित्र और सदा उनके साथ रहती है।
रामनाथ :	भाई, हमने जाना नहीं कौन चीज़ है भला हिंदुस्तान में कैसी होती है?
भैरो प्रसाद :	हिंदुस्तान में तो चोंचदार होती है।
रामनाथ :	कोई अनमोल चिड़िया का जोड़ा तो नहीं है?
भैरो प्रसाद :	नहीं जी, वह बड़े काम की चीज़ है। घाम से, कीचड़ से, गर्मी-सर्दी से सबसे बचाती है।
रामनाथ :	जल्दी उसका नाम बताओ हमारा तो जी घबरा गया।
भैरो प्रसाद :	उसका नाम तो जूता है।
रामनाथ :	(हंस के) वाह! बड़ी भारी चीज़ बताया! जूता का अख़बार से क्या वास्ता?
भैरो प्रसाद :	नहीं, आजकल श्री श्री जुतैजी की ख़बर तेज़ है।
रामनाथ :	क्या? जूते की क्या ख़बर रहती है?
भैरो प्रसाद :	अब हुकुम है कि जूता उतार के दरबार में आओ।
रामनाथ :	यह क्या?
भैरो प्रसाद :	भला हम क्या कहैं!
रामनाथ :	भला अपना जोड़ा किससे छोड़ा जाएगा!
पंच :	(आगे बढ़कर क्रोध से) यह सच नहीं। बहुत दिन हुए कि लॉर्ड लॉरेंस ही के समय में यह बात निश्चय हो गई थी कि जितने सरकारी दरबार या कचहरी या जो स्थान सबसे गम्य हैं उनमें अंगरेज़ी जूता (पर उसमें पॉलिश ऐसी हो जैसे दरपन) पहनकर सब कोई जा सकते हैं फिर यह झगड़ा कैसा?
भैरो प्रसाद :	लो, हजरत, आप तो निरे सीधे-साधे लोग हैं। मैंने माना कि हुकुम हो गया है पर कितने ही ऐसे हैं कि वह आज्ञा नहीं मानते। क्या आप मुग़लसराय पर श्रीमान गवर्नर जनरल को देखने नहीं गए थे और चाहै संसार में मानी जाती हो बनारस में तो न मानी जाती है न मानी जाएगी।
पंच :	हैं! क्या गवन्मेंट गजट को भी न मानैंगे।
भैरो प्रसाद :	हां-हां, न मानैंगे फिर आप क्या कर लीजिएगा।

(क.व.सु. 3.21, 21 जून, 1872)।

पंच सबसे नपुंसक मुद्रा में जवाब देता है। वह दौड़कर संबंधित अधिकारियों के पास जाता है ताकि पता लगे कि इस झमेले का मतलब क्या है।[34] परंतु, क़ानून के शाब्दिक आशय पर पंच का ज़ोर दुधारी है। एक तरफ़ उसकी बातें नौकरशाही का उपहास करती हैं जिसको लगता है कि इस तरह के मसलों को क़ानून और नियम बनाकर ही तय किया जा सकता है, तो दूसरी तरफ़ वह इन्हीं अधिकारियों को अपने क़ानूनों का पालन करने के

लिए भी बाध्य करना चाहता है। उसकी राय में, आख़िरकार गोरों के साथ इस सामाजिक लेन-देन का ही तो परिणाम था कि इतने तनाव पैदा हुए और लोगों की भावनाओं को सबसे ज़्यादा ठेस पहुंची। मोटे तौर पर अंग्रेज़ भारतीयों के साथ नौकरों या चमचों के रूप में ही ताल्लुक़ रखते थे। 'रेलवे ट्रेवलिंग इन इंडिया' (क.व.सु. 7.49, 14 अगस्त, 1876) पर अंग्रेज़ी में छपे एक संपादकीय में सबसे कड़ी शिकायत गोरों के नस्ली घमंड के बारे में थी : 'देश में कई रेलवे महकमों में तैनात यूरोपियन एवं यूरेशियन अधिकारी देशी लोगों से कुत्ते-बिल्लियों जैसा बर्ताव करते हैं। इसमें ज़रा भी संदेह नहीं है कि उनकी आमदनी में सबसे बड़ा हिस्सा इन्हीं देशी लोगों का होता है...।' इस रचना में अंग्रेज़ों द्वारा किए जा रहे आर्थिक शोषण और उसके साथ उनके अक्षम्य दर्प ने बहुत तीखी आलोचना और व्यंग्य को जन्म दिया है।

पंच स्किट्स में न केवल औपनिवेशिक अधिकारियों के घमंड पर विरोध जताया गया है बल्कि देशी अमीरों के पतित आचरण का भी लगातार विरोध किया गया है। इनमें देशी रजवाड़े, अमीर सूदखोर, बंगाल के कुलीन ब्राह्मण, यानी मोटे तौर पर सामाजिक रूप से संपन्न वर्ग के लोग थे।

बंगाल के कुलीन ब्राह्मण अपनी प्रजाति की दुर्लभता के कारण बार-बार शादियां कर सकते थे जिससे हर नई पत्नी के साथ और दहेज़ आता रहे। इस प्रक्रिया में बिचौलिए भी अच्छ-ख़ासी तादाद में शामिल होते थे, क्योंकि उन्हीं के ज़रिए यह लेन-देन होती थी। *कविवचनसुधा* में यह उल्लेख किया गया था कि ईश्वरचंद्र विद्यासागर ने हाल ही में *बहुविवाह* नाम की एक किताब निकाली है (3.2, 14 सितंबर, 1871)। पश्चिमोत्तर प्रांत में यह चलन अनजाना था, इसलिए इसके बारे में कुछ जानकारी व टिप्पणी देना ज़रूरी समझा गया। लिहाज़ा, प्रांत के सामाजिक संदर्भ को देखते हुए पंच ने ख़ालिस व्यावसायिक हित-अहित को ध्यान में रखकर लड़कियों को ब्याह देने के चलन पर व्यंग्य किया। इस प्रसंग में संवाद को *कन्या विक्रय* का शीर्षक दिया गया। इस बार यह संवाद महेश्वर और पंच के बीच था। महेश्वर एक तरह का आढ़तिया है जो अपनी ख़ूबसूरत चीज़ें बेच रहा है और पंच भेस बदलकर न्यायाधीश की भूमिका संभाले हुए है :

महेश्वर : यह देखो, यह राधा सुंदर, गोरी, सर्वांग सुडौल, और गृहकाज करने में चतुर, इसका मूल्य 2500 रुपए और यह सावित्री, कृष्णवर्ण, किंतु अल्प रूपमान, ग्यारह वर्ष की तरुण, और शरीर से बली, इसका मूल्य 800 रुपए और तीसरी 14 वर्ष की नवयौवना, गोरी केले के गाभ ऐसी, केवल दो-एक महीने में काम लायक़ हो जाएगी। इसका मूल्य 1200। वर चाहे जैसा हो, काला वा गोरा, लूला वा लंगड़ा, अंधा वा काना, भिखारी, कोढ़ी। हमको मुद्रा से काम है।

पंच (अपना रूप प्रगट करके) : क्यों रे मूर्खो! क्या तुमको कोई क़ायदा नहीं मालूम?

महेश्वर : महाराज हम भूले। क्या करैं, कन्या ही तो हमारी खेती है। उन्हीं के कारण आप ऐसे मनुष्यों से हमको प्रतिवर्ष दो-चार सहस्त्र मुद्रा मिल जाता है। यदि ऐसा न करैं तो फिर खांय क्या? हमारी तो यही जीविका है।

पंच एक कड़ी फटकार लगाता है। वह कहता है कि मनुष्यों की ख़रीद-फ़रोख़्त पाप है। अपनी बेटियां तो दो लेकिन पैसे के लिए नहीं। अगर तुम्हें पैसा चाहिए ही तो विवाह तय हो जाने के *बाद* ले लो, लेकिन इसको बेटी के लेन-देन से मत जोड़ो। वरना ध्यान रखो, किसी दिन सात साल को हथकड़ियां पहने मिलोगे। इस संवाद के आख़िर में छपी संपादकीय टिप्पणी में कहा गया था कि यद्यपि बेटियों को बेचने की रीति बंगाल के कुलीनों और कोंकण जैसे प्रांतों में प्रचलित थी, लेकिन अब यही परंपरा पश्चिमोत्तर प्रांत के राजपूतों में भी फैलने लगी है। पंच महाराज की पैनी नज़र इन्हीं प्रांतों पर टिकी हुई है।

पंच ने इसी अंदाज़ में रईसों द्वारा वेश्यागमन एवं शराबख़ोरी का भी बख़ूबी उपहास किया। एक अद्भुत रचना (3.3, 28 सितंबर, 1871) में पंच ने एक ऐसे रईस युवा महाजन का चित्र खींचा है 'जिसने सारे शिष्टाचार को सिर के बल खड़ा कर डाला था, जिसका धर्म संदेहास्पद था' और जो हाल ही में एक परी-जैसे जीव के संपर्क में आने के बाद भी दस-बीस दूसरी स्त्रियों के साथ कृष्णलीला में मगन था। दृश्य के अंत में परी रानी का विवरण है। वह युवा महाजन के आनंद बाग में नर्तकियों की एक टोली के बीचोबीच विराजमान है। इसमें संदेह की गुंजाइश नहीं है कि यह विवरण संपादक के अपने व्यक्तित्व से बेहद मिलता-जुलता है और वह इसके निरूपण में निहित अंतर्विरोधों से भली-भांति परिचित है। वह स्वयं पुराने ढंग के रईसों की जमात से आते थे और उनकी जीवन शैली का पूरा सुख ले चुके थे, परंतु फिर भी वह नैतिक रूप से क्रुद्ध हो सकते थे और इस तरह लंपट आचरण की भर्त्सना कर सकते थे।

इसी तरह की द्वयर्थकता शराब के नक़ली गुणानुवाद में दिखाई देती है। यह विषय हरिश्चंद्र के विचारों पर इतना हावी था कि उसे उन्होंने सात महीने की अवधि (11 नवंबर, 1871 से) में चार अंकों की श्रृंखला में छापा था।[35] हालांकि यह पंच कॉलम का हिस्सा था और लिहाज़ा, इसे स्पष्टतः एक सामाजिक व्यंग्य के रूप में सोचा गया था, लेकिन इसमें पंच ख़ुद कमोबेश शांत था। उसकी तरफ़ से कोई टिप्पणी नहीं थी और बस शुरुआत में एक प्रत्यक्षदर्शी या गवाह के रूप में उसका परिचय भर कराया गया था। उसकी बजाय उसका साथी मतवाला ज़्यादा मुखर है जो इस रचना में ख़ूब गाता है और नाना विषयों पर खुलकर बोलता है। पाठ का विचित्र अंतर्विरोध यह है कि यहां अश्लीलता और असंयम की कठोर आलोचना होते हुए भी दरअसल वैसी ही स्थितियों का मज़ा भी लिया गया है।[36] पीता कौन नहीं है भला? कवि ने तमाम इज़्ज़तदार जातियों, राजाओं, उनके मंत्रियों, अमीरों की लंबी फ़ेहरिस्त गिनाई है। जब त्रिदेव ख़ुद पीने में पीछे नहीं रहते तो भला कौन इससे बच सकता है? ब्राह्मण अपनी पोथियों के नीचे बोतलें दबाए रहते हैं और मौक़ा मिलते ही दो घूंट मार लेते हैं। जो ज़्यादा पाक-पवित्र हैं, वे कहने को तो ख़ुद को वैष्णव कहते हैं लेकिन कंठी और मुद्रा धारण करने के बाद भी वे चोरी-छिपे पी ही लेते हैं (3.7, 25 नवंबर, 1871)। वे शराब पीने के लिए नाच-घरों में और होटलों में जाते हैं, रेलगाड़ी के दूसरे दर्जे में बैठकर मुग़लसराय जाते हैं ताकि वहां बेरोकटोक खा-पी सकें। पियक्कड़ आमतौर पर अपने गाड़ीवान के साथ आपसी समझदारी में पहुंच जाते हैं। अगर वह बेहोश हो जाता है तो कोचवान उसको घर पटककर आएगा। उस पर कोई क़ायदा-क़ानून नहीं चलता (3.9, 15 दिसंबर, 1871)। कुछ अंग्रेज़ी कपड़े पहन लेते हैं, छड़ी और एक

जेबी घड़ी भी लटका लेते हैं मानो भेस बदलते ही आचरण बदल जाता हो। कई कहते हैं कि वे बिना पिए तो न लिख पाते हैं, न वकालत कर पाते हैं और न ही उनका दिमाग़ चलता है। कई ने तो सिर्फ़ इसी काम के लिए अपना धर्म छोड़ दिया है ताकि ब्राह्मो बन सकें। जो हो, ब्रांडी और ब्राह्मो तक़रीबन एक जैसे शब्द हैं। लेकिन फिर *मदिरा* के पहले और आख़िरी अक्षर में राम के नाम की ध्वनि भी तो गूंजती है इसलिए शराब में क्या ख़राबी हो सकती है! कवि का प्रस्ताव है कि विष्णु को तेज़ लाल सुरा, शिव को शैंपेन और ब्रह्मा को ब्रांडी से पहचाना जाना चाहिए। शराब के नशे के इस विवेचन में लगभग छूते हुए इस बात भी ज़िक्र है कि अब तो पूरी आज़ादी मिल गई है क्योंकि अब तो ब्राह्मो मैरिज बिल भी पास हो चुका है (3.18, 7 मई, 1872)। इन सभी तरह के असंयम के पीछे उस सामाजिक स्वीकृति की छाया मौजूद थी जो शराबख़ोरी के आचरण को प्रकटतः अंग्रेज़ों से मिली थी।[37] इस बात को समझने की ज़रूरत है कि लेखक का अपना रुख़ अस्पष्ट है, क्योंकि वह ख़ुद उन्हीं रईसों की जमात से है, और दूसरी बात, निशाना सिर्फ़ पुराने क़िस्म के रईसों पर नहीं साधा जा रहा है बल्कि उन नए अंग्रेज़ों पर भी निशाना साधा जा रहा है जो ब्रिटिश तौर-तरीक़ों और नैतिकता की नक़ल करने लगे हैं।

लेकिन पंच हमेशा न तो न्यायाधीश की भूमिका निभाता था और न ही यह दावा करता था कि वह पतित तबक़े में जो कुछ चलता है उस पर एक कड़ी नज़र रखे हुए है। वह ख़ुद भी उग्र और मतवाला हो सकता था, युवा और सुंदर स्त्रियों के पीछे भाग सकता था और ख़ुद को अच्छा-ख़ासा उपद्रवी बना सकता था। लेकिन, अपनी तमाम मूर्खताओं के बावजूद उसके मत में जनमत का वज़न होता था। कारण, यह निश्चित था कि सुविधाओं में समान हिस्सेदारी के सारे दावों के बावजूद रेडिकल लोकतंत्र का कोई सवाल नहीं था। निचली जातियों को शिक्षा देना ठीक नहीं समझा जाता था। यूं तो स्वयं हरिश्चंद्र महिलाओं की शिक्षा के समर्थक थे और उसको प्रोत्साहन देते थे लेकिन उनके दिमाग़ में इस बात की सीमा स्पष्ट थी कि उदीयमान मध्य वर्ग के लिए भी सामाजिक रूप से क्या स्वीकार्य है। 3 अगस्त, 1872 (3.24) के अंक में *कविवचनसुधा* में इस बात को दर्ज किया गया था कि *नूर-उल-अवसार* के संपादक ने बनारस में गुदड़िया स्कूलों के खुलने पर कितनी आक्रामक टिप्पणियां की हैं, यथा–निचले तबक़ों के लिए आयातित शिक्षा वहां ऐसे अधकचरे युवा पैदा करेगी जो सदा क्लर्की की फ़िराक़ में रहेंगे। अभी तक काम का बंटवारा वर्ण के अनुसार होता था। इस नए परिवर्तन के दो दुष्परिणाम होंगे। एक तो दोयम दर्जे के क्लर्क पैदा होंगे और दूसरे, अब झाड़ने-बुहारने और जूते-चप्पल बनाने के काम करने वाला कोई नहीं रहेगा जिनको अब तक ये लोग किया करते थे। लिहाज़ा, यह संयोग की बात नहीं है कि पंच के अगले अंक (3.25, 17 अगस्त, 1872) में ठीक इसी विषय को उठाया गया। हमेशा की तरह यहां भी विडंबना ही लेखक के मत के उभयचर स्वरूप को ढंकने का माध्यम बनती है। जब एक युवा और सुंदर मेहतरानी आसमान छूने की कोशिश करती है तो पंच न केवल उसकी ओर अश्लील इशारे करता है और इस तरह उसकी नैतिक हैसियत को ठेस पहुंचाता है और ऊंची स्थिति के उसके दावे को क्षीण कर देता है, बल्कि झूठी महत्त्वाकांक्षाएं पालने के नाम पर उसको जमकर खरी-खोटी भी सुनाता है। नीचे दिए गए दृश्य में युवती के खिलते यौवन से आकर्षित

पंच बेशर्मी से उसके पीछे पड़ जाता है। जवाब में वह अपनी टोकरी और झाड़ू फेंक देती है। वह उसकी साड़ी पकड़कर खींचता है और पूछता है कि अब उसके सारे हमवतन कहां चले गए और वह ख़ुद कहां जा रही है :

मेहतरानी	:	वाह मियां, तुम भी अपनी ही गाते हो! अरे, मुझे छोड़ो, मेरे पढ़ने-पढ़ाने के कामों को क्यौं रोकते हौ?
पंच	:	तुमसे पढ़ने से वास्ता? पढ़ने वाली जाति दूसरी होती है।
मेहतरानी	:	हजरत वह दिन गए अब सब धान बाईस पसेरी है।
पंच	:	तो मियां मेहतर बग़ल में किताब दाब के पढ़ैं तुम तो औरत हो, तुम क्यौं पढ़ती हौ?
मेहतरानी	:	तुम तो निरे सीधे-साधे अगले जमाने के लोग हौ, अजी, अब औरतों की तालीम जारी हुई है।
पंच	:	लो तब तो सरिश्तै तालम के लोगों को बड़ा चैन हुआ "दे भटियारी ऐसा नर पीर बबर्ची भश्ती खर"
मेहतरानी	:	तुम्हारी नीयत बुरी है, इससे तुम्हैं सब बुरा सूझता है।
पंच	:	भला मैं चाहे बुरा हूं चाहे भला तुम बुरी न बनना और तुम्हारी भलाई इसी में है कि तुम अपना काम न छोड़ो।
मेहतरानी	:	(चिढ़कर) देखो तो यह सिड़ा हुआ है। अबे, जो बात सरकार चाहती है उसे तू रोक सकता है और फिर मैं इसके कहने से अपनी रोज़ी में बट्टा लगाऊं! भला सरकार की मेहरबानी से तो मेरी इतनी बात बनी है तो उसमें अब फरक डालूं–लो मेहतरानी से पढ़ाने वालियां में जा मिली अब फिर क्यौं मेहतरानी बनूं, चल छोड़। (आंचल छुड़ाकर चली जाती है)
पंच	:	है-है जब यही पढ़ावै-लिखावैगी तो गलियों और सड़कों को कौन साफ़ करैगा बिचारे भले आदमी तो यह बात करने से रहे एक तो गलियां साफ़ रहती न थीं अब और भी ख़राबी हुई। लो यारो, अब अपने हाथों सब काम करो छोड़ो बाम्हन या शेख़ होने का घमंड–हर तरह से ख़राबी तुम्हारी है तुम लड़कों को न नीचों के साथ पढ़ाना, उठाना, बिठाना क़बूल करोगे, न टोकरा उठाओगे–क्या हुआ वक़्त पड़े सब करना होता है नहीं चलो तुम भी सरिश्तए तालीम में मेहतरानी सी और बहुत मिल रहैंगी उनसे काम लेना पर वह मेहतरानी का ख़ास काम तो न करैंगी यही बड़ी ख़राबी है–है है वह तो फेर टोकरा उठाती और मुहल्ले में फेरे लगाकर अपनी भोली सूरत रोज दिखाती तो अच्छा होता–"जिसका काम उसी को छाजै" चलो भाई।

यहां लेखक एक तीर से दो निशाने साध रहा है : अनचाही स्त्री मुक्ति और अब तक निर्ममतापूर्वक दबाए गए वर्गों की उन्नति। मध्य वर्ग शिक्षा के सहारे अपने आपको संगठित भी कर रहा था और वर्णव्यवस्था में अपनी जगह बनाए रखने के लिए भी आमादा था। जिनका आचरण पहले ही संदेहास्पद है और जिन्होंने अभी तक वर्णव्यवस्था में अपनी जगह को चुपचाप स्वीकार किया हुआ था, अगर ऐसे लोगों को शिक्षा का अधिकार दे दिया जाता है तो यह निश्चय ही चिंता का गंभीर विषय था। यहां एक ही आदर्श-वाक्य हो सकता था : चीज़ें हाथ से निकल जाएं, इससे पहले ही उन पर अंकुश लगाओ। लिहाज़ा, ख़ुद को सर्वाधिक

स्थिर और नैतिक रूप से सबसे ज़्यादा निष्कलंक मानने वाले उदीयमान मध्य वर्ग ने यही रवैया अपनाया। ताक़तवर तबक़े की भर्त्सना और नीचे से हो रही घुसपैठ की आशंका को रोकने की चेष्टा इसी समझदारी के आधार पर की जा रही थी।

इस वर्ग के 'तौर-तरीक़ों को संहिताबद्ध करने और उसके आचरण पर अंकुश रखने'[38] के लिए नैतिक निबंध एक अनुकूल विधा के रूप में सामने आया। *कविवचनसुधा* के शुरुआती अंकों में छपे प्रारंभिक नैतिक निबंध छोटे और हस्ताक्षररहित होते थे। उनमें से बहुत सारे संभवतः हरिश्चंद्र की क़लम से ही निकले थे क्योंकि उन पर उनकी शैली की छाप साफ़ दिखती है। हरिश्चंद्र की क़लम में ज़बर्दस्त प्रवाह था लेकिन वह ख़ालिस उपदेशात्मक रूप भी ले सकती थी। यह उपदेशात्मकता लेखक की अदम्य हाज़िरजवाबी से जब-तब कमज़ोर पड़ जाती थी लेकिन निबंधों का सुर संजीदा और प्राधिकारपूर्ण ही बना रहता था। उनमें दिखने वाले विचार बिरले ही कभी नवीन होते थे और उनमें जानी-पहचानी सामान्योक्ति का पूरा आश्वासन रहता था, परंतु अकसर वे कोई अप्रत्याशित मोड़ लेकर किसी ब्रिटिश उदाहरण पर भी जा पहुंचते थे, जो हैरानी की बात नहीं थी। इस प्रसंग में अंग्रेज़ विरोधी नहीं बल्कि आदर्श की भूमिका में ज़्यादा दिखाई देते थे, हालांकि उनका एहतियात से अनुकरण करना भी ज़रूरी था क्योंकि उनकी सारी करनी या कथनी भारतीय सामाजिक व सांस्कृतिक संदर्भ के लिए अनुकूल नहीं थी। लेखक इस तथ्य से गहरे तौर पर अवगत था क्योंकि यह बात उस दौर के पत्रों में स्पष्ट रूप से अभिव्यक्त हो रही थी।

नाम बेचना नाम के एक संक्षिप्त उपदेश (3.24, 3 अगस्त, 1872) में लेखक ने किसी विख्यात नाम के साथ ख़ुद को जोड़कर दिखाने और उससे फ़ायदा उठाने की कुरीति पर बात की है। इस लेख का संदेश साफ़-साफ़ नहीं कहा गया था लेकिन लेखक वस्तुतः जो कहना चाहता था, वह पर्याप्त रूप से स्पष्ट था। वह बताता है कि अब खूबी और क्षमता ही महत्त्वपूर्ण हैं। हालांकि केवल अपनी हैसियत और नाम के सहारे दुनिया में आगे बढ़ने का चलन चलता रहा है, लेकिन अब इसको सम्मान की दृष्टि से नहीं देखा जाता है। सामाजिक उन्नति के लिए अब *विद्या* ही नई कसौटी है (3.21, 21 जून, 1871)। विद्या के गुणों पर लिखा गया संक्षिप्त लेख मोटे तौर पर *नीति श्लोक* की सूत्रात्मक शैली में लिखा गया था जिसमें ज्ञान की अनुलंघनीयता को स्थापित करने वाले विभिन्न कारक गिनाए गए थे। मसलन, एक बार मस्तिष्क में आ जाने पर विद्या की चोरी नहीं की जा सकती आदि। केवल आख़िरी पैराग्राफ़ में उसकी नई विशेषताओं का स्पष्ट उल्लेख किया गया है और यह उल्लेख इस मान्यता पर आधारित है कि अब विद्या केवल एक वर्ग तक सीमित नहीं रह सकती। अब विद्या की व्यावहारिक उपयोगिताएं भी थीं (उपयोगितावादियों का उपयोगी ज्ञान) : कि अपना घर कैसे चलाएं, अपने बच्चे को कैसे शिक्षित करें, देश कल्याण के लिए कैसे काम करें, राज कैसे चलाएं, दुनिया में कैसे आगे बढ़ें, सामाजिक संबंधों में कैसे प्रगति करें, यानी संक्षेप में अपने हित और लाभ के लिए कैसे विद्या का सदुपयोग करें। नई शिक्षा के माध्यम से ही इन चीज़ों को संपन्न होना था। इस सापेक्षतः औपचारिक लेख के आख़िर में पश्चिमोत्तर प्रांत के लोगों को संबोधित करते हुए एक निजी और भावनात्मक अपील तथा उपदेश दिया गया था कि वे जागें और स्थिति पर विचार करें, हाथ पर हाथ धरे बैठे दूसरे प्रांतों को आगे बढ़ते देखते रहने की बजाय क़दम

उठाएं, अपमान की वजह से नहीं तो कम से कम लालच से ही प्रेरित होकर कुछ करें क्योंकि विद्या से बहुत-कुछ प्राप्त किया जा सकता है।

'विचार' (8.25, 23 अप्रैल, 1877) पर लिखित लघु निबंध की शुरुआत भी परंपरागत ढंग से इस प्रेक्षण के साथ ही होती थी कि यही तत्त्व है जो मनुष्य और दूसरे प्राणियों में भेद का आधार होता है। लिहाज़ा, मनुष्य के पास स्थिति का पूर्वानुमान लगाने और समय रहते योजना बनाने की क्षमता रहती है और उसके पास ज़्यादा व्यापक समझ होती है। विचार की मदद से आदमी देवताओं तक पहुंच सकता है जो निराकार होते हुए भी आदमी की पहुंच से नहीं बच सकते। इसके बाद लेखक तर्कशीलता की ताक़त का महिमागान करता है, हालांकि उसने इस बात को भी स्वीकार किया कि न जाने क्यों अत्यंत विवेकवान लोग भी कभी-कभी इसके खिंचाव से ख़ुद को बचाने की कोशिश करते मिलते हैं। भारतीय स्थिति में अंग्रेज़ों की उपलब्धियां चौंधियाने की हद तक प्रत्यक्ष और सजीव हैं। उन्होंने अपनी समझ और दूरदर्शिता से ही दुनिया पर अपना प्रभुत्व जमा लिया है। उन्होंने इंग्लैंड से ही भारत पर शासन क़ायम कर लिया है और समकालीन भारतीयों के लिए ऐसी उपलब्धियों की कल्पना भी नहीं की जा सकती। इसके बावजूद, लेखक अंग्रेज़ों की व्यावसायिक प्रवृत्ति पर वार करने से ख़ुद को नहीं रोक पाता।

> इसी विचार शक्ति के द्वारा अश्रुत और अदृष्ट नए-नए यंत्र शस्त्र-वस्त्र दिन-पर-दिन बनाते चले आते हैं जिनके देखने से दृढ़ आशा होती है कि यदि ये अंगरेज लोग स्वर्ग में सीढ़ी बांध दें और वहां भी लोग सुगमता से टिकट ले-लेकर जाने-आने लगें तो कुछ आश्चर्य नहीं क्योंकि रेलगाड़ी के सिवाय बलून ग़ुब्बारे ऐसे बनने लगे कि कोसों आकाश में उन पर चढ़कर मनुष्य फिरे-घूमें (8.25, 23 अप्रैल, 1877)।

हरिश्चंद्र बताते हैं कि इस दौर में लोग क़द और ख़ानदानी अतीत के आधार पर नहीं बल्कि सच्ची दोस्ती के आधार पर जुड़ते हैं और यह निजी आत्मीयता पर आधारित होती है। कठिन वक़्तों में यह आत्मीयता और सबसे बढ़कर निजी वफ़ादारी ही मायने रखती है। जैसा कि *मित्रता* (3.19, 22 मई, 1872) नामक लेख में कहा गया है, यह एक ऐसा गुण है जो साधने से सधता है। इस लेख के बाद इसी विषय पर अगले पखवाड़े में एक और लेख छपा (3.26, 6 जून, 1872)। इस बार का लेख संपादक के नाम पत्र के रूप में था। संपादक के नाम पत्र एक ऐसा साधन था जो किसी भी विषय पर अपनी राय देने के काम आ सकता था। इसमें अंग्रेज़ों के सामाजिक जगत के आधार पर मित्रता का आदर्श-स्थापन किया गया था। शेक्सपियर के *मर्चेंट ऑफ़ वेनिस* में ऐटोनियो और बसेनियो दोस्ती के दमकते उदाहरण थे। इस लेख में कहा गया था कि अंग्रेज़ों की *नैतिकता* निस्संदेह अनुकरणीय है और इसके लिए अंग्रेज़ी शब्द *मॉरेलिटी* का ही इस्तेमाल किया गया था। लेख के मुताबिक़, यही वह चीज़ है जो लोगों को एक-दूसरे से बांधती हैं, एकजुट करती है, और लेखक की नज़र में उसके सहोदर देशवासियों के लिए यही एकता काम्य थी।

वृहत्तर संदर्भ में आत्मीयता का यही बोध हिंदुस्तान में एक सचेत और समन्वित जनमत, '*पब्लिक ओपिनियन इन इंडिया*' (3.14, 9 मार्च, 1872) का रास्ता खोल सकता था। इस विषय पर लिखा गया लेख अंग्रेज़ी में था। हालांकि इसकी भाषा कहीं-कहीं लड़खड़ा रही थी लेकिन संदेश एकदम स्पष्ट था। देश में फैले असंख्य जातीय संगठनों और धार्मिक गुटों

की वजह से देशवासियों का मत छितरा रहा है। नई एकजुटता जाति या धर्म के आधार पर नहीं हो सकती थी क्योंकि दोनों ही अपवर्जी श्रेणियां हैं। इसकी बजाय एक ऐसे प्रबुद्ध धर्म की आवश्यकता है जो लोगों को एक लक्ष्य की दिशा में बांध सके :

> लिहाज़ा यह वांछनीय है कि धर्म, जो अब इतना भ्रष्ट हो चुका है, उस पर भारत के लोग सावधानी और चिंता से विचार करें। जब तक जनसाधारण में अंधविश्वास की बेड़ियों को तोड़ फेंकने की व्यापक चाह पैदा नहीं होगी तब तक भारत का पुनरुद्धार नहीं हो सकता। आइए, भारत धर्म को ही वह धर्म बनाएं जो बिना किसी रोक-टोक उसकी सारी प्रजा को शासित कर सके।

हालांकि इस संदर्भ में यह बात खुलकर नहीं कही गई थी, लेकिन प्रबुद्ध धर्म स्वाभाविक रूप से एक परिशोधित हिंदू धर्म ही था जो बहुपरती सामाजिक समूहों को एक साथ ला सकता था और एक समरूप राजनीतिक अभिव्यक्ति से संपन्न कर सकता था। केवल तभी ऐसा संभव था कि 'राष्ट्रीय उन्नति के लिए काम किया जाए जो कि प्रत्येक सभ्य राष्ट्र करता है।' केवल तभी यह संभव है कि राष्ट्र की आवाज़ सरकार को सुनाई पड़ सके।

15 अक्टूबर, 1873 को *हरिश्चंद्र मैगजीन* के पहले अंक में अंग्रेज़ी में एक लेख छपा जिसका शीर्षक था– *'दि प्रेजेंट स्टेट ऑफ़ दि मिडिल क्लास मेन ऑफ़ दि नॉर्थ-वेस्ट प्रॉविंसेज़'*। लेखक ने जाति की बजाय वर्ग का विशेष रूप से उल्लेख किया है हालांकि वर्ग और जाति का संबंध महत्त्वहीन नहीं था, जैसा कि हम आगे देखेंगे। उसने स्पष्ट कहा है कि मध्य वर्ग ब्रिटिश भारत के इतिहास में एक महत्त्वपूर्ण भूमिका निभाने के लिए नियत है। उसे समकालीन समाज चार वर्गों में बंटा दिखाई दे रहा था : कुलीन वर्ग, जिसमें देसी राजे-रजवाड़े और बड़े ज़मींदार आते थे; मध्य वर्ग जिसका विन्यास काफ़ी विविधतापूर्ण था; किसान; और अंत में भूदास। बाद के दोनों वर्ग आपस में गुंथे हुए थे। लेखक को इस बात का अंदाज़ा था कि उसका सूत्रीकरण बहुत शुरुआती क़िस्म का है, फिर भी उसने इस बात पर ज़ोर दिया कि वैसे भी यह केवल एक संक्रमणकालीन अवस्था है जिससे पूरा देश गुज़र रहा है और ये अंग्रेज़ों के प्रभाव का परिणाम है जिन्होंने कम से कम इस लिहाज़ से एक हद तक समानता स्थापित कर दी है कि 'उन्होंने हर वर्ग के आदमियों को मुक्ति, संपदा, शिक्षा, ज्ञान, ख्याति आदि अर्जित करने का अधिकार दे दिया है जिसका किसी भी सभ्य राष्ट्र को गर्व होता है'।

मध्य वर्ग चारों वर्णों में फैला हुआ था जिन्हें लेखक ने 'संप्रदाय'/सेक्ट्स कहा है जो कि अपने आपमें ग़ौर करने वाली बात है। लेखक का कहना है कि अंग्रेज़ों के आने से पहले ये संप्रदाय अपने विविध वंशानुगत व्यवसायों को देखते थे। अब वे ऐसे व्यवसायों में जाने लगे हैं जो अकसर उनके पुराने व्यवसाय के विपरीत पड़ता है। यह बदलाव सरकार के विभिन्न महकमों द्वारा उपलब्ध कराई जा रही नौकरियों के अवसरों से आया है। इन्हीं नौकरियों से मध्य वर्ग का जन्म हुआ है जिसने अपनी मध्यवर्ती स्थिति के कारण सामाजिक एवं राजनीतिक दायित्व ग्रहण कर लिये हैं। एक तरफ़ तो उन्होंने 'उच्च कुलीन वर्गों के तानाशाही हुक्मों का साहसपूर्वक मुक़ाबला किया है...' और दूसरी तरफ़ उन्होंने 'भूदासों एवं किसानों को धनाढ्य भूस्वामियों और ज़मींदारों की घृणित वसूलियों तथा करों से बचाया है और बचा रहे हैं...।' लिहाज़ा, यह कहा जा सकता है कि वे :

पूरे राष्ट्र के प्रतिनिधि हैं। संक्षेप में, वे जनता के हित से जुड़े हर बिंदु पर हस्तक्षेप करते हैं (ह.मै. 1.1, 15 अक्टूबर, 1873)।

राष्ट्र के स्वनियुक्त प्रवक्ता के रूप में इस वर्ग ने अपने ऊपर दोहरी ज़िम्मेदारी ले ली थी : उच्च कुलीन वर्गों की तानाशाही का साहसपूर्वक मुक़ाबला करना ताकि ऐसे वर्गों, यानी किसानों और भूदासों, के हितों की रक्षा की जा सके जो ख़ुद अपने हितों की रक्षा नहीं कर सकते।

लेखक को पश्चिमोत्तर प्रांत में मध्य वर्ग के वर्तमान रवैए पर काफ़ी दुख है क्योंकि वह दूसरे प्रांतों से पीछे है। लेखक के मुताबिक़, उनमें न तो कोई जोश है, न एकता और न ही सहोदराना भावना है। उनके बीच अभी तक सार्वजनिक क़िस्म का कोई आंदोलन शुरू नहीं हुआ है। उदाहरण के लिए, बनारस की आबादी में सबसे बड़ा प्रतिशत ब्राह्मणों का है। लेकिन उनके पास सार्वजनिक महत्त्व के गिने-चुने पद हैं। यही बात इलाहाबाद के जाने-माने मुसलमानों के बारे में कही जा सकती है। ज़मींदार और संपन्न रैयत अपनी अज्ञानता को ही सींचे जा रहे हैं और उनमें से मुट्ठी भर ही पढ़ना-लिखना जानते हैं। वे अपने सबसे निर्णायक हितों को प्रभावित करने वाले क़ानूनों से भी अनभिज्ञ हैं। प्रांत के युवाओं में निश्चय ही संभावना दिखाई देती है, लेकिन इसमें संदेह है कि यह संभावना पूरी तरह साकार हो पाएगी क्योंकि इसके पूर्ण विस्तार के रास्ते में जातिगत भेदभाव रोड़ा बने हुए हैं। लेखक की दृष्टि में यह तथ्य अपने आपमें एक रोग-सूचक लक्षण था कि अलीगढ़, इलाहाबाद और बनारस को छोड़कर सार्वजनिक क़िस्म के संस्थान बहुत थोड़े थे।

लेखक ने नाम के सही इस्तेमाल के बारे में कुछ उलझन की बात भी स्वीकार की है क्योंकि 'मध्य वर्ग शब्द व्यापक क़िस्म का है और इसको सही ढंग से परिभाषित करने में किसी को भी नानी याद आ जाएगी।' भले ही इसमें उच्चतम वर्ग, यानी कुलीन वर्ग नहीं है लेकिन इसमें तक़रीबन सब तरह के लोग हैं, सिवाय उनको छोड़कर जो शारीरिक श्रम करते हैं, जो कि निचले वर्ग की प्रधान पारिभाषिक विशिष्टता है। लिहाज़ा, चमार और तेली स्वयं कुलीन वर्ग में हिस्सेदारी का दावा करने के लिए अपनी मेहनत के बल पर काफ़ी प्रभाव अर्जित करने लगे हैं लेकिन वे जो सामाजिक दबाव पैदा कर रहे हैं, उस पर अंकुश लगाना निश्चित रूप से आवश्यक है। जैसा कि लेखक ने प्रत्यक्षतः राहत के साथ उल्लेख किया है, उसके प्रांत के आदमी रूढ़िवादी हैं और 'क्योंकि इन प्रांतों में जातिभेद का सख़्ती से पालन किया जाता है, इसलिए मध्य वर्ग में निम्न वर्ग का प्रवेश जल्दी संभव दिखाई नहीं देता।' व्यवसाय की दृष्टि से मध्य वर्ग में काफ़ी बदलाव आ चुके थे लेकिन उसकी सामाजिक आदतों में अभी बदलाव नहीं आए थे। फिर भी, एक सभ्य राष्ट्र बनने की ओर धीमी व स्थिर प्रगति को ध्यान में रखते हुए जैसे धैर्य और एहतियात की ज़रूरत थी, उसके लिहाज़ से जल्दबाज़ी में होने वाली उथल-पुथल की बजाय शनैः-शनैः बदलाव को ही लेखक ने बेहतर माना।

मध्य वर्ग पर छपे लेख में दो महत्त्वपूर्ण बातें कही गई थीं। एक बात यह कि मध्य वर्ग अपने आपको अंग्रेज़ों द्वारा पैदा की गई नई अफ़सरशाही की उपज मानता है। अपने सामाजिक व राजनीतिक अवकाश (स्पेस) को वह इस रूप में परिभाषित करता है कि वह अपने को ऊपर से आने वाले दबाव के साथ-साथ नीचे से पैदा हो रहे दबाव का भी प्रतिरोध

करता हुआ देखता है। दूसरी बात, क्योंकि मध्य वर्ग सभी के हितों के प्रतिनिधित्व का दावा करता है, यहां तक कि निम्न वर्ग के लोगों का भी जिनकी वह उच्च वर्ग द्वारा शोषण से रक्षा का दावा कर रहा है, इसलिए उसके पास समूचे राष्ट्र के हितों को परिभाषित करने और उनका प्रतिनिधित्व करने का अधिकार है।

इस लेख में बाहर से आए एक शब्द को देसी संदर्भ में नए सिरे से परिभाषित करने की भी कोशिश की गई है। *हरिश्चंद्र* मैगज़ीन के आख़िरी अंक (1.7-8, अप्रैल-मई, 1874) में हिंदी में एक लंबा लेख छपा जो सात कॉलम का था। इस लेख का शीर्षक था 'पब्लिक ओपिनियन'। इसको *सर्वसाधारण की राय* बताया गया। इसकी क्या ताक़त थी? यहां लेखक ने अपने तरकश में उपलब्ध तमाम अतिशयोक्तियों का इस्तेमाल करते हुए पूरी वाग्मिता का परिचय दिया है—सर्वसाधारण का मत सूर्य को पश्चिम से उगा सकता है, गंगा को उलटी दिशा में मोड़ सकता है, देवताओं को कठपुतलियों की तरह नचा सकता है, और लेखक इस निष्कर्ष पर पहुंचता है कि दुनिया में जो भी शक्तियां हैं, उनमें एकताबद्ध मत सबसे शक्तिशाली होता है।

परंतु लेखक, जो निश्चय ही हरिश्चंद्र रहे होंगे, की राय में जनमत कोई नई परिघटना नहीं है। लेखक यह सिद्ध करने की चेष्टा करता है कि हिंदुस्तान में भी एक जमाने में जनमत नाम की चीज़ हुआ करती थी। जब हिंदूमत पहली बार अस्तित्व में आया और वेद रचे गए तो यह जनमत वर्णव्यवस्था में ही निहित था जो बाद में फूट का मुख्य कारण बन गई। प्रारंभिक अवस्था में प्रत्येक व्यक्ति अपने वर्ण के लिए निर्धारित व्यवसाय के हिसाब से काम करता था और यह वर्णव्यवस्था इस दृढ़ विश्वास पर आधारित थी कि व्यक्ति को उसके सहोदरों द्वारा किए जा रहे अन्य कामों से भरण-पोषण मिलता है। इस तरह, कुल मिलाकर एक एका बनी हुई थी। लेकिन इस व्यवस्था में एक बड़ी भारी खामी थी। यह ऊंच-नीच की व्यवस्था थी जिसमें ब्राह्मणों को शिखर पर और शूद्रों को सबसे निचले स्तर पर रखा गया था। अंततः ब्राह्मण असंख्य गुटों में बंट गए। इसके बाद शूद्रों ने ऊपर उठने के लिए ज़ोर लगाया और वे क्षत्रियों व वैश्यों के साथ मिलने-जुलने की कोशिश करने लगे। इससे काफ़ी वैर-भाव पैदा हुआ और मित्रता विलीन हो गई। यहीं आकर हम यह भूल गए कि हिंदू कभी एक भी थे।

जब ब्राह्मण ज़्यादा ही चौधराहट दिखाने लगे तो जनमत ने हिंदू समाज में एक विच्छेद पैदा कर दिया। आबू में हुई पंचायत में जैनों ने तय किया कि कर्म जन्म से ज़्यादा महत्त्वपूर्ण है और इस तरह उन्होंने वेद धर्म छोड़ दिया। लेकिन उन्होंने वर्ण की उपेक्षा करके प्रारंभ में जो तात्कालिक एका स्थापित कर ली थी, वह भी टिक नहीं पाई। बाद में शंकराचार्य ने भी स्मार्त मत की स्थापना के ज़रिए एक बार फिर एका स्थापित करने का प्रयास किया लेकिन हिंदुस्तान में फिर कभी एका नहीं बन पाई। और तो और, किसी जाति को न मानने वाले वैष्णव भी दोबारा एका स्थापित नहीं कर पाए क्योंकि उन्होंने भी स्मार्तों के भय से अपने मूल समतावाद को त्याग दिया था। गुरु नानक थे जिन्होंने सबको एक सूत्र में पिरोने का प्रयास किया, लेकिन हमारे वैदिक उनको हेय दृष्टि से देखते रहे। हमारे अपने समय में राजा राममोहन रॉय ने भी यही करने का प्रयास किया लेकिन जैसा कि ब्राह्मो मैरिज बिल ने दिखा गया है, जिसे लेखक एक पृथकतावादी प्रयास मानता है, ब्राह्मो भी असल में तमाम हिंदुओं के साथ एका में रुचि नहीं रखते।

पाठकों को यह मानने की ज़रूरत नहीं थी कि लेखक सबके लिए एक धर्म का आह्वान कर रहा है। बल्कि, उसने धर्म और व्यवहार के बीच एक विच्छेद का आह्वान किया ताकि सभी लोग साझा व्यवहार के आधार पर साथ आ सकें। इसका निहितार्थ यह था कि भले ही जाति और मत के भेद बने रहेंगे, लेकिन व्यवहार में समरूपता लाई जा सकती है जो व्यापक एका का मार्ग प्रशस्त करेगी और औपनिवेशिक शासन के प्रतिरोध का साधन बनेगी। लेखक ने इस बारे में कई सुझाव दिए हैं कि किस तरह स्वशासन स्थापित किया जा सकता है जो लोगों को ऐसी स्वायत्तता प्रदान करेगा कि उन्हें सम्मान प्राप्त हो और अंततः अंग्रेज़ भी उनकी सुनने के लिए बाध्य हो जाएं। उन्होंने भी कई दशक बाद *हिंद स्वराज* (1909) में गांधी द्वारा प्रस्तुत किए गए प्रस्ताव की तरह यह सुझाव दिया कि दीवानी और फ़ौजदारी, दोनों तरह के न्यायिक मसलों में लोग अपनी जाति पंचायतों की शरण में जाएं। इससे वे नौकरशाही और अंग्रेज़ी अदालती तंत्र की निरंकुशता से मुक्त हो जाएंगे :

> न्याय संबंधी कार्य ख़ुद अपनी जाति के भीतर निपटा लो। अगर तुम ऐसा करने के योग्य हो जाते हो तो सरकार को भी अपने कृत्यों के अच्छे-बुरे के बारे में दो-दो बार सोचना पड़ेगा और इससे भी बढ़कर अहम बात यह है कि कोई भी क़दम उठाने से पहले वह तुमसे राय मांगेगी (ह.मै. 1.7-8, अप्रैल-मई, 1874)।

दुर्भाग्यवश, लेखक इस युक्ति पर ज़्यादा रोशनी नहीं डालते जिसे नागरिक अवज्ञा का पहला प्रयास माना जा सकता था। इसकी बजाय वह इस तर्क को विकसित करने पर लग जाते हैं कि जनमत तो प्राचीन भारत में भी विद्यमान था और उसमें सम्राटों को पदस्थ और अपदस्थ करने की भी शक्ति होती थी। लेखक के मुताबिक़, एक जमाने में वेणु नाम का एक राजा था जो इतना अन्यायपूर्ण और निरंकुश था कि उसको ब्राह्मणों ने मौत के घाट उतार दिया था और उसकी जगह पृथू को गद्‌दी पर बिठाया था। उसी के नाम पर *पृथ्वी* नाम चला। यह एका की शक्ति का पहला उदाहरण था। जैसा कि सुविदित है, राम ने जनमत के ही भय से अपनी पत्नी सीता को घर से निकाल दिया था। कृष्ण के कहने पर और कुटुंब की पंचायत के फ़ैसले के चलते इंद्रपूजा बंद कर दी गई और पंचायत ने ही कृष्ण को गोकुल छोड़कर वृंदावन जाने का फ़ैसला सुनाया था। अगर दुर्योधन ने जनमत को सुना होता तो बहुत सारा नरसंहार बच जाता। लेकिन अन्यायी राजा स्वाभाविक रूप से जनमत के विरुद्ध रहे हैं। लिहाज़ा, इतिहास में इस बात के विपुल साक्ष्य उपलब्ध हैं कि जिन राजाओं ने जनमत का सम्मान किया है, वही फल-फूल पाए हैं।

कहानी का संदेश स्पष्ट था। अगर मध्य वर्ग एकजुट होकर हालात की बागडोर अपने हाथ में ले ले तो उसकी आवाज़ निश्चय ही इतनी मज़बूत होगी कि अंग्रेज़ों को उसकी ज़रूरतों पर ध्यान देना ही पड़ेगा। जनमत की उपेक्षा सिर्फ़ अन्यायी और अलोकप्रिय शासक ही करते हैं और–अंग्रेज़ों को चेतावनी देते हुए कहा गया–इसके परिणाम शासक के लिए इतने विनाशकारी हो सकते हैं जितने कभी दुर्योधन के लिए हो गए थे। इस तरह सत्ता के नए स्रोत के रूप में जनमत की चेतना पैदा हुई जो नए शासकों द्वारा किसी भी प्रकार के अन्याय की सूरत में अपनी नैतिक हैसियत यानी अपने धर्म की एका के आधार पर राष्ट्र द्वारा प्राधिकृत होने का दावा कर सकती थी।

कुल मिलाकर नए मध्य वर्ग की जगह को गढ़ने और उस पर क़ब्ज़ा जमाने के लिए नाना साहित्यिक विधाओं का आविर्भाव हुआ। लघु-नाटिकाओं के माध्यम से औपनिवेशिक प्रभुओं द्वारा किए जा रहे अपमान का सामना करने के लिए एक नया स्वाभिमान पैदा करने की कोशिश की गई, चाहे वह ज़लालत कर के मामले में हो या जूतों के मामले में। उचित शिष्टाचार व नैतिकता की नई चेतना ने कुलीनों और रईसों के क्षय एवं पतन की निंदा और दूसरी तरफ़ बंगाल के कुलीन ब्राह्मणों जैसे तबक़ों को मिली धार्मिक सत्ता व सुविधाओं के दुरुपयोग की निंदा का रास्ता खोला। संवाद शैली ने उपहास और करारी व्यंग्योक्तियों के लिए ज़बर्दस्त संभावना पैदा की जिसके आधार पर निंदा-भर्त्सना की जा सकती थी। इसी उपहास को उन लोगों के ख़िलाफ़ भी मोड़ा जा सकता था जो नीचे से अतिरेक दबाव पैदा कर रहे थे, जैसे मेहतरानी जो किताब पढ़ने का दुस्साहस करना चाहती है। एक अफ़ीम-व्यसनी व्यापारी कवि के शाहख़र्च एवं शौक़ीन बेटे हरिश्चंद्र ने अपने लेखन में बीच का रास्ता चुना और उन आत्मसंयमी एवं मितव्ययी व्यापारी मूल्य-मान्यताओं का पक्षपोषण किया जिनका वह ख़ुद अपनी जीवन शैली में बेधड़क उल्लंघन कर रहे थे। आत्मविश्वासी एवं सौम्य सुर में लिखे गए नैतिक लेख ऐसे लोगों के गुणों की विवेचना करते थे जो सत्ता और संपदा से भ्रष्ट नहीं हुए हैं। यथा, भविष्य में, सामाजिक हैसियत से फ़र्क़ नहीं पड़ेगा बल्कि योग्यता और सामर्थ्य ही महत्त्वपूर्ण होगी; तब वर्ग के बंधन काम नहीं आएंगे बल्कि विश्वास और परस्पर भरोसे पर आधारित मित्रता ही काम आएगी। वह और उनके सहोदर लेखक जिन नए मध्यवर्गीय मूल्यों का प्रसार कर रहे थे, उनमें सौम्यता और उद्यमशीलता, नई विद्या से मिले उपयोगी ज्ञान की चाह, तर्कशीलता व विचारशीलता—संक्षेप में 'नैतिकता'—का नए ढंग से वैधीकरण जैसे गुण प्रमुख थे और ग़ौर करने की बात है कि इस संदर्भ में अंग्रेज़ी शब्द *मॉरेलिटी* का ही इस्तेमाल किया गया। लोगों को आपस में पिरोकर रखने वाला सूत्र एक प्रबोधित धर्म के द्वारा मुहैया कराया जाना था। इस रूप में सुदृढ़ बन चुका मध्य वर्ग सत्ता में बैठे लोगों की स्वेच्छाचारी निषेधाज्ञाओं की मिलकर अवहेलना कर सकता था और धनाढ्य भूस्वामियों द्वारा बेहिसाब कर वसूली के ख़िलाफ़ किसानों और भूदासों के पक्ष में आवाज़ उठा सकता था, सच्चे अर्थों में राष्ट्र के प्रतिनिधित्व का दावा कर सकता था और साझा जनमत के आधार पर अपनी राजनीतिक आवाज़ को सुने जाने की मांग कर सकता था।

एक साहित्यिक भाषा के रूप में हिंदी और राष्ट्र की आत्मकथा के रूप में हिंदी साहित्य

इस नए मध्य वर्ग की भाषा एक ऐसी हिंदी थी जो अतिपंडिताऊ या बाज़ारू हुए बिना साहित्यिक भाषा थी, जिसे काफ़ी हद तक पत्र-पत्रिकाओं के साहित्य द्वारा रचा, मध्यस्थित एवं नियंत्रित किया जा रहा था। इस उद्यम में हरिश्चंद्र की पत्रिकाओं, सबसे मुख्य रूप से *कविवचनसुधा* ने केंद्रीय भूमिका अदा की। संपादक के पास लेखक होने की विशेष सुविधा, उसका उत्साही दिमाग़ एवं निर्भीकता, और अपनी राय में उसके पास जो धार्मिक योग्यता थी, उन सबने उसे नाना विषयों पर अपने तर्क गढ़ने में मदद दी और उन्नीसवीं शताब्दी के आख़िर में तेज़ी से फल-फूल रही भाषा को और प्रवाहमय व लचीला बना दिया। इस भाषा के साथ हरिश्चंद्र के गहरे संबंध ने उनकी *हिंदी के आचार्य* की उपाधि को वैधता दी। इस उपाधि से उन्हें एक गुरु का प्राधिकार मिल गया था जिसने इस आशय के संभावित हमले के ख़िलाफ़

कवच का भी काम किया कि एक जनमाध्यम के रूप में उनका पत्र गंवारू शब्दावली का वाहक है। *कविवचनसुधा* सुघड़ और स्तरीय हिंदी के लिए ख़ासतौर से विख्यात थी—जैसा कि पत्रिका में छपे संपादक के नाम एक पत्र में कहा गया था, यह 'अत्यंत मधुर और प्रिय' भाषा थी (8.29, 21 मई, 1877)।

कविवचनसुधा के तीसरे साल का पहला अंक (3.1, 30 अगस्त, 1871) आने तक हरिश्चंद्र बाक़ायदा हिंदी के संरक्षक और जनक की भूमिका में स्थापित हो चुके थे। संपादक के नाम भेजे गए एक पत्र में के.बी. शर्मा के नाम से एक शुभचिंतक ने नगर के बारे में अपने ज़हन में मौजूद छवियों का वर्णन करते हुए इस बात पर ज़ोर दिया कि अगर हिंदी भाषा के नवलोकप्रिय प्रसार की बढ़त होती है, ख़ासतौर से काशी में ऐसा होता है और नगर के नागरिक भाषा में अधिकाधिक रुचि लेते हैं तो इसका श्रेय हरिश्चंद्र को ही जाएगा जिन्होंने इस प्रक्रिया में इतना श्रम और धन लगाया है। *कविवचनसुधा* पत्रिका ने कवि-संपादक की लिखी कविताओं को भी लोकप्रियता दी जिन्हें मेलों और तीज-त्योहारों में भी गाया जाने लगा था। 'ए फ्रेंड' नाम के ऐसे ही एक और पत्र में इस बात की बधाई दी गई कि अब यह पत्रिका बड़े आकार में और पहले से अधिक पन्नों में आने लगी है। पत्र लेखक ने निवेदन किया था कि इसे साप्ताहिक बना दिया जाए। उसने परमपिता परमात्मा और दयानिधान ईश्वर से करबद्ध प्रार्थना की कि वह *इस पत्र के संपादक, इसके ग्राहकों और इसके शुभचिंतकों की सर्वदा रक्षा करै जिससे हमारे उत्तम और पवित्र हिंदू भाषा की प्रतिदिन वृद्धि हो।* बदले में पत्रिका भी ख़ुद को भाषा के अभिभावक के रूप में देखती थी। 9 फरवरी, 1972 के अंक (3.12) में ईस्टर्न बंगाल रेलवे कंपनी का एक विज्ञापन छापा गया जिसमें ऐसी हिंदी का इस्तेमाल किया गया था जो बंगाली के शब्दों से भरपूर थी। इसका सारगर्भित शीर्षक था : *हिंदी भाषा और लेख दोनों की दुर्दशा।* जब पत्रिका में गुजराती साहित्य या अंग्रेज़ी में लिखी गई रचनाओं को प्रकाशित किया गया तो संपादक के नाम आए पत्रों में इस बात का विरोध व्यक्त हुआ (3.16, 6 अप्रैल, 1872)। भला वे किसके लिए छप रहे हैं? पत्रिका तो अपनी सादा, शुद्ध भाषा के लिए विख्यात है? भला अनावश्यक फ़ारसी व अरबी अभिव्यक्ति वाले पत्र क्यों छापे जा रहे हैं (3.17, 15 अप्रैल, 1872)? संपादन के प्रारंभिक वर्षों ने इन सघन सरगर्मियों में हरिश्चंद्र को हिंदी के आचार्य के पद पर मज़बूती से जमा दिया था। जैसा कि कई महीने के अंतराल के बाद *कविवचनसुधा* के दोबारा शुरू होने पर एक *देशहितैषी* ने संपादक के नाम भेजे गए पत्र में स्पष्ट रूप से लिखा था :

> आपके पत्र तथा श्री हरिश्चंद्र के लेख के प्रताप से इस देश में हिंदी भाषा का जीर्णोद्धार हुआ है, आगे लोग जैसी हिंदी लिखते थे उनसे हमारी भाषा की हसीं ही होती थी और यही कारण है और था जिससे लोग इस परमोत्तम भाषा को परम नीच उर्दू भाषा से नष्ट जानते थे पश्चिमोत्तर देश के जितने हिंदी समाचार पत्र थे थोड़ा बहुत सभी संभलकर सुचाल चलने लगे (8.23, 9 अप्रैल, 1877)।

ज़्यादा दरबारी क़िस्म की उर्दू के मुक़ाबले में हिंदी को देहाती ज़बान माना जाता था, इसलिए उसका मानकीकरण करना, उसका स्तरोन्नयन करना एवं शहरीकरण करना ज़रूरी था ताकि वह अपने बूते पर खड़ी हो सके। जिस दौर में अदालती भाषा विवाद अपने चरम पर था, उस समय भाषा प्रयोग के बारे में बेहद आत्मसजगता दिखाई देती थी।

कविवचनसुधा के संपादक के रूप में हरिश्चंद्र ने आदर्श या मानक भाषा के रचनाकार की ख्याति प्राप्त कर ली थी। मिर्ज़ापुर के रसिक समाज की वार्षिक रिपोर्ट में हरिश्चंद्र का गुणगान करते हुए उन्हें 'हमारा अति मनोहर साधु भाषा का एकमात्र आधार, भाषा नाटकों का एकमात्र सहायक और एक प्रकार का समस्त भारतवर्ष हितैषी' बताया गया था। ये शब्द संभवतः लेखक 'प्रेमघन' ने लिखे थे। यह रिपोर्ट *कविवचनसुधा* में बाक़ायदा प्रकाशित हुई (8.13, 20 नवंबर, 1876)। पत्र की भाषा नीति स्पष्ट रूप से सूत्रबद्ध और सुविदित थी। यह हल्की संस्कृतनिष्ठ हिंदी थी जो आम प्रयोग के शब्दों को, भले ही वे फ़ारसी-अरबी मूल के ही क्यों न हों, अपने भीतर धारण करने के लिए स्वयं को संप्रभु महसूस करती थी। बतौर लेखक ख़ुद को इलाहाबाद का आर्य बताते हुए किसी ने, जो संभवतः बालकृष्ण भट्ट ही रहे होंगे, *काशी पत्रिका* के संपादक द्वारा दिए गए वक्तव्य के जवाब में इस बात को रेखांकित किया कि ऐसे शब्दों को उठा बाहर फेंकने का प्रश्न ही नहीं उठता जो हमारी भाषा की बुनियादी तकनीकी व वैज्ञानिक शब्दावली का हिस्सा हैं। इतिहास के क्रम में इस भाषा ने पराए मूल के शब्दों को भी समाहित कर लिया है। अब उनको बाहर फेंकने से हमारा भाषा भंडार क्षीण ही होगा। हां, जहां किसी शब्द के स्थान पर संस्कृत का शब्द उपलब्ध है वहां ऐसा किया जा सकता था। *कविवचनसुधा* की यही नीति थी। फिर, *काशी पत्रिका* के संपादक ने यह भी आवश्यकता जताई थी कि लिखित भाषा बाज़ारों में बोली जाने वाली भाषा जैसी हो। तब इलाहाबाद के आर्य ने पूछा कि कौन से बाज़ार की भाषा, बनारस के, आगरा के, इलाहाबाद के, अयोध्या के या दिल्ली के बाज़ार की? आर्य स्पष्टतः इस तथ्य की ओर संकेत कर रहे थे कि बाज़ारों की भाषा मानकीकृत नहीं है, कि उसमें बोली की सारी क़िस्में और भिन्नता रहती है। उन्होंने यह भी ज़िक्र किया कि संस्कृत, फ़ारसी या अंग्रेज़ी में लिखित पुस्तकों ने अपनी दिशा तय करने के लिए शिराज़ या लंदन के बाज़ारों का मुंह नहीं जोहा था। बोली जाने वाली और लिखित भाषा के बीच सदा एक फ़र्क़ रहा है जो कि इंग्लैंड के महान पत्रों से सिद्ध हो चुका है। क्या एडिसन और मैकॉले बाज़ार की ज़बान में लिखते थे? भट्ट का ये वक्तव्य इस बात का स्पष्ट संकेत है कि किस आदर्श का अनुकरण किया जा रहा था–यह मौखिक की बजाय साहित्य की भाषा थी और लिहाज़ा इस भाषा को गढ़ने में साहित्यिक पत्रों का गहरा महत्त्व था :

> इन सब बातों से हम जानते हैं कि *कविवचनसुधा* का लेख इन्हीं नियमों के अनुसार होता है और उसमें अन्य भाषा के शब्दों के स्थान में संस्कृत (जहां तक कि मिल सकते हैं और लोग समझ सकते हैं) शब्द रख दिए जाते हैं जिसमें 1. यह कि अपनी भाषा का प्रचार और उन्नति हो, 2. भाषा ललित और प्रबल हो, 3. लिखने और बोलने की भाषा में भेद हो। किसी लेख की भाषा उत्तम होने का एक यह भी प्रमाण है कि उसको विद्वज्जन लोग पसंद करैं। *कविवचनसुधा* की हिंदी पर भी कभी किसी ने विरुद्ध लिखा है?
>
> हिंदी पत्रों में *कविवचनसुधा* की हिंदी की जैसी प्रशंसा है हम उसको यहां पर इस छोटे पत्र में नहीं लिख सकते... हिंदी भाषा को जितना इस पत्र ने उन्नति दिया है वह सब पर अच्छी प्रकार प्रकट है (क.व.सु. 8.45, 10 सितंबर, 1877)।

हालांकि यह ज़रूरी था कि भाषा ज़्यादा से ज़्यादा लोगों की समझ में आए, लेकिन लिखित और बोली जाने वाली भाषा के बीच स्पष्ट वैचारिक विभाजन रेखा खींचना भी ज़रूरी था

क्योंकि जो साहित्यिक भाषा गढ़ी जाएगी—केलॉग ने अपनी *ग्रामर* में जिसे उच्च हिंदी (हाई हिंदी) कहा था ([1875] 1972)—वह असंख्य बोली जाने वाली क़िस्मों से पर्याप्त दूरी पर होनी चाहिए जिनको निश्चय ही बोलियों की श्रेणियों में रखा जा सकता है। बहरहाल, भाषा के व्यापक प्रसार को ध्यान में रखते हुए मानकीकरण की दिशा में हुई सारी प्रगति और भाषा को एक हिंदू पहचान प्रदान करने तथा उसे सर्वाधिक परिष्कृत उद्देश्यों के लिए व्यवहार्य बनाने के उद्देश्य से उसके संस्कृतीकरण की तमाम चेष्टाओं के बावजूद इस दौर तक पत्रिकाओं की भाषा में एक ऐसी स्वाभाविकता और सजीवता थी जिसका फ़ौरन गला नहीं दबाया जा सकता था। तमाम आपत्तियों के बावजूद इसमें बोलचाल वाली भाषा की जीवंतता क़ायम थी। इस जीवंतता और संस्कृत से आयातित बहुत सारे अमूर्त शब्दों के सहारे फैलते शब्दकोश ने इस भाषा को व्यापकतम साहित्यिक प्रयोग के अनुकूल बना दिया था।

इसी समय हिंदी का एक साहित्यिक भंडार/कैनन और एक साहित्यिक शब्दावली गढ़ने की मुहिम भी छिड़ चुकी थी ताकि इस भाषा में नए साहित्य का वर्गीकरण व विश्लेषण किया जा सके। यदि एक ओर सभी कला-रूपों के मामले में उनको शास्त्रीय संस्कृत की स्पष्ट वंशज सिद्ध करना ज़रूरी था तो यह भी सच था कि नई भाषा को सिर्फ़ निष्प्राण हो चुकी शैलियों को पुनर्जीवित करके नहीं रचा जा सकता था—इसके लिए सौंदर्यात्मक अनुभव की नई क़िस्मों के संसाधनों का सदुपयोग करना भी ज़रूरी था। हरिश्चंद्र इस बात से भली-भांति अवगत थे कि न केवल भाषा बल्कि साहित्य के मामले में भी पत्रिकाएं कितनी मार्गदर्शक भूमिका निभा सकती हैं।

एक राष्ट्रीय साहित्य का विचार राजनीतिक व सांस्कृतिक महत्त्व ग्रहण कर चुका था जिस पर अंग्रेज़ों द्वारा स्वयं अपने साहित्य को दिए जाने वाले महत्त्व की गहरी छाप थी। उन्नीसवीं शताब्दी के मध्य में इंग्लैंड में साहित्य ने ऐसे महत्त्व की स्थिति अर्जित कर ली थी जो उसे किसी मनबहलाव की छवि से बहुत दूर ले जाती थी। अंग्रेज़ी साहित्य को राष्ट्र के सांस्कृतिक इतिहास का प्रतिनिधि माना जाने लगा था। अथवा, जैसा कि चार्ल्स किंग्सले ने 1848 में लंदन स्थित क्वींस कॉलेज के उद्घाटन भाषण में कहा था, साहित्य 'राष्ट्र की आत्मकथा' से किसी दर्जा कम नहीं होता।[39] इंग्लैंड में सिविल सर्विस परीक्षा में बैठने वाले उम्मीदवारों से इस बात की ख़ास अपेक्षा की जाती थी कि उनके पास अपने देश के साहित्य का ज्ञान हो क्योंकि उन्हें अपने साथ ब्रिटिश जीवन के श्रेष्ठतर मूल्यों को लेकर दूर देशों में जाना था। 1855 में इस इम्तहान के बारे में ईस्ट इंडिया कंपनी को परामर्श देने के लिए नियुक्त किए गए आयोग के तौर पर मैकॉले और बेंजामिन जॉवेट ने सुझाव दिया था कि परीक्षा-पत्रों में शामिल नाना शीर्षकों में से अंग्रेज़ी को सबसे अधिक अंकभार मिलना चाहिए :

> इन विषयों में हम अपनी भाषा व साहित्य को सर्वोपरि मानते हैं। अंग्रेज़ी लेखन क्षमता के लिए एकाधिक शीर्षक उपलब्ध होने चाहिए। दो प्रश्नपत्र बनाए जाएं। इनमें से एक ऐसा हो कि उम्मीदवार हमारे देश व संविधान का ज्ञान प्रदर्शित कर सके जबकि दूसरा ऐसा होना चाहिए जिसमें उम्मीदवार हमारे कवियों, बौद्धिकों एवं दार्शनिकों के विषय में अपने ज्ञान का प्रदर्शन कर सकें।[40]

सिविल सर्विस परीक्षा का उन स्कूलों पर ज़बर्दस्त प्रभाव था जो इस परीक्षा के उम्मीदवारों को तैयारी कराते थे। इससे अंग्रेज़ी के साहित्यिक पाठों के टीकायुक्त संस्करणों तथा

अंग्रेजी साहित्य के विकास की ऐतिहासिक रूपरेखा बताने वाली सामग्री का बाज़ार तैयार हुआ।

जेम्स मिल ऐसे शुरुआती लोगों में से थे जिन्होंने इस बात पर ज़ोर दिया कि भारत से भर्ती किए जाने वाले भावी लोकसेवकों के चरित्र निर्माण के लिए उनके पास अंग्रेज़ी साहित्य का ठोस ज्ञान ज़रूर होना चाहिए। जब इस तरह के प्रशिक्षण से लैस सरकारी अधिकारी भारत आएंगे तो उनके पास अंग्रेज़ी साहित्य के मूल्यों के प्रसार के पर्याप्त अवसर होंगे। इससे देश की 'सांस्कृतिक व्यवस्था पर अंग्रेज़ी की साहित्यिक उपलब्धियों की क़लम' चढ़ाई जा सकेगी ताकि 1828 के *एशियाटिक जर्नल* में छपे एक लेख के शब्दों में, ये मूल्य 'मिस्र के पिरामिडों से भी ज़्यादा अक्षत स्मारकों' के रूप में क़ायम रहें।[41]

इस आशय के साक्ष्य देखे जा सकते हैं कि काशी के पढ़े-लिखे तबक़े अंग्रेज़ी साहित्य से भली-भांति परिचित थे। सत्तर के दशक की शुरुआत में देशी अभिजन के एक छोटे से समूह ने अंग्रेज़ी और देशी पुस्तकों का एक पुस्तकालय शुरू किया था जो फैलते-फैलते बाद में एक विशाल पब्लिक लाइब्रेरी बन गया। गवर्नर जनरल के प्रतिनिधि श्री करमाइकल, जिनके नाम पर पुस्तकालय भवन का नाम रखा गया था, के भाषण में इस बात का स्पष्ट साक्ष्य मिलता है कि शहर के शिक्षित भारतीय अंग्रेज़ी में कितनी दिलचस्पी ले रहे थे :

> आपको मालूम होना चाहिए कि इन प्रांतों में संभवतः और कोई ऐसा शहर नहीं है जहां अंग्रेज़ी साहित्य बनारस से ज़्यादा ढूंढ़ा और पढ़ा जाता हो। यहां के समाज के उच्च वर्गों में बमुश्किल ही ऐसे देशी जेंटलमैन होंगे जो अंग्रेज़ी ज़बान में कमोबेश धाराप्रवाह न बोल सकते हों (क.व.सु. 7.40, 12 जून, 1876)।

अंग्रेजी साहित्य की तुलना में हिन्दी साहित्य से संबंधित सामग्री के अभाव से हरिश्चंद्र अच्छी तरह अवगत थे, इसलिए उन्होंने *कविवचनसुधा* के प्रारंभिक अंकों में छपे कई लेखों में हिंदुओं के राष्ट्रीय साहित्य व कलाओं के इतिहास व सौंदर्यशास्त्र को शक्ल देने का लगातार प्रयास किया। अपने दूसरे समकालीनों की तरह हरिश्चंद्र भी इस बात को मानते थे कि बीती सदियों में ललित कलाओं को क्षति पहुंची है, और भले ही वे पूरी तरह ओझल न हुई हों मगर हाशिए पर ज़रूर चली गई हैं और उनको पुनर्जीवित करना ज़रूरी है। *नृत्य* शीर्षक से छपे अपने एक शुरुआती लेख में उन्होंने बड़े दुख से कहा था :

> हिंदुस्तान से नृत्य विद्या उठ गई, यह विद्या आगे इस देश में ऐसी प्रचलित थी कि सब अच्छे-अच्छे लोग इसे सीखते थे, इसके शास्त्र अब तक कहीं-कहीं लब्ध होते हैं और उनसे इस विद्या का महत्त्व प्रत्यक्ष प्रगट होता है...। (क.व.सु. 3.6, 11 नवंबर, 1876)।

उस वक़्त नृत्य एक ऐसी विधा थी जिसको केवल हेय समझे जाने वाले लोग ही नहीं अपनाते थे। अब इस दौर में ऐसे लोग बहुत थोड़े थे जो इस विधा को एक कला शैली के रूप में जानते हों। जहां यह अभी भी प्रचलित थी, जैसे दक्षिण में, वहां अभी भी बढ़िया स्थिति में थी जो कि महाराज व्यंकटगिरि के साथ बनारस की यात्रा पर आई शारदा नाम की एक अत्यंत प्रवीण नर्तकी के दौरे से सिद्ध होता था। परंतु हमें इसको एक बार फिर फैलाने के लिए जो भी प्राचीन संस्कृत कृतियां बची रह गई हैं, उनका अध्ययन करना होगा। उन्होंने नृत्य की शास्त्रीय श्रेणियों का हवाला दिया और इस नतीजे पर पहुंचे कि यह 'विद्या संबंधी

संगीतशास्त्र' एक बार फिर देश में फैलेगा और अभी जो भौंडी, शर्मनाक, कामुक विधा प्रचलित है वह शत्रुओं के भाग्य में बदी जाएगी। ज़ाहिर है, उनका इशारा बनारस की तवायफ़ों/वेश्याओं में प्रचलित संगीत व नृत्य की ओर था। अब वे उदीयमान उच्च हिंदू संस्कृति को दूषित नहीं कर पाएंगी।[42]

बहरहाल, शास्त्रीय विरासत की तमाम शरणागति के बावजूद हरिश्चंद्र संस्कृत टीकाओं द्वारा प्राधिकृत अन्य सौंदर्यात्मक श्रेणियों को फैलाने के भी पक्षधर थे। वह ख़ुद इस विषय में एक अधिकारी का व्यक्तित्व रखते थे, इसलिए परंपरागत धारा से भिन्न पड़ने वाले उनके विचारों को साहित्य शास्त्र की समकालीन पुस्तिकाओं में उद्धृत किया जाता था। पंडित ताराचरण तर्करत्न द्वारा लिखित *शृंगार रत्नाकर* में हरिश्चंद्र की इस राय को शामिल किया गया था कि *भक्ति, सख्य, वात्सल्य एवं आनंद,* चार अतिरिक्त रस हैं जिनका शास्त्रीय संग्रहों में उल्लेख नहीं आया है। यह सुझाव एकदम नया नहीं था क्योंकि पहली बार गौड़ीय जनों ने भक्ति को रस के रूप में अपनाया था और सख्य व वात्सल्य को भक्ति के उपरूपों में गिनाया था। चौथा रस आनंद था जिसे हरिश्चंद्र ने एक नई सौंदर्यात्मक श्रेणी के रूप में प्रस्तुत किया था और उनकी समझ के हिसाब से यह उत्तम साहित्य से मिलने वाला सुख था। स्थानीय पत्र *काशीविद्यासुधानिधि,* पत्रिका *इंदुप्रकाश* और अंततः नरसिंह शास्त्री द्वारा इस विषय पर लिखी गई टीका में हरिश्चंद्र के इस प्रस्ताव की जमकर आलोचना हुई। *कविवचनसुधा* के संपादक के नाम लिखे एक पत्र, जो स्वयं हरिश्चंद्र के नाम से था, में हरिश्चंद्र ने कहा कि वह इन आपत्तियों के मुख्य बिंदु को मानने से इनकार करते हैं कि प्राचीन विद्वानों ने इन रसों को मान्यता नहीं दी थी (3.22, 5 जुलाई, 1872)। क्या सब कुछ वेदों के प्राधिकार से ही स्वीकृत होना चाहिए? क्या रसों को भी वेद धर्म मान लें? आख़िरकार तो वही मायने रखता है जो अनुभव सिद्ध होता है। लिहाज़ा, यही उचित है कि उच्च सांस्कृतिक रूपों के लिए प्रारूप और प्राधिकार तो शास्त्रीय परंपरा से प्राप्त किया जाए लेकिन इस सिलसिले को इसी परंपरा के साथ समाप्त नहीं मान लेना चाहिए। जब सौंदर्यात्मक आनंद के नए क्षेत्रों का समावेश करने के लिए नई श्रेणियों को सामने रखा जाता है तो उनको अंततः इसी आधार पर परखा जाना चाहिए कि अनुभव में क्या सत्यसिद्ध होता है। इस तरह यह एक समकालीन अनुभव, एक सामाजिक व मनोगत श्रेणी थी जो काव्यशास्त्र में दाख़िल हुई।

परंतु संस्कृत, मुस्लिम-पूर्व अतीत के साथ ऐतिहासिक संबंध स्थापित करने की चाह सबसे महत्त्वपूर्ण प्रस्थान बिंदु बनी रही। हरिश्चंद्र ने समय-समय पर उन सभी साहित्यिक विधाओं का इतिहास लिखने का प्रयास भी किया जिनको वे समकालीन चलन में लाने का प्रयास कर रहे थे। लिहाज़ा, यह स्वाभाविक ही था कि पहले उन्होंने कविता और नाटक पर ध्यान दिया क्योंकि ये दोनों परंपरागत रूप से स्वीकृत विधाएं थीं और इन्हीं के विषय में वर्तमान सौंदर्यशास्त्र और आदर्शों/नमूनों के समावेश पर विचार करने से पहले मौजूदा रंगपटल का ऐतिहासिक लेखा-जोखा लेना संभव था। उन्होंने *हिंदी कविता* नाम के एक लेख में यह प्रयास किया जो *कविवचनसुधा के* 10 जनवरी, 1872 के अंक (3.10) में प्रकाशित हुआ। मेरी जानकारी में यह ज्ञात कवियों को एक स्पष्ट क्रमिक विकासधारा में व्यवस्थित और क्रमबद्ध करने की सबसे शुरुआती चेष्टाओं में से एक है।[43] अपने साहित्यिक जीवन

की शुरुआत में हरिश्चंद्र ने *सुंदरी तिलक* (1869) के नाम से एक बेहद लोकप्रिय काव्य संकलन भी प्रकाशित किया था जिसमें उन्होंने सवैया नाम की एक ख़ास काव्य शैली के पुराने और समकालीन कई कवियों की रचनाओं के चुनिंदा नमूने लिये थे।[44] इसमें उन्होंने इन कवियों को ऐतिहासिक क्रम में रखने का प्रयास नहीं किया था। प्रसिद्ध काव्य संकलन *शिवसिंह सरोज* 1878 में जाकर प्रकाशित हुआ जिसमें अन्य स्रोतों के अलावा *सुंदरी तिलक* से भी सामग्री ली गई थी।[45] *हिंदी कविता* में हरिश्चंद्र ने न केवल हिंदी काव्य व नाटक का प्रारंभिक ख़ाका खींचने का प्रयास किया बल्कि उन्होंने परंपरागत कसौटियों को विस्तार देकर उनके मूल्यांकन की भी चेष्टा की।

हिंदी काव्य प्राकृत से उपजा है, इस बात का साक्ष्य यह है कि इस भाषा के पहले कवि चंद, जो कि पृथ्वीराज के चारण थे, ने ऐसे बहुत सारे पदों का प्रयोग किया है जो प्राकृत की इस ख़ास अवस्था के अवशेष थे। इससे पहले का कोई काव्य उपलब्ध नहीं था। इसी कवि को हिंदी कविता के शिखर पर स्थापित करने का गहरा वैचारिक महत्त्व था। एक तरफ़ तो इससे यह सिद्ध होता था कि मुसलमानों के आने से पहले भी हिंदी में कविता मौजूद थी; और दूसरी तरफ़ यह अवज्ञा की मुद्रा भी थी—यही वह बिंदु था जिससे हिंदी साहित्य को अपनी वर्तमान प्रेरणा ग्रहण करनी थी। हरिश्चंद्र ने ख़ुद भी माना कि यह स्पष्ट नहीं था कि चंद के बाद कौन-कौन से कवि रहे हैं, लेकिन चंद के बाद उन्होंने जायसी की *पद्मावत* को रखा जो मीठी और सीधी ज़बान में लिखी गई थी। उनके बाद कबीर और नानक को जगह मिली। अकबर के दौर में जाकर ब्रजभाषा एक काव्य मानक बनी। अकबर ने नरहरि को सम्मानित भी किया। यह नियम पहली बार सूरदास ने बनाया कि काव्य ब्रजभाषा में ही लिखा जाना चाहिए। सूरदास की जीवनी हरिश्चंद्र ने 1870 में *कविवचनसुधा* के शुरुआती अंकों में ही प्रस्तुत कर दी थी। वृंदावन के वैष्णव कवि ब्रजभाषा में लिख चुके थे लेकिन सूरदास ने पंडिताऊपन को छोड़कर कविता लिखी। उन्होंने ज़्यादा स्वतःस्फूर्त और स्वाभाविक क़िस्म की *स्वभावोक्ति* शैली में लिखा। बाद में इस अलंकार और छंद को लेकर बहुत सारी रचनाएं रची गईं लेकिन उसके व्याकरण पर कोई रचना नहीं लिखी गई। यही कारण है कि यह ज़बान लगातार स्वेच्छाचारी और अनियंत्रित रही। तुलसीदास ने ब्रजभाषा का नियम तोड़ दिया। जयपुर और बुंदेलखंड के दरबारों में बहुत सारे कवि थे, इसलिए बुंदेलखंडी भी ब्रजभाषा में मिश्रित होती गई। इन कवियों में देव कवि सबसे प्रमुख थे। बहुत सारे मुस्लिम कवियों और कवयित्रियों ने भी इस भाषा में रचनाएं लिखीं। दूसरी तरफ़ मीराबाई, चतुर कुंवर, सोनादासी और रामदासी आदि कई हिंदू कवयित्रियां भी थीं जो इसी भाषा में लिख रही थीं। बहरहाल, चाहे हिंदू हो या मुसलमान, किसी भी कवि ने भाषा के सुधार पर ध्यान नहीं दिया।

हरिश्चंद्र नाटक की नियति के मामले में सबसे ज़्यादा दुखी दिखाई देते हैं। उस दौर में इक्का-दुक्का नाटक लिखे गए जो उल्लेख के योग्य भी नहीं हैं। उनमें से एक *प्रबोधचंद्रोदय* 'भाषा' में और दूसरा नेवाज कवि द्वारा लिखा *शकुंतला* था।[46] इन नाटकों में न केवल रंगमंच की कोई समझ नहीं थी बल्कि इस दौर के कवियों ने स्वाभाविक बोली, यानी स्वभावोक्ति पर भी लेशमात्र ध्यान नहीं दिया था। ऊपर से उनकी रचनाओं में अकसर फ़ारसी के शब्दों की भरमार रहती थी। केशवदास ने काव्य को नियमित करने के लिए कुछ नियम बनाने

का प्रयास किया था। वृंदावन के कवियों में कुछ स्वभावोक्ति बची हुई थी–जिनमें नागरीदास का काव्य उल्लेखनीय है–लेकिन किसी ने भी नाटक पर ध्यान नहीं दिया था। पहला नाटक संभवतः रघुनाथ कवि ने लिखा था लेकिन हिंदी में असली शुरुआत गिरधरदास और उनके नाटक *नहुष* से ही हो पाई। इसके बाद कई लोगों ने प्रयास किए और कई व्याकरण भी लिखे गए। इस भाषा के साहित्य में *अच्छी वृद्धि* दिखाई देने लगी लेकिन यह खेद का विषय था कि अभी भी खड़ी बोली में कोई काव्य रचना नहीं हो रही थी।

इस उत्कृष्ट ख़ाके में चार पहलू ग़ौरतलब हैं। पहली बात, स्वभावोक्ति के नाम से एक अभिनव मूल्यांकन कसौटी सामने आई। यह एक हद तक कविता के लोकतंत्रीकरण का संकेत देती है। यानी रचना की दृष्टि से भी और समझ में आने की भी दृष्टि से भी कविता लोगों की एकदम सहज पहुंच में होनी चाहिए। दूसरी बात, इस साहित्य की वैचारिक रूपरेखा हिंदू है। मुस्लिम कवियों के योगदान को चिह्नित तो किया गया है लेकिन इस सूची में जिन रचनाओं का ज़िक्र है, वे विशुद्ध हिंदू सांचे में ढली रचनाएं हैं। इस चरण में दक्षिण, दिल्ली और लखनऊ के उर्दू कवियों को यानी आगे चलकर खड़ी बोली के नाम से जानी गई आगरा-दिल्ली की बोली के कवियों को शामिल करना संभव नहीं हो सकता था। परंतु, तीसरी बात यह है कि यही खड़ी बोली है जो साहित्यिक मानक बन जाती है और हरिश्चंद्र को इस बात का दुख है कि अभी तक इस भाषा में सफलतापूर्वक कोई काव्य नहीं रचा जा सका। अंत में, हरिश्चंद्र भाषा की कूटबद्धता/कोडीफिकेशन के महत्त्व को मान्यता देते हैं, क्योंकि वे इस बात से संतुष्ट होने का ऐलान कर देते हैं कि अब हमारी भाषा नियमन की एक ऐसी अवस्था में पहुंच गई है कि उसमें साहित्य रचा जा सकता है; इस मानकीकरण के लिए अनिवार्य व्याकरण लिखे जा चुके हैं।[47]

इससे पहले कि हम आगे बढ़ें, हमें इस घटनाक्रम की अहमियत पर ग़ौर करना चाहिए जो कि मध्यकाल में सीधे प्राचीनकाल के संस्कृत-आर्य साहित्य से उपजे हिंदी साहित्य का कैनन गढ़ने के लिए मुस्लिम काल के *दौरान* लिखे गए साहित्य को ख़ालिस हिंदू विषयों की कसौटी के आधार पर लगातार अपने से दूर धकेलता जा रहा था।

छह महीने बाद 17 अगस्त, 1872 के अंक (क.व.सु. ३.25) में *नाटक* नाम के एक लेख में हरिश्चंद्र ने हिंदी में आधुनिक नाटक के थीम पर और विश्लेषण किया। इस प्रारंभिक लेख में व्यक्त किए गए बहुत सारे विचार 1884 यानी उनके जीवन के अंतिम वर्ष में नाटक विधा पर लिखी गई एक ज़्यादा समग्र टीका में यथावत् शामिल होने वाले थे। *नाटक* में उनकी मुख्य आपत्ति यह थी कि यह विधा इतनी भ्रष्ट और विकृत हो चुकी है कि वह कोई उत्साह पैदा नहीं करती। इसे निचले तबक़ों के मनबहलाव का साधन माना जाता है; लोग मानो यह भूल चुके हैं कि कभी यह ऐसे लोगों का क्षेत्र था जो *महासभ्यता के निकेतन* यानी श्रेष्ठतम संस्कृति के रक्षक थे। इस विधा के पक्ष में दिए गए उनके तर्क का मुख्य बिंदु यह था कि नाटक दोषसुधार और संशोधन का एक महत्त्वपूर्ण साधन हो सकता है। इसके माध्यम से सामाजिक रूप से शक्तिशाली लोगों, सम्राटों, अमीरों या पंडितों के दोषों की सार्वजनिक रूप से खिंचाई की जा सकती है। इसी तरह, वेश्यावृत्ति, शराबख़ोरी, परस्त्री/पुरुष गमन जैसी नाना कुरीतियों के दुष्परिणामों को भी कुशल मंचन के ज़रिए समझाया जा सकता है जिससे व्यसनी लोग ख़ुद ही अपनी विनाशकारी आदतों को छोड़ देंगे। इस

प्रकार, हरिश्चंद्र की राय में यह एक महत्त्वपूर्ण सार्वजनिक मंच था। और अगर कोई यह शिकायत करता है कि रंगमंच अपने आपमें एक अवगुण है तो भला कोई बताए कि *सभ्यशिरोमणि विद्यासागर* अंग्रेज़ इसके फेर में क्यों पड़ते? भला क्यों स्वयं श्रीकृष्ण ने अपने पुत्रों को रंगमंच करने के लिए कहा होता? विक्रमादित्य और राजा भोज के युग में इसकी ख़ूब ख्याति थी। *शकुंतला* और *रत्नावली* इसके सबूत हैं। हम अतीत के महानायकों और देवताओं से भला मंच पर मुठभेड़ को तैयार क्यों नहीं होते? इस भावपूर्ण तर्क के बाद हरिश्चंद्र ने संस्कृत टीकाओं द्वारा निर्धारित नियमों के आधार पर नाटक विधा का एक शुरुआती वर्गीकरण किया। इस बिंदु पर उन्होंने पश्चिमी विधाओं के साथ संपर्क जोड़ने का कोई प्रयास नहीं किया जबकि यह विधा कलकत्ता और बंबई में तब तक काफ़ी लोकप्रिय हो चुकी थी और वह इस बात से भली-भांति अवगत थे। दरअसल, वह तो अतीत के संरचनात्मक एवं वैचारिक आदर्शों की खोज करते हुए समकालीन नाटक का कार्यक्रम तैयार कर रहे थे।

इस कार्यक्रम को *नाटक* (1884) नाम से ही लिखे गए बाद के एक निबंध में अभिव्यक्ति मिली।[48] जीवन के बिलकुल अंतिम पड़ाव पर लिखे गए इस लेख तक आते-आते आधुनिक हिंदी में नाटकों का एक अच्छा-ख़ासा भंडार जमा हो चुका था। आधुनिक नाटक के सम्माननीय पूर्वज के तौर पर हरिश्चंद्र ने संस्कृत नाटक का संक्षिप्त इतिहास प्रस्तुत करने के बाद हिंदी के कुल बावन नाटकों को सूचीबद्ध किया जिनमें से उन्नीस उनकी अपनी क़लम से निकले थे और बाक़ी उनके मित्रों-परिचितों द्वारा लिखे गए थे। नाटक के उद्देश्य को अब जाकर उन्होंने जिस रूप में रेखांकित किया, वह एक नई दिशा को इंगित और निर्मित कर रहा था। रस का अभी भी एक महत्त्व तो था लेकिन सामाजिक एवं राजनीतिक सौंदर्यशास्त्र से संचालित रंगमंच के जगत में इसकी हैसियत गौण रह गई थी, क्योंकि इसके पांच लक्ष्यों में हास्य, शृंगारिकता, भव्यता तो महत्त्वपूर्ण थे लेकिन सबसे महत्त्वपूर्ण लक्ष्य था समाज सुधार और देशभक्ति।[49] अब साहित्य स्पष्टतः राष्ट्र के सांस्कृतिक इतिहास को केवल प्रतिबिंबित नहीं कर रहा था बल्कि संघटित भी कर रहा था।

साहित्यिक भूदृश्य की रूपरेखा : जेनेरिक/विधायी टकराव

हरिश्चंद्र द्वारा संपादित साहित्यिक पत्रिकाओं में कई तरह की साहित्यिक विधाएं एक साथ मौजूद थीं जिनमें से कुछ खासी घिसी-पिटी, कुछ भड़कीली और कुछ अपरिपक्व थीं। हालांकि यहां हम इन पत्रिकाओं के अभिनव पक्ष पर ही ध्यान दे रहे हैं लेकिन इस बात को ज़हन में रखना बेहतर होगा कि इन पत्रिकाओं का मुख्य ज़ोर परंपरागत रूपों पर ही था, मुख्य रूप से कविताओं पर जिसके बारे में यहां बहुत विस्तार से चर्चा नहीं की गई है। अगले पन्नों में इन पत्रिकाओं—जिनमें तरह-तरह के लेखक लिखते थे और उनमें से हरिश्चंद्र सबसे प्रमुख थे—में हुए साहित्यिक प्रयोगों के अभिप्राय पर ध्यान दिया गया है। हरिश्चंद्र की बाद की कुछ परिपक्व रचनाओं—जिन पर काफ़ी ध्यान दिया जाता रहा है—में से कोई भी इन पत्रिकाओं में प्रकाशित नहीं हुई थी। यहां मैं हरिश्चंद्र के विपुल साहित्यिक कृतित्व के समग्र सर्वेक्षण या आलोचनात्मक आकलन की बजाय उनकी प्रारंभिक रचनाओं के एक विधायी विश्लेषण पर ही विशेष ध्यान केंद्रित करने वाली हूं।

हिंदी में कविता और नाटक के इतिहास को व्यवस्थित करने की हरिश्चंद्र की शुरुआती चेष्टाओं से आधुनिक भाषा में साहित्यिक रचना का अभाव सामने आता है। बोली में नैसर्गिकता और अनुभव के साक्ष्य की मांग करने वाली स्वभावोक्ति और अनुभवसिद्ध जैसी नई सौंदर्यात्मक कसौटियों को जब *भाषा* की पुरानी दरबारी और भक्ति रचनाओं पर कसा गया तो उनकी कमजोरियां दिखाई देने लगीं। इन कसौटियों के ज़रिए एक ऐसे सामाजिक यथार्थवाद की मांग की जा रही थी जिसको अनुभव से सिद्ध किया जा सके। अब काव्य रचनाओं से ऐसी परिपक्वता की उम्मीद की जाने लगी थी जिसमें एक तरफ़ तो उनमें नई राजनीतिक व ऐतिहासिक जागृति हो और दूसरी तरफ़ अनुभव की एक नई व्यक्तिपरकता हो। अपने आपमें यह सार्वजनिक अवकाश/स्पेस के भीतर एक निजी अवकाश के रूप में परिवार के स्वायत्तीकरण की शुरुआत की अभिव्यक्ति थी और इस अवकाश में भी बचपन व पारिवारिक स्थितियों के एकल आत्मकथात्मक अनुभवों के गुणात्मक विभेद की अपेक्षा की जा रही थी।[50] ऐसे में, यदि एक तरफ़ अंग्रेज़ों की तरह इन नए रूपों में अभिव्यक्ति की आवश्यकता अंग्रेज़ों के साथ जुड़ी प्रतिष्ठा के कारण भी मज़बूत हो रही थी तो दूसरी तरफ़ संचार व एकजुटता की नई क़िस्मों की स्थापना के लिए नए क़िस्म की व्यक्तिपरकता के अनुभव को अभिव्यक्त करने के लिए पुराने रूप काफ़ी भी नहीं रह गए थे, इसलिए उन्हें पश्चिम की नई विधाओं के तत्त्वों से सींचना ज़रूरी दिखाई देने लगा था।

यदि अब साहित्य केवल मुट्ठी भर सुविधासंपन्न लोगों का दायरा नहीं रह गया था तो इस बात पर नज़र रखना भी ज़रूरी था कि वह भौंडे और गंवार स्तर तक न जा पहुंचे। जैसा कि *कविवचनसुधा* के आदर्श वाक्य में कहा जा चुका था, *तजि ग्राम कविता सुकविजन की अमृत बानी सब कहइ*। लिहाज़ा, नए साहित्य के गठन में दुतरफ़ा रुझान होना था। सांस्कृतिक सम्माननीयता के लिए संस्कृत साहित्य के उन कवियों व आश्रयदाताओं के दौर की कला का समावेश किया जाना था जो उच्चतम संस्कृति के धारक माने जाते थे। दूसरी तरफ़, अंग्रेज़ों द्वारा पेश किए गए उदाहरण का अनुसरण करना भी ज़रूरी था क्योंकि वे *सभ्यशिरोमणि विद्यासागर* थे।

यदि नई विधाओं को पुरानी विधाओं के पूरक के तौर पर पेश किया गया तो इस बारे में कवि और पाठक/श्रोता के बीच एक तरह की आपसी सहमति बनाना भी ज़रूरी था कि उन विधाओं से क्या अपेक्षा की जा सकती है।[51] पश्चिमी रूप या तो मूल रचनाओं के रूप में ज्ञात थे या, अधिकांशतः, वे अनुवाद की मार्फ़त सामने आ रहे थे। इस तरह, *कविवचनसुधा* में डिकेंस की लघुकथाओं और शेक्सपियर की कहानियों के अनुवाद, जो भले ही दोषपूर्ण थे, छापे गए। परंतु उन्नीसवीं शताब्दी के यूरोप में प्रचलित उपन्यास और त्रासदी जैसी विधाएं तो वहां भी लगातार हिचकोलों और उतार-चढ़ावों में झूल रही थीं और उनमें परस्पर टकरावपूर्ण व अंतर्विरोधी तत्त्व देखे जा सकते थे। जब बोध और अभिव्यक्ति के देशज रूप उनमें दाख़िल होने लगे तो एक बिलकुल नया रूप-रंग सामने आया जिसके अपने अंतर्विरोध व टकराव थे। पुरानी साहित्यिक क़िस्मों को भी नई क़िस्मों में घसीट लिया गया था। उपन्यास जैसी एकदम नई विधाओं के मामले में किसी पाठकीय सहमति की उम्मीद करना आसान नहीं था। इसके लिए पहले नई अपेक्षाएं पैदा करना और फिर उनको संतुष्ट करना ज़रूरी था। ये नई अपेक्षाएं सामाजिक यथार्थ

के बारे में पाठक की समझ और उसके अनुभव की निजी व्यक्तिपरकता से उत्तरोत्तर जुड़ती गईं।

बार-बार शास्त्रीय परंपरा के जाने-पहचाने मॉडलों का हवाला देकर एक ऐसा साझा संदर्भ आधार ढूंढ़ने का प्रयास किया जा रहा था जिसको फैलाकर उसमें नए मॉडलों का समावेश किया जा सके। कई बार उदाहरण के रूप में कोई पूर्ववर्ती मॉडल उपलब्ध नहीं होता था, जैसे परंपरागत काव्य, जिसके सहारे नया प्रयोग उचित वैधता पा सके और तदनुरूप दर्शकों की अपेक्षाएं विकसित की जा सकें। लिहाज़ा, ऐसे प्रयोगों को समय से पहले ही छोड़ भी दिया गया। कई बार ऐसा हुआ कि जो मॉडल उपलब्ध थे, वे ख़ुद हाशिए पर थे क्योंकि उन्हें 'घटिया' या 'बाहरी' माना जाता था, जैसा कि उर्दू *दास्तान* के साथ हुआ। परंतु जो लोकप्रिय था वह हमेशा हाशिए पर नहीं धकेला गया बल्कि वह शास्त्रीय विधा के आवरण में भी सामने आ सकता था। लिहाज़ा, मिसाल के तौर पर, अभी भी सड़कों पर अपना करतब दिखाने वाले बहुरुपिया को *विषस्य विषमौषधम्* में *भाड़* के रूप में एक नई हैसियत दी गई (हरिश्चंद्रचंद्रिका 4.1, अक्टूबर, 1876) क्योंकि इस तरह उसे एक शास्त्रीय विरासत मिल गई थी।

टकरावों और नाना धाराओं के युग में संवाद एक ऐसी विधा थी जो सारी विधाओं में अपनी जगह बनाती गई क्योंकि इसमें नाना स्वरों व मतों की गुंजाइश बनी रहती थी। फलस्वरूप, इसे न केवल नाटकों में बल्कि कविताओं, क़िस्से-कहानियों, और यात्रा-वृत्तांतों में भी जगह मिली।

निम्नलिखित विवरण में मैंने उन विधाओं के, जिनमें प्रयोग किए गए, व्यापक वर्गीकरण के तौर पर पश्चिमी साहित्यिक श्रेणियों का इस्तेमाल किया है और उसका कारण यह कि ये श्रेणियां उस दिशा की ओर संकेत करती हैं जिसकी ओर चलने का प्रयास स्वयं इन कृतियों में किया गया है। लेकिन जहां किसी ख़ास रचना का मौक़ा आया है, वहां मैंने उन्हीं वर्गीकरणों का इस्तेमाल किया है जिनका लेखकों ने स्वयं अपनी रचना के संबंध में उल्लेख किया था, जैसे—इतिहास, संवाद आदि। लेकिन अकसर ऐसा कोई वर्गीकरण नहीं होता है जो किसी ख़ास विधा के मामले में बिल्कुल सटीक हो, जैसा कि गद्य में लिखे नाटकीय एकालाप के मामले में देखा जा सकता है। यह क़िस्म एक उपयुक्त विधा की पहचान के लिए अंधेरे में हाथ-पांव मारती दिखाई देती है। क्योंकि उसका कोई तय नाम नहीं था, इसलिए उसको कविता जैसी किसी व्यापक श्रेणी में रख दिया जाता था।

कविता

जैसा कि पीछे ज़िक्र आ चुका है, *कविवचनसुधा* को मूल रूप से कविता की पत्रिका के रूप में शुरू किया गया था। आगे चलकर यह एक परिपूर्ण समाचारी एवं सांस्कृतिक-साहित्यिक पत्र में तब्दील हो गया। इसके बावजूद उसमें कविता की एक अच्छी-खासी जगह बनी रही। जैसे-जैसे समय बीता, हरिश्चंद्र ने एक कवि के रूप में अपने आपको नए सिरे से परिभाषित किया और वह अपने पाठकों को एक अलग ढंग से संबोधित करने लगे। उनके स्वर में आए इस बदलाव को समझने के लिए परंपरागत रूपरेखा को ख़याल में रखना ज़रूरी है।

सुंदरी तिलक के संपादक के रूप में हरिश्चंद्र की प्रतिष्ठा एक कवि की हैसियत से काफ़ी जल्दी स्थापित हो चुकी थी। सेंगर और ग्रियर्सन, दोनों ही उन्हें जानते हैं और दोनों ने उन्हें *सवैयों* के इस प्रसिद्ध संकलन का लेखक बताया है।[52] सवैया *समस्यापूर्ति* का एक प्रचलित रूप था। इसमें कविता की एक पंक्ति समस्या के रूप में दी जाती थी जिसको बढ़ाकर पूरे छंद बनाने होते थे यानी उसकी पूर्ति करनी होती थी। हरिश्चंद्र के पिता और उनके ज़्यादातर समकालीन समय व्यतीत करने के लिए समस्यापूर्ति में ही ज़्यादा समय लगाते थे। बुनियादी तौर पर यह एक वाचिक परंपरा थी। समस्यापूर्ति का कौशल इस बात में था कि व्यक्ति कवियों की सभा या कवि समाज में मौक़े पर ही कविता रचने में सक्षम हो। इसके लिए उसके पास बिंबों, आलंकारिक भाषा व कहावतों आदि पर पकड़ ज़रूरी थी ताकि एक वाक्यांश को ज़रा सा मोड़कर ही एक साधारण मसले को ऐसे कुशल और हाज़िरजवाब अंदाज़ में कह दिया जाए कि सुनने वालों को उसमें अचरज भी लगे और मज़ा भी आए। इसका मतलब यह था कि आप *शृंगार* के विशाल संग्रह से परिचित हों जिसे अब रीति काव्य के नाम से जाना जाता है। इसके लिए भी न केवल सत्रहवीं शताब्दी से आगे की ब्रजभाषा बल्कि संस्कृत काव्य का ज्ञान भी ज़रूरी था। समस्यापूर्ति परंपरा न केवल संस्कृत के जमाने तक बल्कि फ़ारसी और उर्दू काव्य तक फैली थी जहां इसे *तरह* के नाम से जाना जाता था।[53] हरिश्चंद्र के पिता इस विधा में प्रवीण कवि थे। हरिश्चंद्र को उनसे न केवल यह प्रतिभा मिली बल्कि उन्हें सेवक, सरदार, हनुमान, नारायण और द्विज कवि मन्नालाल जैसे कवियों का दायरा भी मिला[54] जो उनसे संरक्षण लेते थे और उनकी काव्य सभाओं में हिस्सा लेते थे। इन मौक़ों पर रची जाने वाली पंक्तियों को भी *कविवचनसुधा* और बाद में *हरिश्चंद्रचंद्रिका* में प्रकाशित किया जाता था और वे पाठकों के बड़े दायरे तक पहुंच जाती थीं। इस तरह, कविता का अभिजात स्वरूप बदल रहा था, भले ही अभी उसकी विषयवस्तु पुराने विषयों तक ही सिमटी हुई थी।

हरिश्चंद्र का काव्य उत्पादन विलक्षण रहा है। ब्रजरत्नदास का कहना है कि उन्होंने *गीति काव्य* की परंपरा में 1,500 से ज़्यादा पद लिखे हैं।[55] उन्हें अपने दौर की विख्यात तवायफ़ों से संगीत और गायन का प्रशिक्षण मिला था। वे शास्त्रीय छंदरूपों में सहज लिख सकते थे जिन्हें गाने के अलावा पढ़कर भी सुनाया जा सकता था। वह होरी, ठुमरी, दादरा और ऐसी ही कई दूसरी लोकप्रिय विधाओं से भी परिचित थे और उनमें लिख सकते थे। उनकी इन विधाओं में लिखी रचनाएं गाने के लिए होती थीं। हालांकि उन्होंने *ग्राम कविता* और इस शैली के परंपरागत लेखकों के ख़िलाफ़ दलीलें दीं, लेकिन उन्हें ख़ुद इन विधाओं का उस्ताद माना जाता था।

इन पदों की विषयवस्तु या तो भक्ति परंपरा से आती थी, ख़ासतौर से उनके अपने संप्रदाय की भक्ति परंपरा से, या निस्संकोच रूप से शृंगारिक होती थी। परंतु, जैसा कि वार्ष्णेय ने इस संदर्भ में कहा है, हरिश्चंद्र न तो अपने संप्रदाय काव्य में अधिक संकीर्णतावादी थे और न ही अपनी शृंगारिक कविताओं में ज़रूरत से ज़्यादा कृत्रिम थे।[56] कविताओं की एक तीसरी भी क़िस्म थी जिसको इस 'अवसरानुकूल पद' की श्रेणी में रख सकते हैं और जिन्हें वे पलक झपकते रच डालते थे। किसी शाही अफ़सर के आगमन पर या ब्रिटिश शाही परिवार में किसी की बीमारी, विवाह, मृत्यु आदि घटनाओं पर वह इस तरह के पद लिखते थे। इस

तरह की रचनाओं को भी चापलूसी के आधुनिक आचरण की बजाय परंपरागत भाट-चारण परंपरा को ही आगे बढ़ाने का कृत्य माना जा सकता है। वैसे भी, हरिश्चंद्र तो ग्यारह साल की कच्ची उम्र से ही इस तरह के अवसरानुकूल पद रचने लगे थे।[57] लेकिन मैं हिंदी भाषा के बारे में लिखे गए *हिन्दी की उन्नति पर व्याख्यान* जैसे लंबे काव्य-गुटकों को भी इसी श्रेणी में रखूंगी जिस पर पिछले अध्याय में चर्चा हो चुकी है।

हरिश्चंद्र मैगज़ीन हालांकि *राधासुधाशतक* की एक लंबी किस्त के साथ शुरू की गई थी जो कि इस महत्त्वपूर्ण अवसर के अनुकूल फ़ैसला था, लेकिन जल्दी ही परंपरागत माने जाने वाले काव्य-रूपों को नए सांचे में ढाला जाने लगा था। भक्ति और अवसरानुकूल काव्य ही नहीं बल्कि लोकप्रिय परंपरागत पद भी एक नया राजनीतिक उद्देश्य ग्रहण करने लगे थे और उनका पाठक वर्ग फैलने लगा था। चाहे कविता किसी त्योहार के लिए लिखी गई हो या कृष्ण को समर्पित हो, उसको सभी भारतीयों और उनमें भी विशेष रूप से हिंदुओं को संबोधित किया जाने लगा था।

हरिश्चंद्र मैगज़ीन (1.5, 15 फरवरी, 1874) में होली पर लिखी दो कविताओं में से एक परंपरागत क़िस्म की है जबकि दूसरी में नए रास्ते ढूंढ़ने का प्रयास दिखता है। होली एक ऐसा त्योहार है जिसमें वक़्ती तौर पर सामाजिक वर्जनाएं धूमिल पड़ जाती हैं, सोपानक्रम उलट जाते हैं, जातिबंधन आड़े नहीं आता, तमाम तरह के नशीले पदार्थों का सेवन किया जाता है और एक यौन स्वतंत्रता रहती है। यह अराजकता की ऐसी अवस्था होती है जो मौज-मस्ती के ख़त्म होने के साथ हल होती है। पर आज के युग में देश होली की स्थायी दशा में है और इस उत्सव के अनुष्ठानों व रंगों ने एक मनहूस भाव ग्रहण कर लिया है :

भारत में मची है होरी।
इक ओर भाग-अभाग एक दिसि होय रही झकझोरी।
अपनी-अपनी जय सब चाहत होड़ परी दुहुं ओरी।
दुंद सखी बहुत बड़होरी।
धूर उड़त सोइ अबिर उड़ावत सबको नयन भरोरी।
दीन दसा अंसुअन पिचकारी सब खिलार भिंज्योरी।
भींजि रहे भूमि लठोरी।

यहां प्रचलित गाली-गलौज का एक ज़्यादा अस्तित्वात्मक पहलू सामने आता है :

मूरख कारो काफ़िर आधो सिच्छित सबही भयोरी।
उत्तर काहू न दयोरी।

कवि अपने देशवासियों से अपने आलस्य से बाहर निकलने का आह्वान कर रहा है क्योंकि अब इससे उन्हें कोई फ़ायदा नहीं होगा। अब कमर कस लेने का समय आ गया है। देश और उसकी सरकार पर सारा अंकुश समाप्त हो चुका है। होली की अग्नि ने देश का सारा उत्साह, ऊर्जा, बुद्धि, संपदा व साहस भस्म कर डाला है। जब अगले दिन आग बुझी तो सिर्फ़ धूल और राख बची थी : *सब कुछ जरि गयो होरी में तब धूरही धूर बचोरी*। इस तरह होली की आग, रंगीनी और हिंसा एक गहरी नाउम्मीदी पीछे छोड़ जाती है। कमर कस लेने का आह्वान कविता के आख़िर में नहीं है कि वो विषाद का समाधान बन जाए बल्कि वह मध्य में कहीं है जिससे आख़िर में बस राख शेष रह जाती है।

ऐसी ही भावनाओं की गूंज दीवाली पर सुनाई देती है। *हरिश्चंद्रचंद्रिका* (6.11, मई, 1879) में दीवाली से संबंधित कविताओं की श्रृंखला में हरिश्चंद्र ने अपने प्रिय कवियों में से एक नागरीदास के पद भी प्रकाशित किए हैं जिनमें से ज़्यादातर परंपरागत क़िस्म के हैं। यहां एक लघु कविता इस बारे में भी है कि अभी देश के लिए दीवाली का क्या अर्थ है। कविता के मुताबिक़, यह त्योहार देश को केवल यहां-वहां दिपदिपा रहा है; अज्ञानता व मूर्खता के अंधेरे ने देश को इस तरह घेर लिया है कि इससे बचने का कोई रास्ता ही सुझाई नहीं देता। अगर ऋतुओं के परिवर्तन और अनुष्ठानों के अवसर पर घरों को झाड़-पोंछकर साफ़ कर दिया जाता है तो भी हिंदुओं का आंतरिक जगत गंदा ही रहता है और वे कष्ट भोगते रहते हैं। जब देश में कोई धन ही नहीं है तो धनतेरस कैसे हो सकती है, हालांकि *नरक चतुर्दशी* निश्चित रूप से वाजिब है क्योंकि देश एक विशुद्ध श्मशान भूमि जैसा बना हुआ है। सारा पैसा जुए में नष्ट हो चुका है जिससे हिंद दिवालिया हो गया है। जिस देश में अभी भी *गोवध* होता हो वहां गोवर्धन पूजा नहीं हो सकती। यहां तो कलिराज का शासन है। कहते हैं, जहां गेहूं और शीरा होते हैं, ऐसे घर में बारहों महीने दीवाली रहती है। लेकिन क्योंकि आज ऐसा नहीं है, इसलिए बेहतर है कि हम अपना मुंह छिपाए घर में ही दुबके रहें।

कविताएं इन पावन अवसरों पर भेदभाव, आर्थिक वंचना, टकराव, दुश्मनी और अस्त-व्यस्तता की तस्वीर खींचती हैं। भारत के सुप्त देवताओं को अपने आपको जाग्रत् करना होगा। *हरिश्चंद्रचंद्रिका* (1.11, अगस्त, 1974) में प्रकाशित *प्रबोधिनी* कविता में लेखक ने ठीक इन्हीं बातों पर ज़ोर दिया है। यह ऐसी शुरुआती कविताओं में से एक है जिनमें देश की वर्तमान दशा का, उस पर आ पड़ी व्याधियों का ऐतिहासिक आकलन किया गया है और भविष्य की उम्मीदों को व्यक्त किया गया है। *प्रबोधिनी* पच्चीस दोहों की कविता है। इस कविता के माध्यम से कवि चौमासे के आख़िर में बालकृष्ण को नींद से जगाने का प्रयास कर रहा है। इसके लिए चारों ओर की दैनिक गतिविधियों के कोलाहल का वर्णन किया गया है और उन लोगों का भी उल्लेख किया गया है जो अपने काम पर निकलने से पहले उनके दर्शन के लिए जमा हुए हैं। पहले पंद्रह दोहे परंपरागत शैली में हैं। वार्ष्णेय ने जिसे *नवीनोन्मुख* ([1948] 1974 : 75) कहा है, उसकी तरफ़ संक्रमण तीन दोहों में आता है जिनमें कवि अपने आपको अपने इष्ट को चिढ़ाने से नहीं रोक पाता क्योंकि उसकी तंद्रा तो टूटने का नाम ही नहीं ले रही है। आख़िर ऐसा भी तो नहीं है कि उसने सारी रात अपनी प्रेयसी से प्रेम-क्रीड़ा करते हुए बिताई हो। और तभी कवि की आवाज़ में एक गहरी ज़रूरत का बोध पैदा हो जाता है :

डूबत भारत नाथ बेगी जागो अब जागो
आलस-दाव एही दहन हेतु चहुं दिसि सों लागो।

मूर्खता की हवाओं ने आग को मतवाला कर दिया है। कवि कृष्ण से प्रार्थना करता है कि वह अपनी कृपा की शीतल बूंदों से इस वनज्वाला को शांत करें। उन्हें फ़ौरन नींद से जागना होगा ताकि *दीन हिंदू* को शरण दे सकें। यहां इस बात पर ज़रा सा भी संशय नहीं है कि भारतजन की दशा को हिंदुओं की दशा के समतुल्य रखा जा रहा है। इसके बाद इसी हिंदू अतीत के अवसान का विलाप किया जा रहा है और विक्रम, भोज, राम, बलि, कर्ण, युधिष्ठिर, चंद्रगुप्त और उसके सलाहकार चाणक्य का हवाला दिया जा रहा है :

कहां छत्री सब मरई जरई सब गए क़ितई गिर

संक्षेप में, आज के क्षत्रियों से अपील की जा रही है कि वे अतीत के इन आदर्शों से सबक लें–अब उन्हीं को आगे आना होगा। देश की रक्षा करने, *आर्यमार्ग* की रक्षा करने के लिए सुप्त ईश्वर को उठना ही होगा। कवि ने बनारस के विश्वनाथ मंदिर और सोमनाथ के मंदिर का भी हवाला दिया है जिनको ढहाकर अल्लाह का नाम पुकारने के लिए वहां मस्जिदें बना दी गई हैं। उसके अनुसार, झूसी, उज्जैन, अवध, कन्नौज के उन शहरों में अब खंडहरों के अलावा कुछ भी नहीं बचा है जहां कभी ज्ञान और संपदा फलती-फूलती थी। *चक्रधर* के रूप में कृष्ण से एक बार फिर अवतार लेने का आह्वान किया जा रहा है।

देश की नियति कुछ ऐसी है कि अब कोई किसी कला को नहीं सीखता, और यद्यपि देश का धन विदेश में जा रहा है, लेकिन इससे भी किसी को दुख या चिंता नहीं होती। जब पृथ्वीराज और जयचंद में झगड़ा हुआ और यवनों को देश में बुला लिया गया, जब तैमूर और चंगेज ने लोगों का कत्लेआम किया, जब अलाउद्दीन और औरंगज़ेब ने धर्म का नाश किया, तब भी सुप्त इष्टदेव ने अपनी नींद में व्यवधान नहीं आने दिया था। लेकिन अब तो उठ खड़े होने का समय आ ही गया है, अब तो एक पल भी गंवाया नहीं जा सकता :

चक्र सुदर्शन साथ धारी रिपु मारि गिरावहु।

सोते हुए बच्चे से योद्धा और नायक के रूप में, *महाभारत* के कृष्ण के रूप में अपना पराक्रम दिखाने के लिए आह्वान किया जा रहा है। उसे शत्रुओं का वध करना है–पुराने शत्रुओं के रूप में सिर्फ़ मुसलमानों का और लगभग कहने भर को अंग्रेज़ों का ज़िक्र आया है। अंग्रेज़ों का ज़िक्र वहां है जहां धन के बाहर जाने की बात की जा रही है, हालांकि कविता में कहीं भी इसका सीधा उल्लेख नहीं है। अंतिम पंक्तियों में कवि यह कह रहा है कि दुनिया के सभी देशों की कला व हस्तकौशलों को इकट्ठा करके भारत में उपलब्ध कराया जाए ताकि देश फल-फूल सके, गायें भरपूर दूध दें और कोई उनको अपमानित न करे, ब्राह्मण सच्चे भक्त बनें और ख़ूब वर्षा व धनधान्य हो।

यहां तक कोई रूपगत नवीनता नहीं है बल्कि ज्ञात साहित्यिक विधाओं को ही नए की ओर मोड़कर पुराने रूपों को पुनर्जीवित किया जा रहा है।[58] यहां हरिश्चंद्र की असली ताक़त बोली जाने वाली भाषा की लय और चुटकियों के कुशल प्रयोग में है। उनके नाटक में इसी से ताक़त और जीवंतता पैदा होती है। उन्होंने इस नाटकीय प्रतिभा का भरपूर प्रयोग करने वाली सिर्फ़ एक कविता लिख छोड़ी है जिसको रूप की दृष्टि से निश्चय ही नवीन कहा जा सकता है। यह कविता एक नाटकीय एकालाप के रूप में है जो हिंदी में अंग्रेज़ी का मिश्रण करके नए देशी जेंटलमैन के सारे तनावों और पाखंड को सामने लाती है। दोनों भाषाओं की कुशल बुनाई से यह कविता एक ऐसे आदमी के मिश्रित अस्तित्व की स्थिति का नाट्य रूपांतरण करती है जो पुरातन से चिपके रहते हुए भी नई सुविधाओं के लिए दावा पेश कर रहा है।

ब्रिटिश साम्राज्य के शिखर काल के कवि के रूप में किपलिंग की ज़बर्दस्त ख्याति रही है। उन्हें इस बात का पता था कि हिंदुस्तानियों की बोली को या उस मिश्रित भाषा को किस तरह अपने काव्य में पिरोया जा सकता है जिसे अंग्रेज़ हिंदुस्तानी मानते थे। एक

अंग्रेज़ रेजीमेंट के भिश्ती गंगादीन पर लिखी कविता इसका सबसे बढ़िया उदाहरण है। जब सार्जेंट बताता है कि भिश्ती को कैसे संबोधित किया जाता था तो वह स्वतः ही हिंदुस्तानी अभिव्यक्ति पर आ जाता है :

यू ईदन, वेयर दि मिस्चीफ एव यू बीन?
यू पुट सम जल्दी *इन इट*
ऑर आई विल मारो *यू दिस मिनट*
इफ यू डोंट फिल अप माई हेलमेट, गंगादीन।[59]

परंतु हिंदी पदों का प्रयोग विडंबनामूलक होने से ज़्यादा वातावरण रचने वाला है। किपलिंग ने नब्बे के दशक में कविता लिखना शुरू किया था।[60] *हरिश्चंद्र मैगज़ीन* (1.7-8, 15 मई, 1874) में प्रकाशित *'सेल्फ इंट्रोडक्शन'* शीर्षक कविता में हरिश्चंद्र ने एक ऐसी शैली का सूत्रपात किया जिसकी उससे पहले हिंदी काव्य में कोई नज़ीर नहीं मिलती। इसमें एक अर्द्धशिक्षित भारतीय जेंटलमैन एक बेहद ख़ुशामदी सुर में टूटी-फूटी अंग्रेज़ी के साथ एक अंग्रेज़ से मुख़ातिब है :

आई इंट्रोड्यूस माईसेल्फ टु यू सर आई एम
पूरा जेंटिलमैन
टेक माई सलाम, गिव मी चेयर
ऑनर मी मच इफ यू कैन।

ये पंक्तियां, जो टेक का भी काम करती हैं, दुधारी संदेश प्रेषित कर रही हैं। वह अंग्रेज़ के आत्ममहत्त्व के भाव को फुलाने के लिए दोहरा हुआ जा रहा है लेकिन बदले में वह कुछ आत्मसम्मान भी चाहता है : वह चाहता है कि उसके लिए भी कुर्सी डाली जाए। उसके जैसे लोगों के साथ आमतौर पर होने वाले बर्ताव के उसके अपने ब्योरे के आधार पर यह संदिग्ध है कि उसे यह सम्मान मिल पाएगा। वह भरोसा दिलाता है कि उसका वंश निष्कलंक है, वह एक उच्च्य परिवार में पैदा हुआ है। उसके पास ज़मीनें हैं जो दिल्ली के मुग़ल बादशाहों के दौर से उसके परिवार के पुश्तैनी अधिकार में रही हैं। इसके ठीक साथ में इस बात की हास्यास्पद जानकारी भी पेश की गई है कि अंग्रेज़ों द्वारा तय किए पदानुक्रम में वह कहां आता है :[61]

आई गेट ए चेयर इन लाट साब दरबार, माई
नंबर इस नाइंटी-टू।

ज़ाहिर है कि फ़ेहरिस्त में उसका नाम काफ़ी नीचे है। नए सोपानक्रम में अपनी वाजिब जगह पाने के लिए वह हर सही चीज़ करने की एहतियात बरतता है। वह उचित संगत में बैठता है, वह 'अंधरी मजिस्टोर' (ऑनरेरी मजिस्ट्रेट), चुंगी कमिश्नर, 'जस्टिस पीस' (जस्टिस ऑफ़ पीस), शिक्षा समिति का मेम्बर है। वह बिलकुल सही कपड़े पहनता है, उसके पास उचित फर्नीचर है, वह सही भाषा बोलता है–*'आई स्पीक इंग्लिश, राइट गुड राइटिंग'*; वह सही बातें बोलता है–*'इन दि इंस्टीट्यूट वन्स आई वेरी मच/स्पोक अबाउट दि मैरीज बिल'*। हैरत की बात नहीं है कि *'हिज़ ऑनर दि लेटेंट गवर्नर प्रेज़्ड मी/वेरी मच इन हिज स्पीच'*। फिर भी उसके साथ घटिया बर्ताव किया जा रहा है। शक्तिशाली लोगों तक पहुंच प्रदान करने वाले चपरासियों के घमंड का हवाला देते हुए वह लगभग पूरी तरह हिंदी पर उतर आता

है; भाषा का परिवर्तन दो देशी व्यक्तियों के बीच हैसियत की खींचतान में उसकी हैसियत का प्रतीक भी है :

सम टाइम दे गिव मी गर्दनिया
एंड टेल बाहर निकलो टुम
देना न लेना मुफ़्त के आए यह हैं
बड़े दरबारी की दुम।

इस व्यंग्य का कुछ हिस्सा बाबू शिवप्रसाद पर केंद्रित लगता है क्योंकि क्षणिक रूप से इसमें स्टार ऑफ़ इंडिया का भी ज़िक्र आया है। स्वामी और नौकरों, दोनों की भाषा बोलने की अपनी चेष्टा में यह देशी जेंटलमैन ख़ुद को एक सच्चा *दुभाषिया* बताता है। इसके फलस्वरूप वह स्वामियों की इच्छानुसार बोलने के लिए अपनी ज़बान के साथ तोड़-मरोड़ करता है।

आई वन्ट से एनी सच्ची बातें लेट दि (मूल)
इंडिया बी बर्बाद

और इसीलिए *पूरा जेंटिलमैन* अपने समुदाय में अपनी हैसियत बचाए रखने के लिए ही परंपरा के पालन का दिखावा करता है, वह अपने देवताओं को नकारता है और उनमें किसी भी तरह की सच्ची आस्था को नहीं मानता :

आई डोंट बिलीव इन हिंदू आइडल्स बट आई
वर्शिप ओनली टु शो
नाइदर माई साला सब ज़ात वाला ज़ात से
बाहर करे हम को

भाषा में यह द्वैध व्यक्तित्व का भी द्वैध है क्योंकि यह व्यक्ति एक दोमुंहे इनसान के अलावा और कुछ नहीं है।

यह अद्भुत कविता एक ऐसी विधा का एकमात्र उदाहरण है जो और विकसित हो सकती थी, लेकिन शायद इसे इतना मामूली और मौक़े भर का मान लिया गया कि उसे गंभीर ध्यानाकर्षण के योग्य नहीं माना गया। हालांकि हरिश्चंद्र ने *अंधेर नगरी* (1881) जैसे खांटी नाटक में बोलचाल की लय में छंद लिखे हैं, लेकिन उनको गीतकाव्य में बीसवीं शताब्दी के पांचवें दशक में तब जाकर ही जगह मिल पाई जब सूर्यकांत त्रिपाठी 'निराला' (1896-1961) ने उच्च साहित्य में अपनी जगह बनाई।

हरिश्चंद्र खड़ी बोली यानी साधु भाषा में लिखने की ज़रूरत से अवगत थे लेकिन वह ऐसा फॉर्मूला नहीं ढूंढ़ पाए जिसे उर्दू से पर्याप्त रूप से भिन्न माना जा सके। हालांकि वह ख़ुद को उर्दू कवि भी मानते थे (जिसकी पुष्टि हंटर कमीशन के सामने प्रस्तुत किए गए साक्ष्य में उनके आत्मपरिचय से होती है) लेकिन उनकी सांस्कृतिक स्थिति और वैचारिक स्टैंड के चलते वह ऐसी परंपरा को आगे बढ़ाने में शामिल नहीं हुए जिसको अब बाहरी माना जाने लगा था। इस तरह उर्दू काव्य का जो अच्छा-ख़ासा भंडार पहले से मौजूद था और जो नई हिंदी काव्य धारा को सींच सकता था, उसको नज़रअंदाज़ कर दिया गया और हरिश्चंद्र यही मानते रहे कि खड़ी बोली में कविता का कोई मॉडल उपलब्ध नहीं है। परंतु कविता में ब्रजभाषा के इस्तेमाल के अपने विधायी दबाव थे जिनसे हरिश्चंद्र बाहर नहीं निकल पाए। बहरहाल, ऊपर उल्लिखित कविताओं जैसी रचनाओं के चलते परंपरागत ब्रजभाषा काव्य

का प्रकार्य अब केवल दरबारी कविता तक सीमित नहीं रह गया था और न ही ख़ालिस भक्ति काव्य तक, बल्कि उसको विस्तार देकर अब उसमें राजनीतिक तत्त्वों का भी समावेश कर लिया गया था और पाठकों के व्यापक दायरे को पहले के मुद्दों से बिल्कुल भिन्न मुद्दों के आधार पर संबोधित किया जा रहा था।

गद्य आख्यान

हरिश्चंद्र मैगज़ीन के शुरुआती अंक विभिन्न प्रकार के गद्य आख्यानों के बेचैन प्रयोगों से भरे दिखाई देते हैं। लगभग इतनी ही स्पष्ट बात यह है कि *कविवचनसुधा* के शुरुआती सालों में ऐसी कोई चेष्टा दिखाई नहीं देती। इस तरह के प्रयोगों को कोई स्पष्ट दिशा नहीं मिलती, बहुत सारी रचनाएं परिणति पर नहीं पहुंचतीं और शेष आगे के मुकाम पर आकर ख़त्म हो जाती हैं, ये सारी बातें इस बारे में सवाल खड़ा करती हैं कि किन संरचनाओं की खोज की जा रही थी और किन मॉडलों का अनुकरण किया जा रहा था।

इस संबंध में सामग्री और मॉडलों की कमी का तो कोई प्रश्न ही नहीं है क्योंकि उपमहाद्वीप में एक मज़बूत आख्यान परंपरा हमेशा मौजूद थी जो हिंदी/उर्दू में भी विद्यमान थी। हालांकि इस परंपरा को संस्कृत में *कथासरित्सागर* या अरबी में *थाउज़ेंड एंड वन नाइट्स* जैसे शास्त्रीय संकलनों में तथा अरबी व संस्कृत से चीज़ें लेने वाले फ़ारसी संकलनों तक सीमित मान लिया गया था, लेकिन यह परंपरा मूल रूप से एक वाचिक परंपरा थी और इसलिए यह लोक-भाषाओं के साथ लगातार तालमेल बनाती, बदलती रही। पेशेवर दास्तानगो या कथावाचक उन्नीसवीं शताब्दी में लगातार उपमहाद्वीप में फलते-फूलते रहे। उनकी कहानियां फंतासीपरक भूक्षेत्रों, जादुई इलाक़ों में घटने वाली रूमानी और रोमांचक कथाएं होती थीं। इनकी पृष्ठभूमि अकसर फ़ारसी-अरबी परंपरा के तिलिस्म से बनी होती थी। समय के साथ ये कहानियां प्रिंट में भी उपलब्ध होने लगीं। फ़ोर्ट विलियम कॉलेज के लिए छपी किताबें ऐसे लोकप्रिय क़िस्सों का लिपिबद्ध रूप थीं। *सिंहासन बत्तीसी* (1801), *बेताल पचीसी* (1802), *क़िस्सा-ए-चहार दरवेश* (1801), *क़िस्सा-ए-हातिमताई* (1803) आदि इसी तरह के गुटके थे जो बाद में स्थिर 'पाठ' बन गए और आज भी उनको बड़े पैमाने पर छापा जा रहा है।[62] इसके बावजूद, उन्नीसवीं शताब्दी के आख़िरी दशकों की हिंदी में सोच-समझकर की गई साहित्यिक रचनाओं के रचनाकारों ने इन पद्धतियों की ओर न लौटने का ही फ़ैसला लिया। इसकी बजाय उन्होंने ज़्यादा शास्त्रीय मॉडलों की तलाश शुरू की और संस्कृत में उपलब्ध भव्य आख्यानपरक गद्य की ओर लौटे। इसके अलावा उन्होंने अंग्रेज़ी की उपन्यास विधा का भी आश्रय लिया : शताब्दी की शुरुआत में वाल्टर स्कॉट द्वारा रचा गया अत्यंत प्रभावशाली ऐतिहासिक उपन्यास था, जेन ऑस्टिन के उपन्यासों में सामाजिक शिष्टाचार व नैतिकताओं का सुरुचिपूर्ण अध्ययन था जबकि शताब्दी के मध्य में चार्ल्स डिकेंस द्वारा लिखे गए सामाजिक उपन्यास इस विधा के कुछ प्रख्यात उदाहरण थे। एक स्वतंत्र विधा के रूप में उपन्यास न केवल अंग्रेज़ी में बल्कि बंगाली में भी उपलब्ध था। उस दौर के महानतम बंगाली उपन्यासकार बंकिमचंद्र (1838-94) की रचनाओं का हिंदी में काफ़ी जल्दी ही अनुवाद कर लिया गया था। *हरिश्चंद्र मैगज़ीन* के एक प्रारंभिक अंक (1.3, 15 दिसंबर, 1873) में हरिश्चंद्र के छोटे भाई गोपालचंद्र ने बंगाल के घरेलू परिवेश में वैवाहिक संबंधों पर आधारित रोमांस *कपालकुंडला*

(1866) के अनुवाद पर हाथ आज़माया था। बाद में हरिश्चंद्र ने ख़ुद *राजसिंह* (1882) का अनुवाद शुरू किया। यह उपन्यास औरंगज़ेब की पराजय और राजपूत शौर्य के उत्सव का उपन्यास है। इस उपन्यास का अनुवाद कवि की मृत्यु के बाद राधाकृष्णदास ने पूरा किया।

इस तरह, उदीयमान लेखकों के सामने दो बेहद भिन्न जगत खुल गए थे। यदि बाणभट्ट की *कादम्बरी* जैसे संस्कृत गद्य आख्यान दरबारियों और राजाओं, गणिकाओं व संन्यासियों की दुनिया के इर्द-गिर्द थे तो आधुनिक उपन्यास एक अलग तरह की सामाजिक चेतना तथा अंतर्वैयक्तिक संबंधों को अलग ढंग से देखने की मांग करता था। इसी बिंदु पर आकर पश्चिमी और संस्कृत, दो परंपराओं का आश्रय लेने की वजह से भी नए लेखन का आख्यानात्मक ख़ाका अकसर एक बंद गली में जाकर फंस जाता था। जब कथानक व किरदारों का मसला आता तो और भी ज़्यादा अस्त-व्यस्त तस्वीर पैदा हो जाती। परंपरागत कथाओं के प्राक्व्यक्तिवादी आख्यान में न तो 'परिपूर्ण किरदार' (राउंडेड कैरेक्टर) का कोई विचार था जो ख़ास, मूल्य आधारित जीवनीनुमा ब्योरों से गढ़ा जाता हो और न ही 'नियंत्रित तनावों से गुज़रते हुए क्लाइमेक्स की ओर बढ़ता' सुगठित एकल प्लॉट होता था।[63] कथाओं की आख्यान-संरचना कड़ीबद्ध (एपिसोडिक), और एक वाचिक माध्यम के रूप में पाठ से निर्धारित होती थी जिसे मूल रूप से बोल-बोलकर पढ़ने के लिए रचा जाता था। इसके विपरीत, उन्नीसवीं सदी की यूरोपीय नॉवेल परंपरा में इतिहास का एक नया बोध, सामाजिक परिवेश की एक गहरी चेतना और पुराने सामाजिक समूहों की ऊंच-नीच के ध्वंस की शुरुआत और उसके बीच ईगो या सुगठित व केंद्रीय बुर्जुआ व्यक्तित्व का उभरना दिखाई देता था।[64] हिंदी के नए आख्यान में भी इसी किरदार को पाठक के रूप में संबोधित किया जा रहा था परंतु इसमें पुरानी परंपराओं के लिए भी जगह थी और पुराने पाठक की अपेक्षाओं को भी संबोधित किया जा रहा था। परिवर्तन के तथा मतभेदों से जूझने के इस दौर में ऐसा दिशाभ्रम लाज़िमी था। लिहाज़ा, इसी आख्यान में अलग-अलग तरह के अनुभव आपस में गुंथकर सामने आए जहां अलग-अलग कथा-सूत्रों की अलग-अलग कथा-प्रकार्य के साथ निरंतरता बनी रह सकती थी।

अनुवाद के क्षेत्र में ज़बर्दस्त गहमागहमी थी जो पत्रिकाओं में भी प्रतिबिंबित हो रही थी। अगर बंकिमचंद की रचनाओं का अनुवाद हुआ तो *कादम्बरी* का भी अनुवाद हुआ। *हरिश्चंद्र मैगज़ीन* के एकदम शुरुआती अंकों में इसका अनुवाद धारावाहिक प्रकाशित किया गया। यह अनुवाद सीधे संस्कृत से नहीं बल्कि बाबू गदाधरसिंह द्वारा किए गए बंगाली अनुवाद का अनुवाद था।[65] दो जन्मों में फैली *कादम्बरी* की प्रेम कहानी एक आलंकारिक, जटिल, आडंबरी भाषा में लिखा गया दरबारी रोमांस है जिसमें घटनाओं के ब्योरे की बजाय पृष्ठभूमि का ब्योरा ज़्यादा था। यह अनुवाद बेहद सुघड़ है, भाषा में संस्कृत पदों को गरिमामयी ढंग से संभाला गया है और लंबे वाक्यों को प्रवाहपूर्ण, छोटे-छोटे वाक्यों में लिखा गया है। इसकी लय ऐसी है कि उसको पढ़ते हुए एक गति और एक ख़ास क़िस्म का रहस्य पैदा होता है। कहानी में आगे चलकर एक शृंगारिक तनाव भी सामने आने लगता है। ख़ूबसूरत मगर काल्पनिक भूदृश्यों से लैस सेट का ब्योरा गरिमापूर्ण है। इसका अपना एक संदर्भ जगत है जो हिंदी में भी भावात्मक ढंग से काम करता है। कहानी के नाम ख़ुद जानी-पहचानी फंतासी की दुनिया रचते चलते हैं। ब्रजभाषा काव्य की परंपराओं से पुनर्बलित *कादम्बरी*

का गद्य विभिन्न आख्यानपरक उद्यमों में शैली की दृष्टि से एक केंद्रीय प्रभाव बना रहा, हालांकि नौसिखिया हाथों में पड़ने पर यह अकसर बहुत ठस, तक़रीबन सजावटी गद्य बनकर रह जाता था।

आगे मैंने चार गद्य आख्यानों के बारे में बताया है जो इस दौर में किए जा रहे प्रयोगों के उदाहरण हैं :

(1) *प्रदोष में त्रिदेव पूजन, दूसरा भाग, हरिश्चंद्र मैगज़ीन* (1.1, 15 अक्टूबर, 1873) में प्रकाशित हुआ जिसमें न तो विधा और न ही लेखक का उल्लेख किया गया था। ऐसा लगता है कि पहला भाग *कविवचनसुधा* के किसी अनुपलब्ध अंक में जा चुका होगा। दूसरे भाग में पाठक कहानी के मध्य में पहुंच जाता है। यह संक्षिप्त कड़ी वास्तव में इस लिहाज़ से कमाल की है कि इसमें सेट के विवरण बदल-बदलकर दिए गए हैं और यह पाठ प्रकृति के एक नए रूमानी बोध और ऐसे कार्यव्यापार के आख्यान के निकट पहुंच जाता है जो कि मनोवैज्ञानिक अंतःप्रेरणा से संचालित दिखाई देता है, लेकिन यहां प्रस्तुत संक्षिप्त अंश में प्रायः अव्याख्येय बना रहता है।

यह कड़ी लंबे स्थूल वाक्यों में नदी में आई बाढ़ के ब्योरे से शुरू होती है :

> जल का शब्द इतना होता है कि कान नहीं दिया जाता, जल के वेग के शब्द के अतिरिक्त दोनों किनारों के प्रांत में उस जल के शब्द की प्रतिध्वनि और ऊंचे-ऊंचे करारों के टूट-टूटकर बड़े शब्द से धमाधम्म जल में गिरने का शब्द और भी भय उपजाता था और उसमें भी जब पानी बरसता है तब तो पृथ्वी आकाश और जल बिजली की कड़क और बादल की गरज और नदी के बहाव के शब्द मिलकर तुमुल शब्द और घने अंधकार से पूर्ण हो जाता है, जो घर नदी के किनारे हैं उनमें के लड़के और स्त्रियां डर से कोठरी में छिपती हैं, कान नहीं दिया जाता और यदि कोई वियोगिनी स्त्री है उसके हेतु तो यह वर्ष पूरी मृत्यु है।

इस लेखांश के मध्य में काल अचानक *था* की जगह *है* हो जाता है जिससे पाठक समयातीत मनोदशा में पहुंच जाए और समुच्चयबोधक अव्ययों की अति से भी वाक्यों का न तो स्पष्ट प्रारंभ बचता है और न अंत। इस तरह के मतवाले मौसम से लेकर उसकी मनोगत व्याख्या जैसे भावों तक इसमें अलग-अलग स्तर के बोध दिखाई देते हैं। नदी में आई बाढ़ व बारिश के इस ब्योरे के बाद हमें दो दोस्त दिखाई देते हैं। एक सत्यनारायण है और दूसरा बीरबर है। वे उफनती नदी में कूद पड़ते हैं और लगभग डूबने की स्थिति में हैं। यहां नैरेटर अचानक नदी तट पर बने मंदिरों की ऊंची-ऊंची चोटी का वर्णन करने लगता है और यही इन दोनों मित्रों के लिए तिनके का सहारा साबित होते हैं क्योंकि बाढ़ में डूबे इन मंदिरों की चोटियों को पकड़कर ही ये दोस्त बहने से बच जाते हैं। यहां आख्यान टूट जाता है और हमें यह आश्वासन दिया जाता है कि वह आगे जारी रहेगा। लेकिन वह आगे कभी उठाया नहीं जाता। इसमें *कादम्बरी* जैसी आख्यान संरचना के लक्षण साफ़ दिखाई देते हैं—इसमें भी भूदृश्य और ऋतुओं के विवरण के बीच से कहानी संक्षेप में, लगभग सांयोगिक रूप से उभरती है।[66]

(2) *एक शोक संवाद, हरिश्चंद्र मैगज़ीन* (1.6, 15 मार्च, 1874) में बिना नाम के छपा था। शीर्षक में 'संवाद' शब्द के रूप में एक विधासूचक शब्द है जो एक कथा या आख्यान को इंगित करने के लिए प्रयुक्त होने वाले परंपरागत शब्द *वार्ता* या *बात* का ही

पर्यायवाची है। यह एक मुकम्मल रचना है और इसकी एक स्पष्ट थीम है। इसमें एक विधवा युवती की नियति का विलाप है। कहानी शुरू करने से पहले दुनिया की निस्सारता, एक *शोक सागर* के रूप में जीवन की निस्सारता का लंबा विलाप है जिसके बीच-बीच में एक के बाद एक भाषणगत प्रश्न आते हैं : जब एक युवा जीवन यूं ही अचानक नष्ट हो सकता है तो कोई भी काम क्यों किया जाए, क्यों विद्यार्जन किया जाए? इसके बाद एक-दो वाक्यों में कहानी का ख़ाका उभरता है जो परंपरागत क़िस्म का है। राजा गुणसिंधु की कोई संतान नहीं है। आख़िरकार बुढ़ापे में उसका बेटा ज्ञानमंडन पैदा होता है जिसकी सही आयु होने पर राजकुमारी विद्या से उसकी शादी कर दी जाती है। क़िस्से के मध्य में वह दृश्य है जिसमें एक ऐसी युवा दुल्हन की दुर्दशा का वर्णन किया गया है जो अपने सुहाग कक्ष में पहला क़दम रखते ही देखती है कि उसका पति बिस्तर पर औंधा पड़ा है, उसे सांप ने काट लिया है। जब वह उसके निकट जाती है तो देखती है कि वह मर चुका है। नैरेटिव का मुख्य भाग तुलनात्मक रूप से लंबा है जो कि साढ़े सात कॉलम तक फैला हुआ है। इसमें नियति की क्रूरता पर युवा विधवा दुल्हन का विलाप है। *बालवैधव्य* उभरते मध्य वर्ग की एक केंद्रीय चिंता थी। दुल्हन को *विद्या* नाम दिया गया है जो इस बात का संकेत है कि वह शिक्षित युवती का प्रतिनिधित्व करती है। शिक्षित युवती भी एक मध्यवर्गीय परिघटना है। कहानी का मक़सद स्पष्टतः सामाजिक समालोचना प्रस्तुत करना है।

इसकी शैली मौखिक कथन की परंपराओं से प्रभावित है। इसके वाक्य छोटे-छोटे हैं, उनमें विराम चिह्न नहीं हैं लेकिन एक स्पष्ट वाक्यरचना है :

> हे प्राणप्यारे! सच में सोते हो कि मेरी लज्जा दूर करने और अनुराग बढ़ाने की यह युक्ति निकाली है! जाने दो, मैं भी सोती हूं, कभी तो बोलेंगे, आधी रात ढल गई प्रभात होने को है अब इतनी हठ न करो जो ऐसी नींद ने तुम्हें सताया है तो फिर सो जाना।

नैरेटिव में रह-रहकर कई विस्मयादिबोधक आते हैं : *हा, हाय, अरे, हे ईश्वर, हे निर्दयी देव, हे मित्र सज्जनो, हे सभासदो* आदि। ये एक तरफ़ तो सदमे, व्यथा, निराशा को व्यक्त करते हैं और दूसरी तरफ़ श्रोताओं के समूह को संबोधित करते हैं। युवा दुल्हन क्रूर नियति से अपनी फ़रियाद में भी इस शैली को क़ायम रखती है : *हे जड़ विधाता, हे दुष्ट काल, हे परमेश्वर*। इसके अलावा वह मृत पति को भी हे *प्राणनाथ* कहकर संबोधित करती है। वाक्य-रचना की गति बीच-बीच में आने वाली काव्य पंक्तियों से और सघन हो जाती है। भावनाओं को सघनता देने या उपदेशपूर्ण टिप्पणी करने का यह एक परंपरागत तरीक़ा था। कहानी नैरेटर की टिप्पणियों से ख़त्म होती है जो मानता है कि वह भावनाओं में इतना डूब चुका है कि अब कहानी जारी नहीं रख सकता :

> हे सभासदो! अपनी वज्र छाती कर यहां तक इस शोक संवाद को मैंने तुम्हें सुनाया, अब आगे न रसना इस करुणारस में काम देती है, न अश्रु समाकुल नेत्र इस दुख की कथा को पढ़ सकते हैं। इस हेतु यहां ही समाप्त करता हूं, क्षमा कीजिए।

कहानी में तनाव निर्मित हुआ है, वह समाधान रहित रह जाता है और इस तरह कहानी अप्रत्याशित ढंग से ख़त्म हो जाती है। विस्मयबोधकों एवं भावनाओं के अतिप्रयोग के सहारे आख्यान में एक अबाधित व्यक्तिपरकता दिखती है। लेकिन इससे पाठक को न तो पीछे

हटकर स्थिति को दूर से देखने का मौक़ा मिलता है और न ही उसे मुख्य पात्रों के साथ तादात्म्य स्थापित करने का मौक़ा मिलता है, जिसके लिए, मसलन, युवती का जीवन विवरण दिया जा सकता था ताकि वह सजीव हो उठे। यदि एक ओर भावना शब्दाडंबरपूर्ण रहती है तो दूसरी तरफ़, सामाजिक समालोचना की दृष्टि से, परंपरागत कथा की राजसी सज्जा एक असंगति बन जाती है। इन सारी बातों के बावजूद इसकी भाषा सजीव और प्रवाहपूर्ण है, और इसमें उस नई व्यक्तिपरकता का संकेत है जो अभिव्यक्त होने के लिए छटपटा रही थी।

(3) *हरिश्चंद्र मैगज़ीन* (1.7-8, 15 अप्रैल, 1874) तथा *हरिश्चंद्रचंद्रिका* (3.8-12, मई-सितंबर, 1875) में श्रीशरण द्वारा लिखित *धैर्यसिंधु* को धारावाहिक प्रकाशित किया गया। लेखक ने इसे *इतिहास* की श्रेणी में प्रस्तुत किया था। यह कृति मनुष्य द्वारा धार्मिक-दार्शनिक अन्वेषण की ज़रूरत के व्यापक अर्थ में शिक्षा के प्रश्न को उठाती है। इसमें रूसो के *एमिली* की झलक दिखाई देती है। कहानी नैतिक चिंतन के साथ शुरू होती है जो कि परंपरागत रूप से स्वीकृत पद्धति थी। यह नैतिक चिंतन मन में उठने वाली स्वैरकल्पनाओं/फंतासियों पर मनुष्य के सहज विश्वास, कामनाओं की पूर्ति की उसकी चिरआशा आदि प्रश्नों पर केंद्रित है। इसी संदर्भ में लोगों को मकरंद के राजकुमार धैर्यसिंधु का इतिहास जानना चाहिए जो राजा का चौथ बेटा था। कहानी के अनुसार, उस देश की यह परंपरा थी कि शाही राजकुमारों को तब तक बंद करके रखा जाता था जब तक उनमें से एक के राज्याभिषेक का अवसर न आ जाता। राजा उनसे साल में केवल एक बार मिलने आता था लेकिन उनके मनोविनोद का पूरा ख़याल रखा जाता था। इसके बाद विशाल गुफा जैसी संरचना का ब्योरा आता है जिनमें दाख़िल होना भी कठिन है। युवकों को इन्हीं गुफाओं में रखा गया है। फिर उनके महल का लंबा विवरण है। इन सारे विवरणों का ढांचा कुछ-कुछ दिशाहीन, अनगढ़ सा है। दूसरे हिस्से की गति तेज़ है, थीम उभरने लगती है और भाषा के जाले छंटने लगते हैं। राजकुमारों को बाहर की ज़िंदगी की पीड़ाओं का कोई पता नहीं है और हालांकि उनको इस बारे में जानकारी दी जाती रहती है, लेकिन यह केवल सैद्धांतिक ज्ञान ही होता है। जिस सुख और भोग में दूसरे राजकुमार इतने निर्बाध रूप से खोये हुए हैं, उसी के बीच राजकुमार धैर्यसिंधु दिनोदिन इन रंगरेलियों से अनुपस्थित और सबसे कटा-कटा रहने लगता है। यहां व्यक्ति को एकल रूप में दिखाने, उसे औरों से अलग चिह्नित करने की एक चेष्टा है : *धैर्यसिंधु की चाल इनसे न्यारी थी, उसके ढंग कुछ और ही हो रहे थे।* वह अच्छे भोजन और सारे संगीत, नृत्य को त्याग देता है। उसके विषाद से ध्यान बंटाने की दूसरों की चेष्टाएं एक क्रुद्ध अस्वीकृति का भाव पैदा करती हैं। एक *विज्ञ* उसकी भटकन में उसका पीछा करके उसके दुख का कारण ढूंढ़ने की चेष्टा करता है। चलते-चलते धैर्यसिंधु को एक चट्टान के पास भेड़ों का झुंड चरता दिखाई देता है जिसे देखकर वह अपने और इन पशुओं के भेद पर विलाप करने लगता है। वह सोचता है कि इनकी बुनियादी ज़रूरतें पूरी हो जाती हैं और ये पूरी तरह संतुष्ट हो जाते हैं, लेकिन उसे अपनी बुनियादी ज़रूरतें पूरी करने के बाद भी कोई विश्राम या सुख क्यों नहीं मिलता? उसके विश्राम के क्षण भी म्लान, कष्टपूर्ण और कठिन होते हैं। वह देखता है कि एक मनुष्य के रूप में जन्म लेने से कोई सुख नहीं मिलता। या तो व्यक्ति पीड़ा को याद करता

है और दुखी होता है या फिर अपने भविष्य को लेकर भयभीत रहता है। उसको लगता है कि मनुष्य के पास कोई *गुप्त इंद्रिय* होती है जो फ़ौरी ज़रूरतों की पूर्ति से भिन्न एक अलग तरह का संतोष चाहती है। इस प्रकार, एक अपरिभाषित चाह राजकुमार को दूसरे उत्तर खोजने के लिए धकेलती है और उसका विषाद उसे चैन नहीं लेने देता। राजकुमार अपने लोगों में लौट आता है और ख़ुश दिखाई देने की चेष्टा करता है। उसको कम विषाद में देखकर दरबारी यह सोचकर ख़ुश हो जाते हैं कि राजकुमार ठीक होने लगा है। आख्यान यहां अचानक ख़त्म हो जाता है। यह कहानी राजा की शैक्षिक परियोजना की ख़ामियों पर चिंतन के लिहाज़ से बेजोड़ दिखाई देती है और यह एक ऐसी दिशा लेती है जहां अगर आत्मज्ञान अर्जित करने की नहीं, तो कम-से-कम उस पर चिंतन करने की गुंजाइश बनती है। परंपरागत आख्यान के अनुरूप कहानी का ख़ाका तो दरबारी है लेकिन वैयक्तीकरण की चेष्टा आख्यान को मनोवैज्ञानीकरण की दिशा में ले जाती है।

(4) *एक कहानी कुछ आपबीती, कुछ जगबीती* का प्रकाशन *कविवचनसुधा* (8.22, 2 अप्रैल, 1877) में किया गया था। हालांकि अपने शीर्षक के चलते यह रचना ख़ुद को *कहानी* की तुलनात्मक रूप से अस्पष्ट श्रेणी में रखे जाने की मांग करती है लेकिन असल में यह एक उपन्यास लिखने की चेष्टा है। इसमें पाठक को फटकारते हुए परंपरागत शुरुआत चुनी गई है, इसलिए इसे एक सामान्य शिक्षाप्रद कथा की तरह पढ़ने की लालसा पैदा होती है परंतु वह जल्दी ही समाप्त हो जाती है। नैरेटर पाठक के साथ अपना एक अंतरंग अनुभव साझा करना चाहता है। इसका सुर घनिष्ठता का है, इसमें पाठक को विश्वासपात्र बनाया गया है और इससे लेखक, पाठक व पात्रों का भेद मिट जाता है।[67] इसको प्रथम पुरुष में सुनाया गया है और इसमें एक बेलाग आत्मकथात्मक चरित्र है क्योंकि इसमें जिन स्थानों व तारीख़ों का उल्लेख किया गया है, उनसे यह स्पष्ट हो जाता है कि यह कल्पित कथा नहीं है।

यह एक असामान्य रचना है—जो अंततः केवल एक टुकड़ा ही बनकर रह जाने के लिए नियत थी—जो तब लिखी गई जब लेखक छब्बीस साल का था और उन घटनाओं के बारे में बताता है जो उस समय घटी थीं जब इसके मुख्य किरदार की उम्र तेईस साल थी। नैरेटर ने जो परिप्रेक्ष्य और स्वर चुना है, उससे महज़ तीन साल का गुज़रा हुआ वक़्त विराट लगने लगता है। उसका उद्यम पाठकों में जो जिज्ञासा और जिस तरह की सतही दिलचस्पी जगा सकता है, उसका अंदाज़ा लगाते हुए भी उसे बाधित करने के प्रयास के साथ वह शुरुआत करता है :

> हम कौन हैं और किस कुल में उत्पन्न हैं आप लोग पीछे जानैंगे। आप लोगों को क्या किसी का रोना हो, पढ़े चलिए जी बहलाने से काम है अभी मैं इतना ही कहता हूं कि मेरा जन्म जिस तिथि को हुआ वह जैन और वैदिक दोनों में बड़ा पवित्र दिन है।

परंतु, इसके फ़ौरन बाद ही मुख्य पात्र का व्यक्तित्व एक ऐतिहासिक समय व परिवेश के भीतर एक सामाजिक रूपरेखा में मज़बूती से स्थापित हो जाता है, यहां तक कि विश्लेषणात्मक रूप में प्रस्तुत होने लगता है। मनोवैज्ञानिक विवरणों को बहुत संयत मात्रा में पेश किया गया है जिससे यह एक चरित्र का अध्ययन लगने लगता है। इससे चरित्र के अनावृत होते जाने के साथ ही कथानक की तस्वीर उभरने लगती है। लेकिन किरदार के अलग-अलग

गुणों को पृथक् नहीं किया गया है बल्कि उनको दूसरों की आवश्यकता, स्वभाव और चरित्र से पैदा होने वाले दबावों और खिंचावों की अंतर्क्रिया में दिखाया गया है :

> सं. 1930 में मैं जब तेईस बरस का था, एक दिन खिड़की पर बैठा था, वसंत ऋतु, हवा ठंडी चलती थी। सांझ फूली हुई, आकाश में एक ओर चंद्रमा दूसरी ओर सूर्य पर दोनों लाल-लाल, अजब समा बंधा हुआ कसेरू, गंडेरी और फूल बेंचनेवाले सड़क पर पुकार रहे थे। मैं भी जवानी की उमंगों में चूर, जमाने के ऊंच-नीच से बेख़बर, अपनी रसिकाई के नशे में मस्त, दुनिया के मुफ़्तखोरे सिफ़ारिशियों से घिरा हुआ अपनी तारीफ़ सुन रहा था, पर इस छोटी अवस्था में भी प्रेम को भली-भांति पहचानता था।

यह अंश एक ख़ास मनोदशा पेश करता है, वसंत की प्रफुल्लता उसके यौवन से मेल खाती है जो एक दिन शाम को खिड़की पर बैठा बाहर झांक रहा है। यह खिड़की न केवल आसमान की, बल्कि सड़क से आती आवाज़ों और गंध की भी झलक देती है। आत्मविवरण एक कथा-रहस्य पैदा करता है। इस धोखा खाए युवा की नियति क्या होगी? अगला दृश्य उसके दीवानख़ाने का है। यहां वह अपने शुभचिंतकों से इतना घिरा और दबा हुआ है कि आतंकित हो उठता है। वे उसकी सुंदरता की, उसके ज्ञान की, स्त्रियों में उसके आकर्षण, उसके पहनावे, उसकी दिलचस्पियों, उसके घोड़ों, उसके कबूतरों की तारीफ़ करते हैं जो कि ईसाई ग्रंथों के फ़ाख़्ता जैसे हैं। लेकिन अगर यथार्थ का एक स्तर यह है तो दूसरा भी कोई दूर नहीं है। लेखक अगले दृश्य को एक तमाशा कहते हुए सामने लाता है क्योंकि अगर मंच पर एक तरह का जमावड़ा है तो एक जमावड़ा मंच के परे है : दीवानख़ाने की तरफ़ जाने वाला ज़ीना संपदा और सत्ता का ज़्यादा नीच, बदसूरत चेहरा दिखाता है। यहां तमाम तरह के दलाल, भंड़वे और सूदखोर जमा हैं। उन सबमें एक समानता है—उनकी ज़बान पर सिर्फ़ पैसा है, हालांकि उनमें से कुछ *स्वामिभक्त* भी हैं। यहां लेखक की नाट्यप्रतिभा उभरकर सामने आती है; अधिकांश आख्यान प्रत्यक्ष कथन-शैली में है। आदमियों के इस बेतरतीब झुंड में वह हमें एक पात्र को ज़्यादा नज़दीक से देखने के लिए आमंत्रित करता है। वह कहता है कि उससे हमारा काफ़ी साबक़ा पड़ने वाला है, यह किसी आने वाली अनहोनी का एक और संकेत है। यह ठिंगना, गठीले शरीर का स्याह रंग का आदमी है। उसकी मूंछें बड़ी-बड़ी हैं और उसने तड़क-भड़क वाले कपड़े पहने हैं। उसके रंग-रूप के अनुसार उसका नाम भी होली है। वह उस इलाक़े के मेहनती किसानों की कुनबी जाति का है। लेकिन उसके पास और भी गुण हैं। उसने इस बिंदु पर नैरेटर के साथ अच्छा राब्ता बना लिया है। जो भी युवा स्वामी से मिलना चाहता है, उसे पहले होली से बात करनी पड़ती है। वह ऐसा आदमी है जिसके बारे में आप कह सकते हैं कि, *रेवड़ी के लिए मस्जिद गिरानी इसी का काम है।* दुर्भाग्यवश यह क़िस्सा यहीं टूट जाता है।

यहां एक यथार्थपरक मगर बेहद निजी आख्यान-पद्धति दिखाई देती है। यह ऐसे गद्य में है जो इस यथार्थवाद को पर्याप्त रूप से दर्शा सकता है। वाक्य छोटे-छोटे हैं जो कम शब्दों में ही छोटी-छोटी जानकारियां मुहैया करा देते हैं। इन्हीं में रह-रहकर लंबे ब्योरे आ जाते हैं। इन छोटे-छोटे वाक्यों से कहानी को एक रफ़्तार भी मिलती है और बिना किसी जल्दबाज़ी के दृश्य को फ़ुर्सत से देखने का मौक़ा भी मिलता है। अब कोई अजीबोग़रीब विशेष दृश्य खींचने की ज़िम्मेदारी का दबाव भी नहीं बचा है। इसके साथ ही वह बेढबपन भी ख़त्म हो

जाता है जो (1) कार्यव्यापार और प्राकृतिक सेटिंग को बरतने में पैदा होता है, जैसे—*प्रदोष में त्रिदेव पूजन* में, (2) जो ऐसे वैयक्तीकरण से पैदा होता है जो अपनी आवाज़ को पाने के लिए एकांत की मांग करता है जैसे *धैयसिंधु* में, (3) जो ऐसी एकल ध्वनि उभारने में पैदा होती है जो भावना व्यक्त करने के क्षण में परंपरागत खोल में सिमट जाती है। इसके बावजूद, संभवतः यह संयोग की बात नहीं है कि यह कहानी फिर भी एक टुकड़ा ही बनकर रह जाती है।

कविवचनसुधा के अगले अंकों तथा *हरिश्चंद्रचंद्रिका* में कोई आख्यानात्मक नवाचार दिखाई नहीं देता। *हरिश्चंद्रचंद्रिका* में आख़िरी सालों में *चोज की बातें* नाम से एक नियमित कॉलम प्रकाशित किया गया (अंक 5.1, अक्टूबर, 1877 से) जिसमें आमतौर पर लतीफ़ों, अकबर-बीरबल के क़िस्सों को एक सीधे-सपाट अंदाज़ में, अकसर महज़ मोटा-मोटी घटनाओं के ब्योरे के रूप में लिखा जाता था। *मालती* नाम से एक उपन्यास शुरू करने का भी प्रयास किया गया लेकिन इसके भी लेखक का कोई ज़िक्र नहीं था (2.5, 2.6, फरवरी एवं मार्च, 1875)। यह उपन्यास ख़ुद अपने ही पेचीदा कथानक में उलझकर रह गया। शहज़ादों, साज़िशों और कपट से भरे इस उपन्यास का रास्ता सिर्फ़ दो किस्तों के बाद ख़त्म हो गया था।

उन्नीसवीं शताब्दी के आख़िरी दशकों में *देवरानी-जेठानी की कहानी* (1870) जैसी रचनाओं में मिलने वाला ज्ञानोपदेशी वज़न फिर भी बना रहा।[68] लाला श्रीनिवास द्वारा लिखित *परीक्षागुरु* (1882) में समाज के मध्यम तबक़ों के सामाजिक जीवन का तुलनात्मक रूप से यथार्थपरक चित्रण भी इसी ज्ञानोपदेशी अंदाज़ में पेश किया गया। परंपरागत क़िस्सागोई के लोकप्रिय तिलिस्म को देवकीनंदन खत्री के अतिलोकप्रिय *चंद्रकांता* (1892) में अभिव्यक्ति मिली। बीसवीं शताब्दी के प्रारंभ में प्रेमचंद, जो उर्दू परंपरा से भी आते थे, के उपन्यासों में जाकर ही उस यथार्थवाद को अभिव्यक्ति मिली जिसकी कोशिश हरिश्चंद्र की *एक कहानी, कुछ आपबीती कुछ जगबीती* के नौसिखिया टुकड़ों में की गई थी।

नाटक

1968-69 में जब *कविवचनसुधा* का प्रकाशन शुरू हुआ, तब तक आधुनिक हिंदी में लिखित नाटक को कुछ जगह मिलने लगी थी। हालांकि हरिश्चंद्र अपने पिता के लिखे *नहुष नाटक* (1858-59) को इस विधा की पहली रचना मानते थे लेकिन इस नाटक की संरचना और रुझान ब्रजभाषा के नाटक लेखन की परंपरा का ही हिस्सा थे जो तथाकथित मुस्लिम काल में सत्रहवीं और अठारहवीं शताब्दियों में क़ायम रहा था जब सारी नाट्य गतिविधि समाप्त मान ली गई थी।[69] आधुनिक हिंदी नाटक के क्षेत्र में पहली रचना निःसंदेह *शकुंतला नाटक* (1963) ही थी जिसका कालिदास की संस्कृत रचना से राजा लक्ष्मणसिंह (1826-96) ने अनुवाद किया था। इसके बाद *जानकी मंगल* (1868) लिखा गया। यह बनारस संस्कृत कॉलेज में पढ़ाने वाले और हरिश्चंद्र के मित्र व सहयोगी पंडित शीतला प्रसाद त्रिपाठी ने हिंदी में लिखा था जिसमें तुलसीदास से लिये गए उद्धरणों का जमकर इस्तेमाल किया गया था। उसी साल बनारस थिएटर द्वारा इस नाटक के मंचन का काफ़ी प्रचार हुआ। यह थिएटर

शहर के ब्रिटिश छावनी इलाक़े में स्थित सभागार था।[70] जहां तक मंचन का संबंध है तो काशी में *रामलीला* का सर्वव्यापी प्रभाव था। इसके बावजूद हरिश्चंद्र हिंदी में नाटक के अभाव पर विलाप करते रहे। असल में वह जिन परंपराओं की दुहाई दे रहे थे, वे संस्कृत की परंपराएं थीं जो विलियम जोंस द्वारा कालिदास के *शकुंतला* के अनुवाद के बाद हिंदुओं के राष्ट्रीय थिएटर का श्रद्धेय स्रोत घोषित कर दी गई थीं–इस थीसिस पर एच.एच. विल्सन ने *सेलेक्ट स्पेसीमेंस ऑफ़ दि थिएटर ऑफ़ दि हिंदूज़* (1835) में और ज़ोर दिया। लेकिन संस्कृत परंपरा को नए के अर्थ में स्थापित करने का काम बाक़ी था। इस संबंध में एक मॉडल निश्चय ही शेक्सपियर थे जो अठारहवीं शताब्दी में 'अंग्रेज़ों के सर्वोत्कृष्ट कवि' मान लिये गए थे।[71] न केवल उनके ऐतिहासिक नाटकों की सराहना हुई बल्कि उनके 'किरदारों' की रचना को उनकी सबसे बड़ी उपलब्धि माना गया।[72] इसी संदर्भ में हरिश्चंद्र ने अपने निबंध *नाटक* (1884) में कालिदास, भवभूति और शेक्सपियर की उपलब्धियों की एक साथ सराहना की थी। जैसा कि बाद में उन्होंने ज़िक्र भी किया, *नवीन भेद* यानी नए तरह के नाटक बंगाली में जमकर लिखे गए थे और बंगाल में ज़बर्दस्त रंगमंचीय सरगर्मियां चल रही थीं।[73] कलकत्ता में ही 1873 में नेशनल थिएटर के वाजिब नाम से पहला सार्वजनिक थिएटर खुला था।[74]

इस बीच हिंदी नाटक को बंगाली और शास्त्रीय नाटकों के अनुवाद से सींचने का प्रयास किया गया। फलस्वरूप, 1868 में हरिश्चंद्र ने संस्कृत से हर्ष के *रत्नावली* के अनुवाद की पहली नाकाम चेष्टा की। बाद में उन्होंने *धनंजय विजय* के अनुवाद का प्रयास किया जो ज़्यादा सफल रहा।[75] अठारहवीं शताब्दी के कवि भारतचंद्र राय द्वारा लिखे गए लोकप्रिय बंगाली रोमांस *विद्यासुंदर* का हरिश्चंद्र द्वारा किया गया अनुवाद 1867 में ही सामने आ चुका था। उनके अपने नाट्य विकास के लिए ग्याहवीं शताब्दी में लिखे गए संस्कृत के रूपकात्मक नाटक *प्रबोधचंद्रोदय* के *पाखंडविडंबन* के नाम से हुए अनुवाद का ज़्यादा महत्त्व रहा। यह नाटक 1872 में प्रकाशित हुआ और इसका उच्चस्तर व्यंग्य भी एक ऐसी शैली को वैधता दिलाने के लिए महत्त्वपूर्ण था जिसे हरिश्चंद्र ख़ुद आज़माने की कोशिश कर रहे थे और जिसे 1871 और '72 में उन्होंने *कविवचनसुधा* के प्रारंभिक अंकों में प्रकाशित पंच लघुनाटिकाओं में स्वतंत्र रूप से भी विकसित करने का प्रयास किया था। उन्होंने 1875 में संस्कृत से *मुद्राराक्षस* का अनुवाद किया। उसी साल उन्होंने एक बंगाली नाटक के आधार पर *सत्य हरिश्चंद्र* नाम से एक नाटक भी लिखा। दोनों ही नाटकों में स्पष्ट उपदेशात्मक रुझान था।

पीछे मैंने *कविवचनसुधा* में प्रकाशित लघुनाटिकाओं पर चर्चा की थी जिनमें हरिश्चंद्र ने संवाद के अपने कौशल को परिष्कृत किया था ताकि वह उन्हें समाजिक व राजनीतिक समालोचना के लिए प्रयोग कर सकें। अगले पन्नों में मैं *हरिश्चंद्रचंद्रिका* में प्रकाशित हुए *प्रेम जोगिनी* (1874-75) और *विषस्य विषमौषधम्* (1876) पर बात करूंगी क्योंकि इन दोनों में इस लिहाज़ से लघुनाटिका की विधा का परिष्कार मिलता है कि वे सामाजिक व राजनीतिक कवरेज को विस्तार देते हैं और संबंधित मुद्दों पर ज़्यादा स्पष्ट व निर्णायक स्टैंड लेते हैं। इनमें से पहले वाला एकदम नए क़िस्म की शैली में था। इसका यथार्थवाद एक नई विधापरक श्रेणी का मांग करता है, इसलिए इसका 'फ़ोटोग्राफ़' के रूप में

उल्लेख निश्चय ही सही था। दूसरा नाटक शास्त्रीय *भांड* अथवा हास्य-व्यंग्य एकालाप की शैली में है जो परंपरागत अंतःवासी, देशी राजा के राजपुरोहित द्वारा कहा गया है जिसके कारनामे नाटक की विषयवस्तु बनते हैं। लेकिन यह एक ऐसा पुरोहित है जो सर्वाधिक सामयिक राजनीतिक टिप्पणी देता है, लगभग विवेचनात्मक संपादकीय की तर्ज़ पर। इन दोनों नाटकों को साथ रखकर देखा जाए तो नाटककार सर्वाधिक प्रयोगधर्मी नज़र आता है और सत्तर व अस्सी के दशकों में हिंदी के नाटकों के प्रगतिशील क्षण का प्रतिनिधि दिखाई देता है।

प्रेम जोगिनी शैली के लिहाज़ से प्रारंभिक *कविवचनसुधा* के पंच लघुनाट्यों के सबसे निकट है।[76] इसमें वैसा ही सामाजिक व्यंग्य, टीका, पैनी हाज़िरजवाबी और कॉमेडी है तथा यदा-कदा अतिशयोक्ति के बावजूद इसमें एक कठोर यथार्थवाद भी है। ऐसी रचनाओं को किस शीर्षक के तहत रखा जा सकता है? इस बिंदु पर हरिश्चंद्र हिंदी में उच्चस्तरीय साहित्य रचने की ज़रूरत को ध्यान में रखते हुए संस्कृत नाटक की श्रेणियों का इस्तेमाल करने लगे थे। जब नाटकों को पुस्तकाकार प्रकाशित किया गया तो उन्होंने उनके दृश्यों को कैप्शन भी दिए, जैसे, *काशी के छायाचित्र अर्थात् काशी के दो भले-बुरे फ़ोटोग्राफ़।* फ़ोटोग्राफ़ शब्द की ज़रूरत इस बात का द्योतक है कि वह अच्छी तरह जानते थे कि वह जो शैली गढ़ रहे हैं, उसका पुरानी परंपरा में कोई उदाहरण नहीं था। इस शब्द के प्रयोग से उन्होंने अपनी चेष्टा के आधुनिक चरित्र का संकेत भी दे दिया—प्रसंगवश, उन्हें बढ़िया शौक़िया फ़ोटोग्राफ़र माना जाता था—और साथ ही उन्होंने सामाजिक परिस्थिति में व्यक्ति के उस यथार्थ को भी इंगित कर दिया जिसे फ़ोटोग्राफ़ का माध्यम पकड़ने और संजोने का प्रयास करता है। प्रमुख शीर्षक और उपशीर्षक इस बात को दिखाते थे कि विभिन्न दृश्यों का दोहरा मंतव्य क्या है। केंद्रीय फ़ोकस स्वाभाविक रूप से प्रेम जोगिनी यानी नाटक के *नायक* रामचंद्र पर था, जो प्रेमी भी है और भक्त भी है और जिसने ख़ुद को कृष्ण से प्रेम करने वाली प्रेयसी की स्थिति में ला दिया है। लेकिन फ़ोटोग्राफ़ के फ्रेम में उसको किसी क्लोजअप की बजाय वाइड ऐंगल लेंस से सॉफ्ट फ़ोकस के साथ देखा जाना था। इसका मतलब, उसे शहर के सार्वजनिक स्थानों पर और उस सामाजिक परिवेश में देखा जाना था जिसके प्रसंग में उसका ज़िक्र किया जा रहा था। यदि किसी अच्छे फ़ोटोग्राफ़ में उसका अपने जैसे दूसरे लोगों के साथ गौरवगान किया गया तो ख़राब फ़ोटोग्राफ़्स में उसको इस तरह से चित्रित किया गया जिस तरह से समाज के निचले तबक़े उसे देखते थे। हरिश्चंद्र पंच रचनाओं की संवाद स्थिति से बहुत आगे आ चुके थे। *प्रेम जोगिनी* में उन्होंने नगर के जीवन को दर्ज करते हुए आवाज़ों का एक कॉन्सर्ट आयोजित किया। आश्चर्य की बात नहीं है कि यह नाटक रचनाशीलता के पहले झोंके में लिखे गए चार दृश्यों तक ही सीमित रहा। ज़ाहिर है कि इस गति को बनाए रखना और एक वृहत्तर रचना के लिए उपयुक्त रूपरेखा ढूंढ़ना मुश्किल था।

प्रस्तावना में हरिश्चंद्र के महत्त्व पर अच्छा-ख़ासा ज़ोर दिया गया और उनकी वर्तमान दुर्दशा पर आंसू बहाते हुए यह जानकारी दी गई कि यह नाटक अपने किरदार व उसके कर्मों के :

> तथा इस घोर काल के बड़ा ही अनुरूप है। उसके खेलने से लोगों को वर्तमान समय का ठीक नमूना दिखाई पड़ैगा और वह नाटक भी नई-पुरानी दोनों रीति मिलके बना है (200)।

यानी, हरिश्चंद्र को यह भली-भांति पता है कि हिंदी नाट्य-लेखन के क्षेत्र में उन्होंने क्या भूमिका निभाई है और निभा रहे हैं। साथ ही, अपने द्वारा आरंभ किए जा रहे उन नए नमूनों के बारे में भी वे सजग हैं जो उन पुरानी संरचनाओं के साथ भी अपना संबंध बनाए हुए हैं जिनका प्रतिनिधित्व इस नाटक में सिर्फ़ पारंपरिक आरंभ वाली युक्ति के तौर पर प्रस्तावना के इस्तेमाल द्वारा किया गया है।

नाटक के नायक की तरह शहर के भी दो पहलू हैं, उत्कृष्ट और निकृष्ट। निकृष्ट पहलू, यानी नीचे के तबक़ों की नज़र से दिखने वाली दुनिया पहले सामने आती है। यह दृश्य जॉन गे द्वारा लिखित *बेगर्स ऑपेरा* या बल्कि ब्रेख़्त के *द्रायग्रोशनओपर* की याद दिलाता है। बहरहाल, नाटक के नायक बाबू रामचंद्र और उसके मुसाहिब सुधाकर को छोड़कर नाटक के लगभग सारे पात्र शहर के ठग और बदमाश हैं। अपनी सारी बेअदबी के बावजूद उनको जोश व जीवंतता तथा रंगरलियों के साथ मनाते दिखाया गया है जो कि उतना ही अदम्य है जितना सम्मोहक। उनका जाल पूरे शहर पर फैला हुआ है। शहर के सबसे पावन स्थानों, जैसे मंदिरों में भी वे छाए हुए हैं और रेलवे स्टेशन जैसे स्वभावतः सार्वजनिक स्थानों पर भी उनकी सरगर्मियां फैली हुई हैं। बनारस की सड़कों पर बोली जाने वाली भाषा अवधी और भोजपुरी के बीच पड़ती है। परंतु यहां भी उतार-चढ़ाव हैं और हरिश्चंद्र बड़ा रस ले-लेकर ठगों, पंडों और अग्रवालों के रोज़मर्रा के रंग-बिरंगे मुहावरों का इस्तेमाल करते हैं।

पहला दृश्य *मंदिरादर्श* यानी 'मंदिर का आईना' है जो गोविंदरायजी के मंदिर की पृष्ठभूमि में घटता है। यह मंदिर निश्चय ही चौखंबा स्थित गोपाललालजी और मुकुंदरायजी का मंदिर रहा होगा। पौ फटने का समय है। न केवल देवता नींद में हैं बल्कि रात भर चले नाना भोग-विलास के असर में पुजारी और भक्त भी अभी तक ऊंघ रहे हैं। मंदिर के निचले दर्जे के कारकुन, जैसे झपटिया, जो दर्शन के समय टूट पड़ने वाली भीड़ को थामने का ज़िम्मा संभालते हैं, वे शहर के किनारे पर स्थित अपने घरों से शहर के मध्य में स्थित मंदिर में आ चुके हैं। बातचीत बाबू रामचंद्र के कारनामों की चल रही है। दो व्यापारी, जो कट्टर वैष्णव हैं, वे भी चर्चा में कूद पड़ते हैं और इस महाजन-व्यापारी की पतित जीवन शैली की जमकर निंदा करते हैं। अपने पिता और दादा की तरह बाबू रामचंद्र भी कविताएं लिखते हैं लेकिन उनका ज्ञान संदेहास्पद है :

छक्कूजी : अरे, कवित्त तो इनके बापौ बनावत रहे कवित्त बनावै से का होथै और कवित्त बनावना कुछ अपने लोगन का काम थोरै हय ई भांटन का काम है।

माखनदास : ई तो हई है पर उन्हैं तो ऐसी सेखी है कि सारा जमाना मूरख है और मैं पंडित थोड़ा सा कुछ पढ़-वढ़ लिहिन हैं।

छक्कूजी : पढ़िन का है पढ़ा-वढ़ा कुछ भी नहिनी, एहर-ओहर की दुइ-चार बात सीख लिहिन किरिस्तानी मते को अपने मारग की बात तो कुछ जनबै नाहीं कतैं अबहीं कल के लड़का हैं (202)।

थोड़ी देर में दो और भक्त इस सभा में आ जुटते हैं। धनदास और बनितादास (उनके नामों का मतलब है क्रमशः संपदा और स्त्रियों के ग़ुलाम) जो और चाहे जो हों लेकिन धर्मपरायण तो क़तई नहीं हैं। उनकी सोच और बातों में केवल लंपटता रहती है। वे कर्कश

अंदाज़ में बताते हैं कि मंदिर के गुसांइयों का जीवन कितना विषयासक्त, वासनापूर्ण और ऐश्वर्य में डूबा हुआ है। ख़ुद उनको भी शराब, स्त्री, गाने-बजाने और जहां से जितना माल हाथ लग जाए उसको हथिया लेने के अलावा कोई चाह नहीं है। यह एकमात्र ऐसा दृश्य है जिसमें रामचंद्र ख़ुद थोड़ी देर के लिए सामने आता है। वह दोनों ठगों की जमकर मलामत करता है लेकिन चलते-चलते वह भी शहर के मजिस्ट्रेटों पर कुछ करारे व्यंग्य कस देता है जिनकी जमात से वह ख़ुद ताल्लुक़ रखता है। शहर और उसके मंदिरों की दुर्दशा पर इतना ही।

अगला दृश्य *ऐबी गैबी* है (गैबी शहर का एक स्थान है और ऐबी शब्द यहां ऐबदारी के लिए इस्तेमाल हुआ है) जो गैबी में खुलता है। यहां भी बदमाशों और छुटभइया ठगों का जमावड़ा है जिनमें से कुछ ब्राह्मण हैं। वे मौजूदा हालात और अपने कारोबार की दशा पर बात कर रहे हैं। दृश्य के पहले हिस्से में कुछ लयबद्ध दोहे हैं। एक-एक करके पात्रों द्वारा कहे जाने वाले इन दोहों में एक तरह का यथार्थवाद और सिनिसिज़्म है मगर एक लय भी है। यह लयात्मकता उर्दू शायर नज़ीर अकबराबादी (1740-1830) के बेहतरीन छंदों की याद दिलाती है जो कि लेखक के प्रिय कवि भी थे। यह टेक :

भूखे पेट कोई नहीं सुतता, ऐसी है ई कासी (208 एवं अगले पन्नों पर)

ब्रेख्त की *पहले पेट फिर उपदेश* की याद दिलाती है। चाहे सीधे रास्ते से हो या टेढ़े रास्ते से, यहां लोग पेट पालने के लिए ज़रूरत भर पैसा जुटा ही लेते हैं। दिलचस्प लय पाठक को ठग गिरोह के कारनामों से वाक़िफ़ कराती है जिनको अपनी रोटी जुटाने के लिए अपनी बुद्धि का इस्तेमाल करना पड़ता है। गंगापुत्र जाति–जो दाह-संस्कार करके कमाने वाले, घाटों के ब्राह्मण होते हैं–का गंगापुत्र अपने भाग्य पर शोक नहीं करता :

मिले न को भैया, गंगा मैया दौलत दासी।
हम से पूत कपूत की दाता मनकनिका सुखरासी॥

वह पात्रों की सूची में बदमाश के नाम से वर्णित झूरी सिंह को ठिठोली के साथ संबोधित करते हुए कहता है :

तोहैं का, तू त मार-पीट के करथै अपना कामा।
कोई का खाना, कोई की रंडी, कोई का पगड़ी जामा॥ (209 एवं आगे)

लेकिन जब से गेविन, पोलॉक और मैक्लियॉड नाम के नए मजिस्ट्रेट दृश्य में आए हैं, तब से हालात और मुश्किल हो गए हैं। इसी जमावड़े में जल्दी ही एक परदेसी भी आ जुड़ता है जो उन्हीं के सुर में शहर की मस्तियों का गीत गाता है :

आधी कासी भाट भंडेरिया बाम्हन औ संन्यासी।
आधी कासी रंडी मुंडी रांड खानगी खासी॥ (209)

जहां तक शहर के कथित धार्मिक चरित्र का प्रश्न है तो यहां कोई ख़ास धर्मनिष्ठा दिखाई नहीं देती; तमाम लोग *बेबिस्वासी* हैं :

रामनाम मुंह से नहिं निकसै सुनतहि आवै खांसी।
देखी तुमरी कासी भैया, देखी तुमरी कासी॥ (210)

सिर्फ़ निरा बदमाश झूरी सिंह ही है जो इस तरह की स्याह तस्वीर दिखाने के लिए परदेसी को ताड़ता है। बाक़ी सब लोग इस मसले पर कोई राय देने से कतराते हैं क्योंकि, बकौल

उनके, परदेसी उनका संभावित ग्राहक है और वे उसका दिल नहीं दुखा सकते। रामचंद्र का मुसाहिब सुधाकर इस मंडली के निकट आकर सिर हिलाते हुए कहता है : *क्या इस नगरी की यही दशा रहेगी?*

तीसरे दृश्य का शीर्षक बड़ा वाजिब है : *प्रतिच्छवि वाराणसी।* यह दृश्य मुग़ल सराय स्टेशन का है। उस जमाने में बनारस की रेलगाड़ियां यहीं रुका करती थीं क्योंकि उनको शहर में ले जाने वाला पुल अभी नहीं बना था। यहां दलालों की एक टोली हमेशा आवारागर्दी करती थी। ये लोग सीधे-सादे तीर्थयात्रियों को रेलगाड़ी से उतरते ही अपने फंदे में फंसाने की फ़िराक़ में रहते थे। इस बार सुधाकर को बोलने का मौक़ा दिया गया है। वह बाहर से आए एक पंडित से काशी के सार्वजनिक स्वरूप, पुराणों के मिथकीय नगर के बारे में बात कर रहा है। वह उसे नदी तट के मनोहर दृश्य, ख़ूबसूरत घाटों और पांच-सात मंज़िला हवेलियों के वर्णन सुनाता है जो नदी के दोनों ओर सिर उठाए खड़ी हैं। वह गोपाललाल और बिंदु माधव के मंदिर, विश्वनाथ और अन्नपूर्णा के मंदिरों का गुणगान करता है। इस शहर में और भी दैवी आत्माएं वास करती हैं। फिर वह शहर का शासन चलाने वालों के सोपानक्रम का ब्योरा देता है। इसमें सबसे ऊपर काशी नरेश आते हैं जो उदार हृदय से दान देते हैं और उन्होंने न केवल धर्मसभाओं की स्थापना की है बल्कि भव्य रामलीला भी कराते हैं। ब्रिटिश कमिश्नर, कलेक्टर और मजिस्ट्रेटों के नियंत्रण में चलने वाले नागर और सैनिक शासन के विपरीत नगर काशी नरेश ही यहां के सांस्कृतिक प्रमुख हैं। यहां बहुत सारे धनी व्यापारी हैं, संस्कृत के ज्ञाता और हिंदी के सेवक हैं, यहां कुशल कारीगर हैं। यहां क्वींस कॉलेज, जयनारायण कॉलेज, नॉर्मल एवं लंदन मिशन मिडिल स्कूल जैसे शिक्षा संस्थान हैं और हरिश्चंद्र प्राइमरी स्कूल का तो ज़िक्र ही क्या करना! यहां बहुत सारे सार्वजनिक पुस्तकालय और स्मारक हैं। यहीं सारनाथ के प्रसिद्ध प्राचीन खंडहर हैं। देश भर से आकर लोग यहां बसे हैं और नाना धर्मों के साधु-संत यहां रहते हैं। यहां धन, व्यापार, परिधान और हस्तकलाएं हैं। यह शहर फलता-फूलता और चमकता शहर है।

चौथा और अंतिम दृश्य बुभुक्षित दीक्षित नाम के एक महाराष्ट्रियन पंडित के निवास में खुलता है। शहर में एक *ब्राह्मण भोज* होने वाला है और *महाश कोतवाल,* जो निमंत्रण बांटता है, वह भांग पीने वाले असभ्य और लालची महाराष्ट्रियन ब्राह्मणों की मंडली को बुलावा देने आया है। भोज का आयोजन ब्राह्मणों को फुसलाने के लिए किया गया है : नगर के धनी व्यापारी की युवा पुत्री अभी विधवा हुई है; वह सिर मुड़ाकर अपने सौंदर्य को नष्ट नहीं करना चाहती। पिता ने ब्राह्मणों को भोज दिया है क्योंकि वह चाहता है कि ब्राह्मण उसकी बेटी की इस इच्छा को किसी तरह वैधता प्रदान कर दें। इस बारे में कुछ सौदेबाज़ी और मोलभाव चलता है, कुछ बहस-मुबाहिसा और चाल-कुचाल चलती हैं और अंत में सभी रामचंद्र के आराम बाग की तरफ़ रवाना हो जाते हैं ताकि वहां दावत का आनंद ले सकें। यहां एक तरह की आत्म-विडंबना है क्योंकि प्रत्यक्षतः रामचंद्र ख़ुद भी ऐसे लोगों को अपने निकट लाना चाहता है। इस दृश्य की विशेषता भी इसकी भाषा में ही है : मराठी के लंबे-लंबे संवाद हिंदी बोलियों को सुनने के आदी कानों को ऊटपटांग से लगते हैं। यह प्रभाव सुनियोजित है—एक तरफ़ तो ब्राह्मणों की भीतरी चर्चा सबको सुनाने के उद्देश्य से जोड़ी गई है और दूसरी तरफ़ अपने विद्या-अभाव को छिपाने के लिए उनमें से

ज़्यादातर संस्कृत के मंत्रों को बड़बड़ाते रहते हैं। लिहाज़ा, अंत में उनकी भावभंगिमाएं और आवाज़ें ही बची रह जाती हैं।

ये चारों दृश्य मिलकर नाना ढंग से और नाना स्तरों पर मंदिरों, शहर की पवित्रता की आड़ में पलने वाले परजीवियों, धनी वर्ग के टुकड़ों पर पलने वाले ब्राह्मणों और अंततः रईस के रूप में ख़ुद नायक पर आघात करते हैं। अगर नाटक पूरा हुआ होता तो एक प्रेम जोगिनी के रूप में नायक के त्यागपूर्ण आयाम का ज़्यादा विश्वसनीय चित्रण हो सकता था। परंतु जैसा यह नाटक बन पड़ा है, उसमें नायक की फ़िज़ूलख़र्ची और मौज-मस्ती की काफ़ी मुकम्मल झलक मिल जाती है। तीसरा दृश्य बिना किसी मध्यस्थता के सामने आता है जिसमें किसी सहमति की बजाय सुधाकर का स्वगत कथन ही ज़्यादा है जो शेष तीनों दृश्यों में इतने हो-हल्ले के साथ हावी जनता की बजाय शहर की सार्वजनिक छवि पर एक वक्तव्य ज़्यादा है।

संभवतः यह मात्र एक संयोग नहीं है कि हरिश्चंद्र ने इस नाटक को पूरा नहीं किया। पीछे लौटकर देखने पर इस नाटक में दिखाई गई सामाजिक झलक अपने दौर से आगे का प्रयास जान पड़ती है और लिहाज़ा यह प्रयोग अनूठा बने रहने के लिए ही मानो अभिशप्त था।

विषस्य विषमऔषधम् नाम का नाटक शैली और मक़सद के लिहाज़ से एक और अभिनव प्रयोग माना जा सकता है जिसको *हरिश्चंद्रचंद्रिका* में अक्टूबर 1876 में प्रकाशित किया गया था।[78] नाटक में इस संस्कृत उक्ति के माध्यम से राजनीतिक स्थिति का एक सारगर्भित सार-संकलन और देशी राजे-रजवाड़ों व ब्रिटिश औपनिवेशिक सत्ता की उद्धत तरीक़े से निंदा की गई है। इस सामाजिक-राजनीतिक समालोचना को व्यक्त करने के लिए *भांड़* विधा का इस्तेमाल किया गया है जो संस्कृत की एक शास्त्रीय शैली थी जिसमें एक ही व्यक्ति बोलता है और अभिनय करता है। वास्तव में हरिश्चंद्र एकल अभिनेता वाली *भांड़बहुरुपिया* परंपरा से भी इस शैली को विकसित कर सकते थे जिसमें बहुरुपिया समकालीन घटनाओं पर इस तरह टिप्पणियां करता था कि उससे दर्शकों को मज़ा आता था।[79] परंतु हरिश्चंद्र ने इस रचना को एक भांड़ की श्रेणी में रखा और इस तरह उसे एक सम्मानजनक वंशावली प्रदान करने का प्रयास किया।

इस नाटक में सत्ता के लिए मचा झगड़ा बड़ौदा का है।[80] बड़ौदा के पुराने राजा का तीसरा बेटा मल्हारराव गायकवाड़ काफ़ी अंतर्कलह, षड्यंत्र और प्रति-षड्यंत्र के बाद 1873 में गद्दी पर पहुंचने में सफल हो जाता है। मल्हारराव काफ़ी बदनाम था क्योंकि 1863 में वह अपने भाई को ज़हर देकर मारने की कोशिश कर चुका था। तब उसे नज़रबंदी में रखा गया था। वह कुशासन के लिए विख्यात था और 1874 में अंग्रेज़ों ने उसे धमकी दी थी कि अगर उसने राज्य के हालात न सुधारे तो उसे गद्दी से हटा दिया जाएगा। उसने न केवल अंग्रेज़ों की इस चेतावनी को अनसुना कर दिया बल्कि वह हद दर्जे की बेशर्मी पर उतर आया जब उसने ही अपने हरम में काम करने वाली लक्ष्मीबाई नाम की एक महिला से बहुत भौंडे आडंबरपूर्ण समारोह में विवाह कर लिया जबकि वह पहले से ही विवाहित थी। उसे इससे भी संतोष नहीं हुआ और उसने ब्रिटिश रेज़ीडेंट मिस्टर फायरे को भी ठिकाने लगाने का प्रयास किया जिसे 1873 में इस पद पर तैनात किया गया था। उसने फायरे को भी ज़हर देकर मारने का प्रयास किया। उसकी चाल कामयाब नहीं हुई और जैसे ही उसकी साज़िश का

भंडा फूटा, जनवरी 1874 में उसे नज़रबंदी में डाल दिया गया। कलकत्ता से चीफ़ जस्टिस सर रिचर्ड काउच, जनरल सर रिचर्ड मीड और एक श्री मैलविले, तथा तीन भारतीयों–ग्वालियर व जयपुर के राजा व सर दिनकरराव को मिलाकर एक जांच आयोग का गठन किया गया। मामले के साक्ष्य स्वतःस्पष्ट थे लेकिन आयोग के भारतीय सदस्य किसी सहोदर राजा को हानि पहुंचाने वाली कार्रवाई में लिप्त नहीं दिखना चाहते थे। अंग्रेज़ों को ऐसी कोई हिचकिचाहट नहीं थी इसलिए वायसराय लॉर्ड नार्थब्रुक ने फ़ौरन मल्हारराव को गद्दी से हटा दिया। उसकी जगह उसके दूसरे भाई के दत्तक पुत्र खांडेराव को गद्दी पर बिठाया गया। देसी प्रेस ने इस फ़ैसले की निंदा की और बहुत सारे नाट्य-रूपांतरणों में माधव राव को सत्ता के लिए अंग्रेज़ों द्वारा की जाने वाली जोड़तोड़ का भुक्तभोगी साबित किया। हरिश्चंद्र का नज़रिया ज़्यादा संतुलित था। उन्होंने अंग्रेज़ों के निर्णय को तो सही माना लेकिन इस फ़ैसले के पीछे एक साम्राज्यवादी सत्ता के घमंड को भी ज़िम्मेदार बताया जिसने भारतीय उद्यम को पूरी तरह ध्वस्त कर डाला था। इसके बावजूद, अंग्रेज़ों द्वारा राजा को गद्दी से हटाए जाने के फ़ैसले का विरोध, जो कि पूरे देश के लिए एक गहरे अपमान से कम नहीं था, का मतलब यह नहीं हो सकता था कि हम गायकवाड़ के भ्रष्ट आचरण और पतन को नज़रअंदाज़ कर दें।[81]

यह एकालाप भांडाचार्य यानी महाराजा का अपना पुरोहित बोलता है जो रियासत के हालात पर सबसे अंतरंग नज़र रखता है और अधिकारपूर्वक टिप्पणी कर सकता है। वह मुख्य रूप से परोक्ष ढंग से टिप्पणियां करता है क्योंकि उसे अपना पद और हैसियत भी बचाए रखनी है। इस तरह, पहले प्रकार के विष यानी मल्हारराव की अय्याशी तथा पतित आचरण को बहुत शिष्ट संयम के साथ वर्णित किया गया है :

> और इस तरह हिंदुस्तान में सिर्फ़ तीन लोग हैं जो सचमुच ख़ुश रहना जानते हैं। इनमें पहला मुहम्मद शाह था, दूसरा वाजिद अली शाह और तीसरे हमारे महाराज थे। मुहम्मद शाह के शासन में ख़ूब स्वेच्छाचारी तानाशाही थी, वाजिद अली शाह को लखनऊ गंवाना पड़ा और अब हम यह देख सकते हैं कि यहां इनका क्या होता है (32)।

मल्हारराव की कारगुजारियों को स्वेच्छाचारी शासकों की लंबी फ़ेहरिस्त और उनके हश्र के व्यापक संदर्भ में दिखाने से वह आने वाली दुर्गति की चेतावनी बन जाती है। भांडाचार्य ख़ुद आने वाले विनाश को बिलकुल सही ढंग से देख सकता है। इसके बावजूद, एक राजसेवक होने के नाते वह राजा को गद्दी से हटाए जाने का केवल शोक ही मना सकता है। और इस तरह की घटना से रियासतों की सत्ता-संरचना पर पड़ने वाले परिणामों के प्रति वह अनभिज्ञ भी नहीं रह सकता है।

> हे भगवान, महाराज को क्या हुआ है? उन्हें राजगद्दी से हटा दिया गया? हे भगवान, यह तो कैसा विप्लव था! महाराज नहीं गए हैं, हिंदुस्तान (का सम्मान) ही चला गया है (33)।

ज़ाहिर है कि महज़ व्यापारी के चोले में भारत आने वाले अंग्रेज़ों ने निर्बाध अधिकार के साथ राज्य के मामलों पर पूरा नियंत्रण पा लिया है :

> ईश्वर की महिमा। जो लोग यहां 1599 में व्यापारी बनकर आए थे, आज वही स्वायत्त राजाओं को दूध में गिरी मक्खी की तरह निकाल फेंकने की स्थिति में जा पहुंचे हैं। या फिर यह सिर्फ़ बुद्धि का खेल है (34)।

अब देशी रियासतों के राजाओं की हैसियत शतरंज की बिसात पर रखे मुहरों से ज़्यादा नहीं रह गई थी, जो तभी आगे बढ़ते थे जब उनको बढ़ाया जाता था। जब वे आपस में लड़ते तो अंग्रेज़ जबरन उनमें सुलह करवा देते, हालांकि इसके लिए कभी-कभी उन्हें युद्ध के मैदान में अपने बढ़िया अफ़सर भी गंवाने पड़ते थे। इस नुक़सान की भरपाई के बदले वे जब-तब किसी इलाक़े को अपने क़ब्ज़े में ले लेते। परंतु, उन्होंने लिखित आश्वासन दिया था कि खांडेराव और मल्हारराव के क़ानूनी वारिसों के अलावा और किसी को इस शाही वंश की मान्यता नहीं मिलेगी, इसलिए मल्हारराव की संतान को गद्दी से अलग रखना *तनिक अनुचित* लगता है। परंतु भांडाचार्य ने इसका जवाब भी ख़ुद ही दे दिया :

> अनुचित क्यों, साल 1802 में हुई संधि से सरकार को गायकवाड़ के तमाम घरेलू मसलों पर पूरा हक़ जो मिल चुका था (38)।

इसके बाद सूत्रधार मल्हारराव की कारगुजारियों को निकट से देखना शुरू करता है। उसकी प्रतिष्ठा कुछ ऐसी है :

> हमने सुना है कि जब महाराज नगर के संपन्न घरों में जाते थे तो घर की महिलाएं (ख़ुद को छुपाने के लिए) कुंओं में उतर जाती थीं...। ऐसे में, क्या रावण इनसे बड़ा था या यह रावण से बड़े हैं? एक मामले में तो वह निश्चय ही रावण से बड़े हैं—वह एक से एक स्वेच्छाचार में लिप्त रहते थे और वह भी अंग्रेज़ों के शासन में। धन्य है भारतभूमि कि उसने ऐसे पुत्रों को जन्म दिया। मुहम्मद शाह और वाजिद अली शाह को तो मुसलमान होने की वजह से फिर भी छोड़ दिया गया लेकिन मल्हारराव की हरकतों का यह कलंक हिंदुओं के माथे से कैसे पोंछा जाएगा? विधवा विवाह की तो सब वकालत करते हैं लेकिन उसने तो एक विवाहित सधवा से ही शादी का कांड कर डाला (38-9)।

कोई चाहे जो कहे, अंग्रेज़ों को इंसाफ़ करना आता था। अगर कोई और बादशाह होता तो उसने मौक़े का फ़ायदा उठाकर रियासत को हड़प लिया होता। यह उनका बड़प्पन ही है कि उन्होंने रियासत को गायकवाड़ों के नियंत्रण में रहने दिया। इसके अलावा भांडाचार्य को मल्हारराव के बारे में अपना मसख़रापन दिखाने की भी छूट थी—जैसा कि उसने दो-टूक कहा था, *कोउ नृप होउ हमहि का हानी*।[82] उसने बड़ौदा की गद्दी की सेवा की थी। अब वह अंग्रेज़ों पर जैसे प्रशंसा फूल बरसा रहा है, उनको संशय के साथ ही देखा जा सकता है :

> अंग्रेज़ों की महिमा! उन्होंने इस युग में भी राम और युधिष्ठिर के जैसा न्यायोचित शासन दिखा दिया है, जय हो, जय हो।

और जहां तक मल्हारराव की नियति का सवाल है तो भला विष को ही विष का प्रतिकार क्यों चुना गया? अगर इस घटना को एक महाविनाश के रूप में देखा जा रहा है तो केवल इसलिए क्योंकि आज भी देश में मल्हारराव जैसे देशी रजवाड़े हैं।

हरिश्चंद्र का भांड़ अपने सुर और विषयवस्तु, दोनों लिहाज़ से बेहद राजनीतिक व्यक्तित्व वाला था, इसलिए 9 अक्टूबर, 1876 के *सेलेक्शंस* में उसको भी बाक़ायदा दर्ज किया गया।[83] कलकत्ता के सरकारी दायरों में वहां छपने और खेले जाने वाले नाटकों के दिनोदिन राजनीतिक होते जा रहे तेवरों पर 1875 से असंतोष व्यक्त किया जाने लगा था। 1860 में दीनबंधु मित्र के *नीलदर्पण* नाटक के प्रकाशन के बाद कई ऐसे नाटक आए जिनके नाम

में *दर्पण* शब्द का प्रयोग किया गया था और जिन्होंने किसी न किसी तरीक़े से अंग्रेज़ों द्वारा किए जा रहे शोषण को आईना दिखाने का प्रयास किया, चाहे यह शोषण एक वर्ग के रूप में हो या सरकारी नौकरों की हैसियत से या गोरे व्यापारियों और बागानकारों की हैसियत से रहा हो।[84] इसके बाद 1876 में ड्रामेटिक परफॉर्मेंस बिल पारित किया गया। इस क़ानून ने ऐसे नाटकों पर पाबंदी लगा दी जो 'ब्रिटिश भारत में विधिसम्मत ढंग से स्थापित सरकार के प्रति असंतोष की भावना पैदा कर सकते हैं' और यह चेतावनी दी गई कि अगर किसी निषिद्ध नाटक का मंचन किया जाता है तो उसके प्रदर्शन से जुड़े लोगों को ही नहीं बल्कि दर्शकों को भी सज़ा दी जाएगी।[85] प्रेसीडेंसी शहरों के आलोचनात्मक-राजनीतिक रंगमंच को इस क़ानून से भारी झटका लगा। शेष प्रांतों में पहले ही कम सरगर्मियां थीं, फिर भी इसके ख़िलाफ़ लखनऊ और कानपुर में विरोध सभाएं आयोजित की गई थीं।[86] सामाजिक व राजनीतिक भ्रष्टाचार को दिखाने वाले बंगाली रंगमंच में खेले जा रहे नाटक जल्दी ही नेपथ्य में चले गए और उनकी जगह पौराणिक या ऐतिहासिक-रूमानी विषयों पर होने वाले नाटकों में तेज़ी से इज़ाफ़ा हुआ।[87]

साल 1876 हरिश्चंद्र के लिए काफ़ी व्यस्तता भरा रहा। प्रत्यक्षतः धार्मिक उद्देश्य से लिखित *चंद्रावली* के अलावा उन्होंने *रास*[88] की शैली में *भारत दुर्दशा* भी लिखा जो *प्रबोधचंद्रोदय*[89] से प्रेरित था। फिर भी, ड्रामेटिक परफॉर्मेंस एक्ट ने संभवतः खुलेआम राजनीतिक विषयवस्तु वाली रचनाओं पर एक विराम लगा दिया था। आख़िरकार 1881 में जाकर उन्होंने *अंधेर नगरी* लिखा जिसका चरित्र जनश्रुतियों जैसा था[90] और जिसके छंदों में ज़बर्दस्त प्रवाह था। यह नाटक उनके सबसे प्रिय विषय, यानी औपनिवेशिक सरकार की स्वेच्छाचारी निरंकुशता के बारे में था। अपने जीवन के आख़िरी साल में उन्होंने *नीलदेवी* लिखा जो राजपूत शौर्य की कहानी का नाटक था जिसमें संस्कृत नाटक की परंपराओं को छोड़ दिया गया था और उस समय बेहद प्रचलित हो चुके पारसी रंगमंच के बहुत सारे मंचीय साधनों का इस्तेमाल किया गया था। उसी साल (1884) में *नाटक* के नाम से लिखी गई अपनी लंबी टीका में उन्होंने संस्कृत और हिंदी में नाटकों के इतिहास का विस्तृत ब्योरा देने तथा नए व पुराने नाटक के सौंदर्यशास्त्र पर विचार करने के बाद एक बार राष्ट्रीय रंगमंच की स्थापना के लिए फिर आह्वान किया। यूरोप में विकसित हुए राष्ट्रीय रंगमंच की अवधारणा ही मुक्तिदायी प्रकार्यों से संपन्न थी।[91] प्रेस के अलावा रंगमंच एक ऐसा माध्यम था जो एक प्रभावी सार्वजनिक मंच की भूमिका निभा सकता था।[92]

हरिश्चंद्र के अलावा दूसरे लेखकों ने भी *निकृष्ट नौकरी, रेल का विकट खेल, ग्रामपाठशाला* जैसे सामाजिक-आलोचनात्मक नाटकों में अंग्रेज़ों के तहत निचली नौकरियों, स्कूलों और रेलवे प्रबंधन जैसे महकमों के कामकाज के बड़े सजीव ख़ाके खींचे।[93] लेकिन इन नाटकों का मंचन नहीं किया गया क्योंकि उस वक़्त राजनीतिक रंगमंच के लिए कोई मंच नहीं था और न हो सकता था : पश्चिमोत्तर प्रांत में इतनी सरगर्मियां नहीं थीं। इसके अलावा, ड्रामेटिक परफॉर्मेंस एक्ट के असर ने भी कलकत्ता और बंबई में राजनीतिक रंगमंच का गला घोंट दिया था। हिंदी रंगमंच ने राजनीतिक और सामाजिक रंग-रूप तब अख़्तियार किया जब बीसवीं सदी के चालीस के दशक में इंडियन पीपुल्स थिएटर एसोसिएशन (इप्टा) का गठन किया गया।

गद्य निबंध

हालांकि हरिश्चंद्र को मुख्य रूप से नाटकों में अपनी विविधता और प्रयोगधर्मिता के लिए याद किया जाता है, लेकिन उनके सबसे बुनियादी योगदानों में से एक यह था कि उन्होंने हिंदी में एक साहित्यिक विधा के रूप में निबंध विधा का विकास किया।[94] हरिश्चंद्र से पहले चिंतनपरक गद्य बहुत कम ही लिखा गया था।[95] *कविवचनसुधा* के शुरुआती सालों में उनके समकालीन भी न तो गद्य शैली के लिहाज़ से और न ही तर्क की संरचना के हिसाब से कोई ख़ास सफलता प्राप्त कर पाए थे। हिंदी में ऐसी गद्य रचनाओं को लेख कहा जाता था और उन पर प्रायः लिखने वाले के नाम अंकित नहीं होते थे। ये लेख अकसर सीधे-सपाट, अस्थिर सुर वाले होते थे और प्रायः परिणति पर पहुंचने से पहले ही अचानक ख़त्म हो जाया करते थे। प्रारंभिक नैतिक निबंध, जिनकी पीछे चर्चा आ चुकी है, पहले दौर से ताल्लुक़ रखते थे। सत्तर के दशक के मध्य तक हरिश्चंद्र ख़ुद एक प्रवाहमयी गद्य शैली विकसित कर चुके थे। ये निबंध भाषण के स्वर में लिखे होते थे—हमेशा की तरह उनका अंदाज़ मित्रतापूर्ण प्राधिकार का होता था—लेकिन उनमें वाक्पटुता के फंसाव से अछूती वाग्मिता होती थी और तर्क को सावधानीपूर्वक विकसित करने पर ज़ोर दिया जाता था।

उनकी पत्रिका में चिट्ठियों या संपादकीयों के रूप में छपे इन लेखों में ही सबसे पहले उन विषयों को उठाया गया जिन पर एक आम सहमति की ज़रूरत होती थी। यहां यूरोपीय मुहावरे, यानी पहले मुहावरे, को सीधे-सीधे संबोधित किया जाता था, या तो उसको ख़ारिज़ करने की दृष्टि से या संशोधित रूप में उसको समाहित करने की दृष्टि से। इनमें शास्त्रीय संस्कृत यानी दूसरे मुहावरे का स्पष्ट हवाला दिया जाता था और इसके सहारे वर्तमान फ़ैसलों तथा भावी मार्ग का औचित्य सिद्ध किया जाता था। पत्रिकाओं के प्रारंभिक अंकों में घटनाओं के सार-संकलन और कार्यक्रम संबंधी वक्तव्य तक सीमित रहने की बजाय ये निबंध परिपूर्ण साहित्यिक शैली में विकसित हुए जिसमें इतना लचीलापन था कि वह अलग-अलग स्वर में तमाम तरह के मुद्‍दों को उठा सकते थे। यदि उभरते मध्य वर्ग के नए नैतिक मूल्यों के प्रसार के साथ-साथ भाषा के मुद्‍दे पर चर्चा की जा रही थी और नए साहित्य के विकास पर ज़ोर दिया जा रहा था तो सबसे पहले यह बात इन पत्रिकाओं के पन्नों में ही सामने आई और यहीं पर समाज सुधार के विभिन्न आयामों की चीर-फाड़ हुई। भाषा के मुद्‍दे और नए साहित्य के सवाल पर पीछे चर्चा हो चुकी है जबकि इन पन्नों में उठाए गए विभिन्न धार्मिक मुद्‍दों पर अगले अध्याय में चर्चा की जाएगी।

निबंध शैली की निम्नलिखित चर्चा में महिलाओं के मुद्‍दों से संबंधित लेखों पर कुछ विस्तार से चर्चा की गई है। ये निबंध हिंदू समाज की दशा पर हरिश्चंद्र के चिंतन का एक महत्त्वपूर्ण हिस्सा थे। यह कोई संयोग की बात नहीं है क्योंकि उन्नीसवीं शताब्दी की समाज सुधार संबंधी बहसों में हिंदू स्त्री की दशा समाज सुधार की बहसों का एक मुख्य विषय थी। यह एक ऐसा मसला था जिसको पुरुषों ने अपना सरोकार माना हुआ था और वे ही स्त्रियों की ओर से राज्य और एक-दूसरे के साथ खींचतान में मुब्तिला रहते थे। महिलाओं की भावी पारिवारिक एवं सामाजिक भूमिका उभरते मध्य वर्ग की आत्म-परिभाषा तथा हिंदू परंपरा के पुनर्जीवन का महत्त्वपूर्ण हिस्सा थी। बालिका भ्रूण हत्या, दहेज़, विधवाओं की

दुर्दशा, ख़ासतौर से बाल विधवाओं की दुर्गति तथा वेश्यावृत्ति जैसी कुरीतियों के बारे में मिशनरी ताक़तें काफ़ी रोषपूर्ण अभियान चला रही थीं, लिहाज़ा यह दिखाने की कोशिश की गई कि मुसलमानों के आने से पहले भारत में ऐसी कोई कुरीति नहीं थी और धर्मशास्त्रों में भी इनके लिए कोई स्वीकृति नहीं थी। इसकी बजाय नई हिंदू स्त्री के लिए संस्कृत साहित्य एवं पौराणिक मॉडलों की नई व्याख्याओं को आधार बनाया गया। अब बुर्जुआ विवाह का जो एकसंगी (monogamous) मॉडल प्रचारित किया जा रहा था, उसमें विभिन्न प्रकार के ग़ैर-क़ानूनी यौन संबंधों को या तो किसी न किसी तरह की वैधता दी जा रही थी या उनके उन्मूलन पर ज़ोर दिया जा रहा था। पुरुषों के लिए भी एकसंगी संबंध की वकालत की गई और उनके परस्त्रीगमन, ख़ासतौर से परिवार के भीतर अवैध संबंधों, को अंकुश में लाने का प्रयास किया गया। यदि घरेलू दायरे को दुरुस्त और नियमित करने के लिए सरकारी हस्तक्षेप की आवश्यकता थी तो यह केवल नई सोपानिक संरचनाओं और पितृसत्ता को वैधता प्रदान करने के लिए ही अपेक्षित था जिनके लिए परंपरावादी विमर्श में मुख्य आदर्श आर्यों का प्राचीन और विवेकशील आचरण था। फलस्वरूप, शुद्धता व आध्यात्मिकता के नए आग्रह से दबी इस नई हिंदू स्त्री को परंपरानिष्ठ स्त्री का ही आधुनिक संस्करण होना था। असल में, साक्षरता तथा सशर्त समानता जैसे जिन क़ायदे-क़ानूनों का प्रसार किया जा रहा था, जिनके आधार पर हिंदू स्त्री नए संकुचित घरेलू दायरे में अपने पति के लिए उचित संगिनी, गृहिणी और मां होने का दावा कर सके, वे उन विक्टोरियन आदर्शों से भिन्न नहीं थे जिनका मिशनरी खेमा इतनी उत्साहपूर्वक वकालत कर रहा था।[96] ये जटिल मसले थे और आसानी से हल होने वाले नहीं थे। इतने घनिष्ठ मामलों में रवैए और उसके साथ-साथ वास्तविक व्यवहार लाज़िमी तौर पर अंतर्विरोधी और अस्पष्ट ही हो सकते थे तथा महिलाओं के प्रश्न से इतने गहरे तौर पर जुड़े समाज सुधारों के बारे में निम्नलिखित चिंतन पर ध्यान देते समय उस स्वर के सर्वसत्तावाद को ध्यान में रखना बेहतर होगा जो स्त्री-पत्रिका *बालाबोधिनी* में अपनाया गया, साथ ही, उसकी विधि-निषेधकारी विषयवस्तु को भी ज़ेहन में रखना होगा।[97]

एक शैली के रूप में निबंध की वर्णनात्मक शैली व संरचना के विकास को समझने के लिए पहले मैं *कविवचनसुधा* के प्रारंभिक अंकों में महिलाओं के मुद्दे पर छपे दो लेखों पर चर्चा करूंगी ताकि *भ्रूणहत्या* शीर्षक से इसी विषय पर *हरिश्चंद्रचंद्रिका* में छपी लंबी टीका से तुलना की जा सके, जिसे *ग्रंथावली* में जगह नहीं मिली है। शायद इसकी विषयवस्तु के आधार पर बाद के ज़्यादा शुद्धतावादी युग में इसे *ग्रंथावली* में चयन के योग्य नहीं माना गया होगा।[98] पुराने गद्य और बाद के ज़्यादा व्यवस्थित संस्करण में फ़र्क़ इस बात का बहुत ज़्यादा नहीं था कि इस दौरान मतों में परिवर्तन आ चुका था। बाद के लंबे लेखों में जो विचार मिलते हैं, उनके बीज तो पहले के लेखों में भी मौजूद थे। फ़र्क़ यह है कि अब उन्हें ज़्यादा स्थिर अभिव्यक्ति मिल गई है, उनको ज़्यादा प्राधिकारपूर्वक प्रस्तुत किया जा रहा है और वे ज़्यादा स्पष्ट रूप से व्यवस्थित हैं। विराम चिह्नों का प्रयोग पहले की तरह अभी भी उतना ही बेतरतीब है। विराम चिह्न तीन या चार वाक्यों के बाद जाकर सामने आता है लेकिन ये तीन या चार वाक्य अपने आपमें सुगठित होते हैं और विराम चिह्नों के स्थान पर *और* या *व* जैसे संयोजकों की मेहरबानी से इन वाक्यों के बीच कोई असहज उतार-चढ़ाव नहीं होता। न केवल पैराग्राफ़ एक स्पष्ट संरचनात्मक स्वरूप अर्जित कर चुका है बल्कि

स्वयं लेख भी तर्कशक्ति एवं वक्तृता प्रभाव की दृष्टि से ज़्यादा प्रवाहपूर्ण ढंग से व्यवस्थित हो चुका है। लेखक समकालीन स्थिति के वर्णन के बाद ही यह बताने की कोशिश करता है कि पहले के मुक़ाबले यह कैसे और क्यों भिन्न है। क्रमशः इससे वर्तमान में बदलावों की आवश्यकता सिद्ध होती है।

कविवचनसुधा में महिलाओं की दशा पर लिखा गया पहला लेख एक पत्र के रूप में प्रकाशित किया गया। यह *भारत की महामान्य मंडली और प्रधान-प्रधान पुरुषों के निकट विनयपूर्वक निवेदन* था। यह एक निजी अपील थी जिसमें पहले इस बात का औचित्य पेश किया गया कि इस तरह का संबोधन क्यों आवश्यक है। पुराने जमाने में हिंदू राजा अपने दरबार में नौकरी करने वाले पंडितों से वक़्त की ज़रूरत के हिसाब से क़ानूनों में बदलाव करवा लिया करते थे। फिर मुसलमान यहां आए। तभी से *हमारी जाति का स्वतंत्र और तेजस्वी राजा कोई वर्तमान नहीं* रहा। क्योंकि अब ऐसी कोई सत्ता नहीं है, इसलिए सामयिक प्रमुख व्यक्तियों को ही यह दायित्व उठाना होगा। इसके बाद लेखक ने हृदयस्पर्शी शब्दों में ऐसी विधवाओं की दशा का बखान किया है जो अपनी कामनाओं के सामने समर्पण कर देती हैं और जो अकसर जन्म लेते ही अपनी संतान को मार डालती हैं। पुरुषों को ऐसे किसी पश्चात्ताप से नहीं गुज़रना पड़ता। वह अपने कुनबे-कुटुंब में किसी बुज़ुर्ग, दादा-परदादा का उदाहरण दे देता है जिसने आख़िरकार पुनर्विवाह के लिए अपने कुटुंब की अनुमति पा ली थी, हालांकि यह सबको पता होता था कि ऐसा करना *लोकधर्म के विरुद्ध* है। पत्र की दूसरी किस्त में पुरुषों को मिलने वाली सुविधाओं और स्त्रियों के अभावों पर चर्चा की गई है। तीसरी कड़ी में यह दलील दी गई है कि पुराने जमाने के क़ानून ज़्यादा आसान स्थिति के लिए थे, इसलिए या तो अब उनको बदल लिया जाए या पुरुषों को भी वही क़ानून मानने के लिए बाध्य किया जाए जिनका महिलाएं पालन करती हैं। आज जो भयानक स्थिति है, उसका कोई औचित्य नहीं हो सकता। जैसा कि ईश्वरचंद विद्यासागर ने दिखा दिया है, वेद विधवा विवाह का निषेध नहीं करते। लेख के अंत में एक भावी परिस्थिति की नाटकीय प्रस्तुति की गई है जिसमें दिखाया गया है कि एक दिन वे स्त्रियां ईश्वर के सामने अपने कृत्यों का औचित्य बताएंगी और बताएंगी कि उन्होंने लौकिक जीवन में क्यों पाप किए थे। वे इस दृश्य में अपने भाग्य पर विलाप करती हैं, वे इस बात पर विलाप करती हैं कि उन्हें ही इस देश में जन्म लेने का दुर्भाग्य क्यों मिला। जब वह व्यक्ति मर गया जिसको स्त्री ने प्रेम और सम्मान दिया था तो वे ख़ुद को बौद्धिक चिंतन-मनन में समर्पित कर सकती थीं, लेकिन उनको पढ़ाया ही नहीं गया था तो उनके सामने यह चारा भी न रहा। ऐसी स्थितियों में भला विधाता के विरुद्ध कौन जा सकता था, भला कौन नदी को बांधकर रख सकता था? पुरुष अपने आवेगों पर निःसंदेह नियंत्रण नहीं रख सकते चाहे उनकी आयु सोलह साल हो या पचास साल। अब जाकर ही ऐसा हुआ है, जब उन्होंने ईश्वरचंद विद्यासागर के बारे में सुना है, कि उन्होंने शास्त्रों के लिए सम्मान पुनः प्राप्त कर लिया है। लेखक स्वयं महिलाओं के भावनात्मक शब्दों के साथ इस तरह लेख को ख़त्म करते हुए एक बार फिर यह निवेदन करता है कि देश के श्रेष्ठ जन परिवर्तन का दायित्व उठायें।[99]

दूसरे लेख का शीर्षक है *स्त्री*। इसमें भी उपर्युक्त लेख के कुछ तर्कों को दोहराया

गया है। इसके वाक्य कहीं-कहीं समझ में नहीं आते और पैराग्राफ़ों में कोई विभाजन नहीं है। यह लेख तीन कड़ियों में है, इसलिए इसकी तर्क-शृंखला कहीं-कहीं टूटी हुई दिखाई देती है। इस शृंखला में देश की प्रगति के लिए शिक्षा को महत्त्वपूर्ण मानते हुए उस पर ज़ोर दिया गया है क्योंकि मां से बच्चे को मिलने वाली शिक्षा का स्थान कोई और चीज़ नहीं ले सकती। जब तक देश की स्त्रियों को सम्मान नहीं मिलेगा, तब तक कुछ बदल नहीं सकता। लेखक का मानना है कि प्राचीन काल में इस देश में स्त्रियों को सम्मान से देखा जाता था। सभी धार्मिक प्रसंगों में देवी का उसके पति से पहले आह्वान किया जाता था। विधिवेत्ता मनु ने महिलाओं के लिए विपुल सम्मान दिखाया था। जब द्रौपदी का खुली सभा में अपमान किया गया तो युद्ध छिड़ गया था जिसमें लाखों पुरुष मारे गए। अब उस स्थिति की तुलना आज की स्थिति से करके देखिए जहां न तो कोई महिलाओं को पढ़ने देता है और न ही उन्हें घर की देहली से बाहर निकलने देता है। शृंखला की आख़िरी कड़ी में लेखक यह दलील देता है कि कृष्ण अपनी संगिनी रुक्मिणी को *गृहेश्वरी* यानी घर की देवी कहकर पुकारते थे। तब तलाक की कोई परंपरा नहीं थी, यही इस बात का पर्याप्त साक्ष्य है कि इस देश में महिलाओं को कभी भी उनकी नियति पर नहीं छोड़ा जाता था। संक्षेप में, यह लेख संस्कृत परंपरा से लिये गए साक्ष्यों के आधार पर भावना, तर्क और असंतोष के साथ यह सिद्ध करने का प्रयास करता है कि पहले के हालात भिन्न थे।

इन लेखों को तीन साल बाद *हरिश्चंद्रचंद्रिका* में लिखे गए एक लेख की व्यवस्थित तर्कशीलता और सुघड़ प्रस्तुति के मुक़ाबले लगभग नौसिखिया लेख कहा जा सकता है। इस लेख का शीर्षक था *भ्रूणहत्या* जिसमें विधवाओं की त्रासद लाचारगी को सर्वोच्च अभिव्यक्ति मिली है। इस लेख में एक स्पष्ट ढांचा है : पहले उस घटना का संक्षिप्त ब्योरा दिया गया है जिससे इस चिंतन की ज़रूरत पैदा हुई, फिर लेखक ने यह राय दी है कि उसका इलाज क्या है, उसके बाद महिलाओं की दुर्दशा पर चर्चा है, मनु द्वारा दिए गए विवेकशील क़ानून का उल्लेख है जिसमें हर स्थिति का ध्यान रखा गया था, इस तरह की घटनाएं घटने पर उचित आनुष्ठानिक शुद्धीकरण की व्यवस्था का हवाला दिया गया है, ऐसे उदाहरण दिए गए हैं जिन्हें मौजूदा मानकों के अनुसार अतीत में हुई अनियमित पैदाइश माना जा सकता है, और लेख के आख़िर में यह बताया गया है कि बीते युगों के ज़्यादातर नायक वर्तमान में वैवाहिक माने जाने वाले संबंधों के बाहर पैदा हुए थे।

भ्रूणहत्या सरकार और *आर्य भाई* को संबोधित करते हुए लिखा गया है। इसमें उनसे निवेदन किया गया है कि वे अपनी ज़िद छोड़ दें और ध्यान से सुनें। इस पूरे समुच्चय के राष्ट्रीय एवं राजनीतिक आयाम हैं। यह बात समय बीतने के साथ और स्पष्ट हुई है। लेख के मत में असली प्रश्न एक प्रभावी क़ानून पारित करने का है। अगर अंग्रेज़ सती पीड़िताओं की ओर से हस्तक्षेप करने का अधिकार महसूस करते हैं तो ऐसा कोई कारण नहीं है जिसकी वजह से उन्हें अब ऐसा नहीं करना चाहिए, भले ही वे इसे *धर्म विषय* ही क्यों न मानते हों। यहां लेखक के स्वर में एक उल्लेखनीय बदलाव है। अभी तक स्त्रियों से संबंधित लेख हिंदू जाति के सबसे प्रमुख लोगों से निवेदन के स्वर में लिखे जाते थे लेकिन अब लेखक सरकार से ज़िम्मेदारी उठाने का आह्वान कर रहा है।[100]

शहर के भूला नाला इलाक़े में एक बालिका पड़ी पाई गई। ईश्वर ने उसका जीवन बचा लिया और वह ज़िंदा रह गई। उसको निश्चय ही उसकी माता ने फेंक दिया था। इसके कारणों की तलाश के लिए दूर जाने की ज़रूरत नहीं है। लेखक भली-भांति जानता है कि यह कोई विधवा ही है जिसने अपने अनचाहे शिशु से छुटकारा पाने का प्रयास किया है। इस घटना का केवल स्थानीय महत्त्व नहीं है। पूरे हिंदुस्तान में हर महीने ऐसी कम से कम हज़ार मौतें ज़रूर होती होंगी। लेकिन असली दोषी *हमारे ही आर्यगण और धर्माभिमानी लोग* हैं। अगर वे ऐसे बच्चों को स्वीकार कर लें तो ऐसी हत्याएं और इतने बड़े पैमाने पर हत्याएं क्यों होंगी?

इस तर्क में दूसरा चरण वह है जो हम पहले भी सुन चुके हैं—यानी महिलाओं से अपने अत्यंत नैसर्गिक आवेगों को नियंत्रित करने की मांग करना अनुचित है जबकि पुरुषों से ऐसी अपेक्षा नहीं की जा रही है। यहां लेखक इस बात को कहने के लिए अपने वाक्चातुर्य का कुशलतापूर्वक प्रयोग करता है।

> समुद्र के वेग को किसने रोका है। ... बड़े ऋषि-मुनि जिस वेग को नहीं रोक सके, उस वेग को आप इस काल की अबलाओं से रुकवाया चाहते हैं।

महिलाओं का सदाचरण ज़रूरतों के दबाव के चलते है। पुराण इसके साक्षी हैं। इस बात पर ज़ोर देने के लिए लेखक कई उद्धरण देता है कि महिलाएं स्वाभाविक और वैध रूप से तथा अपनी बनावट के लिहाज़ से सर्वाधिक ऐंद्रिय प्राणी होती हैं। इनमें सबसे दमदार उदाहरण अहल्या का है जो नारद के साथ शास्त्रार्थ में उन्हें बताती है कि स्त्रियां वस्तुतः अपनी कामना को कभी नियंत्रित ही नहीं कर सकतीं। लेखक इस बात के लिए क्षमाप्रार्थना करता है कि वह अहल्या के शब्दों को विस्तार से उद्धृत नहीं कर पा रहा है क्योंकि वे इतने बेबाक हैं कि उसे ख़ुद कहने में शर्मिंदगी महसूस हो रही है। पाठक को हृदय में इन बातों का निश्चय ही पता है। लेखक ऐसे लोगों को बर्दाश्त नहीं कर पाता जो अच्छी तरह जानते हैं कि स्थिति क्या है और फिर भी उसको बेपर्द नहीं करना चाहते। वह मानता है कि इस तरह के पाखंड की केवल निंदा ही की जा सकती है।

लेख का केंद्रीय तर्क यह है कि विधिवेत्ताओं के शिरोमणि मनु ने चीज़ों के वास्तविक स्वरूप पर ध्यान दिया था। यद्यपि उन्होंने भी कहा था कि महिलाएं पुरुषों के नियंत्रण में रहें लेकिन स्त्रियों के स्वभाव को जानते हुए उन्होंने बारह प्रकार की संततियों के प्रावधान किए और उनको मान्यता दी। इनमें से पांच का माता या पिता, दोनों से कोई रक्त संबंध नहीं था, चार का केवल मां से रक्त संबंध था और सिर्फ़ तीन ही थे जिनका दोनों अभिभावकों से रक्त संबंध था। इस अंतिम श्रेणी में ही *पौनर्भव* यानी ऐसे बच्चे भी थे जो किसी *पुनर्भू* स्त्री से अर्थात् ऐसी स्त्री से पैदा हुए हैं जिसको या तो उसके पहले पति ने छोड़ दिया था या जो विधवा हो चुकी है। बेशक, मान्यता के स्तर में कुछ फ़र्क़ था लेकिन इन सभी संततियों को मान्यता दी गई, इससे इनकार नहीं किया जा सकता। जब ऐसी स्थिति है तो यह सवाल उठना स्वाभाविक है :

> तो आप लोग हज़ारों स्त्रियों को वेश्या बनाना और लाखों भ्रूणहत्या कराना पसंद करते हों, पर भारतवर्ष में पौनर्भव संतति रहना पसंद नहीं करते? यदि ऐसा ही है तो आप लोग निस्संदेह आर्यावर्त के शत्रु हैं।

यदि असंतुष्ट महिलाओं को ऐसी स्थिति में पाया जाता है तो उनको फ़ौरन पुनर्विवाह की अनुमति दी जानी चाहिए। यहां यह याद रखना ज़रूरी है कि जब तक पिता जीवित है तब तक बच्चे को जारज या हरामी नहीं कहा जा सकता। लेखक अपने पाठकों से बहुत ज़्यादा नहीं मांगता। वह बस इतना चाहता है कि अगर कोई किसी विधवा से विवाह करे तो उसे न तो बिरादरी से बाहर निकाला जाए और न उसकी निंदा की जाए। पुरुष ही हैं जो अपनी इच्छा से किसी भी तरह के दुराचार में संलग्न हो जाते हैं, जिन्हें ईश्वर का कुछ भय होना चाहिए, और यही अवगुण हैं जिनको रोका जाना चाहिए, न कि उन व्यवहारों को रोका जाना चाहिए जिनको शास्त्र भी स्पष्ट रूप से मान्यता दे चुके हैं।

जब भ्रूण या नवजात शिशु की हत्या की जाती है तो कितना घोर पाप होता है। जब लेखक प्रत्यक्षतः पाठक को संबोधित करता है तो मध्यम पुरुष सर्वनाम में बात करता है, लेकिन प्रथम पुरुष बहुवचन में भी पुरुष ही शामिल हैं। तुम पुरुष स्त्रियों को यह पाप करने के लिए क्यों विवश करते हो? तुम्हारे पुरखों की प्रवृत्ति बिलकुल अलग थी। वे अपना अपमान सह सकते थे लेकिन स्त्रियों का अपमान नहीं करते थे, वे उनको क्षमा कर देते थे। यदि कोई स्त्री विवाह से पहले गर्भवती हो जाती थी तो भी वे उसके विवाह की व्यवस्था करते थे। हमारे *उदार चित्त पुरखा लोग* ऐसे थे। *मिताक्षरा* ने पुनर्भू यानी पुनः विवाह करने वाली तीन तरह की स्त्रियां बताई हैं : ऐसी स्त्रियां जिन्होंने कभी पति के साथ सहवास नहीं किया था; ऐसी स्त्रियां जो सहवास कर चुकी थीं; और ऐसी स्त्रियां जिनका बाद में देवर से विवाह कर दिया गया। तीनों के मिलन को शास्त्रों में मान्यता प्राप्त थी और इस तरह बहुत सारे जीवन बचा लिये गए।

अगर हिंदू अपनी वर्तमान स्थिति को नहीं समझेंगे तो वे एक दिन धरती से मिट जाएंगे, उनकी भी वही नियति होगी जो पृथ्वी पर पहले वास करने वाले मैमथ/भीमकाय हाथियों की हुई थी। इतने मुसलमान और ईसाई आते जा रहे हैं। अगर हिंदुओं की नस्ल ख़त्म हो जाती है तो इसका दोष सिर्फ़ हिंदुओं पर होगा।

पुराने जमाने के हिंदुओं को पौनर्भव लोगों को अपने समकक्ष मानने में कोई हिचकिचाहट नहीं होती थी। अतीत के एक से एक विराट व्यक्तित्व इसी श्रेणी में आते हैं। व्यास और वशिष्ठ तो उस वंश के पुरखे थे जिसका *रघुवंश* में गौरवगान किया गया है और *महाभारत* के महानायकों का तो उल्लेख ही क्या करना! पतिव्रता का सम्मान पाने वाली दमयंती ने पुनः विवाह की अपनी इच्छा की घोषणा की थी और द्रौपदी के पांच पति थे। विदुर का जन्म व्यास द्वारा एक दासी के साथ सहवास से हुआ था और एक-तिहाई मानवता द्वारा पूजे जाने वाले ईसा मसीह को जोज़ेफ ने अपना पुत्र स्वीकार किया था।[101] क्या कारण था कि उस युग में इस तरह की संतति को मान्यता थी? *क्योंकि उस काल के लोगों के चित्त उदार और सच्चे तथा परिणामदर्शी थे।* लेखक अंत में यह निवेदन करता है कि पाठक इस विषय में अपनी ज़िद छोड़ दें ताकि इतने भ्रूणों और शिशुओं की हत्या न हो और आर्यों की संतानों की रक्षा की जा सके। पिछले लेखों के मुक़ाबले यहां नई बात यह है कि भाषा भावनात्मक तो है लेकिन उसमें करुणाभाव नहीं है। और लिखने का कौशल ऐसा है कि एक स्थानीय घटना को भी एक व्यापक मुद्दे में तब्दील कर दिया गया है जो मूलतः राजनीतिक मुद्दा है और उसे राष्ट्रीय फलक पर देखा जा रहा है। इसमें तर्क और सहायक साक्ष्य का

स्थान स्पष्ट है। जैसे अतीत के विवेकवान विधि निर्माताओं ने नाना प्रकार के संबंधों से पैदा होने वाले बच्चों को मान्यता देने के प्रावधान किए थे, उसी तरह लेखक भी नई स्थिति में नए क़ानून की मांग करता है।

यह निबंध एक ऐसी शैली में था जिसको बेहद व्यापक प्रसार और स्वीकार्यता मिली। 'प्रेमघन', प्रताप नारायण मिश्र और बालकृष्ण भट्ट की रचनाओं ने इसे बेहद लचीली और जीवंत शैली बना दिया था और इसमें नाना प्रकार के मुद्दों पर लिखा गया। हरिश्चंद्र के इस विशिष्ट उपहार और अभिशाप—राजनीतिक व्यंग्य लेख—को परिणति मिली बालमुकुंद गुप्त (1865-1907) की रचनाओं में, जिनकी लिखी *शिवशंभु के चिट्ठे और ख़त* इस विधा का चरमोत्कर्ष था।[102]

यात्रा-वृत्तांत

हिंदी में यात्रा-लेखन एक नया उद्यम था। दिनोदिन फैलते रेलवे नेटवर्क की मेहरबानी से अब लंबी-लंबी दूरियां तय की जा सकती थीं। नए परिवेश में जाने का मतलब था, अनजाने रीति-रिवाजों और शिष्टाचार को देखना, उनका दस्तावेज़ीकरण व मूल्यांकन करना और जानकारियां इकट्ठा करना। परंतु इस प्रक्रिया में यात्री ख़ुद अपनी सामाजिक स्थिति और अपनी धार्मिक-सांस्कृतिक पहचान के प्रति सचेत भी हो जाता था। इन भिन्नताओं के साथ मुठभेड़ अकसर रेलगाड़ी में ही शुरू हो जाती थी। रेलयात्रा नया और आकर्षक अनुभव तो था लेकिन इसमें काफ़ी असुविधा भी थी और देशी यात्री को अपरिहार्य रूप से नस्ली अहंकार व भेदभाव का सामना तो करना ही पड़ता था। मंजिल पर पहुंचने के बाद यात्री का सामना ऐसे भूदृश्यों, समुदायों और संस्कृतियों से होता था जो सुनी-सुनाई बातों व पौराणिक महाकाव्यात्मक साहित्य के माध्यम से तो परिचित प्रतीत होती थीं, लेकिन इस वास्तविक आनुभविक यथार्थ में अजनबी को असहज प्रतीत होती थीं। कौन सी चीज़ें लोगों को वर्तमान में एक-दूसरे से जोड़ती हैं और अतीत में उनकी कौन सी साझा जड़ें रही हैं? ऐसी स्थिति में यात्रा का मतलब देश का एक नक़्शा तैयार करने जैसी क्रिया होती थी क्योंकि यात्री आनुभविक और सांस्कृतिक स्तर पर उसे हासिल करता था। जो सांस्कृतिक अस्मिता इस एकजुटता और पृथकता में थी, उसके प्रति यह एक नई सजगता थी। इसके बारे में लिखते हुए यात्री इस अनुभव को अपने पाठक से बांटता था।

हरिश्चंद्र से पहले हिंदी में इस तरह के निजी यात्रा-वृत्तांतों का कोई नमूना नहीं था। उनके अपने शुरुआती प्रयास भी अकसर संबंधित भूदृश्य के निश्चित ब्योरों—जो अपने तमाम वाक्कौशल के बावजूद प्रवाहमय नहीं थे—और यात्रा संबंधी सूचना के बीच कहीं पड़ते थे। परंतु दूसरे प्रसंगों की तरह प्रारंभिक लेखों से लेकर सत्तर के दशक के आख़िरी सालों की *हरिश्चंद्रचंद्रिका* में आए काफ़ी परिपक्व लेखों तक न केवल गद्य के स्तर पर, बल्कि उस नज़रिए और परिपक्वता के स्तर पर भी निरंतर विकास दिखाई देता है जिसके सहारे वह अनजान परिवेश जो साझा साहित्यिक व धार्मिक परंपरा से भले ही जाना-पहचाना रहा हो मगर वास्तव में अनजाना ही होता था, जाना-पहचाना लगने लगता था। ऐसे में, यदि एक स्तर पर यात्रा-लेखन में पुरानी तीर्थ परंपरा और पवित्र स्थानों के माहात्म्य का बखान दिखाई देता था तो भी इसको संप्रेषित करने के ढंग और स्वर में एक बदलाव था :

यात्री की उत्सुक दृष्टि स्थानीय दृश्यों व रीतियों को, अपने सामने आने वाले जीवन में मौजूद समानताओं व भिन्नताओं को दर्ज करती है और वह उस स्थान से जुड़ी मिथकीय कहानियों को किसी धर्मग्रंथ में उल्लिखित रचना के बजाय स्थानीय जनश्रुतियों के रूप में प्रस्तुत करता है।

हरिश्चंद्रचंद्रिका के प्रारंभिक यात्रा लेख शुरुआत में यात्रा के नए ढंग से परिचित कराते थे। इसमें रेलगाड़ी, डिब्बा, रेलवे स्टेशन पर मिलने वाली सुविधाएं, सब कुछ अनजाना होता था। *यात्री* के रूप में अपना नाम देते हुए लेखक ने अपने पहले यात्रा लेख में कलकत्ता की एक यात्रा का वर्णन किया है (क.व.सु. 3.1, 30 अगस्त, 1871)। उसने यह सूचना एक पत्र के रूप में दी है ताकि यह बात *सर्वसाधारण को विदित* हो जाए। सबसे बुनियादी तथ्यों का प्रचार आवश्यक है, कि रेल मुग़लसराय से मिलती है, यह बनारस से रेलयात्रा का एकमात्र विकल्प है, कि यदि कोई समय पर न पहुंचे तो उसे चौबीस घंटे तक प्रतीक्षा करनी पड़ सकती है जो कि लेखक को भी करनी पड़ी। रेलगाड़ी में बैठकर गांव-देहात से यात्री जितनी तेज़ी से गुज़र जाता है, उसमें एक उत्तेजना, एक हैरत का भाव होता है। *यात्री* रास्ते में पड़ने वाले स्टेशनों के नाम गिनाता है और इस तरह उनको भी ज्ञात और जाने-पहचाने जगत में समाहित करता जाता है। दिनाजपुर में अंग्रेज़ों के लिए एक जलपान कक्ष है लेकिन हिंदुओं के लिए कोई व्यवस्था नहीं की गई है, उनका पोषण केवल संयोग पर छोड़ दिया गया है और उन्हें जो मिलता है वही खा लेते हैं। जल्दी ही यह एक जानी-पहचानी शिकायत बनने वाली थी।

हरिद्वार की यात्रा को दो किस्तों में पेश किया गया। यह वृत्तांत भी संपादक के नाम पत्र के रूप में था। पहली किस्त (क.व.सु. 3.1, 30 अगस्त, 1871) में केवल सूचनाएं हैं। इसमें रुड़की टेक्निकल कॉलेज, मशीनों से चलने वाले मिल, हरिद्वार से निकली गंगनहर जैसे तकनीकी करामात आदि का ब्योरा दिया गया है। चिड़ियों और पेड़ों का भी विवरण है जो जबरन ठूंसा गया लगता है और दूसरी कड़ी में आया है (क.व.सु. 3.4, 14 अक्टूबर, 1871) जहां लेखक आत्मचेतन भाव से भूदृश्य का वर्णन करने लगता है। लंबे, अनगढ़ वाक्यों में प्रकृतिक सौंदर्य के विविध आयामों की तुलना मानव व्यवहार के आयामों से की गई है। इसको पढ़कर *रामचरितमानस* में तुलसीदास द्वारा दिए गए ऐसे ही विवरण का स्वर याद आ जाता है :

> यह भूमि तीन ओर समंदर, हरे-हरे पर्वतों से घिरी है जिन पर्वतों पर अनेक प्रकार की बल्ली हरी-भरी सज्जनों के शुभ मनोरथों की भांति फैलकर लहलहा रही है और बड़े-बड़े वृक्ष भी ऐसे खड़े हैं मानो एक पैर से खड़े तपस्या करते हैं और साधुओं की भांति घाम, ओस और वर्षा ऊपर सहते हैं अहा!

स्थानीय मंदिरों, घाटों और पंडे-पुजारियों के बारे में भी कुछ जानकारियां हैं जो कि बनारस के पंडों जितने लालची नहीं हैं। परंतु पत्र एक निजी स्वर में ख़त्म होता है : लेखक इस बात का भी ब्योरा देता है कि वह कहां ठहरा, उसने कैसे खाना पकाया और पहाड़ों पर कहां सैर की, कहां उसने चट्टानों पर टकराते पानी की फुहार का आनंद लिया।

यह निजी संदर्भ अगले यात्रा-वृत्तांत में भी क़ायम रहता है (क.व.सु. 3.23, 20 जुलाई, 1872) जो इस यात्रा के तथ्यों को *देशवाले* को बताने की इच्छा के ऐलान के साथ शुरू

होता है। यहां यात्री यात्रा की परेशानियों और अशिष्ट व्यवहार को गहरी अरुचि के साथ बताता है, हालांकि इसे कहने के लिए उसका स्वर काफ़ी हल्का है, बल्कि उसकी भाषा अधिकाधिक देशज, आम बोलचाल की भाषा के निकट पहुंचती चली जाती है। इस बार यात्रा बंबई की है और इसका रास्ता मध्य प्रांत से होकर जाता है। इसमें भी रास्ते में पड़ने वाले स्टेशनों के नाम आते हैं : जसरा, शिवराजपुर, बर्गढ़, दबोरा, माणिक्यपुर। इस रेलयात्रा में काफ़ी कष्ट है, बहुत गरमी है, न पीने को पानी और न खाने को खाना मिलता है। अगर कहीं उसे थोड़ी-बहुत रेवड़ी मिलती भी है तो वह खाने के लायक़ नहीं होती। यात्रियों के लिए सुविधाएं उपलब्ध नहीं हैं। जबलपुर में यात्रियों को एक तो ठहरने की जगह नहीं मिलती है और ऊपर से सब जगह लोग क़ीमत से ज़्यादा वसूलते हैं। परंतु, वहां चौराहों पर लालटेनें होती हैं और सड़कें खुली व चौड़ी हैं। आगे की यात्रा यात्रियों को घने जंगलों वाले पर्वतीय क्षेत्र से ले जाती है जहां कोई गांव दिखाई नहीं देता।

परंतु *हरिश्चंद्रचंद्रिका* में आए लंबे विवरणों में अंततः लेखक की वह दृष्टि और सहज शैली सामने आती है जो उनके बाद के गद्य की विशिष्टता थी। अब वाक्य छोटे हो जाते हैं जिससे पाठ तेज़ गति से आगे बढ़ता है। ये वाक्य अन्वेषण करते हैं और लेखा-जोखा लेते हुए विवरण भी देते हैं और टिप्पणियां भी करते हैं। इनमें शिष्टाचार व रीति-रिवाज है, सामाजिक जीवन की बनावट है, निजी मुलाक़ातें और हमेशा की तरह रेलयात्रा के कष्टों की शिकायत है। हरिश्चंद्र एक *बनारसी नागरिक,* एक शहरी हिंदू के रूप में यात्रा करते हैं, न कि किसी कुलीन की तरह लेकिन फिर भी वे कुलीन हैं, तमाम सदिच्छाओं के बावजूद मध्यवर्गीय नहीं हैं लेकिन मध्य वर्ग को संबोधित करते हैं। यहां मैंने चर्चा के लिए जो दो वृत्तांत चुने हैं, वे बहुत सुरुचिपूर्ण हैं और उनमें साहित्यिक संकेतों और गीतों की भरमार है। इन यात्राओं का प्रस्थान-बिंदु और मंज़िल ऐसे तीर्थस्थल हैं जो तीर्थयात्रियों की सामान्य यात्राओं से अलग पड़ते हैं। हालांकि धार्मिक साहित्य में उनकी उपस्थिति की ख़ूब चर्चा है लेकिन यहां उनको मानो खोजने का प्रयास किया जा रहा है। लेकिन उनकी खोज सिर्फ़ धर्मपरायणता का कृत्य नहीं है क्योंकि भले ही नज़र केवल धार्मिक पहलू पर केंद्रित हो, उसका कोण अत्यंत व्यापक है।

सरयू पार की यात्रा (ह.चं. 6.8, फरवरी, 1879) अयोध्या से शुरू होती है। यह लेख ख़ुशमिज़ाजी के अंदाज़ में तक़रीबन बेपरवाह तेज़ रफ़्तार से शुरू होता है :

> कल सांझ को चिरागजले रेल पर सवार हुए। यह गए वह गए। राह में स्टेशनों पर बड़ी भीड़। न जाने क्यों? और मज़ा यह कि पानी कहीं नहीं मिलता था।

अयोध्या के धार्मिक महत्त्व पर फटाफट ध्यान दिया गया है। राम की जयंती पर लेखक अयोध्या में है लेकिन उसे इस अवसर पर आयोजित मेला गंदगी और दरिद्रता से भरपूर मिलता है। रेलगाड़ी के बाद ऊंटगाड़ी से, उसके बाद पैदल रास्ता तय किया जाता है। इसके बाद नाव में बैठकर सरयू नदी पार की जाती है और फिर बैलगाड़ी में सवारी होती है। अगला पड़ाव कैंप हरैया बाज़ार है। यहां भोजन पाना मुश्किल है। बस्ती में जाकर चीज़ें मामूली बेहतर हो जाती हैं। यहां के लोग गर्वीले और अकड़कर चलते हैं, मोटी-मोटी मूंछें रखते हैं। औरतें नैन-मटक्का करती दिखती हैं। लेकिन सभी सादा और देहाती लोग हैं। *नई सभ्यता अभी इधर तक नहीं आई।* रास्ते में और मेलों में औरतें जो गीत गाती हैं उनमें कोई शोख़ी नहीं

है, सिर्फ़ एक ही गीत है जो कवि को भाता है। सभ्यता का व्यापक अभाव लेखक को ख़यालों में ढकेल देता है :

> फिर अयोध्या याद आई कि हा! यह वही अयोध्या है जो भारतवर्ष में सबसे पहिले राजधानी बनाई गई। इसी में महात्मा इक्ष्वाकु, मांधाता, हरिश्चंद्र, दिलीप, अज, रघु, श्रीरामचंद्र हुए हैं और इसी के राजवंश के चरित्र में बड़े-बड़े कवियों ने अपनी बुद्ध शक्ति की परिचालना की है। संसार में इसी अयोध्या का प्रताप किसी दिन व्याप्त था और सारे संसार के राजा लोग इसी अयोध्या की कृपाण से किसी दिन दबते थे वही अयोध्या अब देखे नहीं जाती। जहां देखिए मुसलमानों की कब्रें दिखाई पड़ती हैं।

कवि अयोध्या की राजसी सत्ता को ही याद नहीं कर रहा है बल्कि वह कवियों को भी याद कर रहा है जो वाल्मीकि और कालिदास से क़तई कम नहीं थे और जिन्होंने यहां के राजाओं का गुणगान किया। इसीलिए यहां इस नगर को हिंदुओं की सांस्कृतिक धरोहर के रूप में दुबारा हथियाया गया है। यहां कभी हिंदू राजा और कवि हुआ करते थे। इस भूक्षेत्र का पश्चाद्दृष्टि से किए गए विचारधारांकन का साया वर्तमान तक चला आता है। यथा, अब शहर भर में सिर्फ़ मुसलमानों की धूल खाती कब्रें रह गई हैं।[103]

हालांकि ज़िला बस्ती बड़ा है, इस नाम का क़स्बा ग़रीब और रद्दी है। इलाक़े में तीन राजा, 10-12 गोरे साहिब और इतने ही बंगाली हैं। यहां एक छोटा सा नामालूम महल, एक छोटा-सा बाज़ार है। कवि किसी अग्रवाल की तलाश में है। यहां उसे सिर्फ़ एक अग्रवाल मिलता है और वह भी पूर्वी (और फलस्वरूप निम्नतर) शाखा का है। यहां सिर्फ़ एक व्यापारी और एक छुटभैया ठग है जो हर साल जेल की हवा खाता है क्योंकि उसके पास अच्छी तरह ठगने लायक़ चतुराई भी नहीं है। एक छोटा-सा संकरा मंदिर है जिसमें कोई मूर्ति नहीं है। लेखक इसी थीम पर अपनी अगली रिपोर्ट में भी लौट आता है जो मेईदावल से लिखी गई है। इस बीच उसे लोगों की धार्मिक आस्था के बारे में कुछ और पता चलता है। उसे ये देखकर अचंभा होता है कि धार्मिक आस्था उसके अपने संप्रदाय की है, हालांकि, जैसा कि वह हैरानी से कहता है, *हमारे ही मत की शाखा सही पर विचित्र रिफॉर्म्ड मत है। वैष्णव होकर मूर्ति-पूजा का खंडन करने वाले यही लोग सुने।* ऊपर से वे वैष्णवों के दूसरे अनुष्ठानों से भी अनभिज्ञ हैं। पहले आचार्य कोई देवचंदजी थे जो कायस्थ जाति के थे और दूसरे प्राणनाथजी थे जो कच्छ के क्षत्रिय थे। इनकी जाति के उल्लेख भर में एक तरह की अपात्रता इंगित है। गांव उजड्ड और कामांध है लेकिन कवि को अपने आस-पास दिखने वाली मूर्खता से कोई हमदर्दी नहीं है और वह स्थानीय निवासियों पर काफ़ी व्यंग्य कसता है।

अगले लेख *श्री जनकपुर* (ह.चं. 6.12, जून, 1879) तक आते-आते देहातीपन के प्रति यह नाक-भौं सिकोड़ना ख़त्म हो जाता है। यह एक बड़ा सुरुचिपूर्ण लेख है जिसको न जाने क्यों *ग्रंथावली* में नहीं रखा गया है।[104] जनकपुर सीता जानकी का मायका है और अपने पति के साथ वनवास में कठोर कष्ट भोगने और अंत में अपहरण की शिकार होने वाली इस कोमल राजकुमारी के प्रति लेखक की सहृदयता यहां के देहात और लोगों के विवरण में भी फैल जाती है :

> राह में जहां देखिए या तो धान है या सरसों। लोग यहां के कहते हैं कि जब श्री जानकी जी महारानी विदा होकर गईं और सब लक्ष्मी अपने साथ लिये गईं तो आंचल में जो धान था उसे यहां छीट दिया। उसी से धान यहां बहुत है। सरसों की भी बड़ी बहार है जहां तक दृष्टि जाती है सरसों ही सरसों। खित्ते का खित्ता पीला। गुदगुदे जी वाले पर एक अजब असर होता है ''सरसों फूली देखिए एजू मोहनी मीत। सिसिर बिरह मनहूं भयो तन बसन्त को पीत''।

यहां के आख़िरी हिंदू राजा महाराज रणजीतसिंह बड़े पैमाने पर सरसों की बुआई कराया करते थे और जब सरसों फूलती थी तो वह इस पीली दीप्ति को निहारने और उसका आनंद लेने अकेले अपने घोड़े पर निकल जाते थे। अभी तक लेखक अपने आपको भूला हुआ है—वह कहता है कि काश वह कभी शहर को छोड़ पाता क्योंकि उसका हृदय गांव के नैसर्गिक जीवन की ओर खिंचा चला जाता है। यहां के लोग अभी-अभी गुज़रे गायों के काफिले की तरह सरल हैं। यह क्षेत्र नाना पक्षियों व पशुओं से सजीव हो उठा है और जलराशियों में मछलियों की भरमार है। देहात में बंगाल की सारी हरियाली है, यहां की भाषा पुरानी बंगाली से मिलती है जिसमें लिखे गए कुछ भजन कभी पत्रिका में प्रकाशित हुए थे। यहां भोजन आसानी से नहीं मिलता। बढ़िया यही है कि आप खाना साथ लेकर चलें। इस लेख में यात्रा के कष्टों का वर्णन करते हुए भी स्वर में एक सहजता है।

जनकपुर एक गांव है। यहां बने राम, जानकी और लक्ष्मण के मंदिर विख्यात हैं। वे नेपाली शैली के हैं। लेखक इस बात से परेशान दिखाई देता है कि यहां और प्राचीन स्थल क्यों नहीं हैं। शायद इसका कारण यह है कि यह जगह सदियों तक उपेक्षित रही है।[105] लेकिन ये सारी बात खुलकर नहीं कही गई है। वह केवल अपने पुनरान्वेषण के इतिहास का वृत्तांत सुनाकर ही संतुष्ट है। कहते हैं कि कभी महात्मा सुरकिशोरजी यहां आए थे। यहां के लोग कहते हैं कि यह 900 साल पुरानी बात है, लेकिन उनकी काव्य रचनाओं की भाषा काफ़ी बाद की लगती है। शास्त्रों में उपलब्ध सूचना के अनुसार उन्होंने गंगा नदी से दूरी मापकर मिथिलापुरी को चिह्नित कर लिया था। और फिर उन्होंने सपने में वट वृक्ष देखा जिसके नीचे से उन्होंने खोदकर प्राचीन मूर्तियां निकाली थीं। इनमें सबसे प्रमुख मूर्ति काले पत्थर की है जिसमें पांच आकृतियां हैं। ये जानकी और राम तथा उनके तीन भाइयों की मूर्तियां हैं। यहां और भी मूर्तियां हैं; सभी अति प्राचीन लगती हैं। स्थानीय राजा की अनुमति से सुरकिशोरजी ने एक छोटा-सा मंदिर बनवाया था जो अब संन्यासियों के नियंत्रण में है यद्यपि आधे अनुष्ठानों में वैष्णवों का ही अधिकार चलता है। सुरकिशोरजी जानकीजी की पूजा करते थे मानो वह उनके पिता के भाई हों, जबकि उनके शिष्य प्रयागदास सीता को अपनी बहन की तरह मानते थे और उनके साथ भ्रातृत्व भाव रखते थे। इसके बाद उनके कुछ दोहों को उद्धृत किया गया है। पास के जंगल और वहां रहने वाले साधुओं की झोंपड़ियों का ब्योरा देने के बाद लेखक लोहे के एक लंबे धनुष का भी वर्णन करता है जो अभी भी वहां रखा है। यह निश्चय ही शिव के धनुष का संकेत है जिसको सीता का हाथ पाने के लिए राम ने तोड़ा था। इस तरह हिंदू अतीत की स्मृतियों के सहारे इस भूक्षेत्र का विचारधारात्मक हस्तगतकरण कर लिया गया है। लेखक आख़िर में बताता है कि जनकपुर की यात्रा *अति पवित्र पर अति दुरूह* है। इस पूरे वृत्तांत में उल्लिखित साहित्यिक

सभाओं को देखकर कवि ख़ुद गीत गाने लगता है। अगले अंक में वह जानकीजी को संबोधित करते हुए एक वंदना लिखता है और इसी अंक में वैद्यनाथ का भी विवरण है। वैद्यनाथ में मिले शिलालेखों को राजेंद्रलाल मित्र के पास भेजा जाना है ताकि उनका अर्थ पढ़ा जा सके। इस प्रकार इस यात्रा में एक इतिहासकार वाली दिलचस्पी भी है।

अगर हरिश्चंद्र ने *कविवचनसुधा* में *स्वत्व निज भारत गहै* को सुपरस्क्रिप्ट के रूप में दर्ज किया था तो निश्चय ही उसमें यह चाह निहित थी कि भारत हरेक का अपना हो जाए, यानी तमाम विविधता के बावजूद वह सांस्कृतिक रूप से सुबोध हो जाए।

हरिश्चंद्र के बाद अगले कई दशकों तक हिंदी में यात्रा-लेखन नहीं हुआ। बीसवीं शताब्दी के चौथे और पांचवें दशकों में इस तरह का कुछ लेखन रहा लेकिन मात्र तथ्यात्मक या निजी वृत्तांत से आगे जाकर इसमें साहित्यिक गहराई सच्चिदानंद हीरानंद वात्स्यायन 'अज्ञेय' के लेखन से ही आई। संभवतः यह संयोग नहीं है कि जनकपुर ने अज्ञेय को भी प्रेरित किया। उन्होंने अपने कुछ साहित्य संगियों, चित्रकारों और फ़ोटोग्राफ़रों के साथ यहां की यात्रा की थी ताकि इस जगह के बारे में लोगों के अपने बोध के अनुभव को दर्ज कर सकें। यह वृत्तांत *जन जनक जानकी* (1984) नामक लेख संकलन में छपा था।

पुस्तक समीक्षा

हरिश्चंद्र मैगज़ीन में पुस्तक समीक्षा पर भी स्तंभ शुरू किया गया जो अनियतकालिक था। किसी हिंदी पत्रिका के लिए यह एक नया प्रयोग था क्योंकि नए प्रकाशनों और उनके आकलन की जानकारी देने वाला हिंदी में तब तक और कोई मंच नहीं था। मज़े की बात है कि ये समीक्षाएं अंग्रेज़ी में हैं जिसका कारण संभवतः यह था कि इस विधा को अंग्रेज़ी से ही लिया जा रहा था और इसलिए हिंदी में यह एक संक्रमणकालीन माध्यम था और उसमें आलोचनात्मक पुट अभी अविकसित था। ये समीक्षाएं *हरिश्चंद्र मैगज़ीन* के पहले आठ अंकों तक सीमित हैं। पत्रिका की इस पहली अवधि में ऐसी किताबों के मूल्यांकन की भारी चाह दिखाई देती थी, जो हिंदुओं-भारतीयों के इतिहास व सांस्कृतिक उपलब्धियों पर प्रकाश डाल सके—चाहे सकरात्मक या नकारात्मक। कम से कम हरिश्चंद्र के संपादन के दौरान तो और किसी तरह की समीक्षा शायद ही दिखाई पड़ती है।

जेम्स टॉड की *ऐनाल्स एंड एंटीक्विटीज़ ऑफ़ राजस्थान* समीक्षा के लिए चुनी गई पहली किताब थी, जो 1829 में छपी थी। हिगिनबॉथम एंड कंपनी, मद्रास ने इस किताब का दूसरा संस्करण 1873 में निकाला था। इसी संदर्भ में इलाहाबाद ज़िले में सिरसा के स्कूल मास्टर काशीनाथ द्वारा किताब की समीक्षा की गई। काशीनाथ ने किताब की विषयवस्तु का सारांश लिखने तक की चेष्टा नहीं की क्योंकि वह इस मान्यता के साथ लिख रहे थे कि किताब तो पहले से ही सुविदित है। वह निर्द्वंद्व भाव से सराहना और गुणगान की मुद्रा में शुरू हो जाते हैं :

> राजपूत और सामान्यतः सभी हिंदू जेम्स टॉड के ऋणी हैं कि उन्होंने सभ्य जगत के सामने इनके पुरखों की उपलब्धियों और इनके राष्ट्रीय चरित्र का इतने सच्चे प्रकाश में और इतने लाभपूर्वक प्रस्तुति की है...। टॉड की सबसे प्रशंसनीय बात है उनका अत्यंत उत्कृष्ट एवं उच्च भाव, उनकी उदार और तत्पर सहानुभूति, जिनका वह इतिहास लिख रहे हैं उन लोगों

के राष्ट्रीय सम्मान की उचित समझ, उनकी विशाल हृदयता, उनकी व्यापकता और दृष्टि की दार्शनिकता। वह हममें वहां सौंदर्य देख पाते हैं जहां अधिकांश अंग्रेज़ लेखक नैतिकता की अपनी कसौटी के आधार पर सिर्फ़ दोष देख पाते हैं। भला क्या हिंदू होगा जो इस शाहकार को पढ़कर यह न सोचने लगे कि 'क्या ये व्यक्तित्व हमारे ही राष्ट्र के हैं जिनकी इतिहासकार ने इतनी प्रभावी और सच्ची तस्वीर खींची है?... निश्चय ही टॉड ने हिंदुओं में अपने पुरखों के प्रति गर्व भर दिया है। इतिहासकार ने जिन गुणी चरित्रों का इतना सजीव और सच्चा चित्रण किया है, उनके अलावा भला और कौन सी अपनाने और अनुकरण की चीज़ें होंगी' (ह.मै. 1.4, 15 जनवरी, 1874)।

एक इतिहासकार के रूप में टॉड की विद्वत्ता को अंतिम मान लिया गया है। यद्यपि वे अंग्रेज़ हैं लेकिन वे उन लोगों के जीवन में प्रवेश कर जाते हैं जिनका इतिहास लिख रहे हैं और इस सहमर्मिता के बदले उनको राजपूत समाज में अपना लिया गया है, राजमहलों की स्त्रियां उनको अपना भाई तक मानने लगी हैं। इस तत्त्व से उनके लेखन में और विश्वसनीयता आ जाती है। टॉड ने हिंदुओं के गौरवपूर्ण अतीत को बहाल करके अंग्रेज़ों के अहंकार और शिक्षित हिंदुओं के अपमान की भरपाई कर दी है। इस तरह, इतिहास की पुनर्स्थापना में लोगों के राष्ट्रीय सम्मान की पुनर्स्थापना होती है। राजपूतों के लिए उनकी वीरता, दिलेरी व दुस्साहस सिर्फ़ हिंदू अतीत का प्रतीक नहीं है बल्कि वे वर्तमान हिंदू शासकों के लिए आदर्श भी हैं।

इसी अंक में छपी ग्रिफिथ की *पोयटिकल ट्रांसलेशन ऑफ़ वाल्मीकि रामायण* की समीक्षा में भी ऐसा ही गौरवभाव दिखाई देता है। इस किताब का तीसरा खंड कुछ समय पहले ही लज़ारस एंड कंपनी, बनारस द्वारा प्रकाशित किया गया था :

उनकी पंक्तियां बेहद मीठी, सरल और प्रवाहमयी हैं। ये आंग्ल-भारतीय साहित्य में एक समृद्धतम योगदान, बल्कि उसका सम्मान है। श्री ग्रिफिथ वाल्मीकि के लिए वही कर रहे हैं जो होमर के लिए पोप ने किया है आदि।

यह महाकाव्य श्रेष्ठ हिंदू साहित्य भी है और हिंदुओं के वीरतापूर्ण अतीत का दस्तावेज़ भी है। इसके अनुवाद ने क्षत्रियत्व की महिमा सामने ला दी है। सबसे गहरा ध्यान इतिहास-लेखन पर दिया गया है। यहीं सबसे संवेदनशील मुद्दों को स्पर्श किया गया है और लिहाज़ा आवेशपूर्ण, यहां तक कि हिंसक प्रतिक्रिया पैदा होती है। जब शिवप्रसाद की *इतिहास तिमिरनाशक, ए हिस्टरी ऑफ इंडिया इन हिंदी* का तीसरा भाग 1873 में मेडिकल हॉल प्रेस, बनारस द्वारा प्रकाशित किया गया था[106] तो *हरिश्चंद्र मैगज़ीन* के फरवरी 1874 के अंत में 'काशी के एक रूढ़िवादी हिंदू' ने इसकी एक लंबी समीक्षा लिखी थी। इस समीक्षा की शैली और तरीक़ा, जिसमें व्यापक मुद्दों और बारीक़ ब्योरों, दोनों पर ध्यान दिया गया था, काशीनाथ की शैली से इतना भिन्न है कि यह अनुमान लगाना ग़लत नहीं होगा कि यह 'रूढ़िवादी हिंदू' हरिश्चंद्र के अलावा और कोई नहीं थे। अब तक शिवप्रसाद को कवि 'गुरुवर' कहकर संबोधित करता रहा है। इस अंक के बाद उनका नाम ही संपादक मंडल से हटा दिया गया और पत्रिका के पहले पन्ने पर इस आशय की सूचना भी प्रकाशित की गई। शिवप्रसाद के साथ सार्वजनिक विच्छेद शुरू हो चुका था। समीक्षा में असहमति के बिंदुओं को स्पष्ट रूप से लिखा गया था।

समीक्षा में सबसे पहले पुस्तक का संयमित आकलन किया गया है। आकलन से पता चलता है कि पुस्तक अत्यंत महत्त्वपूर्ण थी, क्योंकि यह हिंदी में इस विधा की शुरुआत थी और इसे सरकार का भी संरक्षण प्राप्त था, जिसका मतलब है कि इसे एक स्कूल में पढ़ाए जाने वाले पाठ के रूप में संस्तुत किया गया था। 'यह हमारे देश के वर्नाक्यूलर साहित्य में सर्वाधिक मूल्यवान संवृद्धि है। यह हमारी भाषा में लिखी गई अपनी तरह की पहली रचना है।' लेखक ने प्राचीन हिंदुओं से संबंधित सूचनाओं को संकलित करने में कोई चेष्टा नहीं उठा रखी है। ओरिएंटलिस्टों के कामों के अलावा उन्होंने संस्कृत की विविध रचनाओं में उपलब्ध सूचनाओं पर भी ध्यान दिया है। इस सराहना के बाद समीक्षा सख़्त आलोचना पर उतर आती है :

> किसी ईसाई मिशनरी की तरह वह हिंदी संस्थानों के बारे में इस ढंग से लिखते और बोलते हैं जो कि रूढ़िवादी हिंदुओं के लिए अपमानजनक है। अपने देशवासियों को जैसे चाहें शिक्षा दें, लेकिन अपशब्दों और अपमान के अंदाज़ में नहीं बल्कि प्रेमपूर्ण और कोमल ढंग से—और सरकारी स्कूलों के लिए संस्तुत कृतियों में तो निश्चय ही ऐसा नहीं किया जाना चाहिए (1.5, 15 फरवरी, 1874)।

इस तरह की निंदा के एक उदाहरण के रूप में समीक्षक ने लेखक द्वारा उस घटना के विवरण का उदाहरण दिया है जिसमें सम्राट अशोक एक धार्मिक भोज में ब्राह्मणों की पंक्ति को देख रहे हैं। ब्राह्मण बहुत ललचाए अंदाज़ में और शोर मचाते हुए खा रहे हैं जिसकी वजह से पूरा प्रकरण एक 'भीषण युद्ध' जैसा लगने लगा है। एक सौम्य इतिहासकार को इस तरह का ताना नहीं कसना चाहिए। लेकिन इससे भी ज़्यादा खेद की बात यह है कि लेखक ने यह दावा करते हुए पुराणों को अपमानित किया है कि उसे इन पुराणों में कोई ऐतिहासिक सत्य दिखाई नहीं देता। इसका मतलब है कि वह जान-बूझकर यहां के लोगों की अपने शासकों में आस्था को डिगाने का प्रयास कर रहा है। जोंस, विल्सन, टॉड, मैक्स मुलर और ग्रिफिथ जैसे प्राचीन भारतीय साहित्य के प्राच्यवादी प्रशंसक 'एकमत से मानते हैं कि हिंदू चरित्र की हर श्रेष्ठ चीज़ अमरु और वाल्मीकि जैसे ऋषि-मुनियों के लेखन में आस्था और उनके प्रभाव का परिणाम है... एक हिंदू से इन चीज़ों का छीन लीजिए तो उसके पास क्या बचेगा? वह एक अधर्मी जीवमात्र रह जाएगा।' इस मान्यता के अतिरिक्त साक्ष्य के रूप में मैक्स मुलर द्वारा एक भारतीय विद्वान को लिखे गए पत्र का भी उद्धरण दिया गया है :

> जो कुछ यूरोप में श्रेष्ठ है, उसे ले लो लेकिन यूरोपीय बनने की कोशिश मत करो बल्कि वही रहो जो तुम हो, मनु के पुत्र, एक मनोहर मिट्टी की संतान, सत्य के उपासक, एक अज्ञात ईश्वर के अनुयायी जिसको सभी मनुष्य अज्ञानतावश लेकिन सत्य और सुंदर कृत्यों के ज़रिए पूजते हैं।

अपने धर्म के प्रति निष्ठावान न रहने, परायी व्यवस्थाओं से सतही तौर पर बीन लिये गए सत्यों में शरण लेने से वैसे क्षय, पतन और बर्बरता का मार्ग खुल जाता है जिसका रोम ने तब सामना किया था जब उसने स्वयं अपने धर्म का पालन छोड़ दिया था।

मुस्लिम शासकों वाले अध्याय के लिए इलिएट द्वारा लिखित *हिस्टरी ऑफ़ इंडिया*[107] पर भारी निर्भरता के चलते शिवप्रसाद ने इस काल का काफ़ी पक्षपातपूर्ण विवेचन किया

है। 'यह दिल्ली के बादशाहों द्वारा अपनी प्रजा पर की गई हिंसा और उत्पीड़न की एक ख़ौफ़नाक फ़ेहरिस्त है।' जहां एक तरफ़ यूरोपीय आलोचक और इतिहासकार मुग़ल शासकों के मानवीय शासन के लिए उनकी प्रशंसा करते हैं, वहीं शिवप्रसाद को उनमें केवल दोष दिखाई दे रहे हैं। बल्कि, वे अपने समय से बहुत आगे तथा उस समय के यूरोपीय शासकों से कहीं ज़्यादा बुद्धिमान और सहिष्णु थे। शिवप्रसाद के दावों में चाहे जितनी सच्चाई हो, इस तरह के पाठों को स्कूली बच्चों को पढ़ाना ग़लत होगा क्योंकि तब वे धर्मांधता और घृणा की भावना के साथ बड़े होंगे।

प्रजा पर मुस्लिम शासकों द्वारा थोपे गए कराधान की शिवप्रसाद द्वारा की गई समालोचना भी भारतेंदु को उतनी ही निकट दृष्टिदोष की शिकार दिखाई देती है। भारतीयों का अंग्रेज़ों ने जो हित किया है, उसके प्रति हमें कृतघ्न नहीं होना चाहिए लेकिन यह भी सच है कि उन्होंने जनता पर 'भिन्न, परिष्कृत नामों से' जितने तरह के कर लाद दिए हैं, उनकी कोई तुलना भी नहीं की जा सकती। लेखक–शिवप्रसाद–की प्रत्यक्ष चमचागिरी और वह भी स्वयं अपने देशवासियों की क़ीमत पर की गई चमचागिरी बेहद अरुचिकर दिखाई देती है। इस तरह के अतीत के एक उदाहरण के रूप में समीक्षक ने शिवप्रसाद के अंतिम वाक्यों का हवाला दिया है : 'इंग्लैंड दिन-प्रतिदिन अधिकाधिक उन्नति करे और ईश्वर की उस पर कृपा रहे क्योंकि उनके साथ भारत भी सभ्यता और उन्नति के मार्ग पर धीरे-धीरे क़दम से क़दम मिलाकर चलने लगेगा।' समीक्षक ने उपहासपूर्वक इन शब्दों को दोहराते हुए अपनी बात ख़त्म की है : 'ईश्वर करे ऐसा ही हो!'

इस तरह, पुस्तक समीक्षाएं हिंदुओं के सामूहिक 'हम' सर्वनाम के स्वअर्जित प्राधिकार के साथ शुरू होती थीं और इस प्रारंभिक दौर में वे मुख्य रूप से ऐसे लेखन पर ध्यान देती हैं जिससे हिंदू सभ्यता के इतिहास और मूल्यांकन पर सीधा असर पड़ने वाला था।[108]

विधाओं से मुखामुखम करते इस लंबे खंड के अंत में हम काफ़ी हद तक विश्वासपूर्वक कह सकते हैं कि जिन नई विधाओं के प्रयोग किए जा रहे थे, वे उभरते मध्यवर्ग के अनुभवों के नए क्षेत्रों की अभिव्यक्तियां थीं जिनको इन विधाओं में व्यक्त करने की चेष्टा की जा रही थी। कुछ मामलों में इन विधाओं का 'परंपरागत रूपों' के साथ परिस्थिति अनुसार मिश्रण भी किया गया, यानी नई विधाओं को उन विधाओं व शैलियों के साथ मिलाकर इस्तेमाल किया गया जो अभी भी बची हुई थीं या जो अठारहवीं शताब्दी में प्रचलन में आईं अथवा उनको संस्कृत साहित्य की ऐसी शैलियों के साथ विकसित किया गया जिनको स्पष्टतः एक सम्मानजनक वंशावली स्थापित करने के उद्देश्य से पुनर्जीवित किया जा रहा था। उदाहरण के लिए, इस तरह का दोष-सुधार कविता के क्षेत्र में संभव था जहां धार्मिक उद्देश्यों की पूर्ति के लिए या मौसमी उत्सवों के लिए इस्तेमाल होने वाली विधाओं का उपयोग हिंदुओं की सामूहिक ऐतिहासिक पहचान की घोषणा करने–और उन्हें राजनीतिक रूप से संबोधित करने–के लिए किया जा रहा था। इस तरह का राजनीतिक काव्य लोकप्रिय हुआ और उसको बहुत सारे लोगों ने इस्तेमाल किया जबकि ऐसे प्रयोगों को तत्काल कोई स्थायी विरासत नहीं मिल पाई जिनकी पहले भी कोई नज़ीर नहीं थी, जैसे *पूरा जेंटिलमैन* में इस्तेमाल किए गए नाटकीय एकालाप की शैली। अन्य घटनाओं में यह मिश्रण व्यवहार की दृष्टि से कठिन साबित हुआ, जैसा कि आख्यान शैली से संबंधित प्रयोगों में देखा जा सकता है। यहां सुनियोजित

ढंग से संस्कृत के *कादंबरी* में एक उदाहरण ढूंढ़ा गया लेकिन लोकप्रिय आख्यान शैलियों में उदाहरण ढूंढ़ने की चेष्टा नहीं की गई, हालांकि जिस चीज़ को व्यक्त किया जा रहा था, वह एक ख़ास सामाजिक परिवेश में चरित्र का नया बोध था और इस नई व्यक्तिपरकता के लिए नए सिरे से जगह बनानी ज़रूरी थी। *कुछ आपबीती कुछ जगबीती* में जिस तरह का आख्यान प्रतिबिंबित होता है, उसने आंतरिक एकालाप की प्रथम अभिव्यक्ति और सामाजिक परिवेश की चेतना, दोनों का संकेत दे दिया था जिसको पूर्ण अभिव्यक्ति के लिए कुछ दशक का समय और लगने वाला था। दूसरे मामलों में, जैसे नाटक के मामले में, संस्कृत तथा समकालीन रंगमंचीय परंपराओं में कई तरह के मॉडल उपलब्ध थे। लिहाज़ा, यहां सामाजिक व राजनीतिक दरार की नई चेतना को व्यक्त करने की कई संभावनाएं खुली हुई थीं। यदि *प्रेम जोगिनी* में सामाजिक मतभेदों व तनावों को व्यक्त करने के लिए संवाद को सर्वश्रेष्ठ माध्यम माना गया तो *विषस्य विषमौषधम्* में *देशी रजवाड़ों के भ्रष्टाचार* और औपनिवेशिक राज्य की सत्ता की सियासत, दोनों को निम्नवर्गीय दृष्टि से उघाड़ने के लिए एकालाप की पद्धति का इस्तेमाल किया गया। हालांकि बोलचाल की भाषा के साथ खेल पाने की हरिश्चंद्र की विलक्षण प्रतिभा ने नाटकों में रचनात्मक सृजनशीलता की संभावना पैदा कर दी थी, लेकिन उनके प्रयोगों से तत्काल परिणाम नहीं निकले। राजनीतिक व सामाजिक परिस्थिति एक ऐसे पेशेवर रंगमंच की रचना के लिए अनुकूल नहीं थी जहां इस तरह के नाटकों का वास्तव में मंचन किया जा सके।

हालांकि नए साहित्य ने परंपरागत नजीरें ढूंढ़ने का प्रयास किया लेकिन दूसरी तरफ़ निबंध और यात्रा-वृत्तांत जैसी बिल्कुल नई शैलियां भी सामने आईं। इन शैलियों का मक़सद सिर्फ़ नक़ल करना नहीं था क्योंकि अगर उनमें नए अनुभव को ढाला जा रहा था तो उन्होंने भी अनुभव को ढालने में योगदान दिया। निबंध विधा नए वर्गीय सुदृढ़ीकरण के बहुतेरे पहलुओं पर तथा शिक्षा, राजनीति, ललित कलाओं, साहित्य, समाज सुधार व स्त्रियों की दशा जैसे अनेक मुद्दों पर साझा चिंतन का एक आधार बनी। लेखों के ज़रिए एक सामूहिक आवाज़ और नैतिक सहमति का प्रयास किया जा रहा था। यात्रा-लेखन ने एक सामूहिक उद्यम का भी काम किया जिसका मक़सद भारत को एक सांस्कृतिक भू-दृश्य के रूप में चिह्नित करना और उसको अपनी पकड़ में लेना था। इस सामूहिकता का आधार पौराणिक एवं महाकाव्यात्मक अतीत था। यहां से ज्ञात व पूज्य के भीतर स्थानीयता को चिह्नित करने का ढांचा मिलता था। अंत में, पुस्तक समीक्षाओं ने एक उभरते राष्ट्र के आख्यान को दिशा देने व दुरुस्त करने की संभावना पैदा की। इस प्रकार उस दौर का साहित्यिक पेंडुलम एक छोर से दूसरे छोर के बीच झूल रहा था—एक छोर पर नए मध्यवर्ग के लिए सामाजिक और राजनीतिक अवकाश की रचना थी, तो दूसरे छोर पर अधिकाधिक स्वायत्तता चाहने वाली आत्मपरकता के लिए अवकाश की रचना थी।

साहित्य निश्चय ही राष्ट्र की आत्मकथा लिखने का उद्यम बन चुका था। जहां एक तरफ़ समुदाय की ऐतिहासिक चेतना गढ़ी जा रही थी तो अतीत की उपलब्धियों का नया बोध भी रचा जा रहा था, जबकि दूसरी तरफ़ एक नई सामाजिक व राजनीतिक जागृति और उसके भीतर व्यक्ति के स्थान की नई अवधारणा भी सामने आ रही थी। नए साहित्य ने अपने भीतर प्राचीनता, निरंतरता, समकालीनता, तीनों आयामों को एक साथ समोया

हुआ था लेकिन इस प्रक्रिया में जो कई धाराएं एक-दूसरे के समानांतर चलीं, उनके बीच हमेशा तालमेल रहा हो, ऐसा भी नहीं था। राष्ट्र की आत्मछवि में हर चीज़ अनुकूल नहीं पड़ रही थी और जो कुछ बाहर छलक जाता था, उसको ध्वस्त करने या कम-से-कम हाशिए पर धकेल देने में कई लेखनियां व्यस्त थीं। ऐसा उन तमाम चीज़ों के साथ हुआ जिनको देहाती या भौंडा करार दे दिया गया था। इसके अलावा, पुरानी और नई विधाओं के बीच भी तनाव बने हुए थे जो सांस्कृतिक व सामाजिक तनावों, परस्पर विरोधी अनुभवों, आपस में टकराती शैलियों व पद्धतियों का प्रतिबिंब थे। इन प्रक्रियाओं में पाठकों की सहभागिता व साझेदारी साहित्यिक रुझानों व दिशाओं को निर्धारित करने वाली साहित्यिक प्रतिक्रिया का हिस्सा थी। इन रचनाओं के किसी भी सिंहावलोकी साहित्यिक मूल्यांकन में इन प्रतिक्रियाओं को ध्यान में रखना तथा प्रासंगिकताओं के महीन जाल के अनेक तंतुओं की समझदारी ज़रूरी है।[109] ऐसे में, फ्रेडरिक जेमसन (1986) की तरह इस पूरे को एक राष्ट्रीय रूपक के रूप में पढ़ने की चेष्टा को अधिक से अधिक एक घटाववादी प्रयास के रूप में ही देखा जा सकता है। जेमसन का कहना है कि तीसरी दुनिया की सांस्कृतिक निर्मितियों में राष्ट्रीय रूपक की प्रधानता पहली दुनिया की समरूप निर्मितियों से आमूल रूप से भिन्न होती है। तीसरी दुनिया के पाठकों में व्यक्तिगत कहानी और व्यक्तिगत अनुभव की बयानी में 'पूरी सामूहिकता की पूरी श्रमसाध्य बयानी' भी शामिल होती है।[110] साहित्यिक आलोचना की जेमसन की अपनी समझ के हिसाब से किसी भी साहित्यिक पाठ को डीकोड करने के लिए आशयों की व्याख्या करना ज़रूरी हो जाता है। लेकिन 'पहली दुनिया' के विश्लेषक के पास बिरले ही ग़ैर-यूरोपीय संस्कृतियों के विषय संबंधी संकेतों एवं सांस्कृतिक संदर्भों का पर्याप्त ज्ञान होता है और उसके पास उन शास्त्रीय उदाहरणों का भी सीमित ही ज्ञान होता है जो इस काम को किसी भी सीमा तक कुशलतापूर्वक करने के लिए एक महत्त्वपूर्ण संदर्भ-बिंदु मुहैया कराता है—जिसे बकौल गुहा, इस अध्ययन में हमने दूसरा मुहावरा कहा है।

निष्कर्ष

हरिश्चंद्र की पत्रिकाओं ने हिंदी में एक नई भाषा और नया साहित्य गढ़ने का पथप्रदर्शक काम किया। इसके लिए उनके पास एक अभूतपूर्व अधिकार और लोगों को आकृष्ट करने वाला गुण था, क्योंकि उनका ठिकाना उन्नीसवीं सदी का बनारस था और उनके पास कलकत्ता में हो रहे प्रयोगों की जानकारी थी जबकि उनकी जड़ें हिंदूकरण की इस शताब्दी में नए सिरे से विन्यस्त परंपरा में जमी थीं। हरिश्चंद्र की अपने समय से आगे की साहित्यिक प्रतिभा एक स्थिर लपट का रूप लेने से पहले ही समाप्त हो गई, लेकिन फिर भी उसकी लौ इतनी देर ज़रूर रही कि दूसरे उससे अपना दीया जला सकें।

सत्तर के दशक के आख़िर से हिंदी में पत्रिकाओं की एक बाढ़ सी आ गई थी। उनमें से ज़्यादातर किसी न किसी रूप में हरिश्चंद्र से अपने संबंध का दावा करती थीं। हरिश्चंद्र की नाना रुचियों व प्रतिभाओं तथा उनके विपुल रचनाकर्म को देखते हुए यह हैरानी की बात नहीं है कि उनके इस प्राधिकार को अंतिम मान लिया गया था। कलकत्ता से निकलने वाले तीन हिंदी पत्रों में से दो पंडित दुर्गाप्रसाद मिश्र के प्रबंधन में चल रहे थे—*सारसुधानिधि*

(1879-90) तथा *उचित वक्ता* (1880-95)।[111] इन अख़बारों का स्वर खुलेआम राष्ट्रवादी था। *सारसुधानिधि* कमोबेश हरिश्चंद्र के मुखपत्र की तरह था और उसमें अकसर उनकी रचनाएं छपती भी थीं। 10 नवंबर, 1880 के *उचित वक्ता* ने तो सरकार से यहां तक निवेदन किया कि वह हरिश्चंद्र को देश व हिंदी की सेवा के लिए किसी उपाधि से विभूषित करे। कलकत्ता से निकलने वाले तीसरे पत्र *भारतमित्र* (1878-1935) का प्रबंधन पंडित छोटूलाल मिश्र के हाथों में था। यह अख़बार अकसर उपर्युक्त दोनों अख़बारों के विपरीत दिखाई देता था, हालांकि जब बालमुकुंद गुप्त ने 1899 में इस पत्र का संपादन संभाला तो इसका स्वर भी बदल गया। इधर पश्चिमोत्तर प्रांत में भी बहुत सारे पत्र निकल रहे थे। इलाहाबाद से निकलने वाला बालकृष्ण भट्ट का *हिंदी प्रदीप* (1877-1910) इनमें से एक प्रमुख पत्र था। इसके अलावा कानपुर से प्रताप नारायण मिश्र का *ब्राह्मण* (1883-95), वृंदावन से राधाचरण गोस्वामी का *भारतेंदु* (1884-87), बांकीपुर, बिहार से रामदीन सिंह का *क्षत्रिय पत्रिका* (1881-87), और मिर्ज़ापुर से प्रेमघन का *आनंद कादंबिनी* (1881-90) अन्य प्रमुख पत्र थे। हरिश्चंद्र आसानी से यह कह सकते थे कि 1873 ही वह साल था जब हरिश्चंद्री हिंदी को एक नए सांचे में ढाला गया।

हिंदी पत्रों में छपने वाले लेखों, संपादकीयों और साहित्यिक कृतियों में एक स्पष्ट राजनीतिक आयाम होता था। जब भी ज़रूरत पड़ती थी तो औपनिवेशिक शासन को सीधे संबोधित किया जाता था, भले ही कहने को अन्य समकालीनों को संबोधित किया जा रहा हो। इस तरह जो सार्वजनिक वृत्त अस्तित्व में आया, उसका एक बुनियादी पहलू यह था कि उसने मध्य वर्ग की चौहद्दियों को परिभाषित किया और उस संस्कृति को सींचा जिसके ज़रिए यह मध्य वर्ग एकजुट रहा। यह संस्कृति प्रत्यक्षतः *हिंदू संस्कृति* थी। पहली बात यह थी कि इसे हिंदी में अभिव्यक्ति मिली जो सीधे-सीधे उर्दू की मुख़ालिफ़त से अस्तित्व में आई थी और जिसने अपनी सांस्कृतिक परिधि से मुसलमानों को सायास बेदख़ल कर दिया था; दूसरी बात, इस संस्कृति ने एक ऐसी साहित्यिक विरासत रची जो ख़ालिस 'हिंदू' विषयों पर आधारित थी। इस तरह, हालांकि राष्ट्र के नए मध्यवर्गीय प्रवक्ताओं ने औपनिवेशिक शासन के बरक्स एक संयुक्त मोर्चे जैसी भंगिमा अपनाने का प्रयास किया, जिसके 'हिंदू' में मुस्लिम भी शामिल था और स्कूली पुस्तकों जैसे संवेदनशील क्षेत्रों में इस सिद्धांत की अवहेलना करने पर राजा शिवप्रसाद को मलामत भी झेलनी पड़ी, परंतु प्रभावतः साझा 'हिंदूपन' की बहुत महीन परत के तले 'हिंदू' को वस्तुतः एक धार्मिक पहचान के रूप में परिभाषित किया जा रहा था जिसके सांस्कृतिक व ऐतिहासिक आयाम हिंदी साहित्य में तय हो रहे थे। इस प्रकार, एक भाषा और साहित्य के रूप में हिंदी ने हिंदू के अर्थ को संकुचित कर दिया था, भले ही वह एक राष्ट्र के रूप में हिंदुस्तान की आत्मकथा लिखने का दावा पेश कर रही थी।

टिप्पणियां

1. *कोर्ट कैरेक्टर एंड प्राइमरी एजुकेशन इन दी एन-डब्ल्यू प्रोविंसेज़ एंड औध* (खंड IV, 90), मदनमोहन मालवीय द्वारा संकलित व संपादित (इलाबाद, 1897) में इलाहाबाद के निवासियों द्वारा दिए गए ज्ञापन के अंश।

2. जेमसन ([1981] 1986, : 133)।
3. ईगल्टन ([1984] 1987 : 9)।
4. मसलन, जब रामपुर के नवाब ने हिंदुओं को भड़काने के लिए अपने ज़िले के गांवों में शंख बजाने पर पाबंदी लगा दी तो *कविवचनसुधा* (3.19, 15 दिसंबर, 1871) ने सभी हिंदुओं की ओर से उनसे आह्वान किया कि वे अपना फ़ैसला बदल दें। जब कई महीने तक मसला उलझा रहा और *शंख उपद्रव* यथावत् चलता रहा तो संपादक ने फिर से लिखा : *यदि प्रजा ऐसे ही दुखी रही तो राज में शंख अवश्य बज जाएगा क्योंकि राज्यमूल प्रजा है* (3.24, 3 अगस्त, 1872)।
5. हिंदी प्रेस के बारे में कुछ शोध/सहायक सामग्री उपलब्ध है लेकिन उसकी गुणवत्ता और कवरेज एक जैसी नहीं है। राधाकृष्णदास ने अपनी *हिंदी भाषा के सामयिक पत्रों का इतिहास* में हिंदीभाषी प्रेस का पहला संक्षिप्त सर्वेक्षण प्रस्तुत किया जो उनकी *ग्रंथावली* (1930 : 488-546) में उपलब्ध है। हरिश्चंद्र के समकालीन और उनसे जुड़ी घटनाओं के घनिष्ठ जानकार होने के नाते उनका दिया ब्योरा निश्चय ही मूल्यवान है। वाजपेयी (1953) ने भारतेंदु काल, जैसा कि हिंदी प्रेस के इतिहास में इस दौर को कहा जाता है, का सार संकलन किया है। कृष्ण बिहारी मिश्र ([1968] 1985) ने भी उन्नीसवीं शताब्दी के प्रेस का वर्णन किया है और मुख्य रूप से कलकत्ता में हिंदीभाषी प्रेस की स्थिति पर रोशनी डाली है। इस विषय पर ऐसे सीमित लेखन का एक कारण संभवतः यह हो सकता है कि बनारस व इलाहाबाद क्षेत्र की प्रारंभिक पत्रिकाओं की फाइलें आसानी से उपलब्ध नहीं हैं। हिंदी साहित्य के इतिहास और आलोचना के क्षेत्र में एकमात्र और सम्मानित अपवाद रामविलास शर्मा हैं जिन्होंने विभिन्न विषयों पर अपने लघु निबंधों में हिंदी पत्रिकाओं के ज़रिए सामने आई सामग्री का मूल्यांकन किया है ([1942] 1975) और साथ ही *पत्रकारिता और निबंधकला* लेख में उन्होंने हरिश्चंद्र की दो साहित्यिक पत्रिकाओं को भी विस्तार से दिखाया है ([1953] 1984 : 95-110)। इसका मतलब है कि *कविवचनसुधा* की 1874 की वे फाइलें रामविलास शर्मा को उपलब्ध थीं जो अब पहुंच में नहीं हैं। उन्नीसवीं शताब्दी के आख़िरी दशकों के सामाजिक-राजनीतिक आंदोलनों में हिंदी प्रेस की भूमिका का एक मोटा-मोटी सर्वेक्षण वर्मा (1974) में मिलता है। श्रीपाल शर्मा (1978) ने मुख्य रूप से द्वितीयक स्रोतों के आधार पर शुरुआत से समकालीन दौर तक हिंदी प्रेस का एक सतही ब्योरा दिया है। रामविलास शर्मा के बाद असली मोड़ सुधीर चंद्र (1975-92) के शोध में मिलता है जिन्होंने औपनिवेशिक दौर के अपने महत्वपूर्ण सामाजिक एवं राजनीतिक विश्लेषणों में उन्नीसवीं शताब्दी के आख़िर की हिंदी पत्रिकाओं की सामग्री का बड़े पैमाने पर इस्तेमाल किया है। मदन गोपाल (1990 : 13-24) के पहले अध्याय में दिए गए पुनरावलोकन में केवल हरिश्चंद्र की दो प्रसिद्ध पत्रिकाओं के ठीक पहले और बाद शुरू हुई हिंदी पत्रिकाओं के नाम और स्थापना वर्षों का ब्योरा दिया गया है। इसके बाद सारा ज़ोर वर्तमान शताब्दी में हिंदी प्रेस की राजनीतिक भूमिका पर ही दिखाई देता है। *दि सर्च फ़ॉर नेशनल आइडेंटिटी ऐज़ रिफ्लेक्टेड इन दि हिंदी प्रेस* नामक अपने निबंध में ऑफ्रेडी (1992 : 221-67) ने हिंदी प्रेस के राजनीतिकरण पर मुखर चर्चा तो की है लेकिन उन्होंने 1876 के बाद की अवधि ही ली है। उन्होंने 1877 में शुरू हुए बालकृष्ण भट्ट के *हिन्दी प्रदीप* पर तो काफ़ी ध्यान दिया है लेकिन हरिश्चंद्र की पत्रिकाओं को अपने विश्लेषण से बाहर रखा है।
6. दिसंबर 1819 में बंगाल ऑग्ज़ीलियरी मिशनरी सोसायटी ने *दि गॉस्पल मैगज़ीन* के नाम से अंग्रेज़ी और बंगाली में द्विभाषी मासिक पत्रिका निकालनी शुरू की जिसमें 1820 में नागरी या 'हिंदवी' में भी कुछ अंश छपने लगे थे। बाद की हिंदवी पत्रिकाओं में मुख्य रूप से सरकारी

ख़बरें और उनके बारे में टिप्पणियां छपती थीं और फलस्वरूप उनमें औपचारिक, असमतल, प्रवाहहीन, यहां तक कि कई बार दोषपूर्ण भाषा का इस्तेमाल किया जाता था जिसका वाक्य-विन्यास बंगाली से काफ़ी प्रभावित था। 1826 से 1827 के बीच कलकत्ता से निकले *उदंत मार्तंड* में ऐसी भाषा का इस्तेमाल किया गया जो बाद में आई हिंदी के मुक़ाबले फ़ारसी-प्रभावित दिखाई देती है। इसके पीछे आंशिक रूप से नौकरशाही क़िस्म की ख़बरों, मसलन–अधिकारियों की नियुक्ति, जहाजों की आमद और रवानगी, शहर में बाज़ार भाव और सार्वजनिक घोषणाओं आदि की बहुतायत का भी हाथ था। लेकिन इसमें संपादकीय टिप्पणियां भी हुआ करती थीं और उनका तेवर स्पष्ट रूप से विरोधपूर्ण होता था। यही बात *समाचार सुधावर्षण* (1854-68) के बारे में भी सही है जो द्विभाषी बंगाली-हिंदी पत्र था। उसमें विधवा विवाह जैसे सामाजिक मुद्दों पर टिप्पणियां भी होती थीं। पत्र विधवा विवाह के ख़िलाफ़ था। कृष्णबिहारी मिश्र ने अपने अध्ययन ([1968] 1985 : 53 एवं आगे) में हिंदी पत्रकारिता के इस पहले दौर के बारे में उपलब्ध दुर्लभ छिटपुट सामग्री का दस्तावेज़ीकरण किया है।

7. पहली बंगाली पत्रिका 1818 में प्रकाशित हुई। मासिक *दिग्दर्शन* एवं साप्ताहिक *समाचार दर्पण,* दोनों को सेरामपुर मिशनरी निकालते थे जबकि *बंगाल गजट* को गंगाकिशोर भट्टाचार्य निकाल रहे थे। 1821 में राममोहन राय ने *ब्राह्मोनिकल मैगज़ीन* या *ब्राह्मण सेबधी* निकाला जबकि भवानीचरण बंद्योपाध्याय ने ताराचंद दत्ता के साथ मिलकर *संबाद कौमुदी* शुरू किया। इसके बाद कई अन्य पत्रिकाएं आईं जिनमें से ज़्यादातर थोड़े समय के भीतर ही बंद हो गईं लेकिन कुछ स्थायी महत्त्व वाली साबित हुईं। ऐसी महत्त्वपूर्ण पत्रिकाओं में ईश्वरचंद्र गुप्त की *संवाद् प्रभाकर* और हिंदी कॉलेज के विद्यार्थियों की पत्रिका *ज्ञानान्वेषण* प्रमुख थीं। ये दोनों पत्रिकाएं 1831 में शुरू हुई थीं। परंतु, बंगाली पत्रिकाओं में परिपक्वता के संकेत प्रख्यात प्राच्यविद् राजेंद्रलाल मित्र द्वारा प्रकाशित *बिबिदार्थ-संग्रह* (1851) और प्यारीचंद मित्र व राधानाथ सिकदर की *मासिक पत्रिका* (1851) जैसी महत्त्वपूर्ण पत्रिकाओं के शुरू होने के बाद ही दिखाई दिए। सबसे महत्त्वपूर्ण साहित्यिक पत्रिका *बंगदर्शन* की स्थापना 1872 में बंकिम चंद्र ने की थी। तुलना हेतु देखें, स्वावटिल (Zbavitel) (1976 : 214, 215, 219, 240, 243, 283)।

8. इसके बाद आई हिंदी पत्रिकाओं के बारे में जानकारी राधाकृष्णदास (1930 : 488-546) के यहां मिलती है। राधाकृष्णदास ने हिंदी और उर्दू पत्रिकाओं के बीच केवल लिपि के आधार पर भेद किया है। 1826-70 की अवधि में निकले हिंदी और हिंदी-उर्दू के शुरुआती समाचार-पत्रों की एक सूची कृष्णाचार्य (1966 : 155-62) के यहां भी उपलब्ध है।

9. बंगाली अन्य आधुनिक भारतीय भाषाओं से कम से कम दो दशक आगे थी; उर्दू और हिंदी में सुविकसित रूप में पत्रिकाएं साठ के दशक से ही आना शुरू हो पाई थीं। उर्दू पत्रकारिता में साहित्यिक एवं सामाजिक शीर्षक भी साठ के दशक के बाद ही बड़े पैमाने पर आना शुरू हुए। अब उर्दू की साहित्यिक गतिविधियों का केंद्र दिल्ली नहीं था जबकि ग़दर से पहले यहां उर्दू की बहुत सारी पत्रिकाएं निकलती थीं। अब अलीगढ़ और लखनऊ ने उसकी जगह ले ली थी। सैयद अहमद 1866 से *अलीगढ़ इंस्टीट्यूट गज़ेट* निकाल रहे थे जो सैयद की मृत्यु तक निकलता रहा। 1870 में उन्होंने साप्ताहिक *तहज़ीब-अल-अख़्लाक़* (यानी समाज सुधारक) निकालना शुरू किया जो तक़रीबन बारह साल चला। इसमें भारतीय इस्लामिक चिंतन में बहुत सारे नए विचार सामने आए। 1873 में *अवध अख़बार* के संपादक बने अब्दुल हलीम शरर ने और साहित्यिक काम किए। उन्होंने *दॉन किख़ोते* की तर्ज़ पर लिखे गए अपने प्रसिद्ध हास्य उपन्यास *फसाना-ए-आज़ाद* को 1878 से 1879 के बीच अख़बार में एक परिशिष्ट के रूप में प्रकाशित किया जो बेहद लोकप्रिय हुआ। उसी समय 1877 से लोकप्रिय हास्य साप्ताहिक

अवध पंच का संपादन सईद सज्जाद हुसैन ने संभाला। इन पत्रिकाओं के बारे में और ब्योरा सादिक़ (1984) तथा *अवध पंच* के बारे में प्रमिला शर्मा (1992) में उपलब्ध है। आधुनिक मराठी में प्रकाशन के विकास के लिए देखें, मैकडोनाल्ड (1968)।

10. इसी तरह *औध अख़बार* (1 नवंबर 1876) का भी कहना था कि देसी मत को सरकार के सामने केवल कोई देशी व्यक्ति ही व्यक्त कर सकता है, हालांकि सरकार अभी तक देसी प्रेस की मांगों को सफलतापूर्वक नज़रअंदाज़ करती आ रही थी।

11. तुलना के लिए देखें, नटराजन (1962 : 48, 67, 68, 76, 94 एवं आगे)। अधिनियम की उलाहनों भरी भाषा में इसे क़ानून-व्यवस्था की बहाली का मसला मात्र मानते हुए वर्नाक्यूलर प्रेस की जाहिल और असभ्य हरकतों को उसकी औकात दिखा दी गई थी :

> जहां एक ओर ओरिएंटल भाषाओं में ब्रिटिश भारत में प्रकाशित या प्रसारित कुछ प्रकाशनों में हाल में ऐसी सामग्री दिखने लगी है जो बिटिश भारत में विधिसम्मत सरकार को खिन्न कर सकती है या ब्रिटिश भारत में विभिन्न नस्लों, जातियों, धर्मों या पंथों के बीच दुराव पैदा कर सकती है या जिसको जबरन वसूली हेतु धमकाने की ग़रज़ से इस्तेमाल किया गया है :
>
> और जबकि इस तरह के प्रकाशनों को अनपढ़ और मतिहीन व्यक्तियों की बहुत बड़ी संख्या में पढ़ा और प्रसारित किया जाता है, और लिहाज़ा उन पर ऐसा प्रभाव पड़ सकता है जो अन्यथा नहीं पड़ता; और जबकि फलस्वरूप सार्वजनिक शांति बनाए रखने तथा महारानी की प्रजा व अन्यों की सुरक्षा सुनिश्चित करने के लिए ये अनिवार्य है कि एग्ज़ीक्यूटिव गवर्नमेंट को ऐसे प्रकाशनों के मुद्रण व प्रसार का अधिकार दिया जाए... (नटराजन 1962 : 341; ज़ोर अतिरिक्त)।

इसी समय आर्म्स एक्ट भी पारित किया गया जिसने भारतीयों द्वारा हथियार रखने पर पाबंदी लगा दी थी।

12. देखें, *स्पीचेज ऑफ़ सुरेंद्रनाथ बैनर्जी,* विशेष रूप से 17 अप्रैल, 1878 को कलकत्ता के टाउन हॉल में प्रेस एक्ट के ख़िलाफ़ आयोजित जनसभा के अवसर पर दिया गया भाषण (1970 : 51-72)।

13. मिश्र का अध्ययन समाजशास्त्रीय अथवा आर्थिक अध्ययन की बजाय ऐतिहासिक श्रेणी में ज़्यादा आता है हालांकि उनके आंकड़े इन क्षेत्रों को भी कवर करते हैं। मध्य वर्ग के विन्यास से संबंधित पेचीदा शीर्षक से संबंधित सामग्री के विशाल संग्रह के रूप में यह अध्ययन उपयोगी है, हालांकि मिश्र द्वारा इन सूचनाओं का मूल्यांकन राज के एक समर्थक की उनकी राजनीतिक पोजीशन से बेहद प्रभावित रहा है।

14. तुलना हेतु देखें, ब्रजरत्नदास ([1935] 1962 : 190)।

15. *सेलेक्शंस* में *कविवचनसुधा* के स्तंभों की नियमित रिपोर्ट्स होती थीं। दरअसल, जब 1871 में इलाहाबाद के सोहनलाल के रूप में पहली बार किसी भारतीय को ऑफ़िशियल गवर्नमेंट रिपोर्टर ऑन दि वर्नाक्यूलर प्रेस ऑफ़ अपर इंडिया तैनात किया गया तो उन्होंने न केवल पत्र की साहित्यिक गुणवत्ता को रेखांकित किया बल्कि कवि की क़लम से निकले नाटकों और कविताओं की उदारतापूर्वक सराहना भी की। सोहनलाल ने न केवल कवि द्वारा लिखित *विद्यासुंदर* जैसी एकल रचनाओं का उल्लेख किया जो बंगाली से अनूदित होते हुए भी 'हिंदी में एक बेजोड़ नाटक' थी (16 मार्च, 1871) और इस बात का नमूना थी कि 'जिस हिंदी को कुछ लोग एक मामूली बोली भर मानते हैं, उसमें क्या-क्या रचा जा सकता है', बल्कि हिंदी के शुरुआती यात्रा-वृत्तांतों में से एक, हरिश्चंद्र की लखनऊ यात्रा के वृत्तांत (17 जुलाई, 1871)

पर भी प्रशंसापूर्वक टिप्पणी की गई और कुछ समय बाद प्रिंस लुई एवं मार्केस ऑफ़ लॉर्न के विवाह पर लिखे गए कवित्त पर भी यह टिप्पणी की गई कि 'यह कविता सूक्ष्म भावों को अभिव्यक्त करती है और सुरुचि व सौम्यता के साथ लिखी गई है' (28 अक्टूबर, 1871)।

16. शर्मा ([1942] 1975 : 335) में उद्धृत।
17. पत्रिका की 1874 की फाइलें अब उपलब्ध नहीं हैं। इस विषय में हरिश्चंद्र के संपादकीयों के उद्धरण तथा कड़ियों का एकमात्र विस्तृत विवरण शर्मा ([1953] 1984 : 96) में उपलब्ध है।
18. राधाकृष्णदास (1930 : 500) में उद्धृत।
19. इल्बर्ट बिल आंदोलन के राजनीतिक महत्त्व पर देखें, हर्शमन (1980)।
20. हरिश्चंद्र ने यह टिप्पणी दुनिया की मुख्य घटनाओं के कैलेंडर *कालचक्र* (1885) में की थी जो 1893 में उनके मृत्योपरांत राधाकृष्णदास द्वारा प्रकाशित किया गया और *ग्रंथावली* III (369) में उपलब्ध है।
21. इसका ब्योरा प्रस्तुत अध्ययन के तीसरे अध्याय के अंतिम भाग में दिया गया है।
22. संभव है कि संग्रह में से जनवरी 1877 से सितंबर 1877 के बीच के महीने छूट गए हों या, और इसकी ज़्यादा संभावना है, वे छपे ही न हों। यह भारी आर्थिक संकट का समय था क्योंकि सरकारी संरक्षण समाप्त हो चुका था। एक संस्मरण (जो 6. 15, सितंबर 1879 के अंक में छपे एक लेख में स्वयं हरिश्चंद्र ने दिया है) के अनुसार, संरक्षण रद्द होने की वजह *यतींद्र-वैश्य संवाद* का प्रकाशन था जिसको भौंडा माना गया था। यह *संवाद* 2.3, दिसंबर, 1874 में प्रकाशित हुआ था। इसमें एक कविता के माध्यम से दो दृष्टिकोण पेश किए गए हैं जिनमें से एक जीवन से अनासक्ति का दृष्टिकोण है जिसे यतींद्र नामक संन्यासी के माध्यम से प्रस्तुत किया गया है और दूसरा दृष्टिकोण एक वेश्या द्वारा प्रस्तुत किया गया है जो लगाव/मोह के पक्ष में दलील देती है। बहरहाल, सरकारी ख़रीद रद्द होने की चाहे जो वजह रही हो, प्रकाशन में निश्चय ही एक उल्लेखनीय अंतराल था क्योंकि वर्तमान शृंखला को *अभिनवकिरणावली* का उपशीर्षक दिया गया था। यह कहना मुश्किल है कि कुल कितने अंक प्रकाशित हुए, क्योंकि अब हरिश्चंद्र के लिए पत्रकारिता का आकर्षण समाप्त हो गया प्रतीत होने लगता है। वह एक साहित्यिक रचनाकार के रूप में परिपक्व हो चुके थे और कुलवक्ती लेखन में ज़्यादा व्यस्त थे।
23. आगे की चर्चा में *हरिश्चंद्र मैगज़ीन* को ह.मै. तथा *हरिश्चंद्रचंद्रिका* को ह.चं. कहा गया है।
24. बंगाल में सबसे सुज्ञात पत्रिका *बामाबोधिनी पत्रिका* थी जो 1863 से शुरू हुई और 1906 तक निकलती रही। इसका प्रबंधन कैलाशकामिनी दत्त संभालती थीं और उनके पति उमेश चंदर दत्त इसके संपादक थे। दोनों ही कट्टर ब्राह्मो समाजी थे। यह पत्रिका अत्यंत लोकप्रिय साबित हुई और अस्सी के दशक तक आते-आते इसका प्रसार 1,000 प्रतियों तक पहुंच चुका था। बंबई में गुजराती *स्त्रीबोध* 1857 से शुरू हुई। इसका जीवन *बामाबोधिनी* से भी लंबा रहा। इसके अंतिम सुरक्षित अंक 1950 तक के हैं। इसका संपादन कई विख्यात गुजराती सुधारकों के हाथों में रहा जिनमें से एक करसनदास मुलजी भी थे जो महाराजा मानहानि केस की वजह से ख़ास ख्याति पा चुके थे। मूल रूप से इसे प्रगतिशील गुजराती भाषी पारसी समुदाय के लिए शुरू किया गया था लेकिन हिंदू और मुसलमान भी उसे समान रूप से पढ़ते थे, क्योंकि यह अपनी तरह की एकमात्र पत्रिका थी। पत्रिकाओं की दुनिया में मराठी का आगमन कुछ देर से हुआ। मराठी में महिलाओं के लिए पहली पत्रिका *सुबोध पत्रिका* थी जो 1877 में प्रार्थना समाज के सदस्य मोरो विट्ठल वलवेकर ने शुरू की थी। तुलना के लिए देखें, ओ'हानलोन (1994 : 15)। *बामाबोधिनी* में उठाए गए मुद्दों के विस्तृत विश्लेषण के लिए देखें, बॉर्थविक

(1984); बंगाल में महिलाओं की पत्रिकाओं के लिए बैनर्जी (1991) को भी देखें। *स्त्रीबोध* के बारे में जानने के लिए शुक्ल (1991) के शानदार लेख को देखें।

25. पहले और चौथे तथा अंतिम वर्ष में आए कुछ उल्लेखनीय अंतरालों के साथ पत्रिका के ज़्यादातर अंक उपलब्ध हो चुके हैं। इन अंकों के ब्योरे ग्रंथसूची में हैं।

    इस उद्यम के प्रति हरिश्चंद्र के सम्मान और उसके बंद होने पर उनके दुख को हरिश्चंद्र द्वारा चिंतामणि धाड़फले को लिखे एक पत्र में विस्तार से देखा जा सकता है। धाड़फले 1978 में *कविवचनसुधा* के स्वामी व संपादक थे जिसमें इसके बाद *बालाबोधिनी* को भी समाहित कर लिया गया था :

    इसके न चलने का जो दुख है वह तो कहने के बाहर है क्योंकि अपने लगाए विषवृक्ष और अपने अंक में लालित कुपुत्र का भी संसार को स्नेह होता है। भला यह तो अमृतलता और प्राण से भी अधिक प्रिय संतति थी। सरकार ने इस नए वर्ष से इसका लेना बंद किया। इसका कारण हमारी हिंदी है जो सर्वदा विरोधियों के हृदय में खटकती है। यह सच है कि बड़ों के नेत्र नहीं होते, केवल कान होते हैं। अन्यथा हिंदी की यह दुर्दशा नहीं होती (सहाय [1905] 1975 : 74 एवं आगे में उद्धृत)।

    ग़ौरतलब है कि हरिश्चंद्र जिस हिंदी का प्रसार और प्रयोग कर रहे हैं, उसी को सरकार गुस्से (यहां संभव है बाबू शिवप्रसाद की ओर इशारा किया जा रहा हो) का कारण मान रहे हैं।

26. लिहाज़ा, उदाहरण के लिए, अच्छे परिवारों की महिलाओं के लिए लिखा गया एक मिशनरी गुटका, *कुलीनस्त्री कीर्ति* (1894)। *हिंदुस्तान की स्त्रियों के लिए शिक्षा* शीर्षक अंतिम लेख में लेखक का कहना है कि यद्यपि हिंद की स्त्रियों के पास बहुत सारे प्रशंसनीय गुण हैं लेकिन उनमें बहुत सारी ख़राबियां भी हैं, जो केवल ज्ञान के अभाव का परिणाम हैं। लेकिन उनको कभी पढ़ाया ही नहीं गया इसलिए असली दोष पुरुषों का ही है, *जिन्होंने उन्हें विद्या नहीं पढ़ाई* (146)। गुटके में आगे कुछ महिलाओं द्वारा विद्या के प्रति दिखाए गए उत्साह की प्रशंसा की गई है।

27. हिंदी में बीसवीं शताब्दी की प्रारंभिक हिंदी पत्रिकाओं के लिए देखें, तलवार (1989) का लेख।

28. बाबू शिवप्रसाद की *वामामनरंजन, टेल्स फ़ॉर वीमेन* (1868) का विश्लेषण इस बात को सहज दिखाता है। हालांकि यह कृति गुणवान एवं वीर हिंदू महिलाओं की कहानियों से शुरू होती है लेकिन जल्दी ही पश्चिमी आदर्शों और नैतिक उपदेशों पर पहुंच जाती है जो उस समय के मिशनरी गुटकों, मसलन–*कुलीनस्त्री कीर्ति* (1894) से लिये जा सकते थे। इस गुटके को देशी लेखकों और मिशनरियों द्वारा महिलाओं की शिक्षा व सुधार के लिए लिखी गई आचरण संबंधी किताबों की पूरी विधा का प्रतिनिधित्व माना जा सकता है।

29. उन्नीसवीं शताब्दी के बंगाल में इन रुझानों के समृद्ध साक्ष्य और विस्तृत विश्लेषण के लिए देखें, सुमंत बैनर्जी (1989)।

30. इलाहाबाद मिशन प्रेस में मुद्रित, 1894, लेखक का उल्लेख नहीं।

31. औद्योगिक समाज में जेंडर भूमिकाओं के ध्रुवीकरण पर बहुत सारा साहित्य उपलब्ध है लेकिन हॉज़ेन (1976) का लेख इस विषय पर सबसे उपयोगी है। औपनिवेशिक भारत में सार्वजनिक व निजी परिधि के विभेदीकरण की प्रक्रिया तथा नई जेंडर भूमिकाओं के निहितार्थों पर देखें, संगारी एबं वैद द्वारा संपादित पुस्तक में उन्हीं के द्वारा लिखी भूमिका (1989 : 10-17)।

32. यह हिंदी कृति स्वाभाविक रूप से *मीरात अल अरूस* (1869) से शुरू हुए सिलसिले की कड़ी

थी। नासिर अहमद का यह लेख इसी विषय पर था। तुलना के लिए देखें, मैक्ग्रेगर (1970)। अहमद के उपन्यास की चर्चा के लिए देखें, नईम (1984)।

33. महिलाओं से जुड़े मुद्दों पर समाज सुधार का एजेंडा कमज़ोर पड़ने लगा और सदी के आख़िर तक राष्ट्रीय एजेंडा से ग़ायब हो गया। पार्थ चटर्जी (1989) ने इस परिघटना के लिए इस बात को मुख्य कारण बताया है कि राष्ट्रवाद ने औपनिवेशिक राज्य के साथ सौदेबाज़ी में महिलाओं के प्रश्न को राजनीतिक सौदेबाज़ी का मुद्दा नहीं बनाया।

34. वायसराय के पद पर रहते हुए लॉर्ड लॉरेंस (1864-69) ने यह आदेश दिया था कि लोग सरकारी दफ़्तरों और कचहरियों में अपने जूते पहनकर रह सकते हैं। इस फ़ैसले को वर्नाक्यूलर अख़बारों ने भविष्य के लिए सबसे शुभ संकेत बताया था जब 'हिंद और इंग्लैंड में भव्य मित्रता' होगी (*नया राजस्थान,* 19 जुलाई, 1864, *सेलेक्शंस*), परंतु जूते उतारने में सम्मान का जो भाव पैदा होता था, वह इतना महत्त्वपूर्ण था कि बहुत सारे अंग्रेज़ अफ़सर इस चलन को क़ायम रखने पर अड़े रहे। मार्च 1876 में तब काफ़ी हंगामा पैदा हो गया था जब इलाहाबाद के मजिस्ट्रेट ने एक सम्मानित भारतीय व्यवसायी को अदालत में दोपहर तक अपने सिर पर जूते रखे रहने का हुक्म दे दिया क्योंकि उसने स्वेच्छा से अपने जूते नहीं उतारे थे (*औध अख़बार,* 10 मार्च, 1876, *सेलेक्शंस*)। जूते का सवाल सामाजिक व नस्ली तनाव का प्रतीक बना रहा और अंग्रेज़ इस बात के लिए अड़े रहे कि उनकी हैसियत को उचित सम्मान दिया जाए।

35. उन्नीस दोहों की पहली किस्त 11 नवंबर, 1871 (3.6), 33वें दोहे तक की दूसरी किस्त 25 नवंबर, 1871 (3.7), अगले 12 दोहों की तीसरी किस्त 26 दिसंबर, 1871 (3.9) और 5 महीने के अंतराल के बाद दो स्तंभ से भी ज़्यादा बड़ी अंतिम किस्त 7 मई, 1872 (3.19) में प्रकाशित की गई थी।

36. एक तरफ़ तो ये पंक्तियां शराब, स्त्री और गाने-बजाने की आज़ादी, एक ऐसी जीवन शैली को दर्शाती हैं जिसको कवि अपनी जीवन शैली मानने के लिए विवश था। शराब बनाने वाले की बीवी से मतवाला के शब्द हैं : 'ओ कलारिन, दौड़ के मेरे पास आजा, मुझे प्याला भरकर दे, इस मौक़े पर मुझे प्यासा न भेज। मुझे आग से भरा प्याला दे ताकि धरती और आसमान मेरे चारों ओर झूमने लगें। ओ गुलाबी गालों वाली, गुलाबी हाथों वाली, दमकते कप में मुझे नशे की एक झलक दे।' दूसरी तरफ़, उस फ्रेमवर्क की निंदा भी थी जिसमें ये शब्द कहे जा रहे थे। यहां यह पूरी तरह स्पष्ट हो जाता है कि हरिश्चंद्र समाज के उसी तबक़े से ताल्लुक़ रखते थे जिसकी वह इतने तीखे शब्दों में निंदा कर रहे थे।

37. बाद में इस स्केच को *वैदिकी हिंसा हिंसा न भवति* नाम के पूर्ण लंबाई के व्यंग्य में समाहित कर लिया गया था। 1872 में समाप्त और 1873 में प्रकाशित इस नाटक में गोश्त खाने, शराब पीने और दरबारों में चलने वाली दूसरी कुरीतियों को धूर्त और दुष्ट शाही पुरोहित के जरिएऔर वैधता दी जा रही है। एक बार फिर यहां सामाजिक व्यंग्य में राजा और पुरोहित की दुर्गति की जा रही है।

38. ईगल्टन ([1984] 1987 : 10)।

39. यह उद्धरण पाल्मर (1965 : 39) से लिया गया है जहां से मैंने ब्रिटेन में इंग्लिश साहित्यिक अध्ययन के विकास से संबंधित सूचनाएं भी ली हैं। इंग्लैंड में युनिवर्सिटी कॉलेज लंदन में 1828 में स्थापित अंग्रेज़ी साहित्य के पहले प्रोफ़ेसर पद के सामाजिक व ऐतिहासिक महत्त्व पर देखें, कोर्ट (1988)।

    भारतीय विश्वविद्यालयों में हिंदी साहित्य के संस्थानीकरण का अध्ययन अभी बाक़ी है।

40. तुलना के लिए देखें, पाल्मर (1965) जहां से उपरोक्त उद्धरण भी लिया गया है (46)।

41. तुलना के लिए देखें, विश्वनाथन (1989 : 90, 115)। विश्वनाथन का मोनोग्राफ़ इसलिए मूल्यवान है क्योंकि यह औपनिवेशिक भारत में इंग्लिश स्टडीज के महत्त्व को आंकने की पहली चेष्टा है। परंतु यह अस्त-व्यस्त है और उन संस्थानों की पाठ्यचर्याओं का विश्लेषण नहीं करता जहां अंग्रेज़ी साहित्य सचमुच पढ़ाया जा रहा था। हालांकि इस अंतिम बिंदु को विश्वनाथन ने ख़ुद कहकर छोड़ा है, इसलिए यह काम हाथ में ही नहीं लिया गया, लेकिन इसकी वजह से यह पूरा अध्ययन सिर्फ़ नीतियों का अध्ययन बनकर रह जाता है। नीतियों से संबंधित चर्चा भी मुख्य रूप से 1830 के दशक के आंग्ल-प्राच्यवादी विवाद के दौर तक ही सीमित है, हालांकि यहां-वहां इसमें बाद की अवधियों के भी ज़िक्र आए हैं। उन्होंने जिस सामग्री की पड़ताल की है, उसमें से भारतीय प्रतिक्रिया भी घोषित रूप से बाहर रखी गई थी, इसलिए इस बेहद सुंदर किताब का कुल नतीजा असंतोष ही देता है।

42. इसी तरह की भावना *संगीत सार* (ह.चं. 2.8-12 मई-सितंबर 1875; *ग्रंथावली* III : 905-17 में भी उपलब्ध) के नाम से लिखे गए लंबे और ज़्यादा प्रसिद्ध लेख में भी व्यक्त हुई जिसमें कजरी और ठुमरी जैसी प्रचलित शैलियों में इसके पतन का विलाप करने के साथ-साथ शास्त्रीय भारतीय संगीत की एक भव्य परंपरा को पुनर्जीवित व प्रसारित करने के लिए की जा रही चेष्टाओं की सराहना की गई थी। इस क्रम में बंगाल में राजा यतींद्रमोहन ठाकुर के *सनियम उज्ज्वल परिपाटी,* तथा काशी में बाबू महेशचंद्र देव का उल्लेख किया गया जिन्होंने सितार, बीन और तानपुरे के निर्माण में काफ़ी योगदान दिया था।

43. हिंदी साहित्य के नाम से जानी जाने वाली कृतियों के शुरुआती संग्रह और व्यवस्थापन संकलनों के रूप में सामने आए जिनको रीडर्स के रूप में शुरू में फ़ोर्ट विलियम कॉलेज में पढ़ने वाले युवा ब्रिटिश एवं सैनिक विद्यार्थियों के लिए तैयार किया गया था लेकिन बाद में उन्हें भारतीय स्कूलों में भी पढ़ाया जाने लगा। इस तरह का सबसे पहला संकलन विलियम प्राइस ने संकलित किया था : *हिंदी एंड हिंदुस्तानी सेलेक्शंस,* दो खंड (कलकत्ता 1827)। *सेलेक्शंस* फ़ारसी और नागरी लिपि में छापे गए थे। प्राइस की राय में दोनों भाषाओं के बीच भाषायी फ़र्क़ नहीं था बल्कि मूल रूप से केवल धार्मिक-सांस्कृतिक फ़र्क़ ही था। पहले खंड में बहुत सारे कवियों की कविताओं को रखा गया था जबकि दूसरे खंड में लल्लूलाल का *प्रेम सागर* था। जैसा कि उन्होंने अपने आमुख में स्पष्ट कर दिया था, वह हिंदी में चंद को सबसे पुराना कवि मानते थे, 'पृथ्वी राई का कवि, जो काव्य में अपने स्वामी और बहुत सारे राजपूत वंशों का गुणगान करता है। यह रचना और इसी तरह की दूसरी रचनाएं राजपूताना के रजवाड़ों के पुस्तकालयों में मौजूद हैं परंतु उन्हें कभी गंगाई भारत के निचले प्रांतों तक पहुंचने का मौक़ा नहीं मिला।' इसके अलावा थे, 'कवि और सुधारक कुबीर', हेजियोग्राफी *भक्तमाल*–प्राइस ने एच.एच. विल्सन को सूचना स्रोत के रूप में उद्धृत किया है–और कवियों में बिहारी, केशवदास, गंगकवि एवं सूरदास। प्राइस का आमुख कृष्णाचार्य (1966 : 187-91) में पुनर्मुद्रित किया गया है जहां से मैंने इसे उद्धृत किया है। प्राइस के *सेलेक्शंस* में शामिल हिंदी कवियों की सूची में देखें, मैक्ग्रेगर (1994)।

प्राइस का संकलन बहुत दशकों तक मानक माना जाता रहा। 1867 में बाबू शिवप्रसाद ने *हिंदी सेलेक्शंस* (बनारस : मेडिकल हॉल प्रेस) लिखा जिसने प्राइस के संकलन की जगह ली। अब तक हिंदी और हिंदुस्तानी, जिसे ग़ैर-अधिकृत दायरों में अब अधिकांशतः उर्दू कहा जाने लगा था, अलग-अलग रास्तों पर चलने लगी थी, इसलिए शिवप्रसाद पूरी तरह हिंदी पर ध्यान केंद्रित कर सकते थे। ऐसा इसलिए भी संभव हुआ क्योंकि अब समकालीन रचनाओं का भी एक व्यापक संकलन उपलब्ध हो चुका था जिसके पीछे शिवप्रसाद के प्रयासों का भी

कम योगदान नहीं था। लिहाज़ा, बिहारी, तुलसी, कबीर और जायसी की ब्रज और अवधी कविताओं के अलावा शिवप्रसाद द्वारा *रामायण* तथा *महाभारत* से ली गई कहानियों की संक्षिप्त गद्य रचनाएं भी उपलब्ध थीं। समकालीन रचनाओं में लल्लूजी लाल के गद्य के अलावा इंशा द्वारा लिखित *रानी केतकी की कहानी* भी थी, जो पहली बार हिंदी पाठकों के सामने आ रही थी और इसमें स्वयं शिवप्रसाद के आख्यानात्मक प्रयासों के रूप में *राजा भोज का सपना* तथा *वीर सिंह का वृत्तांत* भी प्रमुख थीं। अब हिंदी एक नाटक की रचना का भी दावा कर सकती थी जो राजा लक्ष्मण सिंह का *शकुंतला* था। *हरिश्चंद्रचंद्रिका* के प्रारंभिक अंकों में पाठकों से बार-बार यह अपील की गई कि वे इस लगातार फैलते संकलन में शामिल करने के लिए पुराने काव्य के बारे में सुझाव व नमूने भेजें। 1870 में बनारस में *गुटका* के रूप में मुद्रित संकलन बीसवीं शताब्दी में भी काफ़ी समय तक चलता रहा। *गुटका* के महत्त्व पर देखें, मेक्ग्रेगर (1974 : 72)।

इन प्रारंभिक हिंदी रीडर्स ने हिंदी साहित्य की उच्चता के दावे का रास्ता खोला।

44. *सुंदरी तिलक* को वास्तव में कवि मन्नालाल शर्मा 'द्विज' और हनुमान कवि द्वारा हरिश्चंद्र के निर्देश एवं मार्गदर्शन में संकलित किया गया था। इसे अभी भी हरिश्चंद्र की रचना माना जाता है और उन्हीं के नाम से इसे प्रकाशित किया जाता है। प्रस्तुत अध्ययन की ग्रंथसूची में भी इसे उन्हीं के नाम से दर्ज किया गया है। *सुंदरी तिलक* पर और जानकारी के लिए इस कृति के धीरेंद्रनाथसिंह (1991) के संस्करण को देखें।

45. सेंगर अवध के उन्नाव ज़िले में स्थित कांठा गांव के थानेदार थे। उनकी लिखी *शिवसिंह सरोज* स्वाभाविक रूप से उनको *भाषा काव्य* में दिखाई दे रहे वास्तविक फ़ासले को पाटने की इच्छा यानी कवियों और उनकी कृतियों को उनके समय और स्थान में स्थित करने से प्रेरित थी। उन्होंने संस्कृत, अरबी, फ़ारसी और अंग्रेज़ी किताबों की छानबीन की थी, 1000 कवियों के बारे में जानकारियां जुटाई थीं जिनमें 836 को उन्होंने अपने संकलन में शामिल किया। आमुख में उन्होंने भाषा काल के उद्गम का ख़ाका पेश करने का प्रयास किया जो अपरिहार्य रूप से संस्कृत काव्य के संक्षिप्त ब्योरे से शुरू होता था। *किताब राजस्थान* में टॉड ने चंद को भाषा का पहला कवि बताया था लेकिन सेंगर ने दूसरे कवियों को भी ढूंढ़ निकाला और उनकी कई रचनाओं का हवाला दिया। संवत् 1500 में भाषा काव्य हिंदुस्तान के सारे गांवों में फैल गया था; सेंगर ने वल्लभ संप्रदाय के *अष्टछाप* कवियों का उल्लेख किया—उनके काव्य ने पूरे हिंदुस्तान को सुख के सागर में भिगो दिया था। तुलसीदास, केशव, मतिराम, भूषण और अन्य कवि उनके बाद आए। समकालीन कवियों का भी उल्लेख किया गया ताकि पूरे हिंदुस्तान को कवर करने के दावे के आधार पर एक अटूट, घनीभूत परंपरा स्थापित की जा सके। सेंगर ने अपने संकलन को भाषा काव्य का पहला इतिहास बताया। उन्होंने कहीं भी 'हिंदी' शब्द का प्रयोग नहीं किया क्योंकि वह पुरानी श्रेणियों में ही सोच रहे थे।

शिवसिंह सरोज के अलावा उन्नीसवीं शताब्दी में दो और बड़े वर्गीकरण के प्रयास किए गए। ये दोनों ही यूरोपीय भाषाओं में थे। इनमें से पहला गार्सां दि तासी [(1839-46) 1870-71)] का था। दो खंडों के इस इतिहास में हिंदुई के 800 और हिंदुस्तानी के 2,200 कवियों की सूचना दी गई थी। गार्सां दि तासी हिंदुई को एक देहाती भाषा मानते थे जो ज़रूरत से ज़्यादा बड़ा दावा कर रही है जबकि इसके बरक्स हिंदुस्तानी को साहित्यिक भाषा मानते थे। दूसरी किताब हरिश्चंद्र की मृत्यु के बाद *मॉडर्न वर्नाक्यूलर लिटरेचर ऑफ़ हिंदुस्तान* के नाम से आई जिसे ग्रियर्सन (1889) ने संकलित किया था। यह किताब ख़ालिस हिंदी साहित्य के बारे में थी क्योंकि उन्नीसवीं शताब्दी के मध्य से हिंदुस्तानी और हिंदी पृथक् हो चुकी थीं जो कि

प्राइस व शिवप्रसाद के *सेलेक्शंस* के शीर्षकों व नीति से भी इंगित होता था। परंतु ग्रियर्सन ने कूटनीतिक रवैया अपनाते हुए हिंदी की बजाय वर्नाक्यूलर साहित्य पर बात की, हालांकि उन्होंने हिंदी के दावों को काफ़ी ऊपर, संस्कृत साहित्य से भी ऊंचे दर्जे में रखा था।

46. ग्यारहवीं शताब्दी में संस्कृत में लिखे गए अन्योक्ति नाटक *प्रबोधचंद्रोदय* का सत्रहवीं और अठारहवीं शताब्दी में ब्रजभाषा में कई बार अनुवाद हो चुका था। ब्रजवासीदास (1760 के आस-पास) के अनुवाद को सबसे ज़्यादा लोकप्रियता मिली। इस नाटक की भाषा एवं हिंदी परंपरा के लिए देखें, अग्रवाल (1962)।

    नेवाज कवि ने 1680 में संस्कृत के *शकुंतला* नाटक का *भाषा* में स्वच्छंद अनुवाद किया था। इस रचना की काव्य पंक्तियों ने दशकों तक इसको लोकप्रिय बनाए रखा। अतिरिक्त विवरण के लिए देखें, तिवारी (1959 : 20-2)।

47. इस विषय पर आख़िरी अध्याय में विस्तार से विचार किया गया है।
48. यह पाठ *ग्रंथावली* I (745-96) में उपलब्ध है।
49. इस लेख के विस्तृत विश्लेषण के लिए देखें, डालमिया-ल्यूडेरिट्ज़ (1992b : 193-6)।
50. देखें जेमसन ([1981] 1986 : 64 एवं आगे के पन्नों में)।
51. आगे के विश्लेषण के लिए तोदोरोव द्वारा दी गई विधा की परिभाषा एक उपयुक्त प्रस्थान-बिंदु है।

    अव्वल तो, यह शैली का एक ख़ास 'मॉडल' है जिसकी ओर लेखक इशारा करता है, भले ही वह उसकी अवहेलना करना चाहता हो; दूसरे, यह अपेक्षाओं का एक फलक है, यानी पहले से मौजूद नियमों का एक समुच्चय जो पाठक की समझदारी को दिशा देते हैं और उसे पाठ को समझने व ग्रहण करने का मौक़ा देते हैं। विधाएं : किसी भी काल विशेष में वे व्यवस्था रचती हैं और उनको उनके परस्पर संबंधों से परिभाषित किया जा सकता है (1974 : 958)।

    अवधियों के सवाल पर तोदोरोव ने लिखा है :

    असल में जब हम स्वच्छंदतावाद/रोमेंटिसिज्म या प्रतीकवाद/सिंबॉलिज़्म या अतियथार्थवाद/सर्रियलिज़्म की बात करते हैं तो जैसे हम विधाओं के मामले में सोचते हैं, हम यह मान लेते हैं कि साहित्यिक कृतियों के समूह में कुछ ख़ास गुण प्रमुख होते हैं। लेकिन फ़र्क़ यह है कि एक काल में बहुत सारी विधाएं हो सकती (और होती) हैं तथा उन्हें इतिहास से किसी भी तरह बाहर नहीं रखा जा सकता। दूसरी ओर काल कोई शुद्ध साहित्यिक कल्पना नहीं होता बल्कि वह विचारों, संस्कृति और यहां तक कि समाज के इतिहास में भी योगदान देता है (958)।

52. देखें सेंगर ([1878] 1966 : 32), ग्रियर्सन (1889 : 124)।
53. प्रचलित पद्य के उद्देश्य और क़िस्मों के लिए विकसित किए जाने वाले विभिन्न कौशलों का विस्तृत ब्योरा दयाशंकर शुक्ल (1967) में उपलब्ध है। शुक्ल के अनुसार, हरिश्चंद्र के समय में ही इस परंपरा को पुनर्जीवित किया गया—यह एक ऐसा वक्तव्य है जिसकी पुष्टि करना कठिन है क्योंकि जैसा कि पीछे उल्लेख आ चुका है, यह मुख्य रूप से एक वाचिक परंपरा थी।
54. इन क़दमों के बारे में सूचना सेंगर ([1878] 1966), ग्रियर्सन (1889, 170 एवं अगले पन्नों पर) तथा रामचंद्र शुक्ल ([1930] 1945 : 578 एवं अगले पन्नों पर) में मौजूद है।
55. देखें, ब्रजरत्नदास ([1935] 1962 : 222)।
56. देखें, वार्ष्णेय ([1948] 1974 : 125-6)।
57. 14 दिसंबर, 1861 को उन्होंने प्रिंस अल्बर्ट की मृत्यु पर एक कविता लिखी थी। ऊपर उल्लिखित कविताओं की विभिन्न क़िस्मों का सबसे व्यवस्थित ब्योरा उनके क्रमविकास के अनुसार वार्ष्णेय ([1948] 1974 : 70 एवं आगे, 119 एवं आगे) में उपलब्ध है।

58. *भारत भिक्षा* में इस नवीनता के लक्षण मिलते हैं। यह *हरिश्चंद्रचंद्रिका* 2.8-12 (मई-सितंबर 1875) में प्रकाशित हुई थी। यह कविता एक *छाया* के रूप में यानी हेमचंद्र बनर्जी द्वारा इसी विषय पर लिखी गई बंगाली कविता का प्रतिबिंब या संशोधित रूप थी। यह कविता सामूहिक गायन एवं वाचन के उद्देश्य से रची गई थी। यह कविता अलग-अलग खंडों में बंटी हुई थी जिनको एक गायक-वाचक, *शाखा* या समूह और *पूर्ण कोरस* द्वारा गाया जा सकता था। पूर्ण कोरस के लिए लिखे गए खंड में पहली बार खड़ी बोली का भी उदारतापूर्वक प्रयोग किया गया। इस कविता में प्रिंस ऑफ़ वेल्स के भारत आगमन का उत्सव दिखाई देता है।

प्रिंस ऑफ़ वेल्स के आगमन की तैयारी के उत्साहपूर्ण वर्णन, शाही यात्रा के लिए शहर की साज-सजावट, चौतरफ़ा उल्लास और उत्तेजना के विवरण के बाद एक और चित्र प्रस्तुत किया जाता है जो दुर्दशा में दिन काट रही *भारत जननी* का है। कवि आह्वान करता है कि वह अपनी अकर्मण्यता एवं दुखों से बाहर निकले–*तुम दुखिया बहुत दिनन की सदा अन्य आधीन*–और अपने बेटे का स्वागत करे। लेकिन, शाखा द्वारा गाने के लिए लिखे गए हिस्से में यह माता केवल विलाप कर पाती है : *क्यों आवत इत नृपतिकुमारा, भारत में छायो अंधियारा।* वह देश की वर्तमान दुर्दशा का चित्र खींचती है और अतीत के वैभव का सोच करती है जब वह दुनिया की जननी थी। रोम और यूनान उसके मित्र थे। दोनों का ध्वंस हुआ लेकिन दोनों ही फिर उठ खड़े हुए। इसके विपरीत भारत जननी राजकुमार की मां की दासी थी और भारत की जनता इस दासी की संतान थी। यह इन्हीं संतानों की दुर्दशा है जिस पर ध्यान देना होगा और वह राजकुमार से इसी का निवेदन करती है। वह आग्रह करती है कि लौटकर वह अपनी मां को उसका यह संदेश पहुंचा दे।

हिंदी कविता में इस शैली का आगे कोई उदाहरण नहीं रहा।

59. किपलिंग (1963 : 180)।

60. अंग्रेज़ी काव्य में नाटकीय एकालाप की रचना और लोकप्रियता रॉबर्ट ब्राउनिंग की मार्फ़त उन्नीसवीं शताब्दी के मध्य से शुरू हो चुकी थी। हालांकि ब्राउनिंग ने बोली जाने वाली शैली का इस्तेमताल तो किया लेकिन उन्होंने अपने पात्रों के लिए देशज भाषा का बिरले ही कभी इस्तेमाल किया था।

61. इन ब्योरों के महत्त्व को बर्नार्ड कोह्न के इस प्रेक्षण से समझा जा सकता है :

> भारत में अंग्रेज़ों ने सोपानक्रम के एक बुनियादी सिद्धांत के तहत काम किया जिसमें व्यक्तियों को उनकी अब तक की हैसियत के आधार पर दर्जा दिया जाता था–यह वरीयता निश्चित और ज्ञात कसौटी पर आधारित होती थी और यह कसौटी पुरस्कार व उत्तराधिकार, या उपलब्धि और ख़ानदानी हैसियत से तय होती थी। मित्र राजकुमारों को इलाक़ावार समूहबद्ध करने के लिए 1876 के आस-पास एक कोशिश की गई थी जिसके तहत उन्हें इलाक़े के दूसरे शासकों के बरक्स पदवियां दी गईं। किसी रियासत के आकार, उसके राजस्व की मात्रा, ईस्ट इंडिया कंपनी के साथ मित्रता की तारीख़, राजपरिवार का इतिहास, मुग़ल साम्राज्य के बरक्स उसकी हैसियत और अंग्रेज़ों के प्रति वफ़ादारी के कारनामे, सबको आंका जाता था और अलग-अलग राजाओं की पदवी तय करने के लिए एक सूची बनाई जाती थी। तब इस सूची को उस इलाक़े के गवर्नर या लेफ़्टिनेंट गवर्नर के दरबार में या वायसराय की यात्रा के समय उसके सामने पेश किया जाता था। दरबार में हाज़िरी के समय राजाओं और नवाबों के लिए आचार संहिता पहले से तय होती थी। इस बात पूरा ब्योरा तय किया जाता था कि वे वायसराय के शिविर में कैसे कपड़े पहनेंगे, कौन से हथियार लेकर

चलेंगे, उनके साथ कितने अर्दली और सिपाही वायसराय के शिविर में जाएंगे, शिविर के ब्रिटिश अधिकारी उनसे कहां मिलेंगे, उनके सम्मान में कितनी तोपों की सलामी दी जाएगी, दरबार हॉल या शामियाने में दाख़िले का क्या समय होगा, वायसराय उनके आने पर उठेंगे या नहीं और स्वागत के लिए आगे बढ़ेंगे या नहीं, वायसराय के क़ालीन पर उनको वायसराय कहां सलामी देगा, वे कहां बैठेंगे, वे कितनी नज़र देंगे, क्या उन्हें वायसराय को यात्रा पर बुलाने का अधिकार होगा—ये सभी पदवी और हैसियत की निशानियां थीं और किसी भी राजा या नवाब की पदवी को घटाने या बढ़ाने के लिए वायसराय इनमें फेर-बदल कर सकते थे ([1983] 1990 : 180)।

62. प्रिचेट (19857 : 3, 21 एवं आगे के पन्नों पर)।
63. वॉल्टर जे आंग, 'दि राइटर्स ऑडियंस' में, *पी एम एल ए* 90 (1975 : 17), नेल्सन (1976/7 : 120) में उद्धृत।
64. उन्नीसवीं शताब्दी में यूरोप में नॉवेल के विकास के समाजशास्त्र पर बहुत सारा साहित्य उपलब्ध है। मौजूदा पुस्तक की ग्रंथसूची को बेहिसाब फैलाने के डर से मैं यहां जॉर्ज लुकाच, इयान वॉट, ल्यूसिए गोल्डमान एवं रेमंड विलियम्स की कृतियों को उद्धृत नहीं करूंगी।

    भारत में उपन्यास के विकास तथा नए यथार्थवाद को पकड़ने की विभिन्न चेष्टाओं पर मीनाक्षी मुखर्जी (1985) का काम ऐतिहासिक महत्त्व का है।

    वर्तमान चर्चा के लिए फ्रेडरिक जेमसन ([1981] 1986 : 153-4, 143) का संदर्भ देना ही काफ़ी है, जिनसे मैंने उपरोक्त व्याख्या ली है।
65. *कादम्बरी* शब्द उपन्यास के लिए मराठी में इस्तेमाल होने वाले इसी शब्द से प्रेरित था। बाद में इसके लिए *उपन्यास* शब्द ही चल पड़ा जो पहली बार बंगाली में इस्तेमाल हुआ था और अब हिंदी सहित ज़्यादातर उत्तर भारतीय भाषाओं में प्रचलित हो चुका है।
66. यह शैली अगले दशकों में भी चलन में रही। हरिश्चंद्र के मित्र व समकालीन बालकृष्ण भट्ट द्वारा लिखित उपन्यास *सौ अजान और एक सुजान* (1892) के विश्लेषण में मैकग्रेगर ने इसमें *भाषा* काव्य की परंपराओं से निकटता का उल्लेख किया है :

    > परंतु यह परिचय (पात्रों के) बहुत सामान्य शब्दों में है और दृश्य निर्धारण वाले संक्षिप्त वाक्यों में एक बेपरवाही है जिससे लगता है कि वह (लेखक) एक तरह से बस ज़िम्मेदारी पूरी रहा है और आमतौर पर उसकी विस्तृत यथार्थपरक सेटिंग रचने में कोई ख़ास दिलचस्पी नहीं है। प्रस्तुति की जो भी भव्यता है, वह शैली में है और उसका संबंध उधार ली गई पश्चिमी परंपरा की बजाय हिंदी काव्य की देसी परंपरा से ज़्यादा है। ... लिहाज़ा, इसमें बार-बार अतिरेक अलंकार, रस्मी ढंग से विशेषण पदों का ढेर और आलंकारिक काव्य की पुरानी नख-शिख परंपरा की तर्ज़ पर महिला पात्रों का बार-बार विवरण आया है हालांकि अब इसे गद्य में एक सम्मानजनक मान्यता मिल चुकी है (1970 : 154)।
67. उपन्यास में उच्च यथार्थवाद का एक चिह्न। देखें, जेमसन ([1981] 1986 : 155)।
68. शुरुआत में यह ज्ञानोपदेशी रवैया स्कूली पुस्तकों के लेखक श्रीलाल द्वारा आख्यान शैली में पेश किया गया था। श्रीलाल ने 1851 में *धर्म सिंह की कहानी* लिखी जो काफ़ी प्रचारित हुई और उसके कई संस्करण निकले। देखें, मैकग्रेगर (1970 : 152)।
69. तिवारी (1969 : 7-95) ने इन भाषा नाटकों द्वारा मंचन-व्यवहार के लिए उपलब्ध कराए गए आंतरिक साक्ष्यों तथा तमाम उपलब्ध बाहरी साक्ष्यों पर विचार करके यह निश्चित निष्कर्ष निकाला है कि उनको मंचन के लिए ही लिखा गया था। क्योंकि इनको छंदों में लिखा गया

है और आख्यानात्मक व विवरणात्मक दिखाई देते हैं, इसलिए हरिश्चंद्र व उनके समकालीनों ने उन्हें नाटक की बजाय काव्य की श्रेणी में रखने पर ज़ोर दिया था।

70. हरिश्चंद्र को लक्ष्मण का पात्र निभाना पड़ा क्योंकि जिस कलाकार को यह भूमिका निभानी थी, वह मंचन के लिए समय पर नहीं पहुंच पाया। इस विवरण तथा अन्य जानकारियों के लिए देखें, धीरेंद्रनाथसिंह द्वारा लिखी गई इस नाटक की भूमिका ([1876] 1969)।
71. बेट (1989 : 8)।
72. अठारहवीं शताब्दी के उत्तरार्द्ध में शेक्सपियर की आलोचना उनके पात्रों के मनोविज्ञान पर केंद्रित होने लगी थी। देखें, वाइकर्स (1981)।
73. *नाटक* (1884) *ग्रंथावली* I (745-96) में उपलब्ध है। ऊपर उद्धृत नाटककारों तथा बंगाली रंगमंच के संदर्भ क्रमशः पृष्ठ 771 एवं 753 पर उपलब्ध हैं। इस दौर के बंगाली रंगमंच के विस्तृत ब्योरे के लिए देखें, स्वावटिल (1968)।
74. इस घटना के राष्ट्रीय महत्त्व पर *कलकत्ता रिव्यू* (1873) में छपे एक लेख में विस्तार से चर्चा की गई थी।
75. बाद वाले नाटक का अनुवाद *हरिश्चंद्र मैगज़ीन* में किस्तवार छपा था (1.1, अक्टूबर 1873; 1.3, 15 दिसंबर, 1873; 1.4, 15 जनवरी, 1874)। ऊपर उल्लिखित दोनों नाटकों के पात्र *ग्रंथावली* I (661-9, 357-76) में उपलब्ध है।
76. इस नाटक को ह.चं. में तीन किस्तों में प्रकाशित किया गया था। पहले इसे *प्रेमयोगिनी* और बाद में *प्रेम जोगिनी* के नाम से प्रकाशित किया गया। इसके अंक 1, दृश्य 1 व 2 को 1.11 (अगस्त, 1874) में; अंक 1, दृश्य 3 को 2.3 (दिसंबर, 1874) में, और अंततः अंक 1, दृश्य 4 को 1.7 (अप्रैल, 1875) में प्रकाशित किया गया। इसके साथ उन्होंने घोषणा कर दी कि अंक 1 पूरा हो चुका है। आगे के अंक प्रकाशित नहीं किए गए। पूरा नाटक 1876 में एक पुस्तिका के रूप में प्रकाशित हुआ जिसमें एक *प्रस्तावना* भी जोड़ी गई थी। यह पाठ भी *ग्रंथावली* I (195-230) में उपलब्ध है जहां से यह उद्धरण है। मैं इस नाटक के बहुत सारे आयामों को समझने के लिए प्रोफ़ेसर आनंद कृष्ण से मिली मदद के लिए आभारी हूं।
77. इसकी संभावना कम ही है कि इस नाटक का कभी मंचन हुआ होगा। फिर भी, इस दौर की ज़्यादातर साहित्यिक रचनाओं की तरह इसको भी बोल-बोलकर पढ़े जाने के लिए लिखा गया था ताकि शब्दों का नाद एक अहम भूमिका अदा करता रहे।
78. ह.चं. 4.1, *ग्रंथावली* I (196-230) में उपलब्ध।
79. जैसा कि एमिघ (1986) ने राजस्थान के विषय में बताया है, यह शैली अभी भी मौजूद है।
80. इस घटना ने बंगाली में कई नाटकों के लिए प्रेरणा दी (देखें, स्वावटिल 1968 : 38) तथा ड्रैमेटिक परफॉर्मेंसेज़ एक्ट 1876 को जन्म देने वाले नाटकों में से एक नाटक इसी थीम पर लिखा गया था।
81. बड़ौदा में हुए वार्तालाप के ब्योरे के लिए देखें, हरिश्चंद्र के नाटकों के संस्करण में ब्रजरत्नदास द्वारा लिखी गई भूमिका (*भारतेंदु नाटकावली,* दूसरा भाग : 13-20)।
82. इस छंद का दूसरा हिस्सा, *चेरि छाड़ि अब होब कि रानी* क.व.सु. 3. 4 (3 अगस्त, 1872) में एक और संदर्भ में भी उद्धृत किया गया था; इसका मतलब है कि यह काफ़ी प्रसिद्ध दोहा रहा होगा, इसलिए इसका सिर्फ़ एक हिस्सा उद्धृत करना भी पर्याप्त था।
83. *सेलेक्शंस* का एक काम यह था कि सरकारी फ़ैसलों के बारे में जनमत और लोगों के रुझानों तथा उनमें दिखाई देने वाले मतभेदों को दर्ज किया जाए। फलस्वरूप, भाण की रिपोर्ट में कुछ हद तक विषयवस्तु का सार-संकलन करने के बाद गायकवाड़ को गद्दी से हटाने में अंग्रेज़ों

की मनमानी की आलोचना तथा इस प्रक्रिया में सामने आए हिंदू-मुस्लिम तनावों का ज़िक्र किया गया था। इसमें सतही तौर पर इस बात का भी उल्लेख था कि सरकार मुस्लिम शासन वाली रियासतों को ज़्यादा वज़न देती है :

> लेकिन यह खेद का विषय है कि सरकार अपनी सारी प्रजा के मामले में हमेशा चौकस नहीं रहती। उसने रामपुर रियासत में हिंदू निवासियों की शिकायतों से आंखें मूंद ली हैं। उनके प्रति अपने कठोर बर्ताव की वजह से मुहम्मडन माफ़ी के क़ाबिल नहीं हैं। वे (हिंदू) अपनी धार्मिक पूजा-पाठ भी नहीं कर सकते। शंख बजाने पर सख़्त पाबंदी है। यहां इस बात को ध्यान में रखना ज़रूरी है कि यह अन्याय एक ऐसी रियासत में हो रहा है जो कभी ब्रिटिश शासन में रही है और जिसके बारे में सख़्त नियम बने हुए हैं। लेकिन सिर्फ़ नियमों से क्या होता है? सरकार की नीति अपने वक़्त के शासकों के चरित्र व तरंग के हिसाब से अपना रंग बदल लेती है।

भाण के आख़िर में मुसलमानों की एक और आलोचना को प्रमुखता से दर्ज किया गया :

> हाल के समय में विधवा विवाह निश्चय ही चलन में आ गया है लेकिन मल्हार राव ऐसी महिला से विवाह की रीति शुरू करने वाले पहले व्यक्ति थे जिसका पति अभी जीवित है। अगर वह मुसलमान होते तो लक्ष्मी बाई को उसके पति से तलाक दिलाकर इस विवाह को क़ानूनी मान्यता दिला देते; लेकिन क्योंकि वह हिंदू थी, इसलिए उसके पति ने दीवानी अदालत में अपना दावा ठोंक दिया।

84. जब वायसराय लॉर्ड नॉर्थब्रुक ने *चाकर दर्पण नाटक* का अनुवाद पढ़ा जिसमें चाय बागानकारों की बात की गई थी तो उन्होंने सर रिचर्ड टेंपल को इस संबंध में ध्यान देने के लिए पत्र लिखा। जवाब में रिचर्ड टेंपल ने फ़ौरन कार्रवाई करने की सलाह दी क्योंकि वह ख़ुद *गायकवाड़ दर्पण* शीर्षक के तहत बड़ौदा में हुई कार्रवाइयों पर लिखे गए एक आपत्तिजनक नाटक के मंचन के बारे में पढ़ चुके थे। यह नाटक निश्चय ही दुस्साहसिक हद तक निंदापूर्ण था और उसमें पूरे घटनाक्रम को महाराजा को गद्दी से उतारने की अंग्रेज़ों की साज़िश के रूप में दिखाया गया था। टेंपल ने *चाकर दर्पण* को और भी ज़्यादा आपत्तिजनक पाया क्योंकि उनका मानना था कि सबसे सौहार्दपूर्ण संबंध तो बागानकारों और मज़दूरों के बीच ही हैं। *गायकवाड़ दर्पण* तथा *चाकर दर्पण* नाटकों के अनुवाद तथा इस क़ानून के पारित होने के विषय में हुए पत्राचार और *सेलेक्शंस* में इस पूरे घटनाक्रम पर भारतीय अख़बारों में छपी प्रतिक्रियाओं को पंधे (1978) में देखा जा सकता है।
85. इस क़ानून पर जनता की प्रतिक्रिया को दर्ज करने वाला प्राणनाथ पंडित का जून 1876 के *मूकर्जी मैगज़ीन* में छपा एक लंबा लेख आलोक राय (1974) में पुनर्मुद्रित हुआ है।
86. प्राणनाथ पंडित (1974) ने 9 मई 1876 के *दि इंग्लिशमैन* से एक लेख को उद्धृत किया है जिसमें लखनऊ व कानपुर की सभाओं का ज़िक्र किया गया था।
87. 1876 में ग्रेट नेशनल थिएटर ने प्रिंस ऑफ़ वेल्स की भारत यात्रा पर लिखी गई एक व्यंग्यात्मक प्रतिक्रिया *गजदानंद ओ युबराज* का मंचन किया था। ऊपर उद्धृत दोनों नाटकों के साथ-साथ इसे भी निषिद्ध कर दिया गया था। इसके बाद थिएटर ने प्रतिबंधित प्रहसन खेलना बंद कर दिया और साधारण प्रस्तुतियों का ही विज्ञापन करने लगा। अगर 1875 में 46 प्रतिशत नाटक समकालीन विषयों पर थे और केवल 25 प्रतिशत पौराणिक विषयों पर थे तो वहीं 1879 में समकालीन विषयों पर केवल 16 प्रतिशत नाटक रह गए थे जबकि पौराणिक विषयों पर खेले जा रहे नाटकों की संख्या 70 प्रतिशत हो चुकी थी। विस्तृत दस्तावेज़ीकरण स्वावटिल (1968) में उपलब्ध है।

88. रूप गोस्वामी द्वारा चंद्रावली पात्र के नाट्यकरण पर देखें, वुल्फ (1982)। हरिश्चंद्र ने राधा की इस सहेली और प्रतिद्वंद्वी को अपने नाटक का मुख्य किरदार बनाया था। यह नाटक उन्होंने परंपरागत *रास* शैली में लिखा था। इस शैली की लंबी परंपरा और लोकप्रियता के बारे में देखें, ओझा ([1953] 1984 : 54-81) तथा हाइन (1972)। इस नाटक की संरचना के विस्तृत विश्लेषण के लिए देखें, डालमिया-ल्यूडरिट्ज (1992a : 286-8)।
89. *भारत दुर्दशा* के विश्लेषण के लिए देखें मेरा लेख (1992b : 189-91)।
90. अंधाधुंध रंगरलियों में डूबे राजा हरबोंग की जनश्रुति का अंग्रेज़ी में इलियट ने ज़िक्र किया है (1869, 1 : 261-9)। यह भी देखें, सत्येंद्र (1976 : 285-6)। हरिश्चंद्र के नाटक लेखन के संदर्भ में *अंधेर नगरी* नाटक के महत्त्व के लिए देखें मेरा लेख (1992b : 191-3)।
91. यूरोप में राष्ट्रीय रंगमंचों के विकास के लिए देखें, मेयर (1980) तथा बाउर एवं वेर्टहाइमर (1983) में शामिल लेख।
92. हरिश्चंद्र की नाट्य रचनाओं के हालिया आकलनों में किंग (1992b) का ज़िक्र करना ज़रूरी है जिन्होंने एक सामान्य सर्वेक्षण करते हुए हरिश्चंद्र की रचनाओं के राष्ट्रवादी आयाम और उनमें पाई जाने वाली हिंदू-मुस्लिम बहुलता का विश्लेषण किया है। 'दि बर्थ ऑफ़ हिंदी ड्रामा इन बनारस, 1868-85' नामक अपने लेख में कैथरीन हैनसन मुख्य रूप से हरिश्चंद्र और उनके समकालीनों द्वारा लोक-संस्कृति को हाशिए पर ढकेलने की प्रक्रिया पर ज़ोर देती हैं (1989 : 77)। निश्चय ही यह एक उल्लेखनीय रुझान था जो उस दौर में सर उठाने लगा था, लेकिन उनका विश्लेषण नाटकीय पाठों में उपलब्ध आंतरिक साक्ष्यों की ठीक से छंटाई नहीं करता जिनमें दूसरी महत्त्वपूर्ण चिंताओं व तनावों का भी संकेत मिलता है : रंगमंच को एक लोक-मंच के रूप में स्थापित करने की आवश्यकता जहां ऐसे विविध तत्त्वों का एकीकरण किया जा सकता था जो आगे चलकर मध्यवर्ग का रूप लेने वाले थे और जिन्हें अंग्रेज़ों तथा उनकी मित्र रियासतों के ख़िलाफ़ परिभाषित किया जा सकता था। जैसा कि स्वयं हैनसन ने अत्यंत सफलतापूर्वक दिखाया है, कोई नामंज़ूरी लोकप्रिय रंगमंच को पनपने से नहीं रोक सकती थी। उन्नीसवीं शताब्दी के साठ के दशक से नौटंकी नाटकों का लेखन और मंचन किया जा रहा था (उन्नीसवीं शताब्दी तथा बीसवीं शताब्दी के प्रारंभिक सालों में लिखे गए नाटकों की लंबी सूची के लिए देखें, हैनसन (1992 : 283-95))। ड्रैमेटिक परफॉर्मेंसेज़ ऐक्ट, 1876 से हरिश्चंद्र द्वारा विकसित किए जा रहे आलोचनात्मक यथार्थवाद को भारी झटका लगा और इसके बाद अगली एक सदी तक उत्तर भारतीय रंगमंच पर यह शैली दिखाई नहीं दी। बीसवीं शताब्दी के चालीस के दशक में इंडियन पीपुल्स थिएटर एसोसिएशन (इप्टा) के कामों और गतिविधियों में ही एक छोटा-सा अंतराल आया था जब आलोचनात्मक यथार्थवाद मंच पर लौटा था। इसके बाद भी बीसवीं शताब्दी के सत्तर के दशक में जाकर ही *अंधेर नगरी* जैसे नाटकों का निर्माण व आलोचनात्मक मूल्यांकन संभव हो पाया। सिन्हा (1969) जैसे निर्माताओं के नोट्स तथा रस्तोगी द्वारा लिखे गए इस नाटक के संस्करण (1986) को देखें जिनको मौजूदा ग्रंथसूची में हरिश्चंद्र की रचनाओं में सूचीबद्ध किया गया है।
93. काशीनाथ खत्री ने *निकृष्ट नौकरी* नामक व्यंग्य लिखा जिसको क.व.सु. 8.34 (25 जून, 1877) में तथा 8.35 (2 जुलाई, 1877) में प्रकाशित किया गया। कार्तिकप्रसाद खत्री ने *रेल का विकट खेल* (ह.मै. 1.7-8,15 अप्रैल 1874) और *ग्राम पाठशाला* (ह.चं. 2.4, जनवरी 1875), दोनों नाटक लिखे थे।
94. केसरीनारायण शुक्ल (1950) ऐसे आलोचकों में से एक हैं जिन्होंने हरिश्चंद्र को यह मान्यता दी है।

95. हरिश्चंद्र से पहले लिखी ऐसी छिटपुट गद्य रचनाओं, जिन्हें लेख कहना कठिन है, के लिए देखें शिवनाथ (1954 : 29-33)।

96. संगारी/वैद (1989) द्वारा संपादित पुस्तक की प्रस्तावना तथा उसी किताब में सूज़ी तरु के लेख (1989b : 254-68) को देखें।

97. इसी उभयनिष्ठता को सुधीर चंद्र ने *दि ऑप्रेसिव प्रेजेंट : लिटरेचर एंड सोशल कॉन्शसनेस इन कॉलोनियल इंडिया* (1992) शीर्षक मोनोग्राफ़ तथा अपने लेखों में बहुत बारीक़ी से पकड़ा। विधवा विवाह के सवाल पर उनका लंबा निबंध देखें (1987)।

98. क.व.सु. में ये दोनों लेख तीन-तीन किस्तों में प्रकाशित किए गए थे। पहला लेख 3.5, 6 और 7 (28 अक्टूबर, 11 नवंबर, 25 नवंबर, 1871) के अंकों में और दूसरा लेख *स्त्री*-3.12, 18 और 24 (9 फरवरी, 7 मई, 3 अगस्त, 1872) के अंकों में प्रकाशित किया गया था। *भ्रूण हत्या* लेख ह.चं. 2.6 (मार्च 1875) में प्रकाशित हुआ।

99. एक नोट में लेखक ने यह जोड़ा है कि इस पत्र का अनुवाद बंगाली से एक अन्य व्यक्ति की सहायता से किया गया है, इसलिए अगर इसमें छोटी-मोटी त्रुटियां छूट गई हैं तो उनको सुधार लिया जाए। यह सुविदित है कि हरिश्चंद्र के मल्लिका नाम की एक युवा और सुंदर बंगाली विधवा के साथ घनिष्ठ संबंध थे जो कविताएं भी लिखती थीं और हरिश्चंद्र के लिए अनुवाद भी किया करती थीं। लिहाज़ा, यहां इस संदेह का कुछ आधार दिखाई देता है कि यह असल में इस मसले पर मल्लिका के ही विचार थे।

100. निजी दायरे को सरकार द्वारा बनाए गए क़ानूनों के दायरे से बाहर घोषित किया जा रहा था इसलिए महिलाएं और भी ताक़तवर हो उठे पुरुषों की दया पर आश्रित रह गई थीं। जैसा कि हरिश्चंद्र ख़ुद कहते हैं, प्राक्औपनिवेशिक काल में सरकार के पास सामाजिक व धार्मिक दायित्व होता था और वह किसी भी तरह की अतियों पर अंकुश लगाती थी। तुलना के लिए देखें, ओ'हानलोन (1994 : 11)। परंतु सरकार द्वारा क़ानून बनाना फ़ायदे की बजाय नुक़सान का सौदा भी हो सकता था क्योंकि इससे धर्माशास्त्र के बंधनकारी नियमों को सार्वभौमिक मान्यता मिल जाती और ज़्यादा उदार परंपराओं वाली जातियां भी उसके अधीन आ जातीं। देखें, संगारी/वैद (1989 : 15-17)।

101. यहां ईसा मसीह का ज़िक्र औपनिवेशिक शासन की ओर से किसी भी तरह के नैतिक उपदेशों के बचाव के लिए किया गया दिखाई देता है।

102. पत्रों के रूप में लिखे गए ये लेख मुख्य रूप से वायसराय लॉर्ड कर्जन को संबोधित करते थे। इनमें ठीक उन्हीं मुद्दों पर वायसराय को संबोधित किया जा रहा था जिनसे हरिश्चंद्र की क़लम इतनी उद्वेलित थी। उनको कलकत्ता से छपने वाली हिंदी पत्रिका *भारत मित्र* में 1903 से 1907 के बीच प्रकाशित किया गया।

103. जैसा कि फिशमैन ने कहा है :

> राष्ट्रवाद के एकीकरण और विचारधारांकन का जोश न केवल ऐसी इनसानी आबादियों को धराशायी और शांत कर देता है जिनका भौगोलिक दृष्टि से सामाजिक-सांस्कृतिक समग्र में अमूर्तन कर लिया गया है, बल्कि उन क्षेत्रों को भी शांत कर देता है जहां ये आबादियां रहती हैं। पहाड़ियां, नदियां और जंगल सिर्फ़ देखे-बूझे नहीं रह जाते; वे विचारधारात्मक दृष्टि से भी महत्त्वपूर्ण हो जाते हैं। मज़ार, जन्मस्थल, युद्धक्षेत्र, स्मारक, पूर्वजों की भूमि, आदि। परंतु, इन दो व्यवस्थाओं—सामाजिक-सांस्कृतिक एवं राजनीतिक-भूक्षेत्रीय—के एकीकरण व रूपांतरण की प्रक्रिया हमेशा और यहां तक कि आमतौर पर भी एक रफ़्तार से नहीं चलती (1968b : 41)।

104. जनकपुर पर लिखा गया छोटा-सा लेख, जो बाद के अंक (6.13, जुलाई, 1879) में छापा गया, वही लेख है जिसको *ग्रंथावली III* में भी और *समग्र* में भी शामिल किया गया है। यह एक पन्ने का लेख है जिसको पिछले अंक में चूकवश छोड़ दिया गया था। यह रेलयात्रा का एक चुटीला ब्योरा भी है और गोरे कर्मचारियों व सहयात्रियों के नक़ली घमंड के ख़िलाफ़ एक चुस्त शिकायत भी है। ज़्यादा लंबा और ज़्यादा महत्त्वपूर्ण लेख पत्रिका की फाइलों में अभी भी दबा हुआ है।

105. अठारहवीं शताब्दी की 'खोज' और राम व सीता से संबंधित स्थलों के आनुष्ठानिक ढंग से हस्तगतकरण तथा इस प्रक्रिया में सुरकिशोर जी एवं उनके शिष्यों द्वारा निभाई गई भूमिका का ब्योरा समझने के लिए बर्कहार्ट (1983) को देखें।

106. *इतिहास तिमिरनाशक* का पहला भाग 1864 में छपा था।

107. एच.एम. इलियट एवं जे डॉसन ने 1867 से 1877 के बीच *हिस्टरी ऑफ़ इंडिया ऐज़ टोल्ड बाई इट्स ओन हिस्टरियंस* के आठ खंड निकाले थे।

108. इन समीक्षाओं में 'भारतीय इतिहास व मूल्यों के संरक्षक' नाम का पात्र एक और समीक्षा में दिखाई देता है। यह मथुराप्रसाद की पाठ्य-पुस्तक थी जिसकी समीक्षा *हरिश्चंद्र मैग्ज़ीन 1.7-8* (15 अप्रैल, 1874) में छपी थी। इस समीक्षा में लेखक की दोषपूर्ण हिंदी के लिए उनकी आलोचना की गई थी और शिक्षा विभाग को यह नसीहत दी गई थी कि वह इस तरह की किताबों के प्रकाशन का ख़र्चा व प्रोत्साहन न दे।

109. यह अभिव्यक्ति जेमसन की है ([1981] 1986 : 34)।

110. जैसा कि जेमसन ने लिखा है :

> पूंजीवादी संस्कृति यानी पश्चिमी यथार्थवादी एवं आधुनिकतावादी नॉवेल के निर्धारक तत्त्वों में से एक यह है कि वहां सार्वजनिक व निजी के बीच, काव्यात्मक एवं राजनीतिक के बीच, हमारी सोच में यौनिकता व अचेत के दायरे तथा वर्गों, अर्थशास्त्र, और सेकुलर राजनीतिक सत्ता के सार्वजनिक जगत के बीच एक आमूल फटाव था : यानी फ्रॉयड बनाम मार्क्स...।
>
> मेरा मानना है कि यद्यपि हम सुविधा और विश्लेषण के लिए इस तरह की श्रेणियों को मनोगत एवं सार्वजनिक या राजनीतिक मान सकते हैं, लेकिन उनके बीच बनने वाले संबंध तीसरी दुनिया की संस्कृति में एकदम अलग हैं। तीसरी दुनिया के पाठ, यहां तक कि ऐसे पाठ जो निजी दिखाई देते हैं और जिनमें काफ़ी वासनापूर्ण गत्यात्मकता है, वे भी अनिवार्य रूप से एक राष्ट्रवादी रूपक के रूप में एक राजनीतिक आयाम पेश करते हैं। निजी व्यक्ति की नियति की कथा हमेशा सार्वजनिक तीसरी दुनिया की संस्कृति व समाज की युद्धरत परिस्थिति का रूपक होती है। क्या मुझे यह जोड़ने की ज़रूरत है कि राजनीतिक बनाम व्यक्तिगत का यही भिन्न अनुपात है जो इस तरह के पाठों को पहली नज़र में ही हमारे लिए अजनबी बना देता है और फलस्वरूप हमारी परंपरागत पश्चिमी पठन आदतों को अवरुद्ध करता है? (69)
>
> फलस्वरूप, ऐसी रूपकात्मक संरचनाएं पहली दुनिया के सांस्कृतिक पाठों से उतनी अनुपस्थित नहीं होतीं जितनी वे अचेत होती हैं, और लिहाज़ा उनको व्याख्यात्मक प्रणालियों से बूझा जाना चाहिए जिनमें अनिवार्य रूप से हमारी मौजूदा प्रथम विश्व की स्थिति की एक पूरी सामाजिक व ऐतिहासिक समालोचना आवश्यक हो जाएगी। (79)

जैसा कि हमारे अध्ययन दिखाते हैं, उन्नीसवीं शताब्दी के औपनिवेशिक भारत में लिखे गए साहित्य को समझने और बाद के साहित्य को भी समझने के लिए हमें सामाजिक व ऐतिहासिक

समालोचना ही ज़रूरत है। यहां एक अनिच्छित दर्प दिखाई देता है मानो, जैसा कि जेमसन ने दलील दी है, तीसरी दुनिया में राजनीतिक आयाम अभी भी पर्याप्त रूप से अचेत का हिस्सा नहीं बन पाया है जिसके फलस्वरूप पहली दुनिया के आलोचक दुनिया के इस हिस्से के किसी एक भी पाठ के विश्लेषण के लिए समूचे समूह/राष्ट्र को ध्यान में रखकर चलने के अतिरिक्त भार से दब जाते हैं।

जैसा कि एजाज़ अहमद (1987) ने जेमसन की इस दलील के जवाब में कहा है, 'तीसरी दुनिया का साहित्य' जैसी ऐसी कोई चीज़ नहीं हुआ करती जिसे ज्ञान की आंतरिक रूप से समन्वित वस्तु माना जा सके और अगर आप ऐसा करेंगे तो आपको अतिसरलीकरण और 'ख़ालिस पॉजिटिविस्ट रिडक्शनिज़्म' का सहारा लेना पड़ेगा। इसके अलावा भी, क्योंकि 'तीसरी दुनिया' की अवधारणा ही उपनिवेशवाद और साम्राज्यवाद से जुड़ी हुई है, इसलिए तीसरी दुनिया के पाठ ही उपनिवेशवाद के उदय के बाद रचे जा सकते थे। इसके बावजूद, अगर इस तरह के वर्गीकरण के साथ काम करना वाकई इतना सार्थक है तो भी वे युगबोधक एवं सभ्यताबोधक श्रेणियां नहीं हैं जिनका सारतत्त्वीकरण करके उन्हें पिछले ज़मानों में लागू किया जा सके। इसी तरह, राष्ट्र व समूह को भी एक-दूसरे के बराबर नहीं रखा जा सकता है। जैसा कि हमारा अध्ययन दिखाता है, समूह अकसर राष्ट्र के साथ तुलना की चाह रखते हैं लेकिन वे राष्ट्र नहीं होते और यही वह भेद है जिसको ध्यान में रखना ज़रूरी है, वरना उभरते हिंदूवादी समुदायों जैसे समूहों के दावों को यथारूप मान्यता देने का ख़तरा पैदा हो जाएगा और यह स्थिति दूसरे समुदायों की क़ीमत पर ही पैदा होगी। जैसा कि अहमद का कहना है :

> अगर हम राष्ट्र के विचार की जगह समूह के कम बंधनकारी विचार को रख दें और अगर हम रूपकात्मकता की प्रक्रिया को राष्ट्रवादी सांचे में देखने की बजाय केवल निजी व सार्वजनिक, व्यक्तिगत और सामुदायिक के संबंधों के रूप में देखने की कोशिश करें तो यह समझना संभव हो जाएगा कि रूपकात्मकता सिर्फ़ तथाकथित तीसरी दुनिया का ही मर्ज़ नहीं है।

111. कलकत्ता के पत्रों का एक विस्तृत विवरण *कृष्णबिहारी मिश्र* ([1968] 1985) में देखा जा सकता है।

6

'हिंदुओं का एकमात्र वास्तविक धर्म'

परंपरावादी प्रतिक्रिया और सार्वजनिक वृत्त : भारतेंदु के तीन दौर

हालांकि हिंदुओं का धर्म अनेकानेक क्षेत्रीय और स्थानीय परंपराओं में बद्धमूल बना रहा, अपनी आधुनिक शक्ल इसने ताज़ा बनते हुए सार्वजनिक वृत्त के भीतर ही अख़्तियार की। उस दौर में, जिसे परंपरा की प्राचीनता के विचार तथा संस्कृत ग्रंथों में उसके सुस्थिर-सुनिर्धारित होने की धारणा से प्रायः ग्रस्त माना जा सकता है, तमाम तरह के धार्मिक मसलों पर ज्ञान की गंगोत्री के रूप में विद्वान ब्राह्मणों की पूछ होती रही। लेकिन, जैसा कि हमने अध्याय तीन में पावन नगरी में ब्राह्मणों की मौजूदगी पर विचार करने के सिलसिले में देखा है, नई शिक्षा की बढ़ती अहमियत और इतिहास की पश्चिमी धारणाओं को हासिल होते महत्त्व के साथ अब उन्हें इस ज्ञान का एकच्छत्र स्वामी मानना संभव नहीं रह गया था। ऐसे में धार्मिक प्राधिकार किन हाथों में गया? मेरे ख़याल से सार्वजनिक वृत्त के निर्माण के साथ यहां भी एक रद्दोबदल हुई। जिसे हमने पावन नगरी में प्रतिनिधित्वमूलक सार्वजनिक वृत्त कहा है, उसकी गतिविधियों, जैसे–रामनगर में रामलीला, विभिन्न मंदिरों में चलने वाले आनंदोत्सव, महाराजा के तत्त्वावधान में या अमीर सौदागरों की बैठकों में आयोजित विद्वत्तापूर्ण वाद-विवाद– इन सबने उस समय एक नया आयाम हासिल कर लिया जब ये आमजन की पहुंच में आकर उसके देखने-परखने का विषय बन गए। धार्मिक प्राधिकार अब सत्ता के पुरातन समूहों के दायरे में ही महदूद नहीं रह गया। प्राधिकार के प्रति-दृष्टांत के रूप में जनमत का निर्माण हुआ। इसने उस चीज़ के साथ समानता तलाशने की ज़रूरत को पूरा करने का संघर्ष किया जिसे हमने पहले या पश्चिमी मुहावरे के रूप में चिह्नित किया है, जिसका आशय धर्म के मामले में सीधे-सीधे ईसाइयत से और हिंदू धर्म के ईसाई नज़रिए से था। यह जनमत निर्माण मुख्यतः भारतीय भाषाओं के प्रेस द्वारा मुहैया कराए गए मंच पर, साथ-ही-साथ, नई-नई संस्थाओं व सभाओं में जारी बहस-मुबाहिसों के बीच हुआ। यहां मुख़्तलिफ़ क़िस्म की आवाज़ें सुनने को मिलीं।

जनमत को गढ़ने और प्रस्तुत करने की प्रक्रिया में ही हरिश्चंद्र को धर्मरक्षक की भूमिका में भी देखा गया। उन्होंने अपनी पत्रिकाओं में वह जगह मुहैया कराई जिसने, सदी की सत्तर की दहाई में, सूचना की मध्यस्थता और साथ ही धार्मिक विषयों पर विचार-विमर्श के लिए हिंदी में एक व्यापक मान्यताप्राप्त सार्वजनिक मंच तैयार किया। यही वह जगह थी जहां

जनमत निर्मित और विदित हुआ—इनमें छपने वाली रिपोर्टों में, संपादकीयों और संपादक के नाम चिट्ठियों में, साहित्यिक कृतियों में और धार्मिक पाठों के अनुवादों में, जिनके द्वारा वे पाठ अधिकाधिक लोगों की पहुंच के दायरे में आ गए। इसलिए, जिस चीज़ को उत्तरोत्तर जनता के राष्ट्रीय धर्म के तौर पर देखा जाने लगा और जो अनेकानेक धाराओं को, एक ज़रूरी अंतस्संगति मुहैया कराने वाले मानदंड के लिए सौदेबाज़ी जारी रखते हुए भी, मिलाने का प्रयास कर रही थी, उससे वाबस्ता सोच, अहसास तथा मत-निर्माण की सूक्ष्म एवं जटिल प्रक्रियाओं का अत्यंत जीवंत और ब्योरेवार दस्तावेज़ बनीं हरिश्चंद्र की पत्रिकाएं। हरिश्चंद्र ने अपनी पत्रिकाओं और सभाओं में हिंदू धर्म के सार को वैष्णव सिद्धांतों के अनुरूप परिभाषित किया और साथ ही उन वैष्णव सिद्धांतों को संस्कृत की मुख्यधारा परंपरा से जोड़ने की कोशिश की। उनकी पत्रिकाओं और प्रकाशनों में हिंदुओं के सामूहिक धर्म के लिए इस्तेमाल किए जाने वाले पद थे : *हिंदू धर्म, शास्त्र-श्रुति-स्मृति-उक्त धर्म, वेद-पुराण विहित आर्य धर्म,* और एक अकेले दृष्टांत में *हिंदूपन*। दो और पद थे : *हिंदू धर्म वाले* (व्यापक तौर पर 'भारतीयों' का बोध कराने वाले 'हिंदुओं' से अलग करने के लिए) और *वेदधर्मावलंबी*। हरिश्चंद्र ने संस्कृत धर्मग्रंथों के—न सिर्फ़ वेदों, बल्कि शास्त्र-श्रुति-स्मृति के भी—प्राधिकार का अवलंब लेकर उस प्रभावी रुझान को स्पष्टतः प्रतिबिंबित किया जिसे न सिर्फ़ ब्राह्मणों का, बल्कि प्राच्यवादी मत की कम-से-कम एक प्रभावशाली कड़ी का भी समर्थन प्राप्त था। इस अवलंबन के द्वारा उन्होंने पश्चिमी नज़रिए के मुक़ाबले तथा, जिसे हमने पहले अध्याय में सुधारवादी हिंदू मत कहा है, उसके रू-ब-रू कुछ ख़ास विशेषताओं पर बल दिया। इस तरह हरिश्चंद्र की अनेक भूमिकाओं में से एक भूमिका थी धार्मिक प्राधिकार व संबद्धताओं वाले एक नेता की और उनके इस किरदार को जो तवज्जो मिलनी चाहिए थी और जिस तरह उसका दस्तावेज़ीकरण होना चाहिए था, वह अभी तक नहीं हो पाया है। *दोउ जगत* में अपने पैर जमाए, जैसा कि हिंदी भाषा पर दिए गए अपने भाषण में उन्होंने ख़ुद के बारे में कहा है, हरिश्चंद्र नए नज़रिए को मुखर करने के लिए ख़ासतौर से उपयुक्त थे।

वैष्णवता के नए सम्मिश्रण को उपमहाद्वीपीय विस्तार तथा दावेदारी वाले हिंदू धर्म के तौर पर व्यक्त और प्रतिपादित करने की जो प्रक्रिया थी, उसे पुनर्निमित करने के प्रयास में मैं हरिश्चंद्र की विचारपद्धति के क्रमिक विकास पर अपना ध्यान केंद्रित करूंगी। हरिश्चंद्र की सामाजिक हैसियत और व्यक्तित्व को देखते हुए यह विचारपद्धति परंपरावादी दृष्टिकोण की एक महत्त्वपूर्ण कड़ी का, जिस रूप में वह जनता की बातों और दृष्टांतों के एक बड़े हिस्से के साथ अंतक्रिया के बीच वजूद में आई, बयान करने के लिए ख़ासतौर से उपयुक्त थी। मैंने इस नज़रिए की विकास-यात्रा के तीन अलग-अलग दौरों को चिह्नित किया है। इन तीन दौरों पर विचार करते हुए शुरू में ही यह स्पष्ट कर देना चाहिए कि यहां किसी तरह के एकरेखीय विकास का कोई सवाल ही नहीं है। असल में, जैसा कि ऐसे सभी विभाजनों के साथ होता है, यहां भी न तो चौहद्दियां सदैव साफ़-साफ़ तय की जा सकती हैं, न ही सभी जटिलताओं और अंतर्विरोधों का निर्वचन किया जा सकता है, फिर भी तीनों चरणों की एक पूर्वापरता स्पष्ट देखी जा सकती है। पहला दौर ज़ाहिरन पारंपरिक संगठनों—वल्लभ संप्रदाय और काशी धर्मसभा—की गतिविधियों से वाबस्ता है, जहां सोच जड़ों से जुड़ाव की है और, काशी धर्मसभा के मामले में, परंपरा का बचाव तथा निर्धारण करने की। दूसरा दौर

उस सचेत विस्तार से वाबस्ता है जिसका मक़सद संप्रदाय की सीमाओं से निकलकर दूसरी वैष्णव परंपराओं को भी नवस्थापित तदीय समाज की गतिविधियों में शामिल करना है। हरिश्चंद्र यह मानकर चलते हैं कि इन संप्रदायों की सामान्य विशेषताओं से हिंदू धर्म का सारतत्त्व निर्मित हुआ है। इस बीच सुधारवादी आंदोलनों, सबसे अधिक आर्यसमाज, के साथ एक संवाद, वह चाहे जितना भी विवादात्मक रहा हो, चलता रहा है। इस दूसरे दौर में पूरे हिंदू धर्म के लिए सारभूत समझी जाने वाली कुछ विशेषताएं तय की गई हैं और उनके पक्ष में सफ़ाई दी गई है। मूर्ति-पूजा उनमें एक केंद्रीय अभिलक्षण है। तीसरे दौर में भक्ति और एकेश्वरवाद को हरिश्चंद्र द्वारा प्रचारित आधुनिक हिंदू धर्म की सारभूत विशेषता के रूप में स्थापित किया जाता है। भक्ति को हर तरह की सच्ची भारतीय धार्मिकता के लिए एक सामान्य समर्पणमूलक रूप माना गया है और एकेश्वरवाद को उसके साथ सुसंगत ठहरने वाला विचार। इस प्रक्रिया में वैष्णवता को प्राचीनतम काल से ही इस हिंदू धर्म का सारतत्त्व बताते हुए उसके अटूट ऐतिहासिक विकास की कथा कहने की कोशिश की गई है। इस चरण में, कई तरह के फ़र्कों को मानते और यहां तक कि बरतते हुए भी, ईसाइयत और इस्लाम तक के साथ निश्चित समानता क़ायम करने का प्रयास हुआ है। यह एक ऐसी प्रक्रिया है जो पश्चिमी प्राच्यवादियों के साथ चल रही अन्योन्यक्रिया के बीच घटित होती है, हालांकि ऐसा नहीं है कि देसी परंपरा के स्तर पर जिन विशेषताओं को केंद्रीय स्थान दिया गया है, वे सिर्फ़ प्राच्यवादी समझ के भीतर से ही हासिल की गई हों।

यह ग़ौरतलब है कि अपने आरंभिक दौर में भी हरिश्चंद्र ने 'परंपरा' को बिना शर्त समर्थन नहीं दिया। साथ ही धर्मसत्ता के नियंता जिस तरह के विशेषाधिकार का लाभ उठाते थे, उसकी भी उन्होंने तीखी आलोचना की। इसलिए पहले दौर की चर्चा के दौरान इन संप्रदायों की गतिविधियों की आलोचना का एक संक्षिप्त विवरण दिया जाएगा। बावजूद इसके, हालांकि हरिश्चंद्र ने गुरुओं और महंतों की करनी पर सवाल उठाए, उन्होंने जिस शास्त्रीय परंपरा का सहारा लिया उसमें उत्तरोत्तर बढ़ती हुई संस्कृतोन्मुखता थी। हरिश्चंद्र के लिए इस परंपरा की जड़ें उस इतिहास में थीं जिन्हें प्राच्यवादियों की कृतियों ने उजागर किया था। ख़ुद इन प्राच्यवादियों ने अपनी खोज की आनुषंगिकताओं के दबाव में हिंदुओं के धर्म की कुछ ख़ास विशेषताओं के विकास पर बल दिया। ज़ाहिर है, ऐसा कुछ दूसरी विशेषताओं की क़ीमत पर किया गया। इस तरह 'हिंदू' पद का 'वैष्णव' के साथ, 'आर्य' के साथ, और अंततः 'भारतवर्ष' के साथ संबंधसूत्र जोड़ना एक संयुक्त उद्यम था। दूसरा मुहावरा, यानी शास्त्रीय परंपरा, जिसे आधुनिक के जनक का पद सौंपने के लिए ही स्मरण किया गया था, प्राच्यवादियों और आरंभिक राष्ट्रवादियों के सम्मिलित प्रयास से जीवन पाने वाली एक निर्मिति थी। यह निर्मिति निस्संदेह मुख़्तलिफ़ शास्त्रीय परंपराओं पर आधारित थी, लेकिन नए को वैधता देने के ख़याल से ही उन परंपराओं में से चयन किया गया था और उनका भाष्य भी इस प्रयास से प्रभावित था। तीसरे दौर के विवरणों में जाने से पहले कुछ विस्तार के साथ इस दूसरे मुहावरे की निर्मिति में प्राच्यवादियों के योगदान पर विचार किया जाएगा।

जैसा कि इस दौर के देशी भाषा साहित्य के अध्ययन से पता चलता है, ईसाइयत ने जबरन उन्नीसवीं सदी की सभी सामाजिक-धार्मिक बहसों के लिए एक आवश्यक ग्रिड मुहैया कराया। यह सिर्फ़ ईसाइयत द्वारा पेश की गई वास्तविक चुनौती की वजह से नहीं, बल्कि

उसके राजनीतिक जुड़ावों और गठजोड़ों की वजह से था और यह केवल उन आंदोलनों के साथ नहीं हुआ जो घोषित रूप से नए थे और जिन्हें हमने सुधारवादी कहा है, बल्कि परंपरावादियों के साथ भी हुआ। कारण यह कि वह चुनौती, जो अंदरूनी तौर पर औपनिवेशिक शासन के एक बड़े हिस्से द्वारा पेश की गई थी और ज़ाहिरा तौर पर ईसाई मिशनरियों द्वारा जिसकी साफ़बयानी हुई थी, आख़िरकार ठेठ हिंदू धर्म को ही संबोधित थी। इसीलिए, मिशनरियों द्वारा जिस ईसाइयत का प्रचार हो रहा था तथा जिन नुक़्तों को लेकर वे हिंदू धर्म पर हमले कर रहे थे, उनके प्रति चौकन्नापन तथा उनके साथ लगातार बहस सभी चरणों में मौजूद है और यह सुधारवादी तथा परंपरावादी, दोनों तरह की प्रस्तुतियों में है।[1] धर्म पर उन्नीसवीं सदी की बहसों के मुद्दों को प्राच्यवादियों ने नहीं, बल्कि मिशनरियों ने अधिक प्रभावित किया। हिंदू धर्म की बाबत उनका जो नज़रिया था, उसने ही वह चीज़ मुहैया कराई जिसे हमने अव्वल मुहावरा कहा है। यह बहस हमेशा सीधे-सीधे नहीं चली। बाज़ दफ़ा यह दूसरी तरफ़ मुड़ गई, जिसके तहत, मिसाल के लिए, रूढ़िवादी 'हिंदू धर्म' पर आर्यसमाज या ब्राह्मो समाज द्वारा किए गए हमलों का उग्र रूप में प्रतिकार किया गया। चूंकि मिशनरियों के साथ परंपरावादियों का संवाद प्रायः सीधे-सीधे नहीं होता था, इसलिए वह निग़ाह से ओझल हो सकता है, लेकिन उस दौर के साहित्य में यह अनेक स्तरों पर मौजूद है। महज़ *ईशू चरित्र* के खंडन-मंडन में ही उसकी इतिश्री नहीं हो जाती।[2]

मैं शुरुआत में उत्तर-पश्चिमी प्रांतों, विशेषतः बनारस की स्थितियों पर ध्यान केंद्रित करते हुए मिशनरियों के हिंदू धर्म संबंधी मतों का एक संक्षिप्त विवरण दूंगी। मेरी कोशिश उस मिशनरी अभियान की बहुपक्षीय प्रकृति को चिह्नित करने की होगी, जो सदी के मध्य तक आते-आते औपनिवेशिक-राजनीतिक सत्ता-संरचना के साथ बहुत नज़दीकी तौर पर संबद्ध हो गई थी।

औपनिवेशिक ढांचा : मिशनरी प्रस्तुतियां

यद्यपि उपमहाद्वीप में ईसाइयों के कई संप्रदाय सक्रिय थे, लेकिन उनके आत्म-बोध का एक सामान्य आधार था जिसने हिंदू धर्म और हिंदू दर्शन के बारे में उनके नज़रिए को निर्धारित किया। एकेश्वरवाद ईसाइयत का एक केंद्रीय अवयव था और इस आस्था के प्रचारक एकेश्वरवाद पर अपना एकाधिकार मानते थे :

> ईश्वर के एक होने का सिद्धांत और उस ईश्वर के अलावा किसी भी तरह के संपूर्ण असृजित (यानी जिसका कोई स्रष्टा न हो, ऐसे) नियम के अस्तित्व का निषेध अपोसल के धर्म-सिद्धांत के समय से चर्च का सुस्पष्ट एवं आधारभूत धर्म-सिद्धांत रहा है। वह ईश्वर स्वयं से भिन्न हर तरह की वास्तविकता का सर्जक है, पुराने टेस्टामेंट का तथा नए टेस्टामेंट के सैलवेशन का स्वामी और हिस्सेदार है, और पुराने टेस्टामेंट की धरोहर के समान तथा नए टेस्टामेंट की सुस्पष्ट एवं बुनियादी स्वीकारोक्ति के समान है।

इसलिए ईसाइयत में एकेश्वरवाद एक स्वीकारोक्ति है, सृजित वस्तु और परम ईश्वर के बीच सीधे साक्षात्कार की संभावना एवं वास्तविकता की। परम ईश्वर का साक्षात्कार उस रूप में जिस रूप में वह सचमुच है, यानी एक दार्शनिक स्वयंसिद्धि के रूप में नहीं, बल्कि प्रकाशना, अनुग्रह, ईश्वरीय आत्म-संप्रेषण के ईसाई सिद्धांतों के रूपात्मक पूर्वज्ञान के रूप में (जो कि

पहले से ही पुराने टेस्टामेंट में है)। इस रूप में ईश्वर के प्रकटीकरण का व्यावहारिक (बाहरी तौर पर सक्रिय) त्रित्व आंतरिक त्रित्व का उद्घाटन और उपहार है। इसलिए एकेश्वरवाद ईसाइयत का मूलसिद्धांत है।[3]

यह बहुत साफ़ है कि यहां जिस एकेश्वरवाद को पेश किया गया है, वह सिर्फ़ बहुदेववाद (Polytheism) के ही नहीं, बल्कि सर्वेश्वरवाद (Pantheism) (जिस रूप में वह 'ईश्वर से भिन्न हर वास्तविकता' के ख़िलाफ़ है) और अद्वैतवाद (परम अस्तित्व का महज़ दार्शनिक ज्ञान) के भी विपरीत ध्रुव पर स्थित है।[4] हिंदुस्तान के संदर्भ में इसका मतलब था, न सिर्फ़ हिंदू धर्म के अनकानेक देवताओं और सभी तरह की मूर्ति-पूजा की बिला शर्त अस्वीकृति, बल्कि शंकर के अद्वैतवाद और वेदांत के निर्वैयक्तिक ब्रह्म की अवधारणा को दोषपूर्ण बताते हुए उसकी भर्त्सना।

इन मुख्य ईसाई रवैयों को समझने से उन्नीसवीं सदी की मिशनरी भर्त्सना को एक परिप्रेक्ष्य में रखकर देखने में मदद मिलती है। औपनिवेशिक सत्ता के साथ अपने गठबंधन से ताक़त हासिल करती यह कठोर आलोचना इस सचमुच के दृढ़ विश्वास से निकली थी कि विश्व और उसके रचयिता को देखने की सर्वेश्वरवादी पद्धति में, और अद्वैतवाद में इस पद्धति को मिलने वाली अभिव्यक्ति में, आत्म-आसक्ति है। जैसा कि हम आगे देखेंगे, स्वयं पश्चिमी प्राच्यवादियों और मिशनरियों के कम-से-कम एक हिस्से के लिए बाद में यह प्रस्तावित करना संभव हो पाया कि हिंदुस्तान में एकेश्वरवाद का एक अत्यंत स्वीकार्य प्रकार न सिर्फ़ वैदिक पुराकाल में, बल्कि बिल्कुल आधुनिक समय में फला-फूला है।[5] बावजूद इसके, हिंदू दोष की विराट बहुदेववादी अति को ख़ारिज करने में ईसाई रवैया, कमोबेश, दृढ़प्रतिज्ञ बना रहा।

यद्यपि मिशनरियों ने हिंदुओं के धार्मिक विचारों के साथ अपनी कुछ समानताओं को मान्यता दी, पर अंततोगत्वा भिन्नताओं को ही निर्णायक माना गया। उनका मानना था कि चूंकि सर्वेश्वरवादी धारणाएं प्राकृतिक रचनाओं को अपने घेरे में ले लेती हैं, इसलिए वहां नैतिकता के लिए कोई जगह नहीं बचती। ईसाइयत में स्रष्टा को जिस रूप में परिकल्पित और साकार किया गया था, उस रूप में वह सर्वेश्वरवादी-अद्वैतवादी हिंदू धर्म की सर्वातिशायी 'अनाम ईश्वरीयता' के विपरीत सदैव सक्रिय, सदैव जाग्रत्, सदैव नैतिक था। उपमहाद्वीप में ईसाई मत के सबसे जुझारू प्रतिनिधियों में से एक, अलेक्ज़ेंडर डफ़ ने अपनी *इंडिया एंड इंडिया मिशंस, इन्क्लूडिंग स्केचेज़ ऑफ़ दि जाइगैंटिक सिस्टम ऑफ़ हिंदुइज़्म, बोथ इन थियरी एंड प्रैक्टिस* (1839) में स्थिति को इस प्रकार अंकित किया है :

> पतित इनसान की वाक्पटुता द्वारा गढ़ी गई छद्म धर्म की सभी व्यवस्थाओं में से हिंदू धर्म निश्चित रूप से सबसे विराट है–चाहे हम इसकी पहुंच के सीमाहीन विस्तार के बारे में विचार करें, या इसके घटक तत्त्वों की असीम बहुलता के बारे में। छद्म धर्म की सभी व्यवस्थाओं में से यही है जो दैवी रूप से उद्घाटित होने वाले तथ्यों और सिद्धांतों के दिखावों और नक़लों की अधिकतम मात्रा एवं विविधता को साकार करता प्रतीत होता है। वहां *सर्वशक्तिमत्ता* है; लेकिन रचनात्मक ऊर्जा से पूरी तरह वंचित होने के कारण वह शिक्षण और गढ़ंत के सामर्थ्य तक ही सीमित है। वहां *सर्वज्ञता* है; लेकिन वह सजगता की उस संक्षिप्त अवधि तक ही है जिस समय विश्व को आविर्भूत किया गया। और ऐसी ही स्थिति अन्य स्वाभाविक गुणों की भी है। *नैतिक गुणों* को धारण करने के बजाय, परमात्मा को

> इस रूप में प्रस्तुत किया गया है कि जब वह जाग्रत् होता है, तब कुछ *सामान्यीकृत सक्रिय गुणों* को धारण करता है, जो *आग* या *हवा* या *पानी* या किसी और *भौतिक* तत्त्व के गुण के रूप में भी स्वीकार किए गए हैं और आत्मा के गुण के रूप में भी! बाइबिल की उक्तियां इन सबका कैसा विलोम प्रदर्शित करती हैं! (204-5)

बेतरतीब ढंग से सत्य को टोहते हुए हिंदुओं ने अवतारवाद को भी अपनाया। ईसाई धर्म का ईश्वर हिंदुओं के 'अवतार' के साथ बहुत मिलता-जुलता-सा दिखता था, पर यह अर्द्धसत्य का एक विराट चोर-फंदा था। जब दोनों धर्मों के निजी ईश्वर की तुलना का मौक़ा आया तो डफ़ ने हिंदुओं को किसी भी तरह की रिआयत नहीं दी :

> एक महान आत्मा के अस्तित्व को मान्यता देने के अलावा, हिंदू धर्म पवित्र त्रयी या त्रित्व के अस्तित्व को, साथ ही मानवता के कुछ उद्धारों को संपन्न करने के लिए देवता के अवतार को स्पष्ट मान्यता देकर दैवी रूप से उद्घाटित होने वाले सबसे वैभवपूर्ण एवं विलक्षण तथ्यों के प्रति श्रद्धा व्यक्त करता है। सच्चाई यह है कि जहां विशिष्ट नामों को महफ़ूज़ रखा गया है, वहीं स्वयं यह तथ्य, दूसरी चीज़ों की तरह, विचित्र तरीक़े से भयंकर दोषों में कायांतरित हो गए हैं। हिंदू धर्म का त्रित्व अपने दैवी संघटन में ईसाइयत के त्रित्व से ठीक उलट है। साथ ही, अपने पवित्र व्यक्तियों के चरित्र, कर्तव्य और कार्यों में भी वह उलट है। हिंदूवाद के अवतार सत्य के सबसे बेतुके विकृतीकरण हैं। ...उनमें से सबसे सुखी, सबसे स्वच्छ और सबसे परिपूर्ण, अर्थात् विष्णु, को कृष्ण के रूप में लें ...अपने बाह्य सौंदर्य के होते हुए, जो कि कलात्मक साज-सज्जा से और बढ़ जाता था, इस अवतारी देवता का चरित्र क्या था? अपनी युवावस्था में उसने सोलह हज़ार गोपियां चुन रखी थीं जिनके साथ वह नाच-गान के लंपट विलास में घंटों मगन रहता था, साथ ही हर तरह के व्यभिचार और दूषित आनंद के छिछोरेपन में भी। श्रेष्ठता के सवाल को लेकर एक राजा के साथ हुए झगड़े में वह इतना क्रोधित हो गया कि उसने अपने प्रतिद्वंद्वी का सर क़लम कर दिया। धूर्तता और छल-छंद से भरी चालें चलने की उसकी आदत थी। उस पर एकाधिक बार झूठ बोलने और चोरी करने की एकदम सोची-समझी हरकतों का आरोप लगा। उसके कई घृणित कार्य ऐसे हैं जिन पर ईसाई पवित्रता हमेशा परदा डालकर रखेगी। हमारे अवतारी उद्धारक के चरित्र से यह सब कितना उलट है! (209-11)

विशेषकर कृष्ण हमेशा मिशनरियों के द्वारा निंदित होते रहे। उन्होंने कृष्ण के व्यभिचारी विलास, उनकी यौन-उच्छृंखलताओं, राजसी कर्तव्यों का निर्वाह करने में नैतिकता के भयंकर अभाव आदि पर ज़ोर दिया। यहां तक कि बचपन की वे शरारतें जो ब्रज प्रदेश की माताओं के हृदय को इतना आनंदविभोर कर देती थीं, उनको भी 'झूठ बोलने और चोरी करने की सोची-समझी हरकतें' बताते हुए ज़बर्दस्त फटकार लगायी गई। यह सब उस धारा की सामान्य खोज के पहले हुआ जिसे 'भक्ति आंदोलन' कहा गया, जहां, कम-से-कम कुछ प्राच्यवादियों की निगाह में, भक्ति ने बाल भगवान का पुनर्वास किया था। उत्तरोत्तर पवित्रतावादी होता हुआ एक युग इस चरवाहा देवता के असंयम पर खीज ही सकता था।

विवाद के दूसरे मुद्दों में से मूर्ति-पूजा भी एक थी। यह ज़रूरी नहीं कि भर्त्सना करने के लिए दूर के संदर्भ ही लाए जाएं। लंदन मिशनरी सोसायटी के जेम्स केनेडी बनारस में बहुत लंबे समय से थे। वे प्रदेश और धर्म से अच्छी तरह अवगत थे और देश के स्थानीय बाशिंदों के विश्वासों के प्रति किसी भी तरह उदासीन न थे। लेकिन बनारस इंस्टीट्यूट में

हिंदू धर्म के और ख़ासतौर से मूर्ति-पूजा के पक्ष में दिए गए एक व्याख्यान ने, जो 1867 में 'एक हिंदू' के नाम से छपा था, जेम्स केनेडी को अपने *क्रिस्चियनिटी एंड दि रिलीजंस ऑफ़ इंडिया* (1874) में एक उत्तेजित प्रतिक्रिया देने के लिए प्रेरित किया। उस व्याख्यान में जो भी तर्क दिए गए थे, उन्हें केनेडी ने सरसरी तौर पर एक किनारे कर दिया :

> 'एक हिंदू' ने हिंदू धर्म के बचाव में मुख्यतः उसके प्रतीकात्मक और प्रातिनिधिक धर्म होने की बात कही है। यहां हम एक ऐसी ज़मीन पर हैं जहां हम एक-दूसरे का निरीक्षण कर सकते हैं, और जहां हमारे बीच के सवालों पर फ़ैसला हो सकता है। जो किसी भी डिग्री तक प्रकट हो पाने में अक्षम हो, उसे न तो प्रतीक में बांधा जा सकता है, न ही उसका प्रतिनिधित्व किया जा सकता है। तभी धर्म में एक वस्तुनिष्ठ वास्तविकता है, जिसे किसी अंश में हमारे दिमाग़ों की पहुंच के भीतर लाया जा सकता है, और जिसकी उपलब्धि में हमें प्रतीक और प्रतिनिधान से मदद मिलती है। इस लक्ष्य को हासिल करने के लिए यह अपरिहार्य है कि प्रतीक ऐसा हो जो प्रतीकित की जा रही वस्तु को एक साथ अधिक सपाट और प्रभावकारी बना सके। प्रतीक को सरल होना चाहिए, वस्तु के अर्थ का प्रत्यक्ष वहन करने वाला होना चाहिए, और उसके योग्य होना चाहिए। अगर प्रतीक जटिल हो, ब्योरों से लदा हुआ हो, वस्तु का अर्थ न दे, और निकृष्ट रंग-रूप वाला हो, तो वह जिसे स्पष्ट और अलंकृत करना चाहता है, उसे धुंधला और निम्नकोटि का बना देता है। अबुद्धिगम्य और अयोग्य प्रतीकों से तो बेहतर है किसी भी तरह के प्रतीकों का न होना।
>
> ...हमारे हिंदू दोस्तो, अगर हम सच बोलें तो आपको हमें अपनी दृढ़ धारणा अभिव्यक्त करने की इजाज़त देनी चाहिए। हमने कुछ अनगढ़ तरीक़े से उकेरे हुए पत्थरों के सामने थके-मांदे मुसाफ़िरों को नतमस्तक होते देखा है, और यह विचार किया है कि अपने हृदय को भगवान में लगाने के लिए वे इसमें क्या पा सकते हैं। हमने बीमार और दुखी लोगों को उस भगवान से राहत मांगते देखा है जिसे वे इन पथरीली आकृतियों में बसा हुआ मानते हैं। हम आपके कुछ पवित्रतम मंदिरों में जा चुके हैं, और वहां उन प्रतिमाओं को हमने देखा है जिन पर रोज़-ब-रोज़ हज़ारों का चढ़ावा चढ़ता है। हम सोच नहीं सकते कि आपमें से कोई भी मानवीय आस्वाद की कसौटी पर इन प्रतिमाओं को सुंदर, या बौद्धिक और नैतिक गुणों का अर्थ वहन करने वाला मानेगा। वह सुंदरता और अलौकिक भव्यता, जो ग्रीक शिल्पी अपनी मूर्तियों में भर पाए, आपके कलाकारों की पहुंच के बाहर रही है, क्योंकि वह आपके पंडितों की पहुंच के बाहर रही है।
>
> ...'एक हिंदू' कहता है, 'जिसे हम परम सत्ता के रूप में पूजते हैं, वह यह प्रतिमा नहीं है, बल्कि वह सर्वव्यापी परमात्मा है जो प्रतिमा में व्याप्त है क्योंकि पूरे ब्रह्मांड में व्याप्त है।'
>
> हमें लगता है कि बचाव का यह तर्क उतना ही पुराना है जितनी कि ख़ुद मूर्तिपूजा। इस तरह की पूजा के प्रति हमेशा से एक मज़बूत रुझान रहा है, और इसके बावजूद वह इतनी बेतुकी लगती है कि विचारवान और बुद्धिमान पुरुषों को इसकी सफ़ाई देने के लिए कुछ ज़रिया निकालना ही होगा। मूर्ति-पूजा के लिए जो भी कपटपूर्ण तर्क दिए जाएं, हम मानते हैं कि अगर इतिहास कुछ सीख देता है तो यही कि इस तरह की पूजा मानव-मन को दूषित करती है, ईश्वर के बारे में सबसे व्यर्थ का नज़रिया देती है, और बहुसंख्यक लोगों को वस्तुपूजा की ओर प्रवृत्त करती है, जो कि सिद्धांततः सबसे बर्बर क़बीलों की वस्तुपूजा जैसी ही है। जब तक हिंदुस्तान इस मूर्ति-पूजा से ऊपर नहीं उठेगा, वह दुनिया में अपनी सही जगह हासिल नहीं कर पाएगा। बेहतर हो कि आपमें से जो प्रबुद्ध जन हैं, वे थके-हारे और परिष्कृत तर्कों से इसे बढ़ावा देने की बजाय इसकी निंदा करने में लगें (198-201)।

अगर मूर्ति-पूजा को ख़ारिज करने के आधार एक तरफ़ सौंदर्यात्मक और नैतिक थे ('अनगढ़ तरीक़े से उकेरे हुए पत्थर', 'मन को दूषित करती', 'अयोग्य'), तो दूसरी तरफ़ विवेक ('विचारवान और बुद्धिमान पुरुष') स्पष्टतः इसके ख़िलाफ़ था। इस विवेचन की ख़ास बात थी, वह प्रभुत्व भरा स्वर जो नए-नए अंग्रेज़ी सीखे लोगों के बौद्धिक दिखावे को खंड-खंड करने के लिए इस्तेमाल किया जाता था और जो प्रबुद्ध जनों के हथियारों को नियंत्रित करना चाहता था। उन प्रबुद्ध हिंदुओं के तर्कों को ऐसे कुतर्कों के रूप में देखा गया था जो सबसे बर्बर क़बीलों के यहां प्रचलित प्रथाओं से सिद्धांततः मेल खाने वाली प्रथाओं को ढंकने-तोपने भर की कोशिश के अलावा और कुछ न थे।

लेकिन ऐसा नहीं है कि हिंदुओं के वैयक्तिक ईश्वर की प्रकृति, अनगिनत अनोखे रूपों में उस ईश्वर के चित्रण और उपासना, को लेकर ही फटकार लगाई गई थी। हिंदू दर्शनों को भी उतना ही दोषपूर्ण बताते हुए उनकी निंदा की गई थी। मिशनरी पुस्तिकाओं और प्रवचनों तक ही यह भर्त्सना सीमित नहीं थी। इन पर सांस्थानिक हस्तक्षेप भी हो रहे थे। यहां बनारस संस्कृत कॉलेज का उदाहरण लिया जा सकता है, जो अपने समय में अंग्रेज़ों के संरक्षण में चलने वाला प्राच्य अध्ययन का गढ़ था। जॉन म्युर (1810-82)[6], जो कॉलेज के पुनर्गठन की देख-रेख करने के लिए 1844 में नियुक्त हुए थे, ने शिक्षा विभाग में जमा किए गए अपने ज्ञापन-पत्र में दर्शनों की उन धार्मिक और दार्शनिक अंतर्वस्तु पर स्पष्ट मत सामने रखा जो कॉलेज में पढ़ाई जा रही थी :

> तत्त्वमीमांसात्मक व्यवस्थाएं भयंकर तरीक़े से गंभीर दोषों की शिकार हैं। वेदांत शर्तिया तौर पर सर्वेश्वरवादी है, न्याय भूततत्त्व की शाश्वतता का दावा करता है, और सांख्य उन शाखाओं में से एक है जो सौंदर्यात्मक प्रवृत्ति रखती हैं : और यहां तक कि हिंदुओं की वैज्ञानिक पुस्तकें जिस ज्योतिष की शिक्षा देती हैं, वह भी खंडित रूप से 'टोलेमिक' (पृथ्वी को ब्रह्मांड के केंद्र में मानने वाला) है (यंग 1981 : 53)।

म्यूर ने पाठ्यचर्या के साथ ऐसा खेल करने की कोशिश की कि हिंदुओं के दर्शन श्रुति-प्रकाश या इलहाम होने की तमाम दावेदारियों से वंचित हो जाएं। जो ज्योतिष ब्राह्मणों को जीविका मुहैया कराता था, वह आधुनिक अनुसंधान की रोशनी में ग़लत ठहरने के कारण पाठ्यचर्या से हटा दिया गया।

म्यूर के उत्तराधिकारी, जेम्स बैलेंटाइन, ने क्लिष्ट संस्कृत और अंग्रेज़ी में लिखित और अंग्रेज़ी में दी गई टिप्पणियों से सुसज्जित अपने ग्रंथ, *क्रिस्चियनिटी कॉन्ट्रास्टेड विद हिंदू फ़िलॉसफ़ी : ऐन एस्से इन फ़ाइव बुक्स, संस्कृत एंड इंग्लिश : विद प्रैक्टिकल सजेशंस टेंडर्ड टु दि मिशनरी एमंग दि हिंदूज़* (1859), में हिंदुस्तान में धर्मप्रचार करने के लिए समुचित धर्मशास्त्रीय पदावली से लैस करने के ख़याल से मिशनरियों को अनेक सुझाव दिए (v)। हिंदू दार्शनिक व्यवस्था को ख़ारिज करने और ईसाई चिंतन की वैधता के लिए आंतरिक, दार्शनिक साक्ष्य देने का बैलेंटाइन का प्रयास एक महत्त्वाकांक्षी उद्यम था, जिसने तुलना करने के योग्य समझने भर से हिंदू चिंतन के ओहदे को ऊपर उठा दिया। इसके अलावा, यह प्रयास ईसा के संदेश का सिर्फ़ दार्शनिक आधारों पर मूल्यांकन करने के लिए भी बाध्य हो गया। इसके लिए बैलेंटाइन को *कलकत्ता रिव्यू* (1871) की कठोर आलोचना का शिकार होना पड़ा, जिसने न केवल वेदांत दर्शन के प्रति सहानुभूति और प्रशंसा व्यक्त करने के लिए लेखक

को फटकार लगाई, सबसे ज़्यादा फटकार इसके लिए लगाई कि वह हिंदुओं के सामने 'हृदय का धर्म' पेश करने के बजाय तत्त्वमीमांसात्मक अटकलबाज़ी में उलझ गया (108)।[7] अलबत्ता, बैलेंटाइन की पुस्तक एक ऐसी चुनौती के साथ ख़त्म होती है जो समकालीन ईश्वरपरक धारणाओं का सार-संक्षेप प्रस्तुत करती है :

> प्राकृतिक धर्मशास्त्र (Natural Theology) जिस निष्कर्ष पर पहुंचता है, वह एक विचारशील मनुष्य को यह सवाल पूछने पर बाध्य करता है, 'क्या प्रकृति के ईश्वर ने प्रकृति के अलावा और कहीं भी स्वयं को उद्घाटित किया है?' हम अपने धर्मग्रंथों में हिंदुओं को इस प्रश्न का उत्तर देखने के लिए कहते हैं। लेकिन वह जवाब देता है कि उसके देश के लोगों के पास ख़ुद अपने धर्मग्रंथ हैं। तब हमारा प्रति-प्रत्युत्तर होता है कि यह ठीक है, पर इन धर्मग्रंथों के सारे दावे स्वाग्रह के एक व्यर्थ से आधार पर टिके हैं। अपने धर्मग्रंथों की बातों के लिए हम उसके सामने ऐतिहासिक और आंतरिक साक्ष्य प्रस्तुत करते हैं (235)।

बैलेंटाइन के काम पर लोगों ने ध्यान दिया—बनारस के सबसे प्रतिष्ठित कॉलेज के प्राचार्य की कृति होने के चलते इसे असरदार होना ही था।[8]

हिंदुओं के तिथिविहीन, अर्थात् ऐतिहासिक रूप से आधारहीन, धार्मिक साहित्य के विराट भंडार के बरख़िलाफ़ मिशनरियों ने अपने ईश्वर के देहावतार की, और उसके द्वारा किए गए चमत्कारों की, ऐतिहासिक सत्यापनीयता पर बार-बार बल दिया। हिंदुओं के बारे में उनका मानना था कि उनके प्राचीन दस्तावेज़ दंतकथाओं और फंतासियों से इस क़दर नथे-गुंथे हैं :

> कि क्या तथ्य है और क्या कल्पना, इसकी खोज के प्रयास में यूरोप के बेहतरीन सूक्ष्मदर्शी मनीषी धैर्यपूर्ण और दीर्घदीर्घायित परीक्षण के बाद भी ख़ासे दिग्भ्रमित रहते आए हैं (1868 : 4)।

ऐसा रेवरेंड एम.ए. शेरिंग ने बनारस पर लिखी अपनी जानी-मानी किताब की भूमिका में लिखा।

इस तरह अपने ग़ैर-ईसाई भाइयों-बंधुओं की आत्मा की रक्षा करने पर आमादा ईसाई मिशनरियों को जो चीज़ परेशान कर रही थी, वह यह थी कि उन भाइयों-बंधुओं को एक ऐसे पूर्णतः एकेश्वरवादी निजी ईश्वर की पहचान नहीं थी जो उस आस्था के प्रत्येक अनुयायी से न सिर्फ़ व्यक्तिगत निष्ठा की, बल्कि नैतिक उत्तरदायित्व की भी मांग करता है। हिंदू धर्म में उनके लेखे जो हठधर्मी भ्रांति हावी थी, उसने सर्वेश्वरवादी विश्वास के साथ-साथ, असंख्य आकारों में ख़ुद को व्यक्त करते असंख्य देवताओं के अस्तित्व की छूट दे दी, अनगढ़ पत्थरों और धातुओं में जिनकी प्रतिमाएं सचुमच में पूजी जाने लगीं। उनका मानना था कि ऐसे साक्ष्य नदारद हैं जिनके आधार पर किसी निश्चित वैचारिक रूपरेखा के भीतर विभिन्न दार्शनिक मतों का ऐतिहासिक स्थान-निर्धारण किया जा सके, जिसके चलते हिंदू धर्म में अस्त-व्यस्त छितराई दार्शनिक अटकलें किसी भी तरह यूरोपीय दर्शन की उपलब्धियों की बराबरी नहीं कर सकतीं। हिंदू विचार और व्यवहार में तर्क तथा ऐतिहासिक साक्ष्य, दोनों ही दिखाई नहीं पड़ते।

पहला दौर : जड़ें और उससे निकली शाखा-प्रशाखाएं

पहले दौर में, जो 1869 से—यानी जब भारतेंदु ने नियमित रूप से अपना लेखन प्रकाशित करना शुरू किया, तब से—आरंभ होता है, इस बात की कोई ज़रूरत महसूस नहीं की गई थी कि अलग-अलग संप्रदायों के एक-दूसरे के साथ, या सनातन धर्म जैसी किसी उच्चस्थ श्रेणी के साथ, धर्मशास्त्रीय या विचारधारात्मक जुड़ावों की प्रकृति को परिभाषित किया जाए।

भारतेंदु के आरंभिक लेखन में एक ओर एक ऐसा धर्मपरायण वैष्णव प्रकट होता है जो अपने संप्रदाय में चलने वाली परंपराविहित पद्धति से कृष्ण के लिए भक्ति के पद रचने में जुटा है, और दूसरी ओर एक ऐसा भावाविष्ट युवा हिमायती दिखाई पड़ता है जो काशी धर्मसभा की गतिविधियों में शामिल होते और उनका संचालन करते हुए सनातन धर्म के हितों की रक्षा कर रहा है। यानी, किसी संप्रदाय को सनातन धर्म के वृहत्तर परिप्रेक्ष्य में किस तरह से रखा जा सकता है, इस बात का कोई निर्धारण किए बग़ैर उस संप्रदाय का हिस्सा होना संभव था। 'आचार' के स्तर पर सनातन धर्म के सभी अनुयायी धर्मसभा के प्राधिकार को मान्यता देते थे और यह धर्मसभा उपमहाद्वीपीय प्रभाव का दावा रखने वाली संस्था थी। इस तरह 'आचार' को आपस में बांध रखने वाला एक कारक माना जा सकता है, लेकिन वह क्या था जो हिंदुओं को *मत* के स्तर पर जोड़े रखता था? भारतेंदु ने आगे चलकर वल्लभ और उनके अनुयायियों द्वारा विकसित पुष्टिमार्ग के धर्मशास्त्र में उस पल्लवन के बीज देखे जो इस स्तर पर आकर सनातन धर्म की व्यापक धारा का संपाती होने का दावा कर सकता था।

हालांकि वल्लभाचार्य ने स्वयं बनारस में एक निश्चित अवधि के लिए निवास किया था और उनके पुत्र विट्ठल भी वहां रहे थे, पर बीच की सदियों में वहां संप्रदाय की गतिविधियां नगण्य हो गई थीं। यह पूरी तरह से गिरधरजी (1791-1840) जैसे करिश्माई व्यक्तित्व के प्रयासों और ऊर्जा के चलते ही हो पाया, जैसा कि हमने अध्याय तीन में देखा है कि पुष्टिमार्ग ने इस इलाक़े में दुबारा प्रतिष्ठा अर्जित की। नवविस्तारित गोपालजी मंदिर (1829) के अनुष्ठान और सामुदायिक आनंदोत्सवों ने समुदाय को पहले से कहीं ज़्यादा मज़बूती से बांध दिया। यह मंदिर चौखंभा में स्थित था, जो कि हाल में ही आबाद किया गया नौपट्टी महाजनों का रिहायशी इलाक़ा था। गिरधरजी कला और सौंदर्य की जानकारी रखने वाले व्यक्ति भी थे, जो संप्रदाय के सुविस्तृत सेवा अनुष्ठानों में पूरी तरह पारंगत थे, और जाने-माने धर्मशास्त्री भी, जिन्होंने अपनी परंपरा के सिद्धांतों की व्याख्या में स्वयं योगदान किया था।

वल्लभ का वाद एक ऐसा वाद है जिसे पूरी तरह अद्वैतवादी भी माना जा सकता है और एकेश्वरवादी भी—मानना इस पर निर्भर करता है कि आप किस पक्ष पर बल देते हैं। उन्होंने जिस अद्वैत का प्रचार किया वह स्वयं शंकर के अद्वैत के मुक़ाबले अधिक शुद्ध होने का दावा करता था। वल्लभ के शुद्धाद्वैत-वेदांत ने बताया कि ब्रह्म एक साथ सर्वव्यापी और पारलौकिक है, किंतु माया ब्रह्म की एक शक्ति है और इस तरह उससे अभिन्न है। इस माया या अविद्या के माध्यम से ही ब्रह्म स्वयं को अनेक के तौर पर तथा विविध रूपों में प्रकट करता है। इसलिए ईश्वर का वास्तविक प्रकटीकरण होने के चलते संसार वास्तविक है। सर्वव्यापी के रूप में, समस्त गुणों के नियंत्रणकर्ता के रूप में ब्रह्म सगुण और निर्गुण दोनों है। सगुण ब्रह्मस्वरूप कृष्ण अपने 'आदिमूर्ति' और 'मूलभूत' रूप में ईश्वर हैं। वे केवल संपूर्ण आविर्भाव ही नहीं बल्कि एक वैयक्तिक आविर्भाव भी हैं।

ईश्वर की प्राप्ति बोध की सामान्य पद्धति के द्वारा नहीं बल्कि ईश्वर की कृपा से ही हो सकती है, जो कि भक्ति का बीज है। व्यक्ति में यही कृपा भक्ति के रूप में प्रकट होती है। मोक्ष ईश्वर के प्रति अडिग और अटूट भक्ति के माध्यम से ही हासिल किया जा सकता है। यद्यपि भक्ति साधना है और मोक्ष अंतिम साध्य, पर साधना को ही उच्चतर चरण माना गया। वे भक्त, जो ब्रह्म नामक परमानंद की अवस्था में प्रवेश नहीं कर पाए हैं, किंतु सामान्य गृहस्थ

होते हुए भी अपनी सभी इंद्रियों से ईश्वर का आनंद लेते हैं, जीवनमुक्तों से, यानी इस धरती पर अपने जीवन-काल में ही मुक्ति हासिल कर लेने वालों से, बेहतर हैं। हालांकि वल्लभ ने एक ओर स्पष्टतः अद्वैत का प्रचार किया, पर दूसरी ओर उतनी ही स्पष्टता से भक्ति-दशा की प्रशंसा की जिसमें वस्तुतः भक्त अपने प्रिय के सान्निध्य का आनंद लेने के लिए कृत्रिम रूप से एक द्वैत का निर्वाह करते हुए भगवान से अलगाव की स्थिति में रहता है।

भक्तिमार्ग को अंतिम निष्कर्ष में ज्ञानमार्ग से अलग न मानते हुए भी वल्लभ ने भक्ति को उच्चतर आंका। भक्ति ज्ञान के बिना संभव है, जैसा कि ब्रज की गोपियों के सुविदित प्रकरण से स्पष्ट है–उन्हें ज्ञान के बारे में कुछ पता नहीं था–परंतु ज्ञान भक्ति की ओर एक क़दम है। भक्ति भगवान का प्रेम और उसकी सेवा, दोनों है। पर भगवान की सही सेवा गुरु के दिखाए मार्ग से ही हो सकती है। वल्लभ ने अपने पंथ में गुरु के लिए उच्चतम ओहदे का पूर्वानुमान कर लिया था। गुरु के इस केंद्रीय मध्यस्थ वाले प्रकार्य को याद रखना ज़रूरी है, जिसकी ओर उस समय प्रायः ध्यान नहीं दिया जाता जब भक्तिमार्ग को एक प्रोटेस्टेंट आंदोलन के रूप में पेश किया जाता है और यह बताया जाता है कि इसने न सिर्फ़ संस्कृत की शास्त्रीय परंपरा को, बल्कि तमाम पुरोहितवर्गीय मध्यस्थता को भी दरकिनार कर दिया था।

संप्रदाय के दो प्रमुख पक्ष थे। पहला, सेवा पर बल, जिसका मतलब था श्रीनाथ जी का शृंगार करने और उनकी सहूलियतों का ध्यान रखने का सुविस्तृत अनुष्ठान जिसे आचार्य के पुत्र विट्ठल ने नए रूप में परिष्कृत किया था। दूसरा था, भगवान के प्रति वैयक्तिक भक्ति की विविध अभिव्यक्तियां; इसमें, वल्लभ और उनके अनुयायियों के अनुसार, भावनात्मक प्रेम के सात चरण हैं जिसका उच्चतम चरण है व्यसन।[9] उस युग की साहित्यिक भाषा, ब्रजभाषा में संतचरित और भक्ति से संबंधित विपुल साहित्य था जिसने संप्रदाय के धर्मसिद्धांतों और श्रुतियों तक उन लोगों की पहुंच बनाई जो संस्कृत नहीं जानते थे। अष्टछाप के नाम से मशहूर, संप्रदाय में सम्मिलित आठ कवियों की ब्रजभाषा कविता में यह परंपरा सबसे मज़बूत रूप में सामने आई, इसी परंपरा के साथ भारतेंदु ने अपना तादात्म्य स्थापित किया। वे उपास्य की पूजा और उनके उत्सवों में उत्साहपूर्वक भाग लेते थे, और अपने पदों में उन्होंने गिरधरजी महाराज की उपलब्धियों का पर्याप्त अभिनंदन किया। अपनी साहित्यिक गतिविधियों और अपने द्वारा स्थापित सार्वजनिक संस्थाओं, दोनों में भारतेंदु एक आस्थावान समर्थक एवं उत्साही भक्त के रूप में सक्रिय रहे।

भारतेंदु की आरंभिक काव्य-रचनाएं मुख्यतः संप्रदाय से संबंधित भक्ति-पद हैं। उनकी अब तक ज्ञात सबसे पहली रचना है *भक्त सर्वस्व* जो कि 1870 में मेडिकल हॉल प्रेस से प्रकाशित हुई थी। इसमें राधा, कृष्ण और वल्लभ के पावन चरण-चिह्नों का विस्तारपूर्वक उत्सवधर्मी विधि से वर्णन किया गया है, और यह वर्णन संप्रदाय की विभिन्न परंपराओं द्वारा प्राप्त हुए तमाम रूपांतरों को समेटता है। प्रस्तावना में पूरी विनम्रता के साथ यह बात दर्ज की गई है कि यह काव्य, प्रेम के रंग में रंगे वैष्णवों के आनंद हेतु लिखा गया है। युवा कवि यह प्रार्थना करता है कि उसके बाल-चापल्य को क्षमा करते हुए रचना की कमियों को बर्दाश्त किया जाए।[10] अगली लंबी काव्य-रचना, *प्रेममालिका*, भक्ति-काव्य के व्यापक भेदोपभेद को शामिल करती है। ये वे भेदोपभेद हैं जो अष्टछाप कवियों के क्लासिक काव्य में, साथ ही, मीरा के मारवाड़ी-मिश्रित ब्रजभाषा काव्य में संरक्षित हुए थे और दायस्वरूप प्राप्त हुए थे।

प्रेममालिका के पद, जैसा कि भारतेंदु समर्पण में स्वयं बताते हैं, तीन तरह के हैं : 1. लीला संबंधी; 2. दैन्यभाव संबंधी; 3. परम प्रेममय अनुभव से संबंधित।[11] इन पदों में फ़ॉर्म पर भारतेंदु का अधिकार, उनका छंद-कौशल तथा सांगीतिक राग-रागिनियों का उनका ज्ञान स्पष्ट दिखाई पड़ता है। साथ ही, उनके द्वारा इस्तेमाल किए गए मुहावरों में भी ज़बर्दस्त विविधता है, क्योंकि ब्रज के अलावा यहां मीरा की भाषा का भी पर्याप्त अनुकरण है। इस तरह की भक्तिपरक-शृंगारिक कविता से उनका लगाव बना रहा।[12] बाद में चलकर फ़ॉर्म (नाटकीय संवाद) के साथ बर्ताव में अधिक लचीलापन आया, साथ ही, वस्तु में बदलाव भी आया। *हरिश्चंद्र मैगज़ीन* के पहले अंक में भक्तिपरक कविताओं की एक शृंखला सामने आई। ये कविताएं कला-मर्मज्ञता का प्रदर्शन भर नहीं थीं, बहुत स्पष्ट रूप से भक्तिभाव की कविताएं थीं। सूरदास की सर्वोत्तम परंपरा में आने के बावजूद अपने मुहावरों की संक्षिप्तता और स्वर की अंतरंगता में ये एक ऐसी संज़ीदगी और भावावेश का परिचय देती हैं जो भारतेंदु की ख़ास विशेषता है। मिसाल के लिए *तन्मयलीला* (1.4, जनवरी, 1874) को देख सकते हैं, जहां अपने प्रिय में पूरी तरह से समाकर अपनी पहचान खो देने जैसे चिरपरिचित विषय की प्रस्तुति में यह गुण प्रदर्शित होता है :

राधे भई आपु घनश्याम।
आपुन को गोविंद कहत है छांड़ि राधिका नाम।
वैसेइ झुकि-झुकि कै कुंजन मैं कबहुंक बेनु बजावै।
कबहुं आपुनो नाम लेइ कै राधा राधा गावै।
कबहुं मौन गहि रहत ध्यान करि मूंदि रहत दोउ नैन।
'हरीचंद' मोहन बिनु ब्याकुल नेकु नहीं चित चैन।

संप्रदाय की उस परंपरा से, जिसके साथ भारतेंदु का सघन तादात्म्य लगातार बना रहा, उनके काव्य की संबद्धता क़ायम रही। इस स्थानीय संबद्धता ने उन्हें, उनके परिवार और समुदाय को संप्रदाय के विराट नेटवर्क, मंदिरों और बॉम्बे प्रेसीडेंसी, बंगाल, राजपूताना तथा ब्रज क्षेत्र के व्यापारिक समुदायों से एकबारगी जोड़ दिया।

काशी धर्मसभा

पुष्टिमार्ग के अलावा एक और ख्यात संस्था थी जिसकी गतिविधियों के साथ भारतेंदु का निकट संबंध था। 1871 और 1872 में, जब वे कालांतर में उचित ही प्रसिद्धि हासिल करने वाली अपनी पत्रिका *कविवचनसुधा* के दूसरे वर्ष की शुरुआत कर रहे थे, पत्रिका के अंकों में काशी धर्मसभा के विभिन्न विचार-विमर्शों के हवाले बारंबार मिलते हैं।[13] सभा का निश्चित संविधान कहीं स्पष्टतः लिखा गया हो, ऐसा लगता नहीं। जान पड़ता है कि यह अनौपचारिक रूप से गठित एक संस्था थी जो दयानंद सरस्वती के बारंबार आगमन द्वारा पेश की गई चुनौतियों के मद्देनज़र वजूद में आई थी। सहाय ([1905] 1975 : 89) हमें यह जानकारी देते हैं कि यह धर्म संबंधी मामलों को देखती थी, जहां आनंदोत्सवों के आयोजन के अलावा व्यवस्थाएं देना भी एक प्राथमिक सरोकार जान पड़ता है। काशी को बहुत प्राचीन काल से यह विशेष प्राधिकार हासिल था, और विख्यात पंडितों ने हमेशा व्यवस्थाएं देने का काम किया था। प्रकटतः यह प्राधिकार व्यवस्था देने के कार्य में शामिल पंडितों की स्थानीय प्रतिष्ठा

से आता था। महाराजा ने इस सबको एक अधिक संगठित ढांचा देने की, और साथ ही दयानंद की गतिविधियों को दबाने के लिए इसके प्राधिकार का इस्तेमाल करने की कोशिश की। नगर की गण्यमान्य हस्तियों को भी इसकी कार्रवाइयों में सम्मिलित किया गया। लिहाज़ा किसी भी तरह यह सिर्फ़ ब्राह्मणों का गढ़ नहीं था। ऐसा प्रतीत होता है कि सभा का संगठन कार्यकारी परिषद और सचिवों वाली संरचना के अनुसार आयोजित था, जो उन्नीसवीं सदी के लिए आम बात थी। भारतेंदु कार्यसंपादक थे, जिसकी तुलना हम कार्यकारी सचिव से कर सकते हैं। महाराजा के प्रधान पंडित, ताराचरण तर्करत्न, जो कि एक न्यायी थे, ऐसे सभी अवसरों के लिए मुख्य सलाहकार थे जिनमें उनके प्राधिकार और हस्तक्षेप की ज़रूरत होती थी। धर्म को आगे बढ़ाने के प्रयास में सभा संस्कृत शिक्षा की देखरेख और प्रोत्साहन का काम भी करती थी और परीक्षाएं भी आयोजित करती थी। लेकिन, इन सबसे बढ़कर, धर्मसभा अनुष्ठानों और आनुष्ठानिक ओहदों से जुड़े मसायल से सरोकार रखती थी, जिनके लिए धर्मशास्त्रीय ग्रंथों के प्राधिकार का हवाला देने की हमेशा ज़रूरत पड़ती थी। इसके पीछे समझ यह थी कि वह अक्षुण्ण सनातन धर्म, जिसे व्यापक स्तर पर हिंदू धर्म का पर्याय माना जा रहा था, एक स्पष्टतः परिभाषेय वस्तु थी और इसे धर्मसभा द्वारा बताए गए नियमों और प्रावधानों के द्वारा चलाया जा सकता है जो कि धर्मशास्त्रीय ग्रंथों में मौजूद तदनुकूल विधानों के प्रमाण पर निर्भर हैं। इसी के चलते 'वेदधर्मावलंबियों' के मामले में 'श्रुति-स्मृति सम्मत धर्म' का बारंबार हवाला दिया जाता था।[14] जिस भी चीज़ को वे वैध ठहराते, उसे पूरे उपमहाद्वीप के लिए वैध बताते थे, हालांकि व्याख्या के ब्योरों को लेकर आंतरिक मतभेद अकसर होते थे।

कविवचनसुधा में जिन तीन मामलों की विवेचना की गई है, वे इसका एक प्रतिनिधि नमूना पेश करते हैं कि सभा किस तरह के प्राधिकार को अमल में लाती थी। पहले मामले में (3.1, 30 अगस्त, 1871, 'समाचार सार' शीर्षक के तहत) संक्षेप में जो बातें रखी गई हैं, उनका संबंध जगन्नाथ मंदिर में भैरव की मौजूदगी से है। भारतेंदु ने इस बात का प्रत्याख्यान किया कि भैरव की प्रतिमा अनादि काल से वहां मौजूद है। उन्होंने प्रत्याख्यान के लिए तर्कों की, और *भागवतपुराण, वशिष्ठस्मृति, मत्स्यपुराण* आदि के आधिकारिक उद्धरणों की पूरी शृंखला प्रस्तुत की।[15] और तो और, स्वयं *जगन्नाथमाहात्म्य* के दो पाठांतरों में इसकी विपरीत बात का अंतिम रूप से निर्णायक प्रमाण भी दिखाया। भारतेंदु के अनुसार, जिन कृतियों को प्रमाणस्वरूप उद्धृत किया गया था, उनके अध्ययन से यह बिल्कुल स्पष्ट था कि जिसे भी मुक्ति चाहिए, उसे सिर्फ़ श्रीकृष्ण की उपासना करनी चाहिए। उस समय भी भारतेंदु एक साथ, वैष्णवों की ओर से भी तथा धर्मसभा के प्राधिकार संपन्न अधिकारी के रूप में भी बोल रहे थे।

फिर भी, जैसा कि दूसरे मामले से पता चलता है, सभा का प्राधिकार-संपन्न फ़ैसला ऐसे प्रसंगों में भी अपेक्षित था जो आधुनिक और समकालीन थे। 28 अक्टूबर, 1871 (3.5) की *कविवचनसुधा* में ब्राह्मो विवाह की शास्त्रीय वैधता का पूरा विवादास्पद मसला उठाया गया है। 1861 से ब्राह्मो समाज के अनुयायियों ने एक संशोधित विवाह अनुष्ठान की शुरुआत की थी जिसे वे अमल में भी ला रहे थे। समाज का इतिहास लिखने वाले शिवनाथ शास्त्री के अनुसार, इसमें 'पारंपरिक हिंदू अनुष्ठानों के मूर्तिपूजक अंश हटा दिए गए थे'।[16] बनारस में सार्वजनिक विचार-विमर्श दो पत्रों और एक छोटी रिपोर्ट के रूप में हुआ जो

कविवचनसुधा में छपे थे। रिपोर्ट अपने रंग-ढंग में संपादकीय ही अधिक थी, जिसे संभवतः स्वयं भारतेंदु ने लिखा था। पहला पत्र नगर के प्रमुख पंडितों के दस्तख़त के साथ था। ये थे–सखाराम भट्ट और अनंतराम भट्ट, बापूदेव शास्त्री, बाल शास्त्री और राजाराम शास्त्री। ये ही वे विद्वज्जन थे जिन्हें अपने प्राधिकार को सहारा देने वाली ज़बर्दस्त प्रतिष्ठा हासिल थी। पत्र में उन्होंने भारतेंदु के घर पर संपन्न हुई सभा में पारित निर्णय की जानकारी दी थी। पंडितों का निर्णय कठोर था। उनकी दृष्टि में ऐसा विवाह 'सर्वथा वेदबाह्य और अवैध' था : 'अतः हम आपके पत्र के द्वारा सभी को यह बताना चाहते हैं कि जो भी वेदों की पवित्रता को नहीं मानते हैं, वे चाहे नव ब्राह्मो हों या आदि ब्राह्मो, वेदधर्मावलंबियों की दृष्टि में वे पतित हैं' (*कविवचनसुधा* 3.5, 28 अक्टूबर, 1871)।

उसी साल जो तीसरा अवसर सामने आया, वह था, पंडित नीलदेवपंत के माध्यम से नेपाल से आया एक सवाल, जो कि किसी स्त्री द्वारा लिंगम की स्थापना किए जाने के औचित्य-अनौचित्य से संबंधित था। इस मामले में नगर के प्रतिष्ठित पंडितों ने काशी नरेश को एक पत्र लिखा जिसमें किन्हीं पंडित बस्तीराम द्वारा जल्दबाज़ी में लिये गए निर्णय की शिकायत की। पंडितों ने प्रासंगिक निबंधों, सार-संग्रहों आदि में खोजबीन की थी और इस फ़ैसले पर पहुंचे थे कि स्त्री के हाथों लिंगम की स्थापना की मनाही है। मामले के बारे में बताते हुए पत्रिका में यह सूचना भी संलग्न की गई कि महाराजा ने अधिसूचना जारी की है कि जब तक हरिश्चंद्र इसके विषय में अपना मत नहीं देंगे, तब तक वे किसी अंतिम निर्णय पर नहीं पहुंच सकते और पंडित बाल शास्त्री इस पर राज़ी हैं। सभा ने इस मुद्दे पर आठ दिनों तक विचार-विमर्श किया और एक सर्वसम्मत राय बनाई (*कविवचनसुधा* 3.7, 25 नवंबर, 1871)।[17]

इस पहले दौर में सभा की गतिविधियों को, कमोबेश, गंभीरता से लिया जाता था, क्योंकि वे सनातन धर्म के केंद्र को परिभाषित और संपोषित करती थीं। वे मुद्दों का नियमन करती थीं और ज़रूरत पड़ने पर संबंधित समूह को पूरी तरह ख़ारिज न करके उसे हाशिए पर धकेल देती थीं। उन्होंने ब्राह्मो समाज वालों को भी, जो ख़ुद को शास्त्रीय विधान के दायरे से बाहर नहीं मानते थे, ख़ारिज नहीं किया, पर उनकी विवाह-पद्धति को मान्यता न देकर उन्हें किनारे लगा दिया गया। बाद में यही चीज़ आर्यसमाज के साथ भी हुई। सभा इस तथ्य का साक्ष्य थी कि सनातन-धर्म-रूपी एक आधारतत्त्व है जिसे, कम-से-कम आनुष्ठानिक व्यवहार से जुड़े मसायल में, संप्रदायों के ऊपर न्यायाधिकार हासिल है।

कौन-सी चीज़ इस केंद्र को निर्मित कर रही थी और कौन-सी ताक़तें थीं जो एक मुकम्मल निर्माण के लिए प्रतिकूल समझी जा सकती थीं? भारतेंदु और उनके समकालीन एक ऐसे धर्म की ज़रूरत को महसूस कर रहे थे जो आंतरिक रूप से सुसंगत हो। यह ज़रूरत बाहर के ज़बर्दस्त दबावों के रू-ब-रू महसूस की जा रही थी। अंग्रेज़ी में लिखे एक आरंभिक संपादकीय 'पब्लिक ओपीनियन इन इंडिया' (*कविवचनसुधा* 3.14, 9 मार्च, 1872) में, जिसका हवाला पिछले अध्याय में दिया जा चुका है, लेखक इस तथ्य पर खेद व्यक्त करता है कि हिंदू धर्म कई समूहों में बंटा हुआ है। अब राष्ट्रीय हित में–यह आयाम लगातार मौजूद है–यह ज़रूरी है कि हमारी एक आवाज़ हो जिसे औपनिवेशिक ताक़त के ख़िलाफ़ बुलंद किया जा सके, क्योंकि जनमत एक ताक़तवर राजनीतिक औज़ार है। '...सही मायनों में हमारे पास एक जनमत हो', इसके लिए काफ़ी कुछ किया जाना बाक़ी है। लेखक उन कारणों की फ़ेहरिस्त

पेश करता है जो जनमत को सुसंगत तरीक़े से शब्दों में ढलने से रोकते हैं। आज के हिंदुओं में आत्मविश्वास की कमी के अलावा 'धर्म के अपने-अपने अनगिनत रूपों' वाली नाना जातियां और मत-मान्यताएं हैं जो एकताबद्ध राय बनने नहीं देतीं और ऐसी राय ही सरकार की ओर से सुनवाई की मांग और उम्मीद कर सकती है।

> इसलिए यह अपेक्षित है कि धर्म पर, जिसमें अब इस हद तक भ्रष्टाचार आ चुका है, भारतीय लोग ख़ासे फ़िक्र और सरोकार के साथ ध्यान दें। जब तक अंधविश्वास की बाधाओं से पीछा छुड़ाने की आम इच्छा न होगी, तब तक भारत के पुनरुज्जीवन का कार्य नहीं हो सकता। भारत के धर्म को एक ऐसा धर्म बनने दें जो अपनी करोड़ों प्रजाओं पर बिना किसी बाधा या रोकथाम के शासन कर सके। संकीर्णतावाद की काली छायाओं को पश्चिमी सभ्यता की किरणों से छंट जाने दें और हम सभी कैथोलिक नज़रिए से राष्ट्रीय रीति-रिवाजों और आदतों को देखने के लिए एकजुट हों और एकता राष्ट्रीय उन्नति की उस भव्य अधिरचना का आधार बने जो हर सभ्य राष्ट्र के पास है (*कविवचनसुधा* 3.14, 9 मार्च, 1872)।

कौन-सी चीज़ इस एकीकरण को संभव करेगी, 'संकीर्णतावाद की काली छायाएं' कैसे छंटेंगी? स्पष्टतः, राष्ट्रीय पुनरुज्जीवन का सवाल उठने से पहले दृढ़ीकरण की आंतरिक प्रक्रिया ज़रूरी थी।

तथापि शुरुआत में भारतेंदु ने हिंदू धर्म के विविध मतों, जिसे वे 'संप्रदाय' के आधुनिक अर्थ में इस्तेमाल कर रहे थे, के संबंध को लेकर खंडन-मंडन से ज़्यादा शायद ही कुछ किया। अपने नाटक *वैदिकी हिंसा हिंसा न भवति* के पूरा होने की घोषणा करते हुए वे निम्नलिखित वक्तव्य देते हैं :

> विदित हो कि यह प्रहसन दयार्द्र चित्त वालों के अनुकूल है तथापि वैदिक यज्ञादि कर्मकांड तथा बलिदान तथा तांत्रिक चक्रपूजा मद्यपानादि के विरुद्ध है। यह हिंदी में हिंदू की लेखनी से निकला हुआ पहला ही लेख है जो हिंदू धर्म्म के कुछ अंशों के विरुद्ध होकर उसकी हंसी करता है पर जो हो उसका परिणाम फल तो सर्व्वजनानुकूल है कि हिंसा और मद्यपान की चाल हिंदुस्तान से उठ जाए (*कविवचनसुधा* 3.21, 21 जून, 1872)।

इसके बाद नाटक को इस रूप में विज्ञापित किया गया है कि यह हिंदू धर्म की कुछ भ्रष्ट प्रशाखाओं की आलोचना करते हुए इस धर्म को कदाचार से मुक्त कराने का प्रयास करता है।

वैदिकी हिंसा हिंसा न भवति ने हिंदू धर्म के विभिन्न विरूपणों को अपना विषय बनाया। ये विरूपण ब्राह्मो समाजियों और बंगालियों (शाक्तों) की प्रथाओं में दिखते थे। उन्हें, मिसाल के लिए, पतित माना जाता था, क्योंकि वे अपनी जीवन शैली और विश्वासों में उन क़ायदों का उल्लंघन करते थे जिनके लिए वैष्णवों द्वारा मापदंड निर्धारित किया गया था, हालांकि उसे अभी तक स्पष्ट रूप नहीं दिया गया था। नाटक की क्षीण-सी कथा एक पतित राजा और उसके पुरोहित की है जो आवश्यकतानुसार हर तरह की स्वेच्छाचारी प्रथा के समर्थन में शास्त्रों से उद्धरण पेश कर देते थे। नतीजा यह हुआ कि भयंकर अव्यवस्था छा गई, जिसे नाटक के चौथे अंक में स्वयं यम द्वारा व्यवस्थित किया गया। नाटक के सभी मुख्य पात्रों को कठोरतापूर्वक उन विशेष नरकों में डाल दिया गया जिनकी वे पात्रता रखते थे।

आख़िर में, शैव और वैष्णव ही ऐसे थे जिन्हें अपनी दुरुस्त दावेदारी के अनुसार स्वर्ग प्राप्त हुआ :

> आप लोगों की अकृत्रिम भक्ति से ईश्वर ने आपको कैलास और बैकुंठ वास की आज्ञा दी है। सो आप लोग जाइए और अपने सुकृत का फल भोगिए। आप जैसे सुकृतियों को ईश्वर प्रसन्न होकर सामीप्य मुक्त देता है, सो लीजिए, आप लोगों को परम पद मिला। (*ग्रंथावली* I : 26)

अभी तक वैष्णवों की भूमिका का कोई मूलगामी सूत्रीकरण नहीं हुआ था, हालांकि आगे चलकर उसे जिस रूप में पेश किया गया, उसके सभी चिह्न बाक़ायदा मौजूद थे, जैसा कि हम अभी ही देखेंगे।

संप्रदायों के विवादास्पद प्रश्न को छोड़ दें, तो हर मौक़े पर सनातन धर्म का पालन करने वाले हिंदू की स्पष्ट प्रशंसा मिलती है—सनातन धर्म यानी ऐसा धर्म जो शासक वर्ग की अहम्मन्यता को पुष्ट करने से इनकार करता है और डटकर मुक़ाबला करता है। *हरिश्चंद्र मैगज़ीन* के एक आरंभिक अंक (1.2, 15 नवंबर, 1873) में मुंशी ज्वालाप्रसाद का लिखा *कलि-राज की सभा* शीर्षक एक गद्य-स्केच है। यह पैना स्केच उस समूह को चित्रित करता है जिसमें एक सनातनी हिंदू ख़ुद को स्थित पाता है, पर जो अपने को उन शक्तियों से घिरा हुआ पाता है जो उसके अभीष्ट मूल्यों को मिटा देने पर आतुर हैं। यह एक स्पष्ट वक्तव्य है और आने वाले वर्षों में इसे अत्यधिक लोकप्रियता हासिल हुई। इसके गद्य में तुकबंदी, शब्दक्रीड़ा, अनुप्रास और जान-बूझकर इस्तेमाल किए गए अंग्रेज़ी शब्दों की भरमार है। पर संदेश बहुत साफ़ है। मुंशी ज्वालाप्रसाद की राय भारतेंदु से बहुत मिलती-जुलती थी, हालांकि एक अंतर था जिस पर मैं आगे विचार करूंगी।

इसमें एक सभा का दृश्य प्रस्तुत किया गया है। इस सभा की नींव असत्य पर है, यह एक ऐसे कक्ष में हो रही है जिसकी दीवारें लालसा, क्रोध, लोभ, मोह और उन्माद से बनी हैं और उन दीवारों में नास्तिकता, अज्ञान, क्रूरता और ढोंग के चार दरवाज़े हैं। एक लौह सिंहासन पर कलियुगराज सभापतित्व कर रहे हैं। यह कहीं स्पष्ट नहीं किया गया है कि वह किसका प्रतिनिधित्व करता है, पर यह बहुत साफ़ है कि तटस्थता के दिखावे के बावजूद, अपनी बेईमानी और स्वार्थपरता में वह औपनिवेशिक सत्ता का ही प्रतिनिधित्व कर सकता है। वह सबसे घटिया, बदज़बान क़िस्म के चापलूसों से घिरा रहता है। दरबारियों का वर्णन करने में मुंशी ज्वालाप्रसाद उनके सामाजिक रवैए का वर्गीकरण करते हुए उनकी भर्त्सना भी करते चलते हैं : कलियुगराज की दाहिनी तरफ़ 'शिक्षित हिंदू' खड़ा है; वह अंग्रेज़ी पढ़ा-लिखा है, अंग्रेज़ी जूते पहने है, वेद-पुराणों में लिखी बातों के प्रति भरपूर सशंकित है और उसका जीवन पूरी तरह अंग्रेज़ों की चापलूसी के प्रति समर्पित है। उसके बग़ल में एक लाला है (चित्रगुप्त की वंश-परंपरा में आने वाले कायस्थ, जिनका जन्म और जातिगत ओहदा उन्नीसवीं सदी के उत्तरार्द्ध में पर्याप्त विवाद का विषय बना हुआ था), जो अपनी लेखनी को तैयार किए हुए आज्ञाकारी भाव से प्रतीक्षा कर रहा है। उसके बग़ल में एक ब्राह्मो है, 'सभ्य अंग्रेज़ीदां' केशबचंद्र सेन का बंगाली अनुयायी, जिसके हाथ में छड़ी है, जो पावरोटी और गोमांस खाता है, विधवाओं का पुनर्विवाह कराने पर बज़िद है और ज्ञान का सागर है। उसके बाद एक ईसाई-तांबई रंग का, क़साई जैसी शक्ल वाला, सबसे असभ्य, हाथ में ईसाई धर्मसिद्धांत को

थामे, सिर के अंदर शराब, हिंदुओं के धर्म और सम्मान की ऐसी-तैसी फेरता। फिर एक मुसलमान—कंजूस, कायर, सबसे बदनाम, ख़ुद शैतान की शक्ल वाला, इस बात से स्पष्टतः नाख़ुश कि उर्दू अदालत की भाषा होने के ओहदे से वंचित कर दी गई है।[18] इसके बाद एक देसी महाजन है, अपने पड़ोसी का व्यवसाय बर्बाद कर देने पर तुला हुआ, शराब और वेश्याओं का पक्का उपभोक्ता, क्रूर, धनी, 'निरक्षर' और छोटे दिल वाला। उसके बाद एक अनार्य, निरक्षर भट्टाचार्य, बड़ी तोंद वाला, कांख में किताब दबाए, अपनी फ़ीस के लालच में लार टपकाता, औरतों पर बुरी नज़र रखने वाला—यह कलियुगराज का घरेलू पुरोहित है। इसी तरह एक भ्रष्ट गोसांईं, एक तांत्रिक और एक ऐसा वैरागी जो वैराग्य से कोसों दूर है। इन सारे नीच और धूर्त लोगों के बाद अंत में आता है 'ऑर्थोडॉक्स हिंदू'। हिंदी के पाठ में यह अंग्रेज़ी अभिव्यक्ति ही इस्तेमाल की गई है। यह व्यक्ति वेदों में बताए गए सभी कर्म करता है, तमाम सद्गुणों को धारण करता है, स्वयं श्रीकृष्ण का कृपा-पात्र है, शांत एवं संयत है, अज्ञानियों के कल्याण की कामना करता है, गुमनाम बने रहने में ही संतुष्ट है। वह सभा के एक कोने में चुपचाप खड़ा इन दुष्टों की हरकतें देखते हुए अपना मनोरंजन कर रहा है।

यह निश्चित रूप से ऐसे दुर्लभ पाठों में से है जहां 'ऑर्थोडॉक्स' पद के साथ इतने साफ़ तौर पर सकारात्मक अर्थों को जोड़ा गया है। यहां सनातनता ने ख़ुद को मुख्यतः वेदों की संपदा की देखरेख के आधार पर परिभाषित किया। सनातनता को बनाने वाले और कौन-से कारक थे जो सनातन धर्म में अंतर्भुक्त की गई सभी परंपराओं में साझा रूप से मौजूद थे? वह क्या था जिसने अंततः हिंदुओं के विभिन्न संप्रदायों को एक साथ बांधा?

पुरोहिती परंपरा की आलोचना

सदी के साठ के दशक में पुष्टिमार्ग को ख़ासा प्रतिकूल प्रचार मिला। इसकी वजह थी, एक अदालती मामला जिसमें सूरत और बम्बई के मंदिरों के महाराजा शामिल थे। सदी के मध्य का बम्बई पश्चिमी शिक्षा और उसके साथ आने वाले सुधार के विचारों के नतीजों का साक्षी बन रहा था।[19] सुधार के, और अपनी समझ के हिसाब से भारतीय समाज के पुनरुज्जीवन के, इन विचारों से सुलगती हुई एलिफ़िंसटन कॉलेज के स्नातकों की पहली पीढ़ी ने शहर के पारसी, गुजराती और मराठी हलकों में कई तरह के आंदोलनों की शुरुआत की थी। यह पीढ़ी, जिसमें प्रख्यात संस्कृतज्ञ आर.जी. भंडारकर भी आते थे, बैठकें आयोजित करने, अख़बार पढ़ने और लेख लिखने में सक्रिय थी। परिणामस्वरूप मराठी और गुजराती पत्रिकाओं ने विचार-विमर्श के लिए महत्त्वपूर्ण मंच मुहैया कराए। एलिफ़िंसटन कॉलेज से ही निकले करसनदास मूलजी एक अगुआ गुजराती सुधारक थे जो शहर की सबसे पुरानी और सबसे महत्त्वपूर्ण वणिक जाति, कपोल बनिया के थे। यह जाति पुष्टिमार्ग की अनुयायी थी। करसनदास जी को अपने धार्मिक समुदाय में प्रचलित कुप्रथाएं बेहद नापसंद थीं—सबसे ज़्यादा, महाराजाओं यानी पुष्टिमार्ग के गोसाइयों द्वारा समुदाय के सदस्यों की बीवियों-बेटियों के साथ ली जाने वाली छूट। वे ख़ुद को ईश्वर के देहावतार के रूप में पूजे जाने की इजाज़त देते थे, इसलिए ईश्वर के प्रति तन, मन और धन के अर्पण को व्यक्तिगत रूप में ग्रहण भी करते थे। लिहाज़ा, जिस भी स्त्री को वे पसंद करें, उसे व्यक्तिगत रूप से हासिल करने की उन्हें आज़ादी मिल गई थी। करसनदास जी ने पहले संप्रदाय के सिद्धांत और इतिहास का अध्ययन शुरू किया।

उस चीज़ के आकलन में, जिसे वे हिंदुओं का मूल धर्मसार मानते थे, वे एच.एच. विल्सन और मैक्स मुलर जैसे पश्चिमी प्राच्यविदों से ख़ासे प्रभावित थे जिन्होंने बाद के संप्रदायों को पुरातन शुद्धता से हुए एक विचलन के रूप में देखा था। महाराजाओं का संप्रदाय उनके अनुसार विशेष रूप से भ्रष्ट और विधर्मी था। यह संप्रदाय तुलनात्मक रूप से नई चीज़ थी। उसका यह नयापन, करसनदास जी के हिसाब से, प्राधिकार के उनके हर दावे को अवैध ठहरा देता था, ख़ासतौर से कृष्ण का देहावतार होने के उनके दावे को। करसनदास जी ने अपनी खोजों को प्रचारित करने के लिए लेख लिखने शुरू किए।

1855 में करसनदास जी ने *सत्य प्रकाश* अख़बार की शुरुआत की, जिसने उन्हें अपने विचारों को विकसित करने का प्रचुर अवसर मुहैया कराया। समुदाय के महाराजाओं और अगुआ सदस्यों से, जो कि नगर के प्रभावशाली व्यापारी थे, उनका विवाद शुरू हुआ। एक महाराजा, जदुनाथजी बृजरत्नजी महाराज, करसनदास जी के इर्द-गिर्द बने समूह को विधवा पुनर्विवाह जैसे मुद्दों पर बहस की चुनौती देने सूरत से बंबई आए। उनके बीच जो गर्मागर्म बहस चली, वह *सत्य प्रकाश* और जदुनाथजी के अपने नए-नए शुरू हुए अख़बार में छपी। 21 अक्टूबर, 1860 को करसनदास जी ने अपना प्रसिद्ध लेख प्रकाशित किया : 'द प्रिमिटिव रिलीजन ऑफ़ दि हिंदूज़ एंड दि प्रेज़ेंट हेटेरोडॉक्स ओपीनियंस'।[20] इसमें उन्होंने कहा कि चूंकि पुराणों ने स्वयं यह घोषणा की थी कि कलियुग में अनेक छद्म धर्म और अपसिद्धांत उभरेंगे, इसलिए इसमें कोई संदेह नहीं कि बाद के दादूपंथियों, रामानंदियों, और सबसे बढ़कर वल्लभाचार्य के संप्रदाय जैसे सभी संप्रदाय शास्त्रविरुद्ध हैं। उन्होंने जदुनाथजी की इस मान्यता को स्वीकार नहीं किया कि एक मूल शिक्षा ने ही अलग-अलग दिशाएं ग्रहण की होंगी। 'धर्म और नैतिकताओं का मार्ग एक ही होना चाहिए। सीधा मार्ग छोड़ने की ज़रूरत क्या है। ...हर संप्रदाय ने प्रत्येक दूसरे संप्रदाय को विधर्मी बना दिया है, और एक ने दूसरे पर कीचड़ उछालने का काम किया है; तो फिर इसकी ज़रूरत क्या है?' (70) उन्होंने महाराजाओं के लोभी और लंपट रवैए की निंदा की और संप्रदाय की कठोरतम शब्दों में आलोचना की : '...अन्य संप्रदायों ने कभी उस तरह की निर्लज्जता, क्षुद्रता, अभद्रता, बदमाशी और धोखाधड़ी नहीं की जैसी महाराजाओं के संप्रदाय ने' (71)। महाराजाओं को उस तरह से कोई धार्मिक प्राधिकार हासिल नहीं था। करसनदास जी ने अपने आरोपों में जदुनाथजी का बाक़ायदा नामोल्लेख किया है।

इस लेख के आधार पर जदुनाथजी ने मानहानि का मुक़दमा दायर किया। इस मुक़दमे ने पूरे मुल्क में सनसनी फैला दी; आने वाले दशकों में कृष्ण-भक्ति का कोई ऐसा विवरण नहीं मिलता जिसमें अदालत की कार्रवाइयों के दौरान प्रकाश में आई बातों का उल्लेख न किया गया हो, भले ही उसका स्वर महाराजाओं के पक्ष में हो। इन कार्रवाइयों के दौरान यह बात साफ़ होकर उभरी कि महाराजा लोगों को अपने अनुयायियों की धन-संपदा और पत्नियां सहज उपलब्ध रहती थीं। हां, करसनदास जी को दोषी पाया गया, क्योंकि उन्होंने मुद्दई से निजी तौर पर परिचित हुए बिना और उसके द्वारा व्यक्तिगत रूप से किए गए ग़लत कामों के किसी पूर्वज्ञान के बिना ही उस पर आरोप लगाए थे। उन्होंने अपनी खोजों का इस अनुमान के आधार पर सार्वजनिक प्रचार किया था कि जदुनाथजी भी महाराजाओं के आम चाल-चलन में लिप्त होंगे ही। अलबत्ता, यह काम एक वाजिब मक़सद से किया

गया था, क्योंकि इसका संबंध सामाजिक नैतिकता से था, और खोजबीन करने पर मुद्दई सचमुच में अनैतिकता का दोषी पाया गया था।[21]

भारतेंदु भी 'महाराजा मानहानि मामले' से अनभिज्ञ न रह सके। फिर भी, अपनी जो आलोचना उन्होंने जारी रखी, उसमें उन्होंने कभी भी संप्रदाय के मत की वैधता पर सवालिया निशान नहीं लगाया, इस मान्यता की तो बात ही छोड़ दें कि वह असल हिंदू धर्म के दायरे से बाहर पड़ता है। बल्कि उन्होंने गोसाइयों के व्यवहार की आलोचना की, और वह ऐसे रूप में जिससे कि यह स्पष्ट होता था कि ऐसा व्यवहार अकेले पुष्टिमार्ग के धार्मिक कार्यकर्ताओं तक ही सीमित नहीं है। उनके लेखे, हाल में उभरी हुईं ये दुष्प्रवृत्तियां किसी भी तरह से वल्लभ की शिक्षाओं को ग़लत नहीं ठहरातीं। वस्तुतः, बाद के वर्षों में, प्राच्यविदों की खोजों का सहारा पाकर, उन्होंने इन शिक्षाओं को हिंदू परंपरा के बिल्कुल केंद्र में रखने में सफलता पाई।

फिर भी, भारतेंदु ने ख़ुद जिन दो पहलुओं को प्रचारित किया, उन पर ग़ौर करना ज़रूरी है—गोसाइयों की आलोचना और इस बात का एक खुला आकलन कि किस तरह उनकी, यानी भारतेंदु की, अपनी आवाज़, कम-से-कम इन आरंभिक वर्षों में, उनके अपने समुदाय की आम धारा से विशिष्ट थी।

2 सितंबर, 1872 (2.26) की *कविवचनसुधा* में 'गुरु और महंत' शीर्षक एक बेनाम संपादकीय में लेखक ने इन धार्मिक कार्यकर्ताओं की इस बात के लिए खिंचाई की है कि वे अपने अनुयायियों से पैसे की मांग करते हैं और इस बात के लिए भी कि इस तरह हासिल किए गए धन को वे विलासिता और औरतों के उपभोग में ख़र्च करते हैं :

> अब मंदिरों में सतोगुन के बदले रजोगुन और तमोगुन पूर्ण रहता है और मंदिर वा मठ वाले अपने को हाकिम भी समझते हैं और प्रायः दर्शन करनेवालों को कोड़ा मारना वा धक्का देना वा कुछ अंड-बंड कह देना तो उनका साधारण धर्म है और स्त्री विषय का तो पूछना ही नहीं है! मंदिर क्या होते हैं मानो स्त्रियों की ख़ान है, जैसी चाहिए लीजिए—वरंच अच्छी स्त्री भी वहां जाकर बिगड़ जाती हैं। आश्चर्य यह है कि जिनको वे लोग बेटी कहते हैं और जो उनके परलोक के मध्यस्थ हैं और जिनको वह दीक्षा देते हैं उन स्त्रियों की ओर वे आप ही बुरी दृष्टि से देखते हैं।

लेखक ने उन चेलों के व्यवहार का वर्णन किया है जो गुरुओं के पास ले जाने के लिए महिलाओं को कभी लोभ देते हैं और कभी धमकाते हैं। जो महिलाएं बहुत चरित्रवान नहीं होतीं, वे मान जाती हैं, लेकिन जो अपने पतियों के प्रति वफ़ादार बनी रहती हैं, वे अगर पूरी तरह से मंदिर से दूर रहने का इंतज़ाम न कर लें तो उनका बलात्कार हो जाता है।[22]

> ओ मेरे प्यारे हिंदुओ! तुम इनके जाल में कब तक फंसे रहोगे! और क्या तुमको यही संसार से बचावेंगे और इन्हीं के भरोसे तुमको भगवान मिलेगा? निश्चय जानो कि ये लोग परलोक में कुछ काम न आवेंगे ये तो केवल पत्थर की नाव हैं, परलोक में वही काम आवेंगे जो सब विद्या से भूषित निष्कलंक चरित्र और ईश्वर में निश्छल भक्ति रखते हैं।

यह एक कठोर आलोचना थी। गुरु और महंत लोग अपने ओहदे भर से सम्मान के हक़दार नहीं हो जाते, उन्हें ज्ञान, चरित्र और साथ ही साथ विश्वास की कसौटी पर अपने को खरा उतारना होगा।

1874 में भारतेंदु ने जब बनारस के रेखाचित्र *प्रेमजोगिनी*, जो बाद में *काशी के छाया-चित्र अर्थात् काशी के दो बुरे-भले फ़ोटोग्राफ़* के उपशीर्षक के साथ प्रकाशित हुआ, को लिखना शुरू किया तो मंदिर के अंदर की ज़िंदगी का एक सजीव ख़ाका देने से शुरुआत की। यहां भांति-भांति के चेलों के बीच का वार्तालाप है—कीर्तन करने वाला, 'झपटिया', पानी ढोने वाला, और काशी, गुजरात तथा मुल्तान से आए वैष्णव, ये सब हैं। मंदिर का रोज़मर्रा का सांसारिक जीवन और उसके बाशिंदे यहां दिखाए गए हैं।[23] भारतेंदु ने दृश्य को नाम दिया है, 'मंदिरादर्श', यानी मंदिर का दर्पण या आदर्श। 'आदर्श' में स्पष्ट रूप से एक शब्दक्रीड़ा है, क्योंकि मंदिर का जीवन कहीं से भी आदर्श जैसा नहीं था। पुजारियों का पूरा वजूद निहायत अकर्मण्य और आलस्यपूर्ण था, और वह विलासिता, सबसे ज़्यादा औरतों, के प्रति समर्पित था।

> भाई मंदिर में रहै से स्वर्ग में रहै। खाए के अच्छा, पहिरै के परसादी, से महाराज कब्बौं गाढ़ा तो पहिरबै न करियैं, मलमल नागपुरी ढांकै पहिरियैं, अतरै फुलेल केसर परसादी बीड़ा चाभो सबसे सेवकी ल्यौ, ऊपर से ऊ बात का सुख अलगै है (143)।
>
> वैष्णव लोग तो केवल इस पर अफ़सोस करते थे कि वे इसमें पूरी तरह भागीदार नहीं बन पाते : 'अरे भाई, गोसाइयों पर तो ससुर सब आपे भराई पड़तीं पवित्र होने के वास्ते, हम का पहुंचइबे' (142)।

स्वाभाविक रूप से इस प्रकार के वैष्णव हरिश्चंद्र को, जो बहुत झीने छद्‌मवेश में रामचंद्र के रूप में नाटक में आते हैं, कुछ संदेह की निगाह से देखते हैं। वह सारी रात संगीत और नृत्य में डूबा रहता है, उसके घर के पास से गुज़रते हुए तबले और हंसी की आवाज़ सुनाई पड़ती है। वह कुछ कविताई भी करता है, जो कि भाटों का काम है, सौदागरों का नहीं। ऐसा जान पड़ता है कि वह सबको मूर्ख समझता है और ख़ुद को ज्ञानी। तो क्या उसने कोई असल शिक्षा हासिल की है? नहीं-नहीं, उसने यहां-वहां से कुछ चीज़ें इकट्‌ठा कर ली हैं, और वह भी ईसाइयत से जुड़ी। वह ख़ुद अपने मार्ग के बारे में कुछ नहीं जानता (138-9)।

भारतेंदु ने न सिर्फ़ मंदिर और अनुष्ठानों के इस जीवन की ख़ुद आलोचना की, उन्होंने वहां इकट्‌ठा होने वाले कुछ भक्तों के बारे में अपनी राय से भी लोगों को अवगत कराया। वे जानते थे कि ये लोग उन्हें और उनके तौर-तरीक़ों को विकर्षक मानते हैं और, संभवतः, ईसाइयत से प्रभावित भी; संक्षेप में, उन्हें संदेहास्पद रूप से आलोचनात्मक, सुधारवादी प्रकृति का मानते हैं। इसके बावजूद, भारतेंदु उनमें से ही एक थे और ख़ुद को उनमें से एक मानते थे। उनकी आलोचना जब सामने आई तो वह वैष्णवों की क़तारों के भीतर से ही आई आलोचना थी।

दूसरा दौर : आत्मसातीकरण और सीमांकन

1873 में तदीय समाज की स्थापना कई मायनों में अत्यंत महत्त्वपूर्ण घटना साबित हुई। इस समय तक, धर्मसभा में और अपने संप्रदाय के हित में भारतेंदु की गतिविधियां किसी मध्यस्थता के बग़ैर साथ-साथ चल रही थीं। सभा एक आम समावेशी निकाय था; यह निकाय उस हिंदू धर्म के, जो उनकी समझ से सनातन धर्म का ही व्यापक रूप था, हितों का प्रतिनिधित्व करने का दावा कर सकता था। दूसरी ओर, संप्रदाय हिंदुओं के धर्म के भीतर का एक विशिष्ट संघटन था। हिंदू धर्म का पूरी तरह आच्छादन या प्रतिनिधित्व करने का पुष्टिमार्ग या अन्य

किसी संप्रदाय का कोई दावा न था। भारतेंदु इस बात से अनभिज्ञ न रह सके कि अपनी शिक्षाओं की केंद्रीयता के बारे में उनके संप्रदाय के जो भी दावे रहे हों, वह अपनी संपूर्णता में व्यापकतर वैष्णव परंपरा के भीतर के एक पंथ से अधिक कुछ नहीं था और वह वैष्णव परंपरा स्वयं हिंदू धर्म की विशाल धारा के भीतर एक उपधारा ही थी। तदीय समाज की स्थापना के द्वारा वैष्णव संप्रदायों के समेकन का प्रयास किया गया और वह ऐसे तरीक़े से जो कि वर्तमान की ज़रूरतों की पुष्टि और तुष्टि करता था। समाज सुधार उसका एक केंद्रीय लक्ष्य था, यद्यपि तदीय समाज को स्थानीय महत्त्व से अधिक कभी कुछ हासिल न हो सका। फिर भी, पूरी वैष्णव परंपरा और उसके भीतर अपने संप्रदाय की भूमिका को लेकर भारतेंदु की जो समझ थी, उसके लिए तदीय समाज के गठन के दूरगामी परिणाम होने वाले थे।

तदीय समाज के कामों का मूल्यांकन करने के लिए जो सामग्री उपलब्ध है, उसमें पहली चीज़ है, घोषणा-पत्र जैसा एक प्रतिज्ञा पत्र जो भारतेंदु द्वारा हस्ताक्षरित है और उसकी तिथि भाद्र शुक्ल 11, संवत् 1930 (1874) है। फिर सदस्यों की एक सूची है।[24] और तीसरी चीज़ है, 1874 में हुई समाज की अनेक बैठकों के मिनट्स की पांडुलिपि, जिसे चौखंभा स्थित पारिवारिक निवास में गिरीशचंद्र चौधरी द्वारा संरक्षित किया गया।

प्रतिज्ञा पत्र के पहले दो लेख समाज के सदस्यों, जिनकी पहचान अब तदीय के रूप में होनी है, के एकेश्वरवाद पर बल देते हैं। उन्हें यह प्रतिज्ञा करनी है कि वे सिर्फ़ राधारमण की आराधना करेंगे और महाविपदा की स्थिति में भी किसी और की शरण नहीं लेंगे। ईश्वर को एक जोड़े के रूप में पाकर उन्हें एकेश्वरवाद के प्रति भ्रमित नहीं होना चाहिए। अगला लेख इस बात को ख़ासतौर से रेखांकित करता है कि तदीय जनों को राधा और कृष्ण के युगलस्वरूप में कोई द्वैत नहीं देखना चाहिए। इसके बाद अन्य वैष्णव संप्रदायों के साथ संबंध के सवाल का समाधान किया गया है। यह नियम दिया गया है कि तदीय जन वैष्णवों के बीच कोई जातिभेद नहीं करेंगे (यह स्पष्ट नहीं है कि जाति को यहां संकीर्ण अर्थ में प्रयुक्त किया गया है अथवा इसका आशय संप्रदायों के बीच के अंतर से है)। वैष्णवों के अनेक आचार्यों के बीच वे अपने-अपने एक आचार्य में अपनी आस्था रखेंगे, यद्यपि बाक़ियों को वे कभी प्रतिबंधित या ख़ारिज नहीं करेंगे। वे *भगवद्गीता* और *भागवतपुराण* को अपने सत्यशास्त्र के रूप में मान्यता देंगे। साथ ही, वे शुद्ध भक्ति के प्रसार के लिए प्रयास करेंगे। वे कभी कोई ऐसा काम नहीं करेंगे जिससे वे चीज़ें उद्घाटित हों जिन्हें गोपनीय रहना चाहिए—यह रस अनुष्ठान के महत्त्व की ओर एक संकेत है, साथ ही निश्चित रूप से उस प्रचार की अवांछनीयता की ओर भी संकेत है जो कि महाराजा मानहानि मामले को मिला। अंत में, इस प्रतिज्ञा-पत्र में एकजुटता का संकल्प व्यक्त किया गया है। अगर तदीय समाज का कोई नियम भंग हुआ, तो भंग करने वाला सदस्य दूसरों के सामने अपना अपराध स्वीकार करेगा और क्षमा की प्रार्थना करेगा।

विभिन्न वैष्णव संप्रदायों के बीच बहुत गहरे जुड़ाव भी रहे थे, साथ ही अच्छी-ख़ासी लेन-देन रही थी, जिसका उदाहरण गौड़ीय जनों द्वारा विकसित भक्ति रस का सिद्धांत है—इस तथ्य से कोई इनकार नहीं कर सकता था। पर यह नज़दीकी ही थी जिसने सीमांकन करने और भिन्नताओं पर बल देने की ज़रूरत पैदा की थी। अब उन जुड़ावों को बहुत मुखर रूप से दुबारा पुष्ट करना था; यह एक नई बात थी। दूसरे सभी संघटनों की तरह मात्र वैष्णवता

की रूपरेखा को परिभाषित करने से संतुष्ट न रहकर तदीय समाज ने उसके प्रभाव के दायरे को बढ़ाने की ज़रूरत महसूस की और यह माना कि धर्मप्रचार की गतिविधियां भी करने की आवश्यकता है; हालांकि जहां तक मैं निश्चयपूर्वक कह पाने में सक्षम हूं, भारतेंदु एक कार्यक्रम तैयार करने और मुख्य ग्रंथों को प्रकाशित तथा प्रचारित करने के द्वारा जितना कुछ हासिल करने की उम्मीद करते थे, उससे ज़्यादा वे किसी सक्रिय मिशनरी कार्य में कभी नहीं लगे। अपने उक्त कार्य के माध्यम से उन्होंने एक ऐसे मत को सूत्रबद्ध करने का प्रयास किया जो, कम-से-कम सैद्धांतिक रूप से, हिंदू धर्मों के राष्ट्रीय समन्वय को संभव करे।

तदीय समाज की नियमावली यह बताती है कि यह मुख्यतः एक धर्मसंघ था जिसने समाज-सुधार का भी प्रयास किया। इसकी बैठक हर बुधवार को होती थी और कृष्ण-पक्ष के आठवें दिन पर भी (कृष्ण के जन्मदिन का स्मरणोत्सव मनाते हुए)। सभी वैष्णवों को इसमें आने की इजाज़त थी, लेकिन सिर्फ़ समर्पित जनों को ही स्थायी सदस्यता मिल सकती थी। समाज में पहले सामूहिक कीर्तन होता था, फिर समाज द्वारा चुने गए किसी विषय पर एक सदस्य का व्याख्यान होता था जिसे 'वक्तृता' जैसा किंचित् विचित्र नाम दिया गया था, फिर *भगवद्गीता* के एक अध्याय और *भागवतपुराण* के दशम स्कन्ध का पाठ होता था और अंत में बैठक ख़त्म करते समय 'नामसंकीर्तन' होता था। इस पूरे सिलसिले में कोई नवाचार नहीं था। नयापन शायद व्याख्यान को केंद्र में रखने में ही था, जिसकी ईसाई अनुष्ठान तथा ब्राह्मो समाज से समानता इतनी ज़ाहिर है कि उस पर कुछ और कहने की ज़रूरत नहीं। व्याख्यान सामाजिक मुद्दों पर विचार-विमर्श करने का अवसर मुहैया कराते थे और समुदाय के सामाजिक दबाव बनाने की क्षमता की ओर ज़ाहिरा तौर पर इशारा करते थे। तदीय समाज में भारतेंदु और उनके मित्रों तथा संबंधियों का प्रभुत्व था। उन्होंने अपने इर्द-गिर्द जिन विद्वानों और भक्तों को इकट्ठा किया था, वे अपने-अपने संप्रदाय के अनुसार वर्गीकृत थे, जैसे—वल्लभीय, सांख्यमति, माध्व—और यह घोषित कार्यक्रम के हिसाब से बिल्कुल सुसंगत था। यह संभव है कि 'सांख्यमति' उन्हीं स्मार्त वैष्णवों के लिए प्रयुक्त किया गया हो जिन्हें कभी वल्लभ संप्रदाय के वार्ता-साहित्य में बहुत विद्वेष के साथ प्रस्तुत किया गया था। यह विचारधारात्मक रूप से एक बेहद अहम मौक़ा था, जहां विशिष्ट संप्रदायों ने, स्थानीय स्तर पर ही सही, मुख्यधारा की संस्कृत-परंपराओं के साथ सम्मिलन का प्रयास किया और उसे संभव किया।[25]

1874 के मिनट्स तदीय समाज की बैठकों में लोगों की हाज़िरी और गाये गए भजनों के ब्योरे तथा वहां हुए व्याख्यानों के बारे में कुछ जानकारियां मुहैया कराते हैं। मिसाल के लिए, साल के पहले समाज यानी पहली बैठक में बाबू गोकुलचंद्र (भारतेंदु के छोटे भाई) ने एक अत्यंत प्रासंगिक विषय पर व्याख्यान दिया, 'सभा की वृद्धि में कौन उपाय करना चाहिए?'

आरंभ में समाज की एक पत्रिका भी थी, *भगवद्भक्तितोषिणीपत्रिका*, जिसके कुछ अंक ही निकल पाए।[26] सालाना रिपोर्ट के मुताबिक़, 1873-74 में 64 बैठकें हुईं। बैठकों में जिन विषयों पर विचार हुआ, वे राष्ट्रीय विकास से संबंधित थे, और उनमें यह प्रतिज्ञा की गई थी कि केवल स्वदेशी वस्त्र धारण किए जाएंगे। मांस और मदिरा के सेवन को रोकने के भी प्रयास किए गए थे, और यह शिकायत की गई थी कि बहुत कम लोगों ने इस मक़सद

से छपाए गए फ़ॉर्मों पर दस्तख़त किए हैं। इसके अलावा, गोहत्या पर रोक लगाने के लिए आर्यावर्त के सभी हिंदुओं की ओर से एक अर्ज़ी तैयार की गई थी और इस उद्देश्य से एक लाख हस्ताक्षर इकट्ठा किए गए थे। आने वाले सालों में ये सघन गतिविधियां जारी रह सकीं या नहीं, यह अनुमान का ही विषय है। लिखित प्रमाण 97 बैठकों का मिलता है। अंततः भारतेंदु ने गोहत्या पर प्रतिबंध लगाने की मांग करते हुए एक याचिका तैयार की थी, जिस पर सहाय ([1905] 1975 : 84) के अनुसार 60,000 हस्ताक्षर थे। यह याचिका लॉर्ड लिटन को दिल्ली दरबार के समय 1877 में दी गई, जब विक्टोरिया हिंदुस्तान की सम्राज्ञी घोषित की गई थीं।[27] अस्तु, तदीय समाज के काम ने हरिश्चंद्र की अपनी गतिविधि और सोच को जो दिशा दी, वह दीर्घजीवी महत्त्व की साबित हुई। उन्होंने ख़ुद को 'वीर वैष्णव' की उपाधि से नवाज़ा और इस रूप में स्वयं को एक व्यापक प्राधिकार से संपन्न व्यक्तित्व माना, एक ऐसी शख़्सियत जिसके पास मुख्य-मुख्य धार्मिक ग्रंथों की व्याख्या और प्रचार करने की क्षमता थी।

हिंदू धर्म के संघटन में वैष्णववाद के केंद्रीय प्रकार्य और किरदार को भक्ति सूत्रों के अनुवाद और भाष्य में व्यवस्थित तरीक़े से विकसित किया जाना भी भारतेंदु का एक लक्ष्य था। इसने भारतेंदु को यह मौक़ा दिया कि दूसरों को शामिल करने लायक़ व्यापक दायरे के भीतर अपने संप्रदाय के स्थान और सिद्धांतों को अक्षुण्ण बनाएं। इसलिए यह कोई संयोग नहीं था कि *हरिश्चंद्र मैगज़ीन* के पहले अंक (अगस्त 1873) में *शांडिल्यभक्तिसूत्र* का उनके द्वारा किया गया अनुवाद और भाष्य प्रकाशित हुआ। उस दौर में *शांडिल्यभक्तिसूत्र* बहुत तेज़ी से एक प्रमुख भक्ति ग्रंथ के रूप में मान्यता प्राप्त कर रहा था।[28] भारतेंदु का भाष्य पुष्टिमार्ग के सिद्धांतों के पक्ष में इन सूत्रों की एक और व्याख्या थी, यह एक प्राचीन चलन का अनुसरण था।[29] नई बात यहां थी, वह अखिल भारतीय चरित्र और महत्त्व जो इन सिद्धांतों को प्रदान किया जा रहा था। समर्पण में भारतेंदु ने कृष्ण से यह निवेदन किया कि 'प्यारे! बहुत सम्हलकर यह माला पहरना, टूट न जाय, क्योंकि सूत कच्चा है और कलियां ताजी और कोमल हैं।' फिर उन्होंने यह मांगा कि 'जो हो, इस वसंत पंचमी को त्योहारी मुझे यही दो कि इस सत्यानासी 'अहं ब्रह्मवाद' का पूर्णरूप से नाश करके और भी सब बातों में इस नववसंत में भारतवर्ष की सब आपत्तियों का बस अंत करो और अपने भक्तों के चित्त में प्रेम के नवपल्लव फिर से लहलहे करो, जो सदा एकरस रहै।' सदा एकरस का आशय भक्ति के रस से है। इस तरह निवेदन में भक्ति को स्पष्टतः शंकर के अद्वैतवाद के मुक़ाबले में खड़ा किया गया था। यहां ज़ोर उस मतभेद पर नहीं था जो पुष्टिमार्ग के सिद्धांत में माया को स्थान देने के सवाल पर वल्लभ का शंकर के साथ था। संप्रदाय के पूरे इतिहास में इस 'मायावाद' पर प्रचुर प्रहार किए जाते रहे थे। पर यहां पूरे अद्वैतवाद की बात की जा रही थी जिसे निजी ईश्वर के प्रति भक्तिपूर्ण प्रेम के नाम पर जड़ से ख़त्म करना था। व्यापक स्तर पर दार्शनिक उपागम और विशेष रूप से अद्वैतवाद को वैधीकरण से विलग किया जा रहा था। इसी लक्ष्य से पुष्टिमार्गीय मत के साथ संगति बिठाते हुए सूत्रों की व्याख्या की जा रही थी और विशिष्टतः प्रेम मार्ग के प्रचार के निमित्त उसे प्रस्तुत किया जा रहा था।

सूत्रों के तुरंत बाद *हरिश्चंद्र मैगज़ीन* (1.2, 15 नवंबर, 1873) में एक संपादकीय निकला जिसका शीर्षक था–'भक्ति ज्ञानादिक से क्यों बड़ी है'। आगे चलकर जो चीज़ भारतेंदु की

मुख्य स्थापना बनी, और राष्ट्रीय धर्म के धर्मशास्त्र को गढ़ने के उनके प्रयास में एकसूत्रता लाने वाला मुख्य कारक बनी, उसका बिल्कुल शुरुआती सूत्रीकरण यहां देखा जा सकता है। ज्ञान के मुक़ाबले भक्ति की श्रेष्ठता को स्थापित करने के लिए जो बातें कही गईं, वे उसी समझ पर आधारित थीं जिसे आगे चलकर मूर्ति-पूजा को सही बताने के लिए भी इस्तेमाल किया गया। मतलब यह, कि उन्होंने वैधता साबित करने वाली चीज़ के रूप में तर्क का सहारा लेने को जान-बूझकर ख़ारिज किया और धार्मिक संदर्भ में युक्ति के उपयोग पर सवालिया निशान लगाए। भक्ति-ज्ञान विवाद की एक लंबी परंपरा थी : तुलसीदास के *रामचरितमानस* में इस पर जो विचार-विमर्श हुआ है, वह सुविदित है। अलबत्ता, मौजूदा प्रसंग में, ज्ञान के अंदर पश्चिमी ज्ञान—तकनीकी और वैज्ञानिक, दोनों—भी शामिल था, और भक्ति में से अब निर्गुण भक्ति को निकाल बाहर किया गया था। भारतेंदु का मुख्य तर्क, जो जॉन म्युर जैसे ईसाई चिंतकों के ज़रिए भी उन्नीसवीं सदी के मध्य में हिंदुस्तान में पहुंच चुका था[30], यह था कि स्रष्टा की इस सृष्टि के बारीक़ वैज्ञानिक परीक्षण की प्रशंसनीय खोजें ही खोजकर्ता को स्रष्टा की ओर ले जाएंगी, क्योंकि वह उत्तरोत्तर इस बात से परिचित होता जाएगा कि खोजने पर हमेशा अधिकाधिक खोज के लिए और भी दुनियाएं सम्मुख आ जाती हैं और कि ज्ञान की गहराई को कभी मापा नहीं जा सकता : 'तो जब तुमको संसार का यथार्थ ज्ञान हुआ ही नहीं तो उसके बनानेवाले का क्या ज्ञान होना है'। अगर अपने जी-तोड़ परिश्रम से कोई ईश्वर का कुछ ज्ञान हासिल कर भी ले, तब भी किसी निर्णायक रूप में उसे जान पाने का सवाल ही नहीं होगा। तर्क भक्त के हृदय में भक्ति को उत्पन्न करने के साधन से अधिक कुछ नहीं है। नास्तिकों से अगर कुछ सीखा जा सकता है तो यही कि कोई जितना ही तर्क करता है, तर्कों की सीमित पहुंच उतनी ही स्पष्ट होती जाती है। प्रेम की शक्ति को सिद्ध करने के लिए कोई भी तार्किक साक्ष्य पर्याप्त नहीं है, और इससे यह निष्कर्ष निकलता है कि भक्ति को पक्षपोषण की कोई ज़रूरत नहीं।

शांडिल्यसूत्र की आरंभिक व्याख्या के मुक़ाबले एक कहीं अधिक विस्तृत प्रयास था, *नारदभक्तिसूत्र* का अनुवाद और भाष्य।[31] इसके 'उपक्रम' यानी भूमिका पर थोड़े विस्तार के साथ विचार करने की ज़रूरत है, क्योंकि यहां आकर भारतेंदु सबसे परिष्कृत शब्दावली का इस्तेमाल कर रहे थे :

> हम आर्य लोगों में धर्मतत्त्व के मूलग्रंथों का भाषा में प्रचार नहीं। यही कारण है कि भिन्नता स्थान-स्थान फैली हुई है। अनेक कोटि देवी-देवताओं का माहात्म्य, छोटी-छोटी बातों में ब्रह्महत्या का पाप और तुच्छ-तुच्छ बातों में बड़े-बड़े यज्ञों का पुण्य, अहं ब्रह्म का ज्ञान और मूलधर्म छोड़कर उपधर्मों में आग्रह ने भारतवर्ष से वास्तविक धर्मों का लोप कर दिया। जिस जगत्‌कर्ता ने हम लोगों को उत्पन्न किया, संसार के सुख दिए, बुरे-भले का ज्ञान दिया और अपना सत् मार्ग दिखलाया उससे यहां की प्रजा विमुख होकर धर्मांतर में फंस गई। यदि प्रथम कर्तव्य उसकी भक्ति के अनंतर कर्मानुष्ठान में प्रवृत्त होते तो कुछ बाधा नहीं थी। वह न होकर गौण कर्म तो मुख्य हो गए और मुख्य वस्तु गौण हो गई। इसीसे सारा भारतवर्ष भगवद्विमुख होकर छिन्न-भिन्न हो गया जो कि इसकी अवनति का मूल कारण हुआ। क्या भगवद्विमुख कोई देश या जाति उन्नत हो सकती है? धर्म हमारा ऐसा निर्बल और पतला हो गया है कि केवल स्पर्श से वा एक चुल्लू पानी से मर जाता है।

इसी धर्मपथ को समुन्नत करने को एक ईश्वरवादी अनेक आचार्यों ने परिष्कृत और सहज धर्म प्रचलित किए हैं और अनेक लोग इन मार्गों में दीक्षित हैं। किंतु उन लोगों में भी बाह्यवेश वाह्याडंबर आचार विचार वा परनिंदादि आग्रह ऐसे समा गए हैं कि उनका धर्म किसी काम नहीं आता। या तो ईश्वरवादी हिंदूसमाज से संपूर्ण बहिष्कृत हो जाएंगे या कर्मयोग से ऐसे जाएंगे कि नाममात्र के भक्त रहेंगे।

इसी विषमता को दूर करने को इस ग्रंथ का आविर्भाव है। इसमें मुक्तकंठ से कहा गया है कि केवल प्रेम परमेश्वर का दिव्य मार्ग है। यद्यपि यह ग्रंथ वैष्णवों की शैली पर लिखा गया है, किंतु परमेश्वर के भक्तमात्र के हेतु यह उद्योग है। क्रिस्तान आदि विदेशी धर्मप्रेमी जन समझें कि कृष्ण उनके निर्गुण परमेश्वर का नाम है, वैष्णवों की तो कुछ बात ही नहीं है, शैव कहें कि विष्णु शिव का नामांतर है, ब्राह्म समझें कि हरि ब्रह्म को ही कहते हैं, उपासना और आर्यसमाज इसे अपना ही तत्त्व मानें, सिक्ख इसमें गुरु का पथ देखें और ऐसे ही भक्तिमार्ग वाले मात्र सब लोग इसको अपनी निजी संपत्ति समझें। इसमें कोरे कर्ममार्गी या बहु-भक्त वा स्वयं-ब्रह्म लोग यदि मुझको गाली भी देंगे तो मैं अपने को कृतार्थ समझूंगा।

जिस संसार में परमेश्वर ने उत्पन्न किया है, जिस जाति वा कुटुंब से तुम्हारा संबंध है और जिस देश में तुम हो उससे सहज सरल प्रेम करो और अपने परम पिता परम गुरु परम पूज्य परमात्मा प्रियतम को केवल प्रेम में ढूंढ़ो। बस और कोई साधन नहीं है। (*ग्रंथावली* III : 583-4)

मैंने यहां लंबा उद्धरण इसलिए दिया है कि मेरे विचार से, प्रच्छन्न विधि से ही सही, यहां एक महत्त्वपूर्ण प्रक्रिया को आरंभिक उपसंहार तक लाया गया है। कई तंतु, जो कुछ समय से आकार ले रहे थे, और ऐसा नहीं है कि सिर्फ़ भारतेंदु के व्यक्तिगत विकास में ही यह प्रक्रिया चल रही थी, उन्हें यहां एक साथ बुना गया है। इस उद्यम में जो बात प्रभावित करने वाली है, वह यह कि यह एक ऐसे भक्त की क़लम से उपजा है जिसके अपने संप्रदाय के साथ घनिष्ठ जुड़ाव हैं और जो भक्ति तथा अपने समुदाय की सेवा में आगे भी पूरी तरह समर्पित रहने वाला है। उसे इस रूप में नहीं देखा जा सकता कि वह अपनी संस्कृति और परंपरा से कटा हुआ, उसे कमतर और ओछा बताने वाला व्यक्ति है, जिसे उनसे परे किसी और विकल्प की ओर चले जाना चाहिए। बावजूद इसके, वह अपनी सोच में एक स्तर का अमूर्तन अर्जित कर पाता है जो विभिन्न धार्मिक समुदायों को समाविष्ट करने की इजाज़त देता है। वह भक्ति को देश की मौलिक और सर्वव्यापी धार्मिक पद्धति के रूप में पेश करता है—ऐसी भक्ति जो हर जगह प्रचलित है या हो सकती है। वह इसे एकीकरण करने वाली चीज़ के रूप में देखता है, हालांकि बाद में वह अनेक आचार्यों का उल्लेख करता है, इसलिए ऐसा नहीं लगता कि वह इसे एकाश्म के रूप में देख रहा है। वह क्षरण की एक प्रक्रिया देखता है, पर कहीं भी निरंतरता भंग होने की बात नहीं करता। वह मानता है कि हालांकि एक उपासना-विधि के रूप में भक्ति बाद में अनेक रास्तों में बंट गई, जिनमें से कुछ रास्ते अंततः भक्ति से बिल्कुल अलग चले गए, और हालांकि इसके चलते ही अंततः एक जाग्रत् धर्म के अभाव का सामना करना पड़ा जो इस देश को शनैः-शनैः बिखराव की ओर ले गया, पर भक्ति अभी भी आस्था को एकताबद्ध रखने की क्षमता से संपन्न थी।

मूलधर्म के रूप में भक्ति को अतिशय महत्त्व देने के अलावा यहां एकेश्वरवाद पर नए सिरे से बल दिया गया था। यहां ग़ौर करने की बात है कि भारतेंदु नई शब्दावली का भी इस्तेमाल करते हैं, 'एक ईश्वरवादी' और 'बहुभक्त' (बहुदेववादियों के लिए)। 'बहुभक्तों' को सत्य मार्ग से विचलित माना गया है और नई व्यवस्था में उनके लिए कोई जगह नहीं है। यहां नई शब्दावली गढ़ी गई है, जो स्पष्टतः अनुवाद है, और यह साफ़ तौर पर इस तथ्य की ओर इशारा करता है कि, थोड़ा विषयांतर करते हुए ही सही, यह संवाद ख़ुद मिशनरियों के साथ है, जो बहुदेववाद की ज़्यादतियों और अपने ब्रांड के एकेश्वरवाद की चरम श्रेष्ठता तथा अजेयता की ओर संकेत करते हुए थकते नहीं थे। उनके ख़ास पदों को यहां लिया गया है और एक तरह से उन्हीं पर घुमाकर मारा गया है। फ़र्क़ यह है कि यद्यपि एक निजी ईश्वर या इष्टदेव के प्रति भक्तिपरक प्रेम को यहां केंद्रीय सिद्धांत के रूप में रखा गया है, पर वह ईसाइयत वाली क़िस्म के निजी ईश्वर से अपनी भिन्नता बनाए रखता है, क्योंकि अपने-अपने निजी ईश्वर होने की संभावना बरक़रार है, कृष्ण के रूप में उसे स्थिर नहीं किया गया है। कृष्ण पर पूरा बल होने के बावजूद, अन्य मतवादों को मानने वालों से यह नहीं कहा गया है कि वे अपने-अपने भगवान को छोड़ दें, बल्कि यह महसूस करने को कहा गया है कि उनका भगवान और कोई नहीं, कृष्ण ही हैं। विशुद्ध रूप से भावनात्मक भक्ति, जो कि प्रेम का मार्ग है, निश्चय ही प्रेम के ईसाई सिद्धांत के साथ भी समरूपता का दावा कर सकती है।[32] फिर भी, आश्चर्यजनक बात यह है कि लेखक को इस समरूपता की बदौलत ब्राह्मसमाजियों और आर्यसमाजियों को, जिनका निजी भगवान की आराधना और उसके प्रति आसक्ति पर इस तरह का कोई ज़ोर नहीं है, अपने दायरे में शामिल कर लेना आसान लगता है। यही नहीं, सिख जैसे निर्गुण संप्रदाय और स्वयं वैष्णव जैसे सगुणों को भी बिना किसी धर्मसंकोच के इस दायरे में इकट्ठा कर लिया गया है। पर इसके पीछे भी एक परंपरा है, क्योंकि ख़ुद *भक्तमाल* में, जो कि सत्रहवीं सदी का एक संतचरित-संग्रह है, इस मामले में ऐसा ही कैथोलिक रुझान प्रदर्शित हुआ था। लेकिन इस सबको एक नैरंतर्य के रूप में देखते हुए भी इस चरण में किसी एकात्म भक्ति आंदोलन को सामने रखने की ज़रूरत महसूस नहीं की गई है। इस बात पर क़ायम रहने को पर्याप्त माना गया है कि एक भक्तिपरक मूलधर्म था और हमेशा से रहा है। उस मूलधर्म से गंभीर विचलन होते रहे हैं, लेकिन वह देश से कभी भी पूरी तरह से हटा नहीं।

यहां स्वर असंदिग्ध रूप से राष्ट्रवादी और देशभक्तिपूर्ण है, और उस स्वदेशी की ओर एक स्पष्ट संकेत है जो अपनी परंपरा को ही एकमात्र स्वीकार्य परंपरा के रूप में वैधता देता है। आर्य पद भी सर्वसमावेशी है, वैसे ही जैसे हिंदू, हालांकि दिलचस्प बात यह है कि हिंदू पद को बृहत्तर संदर्भ में 'हिंदू समाज' के रूप में प्रयुक्त किया गया है। आर्य और हिंदू समाज के साथ भक्ति के इस विलयन में एकेश्वरवादी भक्ति का आयाम उससे अधिक व्यापक है जितना पहले कभी भी सामने रखा गया था।

यह ग़ौरतलब है कि ये शृंगारिक कृष्ण ही हैं (जैसा कि भाष्य आगे बलपूर्वक स्पष्ट करता है) जो यहां विष्णु जैसे अधिक दूरस्थ एवं सम्मानित आराध्य को छोड़कर दूसरे सभी आराध्यों के लिए तुलना की चुनौती और पेशकश रखते हैं। पर भारतेंदु को ब्रज प्रदेश के इस कृष्ण और गोपियों का स्मरण करने में कोई हिचक नहीं हो सकती, क्योंकि कोई भी

उनसे उच्चतर पद पर नहीं हो सकता। 'समर्पण' में भारतेंदु एक बार फिर भाव भक्ति पर बल देते हैं। विरह, जिसे भक्ति काव्य में बहुत सम्मान दिया गया है, की सर्वोत्तम परंपरा के अनुरूप यहां भाषा आह्लादपूर्ण है। भगवान के साथ संवाद के अभाव पर आंसू बहाते हुए लेखक उसका विरोध करने पर बाध्य होता है :

> प्यारे, क्या इसी दशा में रहें? नाथ, क्या वे दिन अब दुर्लभ हो जाएंगे? हाय, उन पवित्र आंसुओं से क्या अब हृदय सिंचित नहीं होगा? (585)

1876 का साल लेखक के लिए वित्तीय रूप से मुश्किलों भरा था, उसके पत्र *कविवचनसुधा* का प्रबंधन दूसरे हाथों में चला गया था, कर्ज़दारों की भी परवाह करनी थी, साथ ही, संपत्ति के विक्रय की भी; ये सभी बातें पत्र में विज्ञापित हुई थीं और सबकी जानकारी में थीं। 'समर्पण' में हताशा का, परित्यक्त होने के अहसास का निजी स्वर बहुत स्पष्ट है।

फिर भी, यह याद रखना ज़रूरी है कि भारतेंदु किसी भी दौर में ऐसी भक्ति का प्रचार नहीं करते जो इतनी सीमातीत है कि समुदाय से और अनुष्ठानों से उसका संबंधविच्छेद हो जाए। उसी समय लिखी गई दूसरी कृतियां, जैसे–*वल्लभीय सर्वस्व* और *युगल सर्वस्व* [33], संप्रदाय के इतिहास और उपासना-पद्धति के और ब्योरे मुहैया कराती हैं। 1876 में लिखा गया *वल्लभीय सर्वस्व* स्वयं वल्लभ के बारे में जीवनीपरक, संतचरितात्मक और ऐतिहासिक सूचनाएं देता है। 1877 में नंदमहोत्सव के अवसर पर लिखा गया *युगल सर्वस्व* कृष्ण के अनेक पुरुष और स्त्री सहचरों के बारे में विहित ग्रंथों से निकाली गई जानकारियां देता है– उनके नाम, उनके बाह्य व्यक्तित्व की ख़ास विशेषताएं, स्वभाव–इसके अलावा भगवान का वंशानुक्रम, ब्रज का स्वर्गिक भूदृश्य, विशेष अवसरों पर दिव्य युगल के विविध श्रृंगार इत्यादि की भी जानकारी देता है। यह तमाम जानकारी गोपनीय ज्ञान के रूप में बरते जाने के लिए है, और *अंतरंगी जन* यानी समुदाय के अंदरूनी दायरे में शामिल लोगों पर भरोसा करके उन्हें यह जानकारी दी गई है। ये कृतियां संप्रदाय के प्रति लेखक की अडिग निष्ठा का साक्ष्य हैं, अगर कोई साक्ष्य दरकार हो तो।

इनके अलावा, इसी समय में रचित *चंद्रावली* (1876)[34] नाटक है जो उस चीज़ से संबद्ध है जिसे भक्ति के धर्मशास्त्र का हृदय मान सकते हैं। यह ब्रजभाषा की रासलीला विधा को साहित्यिक हिंदी में उपलब्ध कराता है। ललिता के साथ-साथ चंद्रावली का वल्लभ देवगण में महत्त्वपूर्ण स्थान है; नाथद्वारा में उनका जन्मदिन राधा के जन्मदिन से दो दिन पहले, भाद्र शुक्लाष्ठमी को मनाया जाता है।[35] यह नाटक पारंपरिक सख्य भक्ति का उत्सव मनाता है, और यह कृष्ण के प्रति चंद्रावली का प्यार ही है जिसके साथ एक भक्त के रूप में भारतेंदु अपना तादात्म्य अनुभव करते हैं। नाटक में चंद्रावली अपने प्रेमपत्र के नीचे हस्ताक्षर के रूप में हंसियानुमा चंद्रमा का चिह्न बनाती है और प्रसिद्ध है कि भारतेंदु ख़ुद अपने लिए इसी हस्ताक्षर का इस्तेमाल करते थे।[36] वस्तुतः यह नाटक लगातार सख्य भक्ति के उभयलिंगी चरित्र का आह्वान करता है, जो कि लिंग की अदला-बदली को संभव करता है, चूंकि दोनों लिंग दोनों प्रेमियों में अंतर्निहित होते हैं। चंद्रावली ख़ुद अपनी पहचान कृष्ण के रूप में करती है जब प्रेममग्न दशा में उससे पूछा जाता है कि वह कौन है। कृष्ण योगिनी के रूप में प्रकट होते हैं, जो कि छद्मवेश में भी ख़ूबसूरत है और इतनी गहरी समरूपता उससे फूट रही है

कि चंद्रावली इस संभावना से अचानक ठगी-सी रह जाती है कि यह योगिनी, वस्तुतः, कृष्ण हैं। और अंतिम अंक में कृष्ण यह निश्चयपूर्वक कह सकते हैं कि यद्यपि वस्तुतः चंद्रावली उनके भीतर है, जैसे वे चंद्रावली के भीतर हैं, पर भक्त विरह को प्रेम करते हैं, उससे भी ज़्यादा जितना वे प्रेम को प्रेम करते हैं, चूंकि प्रेमपात्र की चाहत के भीतर ही वे प्रेमपात्र की उपस्थिति को महसूस करते होंगे।

चंद्रावली में भारतेंदु जो कुछ कर रहे हैं, वह भक्ति के महज़ दुहराव-भरे अनुष्ठान से अधिक कुछ है। वे पारंपरिक रूप से सम्मानित एक धार्मिक साहित्यिक विधा की निरंतरता को सुनिश्चित करते हैं–वह इस तरह कि वे सिर्फ़ रूप में ही नहीं, बल्कि सबसे अधिक एक ऐसी भाषा के उपयोग में नवाचार लाते हैं जो उस समय साहित्यिक लोच अर्जित करना शुरू कर रही थी। अगर शुरुआती आलोचकों ने इस नाटक के गुणों को अतिरंजित रूप में प्रस्तुत करने का रुझान दिखाया[37], तो बाद के एक अधिक शुद्धतावादी दौर ने इससे असुविधा महसूस करते हुए अपनी प्रतिक्रिया व्यक्त की और इसे हाशिए पर रखने की कोशिशें कीं, क्योंकि यह नाटक कवि की उस छवि के साथ बहुत मेल नहीं खाता था जो कि ख़ुद आधुनिक इहलौकिक (सेकुलर) हिंदी साहित्य के जनक के रूप में प्रतिष्ठित थी।[38] पर भारतेंदु का प्रयास रहा था कृष्ण भक्ति को स्थायित्व देने का, और इसका उत्सव मनाते हुए या इसे ख़ारिज करते हुए इस बात को समझने की एक बहुत स्पष्ट असफलता निहित है कि यह भावनात्मक स्तर पर अनुभूत और वल्लभ परंपरा में बद्धमूल भक्ति ही है जिसकी ओर भारतेंदु अपनी निबंधात्मक कृतियों में संकेत करते हैं, न कि एक अमूर्त आभ्यंतरीकृत समर्पण, जो शुद्धतावादी तरीक़े से अपने श्रृंगारिक जुड़ावों से मुक्त किया जा चुका है।[39]

भारतेंदु के धर्मशास्त्रीय और साहित्यिक लेखन से कृष्ण का जो व्यक्तित्व उभरता है, वह *महाभारत* और *भगवद्गीता* के युद्धप्रिय कृष्ण के व्यक्तित्व से, जो उन्नीसवीं सदी की ही एक और निर्मिति थी और जिसे एक ऐतिहासिक पात्र तथा राष्ट्रीय पैमाने के नायकोचित मॉडल के रूप में प्रक्षेपित किया गया था, उससे बिल्कुल विपरीत है। यह मॉडल सबसे प्रखर तरीक़े से बंकिमकृत *कृष्णचरित* (1882) में पेश किया गया था। बंगाली उपन्यासकार और पत्रकार बंकिमचंद्र के कामों से भारतेंदु बहुत अच्छी तरह परिचित थे। बंकिम ने महाभारत के कृष्ण को एक ऐतिहासिक पात्र के रूप में देखना पसंद किया, न कि एक ऐसे व्यक्तित्व के रूप में जो गोपियों के साथ रंगरेलियां करता था और हर तरह के नैतिक बंधनों से परे था। बंकिम के पठन ने अतीत के इस तंतु से पीछा छुड़ाते हुए मौजूदा स्थिति की भर्त्सना की।[40] किंतु भारतेंदु ने इस आनंदमय व्यक्तित्व को सराहने और अपने पठन के केंद्र में रखने का रास्ता चुना, जिसे वे अपने देशवासियों की एक बहुत बड़ी संख्या के साथ साझा करते थे। उन्होंने कृष्ण के प्रति भक्तिपरक समर्पण पर बल दिया, जो सामुदायिक अनुष्ठानों, उत्सवों और परंपरा में बद्धमूल बना रहा, लेकिन फिर भी जो, उनके पठन में, धार्मिक परंपरा के दूसरे कम महत्त्वपूर्ण और कम विशुद्ध तंतुओं को समाविष्ट करने के लिए पर्याप्त विस्तृत था।

पर साथ ही यह ग़ौर करना भी ज़रूरी है कि यद्यपि भारतेंदु परंपरा से गहराई से जुड़े रहे, वे सिर्फ़ अपनी परंपरा की हदों में ही महदूद नहीं रहे। उन्होंने इसे हिंदू परंपरा के केंद्र में स्थापित करने का प्रयास किया, जिसके चलते दूसरे मुख्य वैष्णव संप्रदायों के साथ संयोजन

का महत्त्वपूर्ण पहला क़दम उठाया। वैष्णवों को एकताबद्ध करने की दिशा में एक और महत्त्वपूर्ण उद्यम, *चंद्रावली* के समय में ही लिखा गई एक लंबी कविता *उत्तरार्द्धभक्तमाल* थी। शीर्षक से ही जिस ग्रंथ के साथ यह अपने को संबद्ध करती है, उसी *भक्तमाल* की कैथोलिक रीति में यह कविता लिखी गई है। यह रचना न सिर्फ़ वैष्णव बल्कि निर्गुण संप्रदायों को भी अपने में समेटती है, जिसके द्वारा भारतेंदु ख़ुद को और दूसरे समकालीन कवियों को वैष्णव भक्तों के पारंपरिक संतचरितात्मक विवरणों में स्थापित करते हैं।[41] भारतेंदु पारंपरिक वैष्णव भक्तों के जीवन पर जाने से पहले ख़ुद अपने धार्मिक अनुभव, भक्त-कवि के रूप में अपने पेशे के महत्त्व-बोध तथा एक संतचरित के रूप में प्रस्तुत अपनी जीवनी से शुरुआत करते हैं। पर वे इससे आगे जाते हैं, भक्ति के अनेक तंतुओं को इकट्ठा करते हैं और इसके लिए उपमहाद्वीप के मुख़्तलिफ़ प्रांतों के भक्तों के लिए जगह निकालते हैं—बंगाल, पंजाब, दक्षिण, मुसलमान भक्त, रसखान, कबीर—जो इस प्रसिद्ध वाक्य में जाकर पूरा होता है :

> इन मुसलमान हरि-जनन पै कोटिन हिंदुन वारियै (80)।

फिर भी, वैष्णव भक्ति और अन्य भक्तों के साथ उसके अनेकविध जुड़ावों के प्रति विचारधारात्मक समर्थन घोषित करना ही काफ़ी नहीं था। किसी ऐतिहासिक क्रम में इसके धर्मशास्त्रीय विकास का स्थान-निर्धारण करना भी ज़रूरी था।

वैष्णव सर्वस्व एक महत्त्वपूर्ण गद्य-रचना है जो चार वैष्णव संप्रदायों के उद्भव और विस्तार की कहानी कहती है। 1876 में शुरू हुई इस रचना[42] में एक ऐसा रुझान मिलता है जो उस समय प्रचलन में आ चुका था : वैष्णव मत का समेकन, साथ ही धीरे-धीरे यह साबित करने की शुरुआत, कि अन्य धाराओं के रू-ब-रू यह सबसे ताक़तवर और सबसे प्रामाणिक धारा थी। यहां उन दूसरी धाराओं के उद्भव का वर्णन किया गया है और फिर उन्हें व्याख्यायित किया गया तथा मातहत बनाया गया है और इस तरह कमतर किया गया है।[43] भारतेंदु अपनी शुरुआत के लिए एक पौराणिक विधि अपनाते हैं : वह यह कि जो प्राधिकार और जो व्यक्तित्व वे साक्ष्य के तौर पर पेश करते हैं, वे एक ऐसे लोक में स्थित हैं जो किसी भी तरह से मानवीय निरीक्षण और जांच-पड़ताल के लिए उपलब्ध नहीं है। अपने आख्यान का आरंभ वे सर्वोच्च लोक, गोलोक, से करते हैं, क्योंकि पहला क़दम स्वयं शिव को अधीनस्थ और सहयोगी बनाना है। शिव को प्रथम दीक्षित और प्रथम आचार्य होना है, और इसी रूप में अपना ज्ञान आगे चलकर अपनी पत्नी को तथा अन्य दैवी व्यक्तियों को देना है। इसके बाद आख्यान अचानक ऐतिहासिक रूप से अधिक अभिगम्य स्थान और काल की ओर मुड़ जाता है। यह द्रविड़देश में युधिष्ठिर के शासनकाल के बाद का कलियुग का कोई दौर है, जब विष्णुस्वामी का जन्म होता है। भगवान अपनी प्रतिमा को पूजने के लिए उन्हें कहने को व्यक्तिगत रूप से प्रकट होते हैं। भगवान के साथ हुए इस मुखामुखम का वर्णन करने के लिए घटनाओं की एक शृंखला प्रस्तुत की गई है। यह मुखामुखम तब होता है जब विष्णुस्वामी द्वारा वैदिक रीति से की गई सर्वेश्वर की पूजा फलित नहीं होती और वह सच्चे भगवान को उनकी पत्नी समेत पहचान पाते हैं, जिनको उन्होंने ग़लती से ईश्वरत्व का निकृष्ट रूप मान लिया था, जैसा

कि पुराणों और तंत्रों द्वारा प्रचारित किया गया था। भगवान के साथ विष्णुस्वामी का चमत्कारी मुखामुखम कलियुग में प्रेममार्ग के प्रशस्त होने की शुरुआत का कारण बनता है। इसके बाद विष्णुस्वामी की शिष्य-परंपरा का उल्लेख हुआ है।[44] आख्यान औचक तरीक़े से पीछे की ओर मुड़ता है, यह समझाने के लिए कि किस तरह भगवान ने स्वयं बुद्ध के रूप में जन्म लिया और पूरे भूभाग में एक उपधर्म के रूप में अपनी शिक्षा को फैलाया और यहां तक कि शिव को आदेश दिया कि भ्रम फैलाने और लोगों को ग़लत राह पर ले जाने के लिए धरती पर अवतार लें। इस तरह शंकर का जन्म हुआ और मायावाद या दैत्य मत अस्तित्व में आया। मानो भरमाने और बहकाने की क्रिया होनी ही थी, ताकि चीज़ों को दुरुस्त किया जा सके। गुजरात में नास्तिक जैनों को लोकप्रियता मिली, लेकिन वैदिक ब्राह्मणों ने उन्हें भगा दिया और एक बार फिर वैष्णवों और शैवों ने प्रमुखता हासिल की।[45] कालांतर में मध्व, रामानुज और निम्बादित्य का जन्म हुआ, और उनके ढेरों अनुयायी बने। इस तरह चार आचार्य प्रसिद्ध हुए (विष्णुस्वामी समेत)। वे एक ही धारा से संबद्ध थे, किंतु बारी-बारी उन्होंने सहायक संप्रदायों को जन्म दिया। तीन साल बाद प्रकाशित उत्तरार्द्ध, भक्तमाल के दूसरे भाग में चार वैष्णव संप्रदायों की शिष्य परंपरा की फ़ेहरिस्त दी गई है।

यह पाठ इस लिहाज़ से महत्त्वपूर्ण है कि यह चार संप्रदायों को एक ऐसे आख्यान में गूंथकर साथ लाने की कोशिश करता है जिसमें बौद्ध, शैव, वेदांती और जैन शामिल हैं और जहां पहले तीनों को वैष्णव से ही फूटी हुई धाराओं के रूप में, तथा जैनों को नास्तिक के रूप में अनुत्तीर्ण किया गया है। ऐसा करते हुए यह आख्यान अंततः चार आचार्यों तक पहुंचता है जिन्होंने भक्तिपरक प्रेम के ज्ञान का पाठ पढ़ाया और उसका प्रचार-प्रसार किया। उसके बाद गीतात्मक, मिथकीय शैली में, बिना किसी अनावश्यक वाद-विवाद के, परंपरा की व्यवस्था और उसका दृढ़ीकरण, दोनों किया गया है। जॉर्ज ग्रियर्सन ने आगे चलकर वैष्णव संप्रदायों की इस एकजुटता और हिंदुओं के धर्म में इसकी प्रमुखता की पुष्टि करने के लिए भारतेंदु के इस निबंध को उद्धृत किया।

सुधारवादियों के साथ बहस : मूर्ति-पूजा का पक्षपोषण

पारंपरिक संप्रदायों या समुदायों के अनुष्ठानों में मूर्ति-पूजा का पारंपरिक रिवाज मुख्य था। जब हिंदू धर्म को मुकम्मल रूप देने के लिए चौहद्दियां तय की जा रही थीं, तब यही रिवाज था जो बार-बार पहले ईसाई मिशनरियों के हमले के निशाने पर आया और फिर उत्तरोत्तर हिंदू धर्म के अंदर के उन रुझानों का नेतृत्व करनेवालों के निशाने पर आया जिन्हें हमने सुधारवादी की संज्ञा के अंतर्गत रखा है। मिशनरी पूरी तरह से इस व्यवस्था के बाहर खड़े रहे और इसे पूरी तरह से अस्वीकार्य बताते हुए उन्होंने इसकी निंदा की। ऐसा नहीं कि उनकी बातों की सुध न ली गई हो या उनकी कोई प्रतिध्वनि न सुनाई पड़ी हो, पर बहस के मसायल सुधारवादी और पारंपरिक धारा के अंदरूनी विचार-विमर्श से तय हुए, यहीं प्रामाणिक प्राधिकार के निर्धारण और परंपरा के वैधीकरण से संबंधित अहम मुद्दे हल किए गए। हमारे काम के लिए संदर्भ-सामग्री सबसे सहजता से राममोहन राय के लेखन में उपलब्ध है। राममोहन राय न सिर्फ़ इस क्षेत्र में बिल्कुल शुरुआती लोगों में से एक थे, बल्कि उन्होंने संबद्ध मुद्दों

को सबसे स्पष्टता के साथ अभिव्यक्त भी किया। इस बहस को निर्धारित करने वाले चार मामले ठोस रूप से सामने आए :

1. अव्वल तो धर्मशास्त्रीय प्राधिकार का सवाल था, क्योंकि जैसा कि राममोहन ने 1817 में ही रेखांकित किया था :

> धर्मसंबंधी विवाद की वैधता मुख्यतः धर्मग्रंथसम्मत प्राधिकार पर निर्भर करती है, लेकिन जब कोई प्राधिकार पेश नहीं किया जाता, तो जनता यह फ़ैसला स्वयं कर सकती है कि इसकी विश्वसनीयता कहां तक जानी चाहिए।[46]

वेदों की उपनिषदों द्वारा और वेदांत दार्शनिकों—जिनमें सबसे प्रमुख शंकर थे—के हाथों बाद में विकसित औपनिषदिक विचार द्वारा जिस रूप में व्याख्या हुई थी, वह राममोहन के लिए धर्मग्रंथसम्मत प्राधिकार था। चूंकि उपनिषद प्राधिकार-संपन्न थे, इसलिए वेदों के अनेक देवताओं का कारण बताने का कोई प्रयास राममोहन राय ने नहीं किया। उन्हें भी एकेश्वरवाद का ही प्रतीक माना। राममोहन ने अद्वैतवाद और एकेश्वरवाद में कोई फ़र्क़ नहीं किया। उन्होंने माना कि बहुदेववाद को पुराणों और तंत्रों जैसे बाद के पाठों ने प्रचारित-प्रसारित किया :

> क्या ये सभी विचित्र देवता महान ब्रह्म हैं, या आप उनमें से किसी एक को ही ऐसा कहते हैं? दोनों स्थितियों में आपका मत निराधार है। क्योंकि अगर उनमें से सभी महान ब्रह्म मान लिये जाएं, तो वेदों का कथन ग़लत ठहरेगा जो सर्वत्र सिर्फ़ एक ब्रह्म के होने की बात कहते हैं। और कई स्वतंत्र ब्रह्म के होने को स्वीकार करना तर्क के भी ख़िलाफ़ पड़ेगा; अगर पांच या दस स्वतंत्र ब्रह्म हैं तो फिर यह भी मानना पड़ेगा कि उनमें से प्रत्येक सृजन, पालन और संहार की शक्ति से संपन्न है... उनमें से किसी एक को ही ब्रह्म मानना शास्त्रों और तर्कबुद्धि के विरुद्ध होगा; क्योंकि सभी पुराण एक मनगढ़ंत श्रेष्ठ पुरुष की बात करते हैं जिसे वे ब्रह्म कहते हैं, इसी तरह वे दूसरे स्थलों पर ऐसे दूसरे मनगढ़ंत श्रेष्ठ पुरुषों की बात करते हैं जिन्हें वे उसी तरह ब्रह्म कहते हैं, तो फिर किसी पुस्तक में एक जगह आई हुई मनगढ़ंत बात को सत्य मान लेना और उसी पुस्तक में दूसरी जगहों पर जो मनगढ़ंत बात आई है, उन्हें सत्य न मानना पूरी तरह से असंगत है (69)।[47]

2. इसके बाद दूसरा मुद्दा बाद की धर्मग्रांथिक परंपरा की वैधता का था। राममोहन ने पुराणों को ज़बर्दस्त तरीक़े से ख़ारिज किया। विष्णु के आराधकों की उन्होंने विशेष रूप से निंदा की, और चैतन्य के आनंदमूलक धर्म की तो और भी अधिक :

> विष्णु के भक्त कभी भी सार्वभौमिक रूप से प्रसिद्ध दस उपनिषदों, वेदों, वेदांत, न्याय और अन्य दर्शनों, मनु की और दूसरों की अठारह स्मृतियों, और सुप्रसिद्ध महाभारत से अपनी धार्मिक व्यवस्था के लिए कोई प्रमाण निकालकर नहीं लाते, क्योंकि इनमें उनके युगलभजन और दोनों बिरादरों का कुछ भी मौजूद नहीं है। और तो और, अपनी व्यवस्था को स्थापित करने के प्रयास में वे उन पुराणों और तंत्रों से छद्म दावों को सामने लाते हैं जिनका असली स्वरूप ढूंढ़ा नहीं जा सकता और जो विश्व में ख्यात नहीं हैं, और जिनकी कोई टीका भी नहीं है। लेकिन विज्ञ पुरुष कभी ऐसी व्यवस्था को स्वीकार नहीं कर सकते जो सम्मानित शास्त्रों से सहमति न रखती हो (116-17)।

3. तीसरा मुद्दा पूर्वजों द्वारा आनुष्ठानिक और सामाजिक आचार में स्थापित परंपरा की वैधता का था। राममोहन ने उनकी परिवर्तनीयता और अस्थिरता के कारण उन्हें ख़ारिज

किया। असल में, यह वही आधार था जिस पर उन्होंने पुराणों को ख़ारिज किया था। उन्होंने अपने समकालीनों पर मनमानेपन का आरोप लगाया, कहा कि वे पालन करने के लिए अपने पूर्वजों के उन रिवाजों को चुन लेते हैं जो उन्हें मुआफ़िक़ ठहरते हैं, बजाय उन्हें चुनने के जो सही तौर पर आज के समय एक आदर्श काम को अंजाम दे सकते हैं (88-9)। इसके अलावा, न सिर्फ़ इन पुरखों ने लगातार देवताओं के प्रति अपनी निष्ठा को बदला था, बल्कि समय-समय पर कई प्राचीन व्यक्तित्वों को ऋषि-मुनि के रूप में मान्यता भी दी थी। लिहाज़ा, राममोहन ने परंपरा की विषमरूपता के ख़िलाफ़ बहस छेड़ी और इसके अनेकानेक सूत्रों को एक-दूसरे का प्रतिषेध करने वाले के तौर पर देखा (91)।

4. चौथे, परंपरा की वैधता निर्धारित करने वाले मानदंड के तौर पर तर्कबुद्धि की भूमिका का सवाल था। राममोहन ने पारंपरिक अनुष्ठान और आराधना को कमतर दिखाने के लिए अंतिम अस्त्र के रूप में तर्कबुद्धि के साक्ष्य का बारंबार सहारा लिया (94-5)। उनके हिसाब से, यह तर्कबुद्धि ही है जो आधुनिक समय में किसी व्यक्ति की विश्वसनीयता के लिए ज़रूरी है, और उसका अभाव ही उन्हें सबके लिए हास्य का पात्र बना देता है। इस तरह नतीजे के तौर पर, वे सभी चीज़ें जो एक नैरंतर्य के रूप में परंपरा के संघटन करने वाली मानी जा सकती थीं। यानी बाद के धर्मग्रंथीय पाठ और पुरखों के रिवाज, उनको उन्होंने पुरातनपंथी या कालदोषयुक्त कहकर ख़ारिज कर दिया। वे सभी चीज़ें जो वेदों के बाद आईं, जो सर्वप्रथम और सर्वप्रमुख प्रामाणिक प्राधिकार का संघटन करती थीं, उन्हें सावधानीपूर्वक जांचा और परखा जाना था।

बाद की परंपरा में आई नई चीज़ों के बारे में ऐसा ही सख़्त रवैया आर्यसमाज ने भी अपनाया। आर्यसमाज भी मूर्ति-पूजा को ख़ारिज करने में इतना ही सख़्त था, हालांकि दयानंद सरस्वती द्वारा इस्तेमाल की गई भाषा अधिक कठोर और अभद्र थी। मूर्ति-पूजा को ख़ारिज करने के लिए दयानंद ने जो कई कारण दिए, उनमें से एक यह था कि यह 'परस्पर विरोधपूर्ण विश्वासों और रिवाजों' की एक निशानी है जो 'देश में ख़राब माहौल बनाती है और उसे पतन की ओर ले जाती है' ([1883] 1984 : 380)। इसके बाद दयानंद ने प्राधिकार के एकमात्र स्रोत से, जो कि वे वेदों को मानते थे, अनेकानेक विचलनों के रूप में विजातीयता को भी रेखांकित किया। मिशनरियों की तरह ही वे अनेकानेक हिंदू देवताओं के जीवन को लेकर छिद्रान्वेषी बने। कृष्ण ख़ासतौर से निंदा के पात्र बने, पर सबसे अधिक आलोचना वल्लभाचार्य के अनुयायियों की हुई। उनकी विधिविधानपूर्ण 'सेवा', दयानंद की दृष्टि में, मूर्ति-पूजा का ही सबसे परिष्कृत रूप होने के अलावा कुछ और न थी और इतना ही नहीं, वह सबसे लंपट देवता के क्रीड़ाओं का उत्सव मनाने पर केंद्रित थी। जैसा कि दयानंद के जीवनीकार ने दर्ज किया है (जॉर्डंस 1978 : 101), वे स्वयं नववेदांतियों को और वल्लभाचार्य के अनुयायियों को अपने दो प्रमुख विरोधी मानते थे। वल्लभाचार्य के अनुयायियों पर *सत्यार्थ प्रकाश* [48] में ज़बर्दस्त तरीक़े से हमला करने के अलावा उन्होंने उनके ख़िलाफ़ दो पैम्फ़लेट लिखे। अपनी किताब के अध्याय ग्यारह, 'ऑन ऐन एक्ज़ामिनेशन ऑफ़ दि डिफ़रेंट रिलीजंस प्रिवेलिंग इन आर्यावर्त', में उन्होंने वल्लभाचार्य के अनुयायियों की कुप्रथाओं और विश्वासों पर पर्याप्त बड़ा हिस्सा लिखा, हालांकि उन्होंने शुरुआत सभी वैष्णवों की एक सामान्य निंदा से की और बताया

कि ये शाक्तों और शैवों से भी गए-बीते हैं, क्योंकि ये वेदों की शिक्षाओं में विश्वास नहीं करते ([1883] 1984 : 365)।

दयानंद ने अपनी ख़ास आधिकारिक शैली में *भागवत पुराण* की चीर-फाड़ की, श्री वैष्णवों की परंपराओं का प्रतिष्ठाहरण किया, और अंततः गोकुल गोसाइयों की करतूतों को (450-60), उनकी लंपटता और लालचीपन के मद्देनज़र, वल्लभाचार्य की परंपरा के चरम पतन के उदाहरण के रूप में विचार का विषय बनाया। उनके पास अपने आरोपों को सहारा देने के लिए महाराजा मानहानि मामले की देशव्यापी अनुगूंजें थीं : उन्होंने चेताया, 'यह स्मरणीय है कि यह संप्रदाय झूठ और ढोंग पर ही स्थापित हुआ था' (451)। संक्षेप में, बाद के धर्मग्रंथों, गुरुओं, पंडितों और पुरखों की सत्यार्थ, यानी दयानंद द्वारा पहचाने गए धार्मिक सत्य, में कोई जगह नहीं है।

दयानंद के साथ चली बहस मूर्ति-पूजा के मसले पर केंद्रित थी और काशी में यह लंबे समय तक चलने वाली बहस थी। उस प्रसिद्ध शास्त्रार्थ के, जिसने इस विचार-विमर्श को प्रबल गति प्रदान की, कई विवरण उपलब्ध हैं। हमारे प्रयोजन के लिए ख़ुद पंडितों के बीच प्रचलित विवरण सबसे प्रासंगिक है, क्योंकि वह हमें बताता है कि वे उक्त घटना को कैसे देख रहे थे।[49] यह शास्त्रार्थ अमेठी के राजा के आनंदबाग में 1869 में हुआ और इसकी अध्यक्षता काशी नरेश तथा उनके मुख्य पंडित, ताराचरण तर्करत्न भट्टाचार्य, ने की। यह धर्मसभा की बातचीत का ही एक तरह का विस्तारित रूप था। यों तो वहां कई पंडित थे, पर दो को विशेष रूप से इस चुनौती से भिड़ने के लिए नियुक्त किया गया था : एक थे, स्वामी विशुद्धानंद सरस्वती, और दूसरे भी उतने ही जाने-माने और विज्ञ पंडित बाल शास्त्री। भारतेंदु ने भी दूसरे गण्यमान्य जनों के साथ, अपने छोटे भाई समेत इस अवसर की गरिमा बढ़ाई। पंडितों ने जिस तरह के तर्क सामने रखे, वे इस तरह की चुनौती के प्रति परंपरावादी प्रतिक्रिया को समझने के ख़याल से महत्त्वपूर्ण हैं, साथ ही ये भारतेंदु की अपनी सोच के विकास की प्रक्रिया का भी हिस्सा हैं। बहस मूर्ति-पूजा के आस-पास केंद्रित रही; शुरुआत में ही दयानंद ने जो सवाल सामने रखा, वह यह था कि मूर्ति-पूजा को वेदों की मान्यता मिली हुई है या नहीं। दयानंद इस बात पर क़ायम रहे कि जो वेदों में उपलब्ध है, सिर्फ़ उसे ही प्रामाणिक माना जाना चाहिए। पंडित ताराचरण ने पहले-पहल यह सवाल सामने रखा कि क्या वेदों में, और वैसे श्रुतियों और मनुस्मृति में भी—जो स्वामी दयानंद की वैदिक ग्रंथ-परंपरा का एक हिस्सा निर्मित करते हैं—कोई ऐसा अंश है जो स्मृतियों, पुराणों और इतिहासों के महत्त्व से इनकार करता हो; संक्षेप में, क्या वेदों ने स्वयं बाद की परंपरा की वैधता से स्पष्ट रूप में इनकार किया है, क्योंकि तभी बाद में आने वाली सभी चीज़ों को वेद-विरुद्ध माना जा सकता है। इसके उत्तर में दयानंद ने कहा कि जो भी वेद में नहीं है, वह वेद-विरुद्ध है। ताराचरण थोड़ी कटुता के साथ एक सवाल के रूप में ही अपनी प्रतिक्रिया दे पाए, जिसका कोई उत्तर नहीं मिला, 'यह वेद का कथन है अथवा श्रीमानजी का कथन है?'

मुद्दा यह था कि बाद की परंपरा को प्राचीन परंपरा से निकलता हुआ माना जाए और इस तरह उसे वैधता दी जाए। पुराणों, और साथ ही वेदांत समेत बाद के दर्शन, को प्राधिकार-संपन्न के रूप में मान्यता दी जाए या नहीं? दयानंद यह स्वीकार करके फंस गए कि वेदांतियों का निराकार ब्रह्म वेद के ज्ञान पर, और वस्तुतः, उन दोनों के पारस्परिक ज्ञान पर आधारित था। यह स्वीकारोक्ति कई अंतर्विरोधों तक ले जाती हुई दिखाई जा सकती

थी, अगर कोई या तो वेदांत दर्शन या स्वयं वेदों को गंभीरता से लेता और दोनों से अपने आपमें सुसंगत होने की उम्मीद करता। पंडितों के पांडित्य का और तर्कणा में उनके दांव-पेच का आसानी से मुक़ाबला नहीं किया जा सकता था, और धीरे-धीरे दयानंद को उन्होंने चुप करा दिया। दयानंद हार गए, पर उनका व्यक्तित्व शक्तिशाली था। उनका पूरी तरह से मुंह बंद कर देना संभव न था। काशी के पंडितों को उनकी चिंतन-पद्धति के साथ बार-बार भिड़ंत करनी पड़ी। इसने उपर्युक्त केंद्रीय मुद्दों के संबंध में सनातन मत को ठोस रूप ग्रहण करने की दिशा में भी बढ़ाया।

भारतेंदु ने ख़ुद साल भर बाद 1870 में *दूषणमालिका*[50] शीर्षक से एक पुस्तिका प्रकाशित की, जिसमें अड़ंगा लगाने वाले सवालों की शृंखला के रूप में सूत्रबद्ध 64 प्रति-तर्क एक साथ गूंथे गए थे। उनमें से 59वां और 60वां यह सवाल उठाता है कि मान्यता देने के लिए परंपरा के केवल कुछ सूत्रों को चुनना और शेष को मनमाने तरीक़े से कमतर दिखाना, वह भी सिर्फ़ बुद्धि के साक्ष्य पर, कहां तक वैध है :

> 59. सब वेद की पुस्तकें और उनके मंत्र सब वे ही हैं जो ईश्वर से निकले और इतने काल तक उनका स्वरूप कुछ नहीं बदला और ये सब वे ही आर्ष अक्षर हैं, इसमें किसी ने कपोल कल्पित मंत्र नहीं मिलाए, इसमें क्या प्रमाण और क्या युक्ति है, कहिए।
> 60. जो कहिए कि परंपरा प्राप्त हैं तो परंपरा प्राप्तता से वेद का तो निश्चय होय और परंपरा प्राप्त मूर्तिपूजन न माना जाय, इसमें क्या प्रमाण और जो कहिए कि हम अपनी बुद्धि से समझते हैं कि ये वेद वे ही हैं तो आपकी बुद्धि ठीक है, इसमें क्या प्रमाण और कौन-सी युक्ति है? (*ग्रंथावली* III : 698)

भारतेंदु स्पष्टतः उन्हीं तर्कों को सामने रख रहे थे जो उस प्रसिद्ध शास्त्रार्थ के दौरान सामने आए थे। अगर परंपरा वैधता देती है और वही मुख्य साक्ष्य है, तो मूर्ति-पूजा जैसे उसके केंद्रीय सूत्र को आर्यसमाज कैसे ख़ारिज करता है? जब वेदों के हस्तांतरित होने की बात आती है तो यह बात स्वतःप्रामाण्य मान ली जाती है कि परंपरा ने ऋषियों के मुख से निकली बातों को बिल्कुल ज्यों-का-त्यों बचाए रखा है, लेकिन जब मूर्ति-पूजा जैसी पारंपरिक रूप से चली आती प्रथाओं की बात आती है तो बुद्धि के व्यापार जैसे बाहरी तत्त्व इस बात को तय करने के लिए उपयोग में लाए जाते हैं कि इसे परंपरा के रूप में मान्यता दी जा सकती है या नहीं। यह प्रक्रिया अंततः परंपरा की अवधारणा को ही रद्द कर देती है।

सनातनधर्मावलंबियों को दी जाने वाली निरंतर चुनौती के रूप में मूर्ति-पूजा की तीखी अस्वीकृति ने उन्हें इस अस्वीकृति को बारंबार नकारने के लिए उकसाया। 1876 में भी, जब भारतेंदु अपने मत को पर्याप्त विकसित कर चुके थे, *कविवचनसुधा* में उन्होंने एक संपादकीय लिखा, 'मूर्तिपूजा क्या पाप है?'[51] यह लेखन स्पष्टतः काशी में स्वामी की उपस्थिति से प्रेरित था। जैसा कि पत्रिका के उसी अंक में ख़बर दी गई है, स्वामी ने सैयद अहमद ख़ान के घर पर एक जनसभा की थी, जिसमें स्वाभाविक रूप से नगर के 'प्रबुद्ध' जनों ने अपनी हाज़िरी दर्ज कराना ज़रूरी समझा था। संपादकीय में मूर्ति-पूजा के चलन के पक्ष में जो मुख्य तर्क दिए गए, उनमें पहला था, इसका चिराचरित होना: 'जो मूर्ति-पूजा पाप है, तो आदिकाल से आज तक जो लोग इनमें हुए उनकी क्या गति हुई?' कहा गया कि 'पिता-पितामह' के बताए रास्ते को छोड़ना अवश्यंभावी रूप से नास्तिकता की ओर ले जाएगा। लेखक का दूसरा

तर्क है कि बुद्धि के व्यापार चंचल होते हैं, सिर्फ़ ईश्वर ही जान सकता है कि धर्म की सारभूत विशेषताएं क्या हैं; जहां तक शेष का सवाल है, धर्म या अधर्म के रूप में हम जिसे जानते हैं, वह स्वयं मनुष्य द्वारा अपने स्वभाव, संबंध, देश, काल और बुद्धि के इशारों पर तय किया गया होता है। वह एक समय में जिस चीज़ को पालन करने लायक़ मानता है, वही दूसरे समय में पूरी तरह बदल सकती है, क्योंकि बुद्धि धर्म के सारभूत तत्त्वों के सवाल पर अंततः आस्था से छिटककर अलग भागती है। इससे यह निष्कर्ष निकलता है कि :

> ईश्वर को बुद्धि के बल से मानना ही मूर्खता है। ईश्वर अलौकिक वस्तु है और हमारी बुद्धि लौकिक है, इससे ईश्वर बुद्धि का विषय हो ही नहीं सकता।
>
> इस बात को आस्तिक लोग मानते हैं कि ईश्वर मनुष्य का परमाराध्य देवता है, वह प्रेम से मिलता है, पाखंड से दूर भागता है, सत्य, दया, शौच आदि उसके सहज नियम और मिथ्या हिंसा इत्यादि उसके विरुद्ध हैं। अतएव हमारा यह वक्तव्य भी उन्हीं के प्रति है जो आस्तिक हैं : हम पूछते हैं कि क्या ईश्वर दयानंद ऐसे धर्माभिमानी लोगों से, जिन्हें ईश्वर के प्रेम में रोमांचित अश्रुपूर्ण नेत्र तो किसी ने स्वप्न में भी नहीं देखा है परंतु सदा लड़ते, क्रोध करते वाद-विवाद में फंसे ही सदा दिखाई पड़ते हैं, कैसे मिलेगा (*कविवचनसुधा* 7.44, 10 जुलाई, 1876)।

बुद्धि के अनधिकार दावे, यानी सिर्फ़ तर्कणा के बल पर अपने को क़ायम रखने वाले सत्य, के ठीक विपरीत है, भक्तिपरक व आनंदपरक प्रेम का उच्चतर और अधिक विशुद्ध सत्य। मूर्ति-पूजा के पक्ष में यह तीसरा और सबलतम तर्क है कि भक्ति ही उसे वैधता देती है। एक तरफ़ परंपरा को वैधीकरण करने वाला बताया गया था, क्योंकि मनमाना परिवर्तन, यहां तक कि अगर वह ईश्वर की अपनी इच्छा से भी किया गया हो, मनुष्य को सही रास्ते से भटका सकता है। दूसरी तरफ़ ज्ञान और भक्ति के वैपरीत्य को समकालीन संदर्भ में स्थानांतरित किया जा रहा था, जहां अब बुद्धि को ज्ञान के स्थान पर रख दिया गया था। इसके बाद संपादकीय के लेखक ने यह सवाल उठाया कि जो लोग ईश्वर को एक विशिष्ट आकृति में देखते और पूजते हैं, वे अगर निष्कपट हृदय और संपूर्ण समर्पण के साथ ऐसा करते हैं, तो यह कैसे हो सकता है कि ईश्वर उनकी उपासना को स्वीकार न करे। कारण, एक बात निश्चित है कि सभी प्रकार की उपासना की एक ही दिशा होती है और उपासना जितने रूप लेती है, वे सब काल, स्थान और विभिन्न सामाजिक संस्कारों तथा दृष्टि और व्यवहार के दायागत मानसिक ढांचों द्वारा तय होते हैं। क्या ऐसे में कोई कह सकता है कि मूर्ति-पूजा एक पाप है? बल्कि यह एक पुण्य है, क्योंकि इसके कारण सबसे रूखे दिमाग़ वाले भी स्वयं को आराधना में समर्पित कर देते हैं। इस तरह यह एक ऐसा मत था जिसने भक्ति के एकल सिद्धांत पर प्रकार्यरत परंपराओं की बहुलता को मान्यता दी।

मूर्तिपूजा पर बल देने के कई निहितार्थ थे। एक तो यही कि अपनी वैधता का आधार बनने वाले सिद्धांत को मान्यता मिलते ही यह कई तरह की विविधताओं को सामने आने का मौक़ा देती थी, क्योंकि जो तर्क इसके पक्ष में प्रस्तुत किए गए, वे प्रथा के चिरकालिक प्रचलन, उसे उत्तर-वैदिक धर्मग्रंथों में मिले स्थान और उसके कारण सम्मान पाने की उसकी योग्यता पर आधारित थे, न कि किसी एक धर्मशास्त्रीय परंपरा पर। अगर निजी भगवान एक प्रतिमा के रूप में पूजित हो सकता है, तो विविधता अप्रासंगिक हो जाती है; यह उन

अनेक रास्तों में से बस एक हो जाता है जो सबके सब एक ही ईश्वर की ओर जाते हैं। इस तरह मिशनरियों और आर्यसमाज द्वारा पेश की गई चुनौती के जवाब में जो निरंतर बहस शुरू हुई, उसने इस विश्वास के सुदृढ़ीकरण का रास्ता तैयार किया कि एकल, निजी तौर पर प्राप्य और मूर्तिरूप में प्रस्तुत ईश्वर के प्रति भक्ति सनातन धर्म की एक केंद्रीय विशेषता है।

मूर्तिपूजा संबंधी मत ब्राह्मो समाज के साथ हुए विवाद में भी दुहराया गया, हालांकि इसके अवसर कम आए, क्योंकि उत्तर-पश्चिमी प्रांतों में समाज का प्रभाव सदैव बिरल ही रहा। ब्राह्मो समाजियों को एक सामूहिक पद 'प्रबुद्ध' (एनलाइटेंड) के अंतर्गत समाहित किया जाता रहा, जिसमें सामान्यतः अंग्रेज़ों की बौद्धिक अधीनता तथा पारंपरिक रूप से मान्य प्रथाओं के नकार का आशय निहित होता था और जो, जैसा कि हमने पीछे देखा है, किसी तरह की मान्यता देने वाले शब्द की बजाय एक गाली के समान थी। लेकिन ब्राह्मो समाजियों को भी ठिकाने लगाना ज़रूरी था और वे भी निंदा के निशाने बने। *कविवचनसुधा* में 1877 में एक पत्र के रूप में छपे स्वप्न में, जो 'एक आर्य हितैषी' का लिखा हुआ है और जिसकी शैली और अंतर्वस्तु से साफ़ पता चलता है कि वह आर्य हितैषी स्वयं भारतेंदु ही हैं, इन 'प्रबुद्ध' जनों की ख़बर ली गई है।[52] स्वप्न में एक निशाचर और एक क्षत्रिय के बीच संवाद चलता है। निशाचर बिहार से आया है (जहां कुछ प्रभावशाली ब्राह्मो समाजी थे) और क्षत्रिय का मुख्य गुण है कि वह सभी तरह की बुरी आत्माओं का नाश करता है। निशाचर एक प्रबुद्ध भद्र पुरुष है, जिसके कोई जातिगत जुड़ाव नहीं हैं, क्योंकि वह न तो जाति को मानता है और न ही शास्त्रीय युक्ति के प्राधिकार, यानी उपनिषदों और पुराणों में लिखी बातों को मानता है। क्षत्रिय ख़ासी तल्ख़ी के साथ इस मतवाद की चरम उद्दंडता को फटकार लगाता है :

> आप वेद, पुराण और प्रतिमापूजन का मर्म क्या जानेंगे, आपने थोड़ी सी अंग्रेजी क्या पढ़ी मानो सारे संसार की विद्या की पगड़ी बांध ली और एतने इनलाइटेंड हो गए कि अपने पिता, पितामह और प्रपितामह की (जो कि आपसे [सहस] गुण चतुर और विद्वान थे) चाल-ढाल को [दूराने] लगे, अपने तईं आप बुद्धिमान की दुम लगाते हैं, धन्य है आपके जीवन को, कि आप अपने मुनियों के वचन पर विश्वास नहीं लाते हैं, जबकि और मत वाले अर्थात् ईसाई और मुसलमान अपने नबियों के वाक्य पर विश्वास लाते हैं।

इसके बरख़िलाफ़ क्षत्रिय 'वेद-पुराण विहित आर्य धर्म' को अपनी आस्था बताता है और सगर्व इस बात पर बल देता है कि मूर्तिपूजा, अगर उसे विश्वासपूर्वक संपन्न किया जाए तो, ज्ञान की ओर ले जाती है, और वह ज्ञान भक्ति की दिशा में ले जाता है। वह व्यावहारिक तरीक़े से यह सलाह देता है कि निशाचर *कविवचनसुधा* पत्रिका पढ़ना शुरू करे, और यह भी कि वह हरिश्चंद्र की लिखी *भक्तिसूत्र* की टीका पढ़े। इसके बाद हरिश्चंद्र की ज़बर्दस्त प्रशंसा की गई है, उन्हें ब्राह्मणों और गऊ का संरक्षणदाता एवं अभिभावक, विद्वत्ता के सबसे अलग-अलग तरह के रूपों में सिद्धहस्त, धर्म के मसलों में बहुज्ञ, और आर्यधर्म का संरक्षणकर्ता बताया गया है। क्षत्रिय का सबसे भावाविष्ट तर्क परंपरा के हक़ में है : यह कि हर किसी को उस धर्म से नाभिनालबद्ध रहना चाहिए जिसमें ईश्वर ने उसे पैदा किया है, अपने देश और रीति-रिवाजों के प्रति समर्पित रहना चाहिए, क्योंकि 'अपने परंपरा, धर्म, रीति, व्यवहार की निंदा करना कुमति का काम है'। इस बात से अविचलित निशाचर यह जवाब देता है

कि कलंकी अवतार (कल्कि नामक कलियुगी विष्णु अवतार की धारणा के साथ किया गया एक खेल) बाक़ायदा हो चुका है और कि वह पूरे भारतवर्ष में घूम-घूमकर ऊंचे स्वर में यह उद्घोषणा कर रहा है कि मूर्तियों की पूजा मत करो, पुराणों की सलाह पर ध्यान मत दो। लेखक इस स्वप्न को उद्घाटित करते हुए चाहता है कि अपने देशवासियों को कलंकी के जाल में फंसने और इस तरह सुरक्षित वैकुंठ ले जाने वाले रास्ते से भटकने से रोका जाए।[53]

इस खंडन में उन सभी पारंपरिक दृष्टांतों की पुष्टि की गई थी जिन्हें शुरुआत में राममोहन राय ने चुनौती दी थी। यह माना गया कि परंपरा को इस तरह नहीं देखा जा सकता कि वह वेदों पर ही ख़त्म हो जाती है जिसे सदियों बाद स्वघोषित पैगंबरों द्वारा प्राधिकृत और पुनराविष्कृत किया गया है। वेदोत्तर परंपरा, ख़ासतौर से पुराणों, को वैदिक अधिमत की जायज़ संतति माना गया और उतने ही प्राधिकार-संपन्न स्रोत के रूप में उद्धृत किए जाने के योग्य माना गया; इसीलिए 'वेद-पुराण-विहित-आर्य-धर्म' जैसा सूत्रीकरण सामने आया। उनके अनुसार, पुराणों में जिस मूर्ति-पूजा को प्रोत्साहन दिया गया था, वह अपने बहुलतामूलक होने के कारण इस तथ्य की ओर इंगित करती थी कि यदि भक्ति के साथ संपन्न किए जाएं तो अनेकानेक उपागम एक ही निजी ईश्वर की ओर ले जाते थे। परंपरा के वाहक वे पूर्वज थे जिनकी प्रथाएं एक आदर्श प्रकार्य का निर्वाह करती थीं और बुद्धि जैसी चंचल वस्तु के व्यापारों द्वारा उसे प्रश्नांकित नहीं किया जा सकता था। जैसा कि आगे 1884 के बलिया व्याख्यान में भारतेंदु ने कहा, बुद्धि केवल समाजनीति के दायरे में काम कर सकती है, जिसमें समय-समय पर बदलाव और सुधार की ज़रूरत पड़ती है और यह एक ऐसा काम है जिसे मौजूदा दौर में, जबकि शासक परायी संस्कृति के हैं, पहले की तरह सिर्फ़ शासक और उनके पुरोहित नहीं कर सकते, बल्कि स्वयं जनता द्वारा वह काम किया जाना है (ग्रंथावली III : 900)। हिंदू धर्म की दीर्घ परंपरा को इस तरह के किसी मनमाने हस्तक्षेप की ज़रूरत न थी। इस परंपरा का स्वभाव ही ऐसा था कि वह कभी जड़ नहीं हो सकती थी, क्योंकि वह स्वयं अपने को लगातार पुनर्नवा करती रहती थी।

इस दौर में भारतेंदु और उनके समकालीनों के लेखन तथा गतिविधियों में तीन विशेषताएं मूर्त रूप लेकर उभरीं :

1. दीर्घ परंपरा के सबसे प्राचीन और प्रामाणिक सूत्र के रूप में वैष्णव एकेश्वरवाद, जो सनातन धर्म को संघटित करता है।
2. एक सर्वातिशायी सिद्धांत के रूप में समर्पणमूलक भक्ति, जो सभी भटकी हुई परंपराओं को अपने में समेट सकती है, जहां जैन और बौद्ध ईश्वर के साथ संबंध और उसकी प्राप्ति में सिर्फ़ एक सहायक की भूमिका निभाते हैं।
3. अंततः वैष्णव भक्ति की एक केंद्रीय विशेषता और हिंदू संप्रदायों की सभी क़िस्म के लिए एक सामान्य मानदंड निर्मित करने वाली चीज़ के रूप में मूर्तिपूजा।

प्राच्यवादी विमर्श : हिंदुओं की असली धार्मिक परंपरा की निर्मिति

हिंदू धर्म की अपनी अवधारणा में वैष्णव परंपरा की केंद्रीयता को लेकर भारतेंदु और उनके समकालीनों का मत तथा ब्राह्मण धर्म के अनुष्ठानों (जिसका उस वल्लभ संप्रदाय के सुविस्तृत अनुष्ठानों के साथ अंतर्विरोध था जिसके साथ अपनी युवावस्था से ही भारतेंदु का अत्यंत

भावनात्मक रिश्ता था) का अतिक्रमण करने वाली श्रेणी के रूप में भक्ति पर बढ़ता हुआ ज़ोर उनकी अपनी स्थानीय और क्षेत्रीय अवस्थिति को वैधता देने का कोई अलग-थलग प्रयास नहीं था। उनका नज़रिया उन्नीसवीं सदी के उत्तरार्द्ध में पश्चिमी भारत-विद्या में ठोस रूप लेते सोच और शोध की प्रभावी धारा के साथ मेल खाता था। वे एक-दूसरे को परस्पर पुष्ट करते थे और कुछ हद तक प्रकट रूप से परस्पर वैधता पाने की भी कोशिश करते थे, यद्यपि यह मानते हुए कि उनके बीच अंतर और अवश्यंभावी अंतर्विरोध मौजूद हैं।

भारत-विद्या के सोच और शोध में हुए उद्‌विकासों, जिन्होंने ईसाइयत और पश्चिम के साथ समानता देखने की इजाज़त दी, के बीज अठारहवीं सदी में एक अनुशासन के रूप में भारत-विद्या की शुरुआत के भीतर ही थे, जो भारतीय-यूरोपीय लोगों की साझा वंश-परंपरा की मान्यता पर ही स्थापित हुआ था। स्वाभाविक रूप से यह मिशनरी मत के सीधे ख़िलाफ़ पड़ता था, जो कि धर्मप्रचार की ज़रूरत को वैधता देने के लिए अंतरों को स्थापित करने, अन्यत्व पर बल देने से मतलब रखता था। अलबत्ता, मध्य उन्नीसवीं सदी के जर्मन और ब्रिटिश भारतविदों ने, जिसमें ग्रियर्सन और ग्राउज़ जैसे अंग्रेज़ प्रशासनिक अधिकारियों की नई खेप भी शामिल हो गई थी जिन्हें इस देश का व्यावहारिक अनुभव भी था और इसके साथ हमदर्दी भी थी, ईसाइयत के हिंदू प्रतिरोध का खोखलापन दिखाने के लिए समानताओं को रेखांकित किया और इस तरह से भी वे ईसाई हितों के प्रति निष्ठावान बने रहे। भारत-विद्या का यह उद्‌विकास, जिसे कुछ सुधारों के साथ राजेंद्रलाल मित्र और आर.जी. भंडारकर जैसे भारतीय विद्वानों ने भी स्वीकार किया, कुल मिलाकर हिंदू आत्म-अवबोधन के लिए दूरगामी परिणामों वाला साबित हुआ। जिसे मैंने भारतेंदु के सोच और लेखन का तीसरा दौर कहा है, उसके प्रकटन को समझने और आकलित करने के लिए थोड़े विस्तार के साथ पश्चिमी भारत-विद्या में हुए इन समानांतर उद्‌विकासों की पड़ताल करना ज़रूरी होगा।

विष्णु को एक मुख्य और केंद्रीय देवता के रूप में चिह्नित करने का काम बहुत पहले फ़्रेडरिख़ श्लेगल (Friedrich Schlegel) ने किया था, जिन्होंने अपने *ऊबर डी श्प्राख़े उंड वाइसहाइट डेर इंडियर* (1808) में उसे सूर्य से अभिन्न माना, जिसे वैदिक क़बीले और गोत्र एकेश्वरवादी विधि से पूजते थे। इन वैदिक क़बीलों और गोत्रों को श्लेगल ने अभी आर्य का नाम नहीं दिया था। श्लेगल ने इस पूजा को ईसाई प्रकाशना का एक पूर्वाभास माना। यह स्थापना, कि यह एक तरह का वैदिक एकेश्वरवाद था जो कि समय के सभी बदलावों के बीच क़ायम रहा, इसे बाद में मैक्स मुलर ने ग्रहण किया और विस्तार दिया। उसने इसे विकसित करते हुए दुनिया को जीतने और उस पर शासन करने के लिए इतिहास द्वारा नियत किए गए लोगों के रूप में आर्यों के बारे में एक समग्र धारणा पेश की।[54] यह वह कठिन उद्योग है जिसमें राजेंद्रलाल मित्र ने भी, किंचित् भारतीय परिप्रेक्ष्य से, योगदान किया। यह भारतीय परिप्रेक्ष्य उस अनादर-भाव पर पर्दा डालता था जो भारतीय उपमहाद्वीप में आर्य नस्ल के उत्तर-विकास को लेकर पश्चिमी समझ में मौजूद था।

जैसा कि अलब्रेख़्त वेबर (1868) ने दिखाया, स्वयं कृष्ण को इसी तरह यूरोपीय जनों, ख़ासकर मिशनरियों, द्वारा ईसा के साथ और प्राचीन काल के कई दूसरे देवताओं के साथ मिलाकर देखा गया था।[55] अलबत्ता, बाल-भगवान कृष्ण के साथ भक्ति के संबंध और एक भक्ति-आंदोलन के रूप में इसकी सर्वव्याप्ति, जैसा कि उन्नीसवीं सदी के आख़िरी दौर में

पता चला, में एक और प्रस्थान-बिंदु था और यहां हमें एकेश्वरवाद के विशिष्ट रूप को लेकर उन्नीसवीं सदी के ईसाई आत्म-अवबोधन के बारे में पहले के विचार-विमर्श को ध्यान में रखना उपयोगी होगा। एकेश्वरवाद के उस विशिष्ट रूप को वे स्वयं एकमात्र प्रामाणिक रूप और अपने धर्म तथा दर्शन की एक लाक्षणिक विशेषता मानते थे। यही वह एकेश्वरवाद था जिसने आगे कृष्ण-भक्ति के नए पठन को प्रेरित किया।

अलब्रेख़्त वेबर उन शुरुआती लोगों में से थे जिन्होंने कृष्ण के मिथक और मान्यताओं को स्पष्टतः ईसाइयत के साथ दुबारा जोड़ा। उन्होंने यह मत सामने रखा कि लगभग तीसरी सदी से ही ईसाइयत ने भारत पर प्रभाव डालना आरंभ कर दिया था।

> हालांकि ईसाई समुदायों के निर्माण और मौजूदगी के संबंध में पहले से उपलब्ध आंकड़ों से आगे कोई नया आंकड़ा सामने नहीं आया है, पर हाल में कृष्ण सेवा द्वारा ईसाइयत से प्रेरणा लेने की बात, और ईसाइयत के अन्य प्रभावों की बात भी, ज़ोरदार तरीक़े से प्रकाश में आई है; और इस खोज को अभी किसी भी तरह समाप्त हुआ नहीं मानने के बावजूद आगे बताए गए मुख्य बिंदुओं को पूरे निश्चय के साथ मान्यता दी जा सकती है। कृष्ण सेवा, जो कि 'एक ईश्वर' के रूप में कृष्ण की उपासना है, भारतीय धर्म-व्यवस्था के युवतम दौरों में से एक है और आरंभिक ब्राह्मण-गाथाओं में कृष्ण की जो स्थिति है, उससे यह कोई स्पष्ट संबंध नहीं रखती : दोनों के बीच एक फांक है जिसे, ऐसा प्रतीत होता है, केवल किसी बाहरी प्रभाव की कल्पना करके ही भरा जा सकता है (1857 : 92-3)।

'एक ईश्वर' के रूप में कृष्ण की उपासना भारतीय धर्म-व्यवस्था में नई और हैरतनाक चीज़ थी, जिसे पहले हो चुकी किसी चीज़ से समझना संभव न था। ईसाइयत के साथ इसकी अद्‌भुत समानता की व्याख्या सिर्फ़ ईसाई उपासना-पद्धति के साथ हुए साक्षात्कार की उस पौराणिक स्मृति के द्वारा हो सकती थी जिसे भारतीयों ने ख़ुद *महाभारत* के *श्वेतदीप* प्रकरण में संरक्षित कर रखा था। वहां नारद उस द्वीप के गोरे चंद्रवदन बाशिंदों के द्वारा एक और एकमात्र ईश्वर को समर्पित उपासना के साक्षी बनते हैं। इस ईश्वर को भागवत वासुदेव के साथ जोड़कर देखा गया, जिसे अभी तक वे एक नायक या अर्द्ध-ईश्वर के रूप में पूजते थे। बाद में, ईसाई शिक्षकों का प्रभाव पड़ा, जो भले ही ईसाई समुदाय स्थापित नहीं कर पाए हों, पर जो लंबी कालावधि में एकेश्वरवाद और आस्था की अवधारणा के पक्ष में लोगों को मोड़ने में कामयाब रहे। यह प्रभाव समय के साथ क्षीणतर होता गया और भारतीय परिस्थितियों के हिसाब से ढलता गया, इसलिए इस बात पर पर्याप्त ध्यान न दिया जा सका कि ये ईसाई शिक्षक ही थे जिन्होंने जनता को निजी 'एक ईश्वर' के प्रति आस्था की अवधारणा से परिचित कराया (94)।

बाद के शोध में वेबर ने यह दिखाया कि कृष्णजन्माष्टमी के उत्सव और उसके साथ चलने वाली चरवाहा झांकी की यीशु-जन्म के ईसाई मिथ के साथ कैसी स्पष्ट निकटता है। विविध स्रोतों से इकट्ठा किए गए साक्ष्यों के आधार पर उन्होंने परिश्रमपूर्वक यह दर्शाया कि बाल-भगवान के जन्म की कथा, उसके उत्सव में दिखाई जाने वाली माता के स्तन से चिपके कृष्ण की झांकी, नई चीज़ थी और महाकाव्य के योद्धा-ईश्वर की आकृति के साथ मेल नहीं खाती थी। लिहाज़ा, कृष्ण के जन्म का उत्सव मनाने वाले अवसर का संबंध किसी बाहरी प्रभाव से है (1868 : 310-14)। वेबर के ग्रंथ में इस चित्रात्मक पहलू की, जिसका

विस्तृत मूल्यांकन किया गया है, बड़ी भूमिका है। इस चरण में मूर्ति-पूजा को लेकर किसी भी तरह के वाद-विवाद का कोई सवाल ही नहीं था। कृष्ण-पंथ में बाद में विकसित हुई सारी ऐंद्रीयताओं से, जैसा कि महाराजा मानहानि मामले के सिलसिले में हुए भयंकर खुलासों से जगज़ाहिर हुआ, वेबर ने दूरी बरतना ही पसंद किया।[56] जो पतन हुआ, उसे ईसाई प्रभाव के मत्थे नहीं मढ़ा जा सकता था। वेबर की गवेषणाएं, जो जर्मन में प्रकाशित हुई थीं, भारत में अंग्रेज़ी पढ़ने वाले लोगों तक *इंडियन ऐंटिक्वेरी* के पृष्ठों के माध्यम से पहुंचीं।

इंडियन ऐंटिक्वेरी में ही एफ. लोरिंज़र के किए हुए *भगवद्गीता* के जर्मन अनुवाद की भूमिका का अंग्रेज़ी अनुवाद प्रकाशित हुआ। वह जर्मन अनुवाद पहली बार 1869 में ब्रेसलाउ में छपा था। लोरिंज़र ने इस बात के लिए लासन को साक्ष्य के तौर पर पेश किया कि *भगवद्गीता* ईसा के बाद तीसरी सदी में लिखी गई थी और इस तरह ईसाई प्रभाव संभव था। इसके बाद उसने ईसाई विचारों के साथ समानताओं, 'ईसाइयत से लिये गए विचारों और कथनों के ज़बर्दस्त सम्मिश्रण', को दिखाया (1873 : 283)। इसके लिए उसने *भगवद्गीता* के अंशों को ईसा चरित के उन हिस्सों के साथ आमने-सामने रखकर दिखाया जो उसके अनुसार पूरी तरह से मेल खाते थे। वह साफ़ तौर पर वेबर से प्रभावित था जिसे उसने बार-बार उद्धृत भी किया। *भगवद्गीता* की पहचान एक वैष्णव पाठ के रूप में की गई; गीताकार भक्ति के वैष्णव सिद्धांत की उद्घोषणा करते हुए :

> परम देवता—ब्रह्म, अपने दार्शनिक अर्थ में—के सभी गुणों को विष्णु में स्थानांतरित करता है और नायक कृष्ण में इस परम स्वभाव का एक देहावतार देखता है। कृष्ण का यह देहावतार, जो कि *महाभारत* के किसी भी और मिलते-जुलते प्रकरण के मुक़ाबले *भगवद्गीता* में शायद सबसे अधिक स्पष्टता से परिभाषित है, ईसाइयत के संपर्क से प्रभावित था, जैसा कि *इंडिशे स्टूडिएन* में दूसरों के साथ वेबर ने भी दिखाया है। नाम की समानता से ग़लत निष्कर्ष निकालते हुए उन्होंने क्राइस्ट में नायक कृष्ण की पहचान की, और क्राइस्ट के बारे में ईसाई लोग जो कुछ मानते थे, उसका काफ़ी बड़ा हिस्सा कृष्ण में स्थानांतरित किया (284)।

उसी जर्नल में विरोध के कुछ स्वर भी थे, जैसे कि आर.जी. भंडारकर का लेख। भंडारकर ने यह साबित किया कि कृष्ण का रूप और मिथक निस्संदेह ईसापूर्व का है, क्योंकि पतंजलि के *महाभाष्य* में उनका उल्लेख मिलता है :

> और इस तरफ़ मैं उनकी तवज्जो चाहता हूं जो क्राइस्ट में कृष्ण का एक पूर्वरूप तलाशते हैं, और बाइबिल में भगवद्गीता का मूल रूप देखते हैं, और जो यह मानते हैं कि हमारा पैराणिक साहित्य महज़ एक उत्तरवर्ती चीज़ है। अगर कृष्ण और बालि और दूसरों की कथाएं, जिनकी ओर मैं इसके बाद आऊंगा, ईसापूर्व दूसरी सदी में प्रचलित और लोकप्रिय थीं, तो हरिवंश और पुराणों जैसी कृतियां उस समय अवश्य आकार ले चुकी होंगी (1874 : 16)।

इसके बावजूद, समानता देखने की प्रक्रिया एक बार शुरू हो जाने के बाद कई विद्वानों ने उसे आगे बढ़ाया और उसमें उन अंग्रेज़ प्रशासनिक अधिकारियों ने भी योगदान दिया जिनके पास अपने ज़िलों के प्रशासन का एक लंबा तजुर्बा था और इस तरह एक ऐसी विशेषज्ञता थी जिसे आसानी से अनदेखा नहीं किया जा सकता था। उन्होंने ऐसी जानकारियां दीं जो उनके प्रत्यक्ष अनुभव का हिस्सा थीं। एफ़.एस. ग्राउज़ ने अपने *मथुरा : ए डिस्ट्रिक्ट मेम्वायर*

(1882) में वल्लभ संप्रदाय के सिद्धांत और अनुशीलन को स्पष्ट रूप से ईसाइयों के साथ मिलाकर देखा, और इस तरह निहित रूप में यह बात सामने रखी कि ईसाइयत ने उन रीति-रिवाजों और अनुष्ठानों से पूरी तरह पीछा नहीं छुड़ा रखा है जिनकी दूसरे धर्मों के संदर्भ में मिशनरी लोग इतनी आलोचना करते हैं :

> गोसाईं द्वारा किसी बच्चे के गले में मोतियों की माला डाल देने और उसके ऊपर अष्टाक्षर मंत्र, श्री कृष्ण शरणम् मम (डिउस ऐडजुटोरियम म्यूम) का जाप कर देने से वह छोटा शिशु कृष्णायत (क्राइस्टेंड) हो जाता है, लेकिन यह नवदीक्षित पूर्ण समागम के लाभ का दावा करे, इससे पहले उसे वैसी ही रस्म से गुज़रना होगा जैसी स्थायीकरण के लिए होती है, और बारह या उसके आस-पास की उम्र में, जब वह अपने ऊपर जीवन की ज़िम्मेदारियां लेने को तैयार हो, वह अपना और अपने सर्वस्व का अपने ईश्वर के प्रति पवित्र समर्पण करते हुए अपना जीवन उनके चरणों में सौंप देता है (286)।

ग्राउज़ आगे बढ़ते हुए इस स्थापना तक पहुंचा कि विचार, शब्द और कर्म (थॉट, वर्ड एंड डीड) की तरह ही तन, मन और धन का ईश्वर के प्रति समर्पण जीवन की छोटी-से-छोटी क्रिया को भी पवित्र बना देता है और सभी तरह की बुराइयों से बचने का सबसे प्रभावकारी तरीक़ा है; 'यह ईसाइयत का सिद्धांत है, और यही वल्लभाचार्य की श्रुति से निकाला जा सकता है, बिना किसी भी शब्द का अर्थ बदले' (287)।[57]

जब *भगवद्गीता* एक वैष्णव ग्रंथ के रूप में वर्गीकृत हो गई, जब *महाभारत* के योद्धा-नायक कृष्ण निजी ईश्वर विष्णु-कृष्ण की मिश्रित छवि में समाहित हो गए, जब उत्तरकालीन पुराणों के संबंध में यह मान लिया गया कि वे, अलग-अलग चरणों में ईसाइयत के द्वारा मिथक को जिस रूप में प्रभावित किया गया, उसे विस्तार से प्रस्तुत करते हैं, जब वल्लभ संप्रदाय जैसे उत्तरकालीन वैष्णव संप्रदाय अपने सिद्धांत और कार्यप्रणाली में स्पष्ट रूप से ईसाइयत के साथ मिलाकर देखे जाने लगे, तब यह मोनियर विलियम्स पर आयद हुआ कि वह अलग-अलग विद्वानों द्वारा पेश किए गए प्रमाणों को एक साथ जोड़कर वैष्णव धर्म का एक बृहद् आख्यान तैयार करे। यह आख्यान वेदों से लेकर वर्तमान तक निरंतर चला आया था और ऐतिहासिक रूप से निर्दोष होने का दावेदार था, क्योंकि यह एक ऐसे सर्वांग-संपूर्ण भाषाशास्त्री द्वारा अधिकृत था जिसके पास पाठीय परंपरा के विभिन्न स्तरों के बारे में जानकारी और अंतर्दृष्टियां थीं। इसमें सारी चीज़ें प्राच्यवादी पढ़त ही नहीं थीं। बहुत-सी वास्तव में वैष्णव परंपरा का हिस्सा थीं। लेकिन जो विशिष्ट विन्यास इसने अर्जित किया, वह बहुत दूर तक प्राच्यवादी उद्यम का फल था। मोनियर विलियम्स के योगदान से शुरू करके *जर्नल ऑफ़ दि रॉयल एशियाटिक सोसायटी* भी इस विमर्श का ठिकाना बन गई। भारत में राममोहन राय जैसे आधुनिक आस्तिक सुधारकों पर लिखे गए एक लेख (1881) में मोनियर विलियम्स ने यह घोषणा की कि भारत में एकेश्वरवाद वेदों के काल से मिलता है, और यह कि देश में बहुदेववाद के सबसे सुस्पष्ट रूप भी ईश्वर के एकत्व के बुनियादी सिद्धांत पर आधारित हैं। उसने इस बात का भी उल्लेख किया कि वैष्णव ईश्वरवाद ईश्वर के एकत्व और व्यक्तित्व संबंधी उन ईसाई विचारों के साथ समानता रखता है जो इंग्लैंड के चर्च के पहले आर्टिकल में व्यक्त किए गए हैं। साल भर बाद पूरी तरह से वैष्णव धर्म को समर्पित एक लेख (1882) में इस स्थापना को अधिक स्पष्टता और अधिक विस्तृत सूत्रीकरण के साथ प्रस्तुत किया

गया। उसके अनुसार, हिंदुओं के धर्म का कोई विशेष संस्थापक नहीं था। हिंदू जिस एकमात्र नाम को जानते थे, वह था आर्य धर्म, जिसका तर्जुमा मोनियर विलियम्स ने 'आर्यन सिस्टम' किया, क्योंकि 'धर्म' शब्द धर्म, क़ानून, जाति और सभी तरह के प्रयोगों को समाहित करता था। उसने इस धर्म के विकास के चार अलग-अलग दौर बताए : वेदवाद, ब्राह्मणवाद, शैववाद और वैष्णववाद। पहला दौर प्रकृति की दैवीकृत शक्तियों या रूपों की उपासना का था। ब्राह्मणवाद इसी वेदवाद में से निकला।

> इसने प्रकृति की सभी शक्तियों के एक सार्वभौम आध्यात्मिक सत्ता–एकमात्र वास्तविक सत्ता–में लय होने का पाठ पढ़ाया जिसे, अव्यक्त और निर्वैयक्तिक रहने पर, ब्रह्म कहा गया था (291)।

यह व्यवस्था दो मुख्य चरणों में विकसित हुई : आनुष्ठानिक और दार्शनिक। हालांकि बौद्धवाद ने बीच में हस्तक्षेप किया, पर उसके बाद ब्राह्मणवाद का दुबारा उभार हुआ। आनुष्ठानिक ब्राह्मणवाद के महान मध्यकालीन उद्धारक कुमारिल थे और दार्शनिक ब्राह्मणवाद के, शंकर। मौजूदा समय में, मोनियर विलियम्स ने ब्राह्मणवाद को धर्म से अधिक एक दर्शन माना, क्योंकि इसका मूलभूत मत था यह विश्वास कि एक अनंत सर्वातिशायी निर्वैयक्तिक आत्मा है जो ब्रह्मांड की हर वस्तु का आधार है। इस तरह हिंदू चिंतकों का बहुत बड़ा हिस्सा व्यवहारतः बहुदेववादी था, पर उन्होंने स्वयं को एक निर्वैयक्तिक आत्मा में विश्वास करने तक सीमित रखा, जो मायायुक्त होकर एक वैयक्तिक परम ईश्वर–परमेश्वर–बनता है। शैववाद ब्राह्मणवाद में से निकला। अपने आराधकों के लिए शिव एक वैयक्तिक ईश्वर और अवैयक्तिक आत्मा, दोनों थे। शिव का व्यक्तित्व, जो रुद्र और मरुत जैसे वैदिक देवताओं से निकला था, उसने संहार की प्राकृतिक शक्तियों और उर्वरता की, आत्मसंयम तथा तप की, विद्वत्ता और चिंतन की प्रबल शक्तियों को मानवीकृत किया और साथ ही जादू की गुप्त क्षमता को भी। इस सूत्रीकरण ने मोनियर विलियम्स को एक ओर शैववाद को अद्वैतवादी दर्शन के रूप में देखने की इजाज़त दी, तो दूसरी ओर उसे न तो धर्म और न ही एकेश्वरवाद मानने की छूट दी, क्योंकि एक ईश्वर की आराधना की व्यवस्था होने के बावजूद यह एक दयालु ईश्वर की आराधना नहीं थी। यह व्यवहार में विनाश की शक्तियों के भय और आतंक से प्रेरित पिशाच-पूजा और मातृ-पूजा थी (292-3)। इसलिए सामाजिक रूप से निचले दर्जे वाले ही शिव को पूजते थे, और वे संख्या में कम थे। मोनियर विलियम्स इस किंचित् पक्षपातपूर्ण निष्कर्ष पर पहुंचे कि शैववाद 'सामान्य मनों पर विशिष्ट प्रभाव डाल पाने की दृष्टि से कुछ ज़्यादा ही रूखी और भावनारहित व्यवस्था थी' (295)।

वैष्णववाद शैववाद में से निकला। दरअसल, वैष्णववाद शैववाद का एक आवश्यक प्रतिफल था। यह शैवों के सर्वेश्वरवाद के प्रति, उनके दार्शनिक द्वैध के प्रति, उनकी पिशाच-पूजा और मातृ-पूजा के प्रति एक प्रतिक्रिया थी। यह भगवान विष्णु में, जो मूलतः सूर्य का मानवीकरण थे, ब्रह्मा और शिव का विलयन था। और यह 'असंभाव्य नहीं' जान पड़ता था :

> कि विष्णु के तथाकथित अवतार सूर्य प्रकाश की तीक्ष्ण किरणों के आवधिक अवतरण और इन शक्तियों की प्रकटतः दैवी क्षमताओं को प्रतीकित करते हैं, न सिर्फ़ स्वास्थ्य और पौरुष के स्रोत के रूप में, बल्कि सभी वनस्पति और प्राणि जीवन के, सभी मानवीय प्रयास और उद्यम के मुख्य आधार के रूप में (295)।

कौन है जो

> संदेह कर सकता है कि एक अधिक करुणामय, मानवीय और कृपालु ईश्वर की ज़रूरत थी, एक ऐसा ईश्वर जो विश्वास और प्यार के धर्म की हार्दिक पिपासा को, न कि ज्ञान और कर्म की चाहत को, संतुष्ट करता है? ऐसा एक ईश्वर विष्णु था। वह ईश्वर जिसने सांसारिक दुखों के प्रति अपनी सहानुभूति को, मानवीय व्यापारों में अपनी रुचि को, और सभी सृजित वस्तुओं के कल्याण हेतु अपनी गतिविधियों को धरती पर हुए अपने बारंबार के अवतार में व्यक्त किया, न सिर्फ़ मनुष्य के रूप में, बल्कि जानवरों और यहां तक कि पौधों और पत्थरों के रूप में भी...यह हिंदुओं का एकमात्र वास्तविक धर्म है (295)।

इस तरह वैष्णववाद विश्वास और प्यार का धर्म था, जो कि विष्णु के पक्ष में ब्रह्मा, शिव और विष्णु की त्रियेक समता के समापन द्वारा स्थापित किया गया था और यह सबसे अधिक उनके दो मानवीय अवतारों, कृष्ण और राम, में व्यक्त हुआ था। बौद्धवाद अपने नकार और परम सत्ता के अनस्तित्व तथा आत्मा की अचिरंतनता के सिद्धांत के कारण अपने आपमें कोई धर्म ही नहीं था, यही कारण है कि इसने भारत में कोई दीर्घकालिक आश्रय नहीं पाया। वैष्णववाद ही अकेले 'सच्चे धर्म के सभी तत्त्वों' को धारण करता था।

> क्योंकि वैयक्तिक ईश्वर के प्रति वैयक्तिक समर्पण के बिना–उसमें विश्वास के बिना–उसके प्रति प्यार के बिना–कोई सच्चा धर्म हो ही नहीं सकता...इसने दूसरे मतवादों के साथ अपना तालमेल बिठाया और दूसरी व्यवस्थाओं के धार्मिक विचारों को अपने अनुकूल ढाला। ...यह स्वयं ईसायत को सहानुभूतिपूर्ण सौजन्य के साथ देख सका, और इसे अपने धर्मसिद्धांत का एक ऐसा विकास मान सका जो यूरोपियों को मुआफ़िक़ ठहरता था (296)।

विष्णु की, ख़ासकर उनके मानवीय अवतार कृष्ण और राम की, उपासना भारत का एक लोकप्रिय धर्म बन गया। और यह बात ग़ौर करने लायक़ है कि कृष्ण और राम, दोनों क्षत्रिय थे–दोनों राजा और नायक थे और इस तरह आर्यों की योद्धा नस्ल के लिए उपासना की समुचित वस्तु थे।[58] इस तरह मोनियर विलियम्स घेरा पूरा करके पुरानी जगह पर आ गए। ईसाई शिक्षा का बिल्कुल हृद्-प्रदेश, उसके आत्म-अवबोधन का मूल तत्त्व, एक वैयक्तिक ईश्वर के प्रति वैयक्तिक समर्पण के रूप में स्थापित एकेश्वरवाद, अंततः वैष्णव धर्म में प्रतिबिंबित हो गया था और इस तरह वह वैष्णव धर्म हिंदुओं का एकमात्र वास्तविक धर्म घोषित हुआ।[59] एक बार फिर, 1862 के महाराजा मानहानि मामले की जानकारी और उसके निष्कर्षों के स्पष्ट हवालों के बावजूद, वैष्णवों को, जिन्हें वे हिंदुओं की केंद्रीय धार्मिक परंपरा मानते थे, ईसाइयों के साथ गहरी सन्निकटता में देखना संभव हुआ, सिद्धांत में भी और पुराकथाओं एवं आनुष्ठानिक प्रथाओं में भी। यह शैवों की क़ीमत पर हुआ था, जो कम-से-कम एक समान ओहदे का दावा तो कर ही सकते थे।

यह पूरा व्यायाम जिस रूप में पश्चिमी प्राच्यविदों की ओर से सामने आ रहा था, उसमें निहित छल यह था कि उनकी घोषणाओं को एक ऐसी आधिकारिकता मिल गई जो मूल पाठों के वास्तविक ज्ञान पर आधारित होने का दावा करती थी, जबकि उनके पास इस बात का प्रायः कोई ज्ञान नहीं था कि कोई पाठ आनुष्ठानिक या सामाजिक स्तर पर कितना अंतःस्थापित है। इसके अलावा, जो नैतिक निर्णय और मूल्यांकन उनके भाष्य के साथ लगे हुए थे, जो विचारधारात्मक फ़ैसले इसकी बुनियाद में थे, उन्होंने इसी के जैसी वैधता का दावा

किया और इसके अलावा किसी भी और औचित्य-प्रतिपादन की ज़रूरत महसूस नहीं की। इनमें से कुछ को भारतीय प्राच्यविदों ने भी अपनाया, यद्यपि उनका प्रस्थान-बिंदु वही नहीं हो सकता था। इस संबंध में एशियाटिक सोसाइटी ऑफ़ बंगाल के लंबे समय तक सचिव रहे (1856-91) राजेंद्रलाल मित्र के योगदान को इस प्रकार की वैधता प्राप्त नहीं हुई। पश्चिमी प्राच्यविदों की गवेषणाओं को भारत के बौद्धिक/राष्ट्रवादी चिंतन की मुख्यधारा से जोड़ने का एक महत्त्वपूर्ण मध्यस्थ-दायित्व उन्होंने निभाया। एक आस्थावान वैष्णव के रूप में उनकी जानकारी और प्रयोजन अलग तरीक़े से संघटित हुए थें। मोनियर विलियम्स से भिन्न, उन्होंने वेदांतियों, जिनकी नुमाइंदगी शंकर कर रहे थे, और वैष्णव दार्शनिकों को उलट छोरों पर देखने पर ज़ोर नहीं दिया। उनका 1884 का लेख महत्त्वपूर्ण है, इसलिए भी कि इसने वैष्णव धर्म का सार निर्मित करने में जिस एकेश्वरवादी विचार को सामने रखा, वह अद्वैतवादी विचारों से वस्तुतः अलग था, और इसलिए भी कि यहां उस वैष्णव भक्ति के बारे में उनकी समझ का जायज़ा मिलता है जिसने, उनके अनुसार, मुख्य संप्रदायों की एकता को संभव किया था।

> परम अद्वैतवादी सिद्धांत हर प्राणी के लिए अलग-अलग आत्मा के विचार को अतार्किक और ग़ैर-दार्शनिक मानकर ख़ारिज करता है। इस उसूल को मानते हुए कि जहां एक कारण पर्याप्त हो, वहां दो की कल्पना नहीं करनी चाहिए, इसने अजन्मा और अनादि आत्मा-इकाइयों की अपरिमेय संख्या के अनुमान का प्रत्याख्यान किया और एक अकेली आत्मा, परमात्मा, को सभी उद्देश्यों के लिए प्रचुरतापूर्वक पर्याप्त माना। यह अधिक विवेकसंगत है और साथ ही, यह नास्तिकता के उस दाग़ को भी धो डालता है जिससे पूर्ववर्ती सिद्धांत (सांख्य) बच नहीं सकता (1884 : 106)।

शंकर ने स्वयं छाया या प्रतिबिंब के सिद्धांत—अलग-अलग आत्माओं को बनाती परमात्मा की छाया—की एक धुंधली रूपरेखा प्रस्तुत की थी। यह भागवत पुराण का सिद्धांत था। राजेंद्रलाल मित्र के अनुसार, रुद्र संप्रदाय के संस्थापक विष्णु स्वामी ने इस छाया को झलक या कौंध में बदल दिया था और इससे शुद्धाद्वैतवाद नामक एक सुव्यस्थित प्रणाली विकसित की थी। इसे आगे वल्लभाचार्य ने विकसित किया, हालांकि बाद में चलकर इस संप्रदाय में कुछ बीभत्स चीज़ें सामने आईं। एक बार फिर यह महाराजा मानहानि मामले की ओर इशारा था (107-8)। वैष्णव अद्वैत धारा की तीन उपधाराओं या एक द्वैत पंथ में से किसी एक से जुड़े होते थे; इन उपधाराओं के वर्ग-नाम थे : श्री-संप्रदाय, ब्रह्म-संप्रदाय और सनकादि-संप्रदाय; लेकिन भक्ति के लक्ष्य में सहायक होने के लिए इनके भिन्न-भिन्न सिद्धांतों में सामंजस्य स्थापित किया जा सकता था (110)। स्वाभाविक रूप से यहां ईसाई प्रभाव का कोई ज़िक्र नहीं किया गया।

अलबत्ता, यह काम ग्रियर्सन के लिए बचा हुआ था कि वह भक्ति के सिद्धांत को एक ऐसी अतिमहत्त्वपूर्ण मर्यादा के रूप में सूत्रबद्ध करे जो सर्वाधिक वैविध्यपूर्ण धाराओं को अपने अंदर समेटती है, बल्कि ऐसी 'धार्मिक व्यवस्था' के रूप में, जो 'भारत के बड़े हिस्से में प्रचलित है' (1907 : 311)। इसके अलावा, मध्यकालीन भारत में ऐसे संगठित-ऐकिक भक्ति आंदोलन की बात को ग्रियर्सन ने ही सामने रखा जिसने उपमहाद्वीप के हर कोने में प्रेम का संदेश पहुंचाया और ग्रियर्सन ने इसे ईसाइयत के उपहार के रूप में देखा। उसकी स्थापना—जो ठोस सबूतों के अभाव में बिखरी हुई ही हो सकती थी, हालांकि इसी वजह से उसे अधिक बलपूर्वक प्रस्तुत

किया गया—यह थी कि सीरियाई नेस्टोरियन ईसाई, जिन्होंने तीसरी सदी से ही हिंदुस्तान में एक फूलता-फलता समुदाय बना रखा था, उन्होंने धीरे-धीरे इस देश के बाशिंदों को उस धारणा से परिचित कराया जिसे हिंदुस्तानियों ने 'भक्ति' कहा।[60] मूल रूप से हिंदू धर्म में दो सहवर्ती पहलू थे : पहला, एक भावावेगरहित, निर्वैयक्तिक परम देवता में तथा अज्ञान के कारण उससे कटी हुई आत्मा में एक वेदांती विश्वास; दूसरा, अनेकानेक मातहत देवताओं और दानवों में विश्वास। दोनों पद्धतियों में मुक्ति सिर्फ़ स्वयं को और ईश्वर को जानने से ही मिलती थी। यहां तक कि विष्णु, अपने अवतारों के बावजूद, एक निर्वैयक्तिक ईश्वर थे (303)।

> अचानक बिजली की कौंध की तरह इस पूरे अंधकार में एक नया विचार चमक गया। कोई हिंदू नहीं जानता कि यह कहां से आया, और कोई इसके प्रकट होने की तिथि नहीं बता सकता; लेकिन तमाम आधिकारिक लेखन जो इसका वर्णन करते हैं और जिनकी तिथि निश्चित रूप से बताई जा सकती है, ईसाई संवत् आरंभ होने के काफ़ी बाद लिखे गए थे। यह नया विचार भक्ति का विचार था। धर्म अब ज्ञान की वस्तु नहीं रह गया था। यह भावना की वस्तु बन गया। अब इसने एक ऐसे परम *व्यक्तित्व* के लिए होने वाली मानवीय लालसा को संतुष्ट किया जिसके प्रति अपनी पूजा और प्रार्थना समर्पित की जा सके; [व्यक्तित्व इसलिए कि] भक्ति, जिसका अंग्रेज़ी में 'फ़ेथ' या 'डिवोशन' के रूप में अनुवाद किया जा सकता है, को एक वैयक्तिक, न कि निर्वैयक्तिक, ईश्वर दरकार होता है (313-14)।

भक्ति के संबंध में शुरुआती कृतियां संस्कृत में लिखी गई थीं, इसलिए यूरोपीय विद्वान कुछ हद तक इसके सिद्धांत से परिचित थे। शांडिल्यसूत्र, प्रोफ़ेसर कॉवेल द्वारा अनूदित संस्कृत का ग्रंथ (*द एफ़ोरिज़्म्स ऑफ़ शांडिल्य,* कलकत्ता 1878), इसका प्रामाणिक ग्रंथ माना जा सकता है। अपने निबंध के एक अपेंडिक्स में ग्रियर्सन ने वही करने का प्रयास किया जो लॉरिंज़र ने अपने समय में *भगवद्‌गीता* के लिए किया था। उसने इसकी अंतर्वस्तु के उन अंशों का सार-संक्षेप दे दिया जो भक्ति के सामान्य प्रश्न की ओर इशारा करते थे, और पाठ के हाशियों को बाइबिल के मिलते-जुलते अनुच्छदों से रंगते हुए सैद्धांतिक ईसाइयत के साथ समानता के कई आश्चर्यजनक बिंदुओं की ओर ध्यान खींचा। इस ग्रंथ में विश्वास की पूरी व्यवस्था को जिस रूप में प्रतिपादित किया गया था, उसे ग्रियर्सन ने संस्कृत साहित्य के साधारण हिंदू धर्म से बिल्कुल भिन्न पाया। उसने यहां ज्ञान की क़ीमत पर भक्ति का एक नया उन्नयन देखा। जहां शांडिल्य ने ज्ञान को—जो कि उनकी व्यवस्था में शंकर द्वारा प्रतिपादित परमात्मा और आत्मा के गुणों के ज्ञान को भी शामिल करता है—भक्ति की एक उच्चतर अवस्था की अनिवार्य किंतु अधीनस्थ पूर्व शर्त के रूप में वस्तुतः मातहत भर का दर्जा भर दिया, वहां ग्रियर्सन ने उसका खंडन किया। जहां शांडिल्य ने परमात्मा में आत्माओं के विलयन संबंधी विश्वास के मामले में शंकर का अनुगमन किया, वहां ग्रियर्सन ने इस टिप्पणी के साथ उसे बुहारकर किनारे कर दिया :

> चूंकि ये सिद्धांत भक्ति-मत का सारभूत अंश निर्मित नहीं करते, और चूंकि इस मत के अनुयायी संप्रदायों में से कम-से-कम एक, और वह भी सर्वाधिक बहुसंख्यक, संप्रदाय रामानुज की इस शिक्षा को मानता है कि मोक्ष पाने के बाद आत्माएं अपनी व्यक्तिमत्ता नहीं रखतीं, इसलिए इस अध्याय की अंतर्वस्तु का बहुत संक्षिप्त ख़ाका देना पर्याप्त होगा (334)।

ग्रियर्सन का प्रयास यह था कि भक्ति के सिद्धांत को वेदांती अद्वैतवाद, ख़ासतौर से उसके शंकर द्वारा प्रतिपादित रूप, से बिल्कुल उलट छोर पर दिखाया जाए। अपने समय में बैलेंटाइन ने बस मिशनरी गतिविधियों के लिए शांडिल्यसूत्र की शब्दावली की उपादेयता मात्र की ओर संकेत किया था। भारतेंदु ने इसे एक महत्त्वपूर्ण भक्ति ग्रंथ माना, हालांकि *नारदभक्तिसूत्र* में ही उन्होंने ऐसी सर्वातिशायी भक्ति की संभावना देखी जो ईसाई समेत दूसरे धर्मों को उनके और अपने बीच की समानता देखने के लिए आकृष्ट कर सकती थी। ग्रियर्सन और आगे गए। उन्होंने *शांडिल्यसूत्र* में ईसाई धर्मसिद्धांत का, उस सिद्धांत का जिसने हिंदू धर्म में बहुत बड़ा बदलाव ला दिया, सीधा संचरण देखा, जिस पर प्रचलित भारतीय दार्शनिक सिद्धांतों का भी थोड़ा रंग चढ़ा हुआ था।

उन्होंने महाभारत के श्वेतदीप प्रकरण का और वेबर के प्रयासों का भी उल्लेख किया, यह दिखाने के लिए कि कृष्णजन्मोत्सव की रस्म पुराकथा के अनुसार नहीं है, बल्कि उसमें इस तरह से फेरबदल किया गया है कि वह ईसा की कथा से मेल खाए। आधुनिक भक्ति-मार्ग रामानुज और विष्णुस्वामी द्वारा स्थापित किया गया था। लेकिन हिंदुओं के वास्तविक धर्म की ग्रियर्सन की पढ़त में एक नया बलाघात था। उन्होंने रामानंद को भक्ति के सिद्धांत का क्रांतिकारी प्रतिपादक माना :

> 14वीं सदी के आख़िरी सालों या 15वीं सदी के शुरुआती सालों में रामानुज संप्रदाय के एक शिक्षक, रामानंद, ने ईसाई प्रभाव को नए सिरे से ग्रहण किया, और अनुशासन के सवाल पर अपने सह-धार्मिकों से झगड़ते हुए एक नया संप्रदाय स्थापित किया जिसे वे अपने साथ उत्तर में गंगा के मैदान की ओर ले गए। इस समय से संस्कृत भक्ति-पंथ की आधिकारिक भाषा नहीं रह गई। देसी भाषा में उसके उपदेश दिए गए और उसके ग्रंथ लिखे गए (319)।

वस्तुतः, प्राचीन काल से वर्तमान तक वैष्णव एकेश्वरवादी उपासना का प्रकटतः जिस रूप में विकास हुआ, उसे बांधने वाले वृहद् आख्यान में ग्रियर्सन का मुख्य योगदान था : उसने इसकी रचना में भाखा में लिखे गए साहित्य के महत्त्व पर ज़ोर दिया, क्योंकि यह ईसाइयत की तरह जनता का धर्म था। लेकिन और भी कई समानताएं थीं। रामानंद के धर्मसमूह में सभी जातियों को दाख़िला मिलता था, और उनके पास भी बारह प्रचारक थे। ग्रियर्सन का मुख्य सूचना-स्रोत था, सत्रहवीं सदी की एक भक्तचरित वर्णन वाली ब्रजभाषा कृति, *भक्तमाल*, जिसमें बहुत भिन्न-भिन्न रंगत वाले भक्तों को समेटने के प्रयास में इतना विस्तृत दायरा बनाया गया था कि सभी लोकप्रिय संत और कवि उसमें शामिल हो जाएं।[61] हालांकि उन्होंने कबीर और नानक जैसे भक्तों को भी वैष्णव भक्ति के दायरे में ही शामिल कर लिया, पर राम और कृष्ण वाली दो मुख्य शाखाओं को ही ग्रियर्सन ने उपमहाद्वीप का मुख्य धर्म गढ़ने का श्रेय दिया (कृष्ण वाली शाखा के वल्लभ द्वारा प्रचारित रूप को उन्होंने लिया, न कि मोनियर विलियम्स की प्राथमिकता के अनुसार मध्वाचार्य वाले रूप को)। इन सबमें से तुलसीदास अपने विचारों में सबसे अधिक ईसाई थे। लेकिन कबीर ने भी अपने लेखन में ईसाइयत की बहुतेरी झलकियां दी थीं। शब्द का उनका सिद्धांत सेंट जॉन्स गॉस्पेल के शुरुआती छंदों की एक असाधारण अनुकृति थी (325)। चूंकि महाराजा मानहानि मामले के रहस्योद्घाटनों से बच निकलने का कोई रास्ता नहीं था, इसलिए ग्रियर्सन ने स्वीकार

किया कि कृष्ण-भक्ति 'आधुनिक युग में समय-समय पर भयंकर क़िस्म की अश्लीलता का शिकार होती रही है, लेकिन जिस समय के बारे में मैं बात कर रहा हूं, उस समय इस तरह की कोई चीज़ नहीं थी' (1907 : 321)। भक्ति-आंदोलन के विकास को एक ऐसी अवधि में पहुंचाते हुए, जो कुछ सदियों की दूरी पर थी (रामानंद की बारहवीं से वल्लभ की सोलहवीं सदी तक), ग्रियर्सन उस पूरी चीज़ को एक मनोहारी चमक में ढाल पाने में कामयाब हुए :

> उन शुरुआती दिनों में उत्तर भारत भटकते हुए भक्तों से भरा पड़ा था जो दरिद्रता और पवित्रता के लिए वचनबद्ध थे। इलहाम, समाधि, हर्षोन्माद, और यहां तक कि विख्यात चमत्कार भी सामान्य बात थी। धनी भद्रपुरुष अपनी सारी संपदा का त्याग कर देते और ग़रीबों को सौंप देते, और यहां तक कि सबसे निर्धन व्यक्ति भी अपने बग़ल में लकड़ियों का एक गट्ठर रखता कि अगर संयोग से कोई भटकता साधु-संत आ जाए तो आग जलाई जा सके।

ग्रियर्सन ने इस निवेदन के साथ अपनी बात ख़त्म की कि अगर इस उपमहाद्वीप की जनता के धर्म को समुचित विधि से समझना है तो देसी भाषा में लिखे आंदोलन के महान साहित्य का अधिक विस्तृत अध्ययन करना होगा।

अपेंडिक्स में, अपने द्वारा देखी गई कृतियों का नामोल्लेख करते हुए, ग्रियर्सन ने शांडिल्य के *भक्तिसूत्र* और ब्रजभाषा की चरितावलियों के अलावा बनारस के दिवंगत हरिश्चंद्र की कृतियों का उल्लेख किया है। 1897 में बांकीपुर से छपी ग्रंथावली *हरिश्चंद्रकला* में ये कृतियां उन्हें मिलीं।[62] स्पष्टतः ग्रियर्सन *हरिश्चंद्रकला* के प्रकाशन के बाद ही भारतेंदु की कृतियों से ठीक से परिचित हो पाए। ग्रियर्सन के विपरीत, भारतेंदु ने कभी एक ऐसे भक्ति आंदोलन की बात नहीं की जो किसी भी मायने में एकाश्म हो; उन्होंने सिर्फ़ मुख्य वैष्णव संप्रदायों के मामले में ही वैष्णव भक्ति के संपूर्ण वर्चस्व की बात की थी और उसे अहम कड़ियां मुहैया कराने वाला माना था। दूसरी तरफ़, देशवासियों के प्रति उनके इस आह्वान के, कि वे भक्ति को भविष्य की एकताकारी शक्ति के रूप में पहचानें, देशभक्तिपूर्ण और राष्ट्रवादी आयाम थे। यह एक ऐसा पहलू था जो ग्रियर्सन में पूरी तरह से नदारद था। फिर भी, अपने भक्ति संबंधी सिद्धांत को गढ़ते हुए उन्होंने अपने सूत्रीकरणों को सहारा देने के लिए भारतेंदु के विश्लेषण का पूरा इस्तेमाल किया। इस तरह क्लासिकी या दूसरे मुहावरे के एक हिस्से के तौर पर भक्ति धर्म की जो निर्मिति हुई, उसकी पूरी प्रक्रिया राष्ट्रवादियों के साथ लेन-देन या अन्योन्यक्रिया के क्रम में निकली थी; उन्होंने महज़ बार-बार दुहराए जाने वाले शब्दों को ही नहीं अपनाया, वागाभिव्यक्ति में भी सक्रिय रूप से योगदान किया, उनके नज़रियों में ग्रियर्सन आदि से जो भी मतभेद रहे हों।

1908 में *इंडियन एंटीक्वेरी* में 'द नारायणियाज़ एंड दि भागवताज़' पर लिखे अपने आलेख में ग्रियर्सन ने अपनी इस स्थापना पर फिर बल दिया और उसे आगे विकसित किया कि भागवत धर्म (वैष्णवों के धर्म को अब वे यही नाम देते हैं) अपने आरंभ से ही पूरी तरह एकेश्वरवादी था और भक्ति इसका मुख्य अभिलक्षण था। 'इसने *यह भी सिखाया कि परमेश्वर अनंत, अनादि और चरम कृपालु है, और कि मुक्ति उसके निकट अनवरत परमानंद में लीन जीवन में ही निहित है*' (254, ज़ोर मूल में)। उन्होंने स्वीकार किया कि कमतर देवी-देवताओं

की भी उपासना होती है, पर उन्हें कभी परमेश्वर से अभिन्न नहीं माना जाता। कमतर देवता ससीम हैं और परमेश्वर की इच्छा को कार्यरूप देने के लिए उन्हें देव कहा जाता है। इस शब्द को सर्वत्र 'गॉड' में अनूदित नहीं किया जा सकता। भागवत धर्म वाले बहुदेववादी नहीं हैं। ग्रियर्सन ने यहां तक घोषणा की कि अगर ऐसे देवगण की रचना के लिए, जिसकी उपासना होती है, छोटे-मोटे देवताओं की भी गिनती की जाए तो ईसाई लोग भी पूरी तरह एकेश्वरवादी होने के दावे पर खरे नहीं उतरेंगे :

> यह सच है कि ये अधीनस्थ देवता लोग आराधना के पात्र हैं; लेकिन अनेक ईसाई, जो परमेश्वर से भिन्न व्यक्तियों की आराधना करते हैं, बहुत नाराज़ होंगे अगर उन्हें कहा जाए कि वे एकेश्वरवादी नहीं हैं। *भागवत धर्मग्रंथ लगातार इस बात पर बल देते हैं कि एक सच्चे आस्तिक को एकेश्वरवादी होना चाहिए—एक एकांतिन*। यह शब्द, जिसका शाब्दिक अर्थ है, 'एक के प्रति समर्पित', उसका 'अनेक ईश्वरों में से एक के प्रति समर्पित' अर्थ नहीं निकाला जा सकता। संदर्भ, और पूरी तर्क-प्रक्रिया यह दिखाते हैं कि इसका अनुवाद यही हो सकता है, 'एक के प्रति पूरी तरह समर्पित' (259, ज़ोर मूल में)।

हेस्टिंग्स के *एन्साइक्लोपीडिया ऑफ़ रिलीजन एंड एथिक्स* (1909) में 'भक्ति मार्ग' पर लिखे गए अपने लेख में ग्रियर्सन ने वैष्णव भक्ति के ऐतिहासिक विकास पर अपना आख़िरी आधिकारिक मत सूत्रबद्ध किया। इस मत को उनके अनेक लेखों से तैयार किया था और निश्चित रूप से बाद के अनुसंधानों तथा उनको शामिल करने की ज़रूरत ने इसे संशोधित-परिवर्द्धित तथा समृद्ध किया था। अब भक्ति कोई मिली-जुली हुई चीज़ नहीं बल्कि एक सुपरिभाषित मार्ग था, जिसकी सारी आधुनिकता के बावजूद, प्राचीनता में उसके बीज ढूंढ़े जा सकते थे।

> भक्ति-मार्ग आधुनिक हिंदू धर्म के उन संप्रदायों के लिए दिया गया एक सामान्य नाम है जो मुक्ति के साधन के रूप में, कर्म-मार्ग तथा ज्ञान-मार्ग के विपरीत, भक्ति के महत्त्व पर बल देते हैं। भक्ति के सिद्धांत का आधार आधुनिक वैष्णवी हिंदू धर्म है, और कम-से-कम 15 करोड़ भारतवासी इसके अनुयायी हैं (539)।

इस सुदृढ़ एकताकारी सिद्धांत को सामने रखते हुए ग्रियर्सन ने अनिवार्य रूप से इन 'संप्रदायों' के कई महत्त्वपूर्ण पहलुओं को दबाया : मंदिर और समुदाय के महत्त्व को, विधि-विधान और रस्म-रिवाज के महत्त्व को, गुरु की विशिष्ट मध्यस्थता के महत्त्व को। ग्रियर्सन का विश्वास था कि यह आंदोलन ईसाई धर्म के जैसा ही एक धर्मसुधार आंदोलन था, इसीलिए यह आधुनिक संप्रदाय समानता के सिद्धांत पर आधारित था जहां जाति कोई निर्णायक तत्त्व नहीं रह गया था। यहां ग्रियर्सन ने बहुत स्पष्ट रूप से अपने समय के सामाजिक यथार्थ को अनदेखा किया। इसी तरह, उन्होंने शैववाद को इस तरह पेश किया जैसे वह परिधि पर हो। उसके केंद्र को वे बनारस के पूरब में ले गए। भक्ति के सिद्धांत का फैलाव होने से पहले वहां उपनिषदों के दर्शन और बहुदेववादी ब्राह्मणवाद का वजूद था। वैदिक ऋचाओं के आरंभिक एकेश्वरवाद का आगे कोई विकास नहीं हुआ। भारतीय एकेश्वरवाद शुरू में ब्राह्मण प्रभुत्व वाले आर्य मध्यदेश की परिधि पर विकसित हुआ। वे क्षत्रियों वाले बाहरी इलाक़े थे जिन्होंने न सिर्फ़ बुद्ध और महावीर के साथ-साथ उपनिषदों में वर्णित जनक को पैदा किया, बल्कि 'बाहरी' यादव जनजाति के कृष्ण वासुदेव को भी पैदा किया, जिन्होंने भागवत धर्म की स्थापना की

(541)। वासुदेव ने यह शिक्षा दी कि परम सत्ता अनादि, अनंत, और चरम कृपालु है, तथा मुक्ति उसके निकट अनवरत परमानंद का जीवन जीने में निहित है।

> हमारे पास तर्कणा के उस क्रम का कोई साहित्यिक साक्ष्य नहीं है जिसके द्वारा एकेश्वरवाद के इस सिद्धांत तक पहुंचा गया, लेकिन इस लेखक को यह बात संभाव्य से अधिक जान पड़ती है कि यह उस सूर्य-पूजा का ही एक उद्विकास था जो आर्यजनों की दोनों शाखाओं–ईरानी और हिंदुस्तानी–की साझा विरासत थी (540)।

ग्रियर्सन ने आगे धर्म के उस ब्राह्मणीकरण के चरणों पर विचार किया जिसने एक नतीजे के रूप में सांख्य और योग दर्शनों को, पूरी तौर पर भले न सही, अपने में समाहित कर लिया, जिसके चलते वैयक्तिक ईश्वर से आंशिक दूरी बनी, हालांकि भगवद्गीता की सर्वोत्कृष्ट भावनाओं का 'मूल स्रोत साफ़ तौर पर भागवत है' (541)। फिर उन्होंने *भगवद्गीता, नारायणीय, भागवतपुराण* के आधार पर भागवत धर्म के तत्त्वों पर विचार किया, जो भागवत धर्म के न्यू टेस्टामेंट, *भक्तमाल* में अपने चरमबिंदु पर पहुंचे।[63]

सारे भागवत धर्मावलंबी माया के पूरे सिद्धांत और उसके परिणामों को अस्वीकार करने में एकजुट थे। परम ईश्वर, भागवत, अपनी प्रकृति में वैयक्तिक था। आत्मा भी अपनी प्रकृति में वैयक्तिक और अलग-अलग थी, और शरीर छोड़ने के बाद सदैव ऐसे ही रहती थी। भागवत में इसका विलय नहीं होता था (545)। ग्रियर्सन ने वैष्णवों के चार मुख्य संप्रदयों को धर्मसुधार के चार चर्चों के रूप में देखा। भागवत धर्मावलंबी लेखकों ने ऐसा ख़ासतौर से लिखा था कि उन्होंने एक चर्च का निर्माण किया है, और जो फ़र्क़ हैं वे सिर्फ़ ऊपरी हैं। इस चर्च को बहुत अत्याचार झेलना पड़ा था। कहा जाता था कि इसे जैनियों ने तहस-नहस कर दिया था और किसी निवास ने इसे पुनर्जीवित किया। आख़िर के इन दोनों वक्तव्यों के लिए ग्रियर्सन ने अपने नोट्स में प्रमाणस्वरूप हरिश्चंद्र, जिन्हें उन्होंने एक भागवत लेखक बताया, के *वैष्णवसर्वस्व* का उल्लेख किया। ग्रियर्सन इस विश्वास पर क़ायम रहे कि यद्यपि ईश्वर के पितृवत् होने की संकल्पना और भक्ति की संकल्पना भारत की अपनी ज़मीन से निकली हुई थी, पर इन्हें दक्षिण के मध्यकालीन भागवत धर्मसुधारकों के अंदर बदलाव लाते ईसाई समुदायों के विश्वासों से काफ़ी बल मिला। इस शिक्षा ने 'उस राष्ट्र को एक मरहम और उपचार' मुहैया कराया :

> जो बाहरी हमले के ख़ौफ़ के बीच मृत्यु की तीव्र वेदना में हांफ रहा था। यह कहना मामले को बढ़ा-चढ़ा कर पेश करना नहीं होगा कि इस धर्मसुधार में भारतीयों ने आस्था और प्रेम का पुनराविष्कार किया; और यह ऐसा तथ्य है जो समकालीन धार्मिक लेखन के भावावेगपूर्ण उत्साह का कारण बता पाता है। उनमें हम मानवीय हृदय की गहनतम गहराइयों को ऐसी सरलता के साथ और आत्म-सजगता से मुक्त होकर खोलकर रख दिया है जिसकी मिसाल ऐसे किसी साहित्य में नहीं मिलती जिनसे यह लेखक परिचित है (550)।

संदर्भ साहित्य के रूप में, ग्रियर्सन ने एक बार फिर हरिश्चंद्र की कृतियों को महत्त्वपूर्ण बताया जिन्हें वे अपने पहले के आलेख में बाक़ायदा उद्धृत कर चुके थे।

अब जाकर ग्रियर्सन ने यह भी स्वीकार किया कि सच्ची शिव-भक्ति, जो घोषित रूप से शिव और उसके अवतारों से जुड़ा एक पंथ था, उसके बारे में जानकारी बहुत

कम है और यह विषय, अभी तक हुए अन्य अध्ययनों के मुक़ाबले, अधिक अध्ययन की पात्रता रखता है।

1914 में रिचर्ड गार्बे अपनी *इंडियेन उंड दस क्रिस्टेनटूम* में भी ग्रियर्सन के लेख की सूचनात्मक राय और उनके नज़रिए को ही दुहरा रहे थे। हालांकि गार्बे ने स्वीकार किया कि शैवों के बारे में अभी काफ़ी शोध की ज़रूरत है, पर उसके यहां भी शैव प्रेत-पूजक के रूप में ही आए (268)। हिंदुस्तान में ईसाइयत के प्रभाव की समीक्षा करते हुए उसने अपने ग्रंथ के दायरे को सिर्फ़ वैष्णवों के भक्ति-संप्रदायों तक सीमित रखने के अपने फ़ैसले को उचित माना।

आर.जी. भंडारकर ने अपने *वैष्णविज़्म, शैविज़्म एंड माइनर रिलीजिअस सिस्टम्स* (1913) में शैवों के बारे में एक विद्वत्तापूर्ण, विश्वसनीय और आश्चर्यजनक रूप से सूचना-समृद्ध विवरण पेश किया। लेकिन उनके भी पूर्वग्रह इतने गहरे धंसे हुए थे कि अंततः उन्हें दबाया नहीं जा सका। भंडारकर तक ने यह माना कि यद्यपि शिव एक आर्य देवता के रूप में मान्यता प्राप्त कर चुके हैं, पर वे नियमभंग करने वालों के लिए हमेशा वेध्य हैं। उनके अनुसार, अधिक ब्राह्मण-छाप वाला शैववाद महज़ दार्शनिक है, जिसका मतलब, उस समय के बोलचाल के मुहावरे में, एक 'वास्तविक धर्म' के ओहदे का नकार था। अपने आनुष्ठानिक पक्ष में, इसे एक पतित प्रथा से अलग और कुछ नहीं माना जा सकता था।

वेबर के परिश्रमपूर्वक इकट्ठा किए गए साक्ष्यों से शुरू करके, उपर्युक्त प्राच्यवादियों के स्कूल द्वारा सामान्यतः यह माना गया कि बाल-भगवान कृष्ण की पुराकथा, ख़ासतौर से उसके जन्म-समारोह की धूमधाम, ईसाई धर्म से ली गई थी, और इससे भी महत्त्वपूर्ण बात, 'एक ईश्वर' की वैयक्तिक उपासना की विशेष पद्धति, जो उस पुराकथा के लेने के बाद विकसित हुई और जिसकी पुराकथात्मक स्मृति महाभारत के श्वेतदीप प्रकरण में संजोकर रखी गई है, पूरब को ईसाइयत का एक उपहार था। देश का एकमात्र सच्चा धर्म वैष्णव धर्म था; इसने, उस मूल आर्य गढ़ंत के अलावा जिसने कि इसे ईसाई पश्चिम से जोड़ा, बारंबार दक्षिण में नेस्टोरियाई ईसाइयों से अथवा उत्तर-पश्चिम से प्रेरणाएं हासिल कीं। इन प्रेरणाओं ने इसकी मुख्य विशेषताओं—इसका एकेश्वरवाद, इसकी वैयक्तिक उपासना वाली भक्ति पद्धति—का पुनरुद्धार और पुनस्सृजन किया। बाद के सारे उद्‌विकास, जैसे कि लंपटता और वल्लभ गुरुओं का असंयम, पतनशीलता थी जिसके लिए ईसाइयत को ज़िम्मेदार नहीं ठहराया जा सकता। यहां, जैसा कि वेबर स्पष्टीकरण करते हैं, 'ग़लती ख़ुद भारतीय लोगों की थी' (1874 : 25)। इस तरह, यह महज़ नज़रिए का मामला था कि मध्व के अनुयायियों को भक्ति का मुख्य प्रस्तावक माना जाए या वल्लभ के अनुयायियों को; हर हाल में इसे शंकर के अद्वैतवादी दर्शन के प्रत्यक्ष विरोध में खड़ा देखा गया। भक्ति ने अपने आवरण के नीचे बिल्कुल भिन्न धाराओं और संप्रदायों को एकताबद्ध किया और उनके बीच मौजूद छोटे मतभेदों को महत्त्वहीन बना दिया। यह अहम बात है कि भारतीय प्राच्यविद् के रूप में मित्र और भंडारकर ने या तो ईसाई प्रभाव की बात को अनदेखा किया या उसका विरोध किया। अलबत्ता, इस बात पर सबकी सिद्धांततः सहमति थी कि शैव लोग अगर अपने उद्‌भव में पूरी तरह से अनार्य नहीं भी थे तो उपासना की एक अपभ्रष्ट पद्धति के अनुयायी तो थे ही।

क्या चीज़ धर्म है और क्या छद्म विश्वास, इसके अपने पैमाने के अनुरूप प्राच्यविदों ने हिंदुओं के वास्तविक धर्म की वंशावली तैयार की थी। छद्म विश्वास क्या है, इस मामले में उनकी राय ईसाई मिशनरियों की राय से काफ़ी मिलती-जुलती थी। लेकिन सच्चे विश्वास की रूपरेखा बनाते हुए उन्होंने भक्ति की उस संकल्पना की उन्नीसवीं सदी में हो रही निर्मिति में योगदान दिया जो सारभूत रूप में एकाश्म थी। यह एक ओर धर्म और दर्शन के विभेदन पर स्थापित किया गया था, तो दूसरी ओर एकेश्वरवाद और अद्वैतवाद के विभेदन पर। एक वैयक्तिक ईश्वर में विश्वास को धर्म के लिए आवश्यक विशेषता माना गया और ईश्वर की तमाम निर्वैयक्तिक व्याख्याओं को दर्शन के एक हिस्से का संघटक माना गया, न कि धर्म का। लिहाज़ा उपनिषदों या अद्वैत वेदांत में ईश्वर की जैसी निर्वैयक्तिक संकल्पना थी, उसे शुद्ध दर्शन मान लिया गया। वैष्णववाद को भारत का एकमात्र वास्तविक एकेश्वरवादी धर्म बताया गया, क्योंकि यह एक वैयक्तिक ईश्वर की संकल्पना पर आधारित था और एक वैयक्तिक देवता, चाहे वह विष्णु हों या उनके अवतार कृष्ण, की भक्ति पर केंद्रित था; मातृदेवियों और अन्य राक्षसी शक्तियों का इस एक सच्चे ईश्वर के निकट आना प्रतिबंधित था। इस तरह भक्ति को वैष्णववाद का पर्याय बना दिया गया और ऐसे एकेश्वरवाद के रूप में इसकी व्याख्या की गई जो शंकर के अद्वैतवाद से स्वयं को अलग करता था।

उन्नीसवीं सदी में एक आंदोलन के रूप में भक्ति के प्रचार और विचारधारांकन पर किए गए अपने पथप्रदर्शक काम में कृष्णा शर्मा (1987) ने जैसा कि बताया है, इसके प्रस्तावकों ने इस बात की अनदेखी की कि भक्ति प्रेमपूर्ण समर्पण के लिए एक आम संज्ञा है जिसका एक संकल्पना के तौर पर ब्योरेवार रूप तभी बना जब इसे उस देवता के साथ जोड़ा गया जिसके प्रति यह उन्मुख थी। सिर्फ़ तभी इसके द्वारा संकेतित विशिष्ट धर्मशास्त्र या धार्मिक प्रणाली पर विचार करने का कोई मतलब था। व्यापक भक्ति आंदोलन जैसी कोई चीज़ नहीं थी जो मध्यकालीन भारत में घटित हुई हो। ऐसे तीन कारक, जिनके बारे में यह माना जाता है कि भक्ति इन्हीं से मिलकर बनती है, उस समय घटित हुए धार्मिक आंदोलनों में एकरूप तरीक़े से नहीं मिलते। ये तीन कारक थे : एक वैयक्तिक ईश्वर में आस्था, वास्तविकता के बारे में एक अन-अद्वैतवादी नज़रिया और मुक्ति के साधन के रूप में ज्ञान का नकार। जैसा कि शर्मा ने इंगित किया है, हालांकि चैतन्य, तुलसीदास, सूरदास और मीराबाई जैसे सगुण भक्त कम-से-कम एक कारक का पूरी तरह पालन करते थे, यानी वैयक्तिक ईश्वर में आस्था इन सबकी थी, किंतु अन्य दो के मामले में इनमें से अधिकांश का रवैया लचीला था। कबीर और नानक जैसे निर्गुण भक्त, जो ईश्वर की निर्वैयक्तिक संकल्पना, परम सत्ता के बारे में अद्वैतवादी दृष्टिकोण और ज्ञान के महत्त्व को मानते थे, उनकी शिक्षाएं उक्त सगुण भक्तों में से किसी से मेल नहीं खाती थीं (6)।

इस तरह अगर, इंडोलॉजी की दी हुई परिभाषा पर चलते और उसे स्वीकारते हुए, वैष्णववाद को एकेश्वरवादी माना जाता, तो इसी तर्क से, समान अभिलक्षण प्रकट करने वाले सभी हिंदू संघटनों को कमोबेश समान दर्जे वाले अनेक एकेश्वरवादों के रूप में मान्यता देनी पड़ती। इस तरह हिंदू धर्म एकेश्वरवादों के एक मिश्रण से बना होता। अद्वैतवाद, यानी अनेक के पीछे एक ईश्वर के होने के विचार, के साथ भी बहुत प्रकट संबंध था, क्योंकि वैयक्तिक

देवता सिर्फ़ ब्रह्म के साथ तादात्म्य की प्रक्रिया के ज़रिए ही एक परम ईश्वर के ओहदे तक उठ सकते थे। जैसा कि शर्मा ने बताया :

> इस तरह हिंदू एकेश्वरवाद की जड़ें ईश्वर के निर्वैयक्तीकरण में हैं। दूसरे शब्दों में, यह एक निर्वैयक्तिक ईश्वर के विचार की अंतिम स्वीकृति के भीतर से उद्‌भूत होता है–ऐसा निर्वैयक्तिक ईश्वर जिसमें सभी देवता समाविष्ट हों; यह दूसरे सभी देवताओं को छोड़कर एक वैयक्तिक ईश्वर की सर्वश्रेष्ठता की स्वीकृति में से उद्‌भूत नहीं है (54)।

हालांकि अकसर अनेक वैयक्तिक देवताओं की उपासना के हिंदू प्रचलन को बहुदेववादी बताया गया था।

शर्मा के विश्लेषण के साथ मेरा मुख्य मतभेद यह है कि जहां वे भक्ति-विचारधारा की पुनर्निर्मिति की कुल प्रक्रिया को पूरी तरह से पश्चिमी इंडोलॉजी का काम मानती हैं, वहीं मैं इसे अन्योन्यक्रिया के या परस्पर प्रभावित करने के एक सिलसिले का नतीजा मानती हूं, जो हिंदुस्तान के ऐसे चिंताकुल और संबंधित व्यक्तियों और समूहों के साथ घटित हुआ जिनका इस पढ़त में कुछ दांव पर लगा था और जिनकी इस विमर्श के सृजन में मिलीभगत थी। उत्तर में स्थित और मुख्यतः सौदागरी संघटनों से बने हुए वैष्णव संप्रदाय मुखर, अभिव्यक्तिक्षम और आत्मविश्वासपूर्ण थे, और वे नए मापदंड तलाश रहे थे। उत्तर में उतना ही शक्तिशाली कोई शैव संघटन नहीं था जो उनके दावों पर सवाल खड़े कर पाता। वैष्णवों ने कुछ हद तक मिशनरी शब्दावली ग्रहण की और विजयी मुद्रा में यह प्रदर्शित करने के लिए इसे उल्टा मोड़ दिया कि उनके पास वही धार्मिक विशेषताएं हैं जिन्हें मिशनरी लोग ईसाइयत का ख़ास अपना विशेषाधिकार बताते हैं। वैष्णव मान्यताएं, ख़ासतौर से पुष्टिमार्ग की मान्यताएं वैयक्तिक ईश्वर की कृपा और उसके प्रति समर्पण पर ज़ोर देने के मामले में वस्तुतः ईसाई मान्यताओं के ही समान हैं। इंडोलॉजी के विमर्श का शर्मा द्वारा किया गया पुनर्निर्माण, जिसकी मुख्य कड़ी ऊपर-ऊपर युक्तियुक्त जान पड़ती है, इस आयाम को अविचारित ही छोड़ देता है।[64]

तीसरा दौर : राष्ट्र-विधायक के रूप में धर्म

प्राच्यवादियों ने जिन समानताओं को स्थापित करने के लिए इतना सुदीर्घ श्रम किया था, चाहे वह एक ओर ग्रीक और रोमन माइथोलॉजी के व्यक्तित्वों और दूसरी ओर भारतीय व्यक्तित्वों के बीच हो, चाहे, थोड़ा बाद के दौर में, विष्णु-कृष्ण की उपासना और ईसाई मान्यताओं के बीच हो, उन समानताओं को आगे चलकर हिंदुस्तान के राष्ट्रवादी सोच ने स्वीकार किया और उन पर क़ब्ज़ा जमा लिया। वैष्णव भक्ति की केंद्रीयता, आदिकाल से वर्तमान समय तक इसका ऐतिहासिक विकास, जैसा कि प्राच्यवादी विमर्श में स्थापित किया गया और इस अध्याय के पिछले अंशों में जिसकी रूपरेखा दी गई है, हरिश्चंद्र के लेखन में निरंतर विचार-विमर्श के दायरे में आने वाली एक थीम है। हरिश्चंद्र ने 'यूरोप के पूर्व विद्या जाननेवालों का मत' में अपनी पुष्टि पाने का प्रयास किया और पाया।[65] अलबत्ता, हरिश्चंद्र और उनके समकालीनों ने तुलनात्मक अनुसंधान के परिणामों को चयनवादी तरीक़े से ग्रहण किया।[66] प्रभाव के प्रवाह की दिशा को लेकर वे कभी संदेह में नहीं रहे; प्रभाव हमेशा भारत से पश्चिम की ओर गया और अपने धर्म का निर्धारण भारतीयों ने स्वयं किया। सनातन धर्म के अंतर्तत्त्व के बढ़ते हुए ऐतिहासीकरण और दृढ़ीकरण के साथ, परंपरावादियों में से

अधिक प्रगतिशील लोग, जिनमें हरिश्चंद्र शामिल थे, सुधारवादियों द्वारा किए कार्य के महत्त्व के प्रति अधिक अनुकूल मत रखने लगे और यहां तक मानने को तैयार हो गए कि दोनों के बीच कुछ साझा संदर्भ-बिंदु हैं। ठीक जिस तरह स्मार्तों और विविध संप्रदायों के बीच पहले के मतभेद कम हुए थे, उसी तरह उन लोगों के साथ भी कुछ मेल-मिलाप हुआ जिन्होंने परंपरावादियों की मर्ज़ी की हदों से आगे जाकर पश्चिम की चीज़ों का समावेश किया था। लेकिन हरिश्चंद्र और अन्य परंपरावादियों के लिए एक ऐतिहासिक नैरंतर्य के रूप में पेश की जानेवाली वैष्णवता ही थी जो भारतवर्ष के आंतरिक सामंजस्य की ओर ले जाती थी। इस तरह विचारधारात्मक स्तर पर ज़बर्दस्त तरीक़े से आविष्ट इस संकल्पना को नए सिरे से आविष्ट किया गया और अंततः राष्ट्र का विधायक माना गया।

जनवरी 1879 के *हरिश्चंद्रचंद्रिका* (6.7) में पहली बार प्रकाशित 'ईशू ख़ीष्ट वा ईश कृष्ण'[67] में पूरब-पश्चिम की समानता की बात थोड़े विस्तार के साथ की गई। लेख अपूर्ण ही रहा, क्योंकि शीर्षक से जुड़ी विषय-वस्तु को सामने लानेवाला हिस्सा ही प्रकाशित किया गया था। इसे आगे बढ़ाना था, पर किसी अविदित कारण से इसे दुबारा नहीं उठाया जा सका। अलबत्ता, जिस संदर्भ में इसकी रचना हुई, उससे इसके बारे में संदेह लगभग नहीं रह जाता कि हरिश्चंद्र ने आगे क्या प्रस्तावित किया होता। वे शुरुआत में अपनी कविता भारतभिक्षा की पंक्तियों का सहारा लेते हैं : 'भारत भुज बल लही जग रक्षित, भारत सिक्षा लही जग सिक्षित'। यद्यपि देश के वर्तमान जीवन का बहुत रोना रोया गया है,[68] पर भारत जननी, जो इन पंक्तियों को बोलती है, दूसरे ऐसे कालों को याद करती है जब भारतीय सम्राट दुनिया पर शासन करते थे और जब हिंदुस्तान आध्यात्मिक स्तर पर पूरे विश्व का नेतृत्व करता था। ज्ञान की सभी शाखाएं मूलतः भारत से निकलीं। इस उक्ति को लेख की सभी प्रमुख थीमों पर लागू किया गया। लेखक ने सबसे पहले इस बात पर ज़ोर दिया कि 'समाज की उन्नति का मूल धर्म है'। यह एक दोधारी प्रतिक्रिया थी। मिशनरियों ने यह दावा किया था कि इस देश की ग़रीबी, भ्रष्टाचार और क्षरण के लिए हिंदुओं का धर्म ज़िम्मेवार है। अब हरिश्चंद्र ने यह माना कि चूंकि यह सभी गतिविधियों का मूल है, इसलिए वे पूरी स्वतंत्रता के साथ इसकी उद्घोषणा करने के लिए दूसरे मुद्दों को छोड़ने जा रहे हैं कि पूरी दुनिया के धर्मगुरुओं ने भारतवर्ष की देखादेखी अपने-अपने भगवान, देवता, धार्मिक पुस्तकें, नीतिशास्त्र, और अपना ख़ास चरित्र निर्मित किया है। जो भी धर्म प्रचलन में हैं, वे या तो वैदिक उदाहरण का अनुपालन करते हैं या बौद्ध उदाहरण का।

अपने लेख में हरिश्चंद्र ने उत्पत्ति की विभिन्न पुराकथाओं पर विचार किया जिन्हें उन्होंने अपनी समग्रता में मनु से ग्रहण किया हुआ माना। फिर उन्होंने जोसाफट की पुराकथा का उल्लेख किया जिसके बारे में उनका मानना है कि वह बोधिसत्व की कथा है जिसने पश्चिम की ओर सफ़र करते हुए अपना बाना बदल लिया है। यहां तक कि आत्माओं के देहांतरण की धारणा भी, उनके अनुसार, ग्रीक दार्शनिकों ने हिंदुस्तान से सीखी। चारित्रिक विशेषताओं और चित्रछवि के मामले में हिंदू देवमाला के देवताओं की ग्रीक और रोमन देवताओं के साथ समानता साफ़-साफ़ यह बताती है कि पश्चिम ने भारत से उधार लिया है; मिसाल के लिए दुर्गा और मिनर्वा की समानता, सूर्य के वंशज होने के मामले में कृष्ण और अपोलो की समानता, और इंद्र व जुपिटर की समानता। हरिश्चंद्र साफ़ तौर पर कृष्ण और क्राइस्ट

वाली थीम पर भव्य तरीक़े से विचार करने का मार्ग प्रशस्त कर रहे थे। साथ ही, यह भी साफ़ था कि वे अल्ब्रेख़्त वेबर की और उनका अनुसरण करनेवालों की बातों का ज़बर्दस्त प्रतिवाद करने जा रहे थे। चूंकि क्राइस्ट और कृष्ण की छवियों के बीच संबंध को लेकर कोई संदेह नहीं रह गया था, चाहे जन्मस्थान का सवाल हो या उनके साथ जुड़ी हुई एकेश्वरवादी उपासना का—इन संबंधों के प्रमाण इकट्ठा करने में इतना सारा वैदुषिक श्रम झोंका जा चुका था—इसलिए अब सवाल सिर्फ़ इससे संबंधित नज़रिए का रह गया था कि किसे किससे प्रेरित माना जाए। भंडारकर (1874) जैसे भारतीय प्राच्यविदों ने कुछ ख़ास स्थापनाओं का विरोध किया, और ईसाइयत से पहले के चरवाहा कृष्ण के रूप के वजूद से संबंधित साक्ष्य जुटाए, लेकिन पता नहीं किस वजह से, वेबर और उनके बाद के प्राच्यविदों द्वारा कृष्ण-भक्ति पंथ की ईसाई उत्पत्ति से संबंधित साक्ष्यों का जो पूरा समुच्चय निर्मित किया गया था, उसे व्यवस्थित तरीक़े से ख़ारिज करने और प्राच्यविदों को अपदस्थ करने का कभी प्रयास नहीं किया। लेकिन हरिश्चंद्र जैसे लोकप्रिय लेखकों को, जिनका आधिकारिक विद्वान होने का भी दावा था, इसके विपरीत मत व्यक्त करने में कभी संकोच नहीं हुआ। हरिश्चंद्र की पीछे की उद्घोषणाओं के आधार पर फ़ैसला करें तो वे यह बात लगभग साफ़ तौर पर कहने वाले थे कि स्वयं ईसा पूरब की शिक्षाओं से प्रेरित व्यक्ति थे। इस तरह की स्थापना ने कैसा अचरज और क्षोभ फैलाया होता, इसकी सिर्फ़ कल्पना की जा सकती है, क्योंकि हरिश्चंद्र ने अंततः इस थीम पर अपने काम को आगे नहीं बढ़ाया। अलबत्ता, अपने पक्ष में हरिश्चंद्र के इस लेख का हवाला देते हुए ग्रियर्सन को दुबारा प्रभाव की उक्त दिशा को उलट देने में कोई खेद नहीं हुआ।

हरिश्चंद्र और उनके हमवतनों की दृष्टि में, साथ ही साथ प्राच्यविदों की कम-से-कम एक प्रभावशाली धारा की दृष्टि में, आर्य धर्म की विविध विकासपरक धाराओं में से वैष्णव ही सबसे अधिक प्रगतिशील थे। हरिश्चंद्र ने वैष्णवों को सुधारवादियों के मुक़ाबले अधिक 'रैडिकल' के रूप में प्रस्तुत किया। मृत्योपरांत प्रकाशित होनेवाली एक व्यंग्य रचना 'स्वर्ग में विचार सभा'[69] में हरिश्चंद्र ने वैष्णवों के विश्वासों और मत के सह-संबंध में उस समय के दो प्रमुख सुधार-आंदोलनों, आर्यसमाज और ब्राह्मो समाज, के महत्त्व पर विचार किया है। यहीं परमशक्तिशाली की निचली क़तारों में इन आंदोलनों के नेताओं का लगभग बेख़बरी के साथ समावेश किया गया, और हरिश्चंद्र ने साफ़ तौर पर यह बताया कि इसे एक संभावना क्यों माना जाना चाहिए। अस्सी के दशक का मध्य आते-आते वे दयानंद और केशवचंद्र के ख़िलाफ़ पहले की कटुताओं से निश्चित रूप से बाहर निकल आए थे। वे वैष्णव के रूप में ही बोल रहे थे, पर वैष्णव पंथ की केंद्रीयता ऐतिहासिक रूप से जितनी असंदिग्ध थी और भारतेंदु अपने मत को लेकर जितने दृढ़ थे, उसके चलते वे किसी भी तरह के ख़तरे की ओर से निश्चिंत रहकर छूटें दे सकते थे। लेख का अवसर वास्तविक भी था और फ़र्ज़ी भी। दोनों नेता गुज़र चुके थे और अब सार्वजनिक आकलन में उन्हें स्थान देने का सवाल दरपेश था। हरिश्चंद्र ने मौजूदा धार्मिक समूहों के पूरे मंडल को स्वर्ग में चित्रित किया। वहां यह मंडल लगभग एक संसद की तरह काम करता है, लेकिन स्वामी ईश्वर, जो उत्तरोत्तर जराजीर्ण होता गया है, अभी भी पुराने स्वेच्छाचारी तरीक़े से स्वर्ग में प्रतिनिधित्व पाए हुए दलों पर शासन करने का प्रयास करता है। यह एक दुहरा व्यंग्य था। अगर एक ओर द्वंद्वरत दलों

का मज़ाक़ उड़ाया गया था, तो दूसरी ओर उस औपनिवेशिक सत्ता के कल्पित अधिकारों को, जो अभी भी निरंकुश शक्ति का इस्तेमाल कर रही थी, आंशिक रूप से ही असरदार और स्वीकार्य बताया गया था। हरिश्चंद्र ने अपनी चिरपरिचित अश्रद्धा के साथ स्वर्ग के दृश्य का वर्णन किया है :

> स्वामी दयानंद और बाबू केशवचंद्रसेन के स्वर्ग में जाने से वहां एक बेर बड़ा आंदोलन हो गया। स्वर्गवासी लोगों में बहुतेरे तो इनसे घृणा करके धिक्कार करने लगे और बहुतेरे इनको अच्छा कहने लगे। स्वर्ग में भी 'कंसरवेटिव' और 'लिबरल' दो दल हैं। जो पुराने जमाने के ऋषि-मुनि यज्ञ कर करके या तपस्या करके अपने-अपने शरीर को सुखा-सुखाकर और पच-पचकर मरके स्वर्ग गए हैं उनके आत्मा का दल 'कंसरवेटिव' है, और जो अपनी आत्मा ही की उन्नति से वा किसी अन्य सार्वजनिक उच्च्य भाव संपादन करने से या परमेश्वर की भक्ति से स्वर्ग में गए हैं वे 'लिबरल' दलभक्त हैं। वैष्णव दोनों दल के क्या दोनों से ख़ारिज थे, क्योंकि इनके स्थापकगण तो लिबरल दल के थे किंतु अब ये लोग 'रेडिकल्स' क्या महा-महा रैडिकल्स हो गए हैं। बिचारे बूढ़े व्यासदेव को दोनों दल के लोग पकड़-पकड़कर ले जाते और अपनी-अपनी सभा का 'चेयरमैन' बनाते थे, और बेचारे व्यासजी भी अपने प्राचीन अव्यवस्थित स्वभाव और शील के कारण जिसकी सभा में जाते थे वैसी ही वक्तृता कर देते थे। कंसरवेटिवों का दल प्रबल था; इसका मुख्य कारण यह था कि स्वर्ग के ज़मींदार इन्द्र, गणेश प्रभृति भी उनके साथ योग देते थे, क्योंकि बंगाल के ज़मींदारों की भांति उदार लोगों की बढ़ती से उन बेचारों को विविध सर्वोपरि बलि और मान न मिलने का डर था (832)।

स्वर्ग में कर्मकांडियों का प्रतिनिधित्व आत्मसंयमी ऋषियों और मुनियों द्वारा कराया गया है, ऐसे अनम्य संकीर्णतावादी जो बदलाव को समझने और जगह देने में अक्षम तथा अनिच्छुक हैं। उदारवादी वे हैं जिन्होंने भक्ति का मार्ग अपनाया है और सुधार के प्रति थोड़े खुले हुए हैं। वैष्णव ख़ुद को उदारवादी दल से भी बाहर रखते हैं, क्योंकि वे समय से इतना आगे और क्षुद्र क़िस्म के विवादों से इतना ऊपर हैं कि वे सिर्फ़ अति-रैडिकल ही माने जा सकते हैं। उनकी भक्ति उन्हें कर्मकांडों से मुक्त करती है और बिल्कुल भिन्न धर्मों के लोगों के साथ संपर्क के बिंदु और साझा ज़मीन पाने का प्रयास करने का मार्ग प्रशस्त करती है। जब बहस होती है तो संकीर्णतावादी, अपेक्षा के ही अनुरूप, दयानंद और केशवचंद्रसेन की सुधारवादी गतिविधियों और उत्तरकालीन धर्मवैधानिक ग्रंथों के प्रति उनके विधर्मी रवैए की भरपूर भर्त्सना करते हैं। अच्छी-ख़ासी बहस दिखाई गई है, जिसमें मुसलमानी स्वर्ग, जैन स्वर्ग और ख्रिस्तानी स्वर्ग से उदारवादी दल के समर्थन में विविध शिष्टमंडल हिंदू स्वर्ग में भेजे गए हैं। उदारवादियों ने दोनों दिवंगत नेताओं की यह कहकर प्रशंसा की कि उन्होंने ईसाइयत के समुद्र में मिलने जा रहे मनुष्य-नद के वेग को रोक दिया। अब उदारवादी ही ऐसे रह गए हैं जो अंततः भगवान को एक याचिका भेजकर उनसे हस्तक्षेप करने का आग्रह करते हैं। किंतु परमशक्तिवान ईश्वर इस नए-नए सेक्यूलर बने संसार में, जहां उसे सिर्फ़ शपथ-ग्रहण समारोहों में याद किया जाता है, अपनी निस्सहायता की बात करता है। वह किसी भी तरह की कार्रवाई से दूर रहना चाहता है, पर अंततः वह एक सेलेक्ट कमेटी का गठन करता है, जिसमें राजा राममोहन राय, व्यासदेव, टोडरमल, कबीर और ऐसे ही अन्य उदारवादी चिंतक हैं। काफ़ी विचार-विमर्श के बाद यह कमेटी अपनी रिपोर्ट देती है, जिसमें ढोंग और अंधविश्वास का नाश करने में इन दो नेताओं

के योगदान को उचित मान्यता दी गई है। व्यक्तिगत असफलताओं के बावजूद, इन दोनों की अंततः सिर्फ़ सराहना ही की जा सकती है :

> सवर्ण पात्र न मिलने से कन्या को वर मूर्ख अंधा वरंच नपुंसक मिले तथा वर को काली कर्कशा कन्या मिले जिसके आगे बहुत बुरे परिणाम हों, इस दुराग्रह को इन लोगों ने दूर किया। चाहे पढ़े हों चाहे मूर्ख, सुपात्र हों कि कुपात्र, चाहे प्रत्यक्ष व्यभिचार करें या कोई भी बुरा कर्म करें, पर गुरु जी हैं, पंडित जी हैं, इनका दोष मत कहो, कहोगे तो पतित होगे, इनको दो, इनको राजी रक्खो : इन सत्यानास संस्कार को इन्होंने दूर किया। आर्य जाति दिन-दिन ह्रास हो, लोग स्त्री के कारण, धन के वा नौकरी-व्यापार आदि के लोभ से, मद्यपान के चसके से, बाद में हारकर राजकीय विद्या का अभ्यास करके मुसलमान या क्रिस्तान हो जाएं, आमदनी एक मनुष्य की भी बाहर से न हो केवल नित्य व्यय हो, अंत में आर्यों का धर्म और जाति-कथा शेष रह जाय, किंतु जो बिगड़ा से बिगड़ा फिर जाति में कैसे आवेगा, कोई भी दुष्कर्म किया तो छिप के क्यों नहीं किया, इसी अपराध पर हज़ारों मनुष्य आर्य पंक्ति से हर साल छूटते थे, उसको इन्होंने रोका। सबसे बढ़कर इन्होंने यह कार्य किया, सारा आर्यावर्त जो प्रभु से विमुख हो रहा था, देवता बिचारे तो दूर रहे, भूत, प्रेत, पिशाच, मुरदे, सांप के काटे, बाघ के मारे, आत्महत्या करके मरे, जल, दब या डूबकर मरे लोग, यही नहीं मुसलमानी पीर-पैगंबर-औलिया-शहीद-वीर-ताजिया-गाजीमियां, जिन्होंने बड़ी मूर्ति तोड़कर और तीर्थ पाटकर आर्य धर्म विध्वंस किया, उनको मानने और पूजने लग गए थे, विश्वास तो मानो छिनाल का अंग हो रहा था, देखते-सुनते लज्जा आती थी कि ये कैसे आर्य हैं, किससे उत्पन्न हैं, इस दुराचार की ओर से लोगों का अपनी वक्तृताओं के थपेड़े के बल से मुंह फेरकर सारे आर्यावर्त को शुद्ध 'लॉयल' कर दिया। (836-7)

'लॉयल' शब्द के साथ यहां खेल खेला गया है। 'लॉयल' होना, निष्ठावान होना एक ऐसा गुण था जिस पर सामराजी सत्ता का बहुत ज़ोर था। पर यहां जो चीज़ दांव पर लगी हुई थी, वह सामराजी सत्ता की बजाय आर्य जाति के प्रति निष्ठा थी। कई चीज़ें यह तय करती थीं कि किसी को अंततः 'लॉयल' माना जा सकता है या नहीं और यही वे चीज़ें हैं जिन्हें अंत में आई रिपोर्ट में संबोधित किया गया था। सबसे पहले तो समाज-सुधार का व्यापक प्रश्न था, चाहे वह जाति से संबंधित कठोर नियमों को लेकर हो या महिला की दशा को लेकर हो। इसके बाद धार्मिक व्यवस्था द्वारा, जो अंध श्रद्धा की मांग करती थी, धार्मिक प्राधिकार के दुरुपयोग का मुद्दा था। भारतेंदु के अनुसार, यही बदतर हालात थे, साथ ही प्रलोभन इत्यादि, जिनके चलते आर्य लोग अपनी क़तारें छोड़कर ईसाइयत या इस्लाम को अपना लेते थे। और जाति के नियम कुछ ऐसे थे कि जिन्हें अपने क़दम का पछतावा होता, उन्हें वापस आने का मौक़ा न मिलता। दयानंद और केशवचंद्रसेन, दोनों ने उस चीज़ के ख़िलाफ़, जिसे लेखक बड़े पैमाने पर हो रहा पलायन मानता है, असरदार तरीक़े से काम किया। दूसरे, लेखक ने इन दो नेताओं की इस बात के लिए भी प्रशंसा की कि उन्होंने अनेक छोटे, स्थानीय और अज्ञात देवताओं की, जिनमें से कई तो असंदिग्ध रूप से इस्लामी रंगत के थे, उपासना को बंद कराया। इस तरह हरिश्चंद्र निष्ठाहीनता को ख़त्म करने के साथ-साथ अंधविश्वास को भी ख़त्म करने की वकालत कर रहे थे। यह स्पष्ट रूप से 'उच्च' परंपरा का प्रचार था। यह 'उच्च' परंपरा अब सुधारवादियों से अपना फ़र्क़ स्थापित करने के लिए उतना प्रयासरत नहीं थी जितना मुसलमानों और ईसाइयों से तथा उपासना के सभी निम्नतर

रूपों से। जो भी इस उच्च परंपरा में समाविष्ट किए जा सकते थे, उन सभी के लिए साझा संदर्भ-बिंदु थे—आर्य, आर्य जाति, आर्यावर्त। ये व्यापक पद थे जो आपसी जुड़ाव की संभावनाओं को सामने लाते थे और जो उपमहाद्वीप पर ऐतिहासिक, टेरिटोरियल और सांस्कृतिक वर्चस्व के दावेदार थे। वैष्णववाद इन आयामों को अपने में समेटने के लिए विस्तारित हो गया था और इसने आर्यों की विरासत पर अपना स्वत्व क़ायम कर लिया था। 'हिंदुओं के एकमात्र वास्तविक धर्म' के रूप में 'अति-रैडिकल' वैष्णव लोग, हरिश्चंद्र और उनके समकालीनों द्वारा रेखांकित और प्रचारित तथा प्राच्यवादियों द्वारा अनुमोदित अपने एकेश्वरवाद, अपनी भक्ति के बल पर आर्य तथा ब्राह्मो समाज को, उनकी पद्धति के दोषों के लिए कुछ छूटें देकर, अपने में शामिल कर पाए। ये विद्वत्तापूर्ण और वाग्मी आंदोलन थे, पूरी तरह सुधारोन्मुख, और हर परिस्थिति में साझा अतीत के गौरव का आह्वान करते हुए वेदों की याद दिलाने वाले।

अलबत्ता, हरिश्चंद्र ने इन दो नेताओं को हिंदू स्वर्ग में सचमुच प्रवेश पाने में सफल होते नहीं दिखाया। कमेटी ने परमेश्वर के पास क़ायदे से अपनी रिपोर्ट भेजी। रिपोर्ट को पढ़ने के बाद, जैसा कि हरिश्चंद्र कहते हैं, 'क्या आज्ञा हुई और वे लोग कहां भेजे गए, यह जब हम भी वहां जाएंगे और फिर लौटकर आ सकेंगे तो पाठक लोगों को बतलावेंगे। या आप लोग कुछ दिन पीछे आप ही जानोगे' (838)। इस तरह हरिश्चंद्र ने उनकी नियति को आर या पार के बीच एक संतुलन में लटकाकर छोड़ दिया।

जीवन के अंतिम वर्ष, 1884, में प्रकाशित 'वैष्णवता और भारतवर्ष' में हरिश्चंद्र ने वैष्णववाद के निर्माण में इस्तेमाल हुए अलग-अलग सूतों को इकट्ठा करने और उन्हें एक साथ बुनने का तथा उन्हें आंतरिक रूप से सुसंगत ऐतिहासिक नैरंतर्य के रूप में प्रस्तुत करने का महत्त्वाकांक्षी प्रयास किया। उनका मुख्य सरोकार यह दिखाना था कि वैष्णवता न सिर्फ़ हिंदू धर्म का केंद्रीय सारतत्त्व है,[70] बल्कि यह अपनी शिक्षाओं और व्यवहार में देश के आगामी विकास के लिए सबसे अधिक संभावनाएं धारण करता है, क्योंकि यह स्वयं का शुद्धीकरण कर सकता है और स्वयं को पुनर्नवा बना सकता है। उन्होंने बताया कि अपने सामाजिक पहलू में इस वैष्णवता ने हमेशा बदलाव को स्थान दिया है।

उन्होंने अपनी टीका की शुरुआत इस उद्घोषणा से की कि वैष्णवता भारत का प्राचीनतम धर्म है। कारण यह कि आर्य लोगों ने ही सबसे पहले सभ्यता को अपनाया और वही धर्म और नीति के मामले में पूरी दुनिया के दीक्षा-गुरु थे। पहले दौर में, सूर्य को प्रकृति के सभी तत्त्वों में से सर्वाधिक लाभदायक और जीवनदायक समझकर आर्यजनों ने सूर्यनारायण के रूप में पहले-पहल उनकी उपासना की और उनके लिए वही एक ईश्वर थे। 'इसी से आर्यों में सबसे प्राचीन एक ही देवता थे और इसी से उस काल के भी आर्य वैष्णव थे' (789)। इस तरह आर्यों का एकेश्वरवाद मौलिक था।[71] मैक्स मुलर ने इस एकेश्वरवाद को जनता का (श्रुति-प्रकाशना द्वारा प्राप्त धर्म के विपरीत) प्राकृतिक धर्म बताया था। यह प्रकृति में व्यक्त होनेवाली एक शक्ति के प्रति जनता की स्वतःस्फूर्त प्रतिक्रिया थी।[72] हरिश्चंद्र ने 'नेचुरल रिलीजन' पद के ही अनुवाद को अपनाया और सूर्य-विष्णु की पूजा को देश का 'प्राकृत मत' बताया।

हरिश्चंद्र के अनुसार, कालांतर में सूर्य में चतुर्भुज देव की कल्पना हुई। धरती पर सूर्य की प्रतिमूर्ति अग्नि को माना गया, अग्नि यज्ञ है और यज्ञ का देवता रुद्र है; इस तरह एक

से बढ़कर दो देवता हुए जिनकी संख्या समय बीतने के साथ और बढ़ती गई। लेकिन बहुदेववाद की समस्या पर वे यहां विचार नहीं करते, बताते हैं कि इसका विशेष वर्णन अन्य प्रसंग में करेंगे।

हरिश्चंद्र पहले रुद्र के बरख़िलाफ़ विष्णु की श्रेष्ठता के मामले पर विचार करते हैं। वे बताते हैं कि यूरोपीय प्राच्यविदों ने रुद्र को एक अनार्य, तमिल देवता बताया है और इसके लिए आठ कारण दिए हैं। यद्यपि हरिश्चंद्र मुलर के *इतिहास* को अकसर साक्ष्य के तौर पर प्रस्तुत करते हैं, पर राजेंद्रलाल मित्र की *दि ऐंटिक्विटीज़ ऑफ़ उड़ीसा* (1875) उनके लिए ऐतिहासिक सूचनाओं का मुख्य स्रोत है।[73] इस कृति में क्षेत्र के मंदिरों का वर्णन करने के क्रम में राजेंद्रलाल मित्र ने 'उन विभिन्न धार्मिक व्यवस्थाओं का इतिहास' लिखने का काम भी हाथ में लिया था, 'जिन्होंने उड़ीसा की कला के विकास को प्रभावित किया है'। मित्र ने एक वैष्णव के रूप में अपनी सहानुभूतियों को कहीं छिपाया नहीं, पर उन्होंने पुराणों तक और पुराणों से आगे धार्मिक व्यवस्थाओं के विकास की एक व्यवस्थित और ऐतिहासिक रूपरेखा तैयार करने का प्रयास किया। उनके ज़्यादातर मूल्यांकन प्राच्यविदों की खोजों पर आधारित थे, जिन्हें उन्होंने अपने तरीक़े से इस्तेमाल करने में कोई संकोच नहीं किया। लिहाज़ा, उन्होंने, और उनका अनुसरण करते हुए हरिश्चंद्र ने, रुद्र/शिव को एक अनार्य देवता के रूप में देखे जाने के आठ कारण बताए : वेदों में लिंगपूजा का निषेध, स्मृतियों में लिंगपूजा का निषेध, संख्यात्मक कमतरी, शिव को मिलनेवाले चढ़ावों का अपवित्र स्वरूप, नगरों और गांवों की सीमा के भीतर शिव के मंदिर बनाने की मनाही, शिव के मुख्य पूजकों का वेद-विरोधी चरित्र, शिव का आकार, शिव का अशोभनीय चरित्र ([1875] 1961, खंड 1 : 215-16)। इन कारणों को गिनाते हुए हरिश्चंद्र ने जो साक्ष्य प्रस्तुत किए हैं, वे रुद्र के, और साथ ही उनके भैरव और काली जैसे रूपों के अशिष्ट स्वभाव का ख़ाका खींचते हैं। साक्ष्य साफ़ तौर पर पक्षपातपूर्ण हैं, क्योंकि अंततः इस इष्टदेव और उसके अनुयायियों के स्वभाव के आर्योचित न होने के आधार पर उसकी निंदा करनी है। निश्चित रूप से हरिश्चंद्र की लगातार यह मान्यता रही है कि हिंदू आर्य का समानार्थी पद है। लेकिन वे संभलकर चलते हैं। वे यह दिखलाते हैं कि वे तो बस पश्चिमी प्राच्यविदों के नज़रिए को सामने ला रहे हैं जो कि अंततः हिंदुस्तानियों के लिए ज़्यादा मतलब की चीज़ नहीं है। लेकिन इन नज़रियों का कोई प्रतिकार किए बग़ैर उन्हें इतने विस्तार से उद्धृत करते हुए वे एक तरह से इनका अनुमोदन भी कर रहे हैं और प्रकट रूप में एक दूरी भी बनाकर चल रहे हैं। इसमें वे मित्र का अनुसरण नहीं करते, जिन्होंने उतनी ही ईमानदारी से आठों नुक़्तों को ख़ारिज किया है जितनी ईमानदारी से मूल प्राच्यवादी नज़रिए को समझाया है, हालांकि मित्र भी साफ़ तौर पर आधे मन से रुद्र का पक्ष-समर्थन करते हैं।[74] स्वयं हरिश्चंद्र के लिए शिव, अपने शुभ पक्षों में, अंततः अमुख्य या दोयम ही थे, क्योंकि वे विष्णु के प्रधान भक्त थे। वैष्णव संप्रदायों के विकास का जो ख़ाका हरिश्चंद्र ने *वैष्णवसर्वस्व* में प्रस्तुत किया है, उसमें इस बात को बहुत बलपूर्वक बताया गया है।

प्रागैतिहासिक से लेकर ऐतिहासिक युगों के दौरान प्राकृत मत की निरंतरता दिखलाना हरिश्चंद्र का मुख्य सरोकार था। वे केवल वैष्णवों पर एकाग्र रहे। उन्होंने मित्र का अनुसरण किया पर अपनी उद्घोषणाओं में वे कहीं ज़्यादा उत्साही और उग्र थे और सभी विरोधी साक्ष्यों की उन्होंने खुलकर अवहेलना की। उन्होंने एक आस्थावान और धर्मोपदेशक के

अधिकार के साथ अपनी बातें कहीं और सिर्फ़ विद्वानों को नहीं, बल्कि बड़े और वैविध्यपूर्ण पाठक-समुदाय को संबोधित किया। शैवों की ओर विषयांतर करने से पहले उन्होंने आख्यान को वहां से उठाया जहां उसे छोड़ा था। बताया, आर्य लोग केंद्रीय एशिया के अपने मूल निवास-स्थान में, ईरानियों से अलग होने के पहले से, विष्णु से परिचित थे। राजेंद्रलाल मित्र ने वैष्णवता के विकास को पांच चरणों में बांटा था। हरिश्चंद्र ने उसी तरह से निम्नांकित वर्गीकरण किया :

1. वेदों का युग। ऋग्वेद में विष्णु के लिए कई ऋचाएं हैं। उसे तमाम और तत्त्वों के ऊपर किसी तरह की विशेष संप्रभुता हासिल नहीं है। लेकिन दुर्गाचार्य ने निरुक्त के अपने भाष्य में विष्णु को सूर्य आदित्य से तदाकार माना है, जिसे कि बाद की परंपरा ने स्वीकार भी किया है।
2. ब्राह्मणों का युग। विष्णु को अब सूर्य से जोड़कर नहीं देखा जाता और वे निश्चित व्यक्तित्व वाले एक विशिष्ट देव के रूप में प्रकट होते हैं। वे नई देवोत्पत्ति के एक सदस्य बन जाते हैं और एक अलग भूमिका धारण करते हैं। उनके इर्द-गिर्द कई विस्तृत मिथक विकसित होते हैं।[75]
3. पाणिनि का युग। कृष्णावतार का ज्ञान, उसकी आराधना और भक्ति का व्यापक प्रसार। वस्तुतः यह पाणिनि से पहले ही हो चुका है। किंतु इस चरण में भी भक्ति, आराधना के कई रूपों में से सर्वाधिक लाभदायी मानी जाती है।[76] हरिश्चंद्र सीधे तौर पर मानते हैं कि यद्यपि आनुष्ठानिक रूप बदल गए, पर 'अंत में सब पूजन आदि से उसकी भक्ति श्रेष्ठ मानी गई' (ग्रंथावली III : 794)।
4. पुराणों का युग। वैष्णवता की प्रधानता के क़ायम रहते हुए भी अनेक संबद्ध मत उभरकर आते हैं। अलबत्ता, शाक्त और शैव पुराणों में भी जिन देवताओं की आराधना की गई है, उन्हें पूरी तरह विष्णु से भिन्न नहीं बताया जा सकता। भागवतों और वैष्णवों द्वारा स्थापित विष्णु के अवतारों की दो हज़ार साल पुरानी प्रतिमाएं पाई गई थीं। इसलिए इनकी पुरातनता या आधुनिकता पर विवाद करने के बजाय बेहतर होगा कि परिवर्तन के कारणों पर विचार किया जाए।
5. वर्तमान युग, जो कि इन उद्‌विकासों का उत्तराधिकारी है। हरिश्चंद्र और अधिक विस्तार में नहीं जाते, हालांकि राजेंद्रलाल मित्र ने आधुनिक वैष्णव संप्रदायों के निर्माण पर विचार किया था।

पुराणों के युग की चर्चा करते हुए हरिश्चंद्र भक्ति के उद्‌भव पर सबसे विस्तार के साथ विचार करते हैं। बताते हैं कि सबसे पहले शुरू हुई सूर्यपूजा के पीछे कई प्राकृतिक शक्तियों की पूजा आरंभ हुई। फिर वे बहुदेवोपासना के कारणों पर विचार करते हैं, जो कि सहजवृत्तिक एकेश्वरवाद के आरंभिक दौर के बाद आया। यह एकेश्वरवाद विश्व के एक ही स्रष्टा को मानता और पूजता था। 'अज्ञात महान कारण' के डर ने आगे और भी अनुमानों को जन्म दिया। यहां उन्होंने राजेंद्रलाल मित्र की बातों को ही इतना दुहराया है कि सीधा मित्र के लेख 'द प्रिमिटिव आर्यंस' से उद्धरण देना उचित लगता है :

> लेकिन एक बार जब धार्मिक मनःशक्ति में तीव्रता आ जाती है, तब मानव-मन तत्त्वों वाली बात को अपना अभीप्सित लक्ष्य मानकर संतुष्ट नहीं रह सकता। सूर्य, चंद्रमा और तारों,

जंगल के वृक्षों और समुद्र के पानी, अपने पैर तले की धरती और सिर पर छाए आकाश, सबमें वह (आदिम पर्यवेक्षक) एक अलग तरह की जीवन-रश्मि से जान भर देता है...इसके बाद काव्यात्मक मनःचित्रों का दैवीकरण, या रूपकों और दृष्टांतों का वैयक्तिकीकरण होता है, और अंत में नायकों तथा पितरों का दैवीकरण होता है, जहां जाकर आध्यात्मिक देवकुल का सौरमंडल पूरी तरह तैयार होता है (1969, 2 : 446)।

अब राजेंद्रलाल मित्र ने माना कि आदिम बहुदेववाद वैदिक एकेश्वरवाद से पहले की चीज़ है। मैक्स मुलर के विपरीत, वे यह मानने के लिए समुत्सुक प्रतीत होते हैं कि प्राचीन आर्य लोग आरंभ में आराधना के एक आदिम, क़बीलाई रूप का ज्ञान रखते थे, कि उन्होंने प्राकृतिक तत्त्वों पर जीवन का आरोपण किया और काव्यात्मक मनःचित्रों का दैवीकरण किया तथा उन्होंने तत्त्वों के दैवीकरण की इस सहज प्रक्रिया के ही एक हिस्से के रूप में सूर्य की उपासना की। हरिश्चंद्र इस तर्क को उस वैविध्यीकरण की व्याख्या के लिए इस्तेमाल करते हैं जो वैदिक एकेश्वरवाद के *पीछे* आया, क्योंकि मानव बस एक सूर्य-नारायण से संतुष्ट होकर बैठ नहीं गया, बल्कि तत्त्वों पर जीवन का आरोपण करते हुए वैविध्यीकरण में लगा रहा।

तब यह समझाने का सवाल दरपेश था कि एक निजी ईश्वर की मान्यता अभी भी कैसे संभव थी। हरिश्चंद्र बताते हैं कि अनुष्ठानों के पाश में फंसा बहुदेववाद फलता-फूलता रहा, पर मानव की सोच वहीं रुक नहीं गई। विवेक की स्वाभाविक मनःशक्ति ने आगे और भी अनुमान लगाए। वह यह कि इस ब्रह्मांडीय व्यवस्था को नियमित करने के लिए एक सर्वव्यापी, सर्वशक्तिमान स्रष्टा अवश्य होना चाहिए। इस चरण में बहुदेववाद को ख़ारिज करना संभव था, क्योंकि शक्तियों की बहुलता को मानने वाली यह तर्कपद्धति या तो आगे नास्तिकता की ओर ले जाती थी–इस मायने में कि यह स्रष्टा के होने के विचार को नकारती थी–या फिर इस समझ की ओर कि सृष्टि की थाह लेना संभव नहीं है। इस समझ ने सीधे उपासना तक पहुंचाया, या तो निराकार-अमूर्त परमेश्वर की आराधना तक या एक मानवतारोपी (जिस पर मानवता का आरोप या मानवीकरण किया गया हो) भगवान की आराधना तक, और इस तरह तर्कणा की एक स्वाभाविक प्रक्रिया के द्वारा मनुष्य एक बार फिर आर्यों तथा वैष्णवों के सहजवृत्तिक एकेश्वरवाद तक पहुंच गया।

हरिश्चंद्र ने वैष्णव धर्म को देश का प्राकृत मत मानने के लिए कई कारण दिए। पहला यह कि कबीर, दादू, सिक्ख, बाउल और दूसरे भक्तिपंथ वैष्णव धारा की ही शाखाएं थीं। उनके द्वारा दिए गए अन्य कारण अधिक लोकप्रिय प्रकृति के थे। उनमें लोगों, स्थानों और नदियों के नामों, विष्णु की ओर संकेत करने वाले कई मुहावरों, और उनका कीर्तिगान करने वाले अनेक अनुष्ठानों और रिवाजों, भोजों और उत्सवों का उल्लेख था, और उन साहित्यिक तथा धार्मिक कृतियों की विस्तार से चर्चा थी जिनमें अलग-अलग रूपों में विष्णु की कथाओं का प्रभुत्व था।

अगर यह मत प्रगतिशील एवं प्राकृत था तो अन्य मतों–सिक्ख, कबीरपंथी और 'हिंदूगण' के अन्य समूहों–के लोग इसमें शामिल होने में संकोच नहीं करते। यह बाहरी अनुरूपता पर बल देने का समय नहीं था, बल्कि अधिक 'आंतरिक उन्नत प्रेममयी भक्ति' को प्रचारित करने की ज़रूरत थी।

इस तरह हिंदुस्तान में वैष्णव मत के द्वारा सुझाई गई दिशा सबसे स्वतःस्फूर्त और प्राकृत थी, ठीक उसी तरह जैसे पूरे विश्व में—मिसाल के लिए, ईसाई, मुस्लिम, ब्राह्मो और बौद्ध मतों में—भक्ति का पंथ प्रधान पंथ था। बौद्ध मत यद्यपि भक्तिमूलक भी था, पर तपश्चर्या पर, आत्मयंत्रणा और सराहनीय कृत्यों पर बल देने के मामले में वह वैष्णववाद के भीतर स्मार्त परंपरा से काफ़ी समानता रखता था। जीसस का चरित्र काफ़ी हद तक कृष्ण जैसा था, जैसा कि हरिश्चंद्र ने पर्याप्त विस्तार से एक अलग ग्रंथ में बताया था, और ईसा चरित के आख्यानों ने कृष्ण के जीवन से काफ़ी कुछ लिया था। हरिश्चंद्र मानते हैं कि जब हमने यह दिखा दिया कि ईसाई मत ने वैष्णवों का अनुसरण किया है तो ज़ाहिर है, ईसाइयत का अनुसरण करते हुए इस्लाम ने भी वैष्णवों का अनुसरण किया है। हरिश्चंद्र की सार्वभौमिकता तमाम दूसरी संभावनाओं को आत्मसात् करने की कोशिश नहीं करती। वह केवल इंगित करती है कि वैष्णव वहां पहले पहुंचे थे जहां अन्य मत भी पहुंचना चाहते थे।

यह जानना असंभव था कि आधुनिक वैष्णव आचार्यों की तुलना में ध्रुव और प्रह्लाद जैसे भक्तों, तथा बीच के चरण में उद्धव, आरुणि और परीक्षित जैसे भक्तों की आदतों, रिवाजों और उपासना-पद्धतियों में अंतर था या नहीं। हरिश्चंद्र इस बात पर बल देते हैं कि वैष्णव भक्तिवाद का 'मूल सूत्र' प्राचीनतम काल से लेकर वर्तमान काल तक एक 'अविच्छिन्न परंपरा' के रूप में चलता चला आया है—यहां ब्राह्मो और आर्यसमाज से उनका मतभेद स्पष्ट हो जाता है—और यह परंपरा को एक आंतरिक दृढ़ता एवं स्थिरता प्रदान करता है। हरिश्चंद्र के अनुसार, इस बात को ध्यान में रखते हुए उन परिवर्तनों से रू-ब-रू होना मुश्किल नहीं है जो अवश्यंभावी हैं, क्योंकि ये परिवर्तन उस मूल भावना के अनुरूप हो सकते हैं जो इस मत के महान गुरुओं द्वारा प्रचारित बातों में मौजूद है। उन्होंने बहुदेवोपासकों के संपर्क से अपने को बचाने के लिए अस्पृश्यता की मर्यादा बनाए रखी, लेकिन अब इसने एक दुर्भाग्यपूर्ण शक्ल अख़्तियार कर ली है, जहां एक संप्रदाय के वैष्णव दूसरे संप्रदाय के वैष्णवों को अपने मंदिर में पूजा करने की इजाज़त नहीं देते। पर वर्तमान समय में कोई प्रगति तब तक नहीं हो सकती, जब तक बाहरी व्यवहार और दिखावों का महत्त्व कम न हो, और 'आंतरिक उपासना' का प्रसार तथा विकास, जिससे कि सभी जाति के लोग वैष्णवों की पांत में शामिल हो सकें, न हो।[77] इसका विशेषतः यह अर्थ होगा कि गुरु लोग अपने ओहदे के चलते नहीं बल्कि लोगों की नज़रों में सराहना अर्जित करने के चलते अपनी सम्मानजनक स्थिति को बनाए रखें, कि वल्लभ पंथ स्वैराचार से मुक्त हो, कि कृष्ण की प्रणय-लीला के प्रतीकात्मक महत्त्व को स्पष्ट किया जाए और वह भी सिर्फ़ पूर्णतः समर्पित अनुयायियों के सम्मुख।[78]

उपसंहार के अनुच्छेद में, समकालीन सामाजिक मुद्दों पर आने के बाद, हरिश्चंद्र को वैष्णव मत से हटकर हिंदू मत पर बोलने में कोई परेशानी नहीं होती।[79] लेखक को पूरा विश्वास है जिस ठोस आधार पर वैष्णव मत स्थापित है, वह स्पष्ट किया जा चुका है और यह भी स्पष्ट किया जा चुका है कि इसके सभी हिस्सों में कितनी उदारता है। इस ज्ञान की ज़मीन पर अपने पैर जमाए रखना ज़रूरी है, क्योंकि हिंदू मत तब तक फल-फूल नहीं सकता जब तक यह अपरिवर्तित रूप में अपने मौजूदा रंग-ढंग पर क़ायम रहेगा। हिंदुओं की दशा उत्तरोत्तर दयनीय होती जा रही है, उनके शरीर अशक्त हो गए हैं, विदेशी शिक्षा के चलते उनके रुझान बदल गए हैं। अब अपनी जीविका के उपार्जन के लिए उन्हें अधिक कड़ी मेहनत करनी

होगी। पेशेवर रोज़गार के संघर्ष में, स्वयं अंग्रेज़ों द्वारा जो जगहें हथियायी नहीं गई हैं, उन पर अन्य मतों के लोग क़ाबिज़ हो रहे हैं : मुस्लिम, पारसी, ईसाई इसमें आगे हैं। पूरी मानवता के धर्म को संतुष्ट करने के लिए–यानी लोगों के पेट भरने के लिए–आर्य जाति की पारस्परिक मैत्री से प्रेरित एकता का होना ज़रूरी है। इस तरह हरिश्चंद्र पहले वैष्णव से हिंदू तक जाते हैं और फिर वहां से और अधिक समावेशी संज्ञा, आर्य जाति, तक। गठबंधन बनाए जा चुके हैं, ऐतिहासिक प्रक्रिया का मानचित्र तैयार किया जा चुका है। औपनिवेशिक संदर्भ में देखें तो यह सवाल विभिन्न स्तरों पर एकजुटता और पुनर्निर्धारण का है। पर यहां यह आर्थिक वंचना के गहरे बोध पर आधारित सामूहिक अस्मिता का सवाल है, जो शुरुआती तौर पर औपनिवेशिक सत्ता के ख़िलाफ़ उठाया है, लेकिन साथ ही ऐसे अन्य समूहों के साथ असंदिग्ध प्रतियोगिता के संदर्भ में उठाया गया है जो उत्तरोत्तर विशिष्ट धार्मिक समुदायों के साथ अपने जुड़ाव के द्वारा परिभाषित होते हैं और पहचाने जाते हैं।

मत के इतिहास का निरूपण एक ऐसी विधायक प्रक्रिया थी जहां वैष्णव समुदाय को एक प्रगतिशील नज़रिए के साथ, तथा साफ़ तौर पर राष्ट्रीय आकांक्षाओं से प्रेरित होकर अपनी क़तारों को खुलापन देने की संभावनाओं के साथ, अखंड रूप में संरक्षित किया जा रहा था।[80] प्राच्यविदों की मदद से, जो मोटे तौर पर राजेंद्रलाल मित्र की मध्यस्थता में हासिल हुई थी, अतीत को जाने वाली राह हमवार की चुकी थी, और एक व्यापक ऐतिहासिक ढांचा स्थापित किया जा चुका था जिसके भीतर मौजूदा मुद्दे हल किए जा सकते थे। अगर यूरोप के सबसे उम्दा मस्तिष्कों ने प्राचीन भारतीय इतिहास की पुनर्निर्मिति के कार्यभार को संभाला था, तो परंपरावादी लोग उनके परिश्रम के फल को, उसी माप की 'वस्तुनिष्ठता' की दावेदारी के साथ, अपने मक़सदों के लिए इस्तेमाल कर सकते थे। इस तरह तीसरा मुहावरा, जिसने आधुनिक हिंदू धर्म जैसी जटिल संरचना को संघटित किया, उच्च धर्म गढ़ने के अपने प्रयास में पुनर्निर्मित क्लासिकी परंपरा की ओर दुबारा गया। इस क्लासिकी परंपरा की पुनर्निर्मिति प्राच्यविदों और परंपरावादियों का साझा प्रयास था।

फिर आख़िरी दौर में हरिश्चंद्र ने वैष्णववाद के दावों को वैधता दिलाने के प्रयास में अपने आपको प्राच्यवादी विमर्श से संबद्ध किया। इसके पास एक ऐसा इतिहास था जो वेदों के आदि-एकेश्वरवाद से शुरू होकर तमाम युगों को पार करता आया था। इसकी अनेकानेक व्याख्याएं थीं–एक व्याख्या मोनियर विलियम्स की थी, जिसका बाद के भाषा युग तक के लिए विस्तार ग्रियर्सन ने किया था और इसे ही राजेंद्रलाल मित्र ने कुछ संशोधनों और जोड़-घटाव के साथ सारतः स्वीकार किया था।

एक ओर वैष्णवता ने, अपने आरंभिक एकेश्वरवाद में, मिशनरियों से काफ़ी कुछ आत्मसात् किया था, और ईसाइयत तथा इस्लाम के मुक़ाबले अपनी जगह पर पांव जमाकर खड़े रहना उसके लिए संभव हुआ था। यह, स्वयं अपनी दृष्टि में, उनके निकट था पर उनसे आगे निकला हुआ था, क्योंकि कृष्ण से ही स्वयं क्राइस्ट का व्यक्तित्व पैदा हुआ था; इनकी समानताएं चूंकि प्राच्यविदों द्वारा बहुत पहले स्थापित की जा चुकी थीं, इसलिए उसके ब्योरों में दुबारा जाने की ज़रूरत नहीं थी। दूसरी ओर, वैष्णवता युगों-युगों से इतना प्रभुत्वशाली रही थी, परिवर्तन और कायाकल्प में इतनी सक्षम थी, कि अपने मूल स्वरूप को गंवाए बग़ैर आर्य और ब्राह्मो समाज को अनुमोदन देने की योग्यता रखती थी। आर्यों का धर्म एक विश्व-धर्म

था जो देश की वर्तमान दुर्दशा के बावजूद, अन्य विश्व-धर्मों से, जिनमें स्वभावतः ईसाइयत सबसे ऊपर थी, अगर श्रेष्ठतर होने का नहीं तो कम-से-कम उनके साथ समानता का दावा तो कर ही सकता था।

निष्कर्ष

अगर भारत को एक नया जन्म लेना था, तो यह निहायत ज़रूरी था कि 'संकीर्णता की काली छायाओं को दूर किया जाए' (*कविवचनसुधा* 3.14, 9 मार्च, 1872)। हरिश्चंद्र ने बहुत पहले 1872 में ही इस ज़रूरत की चर्चा की थी। अलबत्ता, इस आरंभिक चरण में उनकी अपनी गतिविधियां अपने संप्रदाय के हित में रची जाने वाली भक्ति संबंधी कृतियों तक और काशी धर्मसभा की कार्रवाइयों में भागीदारी तक सीमित थीं, वही काशी धर्मसभा जिसका फ़ैसला पूरे उपमहाद्वीप में आनुष्ठानिक व्यवहार से संबंधित मामलों में दरकार होता था। इसके बारे में उन्होंने बहुत कम विचार किया था कि सनातन धर्म के अंदर समाहित विभिन्न धाराओं को धर्मशास्त्रीय और ऐतिहासिक रूप से कौन-सी चीज़ बांधती थी। हालांकि हरिश्चंद्र ने उस भ्रष्टाचार की आलोचना की जो कि संप्रदायों की पुरोहिती परंपरा में घुस आया था, पर संप्रदाय परंपरा से ख़ुद को दूर करने की उन्होंने कोई कोशिश नहीं की। धार्मिक वाद-विवाद में पहला मुहावरा ईसाई मिशनरियों के दृष्टिकोणों द्वारा मुहैया कराया गया। ये मिशनरी स्वयं अपने धर्म के प्रिज़्म से ही हिंदू धर्म को देखते थे। मिशनरियों के उग्र हमलों के जो मुख्य बिंदु थे, जैसे—सच्चे एकेश्वरवाद का तथा एक निजी ईश्वर के प्रति भक्ति का अभाव, और मूर्ति-पूजा की विकृत प्रथा—वे बिंदु सुधारवादी हिंदू धाराओं के साथ हुई बहसों में तो दर्ज हुए ही, पर यहां इनका प्रतिकार भी हुआ, हालांकि कई बार परोक्ष रूप में। मिशनरी आक्षेपों ने धार्मिक प्रथाओं और विश्वासों की समीक्षा के लिए एक परिप्रेक्ष्य मुहैया कराया और उसी हद तक उसने सनातन धर्म की आत्म-प्रस्तुति के लिए पदावलियां भी गढ़ीं। अपने दूसरे दौर में हरिश्चंद्र ने वैष्णव दायरे में एकजुटता क़ायम करने के प्रयास किए, जिसके लिए आधार मुहैया करा रहा था वैष्णवों का दृढ़ एकेश्वरवाद। इसी दौर में हरिश्चंद्र ने इस बात पर भी बल देना शुरू किया निजी ईश्वर के प्रति भक्ति मूल धर्म के रूप में पूरे वैष्णव मत को एकीकृत करने और इस तरह संकीर्णतावाद की काली छायाओं को दूर करने की क्षमता रखती है। सुधारवादी हिंदू धाराओं—आर्य और ब्राह्मो समाज—के साथ टकराव में सनातन धर्म की जिन लाक्षणिक विशेषताओं पर बल दिया गया, वे थीं, ग्रंथीय परंपरा की अटूट निरंतरता— जिसका मतलब था वेदों के बाद के ग्रंथों की वैधता—और मूर्ति-पूजा की निरंतर बनी हुई महत्ता। प्राच्यवादी विमर्श ने आवश्यक ऐतिहासीकरण मुहैया कराया और हिंदुओं के सच्चे धर्म के रूप में वैष्णव परंपरा का नए सिरे से मूल्य स्थिर किया। प्राच्यवादियों के साथ मिलकर ही हिंदू धर्म के दूसरे या क्लासिकी मुहावरे का चयन हुआ। जॉर्ज ग्रियर्सन उन कुछ प्राच्यविदों में से एक थे जिन्होंने उत्तरकालीन भक्ति परंपरा के और उन भाखा ग्रंथों के महत्त्व पर बल दिया जो उपमहाद्वीप की जनता के लोकप्रिय विश्वास को मज़बूती से व्यक्त करते थे। इस पुनर्बलीकरण से मदद लेते हुए, पर व्याख्या में एक और बदलाव लाते हुए, हरिश्चंद्र अपने अंतिम दौर में वैष्णवता को एक ऐतिहासिक नैरंतर्य के रूप में पेश कर सके जो एक सार्वभौमिक धर्म के तौर पर ईसाइयत और इस्लाम के बरक्स अपना माद्दा रखता है। ये दोनों धर्म,

हरिश्चंद्र की दृष्टि में, परवर्ती विकास थे, जिन्होंने अपना धर्म-सिद्धांत प्राचीन भारत के धर्म से हासिल किया था। उनकी व्याख्या के अनुसार, वैष्णवता ने ही इस देश को बांधकर रखा था। इस चरण में हरिश्चंद्र सुधारवादी धाराओं के नेताओं द्वारा किए जा रहे प्रयासों के प्रति अधिक सहिष्णु थे। इन लोगों ने कम-से-कम अंधविश्वासों से लड़ने और सामाजिक सुधार के उन उपायों को लागू करने में मदद की, जिनकी लंबे समय से ज़रूरत थी।

इस आख़िरी दौर में हरिश्चंद्र ने जिन श्रेणियों का इस्तेमाल किया, उनके कमोबेश स्पष्ट प्रकार्य थे : 1. 'आर्य'–यह श्रेणी वहां आई, जहां वर्तमान हिंदुओं को जोड़कर रखने वाली प्राचीन धरोहर का स्मरण किया गया। 2. 'हिंदू'–उस प्राचीन धरोहर के उत्तराधिकारी और हिंदुओं के दूध पर पले हुए[81] लोग। यह प्रधानतः एक खुली सांस्कृतिक-राजनीतिक श्रेणी थी जो सर्वसमावेशी प्रतीत होती थी, जिसका मतलब यह कि इस पद के तीसरे या राष्ट्रवादी अर्थ में इसका इस्तेमाल हो रहा था। 3. अंततः 'वैष्णवता', जो कि भारत की ज़मीन पर जन्मे धर्ममतों के वैविध्य के बीच परंपरा का केंद्रीय सार निर्मित करती थी, सबसे टिकाऊ थी, इसकी परंपरा अटूट थी, इसमें परिवर्तनों को धारण करने की क्षमता थी, यह प्रेम का पंथ था। लेकिन इस पूरे उद्यम की सबसे महत्त्वपूर्ण बात यह थी कि जहां 'हिंदू' पद को एक राष्ट्रवादी, तक़रीबन धर्मनिरपेक्ष, अर्थ में, यानी तीसरे अर्थ में इस्तेमाल किया गया था, वहीं उसे मुस्लिम, पारसी और ईसाई के साथ सहवर्तिता में भी इस्तेमाल किया गया था, जो कि धार्मिक अर्थ देने वाले पद थे। और 'आर्य' तथा 'वैष्णवता' दोनों ने ('आर्य' एक अतिक्रमणकारी अवधारणा के रूप में और 'वैष्णवता' उस अवधारणा का केंद्रीय सार निर्मित करने वाले के रूप में) 'हिंदू' के अर्थ को केवल दूसरे धार्मिक इस्तेमाल तक सीमित करने का काम किया, क्योंकि 'आर्य' और 'वैष्णवता' के मायनों में मुस्लिम कहीं शामिल नहीं थे। अगर इस संदर्भ में 'हिंदू' सिर्फ़ उन पारंपरिक मतों की प्रस्तुति के अर्थ में, जो अपने को सनातन धर्म में समाहित करते हैं, एक खुली श्रेणी की तरह प्रस्तुत किया जाता तो सुधारवादियों को भी सीमित प्रवेश ही मिल पाता। एक दूसरा दृष्टांत जो 'हिंदू' की गुंजाइश को सीमित करता था, वह था, 'भारतवर्ष' ('हिंदुस्तान' की बनिस्बत) पद का प्रासंगिक उपयोग और आवाहन। हरिश्चंद्र की निर्मिति में भारतवर्ष का अर्थ था–वैष्णव भक्ति की धारणा द्वारा ऐतिहासिक, सांस्कृतिक और धार्मिक रूप से एकजुट रखा गया भूभाग। लिहाज़ा, 'वैष्णवता और भारतवर्ष' में हरिश्चंद्र ने स्वयं को उस विचारधारांकन की सीधी चली आती परंपरा में रखा जो कि इस अवधारणा ने *भागवतपुराण* से हासिल की थी, हालांकि उनकी दृष्टि स्पष्टतः राष्ट्र और राष्ट्रवादी धर्म की उन्नीसवीं सदी की समझ से भी प्रभावित थी।

अगर वैष्णवता को अपने ऐतिहासिक विकास में और अपने भूभागीय प्रभुत्व में भारतवर्ष को एक राष्ट्र के तौर पर गठित करने वाला माना जाए, तो यह सवाल उठता है कि वैष्णवों के लिए इस केंद्रीय भूमिका को हथियाना कैसे संभव हुआ और इसका कोई भी विरोध, मिसाल के लिए, उपमहाद्वीप के शैवों की ओर से क्यों नहीं हुआ? इसका एक कारण तो यह हो सकता था कि आर्य संस्कृति को प्राच्यवादियों ने जिस रूप में देखा था, उसमें वह मुख्यतः उत्तर भारत तक ही सीमित थी, और इसीलिए यह स्वाभाविक प्रतीत होता है कि उत्तर में फल-फूल रहे समुदायों, जिनमें से वैश्य समुदाय प्रमुख था और जिसके प्रभावशाली हिस्से वैष्णव थे, को मूल आर्यों के स्वाभाविक उत्तराधिकारी के रूप में देखा

गया और स्वयं उन्होंने भी अपने को इसी रूप में देखा।[82] प्रभावी शैव समुदाय दक्षिण तक ही सिमटे हुए थे। इन समुदायों में वैष्णवों की तरह के जो संगठन उभरे और सार्वजनिक स्तर पर अपनी बात रखने का सिलसिला बना, वह उन्नीसवीं सदी के आख़िरी दशकों में ही हो पाया। हिंदू धर्म के आधुनिक धार्मिक आंदोलनों के सबसे निष्ठावान दस्तावेज़कार के रूप में फ़र्कुहर (1914) ने उन सभाओं-संगठनों के नाम दर्ज किए हैं जो हिंदुस्तान के दक्षिण में उन्नीसवीं सदी के आख़िरी दशकों में उभरे (299)। उसका मानना है कि शिव का सम्मान करने वाले अनेक संप्रदायों में से 'शैव सिद्धांत' निश्चित रूप से सबसे महत्त्वपूर्ण था, क्योंकि इसका एक महान इतिहास है और इसके पास संस्कृत और तमिल, दोनों में अत्यंत समृद्ध साहित्य भी है। दक्षिण भारत के निकायों के बीच यह सबसे बड़े और प्रभावी निकायों में से एक था। इसके सदस्य बड़े ओहदेदार लोग थे जिन्हें यूरोपीय शिक्षा हासिल थी। शैव सभाएं कई जगहों पर, ख़ासतौर से पलमकोट्‌ट और टूटीकोरिन में उभरकर आई थीं। इसके लक्ष्य थे, शैवों और अन्य लोगों के बीच शैव सिद्धांत का प्रचार, धार्मिक संस्थाओं का निरीक्षण, द्रविड़ भाषाओं का विकास और दक्षिण भारत में सामाजिक स्थितियों को बेहतर बनाना। इसने अनेक विद्वान मिशनरियों का ध्यान अपनी ओर आकर्षित किया था, पर जैसा कि फ़र्कुहर ने ख़ासतौर से रेखांकित किया है, 1895 तक उपमहाद्वीप के अन्य प्रांतों में इस संप्रदाय के बारे में बहुत कम जानकारी थी।[83] इसी तरह, दक्षिण बंबई प्रेसिडेंसी के वीर शैवों या लिंगायतों ने उन्नीसवीं सदी के नवें दशक के मध्य में आकर ही एक लिंगायत शिक्षा सभा की स्थापना की, तथा दूसरे मिलते-जुलते संगठन और भी बाद में स्थापित किए गए। बीसवीं सदी के आरंभिक वर्षों में धार्मिक और सामाजिक समस्याओं पर विचार करने के लिए एक अखिल भारतीय लिंगायत सम्मेलन हुआ और कुछ प्रकाशन भी हुए। जैसा कि इस विवरण से साफ़ है, हालांकि भिन्न-भिन्न स्थानीय मिशनरियों ने अपने को इन परियोजनाओं में लगाया, पर शैव पक्ष पर इस दौर में क़ायदे से पश्चिमी प्राच्यविदों ने बात नहीं की। सिर्फ़ वही वैधता देने वाले स्रोत के रूप में अनुपस्थित नहीं थे, राजेंद्रलाल मित्र और आर.जी. भंडारकर जैसे देसी प्राच्यविदों के बीच भी शैवों को अंततः अनार्य, अपभ्रष्ट और यहां तक की परिधीय मानने का एक असंदिग्ध रुझान था।

सबको मिलाने वाली संस्कृत परंपरा, जिसने स्मार्त और संप्रदाय के बीच की टूट को जोड़ा था, जो श्रुति-स्मृति के प्रति अपनी उन्मुखता और धर्मशास्त्रों पर तथा वर्णाश्रम धर्म (वह जितने भी बदले हुए रूप में हो) की केंद्रीयता पर अपने बल के द्वारा एक एकताबद्ध, एकाश्म आर्य-हिंदूवाद की निर्मिति पर बज़िद प्रतीत होती थी, वह संस्कृत परंपरा उत्तर भारत में इतनी मज़बूत थी कि इस दौर में यहां किसी विरोध की उम्मीद करने की बात थोड़ी कच्ची जान पड़ती है।

लिहाज़ा, हिंदुओं के सच्चे धर्म की मुख्य लाक्षणिकताएं, उस समय में, ऐसे ही तरीक़े से परिभाषित की जा सकती थीं जो सार्वजनिक छवि के लिए सर्वाधिक उपयुक्त हो, जिसे परंपरावादी समूहों और साथ ही साथ पश्चिमी प्राच्यविदों का सर्वाधिक समर्थन हासिल हो। यह मुख्य लाक्षणिकताएं थीं, एकेश्वरवाद तथा एक निजी ईश्वर के प्रति भक्ति और उत्तर भारत में शिव के तमाम हाशियाकरण के बावजूद ये इतनी व्यापक थीं कि वैष्णवों के साथ-साथ शैवों का भी प्रतिनिधित्व कर सकें।

यही व्यापक आधार वाली मान्यता थी जिसने आधुनिक हिंदू धर्म की शक्ल गढ़ी, न कि ब्राह्मो और आर्यसमाज जैसी अधिक रैडिकल धाराओं का मूर्तिभंजन, जिसने उद्‌दीपक की भूमिका ही अधिक निभाई। पर इनके साथ भी वहां सांठ-गांठ हुई जहां उपासना के लोकप्रिय रूपों पर रोक लगाने की बात आई जिनके ऊपर अब अंधविश्वास का ठप्पा लगा दिया गया था।

हरिश्चंद्र की प्रतिक्रिया को उत्तर भारत में हिंदू धार्मिक परंपरा की निर्मिति में शामिल एक व्यापक रुझान का प्रतिनिधि माना जा सकता है। पावन काशी नगरी और उसकी संस्थाओं के पूरे प्राधिकार के साथ अपनी बात कहने वाले, हिंदी विद्वानों की दुनिया में ज़बर्दस्त साख रखने वाले एक नेतृत्वकारी पत्रकार-लेखक के रूप में हरिश्चंद्र ने, निश्चित रूप से, सिर्फ़ जनमत का प्रतिनिधित्व ही नहीं किया, उसे बनाने का भी काम भी किया।

टिप्पणियां

1. जेम्स यंग, जिसने हिंदू पक्ष-समर्थन-शास्त्र का अब तक का सबसे विस्तृत अध्ययन किया है, के ये विचार कुछ अपरिपक्व जान पड़ते हैं :

   बाहर के ईसाई ख़तरे के मुक़ाबले अपने अंदर की असनातनी प्रवृत्तियों के साथ उलझे हुए हिंदू परंपरावादियों ने ऐसा बहुत कम प्रकाशित किया जो यह बताता हो कि वे अपने बीच इतने लंबे समय से परिश्रम करते मिशनरियों के धर्म को लेकर क्या सोचते थे (1984 : 116)।

   इसके अलावा एक नोट में यंग यह चौंकाने वाली बात कहते हैं :

   एक अन्य संदर्भ में मैंने इस पर विचार किया है कि अंतर्धार्मिक संवाद में भागीदारी को लेकर हिंदू परंपरावादियों की चुप्पी का क्या सबब है और इसे धार्मिक बहुलता के प्रति एक सजगता के विलंबित विकास से जोड़कर देखा है, इस सजगता के विलंबित विकास से कि हिंदू धर्म के बरअक्स दूसरे धर्मों का भी वजूद है (115)।

   एक पहले के अध्ययन में उन्होंने यह दृढ़तापूर्वक कहा था :

   ग़ैरहिंदू धर्मों को प्रामाणिक धर्म के रूप में मान्यता देने का विरोध करते हुए कुछ कारकों का उल्लेख भी किया गया था : अगर दो ही उदाहरण गिनाएं, तो म्लेच्छों के साथ सामाजिक समागम का निषेध और उनकी भाषा के अध्ययन का निषेध। कालांतर में इन प्रतिबंधों का नतीजा यह हुआ कि हिंदू पक्षसमर्थक एक निकटदृष्टिदोष से पीड़ित हो गए जिसने उनके ध्यान को बाहर, इस्लाम और ईसाइयत द्वारा पेश किए गए ख़तरे की ओर ले जाने की बजाय अंदर अपने चिरपरिचित प्रतिपक्षियों—बौद्ध, जैन और भौतिकतावादियों—की ओर मोड़ दिया, जिनकी हिंदू प्रभुत्व के लिए वास्तविक ख़तरा बनने की आशंका बहुत पहले ख़त्म हो चुकी थी (1981 : 141)।

   यंग की यह स्थापना कि हिंदुओं द्वारा धार्मिक बहुलता को असलियत में स्वीकार किया जाना इस बाद के दौर में आकर ही संभव हो पाया (1891: 142), ख़ासी बहसतलब है। ग़ैर-हिंदू धर्मों के साथ केंद्रीय रूप से चलाई और निर्वाह की जाने वाली एक सैद्धांतिक बहस उस समय लगभग नामुमकिन थी जब इस केंद्र का गढ़ा जाना बाक़ी था। लेकिन यंग की बातें इस मान्यता पर आधारित हैं कि हिंदू धर्म हमेशा से एक एकात्मक वस्तु थी, उन्नीसवीं सदी का एक अतीतव्यापी प्रक्षेपण मात्र नहीं।

2. *ईशू चरित्र* हिंदी की एक पोलेमिकल पुस्तिका है जो 1887 में इलाहाबाद से प्रकाशित हुई थी और जिसके लेखक रघुनाथ तिवारी थे। यंग (1984) ने इसका अनुवाद किया है और इसकी अंतर्वस्तु का विश्लेषण करते हुए इस दृष्टि से उसे महत्त्वपूर्ण बताया है कि वह 'हिंदू

परंपरावादियों' की आम प्रतिक्रिया का एक नमूना है (116)। मुखपृष्ठ पर एक लिथोग्राफ़ है जिसमें 'एक आतंकित जीसस' का चित्रण हुआ है, 'क्रॉस पर ठुंके हुए, आंखें कोटरों से बाहर को निकलती हुईं, बेहद भयभीत, पिटे हुए पिल्ले की याद दिलाते' (117)। यंग इसे सिर्फ़ आगे के उस पाठ के एक अभिलक्षण के रूप में नहीं देखते जो निस्संदेह ईसा मसीह के जीवन की घटनाओं को उस अंदाज़ में बयान करता है जिसे ख़ुद मिशनरियों ने कृष्ण की कथाओं के लिए सुरक्षित कर लिया, बल्कि 'उस समय की ईसाई-विरोधी हिंदू परंपरावादियों की पुस्तिकाओं की लड़ाकू और ग़ैर-समझौतावादी प्रकृति' के अभिलक्षण के रूप में भी देखते हैं (118)। यंग ने यहां एक ख़ास क़िस्म के वाद-विवाद के अंतर्गत एक ख़ास क़िस्म की प्रतिक्रिया को दर्शाने वाले पैम्फ़लेट को उस चीज़ के एक नमूने के तौर पर लिया है जिसे वे हिंदुओं की कमोबेश सीमित-सी प्रतिक्रिया के रूप में देखते हैं। ऐसा करते हुए वे मिशनरियों के प्रचार के ख़िलाफ़ उस अधिक व्यापक, किंतु कम मुखर प्रतिक्रिया को नज़रअंदाज़ कर देते हैं जिसने बहस के मुद्दों को निर्धारित करते हुए उन्नीसवीं सदी के दौरान हिंदू आत्म-प्रेक्षण को गढ़ने में मदद की।

3. मैं यहां कैथोलिक धर्मशास्त्री, कार्ल रैह्नर, द्वारा इस विषय पर लिखे गए लेख, जो *लेक्सिकॉन फ़्युर थियोलोगी उंड किर्ख़े* (1962) में संकलित है, के बीसवीं सदी के सूत्रीकरण का हवाला दे रही हूं। यह लेख उन्नीसवीं सदी के विचार-विमर्श का सार प्रस्तुत करता है, और यह मौजूदा संदर्भ में हमारे लिए मूल्यवान है, क्योंकि यह बहुत स्पष्ट रूप से उन बिंदुओं को सामने लाता है जिन्हें मिशनरी, भारतीय उपमहाद्वीप के धर्मों के ख़िलाफ़ अपने वाद-विवाद में, बार-बार पेश करते थे। लेकिन एक बिंदु पर रैह्नर उन्नीसवीं सदी के उस पांडित्यपूर्ण धर्मशास्त्रीय विमर्श से थोड़ा अलग जाता है जो त्रित्ववादी पहलू को किनारे कर देने की कोशिश करता था, न कि उस पर बल देने की, जैसा कि यहां दिख रहा है। बावजूद इसके, त्रित्व की अवधारणा हमेशा से कैथोलिक और प्रोटेस्टेंट, दोनों तरह के ईसाई चर्च के रूढ़ सिद्धांतों में केंद्रीय रही थी, और इस तरह यह माना जा सकता है कि रैह्नर इस विषय पर बने हुए मतैक्य को अभिव्यक्त कर रहा था। इसके अलावा, दूसरे धर्मों के साथ हुए उन्नीसवीं सदी के विवादों में, ख़ासतौर से तब जब एकेश्वरवाद ने हमले का एक केन्द्र-बिन्दु निर्मित किया, त्रित्ववादी पहलू को बहिष्कृत नहीं किया जा सकता था, क्योंकि विरोधी अकसर इसे बीच बहस में ले आते थे। अलबत्ता, इस बात से इनकार नहीं किया जा सकता कि व्यावहारिक त्रित्व के साथ आंतरिक त्रित्व के जिस समीकरण पर बल दिया गया है, वह ज़्यादा हाल के विचार-विमर्शों का एक हिस्सा है, क्योंकि बीसवीं सदी में पांडित्यपूर्ण विचार-विमर्शों को कार्ल बार्थ द्वारा पुनर्जीवित किया गया जिसकी ईश्वर मीमांसा में त्रित्व ने एक बार फिर एक केंद्रीय स्थिति हासिल की। रैह्नर ने कैथोलिक ईश्वर मीमांसा के लिए इसी कार्यभार को पूरा किया।

4. इसके अनुरूप ही, सर्वेश्वरवाद और अद्वैतवाद का मूल्यांकन बहुत कठोर है :
सर्वेश्वरवाद और अद्वैतवाद के बीच का अवधारणात्मक विभाजन काफ़ी समय तक ख़ासा अस्पष्ट था। अलबत्ता, जो प्रकटतः दिखता है उसी तक अपने को रखने के ख़याल से, सर्वेश्वरवाद को अद्वैतवाद के एक धार्मिक रूप के तौर पर देखने के अलावा किसी और तरह से इस विभाजन को चलाए रखना मुश्किल है (जे. क्लेइन)। अद्वैतवादी सिद्धांत ईश्वर की सर्वेश्वरवादी संकल्पना की विशिष्ट प्रकृति की विशेषताओं को बताता है। कारण यह कि सर्वेश्वरवाद ईश्वरवाद से अपनी अच्छी-ख़ासी दूरी बनाता है, इस रूप में कि यह ईश्वर और शेष वास्तविकता के बीच के सत्तामीमांसात्मक अंतर को धुंधला करता है (26)।

लेक्सिकॉन फ़्युर थियोलोगी उंड किर्ख़े (1963) से, सर्वेश्वरवाद पर सेंट पफुर्टनर द्वारा लिखे गए एक लेख में।

5. बाद के विचार-विमर्श के लिए यह ज़रूरी है कि एकेश्वरवाद के उन भेदोपभेदों के बीच, जो आजकल तुलनात्मक धार्मिक अध्ययन में प्रचलित हैं, कुछ शोधोपयोगी अंतर कर लिये जाएं, हालांकि यह भी याद रखना ज़रूरी है कि, जैसा कि थ्योडोर लुडविग दि *एनसाइक्लोपीडिया ऑफ़ रिलीजन* के समकालीन संस्करण में एकेश्वरवाद पर लिखे अपने लेख में कहते हैं, 'एक परंपरा के भीतर भी' कोई प्रतीकात्मक व्याख्या स्थिर करने में 'एकेश्वरवाद के कई भिन्न अनुभव और दर्शन' उपस्थित होंगे (1987 : 72)। लुडविग द्वारा प्रस्तुत किए गए तीन प्रकार चूंकि आने वाले विचार-विमर्श के लिए एक सुविधाजनक आरंभ-बिंदु का काम कर सकते हैं, इसलिए हम उन्हें बुनियादी रूप मानकर चलेंगे। ईसाइयत तीसरे और अंतिम वर्ग में आएगी, जो कि ऐतिहासिक नैतिक एकेश्वरवाद का वर्ग है। यह एकेश्वरवाद एक ऐसे ईश्वर में विश्वास करता है जो ऐतिहासिक उद्देश्य को निर्देशित करता है, (यह एकेश्वरवाद) ईश्वर के अभिलक्षणों का वर्णन करते हुए उसे व्यक्तिगत, दुनिया को एक ऐतिहासिक उद्देश्य देने की इच्छा से संपन्न, सर्जक के रूप में हर घटना को निर्देशित करने वाला, दुनिया से विलग फिर भी अंतर्यामी बनकर सबको शासित करने वाले के रूप में मानवीय इतिहास में शामिल (बताता है। एक ऐसा ईश्वर) जो सभी को मूल्य देता है और इतिहास के अंत में सभी की जवाबदेही तय करता है, और जो प्रमुख पैगंबरों, घटनाओं तथा धर्मग्रंथों के ज़रिए ख़ुद को उद्घाटित करता है। ईसाइयत, इस्लाम और यहूदी धर्म इस तरह के एकेश्वरवाद को सबसे संपूर्ण रूप में अभिव्यक्त करते हैं और इसे धार्मिक विचार एवं व्यवहार के केंद्र में स्थापित करते हैं। ईसाइयों ने ऐतिहासिक नैतिक एकेश्वरवाद को, मानव-इतिहास में प्रकट हुए एक ईश्वर के निजी चरित्र पर बल देते हुए, मूर्त और अस्तित्वात्मक रूपों में अनुकूलित कर लिया है। त्रिदेववाद के रुझानों का विरोध करते हुए ईसाई परंपरा ने एक ऐसी त्रि-एकता ईजाद की है जो ईश्वर को पिता, पुत्र और पवित्र आत्मा के रूप में इस संसार में मूर्तरूपेण सर्वव्याप्त बनाती है। इस दृष्टि में सबसे महत्त्वपूर्ण है, जीसस क्राइस्ट नामक व्यक्ति में ईश्वर का देहावतार। जीसस क्राइस्ट सार्वभौमिक ईश्वर के एक ऐसे ऐतिहासिक विशिष्टीकरण हैं जो पूरे मानव-इतिहास के लिए एक धुरी मुहैया कराते हैं (74)।

अन्य दो प्रकारों में से पहला है, राजतंत्रीय एकेश्वरवाद, यानी 'एक ऐसे ईश्वर में विश्वास जो कई देवताओं पर शासन करता है...यह एक ईश्वर दूसरी शक्तियों को पूर्ण समर्पण के लिए बाध्य करते हुए सर्वोच्च प्राधिकार और असीमित शक्ति का स्वामी बनता है' (73)। दूसरे, इमेनेशनल रहस्यात्मक एकेश्वरवाद, को दो उपभेदों में बांटा जा सकता है : 'अनेक देवताओं के माध्यम से एक ईश्वर की आराधना, या विश्वात्मा के रूप में एक ईश्वर की आराधना' (73), जहां वैष्णववाद समेत हिंदूवाद के विराट आस्तिक पंथों को पहले उपभेद के अंतर्गत रखा जाना संभव है।

इस तरह ऐतिहासिक नैतिक एकेश्वरवाद को जिस रूप में ईसाइयत में प्रस्तुत किया गया है, उस रूप में वह, अपने ख़ास संघटन के नाते, अन्य दो प्रकारों के अनिवार्यतः विरोध में होगा और उनमें प्रामाणिक एकेश्वरवाद की उपस्थिति को मानने से इनकार करेगा। यह चीज़ कुछ हद तक हिंदू धर्म के संबंध में मिशनरी निर्णय-घोषणाओं के हठधर्मी स्वर की वजह बयान करती है, हालांकि फ़ैसले सुनाने की स्वतंत्रता, जिसे वे ख़ुद मुकम्मल और अकाट्य मानते थे, का संबंध निश्चित तौर पर उस राजनीतिक स्थिति के साथ था जिसका संक्षिप्त ख़ाका इस अध्ययन के अध्याय तीन में मिशनरी भाग के अंतर्गत प्रस्तुत किया गया है।

6. 1839 में जॉन म्युर ने अपनी संस्कृत पुस्तिका *मतपरीक्षा : ए स्केच ऑफ़ दि आर्ग्युमेंट फ़ॉर क्रिस्चियनिटी एंड अगेंस्ट हिंदूइज़्म* प्रकाशित की। यह एक आधिकारिक वक्तव्य था, जिसने आने वाले दशकों में इस तरह की परीक्षाओं का तांता लगवा दिया। मानव जाति के सामने प्रामाणिकता और प्राधिकार के मुख़्तलिफ़ दावों के साथ पेश किए गए विविध धर्मों और धार्मिक समाधानों का तटस्थ दृष्टि से निरीक्षण-परीक्षण करने की कोशिश के रूप में इस पुस्तिका की परिकल्पना की गई थी। म्युर कठमुल्लेपन के साथ नहीं, बल्कि विवेकशील विधि से इस प्रयास में लगे जो कि तर्कपूर्ण मानव-मस्तिष्क को प्रभावित करता है। अगर ईसाइयत इस परीक्षा पर खरी उतरी जबकि दूसरे सभी, और सबसे ज़्यादा हिंदू धर्म, अनुत्तीर्ण रहे तो इसका कारण यह था कि ईसाइयत का सत्य तर्क के दायरे में आता है। दूसरे मुद्दों में से, म्युर ने चमत्कारों के सवाल को उठाया, जो यूरोपीय संदर्भ में औचित्य-प्रतिपादन की मांग करता था, हालांकि ख़ुद हिंदू इसके बारे में तर्कबुद्धि के साथ विचार करने की शायद ही कोई ज़रूरत महसूस करते थे। म्युर ने दृढ़तापूर्वक कहा कि हिंदू चमत्कार एक अनभिलिखित अतीत में गुम हैं, जबकि ईसाई चमत्कार ऐतिहासिक समय में घटित हुए और इसीलिए उनकी पुष्टि करना संभव है (तुलना करें, यंग 1981 : 39, 72)।
7. इस समीक्षा में कुछ बातों पर ग़ौर करने की ज़रूरत है, क्योंकि वे मिशनरी रवैए का नमूना पेश करती हैं। बिल्कुल शुरुआत में ही बैलेंटाइन की पद्धति को, तर्कणा का वहन करने और उस पर आधारित होने के चलते, अयोग्य क़रार दिया गया। समीक्षक ने ईसाई धार्मिक ज्ञान के बारे में यह मत प्रस्तुत किया :

यह ऐसा ज्ञान है जो समझने के साथ-साथ महसूस किया जाता है; जिसका तर्क से जितना संबंध है उतना ही अंतःकरण से; जो अपने प्रभाव के दायरे में बुद्धि और भावना, दोनों को ले लेता है (81)।

यूरोपीय दार्शनिकों की तुलना में, जिनकी सोच को उनके अपने-अपने ऐतिहासिक युगों में रखकर व्यवस्थित किया जा सकता था, हिंदू समय में केवल तैरते थे। हिंदू चिंतन का बहुत बड़ा हिस्सा ग्रामीण था और उसमें आदिम जादुई विश्वासों को जगह दी गई थी। बैलेंटाइन का प्रयास इस मायने में अतिमहत्त्वाकांक्षी था कि इसने इस क़िस्म की भटकती चालों वाली अनेक शताब्दियों को अपनी ज़द में लेने का दावा किया। फिर भाषा की—हिंदू संकल्पनाओं के समतुल्य के रूप में यूरोपीय दार्शनिक पदावली इस्तेमाल करने के शुद्ध उतावलेपन की—भी समस्या थी। 'हिंदुओं के यहां 'प्रकृति' का जो वर्णन मिलता है, उसमें क्या यूरोपीय दार्शनिक 'नेचर' संबंधी अपने विचार को पहचान सकता है?' (88)। बैलेंटाइन के इरादे भी संदिग्ध थे, क्योंकि उनसे अनजाने में हिंदू चिंतन की तारीफ़ हो गई थी :

डॉ. बैलेंटाइन ने गंभीर तत्त्वमीमांसकों के रूप में हिंदुओं की जो प्रशंसा की है, हम किसी भी तरह से उसका समर्थन नहीं कर सकते। उन्होंने अपने सूत्रों और भाष्यों में चिंतन का विस्तार, गांभीर्य, वस्तुओं और सिद्धांतों का सावधान और तार्किक विश्लेषण क़तई प्रदर्शित नहीं किया है। उल्टे ज़बर्दस्त वाक्छल और मताग्रही दावे प्रचुर मात्रा में मिलते हैं (91)।

इसके ख़िलाफ़ ईसाई दृष्टिकोण को प्रस्तुत करने में, उच्चतर स्तर पर जो प्रतिकार किया जाना चाहिए था, वह सारतः निम्नतर स्तर पर पहुंच गया (94)।

हम इन पंक्तियों को गहरी पीड़ा के साथ लिख रहे हैं, इस राय के तहत कि वेदांत के इस पक्षपोषण में एक मित्र के हाथों सत्य की हानि हो रही है। वह मित्र ऐसा करते हुए सत्य के विरुद्ध ऐसे लोगों के एक तबक़े को मज़बूती दे रहा है जो हर उस चीज़ के प्रति, जो सत्य, पवित्र और महान है, सबसे अधिक अनादरपूर्ण एवं छिद्रान्वेषी रहा है (105)।

ब्रूनो, स्पीनोज़ा और शेलिंग से तुलना की जाए तो सर्वेश्वरवादी दर्शन के स्तर पर भी हिंदू पद्धति अपूर्ण थी। लेकिन अंतत :

मनुष्य सिर्फ़ तर्कबुद्धि से विचार नहीं करता, बल्कि महसूस भी करता है। तर्कणा और अनुभूति के बीच–बोध और हृदय के बीच, आस्था और प्रेम के बीच–के मध्य-बिंदु पर सच्चे धर्म की जगह है। धर्म को–और विशेषतः ईसाई धर्म को–एक तत्त्वमीमांसात्मक अटकलबाज़ी के रूप में बरतना करुणा और प्रेम के उस ईश्वर के प्रति बहुत बड़ा अन्याय है जिसने इसकी प्रकाशना की, और उस पापाचारपीड़ित एवं भ्रमित मनुष्य के प्रति अत्यंत अनुचित कर्म है जिसे इस धर्म की ज़रूरत है। सिर्फ़ हृदय का धर्म ही हिंदुओं का लगाव हासिल कर सकता है, उन्हें सांत्वना और सुरक्षा दे सकता है (108)।

इसलिए यह निबंध हिंदुओं के सामने पेश किए जा रहे धर्म की सच्ची प्रकृति को समझने के लिहाज़ से 'अति-तत्त्वमीमांसात्मक और अति-संक्षिप्त' था। यह सुझाव दिया गया कि पढ़े-लिखे हिंदू के लिए लिखी गई आगे की किताबों में ईसा मसीह को 'कहीं अधिक महत्त्वपूर्ण स्थान' मिलना चाहिए (109)।

8. बनारस के साहित्यिक जगत् में बैलेंटाइन के प्रकाशनों ने ख़ासा क्षोभ फैलाया। भारतेंदु के पोते और जीवनीकार, ब्रजरत्नदास ([1935] 1962 : 190), ने हिंदी पत्र *सुधाकर* (1848) के उस आह्वान का हवाला दिया है जिसमें देशवासियों से बैलेंटाइन के आग्रह को ख़ारिज करने के लिए कहा गया था।
9. ये सात चरण थे–भाव, प्रेम, प्रणय, स्नेह, राग, अनुराग और व्यसन। तथापि भक्ति के दो पक्ष थे, प्रेम और सेवा, जिसमें से फिर सेवा शरीर की (तनुजा), भौतिक संपदा की (वित्तीय) या मन की (मानसा) हो सकती थी। सेवा स्पष्ट रूप से श्रीनाथ जी के स्वरूप कृष्ण, उनकी प्रतिमा और उनके मंदिर की उपसना-पद्धति से संबद्ध थी। इस तरह पूर्णतः भावनात्मक पक्ष मंदिर के साथ जुड़े सेवा के विविध रूपों से इस तरह संबद्ध थे कि उन्हें अलग नहीं किया जा सकता था। तुलनीय, कृष्णा शर्मा (1987 : 145 और आगे)
10. *समग्र* : 1
11. *समग्र* : 12
12. मिसाल के लिए *हरिश्चंद्रचंद्रिका* के दिसंबर 1874 के अंक (3.3) में मुकुंदरायजी और गोपाललालजी के लिए एक प्रशंसात्मक कविता है जिसमें सटीक मुहावरेदानी की ख़ास हरिश्चंद्रीय दक्षता दिखाई पड़ती है, लेकिन इसे उनके किसी संकलन में शामिल नहीं किया गया है।
13. धर्मसभाओं में धर्मशास्त्र के विशेषज्ञ होते थे, लेकिन उत्तरोत्तर उनमें आम आदमी भी आते जा रहे थे जिनकी संस्कृत के ग्रंथों तक कोई सीधी पहुंच न थी। इसके बावजूद इन सभाओं का मुख्य लक्ष्य था अपने निर्णयों के लिए इन ग्रंथों में किसी तरह की वैधता की तलाश करना। इन ग्रंथों को देखने की नई ज़रूरत के तहत ही लखनऊ के नवल किशोर प्रेस ने *मनुस्मृति* का हिंदी अनुवाद प्रकाशित किया, जिसे राजा शिवप्रसाद ने संक्षिप्त किया था और जो व्यापक स्तर पर सुलभ कराने की दृष्टि से प्रकाशित की गई थी। इसकी भूमिका में राजा ने कहा :

यह दुख की बात है कि हमारे अपने लोग हिंदू कहलाने के बावजूद अपने मनु की संस्थाओं को नहीं जानते। इसीलिए जो कुछ वे करते हैं, वह उनके विपरीत होता है। लंबे समय से मैं मनुस्मृति का एक संक्षिप्त संस्करण प्रकाशित करने की बात सोच रहा था, ताकि जो लोग संस्कृत नहीं जानते, वे इसके अर्थ को आसानी से समझ सकें। ताकि यह उनके सामने स्पष्ट हो सके कि हिंदुओं का मूल धर्म क्या है। और जो लोग अब अपने को हिंदू कहते हैं, उनके कामों की प्रकृति क्या है (1926 : 1-2)।

कहने की ज़रूरत नहीं कि शिवप्रसाद ने अपनी तन्वंगी पुस्तिका के लिए सिर्फ़ उन्हीं श्लोकों को चुना जो उनके अपने, अपेक्षाकृत प्रगतिशील, विचारों के मेल में थे। (पहले प्रकाशन की तिथि निश्चित करना संभव नहीं है। पर ग्रियर्सन अपने *इतिहास* में इसका उल्लेख करते हैं (1889 : 151)। मेरे सम्मुख इसका 1926 में छपा संस्करण है। उसी प्रेस ने विज्ञानेश्वर के बारहवीं सदी के ग्रंथ *मिताक्षरा* का पंडित दुर्गाप्रसाद द्वारा किया गया हिंदी अनुवाद (1888) भी प्रकाशित किया। अनुवाद में पंद्रह वर्षों का समय लगा और स्पष्ट रूप से यह प्रेस के स्वत्वाधिकारी मुंशी नवल किशोर द्वारा कराया गया था। इसे उदयपुर के महाराजा सज्जनसिंह की ओर से भी बीच-बीच में वित्तीय सहायता मिलती रही थी। दोनों कृतियों को ब्रिटिश प्राच्यविदों और विधिवेत्ताओं का समर्थन प्राप्त था। विलियम जोंस ने पहले *मनुस्मृति* का अनुवाद किया था, और *मिताक्षरा* को उन्नीसवीं सदी में मिली लोकप्रियता को टी.ई. कोलब्रुक के प्रतिष्ठित अनुवाद (1810) ने बढ़ावा दिया था। तुलनीय, डेरेट (1961)। इस तरह दूसरे मुहावरे के रूप में शास्त्रीय मुहावरे की निर्मिति हुई, जो कि धर्मसभाओं के कामकाज के भीतर परिवर्तन को वैधता देने में और तीसरे मुहावरे की निर्मिति में इस्तेमाल हुआ।

14. सभा जिस दायरे में व्यवस्थापन का काम करती थी, वह धार्मिक स्थापनाओं के बजाय स्पष्टतः रीतियों और अनुष्ठानों का क्षेत्र था, जिसका सीधा-सा कारण यह था कि अब ब्राह्मोसमाज जैसी संस्थाएं भी अपना दायरा बढ़ाने की कोशिश में थीं।
15. इस विषय पर उनका लंबा लेख एक अलग पर्चे के रूप में छपा था जो कि ग्रंथावली III (699-711) में संकलित है।
16. शास्त्री (1974 : 156)। आगे का विवरण मुख्यतः शास्त्री पर आधारित है।
17. चूंकि भारतेंदु कई मौक़ों पर पंडित बस्तीराम की गतिविधियों के बारे में अपनी अहसमतियां ज़ाहिर कर चुके थे, इसलिए यह बहुत साफ़ था कि महाराजा अब उन्हें इस अस्वीकार्य आचरण वाले पंडित से निपटने के लिए प्राधिकृत कर रहे थे। व्यवस्थाएं देने का मसला पूरी तरह से नियमबद्ध नहीं था और कई अविवेकी जन उसमें लगे हुए थे। *हरिश्चंद्र मैगज़ीन* (1/2, 15 नवंबर, 1873) में एक लघुनाटक छपा था, *सबै जाति गोपाल की,* जिसमें एक विवादास्पद पंडित सबसे नीची और दीन-हीन, हिंदू और अहिंदू, सभी जातियों को ऊपर उठाकर सबसे उन्नत वर्णों से संबंधित बताने के लिए तत्पर दिखाया गया है। इस लघुनाटक को, पहले दौर के अंत में, कुछ पंडितों के ऐसे रुझान पर भारतेंदु के सार्वजनिक बयान और निंदापूर्ण टिप्पणी के रूप में देखा जा सकता है जिसके तहत वे संबंधित मुद्दे के प्रति लापरवाही बरतते हुए अच्छी राशि पाने के लिए मनचाही व्यवस्थाएं देते थे। बाद के वर्षों में सभा के साथ भारतेंदु का जुड़ाव कम घनिष्ठ रह गया, या पृष्ठभूमि में चला गया, ऐसा जान पड़ता है।
18. एक ऐसी हसरत जो लेखक की फ़ैंटेसी में बाक़ायदा पूरी हो चुकी दिखती है। अदालतों में उर्दू कभी भी हिंदी के द्वारा अपदस्थ नहीं की गई, हालांकि काफ़ी अभियान चलाने के बाद, जैसा कि हमने अध्याय चार में देखा है, हिंदी को भी सन् 1900 में अदालत की भाषा का दर्जा मिल गया।
19. आगे का विवरण डॉबिन (1972 : 53-77) पर आधारित है।
20. मूलजी की किताब में उद्धृत (1865 : अपेंडिक्स, जहां से पृष्ठ संख्या का हवाला आगे के विवरण में मिलते हैं)।
21. संप्रदाय के सामान्य आकलन के हिसाब से और भी गंभीर बात कहते हुए अंग्रेज़ जज, सर मैथ्यू साउस्से, ने पुष्टिमार्ग के सिद्धांतों को मूल हिंदू धर्म के विपरीत बताया :

    ये मत और नियम उन सिद्धांतों के विपरीत ठहरते हैं जिन्हें हम हिंदू धर्म के मूल सिद्धांत के रूप में जानते हैं और जो वेदों में बताए जाते हैं। वहां इस तरह के देहधारण की कोई चर्चा

नहीं है, बल्कि सुविदित अवतार की चर्चा है और हिंदू क़ानून तथा नैतिक नियम विवाह से पहले की शील-पवित्रता तथा विवाहित अवस्था में एकनिष्ठता का संस्कार देते हैं। इसलिए, जहां तक पूरी बात के इस पक्ष पर हमारी राय का सवाल है, मुद्दालेह ने सफलतापूर्वक यह दिखाया है कि वल्लभाचार्य संप्रदाय के मत इन मामलों में पुरातन हिंदू धर्म के मतों से उलट हैं (मूलजी द्वारा उद्धृत, 1865 : अपेंडिक्स, 82)।

यह एक विराट सामान्यीकरण था, मूलजी की मान्यताओं की स्वीकृति, कि यह संप्रदाय हिंदुओं के मूल धर्मसार से पूरी तरह विचलित है।

22. कलकत्ता की हिंदी पत्रिका *उचित वक्ता* के 29 अक्टूबर, 1881 के अंक में छपा एक पत्र, जिसकी लेखिका 'एक पति रहते ही विधवा गुजरातन' थी, इस बात का सबूत पेश करता है कि यह बात सही थी और आगामी दशक में कमोबेश यही स्थिति बनी रही। इसमें एक बीस वर्षीय महिला के दुख का वर्णन है जिसकी शादी पांच साल की उम्र में हो गई थी और जो दस साल की उम्र से अपने पति के साथ रह रही थी। साथ रहने पर उसने जाना कि पति नपुंसक है। वह हमेशा से कृष्ण की भक्त थी, लेकिन भ्रष्टाचार और दुराचार का अड्डा जानकर वह मंदिर नहीं जाती थी। अपने पति के परिवार द्वारा मंदिर जाने के लिए बाध्य किए जाने पर वह वहां गई थी, पर वहां उसका सतीत्व ख़तरे में पड़ गया था। वह पुजारियों की निर्लज्ज कोशिशों से किनारा करके भागने में सफल रही थी, पर ऐसा करने के लिए पति ने कसकर फटकार लगाई थी। उसने स्वयं को अकेला और परित्यक्त महसूस किया था पर *हरिश्चंद्रचंद्रिका* और *भारतमित्र* में विधवाओं द्वारा लिखे गए पत्र देखकर उसे पत्र लिखने की हिम्मत बंधी थी। उसने इस बात पर बल दिया कि जो कुछ उसने लिखा है वह मंदिर की संस्था और गोसांइयों के ख़िलाफ़ नहीं है, बल्कि बुरे और चरित्रहीन गोसाइयों के ख़िलाफ़ है। भारतवर्ष की अवस्था तब तक उन्नत नहीं हो सकती जब तक इस तरह के दोषों के मार्जन का उपाय न किया जाए।
23. इस नाटक में प्राक्कथन के अलावा चार अंक हैं। यह *हरिश्चंद्रचंद्रिका* में धारावाहिक रूप से छपा था, उसके 1.11, अगस्त 1874 के अंक 1 और 2 में; 2.3, दिसंबर, 1874 के अंक 3 में; और आख़िरी, कई महीनों बाद, 1.7, अप्रैल 1875 के अंक 4 में। पूरा नाटक नगर के हरिप्रकाश प्रेस से पुस्तकाकार आया। यहां उद्धरण *भारतेंदु नाटकावली* (ब्रजरत्नदास 1936) से दिए गए हैं।
24. दोनों का दस्तावेज़ीकरण सहाय ([1905] 1975 : 82-3) ने किया है।
25. संप्रदायों को शास्त्रविरुद्ध मानना स्मार्तों के लिए कोई असामान्य बात न थी। जयपुर में हुए विवाद ने निर्णायक रूप से यह दिखला दिया था। जयपुर के महाराजा राम सिंह द्वितीय (1835-80) का अपने पुरखों की वैष्णव आस्था से शैववाद की ओर अचानक मुड़ जाना और उसके बाद उसके स्मार्त पंडितों द्वारा सभी वैष्णव संप्रदायों का उत्पीड़न सिर्फ़ राजदरबार के बदले हुए माहौल का नहीं, बल्कि उन एकरूपीकरण करने वाली, संस्कृतोन्मुख प्रवृत्तियों का भी प्रमाण था जो अंग्रेज़ों के आने के बाद सामान्य रूप से वजूद में आ गई थीं। इस उत्पीड़न के चलते शुरुआत में संप्रदायों के शीर्षस्थ जनों ने अपने धर्मशास्त्रीय संप्रत्ययों पर दृढ़ रुख़ अख़्तियार किया, लेकिन अंततः शहर और उसके आस-पास के इलाक़े से उन्हें भागना पड़ा। यह उत्पीड़न आगे चलकर ख़त्म हुआ, पर अच्छे-ख़ासे भ्रम और संकट के बाद। हमारे संदर्भ में इस बात पर ग़ौर करना अहम है कि संप्रदायों ने उक्त स्थिति का सामना करते हुए श्रुति और स्मृति के प्रति, साथ ही धर्मशास्त्रों के प्रति, लेकिन सबसे अधिक वर्णाश्रम धर्म के प्रति अपनी निष्ठा को दृढ़तापूर्वक स्वीकार किया था। इस तरह यदि एक ओर राजदरबार के स्मार्त ब्राह्मणों ने शहर के प्रभावशाली वैष्णव संप्रदायों से ख़ुद को मुक्त करने के लिए संस्कृतोन्मुखी रुझान को इस्तेमाल करने की कोशिश की थी—वह रुझान जो अंग्रेज़ों के आगमन के साथ अधिक मज़बूत हुआ था और जिसने

निश्चित रूप से महाराजा की नवार्जित धार्मिकता को अंशतः प्रभावित किया था—वहीं दूसरी ओर, वैष्णव संप्रदायों ने इस अवसर को एक नई वैष्णव एकजुटता का निर्माण करने, साथ ही, ख़ुद अपनी संस्कृत संबंधी वंश-परंपरा और सम्माननीयता का प्रदर्शन करने के लिए इस्तेमाल किया। जयपुर विवाद पर और विवरणों के लिए देखें, क्लीमेंतीन-ओझा (1992)। भारतेंदु इस विवाद से परिचित थे और मेल-मिलाप के लिए अपने भर प्रयास कर चुके थे। *कविवचनसुधा* (8.17, 18 दिसंबर, 1876) में छपा एक पत्र उन्हें *गोविंदद्वादशमाहात्म्य* को प्रकाशित करने के लिए धन्यवाद देता है जिसने जयपुर के अत्याचारों के आधार पर वृंदावन में उठे एक विवाद को अपने इरादों की धर्मपरायणता के द्वारा हल कर दिया था।

26. एक अंक की अकेली प्रूफ़-प्रति बची हुई है। यह खंड 1, संख्या 3-6 है और इस पर ज्येष्ठ, आषाढ़, श्रावण की तिथि अंकित है, हालांकि कोई वर्ष नहीं बताया गया है। अंदाज़ा लगाया जा सकता है कि यह आरंभिक उत्साह में वर्ष 1874 में छपा होगा। यह प्रति गिरीशचंद्र चौधरी के पास है जिन्होंने इसकी सामग्री प्रकाशित की है (1986)। इसमें नारद के *भक्तिसूत्र* पर एक टीका है। *भक्तिसूत्र* का पाठ सिर्फ़ अनुवाद के साथ मूलतः *हरिश्चंद्र मैगज़ीन* (1.5, 15 फरवरी, 1874) में छपा था और आगे चलकर 1876 में एक विस्तृत टीका के साथ *तदीयसर्वस्व* के रूप में अलग से प्रकाशित हुआ था। यह सामग्री *ग्रंथावली* III (581-642) में उपलब्ध है। इस टीका के कुछ हिस्से पत्रिका में भी प्रकाशित हुए थे, जो बीच में छठे सूत्र से शुरू होते हैं और बारहवें सूत्र तक जाते हैं। इससे यह अंदाज़ा होता है कि वह पत्रिका सूत्र की टीका प्रकाशित करने में ही निपट गई, क्योंकि इसकी सामग्री के बारे में कोई और जानकारी उपलब्ध नहीं है।

27. गोहत्या और हिंदी-आंदोलन के मुद्दे पर सनातनियों ने आर्यसमाज के साथ मिलकर एक साझा मोर्चा बनाया। गाय और हिंदी के हित में दयानंद के अभियानों के लिए देखें, जॉर्डंस (1987 : 219, 223 और आगे)।

28. बैलेंटाइन (1859 : V) ने पहले ही इस कृति के महत्त्व को इस रूप में पहचाना था कि यह ईसाई पदावली/शब्दावली के निकट ठहरने वाली पदावली मुहैया कराती है जिसे ईसाई मिशनरियां अपने काम में सफलतापूर्वक इस्तेमाल कर सकती हैं। आगे चलकर ग्रियर्सन ने ईसाई विचारों के साथ इस कृति की निकटता पर ग़ौर किया और टिप्पणी की। ग्रियर्सन ने अपने काम में भारतेंदु के अनुवाद और भाष्य का हवाला दिया।

29. विट्ठल के शिष्य, मुरलीधर, ने भी *शांडिल्यसूत्र* की एक टीका लिखी थी। तुलनीय, दास गुप्ता (1975 : 380)। यहां जिस पाठ पर विचार किया जा रहा है, वह *भाषा भाष्य* है, *शांडिल्यसूत्र* की हिंदी टीका, जो *हरिश्चंद्र मैगज़ीन* के प्रवेशांक में प्रकाशित हुई और बाद में *भक्तिसूत्रवैजयंती* शीर्षक से एक पुस्तिका (माघ शुक्ल 5, संवत् 1930) के रूप में सामने आई। यह *ग्रंथावली* III (517-44) में शामिल है।

30. जैसा कि यंग (1981 : 70) ने इंगित किया है, म्युर इस वैचारिक दिशा के लिए प्रामाणिक धर्मशास्त्र के ऋणी थे, जिसे व्यवस्थित करने वालों में कई औरों के साथ-साथ ऐंग्लिकन पादरी विलियम पेली (1743-1805) भी थे। पेली की पूर्वमान्यता थी कि तर्क और प्रकाशना एक-दूसरे के विरोधी नहीं हैं। इस डार्विन-पूर्व के नज़रिए के अनुसार, ईश्वर की कृति हर जगह देखी जा सकती है, और विवेकशील अवलोकन इनसान तक आने के भगवान के मार्गों की प्रकाशना का काम कर सकता है।

31. इस ग्रंथ का सिर्फ़ अनुवाद *हरिश्चंद्र मैगज़ीन* (1.5) में फरवरी 1874 में ही छपा था। बाद का विस्तृत भाष्य स्वतंत्र रूप से पुस्तकाकार भी प्रकाशित हुआ और *कविवचनसुधा* के 1876 ग्रीष्मांक

में भी। यहां जिस पाठ पर विचार किया जा रहा है, वह *ग्रंथावली* III (581-642) में छपा हुआ है जो पुस्तकाकार प्रकाशित रूप की प्रस्तुति है।

32. दो ही दशक पहले तक इस तरह की समरूपता को मानने का मतलब अधिकारियों की गंभीर नाराज़गी का ख़तरा उठाने जैसा था। 1854 में एशियाटिक सोसायटी ऑफ़ बंगाल ने कविकर्णपुर लिखित *चैतन्य चंद्रोदय, ऑर दि इनकारनेशन ऑफ़ चैतन्य : ए ड्रामा इन टेन ऐक्ट्स* को राजेंद्रलाल मित्र के संपादन में उनकी लिखी भूमिका के साथ प्रकाशित किया (बिब्लियोथिका इंडिका, संख्या 47, 48, 80)। अपनी भूमिका में राजेंद्रलाल मित्र ने भक्ति आंदोलन के महत्त्व और चैतन्य तथा उनके अनुयायियों पर उसके प्रभाव की चर्चा की। विचार-विमर्श के सिलसिले में उन्होंने एक स्वगत में इस बात पर ग़ौर फ़रमाया कि भक्ति, यानी भगवान के साथ संवाद करने की पद्धति के रूप में प्रेम की मान्यता, से मिलती-जुलती बातें ईसाइयत समेत अन्य धर्मों में भी हैं। इस मासूम टिप्पणी ने एक मिशनरी, विलियम, को भड़का दिया और उसने इसे ईसाइयत के लिए अपमानजनक बताया तथा एशियाटिक सोसायटी से कहा कि किताब का वितरण बंद कर दिया जाए। मसले पर एशियाटिक सोसायटी की परिषद के भीतर तीखी बहस हुई, और सामान्य सदस्यों के सम्मुख इस मुद्दे को लाने की कई कोशिशें हुईं। आख़िरकार, परिषद ने ग्रंथ को अपने छपे हुए रूप में ज्यों-के-त्यों अनुमति दी, लेकिन कम-से-कम दो सदस्यों ने विरोध करते हुए परिषद से इस्तीफ़ा दिया। देखें, गुंडरसन (1970: 118)।

    निश्चित रूप से, भारतेंदु की किताब एक देसी भाषा में प्रकाशित थी और यह राजकीय तौर पर प्रायोजित नहीं थी।

33. *ग्रंथावली* III (565-80, 643-88)।

34. हरिश्चंद्रचंद्रिका में 1876 में चंद्रावली धारावाहिक रूप से छपा था। इसका पाठ *ग्रंथावली* I (41-97) में उपलब्ध है।

35. तुलनीय, वैरागी (1977 : 43)। यह लगभग निश्चित है कि भारतेंदु रूप गोस्वामी के नाटक *विदग्धमाधव* से परिचित थे, जहां चंद्रावली कृष्ण के प्रति अपने प्रेम में राधा की मुख्य प्रतिद्वंद्वी है। तुलनीय, वुल्फ़ (1982)।

36. शर्मा (1984 : 126)।

37. सहाय ([1905] 1975 : 183-8), ब्रजरत्नदास (1962 : 161-2), वार्ष्णेय (1974 : 93-4)। जैसा कि वार्ष्णेय ने बताया है, संस्कृत नाटक के प्रचलनों के अलावा भारतेंदु पश्चिमी नाटक की तीन एकताओं का भी निर्वाह करने का सफल प्रयास करते प्रतीत होते हैं।

38. मिसाल के तौर पर, शर्मा (1984 : 114) की और तनेजा (1976 : 74-80) की अपेक्षया नकारात्मक व्याख्या, जो नाटक को इस रूप में देखती है कि इसमें आंतरिक और बाह्य द्वंद्वों का अभाव है और शृंगारिक तत्त्व नाटक के नाटकीय गुणों की क्षति करते हैं।

39. मिसाल के लिए, लुट्ट (1970 : 92) भारतेंदु की भक्ति अवधारणा की अपनी व्याख्या में उनके द्वारा की गई स्पष्ट आलोचना को ग़लती से उनके समर्पणमूलक रवैए की महत्त्वपूर्ण सूचना के रूप में ग्रहण करते हैं। भारतेंदु की भक्ति उनके आख़िरी दिनों तक दृढ़तापूर्वक पुष्टिमार्ग के भीतर बनी रही।

40. जैसा कि सुदीप्त कविराज ने इस कृति के अपने अध्ययन में चिह्नित किया है :

    कृष्ण का उनके द्वारा किया गया गुणगान किसी और, पहचान की हिंदू निर्मितियों, के ख़िलाफ़ नहीं, बल्कि ईसा की पहचान के ख़िलाफ़ है; और ईसा, साथ ही उनके लिए समस्या को बढ़ाते हुए बुद्ध भी, एक ऐतिहासिक व्यक्तित्व थे। बंकिम इसीलिए एक आदर्श के रूप में कृष्ण की श्रेष्ठता के पक्ष में ही नहीं, उनकी ऐतिहासिकता के पक्ष में भी तर्क कर रहे होंगे (1987 : 26)।

खिलंदड़े ग्रामीणों और उनके लोक-उत्सवों के ईश्वर से, एक ऐसे ईश्वर से जो उन्हें अपनी छोटी-मोटी, रोज़मर्रा की समस्याओं को सुलझाने में मदद करते हैं, वे एक पराधीन मुल्क के ईश्वर में रूपांतरित कर दिए गए हैं, जिसे व्यवहार में पराधीनता के ऐतिहासिक तिरस्कार से छुटकारा पाने, उसे ख़त्म करने, उसे ख़ारिज करने और उससे पार पाने में उनकी मदद करनी है (51)।

यह चयन भविष्य का एक अन्य परिप्रेक्ष्य मुहैया कराने के लिए किया गया हैः लिहाज़ा, यह निष्कर्ष निकलता है कि अगर इस आख्यान की पुनर्निर्मिति होती है, अगर हम ख़ुद को अपने बारे में एक भिन्न कहानी सुनाते हैं, तो हम अंततः भिन्न होंगे। इस तरह कृष्ण के आख्यान को अतीत के किसी पुरातात्त्विक मुद्दे को हल करने के लिए पुनर्निर्मित नहीं करना है, बल्कि वस्तुतः भविष्य को बनाने के लिए करना है (81)।

41. यह कृति *हरिश्चंद्रचंद्रिका* में अक्टूबर 1876 से नवंबर 1877 तक लंबी किस्तों में प्रकाशित हुई थी। इसका पाठ समग्र (67-82) में उपलब्ध है। अधिक विस्तृत विश्लेषण के लिए देखें, डालमिया-लुडेरिट्ज़ (1992a)।
42. पूर्वार्द्ध *हरिश्चंद्रचंद्रिका* में 1876 (2. 8-12, मई-सितंबर) में छपा था, उत्तरार्द्ध 1879 (6.10) में।
43. ये जानी-पहचानी युक्तियां थीं और पौराणिक परंपरा में सदियों से इनका चलन था।
44. विष्णुस्वामी कमोबेश एक मिथकीय व्यक्तित्व हैं, जिनके बारे में अत्यल्प जानकारियां उपलब्ध हैं और वल्लभ के साथ जिनका संबंध भी संदेहास्पद माना जाता है। परंतु, बाद के संप्रदाय-गीतों में वे एक महत्त्वपूर्ण संस्थापक व्यक्तित्व हैं। तुलना करें, ग्लासेनैप्प (1934 : 324 और आगे)।
45. जैनों को विरोधी किंतु साथ ही सहयोगी भी मानते हुए उनके प्रति जो रवैया रखा गया, जैसा कि *जैन कौतूहल* में है, उसमें निहित अंतर्विरोधों पर, देखें टिप्पणी 85
46. *ए सेकंड डिफ़ेंस ऑफ़ दि मोनोथेइस्टिकल सिस्टम ऑफ़ दि वेदाज़ इन रिप्लाई टु ऐन एपोलॉजी फ़ॉर दि प्रेज़ेंट स्टेट ऑफ़ हिंदू वर्शिप,* कलकत्ता, 1817। राममोहन राय ([1906] 1978 : 101-26) में उलपब्ध।
47. ये और इसके बाद के संदर्भ राममोहन राय की किताब *डायलॉग बिटवीन ए थेइस्ट एंड ऐन आइडोलेटर* से निकले हैं, जो एक छद्मनाम के साथ छापा गया था और पहली बार 1820 में बंगाली में तथा अंग्रेज़ी अनुवाद में उनके नाम के साथ प्रकाशित हुआ। इस पर व्यापक विचार-विमर्श हुआ और बंगाली संस्करण सदी के मध्य तक कई बार पुनर्मुद्रित हुआ। 1846 में तत्त्वबोधिनी सभा द्वारा इसका एक संक्षिप्त संस्करण प्रकाशित हुआ जो कि 1866 में पुनर्मुद्रित हुआ। इस तरह पुस्तिका में जिन मान्यताओं को पेश किया गया था, वे लंबे समय तक चर्चा में बनी रहीं।
48. हिंदी में पहली बार 1875 में प्रकाशित, संशोधित संस्करण 1883 में। मैंने उन्नीसवीं सदी के अंग्रेज़ी अनुवाद के 1984 के पुनर्मुद्रण से उद्धरण दिए हैं।
49. यह बहस तत्कालीन संस्कृत मासिक *प्रत्नकंप्रनंदिनी* में छपा था, जिसके आधार पर मथुराप्रसाद दीक्षित की हिंदी पुस्तिका *सच्चा काशी शास्त्रार्थ* 1916 में प्रकाशित हुआ और 1969 तथा 1972 में पुनर्मुद्रित हुआ। उपाध्याय (1985 : भाग III, 37-42) में जो विवरण उपलब्ध है, वह इसी पुस्तिका पर आधारित है। जॉर्डंस (1978 : 68) आर्यसमाज के वर्ज़न का इस तरह समाहार करते हैं :

कार्यवाही के उपलब्ध अभिलेख, जिनमें से एक स्वयं स्वामी द्वारा और दूसरा एक बंगाली पंडित द्वारा तैयार किया हुआ है, दिखाते हैं कि दयानंद ने पूरी आत्म-आश्वस्ति और दक्षता के साथ अपने विरोधियों के हमलों को निरस्त कर दिया। वे 'पंडितों को इस मूल मुद्दे पर

खींच लाने में' निरंतर जुटे रहे 'कि धर्मग्रंथों में मूर्ति-पूजा की शिक्षा दी गई है या नहीं', और कोई भी पंडित अपने पक्ष में कोई निर्णायक प्रमाण नहीं जुटा पाया। इसके बाद अचानक बहस ख़त्म हुई। एक पंडित ने स्वामी को एक पाठ पढ़कर सुनाया, स्वामी उस अनुच्छेद को पहचान नहीं पाए और उन्होंने पांडुलिपि का निरीक्षण करने के लिए कहा। उन्हें पुस्तिका दे दी गई और वे मौन होकर उसका परीक्षण करने लगे। जब वे ऐसा कर रहे थे, पंडित लोग एक साथ उठ खड़े हुए और उन्होंने स्वामी के पराजय की घोषणा कर दी। इसमें कोई संदेह नहीं कि बहस का अचानक समापन और दयानंद के पराजय की घोषणा उन पंडितों की एक धोखाधड़ी थी जो पुरातनपंथ के उस दुर्ग में अपनी हार सहन नहीं कर सकते थे।

50. पुस्तिका का पूरा शीर्षक था–*मूर्तिपूजा का निषेध करनेवाले दयानंद प्रभृति लोगों के गले की दूषणमालिका*। इस पुस्तिका का पूरा पाठ ग्रंथावली III (689-98) में उपलब्ध है।
51. *कविवचनसुधा* (7.44, 10 जुलाई, 1876)।
52. *कविवचनसुधा* (8.22, 2 अप्रैल, 1877)।
53. कलंकी वाली बात, संभव है, केशबचंद्र सेन पर एक छुपा हुआ प्रहार हो। वे 1871 के बाद से उत्तरोत्तर एक पेगंबरी मुद्रा में आते चले गए थे। वे सचमुच में यह विश्वास करने लगे थे कि ब्राह्मो समाज और उनके नेतृत्व में चलाया जा रहा आंदोलन विधाता का एक विशिष्ट विधान है और वह हर चीज़ जो वे कहते और करते हैं, उसे ईश्वरीय निर्देश के बढ़ाव के रूप में देखा जाना चाहिए। केशबचंद्र सेन ने अपने विचारों को खुलकर व्यक्त किया, वह प्रतिरोध, जो कि उनकी अपनी क़तारों में होना ही था, भी समान रूप से सार्वजनिक बहस का विषय बना (शास्त्री 1911-12: 169 और आगे)। 1879-80 में इसने एक अत्यंत नाटकीय रूप ले लिया जब आधिकारिक तौर पर 'नए विधानों' की घोषणा हुई और ब्राह्मो समाज की फूट अंतिम रूप में सामने आई। केशबचंद्र सेन ने बारह धर्मदूतों के साथ एक संपूर्ण पैगंबर के वेश में अपनी एक सार्वजनिक प्रस्तुति की।
54. संदर्भों के लिए और इस विषय में अधिक विस्तार से जानने के लिए देखें डालमिया-लुडेरिट्ज़ (1987)।
55. वेबर जर्मन में लिखे अपने पहले के प्रबंधों पर आधारित अपने अंग्रेज़ी आलेख (1874 : 21) में पी. ज्यॉर्जी को उद्धृत करते हैं, जिसने अपने *अल्फ़ाबेटम टिबेटैनम* (रोम, 1762) में ज़ाहिरा तौर पर अपने से सहमत होने वाले कई दूसरे लोगों की बातों को सामने रखते हुए इस सवाल पर विचार किया है और निष्कर्ष निकाला है कि :

    'कृष्ण' सिर्फ़ ईसा मसीह के नाम का एक भ्रष्ट रूप है; उसके कर्म पूरी तरह उस नाम से मेल खाते हैं, हालांकि उन्हें सबसे खल क़िस्म के ढोंगियों द्वारा चालाकी से प्रदूषित कर दिया गया है।

    धार्मिक मान्यताओं के आधारों पर दूसरे पादरियों द्वारा इस नज़रिए का विरोध किया गया, हालांकि यह कभी भी पूरी तरह से ग़ायब नहीं हुआ। सर विलियम जोंस (*एशियाटिक रिसर्चेज़* I, 274) का दृढ़ मत था :

    मिथ्या ईसा चरित, जिनका ईसाइयत के पहले दौर में प्राचुर्य था, हिंदुस्तान में लाए गए और उनके सबसे बेबुनियाद हिस्से हिंदुओं को सुनाए गए, जिन्होंने ग्रीस के अपोलो, केसव की पुरानी कथा पर उसे चस्पां कर दिया।

    उनका अनुसरण करते हुए एडवर्ड मूर ने अपने *हिंदू पैंथिअन* (लंदन, 1810) में इस दंतकथा में ग्रीक और रोमन दंतकथाओं का स्रोत देखा। क्रूज़र ने हालांकि ईसाई समानता को नहीं माना, पर कृष्ण में उन्होंने ओसिरिस के मिस्री मिथक की झलक देखी। दूसरों ने ईसा मसीह के साथ

नहीं, ग्रीक मिथक के अपोलो के साथ तुलना की। यह प्रतिरोध, जैसा कि वेबर ने रेखांकित किया है, 'कामुक कृष्ण-पंथ में ईसाई विचारों की कोई भी झलक न देखने की इच्छा पर आधारित था' (21)।

56. इसीलिए *इंडियन ऐंटिक्वेरी* में वे लिखते हैं :

यह पुराकथा (श्वेतदीप वाली पुराकथा) अपने पूरे आशय के द्वारा यह दिखाती है कि जिसे हम 'एक अनुभूत आवश्यकता' कह सकते हैं, जो कि निस्संदेह भारतीयों की एक विशेषता और धार्मिक प्रबोधन के बाद का एक सच्चा प्रयास है, वह उन्हें आत्मा की रक्षा करने वाली शक्ति—एक ईश्वर कृष्ण के प्रति आस्था—के उपयोग की दिशा में ले गई, और अगर उसी समय एक पूर्णतः पुराकथात्मक चरित्र से संबंधित दूसरी सामग्रियों, ख़ासतौर से चरवाहों के बीच ईसा के जन्म और उनके बचपन के उम्दा विवरणों, के स्वीकार के लिए राह हमवार कर दी गई थी; अगर समय के साथ भारतीयों की ऐंद्रिय फंतासी के चलते, जो कि अपनी ही राह पर आगे बढ़ रही थी, गोपियों के बीच कृष्ण के प्रेम-व्यापार के भावाविष्ट और कामुक विवरण सामने आए हैं; अगर यह सचमुच संभव है कि 'इस ग़लतफ़हमी और दुरुपयोग के नतीजे के तौर पर चरवाहों के साथी ईसा की कथा ने भारतीय नैतिकता को ज़बर्दस्त हानि पहुंचाई है', तब भी कोई व्यक्ति इतना हठी न होगा कि वह ईसाइयत पर ही उसका दोष मढ़ देना चाहे—ग़लती ख़ुद भारत के लोगों की है (1874 : 25)।

57. अलबत्ता, ग्राउज़ संप्रदाय की प्रथाओं से इतनी अच्छी तरह परिचित थे कि दोनों के बीच मौजूद महत्त्वपूर्ण अंतर उनकी निगाहों से ओझल नहीं रह सकते थे। वे सिर्फ़ ईश्वर के साथ गोसाईं की चरम तदाकारता को, जो कि बाद के सभी वैष्णव संप्रदायों में बाक़ायदा थी, एक 'अपव्ययी सिद्धांत' के तौर पर बखान कर पाए। इसके अलावा, महाराजा मानहानि मामले में गोसाइयों का जो चलन सामने आया, उससे भी उन्होंने अपनी दूरी बनाई। इसके बावजूद यह बात ग़ौर करने लायक़ है कि इन बुराइयों की जानकारी उन्हें, वेबर की ही तरह, संप्रदाय का सिंहावलोकन करते हुए उसकी निंदा करने की ओर नहीं ले गई। यह अभी भी संभव था कि संप्रदाय के मुख्य सिद्धांत और अनुष्ठान, जिनकी ईसाइयत के साथ तुलना की जा सकती थी, के आकलन और मूल्यांकन को इस कुप्रचलन से अलग रख के चला जाए।

58. मोनियर विलियम्स ने मध्वाचार्य की परंपरा की विशेष रूप से प्रशंसा की, जिनका सिद्धांत महान वेदांती शंकराचार्य के सर्वेश्वरवादी अद्वैत के सिद्धांत से बिल्कुल उलट छोर पर था। मोनियर विलियम्स इस बात से आश्वस्त थे कि मध्व अपने कुछ विचारों के लिए उस ईसाइयत के प्रभाव के ऋणी थे जिसने भारत के दक्षिण में तेरहवीं सदी से पहले ही अपना असर दिखला दिया था। इसके चलते मोनियर विलियम्स ने अपना यह विश्वास व्यक्त किया कि :

वैष्णव धर्म, ख़ासकर मध्व संप्रदाय वाले वैष्णव धर्म, की मुहम्मडनिज़्म समेत दुनिया के किसी भी और ग़ैर-ईसाई धर्म के मुक़ाबले ईसाइयत के साथ सबसे अधिक समानता है। और मैं यह बात उस बीभत्स मूर्ति-पूजा की पूरी जानकारी के साथ कह रहा हूं जिसके साथ वैष्णवता संबंधित है, लेकिन जो इसकी गूढ़ शिक्षाओं से नहीं निकला है, माधव ने शिक्षा दी कि एक ईश्वर—निश्चित रूप से विष्णु से अभिन्न—ही परम है, कि परम आत्मा सारतः मानवीय आत्मा और भौतिक विश्व से भिन्न है, और कि इन तीनों का एक वास्तविक तथा चिरंतन रूप से विशिष्ट मानवीय अस्तित्व है, और ये सदैव विशिष्ट रहेंगे। पर विश्व के तत्त्व, हमेशा से अस्तित्ववान रहने के बावजूद, परमात्मा की शक्ति द्वारा गढ़े गए, व्यवस्थित किए गए और विन्यस्त किए गए थे (304)।

59. मोनियर विलियम्स ने आगे भारत के धर्म पर लिखे अपने विनिबंध, *ब्राह्मनिज़्म एंड हिंदूइज़्म* (1891) में अपने इन विचारों को विस्तार दिया। इस रूप में सामूहिक तौर पर विन्यस्त किए

गए विचार हिंदुस्तान पर आगे आने वाली अधिक सामान्य कृतियों, जैसे—डब्ल्यू.डब्ल्यू. हंटरकृत *दि इंडियन एंपायर : इट्स पीपुल्स, हिस्टरी एंड प्रोडक्ट्स* (1893), में हस्तांतरित हुए; इन घोषणाओं का सामान्य आशय अब आम बात के रूप में स्वीकृत हो गया था। इसका नतीजा था, शिव को एक अधम और अनार्य देवता मानना तथा विष्णु को प्रेम और दया का देवता मानना :

ब्राह्मणों की दार्शनिक संकल्पना के रूप में शिव पुराकथाओं के लिए कम गुंजाइश रखते थे : और उनके तथा उनकी पत्नी के बारे में भयावह रूपों में जिन धतकर्मों की बात कही जाती थी, वे परिष्कृत साहित्यिक वर्णन के लिए प्रायः अयोग्य थे। लेकिन विष्णु, जो पालक थे, पवित्र रोमांस के लिए अनुकूल विषयवस्तु मुहैया कराते थे। उसका धर्म जनमानस के भय को नहीं, बल्कि उम्मीदों को आकर्षित करता था। शिव-पूजा वैयक्तिक ईश्वर के ब्राह्मणवादी सिद्धांत को अनार्यों के रक्तरंजित अनुष्ठानों के साथ मिलाती थी; विष्णु-पूजा, एक लोकप्रिय धर्म के तौर पर अपने अंतिम रूप में, मनुष्य की आध्यात्मिक समता के बौद्ध उसूल के साथ वैयक्तिक ईश्वर के उसी ब्राह्मणवादी सिद्धांत के मेल को व्यक्त करती है। विष्णु हमेशा से एक अत्यंत मानवीय ईश्वर रहे हैं, उस समय से जब वे वेदों में सूर्य के मिथक के रूप में प्रकट होते हैं। वे वहां ब्रह्मांड को तीन पग में नापने वाले 'अजेय पालनकर्ता' हैं। उनके बाद के अवतारों ने उन्हें मनुष्य का परिचित मित्र बना दिया (1893, 1 : 265)।

यद्यपि वैष्णवों के धर्म ने अधिक उपासना के लोकप्रिय, आर्य-पूर्व रूपों को भी समाहित किया, पर उसने उन्हें सौंदर्यीकृत किया :

विष्णु की पूजा, किसी भी दौर में, मध्यम वर्गों की बहुसंख्या का धर्म रहा है; इसकी जड़ें अनार्यों की प्रकृति-पूजा के सुंदर रूपों में गहरे धंसी रही हैं और इसके शीर्ष से निकली शाखा-प्रशाखाएं सबसे परिष्कृत ब्राहमणों और साहित्यिक मंडलियों के बीच रही हैं। यह सभी गरिमामय चीज़ों का धर्म है। इसके देवता नायक हैं या उज्ज्वल मित्रवत् व्यक्ति, जो लोगों के साथ रहते और बतियाते हैं। विष्णु की चरवाही सरलताएं और उसके उत्कृष्ट अनुष्ठान, जनता के ज़बर्दस्त अंधविश्वास को सहारा देने वाली शिव-पूजा के बाद के युग से संबद्ध हैं। दोनों मतवादों की दार्शनिक प्राथमिकताएं जो भी रही हों, वैष्णववाद ने शैव विधि-विधानों के मुक़ाबले बाद के दौर में अपनी लोकप्रिय जीत हासिल की (266)।

ग्रियर्सन का अनुगमन करते हुए कबीर का सीधे-सीधे वैष्णव खाते में विनियोग कर दिया गया। कबीर की ग्रियर्सन की पढ़त पुराने पाठों, वैष्णव परंपरा में सोलहवीं सदी के उत्तरार्द्ध में किए गए उनके समावेश पर आधारित थी। ऐसे विनियोगों और प्रति-विनियोगों के प्रकारों के लिए देखें, वोडविल (1993 : 11-130)।

60. मोनियर विलियम्स और ग्रियर्सन, दोनों ने दक्षिण के सीरियाई ईसाइयों को भक्ति की उत्तरकालीन हिंदू धारणा के निर्माण में प्रभाव के मुख्य स्रोत के रूप में देखा। पहले का यह विश्वास, कि कृष्ण का व्यक्तित्व और भक्ति की धारणा का पूरा आरंभिक इतिहास ईसाइयत के भीतर से निकला था, ख़ारिज किया जा चुका था, क्योंकि भंडारकर और अन्य विद्वानों ने कृष्ण की पुराकथा के अस्तित्व और भगवद्गीता के लेखन के ईसा-पूर्व होने के प्रमाण प्रस्तुत कर दिए थे। लेकिन, ईसाई प्रभाव के पक्के स्रोत का अंदाज़ा लगाने का काम जारी था। मिसाल के लिए, केनेडी का लेख 'द चाइल्ड कृष्णा, क्रिस्चियनिटी एंड दि गूजर्स' (1907)। उन स्रोतों को अधिक पक्के तौर पर ढूंढ़ निकालना उसका मुख्य सरोकार था जिनके कारण बाल-भगवान कृष्ण, जो बाल ईसा से इस क़दर समानता रखते हैं कि उसे महज़ संयोग मानना मुश्किल है, की उपासना की विशिष्ट भक्ति-प्रणाली का स्थानांतरण हुआ। ईसाइयत के साथ संपर्क के तीन बिंदु थे : अलेक्ज़ेंड्रिया में, दक़न के पश्चिमी समुद्र-तट पर और हिंदुस्तान की उत्तर-पश्चिमी सरहदों पर।

द्वारका के कृष्ण और मथुरा के कृष्ण में से द्वारका वाले योद्धा-नायक थे और दूसरे, बाल-भगवान। केनेडी ने यह तो मान लिया कि इस देवता के मिश्रित उत्तरकालीन रूप के कुछ तत्त्व निश्चित रूप से हिंदू थे और पुराने कृष्ण–यानी योद्धा-नायक–की कथा से लिये गए थे। पर दो तत्त्व, जन्मस्थान संबंधी रस्म और चरवाहा संस्कृति से संबंधित तत्त्व, निश्चित तौर पर ईसाई थे। उसने अपने पास उपलब्ध सबूतों की जांच-परख कर यह निष्कर्ष निकाला कि संयुक्त प्रांत के चरवाहा ख़ानाबदोश लोग यानी गूजर, जो सिंध से लेकर मथुरा तक व्यापक रूप से फैले हुए थे और पंजाब की आबादी का सातवां हिस्सा थे, उनके ईसाई परंपरा का वाहक होने की सबसे अधिक संभावना है। गूजर ऐसा था, 'औसत से अधिक लंबाई वाला, सुगठित और चुस्त, चेहरा लंबा और अंडाकार, और नाक-नक़्श भद्दे होने के बजाय तीखे। वह 'अच्छा-भला प्रारूपिक इंडो-आर्यन' है, क्रुक कहता है' (984)। बौद्ध और शैव, दोनों को अनार्य घोषित करने वाला और विस्तार में अक्षम बताने वाला सारतः निंदापूर्ण वर्गीकरण केनेडी ने भी स्वीकार कर लिया। उनके विपरीत विष्णु विशुद्धतः आर्य थे, जिन्होंने अपने कृष्णावतार में, ख़ासतौर से मथुरा के बाल-भगवान वाले रूप में, एक बार फिर आर्यबहुल पश्चिम से वह नवजीवनकारी आवेग हासिल किया जो ईसाइयत ने प्रस्तुत किया था, वह ऐसे कि उन्होंने विशुद्ध मानवीय प्रेम के दैवी रूप के तौर पर उपासना को प्रेरित किया।

61. ग्रियर्सन इस पाठ से गहराई से परिचित थे। उन्होंने *भक्तमाल* के बड़े हिस्सों का अनुवाद किया था और उन पर टीका लिखी थी (1909, 1910)।

62. इन कृतियों का ग्रियर्सन ने उल्लेख किया : *चरितावली* (रामानुज, शंकराचार्य, जयदेव, वल्लभाचार्य, सूरदास का जीवन), *वैष्णवसर्वस्व* (आरंभिक वैष्णव संप्रदायों का इतिहास), *वल्लभसर्वस्व* (वल्लभाचार्य द्वारा स्थापित संप्रदाय का इतिहास), *युगलसर्वस्व* (गोकुल में कृष्ण के साथियों का विवरण), *तदीयसर्वस्व* (हिंदी में अनुवाद और टीका के साथ नारदीय भक्ति सूत्र), *भक्तिसूत्रवैजयंती* (वैसे ही अनुवाद और टीका के साथ शांडिल्य भक्ति सूत्र), *यीशु ख्रीष्ट और ईश कृष्ण*।

63. ग्रियर्सन इसे इस प्रकार रखते हैं :

फिर भी, एक के दूसरे पर आधारित होने के बावजूद, धर्मसुधार के भागवतवाद और भागवद्गीता के बीच विराट अंतर मौजूद हैं। मध्यदेशीय ब्राह्मणों के ब्राह्मणवाद की तरह धर्मसुधार-पूर्व का भागवतवाद एक वर्ग का–योद्धाओं के वर्ग का–धर्म था। एक विद्वत् भाषा में इसकी शिक्षा दी जाती थी, और सुशिक्षित क्षत्रिय राजा तथा ख्यात व्यक्ति इसके अनुयायी होते थे। इसके अपने अनुष्ठान और धार्मिक बलिदान हुआ करते थे, और इसीलिए यह धनिकों का धर्म था...रामानंद के समय से ही यह हो पाया कि ग़रीबों को धर्मशिक्षा दी जाने लगी, और वह भी उनकी अपनी भाषा में, न कि ऐसी भाषा में जो पवित्र तो थी पर बुद्धिगम्य नहीं। 15वीं सदी और उसके बाद की सदियों का भारतीय धार्मिक साहित्य पढ़ने वाला कोई भी व्यक्ति पुराने और नए के बीच की खाई पर ग़ौर करने में चूक नहीं कर सकता। हम अपने को एक ऐसी महानतम धार्मिक क्रांति के सम्मुख पाते हैं जिसे भारत ने पहले कभी नहीं देखा था–यह बौद्ध धर्म से भी अधिक महान थी, क्योंकि इसका असर आज की तारीख़ में भी क़ायम है। धर्म अब ज्ञान की वस्तु नहीं रह गया है। यह भावना की वस्तु हो गया है। हम रहस्यवाद और हर्षोन्माद के एक प्रदेश में दाख़िल होते हैं, और ऐसे प्राणियों से मिलते हैं जो बनारस के दिग्गज संप्रदाय-जनों के नहीं, बल्कि मध्यकालीन यूरोप के कवियों और रहस्यवादियों के सजातीय हैं (547-8)।

64. यद्यपि शर्मा ने भक्ति आंदोलन की रचना में आर.जी. भंडारकर के योगदान की ओर निश्चित रूप से इशारा किया है, पर वे उस पूरे आंदोलन को एक पूर्णतः प्राच्यवादी निर्मिति मानती हैं।

65. 'वैष्णवता और भारतवर्ष' शीर्षक लेख (*ग्रंथावली* III : 790) में उद्धृत। आगे इस पर विचार किया जाएगा।

66. उन्हें महात्मा मोक्षमूलर, मैक्स मुलर, के समसामयिक लेखन से मदद मिली, जिनकी आरंभिक कृति, *हिस्टरी ऑफ़ संस्कृत लिटरेचर* (1859), का हरिश्चंद्र ने बार-बार हवाला दिया है। मैक्स मुलर इंडो-आर्यन धर्मों की साझा उत्पत्ति के विचार पर क़ायम थे। वेदों में, इस नस्ल की आद्य रचनाओं में, ईसाइयत के बीज मौजूद थे और इस रूप में मौजूद थे कि बाद के सभी उद्विकासों को समझने के लिए वेदों की भाषा का अध्ययन करना ज़रूरी था :

    कोई भी जो इनका आधुनिक यूरोप की प्रमुख भाषाओं के रूप में ग्रीक और लैटिन का या किसी और भारोपीय भाषा का पूर्ण ज्ञान अर्जित करना चाहता है, कोई भी जो मानवीय वाणी के दर्शन और ऐतिहासिक विकास में दिलचस्पी लेता है, कोई भी जो मानवता की उस शाखा के इतिहास का अध्ययन करने की इच्छा रखता है जिससे हम आते हैं, और हमारे पूर्वजों की भाषा, धर्म और पुराकथाओं के प्रथम बीज को खोजना चाहता है, 'उस' सत्ता के विवेक को खोजना चाहता है जो सिर्फ़ यहूदियों का 'गॉड' नहीं है, आनेवाले समय में, भारत की भाषा और प्राचीन साहित्य के किंचित् ज्ञान के बग़ैर काम नहीं चला सकता (1859 : 3)।

    अलबत्ता, उसकी उन उद्घोषणाओं को हरिश्चंद्र और उनके समकालीनों ने अनदेखा किया जो भारत में हुए बाद के उद्विकासों के ख़िलाफ़ जाते थे, जैसे–'भारत राजनीतिक वजूद के ऐसे छोटे और पतित दायरों में पहुंच गया है कि दूसरे राष्ट्रों की निगाह से यह लगभग अदृश्य रहता आया' (28)।

67. *ग्रंथावली* III (783-8)।

68. इस कविता में प्रिंस ऑफ़ वेल्स के भारत-आगमन का स्वागत किया गया था और यह, जैसा कि हरिश्चंद्र ने स्वयं बताया है, बंगाली कवि हेमचंद्र बनर्जी द्वारा इसी विषय पर लिखी गई कविता का एक रूपांतर था।

69. यह कलकत्ते से निकलनेवाली प्रतिष्ठित हिंदी पत्रिका *मित्रविलास* (8.7, 19 जून, 1885) में छपी थी। *ग्रंथावली* III (822-8) में इसका पाठ उपलब्ध है।

70. वे 'हिंदू मत', 'हिंदू नामधारी' पदों का इस्तेमाल करते हैं। निश्चित रूप से वे इसका इस्तेमाल उस रूप में कर रहे हैं जिसे मैंने 'हिंदू' शब्द का द्वितीय चलन कहा है। ये लेख के अंत में ही आते हैं, जब केंद्रीय स्थापना पूरी तरह से प्रस्तुत की जा चुकी है।

71. ऋग्वेद X. 121 को उद्धृत करते हुए मैक्स मूलर ने उद्घोषणा की थी, 'एक ईश्वर का विचार इतनी मज़बूती से और इतने फ़ैसलाकुन तरीक़े से व्यक्त किया गया है कि आर्य राष्ट्र के एक सहजवृत्तिक एकेश्वरवाद से इनकार करने में हमें ख़ासी हिचक होगी' (1859 : 521)।

    मुलर वेदों में एकेश्वरवाद की वकालत को लेकर बहुत दृढ़ नजर आते हैं, ऐसा सिर्फ़ इस स्रोत में नहीं हैं : एकेश्वरवाद ने वेदों के बहुदेववाद को भी छोड़ दिया है। असंख्य देवों के मंगलाचरण में भी एक भगवान–एक और अनन्त–मूर्तिपूजा की पदावलियों के धुंध से ऐसे दिखाई देते हैं जैसे गुजरते बादलों में छिपा हुआ नीला आकाश।

72. 'प्राकृतिक धर्म' को लेकर उन्नीसवीं सदी में जिस अवधारणा का निर्माण हुआ, ख़ासतौर से मैक्स मुलर ने जिस तरह उस पर विचार किया, उसकी चर्चा के लिए देखें, कोल (1985)।

73. हालांकि इस कृति के मुखपृष्ठ पर लिखा हुआ है : 'ये अतीत के कुछ स्मृतिचिह्न हैं, एक खोई हुई सभ्यता और बुझी हुई भव्यता के ऊपर आंसू बहाते अवशेष', पर राजेंद्रलाल मित्र स्वर्णिम अतीत की प्राच्यवादी निर्मिति का राष्ट्रवादी संस्करण थे, जिसके घटकों में केवल विषाद ही नहीं, भविष्य के प्रति आशा भी थी।

74. हालांकि मित्र अपने पश्चिमी सहकर्मियों के मुक़ाबले अधिक संभलकर चलते हैं, पर वे अपनी प्राथमिकताओं को छोड़ नहीं सकते। लिंग-पूजा स्पष्टतः वेदों के मुक़ाबले बाद की चीज़ है और रुद्र पर थोपी गई है ([1875] 1961, खंड I : 229)। जो पांच पारंपरिक धाराएं समवेत रूप में हिंदू धर्म का निर्माण करती थीं, उन्हें पुराणों में दृढ़तापूर्वक उपस्थित बताने को मित्र दुरुस्त मानते थे। उन्होंने निष्ठापूर्वक हिंदुओं के पांचों प्रमुख संप्रदायों–शैव, शाक्त, वैष्णव, सौर और गाणपत्य–के बारे में बताया था, जहां इस बात में कोई संदेह की गुंजाइश नहीं थी कि उनकी अपनी वफ़ादारी किसके प्रति है और, अपने द्वारा उद्धृत किए गए प्राच्यविदों के साथ-साथ, स्वयं वे शैवों और शाक्तों के बरख़िलाफ़ किसे मुख्य और सर्वाधिक शक्तिशाली परंपरा मानते हैं। 'वैष्णवता, धर्म के दो पूर्ववर्ती रूपों के विपरीत, हिंदू धर्म से घनिष्ठतापूर्वक संबद्ध रही है, और इसकी मुख्य विशेषता निश्चित रूप से एक बहुत सुदूर अतीत से चली आती है' ([1875] 1961, खंड I : 235)।

75. राजेंद्रलाल मित्र की शैली अपने युवा समकालीन की तुलना में अधिक संयत है और वे उन साक्ष्यों को दरकिनार नहीं करते जो उनके अपने सरोकारों के ख़िलाफ़ जाते हों। ब्राह्मण काल के बारे में स्वीकार करते हैं कि उस समय :

ऐसा कुछ नहीं हुआ कि विष्णु एक अलग पंथ के इष्टदेव होने की हद तक अपने को दूसरे देवताओं से अलहदा कर चुके हों : वे दैवी समूह के एक सदस्य थे और दूसरों के साथ ही आराधना तथा चढ़ावों का अपना हिस्सा पाते थे ([1875] 1961, खंड I : 240)।

76. राजेंद्रलाल मित्र *शांडिल्यसूत्र* के महत्त्व को सामने रखते हैं :

किंतु उनके (शांडिल्य) द्वारा जिस भक्ति की सिफ़ारिश की गई, वह सिर्फ़ एक विश्वास-मत, या उस विश्वास की ज़रूरतों के अनुकूल कर्म नहीं था, बल्कि एक सच्चा, दृढ़-उत्साही समर्पण था, जैसा दुनियावी मामलों में 'भावावेश' शब्द के द्वारा, या नैतिक अर्थ में 'पेथॉस' शब्द के द्वारा सूचित होता है (खंड I : 242)।

मित्र ने इस बात पर बल दिया, और इसे हरिश्चंद्र ने भी स्वयं बारंबार कहा था, कि

इस समर्पण की सबसे महत्त्वपूर्ण विचित्रता है विवेक से इसका पूरी तरह से मुक्त होना : यह अपने द्वारा प्रेरित कर्मों की विवेकसम्मतता के लिए किसी तर्क को स्वीकार नहीं करता : यह एक अकारण और परमनिरपेक्ष विश्वास है–मस्तिष्क की पूर्ण इश्वरेच्छाधीनता–जो कि अंग्रेज़ी की इस प्रार्थना में अत्यंत उदात्त रूप में व्यक्त हुई है : 'लॉर्ड, दाय विल बी डन'। इसका मुख्य ध्येय था दार्शनिकों के द्वंद्ववाद से पार पा लेना, और विवेक के धर्म की जगह हृदय के धर्म की स्थापना करना, एक ऐसा धर्म जो वेदों के अनुष्ठानों या सांख्य, न्याय और वेदांत की शिक्षाओं के मुक़ाबले सहानुभूति को संचालित करने में बेहतर है (खंड I : 242)।

77. 'आंतरिक उपासना' का आशय ऐसी आभ्यंतरीकृत उपासना से नहीं है जिसमें किसी तरह की आनुष्ठानिकता न हो, जैसा कि कुछ लेखकों, मिसाल के लिए लुट्ट (1970 : 92), ने मान लिया है। हरिश्चंद्र ने भक्ति के संबंध में जो बातें कही हैं, उनसे यह बहुत साफ़ है कि उनका आशय पुष्टिमार्ग द्वारा प्रचारित भावभक्ति के विशिष्ट रूप से है।

78. एक बार फिर, यह उस महाराजा मानहानि मामले की ओर एक प्रकटतः रक्षात्मक क़िस्म का संकेत है, जिसके चलते 1862 में बंबई में पुष्टिमार्ग के आचार को लेकर एक बड़ा सार्वजनिक लोकापवाद खड़ा हुआ था।

79. देखें, सुधीर चंद्र (1984)।

80. कहने का मतलब यह नहीं कि क़तारें किसी प्रदत्त राजनीतिक समूह-रचना में अचानक बंद नहीं हो सकती थीं। एंडर्सन (1985 : 133) ने राष्ट्रवाद की प्रकटतः अंतर्विरोधी प्रकृति पर

टिप्पणी करते हुए कहा है कि 'इतिहास' में अंतःस्थापित हो जाने के बाद 'राष्ट्र एक साथ खुले और बंद, दोनों रूपों में अपने को प्रकट करता है'।

81. अन्यत्र, 1873 में ही लिखी गई अपनी कविता 'जैन कुतूहल' में, जो कि एक जैन मंदिर में अपने प्रवेश करने पर हुए सार्वजनिक शोर-शराबे के बीच अपना बचाव करते हुए लिखी गई थी, हरिश्चंद्र ने कहा था :

'हम हिंदू, हिंदू के बेटा, हिंदूही को पय पान कियो' (*समग्र* : 39)।

82. हरिश्चंद्र द्वारा प्रस्तुत की गई वैष्णवता को वल्लभ संप्रदाय के प्रति उनकी वफ़ादारी ने तथा वैश्य समुदाय में संप्रदाय की पैठ ने गढ़ा था, हालांकि उन्होंने इसके आधार को विस्तृत करने और अन्य वैष्णव संप्रदायों को इसमें शामिल करने का भी सचेत प्रयास किया था। ग्रियर्सन ने राम और कृष्ण के क्षत्रिय मूल पर बल देने का रुझान प्रदर्शित किया था। उत्तर में, ख़ासतौर से गंगा के मैदान में वैष्णवों के पुनरुत्थान के लिए अन्य सामाजिक कारकों पर ग़ौर करने तथा जाति और संप्रदाय के परस्पर संबंधों में अधिक विस्तारपूर्वक जाने की ज़रूरत होगी। मिसाल के लिए, पिछली सदी के 20 और 30 के दशक में रामानंदी संप्रदाय की एक प्रभावशाली धारा ने संप्रदाय के क्षत्रियकरण के लिए आंदोलन किया जिससे कि शुद्ध शूद्र जातियां इसके दायरे में शामिल हो पातीं। इस आंदोलन के बारे में और जानने के लिए देखें, पिंच (1993)।

83. हडसन (1992) ने जाफ़ना के अरुमुगा नवालवार (1822-79) के जीवन को ब्योरेवार दस्तावेज़ीकृत किया है। वे 'तमिल हिंदुओं के बीच हिंदू पुनर्जागरण' (हडसन के लेख का शीर्षक) के सबसे महत्त्वपूर्ण शैव संस्थापकों में से एक थे। हालांकि नवालवार ने जाफ़ना में अपना काम शुरू किया, पर बाद को वे पाल्क जलडमरूमध्य के दोनों तरफ़ अपनी गतिविधियां चलाने लगे। दोनों तरफ़ उन्होंने शैव सिद्धांत की शिक्षाओं के प्रचार के लिए विद्यालय स्थापित किए और उनका प्रभाव मद्रास में भी समान रूप से अनुभव किया गया। शुरुआत में उन्होंने ईसाई मिशनरियों के लिए काम किया था और बाइबिल के अनुवाद में मदद की थी, जिसके चलते वे मिशनरी मान्यताओं का विरोध करने के लिए पूरी तरह से लैस थे। अपनी पत्रिकाओं और पुस्तकों के ज़रिए उन्होंने शिव के मंदिरों में चलने वाली उपासना के रूप के पक्ष में दलीलें पेश कीं। उनका कहना था कि ईसाइयों के ओल्ड टेस्टामेंट में इसी तरह की मंदिर सेवा का ज़िक्र मिलता है और जीसस ने स्वयं येरुशलम के मंदिर में पूजा की थी, इसलिए ईसाई लोग सिर्फ़ इसलिए मूर्ति-पूजा और अनुष्ठानों को कमतर नहीं बता सकते कि इसे दूसरे धर्म में जगह मिली (35)। नवालवार ने सिद्धांतों की व्याख्या करते, सुधार और उपदेश का काम करते हुए प्रचुर मात्रा में चीज़ें प्रकाशित कीं। उन्हें प्रतिरोध का भी सामना करना पड़ा, पर समय के साथ उनके अनुयायी-वर्ग की ओर लोगों का ध्यान गया। 1886 में उनकी मृत्यु के सात साल बाद शैव सिद्धांत सभा गठित हुई। मानक शैव कृतियों के संस्करण छापने वाले तिनेवेल्ली शैव सिद्धांत वर्क्स पब्लिशिंग हाउस की स्थापना को भी नवालवार के प्रभाव से जोड़ा जा सकता है। लेकिन उनका अधिक सीधा प्रभाव व्यापक मद्रास प्रेसिडेंसी के बजाय जाफ़ना में ही था।

अध्याय 7

निष्कर्ष

इस अध्ययन की शुरुआत में, 'हिंदू' पर फ़ोकस रखते हुए हम इस मान्यता के साथ आगे बढ़े थे कि उन्नीसवीं शताब्दी के भारत में तीसरे या आधुनिकतावादी मुहावरे की रचना में कम से कम दो और मुहावरे अपना काम कर रहे थे। इसके अलावा हमने यह भी माना था कि हम जिन क्षेत्रों में अन्वेषण कर रहे हैं, वहां पहला मुहावरा भारत में अंग्रेज़ों की उपस्थिति, उनकी अवधारणाओं, संस्थानों तथा भारतीय-हिंदू संस्कृति की उनके द्वारा की गई समालोचना से सामने आया था। यह मुहावरा शहरी वर्गों की पहुंच में था जो प्रिंट माध्यमों के ज़रिए, भारत की बजाय इंग्लैंड में छपने वाले अख़बारों, अंग्रेज़ी की किताबों, स्कूलों में पढ़ाए जाने वाले पाठों तथा लाभ या आनंद के लिए पढ़ी जाने वाली सामग्री और अंग्रेज़ी व भारतीय भाषाओं में लिखित मिशनरी गुटकों के माध्यम से हाल ही में नाना ब्रिटिश संस्थानों से–जिनमें अदालतें, स्कूल व कॉलेज सबसे प्रमुख संस्थान थे–रूबरू होने लगे थे।

दूसरा मुहावरा, 'शास्त्रीय' भारतीय मुहावरा, जिसने उपमहाद्वीप में मौजूद नाना शास्त्रीय परंपराओं को एकल परंपरा–तमाम वैचारिक उद्‌देश्यों से आर्य-हिंदू परंपरा–में समेटने का प्रयास किया, वह दूसरा मुहावरा एक संयुक्त उद्यम के फलस्वरूप अस्तित्व में आया था। पीछे मुड़कर देखने पर इसकी निर्मिति में निहित बहुत सारे दांव-पेचों और प्रक्रियाओं को तथा असंख्य मुद्‌दों को एक-दूसरे से अलग नहीं किया जा सकता जो आज भी अनसुलझे हैं। इस क़दर पृथक् तत्त्वों को आपस में गूंथने की यह प्रक्रिया अपने आपमें कोई नई बात नहीं थी। स्मार्त परंपरा में हमेशा ही बहुत शक्तिशाली समावेशी प्रवृत्तियां रही थीं जिन्होंने एकात्मता को स्थापित करने का प्रयास किया और जो अपनी वैधता के लिए बार-बार वेदों का हवाला देती थीं। इस चयनवादी एकीकरण के लिए एक सर्वसमावेशी शास्त्रीय संस्कृत मुहावरे की रचना ज़रूरी थी जो एक सतत, और लगभग वेदों की तरह अनादि व संभवतः उतनी ही अनंत सनातन परंपरा के प्रतिनिधित्व का दावा कर सके। परंतु, राष्ट्रवादी एजेंडा के हिस्से के तौर पर एकीकरण की यह प्रक्रिया ऐसे आयाम भी ग्रहण करती गई जो पहले कभी उसमें नहीं थे और जब पश्चिमी प्राच्यवादी, जिनकी व्याख्याओं में इसका महत्त्व घटता-बढ़ता रहता था, भी इसको मान्यता देने लगे और संभवतः एक नया ऐतिहासीकरण हुआ तो इसे अनपेक्षित समर्थन मिलने लगा। इस संयुक्त प्राच्यवादी-राष्ट्रवादी पुनर्निर्मिति में जिस धर्म और संस्कृति की स्थापना का प्रयास किया गया, वह न केवल स्पष्टतः 'हिंदू'

बल्कि स्पष्टतः उच्चजातीय धर्म और संस्कृति थी। न तो उसमें वर्ण हिंदू समाज के निचले दर्जे शामिल थे और न ही उसमें ग़ैर-हिंदुओं के लिए कोई जगह थी। यह दूसरा मुहावरा अनिवार्य रूप से मुख्यतः पाठ-केंद्रित था। यह लिखित पाठ को उसके आनुष्ठानिक एवं सामाजिक संदर्भ से अलग विशुद्ध रूप में देखता था और चाहे पतन व क्षरण के चरणों व कालों को मानते हुए या अवांछित दख़लंदाज़ी को बाहर निकालकर हमेशा असंगतियों के लिए सफ़ाई जुटाने या उनसे उत्पन्न बाधा को दूर करने में व्यस्त दिखाई पड़ता था। अगर पुराणों और धर्मशास्त्रों ने म्लेच्छों की उपस्थिति की निंदा की और नए परंपरावादियों ने इस आचार का सूत्रपात किया तो हिंदू भारत की पुनर्निर्मिति में प्राच्यवादियों ने मुस्लिम संस्कृति को बाहरी साबित करने में और भी ज़्यादा कठोर रवैया अपनाया। इस तरह दूसरा मुहावरा 'मुस्लिम' युग से बचकर निकल गया और उसने ख़ालिस शास्त्रीयता और नव्यता के बीच एक सातत्य का दावा किया। लिहाज़ा, मिसाल के तौर पर, मनु और उन्नीसवीं शताब्दी के राजनय में कोई बड़ा फ़ासला दिखाई नहीं देता मानो कुछ ख़ास नियम चिरंतन रहे हों और कोई चीज़ उनकी वैधता को कलंकित न कर सकती हो। दूसरा मुहावरा, वस्तुतः, अकेले समकालीन आचार का स्रोत होने का दावा करने में सक्षम नहीं था क्योंकि यह ताज़ा या बिल्कुल निकटवर्ती अतीत के संस्थानों व विचारों से प्रभावित हुए बिना नहीं रह सकता था और ये विचार व संस्थान इस्लामिक विचारों व संस्थानों में गुंथे हुए थे तथा उनकी दूसरी, क्षेत्रीय, ग़ैर-संस्कृत जड़ें भी थीं। किंतु यह दुसरा मुहावरा, जो एक सुनियोजित निर्मिति था, एक ऐसे प्रभुत्वशाली मुहावरे के रूप में सामने आया जिसका आह्वान सामाजिक, सांस्कृतिक व राजनीतिक विमर्श के समकालीन हिंदू पुनर्गठन को दिशा देने और वैधता प्रदान करने के लिए किया गया था।

ब्रिटिश औपनिवेशिक शासन ने भी शुरू में सत्ता की 'परंपरागत' संरचनाओं—राजा, ब्राह्मण, धार्मिक संस्थान आदि—को समर्थन दिया ताकि वह भी उनके प्राधिकार से लाभ प्राप्त कर सके। परंतु उन्नीसवीं शताब्दी के दौरान अंग्रेज़ों ने धीरे-धीरे परंपरागत प्राधिकार केंद्रों को उनकी पदवी से हटाने का सिलसिला शुरू किया और वे इन सत्ताधारियों की कथित प्राचीनता का केवल ज़बानी आदर करते रहे। ख़ैर, देशी सामाजिक संरचनाओं, मसलन—व्यापारिक संस्थाओं, का अपना गतिविज्ञान था और यह बात मध्य वर्गों के उदय तथा तीसरे मुहावरे की रचना में परिलक्षित हुई जिसमें पश्चिमी विचारों का समावेश भी था और उनका विरोध भी निहित था क्योंकि यह शास्त्रीय परंपरा के किसी प्रकार, यानी दूसरे मुहावरे, पर आधारित होने का दावा भी कर रहा था। यह बात परंपरानिष्ठ संगठनों और सुधारवादियों, दोनों के मामले में समान रूप से सच थी, हालांकि दोनों के मामले में प्रतिरोध और समावेश का स्तर एक जैसा नहीं था। इस तीसरे मुहावरे में परंपरानिष्ठ और सुधारवादी, दोनों तरह के सूत्रीकरण निहित थे और उन्होंने ख़ुद को कथित राष्ट्रीय भाषा, साहित्य व धर्म की निर्मिति में व्यक्त किया।

पीछे के अध्याय यही दिखाने का प्रयास करते हैं कि यह चौखटा किसी हद तक वास्तविक प्रक्रियाओं को समेटने और समझने में मददगार है। काशी की पावन नगरी में इन गतिविधियों का नक़्शा दुबारा तैयार करते हुए इस बात को समझना संभव हुआ कि किस तरह अठारहवीं और उन्नीसवीं शताब्दी में आकर ही यहां के राजपरिवार ने ख़ुद को एक 'हिंदू' संस्थान के रूप में स्थापित किया और इसी दौर में आकर राजपरिवार की परंपरागत

हिंदू गतिविधियों की शुरुआत हुई–फिर चाहे वह बुढ़वा मंगल का उत्सव हो, माह भर चलने वाली रामलीला हो या संस्कृत विद्वानों, भाषा कवियों व संगीतकारों के संरक्षण का विषय हो। नगर के ब्राह्मण, जिन्हें शुरू में हिंदू विद्या के केंद्र के रूप में आदर दिया जाता था, उन पर भी औपनिवेशिक शासन ने इसी तरह लगाम कसी। जब अंग्रेज़ स्वतंत्र रूप से संस्कृत पाठों का अध्ययन और व्याख्या करने लगे तो भले ही कहने को वे ब्राह्मणों की विद्वत्ता की लाख दुहाई देते रहे हों, वे उनको और उनकी विद्वत्ता को गतकालिक कहकर ख़ारिज करने लगे। बहरहाल, बीते दशकों में उभरकर सामने आया हिंदूपन पहचान का एक प्राथमिक स्रोत बन गया था जिसको दूसरे सामाजिक संगठन भी नई उग्रता के साथ अपना बताने लगे थे। उन्नीसवीं शताब्दी के आख़िर तक आते-आते हिंदू व्यापारिक जातियां, जिनका बहुलांश धर्मपरायण वैष्णव था, जो कभी अंग्रेज़ों का अहम राजनीतिक सहायक और फ़ाइनेंसर हुआ करती थीं, वे भी आर्थिक ठहराव और रोज़गार के अवसरों में गिरावट से परेशान रहने लगी थीं। यही जातियां नए मध्यवर्ग का केंद्रक थीं जो मिशनरियों और शिक्षाविदों के संपर्क में नए विचारों के प्रभाव में आने के चलते प्रेस और सार्वजनिक सभाओं के माध्यम से अभिव्यक्ति के नए ढंगों से वाक़िफ़ थी। उन्होंने जिन हिंदू परंपराओं का प्रसार किया, वे एक तरफ़ तो रूढ़िवादी थीं क्योंकि वे सामाजिक संरचना के वर्ण आधारित आभिजात्यवादी मॉडल के अनुरूप थीं और दूसरी तरफ़ वे अग्रगामी परंपराएं भी थीं क्योंकि वे मूलतः समतामूलक आधार पर राजनीतिक सहभागिता की मांग कर रही थीं।

इस तरह, उन्नीसवीं शताब्दी के आख़िरी दशकों के बनारस में कई कारक–यहां की पावनता जिसे अंग्रेज़ों ने भी सींचा, यहां का हिंदू राजा, नगर का धर्मपरायण, धनाढ्य व्यापारी वर्ग, और इन सभी की ओर से ब्राह्मण विद्या को दिया गया संरक्षण–आपस में गुंथ गए थे और इस नई हिंदू संस्कृति को जन्म दे रहे थे। एक-दूसरे पर इन सबके प्रभावों और सरगर्मियों को हरिश्चंद्र के जीवन और कृतित्व में एक केंद्रीय अभिव्यक्ति मिली जिनकी अप्रतिम प्रतिभा, अद्‌भुत विविधता, सार्वजनिक उपस्थिति, नवीनता के प्रति उत्सुकतापूर्ण खुलापन और औरों को अपना अनुकरण करने के लिए प्रेरित कर पाने का सामर्थ्य, इन सारे गुणों ने उन्हें परंपरा और नवीनता, दोनों का निरपवाद रूप से प्रभावशाली प्रवक्ता बना दिया था। एक महत्त्वपूर्ण उत्तर-भारतीय वैष्णव संप्रदाय में उनकी गहरी जड़ों और न केवल इस संप्रदाय को उदीयमान आधुनिक हिंदू धर्म की मुख्यधारा से जोड़ने बल्कि उसे इस हिंदू धर्म की केंद्रीय धारा के रूप में प्रस्तुत करने की उनकी चेष्टा के विश्लेषण से हमें पिछले अध्यायों में हिंदू भाषा, धर्म व संस्कृति के राष्ट्रीयकरण की प्रक्रिया का ताना-बाना उभरता दिखाई देता है। चूंकि हिंदू पहचान के सुदृढ़ीकरण की यह प्रक्रिया ख़ुद को पुरातन बता रही थी, इसलिए इस प्रक्रिया पर कम शोध हुए हैं जबकि यह प्रक्रिया, जैसा कि मैंने दिखाया है, आधुनिक हिंदू पहचान के गठन में एक केंद्रीय महत्त्व रखती थी।

संकलनों, शब्दकोशों व व्याकरणों में हिंदी को हिंदुओं की भाषा के रूप में कूटबद्ध करने का काम अंग्रेज़ प्रशासकों व मिशनरियों ने किया था लेकिन इस मुद्दे के विचारधारांकन और राजनीतीकरण की प्रक्रिया, बल्कि तीसरे मुहावरे के रूप में इसके स्पष्ट उभार यानी हिंदी को राष्ट्रीय भाषा की सारी शर्तों पर खरी उतरने वाली भाषा के रूप में प्रस्तुत करने वाली प्रक्रिया उन्नीसवीं शताब्दी के मध्य में चले अदालती भाषा आंदोलन में स्पष्ट रूप से

सामने आई जो कि मोटे तौर पर एक देशज मसला था। इस तरह, हम इस उद्यम में उपनिवेशवादियों और राष्ट्रवादियों, दोनों का योगदान देख सकते हैं। राष्ट्रवादी जिस हिंदी को उछाल रहे थे वह एक शहराती जुबान थी। वे इसे संस्कृत का सीधा वंशज मानते थे और इसे आम बोलचाल की भाषा व क्षेत्रीय भाषा संपदा से पृथक् करते जा रहे थे। हालांकि हरिश्चंद्र संस्कृतीकरण के प्रसंग में स्वर्ण माध्य का प्रतिनिधित्व कर रहे थे, परंतु वह राष्ट्रीय गौरव व प्रगति के चिह्न के रूप में 'निज भाषा' के सबसे प्रखर हिमायती भी थे। सत्तर और अस्सी के दशकों तक आते-आते हिंदी और उर्दू के धार्मिक-सांस्कृतिक विभाजन को लगभग पूरा माना जा सकता है।[1] लेकिन यदि हिंदी की रंगत-सूरत को केवल हिंदुओं के धर्म व संस्कृति की अभिव्यक्ति के रूप में परिभाषित किया जा रहा था तो यह परिभाषा 'हिंदू' के प्रयोग को संकुचित भी करती जा रही थी जिसमें मुसलमानों को शामिल नहीं किया जा सकता था क्योंकि, इस बारे में लगभग आम सहमति बन चुकी थी, कि वे 'उर्दू वाले' थे। इस तरह, 'हिंदू' शब्द का राष्ट्रीय प्रयोग, जो सभी भारतीयों का प्रतिनिधित्व करे, सिर्फ़ एक महीन आवरण था जिसके तले एक विच्छेद बाक़ायदा आ चुका था।

हिंदी को एक स्वायत्त भाषा के रूप में वैधता दिलाने के लिए शास्त्रीय हिंदी साहित्य का भंडार निर्मित करने की प्रक्रिया पुनः एक संयुक्त उद्यम साबित हुई। इसका सूत्रपात और इसे वैधता दिलाने का काम फ़ोर्ट विलियम कॉलेज के माध्यम से अंग्रेज़ों ने अपने हितों की पूर्ति के लिए किया था। वे कॉलेज विद्यार्थियों के प्रयोग हेतु हिंदी में मुद्रित सामग्री चाहते थे लेकिन जिन्होंने इस फ़ैसले को लागू किया, जिन्होंने हिंदी संपदा के प्रतिनिधि पाठों के संस्करणों का संकलन व संपादन किया, वे हिंदू मुंशी ही थे। इस तरह, एक ऐसा सिद्धांत अस्तित्व में आया जिसमें ब्रजभाषा और अवधी के पाठों को भी 'हिंदी' पाठों के रूप में शामिल कर लिया गया था। उन्हें भाषाशास्त्रीय विशिष्टताओं की बजाय पाठ्य-सामग्री की अंतर्वस्तु के आधार पर वर्गीकृत किया गया था और इस सिद्धांत ने मुस्लिम मान लिये गए साहित्य को 'हिंदी' की चौहद्दी से बाहर निकाल दिया, भले ही वे इसके साथ कितनी भी भाषायी निकटता क्यों न रखते हों।

जब सदी के मध्य के बाद इस भाषा में साहित्यिक पाठों की रचना का सवाल आया तो इस आत्मचेतन 'हिंदू' साहित्य ने इतिहास के धरातल पर और संस्कृत काव्य के माध्यम से अपनी वंशावली स्थापित करने का प्रयास किया। अपनी भाषा की प्राचीनता का दावा और भारोपीय भाषा परिवार में संस्कृत साहित्य के महत्त्व की स्थापना एक प्राच्यवादी उद्यम था, जो वंशावली निर्धारण में एक अहम कड़ी बना और जिसने हिंदी में सृजनात्मक लेखकों के लिए एक आदर्श प्रस्तुत करने का काम किया। इस तरह, साहित्य में दूसरे या शास्त्रीय भारतीय मुहावरे की रचना के लिए प्राच्यवादी तथा उत्तरवर्ती राष्ट्रवादी नज़रिए में एक सहमेल पैदा हुआ। संस्कृत के साथ इस संबंध की दावेदारी के पक्ष में उस साहित्य की उच्चता और प्राचीनता पर ज़ोर दिया गया जिसे हरिश्चंद्र ने *कविवचनसुधा* के ध्येय वाक्य—*तजि ग्राम कविता, सुकविजन की अमृतबानी सब कहै*—में एक कार्यक्रम की हैसियत से प्रस्तुत किया था। लोकप्रिय और स्थानीय साहित्य, जो वस्तुतः साहित्य की मुख्यधारा को सींच रहा था, को मान्यता देना आवश्यक नहीं था और इस साहित्य के स्तरोन्नयन के लिए सैद्धांतिक रूप से उसे बहिष्कृत कर दिया गया। राष्ट्र की शक्ल-सूरत को परिभाषित और परिपूर्ण करने में साहित्य कितना

मूल्यवान होता है, यह विचार अंग्रेज़ी साहित्य के माध्यम से उपलब्ध था। यद्यपि हिंदी में आए नए साहित्य ने जान-बूझकर संस्कृत परंपरा को एक संदर्भ-बिंदु के रूप में प्रयोग किया लेकिन उसने विधाओं के स्तर पर अपना रुझान पश्चिमी साहित्यिक रूपों के प्रति दिखाया। उन्नीसवीं शताब्दी में जैसे-जैसे तीसरे मुहावरे का साहित्य विकसित हुआ और जैसे-जैसे उसने नए हिंदू सांस्कृतिक जगत के राष्ट्रवादी आयामों, उसके भू-दृश्य और इतिहास का लेखा-जोखा पेश किया और उसके भीतर व्यक्ति को उसकी सामाजिक, धार्मिक व निज पहचान के विषय में नई चेतना से लैस करने का बीड़ा उठाया, उपन्यास, यथार्थपरक नाटक, निबंध, यात्रा-वृत्तांत और नया इतिहास-लेखन, इस तीसरे मुहावरे के अभिन्न अंग बनते चले गए।

हिंदुओं के धर्म का निर्धारण कहीं ज़्यादा पेचीदा काम था क्योंकि यह ज़्यादा विविधतापूर्ण और कम समन्वित प्रक्रिया थी। इस प्रसंग में प्रस्तुत शोध में सिर्फ़ एक रेशे की ही टोह लेना संभव हो पाया है जो कि प्रतिनिधि जान पड़ता है और जिसके आधार पर एक सामान्यीकरण किया जा सकता है। यहां प्रस्तुत स्थापना, जो कि इस आशय के निष्कर्ष से क़तई कम नहीं है कि उत्तरवर्ती उन्नीसवीं शताब्दी भारतीय धर्म के इतिहास में एक अभूतपूर्व वैचारिक मिश्रण की साक्षी थी, की पुष्टि के लिए अभी और काम करना आवश्यक है। एकेश्वरवाद ईसाई युग की शुरुआत से पहले ही भारतीय मिट्टी में जन्म ले चुका था और फल-फूल रहा था। निश्चय ही आगे की शताब्दियों में भी पहले दक्षिण भारत में और बाद में उत्तर के इलाक़ों में इसे वैष्णव, शैव या शाक्त धाराओं के रूप में ख़ुराक मिलती रही थी।[2] इन एकेश्वरवादी धाराओं में उत्तरवर्ती वैदिक अनुष्ठानों की घुसपैठ करके स्मार्त परंपरा इन धाराओं को अपने भीतर समेटने का प्रयास करती रही थी क्योंकि इससे विभिन्न संप्रदायों पर ब्राह्मणों के नियंत्रण का रास्ता खुलता था। मगर ये वैष्णव, शैव या शाक्त आदि धाराएं लगातार स्मार्त परंपरा से भिन्नता पर ज़ोर देती रहीं।[3] परंतु कुछ संप्रदाय भारतीय धर्मों की केंद्रीय धाराएं थे और उनको संकीर्ण/सेक्टेरियन नहीं कहा जा सकता जैसा कि उन्नीसवीं शताब्दी में उनको दिखाने का प्रयास किया गया।[4] फिर भी, ये धाराएं अपने एकेश्वरवादी रुझान पर ज़ोर देते हुए भी अपनी वैधता सिद्ध करने के दबाव में अपनी श्रेष्ठता के एक सामान्य दावे और यदा-कदा निर्णायक भिन्नता का तर्क देने के अलावा कुछ ज़्यादा नहीं कर पाईं और कुल मिलाकर इन्होंने भी संप्रदायों की प्रवृत्तिगत एकता को मानना शुरू कर दिया। इन हालात में उनके पास स्मार्तों में विलीन हो जाने के दबाव का विरोध करने का कोई मतलब दिखाई नहीं दे रहा था। मैंने जिन स्रोतों का अध्ययन किया है, उनके आधार पर मेरी समझ बनी है कि कई एकेश्वरवादी धाराओं ने ख़ुद को वैचारिक रूप से एक ऐसे समुच्चय में विलीन हो जाने दिया जिसको एकल अद्वैतवाद के रूप में और यहां तक कि कई मौक़ों पर एकल एकेश्वरवाद के रूप में प्रोजेक्ट किया जा सकता था। इस लक्ष्य को हासिल करने के लिए किस तरह के धर्मशास्त्रीय बदलाव ज़रूरी थे, यह अलग-अलग संप्रदायों को केंद्र में रखकर विस्तृत शोध व दस्तावेज़ीकरण करने का मसला है। उपलब्ध साक्ष्यों से केवल यही पता चलता है कि सभी धाराएं वेदों में अपना आधार ढूंढ़ रही थीं, भले ही यह कोशिश सिर्फ़ ज़बानी कवायद तक रही हो। साथ ही वे श्रुतियों और स्मृतियों में तथा धर्मशास्त्रों में भी अपनी जड़ें खोज रहे थे जिसमें वर्ण विभाजन के औचित्य की स्वीकृति व पुष्टि निहित थी। इन धाराओं द्वारा ईश्वरवादी वेदांत में संयुक्त रूप से शरण लेने की

भी प्रवृत्ति दिखाई देती है जिसने एक समरूप धर्म स्थापित करने के पूरे उद्यम को समन्वित और सम्मानजनक दार्शनिक रूपरेखा प्रदान करने के साथ-साथ विविधता की गुंजाइश भी छोड़ दी थी। यानी विविधता में एकता का रास्ता खुला छोड़ दिया गया था। इसी वजह से भावात्मक भक्ति को भी महत्त्व मिला जिसने सहज पहुंच वाला एक ऐसा सर्वसमावेशी सिद्धांत मुहैया कराया जो दर्शन के भी परे जाने का दावा करता था। वैष्णव भक्ति को केंद्र में रखते हुए आए इस महत्त्वपूर्ण बदलाव को प्राच्यवादियों के एक महत्त्वपूर्ण समूह का समर्थन मिला हुआ था जिन्होंने इस उद्योग को एक अनिवार्य ऐतिहासिक आधार प्रदान किया। परंतु आधुनिक हिंदू धर्म के गठन को सिर्फ़ विशुद्ध प्राच्यवादी उद्यम नहीं माना जा सकता। कारण यह कि मूर्ति-पूजा का महत्त्व केंद्रीय था जो कि मिशनरियों के, और मुखर तौर पर सुधारवादी हिंदू संगठनों के विरुद्ध था। इसका अनिवार्य अर्थ था मंदिर और अनुष्ठानों की पुष्टि।[5] जब एक बार इस बारे में एक सर्वसम्मति बन गई कि प्रत्येक प्रतिमा एक लंबी और श्रद्धेय परंपरा से निकले सार्वभौमिक सिद्धांत का मूर्त रूप है तो मूर्ति-पूजा में भी ज़बर्दस्त विविधता दिखाई देने लगी। यह विज़न कितना भी सर्वसमावेशी क्यों न रहा हो, ग़ौरतलब बात यह है कि इस सहमेल की चेष्टा संस्कृतोन्मुखी, पाठ-केंद्रित, स्मार्त परंपरा पर आधारित थी, और इसमें लोक-मान्यताओं व विश्वासों को बेदख़ल करने का उद्यम था। जब हरिश्चंद्र ने *उपधर्मच्युत स्वत्व निज भारत लहै* का आह्वान किया तो वह न केवल संकीर्ण पंथवाद के ख़िलाफ़ आवाज़ लगा रहे थे बल्कि वह अंधविश्वासपूर्ण मान्यताओं को बेदख़ल करने के लिए भी दलील दे रहे थे। इसके बाद उन सारी चीज़ों को हाशिए पर धकेलने का सिलसिला शुरू हुआ जो या तो इस पूरे ख़ाके के लिए अनुकूल नहीं ठहर रहा था या जिसे अनुकूल ठहरने नहीं दिया गया था।

धार्मिक दायरे में 'हिंदू' शब्द को इसके दूसरे या संज्ञात्मक/डिनोमिनेशनल भाव में इस्तेमाल किया जा रहा था, हालांकि यह तीसरे या राष्ट्रवादी अर्थ में भी अभिव्यक्त होने लगा था। धर्म ही ऐसा कारक था जिसने हिंदुओं को एक सूत्र में पिरोया हुआ था क्योंकि राजवंश तो आते और जाते ही रहते थे। इसके बाद हिंदू धर्म ने राष्ट्र को भी वर्तमान क्षण में संघटित किया और उसकी ऐतिहासिक दीर्घता तथा सामाजिक सम्मानीयता को स्थापित किया गया।[6] सभी भारतीयों को समाहित करने वाले राष्ट्रवादी अर्थ में इसका प्रयोग मुसलमानों का सवाल आने पर केवल सतही ही हो सकता था क्योंकि इसका केंद्रक उन धार्मिक व सांस्कृतिक समूहों से मिलकर बना था जो वर्ण आधारित हिंदू श्रेणी में आते थे और जो इसके धर्म की देशी भारतीय जड़ों से संबद्ध थे।

उन्नीसवीं शताब्दी के आख़िर में हिंदू परंपराओं के राष्ट्रीयकरण की एक मुक्तिदायी उपयोगिता भी थी जिसने सामाजिक व राजनीतिक मुद्दों की व्यापक राजनीतिक मुखरता के लिए, इन्हें अभिव्यक्त करने में सक्षम लचीली भाषा के विकास के लिए और एक समृद्ध साहित्य के लिए दमनकारी और सर्वव्यापी राजनीतिक सत्ता के विरुद्ध एक देशी सांस्कृतिक व राजनीतिक पहचान की अभिव्यक्ति का रास्ता खोला। यह प्राधिकार में परिवर्तन का द्योतक था जो अब न केवल राजाओं और ब्राह्मणों में बल्कि नवमध्यवर्ग में भी स्थित था। साथ में इस बात पर ग़ौर करना भी ज़रूरी है कि अगर यह सुदृढ़ीकरण मुक्तिकामी था तो क्रमशः यह दमनकारी भी था; अगर यह समावेशी था तो अपवर्जी भी था, इसने न केवल मुसलमानों

को बेदख़ल किया बल्कि हिंदू सामाजिक व्यवस्था की कगारों पर बैठे समुदायों को भी बेदख़ल किया। यहां विभाजक रेखाओं को जान-बूझकर धुंधला छोड़ दिया गया था। फिर भी, अपने तमाम धुंधलेपन के बावजूद ये रेखाएं विभेदकारी संभावनाओं से युक्त थीं। जैसा कि पांडे ने उल्लेख किया है, बीसवीं शताब्दी में भी हिंदू शब्द सवर्ण हिंदुओं को ही इंगित करता है और अस्पृश्य जातियां स्पष्टतः उससे बाहर रहती हैं[7] और इसीलिए रायचौधुरी ने इसे एक 'अपवर्जी और बहुधा टकरावमूलक पहचान' कहा है (1994 : 120)।

उन्नीसवीं शताब्दी में जिस तरह तीसरे मुहावरे को प्रचलन में लाया गया, उसने पराये के प्रति वास्तविक प्रतिरोध और दूसरी तरफ़ वास्तविक समावेशन का भी प्रतिनिधित्व किया। यह प्रगतिशील था क्योंकि लोकतंत्रीकरण में योगदान दे रहा था और यह बंधनकारी था क्योंकि इसने एकरेखीयता के पक्ष में तथा बहुलता के विपरीत जाने का प्रयास किया और उन्हें या तो संकीर्ण, गंवारू या फिर अंधविश्वासी घोषित कर दिया गया।

इन बहुल पहचानों को किसी अधिकृत या अनधिकृत आदेश के ज़रिए निषिद्ध नहीं किया गया था। वे चाहे जितनी भी लुप्तप्राय रही हों, वे अभी भी विद्यमान हैं। उन्नीसवीं शताब्दी में मिश्रण का जो सिलसिला शुरू हुआ, वह कभी भी पूरी तरह पूरा नहीं हो पाया। आज जिसे हिंदू राष्ट्रवाद कहा जाता है, उसे अपनी जीवंतता बनाए रखने के लिए लगातार मोल-तोल की ज़रूरत पड़ती है, विचारधाराबद्ध करने की ज़रूरत पड़ती है, और गोलबंदी के लिए नए नुक्ते दरकार रहते हैं।

भाषा हिंदू राष्ट्रीय पहचान का केवल ब्रांड चिह्न बनकर नहीं रह सकती थी। और चाहे कितना भी संस्कृतीकरण किया गया हो, हिंदी राष्ट्रीय भाषा के ओहदे के लिए हिंदुस्तानी को पूरी तरह बेदख़ल करने में सफल नहीं हो पाई और आज़ादी के बाद जाकर ही वह अपने इस दावे को साकार रूप दे सकी। संविधान सभा की बहसों (1946 से 1949 तक) में हिंदी की हिमायत मुख्य रूप से ऐसे आदमियों के हाथों में थी जो इलाहाबाद और बनारस के विख्यात हिंदी संस्थानों का आतिथ्य पा चुके थे। वे यह मनवाने में कामयाब रहे कि संविधान सख़्ती से लागू किया जाए, इसकी शब्दावली के लिए हिंदी 'मुख्य रूप से संस्कृत और द्वितीयक स्तर पर अन्य भाषाओं' से शब्द ग्रहण करे; लेकिन इस चरण में भी 'हिंदी साम्राज्यवाद' का प्रतिरोध निश्चय ही मौजूद था, हालांकि अब यह प्रतिरोध बंगाली और तमिल भाषियों की तरफ़ से आ रहा था।[8]

बीसवीं सदी के शुरुआती दौर में सुदृढ़ीकरण और संरक्षणवाद की अवधि के बाद, छायावादी कवियों की रचनाओं में संस्कृत से समृद्धि हासिल करने का सिलसिला इस अर्थ में हरिश्चंद्र द्वारा दिखाए गए रास्ते पर ही आगे बढ़ा है। इस प्रक्रिया ने सख़्ती का लगातार विरोध किया है और रह-रहकर आम बोलचाल की भाषा और 'बोलियों' की मदद ली है। साहित्यिक शैलियों के लिए संस्कृत, प्रचलित भाषा व लोक-स्रोतों के अलावा दूसरे स्रोतों का भी सहारा लिया गया है और शताब्दी के चौथे दशक में सूर्यकांत त्रिपाठी निराला और हजारीप्रसाद द्विवेदी की रचनाओं में तथा प्रगतिशील लेखक संघ के कामों में अन्य परंपराओं का भी सायास समावेश मिलता है। चालीस और पचास के दशक में नई कविता और कहानी ने इसी प्रक्रिया को और आगे बढ़ाया है। हालांकि हिंदी के शास्त्रीय केनन से मुस्लिम विषयों और उर्दू साहित्य को बेदख़ल करने का सिलसिला चलता रहा है लेकिन पिछले कुछ दशकों के दौरान हिंदी

में मुस्लिम लेखन भी आने लगा है और इस तरह एक हद तक ये दोनों धाराएं फिर आपस में उलझ गई हैं।

ये मुद्दे धार्मिक स्तर पर ज़्यादा पेचीदा हैं और उनका वर्गीकरण व नियंत्रण मुश्किल है। लिहाज़ा, हिंदू शब्द के प्रांतीय, धार्मिक व राष्ट्रवादी अर्थ एक साथ मिलकर केवल असहज ढंग से ही एक इकाई बन पाते हैं। यहां तक कि हिंदू राष्ट्रवाद के विचारकों में से एक विनायक दामोदर सावरकर (1883-1966) भी हिंदुत्व को स्पष्ट करने की चेष्टा में सफलतापूर्वक ऐसा नहीं कर पाए। सावरकर को भी लगातार हेर-फेर करने पड़े, एक स्तर से दूसरे स्तर पर जाना पड़ा, ताकि उन सारे दायरों को समेटा जा सके जिनको वे समेटना चाहते थे।[9]

हालांकि इसमें नापाक गठजोड़ भी रहे हैं लेकिन परतें फिर भी एक हद तक अलग-अलग दिख जाती हैं। उनके बीच भेद करने और उनके उपयुक्त नाम ढूंढ़ने के लिए विभिन्न विश्लेषणात्मक चेष्टाएं हो चुकी हैं। आशीस नंदी ने एक जीवन-पद्धति के रूप में और बहुल पहचानों के संघटन के रूप में आस्था को विचारधारारूपी धर्म के बरख़िलाफ़ रखा है, जो ग़ैर-धार्मिक, प्रायः राजनीतिक और सामाजिक आर्थिक हितों के लिए द्वंद्व में उलझी या उसका संरक्षण करती आबादी का उपराष्ट्रीय, राष्ट्रीय अथवा पार-राष्ट्रीय पहचानकर्ता है। इस तरह के विचारधारारूपी धर्म आमतौर पर ऐसे पाठों के साथ जोड़कर देखे जाते हैं जो कि उसके अनुयायियों के जीवन दर्शन की बजाय धर्म के विशुद्ध रूप की अनंतिम पहचान बन जाते हैं (1990 : 70)।

यहां 'आस्था' का एक अनायास आदर्शीकरण दिखाई देता है मानो जीवन-पद्धतियां कभी भी भेदभावपूर्ण और अपवर्जी न रही हों। फिर भी ये विचारधारारूपी धर्म के प्रसार में निहित उन अंतर्विरोधों को चिह्नित करने की एक चेष्टा ज़रूर है जो स्वयं को पाठों में स्थापित करने और इस तरह विभिन्न सामाजिक-धार्मिक परंपराओं को एक निश्चित चौखटे में बांधने और सीमित करने का प्रयास करते हैं जिनमें अभी तक आमतौर पर समय के साथ लचीलापन दिखाई पड़ रहा था।

विश्व हिंदू परिषद द्वारा हिंदू धर्म के अनुयायियों को संगठित व निर्देशित करने की चेष्टाएं भी इसीलिए जीवन को तहस-नहस करने के लिहाज़ से भले ही विनाशकारी हों, लेकिन उनको भी हिंदू धर्म नामक विशाल मानवता के छितराए समुदाय को एक बार और एकजुट करने की ही चेष्टा माना जा सकता है। दरारें और भेद अभी भी बने हुए हैं और इन्हीं में भविष्य की एक आशा दिखाई देती है, इस रूप में नहीं कि वे बंटवारे को जन्म देंगी और ज़्यादा निरपेक्ष इकाइयों और पहचानों को सामने लाएंगी, बल्कि इस रूप में कि इन्हीं दरारों में उस विभेदीकरण के बीज बोये जा सकते हैं जहां से पुनर्नवीकरण और पुनर्जीवन का सूत्रपात होता है।

टिप्पणियां

1. देखें, खूबचंदानी (1991 : 56)।
2. प्राचीन 'हिंदूवाद' में एकेश्वरवाद के लिए देखें, श्टीटनक्रोन (1989 : 18) एवं हार्डी ([1988] 1990 : 111)।
3. देखें, श्टीटनक्रोन (1989 : 19)।

4. देखें, हार्डी (1994 : 265-6)
5. जैसा कि हार्डी ([1988] 1990 : 92) ने बताया है, भक्ति पहले मंदिर उपासना से जुड़ी हुई थी : 'मंदिर की प्रतिमा में भक्त को बहुधा ऐसी ठोस दैवी उपस्थिति दिखाई देती थी जिस पर वह अपनी भक्ति के रूप में प्रतिक्रिया देता था। पहली बार यह बात दक्षिण भारत के विषय में दस्तावेज़ीकृत हुई है जहां शिव और विष्णु मंदिरों के संदर्भ में बेहद भावविभोर क़िस्म की भक्ति पैदा हुई।'
6. बीसवीं शताब्दी के आख़िरी दशकों में पूजा और विश्वास के ऐसे प्रचलित रूपों को एकबद्ध करने की चेष्टाएं की गईं जिनको अब तक 'निचला' कहकर हाशिए पर रखा गया था। अब इन्हें हिंदूवाद की एक और श्रेणी यानी 'लोक' धर्म के रूप में एकबद्ध करने का प्रयास किया जाने लगा। महत्त्वपूर्ण परंपराओं को उपेक्षा से बचाने की यह चेष्टा कितनी भी सराहनीय हो, यह 'उच्च' धर्म की पुष्टि और उसके लिए पूरक भूमिका निभाती है, भले ही उनकी प्राचीनता और विश्वसनीयता का जितना भी गौरवगान किया जाए। इस वर्गीकरण की समस्याओं के बारे में देखें, फुक्स (1994)।
7. देखें, पांडे (1993 : 246)।
8. संविधान सभा में राष्ट्र भाषा के सवाल पर हुई बहसों के लिए देखें, ऑस्टिन (1996 : 265-307)।
9. सावरकर प्रांतीय से धार्मिक से राष्ट्रीय धरातल की ओर बढ़ते हैं। वह भारतवर्ष की तुलना में हिंदुस्तान शब्द को प्राथमिकता देते हैं क्योंकि यह 'सिंधु से समुद्र तक' के भौगोलिक दावे को वैधता देता है। परंतु वह बेदख़ली जो इसके राष्ट्रवादी प्रयोग में संभव नहीं है (राष्ट्रवादी प्रयोग में चूंकि सभी भारतीय हिंदू हैं, इसलिए वह हिंदू धर्म को समग्र के केवल एक अंश के रूप में देखता है), वह बेदख़ली इसकी परिभाषा में केंद्रीय स्तर पर धार्मिक शब्दों के समावेश से संभव होती है, मसलन–'पावन भूमि', 'उसके धर्म का पालना' : *हिंदुत्व* (1925) पर सावरकर के एक लंबे उद्धरण के लिए देखें पांडे, (1993 : 248)।

ग्रंथ-सूची

हिंदी

भारतेंदु हरिश्चंद्र की कृतियां

अंधेर नगरी, सं. गिरीश रस्तोगी, दिल्ली : राजकमल पेपरबैक्स, 1986

भारतेंदु ग्रंथावली, प्रथम खंड, सं. शिवप्रसाद मिश्र 'रुद्र' काशिकेय, दूसरा संशोधित संस्करण, बनारस : नागरीप्रचारिणी सभा, 1975 (पहली बार ब्रजरत्नदास द्वारा संपादित, 1950)।

भारतेंदु ग्रंथावली, दूसरा भाग, सं. ब्रजरत्नदास, बनारस : नागरीप्रचारिणी सभा, 1935

भारतेंदु ग्रंथावली, तीसरा भाग, सं. ब्रजरत्नदास, बनारस : नागरीप्रचारिणी सभा, 1954

भारतेंदु नाटकावली, प्रथम भाग, सं. ब्रजरत्नदास. इलाहाबाद : रामनारायणलाल, 1936

भारतेंदु नाटकावली, द्वितीय भाग, सं. ब्रजरत्नदास, दूसरा संस्करण, इलाहाबाद : रामनारायणलाल, 1957

भारतेंदु समग्र, सं. हेमंत शर्मा, बनारस : प्रचारक ग्रंथावली परियोजना, हिंदी प्रचारक संस्थान, 1987

भारतेंदु के श्रेष्ठ निबंध, सं. कृष्णदत्त पालीवाल, दिल्ली : सचिव प्रकाशन, 1987

श्रीचंद्रावलीनाटिका, संपादन एवं भूमिका–लक्ष्मीसागर वार्ष्णेय. बनारस : विश्वविद्यालय प्रकाशन, 1974

सुंदरी तिलक, विश्लेषणात्मक अनुशीलन, सं. धीरेंद्रनाथसिंह, बनारस : ज्ञानमंडल, 1991

हरिश्चंद्रकला, 6 खंड, बांकीपुर : खड्गविलास प्रेस, 1888

हिंदी भाषा. बांकीपुर : खड्गविलास प्रेस, 1883

भारतेंदु हरिश्चंद्र की पत्रिकाएं

कविवचनसुधा 1.1 (संवत् 1924, भादों शुक्ल 15, 1868), 1.9 (संवत् 1926, पौष शुक्ल 15, 1870), सप्लीमेंट 1.15 (संवत् 1927, श्रवण शुक्ल 15, 1870); 3.1-3.25 (अगस्त 1871-अगस्त 1872); 7.34-8.45 (मई 1876-सितंबर 1877); 15.15-16.30 (नवंबर 1883-फरवरी 1885)।

नवोदिता हरिश्चंद्रचंद्रिका 11.3 (दिसंबर 1884)।

बालाबोधिनी 1.2/3-1.4 (फरवरी/मार्च 1874-अप्रैल 1874), 1.8 (अगस्त 1874); 2.1-2.4 (जनवरी 1875-अप्रैल 1875), 2.6-2.12 (जून 1875-दिसंबर 1875); 3.1-3.11 (जनवरी 1876-नवंबर 1876)।

भगवद्भक्तितोषिणी पत्रिका 1.3-1.6 (1874)।

हरिश्चंद्रा'ज़ मैगज़ीन 1.1-1.7/8 (अक्टूबर 1873-अप्रैल 1874)।

हरिश्चंद्रचंद्रिका 1.11-6.15 (अगस्त 1874-अप्रैल 1879)।

भारतेंदु हरिश्चंद्र पर लिखी गई किताबें

ब्रजरत्नदास [1935] 1962, *भारतेंदु हरिश्चंद्र*, इलाहाबाद : हिंदुस्तानी एकेडमी।

राधाकृष्णदास [1905] 1975, *भारतेंदु बाबू हरिश्चंद्र का जीवनचरित्र*, अमृतलाल नागर की भूमिका के साथ नया संस्करण, लखनऊ : उत्तर प्रदेश शासन।

वार्ष्णेय, लक्ष्मीसागर [1948] 1974, *भारतेंदु हरिश्चंद्र*, इलाहाबाद : साहित्य भवन।

सहाय, शिवनंदन [1905] 1975, *हरिश्चंद्र*, पुनर्मुद्रित, लखनऊ : हिन्दी समिति, उत्तर प्रदेश शासन।

भारतेंदु के समकालीनों की कृतियां

गिरिधरदास, 1955, *नहुष नाटक*, बनारस : नागरीप्रचारिणी सभा।

गुप्त, बालमुकुंद [1907] 1983, *शिवशंभु के चिट्ठे और ख़त*, हापुड़ : गणपति प्रकाशन।

गोस्वामी, राधाचरण [1882] 1923, *विधवा विवाह विवरण*, दूसरा संस्करण, मथुरा : जमुना प्रिंटिंग वर्क्स

—1887, *विदेश यात्रा विचार*, मथुरा : व्रजभूषण यंत्रालय।

—1895, *श्री राधाचरण गोस्वामी का जीवनचरित*, मथुरा : मुत्रा भूषण प्रेस।

'प्रेमघन', बद्रीनारायण उपाध्याय, 1940. *प्रेमघन-सर्वस्व*, प्रथम भाग, संपा. प्रभाकरेश्वर प्रसाद उपाध्याय, दिनेश नारायण उपाध्याय, इलाहाबाद : हिंदी साहित्य सम्मेलन।

—1951, *प्रेमघन-सर्वस्व*, दूसरा भाग, संपा. प्रभाकरेश्वर प्रसाद उपाध्याय, दिनेश नारायण उपाध्याय, इलाहाबाद : हिंदी साहित्य सम्मेलन।

भट्ट, बालकृष्ण, 1947, *भट्ट नाटकावली*, सं. धनंजय भट्ट 'सरल'. बनारस : नागरीप्रचारिणी सभा।

—[1947] 1974, *भट्ट निबंधमाला*, प्रथम भाग, सं. धनंजय भट्ट 'सरल', द्वितीय संस्करण. बनारस : नागरीप्रचारिणी सभा।

—[1947] 1974, *भट्ट निबंधमाला*, दूसरा भाग, सं. धनंजय भट्ट 'सरल', द्वितीय संस्करण, बनारस : नागरीप्रचारिणी सभा।

मिश्र, प्रताप नारायण, 1958, *प्रताप नारायण ग्रंथावली*, प्रथम खंड, संपा. विजयशंकर मल्ल, बनारस : नागरीप्रचारिणी सभा।

—1987, *प्रताप नारायण मिश्र कवितावली*, संपा. नरेशचंद्र चतुर्वेदी, इलाहाबाद : हिंदी साहित्य सम्मेलन

राधाकृष्णदास, 1930, *राधाकृष्णदास ग्रंथावली*, पहला खंड, संपा. श्यामसुंदरदास, इलाहाबाद : इंडियन प्रेस।

लक्ष्मणसिंह, राजा [1863] 1961, *शकुंतला नाटक*, आगरा : साहित्यरत्न भंडार।

व्यास, अंबिकादत्त, 1901, *निजवृत्तांत, अर्थात् स्वलिखित साहित्याचार्य भारतरत्न पंडित अंबिकादत्त व्यास का जीवनचरित*, संपा. चंडीप्रसाद सिंह, बांकीपुर : खड्गविलास प्रेस।

शिवप्रसाद, बाबू, 1864, *इतिहास तिमिरनाशक, तीन खंडों में*, पहला खंड, बनारस : सरकार के लिए मेडिकल हॉल प्रेस से मुद्रित।

—1868, *वामामनरंजन*, इलाहाबाद : गवर्नमेंट प्रेस।

शिवप्रसाद, राजा [1875] 1877, *हिंदी ग्रामर*, दूसरा संस्करण, इलाहाबाद : गवर्नमेंट प्रेस।

—1926, *मानव-धर्म-सार अर्थात् संक्षिप्त मानव-धर्म-शास्त्र हिंदी अनुवाद सहित*, चौथा संस्करण, लखनऊ : नवल किशोर प्रेस।

श्रीनिवासदास, 1953, *श्रीनिवासदास ग्रंथावली*, संपा. श्रीकृष्ण लाल, बनारस : नागरीप्रचारिणी सभा।

त्रिपाठी, शीतलाप्रसाद [1876] 1969, *जानकीमंगल नाटक*, संपा. धीरेंद्रनाथ सिंह, बनारस : नागरीप्रचारिणी सभा।

समकालीनों द्वारा संपादित पत्रिकाएं

ब्राह्मण, संपा. प्रताप नारायण मिश्र, कानपुर, 1(1883)-12(1897)।

विद्यार्थी सम्मिलित हरिश्चंद्रचंद्रिका और मोहनचंद्रचंद्रिका, संपा. मोहनलाल विष्णुलाल पांड्या, उदयपुर। 8.5 (श्रावण संवत् 1938, अगस्त 1881), 8. 6(भाद्रपद, संवत् 1938, सितंबर 1881), 8.9 (मार्गशीर्ष, संवत् 1938, नवंबर/दिसंबर 1881), 8.10 (पौष 1938, 1882), 8.10-11 (माघ, फाल्गुन, संवत् 1938, 1882)।

हिंदी प्रदीप, संपा. बालकृष्ण भट्ट, इलाहाबाद, 1 (1877)-31(1909)।

क्षत्रियपत्रिका, संपा. रामदीन सिंह, बांकीपुर, 1.10-12 (1882); 2.1-7, 9-10 (1882); 5.1 (1885); 9.1-2 (1886); 8.9, 12 (1888); 10.9 (1890)।

समकालीनों पर लिखी गई किताबें

नत्थन सिंह, 1959, *बाबू बालमुकुंद गुप्त, जीवन और साहित्य,* आगरा : विनोद पुस्तक मंदिर।

पुरोहित, रामचंद्र, 1972, *प्रेमघन और उनका कृतित्व,* जयपुर : अनुपम प्रकाशन।

वर्मा, शांति प्रकाश. 1970, *प्रताप नारायण मिश्र की हिंदी गद्य को देन,* दिल्ली : विश्व साहित्य भवन।

शर्मा, राजेंद्रप्रसाद, 1958, *हिंदी गद्य के निर्माता पंडित बालकृष्ण भट्ट,* आगरा : विनोद पुस्तक मंदिर

शुक्ल, रामचंद्र, [1913] 1987, *श्रीराधाकृष्णदास,* दूसरा संस्करण, बनारस : नागरीप्रचारिणी सभा।

द्वितीयक स्रोत

अंग्रेज़ों का गृहसंबंधी वृत्तांत, 1894, इलाहाबाद : मिशन प्रेस।

अग्रवाल, सरोज, 1962, *प्रबोधचंद्रोदय और उसकी हिंदी परंपरा,* इलाहाबाद : हिंदी साहित्य सम्मेलन।

ख़ान इंशा अल्ला, 1950, *रानी केतकी की कहानी,* पांचवां संस्करण, संपा. श्यामसुंदर दास, बनारस : नागरीप्रचारिणी सभा।

उपाध्याय, बलदेव, 1983, *काशी की पांडित्य परंपरा,* बनारस : विश्वविद्यालय प्रकाशन।

ओझा, दशरथ [1953] 1984, *हिंदी नाटक, उद्भव और विकास,* दिल्ली : राजपाल एंड संस।

लल्लूजी लाल [1810] 1870, *प्रेम सागर,* रामसहात पंडित द्वारा संपादित, कलकत्ता : सुधानिधि यंत्रम्

कृष्णाचार्य, 1966, *हिंदी के आदिमुद्रित ग्रंथ,* बनारस : भारतीय ज्ञानपीठ प्रकाशन।

कृष्णदास, राय, 1976a भारतेंदु संस्मरण 1-4, *धर्मयुग,* 29 अगस्त, 5 सितंबर, 12 सितंबर, 19 सितंबर

—1976b, *नेह के दीवाने* के दीवाने, *धर्मयुग,* 17 अक्टूबर।

कुलीन स्त्री कीर्ति, पिक्चर स्टोरीज ऑफ नोबेल वीमेन, 1894, इलाहाबाद : क्रिश्चियन लिटरेचर सोसायटी।

गुप्त, आशा, 1984a. *डॉक्टर ग्रियर्सन के साहित्येतिहास,* दिल्ली : आत्माराम एंड संस।

—1984b, *मध्ययुगीन हिंदी कवि : अन्वेषक डॉक्टर ग्रियर्सन.* दिल्ली : आत्माराम एंड संस।

गुप्त, दीनदयालु, 1970. *अष्टछाप और वल्लभ-संप्रदाय,* दो जिल्दों में, दूसरा संस्करण, इलाहाबाद : हिंदी साहित्य सम्मेलन।

गोयल, नीरज, 1986, *फ़ोर्ट विलियम कॉलेज : एक इतिहास* (1800-54), नई दिल्ली, मसूरी : ऋषभचरण जैन और संतति।

गौरीदत्त, पंडित [1870] 1966, *देवरानी जेठानी की कहानी, एक वृद्ध और पढ़ी-लिखी स्त्री की सम्मति से पंडित गौरीदत्त ने बनाई,* पुनर्मुद्रण, दिल्ली।

चौधरी, गिरीशचंद्र, 1986a, श्री भारतेंदुकृत 'भगवद्भक्तितोषिणी पत्रिका', *प्रज्ञा, भारतेंदु स्मृति अंक, काशी हिंदू विश्वविद्यालय पत्रिका* 31.2/32.1 : 487-90

—1986b. भारतेंदु की प्रेयसी, *साप्ताहिक हिंदुस्तान,* 28 सितंबर।

धीरेंद्रनाथ सिंह, 1986a, *आधुनिक हिंदी के विकास में खड्‌गविलास प्रेस की भूमिका,* पटना : बिहार राष्ट्रभाषा परिषद।

धीरेंद्रनाथ सिंह, 1986b, भारतेंदु हरिश्चंद्र की पत्रकारिता, *प्रज्ञा, भारतेंदु स्मृति अंक, काशी हिंदू विश्वविद्यालय पत्रिका* 31.2/32, 1 : 317-22

तनेजा, सत्येंद्र कुमार, 1976, *नाटककार भारतेंदु की रंगपरिकल्पना,* दिल्ली : भारती भाषा प्रकाशन।

तिवारी, गोपीनाथ, 1959, *भारतेंदुकालीन नाटक साहित्य (1850-1900).* जालंधर, इलाहाबाद : हिंदी-भवन

तुलसीदास, 1975, *श्रीरामचरितमानस,* बनारस : अखिल भारतीय विक्रम परिषद्।

पांडेय 'आर्य', बनारसीलाल, 1975. *महाराजा बलवंतसिंह और काशी का अतीत,* बनारस : बनारसीलाल पांडेय 'आर्य'।

पेठे, केशव वामन, 1899, *राष्ट्र भाषा,* मराठी से हिंदी में गंगाप्रसाद अग्निहोत्री द्वारा अनूदित, बनारस : हरिप्रसाद यंत्रालय।

बंशीधर, 1863, *ग्राम्यकल्पद्रुम,* इलाहाबाद : गवर्नमेंट प्रेस।

बसु, शिवेंद्रनाथ, संपा. 1915, *संगीत-समुच्चय,* प्रथम भाग, बनारस : भारत-कलापरिषद।

ब्रजरत्नदास, 1949, *भारतेंदु-मंडल,* बनारस : श्री कमलमणि-ग्रंथमाला-कार्यालय।

भागवत पुराण, 1940, गोरखपुर : गीता प्रेस।

भूषण [1907] 1989, *भूषण ग्रंथावली,* संपा. श्यामबिहारी मिश्र और सुखदेवबिहारी मिश्र, बनारस : नागरीप्रचारिणी सभा।

नाभाजी, 1969, *भक्तमाल,* लखनऊ : तेजकुमार बुक डिपो।

मार्कंडेय पुराण, बम्बई : खेमराज श्रीकृष्णदास।

मिश्र, शितिकंठ, 1957, *खड़ी-बोली का आंदोलन,* बनारस : नागरीप्रचारिणी सभा।

मिश्र, कृष्णबिहारी [1968] 1985, *हिंदी पत्रकारिता, जातीय चेतना और खड़ी बोली साहित्य की निर्माण भूमि,* दूसरा संस्करण, दिल्ली : भारतीय ज्ञानपीठ।

मोतीचंद्र, 1958. अठारहवीं सदी के काशी के महाजन, *त्रिपथगा* (अगस्त) : 49-61

—[1962] 1985, *काशी का इतिहास,* दूसरा संस्करण, बनारस : विश्वविद्यालय प्रकाशन।

मोहनचंद, 1990, पुराणों में भारतवर्ष का नामकरण, *दि पुराणाज़ एंड नेशनल इंटीग्रेशन* में *पुराणों में राष्ट्रीय एकता,* संपा, पुष्पेंद्र कुमार, 195-205, दिल्ली : नाग पब्लिशर्स।

राय, शिवमंगल, 1985, *ईस्ट इंडिया कंपनी की हिंदी नीति,* बनारस : हिंदी प्रचारक संस्थान।

सदल मिश्र. [1803] 1951, *चंद्रावती अथवा नासिकेतोपाख्यान,* संपा. श्यामसुंदर दास, बनारस : नागरीप्रचारिणी सभा।

वाजपेयी, अंबिकाप्रसाद, 1953, *समाचारपत्रों का इतिहास,* बनारस : ज्ञानमंडल।

वार्ष्णेय, लक्ष्मीसागर, 1972, ईस्ट इंडिया कंपनी के प्राचीन पत्रों की भाषा का स्वरूप, *परिप्रेक्ष्य और प्रतिक्रियाएं,* 31-9, दिल्ली : नेशनल पब्लिशिंग हाउस।

व्यास, लक्ष्मीशंकर, संपा. 1990, *गोस्वामी श्री गिरिधरजी महाराज द्विशताब्दी महोत्सव स्मारिका,* बनारस : भरतनारायण गुप्त, शुद्धाद्वैत जपयज्ञ समिति।

विद्यालंकार, सत्यकेतु, 1938, *अग्रवाल जाति का प्राचीन इतिहास,* दिल्ली : इतिहास-सदन।

वैरागी, प्रभुदास, 1977, *श्रीनाथद्वारा का सांस्कृतिक इतिहास,* अलीगढ़ : भारत प्रकाशन मंदिर।

शर्मा, प्रमिला, 1992, अवध पंच : हास्य की अविस्मरणीय पत्रिका, *साप्ताहिक हिंदुस्तान,* 23 फरवरी,

शंभुनाथ आलोक जोशी, 1986, भारतेंदु और भारतीय नवजागरण, कलकता : आनेवाला कल प्रकाशन

शर्मा, माधव, 1990, श्रीगिरिधरजी महाराज, देखें, व्यास 1990 : 10-13।

शर्मा, रामविलास, [1942] 1975, *भारतेंदु युग और हिंदी भाषा की विकास परंपरा*, संशोधित संस्करण, दिल्ली : राजकमल प्रकाशन।

—[1953] 1984, *भारतेंदु हरिश्चंद्र और हिंदी नवजागरण की समस्याएं*, संशोधित संस्करण, दिल्ली : राजकमल प्रकाशन।

शर्मा, श्रीपाल, 1978, *हिंदी पत्रकारिता, राष्ट्रीय नव उद्‌बोधन*, दिल्ली : राज पब्लिशिंग हाउस।

शिवनाथ, 1954, *भारतेंदु-युगीन निबंध*, बनारस : सरस्वती मंदिर।

शुक्ल, केसरीनारायण, 1950, भारतेंदु के निबंध, *नागरीप्रचारिणी पत्रिका, भारतेंदु जन्मशती अंक :* 40-58

शुक्ल, दयाशंकर, 1967, *हिंदी का समस्यापूर्ति-काव्य*, लखनऊ : गंगापुस्तकमाला।

शुक्ल, रामचंद्र. [1930] 1947, *हिंदी साहित्य का इतिहास*, संशोधित संस्करण, बनारस : नागरीप्रचारिणी सभा।

श्रीमुकुंदरायजी की वार्ता तथा श्रीगोपाललालजी की वार्ता, संपा. पंडित रामनाथजी शास्त्री, बनारस : रामदास अग्रवाल, संवत् 1985 (सर्वप्रथम संवत् 1934 में प्रकाशित)।

सूद, हरमोहनलाल, 1986. *भारतेंदु मंडल के समानांतर और आपूरक मुरादाबाद मंडल*, दिल्ली : वाणी प्रकाशन।

सत्येंद्र, 1976, भारतेंदु के नाटक, *भारतीय नाट्य साहित्य* में, संपा. नगेंद्र, 264-90., दिल्ली : एस. चांद एंड कं.।

सिन्हा, सत्यव्रत, 1969, अंधेर नगरी की प्रस्तुति : निर्देशक की दृष्टि में, *आधुनिक हिंदी नाटक और रंगमंच*, संपा. नेमिचंद्र जैन, 88-91, दिल्ली : मैकमिलन।

सेंगर, शिवसिंह [1878] 1966, *शिवसिंह सरोज*, पुनर्मुद्रण, लखनऊ : तेजकुमार बुक डिपो।

अंग्रेज़ी और अन्य भाषाएं

Official Documents and Histories

The Bulwuntnamah. Translated from the Tuhfa-i-taza of Fakir Khair-ud-din Khan, trans. Frederick Curwen. Allahabad : North-West Provinces Government Press, 1875. The Bodleian Library. Oxford.

History of the Province of Benares. Part 1. Inverness : R. Carruthers & Sons, 1873. India Office Library.

Minutes of the meetings (samāj) of the Tadīya samāj as held in the years 1873/4 in the house of Hariśchandra and presently preserved by Girīśchandra Chaudhari, the great-grandson of Hariśchandra's brother Gokulcandra.

Selections from Educational Records. Part II. 1840–1859, ed. J. A. Richey. Calcutta, 1922. Reprint. Delhi: National Archives of India, 1965.

Selections from the Vernacular Newspapers Published in the Punjab and the North-Western Provinces. October 1864–December 1865, January 1867–December 1867, January 1871–December 1871, January 1876–December 1876, January 1877–December 1877. National Archives of India.

Selections from the Vernacular Newspapers Published in the Panjab, North-Western Provinces, Oudh, Central Provinces and Berar. July 1879–December 1879.

National Archives of India.

A Short Account of the Nouputtee Mahajans of Benares. 1832. Foreign Dept. Misc. Serial 12, Part I. National Archives of India.

Tarīkh-e-banāras by Saiyad Marhar Hasan Korvī va Fatehpurī. 3 vols. Vol. 1, 1916. Vol. 2, 1926. Banaras: Suleiman Press. Ramnagar Palace Library.

Transactions of The Benares Institute for the Session 1864–65. Benares: Printed at the Medical Hall Press, 1865. India Office Library.

Monographs on Hariśchandra

Madan Gopal. 1972. *The Bharatendu. His Life and Times*. New Delhi: Sagar Publications.

Madan Gopal. 1985. *Bharatendu Harishchandra. A Literary Biography*. Delhi: The Book Abode.

Contemporaries : Works

Banerjea, Surendranath. 1970. *Speeches of Surendranath Banerjea*. Calcutta: Indian Association.

Dutt, Romesh Chunder. [1888] 1963. *Early Hindu Civilisation, B. C. 2000 to 320. Based on Sanskrit Literature*. Reprint. Calcutta: Punthi Pustak.

Monographs on Contemporaries

Gunderson, Warren. 1970. The World of the Babu. Rajendralal Mitra and Cultural Change in Modern India. Ph.D Diss. University of Chicago.

Sen, Asoke. 1977. *Iswar Chandra Vidyasagar and his Elusive Milestones*. Calcutta: Riddhi-India.

Secondary Sources

Ahmad, Aijaz. 1987. Jameson's Rhetoric of Otherness and the "National Allegory". *Social Text* 17: 3-25.

— 1991a. Disciplinary English: Third-worldism and Literature. In *Rethinking English. Essays in Literature, Language, History*, ed. Svati Joshi, 206-263. New Delhi: Trianka.

— 1991b. Between Orientalism and Historicism: Anthropological Knowledge of India. *Studies in History*, n.s. 7. 1 : 135-63.

Ambalal, Amit. 1987. *Krishna as Srinathji. Rajasthani Paintings from Nathdvara*. Ahmedabad: Mapin Publishing.

Anderson, Benedict. 1983. *Imagined Communities. Reflections on the Origin and Spread of Nationalism.* London: Verso.

Archer, Mildred, and W. G. 1955. *Indian Painting for the British 1770-1880.* London: Oxford University Press.

Arnold, Edwin. 1886. *India Revisited.* London: Trübner & Co.

Austin, Granville. 1966. *The Indian Constitution: Cornerstone of a Nation*. Oxford: Clarendon Press.

Balibar, Renēe. 1986. National language, education, literature. In *Literature, Politics and Theory. Papers from the Essex Conference 1976-84*, ed. Francis Barker, Peter Hulme, Margaret Iversen, Diana Loxley, 126-147. London, New York: Methuen.

Ballantyne, James Robert. 1859. *Christianity Contrasted with Hindu Philosophy: An Essay in five Books, Sanskrit and English: With Practical Suggestions Tendered to the Missionary among the Hindūs*. London: James Madden.

Banerjee, Sumanta. 1989. Marginalization of Women's Popular Culture in Nineteenth Century Bengal. *See* Sangari/Vaid 1989: 127-179.

Bannerji, Himani. 1991. Fashioning a Self. Educational Proposals for and by Women in Popular Magazines in Colonial Bengal. *Economic and Political Weekly*, 26 October.

Barannikov, A. 1936. Modern Literary Hindi. In *Indian and Iranian Studies presented to George Abraham Grierson on his Eighty-fifth Birthday*, 373-90. London: School of Oriental Studies.

Barz, Richard. 1976. *The Bhakti Sect of Vallabhacarya*. Faridabad: Thomson Press.

Basu, Tapan, Pradip Datta, Sumit Sarkar, Tanika Sarkar, and Sambuddha Sen. 1993. *Khaki Shorts Saffron Flags. A Critique of the Hindu Right*. Delhi: Orient Longman.

Bate, Jonathan. 1989. *Shakespeare and the English Romantic Imagination*. Oxford: Clarendon Paperbacks.

Bauer, Roger, and Jürgen Wertheimer, eds. 1983. *Das Ende des Stegreifspiels. Die Geburt des Nationaltheaters. Ein Wendepunkt in der Geschichte des europärischen Dramas*. München: Wilhelm Fink.

Bayly, C. A. 1973. Patrons and Politics in Northern India. In *Locality, Province and Nation: Essays on Indian Politics 1870 to 1940*, ed. John Gallagher, G. Johnson, and A. Seal, 29- 68. Cambridge: Cambridge University Press.

— 1978. Indian Merchants in a Traditional Setting: Benares, 1780-1830. In *The Imperial Impact: Studies in the Economic History of Africa and India*, ed. Clive Dewey, and A. G. Hopkins, 171-193. London : Published for the Institute of Commonwealth Studies, University of London, Athlone Press.

— 1983. *Rulers, Townsmen and Bazaars. North Indian society in the age of British expansion, 1770-1870*. Cambridge: Cambridge University Press.

— 1985. The Pre-history of "Communalism"? Religious Conflict in India, 1700-1860. *Modern Asian Studies* 19. 2 (April): 177-203.

— 1987. *Indian Society and the Making of the British Empire*. Vol. 2/1 of *The New Cambridge History of India*, ed. Gordon Johnson. Cambridge: Cambridge University Press.

Bhalla, Alok, and Sudhir Chandra, eds. 1993. *Indian Responses to Colonialism in the Nineteenth Century*. Delhi: Sterling Publications.

Bhandarkar, R. G. 1874. Allusions to Kṛishṇa in Patanjali's Mahābhāshya. *Indian Antiquary* 3 : 14-16.

— 1913. *Vaiṣṇavism, Śaivism and Minor Religious Systems*. Strassburg: J. Trübner.

Bhatia, Tej K. 1987. *A History of the Hindi Grammatical Tradition. Hindi-Hindustani Grammar, Grammarians, History and Problems*. Leiden: E. J. Brill.

Blackall, Eric A. 1978. *The Emergence of German as a Literary Language 1700-*

1775. 2nd ed. Ithaca, London: Cornell University Press.

Bond, Richmond B. 1971. *The Tatler. The Making of a Literary Journal*. Cambridge, Mass. : Harvard University Press.

Borthwick, Meredith. 1984. *The Changing Role of Women in Bengal 1849-1905*. Princeton: Princeton University Press.

Brass, Paul. 1974. *Language, Religion and Politics in North India*. London, New York: Cambridge University Press.

Burghart, Richard. 1983. The Discovery of an Object of Meditation: Sūr Kiśor and the Reappearance of Janakpur. In *Bhakti in Current Research, 1979-1982*, ed. Monika Thiel-Horstmann, 53-64. Berlin: Dietrich Reimer Verlag.

Burke, Peter. 1981. Languages and anti-languages in early modern Italy. *History Workshop Journal* 11: 24-32.

Calcutta Review. 1856. The Arrian Race. 26: 474-548.

Calcutta Review. 1871. Review of J. R. Ballantyne's *Christianity Contrasted with Hinduism,* 1859 and Joseph Mullen's *The Religious Aspects of Hindu Society*, 1860. 36. 1: 81-109.

Calcutta Review. 1873. The Modern Hindu Drama, by Kissory Chand Mittra. 37: 245-73.

Carroll, Lucy. 1978. Colonial Perceptions of Indian Society and the Emergence of Caste(s) Associations. *Journal of Asian Studies* 37. 2 (February): 233-250.

Chatterjee, Partha. 1986. *Nationalist thought and the colonial world. A Derivative Discourse?* Delhi: Oxford University Press.

— 1989. The Nationalist Resolution of the Women's Question. *See* Sangari/Vaid 1989: 233-253.

Chandra, Bipan. [1966] 1969. *The Rise and Growth of Economic Nationalism in India. Economic Policies of Indian National Leadership, 1880-1905*. Delhi: People's Publishing House.

— 1968. Reinterpretations of Nineteenth Century Indian Economic History. *Indian Economic and Social History Review* 5. 1 (March): 35-75.

— 1979. *Nationalism and Colonialism in Modern India*. Delhi: Orient Longman.

Chandra, Sudhir. 1975. *Dependence and Disillusionment. Emergence of National Consciousness in Later Nineteenth Century India*. Delhi: Manas Publications.

— 1979. Literature and Changing Social Consciousness. *The Indian Historical Review* 6. 1-2: 209-229.

— 1984a. Literature and the Colonial Connection. In *Social Transformation and Creative Imagination,* ed. Sudhir Chandra, 145-199. Delhi: Allied Publishers.

— 1984b. Communal Elements in Late Nineteenth Century Hindi Literature. *Journal of Arts and Ideas* 6: 5-18.

— 1987 Conflicted Beliefs and Men's Consciousness about Women: Widow Marriage in Later Nineteenth Century Indian Literature. *Economic and Political Weekly* 22. 44, 31 October.

— 1992. *The Oppressive Present. Literature and Social Consciousness in Colonial India*. Delhi: Oxford University Press.

Clēmentin-Ojha, Catherine. 1992. Un dēbat religieux dans une cour princiēre de l'Inde

au XIXe siēcle. *Bulletin de l'Ecole Française d'Extrēme-Orient* 79. 1: 225-229.
Clifford, James, and George E. Marcus, eds. 1986. *Writing Culture. The Poetics and Politics of Ethnography.* Berkeley: University of California Press.
Cohn, Bernard. [1983] 1990. Representing Authority in Victorian India. *See* Hobsbawm/Ranger [1983] 1990:165-209.
— 1985. The Command of Language and the Language of Command. *See* Guha 1985: 276-329.
— 1987. *An Anthropologist among the Historians and Other Essays.* With an introduction by Ranajit Guha. Delhi: Oxford University Press.
Conlon, Frank F. 1992. The Polemic Process in Nineteenth-century Maharashtra: Vishnubawa Brahmachari and Hindu Revival. *See* Jones 1992: 5-26.
Court, Franklin. 1988. The Social and Historical Significance of the First English Literature Professorship in England. *PMLA* 103. 5: 796-807.
Dalmia, Vasudha. 1994. The Establishment of the Sixth Gaddī of the Vallabha Sampradāy: Narrative Structure and the Use of Authority in a Vārtā of the Nineteenth Century. *See* Entwistle/Mallison 1994.
— 1996. Sanskrit Scholars and Pandits of the Old School: The Benares Sanskrit College and the Constitution of Authority in the Late Nineteenth Century. Journal of Indian philosophy, 24.4 : 321-37
Dalmia-Lüderitz, Vasudha. 1987. Die Aneignung der vedischen Vergangenheit: Aspekte der frühen deutschen Indien-Forschung. *Zeitschrift für Kulturaustausch* 3. 37: 434-443.
— 1992a. Hariśchandra of Banaras and the reassessment of Vaiṣṇava bhakti in the late nineteenth century. In *Devotional Literature in South Asia: Current research, 1985-1988*, ed. R. S. McGregor, 281-297. Cambridge: Cambridge University Press.
— 1992b. A National Theatre for the Hindus. Hariścandra of Banaras and the Classical Traditions in Late Nineteenth Century India. *See* Offredi 1992: 181-206.
– 1993. Reconsidering the Orientalist View. In *Perceiving India: Insight and Inquiry*, Special Issue of *India International Centre Quarterly*, ed. Geeti Sen, 93-114. Delhi: Sage Publications.
Das, Sisir Kumar. 1978. *Sahibs and Munshis. An Account of the College of Fort William.* Calcutta: Orion Publications.
— 1991. *A History of Indian Literature*. Vol. 8, *1800-1910. Western Impact: Indian Response*. Delhi: Sahitya Akademi.
Das, Veena, ed. 1986. *The Word and the World. Fantasy, Symbol and Record.* Delhi: Sage Publications.
— ed. 1990. *Mirrors of Violence. Communities, Riots and Survivors in South Asia.* Delhi: Oxford University Press.
Das Gupta, Anil Chandra, ed. 1959. *The Days of John Company. Selections from Calcutta Gazette, 1824- 1832*. Calcutta: Superintendent, Government Printing.
Dasgupta, Surendranath. [1922] 1975. *A History of Indian Philosophy*. 5 vols. Vol. 4, *Indian Pluralism.* Delhi: Motilal Banarsidass.
Dayanand Saraswati. [1883] 1984. *Light of Truth*, trans. Chiranjiva Bharadwaja. Delhi:

Sarvadeshik Arya Pratinidhi Sabha.

De, Barun. 1977. A Historiographical Critique of the Renaissance Analogue for Nineteenth Century India. In *Perspectives in the Social Sciences,* ed. Barun De. Vol. 1, 178-218. Calcutta: Oxford University Press.

Derrett, J. Duncan M. 1961. Sanskrit Legal Treatises Compiled at the Instance of the British. *Zeitschrift für vergleichende Rechtswissenschaft einschließlich der ethnologischen Rechtsforschung* : 72-113.

— 1961/62. The Administration of Hindu Law by the British. *Comparative Studies in Society and History* 4: 52.

Deshpande, Satish. 1993. Imagined Economies. *Journal of Arts and Ideas* 25-26 : 5- 35.

Dharampal. 1971. *Civil Disobedience and Indian Tradition. With some early nineteenth century documents*. Banaras: Sarva Seva Sangh Prakashan.

Dittmer, Kerrin. 1972. *Die Indischen Muslims und die Hindi-Urdu Kontroverse in den United Provinces*. Wiesbaden: Otto Harrassowitz.

Dobbin, Christine. 1972. *Urban Leadership in Western India. Politics and Communities in Bombay City 1840–1885*. Oxford: Oxford University Press.

Duff, Alexander. [1839] 1988. *India and India Missions: Including Sketches of the Gigantic System of Hinduism, Both in Theory and Practice*. Reprint. Delhi: Swati Publications.

Eagleton, Terry. [1984] 1987. *The Function of Criticism. From the Spectator to Post-Structuralism.* London: Verso.

Eck, Diana. 1980. A Survey of Sanskrit Sources for the Study of Vārāṇasī . *Purāṇa* 22. 1 (January): 81- 101.

— 1983. *Banaras. City of Light.* London: Routledge & Kegan Paul.

— 1986. Banaras: Cosmos and paradise in the Hindu imagination. *See* Veena Das 1986: 41-55.

Eden, Fanny. 1988. *Tigers, Durbars and Kings. Fanny Eden's Journals 1837–1838.* Transcribed and edited by Janet Dunbar. London: John Murray.

Elliot, Henry M. 1869. *Memoirs on the History, Folk-lore, and the Distribution of the Races of the North Western Provinces of India*, edited, revised and rearranged by John Beames. 2 Vols. London: Trübner & Co.

Emigh, John, and Ulrike. 1986. Hajari Bhand of Rajasthan. *Drama Review* 30. 1 (Spring): 101-130.

Entwistle, Alan, and Françoise Mallison, eds. 1994. *Studies in South Asian Devotional Literature: Research Papers, 1988-1991*. Delhi: Manohar and Ēcole Française d' Extrēme-Orient.

Ethrington, W. [1871] 1887. *Bhāsha Bhāskar, A Grammar of the Hindi Language Designed for Native Students*. 2nd ed. Lucknow: Newul Kishore Press.

Fallon, S. W. 1879. *A New Hindustani-English Dictionary, with Illustrations from Hindustani Literature and Folklore*. Banaras: E. Z. Lazarus and Company, London: Trübner & Co.

Farquhar, J. N. [1914] 1977. *Modern Religious Movements in India*. Reprint. Delhi: Munshiram Manoharlal.

Fishman, Joshua A. 1968a. Sociolinguistics and the Language Problems of the Developing Countries. *See* Fishman/Ferguson/Das Gupta: 3-16.

— 1968b. Nationality-Nationalism and Nation-Nationism. *See* Fishman/Ferguson/Das Gupta 1968: 39-51.

— 1974. The Sociology of Language: an Interdisciplinary Social Science approach to Language in Society. In *Current Trends in Linguistics*, ed. Thomas Sebeok. Vol. 12, *Linguistics and Adjacent Arts and Sciences*, 1629-1784. The Hague, Paris: Mouton.

Fishman, Joshua, Charles A. Ferguson, and Jyotindra Das Gupta, eds. 1968. *Language Problems of Developing Nations*. New York: John Wiley.

Freitag, Sandria, ed. 1989. *Culture and Power in Banaras. Community, Performance and Environment 1800–1980*. Delhi: Oxford University Press.

Fuchs, Martin. 1994. Discursive Practices and Experiential Attitudes: Difficulties in Conceptualising Folk-Religion. Paper presented at the 13th European Conference of Modern South Asian Studies. Toulouse, 31 August–3 September.

Gabriel, Ruth. 1979. Learned Communities and British Educational Experiments in North India: 1780–1830. Ph. D. Diss. University of Virginia.

Garbe, Richard. 1914. *Indien und das Christentum. Eine Untersuchung der religionsgeschichtlichen Zusammenhärnge*. Tübingen: J. C. B. Mohr (Paul Siebeck).

Garcin de Tassy. M. [1839–1846] 1870–1871. *Histoire de la litérature Hindoui et Hindoustani.* 2nd revised and enlarged edition, 3 Vols. Paris: Adolphe Labitte.

Geliner, Ernest. 1983. *Nations and Nationalism.* Oxford: Basil Blackwell.

Gilchrist, John Borthwick. 1798. *The Oriental Linguist, An Easy and Familiar Introduction to the Popular Language of Hindoostan; [Vulgarly, but Improperly Called the Moors:] Comprising the Rudiments of that Tongue, With an Extensive Vocabulary, English and Hindoostanee, And Hindoostanee and English: Accompanied with Some Plain and Useful Dialogues, Tales, Poems, &c. To illustrate the Construction and Facilitate the Acquisition of the Language. To which is Added, for the Accomodation of the Army, the English and Hindoostanee Part of the Articles of War, With Practical Notes and Observations.* Calcutta: Ferris and Greenway.

— [1810] 1825. *Hindoostanee Philology: Comprising a Dictionary English and Hindoostanee; With a Grammatical Introduction.* Vol 1, repr. from the Edition of 1810. London: Kingsbury, Parbury, & Allen.

— 1820. *The Stranger's Infallible Guide, or Hindoostanee Multum in Parvo, As a Grammatical Compendium of the Grand, Popular, and Military Language of All India. (Long, but Improperly Called the Moors or Moorish Jargon.)* London: Kingsbury, Parbury, & Allen, Booksellers to the Hon. East India Company.

Glasenapp, Helmuth von. 1934. Die Lehre Vallabhacaryas. *Zeitschrift für Indologie und Iranistik* 9. 3: 268–30.

Gordon, Stewart. 1993. *The Marathas 1600–1818*. Vol. 2/4 of *The New Cambridge History of India*, ed. Gordon Johnson. Cambridge: Cambridge University Press.

Grafe, H. i972. Hindu Apologetics at the Beginning of the Protestant Mission Era in India. *Indian Church History Review* 6. 1 (June): 43-70.

Graham, Walter. 1966. *English Literary Periodicals*. New York: Octagon Books.

Grewal, J. S. 1970. *Muslim Rule in India. The Assessment of British Historians*. Delhi: Oxford University Press.

Grierson, George A. 1889. The Modern Vernacular Literature of Hindustan. *Journal of the Asiatic Society of Bengal*, Part I for 1888. Special Number. Calcutta: Asiatic Society.

— 1893. On the early study of Indian vernaculars in Europe. *Journal of the Asiatic Society of Bengal* 62: 41-50.

— 1907. Modern Hinduism and its Debt to the Nestorians. *Journal of the Royal Asiatic Society* 1907: 311-335.

— 1908. The Narayaniya and the Bhagavatas. *The Indian Antiquary* 37: 251-262, 373-386.

— 1909. Bhakti-Marga. *Encyclopaedia of Religion and Ethics,* ed. James Hastings, 539- 551. Vol. 2. Edinburgh: T. & T. Clark.

— [1909] 1969. The Monotheistic Religion of Ancient India and its Descendant, the Modern Hindu Doctrine of Faith. *The Imperial and Asiatic Quarterly Review and Oriental and Colonial Record.* 3d s. 28. 55/56 (July–October): 115-126. Reprint. Nendeln, Liechtenstein: Kraus Reprint.

— 1909/1910. Gleanings from the Bhakta-mala. *Journal of the Royal Asiatic Society* 1909: 607-644; 1910: 87-109, 269-306.

Growse, F. S. [1882] 1979. *Mathurā, A District Memoir*. Reprint. Delhi: Asian Educational Services.

Guha, Ranajit. [1963] 1981. *A Rule Of Property for Bengal. An Essay on the Idea of the Permanent Settlement*. Delhi: Orient Longman.

— ed. 1982. *Subaltern Studies I. Writings on South Asian History and Society*. Delhi: Oxford University Press.

— ed. 1985. *Subaltern Studies IV. Writings on South Asian History and Society.* Delhi: Oxford University Press.

— 1988. *An Indian Historiography of India: A Nineteenth-Century Agenda and its Implications*. Calcutta: Centre for Studies in Social Sciences.

— 1989. Dominance without Hegemony and its Historiography. In *Subaltern Studies VI. Writings on South Asia, History and Society*, ed. Ranajit Guha, 210-309. Delhi: Oxford University Press.

Habermas, Jürgen. 1962. *Strukturwandel der Öffentlichkeit. Untersuchungen zu einer Kategorie der bürgerlichen Gesellschaft*. Frankfurt: Luchterhand.

Hacker, Paul. 1978. Aspects of Neo-Hinduism as contrasted with surviving traditional Hinduism. *Kleine Schriften*, ed. L. Schmidthausen, 580-608. Wiesbaden: Franz Steiner.

Halhed, Nathaniel Brassey. [1778] 1969. *A Grammar of the Bengal Language*. Reprint. Menston, England: The Scholar Press.

Hansen, Kathryn. 1989.The Birth of Hindi Drama in Banaras, 1868-1885. *See* Freitag 1989: 62-92.

— 1992. *Grounds for Play. The Nautanki Theatre of North India.* Berkeley: University

of California Press.
Hardy, Friedhelm, ed. [1988] 1990. *The Religions of India*. London: Routledge.
— 1994. *The religious culture of India. Power, Love and Wisdom.* Cambridge: Cambridge University Press.
Haugen, Einar. 1966. Dialect, Language, Nation. *American Anthropologist* 68: 922-35.
Hausen, Karin. 1976. Die Polarisierung der 'Geschlechtercharaktere' – Eine Spiegelung der Dissoziation von Erwerbs- und Familienleben. In *Sozialgeschichte der Familie in der Neuzeit Europas,* ed. Werner Conze, 363-393. Stuttgart: KlettVerlag.
Hein, Norvin. 1972. *The Miracle Plays of Mathura*. Delhi: Oxford University Press.
Heber, Reginald. [1832] 1971. *Bishop Heber in North India. Selections from Heber's Journal,* ed. M. A. Laird. Cambridge: Cambridge University Press.
Hellmann-Rajanayagam, Dagmar, and Dietmar Rothermund, eds. 1992. *Nationalstaat und Sprachkonflikte in Süd-und Südostasien.* Stuttgart: Steiner.
Herder, Johann Gottfried. [1765] 1982. Über die neuere deutsche Literatur. Vol. 2 of *Herders Werke*, ed. Regine Otto. 5 vols. Berlin, Weimar: Aufbau Verlag.
— [1769] 1982. Über den Ursprung der Sprache. Vol. 2 of *Herders Werke*, ed. Regine Otto. 5 vols. Berlin, Weimar: Aufbau Verlag.
— [1784-91] 1985. *Ideen zur Philosophie der Geschichte der Menschheit.* Wiesbaden: Fourier Verlag.
Hirshmann, Edwin. 1980. *'White Mutiny' The Ilbert Bill Crisis in India and Genesis of the Indian National Congress*. Delhi: Heritage Publishers.
Hobsbawm, Eric J. 1990. *Nations and Nationalism since 1780. Programme, Myth, Reality.* Cambridge: Cambridge University Press.
— 1993. The New Threat to History. *The New York Review of Books* 40. 21 (16 December): 62- 64.
Hobsbawm, Eric J., and Terence Ranger, eds. [1983] 1990. *The Invention of Tradition.* Cambridge: Cambridge University Press.
Hooper, Rev. W. 1864. *Letters. A Lecture Delivered Before the Benares Debating Club on the 16th April, 1864*. Banaras: Medical Hall Press.
Horstmann, Monika. 1995. Towards a Universal Dharma: Kalyāṇ and the Tracts of the Gita Press. In *Representing Hinduism: The Construction of Religious Traditions and National Identity*, eds. Vasudha Dalmia and Heinrich von Stietencron. Delhi: Sage Publications.
Hudson, D. Dennis. 1992. Arumuga Navalar and the Hindu Renaissance Among the Tamils. *See* Jones 1992: 27-51.
Hunter, William Wilson. 1893. *The Indian Empire: Its Peoples, History, and Products.* 3rd rev. ed. 2 vols. London: W. H. Allen.
Hutchins, Francis G. 1967. *The Illusion of Permanence. British Imperialism in India.* Princeton: Princeton University Press.
Inden, Ronald. 1986. Orientalist Construction of India. *Modern Asian Studies* 20. 3: 401- 440.
— 1990. *Imagining India*. Oxford: Basil Blackwell.
Ingham, Kenneth. 1956. *Reformers in India 1793-1833. An Account of the Work of*

Christian Missionaries on Behalf of Social Reform. Cambridge: Cambridge University Press.

Jaiswal, Suvira. 1967. *The Origin and Development of Vaiṣṇavism (Vaiṣṇavism from 200 B.C. to A. D. 500)*. Delhi: Munshiram Manoharlal.

Jameson, Fredric. [1981] 1986. *The Political Unconscious: Narrative as a Socially Symbolic Act*. London: Methuen.

— 1986. Third-World Literature in the Era of Multinational Capitalism. *Social Text* 15 (Fall): 65-88.

Jones, Kenneth W. 1976. *Arya Dharm. Hindu Consciousness in 19th-Century Punjab*. Berkeley, Los Angeles, London: University of California Press.

— 1989. *Socio-religious reform movements in British India*. Vol. 3/1 of *The New Cambridge History of India*, ed. Gordon Johnson. Cambridge: Cambridge University Press.

— ed. 1992. *Religious Controversy in British India. Dialogues in South Asian Languages*. Albany: State University of New York Press.

— 1993. Two Sanatana Dharma Leaders and Swami Vivekananda: A Comparision. Paper presented at the workshop on: Vivekananda and the Modernisation of Hinduism, School of Oriental and African Studies, University of London, 26-27 November.

Jones, William. [1799] 1976-1980. *The Works of William Jones. With the Life of the Author by Lord Teignmouth*. 13 Vols. Reprint. Delhi: Agam Prakashan.

Jordens, J. T. L. 1978. *Dayānand Sarasvatī. His Life and Ideas*. Delhi: Oxford University Press.

Kane, P. V. 1977. *History of Dharmaśāstra (Ancient and Medieval Religious and Civil Law)*. Vol. 5, Part II. 2nd ed. Poona: Bhandarkar Oriental Research Institute.

Kapur, Anuradha. 1990. *Actors, Pilgrims, Kings and Gods. The Ramlila at Ramnagar*. Calcutta: Seagull.

Kaviraj, Sudipta. 1987. The Myth of Praxis. The Construction of the Figure of Krishna in Krishnacharita. *Occasional Papers on History and Society* 50. Nehru Memorial Museum and Library, New Delhi.

— 1992a. The Imaginary Institution of India. In *Subaltern Studies VII. Writings on South Asian History and Society*, eds. Partha Chatterjee and Gyan Pandey, 1-39. Delhi: Oxford University Press.

— 1992b. Writing, Speaking, Being – language and the historical formation of Identities in India. *See* Hellmann-Rajanayagam/Rothermund 1992: 25-68.

Kaye, John William. 1859. *Christianity in India: An Historical Narrative*. London: Smith, Elder & Co.

Keay, F. E. [1920] 1960. *A History of Hindi Literature*. 3rd. ed. Calcutta: Y. M. C. A. Publishing House.

Kejariwal, O. P. 1988. *The Asiatic Society of Bengal and the Discovery of India's Past*. Delhi: Oxford University Press.

Kellogg, S. H. Rev. [1875] 1972. *A Grammar of the Hindi Language in which are treated the High Hindi, Braj, and the Eastern Hindi of the Rāmāyan of Tulsī Dās*. Reprint. Delhi: Oriental Books Reprint Corporation.

Kemilärinen, Aira. 1964. *Nationalism: Problems concerning the Word, the Concept and Classification.* Jyväskyla: Kustantajat.

Kennedy, James. 1874. *Christianity and the Religions of India.* Mirzapore: Orphan Schools Press.

— 1907. The Child Krishna, Christianity and the Gujars. *Journal of the Royal Asiatic Society* 1907: 951-991.

"Khatak, Sarfarāz "Khan. 1944. *Shaikh Muhammad 'Ali Ḥazin. His Life, Times and Works.* Lahore: Sh. Mohammad Ashraf.

Khubchandani, Lachman M. 1991. *Language, Culture and Nation-Building: Challenges of Modernisation.* Shimla and Delhi: Indian Institute of Advanced Study, in association with Manohar Publications.

Kidwai, Sadiq-ur-Rahman. 1972. *Gilchrist and the 'Language of Hindustan'.* New Delhi: Rachna Prakashan.

King, Christopher R. 1974. The Nāgarī Prachāriṇī Sabhā of Benares, 1893-1914. A Study in the Social and Political History of the Hindi Language. Ph. D. Diss. Univ. of Wisconsin.

— 1989a. Forging a New Linguistic Identity: The Hindi Movement in Banaras, 1868-1914. *See* Freitag 1989: 179-202.

— 1989b. Hindu Nationalism in the 19th Century U.P. and the Dramas of Bharatendu Harishcandra. In *Boeings and Bullock Carts,* ed. Dhirendra Vajpeyi, 179-193. Leiden: E. J. Brill.

— 1992. Images of Vice and Virtue: The Hindi-Urdu Controversy in Two Nineteenth-century Hindi Plays. *See* Jones 1992: 123-148.

Kipling, Rudyard. 1963. *A Choice of Kipling's Verse, Made by T. S. Eliot with an essay on Rudyard Kipling.* London: Faber and Faber.

Klimkeit, Hans-Joachim. 1981. *Der politische Hinduismus. Indische Denker zwischen religiöser Reform und politischem Erwachen.* Wiesbaden: Otto Harrassowitz.

Knödler-Bunte, Eberhard. 1975. The Proletarian Public Sphere and Political Organisation. An Analysis of Negt and Kluge's *The Public Sphere and Experience. New German Critique* 4 (Winter): 51-75.

Kohl, Karl-Heinz. 1986. *Naturreligion. Die Restauration der Götter. Antike Religion und Neo-Paganismus,* eds. Richard Faber, and Renate Schlesier, 198-214. Würzburg: Königshausen und Neumann.

Kopf, David. 1969. *British Orientalism and the Bengal Renaissance. The Dynamics of Indian Modernization 1773-1835.* Berkeley and Los Angeles: University of California Press. Calcutta: Firma K. L. Mukhopadhyay.

Kulīnstrī Kīrtti. Picture Stories of Noble Women. 1894. Allahabad: Christian Literature Society.

Kumar, Nita. 1988. *The Artisans of Banaras. Popular Culture and Identity, 1880-1986.* Princeton: Princeton University Press.

— 1993. Sanskrit Pandits and the Modernization of Sanskrit Education in the 19th and 20th Centuries. Paper presented at the workshop on: Vivekananda and the Modernisation of Hinduism, School of Oriental and African Studies, University of London, 26-27 November.

Lake, E. 1876. In Memoriam – Henry Carr Tucker, C.B. *The Christian Missionary Intelligencer & Record*, n.s. 1: 15-21, 63-74.

Leonard, John, and Karen. 1992. Viresalingam and the Ideology of Social Change in Andhra. *See* Jones 1992: 151-178.

Leopold, Joan. 1970. The Aryan Theory of Race. *The Indian Economic and Social History Review* 7. 2 (June): 271-297.

— 1974. British applications of the Aryan theory of Race to India, 1850-1870. *English Historical Review* 89: 578-603.

Levi, Giovanni. 1990. Vom Umgang mit der Biographie. Translated from the Italian by Martina Kempter. *Freibeuter* 46: 33-45.

Lorinser, F. 1873. Traces in the Bhagvad-Gītā of Christian Writings and Ideas. From the Appendix to Dr. Lorinser's Bhagvad-Gītā (Breslau, 1869). *Indian Antiquary* 2: 283-296.

Ludwig, Theodore M. 1987. Monotheism. Vol. 10 of *The Encyclopedia of Religion,* ed. Mircea Eliade, 68-76. New York: Macmillan Publishing Company, London: Collier Macmillan.

Lütt, Jürgen. 1970. *Hindu Nationalismus in Uttar Pradeś*. Stuttgart: Ernst Klett Verlag.

— 1976. The Movement for the Foundation of the Benares Hindu University. In *German Scholars on India*, ed. Cultural Department of the Embassy of the Federal Republic of Germany. Vol. 2, 160-195. New Delhi.

Macaulay, Thomas Babington. 1867. *Critical and Historical Essays contributed to the Edinburgh Review.* London: Longmans, Green, and Co.

Madan Gopal. 1990. *Freedom Movement and the Press. The Role of Hindi Newspapers*. Delhi: Criterion Publications.

Majumdar, R. C., ed. [1963] 1970. *British Paramountcy and Indian Renaissance.* Part I. Vol. 9 of *The History and Culture of the Indian People*. Bombay: Bharatiya Vidya Bhavan.

Malaviya, M. M. 1897. *Court Character and Primary Education in the N.-W. Provinces and Oudh.* Allahabad: The Indian Press.

Marcus, George E., and Michael M. Fischer. 1986. *Anthropology as Cultural Critique: An Experimental Moment in the Human Sciences*. Chicago, London: The University of Chicago Press.

Marr, George S. 1970. *The Periodical Essayists of the Eighteenth Century. With illustrative Extracts from the Rarer Periodicals.* New York: Phaeton Press.

Marshall, P. J. 1973. Warren Hastings as Scholar and Patron. In *Statesmen, Scholars and Merchants. Essays in Eighteenth-Century History Presented to Dame Lucy Sutherland,* ed. Anne Whiteman, J. S. Bromley, P. G. M. Dickson, 242-262. Oxford: Clarendon Press.

Martens, Wolfgang. 1968. *Die Botschaft der Tugend. Die Aufklärrung im Spiegel der deutschen Moralischen Wochenzeitschriften.* Stuttgart: J. B. Metzlersche Verlagsbuchhandlung.

McDonald, Ellen E. 1968. The Modernization of Communication: Vernacular Publishing in Nineteenth Century Maharashtra. *Asian Survey* 2: 589-606.

McGregor, Ronald Stuart. 1970. The Rise of Standard Hindi, and Early Hindi Prose

Fiction. In *The Novel in India. Its Birth and Development,* ed. T. W. Clark, 142-178. London: George Allen & Unwin.

— 1972. Bengal and the Development of Hindi, 1850-1880. *South Asian Review* 5. 2: 137-146.

— 1974. *Hindi Literature of the Nineteenth and Early Twentieth Centuries.* Vol. 8, Fasc. 2 of *A History of Indian Literature*, ed. Jan Gonda. Wiesbaden: Otto Harrassowitz.

— *[1972] 1977. Outline of Hindi Grammar.* Delhi: Oxford University Press.

— 1984. *Hindi Literature from its Beginnings to the Nineteenth Century.* Vol. 8, Fasc. 6 of *A History of Indian Literature*, ed. Jan Gonda. Wiesbaden: Otto Harrassowitz.

— 1991. A Hindi Writer's View of Social, Political and Language Issues of his Time: Attitudes of Hariścandra of Banaras. *Modern Asian Studies* 25. 1 : 91-100.

— 1992. *Urdu Study Materials.* Delhi: Oxford University Press.

— 1994. An Early Nineteenth Century Collection of Hindi Devotional Poems. *See* Entwistle/Mallison 1994.

Metcalf, Barbara Daly. 1992. Imagining Community: Polemical Debates in Colonial India. *See* Jones 1992: 226-240.

Meyer, Reinhart. 1980. Von der Wanderbühne zum Hof-und National theater. In *Deutsche Aufklärrung bis zur Französischen Revolution 1680-1789*, ed. Rolf Grimmiger, 186-216. Vol. 3 of *Hansers Sozialgeschichte der deutschen Literatur vom 16. Jahrhundert bis zur Gegenwart*, ed. Rolf Grimmiger. Munich: Carl Hanser Verlag.

Mishra, Jagdish Prasad. 1970. *Shakespeare's impact on Hindi Literature*. Delhi: Munshiram Manoharlal.

Mishra, K. P. 1975. *Banaras in Transition, 1738-95*. Delhi: Munshiram Manoharlal.

Misra, B. B. 1961. *The Indian Middle Classes. Their Growth in Modern Times.* London: Oxford University Press.

Miśra, B. N., ed. 1991. *Pandit Revisited.* Part I. Varanasi: Sampurnanand Sanskrit University.

Mitra, Rajendralal. [1875] 1961. *The Antiquities of Orissa.* 2 vols. Calcutta: Published under Orders of the Government of India. Reprint. Calcutta: Indian Studies Past and Present.

— 1884. On the Psychological Tenets of the Vaishṇavas. *Journal of the Asiatic Society of Bengal* 53: 103-117.

— 1969. *The Primitive Aryans, Indo-Aryans: Contributions Towards the Elucidation of their Ancient and Medieval History*. Vol. 2. Delhi, Varanasi: Indological Book House.

Monier Williams, Monier. 1881. Indian Theistic Reformers. *Journal of the Royal Asiatic Society*, n.s. 13: 1-41.

— 1882. The Vaishṇava Religion, with special reference to the Śikshāpatrī of the modern sect called Svāmī-Nārāyaṇa. *Journal of the Royal Asiatic Society*, n.s. 14: 289-316.

— 1891. *Brāhmanism and Hinduism; or, Religious Thought and Life in India, as based on the Veda and other Sacred Books of the Hindus*. London: John Murray.

Mueller, F. Max. [1859] 1968. *A History of Ancient Sanskrit Literature, So Far as it Illustrates the Primitive Religion of the Brahmans*. Reprint. Banaras: Chowkhamba.

Mukherjee, B. N. 1976. The Name hindustan – A Study in its Geopolitical Connotations. *Journal of Ancient Indian History,* D. R. Bhandarkar Centenary Number 9. 1-2 (1975-1976): 178-99.

Mukherjee, Meenakshi. 1985. *Realism and Reality. The Novel and Society in India.* Delhi: Oxford University Press.

Mulji, Karsandas. 1865. *History of the Sect of the Maharajas, Or Vallabhacharyas in Western India*. London: Trübner & Co.

Naim, C. M. 1984. Prize-Winning *Adab*: A Study of Five Urdu Books Written in Response to the Allahabad Government Gazette Notification. In *Moral Conduct and Authority. The Place of Adab in South Asian Islam,* ed. Barbara Daly Metcalf, 290-314. Berkeley: University of California Press.

Nambiar, Sita Krishna, ed. 1971. *Prabodhacandrodaya of Kṛṣṇamiśra*. Sanskrit Text with English Translation, a Critical Introduction and Index. Delhi: Motilal Banarsidass.

Nandy, Ashis. 1983. *The Intimate Enemy. Loss and Recovery of Self under Colonialism.* Delhi: Oxford University Press.

— 1990. The Politics of Secularism and the Recovery of Religious Tolerance. *See* Veena Das 1990: 69-93.

Naoroji, Dadhabhai. 1901. *Poverty and Un-British Rule in India*. London: Swan Sonnenschein.

Naqvi, H. K. 1968. *Urban Centres and Industries in Upper India 1556-1803.* Bombay: Asia Publishing House.

Narain, V. A. 1959. *Jonathan Duncan and Varanasi.* Calcutta: K. L. Mukhopadhyay.

Natarajan, S. 1962. *A History of the Press in India.* London: Asia Publishing House.

Nelson, William. 1976/7. From 'Listen, Lordings' to 'Dear Reader'. *University of Toronto Quarterly* 46. 1: 110-124.

Nespital, Helmut. 1994. The Development of Literary Urdu in Delhi in the 17th and 18th Centuries with Regard to Changes of its Language Structure. In *Tender Ironies. A Tribute to Lothar Lutze,* eds. Dilip Chitre, Günther-Dietz Sontheimer, Heidrun Brückner, Anne Feldhaus, and Rainer Kimmig, 308-325. Delhi: Manohar.

Nicholls, George. 1907. *Sketch of the Rise and Progress of the Benares Patshalla or Sanskrit College, Now Forming the Sanskrit Department of the Sanskrit College.* (written 1848). Allahabad: Government Press, United Provinces.

O'Connell, Joseph. T. 1973. The word 'Hindu' in Gaudīya Vaiṣṇava texts. *Journal of the American Oriental Society* 93: 340-344.

Offredi, Mariola, ed. 1992. *Literature, Language and the Media in India.* Delhi: Manohar.

— 1992. The Search for National Identity as Reflected in the Hindi Press. *See* Offredi 1992: 221-267.

O'Hanlon, Rosalind. 1985. *Caste, Conflict and Ideology. Mahatma Jotirao Phule and Low Caste Protest in Nineteenth-Century Western India*. Cambridge: Cambridge University Press.

— 1994. *A Comparison Between Men and Women. Tarabai Shinde and the Critique of Gender Relations in Colonial India*. Delhi: Oxford University Press.

Orme, Robert. 1775-1778. *A History of the Military Transactions of the British Nation in Indostan from the Year MDCCXLV. To which is prefixed a Dissertation on the Establishment made by Mahomedan Conquerors in Indostan*. London: John Nourse.

Palmer, D. J. 1965. *The Rise of English Studies. An Account of the Study of English Language and Literature from its Origins to the Making of the Oxford English School*. London: Oxford University Press.

Pandey, Gyanendra. 1990. *The Construction of Communalism in Colonial North India*. Delhi: Oxford University Press.

— ed. 1993. *Hindus and Others. The Question of Identity in India Today*. Delhi: Viking Penguin.

Pandhe, Pramila, ed. 1978. *Suppression of Drama in Nineteenth Century India*. Calcutta: Indian Book Exchange.

Penner, Peter. 1970. The James Thomason School in Northern India, 1822-1853: A Biographical and Administrative Study. Ph. D. Diss. McMaster University.

Pfürtner, S. 1963. Pantheismus. In *Lexikon für Theologie und Kirche*, ed. Josef Höfer, Karl Rahner. In 14 Vols. Vol. 8, 25-29. Freiburg: Herder.

Pinch, William R. 1993. Historicity and Hagiography in Gangetic India, 1918-1936. Paper presented at the workshop on: Vivekananda and the Modernisation of Hinduism, School of Oriental and African Studies, University of London, 26-27 November.

Pratt, Mary. 1986. 'Killed by Science': Travel Narrative and Ethnographic Writing. In *Literature and Anthropology,* ed. Jonathan Hall and Ackbar Abbas, 197-223. Hong Kong: Hong Kong University Press.

Prinsep, James. 1831-1832. *Benares Illustrated. A Series of Drawings*. Second Series. Calcutta: Baptist Mission Press. London: Smith, Elder and Company.

— 1832. Census of the Population of the City of Benares. *Asiatic Researches* 17: 470-498.

— 1833. *Benares Illustrated. A Series of Drawings*. Third Series. Calcutta: Baptist Mission Press. London: Smith, Elder and Company, 1834.

Pritchett, Frances W. 1985. *Marvellous Encounters. Folk Romance in Urdu and Hindi*. Delhi: Manohar.

Pundit, Prannath. 1974. The Dramatic Performances Bill. *See* Ray 1974: 200-245.

Raabe, Paul. 1974. Die Zeitschrift als Medium der Aufklärung. In *Wolfenbütteler Studien zur Aufklärung*, ed. Günter Schulz. Vol. 1, 99-136. Bremen, Wolfenbüttel: Jacobi Verlag.

Rahner, Karl. 1962. Monotheismus. In *Lexikon für Theologie und Kirche*, ed. Josef Höfer, Karl Rahner. In 14 Vols. Vol. 7, 566-570. Freiburg: Herder.

Rai, Amrit. 1984. *A House Divided. The Origin and Development of Hindi/Hindavi*. Delhi: Oxford University Press.

Ramaswamy, Sumathi. Forthcoming. Battling the Demoness Hindi: the Culture of Language Protests in Tamilnad, 1938-1965. In *Culture as Contested Site. Popular Participation and the State in the Indian Subcontinent*, ed. Sandria Freitag. Delhi: Oxford University Press.

Ram mohan Roy, Raja. [1820] 1963. *Dialogue between a Theist and an Idolator*. Edited with an Introduction by Stephen N. Hay. Calcutta: Firma K.L. Mukhopadhyay.

— [1906] 1978. *The English Works of Raja Rammohun Roy*. Reprint. New York: AMS Press.

Ray, Alok, ed. 1974. *Nineteenth Century Studies*. Calcutta: Bibliographical Research Centre.

Raychaudhuri, Tapan. 1968. A Re-interpretation of Nineteenth Century Indian Economic History? *Indian Economic and Social History Review* 5.1 (March): 77-100.

— 1988. *Europe Reconsidered. Perceptions of the West in Nineteenth Century Bengal*. Delhi: Oxford University Press.

— 1994. The Construction of a Hindu Identity in 19th Century India. A Synopsis. In *Changing Identities. The Transformation of Asian and African Societies under Colonialism*, ed. Joachim Heidrich, 119-122. Berlin: Verlag Das Arabische Buch.

Renan, Ernest. [1882] 1990. What is a nation? trans. from the French by Martin Thom. In *Nation and Narration,* ed. Homi Bhabha, 8-22. London: Routledge.

Robertson, William. [1791] 1804. *An Historical Disquisition concerning the Knowledge which the Ancients had of India; and the Progress of Trade with that Country prior to the Discovery of the Passage to it by the Cape of Good Hope. With an Appendix containing Observations on the Civil Policy – the Laws and Judicial Proceedings – the Arts – the Sciences – and the Religious Institutions, of the Indians*. 4th ed. London: T. Cadell and W. Davies. Edinburgh: E. Balfour.

Rocher, Ludo. 1986. *The Purāṇas*. Vol. 2, Fasc. 3 of *A History of Indian Literature*, ed. Jan Gonda. Wiesbaden: Otto Harrassowitz.

Sadiq, Muhammad. 1984. *A History of Urdu Literature*. 2nd rev. ed. Delhi: Oxford University Press.

Said, Edward. [1978] 1985. *Orientalism*. Harmondsworth: Penguin.

Sangari, Kumkum, and Sudesh Vaid, eds. 1989. *Recasting Women. Essays in Colonial History*. Delhi: Kali for Women.

Sastri, Sivanath. [1911/1912] 1974. *History of the Brahmo Samaj*. 2nd ed. Calcutta: Sadharan Brahmo Samaj. (1st publ. in 2 vols.)

Sathyamurthy, T.V. 1983. *Nationalism in the Contemporary World: Political and Sociological Perspectives.* London: Frances Pinter, New Jersey: Allanheld, Osmun Publishers.

Schimmel, Annemarie. 1975. *Classical Urdu Literature from the Beginning to Iqbāl*. Vol. 8, Fasc. 3 of *A History of Indian Literature*, ed. Jan Gonda. Wiesbaden: Otto Harrassowitz.

Scott, Stan J. 1974. The Romantic Mythology of Language. *Diogenes* 86: 111-132.

Sen, Amiya P. 1993. *Hindu Revivalism in Bengal 1872-1905. Some Essays in*

Interpretation. Delhi: Oxford University Press.

Sen, Priyaranjan. 1965. *Western Influence in Bengali Literature.* Calcutta: Academic Publishers.

Seton-Watson, Hugh. 1977. *Nations and States. An Enquiry into the Origins of Nations and the Politics of Nationalism.* London: Methuen.

Shackle, Christopher, and Rupert Snell. 1990. *Hindi and Urdu since 1800. A common reader*. London: School of Oriental and African Studies.

Sharma, Krishna. 1987. *Bhakti and the Bhakti Movement: A New Perspective. A Study in the History of Ideas.* Delhi: Munshiram Manoharlal.

Sharpe, Eric J. 1988. Neo-Hindu Images of Christianity. In *Neo-Hindu Views of Christianity*, ed. Arvind Sharma, 1-16. Leiden: E. J. Brill.

Sherring, M. A. 1875. *The History of Protestant Mission in India, from their Commencement in 1706 to 1871.* London: Trübner.

— [1872-1881] 1974. *Hindu Tribes and Castes.* 3 Vols. Reprint. Delhi: Cosmo, 1974. Vol. 1: *Hindu Tribes and Castes as represented in Banaras.* [1872] Vol. 2: *Together with an Account of the Mahomedan Tribes of the North west Frontier and the Aboriginal Tribes of the Central Provinces.* [1879] Vol. 3: *Together with Three Dissertations on the Natural History of the Hindu Caste, The Unity of the Hindu Race and the Prospect of Hindu Caste* [1881].

— [1868] 1975. *The Sacred City of the Hindus: An Account of Benares in Ancient and Modern Times.* Reprint. Delhi: B. R. Publishing Corporation.

Singh, H. L. 1961. Modern Historical Writing in Hindi. In *Historians of India, Pakistan and Ceylon,* ed. C. H. Philips, 461-472. London: Oxford University Press.

Singha, Radhika. 1991. Review of *Culture and Power in Banaras,* ed. Sandria B. Freitag, 1989. *The Indian Economic and Social History Review* 28. 4: 466-469.

Shukla, Sonal. 1991. Cultivating Minds. 19th Century Gujarati Women's Journals. *Economic and Political Weekly,* 26 October.

Sonthheimer, Günther-Dietz, and Hermann Kulke, eds. 1989. *Hinduism Reconsidered.* Delhi: Manohar.

Stietencron, Heinrich von. 1969. Bhairava. *Zeitschrift der Deutschen MorgenlDrndischen Gesellschaft.* Supplementa I. VXII. Deutscher Orientalistentag. Vorträrge, ed. Wolfgang Voigt. Part 3, 863-871.

— 1988. Voraussetzungen westlicher Hinduismusforschung und ihre Folgen. In *"...aus der anmuthigen Gelehrsamkeit" Tübinger Studien zum 18. Jahrhundert. Dietrich Geyer zum 60. Geburtstag,* ed. Eberhard Müller, 123-153. Tübingen: Attempto Verlag.

— 1989. Hinduism: On the poper use of a deceptive term. *See* Sontheimer/Kulke 1989: 11-27.

— 1993. Der Begriff der Religion in der Religionswissenschaft. In *Der Begriff der Religion,* ed. Walter Kerber, 111-158. Munich: Kindt Verlag.

Stokes, Eric. [1959] 1982. *The English Utilitarians and India.* Delhi: Oxford University Press.

Subramanian, Lakshmi, and Rajat K. Ray. 1991. Merchants and Politics: From the Great Mughals to the East India Company. In *Business and Politics in India. A*

Historical Perspective, ed. Dwijendra Tripathi, 19-85. Delhi: Manohar.

Talwar, Vir Bharat. 1989. Feminist Consciousness in Women's Journals in Hindi: 1910-1920. *See* Sangari/Vaid 1989: 204-232.

Temple, Richard. 1881. *India in 1880*. London: John Murray.

Thapar, Romila. 1978. The Image of the Barbarian in Early India. In *Ancient Indian History: Some Interpretations,* ed. Romila Thapar, 152-192. Delhi: Orient Longman.

— 1985. Syndicated moksha? *Seminar* 313 (September): 14-22.

— 1986. Society and Historical Consciousness: The Itihāsa-Purāṇa Tradition. In *Situating Indian History,* ed. Sabyasachi Bhattacarya, and Romila Thapar, 353-383. Delhi: Oxford University Press.

— 1989. Imagined Religious Communities? Ancient Indian History and the Modern Search for a Hindu Identity. *Modern Asian Studies* 23: 209-231.

Tharu, Susie. 1989a. Thinking the Nation Out. *Journal of Arts and Ideas* 17-18: 81-90.

— 1989b. Tracing Savitri's Pedigree: Victorian Racism and the Image of women in Indo-Anglian Literature. *See* Sangari/Vaid 1989: 254-268.

Thomas, F. W., andR. L. Turner. [1942] 1977. Obituary, George Abraham Grierson 1851-1941. *Proceedings of the British Academy.* Nendeln, Liechtenstein: Kraus Reprint.

Tod, James. [1829] 1971. *Annals and Antiquities of Rajasthan or the Central and Western Rajput States of India*. In 3 Volumes. London. Edited with an introduction and notes by William Crooke, London, 1920. Reprint. Delhi: Motilal Banarsidass.

Todorov, Tveztan. 1974. Literary Genres. In *Current Trends in Linguistics,* ed. Thomas A. Sebeok. Vol. 12, 957-962. The Hague: Mouton & Co.

Tucker, Richard P. 1976. Hindu Traditionalism and Nationalist Ideologies in Nineteenth Century Maharashtra. *Modern Asian Studies* 10: 321-48.

Varma, Ganeshilal. 1974. Hindi Journalism and Socio-Political Awakening in the North West Provinces and Oudh in the Last Three Decades of the 19th Century. *Journal of Indian History* 52. 2-3: 377-387.

Vaudeville, Charlotte. 1976. Braj, Lost and Found. *Indo-Iranian Journal* 18: 195-213.

— 1980. The Govardhan Myth in Northern India. *Indo-Iranian Journal* 22: 1- 45.

— 1993. *A Weaver Named Kabir. Selected Verses. With a Detailed Biographical and Historical Introduction*. Delhi: Oxford University Press.

Vedalankar, Shardadevi. 1969. *The Development of Hindi Prose Literature in the Early Nineteenth Century (1800-1856 A. D.).* Allahabad: Lokbharati Publications.

Vickers, Brian. 1981. The Emergence of Character Criticism, 1771-1800. *Shakespeare Survey* 34: 11-21.

Viswanathan, Gauri. 1989. *Masks of Conquest. Literary Study and British Rule in India*. London: Faber and Faber.

Weber, Alfred. 1857. Die Verbindung Indiens mit den Lärndern im Westen. In *Indische Skizzen. Vier bisher in Zeitschriften zerstreute Vorträrge und Abhandlungen,*

69-124, Berlin: Ferd. Dümmler's Verlagsbuchhandlung.

— 1868. *Über die Kṛishṇajanmāshtamī (Kṛishṇa's Geburtsfest)*. Berlin: Buchdruckerei der Königlichen Akademie der Wissenschaften.

— 1874. An Investigation into the Origin of the Festival of Kṛishṇajanmāshtamī. *The Indian Antiquary* 3: 21-25, 47-52.

Williams, Raymond. [1973] 1985. *The Country and the City*. London: The Hogarth Press.

Wilson, Horace Hayman. 1835. *Select Specimens of the Theatre of the Hindus*. Translated from the original Sanskrit. In 2 vols. London: Parbury, Allen & Co.

Wulff, Donna Marie. 1982. A Sanskrit Portrait: Radha in the Plays of Rupa Gosvami. In *The Divine Consort: Radha and the Goddesses of India*, ed. J.S. Hawley, D.M. Wulff. Berkeley: Berkeley Religious Studies Series.

Yagnik, R. K. 1933. *The Indian Theatre. Its Origin and its Later Developments under European influence. With Special Reference to Western India*. London: George Allen and Unwin.

Young, Richard Fox. 1981. *Resistant Hinduism: Sanskrit Sources on Anti-Christian Apologetics in Early Nineteenth Century India*. Vienna: Publications of the De Nobili Research Library.

-- 1984. The Image of Jesus in a Purāṇic Hindu tract in Hindi. *Wiener Zeitschrift für die Kunde Südasiens und Archiv für indische Philosophie* 28: 115-131.

Yule, Henry, and A. C. Burnell. [1886] 1902. *Hobson-Jobson. A Glossary of Colloquial Anglo-Indian Words and Phrases, And of Kindred Terms, Etymological, Historical, Geographical and Discursive*, ed. by William Crooke. Reprint. Calcutta: Rupa & Co., 1986.

Zbavitel, Duƒan. 1968. The Beginnings of the Modern Bengali Drama, 1852-1880. *Archiv Orientālnī* 36: 29-66.

— 1976. *Bengali Literature*. Vol. 9, Fasc. 3 of *A History of Indian Literature*, ed. Jan Gonda. Wiesbaden: Otto Harrassowitz.

Zelliot, Eleanor. 1982. A Medieval Encounter between Hindu and Muslim: Eknath's Drama-Poem Hiṇdu-Turk Saṃvād. In *Images of Man: Religious and Historical Process in South Asia*, ed. Fred W. Clothey, 171-195. Madras: New Era Publications.

नामानुक्रमणिका

❑❑❑